上海交通大學
百年报刊集成

第一辑（1896—1949）
学 术 学 科

工程卷（第一册）

上海交通大学
档案文博管理中心 编

内容提要

《上海交通大学百年报刊集成·第一辑（1896—1949）·学术学科》是上海交通大学“双一流”校园文化建设专项“交通大学百年报刊搜集整理、影印出版和数字化工程”第一期成果。本丛书第一期共22册，依照学科属性分为六卷：《综合卷》《工程卷》《理学卷》《经管卷》《研究所专刊卷》《国文卷》。

本卷收录1896—1949年交通大学创办的工程类刊物，按创刊时间先后，编为二册。其中，期刊10种，分别为《工程学报》《工程》《工程半月刊》《交大工程》《交大土木》《交大造船》《交大电机》《交大机械》《交大轮机》等；考察日记一种，为《旅杭测量日记》。

这些刊物不仅反映交大土木、电机、机械、造船、轮机等工程学科的发展状况、学科领域的最新进展，而且积极为国家与社会的建设事业建言献策，体现交通大学求真务实、学以致用的学风，是研究交通大学校史、近代工程技术史、工程教育史不可或缺的一手史料。

图书在版编目（CIP）数据

上海交通大学百年报刊集成．第一辑：1896—1949．学术学科·工程卷 / 上海交通大学档案文博管理中心编；何菲主编．—上海：上海交通大学出版社，2022.3

ISBN 978-7-313-25833-5

Ⅰ．①上… Ⅱ．①上… ②何… Ⅲ．①上海交通大学—工程—学术期刊—汇编—1896-1949 Ⅳ．① Z62

中国版本图书馆 CIP 数据核字（2021）第 222093 号

上海交通大学百年报刊集成•第一辑（1896—1949）•学术学科•工程卷

SHANGHAI JIAOTONG DAXUE BAINIAN BAOKAN JICHENG · DI-YI JI（1896—1949）· XUESHU XUEKE · GONGCHENG JUAN

编　　者：上海交通大学档案文博管理中心
主　　编：何　菲
出版发行：上海交通大学出版社
地　　址：上海市番禺路951号
邮政编码：200030
电　　话：021-52717969
印　　制：上海雅昌艺术印刷有限公司
经　　销：全国新华书店
开　　本：787mm×1092mm　1/16
总 印 张：90
字　　数：1 666千字
版　　次：2022年3月第1版
印　　次：2022年3月第1次印刷
书　　号：ISBN 978-7-313-25833-5
定　　价（共二册）：1 668.00元

《上海交通大学百年报刊集成》编纂委员会

主　　任：杨振斌　林忠钦

成　　员：（按姓氏笔画排序）

丁奎岭　万晓玲　王伟明　王宗光　毛杏云　李新碗　张安胜

张　凯　胡　昊　顾　锋　钱天东　奚立峰　徐学敏　谈　毅

《上海交通大学百年报刊集成·第一辑（1896—1949）·学术学科》编纂组

总 主 编：张安胜

副总主编：胡　昊　欧七斤　胡　端

组　　员：（按姓氏笔画排序）

叶　璐　朱　恺　孙　萍　何　菲　欧七斤　胡凤华　胡　端

许雯倩　曹灵钰　章玲苓　漆姚敏

本卷主编：何　菲

总序一

盛世修史，懿年纂志。在上海交通大学建校126周年之际，学校“双一流”校园文化建设专项“交通大学百年报刊搜集整理、影印出版和数字化工程”第一期成果《上海交通大学百年报刊集成·第一辑（1896—1949）·学术学科》正式出版发行，实为学校一以贯之地实施“文化引领”战略的一项重要成果。

《上海交通大学百年报刊集成》由学校档案文博管理中心组织整理、编纂。此套“学术学科”类丛书共计22分册，荟萃了49种期刊，近两千万字的宏大体量，依照学科属性，分为六卷：综合卷、工程卷、理学卷、经管卷、研究所专刊卷和国文卷，是新中国成立前交通大学学术期刊首次集成与影印出版，并建成可供检索和全文阅读的电子数据库，这对增强上海交大“双一流”建设的文化底蕴，提升学校文化软实力，具有重要的历史价值和现实意义。

作为一所深具厚重历史底蕴并以“理工见长、工文并重”著称的高等学府，交通大学在百年办学历史上创办刊行了数量极为可观的报纸、期刊。据不完全统计，仅新中国成立前就有155种，体量庞大，内容宏富，大致囊括学术学科、新闻资讯、文体社团、年报一览、毕业专刊、校友通讯、特别专刊七大类。从办刊水准而言，由于交通大学在中国高等教育史与科学技术史上具有非同寻常的代表性，且地处通商巨埠上海，得风气之先，领思潮之新，其所创办的报刊很大程度上构筑了20世纪上半叶我国高校科技文化报刊的顶端平台，并以其示范作用和诸多创新引领了同期其他大学办刊办报的发展方向。从内容而言，这些报刊不仅是交大百年演进历程与发展脉络最原始、最全景式的真实记录，而且涉及内容之广，视野之阔，远远超出“一校之史”的范畴，举凡我国近代经济、工程、科技、教育、文化、思想状况，无所不包，巨细兼收，是研究中国近现代科技史、经济史、政治史、教育史、学术史、社会史值得深挖细掘的一座富矿，洋溢着充沛的学术生命力，更是一份颇为珍贵的大学文化遗产。

长期以来，这批报刊资源养在高校“深闺”，对外开放程度不高，主动公布更是少见，严重制约着中外学术界以及交大师生校友对它们的研究与利用，更不利于百年交大历史文化遗产的传承与发扬。鉴于其重要史料价值与现实意义，学校档案文博管理中心以“交通大学百年报刊搜集整理、影印出版和数字化工程”为题，申报了 2018—2020 年上海交通大学“双一流”建设校园文化类项目，成功获得立项。该项目旨在全面搜集整理并影印出版上海交通大学 1896—1949 年公开刊印的各类期刊、报纸等出版文献，并建成可供校内外检索利用的数据库。此次影印出版的“学术学科”丛书，就是该项目的第一期成果。

翻阅这套大部头的报刊集成，大量校内外名家名师的高水平学术成果赫然在列，一批早期外国科学家与工程师的中译本文章也出现在其中，涉及的学人与学术成果不少都是各学科极具知名度的。例如，茅以升的钱塘江桥设计与施工研究，凌鸿勋的中国铁路研究，徐名材的化工教育研究，张廷金的无线电研究，赵祖康的公路交通研究，沈奏廷的铁道管理研究，辛一心的船海研究，顾澄的数学研究，陈柱的中国文学研究，马寅初的财政金融研究，杜定友的图书馆学研究，等等，不胜枚举。这些文章阐发宏论，探赜发微，各擅胜场，所阐述的问题除了具有较强的专业性外，还直指国计民生，关注社会生产力发展，深具交大“求实学、务实业”的优良学风，绝非躲在象牙塔内闭门造车式的学问。从中既可以了解交大前辈学人的学术气派，也可以吸收有益的治学经验，还能为新一代学人提供真实的历史借鉴，避免或减少不必要的曲折，更加稳健地走好自己的学术创新之路。

更激励人心的是，这些历史报刊中所反映的代表性学人、学科与学术成果的辉煌，正是如今建设交大“一流学科”历史必然性的坚实印证。在 2017 年上海交通大学入选国家“双一流”学科建设名单的 17 个学科中，船舶与海洋、数学、机械、土木、化工、电子电气、商业与管理等多个学科，历史上都办有专门的学术刊物，如《交大工程》《交大电机》《交大机械》《交大土木》《交大造船》《科学通讯》《震光数理》《管理》《经济学报》等等，这充分显示出厚重的学科积淀和清晰的学术传承。整理出版这些期刊，不仅是对交大先贤学术成就的致敬与礼赞，更增强了新时代交大人扎根中国大地，建设世界一流大学的底气与自信。

正所谓：“其作始也简，其将毕也必钜”。校史史料文献的收集整理与出版是一个永远在路上的文化工程，只有起点，没有终点。《上海交通大学百年报刊集成·第一辑（1896—1949）·学术学科》的出版仅仅是良好的开端，更多的后续成果将会陆续呈现，由此产生的整体效应必将发挥更大的存史、资政、育人效果，不仅为交通大学 126 年的成长留下真实写照，有利于我们深刻理解认识交大优良传统和优秀文化，而且更能提升大学文化软实力和影响力，凝聚起建设中国特色世界一流大学的最大向心力和最强精神动力。

是为序。

杨振斌　　林忠钦

上海交通大学党委书记　　上海交通大学校长

2022 年 1 月

总序二

以《遐迩贯珍》(*Chinese Serial*)改名《六合丛谈》(*Shanghae Serial*),于清咸丰七年(1857)迁上海出版为标志,表明上海取代香港成为我国近代最大的商埠。同时,上海也逐渐发展成为我国最大的经济中心、最大的工业基地和国内外贸易中心,以及全国出版中心。同时,上海也是1949年以前我国高等学校最为集中的城市,在1947年达最高年份,高校总数为36所,并出版我国最早的文理综合性大学学报《约翰声》(*The St.John's University Echo*)等303种期刊。[①] 其中,清光绪二十二年(1896)由南洋公学发展而来的交通大学,于清光绪二十九年(1903)相继创刊《童子世界》(*The Childen' s World*)等75种期刊。

看历史比看未来要更为清楚,研究高校期刊不仅可知高等教育的过去,还可预知高等教育的未来。在学校"双一流"校园文化建设专项立项资助的背景下,上海交通大学的同仁全力开展"交通大学百年报刊搜集整理、影印出版和数字化工程"工作,实为功在当代、利在千秋之举。作为一位有着40余年编龄的期刊工作者和期刊研究爱好者,很乐意与大家分享我所了解的交通大学百年报刊史。

(一)

创刊于清光绪二十九年(1903)4月6日的《童子世界》(*The Childen' s World*)旬刊是晚清时期交通大学的代表性期刊,迄今已有118年的悠久历史。

甲午以还,忧国之士深感教育在培植治国兴邦之才方面的重要作用,遂有废科举、兴学堂之举。为求弥补西学师资不足的状况,也为求辅助课堂教学,晚清学堂或成立译书院,或订阅大量报刊,或自己创办期刊,作为日课,组织学子阅读学习。由此,确立了报刊在近世学堂中"何能舍此"的重要地位,成为清季所倡"研究""广育""报章"学务三端

① 姚远:《中国大学科技期刊史》,陕西师范大学出版社,1997,第167—190页。

之一。[①]

南洋公学亦于光绪二十四年（1898）成立译书院，“诹访通材，博求善本，数月之间，略之端绪”，并逐渐形成“先章程而后议论”“审流别而定宗旨”“正文字以一耳目”“选课本以便教育”等编辑原则，逐步翻译出版各国有关政治、历史、科技的书籍。以我国出版界前辈张元济为主持者（1899—1903年任主事），译述新学书籍。在其短暂的四五年存在期间，译书院曾出版了严复译述的《支那教案论》和《原富》（现通译《国富论》，［英］亚当·斯密所著）等30余种。光绪二十七年（1901）11月，张元济创办《外交报》旬刊，由商务印书馆代印出版。该刊从光绪二十七年（1901）至宣统二年（1911）1月共出300期，连续刊行10年。在翻译出版西书的同时，公学也出版了一些学生的国文习作。如光绪三十年（1904）印行的4卷本《南洋公学课文汇选》，即系南洋公学创办者盛宣怀、代总办张美翊在料检课文时，发现毕业生的课文，宗旨端正，词义渊雅，遂将其“汇为一编”。之后，又有1914年刊行的《南洋公学新国文》、1917年刊行的《南洋公学国文成绩二集》和1922年刊行的《南洋大学国文成绩第三集》，成为早期交大学生的国文成绩或教学辅助读物之一，与《童子世界》一起，形成晚清学校书、报、刊出版，并辅助教学与学术的新态势。

虽然南洋公学是一所以培养“新政”人才为主的学校，但它的教学体制、课程安排、规章制度、教员配备以至待遇等等，无不使人强烈地感受到封建社会的烙痕。部分旧派教员钳制学生思想，严禁学生传阅《新民丛报》等进步刊物，不准议论时政，因而引起学生强烈不满。光绪二十八年（1902）11月，学校掀起了一场空前规模的反封建专制的斗争，200多名学生退学抗议，素具民主思想的特班主任蔡元培，也因同情学生而愤然辞职。学生们退出公学后，为了继续求学，便向蔡元培主持发起的中国教育会请求帮助。是年11月20日，退学学生在教育会的支持下，成立了爱国学社，并于11月下旬正式开学。蔡元培被推为总理，南洋公学师范生吴稚晖任学监，章太炎、蒋观云等为教员。创刊于光绪二十九年（1903年）4月6日的《童子世界》旬刊，就是由南洋公学退学学生组织爱国学社的学生主办的。

尽管爱国学社后因吴稚晖等在《苏报》案中受到牵连而被迫解散，但它却为各地受压制的学生树立了榜样，并在当时社会各界引起强烈的反响。进步舆论纷纷对南洋公学退学学生的行动予以支持，并给予极高的评价。由此也不难看出，交大所具有的追求真理、爱国爱校的优良传统，早在南洋公学时期便已播下了种子。

---

① 姚远、颜帅：《中国高校科技期刊百年史》，清华大学出版社，2008，第7—8页。

（二）

交通部上海工业专门学校于1915年6月创办的《上海工业专门学校学生杂志》（*The Nanyang Students*）是辛亥革命以后和五四运动前夕，交通大学最具代表性的一份文理综合性期刊。

《上海工业专门学校学生杂志》实际上由中文、英文两部分组成，英文刊名为 *The Nanyang Students*（《南洋学生》），可谓中西合璧。其创刊号载有中文文章30余篇，英文文章20余篇，自然科学和工程技术中的英文文章占绝大多数。其中有专文对中国工业不发达之故进行论述，而对"华人与狗不得进入"也有鞭辟入里的痛斥。

1915年1月，上海工业专门学校学生"感于本校精神之涣散、情谊之淡薄"而组织了南洋学会。该会"以联络感情，交换知识，焕发精神，引起兴趣为宗旨"，于1915年6月创办了会刊《上海工业专门学校学生杂志》，由上海中华书局代印。校长唐文治在序中指出，"盖徒知文明之足以治天下，而不知甲胄戈兵之已随其后，悲夫。近代学子稍稍研求科学，徐而究其实，乃徒知物质之文明，而于有形无形之竞争，曾未尝少辨焉……我知中国必将有圣人者出，先以无形之竞争趋于有形之竞争，乃复以有形之竞争归于无形之竞争……我校诸生讲求工业，谋印杂志，公诸当世。余特发挥文明之学说，以勖勉之益，将以振起我国民也"。[①] 主要办刊人张荫熙在"发刊宣言"中也进一步指出："铁道、电报、船舶、电话，有形之交通也；方言、国语、报章、杂志，无形之交通也。吾国进步之滞在有形之交通，尤在无形之交通。本校造就之材在有形之交通，亦在无形之交通。……本杂志发轫伊始，倚重科学，意在实艺，不务修辞，文旨谫陋，顾形自惭。博雅君子，宏垂教诲，所欣慕焉"。该刊在注重学术的同时，还大力宣传爱国主义思想，如张荫熙的"发刊宣言"，便饱含忧国忧民、爱校爱国之情，他说："以吾之心度天下千万人之心，吾以吾之性测天下千万人之性，必不尽一性，必不尽同。然观国徽而致敬，瞻校帜而生爱，油然而自发者。此天下千万人之性皆同，心皆一也。推此心达此性，虽以之救国可也。同人不揣绵薄，上欲：以一二人爱校爱国之心为天下千万人爱国之心；下欲：以一二人好察好问之性起天下千万人好学之性。此本杂志之所为刊也。"[②] 他由国旗联想到校旗，由爱国联想到爱校，由一二人爱校爱国谋求千万人爱国，由一二人好学好问谋求千万人爱好学术，反映了该刊独特的爱校爱国观。

该刊于1920年停刊，共出版14期，为中英文合版，先后发表学术性文章62篇。其内

① 唐文治：《上海工业专门学校学生杂志·序》，《上海工业专门学校学生杂志》1915年（创刊号），第1页。

② 张荫熙：《发刊宣言》，《上海工业专门学校学生杂志》1915年（创刊号），第2—3页。

容包括：论著、工艺、科学、文苑、记载、说部、杂俎、体育等。其中在工艺与科学两个栏目中，每期都发表学术性文章若干篇，涉及数、理、化、天文、生物、地质等基础科学的各个领域。

张荫熙在述及其栏目时，言简意赅地概括出杂志的层次性和丰富内容。此处不妨罗列如下：第一，论著类——“贤良对策，下帷功勤，神龙嘘气，上薄为云，翻江泻海，写我云云，倒倾三峡，辟易千军”；第二，工艺类——“郢人垩墁，运斤成风，秦台毕午，缘木腾空，昆明大匠，蔗蒻纤工，广参玄化，判白批红（述及建筑、工具、航空等巧夺天工的工艺技术）；第三，科学类——“铄凝金石，辨析元霜，立竿求影，法出圆方，铜山西响，斗柄北芒，潮流往复，海换沧桑（述及冶金、化学、计时、数学、天文、海洋、地球演化等科学内容）；第四，体育类——“射御书数，干戈翰墨，入室生徒，拔山气力，起陆龙蛟，眈吞四国，乾乾天行，自强不息”；第五，文苑类——“词追回波，诗宗皮陆，屈宋文章，芙蓉初沐，西子笑颦，强效捧腹，春华秋实，贵称厥服”；第六，杂俎——“解人颐旨，妙语连环，凤麟毛角，文豹一斑，竹头木屑，如叶满山，包罗天地，收纳尘寰”；第七，说部类——“山海鬼神，寓言所托，出入齐谐，东方北郭，芸芸众生，沉溺一壑，觉世觉人，亦天之铎”；第八，记载类——“羲皇结绳，周人削漆，杌梼春秋，谨严一笔，三百六旬，尘事乙乙，纸上爪鳞，驹影何疾”；第九，欧文类——“春蚕食叶，秋鳌行秔，分王海国，贝叶千行，不龟手药，洴澼洸方，因人设用，作我渡航”。

总的来看，《上海工业专门学校学生杂志》仍属以自然科学和工程技术为主的综合性期刊。在英文目录中，其栏目被分为 Engineering（工程技术）和 Science（科学）两部分。在科学技术与社会研究方面，创刊号发表有蓝兆乾的《科学救国论》（续至第 3 期）；林若履的《论本国工业不发达之故及其将来之推测》（续至第 2 期）；第 3 期发表有蓝兆乾的《欲兴实业引起社会热心其道何由》，第 2 卷第 1 期发表有鲍国宝的《说学会》和蔡其标的《以国文治科学平议》等。在自然科学基础理论研究方面，创刊号发表有李石林的《化学上之心得》，陈长源的《炮术与落体抛射体之互相关系》（续至第 2 期），金云的《论多次方》，金汤的《肥皂泡及其膜之张力》等；第 2 期发表有裘维裕的《几何三题》，林若履遗稿《空气杀人论》，心塞的《摄影谈》（续至第 3 期）等，第 3 卷第 1 期发表有戴茅澜的《裂殖菌》等。在工程技术方面，其内容较自然科学基础论文的内容更为丰富，包括电气工业、铁路建筑、电车运营技术、水利工程、无线电技术、海底电报技术、探海灯、双翼飞机制造、道路工程、房屋建筑、安源煤矿调查等诸多方面，反映了早期交通大学在译介西方现代工程技术知识方面的一些贡献，以及在几何学、微生物学、科学社会学研究方面的一些心得。

之后,随着学校的发展,交通大学创刊了一批重要期刊,忠实记载了学校各个时期的发展。诸如:交通大学由多科性大学实现向工科大学转型的代表性刊物——《南洋季刊》和《交大月刊》;交通大学综合性自然科学代表性期刊——《科学世界》和《科学通讯》;交通大学管理科学与工业经济代表性期刊——《交通管理学院院刊》《管理》和《经济学报》;工程技术学科的代表性期刊——《工程学报》,等等。

(三)

交通大学在长期的办刊实践中,也形成了独特的办刊思想。校长唐文治在宣统三年(1911)四月给主辖部门邮传部转咨学部的呈文中,认为"科举既停,专重科学,科学尚实,不宜诱之以虚荣"。他立足于科学救国和实业救国,本着中学为体、西学为用的原则,既弘扬中华民族的传统文化,又积极汲取西方先进的科学技术和工业文明。唐文治于宣统元年(1909)四月将这种崇尚实学、爱校即爱国的思想写进校歌:"珠光灿,青龙飞,美哉吾国徽;醒狮起,搏大地,壮哉吾校旗;愿吾师生全体,明白旗中意,既醒勿睡,既明勿眛,精神常提起。实心实力求实学,实心实力务实业。光辉吾国徽,便是光辉吾校旗。"唐文治对新一代学生寄予莫大希望,呼吁社会予以爱护和培养。他认为:"今者科举停,宪政举,天下之人将尽出于学校,天下之言政治、言学术、言外交法律、为农工商诸实业者,将尽出于学生,天下之所仰赖者非学生而谁赖?而世乃疑之、忌之、摧之、残之、废之,弃之者抑又何也?"[①]在谈到学生、学校与国家的关系时,他认为:"学生之对于学校,爱情已矣。有爱情于学校,乃能有爱情于国人。"[②]"我校诸生讲求工业,谋印杂志,公诸当世。余特发挥文明之学说,以勖勉之益,将以振起我国民也。"[③]这种将学校、国家,以及将期刊、国民相联系的思想,突出地反映了高校期刊的社会纽带作用。

南洋公学向以"注重国学、国文,以保存国粹和注重科学工艺,以增进民智"为校风,而这种"精神所汇集之点,则爱国救民也"。工业专门学校时期的学校章程亦在第一章宗旨中规定:"教授高等工业专门学科,养成工业人才,并极意注重道德,保存国粹,启发民智,振作民气,以全校蔚成高尚人格为宗旨。"这种讲求文理融通的学风甚至比北京大学还要早些,而且增加了注重国学、国文以保存国粹和爱国济民的内容。早在南洋公学时期,

① 唐文治:《学校培养人才论》(1909年),载《交通大学校史》撰写组编:《交通大学校史资料选编第一卷》(1896—1927),西安交通大学出版社,1986,第146页。

② 唐文治:《学生格》(1912年),载《交通大学校史》撰写组编:《交通大学校史资料选编第一卷》(1896—1927),西安交通大学出版社,1986,第158页。

③ 唐文治:《序》,《上海工业专门学校学生杂志》,1915年第1卷第1期,第1—2页。

该校即提出："我国学者多讲求哲理，而少研究科学；多重视文学，而少注重艺术……今我国之所不及他国者，其尚在哲理之少讲求，文学之多不重视乎，抑亦于科学之少研究，艺术之多不注意也。夫科学少研究，则新理何由发明；艺术多不注意，则新物亦何由制作，徒固守数千之哲理文字，其能免天演物竞之淘汰乎？！母校知其然也，故以科学艺术与哲理文学并重。[①]。正因为这种通才教育模式，故该校成为政治家、实业家、教育家、小说家，"乃至有震古铄今之名将"等各种优秀人才的渊薮。[②]

学术期刊，历来代表着一种最富创造力的文化现象，也是报道新思想、新发明和传播新理论的主要途径。进入19世纪以来，期刊取代了16至18世纪学者间的通信形式或图书小册子形式，逐渐成为记载和传播学术最迅捷、最重要、最系统和最权威的媒介。英国学者迪克认为："假设没有定期刊物，现代学术当会以另一种途径或缓慢得多的速度向前发展，而且无论是科技工作还是社会科学工作也不会成为如同现在一样的职业。"[③]国立北平大学的欧阳诣教授曾精辟地揭示西方文明何以进步的两大标志，即："试观泰西文明之进步其原因果何在？以吾所知，亦不外一实验室、一出版物耳。"[④]

吴宓曾指出，"大学是保存人类精神文化遗产的地方，一国一族有它自己光荣的文化遗产，全人类有全人类的公共产业。一般高级的文化遗产，都少实利的效用，所以必须靠最高的学术机构去保存它、去光大它"。[⑤]而精神或思想不能仅存于大脑，或满足于课堂宣讲，必须通过学校期刊这样的媒介公之于众才能发挥大学的价值，这正是学校期刊的功能与责任所在。这说明大学学术期刊是与社会沟通的一座桥梁，是学术成果流入社会的一道闸门，是大学学术传承与发展的一个品牌。

上海交通大学档案文博管理中心主持的"交通大学百年期刊搜集整理、影印出版和数字化工程"，意义在于：一可展现学校厚重的文化底蕴，提升学校世界"一流大学""一流学科"建设的历史底气，增强师生校友建设实现"双一流"建设的自信心和使命感；二可通过期刊史料发掘，深化学术文化研究，深化校史文化研究，展示各个历史时期学术探索的轨迹，丰富校史文化资源建设，有利于落实文化引领战略；三可通过饮水思源，回顾历史，提炼爱国、爱校精神，联络海内外校友感情，增强广大校友、师生的凝聚力。因此，这显然

---

① 陈容：《南洋公学之精神》，载南洋公学同学会编：《南洋》1915年第1期。

② 邹恩润：《对吾校廿周年纪念之感言》，《上海工业专门学校学生杂志》1917年第1卷第1号。

③ ［苏］米哈依洛夫等：《科学交流与情报学》，徐新民等译，科学技术文献出版社，1983，第64—65页。

④ 欧阳诣：《卷头语》，《工业月刊》1929年（创刊号），第2—3页。

⑤ 吴宓：《大学的起源与理想》（1948年4月16日），载《国立西北大学校刊》1948年第36期，第7—9页。

是一项艰巨浩大的校园文化工程,是高等学校传承优秀高等教育文化的一个创造,具有重大历史意义和现实价值。

姚远

西北大学科学史高等研究院特聘教授

2022年1月

影印说明

《上海交通大学百年报刊集成》整理、影印交通大学1896—1996年期间出版发行的报纸、刊物，是大型史料丛书，丛书将分批整理、影印出版百年交大的期刊、报纸资源。"第一辑（1896—1949）· 学术学科"，整理影印新中国成立前交通大学[①]及各院系、研究所及相关社团自主创办、编辑、出版印行的"学术学科"类期刊共49种，共22册。第一辑依内容的学科属性，分为6卷：《综合卷》《工程卷》《理学卷》《经管卷》《研究所专刊卷》《国文卷》。为便于读者了解丛书的搜集、整理、编辑和影印过程，特作如下说明：

（1）本套丛书影印所依据的底本，尽量采用期刊的刊印原件，以保证文献的原始性与原真性。期刊原件主要有两个来源：一是本校档案馆馆藏历史档案。这些档案类期刊品相良好，质量上乘，虽已实现数字化保存，但此次为了保证影印精度，均调取原件予以重新扫描与技术处理。二是本校党史校史研究室历年搜罗购置的期刊原件，如查无原件，则以购置的电子资源替代。此外，还有来自上海图书馆馆藏期刊电子扫描件。该馆以较全面地收录晚清民国期刊报纸并建成特色数据库见长，其中就包含不少稀见的交通大学学术期刊。

（2）秉持"广泛搜罗，择优入书"的原则，在选择期刊版本的过程中，编者对不同馆藏地的版本优劣进行互勘比对，择取品相优质、内容完整、装帧美观者入书。

（3）为保留报刊内容的原真原貌，本次影印不作信息更动或删减，请读者使用时自鉴；若遇期刊底本漫漶、文字错误、划痕褶皱等问题，则酌情予以更正、补充或说明。

（3）丛书各卷卷首，配有"导语"，内容涉及学科沿革史、学科特色、期刊地位、重要学人以及学术贡献。编者为每一种期刊撰有"简介"，简要交代馆藏信息、创刊缘起、办刊宗旨、运作方式、特色栏目、学术成果、社会影响等，便于读者研究时参考。

（5）本套丛书后续将出版作者索引卷。凡在期刊中发表过文章的作者，按照笔画顺序

① 交通大学校名在新中国成立前曾出现多次变更，1896—1905年称"南洋公学"，1905—1911年称"上海高等实业学堂"，1912—1920年称"上海工业专门学校"，1921—1922年称"交通大学上海学校"，1922—1927年称"南洋大学"，1927年至1949年称"国立交通大学"，此处统称"交通大学"。

先后排列，并在作者姓名后面注明发表文章所在的册数、页码，以便读者查考利用。

由于时间匆忙，体量浩繁，加之期刊底本来源多元，部分底本中出现正文缺损、字迹模糊、字句与公式难以识别等问题，敬请读者谅解。

总目录

综合卷

叶璐 主编

综合卷　导语

综合卷（第一册）

《南洋学报》（1921—1922） ………………………………………… 001

《科学大众》（1937） …………………………………………………… 419

《交大学报》（1945） …………………………………………………… 621

综合卷（第二册）

《南洋季刊》（1926） …………………………………………………… 001

综合卷（第三册）

《南洋大学卅周纪念征文集》（1926） ………………………………… 001

《交通大学四十周纪念刊》（1936） …………………………………… 421

综合卷（第四册）

《交大季刊》第一期—第七期（1930—1931） ………………………… 001

综合卷（第五册）

《交大季刊》第八期—第十二期（1932—1933） ……………………… 001

综合卷（第六册）

《交大季刊》第十三期—第十八期（1934—1935） …………………… 001

综合卷（第七册）

《交大季刊》第十九期—第二十四期（1936—1937） ………………… 001

工程卷

何菲 主编

工程卷　导语

工程卷（第一册）

《旅杭测量日记》（1909） ……………………………………………… 001

《工程学报》（1925） …………………………………………………… 055

《工程》（1929） …… 211
《工程半月刊》（1930） …… 397
《交大工程》（1934—1935） …… 465

工程卷（第二册）

《交大土木》（1943—1946） …… 001
《交大工程》（1947） …… 377
《交大电机》（1947） …… 461
《交大造船》（1947） …… 533
《交大机械》（1948） …… 683
《交大轮机》（1948） …… 777

理学卷

漆姚敏 主编

理学卷 导语

理学卷（第一册）

《科学世界》（1920） …… 001
《科学介绍》（1935） …… 087
《震光数理》（1941—1945） …… 419

理学卷（第二册）

《科学通讯》（1935—1937） …… 001

经管卷

胡端 主编

经管卷 导语

经管卷（第一册）

《经济学报》（1924、1927、1933） …… 001
《经济周刊》（1930—1932） …… 635

经管卷（第二册）

《经济论丛》（1927、1929） …… 001

经管卷（第三册）

《交大经济》（1934—1936） …… 001

经管卷（第四册）

《管理》（1936、1937、1947） …… 001

经管卷（第五册）

《交通管理学院院刊》（1929） …… 001
《交通大学实业管理学会会刊》（1939） …… 445
《运输管理学报》（1945） …… 673
《工业管理年刊》（1947） …… 727
《工业管理通讯》（1948） …… 767

研究所专刊卷

孙萍 主编

研究所专刊卷　导语

研究所专刊卷（第一册）

物理组第1号《地下流水问题之解法》（1934） …… 003
化学组第1号《油漆试验报告》（1934） …… 023
化学组第2号《油漆试验报告》（1935） …… 081
化学组第3号《油漆试验报告》（1936） …… 271
会计组第1号《美国铁道会计实务》（1935） …… 413
交通组第2号《解决中国运输问题之途径》（1934） …… 471
交通组第3号《铁路零担货运安全办法》（1936） …… 501

研究所专刊卷（第二册）

社会经济组第1号《中国国民经济在条约上所受之束缚》（1936） …… 003
社会经济组第2号《皖中稻米产销之调查》（1936） …… 125

社会经济组第3号《小麦及面粉》（1936） …… 291
社会经济组第4号《平汉沿线农村经济调查》（1936） …… 367
社会经济组第7号《中国海关铁路主要商品流通概况（1912—1936）》（上册）（1937） …… 551

研究所专刊卷（第三册）

《铁道问题研究集》（第一册）（1936） …… 001

国文卷

欧七斤、朱恺 主编

国文卷　导语

国文卷（第一册）

《南洋公学课文汇选》（1904） …… 001
《南洋公学新国文》（1914） …… 415

国文卷（第二册）

《南洋公学国文成绩二集》（1917） …… 001

国文卷（第三册）

《南洋大学国文成绩第三集》（1926） …… 001

工程卷　导语

本卷收录1949年前交通大学创办的工程类刊物。其中，测量日记1种，为《旅杭测量日记》（1909年）；期刊10种，分别为《工程学报》《工程》《工程半月刊》《交大工程》《交大土木》《交大造船》《交大电机》《交大机械》《交大轮机》。具体信息如下表。

交通大学工程类刊物一览（1909—1949年）

类别	刊名	主办者	出版地	创办时间
工程综合类	工程学报	南洋大学工程学会	上海	1925年
	工程	交通大学工程学会	上海	1929年
	工程半月刊	交通大学工程学会	上海	1930年
	交大工程	交通大学工程学会	上海	1934年
	交大工程	交通大学工学院	上海	1947年
土木工程类	旅杭测量日记	邮传部上海高等实业学堂铁路工程科一班生	上海	1909年
	交大土木	交通大学土木工程系系会 / 交通大学土木工程学会	重庆 / 上海	1943年
造船与轮机工程类	交大造船	交通大学造船工程学会	上海	1947年
	交大轮机	交通大学轮机工程学会	上海	1948年
电机工程类	交大电机	中国电机工程师学会 交通大学学生分会	上海	1947年
机械工程类	交大机械	交通大学机械工程学会	上海	1948年

工程类刊物的发达，与清末以来交通大学完备的工科体系、深厚的工科给养、举足轻重的工科地位密不可分，具体涉及的工程学科有土木工程、电机工程、机械工程、造船工程、轮机工程等。

交通大学工程学科发端于清末。1905年，创办近10年的南洋公学改属商部、邮传部更名为上海高等实业学堂，办学方向由法政转向工程科学。1907年10月，著名国学家、“工科先驱”唐文治掌校后，秉持“实心实力求实学，实心实力务实业”的办学理念，将学校建成一所以高等工科教育而闻名于世的高等学府。1907年铁路工程班扩充为正式专科，成为学校历史上设立的第一个工程专科，亦成为交大开展工程教育的端绪，1908年创办电机专科，1909年创办航海专科。至1921年，交通部所属4所学校合组为交通大学时，学校已形成土木、电机、铁路管理三门学科的本科建制。1928年，随着学校改隶铁道部，学科门类不断增加，最终形成科学、管理、土木工程、机械工程、电机工程五个学院，中国文学、外国文学两系，以及交通大学研究所，即五院二系一所的构架，奠定了交通大学理、工、管并驱的学科框架模式，逐步建设成为理、工、管结合的知名大学，在师资、学科、人才、校园等各个方面，都取得辉煌成就。

1937—1949年，交通大学进入在动荡状态下艰难办学的历史时期。1937年9月交大师生迁往法租界，继续维持办学。虽然教学、实验条件较为艰难，但是仍然延续了此前初具规模的理、工、管三院建制。1940年11月，在教育、交通两部支持下，交大在重庆小龙坎成立分校，1942年9月迁往重庆九龙坡，成立交通大学总校。在秉承老交大传统的基础上，新建了航空系、造船系、轮机系、工业管理系、电信研究所等系所。1945年抗战胜利后，交通大学师生分批复员上海，学校恢复了理、工、管三院制，扩充了院、科、所，以"注重实际而施以严格训练"为教学原则，培养"以理为基础、工为应用的高质量的研究人才、工程人才、教育人才"，办学水平和层次不断提升。

民国时期交大尽管经历校名、组织、人事及学科数度变更，经历战争动乱等艰难险阻的考验，但是交通大学工科仍然有较快的发展。其原因在于学校隶属交通、铁道等实业部门管辖，始终恪守培养实业人才的办学宗旨；有叶恭绰、凌鸿勋、蔡元培、孙科、黎照寰等几位校长的传承经营；有张廷金、胡端行、辛一心、李谦若等一批具有卓越学识的知名教授执教；在办学上继承和发扬了"求实学，务实业"的优良传统，形成了一套比较完善的培养体系和良好的教学作风。虽经历战争的动荡环境，但学校仍保持了校务发展、工科教育上的延续性与连贯性。

与交通大学工科蜚声国内外相适应，交通大学积极创办工程类刊物，刊行土木、电机、机械、造船与轮机工程等专业的学术研究、参观实习、动态前沿等文章。所办工程类刊物主要有如下四个特点。

（1）各刊物关注学科领域内的前沿问题，积极引介国外研究成果。在航空工程领域，译介了美国航空研究院的计划、德国研究高速气流所用的方法和设备等；机械工程领域介绍了燃煤燃气轮机的新发展、二战中德国蒸汽机车的新发展等；船舶工程领域介绍了操舵器、轻巡洋舰改装成快速客船的设计等。这类前沿成果的刊行有利于开拓学术视野，推动国内工程学科发展。

（2）交通大学主张工程教育不仅要进行理论研习还要有"充分之经验以副之"，"以补学识之不逮"[①]，因此鼓励学生从事实习、参观等实践活动。相应的，各刊物普遍都辟出专栏刊载参观、实习类文章。以《工程学报》所载文章可知，交大在国内外实践学习活动极为丰富。国内实习参观活动就参观地点而言，既有上海市内，又有市外的苏州、杭州乃至青岛；就参观企业性质而言，既有民族企业，又有外资企业。国外参观实习活动则有介绍加拿大水电厂的实习体验。此类实习、参观类文章在一定程度上记述了各个工厂的规模、技术流程和操作形式等，为民国行业史研究提供一手的参考资料，据此可以开展近代工厂企业史研究。

（3）各刊物重视为国家工程建设提供有力的理论支持。"工程是应用的科学，实行之际处处与社会的需求相应"[②]，刊物所载文章对于国家工程建设有较多的关注，如汉口电车铁道建设、东方大港建设、黄河水患防治等问题，甚至在交大校园建设上都能积极建言献策，无不体现出交通大学求实务真、学成致用的尚实学风。

（4）作为校办期刊，各刊物热衷介绍交通大学各工程学系发展、工程类学术团体活动概况，工程学系师资履历、毕业学生基本情况，尤其在工程教育思想、工程人才培养等方面进行了较为深入的探讨。比如淩鸿勋探讨土木工程师的修养问题，王之卓探讨机械工程师的培植，茅以升谈求学之道，赵祖康给交大学生提出思想建议，支秉渊提醒工业学生在校时应注意之要点，皆为研究交通大学校史及近代工程教育时不可或缺的史料。

各刊物在当时的工程界具有一定的影响，刊行文章陆续被转载到其他刊物，扩大了所办刊物及交大工程学科的影响力。《交大轮机》1948 年第 1 期有 8 篇文章被中国轮机员联合总会会刊《轮机月刊》转载，其中王超的《船舶燃料之检讨》还被《航业通讯》1948 年第 50 期转载。周修齐发表在《交大机械》上的文章《工具机之标准转數》被《标准》1948 年第 11 期转载。

正如《工程学报》中言及其办刊意旨："欲与志工程学者，通声气，共研求。"[③] 出版校园学术期刊，建立校内研究平台，对于涵育校内研究风气，推动师生间的研究讨论，其意义自不待言。各刊物还积极谋求与外校乃至整个工程学界的互动，除《工程学报》之外，《交大机械》《交大电机》等多份刊物附有声明，所出期刊可免费寄送国内高校及相关研究人员，实为推动形成学术共同体的重要举措。

---

① 淩鸿勋：《序言》，《工程学报》1925 年第 1 期。

② 程孝刚：《序》，《工程》1929 年第 1 期。

③ 编者：《发刊词》，《工程学报》1925 年第 1 期，第 1 页。

目 录

《旅航测量日记》简介 …… 001
《旅航测量日记》（1909） …… 003
《工程学报》简介 …… 055
《工程学报》第一卷 第一号（1925） …… 057
《工程》简介 …… 211
《工程》（1929） …… 213
《工程半月刊》简介 …… 397
《工程半月刊》第一卷 第一期（1930） …… 399
《工程半月刊》第一卷 第二期（1930） …… 431
《交大工程》简介 …… 465
《交大工程》第一卷 第一期（1934） …… 467
《交大工程》第二卷 第一期（1935） …… 537

《旅杭测量日记》简介

《旅杭测量日记》[①]为1909年邮传部上海高等实业学堂（交通大学时名）铁路工程科一班生康时清、陆世勋、俞亮、周熙等，第一次赴杭州实习的测量日记。该书为竖排铅印本，刊刻时间不详。

日记第一部分为概论。首先，介绍了测量工作中野地实习、布算、绘图所包含的详细内容。其次，对测量日记记录的具体流程和详细标准作了说明。流程是："各队须将日间所作事，报告于书记，书记集其成而录之。"具体标准是："凡有关于学问行事或有心得，及出外考察之所见所闻俱记之以备取证；凡未经报告，有关于公益者，书记知之必载；凡朴师[②]讲述有关实习者，书记录之，以便参考。"最后为测量所需器具清单。

日记第二部分为日程安排及测量记录。主要记述了土木科12位同学，在美籍教员璞德率领下，前往杭州，对西湖地区进行实地测量。

本书记载了他们从宣统元年八月二十一日到九月二十一日（1909年10月4日到11月3日）历时1个月的测量实况，包括分组及人员调配、各组员所用器具、所测地点、测量数据等。

日记第三部分介绍了测量时所用方法及其计算公式，具体而言有经纬仪较差法、水平仪较差法、袖珍水平仪测山势法、视距测山势法、直三角理推算、进行测量法、平板测器测

---

① 《交通大学校史资料选编（第一卷）》将此书题名更为《邮传部高等实业学堂铁路科第一次校外实习概况》，本书采用文献原名《旅杭测量日记》，特此说明。参见《交通大学校史》撰写组编：《交通大学校史资料选编（第一卷）》，西安：西安交通大学出版社，1986年，第177—186页。另，《中华大典·地学典·测绘分典》的引用书目中有"周熙《旅杭测量日记》清末铅印本"一条，此书是否为1909年的《旅杭测量日记》尚无法考证。参见《中华大典》工作委员会、《中华大典》编纂委员会编：《中华大典·地学典·测绘分典》，重庆：重庆出版社，2015年，第1231页。

② 朴师，一般称作璞德（Porter），美籍教员。

绘法、设基点法、测纵剖面线法、求正北法、测轨弧法等。

书后所附《中西名目表》为正文部分所涉器具、测法词汇的中英文对照表。该书中“基点”“基数”两词,作为现代汉语最早所见的外来词汇,皆被收入《新华外来词词典》。[①]

交通大学历来推崇尚实办学,前往杭州西湖进行实地测量,是学校为造就求实务实的专门人才,持续推行的重视实践教学活动之一。1914 年还曾由康奈尔大学的土木工程师万特克(H.A.Vanberbeek)和毕登(Wm.E.Palten)以及王炽甫带队赴杭测量,前往考察的学生有淩鸿勋、陈体诚、杨培琫、杨耀文等。此次测量完毕后将测量记录编制成册并绘制成西湖两岸图,曾于 1914 年 7 月寄送交通部测量日记 20 册、图 1 幅。交通部“深为嘉尚”,要求学校将“所制之图仰再多印数份送部,并就近送一份与甬嘉铁路”,显示出此次测量效果较佳,具有现实应用性。[②]

① 史有为主编《新华外来词词典》,商务印书馆,2019,第 482、484 页。

② 上海交通大学校史编纂委员会编:《上海交通大学纪事(1896—2005)》(上),上海交通大学出版社,2006,第 82 页。

旅杭測量日記

概論

測事大綱分爲三一曰野地實習一曰布算一曰繪圖

野地實習有二一地誌測量凡山川田舍林池道路之附於地者是一鐵路測量凡地勢之高下曲直者是

布算即將日間記錄算其所求之數

繪圖有二一地誌圖一鐵道圖鐵道圖中亦備載地誌

各隊須將日間所作事報告於書記書記集其成而錄之

凡有關於學問行事或有心得及出外考察之所見所聞俱記之以備取証

凡未經報告關於公益者書記知之必載

凡楪師講述有關實習者書記錄之以便參考

測量之法不一凡經實驗之法俱述其大意一以備考一以紀實

攜帶儀器開列於左

大經緯儀	壹具	氣壓表	壹具
小經緯儀	二具	測斜儀	壹具
大水平儀	壹具	袖珍水平儀	壹具
小水平儀	壹具	繪圖	兩具
平板測器	全付	布尺	兩盤
六分儀	壹具	鋼尺	壹盤
示點器	壹具	練尺	壹束
指南儀即羅盤	壹具	距照尺	兩枝
水平尺	兩枝	旂	卌面
標杆	六枝	繪圖板大小	七方
鐵斧	四柄	照相器	兩付
鐵鏟	壹柄	參攷書	四本

鐵針　十四枚　木針　五百枚

旗架　四具

宣統元年八月

二十一日

晨膳後璞先生德率同班十二人由校至龍華鎮小憩片刻而火車至乘至楓涇車價折半蘇路公司定章凡學生旅行考察者半價以示優待先由　監督函至該公司預爲知照故臨時更易措手但自楓涇至杭則全價據該站管理人云浙路章程雖定以未經總公司關照不便擅減午後兩點半鐘抵杭車之速率蘇路每小時約四十英里楓涇臨平之間速約十英里餘以其爲新成之路也過臨平則與蘇路等速至清泰門時即遇王繩善陸世勛蓋二人先數日赴杭布置一切寓於西湖濱寶石山下女醫院此處現無住院者故得賃居窗几清潔背山面湖靜雅可愛同學下車步行來寓者至湖邊買舟而渡抵寓天已暮收理畢隨璞先生徒步於山之左右觀覽形勢至旁一草地有西人出語云此地爲伊卜居之所乃不復前進竊思西湖爲中國名區今有他族盤踞於此湖山有玷矣可歎

二十二日

本日情形詳於稟　監督函中函云生等自二十一晨起程午後五點鐘抵寓賃居於西湖寶塔傚旁女醫院中緣此處平時住院者甚少房屋軒敞合宜次日由　璞先生率生等由白隄經孤山西冷橋蘇隄翁家山毛家堡等處繞越約三十里相度地勢至午始覓小舟返寓午後周熙晉謁太守卓公蒙允照公辦理出示曉諭左近幷謂將於此修築馬路發達生業測量之事極願贊成語次尤仰　先生辦學之善云云生等更從璞先生携彝器至孤山前擬以斷橋至錦帶橋爲基綫地因其地當寶石蝦蟆葛嶺諸山之前西亘孤山達西冷橋而通蘇堤東至大閘口支路達松木塲外湖諸孤嶼亦朗列在目故測量爲便且由松木塲向賣魚橋一帶地勢弧曲崎嶇山河俱備其於鐵路之實習也尤宜分生等爲四隊每隊三人囑令自二十三日分道從事

僱小艇兩隻以便湖中往來運携彝器之用

二十三日

晨八句鐘四隊齊出（是後每日晨八點鐘出午膳時歸寓膳後復出至五點鐘歸寓故不具載）

第一隊爲王繩善康時清粱樹釗

第二隊爲俞亮顧詒燕孫同祺

第三隊盛守鑫陸世勛余建復

第四隊郭鵬周熙林莊

第一隊用經緯儀測寶雲山最高處三百八十尺

寶雲山爲葛嶺以西之支嶺

第三隊用經緯儀測蝦蟆山最高處計三百九十尺

此山當葛嶺之東亦其支脈也因形似蝦蟆故名

第二隊用經緯儀自白隄斷橋西麓至錦帶橋共長一千六百七十八尺又百分之十八定爲基綫他如寶雲山蝦蟆山寶俶塔三處測其高度平度均量六次而折中

之寶雲蝦蟆二山頂先由第一隊第三隊樹立赤幟

第四隊用平板測器測繪錦帶橋陸宣公祠平湖秋月白文公祠蘇文忠公祠照膽臺等處計長一千九百英尺

二十四日

陸世勛因送兄赴瀋陽請假一日盛守鑫調入第一隊余建復調入第二隊

第一隊用經緯儀測寶雲山此山前尙坦後甚峭荊棘叢生不易攀援蔓延亦廣

第二隊用經緯儀測至斷橋殘雪大閘口（旁有深澗泉聲日夜不絕）折而向北沿河前進至寶石山莊計一千餘尺所測者爲山河道路房舍等類

第四隊進行測繪用平板測器自聖因寺經行宮徐文敬公祠啓賢祠朱文公祠蔣果敏公祠工巡局廣化寺俞樓等處折向孤山後至西泠橋

二十五日

王繩善陸世勛梁樹釗用經緯儀測葛嶺正峯最高處三百八十尺

俞亮顧詒燕孫同祺余建復用經緯儀由頓開嶺測至寶俶山後松木場凡田舍亭渠寶石山支嶺一帶計十餘處延長一千五百餘尺

郭鵬周熙林莊康時淸盛守鑫用平板測器共測孤山康盛二人另以經緯儀定山之高度周郭林三人測繪沿山水綫勢阻不能達乃越山至林少尉墓而止

二十六日

盛陸余郭康周林等共測孤山自林少尉墓處分爲二支一向陸公祠一向山後康盛二人仍測諸點之高度最高處計一百二十二尺餘在廡各繪分圖

是日樸先生由杭回滬

二十七日　休息

上午各隊在寓繪算午後游靈隱天竺等處同游者爲顧詒燕俞亮梁樹釗盛守鑫王繩善余建復孫同祺七人共駕小舟泛後湖過西泠橋至曲院荷風登岸步行不數武爲岳武穆王廟進謁遺像廟旁即武穆王墓叩門入墓前石案一旁列四石像

又秦檜及王氏二人鐵像跪縛面墓令人見之恨檜之奸而益慕鄂王之忠既出經道村約三里許即清漣寺也寺內左廂外有方池一內蓄金魚數百鱗色或紅或黃或綠或青或藍俗呼爲五色大魚池中立一小石亭高約五六尺泉自亭下湧出而達於牆外距數十丈即聞其潺湲之聲自此尋山徑復行八九里至靈隱寺寺前壁上大書咫尺西天四字初至飛來峯下有石洞似人力所鑿寬可容數百人兩壁雕成佛像洞外峭石上俱鑿有佛像稍後復一小洞曰一綫天洞頂有石隙仰視光透一綫俗謂久觀此隙能見諸佛像不知一綫云者猶謂僅此天良容世人明覺耳而俗誤如此可笑也後爲正殿已毀圮於髮逆之亂僅存舊址左爲羅漢堂內有

高宗純皇帝塑像出寺行石級過竹林長約二里餘至頂而復下即天竺所在天竺有三曰上天竺中天竺下天竺吾人所遊者爲上天竺寺僅破屋數間而已中有市竹器者畧憩即歸歸較坦近吾人乃恍然大悟其初來也尋岐路曲徑而至故用力多而難造既熟而歸擇其近而大者行之故用力少而易至既至初登之處而小

舟依然在焉則夫事有近而大者需吾人之毅力爲之天下人利之而吾猶不失其利非吾人適行之事乎同人力未倦復乘小舟至淨慈寺寺在雷峯塔旁寺內有井井中有木適與水平僧云此木係濟顛僧以佛法運之及已足用乃止之而此木懸焉雖力拽之不能上其言多虛誕不可考姑妄聽之而已其非吾人求實之意明甚及晚阻雨而歸

二十八日

竟日大雨各隊在寓繪分圖算山勢綫之縱橫距離

二十九日

是日大雨午後稍霽測山隊因路途不便登山綦難在寓計算平板繪器隊及經緯儀隊往各曾測過之處較準度數距離至四句鐘天復雨乃歸　樸先生亦由滬來寓

後湖一帶諸山合用經緯儀測量者俱已告竣惟樹草深密之處視綫遮阻因改用

氣壓儀測斜儀指南儀以竟其事

三十日

全班重分爲四隊

俞亮王繩善爲第一隊在寓繪圖惟午從王繩善從樸先生用氣壓儀測斜儀指南儀自寶石山後越頓開嶺蝦蟆山葛嶺寶雲山測其後路之高度平度形勢蜿蜒十餘峯折繞而至岳墳因隔夜天雨山路滑滑 樸師躓焉王繩善蹶傷及手

周熙余建復陸世勛爲第二隊用經緯儀補測蝦蟆寶石兩山前諸要點午後測寶石山後進行綫至田教士門前而止

盛守鑫梁樹釗孫同祺爲第三隊用經緯儀測葛嶺蝦蟆二山之谷幷蝦蟆以東二峯最高點定其角度凡量六次而折中之

顧詒燕康時清郭鵬林莊爲第四隊顧詒燕康時清用經緯儀自寶俶塔下沿後湖向西測至西冷橋計長四千九十四尺郭鵬林莊用平板測器隨經緯儀綫繪沿後

湖岸屋田地至招賢禪寺計長二千六百四十六尺

九月初一日

樸先生率俞亮及第三隊測松木場一帶小山至寶石山後王繩善在寓繪圖午後第一隊從樸師測蝦蟆葛嶺前山之角度形勢第三隊仍往松木場詳測房屋林池山谷諸要地

第二隊讀舊綫繞山徑而達湖濱所經之處大都爲西教士之產循牆繞進而已午後在寓繪圖

第四隊午前顧詒燕康時清用經緯儀從寶俶塔前東測至斷橋計長二千餘尺郭鵬林莊用平板測器自招賢寺繪至西冷橋計長一千四百餘尺午後康時清在寓繪算郭鵬林莊顧詒燕用平板測器依經緯綫自寶俶塔前東測至斷橋

初二日

晨七點鐘　樸師乘車回校

第二隊在寓繪算梁樹釗繪昨日所測分圖盛守鑫調入第一隊用氣壓儀測斜儀測葛嶺至寶雲高低角度形勢未竟薄暮而止

孫同祺調入第四隊用經緯儀自東冷亭折向山麓沿近山路綫測繪山前房舍林田等處至地藏菴而止此路與昨日所測者爲平行綫

初三日

俞亮王繩善盛守鑫仍用前法續測葛嶺以西山胍至晚測畢餘隊在寓繪算午後康時清郭鵬孫同祺往蝦蟆山等處察証所測路綫

初四日　休息

午後同人駕小艇過錦帶橋入外湖先至湖心亭上惟破廟周圍數十丈而巳由湖心亭至三潭印月周環皆水初登岸爲彭剛直祠過橋十數曲皆成卐字至一亭亭之左右菱荷彌望亭前有小石塔三直立水面以誌水深云由此渡過西冷橋至裏湖去岳廟二三里爲宋莊中有樓閣玲瓏可愛去宋莊爲劉庄劉庄主人近居之遊

者不得入聞湖中各莊劉莊最勝云遂舍此而至高莊中雖不及宋莊之華麗而幽雅過之古樹茂竹類隱者居所謂宋莊劉莊高莊者皆豪富之别墅也杭人性好勝凡家稱素封者率築别墅或建墓於西湖之濱構築務求精細以爭榮焉有罄家產而爲之者吾甚怪之能移此而營實業豈不美歟雖然吾人今日之遊亦甚樂也遂歸而誌之

初五日

梁樹釗顧詒燕余建復孫同祺用經緯儀自廣濟醫院養息所門前進測至寶石山項高二百十尺上爲寶俶塔近塔一花園西人明醫生所築内有石亭曰西爽亭路皆石級既及其巔測事亦竣小坐草地少息而歸是日天甚煖汗流漬衣

午前郭鵬康時清林莊用經緯儀測寓所左右房屋午後在寓繪圖

上午俞亮盛守鑫用氣壓儀測斜儀往寶石蝦蟆兩山之間添測數點午後俞亮在寓繪圖施色盛守鑫周熙陸世勛從璞先生至孤山測量及其左旁小山高四十四

尺午前周熙王繩善繪圖

自八月二十三日起至此不及半月而後湖告成本擬測完全湖因從事鐵路測量爲日無多故地誌測量僅取足敷鐵路之用而已

初六日

午前全班從樸師外出勘路先定大勢由寶石山後松木場向賣魚橋進發經師古聖堂闌陵三橋地勢平坦桑林羅列無山河以資習練乃另尋僻地沿田塍溝岸繞行而歸地多窪濕高下不齊蔓草沒身半途遇雨至寓衣履盡濕是日勘路擬定由頓開嶺依山足繞行以便軌弧之實習過休息亭爲低田高岸以便築平之實習由上林橋過河至桑林而止以便橋梁之實習長約四里餘

午後復雨至三點鐘稍息樸先生率周熙林莊往白堤一帶較正角度甫及該處阻雨未果遂歸

初七日

擇定寶石山後亨記公司旁小石橋角爲鐵路測量之基點王繩善盛守鑫爲經緯儀隊依法將儀器較準無訛卽由基點選定路綫測算偏倚角針角過松木場約二里遇雨而止

周熙郭鵬余建復携皮帶尺木樁等物隨路綫尺量凡離一百尺爲一站如遇地勢凸凹之處則多設木樁作爲分站相距無定因勢制宜

顧詒燕粱樹釗林莊用水平儀依路綫所揷之木樁測其高低兪亮陸世勛用水平儀依路綫測設基點以便隨處參証

康時清孫同祺用平板測器隨所定路綫測繪左右地勢田舍林河由是產業之貴賤山河之障碍有所取證以便購地時路綫之參攷

初八日

竟日陰雨恐儀器受濕銹損未出晨樸先生因授鐵路建築新課

初九日

竟日天雨楪先生授鐵路建築新課既而乘車回校陸世勛告假一日

初十日

俞亮孫同祺用水平儀續設基點自大閘口湖濱小石橋右第四石板起至蝦蟆山後小界碑止長約四千尺造基點三復由小界碑測回至原處所差較應得之差僅四分之一

顧詒燕粱樹釗林莊用水平儀自寶俶塔後測地勢之高下續前綫直進至休息亭計長三千一百尺

王繩善盛守鑫用經緯儀測勘路綫計二里餘後復尺量至一千六百尺

康時清余建復用平板測器續前綫測繪山林田地共計一千八百尺之遠

周熙郭鵬尺量路綫之遠近登山躍溪斬草樹幟共量二千五百餘尺

十一日

康時清孫同祺用平板測器續測繪至第三旗去第一旗共一千八百餘尺

周熙林莊用水平儀較證地平綫以第三基點爲證點
王繩善俞亮盛守鑫用水平儀前測共六百餘尺
顧詒燕郭鵬余建復較証所測路綫
下午梁樹釗率舟子携儀器較証所測房屋地勢之高下以第三基點爲證點
陸世勛假歸
午後周熙郭鵬林莊康時清孫同祺同游韜光駕小舟至毛家堡登岸行四五里而至靈隱由靈隱尋石級而上壑谷之間泉聲如雷上不過三里而至韜光初進卽爲正殿旁小門通一精舍游人於此憩息斯處向後爲一亭亭踞巖上可觀錢塘江西湖細如勺水仰視則北高峯頂登峯别有路韜光僅居半山中耳所見已足開拓胸襟同人力倦不復登遂歸

十二日

康時清陸世勛盛守鑫孫同祺用平板測器測完第四旗周圍要地復用袖珍水平

儀沿路綫測其左右諸點之高下午後梁樹釗孫同祺續測繪至第五旗之要地計長七百餘尺陸世勛盛守鑫仍測路綫左右諸地

上午王繩善周熙從第三基點用水平儀續建基點三至河邊界石長計二千尺較證合差限

顧詒燕梁樹釗郭鵬尺量造點共二千餘尺

俞亮林莊余建復用水平儀測站點之高下共長一千五百尺

下午康時淸郭鵬從第六基點添設二基點

王繩善周熙余建復林莊尺量路綫及水平儀之測量

俞亮顧詒燕用經緯儀定路綫續建三旗

十三日

是日雨王繩善俞亮繪路綫圖顧詒燕梁樹釗繪縱剖面圖餘隊各算地勢之高低複繪平板測圖

下午陸世勛告假

十四日

竟日雨不止同學在寓繪全圖俞亮施色　璞先生於午後帶同王繩善康時清盛守鑫冒雨携袖珍儀器補測寶石山未完之處

十五日

第一隊盛守鑫余建復用水平儀測量路綫之高低第二隊俞亮林莊孫同祺隨第一隊尺量路綫之長短

第三隊康時清郭鵬按前綫續定基點

第四隊顧詒燕周熙陸世勛用袖珍水平儀測量路綫左右高低

樸先生率王繩善至寶石山支脈用氣壓儀測斜儀補測數處

各隊測事及半忽遇大雨忽忙返寓半途遺失鐵斧一柄鄉人見之檢隨送還

梁樹釗因勞力身乏感受時邪在寓抱病

十六日

盛守鑫余建復用水平儀測路綫之高低至上賓橋過河至六千九百三十英尺之紅旗止計長一千九百餘英尺

俞亮孫同祺携皮帶尺斧樁等件隨盛隊尺量遠近亦共計一千九百餘英尺因隔夜天雨路多低田水積成潦田隴之間稻草堆塞跨越而過襪履浸濕午後兩點鐘與盛余二人同返寓午膳因該處去寓所四里餘路途往返需時故事竣始歸暫定路綫共計長六千九百三十英尺至此告竣午後在寓繪算

上午郭鵬康時清用水平儀續定基點至上賓橋王繩善在寓繪視形綫圖午後康時清與王繩善用平板測器詳測路綫左右田舍等類郭鵬在寓繪圖

梁樹釗病仍未愈擬於次日回滬作呈監督稟一函

十七日

梁樹釗晨乘火車返滬遣僕送之

全班十一人隨樸先生入錢塘門出清泰門經太平門艮山門至拱宸橋沿浙路軌綫考察一切軌闊四尺八寸七五英尺每軌長二十九英尺半下橫枕木十三枝兩軌接續處相離少許以備漲縮若兩軌緊接及漲必外張矣其溝道之處無須造橋居民利用其水不能遽塞者則造弓形陰渠以三合土築成較之造橋費省而工易蓋橋必用木料鋼板而此則僅需甎石三合土而已吾人所察者二橋一近清泰門爲桁橋用工字式鋼梁駕於兩岸之基礎連接處俱用緻釘上橫枕木再上爲鐵軌一在深塘灣爲半下路橋長四十九英尺版桁高四英尺二寸濶自中心計算共十二英尺九寸橋底去水面十一英尺鋼板厚半英寸頂板寬一英尺五五寸厚半英寸牀梁寬一英尺四七五寸自清泰門至拱宸橋十五里之間橋之最長者僅四十九英尺其至楓涇之間亦無如蘇路之大者吾人又量軌弧二處一去閘口十八里爲一度左右之軌弧半徑約六千英尺每及軌弧外軌漸次提高以禦車頭之離心力此處最高點爲二英寸約合行車率每小時五十英里之度一在艮山門左近曲

線甚銳察得軌弧約四度左右半徑約長一千二百餘尺另有枝路入城午後兩點半至拱宸橋午膳五點鐘抵寓

十八日休息

十九日

全班分爲三隊携經緯儀用欹角法測軌弧三處軌弧之半徑從圖中試求得之百尺所承之角D度按表求之軌弧總度從折角法求之切綫用公式求之

第一軌弧半徑長一千四百六十九英尺四百尺度三度五十四分軌弧總度四十四度二十一分切綫五百九十八英尺九

第二軌弧半徑二千五百二十七英尺九百尺度二角十六分軌弧總度二十二度四分切綫四百九十英尺九

第三軌弧半徑一千五百六十二英尺九百尺度三度四十分軌弧總度一百十一度十九分切綫二千二百八十八英尺　此軌弧較銳吾人意度繞行大山以免塹

山之費

二十日

樸先生率顧詒燕郭鵬盛守鑫用平板測器測繪至上甯橋計長二千尺其餘各隊揷置斜坡樁數處午後收理儀器周熙繪縱剖面及路綫圖俞亮康時清繪地誌圖并施色晚作告辭杭州太守卓公禀以申謝悃定於次日返校陸世勛因家務告假

二十一日

從　樸先生由清泰門乘火車返滬至龍華遇雨午後四點鐘至校次日謁見　監督繳呈護照

經緯儀較差法

較差法有四一較正羅盤之水平泡使管與羅盤相平二較正視遠鏡上之縱橫線使橫平縱直三較正鏡架柱使之同長而鏡軸與羅盤相平四較正視遠鏡上之水平泡使與視綫相平然後經緯儀有水平儀之功用五較正縱度

(一)經緯儀置地須平水平泡務使適中垂錐尖適指木樁之中旋轉羅盤一周倘水泡無時偏離中心則管與羅盤適平如稍有偏離即以鋼針旋轉水平管上之螺旋以至水泡周轉各點皆處適中而止

(二)甲 水泡適中後用視距尺距鏡下之木釘三百尺之處鏡視之記鏡內上下二綫所容之尺數（每容一尺則經緯儀去木釘爲平地距離一百尺）再前移尺距鏡六百尺之處鏡視之亦記其上下二綫所容之尺數然後以視遠鏡豎轉使首尾易位再以羅盤向右橫轉半周尺如前置於三百尺距離之處鏡視之上下二綫所容之尺數使與初視之尺數大約相同此時雖稍有差目不能清視復前移尺至六百尺之處視之則鏡內二綫所

容之尺數與初視六百尺處之尺數其多寡之差顯然易見務須記其所差之距離若干較正此差移動的板使上之交綫適居差數距離之中拑緊羅盤以鋼針轉鏡管上之螺旋以至鏡內之中綫與的板上之交綫相合爲準

(二)乙 横綫較準後乃擇一定點鏡視之使鏡內之縱線與之合視後豎轉測遠鏡首尾易位乃設新點甲以釘誌之就與鏡之縱綫合而左右之再右轉羅盤縱綫仍視至原點再豎轉視遠鏡此時若縱線仍指甲點更設乙點以釘誌之就與鏡之縱綫合而左右之如是則甲點與乙點相距之差從可較正蓋當差距之中設一丙點拑緊羅盤乃用鋼針轉鏡管旁之螺旋適合丙點而止

(三)水泡較平後隨視一高點甲拑緊羅盤勿使左右移鏡稍側下視一高點乙而誌其高度若干然後直轉測鏡首尾易置鬆活羅盤横轉至一百八十度仍視至高點甲乃使測鏡側下與前之高度同再視乙點如與乙點適合即無差如離乙點或上或下較正此差可轉鏡架近上之螺旋使中視綫至差距之半

（四）水泡使平距儀器之中心點前後各揷木釘一甲與乙各距中心點二百尺揩緊鏡管使之不能上下移動用尺置甲點與乙點處讀其高低尺數爲呷與吃求其較謂之較一即甲乙二點高低較儀器移至甲點後之丁點再讀甲乙二點之尺數爲呷與吃求其較謂之較二如呷及吃之較與呷及吃之較不同即爲差數公式爲

$$差=\frac{甲丁}{乙丁}(較_一-較_二)$$

差數算出後爲幾何尺數乃置水平尺於乙點下移的板至吃減或加差之數視差數之正負爲比例

如法視綫雖已較正但鏡管上水平泡必離中點乃轉鏡管水平管小螺絲使適居中

（五）轉正切螺旋使鏡上水泡居中於是鏡管平察圓度是否與遊標相交於圈度如否則旋其圓度使之就正

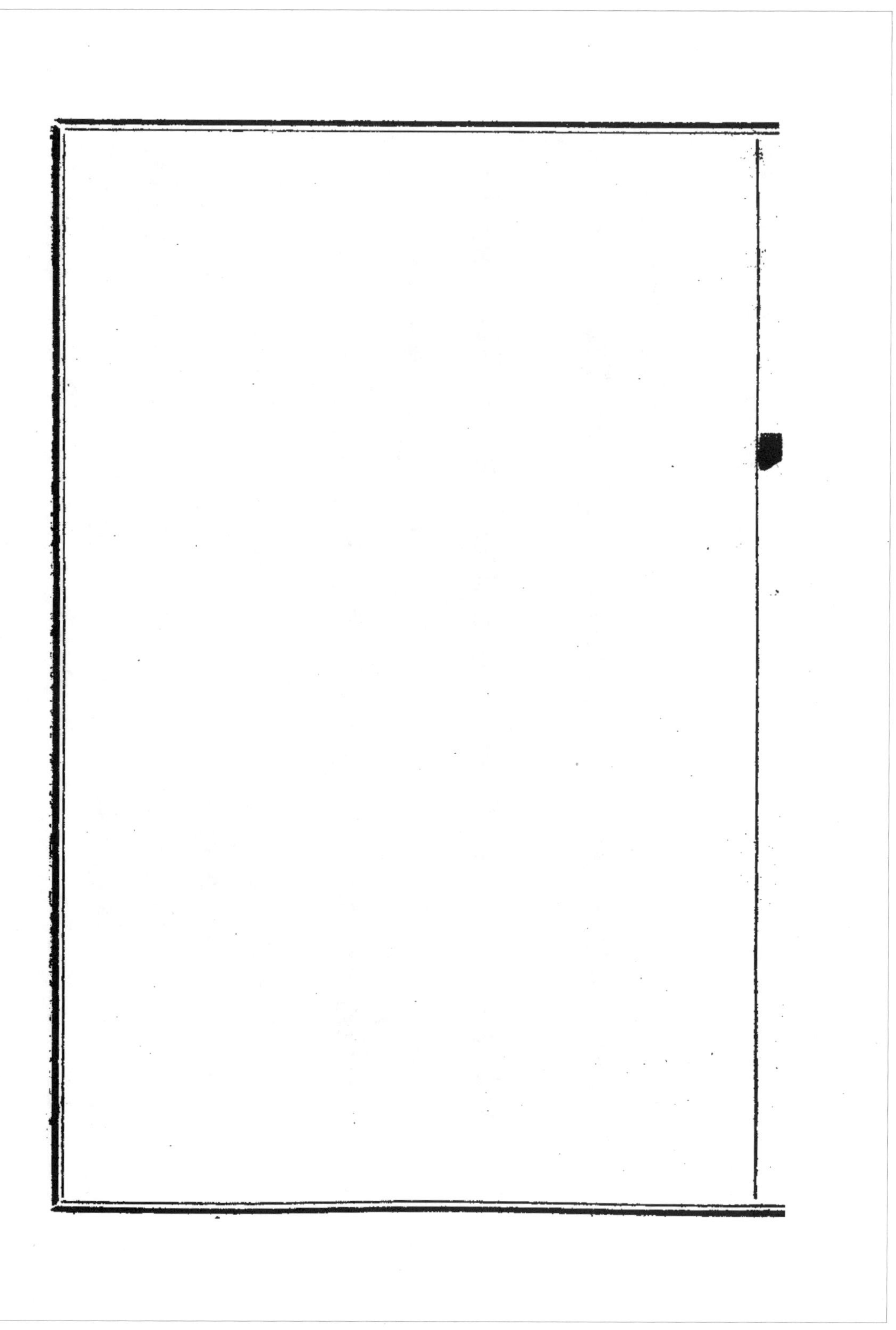

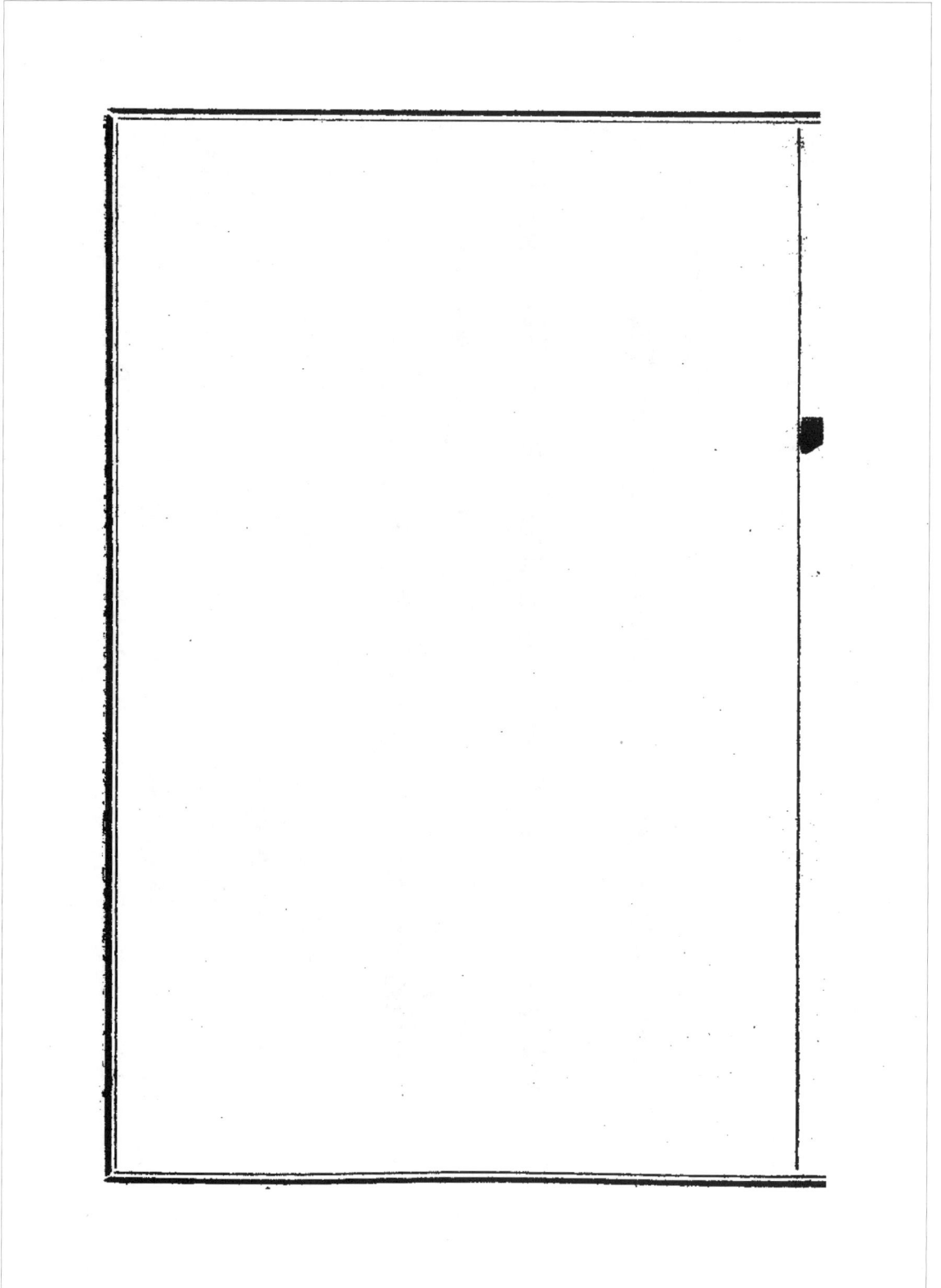

Y水平儀較差法

取平之法有三

一十字線較正　二水平管之較正　三Y撑柱之較正

水平儀置之須平使平之法旋轉大螺旋視水平管中之泡適居其中然後視準一定點鏡內之十字線與之相合視鏡上有螺旋可旋轉使恰對定點開其揩環將水平鏡轉置使水平管在上再對視視以前之定點如仍與定點對合則無訛舛若離定點則將鋼針撥鏡上螺旋使視綫至距離之半

復將水平管內之泡使之處管之中其較正之法有二一使水平管與頸軸成一平面二使水平管與測遠鏡底平行開其揩環使測遠鏡左右稍轉如水泡偏移須用橫針撥螺旋以至水泡適中雖上下周轉亦無偏移即爲平準水泡處中之後提出測遠鏡首尾換位而置若水泡偏移用鋼針撥螺旋使水泡至偏移距離之半

第三法即使水平管與下橫軸平行當水泡與頸軸相平後將橫軸下螺旋放鬆轉

橫軸至首尾易置若水泡偏離則轉橫軸上之螺旋使水泡至偏移距離之半

袖珍水平儀測山勢法

若欲測五尺高山勢綫法用水平尺置站點甲水平儀向高移與站線正交成直角至一點乙置五尺之竹竿頂高視水平尺至十尺之線則站點乙較高於甲點五尺矣甲乙距離以尺平量之向上各點仿此若水平尺下移至一點丙水平儀在甲點處視至水平尺十尺之線則站點丙較低於甲點五尺矣甲丙距離以尺平量之向下各點仿此如是則站點左右正交綫之高低可得而知若站點之高爲十七尺則不可以五尺之高距計算必須移站用水尺下移至一點較站點低二尺或向上高三尺之處爲新站點欲測此點左右之高低如前法行之沿路綫距站點甲十尺之處再定一分點用袖珍水平儀測其高低山勢綫如前法測之

視距測山勢法

在一站點能看見山之一面諸點站點可少用若遇阻碍之處有不及測視之處宜用進行法而移測鏡於次站

經緯儀置平司視距照尺者擇山坡凹凸之處以尺立之測鏡之高先於尺上誌之（設高三尺）司鏡者先視至鏡高之尺數（三尺）隨讀其雙綫所容之尺數與高度平度平度或從站綫起算或從子午綫起算以後法爲準如是而一點定依法更測他點以至足用而止

既知高度依表將所讀尺數乘表上之平距離即得某點之平距離乘表上高數之較即得某點高過某站之數再加某站之高此點高於海面之數得矣（若某點低於站點須從站點之高減去高數之較）

若高度過二十七度須用公式計算

平度及平距離既得然後一點之位置可於圖中繪之旁記某點之高勢綫繪法以

直三角理推算

測斜儀羅盤氣壓儀

羅盤儀測點之平度自子午綫算

測斜儀測點之高度

氣壓儀測點之高

造基線法用三角測量法

地誌測量先定基綫以兩基點成之在兩基點須於四圍諸地房舍等類俱能視及基點甲至基點乙之距尺量之用經緯儀置平於基點甲擇四圍各點中之最高最久易地而能見之點如塔尖及山頂所插之旗等測鏡合置圈度視準乙點後乃右轉而視塔尖讀其高度平度羅盤與下鋼盤兩相合緊右轉視乙點鬆羅盤而右轉仍視至塔尖讀其高度平度如是凡三次或五六次不等求其中數角差愈微則方向愈準經緯儀移置乙點依法測之則塔尖之位置定而基綫成矣

進行測量法用經緯儀距照尺皮帶尺標竿木釘等物

基綫既定用經緯儀置平於基點甲測其四圍所需之點高度平度鏡測之平距離高距離以皮帶尺或距照尺量之如不及見諸點可移儀器於基點乙測之在乙點不及見之點可再定經緯綫至一點丙成乙丙綫測其折角量其距離儀器置於丙而丙點左右諸點可測矣若點丁之所在足不能至可用二點法在乙點測至丁而量其角度在丙點測至丁而量其角度則乙丁丙丁二綫必相交於丁點而丁點之位置定如是乙丙綫之長短及丙乙丁角乙丙丁角既知可用三角法推算乙丁丙丁二綫之遠近高距離亦可由此法算出

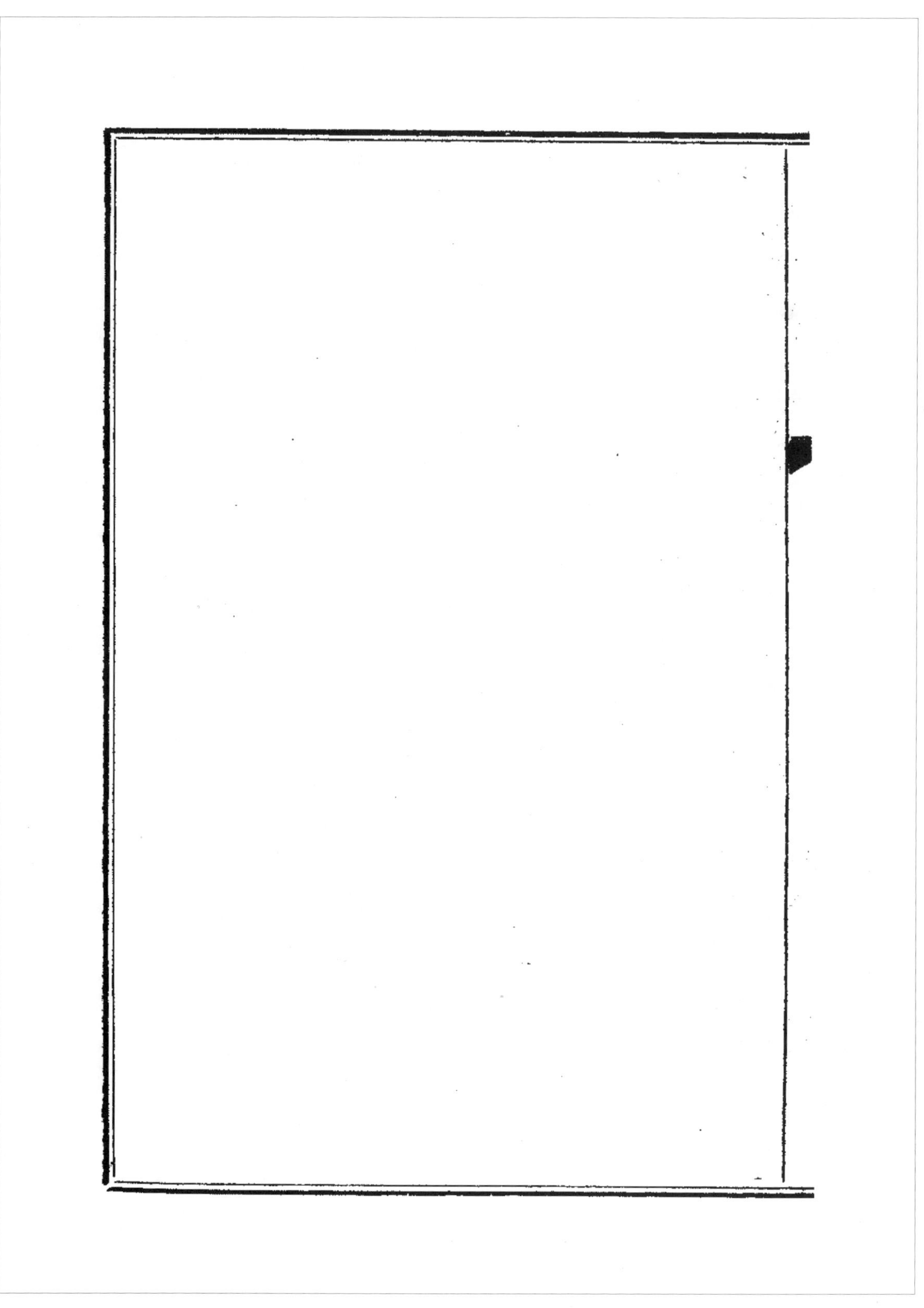

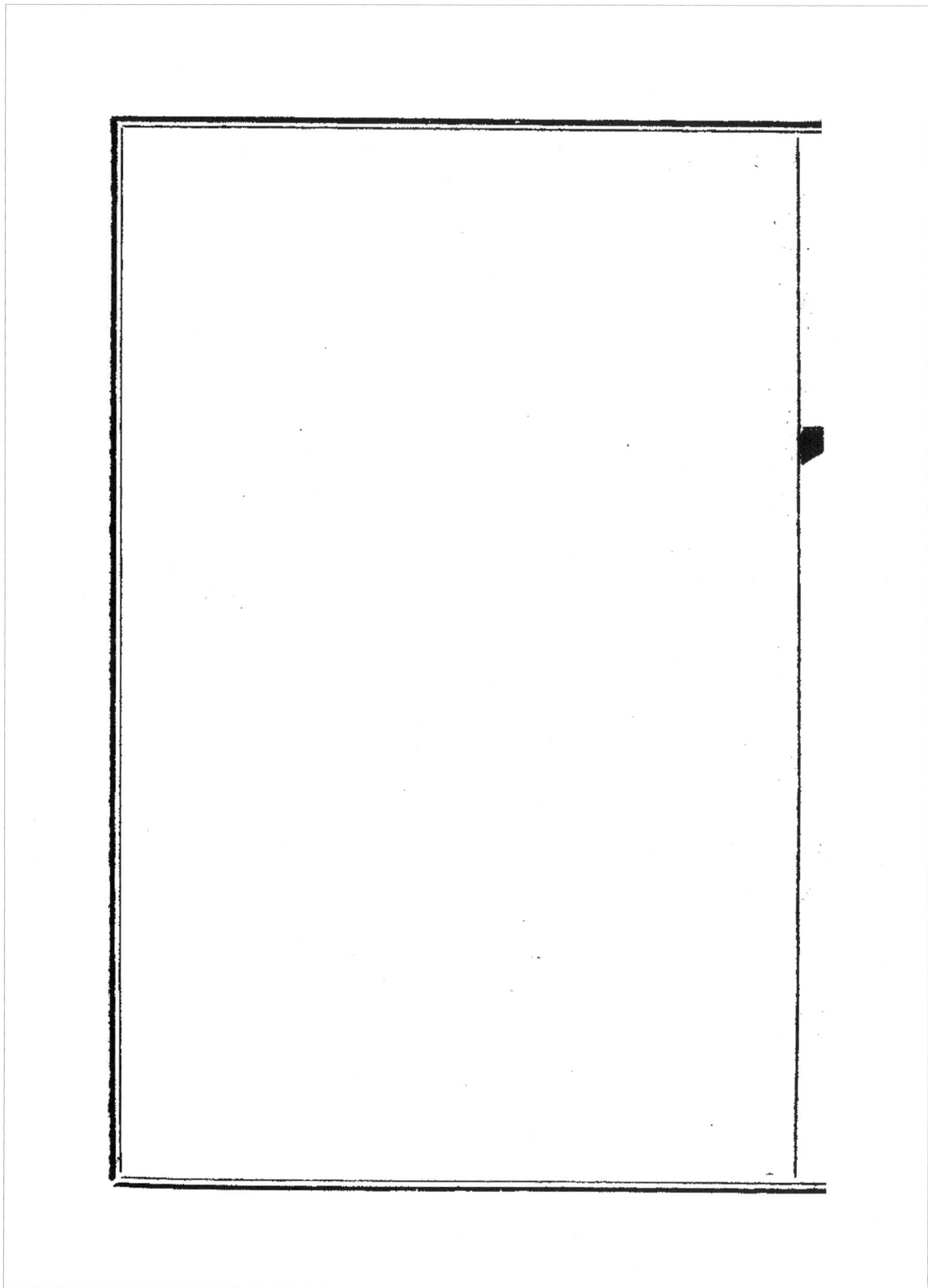

平板測器測繪法

此器爲測遠鏡一四方平板一鏡下連以銅圭圭上載一水泡器鏡內上下二綫所容爲一尺則地平距離爲二百尺測法甚多吾人所用大抵轉角法交點法居多

轉角法　平板置於站點甲上鋪繪圖紙視銅圭上之水泡居中與否若稍偏移宜轉三足架上之螺旋使之居於中心以針着紙與甲點相對依銅圭先畫站綫及其距離然後測繪站綫兩旁田舍等類法用距照尺置於田之曲突處銅圭緊依針之一邊讀其鏡內上下二綫所容尺數畢依銅圭畫一綫爲方向之所指以所容尺數計算距離定點之位置又移尺至次點如前法繪圖以至諸點足用而止若目所不及之處可移器於次站乙惟在甲站時須前視乙站之標竿畫甲乙綫至乙站時銅圭依甲乙綫視甲點爲準如是乙站四圍諸物可依法測之

交點法　設不能及之地欲繪其物當用交點法法以儀器置於第一站測遠鏡依針視物之各點以綫誌之乃移儀器至次站依法視前諸點亦以綫誌之則此諸綫

必與前諸綫各各相交諸交點備物之形體可繪矣

設基點法（用水平儀水平尺）

鐵路測設基點須隨路綫而定以備較證各點之高低而取近於基點者也先擇一堅久之點甲如石橋界石等類是其距海平綫之高可度地勢而意決之命爲甲基點水平儀任置於一點乙較正其差而後視甲點處之水平尺讀其尺數此尺數加甲點之高即測鏡去海面之高於是移水平尺於測鏡前任置於一點丙（須在石碑石橋等處最妙）前視丙點讀其尺數如是測鏡之高減去丙點之尺數即丙點去海面之高而基點丙定矣移水平儀於丁點後視丙點之水平尺而前視戊點之水平尺各記其尺數則丙點後視之尺數加丙點之高爲測鏡在丁點之高從此數減去戊點之尺數即戊點去海面之高而基點戊定矣依法至於路綫之盡處而止由末一基點同前測回至基點甲各點尺數俱備按公式求其差

$E=0.02\sqrt{S}$　式中E爲差數S爲水平儀遷移次數

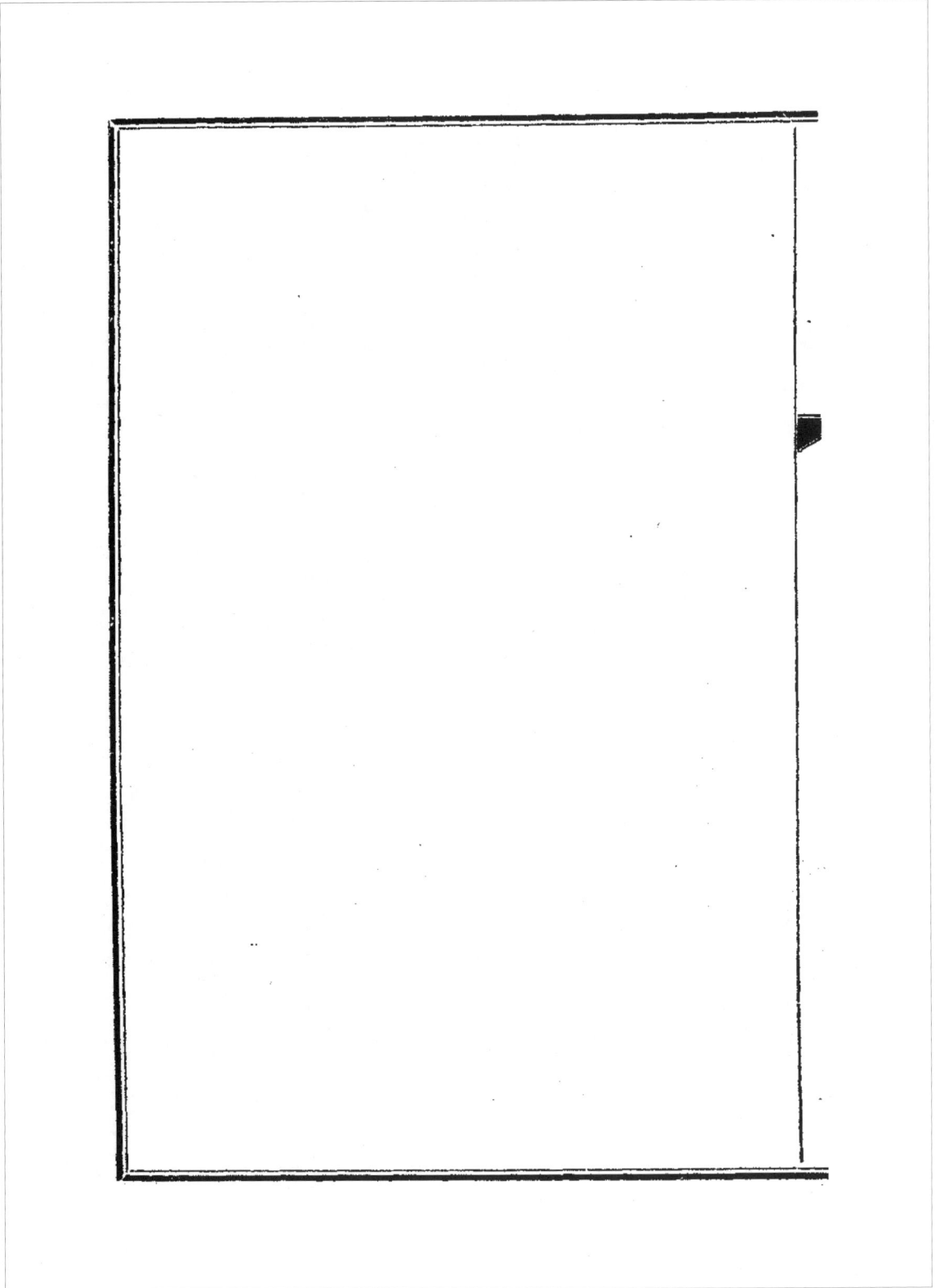

測縱剖面綫法

路旣勘定則用經緯儀測各點折角與方位角但子午鍼係磁鐵製成有吸鐵之性若近鐵質如經過鐵礦之地則失其用較正此差宜用求正北法

路綫測定後水平儀隊由基點甲沿路綫量其遠近測其高下測法與定基點相同平坦之地每量一百尺揷一木釘爲一站若遇地勢不平則擇其高低交界處量其遠近揷木釘作爲分站凡池塘溝壑須量其寬窄測其深淺以備塡平若遇河道有關水利不能遽塞者當造橋梁各站木釘須將遠近高低記其上以備平板測器隊及袖珍水平儀隊參用路綫圖橫綫比例尺以一寸比二百尺縱綫一寸比十尺各點測定後就最近旣設之基點如丁點測其高低與測站點同現測之高低與基點隊所測丁點之高低相比較合數爲準

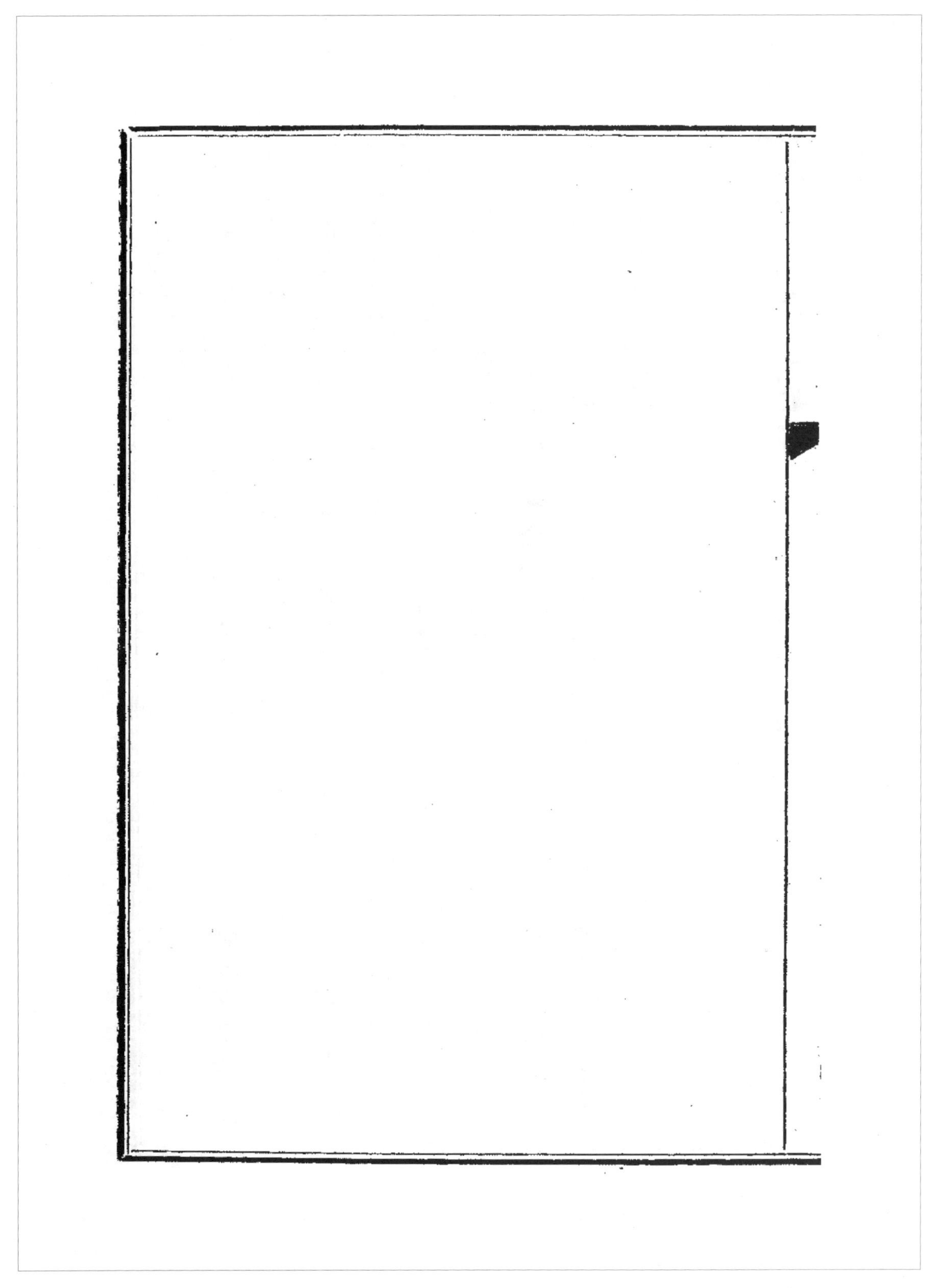

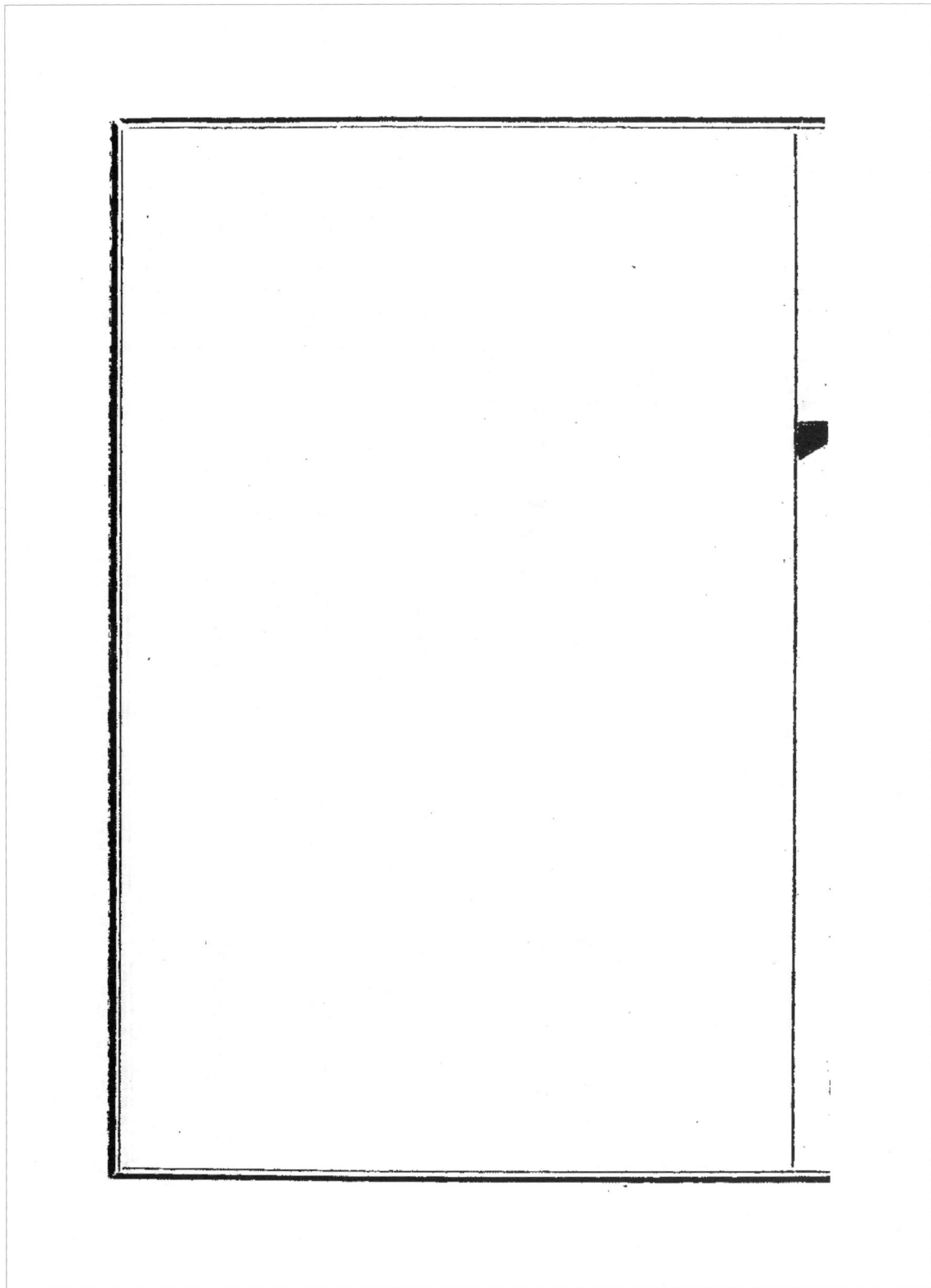

求正北法

北極星相連有七星而北極星最高又有七星在其南此七星中最高之二星與北極星成一直線於十四星中反復求之北極星之位置可知北極星繞行天球之小周其中心點爲北極軸所指此點即所求之正北北極星自東而左轉繞左右兩極點均有定時察視之前按 Tracy 第四表可以求得中歷九月十六日在杭按表求得北極星居西極點之時爲上午四點三十分鐘前此十五分鐘即將經緯儀如法置平隨北極星左轉至西極點然後拑緊羅盤將視遠鏡下垂距鏡三四百尺設一點適與鏡內縱線相值此綫與正北綫所成之角爲北極星在西極點之方位角後視此點按第五表求得方位角旋視遠鏡右轉至方位角之度數此綫即爲正南北綫

測軌弧法 用折角法

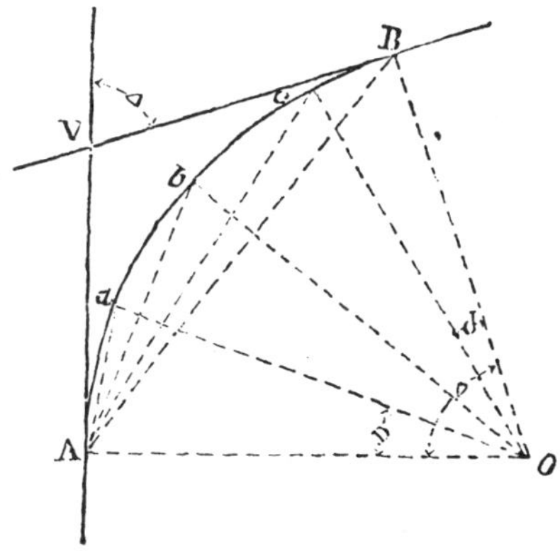

絃線與切綫所成之角或二絃所成之角度數爲所包之弧折半數起點在A若Aa站綫爲一百尺算其折角VAa（等於$\frac{1}{2}$D）經緯儀轉置$\frac{1}{2}$D度前視以帶尺一百尺從A點移就使與視綫相合則a點必居弧綫上插釘誌之Aab角爲加折角等於（$\frac{1}{2}$aob）即（$\frac{1}{2}$D）加於前折角前視以一百尺之帶尺自a移就與視綫合至b點則b點必在Ab綫上亦即爲軌弧綫內之點至cB不足一百尺所包之度所加折角cAB（$\frac{1}{2}$d）小於（$\frac{1}{2}$D）度VAB角雖爲△角之半而cAB角須以法求之法以總角度△用百尺度D除之得站數亦即尺數加起點之站數則軌之止點可知若起點爲四十七站加三十二尺則四十八站之折角爲$\frac{68}{100}$×$\frac{1}{2}$(D)以次每站加$\frac{1}{2}$D爲一百尺所包之度也若至末站爲五十二站加七二

尺二依法求其加折角察証法以諸折角之總數等於總角度之半即爲合數若弧綫爲障物所阻當移經緯儀於次站設欲自A站移至c站在A站時置折角VAc在圈度又一邊追移至c站後視A點右轉合於圈度則視綫爲c站之切綫測鏡豎轉首尾易置前弧又可測矣

中西名目表 器具類

經緯儀 Transit　袖珍水平儀 Locke Level

Y水平儀 Y-level　布尺 Cloth Tape

平板測器 Plane Table　鋼尺 Steel Tape

氣壓表 Barometer　水平尺 Levelling Rod

測斜器 Clinometer　的板 Target

指南儀 即羅盤 Compass　木針 Stake

距照尺 Stadia Rod　鐵針 Pin

中西名目表 測法類

基線 Base line　方位角 Azimuth

基點 Bench Mark　站 Station

進行測量 Running traverse　平度 Horizontal angle

山勢測量 Contour
縱剖面圖 Profile
測軌弧法 Setting Curve
折角 Ddflection Angle
插置斜坡釘 Setting Slope Stake
鐵路測量 Railway Surveying

高度 Vertical Angle
高低 Elevation
遠近 Distance
比例尺 Scale
地誌測量 Topographic Surveying

鐵路工程一班生

康時清　俞亮　周熙　王繩善　顧詒燕　盛守鑫
陸世勛　梁樹釗　林莊　郭鵬　余建復　孫同祺

謹記

《工程学报》简介

《工程学报》(*Engineering Review*)于1925年5月在上海创刊,系综合性工程类期刊,半年刊。由交通部南洋大学工程学会编辑出版,原定一年出版两期,由于经费难筹,仅出版1期即告停刊。

南洋大学工程学会成立于1921年9月,由机械科学生陈广沅、吴达模等发起成立,以"研究工程学识,讨论工程问题,引起同学对于工程上的趣味及观念为宗旨"[①]。学会下设研究、参观、出版三部,会员以机械、电机等工程科师生为主。研究部的主要任务是组织学生开展工程研究、邀请工程界知名人士及科学家来校演讲、举行工程表演、组织参观工厂、发行《工程学报》等。研究部下设机车、无线电、电力、汽力、材料试验、数理化六股,组织会员按不同学科,分别开展工程研究和学术讨论活动。参观部则组织学生到各类企业工厂参观。出版部主要创办学术杂志,交流研究成果和心得。1924年工程学会完成改组,有鉴于南洋大学以工科著称,而工科出版物付之阙如,决议创办工程刊物。学会聘请工科教授张廷祥、魏诗墉等担任名誉编辑,钮因梁、庄前鼎等担任名誉会员[②],同时向南洋大学各科工程教授、学生及校友征稿。该刊为南洋大学工程学会会刊,办刊宗旨为介绍工程学术,传播工程消息,以"与志工程学者,通声气,共研求"[③]为目标,实现"以一校之意向,播为声气,而转移一世之习尚"[④]的宏愿。

创刊号封二特别将淩鸿勋、周仁等捐助者姓名、捐款额一一列出,以表谢忱。插画部分登载了校长淩鸿勋(竹铭)、教务长周仁(子竞)的肖像,英国茂伟电机制造厂之一工场

---

① 姚远、王睿等主编《中国近代科技期刊源流(1792—1949)》(下),山东教育出版社,2008,第644页。

② 《南洋大学工程学会之新发展》,《申报》1924年7月3日,第14版。

③ 编者:《发刊词》,《工程学报》1925年第1期,第1页。

④ 《工程学报序言》,《工程学报》1925年第1期,第2页。

的全景图。凌鸿勋校长为《工程学报》作序，认为工程学博大精深，发展日新月异，勉励办刊同学“传工程学识之嚆矢而钻研不已，亦足以推陈出新，以应社会之需要”。①

正文部分分为专论、通论、工程消息、通讯四个栏目。专论栏目是精深的工程学研究文章，有谢仁的《汉口电车铁道商榷书》、赵曾珏的《磁感式之电气炼钢炉》、费福焘的《电机实用管理法》等。通论栏目多为国内外参观体会、实习经验的文章，亦有国内外水电、电气等工程事业发展概况的介绍，还有国外工程领域知名教授有关工程学生与社会关系的讲座译稿。工程消息栏目有四川兴办水电的消息及《工程问答》。通讯栏目则登载《民国十三年度本校大学一年级入学试题》《南洋大学美洲同学会通讯》《投稿者小传》。

该刊撰稿人主要是工程学会成员，有的还有海外留学、实习经历，如英文文章 *My Impression of American Railroad Practice* 一文作者陈广沅，为 1922 年南洋大学机械科毕业生，曾任工程学会第一任会长，学生会会长，受交通部委派前往美国伊利诺伊大学攻读铁路工程，在圣保铁工厂实习。《加拿大水电力事业之一斑》的作者陈体荣，为 1923 年电机系毕业生，曾任工程学会第二任会长，入读哈佛大学研究院，曾往加拿大铁路公司实习。将普渡大学工科科长璞特氏演讲词《工程学生与社会》译为中文刊发的茅以新，为茅以升胞弟，1923 年毕业于机械科，曾任工程学会研究部长，南洋周刊社主任，受交通部委派前往美国车辆公司实习。

① 凌鸿勋：《序言》，《工程学报》1925 年第 1 期，第 1 页。

交通部南洋大學工程學會

ENGINEERING REVIEW

ENGINEERING SOCIETY
NANYANG UNIVERSITY
SHANGHAI

第一卷　第一號

捐款台銜一覽

凌校長先生 十元
周教務先生 十元
李熙謀先生 五元
吳玉麟先生 五元
黃叔培先生 五元
陳石英先生 五元
鄧宗堯先生 五元
謝　仁先生 五元

裘維裕先生
杜光祖先生 [illegible]
徐佩璜先生 十元
周　銘 十元
徐名材先生 五元
周增奎 五元
曹　鋌 五元
梁樹釗 五元

敝會承上列

諸先生慨予捐助敬表謝忱

又承

美國丁門女士 (Miss. Mary Dingman) 捐贈書籍多種併此誌

感

工程學會謹啓

工程學報

目錄

插畫

校長凌竹銘先生小影

教務長周子競先生小影

英國茂偉電機製造廠工場之一及該廠全景

發刊詞

序言

專論

漢口電車鐵道商榷書

磁感式之電氣鍊鋼鑪……趙曾珏

電機實用管理法……費福燾

電障器……伯　元

通論

工程學生與社會……

工程學生赴歐實習之新途徑……

電氣對與人體之研究……

蘇州第一發電廠實習鱗爪……

加拿大水電力事業之一斑……

青島之工程與工業……

震華製造電機廠

閘口機車廠實習觀察記

上海工務局電氣企業近況……………………………………………………………………陳華松

華商電氣廠參觀記略

交通部上海電話局參觀記

大華利衞生食品公司參觀記

工程消息

四川將辦水電

工程問答

通訊

民國十三年度本校大學一年級入學試題

投稿者小傳

校長凌竹銘先生

教務長周子競先生

英國茂偉電機製造廠工場之一

該廠全景

（請參觀本報趙李二君之工程學生赴歐實習新途）

發刊詞

我校素以工科著名國內，而屬于工科之出版物獨付闕如，既無以發揚大學之精神，而同學等亦末由貢獻所學於社會。職是之故，校中工程學會同人，乃有工程學報之組織。進行以來，幾經停頓，卒賴校中當局補助經費，暨國內外舊同學各錫佳篇，始將經濟及稿件兩問題解決，而創刊號遂以出版。

本刊宗旨，爲介紹工程學術，及傳播工程消息。凡工程學會研究部之成績，與參觀部之調查，皆將于此中發表。出版期數，就社會之需要言之，以多爲善；惟以經費不易籌，稿件不易集之故，不得不暫定爲一年兩期，此則同人于創刊之初，所引爲遺憾者也。

更有進者，年來國內出版物雖多，而屬于工程者蓋鮮。斯刊之作，實欲與志工程學者，通聲氣，共研求。願海內明達，有以教之。

編者

序　　言

本校工程學會於民國十四年　月發行工程學報創刊號而問序於余竊維工程學識所包者廣矧在今日爲工業孟晉時代非先有精密之研究則雖學之而不能窮其理既窮其理矣而無充分之經驗以副之則仍不足以致用今工程學報創刊號都計七萬餘言學理之商榷實習之經驗與夫參觀所及形形色色皆足以補學識之不逮洋洋乎大觀哉憶昔余在校肄業時亦曾創刊南洋學報實爲吾校出版物之先河雖其間關於工程及科學之紀載十居其七八然擬之今日之工程學報創刊不逮遠甚夫工程之學日新月異今以研究所得彙印成册以貢諸社會不及數年而今日之詫爲新奇者已成陳迹矣故歐美各國關於工程之著述車載斗量不可殫述類皆推陳出新以應社會之需要則此一編焉殆亦傳導工程學識之嚆矢而鑽研不已亦足以推陳出新以應社會之需要是在諸君之自勉而已凌鴻勛謹序

工程學報序言

近世科學昌明，新智日啓；專門記載之定期刊布者，多至不可僂指數。歐美工程團體，類有專刊；博大精深，體用兼賅，一卷風行，萬方傳誦，固無論焉。卽各大學學生，亦多有專門雜誌刊行。或以研究成績貢獻社會。或就個人心得，推闡學理，而同校先進，亦恆以愛校心切投，贈文字，協力維護。故內容均燦然可觀。其一二著名者，材料豐富，價値殆不在學會專刊下。旣以供練習服務之用，復可獎勵學術之效。其間接促進教育之功，蓋非淺鮮。南洋爲交通專校，素重工科。學術專刊，屢創屢輟，迄未持久；獨工程學會成立多年，歷久彌盛，校課之暇，輒以討論學術，考查工業相勉勵。近更出其緒餘，復有工程學報之刊行。以吾國今日工業書籍之稀如麟鳳，而社會智識之急待牖啓。是編責任之重，而收效之宏，抑又非西國學校雜誌所能及。異時學校設備僉精研究，成效日多，發揚光大，其聲價必且什百倍於今日。此固愛南洋者所共祝也。抑鄙人尤有進者，吾國談科學數十年，而迄未大獲實學之效。習此者恆視若筌蹄，鮮能闡所學以致用；而社會人士益復賚旒視之馴。至巧僞相尙，荆棘叢生，而世事日壞，幾至不可救藥。有志之士，慨憤世變，輒思劍及屨及，急欲作澄清之想，而不復憶及久病蓄艾之謀。狂瀾旣倒，甯能有濟。諸君子負笈斯校，素抱工程救國之宏願。急當操科學家之方法，作精密之觀察。探見社會癥結所在；儲養救濟之具，覃心精研，實事求是，盡祛好大騖名之風。一旦發其蓄積，刊諸簡端。本所懷抱，出而應世。不難以一校之意嚮，播爲聲氣，而轉移一世之習尙。行見工學勃興，媲美西邦，而南洋榮譽，亦自洋溢大地。斯編之日進無疆，抑猶其小焉者也。

專　論

漢口電車鐵道商榷書

謝仁

漢口爲吾國最大埠之一，西通巴蜀，東連皖贛，南扼湘粵，北控燕晉，襟江帶漢，爲商品出入中樞，握全國交通之關鍵；無怪其市場之發展，商業之勃興，大有一日千里，遠超津滬之勢。以現有面積而論，似已非盡一日之長，不能周步其全市。況正填湖作地，大事推廣，將來市面之擴張，猶有非目前所能預測者乎？以數十方里之市鎮，若猶恃步往來，不特擲有用之光陰於道途，卽人馬行車，亦未免迂緩，而不捷便。數年來之企汽車（卽用汽油之摩托車）業者，雖竭其鼓吹之能力，以爲營業之擴充，然汽車務求機身輕小，能率極低，折舊甚大，更於行駛時，放射廢氣，因而發聲致臭，尤不宜於衛生，且時易出險危及生命。故以美洲汽油之豐富，售價之低廉，除私人開行，與團體僱駛外，猶不能用爲城鎮公共之交通。況吾國汽油，全恃舶來，價值倍蓰，成本旣重，取費必昂，欲謀勝算，豈易得哉？試觀歐美市鎮之大者，則高架電車，隧道電車，平地電車，靡不在在密接。卽中小之市鎮，亦極多電車之設備。且遠出郭外，毗連他鎮，而爲連城之交通。更進而建數千里長途之電軌。非其能率之優，行駛之速，平穩少聲，清潔無塵，安全而便捷，價廉而利厚，何以至此？故至今日而論市鎮交通之新政，無不推電力爲萬能者，豈偶然哉？卽吾國津滬電車，亦行駛有年。商民咸稱便宜。公私獲利至豐。年息常在百分之三十以上。故近世企業之可靠者，莫如電氣事業。而電氣事業之最可靠者，又莫如城市之電氣交通。蓋因其工程堅固，能率極高，有一勞永逸之益，無市儈操縱之弊，不受水火災害，能享無窮專利。且工程至簡，資本非巨。工程簡則成功速，資本小則召集易。自計劃以至完成，爲時不過年餘。一經開駛，則成效立見。電車停駛極速，故上落便。遵循軌道，故危險少。應用電力，能容多人，故駕馭靈，而取價廉。

就漢口而論，後城馬路，歆生路，大智門以及沿租界一帶，道路寬平，絕少橋樑。一經敷軌，便可通車。市鎮之交通既便，商民之事業益興。即貿易操業於市鎮者。亦可因電車交通之捷，而築室卜居於沿市鎮之郊外，城市既倍增清潔，而商民尤便於衞生，且更由新馬路，長馬路，以及沿鐵路之西北，而推廣之，不特可以擴充市場，便利居民，而由湖填成之地面，亦必大增其價値。再京漢路及襄河與長江，出入貨品極多，若各由大智門，橋口至一碼頭，於晚間開駛貨車，既便商貨之運輸，尤增公司之利益。將來於公司發達之後，更可遠出郭外，接連附近城鎮，而爲長途電車之始基。是漢口電氣交通之前途，不僅如津，滬之限於租界範圍，而更有無窮之希望也。茲既略述電氣交通利益，當次言其電車工程之進行，與夫成本利益之大旨，不僅欲爲留心漢口市鎮交通者，作一商榷，而更欲使國人得悉電車工程之梗概，與夫電氣事業之利益，庶不至誤視電氣交通爲高深，而坐失最優之權利也。電車公司之設備，不外路線，車輛，電力三大端。當先由所經之面積，以定路線之長短，而决車輛之多少。由車輛所需之馬力，而定電量，以計劃電力廠焉。觀察漢口情形，中國街，河街一帶，商務雖稱繁盛，而街道狹窄，敷軌非易，建造電道，工程較難。開辦之初，不如先就大智門橫歆生路，中國銀行，後馬路，至橋口爲第一路，計長約一千九百二十丈。又沿新馬路遶中國跑馬廳，長馬路，出歆生花園，至一碼頭，爲第二路。此路計長約一千六百五十丈。又自大智門沿鐵路特別區，出日華分界街，計長約八百丈，爲第三路。三路之長，共計四千三百七十丈，約合九英里之譜。此三路均寬平已成之馬路，不待平凹去凸，建設橋樑，故工程至爲簡易。漢口石價甚廉。如以碎石填路床，塊石平軌道，則尤堅實耐牢。路線既定，當論車輛。如於每八分鐘內，在任何候車地點，有通駛之電車，則三路共約需電車十輛，拖車十輛。每電車配以三十五匹馬力之馬達二副，全數共需馬力約七百匹。計合電力五百餘啓羅瓦持。然各電車或停或駛，不能於同時作充分之負任，故五百啓羅瓦持之發電機，實已足用。但電氣交通事業，不可稍有停頓止息，故須有二副五百啓羅瓦持之發電廠，方爲有備無患。又需電車拖車各二輛，以資運輸。故共需電車十四輛，至車式之取法，電廠之計劃，與夫路軌，線柱之安設，因限於篇幅，不能盡述。但機器當取新式，佈置務求安全，方能得優美之功效，夫任何事業，如欲得最豐之利益，當先求最經之成本，更須先事籌算，而後有秩不紊，進行無阻。故欲知漢口市鎮電車成本利益之大概，不得不遠法歐美之良規，近就津滬之成例，而爲之斟酌損益焉。玆就後列成本表而論，雖預算不無出入，市價不無漲落，而品質更有優劣，然就目前情勢，平均推測，或不至有遠大之差別。如準定資本爲規銀八十萬兩，則實綽然有餘。資本旣定，當言利益。大凡公司營業之盈虧，純視乎開消與收入二者之比較。欲求省開消以輕成本，則全係乎管理之得法，工程之精良，以增進人工之能力，機器之効率，與乎物料之省節。就後列開消表而論，除股息一項外，其他未始不可稍事更變。然表中各項，實準乎吾國普通情勢推計，萬不至有特差之出入。如每年開消一十六萬兩，實爲充分計算。至收入一項，雖不易測度，然津滬早有成例可考。津滬電車之收入，以每一電車及一拖車而論，平均每一日可得銅元二百餘千文，合銀幣一百二十元以上。漢鎮旣可行電車及拖車各十輛，則每日收入，卽每電車及其拖爲一百二十元，而一日全車所進之數，則爲一千二百元；更有晚班貨車之開駛，每日至少亦可得五十元；則全日之收入，應爲一千二百五十。全年之收入，約爲四十四萬四千元，合銀三十二萬兩。以八十萬兩之資本，而能得三十二萬兩之收入，卽除去股息開消，亦能得淨利百分之二十，獲利亦不可謂不豐矣。如能節開消，略增收入，其盈利之豐，正未止此。漢口電車事業，果能由紳商倡辦，官民更從而保護之，力助之，以通力合作之精神，造永遠優美之事業，不特租界洋商，見吾人有先人之識，因敬仰而大收其放肆野心；而吾國之大埠巨鎮，亦必鑑乎電氣交通之便，利益之豐，從而步其後塵焉。斯豈僅漢鎮人士之慶幸乎！故不揣愚劣，敢爲漢鎮人士作一商榷。

成本預算表

		萬千百十兩
（一）	地基廠房辦公室工房宿舍等	80,000
（二）	水管式鍋爐每副一千六百方尺受熱面積者三副又水管汽管等	68,000

（三）	五百啓羅瓦特發電機二副及蓄電池等	100,000
（四）	起重機及修理機械	8,000
（五）	裝機工資	12,000
（六）	電車十四輛及拖車十四輛	160,000
（七）	九英里軌道工料	185'000
（八）	建設時之工程管理及雜項用費	16'000
（九）	生財器具	5,000
（十）	建設時之利息	50,000
（十一）	總共成本約	684,000
（十二）	預定成本	800,000

吾國工商各業，多因資本不敷，而受無窮之痛苦，並招莫大之損失。故企業者，不可不於預算時，稍留有餘之地步焉。又漢口如能由電燈公司供售電力，則可減輕成本，約二十萬兩。

每年度開消表

			萬千百十兩
（一）	股息	以七十萬兩之周年八厘計	56,000
（二）	拆舊	以五十萬兩之周年五厘計	25,000
（三）	煤價	每噸八兩半每度電力三磅	31,000
（四）	薪金		10,000
（五）	工資		19,000
（六）	修理補舊及油棉雜費		9,000
（七）	號衣車票膳食等費		8,000
（八）	總支出		158,000
（九）	預算每年開消		160,000

每年收入表

		萬千百十兩
(一)	客車收入	320,000
(二)	貨車收入	13,000
(三)	每年客貨車之總共收入	333,000
(四)	預算每年總收入	320,000

每年盈虧表

(一)	每年收入	320.000
(二)	每年開消	160,000
(三)	每年盈餘淨利	160,000

磁感式之電氣鍊鋼鑪

趙曾珏

本篇目次

（一）電鍊鑪之大概及種類
（二）磁感式電鍊鑪之原理
（三）磁力綫在冶術之作用
（四）磁感式電鍊鑪之設計
（五）附屬機件
（六）電鍊鋼鑪之全廠佈置
（七）磁感式電鍊鑪啓用法

（一）電氣鍊鋼鑪之大概及種類

歐戰以後，電氣事業，益臻發達，以其應用便利，能力可靠，故鍊鋼鍊鐵之法，亦採用電氣，於是而電氣鍊鋼鑪，漸爲歐美大鋼鐵廠所裝置，玆將電鍊鋼鐵法之優點臚舉如下：——

（甲）火力純粹，

（乙）熱度可隨意節制，隨電流而變更，

（丙）易於提淨硫磺，因熱度可增至極高點，

（丁）製鍊特別混合之鋼鐵，(Special alloy Steel)最爲便利，因提鍊時無養化作用。

電鍊鋼鑪之主要原理，卽以電氣代瓦斯及空氣而發生熱力，以提攝不純潔品，惟電鍊鑪內無需養氣，以供給燃性，故電鍊法較他種鍊鋼法爲優，自大戰後，電鍊鋼鐵之產額較前驟增，而新式鍊鋼廠及大製造廠，裝設該項鍊鋼鑪者亦日增。

電氣煉鋼鑪，因需多量之電力，故裝設於大電力廠之城中者爲多，其購買電力，不以基羅瓦特點鐘(Kilowatt-hours)計，而以基羅瓦特年(Kilowatt-year)計算，通常產鋼一噸，須費電力自一百五十至一千基羅瓦特點鐘，視電鑪之種類，所煉之鋼鐵，及開鑪時之熱度而異，每開鑪一次，(Per heat)約需二小時及五小時不等。

凡製造上等鋼鐵之時，電氣法較諸舊式之坩堝法(Crucible process)爲經濟，因以較廉之值，能製多量之鋼也，故電煉鋼鑪於冶金術上，已占重要之位置，其種類可大別爲三：——

（甲）開弧式：(Open arc type)

（乙）電弧電抗式，(Arc resistance type)

（丙）磁感式。(Induction type)

上以三種，（甲）爲舊式電鑪，已成過去，現都不用；（乙）以赫路爾式(Heroult type)爲最佳，用者頗衆；（丙）爲最新之式，故以下專述此種。

數年前，美國畢次非而鋼鐵廠(Pittsfield works)裝置二噸之磁感式煉鋼鑪，啓用後成績頗佳，近今美國奇異電氣公司，復裝設六噸之同樣煉鋼鑪，功用甚著，茲即將該鑪略述之如次：

（二）磁感式電煉鋼鑪之原理

磁感式電煉鋼鑪，與交流電中之方棚，（即變壓機）同一原理，方棚中具有磁鐵心，主捲綫，及副捲綫，而成主電路及副電路，加於主電路之交流電力，經磁力綫之感應而達於副電路，惟在磁感式之煉鋼鑪內，其副電路並非捲綫，乃所煉之鋼，及電鑪之底，主電路則爲捲綫，主電路內之電力，傳於副電路而成熱力，鋼鐵乃受此熱力而鎔解，故主捲綫所受電壓之高低，即鑪底熱度之強弱繫焉，

煉鋼鑪中，主捲綫及副捲綫相距頗遠，故電撓(Reactance)甚高，因之所用之交流電周率(Frequency)須低，否則其電力因(Power factor)必甚低，蓋電撓與周率成正比列，與電力因則成反比例，周率高，電撓遂之俱高，電撓高，則電力因減低，若是則電力既費，又須粗電綫，頗不經濟，故在此情形下，周率必須減低，現今電廠之規定周

率，在美國每秒鐘爲六十周波，在歐洲爲五十周波，（六十周波亦有），惟用之於電鍊鑪，此類周率尚嫌太高，故如購買發電廠電力時，須用周率變換機，(Frequency changer)且此鑪爲便於製造起見，故用單相電流(Single-Phase current)。惟晚近發電廠多採用多相電力制，(Polyphase Power System)故須另用一電動發電機，(Motor-generator)此電動機係同期式，(Synchronous Motor)吸取多相電力，而轉動發電機，此機乃發出單相電流，傳送至電鍊鑪，若此則平穩之高電力，因負載(Load)可由多相觸取得，爲發電廠所表歡迎者也。

由圖（一），可見電鍊鑪之主捲綫，置在上層最爲安全適宜，蓋此處鍋中鎔液亦不浸及，至於電磁力綫(Electro-magnetic lines of force)之作用，至饒興趣，茲且略述之：

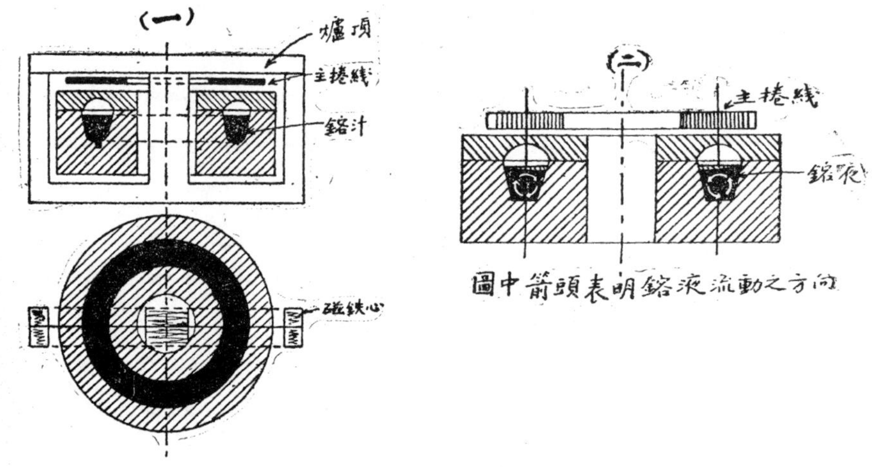

圖中箭頭表明鎔液流動之方向

(三)電磁力綫在冶術上之作用

電磁力綫可有兩層作用，一爲吸引力，一爲迫逐力，二者俱屬猛厚，今試以便於移動之兩並行導綫，通以同方向之電流，則二綫必互相吸引，此吸力如加以液質導體，可名之曰擠力，(Pinch force)其理想上組織法可以無數通電之細絲喻之，有變傳導體爲渾圓形之趨向，故假使傳導物爲方形，則其稜角將因此擠力作用，漸就淪沒，而成渾圓形圓，亦足見此力之猛。

以上所述之擠力，若加於導體如銅，鐵，等，則其中所含之不純物如養化物，鎔滓，及氣體等，均被擠迫而出，而鎔液乃歸純粹，此種傳導體與非導體之自然分離法，爲冶金術中不可多得者，如傳導體之份子不勻，或電流太強之時，擠力將成異常強厚，竟能焠去電路，惟此種猛烈情狀，磁感式錬鋼鑪均免之。

今再試以便於移動並行之兩導綫，而通以方向相反之電流，則兩者必互相拒逐，電錬鋼鑪之主電路對於副電路，（卽鎔液）卽爲此狀，故在鑪內之良導體，（卽所鎔之鐵汁）必因主電路迫逐而沉澱於鑪底，其滓粕及不純品，則浮於表面，不特此也，當鐵汁下沉，滓粕上浮之際，鑪中鎔液，適得循環流動之機，惟電磁力綫，都集中於鑪之裏周，故迫逐力多側重裏圈，鎔液亦傾向裏圈，而液表附鍋之邊緣，亦呈彎圓狀，於圖（二）中可以見之，圖中箭頭，係表明鎔汁循環流動之方向，自錬鋼術方面言之，屏除滓汁，助以流動，于提淨混合物，平衡溫度，調合成分上，具有無上之輔助。

（四）磁感式電錬鋼鑪設計

此電鑪定量爲八百基羅瓦特，電壓爲二千二百伏而次，用單相交流電，周率每秒鐘八五，容量爲一萬二千磅，（六噸）其磁鐵心爲三足式，係用耐久之方棚鑪片所製，而以絕緣之栓釘夾緊之，全身約重三十五噸。

鑪中主捲綫爲圓盤狀，共十六層，其導綫爲長方形之銅綫，每圈之間，以雲母片爲絕緣，卷索上另繞以雲母及石棉帶數層，浸染拒熱之質料，此卷索爲極強之電製及機械製品，能受攝氏二百度之熱力，卷索之外，復罩以非磁性之黃銅匣，接連鑪內之圓桶，冷空氣乃由此桶而上吹，所用電力，乃以六十萬圓密(600,000 circular mils)之電纜，藏于六英寸徑口之鐵管，而傳達至主捲綫。

鑪之襯底，係製造時之一大難題，後歷奇異公司屢次試驗，用電鍛之鎂銹，名弗拿脫，(Furnite)襯爐之時，將此物和熱柏油而搗堅之，鑪頂以特形火磚製之，鑪周具四門，其一則專爲傾倒鎔液所設，所謂茶壺式之傾倒口，頗著便利。

包圍鍊鋼鑪之箱架，係以重賓鐵片所製，其裏層之圓桶形匣底上，連接薄鐵管，此管由風箱引冷空氣至鍊鋼鑪之捲綫，此鑪不用任何水冷法，且因其爲非電弧式，（Arc type）故無電極，亦無需自働抑制機（Automatic Control）。

（五）附屬機件

自總電廠供給此爐之電力，係三相電壓，二萬五千伏而次，周率六十。先經方棚，將電壓變低至二千二百伏而次，再經電動發電機，變換至周率八五之單相交流電，然後乃經單相之四百七十五基羅華特方棚三具，均接成雙三角式，（Delta-delta）此外並有預備方棚一具，其用電動發電機之馬達，係同期式，此機具跨前之電力因八十成（80% Leading P. F.）另有自働式電力因調節器（Automatic P. F. Regulator）一具，以便變更其負載，俾得最適應之電力因，發電機之定量爲二千基羅伏而脫益配，周率八五，單相，容積頗大，皆用空氣自然流通法以致凉，其勵電機（Exciter）之電壓爲一百二十五伏而次，與電動發電機裝於一軸上，電動機及發電機之電抗器，（Rheostat）皆以馬達節制之，發電器之電抗器，在勵電機規定之電壓下，能變更發電機之電壓，自四分之一之規定電壓，至十分之一起越之。

電鑰板及量電器，俱遵定規，鍊鋼鑪旁，另設小節制板一方以控制加入鍊鋼鑪之電力，此外並有吹爐兩具，以吹驅冷空氣而減捲綫之熱度，其一則爲預備者，每具吹爐，可於一分鐘內吹送一萬立方尺空氣，其壓力爲四盎斯，吹爐則以三十匹馬力之電動機旋動之，尙有斯得文式（Sturtevant Design）之空氣洗滌器一具，專以洗濯冷空氣，

（六）磁感式電鍊鋼爐之全廠佈置

電鍊鋼爐及其附屬機件，均安置於最新式之鋼骨建築內，其安放位置，依照圖（三）其主要電路接連法則遵圖（四）

（七）磁感式電鍊鋼爐啓用法

啓用此項鍊鋼爐之先，必關閉其副電路，否則不能發生感應，即不能發生副電流與熱力，故開爐時，必先用鋼餅式鐵餅一枚，然後加電力於主捲綫，使發生熱力，此熱須徐徐增加，先烘乾爐內襯裏，迨鐵餅鎔化，則電爐內可加充量之鐵，而正式提鍊開始矣

（三）

鑄鉄模型
鍊鋼爐
傾倒穴
平台
節制板
電動發電机
電鑰板
方棚
輸送鑄鉄之道

(四)

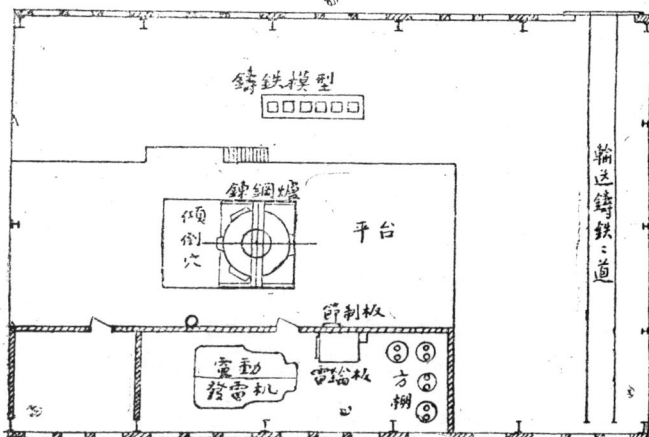

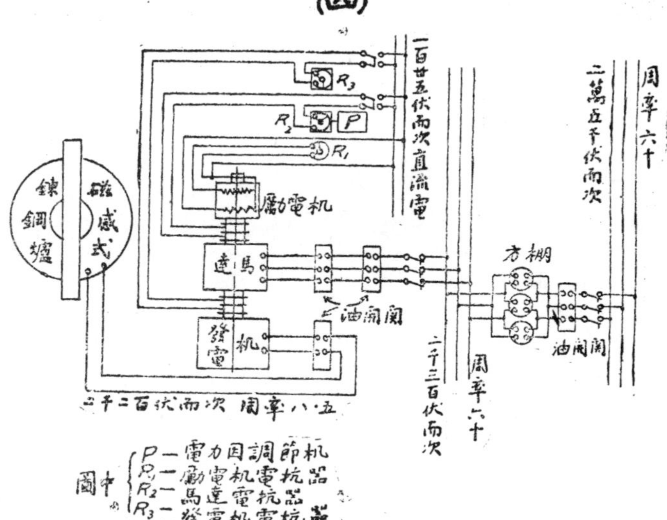

，每次鋼質鍊成後傾倒時，須留臢鎔汁一部電使電路不致中斷，惟如下次加入之鐵係液質，則無庸留此餘物也。

開始鍊鋼之時，如祗用一鐵餅，每有破裂之虞，故通常皆用鎔化點不同之兩枚鑄鐵，（或鑄鋼餅），其鎔點一爲六十小時，一爲七十二小時，故足使爐襯有充分之時間以凝固，此兩鐵餅共重約五千磅，爲爐中最初之鎔料，然後再加以碎鐵或鎔液，以實爐量，計全爐可容納一萬二千磅，（卽六噸）於是乃施以鍛冶之手術，俟火候足時，乃以七千磅傾于戽中，置于輸運車內。而送至鑄穴，每次爐熟，通常可成三千五百磅之鑄鋼兩塊。

普通提鍊七千磅之碎鐵，需時約四小時，若以電力計算，則需八百基羅瓦特點鐘，如再加以經驗，當可得更佳之成績，開爐之時，需鎔鍊者一人，助手二人，每八小時替換之，開爐後，須繼續不輟，所產出品，爲無上勻淨之上等鋼鐵。

至於爐襯之壽命，因此項電鍊鋼爐，應用未久，不能有確切之記述，但自發電廠一方而言，此爐實受歡迎，因其負載平勻，絕無變動，且其電力因爲跨前 (Leading Powerfactor)者也。

電機實用管理法

費福燾

斯篇於電學專門名字。皆譯中文。而附註英字。俾易對照。

全篇摘譯自 F. B. Crocker and S. S. Wheeler 所著之 Practical management of Dynamos & Motors及 Franklin & Esty所著之 Dynamos and Motors 兩書皆議論精詳。顯豁明瞭。堪爲閱者介紹。

目　　錄

（一）機器各部管理法

（二）開機管理法

（三）電機之各種病象與療治

附第三項細目

（甲）火花(Sparking)之起因及考察

（乙）熱之起因及考察

（丙）聲響之起因及考察

（丁）專屬於發電機之病及處理法

（戊）專屬於電動機（馬達）之病及處理法

（四）個人之保安

第一節　機器各部管理法

（甲）　電樞（Armature）：凡除下電樞，以供修理時。有兩項切宜注意。（子）慎重將事。務免繞線之磨損。（丑）安置電樞之處。宜襯以麻袋。或布囊。以其柔韌。可免電樞之損傷。若硬板上（如木板及水門汀等）。則切忌安放。

（乙） 軸承（Bearing）軸承全部。宜常潤以上好機油。

（丙） 整流子(Commutator)：治理整流子。宜以堅密織布。塗少許機油。（凡士林亦佳）然後拂拭全部。但用油忌太多。多則電刷與整流子磨擦所發之火花。忽燃多量之油。此多量油勢必被燒。被燒之油。易聚塵灰。及剝蝕之炭（炭係蝕自電刷，因電刷係炭製）與銅（銅係剝自整流子，因整流子爲銅及明瓦相合製成）在一處。於是整流子面上。發生一層膠質。致電刷與整流子。不得良好之接觸。

（丁） 電刷(Brush)：電刷彈簧之引力。常宜較正。務使刷子與整流子之接觸面。每方寸受一鎊半之壓力。壓力過與不及。皆非所宜。不及使電刷受震。接觸面發生火花。及整流子粗糙。太過則電刷磨擦力太大。磨擦所生之熱。必燒電刷與整流子無疑。

（戊） 電機之安置：（子）不宜暴露於塵機穢處。總以潔淨乾燥之地爲宜。（丑）機器不用時。宜罩以不透水之外衣。

（己） 受潮電機處理法：若發電機受潮。宜使轉動一小時。(無須勵磁 Without field exciting)俾電樞之風動。使潮處易乾。於是將連接勵磁線之節流箱中阻力。漸漸除去。以增電流。而勵磁性。至此機電流最高定額爲度。處理普通電動機亦如上述。惟絕緣式之電動機。(Isolated motor)勢不能如此辦理。宜以柔火（切忌烈火）烘之。然後試用。大概電動機均先勵磁。（於無負荷時）使轉動數小時。然後試用。是故非確知一機爲完全乾燥者。甯試以上法爲妥。他若新機自遠方運來。路上不免受潮。未經實用。不可不試上法。

（庚） 開關器(Swich)：此器之啓閉。宜以敏捷出之。俾開關器之接觸點。不易發生多量火花。

第二節 開機管理法

開機俗名開車。未開機時。宜注意之點有五：

(甲)機器潔淨否。有塵灰處宜用雞毛帚拂拭之。有油污處。宜用乾布揩去之。(乙)

螺絲及其他接觸點緊貼否。（丙）油杯盛滿否。導油管清潔否。（丁）皮帶是否在適當地位。與適宜引力。（戊）試以手抵電刷。試察電刷對於整流子之壓力。是否適度。若不適度。宜用搖桿柄。(Rocker Arm)或移上。或移下。務置電刷於適度之記號上。若無適當記號。則須俟機動後。將電刷較正。至最少發現火花處爲止。同時發電機須表明最高電壓。或電動機須表明最低速度。於是將機漸漸開足至最高速度。當時若發電機。則開關須完全開好。觀察者一發現無論何處差誤。須立卽停機。譬若新機試用時或舊機久不用而又用之。觀察者總宜視察數小時。蓋不測之事。往往發生也。總而言之。開機第一須有秩序。第二宜漸進。不宜欲速。漸進則機器壽命永。欲速則不達。第三則無忽視察。俾不發生危險。第四萬一發生危險。不致影響全局。且易於補救修復。

第三節 電機之各種病像與療治

外病：電機往往不易發動。其因或在連接差誤。或由接觸點太鬆。而未能緊貼。故欲一機發電。貴在連接準確。接觸緊貼。

內病：電機自身之病。亦有三焉。曰發生火花。曰發熱。曰不平之鳴。三者之中。火花與聲響跡像較顯。若考察發熱。則可以手按機之各部。或置手空中。以承整流子轉動時所發之熱氣。然機內究竟過熱與否。亦極難辨別。何以言之。譬若木箱漆箱。爲不易傳熱質。以手按之。自覺熱極。而不能遽謂機器已發過量之熱。蓋機熱散在木漆。木漆積熱不散。故其爲積熱。而非機之眞熱。易傳熱者。如金屬類。機熱遇之卽行發散。故手按金屬部。不覺其熱。而安知非機中之熱。甚於手按之金屬部也。是故非有經驗者。不可與言也。至若聞得油漆燃燒氣味。是機內必發生過量之熱無疑。須立刻停機。而細察之。然切忌冷水。或冰。以速之冷。蓋過熱受奇冷。於機質大爲損傷也。以上僅大概論之。今將三者詳細討論之。

（甲） 火花：整流子部發生少量火花。爲不可免之事。發生多量火花。則其原因有數也。請述如下：

（子） 發電機或電動機負荷過大。或因線路上發生短接。(Short Circuit)因之發生過量電流所致。

（丑） 勵磁太弱。遂致發過量火花。可以三法證之。(一)發電機電壓過低。電動機速率太快。(在無負荷時)(二)試以鐵塊近磁石(Field magnet)引之。其吸引力必弱。(須注意鐵塊不爲磁石吸去。而滿入電樞中。)(三)因欲得極少火花之故致導電程角度(Angle of lead)移動太大。

（寅） 電刷不在適當地位。

（卯） 整流子與電刷之接觸不良。其因由於刷子壓力不足。或因整流子油穢太多。整流子與電刷不適宜之接觸。其因由於整流子面部不平滑。致電刷跳動甚力。此其一。整流子之畸輕畸重。此其二。電刷保持器保持不良。此其三。

粗糙之整流子。可以上好砂皮平滑之。在轉動時。行之最妙。電樞之畸輕畸重。往往使轉軸彎折。宜設法物平衡之。

（乙） 發熱：電機無論何部。有過量之熱。必傳自發熱之源。發熱之源。亦有數也。分別述之如下：

（子） 屬於電刷與整流子之熱。其原因有三。(一)過量電流。(負荷太大)所致。尤以炭刷爲甚。故炭刷不宜帶每方寸(指接觸面)四十安培。(ampere)之電流。(二)由於發生火花。(三)整流子銅部與絕緣明瓦(mica insulation)發生短接。使整流子發生多量之熱：

補救法：拂拭整流子。務使潔淨無垢。又電刷與電刷保持器之連接部不完備。亦能發熱。尤以炭刷爲數見不鮮。

（丑） 屬於整流子熱。其原因有三。(一)負荷太大。(二)繞線短接。亦發生一部分之熱。(三)電樞受潮。絕緣遂致不佳。發現蒸汽。卽其明證。

（寅） 屬於磁場線(Field coil)之熱。亦有三因。(一)因過度電壓而發生過量電流。(二)一部分磁場線之短接。(三)繞線因含水分。遂致絕緣不佳。因電流之熱。而水分化爲蒸汽。其明證也。

（卯） 屬於軸承(Bearing)之熱：此部發熱。多由於機械之缺點。(一)少油。(二)有砂礫在中。(三)軸之粗糙及轉軸與軸承相合處太緊。(四)皮帶引力太大。(五)電樞地位稍偏。致磁極推動電樞之力不均。不均則抵力大。抵力大則於是乎發熱。

（丙） 聲響：機音之疾徐。經驗者可以洞悉機中奧竅。機器大多外罩鐵殼。聽聲傳自金屬。法以鐵捍一根。長約二尺。一端置機殼上。（近機器之轉動部）他端置耳邊。細聆機聲。日日聽之。一旦有變。自然會心。當立停機。開而察之。

機音之正者常作鶯鶯聲。清越可聽。因電樞之齒。經過磁極尖。以及更流電方向之變換。使薄鐵片相疊處（Lamination）忽而感磁。忽而脫磁之故。他若不規則之聲音。請分述之如后：

（子） 其聲錚錚。似激越不平狀。因電樞轉動不平均。稍有震動所致。

（丑） 因電樞擊磁極尖而發聲。有三法可以察得之。(一)電樞轉動。在低速度時。其聲如一物爬抓他物然。(二)電樞面部。有損傷痕。(三)在磁塊之前。觀察氣隙(Air gap)。俾知電樞與磁尖是否衝突。

（寅） 鳴聲甚急。因螺絲或其他連接部。有鬆動處。此聲於低速度時。最易發覺。

（卯） 光銳聲如手擦漆布樣然。爲皮帶將呈滑脫之兆。其原因在負荷過高。或皮帶引力不足。

（辰） 如鼠鳴聲。因整流子缺乏潤油。電刷磨擦該部所致。宜將整流子全部塗凡士林少許。

（丁） 專屬於發電機之病及處理法：發電機之病。大概與電壓有多少關係。請分別論之。

（子） 不能工作：此病由直流電機起始工作時爲多。其致病之由有數也。(一)磁場迴線阻力太大。由於接觸不良。故當發電機起始工作時。刷子接觸點不良。常有極大阻力。補救之法。僅須以手抵刷子少頃。即得良好接觸。而機於是乎工作。(二)機器中或外迴線(External Circuit)有短接發生。往往使側繞發電機 Shunt Generator）不能工作。若外迴線有極高阻力。亦使直列發電機 Series Generator

不能工作。(三)無餘磁 (Residual Magnetism)：此病發覺。磁場繞線須脫離電樞之連接。然後通之以另外電源。俾勵磁性。(四)發電機轉動方向之變更。或磁場線與電樞之反接。皆使機器停頓。正之之法。或變轉動方向。或變電樞與磁場線之連接。二者得行其一。並行之仍歸無效。(五)電刷不在適當地位：於直流電機。電刷地位。大多宜置於南北兩極之中。雖然。此僅理想也。眞正實用之機。乃未必然。蓋電樞線連接至整流子上。並非直連。(radicall.) 而多少總成幾分斜度也。是故試驗適當地位。可以電壓表接兩刷之端。在電機工作時。移動刷子。至表上指示最大電壓處。即爲適當地位。

(丑) 側繞發電機在最快速率時。而電壓甚低。由於側繞磁場回線阻力太大之故。

(寅) 直流發電機。電極顚倒。當機停時。其餘磁遇外擾如鄰近電機之發動。天空之放電等。往往變其本性。(如其磁性本爲北極。而受外界之感應。遂變南極。)故該機下次轉動。須一反其從前轉動之方向。始能工作。此等情形。一經覺察。須立停機。然後照子節第三法通以另外電源。使變其固有之磁性。則其轉動方向。自與原來無異。

(戊) 專屬於直流發動機之病。及處理法。直流發動機之病。大概與速率有多少關係。今將直流分歧發動機(C. Shunt motor)之病。分述如下：

(子) 起始工作之失敗。其原因有三。(一)接法錯誤。(二)起始抵力太大。(三)起始阻力平常而勵磁性弱。

(丑) 速度太遲。其原因亦有三焉。(一)勵磁太過。(二)負荷過大。(三)負荷重而勵磁弱。

(寅) 速度太快。其原因亦有三焉。(一)負荷過少。(二)勵磁太弱。(三)電刷移動在不適當地位。

第四節　個人安全法

個人發生危險。一因身體成一電流通過之路。一因手持金屬物遇活線。(即有電之線）欲免第一危險。毋使身體爲一部分之電囘線。(Electric Circuit)欲免第二危險。毋手持金屬物 。 而工作活線 。 工匠持鐵具修理燒過之熔解線。（Fuse）往往遭焚身之禍也。

何爲身體上受一部分之電囘線。即一體遇兩個通電之接觸點。換言之。即陰陽兩點。是故欲免受一部分之電囘線。宜一手操作活線。他手置背後 。 或插袋中 。 人若立濕板上。（濕板爲易導體）工作活線。致電流經過手足。而至於地。而地下爲活線。則適如上述之言。即身體遇兩個接觸點。遂成一部分之電囘線。此等情形。最易發生極大危險。不可不愼也。故工人工作活線。須立於乾燥之木櫈上。俾電流不通地線。而保身體之安全。穿橡皮鞋亦可與地絕緣。手穿橡皮手套。用絕緣器具工作活線。亦可免觸電之虞。然此僅不得已時用之。譬如今有一小發電站。供給全城電燈。而路線忽斷。燈已熄滅。於此緊急時間。工人可行上法。以接路線。否則養成習慣。偶一不愼。不測隨之矣。

究竟幾許電壓。足以死人。此說殊未一定。大概觸電須看情形。如溼手持金屬器。遇一百十伏而脫之活線。已甚危險 。 又觸電亦隨人之體質而異 。 肥者不能承受過高電壓。即平時遇二百廿伏而脫。已甚危險。瘦者反能承受較高電壓。

電擊（Electric Shock）能使呼吸器停頓。致命頃刻間。人工呼吸術。爲惟一救急法。

電障器 Rheostats

伯　元

做過了一年的電機廠實習的人，都知道電圈裏應用阻抗物的地方非常之多；並且因為不愼的應用，以致阻抗物燒去之時，亦頗不少。所以我覺得在未曾進廠之先，把阻抗物拿來簡略地研究一下，狠可以帮助他實驗的成功，和避去時間的荒廢。這篇小文是從工程典 Handbook 上選譯數段，並略攙個人的經驗而成。是純粹介紹給將進電機廠的初學者。

*　*　*　*　*　*

電障器式樣

電障器可分盤狀和箱狀兩種。盤狀的是把曲折的金屬絲或條，按在塗磁的鐵板上。（或別的絕緣物。）再用一種可鎔的磁，或水門汀，封固。他們的用途是做小的電場障器，戲場的調光器，電動機節速器，電池加電障器，等等。箱狀的或是把盤曲的電線按在磁筒裏，或是生鐵條，或是裸線。或是炭精片，或是傳電液。他們的用途和盤狀相同。但可受大量的電流。並且可以做電動機起動器。

電場障器

電場障器連列着用在發電機的電場裏，可以節制電場磁力之強弱；就可以節制發電機的電壓。如用在電動機的電場裏，去變更他電場磁力，就可以節制他的速度。這兩種電障器阻力的大小，都可用他所想節制的電壓和速度來規定。

電障器有電流容量。（Currenr Capaciry）因為生熱的公式是 IR。電流（I）如果太大，熱力必大，可使電障器燃燒。這電流容量是用電障器的人所最應留意的。嚴格上講，電障器阻力既分度次，每次的電流容量應當更變。（假設最大電流是 Imax，最小電流（最大阻力之時）是 Imin，阻力分爲 N 度，每度的電流增減爲 (IN)=(lmax-Imin) ÷ N，則逢 n 度阻力時，電流容量爲 In = lmax — n (IN)。但是普通皆用 Imin 做電流容量。因爲可以避免煩雜並且較爲安全。

電障器最高溫度爲攝氏三百五十度。要用寒暑表直抵阻抗導物去量。

發動機電場中之電障器，有時用一種自動碰線 Shortcircmit 器保護。使發動機起動時，電場不致過弱。

其他電障器

銅絲式電障器，就是用普通銅絲，器在隨便一種磁心 Core 上。有時幾根銅絲並行地連着，可以加高電流容量。

水涼式電障器，是用加鍍鉄絲按在木架上，浸在流水裏。這種可以用在發電機進廠實驗 Acceptance Tests。因爲可以吸取多量的廢熱。

炭片電障器，可以經受精細的調用。作法是用炭片按在架上，使他們的阻抗力壓力成反比例。炭精有一種特性；就是他的温度阻力係數是負數；就是，温度愈高，他的阻力反到減少。所以用炭精絲電燈，做燈板障器；在受熱以後，阻力隨電流變換太快，以致不便因用。

液體電障器，是用來吸收多量的能力。好比試驗容量大的發電機，或電動機。他和電鍍一樣，容易調節。只要改換兩個電極的距離。但是如果另外沒有短圈的設備，他的阻力不能完全消去。

我校工廠裏的電障器

在我校工廠裏，以上所說的各種電障器大半備有。銅絲式的有盤狀和籠狀。盤狀的一種圓的，無論大小，都是高阻力的。電流容量，大約是五至十安倍。變換阻力時，以鐘行式爲增大。全是用在電場裏的。發動機起動床上。也帶有同式的電場障器。

長方形盤狀的電障器，阻力較小。電流容量爲二十至四十安倍。可以用在電場或發電子 Armature 圈裏。變換時，也是鐘行式爲增大阻力。

鼓形電障器，阻力小而電流容量大。用在發電子圈裏最相宜。（用在電場圈裏，沒有効用。）變換阻力時。以向右爲增大。

籠狀電障器，是許多阻抗線平行連結。每增一枝，可以增大電流。用時不顧其阻抗力。好像加阻力就是加電流一樣。電流容量，以郎有的、阻力全都加入爲度。用作發電機的負載 Load 或是發電子圈電障器。

燈皈電障器，是將燈或碳柱並行連結。每加一燈或柱，電流也增加。和籠狀的大約相同。他的弊病是去增減電流時，電燈或電柱都異常炙手有時竟不能增減。

標準電障器，是在刻定 Calidrate 量電器時用的。那時電流總在半安倍以至兩安倍。像這同類的精確儀器，價值狠貴。稍一不慎，燒去則甚可惜也。

液體電障器，有一個放在機械廠裏。在我們試驗二十啓羅瓦特透平發電機時，就用過他。這種電障器，電流容量狠大。但是兩根高壓裸線，狠有危險。更換阻力時，兩極距離較大時，阻力亦大，電流因之小。負載 Load. 亦小。

* * * * * *

電障器所寫的電流容量，是實數。並未有安全因數 Factor of Safety。 所以用時候，爲安全起見，電流必要在容量限制以內。並且還要稍爲留些餘地，防備電流的乍漲。因爲電流。不是絕對固定的。

每年廠裏所燒壞的電障器，雖沒有精密的統計，大約可見的總在四五十個銅絲式電障器，燒去後，可以修復。但是費時費事費錢。我們實驗的時候，曾經感受着電障器缺乏之苦，所以我們電機實驗者，對電障器不能不慎用也。

通　論

工程學生與社會

（普渡大學工科科長璞特氏演辭）

茅以新譯

今年我從諸君中認識了很多朋友，實在是我的樂事。現在大家聚了一堂，要我講我二十六年來與大學畢業生的經驗，更是我所願意的。在我未講以前，我要申說現在有許多關于大學學生生活的雜誌，實際上很不合于工程學校的學生。他們說大學學生多空負其名，實在學問並不多。但照們幾十年來的經驗看來，以為工程學校的學生大半都有深造。工程教育比較的最實在，因為包括的課程是為此的；而學生非一層一層的經過不能達到工程教育的終點。學生到了工程學校的大學、是下了决心預備在工程界服務然後來的。工程教育的性質是專門的，不是隨意可學的。

我們先來研究一個受過工程教育的學生，應該有些什麼訓練。

(1) 道德。道德是人生事業的根基。品格有缺點，無論專門學問如何高尚，做事總難成。同事的不信任你。論你才幹如何好，六件事不可少一件，這便是有道德，可靠，清潔，誠實，勤勞，良心。品格實在是許多習慣聚集而成的。諸君在學校中曾否養成許多好習慣能使同學售任你？如果你使同學們得了一種不好印象以為你是不誠實的，那你所受的教育然毫不能助你成功。

(2) 我希望諸君在學校中幾年，至少練有能思想，能動筆，能言語的才能。諸君所受的教育結果是智慧呢還是驕氣？諸君能自動的思想嗎，或只與字典一樣？

(3) 諸君能勤勞嗎？社會上人都尊敬工程學生，因為工程學生能吃苦耐勞的。國內最偉大的人知道他們所以成功的是勤勞。諸君可試讀 Andrew carneige, George Wes-

ting-house, Michael Pupin, John Brashear 諸人小傳，便知道成功秘訣在勤勞。

(4) 人品。與朋友相處須有人品。自信太甚，無決定心，無同情心，不能與人合結的。沒有進取的心，一身只能在人之下。

(5) 我常與初年級學生說，大學校是得智慧得朋友的地方。諸君能尋朋友，交朋友留朋友嗎？諸君應該知道朋友是人生最大的產業，朋友的帮助畢生不可少的。但是一個人只見別人的短處的尋不到朋友；時常和人爭辯相反的交不到朋友；沒有道德利用朋友的留不住朋友。

(6) 諸君知道怎樣利用空暇時間嗎？有許多人要別人代他們娛樂，有人能自已娛樂，並且有益于人。嘗看戲兜汽車便是被動的。音樂，美術，書報便是自動的。受過工程教育的人，應該自已能利用空暇時間看書報奏音樂，自已娛樂。

(7) 諸君受了工程教育應該同時做一完善國民。明白公益所在處，守法律，不讓私見參雜混亂公意。

歸總了說，諸君受了大學工程教育，應養成尊貴道德，思想能力，勤勞，可親人品，善交友，善賞美與完備國民。

暑假一到諸君都預備在工業界上佔一位置。諸君的前途一部分與位置有關，一部分是慾望，一部分是諸君的品行。我們依次研究。

(1) 諸君所在的位置很有關係的。能成功的人多有家庭朋友與位置的樂趣。諸君對于將來所佔的位置必有很深厚的興趣，然後可以成功。事情巧諸君出校立刻尋得中意的事。但是也有隔時很久的。無論如何諸君如對于所佔的位置無興趣，務必立刻另行他圖。但是諸君記住位置越好，事情越忙，越要勤勞。事之好壞，不是空閒的才是好的。尋職業時，須先自已研究一下。金錢決不是第一件。O. D. Young 勸青年研究父輩的行爲，而擇其善者從之。這是好態度。諸君要知道普渡大學不能担保你成功。社會也不能。你的成功與否在你自身，也不論你是否大學畢業生。學校好似游泳池的跳板。跳板雖長終久要跳入水中的。不道善利用跳板的人，能早到對岸。離開跳板之後只靠自已的努力。

你的興趣何在？喜歡金錢嗎？人嗎？或有意志發明？ John mills 士博說無論何人他的興趣可分爲下列四種：

(1) 思想

(2) 人類

(3) 物質

(4) 記號

性情近于思想的可以做教授。近于人與物質的可從事于工廠。近于人與金錢的，可入商業界。只近于金錢的可入銀行界。近于理論的可從事高深研究。

近于喜新厭舊而有耐心的，可從事于設計繪圖。只喜與人來往的可爲公衆事業。受過工程教育的人途徑最多。計劃，研究，裝置，運用，管理，商業等都是。都可以深造就。你將來能否負大責任，都看你初入社會所託付的小責任做得如何。諸君還要記住，實際經驗只有在初畢業後之五年十年間得之。凡人到了中年有了家室，這實在經驗永得不到了。有許多人才能很好，但是因爲在少年時未嘗有充分經驗，不能任大事，望諸君在這時候勿錯過爲要。

(2) 諸君意欲成功，必有一原動力相促。這原動力可以是金錢，名，權，或天性喜整潔，家庭負担等。這都是正當的。但無論如何不可爲一事而犧牲人格。雄心成名是好，犧牲人格成的名是可恥的。

(3) 設終身職業覓定了，怎樣才能十分的成功？

(甲) 第一件是不可輟學。諸君諒也知道學問和身體一樣。不練習便要退步。許多大學畢業生，出了學校便輟學，是最不好的現象。成功的人無時不在學問，智識亦因以增廣。諸君要求進益，第一不可輟學。

(乙) 須有耐心。不要因爲本事不夠而失望。學校中無日不有新智識相遇。入了社會當然不同。沒有耐心或是雄心太甚希望太急常是失敗的大原因。陸軍學校的畢業生五年以內不敢望有官職。工業上進步尤賴勤勞。不要因爲另一處位置薪水較多而犧牲現有的前途希望。總要做得比平常人好。將來的成功如何與初入社會的薪金多少成反比例。

不能養成勤勞習慣的位置，不可接受。

（丙） 諸君將來的薪金全看做的事多少而定。現在社會上急需要肯做事的人。能專心致一的做事能解難題的人。

（丁） 儲蓄，儉的意思，是用的得當，省的聰明。自己的薪金無論如何須能儲蓄其一部分。將所省之數投資于圖書，入會，訂雜誌等再留若干爲婚娶之用。至于婚娶一層也是一件要事。我個人以爲畢業後不可立刻即婚娶。最早在三年以後。這是因爲初等職業時如不合意，未婚娶可以隨意更改。婚娶則難易。

（戊） 忠誠，對于公司及僱主須有忠誠心。你如與僱主成公司意見不合不願服從，可以辭職，另覓職業。既在位，則須忠誠。

（己） 身體，強健身體亦爲成功要素之一。食物有害者不可食。睡眠不可輕意減少。再須時常運動。

（庚） 助人以學問，認識本地要人，各項活動儘量加入。這都可以增加自己表演能力，練習服務于公衆。

諸君將來之成功全賴對于國家服務之忠誠如何。都在（over）諸君自己，在諸君的智慧與勇氣。諸君如對于所做的事有濃厚興趣，能繼續研究學術，能做事較平常人勤，能有耐心，誠實，和善，儉樸，能一面爲忠誠國民，那便是你們成功的預兆了。

怎樣便爲成功？成功的意義如何？成功是你所做的與你所應做的比例。諸君須明白在國內能有如諸君的機會的爲數極少。所以諸君也有利用這機會的責任。我們在普渡大學定能助諸君。

工程學生赴歐實習之新途徑

趙曾珏 李開第

本篇目次

（一） 工程學生實習之必要
（二） 英國茂偉電機廠之歷史
（三） 該廠學生實習部章程
（四） 實習程序及科目

（一） 工程學生畢業後實習之必要

吾人皆知工程乃合各種科學而致實用，故習工程者可分三層手續：（一）學習基科學，爲研究工程之基礎；(二)應用所讀之科學，而研究工程學，以明徹其原理；(三應用工程學之原理，而施之於實驗。學工程者當以讀基本科學始，而以實地應用爲目。但工程學生旣以應用爲目的，而欲求滿意適當之應用，則於大學畢業後不得不有充之實習。吾國工程學生於學理上頗多深造，而實地練習則每付闕如，此實大謬。譬諸生，雖明晰醫理，但未經在醫院中充分實習，而貿貿然竟懸壺執業，安見其不危害人，損失名譽哉。工程師猶醫生，不經實習而貿然執行工程事業，終難免失敗。良以程之奥訣，機件之變性，有非經實地試驗而不得知者。

雖然，吾國工業尙在幼稚時代，國中無大規模之工廠，可供全國工程學生之實習故學工程者不得不實習於國外之大工廠，如美國之奇異電氣公司 (General Elect Co.) ，韋司丁屋氏電機廠 (Westinghouse Electric & Mfg. Co.)，阿立司強白製廠 (Allis-Chamber Mfg. Co.) 等以前均收納吾國工程學生實習。惟今歲美國發生民新律，限制華工；而吾國學生之赴彼邦實習者，因而亦發生阻礙。著者曾由本校教介紹至美國國家標準局 (Bureau of Standards) 前往實習，惟得該處覆函稱按照移新律，國外學生祇可不受酬報的前來實習。則美國實習于學生經濟方面已發生重大題；且如奇異公司等，中國學生在彼實習者有一定之限數，限數已滿而如無出缺，則雖等待數年，亦不能選入該廠。

在歐州則工業最著之德國，自歐戰以後，生活程度奇高。而工業界亦因戰後影響而形凋疲。故工程學生欲在彼邦實習殊不易。惟近今英國著名之茂偉電機廠 (Metropotan-Vickers Electrical Co. Ltd.)，因欲推廣遠東營業，自今歲 (1924) 始，每年選擇吾國大學工程科畢業生數人，前往該廠實習，每月給以相當之津貼，實爲吾國工程學生闢一實習之新途徑。

該廠實爲英國最鉅最完善之電機廠。本校電機科畢業生，張承祜洪傳烱兩君，已于今年四月赴該廠實習。明年 (1925) 之額已由著者被選補充。惟不敢自私，謹將該廠歷史及關於進廠實習詳情，臚述如次，以告我可愛之工程同學，而希諸君之能繼起也。

（二）　英國茂偉電機廠之歷史

二十世紀之肇始實開電氣世界之新紀元。蓋當十九世紀之末，雖有之電氣爲傳驅機械之妙法，然猶未深信。至此而其用愈明，其利益廣，循至今日我儕胥受其惠矣。

當一九〇一年，喬治韋司丁屋氏 (Gearge Westinghouse) 鑒于英國電氣事業之亟可發展，乃於孟鳩斯德 (Manchester) 郊野德辣福派克 (Trafford Park) 實業區，擇地三十英畝。其地爲大洋重鎮，交通便捷，鐵路運輸冠甲他埠，孟鳩斯德運河實利水運。毗連煤礦，壤接繁域，物力人工供給無窮。設備完美之大工廠乃于此鳩工建築。是年八月奠基焉。計廠屋共費鋼鐵萬五千噸，木材千萬立方尺，建造時築廿七英里之鐵路以便運輸。全屋落成于翌年三月，而不列顛韋司丁屋氏電氣製造有限公司 (The Britsh Westinghouse Electric ManufacturihgCo. Ltd.) 乃成立。此實爲今廠創立之始。彼時美國股份居多，廠務悉由美人主持，公司亦屬美人轄理。

一九一七年該廠歸英國伯明漢茂羅登公司 (Metropolitan Carriage Wagon & Finance Company of Birmingham) 其股份悉入英人之手。茂羅登公司經理事業九大綜，以製造鐵道之機件著于世。而德辣福派克廠專製各種透平及電機，惟機械製品尚付闕如。歸併後乃臻完備，而公司營業亦以日進。

改組未久，英國著名之偉克司公司 (Messrs. Vickers Ltd.) 亦合股加入。此舉實開英國電氣製造界之創史。美輪美煥，擴而充之，廠位增加，德辣福派克祇可爲其一部。而各部皆設備完善，悉能各盡所長，協力共作，擁巨厚之資本，盡製造之能事。

一覽合組公司之出品，當知其工程上發展之一班。此廠製造品大自超電力機械 (Superpower Statlon Equlpment) 及透平凝汽機等，小至家用電器，他如船隻，火車頭，鎔鐵爐，飛艇汽車等所用之電機，以至電線，隔電品等無不應製盡製。

近世實業貴具大規模之組織，所有製造需要之品悉行自製。所謂家庭式之組織法 (Eamily Policy) 誠爲最良之實業政策。若是則一大公司分成若干部，各部出自一系，連絡進行，不仰給于他人。自一九一九年合組後該公司之名乃改爲現稱之茂偉電機製造廠 (Metropolitan-Vickers Electricalcoltd) 或即以 M-V 兩字代表之。

合組公司經營事業與前相同，惟名義改變。而公司行政，另設全權董事會監督之。董事悉爲國際實業界之重要人物，並有經驗宏富之工程師，因此營業益臻發達，廠務蒸蒸日上。

該公司擴充之第一步，乃在一九一七年購得勃林司塘 (Brimsdown) 廠一所。此廠專製「柯司摩司」(Cosmos) 各種燈泡，有眞空，充氣，文傑羅 (Wundaglow) 等種類。此處置有專造之機械，以應顧客之需要。其特著之出品如柯司摩司射熱火具等，極合實用。此外家庭電氣用具靡不雅潔輕便，經久耐用，爲吾人享用電力之妙品。

未幾該公司又獲得伯明罕之海高廠 (Messrs Harcourts Ltd. of Birmingham)，此廠創立幾近百年，專製房屋銅鈿之裝璜品。今更添設電氣裝璜製造部。所製出建築家均表滿意，樂于購用。凡自極精細之飾品以及普通什物靡不全備。

自得以上之擴充後，該公司遂躋於電氣製造界最高之地位。舉凡電氣機械無不盡製，自龐然碩大之水電用品以至戰艦機，紡織機，發電機，變壓機，開關機，而至於無上精妙之餐室裝璜品莫不畢具。

茂偉公司之中國經理爲安利英行 (Arnhold & Co.)，總行設在上海九江路六號。該公司派有駐滬代表海司君 (Mr. F.S. Heys)，專爲接洽，或訂購該公司所製機器。上海工部局電機廠曾裝設該公司所製二萬基羅瓦特（20000 K.W.）透平發電機一座，天津及九龍等處，各裝置該廠所造五千基羅瓦特發電機（5000 K. W.），其他在奉天，香港，漢口等處，該廠所造機器銷路均廣，信用頗著，備受工程界之歡迎。

（三） 該廠學生實習部章程

該廠學生實習部共有二科

（甲） 工匠之訓練——商業學徒門

（乙） 工程職業之訓練 { 大學實習生門 / 中學實習生門 }

惟外國學生之往該廠實習者，祇准入大學實習生門故後列種種均大學實習生部之章程，餘姑不贅焉。

未進廠以前之教育——欲入此部者必先受完全工程教育，若畢業於工程大學，或高等工程學校與大學有同等程度者。實習生必須有學位，並在學校中對於交際，體育有所顯示者。青年之俱有以上資格，而願入該廠實習者，可做公司中自薦書表代，作一自薦書，詳述其學校出身種種。經公司攷查資格後，乃被召至廠而詢一切（不在英國者當至該公司代表處。滬上爲海司君〔Mr. F. S. Heys〕在九江路六號四層樓上）。

實習生之決選——凡自薦者既經允准入廠實習後，仍不得爲正式實習生，必須經六個月之試驗期。在此試驗期中，各生之去留可得自由。公司中如有不滿意處，亦可隨時斥退。試驗期滿，雙方合意，始得爲正式實習生。此試驗期內所得之成績，列入正式工作內。實習生可隨意選擇電機或機械二科。

工廠實習之性質——大學實習生最初之訓練，爲初步之製造，及試驗之經驗。機械科實習生偏重於蒸氣透平，帮浦，凝汽機，及各種附件。電機科實習生則注重於電方發動機，發電機，開關機，節制機，及方棚等。其第二步訓練視各人之所長，其性之所近，而分授之（詳後實習科目項內）。

工作時間——每星期須做滿四十七小時。每日自上午七時半起至十二時，下午一時起至五時。星期六下午及星期日停止工作。實習期照年份算。凡因病或其他原因缺席者，當隨時補足。

津貼工資——暫定每星期五十先令。

攷試委員會——有一攷試委員會，乃各部主任所組織。每實習生當接見二次；第一次在實習十二足月後，第二次在十八足月後。各生實習之成績，在接見時，呈於此考試委員會中。此會設立之用意，為襄助，忠告實習生，對於過去之訓練及將來之志願。

攷試——第一年實習畢後，凡大學實習生均須應一種筆試。為升第二年之升級試驗。攷題均包括於第一年實習中之應知者。實習期滿公司中能錄用與否，全視平時攷試成績之優劣為定。

文憑——實習期滿，實習生得領文憑，證明在該廠實習完美。

海外實習之訓練——該廠於容納海外大學實習生外，並訓練本國學生以海外經驗，俾他日得從事于出口事業。故廠中實習時，除工廠經驗外，極注意于商業訓練。在實習期之下半期，有時予實習生一種機會，俾至海外與公司中有關係之廠家參觀。惟實習生須先能通所至地之言語；公司中另設各國語言文字教授班，若法文，西班牙文，德文，及意大利文；實習生可隨時選讀

大學實習生之晚會——每屆冬季，廠內俱樂部中，每星期恆有一種「大學實習生晚會」。在此晚會中，廠中經理及各部主任均蒞臨，與實習生討論實業管理法。有簡單之演講，繼以自由之討論約一小時。後乃成為一種交際式之晚會矣。此會予實習生以一種極好機會；蓋此時不特彼此得討論有興味之事，並可認識廠中最高級之職員，且可自顯於其中也。

附則——各實習生對於廠中隨時頒佈規則章程當服從遵守。實習生如有破壞規程，惡劣行為，以及不服從不忠信種種行為，廠中得斥除之。實習期滿，廠中如有位置，當代為安插，惟不擔保確有。

（四） 實習科目大綱及程序

實習期共二年。第一年所習係普通工作。第二年分門別類，俾各得較專門之訓練矣。茲將第一年之學程大綱列如下：——

部名	實習科	時間
木工模型廠及翻砂廠	電機	三月
	機械	三月
裝置機器部	電機	三月
	機械	三月
建造部	電機	二月
	機械	二月
金工廠	電機	三月
	機械	四月
電子捲線法及隔電法	電機	一月
	機械	無

第二學年之訓練共分五門如下：——

（甲） 工廠之組織 研究及應用各種經濟製造法。

（乙） 營業部 注意於銷售該廠出品。此種營業必須有透澈之工程學識及實習經驗。

（丙） 計劃工程 關於機件之計劃，測算，及各項工程問題之預備。

（丁） 研究部 關於化學，機械學，電學，及冶金學之物質上及製造法之研究。

（戊） 計核部 關於價值之估算及各項計核事。

實習生，除工作所受教導及正式講授外，須有一種系統之自修。自修用書分二種:-種爲課本係須買者；一種係參攷書，可向研究部及教育部之圖書館中借得之。在此館中有閱書室，每日十二時至一時中開放。

關於茂偉廠學生實習部情形，讀此可窺崖略；蓋所有廠中大概，及進廠前後手續情形，均已次第臚述。所遺者僅實習上科目細則，若所用書名等等。此類關於教育方面，因限于篇幅，故略之。好在未進廠前，知此已足。迨自薦得選後，該公司自有較詳之章程相授也；至於進廠時及進廠後種種詳情，及該廠之生活狀況，非未經親歷者所能類道。俟明年著者西渡後，當陸續發表。

My Impression of American Railroad Practice

K. Y. CHEN. (陳廣沅)

* * * * * * * * *

As a man coming from a country with a population of over 400,000,000 and a territory of over 4,000,000 sq. miles served only by 7,500 miles of railroad to a country with about a quarter as much population and three quarters as much territory served by over 250,000 miles of railroad, he is astonished at first to see the net work of the tracks and hear the unceasing puffs of locomotives, but that astonishment changes into admiration, when he appreciates the efficiency and economy in the management of a big Railroad Company.

To him there are at least three points worthy of much consideration. First, private ownership, second, the annual meetings of the supervisory force and higher officials, and third, the special apprentice system.

In the Oriental nations, China, Japan and India, the railroad are all owned by the Government. So the Government may make any change they want in transportation, and may also build any railroad serving any of their own purposes. In the United States the private ownership does away with these practices. The rates are fixed by the Interstate Commerce Commission; and the purpose is solely for commerce and service.

In comparing the rates of the Oriental countries with those of the United states, people may think that oriental rates are rather cheap. China charges 1c. per mile, Japan .8c. per mile and India .675 per mile, while the United States rate is 3.6c. per mile, this being 5.62 times the average oriental rate. But labor is the controlling factor in present day industries, so let us compare the earnings of the railroad worker with respect to the distance they can travel with their wages, and see what conclusion can be drawn. For this purpose, the following table has been constructed. In the first column, the rates of the different countries are given, in the second column the wages are given, and in the third column the distance a workman can travel on his daily wages.

Country	Rate per mile.	Average Daily Wages	Mileage
China	1 c.	30c.	30 miles
Japan	8c.	20c.	25 ,,
India	.675c.	15c.	22 ,,
U. S. A.	3.6c.	$4.00	111 ,,

From this we see that a U. S. A. worker can travel on his daily wage a distance of 3.7 as much as a Chinese, 4.4 times as much as Japanese, and 5.05 times as much as a Hindu.. Taking wage as a basis, U. S. transportation rate is low. Taking rate as a basis, U. S. wage is high. With such a condition of low rates and high wages the management is still demanded with a "fair return" on the capital invested. How can it be done? It appeals to efficiency and econcmy. It is this condiiton which fosters the general adoption of super-heaters, feed water heaters, stokers, boosters, etc, in order to increase the number of tons of freight per engine. It is this condition which hastens the development of modern machinery and other labor-saving devices in order to increase the number of tons moved one mile per employee. And it is this condition which forces the Railway Officials to adopt a scientific management in order to increase the return on the capital invested. All these inventions and new methods improve the world of science a great deal and are all brought about by the inevitable increase of wages snd cost of material, and by the impossible increase of rates under the present private ownership. So in this way private ownership benefits its customers, workers, and money investors, as well as the world of science.

The second matter to be considered is the annual staff meetings held by the various railways and the Annual Convention such as that of the American Railway Masfer Mechanics' Association. No one shop is perfect. Its manager now and then finds better methods of operation which bring the shop nearer to perfection. No matter how ingenious the manager may be, he can't see all the defects or all the improvements at once, Annually the Staff of similar capacity are invited to hold a meeting, then the Master Mechanics of the whole country are invited to hold a Convention where they present own ideas in the matter of solving various problems and give out the benefit of their experience in a thorough and intelligent discussion of the different subjects which are brought before the meeting. In this way their visions are broadened, and it brings about a spirit of better cooperation.

For an example: (The writer has read most of the Papers presented at one of the 1924 Staff meetings held by this Railroad) One of the papers laid special emphasis on the "last minute" job, and four suggestions were made to eliminate the "last minute" job, which are as follows:

1. "When possible work of a certain class should always be assigned to the same machine, as the operator after doing the same job for several times will become more proficient."

2. "Close co-operation between erecting and machine departments, guided by the shop schedule, should result in all new and old parts requiring

machine work being delivered to machines immediately after engine is stripped and parts are cleaned to determine the necessary repairs."

3. "Anything that relieves the machine operator of duties that take him away from his machine, such as grinding tools, hunting drawings or getting sizes, will result in better output."

4. "It is better practice to let an old obsolete and work an up-to-date machine two shifts."

All these points came from men of daily experience and men whe paid close attention to shop practice with a view of trying to get more output from the same force. It certainly is hard to imagine the big saving that could be obtained by decreasing "last minute" jobs of every workman of a large railroad company employing 60,000 employees.

Another example to show the benefits of Staff meetings and conventions may be found by reviewing a committee report on "counterbalancing" presented at the convention of the American Railroad Master Mechanic Association in 1896. The practical methods recommended by the paper settled disputes thither-to unsettled and every railroad in the United States adopted this practice. Alhough many railroads have their own particular rules for this work, their general practice throughout the country resulted from this convention. Thus every year something is contributed for the advancement of railroading.

The last point to be mentioned is the Special Apprentice system. Solely for future generations is this system being developed, and this illustrates the broadness of the Americans' foresight. No matter how efficient is one's method of operation, if there is no one to succeed him, or no attempt made to train some one to succeed him, he is not great. Engineering is the sort of art which needs more practice than study. One may read all the books along a particular line; he may be able to tell how and why some operation is carried on, yet he can't follow his own instructions and do a good job. In our present day schools, an engineering student is given an opportunity to have some shop practice, but it is too scanty and elementary. So a graduate full of book information finds himself far from the art standard. He is anxious to see how this book information may be put in practice. The railroad companys take up such a man and give them necessary experience by putting them through the various departments. As a mechanical student, he spends most of his time in shops and round-houses. Aside from the mechanical operations of the various machines, and organization and management of the various departments, there are two important things impressed on his mind, which should help him a great deal in his future work.

First - Personal Treatment - "how to handle a man", and "putting the right man in the right position". There are the most important factors in all industries. As the special apprentice is working in the shop, he becomes in contact with all sorts of persons. If he understands human nature, before long he can judge a man by his actions and conversation. If his mind is quick enough he can tell right away how he can get such a man's good will. By cultivating himself in this way, he can conclude what kind of preparation a workman should have before he takes up his work as a career, so thst he may get the best co-operation from the men.

Second - design work - Before he has the experience of actual work in the shop, he may not know how long it takes to finish a particular job.

As labor is expensive in this country, the omission of a certain finished surface may save three or four on some job, the accessibility of a particular engine may save labor and also the time of an engine. In a big railroad, these savings are always accumulative, and may amount to a great deal. After he is through with his special apprenticeship, he intend to design an engine as simply as possible and design a particular machine for certain work which will require as little attention in setting up as possible.

All these things can only be impressed on his mind by the actual practice.

In conclusion, the writer wishes to express his appreciatson to the Milwaukee Railroad for the kindness and courtesy of admitting him as a special apprentice for the purpose of getting familiar with American Railway practices in order to benefit the future Chinese Railway enterprise.

電氣對於人體之研究

徐 炳 勳

電氣致死之道。厥因有三。曰窒礙肌肉之生機。阻滯心臟肺部之跳躍。與破壞神經系之作用是也。以一安培（Ampere）之電流。通過腦部。或其他重要部分。生命之喪失。即在俄頃之間。蓋觸電之危險。係乎電力耗費於人體肉之多寡。與夫電流之強弱。若專以電壓（Voltage）而判危險之程度。殊難斷言。因人體之抵抗力極大。故須視接觸之情形而定。所謂致命之電壓。蓋能使致命之電流。通過接觸點與人體所合成之阻力圈而言也。』人體之阻力。隨電壓而變異。電壓在十弗打（Volt）以內時。兩手間之阻力。用精確之電表考量。乃得四萬歐姆（ohm）之巨。（指普通體格而言）若電壓增至一百十弗打時。此阻力即一降而爲一萬歐姆。因皮膚之表面。具有極巨之抵抗力。苟以人皮剝下。俟乾燥後。即成一極佳之絕緣體。此表皮在低壓時。用乾燥接觸面。其阻力頗難克勝。惟一遇高壓與極佳之接觸。則表皮之阻力即行打破。而電流遂得以通入血液與內部之纖維。康健之人。血液與纖維內常含有多量之獸鹽。故人體之內部。實爲極佳之導體。而多量之電流。常因普通低壓而通過人體者。職是故也。欲證明皮膚爲吾人對於電氣唯一之保護品。祇須將身體重割。使電端直接通入血管。若是則五十弗打之電壓。已足以致死矣。更有進者。表皮阻力之失效。因高壓而更速。用水濕之電端。人體在二千弗打之電壓。祇有二百歐姆之阻力。此抵抗力較之在低壓時之銳減。實足驚異也。（按以上所述均爲美國新新納梯電解罪犯時所得之實證）

平均婦女身體之阻力。較之男子相差甚遠。因女子柔美之手。凝脂之膚。以及其他一切軀體之情形。俱較男子爲柔嫩。故表皮之打破甚易。血液與皮膚。能使人體之阻力。時生變化。夏季汗液。使皮膚潤濕。阻力因以降低。故有時某種電壓。曾使某人喪生。而第二人或祇受微創。非二人體格之有特殊之高下。要因情形不同耳。

電氣之致死。既隨情形而異。但我人所知。關於電壓者。似較電流阻力。略爲詳切。今就普通商用電壓。不論其爲直流或交流。其偶爾觸電而所生之影響。分類列表如下。

電壓（弗打）	危險程度	附註
一百十	普通不甚危險	神經系受震顫。而使肌肉發生反感。
二百二十	普通不甚危險	此電壓不足盡顯軀體上之反應。有時使接觸點微灼。惟神經肌肉間所受之震感頗巨。
四百四十	頗危險	接觸處潮濕時。或能致死。神經系感受極烈之震顫。使肌肉麻木。觸電者每噤口不能呼救。常灼傷巨創。
五百五十	頗危險	略與四百四十相同。
一千一百	危　險	喪失與覺。全軀麻木。觸電者十有九死。即不然。如接觸輕微時。亦必焚灼半死。
二千二百	危　險	知覺全失。全軀麻木。血液分解。身成焦炭。

觸電所生之結果。不外以下數種。（一）劇烈之震顫（二）失知覺（三）腦筋麻木（四）全部器官麻木（五）血液分解（六）體內發生體熱（七）接觸處焚灼（八）肌肉縮（九）神經系與心臟破壞（十）全身不能動彈（十一）〇生（十二）身軀變成焦炭

人體在二千弗打之電壓上接觸。其感覺不啻全身纖微。同時受一強力之扑擊。在一鐘以內。即完喪喪失知覺。週身肌肉。登時緊張。四肢百骸。均呈勁攣之狀。若通電久。接觸處即行燃燒。普通體格。在二千之電壓上。約得十安倍之電流。此電流苟通三十秒鐘之久。皮膚即成焦炭。若以寒暑表立刻測驗死者之體溫。將見電端接觸處溫之高。可以鎔銅。（華氏一九四〇度）以此與平均適宜之體溫（約華氏一百四十度）較。當知恢復生命。或重使血液週流。爲不可能之事實也。吾人當知二千弗打電壓。十安培電流。若用機力計算。可得每分鐘八八四四〇〇尺—— 磅 (ft-lb) 之工率　或

用電力計算。可燃八十盞電燈。普通家庭內綽敷分配矣。

高壓綫在三萬三千弗打以上。能在一瞬之間。使軀體變成枯炭。而無可辨認。然有時多量之電流。在人體通過後。理應手足完全焚燬者。而受施者反得恢復知覺而保生命。亦有時電流通過腦部。或其他器官後。一霎時間。終身變成殘廢。或衰弱心病之人。更有五百五十之低壓綫。雖不能使致命之電流。立刻在接觸之時。通過人體。而觸電者往往雖心地明白。但因肌肉麻木。不能呼救。若無旁人施援。被難者無由自解。必致喪生而後已。故平時對於此等低壓電綫。亦須十分留意也。

在一百十弗打之電燈綫上。往往有觸電而喪生者。然大半因高壓綫漏電。或被害者素有心疾。受低壓之震撼而猝發至死。究竟若干限量之電流。通入人體。足以致命。迄今尙懸爲疑問。因研究此等問題。須以人命爲犧牲。殊背法理。有人以電氣方諸毒劑。某人飲酖而死。某人飲酖。得急救後。乃得弗死。此與電氣之致死頗爲相類。所不同者。過量之電流。通過人體後。雖得急救。因血液已受分解。及各系曾受至巨之影響。殊罔生之術耳。

觸電死後。每多疑問。致起法律之爭執。然檢視至易。凡觸電死者。其電極接觸之處。必受焚灼。齒之光澤消失。而尸身之逐漸僵硬。必起端於接觸之處。此不過粗略之鑑定。若詳細考驗。下列之三法尙焉。

(一)　檢驗死者溫度。惟須立刻從事。

(二)　用顯微鏡考察血液。其血球是否被電流通過而分解。

(三)　眼瞳呈特異之睖形。

關於電流通過人體之種種研究。殊不完備。因人命非兒戲。故不能作周密之試驗。然有二點。足增研究電學者之興趣。一患肺癆病或其他內症者。其血液內所含獸鹽爲量較寡。故病者身體內之阻力。反較康健者爲大。二人體具凝電作用。(Condenser effect)故在交流電圈內。能使電因(Power Factor)增高。

醫學界與無線電所用高波之電流。於人體上無甚危險。蓋人體能拒此高波電流。通入內部也。用直流電考量觸電電者之阻力。將見體溫漸散。阻力亦逐漸增高。而關於生理之試驗。尤爲奇特。若用一乾電池通電於死者之心部。則心房能跳躍如生。然電流一斷。跳躍亦止。可知此動作係由電流而作暫時之伸張。非復活之現象也。

近世醫者。每自詡能治觸電重創之人。然若電流耗費於體內過巨。因血球之分崩。與體温之驟增。雖有扁鵲。亦難回春。至觸電原因。有時因設備不周。亦有因偶爾疏忽所致。此時旁人急須設法使電流隔斷。若不能關斷電鑰。切不可赤手往援。非惟不能援其出險。抑且自蹈覆轍。電綫在一萬弗打以內。用橡皮手套。已甚穩當。否則將乾燥之衣服脫下。套於觸電者頸部。使之脫離電端。而爲時須迅。即一秒鐘之延誤。或影響於被難者之生命極大。脫險後急須行人工呼吸法。迨醫生既至旁人之職任盡矣。（完）

按本篇原文見一九二二年八月號 Electrical World 篇中所述頗多道人所未道蓋研究之點不在尋常電學界範圍之內故興趣倍增。因亟迻譯成文並誌數語於此

譯者識

蘇州第一發電廠實習鱗爪

潘禹昌

級友華君壽奎，余贊交也，課餘之暇，每與談心論事，未嘗不言學問務求實際，工程尤貴實習。今歲暑假，君不忍以可貴之光陰作無爲之消遣，因以謀實習事相約。余欣然與君合作，向校中請求。乃當局視余等肄業大學，二年方畢，學問尚淺，難勝實習之事。然實習雖以通學理爲根底，究以耐勞苦，勤作事爲最要。況有用之學理皆簡而易明。余等抱耐勞耐苦之宗旨，再四請求，備嘗困苦，始允派往蘇州電燈廠實習。同行者有范君式正，高君元勳，王君昌孔及劉君侃四人，余經此請求之困難，不得不嘆我國工業之所以不發達矣！夫負教養青年工程師之責而輕視實習若此，無怪我國學者不乏精通理論之士而少有能施諸實用者也。所以人才日增，而我人日用品之運自外洋者，未見其減也。此辦理工業學校者之所當注意者也。余既幸而有此實習機會，敢不以所得告人。然余不文，且限於篇幅，不能詳述，茲擇其要者錄之。閱者諸君，倘見謬誤之處，尚祈教之。

蘇州電燈廠係商辦，共分二處；老廠在閶門附近，新廠在胥門外棗莊橋，一切要務均歸於城內觀西様子間管轄。余等初到時，即寓於斯，與工程師陸富如，朱玉如等，頗接近。陸朱二工程師乃本校老前輩也，其招待懇懃，實有筆不勝述者；且食必同桌，談必同心；對於接手該廠以來之經過情形，整頓事宜，以及其由學生而爲工程師，爲工程師而所得之種種經驗，無不備述：不獨娓娓動聽，抑亦教誨余等之善意也；每晚作試驗火錶及較正其速度之事。如是者凡拾天，蓋因校中公文未到，不便派往廠中，在該處待也。

後陸工程師恐余等久待無味，雖無公文，亦肯派赴廠中，正式實習。惟二廠距様子間無有近者，騎驢既費金錢，步行又恨酷暑，早去晚歸，必非上策，乃决分隊改寓廠中，以利實習。所經大概，可分繪圖，加煤，開車，開燈三段；玆分述於下：

(1) 繪圖　繪圖所以表明廠中機器之地位，管子之裝置，以及電閘之接法事。前曾費數日之調查；蓋廠中管子旣多，且有埋入地中者，有則一管可作兩用者，非經工人詳細指點不能明也。而電閘之接法，尤爲交流電之一大難點；非其理之不易明瞭，實因線多而難於辨別也。然電閘爲廠中最要部分，余等應不畏繁難，作圖報告。

(2) 加煤　加煤一事，常人視之，莫不以爲易事。然不知電氣廠費用，除利息折舊外，當然以煤价爲最多；所以對於用煤一端宜加以莫大之注意。該廠蒸汽壓力以二百磅爲合度，以其用汽較省故耳。加煤之唯一目的，卽須維持其合度之汽壓，旣不宜令其過高，又不可任其低降；換言之，加煤須有定時，其時之長短須視負荷之輕重而定之；又宜時時翻動，俾得盡燃；翻時又須周到，務使各方厚薄平均，庶幾空氣由 Grate 下面設入之速度，各處相等，則火力旣均，汽壓不變，而用煤自省矣。余等曾作數日之練而，始知勞工之困苦與加煤之不易矣。

(3) 開車開燈法　開車開燈，按其手續之先後，可分試驗水汀，開透平，及開燈三習，玆特分述於下：

A 試驗水汀　初鍋爐蒸汽受熱於定容量中，(Constant Volume Change)，壓力漸增及至二磅磅時，開放該驗水汀管，(Steam Test Pipe)。水汀卽從該管衝出，初帶水份，謂之濕水汀，(Wet Steam)。其所以帶水份者，因加熱器 (Superheater) 中之蒸汽，於停車時，凝結其中，至開車時爲汽所衝出故也。待該量水份完全排出後，卽成白色之乾水汀 (Superheated Steam)，而開汽總管 (MainPipe)，然後至透平處，先開在透平凡而 (Valve) 旁之試驗管，所以使自總凡而至透平凡而間管中已有水份得先排出，俾於未入透平之前，證明水汀已乾。然猶恐乾水汀或經總管而凝結置 Separator 以防之；蓋 Separator 之作用可使水與汽分開也。

b 開透平　水汀旣乾，卽可漸漸放開透平凡而；蓋水汀者倘含有凝結之水份擊於透平之翼上，其翼必破。因透平之速率極大，如同帆船順風而行空中，若有尖小沙礫，勢必被風吹擊帆布而穿之也。當透平旋轉極緩時，另須一人，將 Exciter 之 commutator 用零號沙皮擦去污穢畢，以布揩之，然後開透平者將透平凡而漸漸開放。於是用汽漸多而旋轉率愈大，至每分鐘三千六百轉爲合度。其旋轉率之增加愈慢，則透平之壽命愈長，是開透平者不可性急也。同時擦 Exciter 之 Commutator 者行至電閘處，變動阻力，至發電壓力至二千二百磅，而開廠中電燈打水馬達，（用於凝水櫃），邦布馬達，（用於凝水泛），及打油馬達，（用於透平）等。自開車至此，透平回汽皆不經凝水櫃而直至空氣中。斯時打水馬達既開，凝水櫃中之冷水自能流通；邦布馬達一開，凝水櫃中之凡根不難抽得矣。凡旋轉率大之輪軸易於發熱，所加之油亦宜流動，使軸不致過熱，是未開邦布馬達之前，須用人力打油使流動於透平軸中。

C 開燈　開各用戶之燈，須待凡根抽得後方可施行。蓋凡根不得，則凝水櫃不能用；不用凝水櫃，則回汽不快；回汽不快，則進汽不能加多；進汽不增而加以負荷，透平旋轉率必因大減；旋轉率一減，電壓必跌而燈不明矣。此開燈時當先視凡根邦布馬達能否工作之一要點也。

實習之手續既已略述之矣，余不得不以愚見所及，論其應興應革之事。然該廠之所以未興未改者，或因經濟關係，或因地勢關係，是非該廠之缺點，閱者諸君幸勿誤焉。

（一）無吊車　無論何種機器，於發生危險之時，最好以備貨換上，俾工作不致停頓；否則總須修理敏捷，以免時間上之損失。況發電燃燈，偶一停止，全城黑暗，危險之狀，更非他比。然透平發電機等，價格甚昂，不能備置，是惟有設便於修理之佈置，則吊車爲移動重體之要機，拆修時必當用之：而該廠未有也。

（二）室內高壓線佈置欠妥　高壓線既爲送電之幹路，又因其電壓甚高，易生危險，是當愼重保護其所經之路，當擇寬闊空淨，少遇阻物；倘越鉄道，必承網於下，所以防其斷下，發生危險。其由發電機起原，自當謀最短之途徑以出廠外，俾少危險。而該廠室中高壓線環繞曲折，又在機器上面越過，一旦斷下，必致機損人傷矣。

（三）方棚間太簡陋　除吳趨坊新建方棚間外、其餘各處，每間置變壓器二三只，每只既不左右隔開，而高壓線與低壓線又無上下之隔，則倘一器修理，其餘數器，亦必停止通電，以免危險。

（四）汽鍋與透平之距離太遠　汽鍋與透平之距離愈近則汽鍋之壓力與透平之壓力

相差愈少，而用煤自省。惟該廠因有舊機數座，尙未移去，致透平與汽鍋遠離，壓力差多，而用煤稍費矣。

（五）機器間離河太遠　機器間離河愈近，則取水愈便；遠則須通以溝渠，既費人工，且每値冬季河水淺時，來源更少。今該廠因利用舊烟囪之便，機器間與胥江相距甚遠。然其透平機所用之凝水櫃，每分鐘須水數十噸之多，打水大渠雖設，然尙有供不應需之勢。

（陸）機器間小而周無餘地　凡謀擴充，必留過地。今該廠機屋低小，且無餘地可以擴充。聞擬裝節熱櫃以省用煤，然無容此之地，則將來欲謀改良擴充，非另建機屋於他處，不能爲也。

（柒）優待各機關　勢力與情面爲辦事上莫大之障礙。該廠對於各機關用電，不取費或打特別折扣，於廠中損失甚距。此種情形，非蘇地如是，他處亦然，皆爲勢力與情面所致耳。

（捌）偸電之難查　各戶火錶地位任意裝置，廠中不顧，以致人皆將火錶裝於不易尋到之處。待調查者或抄錶者叩門來察，彼等入內預備，胡能查明？

余等陸人在廠月餘，興高樂多；惜乎華君壽耋以練習游泳，於八月二號慘遭滅頂之禍！余等五人悲君之死於非命，無味實習，因卽各自分別矣。

民國十三年九月記於南洋大學

（該廠目下情形與去夏略有不同此篇所述係作者去夏實習時之概況）

加拿大水電力事業之一斑

陳 體 榮

駒光隙駛。違別母校。忽已年餘。羈身海外。偶從滬報中。得母校一二情形。每神馳遐想。近者風雨飄搖。於祖國多事之時。乃奉同學函。告以母校工程學會將刊行學報。囑投篇助興。衷心雀躍。曷其有已。噫。壯者同學。輝揚校譽。發展工程。一唯斯舉。追前人所未竟。樹學會之蜚聲。敢不撥冗抒翰。貢其近今所研究者。而與衆同學言之。憶同學范君本中亦曾述加拿大水電事業於申報。玆復重言之者。亦所以重聳國人觀聽也。

(一) 導 言 水力狀況

加拿大地處北美横大西太平兩洋之間。富於水力。幾於各省俱有（加拿大共有九大省又西北荒地）而水力之用處則尤有效力於東部之古壁 Quebec，及 恩打利塢 Ontario 兩省蓋該二省人烟稠密工商業繁盛而產煤又極稀也。

據今年世界水力研究會。在倫敦開會。調查世界各洲所有之水力。又已經發展致用者。首推北美洲。而以合衆國爲其首。加拿大次之。下列之一表。爲當時會中所採用。而於吾國方面。則因缺乏報告付闕如。

然是表中所列加地水力。則與最近加政府統計部所發表者有異。據統計部之推測。加地共可裝置水透平凡合四千二百萬匹馬力。而已發展者共三百二十二餘萬匹馬力。加地旣有如許水力。而所用電力之多。則平均每人一年約消耗八百二十啓羅華特鐘點。乃爲世界（以人爲單位）用電力最多之國。加地所用之水力。其用途可分如三類。第一類則用於發電廠 Central Stations。第二類則用於造紙廠 Pulp and Paper Mills。第三類則關於普通之鑛實業等。

第一類所用之水電力。凡二百四十餘萬匹馬力。第二類凡四十餘萬匹。而第三類則約合三十餘萬匹馬力。

因水力之便給。而電力之費用乃省。電力旣省。製造力乃增加。人民豐富。國家因之強盛。此加地之所有賴於水力者也。

(二) 普 通 工 程 情 形

水電力之工程約分兩種（一）低水源 Low Head Developments （二）稍高與高水源 Medium & High-Head Developments 此則讀水電力學者均能言之也。

低水源之工程。則因水源旣低。而所需之水量必衆。於是其所需要之建築乃爲水閘及其瀉水欄 Dam with Spillway。水道 Fore bay and Intake。尾閭 Tailrace 等。至稍高及高水源之工程。則因源頭較高。利用高源。所需之建築。乃爲分水閘與瀉水欄 Diversion Dam with Spillway 水管或水溝 Penstocks or Tunnels 及水塔 Surge Tank 等。

凡研究水力者。亦必考察當地雨量之情形。因雨量之多寡。而水力之衆茂亦因之而定。加地沿太平洋岸雨量較多。平均每年爲自六十英寸至八十英寸。沿大西洋岸則爲四十英寸至五十五英寸。其中部一帶則自二十五英寸以至三十五英寸。至細察江河地勢情形。則西方一帶雖有高山綿延。而河流繁盛。至東部及東中部三大湖之旁。枝流橫多。益復延勢連山 Laurentian Hills 奔瀉而下。皆足以供高源水力之利用。

故加地所有之水電工程計畫，包含以上兩種。其有名之高源水電力發展。則尼加拉瀑布 The Nigara System 爲世界之有名者也。玆請略言之。

(A) 尼加拉河 Nigara River 接連恩打利塢與歐亞利兩大湖 Lake Erie & Ontario Lake 之間。地面高度之相差，共爲三百二十七英尺，以尼加拉瀑布爲其大段落。據推測該瀑布可用之水源，凡三百零五尺。而可發展之水力，爲五百餘萬匹馬力。此則爲合衆國與加拿大共分之。惟因兩國條約，並爲保全天然勝景起見。合衆國僅能用水流，每秒鐘爲二萬立方英尺。而加拿大僅能用每秒鐘三萬六千立方英尺之水流。

尼加拉部分之水電廠，歸於恩打利塢省政府所辦之水電機關 Hydro-Electric Power Commission of Ontario, Canada 者，共有三處。是爲恩打利塢發電廠 Ontario Power Plant。水電力廠 The Electrical Development Company Plant。與魁英斯敦及戚拍瓦電廠 Queenston-Chippwa Development。三者之中，以最後者爲最新最大之電廠。

魁廠（簡稱以下倣此）之建築現尙在進行。此項建築包含爲近尼加拉河之進水道。八英里又半長之水溝。及廠屋等。此項之建築，爲欲盡用三百二十七英尺之水源。但沿流而下，十英尺之水源消耗於尼加拉河之上游引入而至戚拍瓦。而其餘之十二英尺則消耗於水道之中。故僅有三百零五尺可用於水透平。卽每秒鐘每立方英尺之水流，可發生三十四馬力也。廠中現所裝置之透平。爲每个六萬匹馬力。是爲世界上是項水透平之最大者。發電機直連其上。用公共之輪軸。機中最重部分約六十萬磅。用空氣以寒冷電機所生之熱度。其熱空氣自電機出後。則可爲冬天和暖廠屋之用。每電機每兩個半鐘所需之空氣爲一百三十八萬磅。此則與每電機之重量相等。

電機所生之電流。爲三相二十五週期。其壓力爲一萬二千電磅。至變壓器則升高此壓力爲十一萬電磅。以供給電力於恩省之西南一帶。

該廠中現共裝有此項發電機六。尙有二電機在定製中。而水道所供給之水。則足以供十電機。凡六十萬匹馬力也。

該廠情形足以代表高源水力電廠之一斑。而其碩大無垠亦可羡已。

(B) 至所有低水源之發展，則古壁省所有之水電廠，大抵是類。茲請約言西達 Cedar Power Plant 水電廠之內容。

是廠所用之水力如聖羅生河 St. Law rance River。其水源爲三十英尺。而水流爲每秒鐘二十一萬立方英尺至四十二萬五千立方英尺。用分水隄以瀦水，廠屋則適當河衝。該廠共可發生十七萬匹馬力。每發電機爲一萬啓羅電磅安培 10,000 Kva。三相六十週後。六千六百電磅。每水透平爲一萬一千三百匹馬力。其速度每分鐘爲五十五零六之迴轉。該廠共有十四具發電機。而可擴充至十八具。

該廠所生之電力。由變壓器變高至十一萬電磅。輸送於五十英里之外。大半供給於工商業繁盛之區云。

綜是以觀。應用水力固無限於高原之一種。苟能應用天然動力。察度情形。則取之無盡。用之不竭。其利可勝道哉。

(三) 管理情形

加地水電力事業。共分政府與私家兩種。古壁省之電力多爲私家。恩打利塢省則皆省政府所有也。恩省之辦法。甚有成績。爲近世所公共事業應歸政府所辦者之所推崇。其辦法則由省政府出資本創設各項發電所。及各種工程計劃。而輸送發買電力於各城市之市政局發電處。以轉售於人民。其所定價格。則由每年省政府各發電廠之耗費，資本，利息，設備期金等等。切實計算分攤之。至電力價格。各處不同。此則視離發電廠之遠近。及用量多寡而比較之。最低之電費。爲每啓羅華特鐘點合美金一分又三十五。最貴不過金三分。此則應用水力。能得低廉電力之利益。亦半由省政府電廠之規模偉大，管理得法，有以致之也。

(四) 結 論

余述是篇。余不勝希望吾國之能應用水電力。雖吾國煤力充足。煤量衆多。然水維持費省。較能持支。而加地亦多產煤之處。反觀吾國東鄰。彼之水電力事業發達。大可觀。吾國西方一帶。長江大河。不少利源。如其導而用之。其利豈有垠哉。

The World's Natural Power Resources

Country	Total Potential Water Powers H. P.	Total Developed Water Powers H. P.

Australia	750,000	
Aurtria	3, 700,000	285, 000
Canada	26, 000,000	3,228, 000
China	Unknown	0
Czechoslovakia	1,722,000	155, 000
Denmark	very small	9,095
Dutch East Indies	15, 000,000	80,500
Esthonia	170,000	16,953
France	6, 000,000	1,400,000
Great Britain and Ireland	Unknown	250,000
Holland	0	0
Hungary	Very small	2,930
India	7, 100, 000	321,000
Japan	14, 090, 000	3,052,093
New Guinea and Papua	10, 000, 000	0
New Zealand	4, 870, 000	29,386
Norway	12, 300, 000	1,300,000
Rhodesia	354, 000	very small
Siberia	51, 138, 000	90,850
Sweden	---------	3,421,728
Switzerland	8, 000, 000	1,490, 000
Tasmania	700, 000	69,000
United States	25, 975, 000	6,778,870

[illegible]0 per cent of time

第 一 表

青島之工程與工業

胡嵩嵒

青島現在在我國歷史上佔的重要地位是人人知道不待申說的。在從前青島不過是一個小漁村罷了。到了清末外國的勢力日漸的壓逼過來，當局知道那處的重要纔設了一個新衙門築了炮台修了棧橋駐了幾營兵隊做沿海防禦。誰知到了光緒二十三年就被德國人佔據。德國人得了青島之後刻苦經營造了極大的輪船碼頭成功了東亞一個最良的軍港。各處山上都築了道路，廣種森林。又築了這條膠濟鐵路。所以從前小漁村式的青島變成了工程的結晶品。

民國三年歐戰開始。德國自顧不暇不能再用全付精神貫注到海外的良港日本便趁此機會用武力奪據了青島。在德人的時代，青島的工業實在還不足道，不過祇有幾家釀造德國人喜歡常用的飲料麥酒罷了。到了日人手裏，青島的工業勃然大興，各種工業諸如『製絲』『製油』『製鹽』『製皮』『蛋粉』『製冰』『製磚』『製造火柴』『釀造日本酒』『製造肥皂』等等都先後創立。所以從前工程結晶的青島同時又成了工業中心的青島了。

『五四』運動發生，於是全國上下一心竭力奮鬬爭囘青島。直到華盛頓會議開罷日本纔允有條件的交還青島。所有市政鐵路碼頭和其他公共建築都估價移交我國政府。現在青島的工程方面的一切設使可說歸入我國人手內，但是各種工業還是日本人經營着。

今天暑期裏嵩嵒蒙校中介紹到青島膠濟鐵路四方機廠裏去實習。在該廠實習的除南洋去的四人之外還有清華北京工業南開燕京同濟工科來的學生計共有十一個人。大家都覺得青島的工程和工業有研究考察的价值便大家聯合起來組織了一個小小參觀團。請四方廠長楊先生爲我們介紹到各處去參觀可惜我們的參觀團組織的遲了一些，而每禮拜只可利用禮拜日放工的機會和必不得已（如有幾處工廠禮拜日也是停工的）的請假半日，所以不能把青島的各種工業看全。現在僅把所看過和調查過情形分工程和工業兩門記在下面。

（一） 關於工程的：

（甲）道路 青島的道路非常寬闊整齊，清潔。和上海租界上的馬路相彷分車道（Drive way）和旁道（Side-walk）車道的兩旁都有極大極好的陰溝。各道都是用碎石鋪墊。上加瀝青煤油。道路雖然依山勢而築有時傾斜的度數很大。但是本身毫沒有高低不平的弊病。像閘北用的那種碎磚砌成的路尋不出一條。正路兩旁都種着樹木。大半是德國槐在夏季樹葉茂盛的時候非常好看。在各大路的兩旁都鋪寬約一尺的石板道，給裝貨小車走的以免重車損壞了正道。據當地人說從前道路還要清潔整齊，自入我國管理，許多地方失修大不如前了。各處道路都是德人，當年慘淡經營，煞費苦心的結果。最足使人讚嘆的，恐怕要算那紆迴曲折的山道。青島的山雖不高，但是山勢很爲料峭，所以那山道是左右盤旋圜繞而上。路身不狹汽車可以直達山頂坐汽車遊山，是青島獨有的一種樂趣。

（附 圖 一）

（乙）碼頭 碼頭是青島最大最重要的工程。他的建築費佔德人經營山東總費的四分之一。碼頭之外有很長的防波堤圍積約三平方里。第一碼頭寬約一百五十米達繫船壁七百七十米達上面有 A,B,C,D, 四個倉庫（就是貨棧）第一碼頭的北面側港裏距離約一百七十個米達。第二碼頭寬一百零二米達繫船壁一千一百十米達，上面有 F,G,H, 三個倉庫。第一第二兩個碼頭合起來可以停六千噸重的船十二隻。第二碼頭的北面有第三碼頭繫船壁一百七十米達專爲積卸鹽，油，和其他特別貨物。防波堤的盡頭有一片廣地喚做第四碼頭繫船壁一千二百米達能停六十噸的船五隻。碼頭邊水深最大退潮時二十七尺普通退潮時三十四尺最大漲潮時四十七尺普通漲潮時四十三尺。四個碼頭上面都有鐵道和大港車站銜接。人力車馬車也可直達碼頭。第一第二兩個碼頭是凸出的所以建築工程很大。下面一圖可以看見碼頭的大概。

(註)此堤包圍第一及第二碼頭。上建鐵道。下圖因幅狹未示。至船渠港旁之堤。乃另一小者。

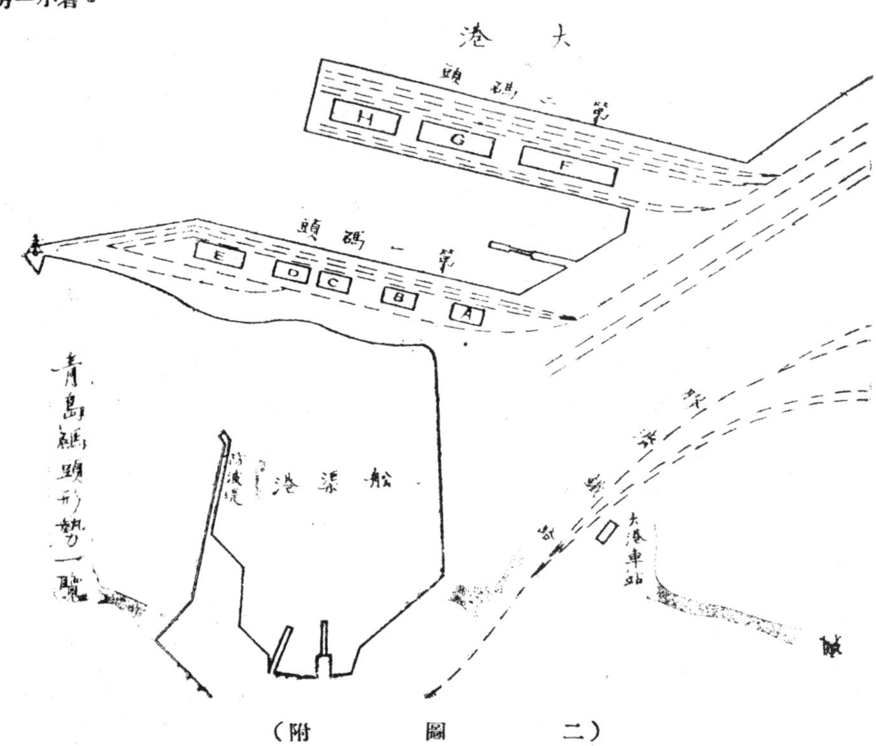

（附　　圖　　二）

（丙)膠濟鐵路　膠濟鐵路在日本時代叫做山東鐵道，好似山東的命脈。是德人手裏經營的。所以全路都是德國式。德人原定的資本五千四百萬金馬克一九一二年增加了六百萬金馬克到一九一四年又加了一千萬金馬克共計七千萬金馬克。在日人手裏又增加些資本，所以去年日人交還的時候鐵路財產作價日金四千萬元。幹線計長三百九十四零零六公里支線三條計五十一公里有九三總共四百四十五公里零九九。幹線輸運日本的進出口貨物。支線全是運煤。全線由膠州灣口青島起直到山東省城濟南。路上經過高密，坊子，張店，維縣幾個大站。鐵軌是標準闊度四尺八寸半（英制）每碼軌重六十磅每軌長三十二英尺有四分之三。每條軌下的枕木在十到十二之間。鋪墊物就是尋常碎石子。每天連貨車長班車六次區間客貨車和支線貨車次數很多運輸上很是便利。全路有大規模的修理製造廠一個在四方叫做『膠濟鐵路四方機廠』廠中分五個工場 (Shops)。面積五十六英畝(56acres)工場地面二十萬零四千六百三十四方英尺。工人有正工副工和學徒的分別。共計約一千五百多人每月可以修好機車八九輛客貨車一百二十多輛除修理着還自製各種客車公務車和煤車貨車。膠濟全路有機車一百十一輛分配各大站調用。全路管理局設在青島，內分總務，工務，車務，機務，會計，材料，和警務七處。

（附 圖 三）

(丁)電氣廠 青島電氣廠，在德人管理時代已經開辦；不過規模很小。到了日人手裏大加擴充添了幾部透平。從接收後，改做了中日商人合辦。一切都仍照日人完全管理時候一樣。現在名稱叫做膠澳電氣股份有限公司，華股佔百分之五十五日股佔百分之四十五董事長是華人隋石卿。工程師是日人西天善一。職員，華人七十幾，日人二十，却都據着高級位置，公司的面積有二十多畝，其中煤棧佔了地方不小。有鐵道通到廠裏，所以煤可以從煤車上直接送到煤棧電價每啓羅瓦特小時 (Kw - hr) 二角五分用戶有電表工廠用電超過一千啓羅瓦特小時可以便宜。廠裏有四只透平發電機 (Turbo - generator) 一只直立複式引擎 (Vertical compound engine) 引擎現在完全不用專將四只透平輪流使用。有兩只透平發電機是瑞典國的出品 "Asea" 牌子。透平本身有四級汽壓 (four stages) 用凝結器 (condenser) 透平兩端各有一個交流三相發電機 (3-phase synchrono us generator) K. V. A. 938-1313, P. F. 80%, Y connection 旋轉率三千 r. p. m. 電壓三千三百磅，週波率五十電流 165—231 安培。一尺透平是德國西門子製造旋轉率也是三千，K. V. A. 一千， p. f. 80%。週波率五十。再有一只透平却是日本造的派生司透平 (Parsons Turbine by Nagosaki works, Mitsubishi Zos en

Kaisha Ltd. under license irom C. A. Parsons and Co. Newcastle)。也用三相發電機一千二百啓羅瓦特三千三百弗打。引擎間的右面有一狹長間前半是一個小小修理部後面一排都是變壓器 (2 feed transformers, 7 vertical air cooling transformers, and 8 small simple transformers made by Kawakita works.) 在變壓器後面，有好幾具銅圜避電器 (Brass coil Lightning arrester)。引擎間的左面就是鍋鑪間。共有兩只老式水管鍋鑪德國 A. Borsig-Berlin-Tegel 出品。用人工加煤後面有加熱管 (Superheaters) 有七只拔伯葛水管鍋鑪 (7 B. & W. Double drum water tube boilers.) 附有自動加煤器 (Chain grate Stoker) 也有加熱管並且有節煤器 (economizer)。引擎間的後部乃是 Switch Board 和十六路 Feeder. 外面各路都有一個變電所 (transformer Station)。照全體看來這個電氣廠比上海法租界電氣公司要大多了。

(戊)自來水公司　自來水公司本是青島市辦，接收後仍歸官辦屬於水利局管轄。水源地有兩處。一處在李村。一處在沙子口。離青島三四十里。李村一處是舊廠用舊式抽水機。沙子口一處完全用新式電機和離心輪抽水機 (centrifugal pump.) 李村廠裏有三具鍋鑪日本 Sakaigewa Iron Works 製造，橫臥複式引擎三部 (Cross compound engine) 德國製造。每部引擎推動兩個水機現在每天只用一部引擎用了若干日再換一只如此輪流使用。引擎的一端附着一個凝結器和第二汽級的活塞桿同時活動。另有一個小引擎。直接使動一個抽水機使冷水在凝結器中流通。三部引擎之外另有三部感應馬達轉動三部離心輪抽水機。都是大阪電機製造株式會社出品。每部有一百五十馬力。每天只開一部水機出水的水壓都是三百尺 (Head of water 300 ft.) 蓄水池在引擎室外深十五米達直徑十四尺。蓄水池的水。是從人造井 (Artesianwell) 中抽來，井在廠的對河。計有七個，每一個井上一間小屋裏面一部離心輪水機用馬達轉動。人造井中提上上來的水本是清爽，很合衞生，所以沈泥濾水等等手續都省掉了。

(己)砲臺　砲臺是德國人費了若干心血的建築品。共有許多處，會姓岬上的一個砲臺最大，建築得最精。有五個砲位。兩尊二十四生的米達大砲現在還賸一個。十五生的砲三尊，都還在着。砲門在山頂上，砲身藏在一種碗形的鐵壳下面，鐵壳直徑總有十五六英寸。鐵壳下面有三層圓室最下一層和地道中各室相平。地道造得非常精美，房間很多有兵士臥室，有砲彈槍彈存儲室，有鎗械室，有廚房，有沐浴室有軍官臥室。等等。裏面本用電燈，現在早已壞了我們進地道察看時候是帶了洋蠟下去。各房的牆壁都是三合土造成加了湖色的油漆各門上路中牆上都用德文標着各目。地下很潮濕氣候也非常之冷我們夏夫到了下面和到了深秋時候一樣。砲位圓室裏第二層上裝着機柄，只要輕輕搖動手柄上面的鐵壳和砲身都轉動了。這是由于所用的聯輪〔gear train〕有很大的機械效力所致。

（附 圖 四）

運送砲彈，由最下一層送到最上一層，也是用一種機關，是一個鍊式昇降機照我們看來，運送起來，時間很慢，這大概是因爲砲彈很重，爲便利運送起見，省些氣力，不得不犧牲時間了。砲臺的上面，除砲座的鐵壳之外，都是用三和土造的現在上面有一塊二三英寸深四五英尺直徑的圓堂，據說是被日本兵艦上砲打壞的。砲臺右面近山脚的地方有一坐完全鋼版製成的升降機，現在久經風雨銹壞不堪了。

（二）關於工業的：

（子）內外棉紗廠　廠在四方，和膠濟路的四方機廠相近，是日商股份公司辦的。資本很厚，總廠設在上海這是一所分廠，在這一個分廠裏，他又分了三所〔3 units〕紡紗場。三場的設備，從檢棉起到成包止，都是一樣。三場共有兩萬個錠子。原料用中國棉，從山東省濟南等處來的居多。有一小部棉花，從美國買來。據廠裏引導我們參觀的人說，中國棉短絲頭大概不過半寸，美國棉細而長大約一寸半中國棉不能紡細紗。三十二支的紗非美棉紡不來。這廠裏紡十六支和二十支紗兩種將美棉和華棉相摻起來用。所以他們清花間之後，加一部混棉間，用機器棉棉。第三部和普通紗廠一樣，爲鋼絲間，其次就是拚條間粗紗間細紗間成包間。在粗紗細紗間都有噴霧組織 Priming system 房內四面都懸着蒸汽管，管上有極小的細孔，噴出汽來，使房裏的溫度總在預定的度數。

度 (Humidity) 也同時在一定的度數。因爲房內太乾燥了棉絲容易斷。時間損失，人工損失，間接就是經濟損失，要比裝噴霧組織所費的大。各部份的機器都是用交流馬達使動的。一場裏有男工人三百五十，女工二百，分日夜兩班，早上六點到晚上六點爲一班，出品的牌子，是『銀月牌』一包十磅，二十包裝一大箱。每天三場，出二百二十四包。銷行膠濟沿路各縣各村。各處電氣的供給，是從他自備的原動力室發出，原動力室裏設備，很新很完備。鍋爐間裏有三座拔伯葛水管雙筒鍋鑪。每天用兩只，一只備意外。爐下用自動飼煤器 (chain Stoker) 鑪後用節熱器 (Economizers) 鍋鑪汽壓一百八十磅，鑪內有過熱器 (Super-heates) 使蒸汽過熱適用于透平。原動力室裏是一座可的氏透平 (Curtis Steam turbine)一千二百五十個啓羅瓦特。分三級，速率一分鐘三千轉第一級汽壓一百七十五磅迴汽管中眞空度爲二十七寸水銀。這透平直接轉動一座交流發電機，周波率每秒五十次。工率系數百分之八十 (80% Power factor) 電壓二千三百弗打，電流二百七十四安派美國奇異公司製造。透平間下層有凝結器 (Surface condenser) 和一切應用水機 (centrifugal Pumps) 不去細說。

(丑)燐寸株式會社　這一片火柴廠在大港附近工業區，專製紅頭火柴，也是日商辦的。廠裏男工六百餘，女工三十餘，童工不計，其中用人工的地方居多，用機器的只有一小部份。且將他的製造程序略說一下。第一部製木桿。木桿原料是從日本北海道買來名字叫做『榀木』先將木料鋸斷浸在水裏。然後將濕木段在車床上刨成薄片。將薄片放到另一部機器上切成細條再將細條送到另一小機器上切成短桿手續很快第二部檢桿處有篩桿機兩部將壞桿剔去此處同時也用人工篩桿子。第三部排桿處將木桿理直，盛在小木盒裏。第四部，上板處用人力搖機將木桿排直夾在一方一方的木架裏。第五部上油部將上面的木桿經過蒸汽烘乾，一頭上少許松香油。第六部和燐處，用兩座爐，人工調勻第七部上燐處有兩部很平的台子上面塗滿了燐質將已浸過油的一端伏在台上用力將木架背面一拍就行第八部烘烤室上過燐的火柴送去烘烤第九部下板部將烘過的火柴從架上取下來，有機器一部手搖脚踏都可。第十部裝盒部都是童工每裝一百六十盒得制錢十六文工價之賤如此。第十一部成包處，大半女童工十盒成一小包一百廿包成一大包裝箱童工取七十二盒裝成小包得銅元一枚手腕快的每天可以得五六十枚全廠每天出火柴三百箱銷行山東省全省牌子分『三陽』和『雙喜』兩種其實貨一樣。

（寅）青島冷藏會社　在大港車站後面就是一個 Ammonia refrigeration Plant. 青島出口的鮮物狠多。等船出口，恐防腐壞不得不用冷藏一法所以這種冷藏室青島很多這一家有三部阿母尼亞窄壓機 Ammonia compressor. 先是用汽機使動的備有一座大鍋爐。現在改用電機。鍋爐汽機都置而不用了。儲藏室計有三四間，頂上和牆上，都有冷管。温度在華氏三十二度下，阿母尼亞從窄壓機器出來先經過一個分油室 (Oil separator) 再到膨脹管 (Expansion coil) 膨脹管外用的水，就是海水。廠裏傭工很少，有一個日本人，大概是管理員。窄壓機上沒有气壓指示表，問日本人也不知道，所以無知道這廠裏的機作效率怎樣。

照本年青島警察廳裏的調査青島本地，和附近如四方李村等處，有工廠五十四處職員男六百零九人女四十三人工人男二萬二千八百九十五人女二千二百二十七人。本年人口統計男十七萬七千二百六十六人女九萬九千四百四十八人兩共二十七萬六千七百十四人。工人男女合二萬五千一百二十二人。所以男工佔男子人口百分之十二有九女工佔女子人口百分之二有二四工人統計人口總數百分之九有零五。照此看來青島的工業就人口論不能說已經發達到極點，女工尤其是不發達，在這統計裏，沒有將兒童數目劃分出來，很是一件憾事，據我參觀結果，童工不少。康健情形不好。各廠對于童工也沒有特別看待的規定，這個問題很值得注意的。所以在此附說一句。

十三，十二，一。

震華製造電機廠

凡搭滬甯上行車，過洛社鎮，遙望鋼骨三和土電桿，豎立運河之對岸；迤邐數十里，此乃戚墅堰震華電廠供給無錫電力之總路綫；車續西行二十分鐘，抵常州分站戚墅堰鎮。離戚鎮西三里有半，震華製造電機廠在焉。中華民國十一年施肇曾先生等集資二百萬兩，組織震華製造電機有限公司。（Tseng Hua Electric Manufacturing &Power Co; Ltd. 廠基佔地四百畝，面臨運河，背依鐵道，運輸利便，莫此爲甚。電力部已先設立。日夜製電，以供給無錫常州及常錫間諸鄉鎮所需電力。製造部不久卽須增設，蓋震華電廠對於『製電』及『造機，』兩兩並重，而無所偏倚也，電力廠（Power House）佔地　畝；所有鍋爐間，汽輪間，及開關板　等，設計精密，均留擴充餘地。已裝設四千K.V.A. 汽輪發電機（Turbo-generator）兩座。依照中央電力廠（Central Power Station）最新式之制度，用極高電壓，傳送電力到各處。共分四路總綫，東南至無錫，

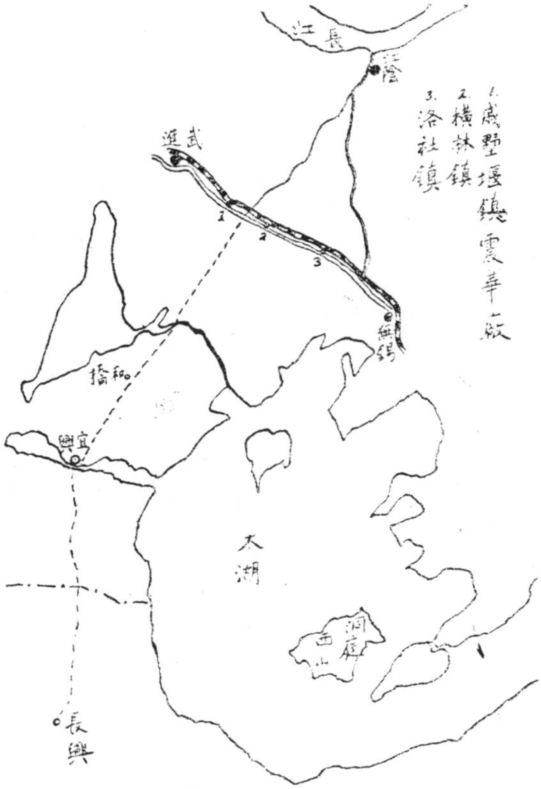

（圖　一）

曰錫路總綫。西北至常州，曰常路總綫；向東北則有江陰總綫，向西南則有宜興總綫；錫路與常路二線，久已通電。江陰路綫測量竣事，動工設立，爲期不遠；至於宜興總

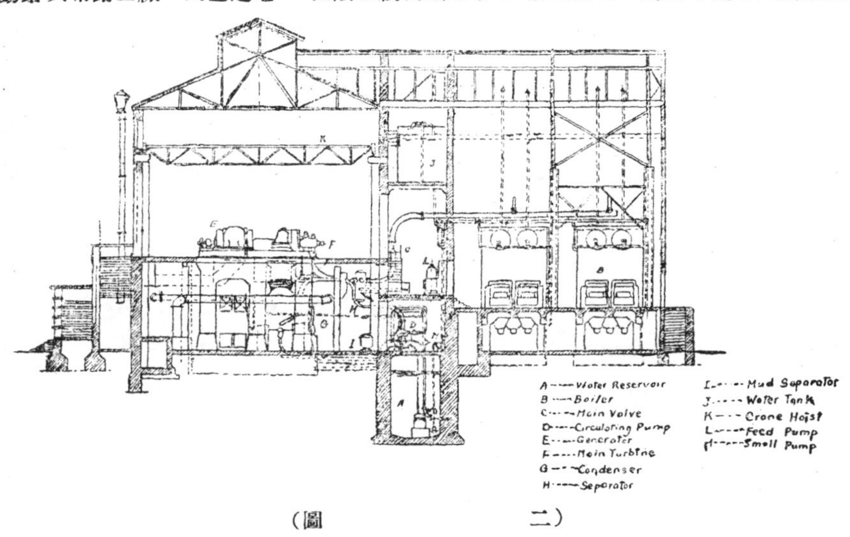

（圖二）

綫，距離最長，已在測勘之中。將來擬建築電氣鐵道自橫林鎮直達宜興，計長一百二十里，與常錫間滬甯路綫互相垂直。

中央電力總廠之創設，乃近世工程事業之極大進步。其制度完善，有百利而無一弊。（一）發電機電量增大，効力因而增高；電力傳送，利用高壓交流電，則沿途電力損失，當然減少。且電力總廠，資財雄厚，規模宏大；運煤，飼煤，及棄灰等工作，均可運用機器。以代人工，而省金錢。故總廠所發電力，成本低廉，出售於用戶之價，亦必便宜，故購用總廠所發電力，必較各廠自己設立規模狹小之發電部，更爲合算也。（二）耗用總廠所供給電力之主顧，不必自設發電部，可將購備原動機器所須一筆款子，移作流通資本，促進營業之發展，受電力總廠之賜惠，實非淺薄。或謂無數廠家所須電力，通歸一廠供給，倘有意外發生，則危險不堪設想。其實此種疑慮，頗類杞人憂天，蓋總廠受許多廠家之託，所負責任，非常重大，聘請專門人才，管理機，電諸務。另裝

備用機器，以備不時之需。電力之供給，決無斷絕之虞。用戶方面，萬一不得電力之接濟，則據合同所載，所受經濟上之損失，可向總廠取償。但此事於雙方，均無利益；必盡人事之所能，阻其不發生也。除外人在上海所設工部局電力總廠外，我國自辦大規模之中央電力總廠，首推震華廠。高電壓之長途傳送，在歐美通行已久，而在吾國乃破天荒之舉。震華廠所設總路綫，乃 33000-Volt 3-Phase transmission Line 按美國流行習俗， 1000-Volt 電壓可傳送電力至周圍一英里內，而不遭沿路過大之損失。然則33000-Volt 電壓，四周傳送電力，近百華里矣。

甲廠中內容

（一）水汀（蒸汽）方面：　此類包括水汀之製造及運用各部分。茲爲判晰起見。特將各部分順次分別述之如下。

(a) 冷水來源部分。　按震華廠地傍運河。對於取水甚形便利。且運河水含礦質量甚少。不過稍有沙泥溶雜其間而已。故此種水極適合于凝結器循環水及鍋爐用水等之用。固無需賴于濾水器蒸溜器種種之設備也。運河堤旁有進水口一。河水卽從此而入。經地下三和土築成的水道溝引入廠中之蓄水池。該池位于凝結器間之下層。面積爲三。五米達乘三三。八三米達。深度爲六。二米達。

(b) 冷水儲蓄及運送部分。　此部分之作用。在於供給鍋爐用水等。該部共計水櫃兩座。每座容積爲五十立方米達。位于全廠之最高層。冷水從蓄水池抽出而薈萃於此。又有鍋爐打水機三部。二係電動。一係汽輪轉動。各具五十三匹馬力。位于鍋爐間之傍層。用以運送冷水從水櫃至鍋爐後部之節熱器 (Economizer)。

(c) 燃煤及製汽部分。　此部分包括鍋爐全部。與蒸汽應用各部在內。鍋爐間位于全廠之西部。容有鍋爐四座。兩座曾已駛用。二座尙在建築之中。鍋爐係臥式水管式。爲英國倍白哥威而哥公司所製造。每座具四百五十四馬力。計有汽包二。熱水管直(Water tubes) 二百個。過熱汽管 (Super heaters) 九十六個。熱水管着熱面積 (Heattng Surface) 爲四千五百十平方呎。高熱汽管着熱面積爲一千三百二十平方呎。汽包徑爲四呎半。長可二十五呎。此外尙有儉煤器位于鍋爐後部。共計水管一百六十個。可容水一萬磅。飼煤機係鍊條。(Chain Grate Stoker)。置有小馬達一具以運駛之。風門 (Damper) 共有三道。二在鍋爐與儉煤器之間。一在儉煤器之後方。當煤由飼煤機送入火室 (Fire Chamber) 時。所燃火氣 (Flue Gas) 卽於此上升。沿火牆 (Buffle Wall)。經熱水管高熱汽管汽包。曲折凡三。由兩重風門而導入儉煤器。復由最末風門而引至煙囪 (Chimney)。此乃火氣道由之概况也。按該廠鍋爐通風法係自然的 (Natural) Draft)。故無機械通風器如風扇等之設備。惟煙囪高度與尋常不同。計達一百八十呎。平均直徑爲十呎。質係鐵筋三和土。至于水汽流動方面。冷水旣運至儉煤器。卽轉入熱汽管。汽體部分升入汽包而進高熱汽管。然後通總汽管 (Steam Main) 而運往各該需要部分。

(e) 汽管及各附帶部分。　每一座鍋爐各具一汽管而併入一總汽管。接連總汽管有水汽分離器 (Separater)。此器用以使汽成爲純粹乾燥汽體。然後該汽可應用于汽輪機矣。

(f) 透平發電機部分。　此部可更分爲發電機與透平 (Turbine) 兩部。性質截然不同。玆所述者透平而已。至于電機一部。另詳下文。該機爲德國克虜泊廠所造。全機分爲二部。一爲制汽機 (Governor)。一爲汽輪 (Rotor)。前者係油「利來」式 (Oil Relay)。其機構爲小打油機與槓桿 (Lever) 合併而成。當速率太快時。小打油機之活塞受槓桿之作用。向下重壓。使油經小油管通入總汽門 (Main Valve) 相連之油缸內。油缸之活塞因之下壓而使總汽門之進汽路 (Steam Inlet) 縮小。於是汽輪得算量之汽而其速率自能減小矣。遇速率太慢時。其運行法正反是。玆因篇幅有限。不能將詳圖曉之。實爲缺憾。汽輪係「開而」式 (Kerr) 爲單速率多壓位式 (Single Velocity, Multi-pressure Stages)。共有汽壓位八層。速率爲 3000 r. p. m. 馬力爲 4600 H. P. 汽先由汽水分離器引入汽室 (Steam Chamber)。經總汽門 (Main Valve) 而入汽輪。再經八次變壓力。所餘之汽卽吸入疑結器 (Condenser)。此其梗概也。

(g) 餘汽凝結器部分。　此器直接置于汽輪之下層。以便餘汽易于流入。其作用使餘汽凝結成水而減小其餘汽壓 (Exhaust Pressure) 者也。凝結法甚爲簡單。不過將冷水在該器內循環流動，使餘汽熱度降至最低度爲限。至于冷水之如何循環。非賴一冷水循環機 (circulating Pump.) 不可。此機與尋常打水機無異。惟容量較大耳。其駛動法則另賴有小汽輪機 (auxiliary turbine) 凝結器係德國克虜伯廠所造。爲銅管隔離式 (Surface Condenser)。循環機爲德國愛而斯帝奇廠所造。係 (Centrifugal) 式。小汽輪機具八十匹馬力。速率爲 2100 R. P. M.。 此外尙有抽氣機 (Jet air pump)。用以抽凝結器中之空氣而使成眞空者也。

(h) 「軸承」 (Bearing) 油之運行及變冷部分。 該部分于機器甚形重要。尤其于高速率之機器上。更不可須臾稍離乎此。其原因有二。（一）于高速率機器上。「倍林」間之磨擦力甚大。每至鐵質面 (Metallic Surface) 易于剝損。故非用該油以潤滑之不可。（二）當磨擦之際。兩面間之熱度甚高。若無油以調冷。則恐有燃燒之危險。其運行法大率述之如右：當透平機開動時。先將小打油機 (Oil Pvmp) 運動。此機位于凝結器之側面。專司油從「油櫃」 (Oil tank) 中抽出，經冷油器 (cooler)， 然後進「倍林。」再從「倍林」而復歸集于「油櫃」等等之作用。如是者則油可川流不息而應用無窮矣。惟油經一星期後。恐有雜質混雜其中。故須調換一次。迨透平機行動後。另有一小打油機運動。故無須賴上述之打油機矣。該機直接連帶于透平機之總軸上。不需另外之原動力而得運用自如。亦一得兩便之法也。

（二）電機方面：

自發電機起至出線 (Feeders) 止，其間所經諸步驟，先以簡明式樣，表其大略；然後擇其要者，述其効用及所占之位置。 (A) 發電機之軸與汽輪之軸在一直線上，由聯機 (coupling) 相連成爲一體。在發電機軸之末端，置一直流發電機，卽通稱勵磁機 (Exciter) 是也。交流發電機之速度，每分鐘旣爲三千轉。 (3000 r. p. m.) 而波率 (Frequency 每秒爲五十週， (50∿) 故其磁場 (Field) 只有一對磁極。 (one pair of poles) 交流發電機，往往旋動其磁場，而固定其發電子。 (Armature) 發電子係三個電圈相連而成星形 (Star comection)。 受旋動磁場之感應，乃發三相 (3-Phase) 交流電。其電壓爲 6600-Volt，出自發電機，經過油開關 (Oil switch)， 及刀形開關 (Discon-

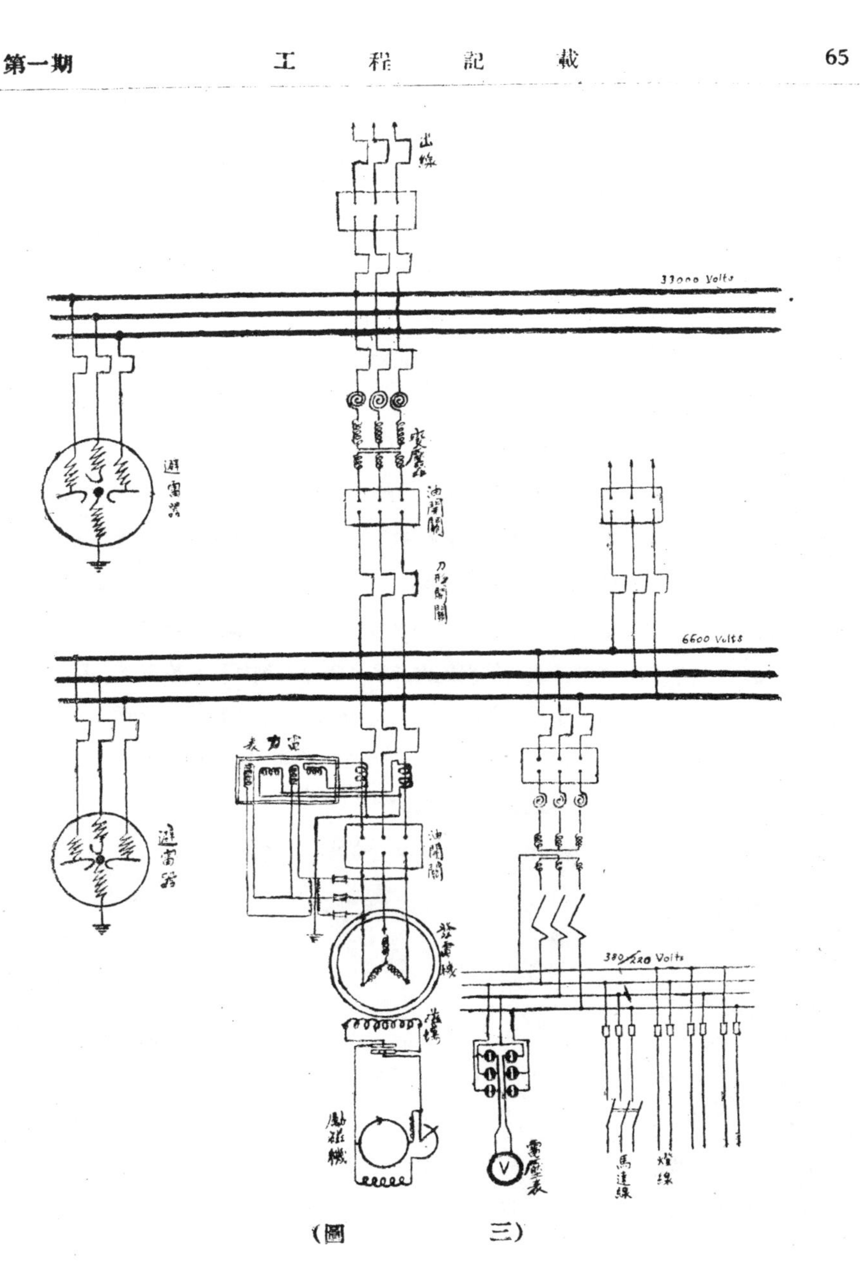
出線
33000 Volts
避雷器
油開關
6600 Volts
避雷器
油開關
發電機
勵磁機
電壓表
380/220 Volts
馬達線
燈線

(圖 三)

necting switch) 而接到三根銅條 (bus-bars)。銅條塗有顏色油漆，以綠，白，紅三色，辨識其相數。廠內需用電流，高電壓不適於用，乃自 6600-volt 銅條上，緊接三線，經過刀形開關，油開關，及塞電卷 (choking coil)； 直達變壓器，使 6600-volt 高電壓一變而為 380-volt 低壓。變壓器之主副兩圈 (Primary and secondary coils) 均係星形； (Y-connection) 惟副圈添接一中線 (neutral)， 能有 380-volt 及 220-volt 兩種電壓，分別供給廠中電動機（馬達）及電燈之用。各相位 (Phase) 間之電壓，由巧妙裝置，僅用一電表，時時量之。 6600-volt 銅條之左端，接有避雷器 (Lightning Arrester) 一具。保護變壓器及發電機，免受雷電之毀擊也。短矩離電力之傳送， 6600-volt 頗為適宜，故戚墅堰鎮及橫林鎮之出線，通過油開關及刀形開關，而直聯於 6600-volt 銅條。但長途送電，非極高電壓不可。所以從 6600-volt 銅條上接線，再經刀形及油開關，而達 2000-K. V. A. 變壓器。 (Step-uptransformer) 於是 6600-volt 壓高而為 33000-volt；出變壓器，通過阻電卷。乃以刀形開關與 33000-volt 銅條相聯接。銅條之左端，亦接一避雷器。倘遇風雨暴發，雷電交襲，高波率電流，為塞電卷所障礙，無從而入變壓器內，肆其破壞作用；乃從旁流進避雷器。放散所含暴力而生火花，遂引入地中矣。無錫常州總路綫之出線皆緊接於 33000-volt 銅條上。而以一油開關，及二刀形開關，以司出線之通電及斷電也。

(B) 透平發電機，為西門子廠所造。 (Siemens-Schuckert)

發電量	3200 K. W.
電壓	6600-Volts
速度	3000 r. p. m.
波率	50 cycles
効力 (Eficiency at full load and cos θ = 1)	96%

大號變壓器，使 6600 壓高而為 33000-volt，均為殼式。 (Shell type) 電量為二千 K. V. A.其內線圈之溫度高升為七十度(攝氏)。高壓及低壓線圈，均分段相疊，減少走漏磁性。變壓器之外殼，為熟鐵所製，而有皺紋甚深，蓋使其易發散熱而自冷

也。凡變壓器中熱油，受極熱而漲，一遇空氣，即吸收養氣而生化學作用。使油質分解，失去絕電性；且受熱而漲之油，遇冷卽行收縮；故外面濕空氣乘機潛入，與變壓器內油液相混和，大損其絕電性也。故西門子廠特製一『油箱，』置近變壓器頂旁之牆壁上。箱中藏冷油，以一 U 式曲管，與變壓器內油液相通。當油遇熱而發漲，漸升入『油箱；』爲箱內冷油所隔，不與外界空氣發生接觸。倘油箱內，積有水液，則爲曲管所阻，不滲滲流入變壓器。凡有電源之線端，均匿在油內，以免臭氬 (O_3) 之發生，致油液變壞也。

避雷器　避雷器爲羊角式。銅梗曲成羊角，共有三根，尖角向裏，立在一小圓球之四圍。尖角與小圓球，相隔僅一空隙；當高波率的電浪衝過銅條爲塞電卷所阻，不能衝進變壓器，大肆其破壞動作，而轉經羊尖角，發生火花，傳到小圓球而入地中。電浪先傳過浸在油中之電阻網，而後達到羊角尖端。每相位 (Phase) 有羊角，及阻電網。阻電網潤浸在油箱內；油箱爲圓筒形，其蓋上卽安置三隻羊角及圓球；高壓出線及發電機各備避雷器一隻。

油開關　凡滿五百 Volts 以上的交流電，當通電及斷電之時，必大生火球，電力供給易受妨害。故開關端頭浸沒在油液之中。在開閉之時，所生電花，立卽爲冷油所熄滅。（蓋交流電忽去忽來，忽強忽衰，循環不息，電流強旺之時，當然發生火球，但不久電流轉強爲弱，轉弱爲烏有，火球旣無電流之接濟，其怒焰大殺風景；當此千鈞一髮之際，箱內油液冷氣逼入，乃起而撲滅之。）但有一要點，爲使用油開關者所不可不注意。卽一開一閉，所須時，愈快愈妙；切不可慢慢兒；因油開關之優點，乃利用電流由弱化爲烏有之時機，迅雷不及掩耳，肆其撲滅之手段。倘開閉太遲；一波未平，一波又起，交流電由強而弱，而化爲烏有，乃更變方向，轉弱爲強，周遊循環，每秒鐘共有五十週；開閉動作遲慢，一個火球未滅，而又一火球發生，油箱內油滴，受火球熱燄之激動；大形膨漲，必出於爆炸之一途。所以開閉之動作，不得不敏捷。至於油開關之構造，並不複雜，油箱上置有續電器 (Relay)，以便太強電流衝來之際，自動斷截電路；使發電機多一重穩妥之保障。箱外牆上，安置一手輪；應用槓杆動作，使開閉端頭上升，或下降；手輪與油箱相隔爲一牆壁，工人在牆外轉動手輪，隔離油箱，可免高壓傷人之危險。開閉端頭，分上下二端，上端可自由起落；下端固定，爲兩瓣富有彈性之銅㧒所製。所以夾緊上端，讓電流通行；下圖 (5) 及 (5') 爲續電器。當電流過大之時，其磁吸力增大；電子向上一躍，『電流方棚』乃送電至跳躍圈。亦以槓杆作用，將油開關拉上，斷去電流也。

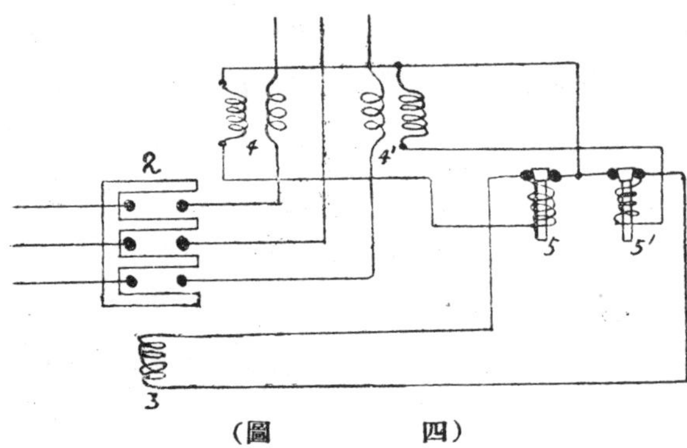

(圖 四)

1. 直通發電機
2. 油開關 Oil Swith.
3. 跳躍圈 Trip Coil
4. 電流方棚 Cu..ent Transformer
4. 同上
5. 重負續電器 Overload Relay.
5.

大號變壓器，及本廠自用之小變壓器，均放在下層。各種大小油開關，塞電卷及發電機之避雷器，均在第二層。最高一層，分爲前後兩部；前部豎立大理石板九塊，可以安置高壓及低壓所需各種電表。石板後面，橫置低壓銅條；此處線網，均係低壓線。故司機工匠決無性命之虞，安心服務可也。石板之前，另有三張小桌，安置電流，電壓，電力，及力率 (Power factor) 諸表，備發電機之用；後部分成無數小室，安置刀形開關，電流方棚，及電壓方棚；(Potential Transformer) 至於 33000 及 6600-Volt 銅條，橫在上面，用磁質絕電體擱起。電流及電壓方棚，所以使高壓一變而爲低壓，通到石板間，直接用低壓電表量之，節省電力，並減少危險也。

震華廠資本二百萬兩。股東選出董事組成管理部。廠內總務由廠長主持。下分營業科，物料科，及庶務科。至於測繪路綫之工務科及電務，機務三科，直轄於管理部。現任電務科主任張百鋼先生及機務科副主任張其學先生均我南洋老同學。

工人計五十八。工薪自三十元至六十元不等，廠中供給住房，待遇頗優，幷請廠醫醫治，並不取費；工作時間，每日八小時，日夜共三班。

余等今夏由教務長顧先生之介紹，至廠實習。承廠中優禮待遇，並蒙工程師諸先生之熱心指導，故得略知梗概；謹誌數語，用表感悃。

十三，十二，二十五。 陳祖光 楊樹仁 秦宏濟 顧毅宜

閘口機車廠實習觀察記

自上海入浙之道凡二。其一由海輪至甯波溫州台州等處，其二則由滬杭鐵路經嘉興達杭州，更由小輪民船以通湖州金華嚴紹處衢各屬也。滬杭鐵路總長一百二十一英里又半，起自上海之北站，而終於杭州之閘口。所過大小車站二十六。嘉興居其中。營業以旅客爲大宗，貨物輔之。而旅客之來往，更以春季香市，及秋季觀潮時爲最盛。路局且於每年九月特開觀潮專車來回各兩次，專掛頭等客車，又於暑期特開莫干山避暑專車，來回各一次，計年有專車六次。春季香市，則來杭州遊西湖者，更人山人海，車輛爲之不足。路局於此諸役，不無小補焉。有機車廠一，在杭州之閘口。範圍與上海張華浜滬甯鐵路之機車廠相髣髴。能製造車身，裝配機件，並修理車頭鍋爐等等。廠址在錢塘江畔，倚山臨江，風景甚佳。其副廠長與顧教務長爲舊識。本年暑假，燮與沈君三多，及吳君慶源，馮君家錚，由顧教務長之介紹，前往實習者匝月，玆略述實習及廠之狀況焉。

閘廠與我校關係至密，其副廠長與顧教務長爲舊識，前曾言之，其廠長康先生，亦與我校略有淵源，（其公子在中院肄業）而廠中更有舊同學汪君德侃，林君天驥，馮君其書等，在彼任事，故此次前往實習，極承優待。廠中本無寄宿，則由陳副廠長代賃永安里房屋一幢，月租纔拾元，四人住之，綽有餘矣。傢具等等，都由廠中借得，更特派小工一人，專司宿所整理器具，及冲取開水浴水之事。飯食則與廠中職員同吃，月費不過六元有餘菜且較校中普通菜爲佳。食宿兩項，直可謂旣妥且適而實習工作，則廠中以我儕爲暑假短期實習，督促並不嚴厲。上工下工，并無規定時間。亦無須領取工牌。而大致則上午七時半早膳後上工，十一時半午膳前下工，下午一時半許上工，四時許下工耳。燮與沈君先在翻砂廠實習，後在車頭房等處觀察機件。馮吳兩君先在機器間，後在翻砂廠。計實習時期一月有餘。爲時過促，苦未能考察週詳。而實習經驗，亦爲酷熱所制，所得無幾，殊爲可憾耳。

開廠共分六部；曰機器間，曰翻砂間，曰鍵工間，曰打鐵間，曰木工間，曰油漆間。若車頭房，電燈房，則與機車廠同隸機務處下，爲弟兄行。非六部之隸廠下也。列表如下：

廠	機器間
	翻砂間
車頭房	鍵工間
	打鐵間
電燈房	木工間
	漆工間

廠有廠長。車頭及電燈房，各有主任，車頭房主任，由陳副廠長兼。而電燈房主任，則南洋二十年前之老同學也。下圖爲開廠之平面圖。廠中各部，及車頭房，皆在其中。惟電燈房則以距離較遠，未曾繪入。

燮此次所實習者，爲廠中之翻砂一部，其他各都及車頭電燈等房，止窺其大概，未獲其詳，玆當分述之。

（一） 機器間 爲鍋廠之主要部份。有臥式鍋爐及大汽機各一座，汽機飛輪，由皮帶直接於大轉軸，汽機動而大轉軸動，大轉軸動而各種車牀鍵牀轉牀鉋牀等等皆被轉動矣。共有大小車床十二座，小鉋牀四座，大鉋牀二座，轉牀三座，割齒轉機二座，直立鉋牀二座，外又有打風機一座，以直立鍋爐一座，及臥式汽機一座轉動之。凡車頭房鍵工間打鐵間各處所用之高壓空氣，皆由此機供給之。機旁復有廢置不用之馬達一只，據云前曾試以電力代汽力，用馬達轉動打風機，後以廠中無電力發動處所，用城中之公共電，時有斷電之患。每遇打風機正在轉動，電力忽斷，風機停，不便殊甚，因仍返用汽力。已購馬達，遂遭廢置云云。（大轉軸下亦有廢置之馬達一座。） 機器間中，共有工人約四十人左右，以正副領班各一人統率之。專司修理機器，裝配零件，幷自製各式小項機件等等，

（二） 翻砂間 此製造粗型之所也。凡汽缸轉盤等等，須鎔銅鎔鐵爲之者，皆先於

此製成粗形，轉至機器間，車磨光淨，纔可應用，有克伯拉式之大鎔鐵爐一，大鎔銅爐一，大烘爐一，小鎔銅爐一，磨砂機一，柱形起重機一，并其他等等。大鎔鐵爐每星期

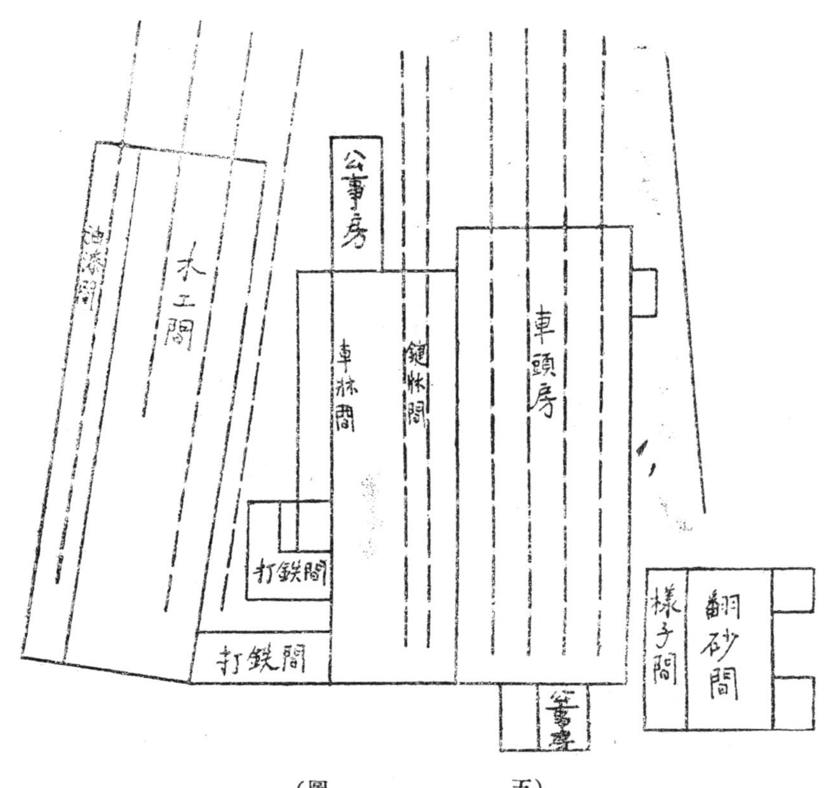

（圖 五）

開爐一次。每次鎔鐵約五千餘磅。大鎔銅爐於遇有需用多量鎔銅時用之。用時極少。小鎔銅爐則遇用卽開。一日數次不等。所用生銅，有軟硬兩種。硬者自德國購來，專供鎔轉軸旁之轉盤等件，價較常銅爲貴。鎔鐵原料，以塊鐵充任，不以舊鐵混入，故所鎔鐵質，品質甚佳。鎔銅鎔鐵及供爐，皆須打風。故翻砂間旁復有附屬之汽機間一，內有直立鍋爐一座，直立汽機一座，及打風機一座。其直立汽機，除推動打風機外，并司推動

磨砂機。其打風機。則司鎔銅爐，鎔鐵爐，烘爐，及翻砂間附近各處之打風。通常於大鎔鐵爐不開時，打風機轉風極慢。汽機負力極小。約為其全負力之四分一。於開大鎔爐時，打風機轉動極速，汽機且負力過於其全負力焉。翻砂間旁有附設之木工製樣間，製樣專賴手工。除用脚推動之車牀外，別無機件。所藏樣子，大者小者，簡者繁者，自汽缸模型，以至零星小件，盈架滿室，不可勝計。打風機旁，亦有交流電馬達，據云亦係用電不成，因而廢置者云。

（三） 鍵工間　此間居機器之旁，與機間相輔而行。凡機器所不易着手之小件，皆可由鍵工間以手工做成之，其中器具，與校中之金工間相彷髴，而大。并無自動機件。工人約十餘。工資與機器間上等工人，不相上下。蓋皆於此道具有經驗者也。

（四） 打鐵間　翻砂間祇能藉木樣以翻造銅鐵各器，鋼鐵不與也。鋼鐵機件之須於入機器間前，先具粗形者，概於打鐵間打成之。大者打以汽錘，小者打以鐵錘。而於未打前，必先將所打鋼塊燒紅。打鐵間中計有汽錘兩座，大爐一只，小爐及鐵砧各拾一所，大小爐子，皆須通風，由機器間中打風機中打來。汽錘兩座，各有一小直立汽機推動之。所用蒸汽，由木工廠鍋爐中引來，於用汽錘時，以一人司錘之上下，二人持鐵鉗夾所打鐵塊堅持之，左之右之，前之後之，使成所需粗形而後已。汽錘專打大塊鋼件，不常用，小塊鋼件，皆於小爐中燒紅，置鐵砧上，以人工打成之。打鐵間中，又有割鐵打洞機兩座。機有兩端一端為二極硬之鋼片，上下各一，司割鋤鋼板，一端為一圓形之鋼柱，供於鋼板上打洞之用。為機各有小汽機一座推動之。

（五） 木工間　此製造車身之所也。前祇造二等以下客車，及木身貨車；今正造其第一批頭等客車。（似前因主權為外人所操縱，頭等客車，由外人託滬甯路代造）間中有鉋牀一，鋸牀三，車牀一，以造車不多，尚為足用。旁有直立鍋爐一座，直立汽機一座。汽機推動轉軸，以轉動鉋牀鋸牀車牀等。鍋爐則含推動上述之汽機外，更為打鐵間各汽錘上小汽機之蒸汽供給者。蒸汽之壓力，約自六十磅至七十磅。以木屑作燃料。木工間中有鐵道，自外接來，直達室內，可以停放車身，并利轉運。（機器及打鐵間亦有之。）

（六）油漆間　此油漆車身之所也。凡車輛之新成未漆者，及已舊須重行油漆者，皆運至此所，以人工油漆之。因畏塵特甚，故位在廠之盡頭，距機器間等特遠，室中亦有鐵軌，車輛可直達室中。

（七）車頭房　房屬長方形式，有軌道四行。每行可停車頭自二輛乃至三輛。屋頂有煙箱四行。在軌道正上，通于屋外，故車頭停放室內，無煙霧迷漫之患。軌道中有低窖，備考察及修理車頭底部之用。室內情形，大率如此。而室外之屬於車頭房者，猶有三部；曰加煤處。曰注水處，曰轉頭處，加煤處爲一水門汀平台，與車頭同高，在廠之大門內，爲自車頭房至廠外必由之路。加煤時車頭直停平台旁，煤夫自預積平台後之煤堆上，挑煤倒入存煤處，廢時甚多，効力極低。加水處爲三數柱形圓柱，位在車頭房前，上有皮帶。加水時車頭停柱旁，皮帶接車上水箱，水門開而水入水箱矣。水自水塔來，水塔凡二，在木工間前，電燈房後。廠中各處用水，皆所自出，轉頭處在車頭房右側，圓形，中有轉臺，凡車頭之不能兩面開者，皆須於此處轉頭。轉頭時車停臺上，以人力推動轉臺，而車頭轉矣，費事殊甚。

廠中車頭，大都購自美國，亦有自德購來者，就其水箱與存煤處而論，可大別爲兩種，卽能兩面開行，及不能兩面開行，（亦能開倒車）是也。其能兩面開行者，水箱煤箱，均在車頭後部，所攜水煤不多。不能行長距離，專供大站上零星奔走之用。其不能兩面開行者，車頭後方，另掛有專放水煤之車，所攜水煤較多，能行較長距離。而車行須轉換方向，不能來往自如。車頭輪數，大率爲〇一六一〇，及四一四一〇式。其新購之〇字車頭六輛，專拖滬杭間客車者，亦四一四一〇式也，車上多備有壓氣軔。祇M字車二輛，用空氣及水汽合併之軔耳。

路上所有車頭，大率爲一九十三年前物。一九一三年，曾購德國車頭數輛。自一九一三至一九二二年間，幷未有車頭購進。至一九二三年，始獲購進〇字車頭六輛。最新之太平洋式客車車頭無有也。

（八）電燈房　此全路之電燈機關也。車上站上之電燈，沿路之電信，車上之電鈴等類。皆其所司，而以車上電燈爲其主要職務，故名曰電燈房。本節所述，亦限於車上電燈一部。其他路焉。車上電燈之發電，與尋常發電，略有不同。發電機直接車底輪軸上。車動軸轉而機動電生矣。惟車有停開，車行生電，車停電卽無有，故車停時，欲電燈不熄，必藉蓄電池以補救之。用蓄電池之法有二，其一以發電機注電入蓄電，而以蓄電池供電。其二以發電池直接供電，蓄電池僅供車停時用。滬杭路車上電燈，皆用第二法。卽車行時，發電機供電，同時并注電入蓄電池。而車停時，以蓄電池供電也。蓄電池凡二組，交換用之。每蓄電池各有鉛板十二副，（每副有電壓二。二磅）兩端可有電壓二十五磅。而注電時之電壓，至少須二十八磅。發電機之電壓，隨車行速力而增大，約車行最速時，可達三十三磅。發電機與蓄電池間，有自動之電力開關機。必發電機之電壓高於二十八磅，而後蓄電池與發電機間乃能連接，而無蓄電池轉注電入發電機，使之變爲馬達之虞。蓄電池於裝入車上前，必先將電注滿，庶車未行前，亦有電可供，故電燈房中，復有儲電之所，凡二室。其第一室內，計有交流電馬達一，發電機(直流電)一，又有汽機發電機一。通常注電，以自杭州接來之公共市電（交流）轉動馬達。馬達轉動發電機，而發電機供電於蓄電池，發電機之電壓爲三十二磅。復有修理鉛板及配製蓄電池中溶液之室一，修理發電機之室及打鐵間一。修理發電機之室內，計有車牀二座，以交流電馬達轉動之。又車頭燈之透平發電機一座，其蒸汽自水塔下之鍋爐引來，所以試車頭燈者。

廠中工人，計分兩種，曰小工，曰司務。小工司搬運物件，挑煤燒火等役。司務則司各種工場工作。小工之工資以月計，大約在十餘元左右，不到須請假，准假不扣工資。司務之工資以日計。不到無須請假，工資照扣。有總監工爲之長。下有各間領班，若機器間領班翻砂間領班等等。各司務之薪資，每日一元七八角，較小工高多矣。司務於每晨七時上工，十二時下工，午後一時上工，五時下工。計日作工九小時。錄用司務，用考試制度，遇有司務缺額，先期由廠長出條宣佈，囑各司務介紹投考。至期於投考人員中，擇尤錄取。而已取工人，亦須按時考試，以別手藝之優劣，而定工資之增加。每二星期休息一天半。（星期六一時起至星期日止。）廠中人名之曰大禮拜。其不休息之星期日，則名之曰小禮拜。

閘廠待遇工人，尙爲公允。有特設醫官處，爲工人醫病。因病請假，得以醫官證書，照發工資。病重者幷得由廠代送醫院醫治，醫費由廠代出。又廠長及高級職員，對於低級職員及工人，亦和顏相向，無過甚之官僚習氣。其所以然者，則以廠屬路局附屬品，無獨立營業性質。爲廠長者，固無庸若他廠之專事抽剝工人，以求廠中之盈餘也。

以上各節，於各部情狀，旣略言之矣。玆且述廠中概況，及個人感想，以爲本篇之結束焉。全廠無獨立之原動廠。鍋爐也，汽機也，皆附屬於各間，不相連續，所有鍋爐，幾全爲直立式。効力甚低，可無待言。而各種機器建築，亦大率從簡佈置。電燈房之打鐵間，醫官處，職員用膳廚房等處，幷無房屋，而以拆下之客車及車頭鐵板爲之，究其原因，則經濟困難也。今康陳二廠長，力圖振頓，年來已添購機械不少。近又向交通部請款十五萬元，作爲建造一原動力總發電處。以電力運動各處機件。及擴充廠務，以備自造車頭鍋爐，業經批准，發展不遠矣。

綜上所述，閘廠種種設備似嫌稍簡，而無可實習矣，其實則不然。蓋以我國現狀而論，通國各處機器廠，考其設備，在閘廠下者，不知凡幾，在閘廠上者無幾也。即我儕每日欲自設機廠，在目下之幼雅工業狀況之下，亦不能有過大之組織，則爲切於實用起見，就變個人意見，在大廠實習，得益反在小廠實習下，閘廠且嫌其過大矣。又閘廠待實習者極熱誠，每有問無不詳爲解釋。且以地在江南，工人大率能滬語，不解北語者，往此最爲適宜。 (注) 軔 (Brake)；壓氣軔 (Air Brake)。

本篇成於江浙戰前所述皆戰前情狀戰後情形有無不同之處不得而知之矣

陳 大 燮

上海工部局電氣企業近況

陳 華 松

公共租界工部局所設之電力廠，為亞東之冠。 1923 年盈餘達百五十一萬四千八百八十四海關銀兩。其大概情形想為讀者所欲知。爰節譯其 1923 年報告書。

工部局電氣部之營業狀況，可稱上海實業情形之寒暑表。電力度數之增加，足證實業之進步。參觀下表，上海用電之多與英之大城市相較；有過之無不及也。

年	城市	全年所賣度數	百分荷負數
1923	上海	272,265,861	49.42
	曼徹斯特	185,638,834	29.41
	格拉斯哥	141,919,196	27.95
	北明翰	139,468,153	25.26
	設斐爾德	123,438177	16.96

財 政

1923 年實業不振，而要力之需求則繼漲增高。電力銷售由 232,457,361 度加到 272,265,861 度。增加百分之 17.12。全年獲利有 1,514,884 海關銀兩。電光電熱電車所用之電，與所估計者相差有幾。電力之需用則減少 18,278,115 度。 1922 年麵粉實業狠為停滯。 1923 年較有起色。而紡織實業適得其反，頗為衰敗。或完全停工，或開工半日。紗廠之裝新機者，亦不開工。若將紡紗廠方面用電減少之原因除外，則言電力之銷售仍然加多，堪稱好現像矣。

財政大略總述下方：

預定資本	29,599,162 海關銀兩
已收資本	27,308,196 海關銀兩

股息	10.39%
電價及馬達租金	8,572,449 海關銀兩
毛餘（除折舊）	2,836,960 海關銀兩
淨餘（除公債利息）	1,514,884 海關銀兩
（預算淨餘）	1,398,951 海關銀兩）
從 1916 年起共交工部局	3,760,000 海關銀兩
作為公債。 1924 年預算可淨餘	1,354,800 海關銀兩

1920 所擬之擴充計畫，大致完成。計現已裝有 121000 啓羅瓦特。全廠設備如下：透平發電機有二只 2000 k. w.; 一只 5,000 k. w.;3 只 10,000 k. w.; 二只 18000 k. w.; 二只 20000 k. w.,〔1923 年 11月所毀損之透平已重行裝配〕再專供廠用者，有二只 3000 k. w.

鍋爐共有 26 只。第一號鍋爐間 8 只。第二號鍋爐間 8。只第三號鍋爐間 10只。乃 1920 年所計畫，新近完工者。

斐倫路分站將告完竣。新站較原來為大。僅供電車公司之直流。其電力將由楊樹浦廠用三相交流電傳來，變為直流。于 1924 年，該站原有蒸汽機，擬完全停開。又設一大分站于揚州路。名曰 G 字站。現已可用。

發 電 度 數

最高荷負為 65,632 啓羅瓦特。 distributing feeders 最高荷負為 62,903 啓羅瓦特。較 1922 年多 22.52%。而 1922 年比 1921 年多25%。荷負數從51.5%降到49.42%。度數總額為 327,876,613。計楊樹浦廠發 325,258,465 度。斐倫路站發 2,618,148 度。斐倫路所發之電不過為全額 0.798%耳。兩廠自己用電有 21,611,482 度。佔全額 6.59%。前三年則依次為 8,05%;8.44%; 和 6.86%。其餘如斐倫路站，站房，公事房和棧子間電燈。公事房和棧子間電爐。以及試電部所用之電力。共 533,391 度。

售 電 度 數

全年所售之電計有 272,265,861 度。較 1922 年多 17.12%。二年電力支配例下：

	1922	1923	增加	百分數
私用電燈	24,793,079	27,626,473	2,833,394	11,43
公共電燈	1,836,419	2,182,615	346,196	18.85
電爐和電鍋	1,672,459	2,059,774	307,315	23.16
電力	193,549,509	234,419,732	35,870,223	18.06
電車	5,605,895	5,977,267	371,372	6.62
	232,457,361	272,265,861	39,808,500	17.12

除停用外，廠家增多 3137 戶。至 1923 年底廠家達 39,929 戶。結至年底，有 32,921 用戶。1922 年有 30,272 用戶。添多 2649 用戶。啓羅瓦特增多 17,406。現在銷售總額有 114,929 啓羅瓦特。

1923 年中之地下工程如下：

22,000 磅電線 3.14 英里。6600 磅電線 11.39 英里。電話線 8.31 英里。公共電燈線 1.60 英里。低壓電線 4.15 英里。總共 28.59 英里。總計地下總線有 304.4 英里。空中電線添多 3053 英里。路燈增加 11%。較前年多 42%。

電力增加臚列如下：

	數目	馬力
停止租借之馬達	67	109.30
新添用戶馬達	914	23.743.12
除停用外全年增加	847	23,633.82
租面馬達	840	17,373.65
用戶自備馬達	3,636	77,417.28
升降機和直流馬達	329	6540.65
	4,805	101,331.85

在 1923 年中個有 23,743.12 馬力。其中 5310 爲公共租界電車公司馬力。從前

概不列入。所以實際增加不過 18,328.82 馬力和 653 馬達而已。馬力雖增多 18323.82，殊不及去年添加之多。反觀實業狀況，不得不稱滿意。

租用馬達數目和馬力，二者皆減少者，由于馬達價較前稍賤。用戶以買較租經濟也。而租借馬達之馬力不過稍爲減少者，因紡廠仍主張租用也。

起重機用三相馬達較直流爲便宜，用戶似仍不甚注意。其優點如馬達價旣稍廉，而貨物又可靠。交流電比直流電省費三分之二。

電爐和電熱器

電爐用者頗多，計電爐 3076 只；內租用者 2178 只。共用電 7391 啓羅瓦特。

電熱用電添多 104 啓羅瓦特，共 835 啓羅瓦特。電爐和電熱器二者合用電 8216 啓羅瓦特。

電熱器用戶多自備。該物十分牢固。雖多數用戶大概不會用，亦仍耐久不壞云。

（注） 1924 年預算的淨餘爲 1,354,800 海關兩

1924 結算淨餘爲 1,464,192 海關兩

（見 The Chinese Economic Bulletin No. 218）

華商電氣廠參觀紀略

上海以地位關係實業發達，因而電量供給之額在我國爲最鉅，惟大多數均用英法二部局二廠之電爭持久時之閘北水電廠不過購英工部局之電轉售用戶以逐什一利耳其爲邦人經營而具中央電力廠之型者，惟華商電氣公司。本年十月，工程學會赴廠參觀，因得窺其梗概，玆略述如次。

公司爲純粹華股所組合，資本金約數百萬元廠址在南站之南，佔地十畝，去黃浦約二百碼，鍋爐間內有 Sterling 式爐二座 B&W 水管式鍋爐四只壓力二百磅 green 式飼煤機用一數匹馬力小馬達運轉之，熱氣在爐下，引至節熱器，方入煙突。突係磚砌，高約 40 米達； induced Draft 所用風扇用一八十六匹感應馬達拖動蓋中央電力廠中電力之供給時刻不同，用此可以調劑 Draft 增加汽鍋能力，以應外方用戶之需要者也所燒煤用中興礦煤每日耗四十噸左右。

發電間內有透平。發電機二只，一只爲， 8 000 Kva, 55oo volts 50 週波率，三相， cosφ =8. 一只有 3000 Kva, 3 000 R. P. M. 5000 volts, 420 amp., 平時祇開一只，黃昏 Peak load 則一機並用。透平均 Zolley 式，電機則西門子貨，其 Exciter 位於透平同軸上。電流自出機後，經 oil Switch 等至 Switch room， 由此經變壓器後，出廠，用地下導線傳出至分站 Substation 方張架空，斯時電壓爲 380 yolts，因用 Y connection, 自 neutral 引出一線，即成 220volts 可以分配於用戶。現有 feeder 三，一爲江南造船所一在南門一在東門。廠中職員云自兵興以來工作多停，公司方面不無損失，幸公司全部電力。借電燈者爲多，故猶不致大受影響。

公司離黃浦甚遠，故凝結器所用水，不能在廠中抽取，因置喞管於浦江邊以大鐵管通之入廠。至凝結成之水，則另用一 25 kw 感應馬達打入鍋爐。

南市電車，均公司經營，故備有 rotory converter 一具有 700 kw, 交流電 380 volts 入其一端他端即有 500 volts 之直流電，專借給電車之用者也。

據公司辨事人稱，今夏江浙戰起，南市居民，紛紛北遷，馬達營業固已衰落，而電車復以戒嚴關係，提早進廠，所有負荷較平時銳減因是於營業方面不無影響。可見政局變幻，實與實業有絕大關係，彼閉戶讀書，以在工言工自命者，倘亦知更張其說否。

毅 修

交通部上海電話局參觀記

滬地人民，類因租界商業繁盛，華界軍事騷擾，托足租界者多。故租界日漸發達，南市閘北，益相形見拙。電話一項，尤見等差。租界電局區域之廣，用戶之多，數倍於南市電局。故談及上海電話局者，輒以租界電局爲標準，忽焉不知南市有一極美備極有成績之交通部上海電話局也。

交通部曾於三年前，辦理一最新式中央電池式交換局於大南門中華路旁。建造三層樓洋房一所，牆係磚造；地板扶梯係鐵筋混合土建造；各種設備均係美國西方電氣公司所製；由中國電氣公司代辦。三層樓爲交換板室及司機生（Operator）之休息室。交換板室中裝置本埠和外埠交換板（Local end Toll switchboard）各一具。本埠交換板係西方電氣公司中央電池複疊繼連器式。（W. F. central battery, multiple relay type）現在容量可裝 2000 用戶；最高容量爲 8000 用戶。共有 "B" 位置 8 個，可接 150 根進局幹線（trunk line）。"A" 位 26 個，可接現在容量 2000 根本部線。外埠交換板裝配 10 根外埠線（toll lines），20 根外埠交換幹線（toll switching trunks），及 30 根記錄幹線（recording trunks）。現在已裝用戶約 1300 家。雇用司機生 12 人，均爲 "A" 位置。監察二人，總司機員一人。幹線交換板（卽 8 個 "B" 位置）備而不用。所有與閘北通話之 6 根幹線，分配於 12 個 "A" 位置的司機生前；甚路線燈（line lamp）則用綠色回光、以示區別。外部交換板本擬與蘇州，無錫，鎮江，南京等處通話；但因經費無着，未曾裝置。

司機生，監察，和總司機員均爲女子。每個司機生服務 120 根用戶線。共有 17 對塞子（Plug）。每日服務兩次，每次三小時。平均每家用戶每日打電話 8 次。他若北京，天津平均爲 25 次。

試驗和分配室，電力室，蓄電池室，及工程部辦公室皆在二層樓。樓下爲局長室，會計室，應接室。及材料室。

分配架及其設備均爲普通中央電池式。總分配架 (M. D. F.) 已裝 3000 對避雷煤精 (carbon arrester) 和保險線圈 (heat coil)。地底電索 cable) 由此入局。次分配架 (I. D. F.) 裝配 2000 根電線。繼連器架 (relay rack) 裝置路線繼連器 (line relay) 和割斷繼連器 (cut-off relay) 各 2000 件，以及幹線及外部線所需之繼連器等。此架之後則有復音線圈 (repeating coil) 和積電器 (condenser) 架，保險線板。保險線裝置聲光警告器。試驗檯裝置種種電鑰和試驗儀器。

蓄電池分爲兩組，每組 11 只，共有電壓 24 伏脫，容量 1200 安培時 (amp.-hr.)，每星期交換一次。

電力室中備有兩具搖鈴機 (ringing generator)，發出 A. C. 75 V. 搖鈴電流 (ringing current)。一用交流馬達皮帶拖動，一用直流馬達同軸轉動。平時用前具；倘交流匱乏時，則用後具。更有充電用馬達發電機一具。馬達發力 500 伏脫 (D. C.) 發電機電力爲 300A., 30V. 但用此機充電時略有不宜，因馬達電力得之於電車線；倘電車經過時，電壓下降，馬達速度因之亦降；以致發電機電壓時有降落。此於充電用頗不利也。故近又另建一屋，裝置發電機一具，電力 10.5 K. W.，電流 300A.，電壓 35V. 原動力爲 15 匹馬力的柴油引擎。

地底電索分爲四種。大號有電線 300 對；次號 100 對，再次 50 對，小號 25 對。均屬蠟紙絕緣，鉛皮包裹。出路共分六大電索；二索往王家碼頭，一往小東門，一往大西門，一往大南門，一往高昌廟。至各該處後，分爲三根 100 對電索。自此再分；至 25 對小索後，乃從地中出，分佈桿頭。總計約有 4000 碼地底電索 (300 對)，40,000 碼懸空電索。空中電線約有 20 英里。倘將空間電線的長度總共相加，則得 200 英里；電索中電線的長度總共相加則有 1500 英里。

用戶器具或掛牆壁，或置書桌，均係美國西方電氣公司所製。電話局收費每月三元，初裝時，收裝置費 10 元。

該局與閘北電話局業已接通。共用幹線 6 根，沿日暉港而西經徐家匯沿鐵路至麥根路車站與閘北電索接連。路線約長 10 英里。皆受租界之損失也閘北電話局仍用麥尼多

式 (maqueto system)，約有用戶 300 家。更由閘北電局出幹線 2 根，直接眞茹。另有外埠線 2 根，接通南翔。眞茹電話局爲暨南校私設。南翔局亦交通部所辦，係麥尾多式云。

吾國各種事業，皆受外力阻礙，惟電話尙無借重外力之處。然就上海南北市電話局言，受租界電話局，影響已非淺鮮。租界居民不得裝置南北市電話，而租界電話局有 2000 具設於中國界內。政府與之交涉；則謂如需拆卸；非每具倍償 2000 兩損失費不辦。我國積弱之下，即爲此無理敲詐亦無實力反抗。但考其成績；則租界電話局之服務，最爲不堪，每有打一電話，費時半小時而尙未接妥者。其司機生之應對，全無禮貌，凡此種種，最不令人滿意。有謂租界電話之發達盛於南北市，乃洋人辦事優於中國人之徵象。然而據此考之；則南北市電話之不發達，可知完全關於國勢；非辦事人之過也。記筆增慨附記之。

錢鳳章

十四年一月五日

南洋大學

大華利衞生食品公司參觀記

大華利公司爲亞東惟一發酵原素製造廠；廠址位於蘇州河畔，交通便利，出品日達一千五百公斤；銷路南達新加坡，北及哈爾濱等處。該廠工程師爲德人赫門（Homn）君。赫君爲化學及微生物學研究家，曾在歐州主持同類工廠多年，富有經驗，待人接物，極爲和靄。據君云：廠中所有機器，除少數另件係在中國裝配外，均購自德國。現有鍋爐一座，蒸汽引擎一座，供給全廠動力；並自備發電機，以供給電燈；又鑿一自流井，以供給全廠用水，井深 304 呎，在試用時，每時曾抽水二萬加侖，水質純淨，溫度常在攝氏表十九度左右。該廠建築係四層洋房，雇工約四十五人，大半均係精於製造，富有經驗之徒。茲將製造酵素手續約記于下：

製造原料爲大麥及玉蜀黍。先將大麥浸于水中，俟其化軟，然後取出置於發芽室中。該室溫度，常年不變：夏用冷氣管，冬用熱汽管，以保常溫。大麥置此室中，約需十二日，始能發芽；至適當程度，然後取出，置於網軸中，軋成細片。將此細片放入一大桶中。和水調成麥麴液。同時另一大鍋，將玉蜀黍煮熟成糊狀，將此糊用蒸汽吹入麥麴液桶中，由麥芽中所含酵質，將玉蜀黍糊中小粉變成糖質。此時最當注意，蓋各種菌類均喜此糖液；若措置失當，將全功盡棄；故於此時特加入一種牛乳酸菌，以減少他種細菌繁殖機會；俟液中所生酸素至一定程度，加熱以殺死全體牛乳酸菌，將此已除盡菌類之液，引入另一桶中。此桶之底係極細銅絲織成，故糖液經此桶時，所有麩皮及渣滓等均行濾出，售供牛馬食料。濾清之液流入另一桶中，以供製造酵菌。此時將預先培植酵素種子放入桶中，於桶之四週吹入空氣以供給充分氧氣，使酵菌生殖加速，並用冷水管繞于桶中以除所生熱量，使糖液溫度不變。如是約歷十二小時，全量糖液均變成酵素及附產物酒精此時液狀如泥水，將此液引入一特室中，分流入四分離器中。由此器應用遠心力，將全體已成酵素分出，經過其旁壓榨器，將所含殘液榨出。製造手續，於是告竣，已成酵素，狀如調濕麵粉，略帶酸味。所分出殘液，引入大蒸發器中，由此器將酒精蒸出，作爲副產品。

製成酵素，即儲于置分離器室中。此室係特別建築，地板及外牆均用軟木砌成。地板砌軟木，厚八吋；外牆厚四吋，以隔絕室外氣候影響室內溫度，不論寒暑，均爲攝氏表十五度。蓋此溫度最宜于儲藏酵素；過冷過熱，均屬有害。夏日用阿摩尼亞冷氣管以調節室温，處此室中將不知世間有冷暖之變遷。此爲該廠佈置之特色。

該廠設有一試驗室，置有最新式之顯微鏡及其他儀器，以備研究酵菌生殖情形；並選擇佳種加以培殖，以供製造之用。此又該廠之特色。

統觀全廠，佈置週密，無原料浪費等弊。經營者可謂煞費苦心矣。是爲記。

（註）酵素英名（Yeast），俗呼酒母，爲製造麵包及需發酵食物所必需品。醫學界用以治脚氣病，及用爲清血濟以治面部皮膚等症，頗著成效。此則又爲其新用途矣。

工 程 消 息

四川省將辦水電 （請南洋華僑鄭啓聰赴川籌備）

我國水力，首推龍門，次爲四川省灌縣。民國二年，曾有人發起灌縣水電公司，旋以軍事擾攘，未能進行。近川局粗定，復由該省當局發起繼續籌備，現省署特派劉節初君來滬，歡迎南洋華僑鄭啓聰氏前往籌備。聞鄭君對於辦理實業，素具專長，而於籌款一項，亦有把握。查灌縣水力，如裝置電機，足應全川之用。將來成立，於吾國電氣事業，當可闢一新紀元云。（十三年十一月上海商報）

北京電車公司開幕矣

北京電車公司於十三年十二月十七日上午十時，在天安門前舉行開車典禮。汪董事長報告，內務總長致賀詞，交通總長行開車式，然後招待各界，繞行全路云云。

北京電車創設之經過

北京電車公司，創議於民國九年，由政府提交國務會議議決准辦後，復經市政評議會決定官商合理，股款各半，始於民國十年六月宣告成立，乃分下列三時期進行工程：

（一） 計畫時代 在此時期中，專爲測量繪圖，與主管機關商定路綫等，計費時八月。

（二） 工程時期 在此時期中，專爲豎桿掛線，鋪軌造路，製造車輛，配置機器，建築發電廠，停車廠，修理廠，變流廠，及公共建築物等。其間因受政變及軍事之影響，致超預定時期，而費時竟達二年之久。

（三） 籌備營業時期 在此時期，專爲規定票價分站，並訓練司機與售票生等，約費時四閱月。

及至最近全部工程完全告竣，乃由該公司呈報政府，准予正式開車。此爲該公司自始迄今之大概情形也。至全城路綫，則分爲四路：（一）由前門至西直門，（二）由前門至北新橋，（三）由北新橋至西城太平倉，（四）由順治門至哈達門。而現在所有之車輛，計共九十七輛。每車分頭或等，任市民之自由選擇乘坐。其司機生與售票生，則在北京招考，加以訓練，後復派至天津實習三個月，故都已有純熟之訓練。惟該公司當局更爲愼重起見，決於開車之始，抱定二目的：

（一） 用低速度以開駛電車。

（二） 開駛少數之車輛。故第一日只使用電車十九輛。蓋市民對於電車觀念尙形薄弱，上述二目的，以免除一切之危險云。

工 程 大 概

發電廠設在通州，離北京五十里；用 B. & W. 水管式鍋爐三隻；其受熱面積，每隻有 4400 英方尺，而汽壓爲 210 磅，以蒸汽送給三座透平發電機，一大兩小，大者有 1500 K. W. 發電量，小者 750 K. W.。此機爲瑞士 Brown Boveri & Co. 所製造。所發電壓爲 5000-volt，然後變爲高壓。 33000-volt。自通州至北京，以高壓地線傳送也。通州電廠已費二十萬元，而澄水池及辦事房之建築費，亦非二十萬元不辦也。變壓間設在哈達門，而變流廠則設在外城云云。 （樹仁）

華生電器製造廠 廠址上海東鴨綠路

1914 年到 1918 年間，歐洲大戰，故吾國所需電機器等非常缺乏。德國銷在吾國之電表，來源斷絕，於是該公司之發起人購買上海工部局電氣處所製之電表一具，請四位銅匠相助，如法泡製，而出品尙可應用，乃創辦華生廠，現專造輪舟所用之 4 K. W. 發電機， 25 K. W. 之交流電動機； 200 K. V. A. 變壓機電表，電閘板及電熱諸器具，年値三十五萬云云。

益中機器廠 廠址上海浦東凌家木橋

1921 創設。董事長爲聶雲台先生；廠長周琦先生，本校老同學也。該廠設備及管理，均爲完善，出品爲變壓器，感應電動機，(此項銷路不暢，因紗廠業之一跌不振)，

電風扇及電燈開關，先令羅絲，葫蘆等電料具云云。 (樹仁)

中國工廠用煤分析

	(1)	(2)	(3)	(4)	(5)
產地	水汽	飛散質	固定炭素	餘燼	硫磺
中興	0.10	26.82	一百分除去(1),(2),	9.82	0.50
(在山東棗莊)			(4), (5)即得		
平鄉	1.35	23.72		13.92	0.45
長興	9.97	28.97		8.48	0.96
經井	0 89	27.79		9.64	1.45
賈汪	2.76	29.88		18.42	6.22
(在徐州)					
灤州	0.68	21.03		10.52	0.96
臨城	1.12	30.73		11.60	1.27
(在直隸)					
旅順	7.24	38.68		5.68	1.42

(注) 以上各數，均百分之幾。 (樹仁)

工程問答

課餘與校中學生作談中，有以種種關于科學之問題見詢者，其于求學之志向，無時或釋，亦于此可見。疑問種類本不一，僅可追憶其要者數則，乘南洋工程學報出版徵文之便而揭其問答如後，以供衆閱。　　梁樹釗

問：　不藉任何表册之參考，欲由蒸汽壓力，求其熱度，有何簡捷方法？

答：　從 200 與汽壓之六次方根之乘數減去 101， 餘數卽爲熱度矣。惟壓力均須算自絕對的零壓，方爲合格。

問：　今有蒸汽機逐汽于一「表面凝結器」中。欲求每凝汽一磅，需水若干，簡單從事，如何算法？

答：　此題似乎簡易，實則複雜。因凝汽之始終熱度及冷水之溫度，互有關係故也。下列算式，係從簡表演。蓋取其易于記憶，并可不賴何種表册隨時可以施算也。法係從 1114 及蒸汽熱度十分之三之和數，減去既凝後之汽水溫度。再以凝水溫度及冷水溫度之差數除之。結果卽所需冷水之磅數也。

問：　噴射器之能對汽鍋進水，係藉蒸汽之力而爲之然而噴器所需之汽壓往往較鍋內汽壓爲低，卽能迫水入其中。其故安在？

答：　此其所以然者，乃因在同樣壓力之下，蒸汽流動之速率，實較水之流動速率爲大。當蒸汽初入噴器之際，卽凝結于冷水中，但其流動速率，仍不減于前。此時若其速率不低于鍋中水之流率，則水終被迫入其中矣。

問：　汽鍋可能容受之安全汽壓，如何可以定奪之？

答：　關于此題之算式甚多，要皆使鍋爐不易發生危險也。茲舉最簡便之算式一則，開列于後。

以汽鍋鐵板之厚寸數乘其伸張力六分之一然後再以汽鍋之半徑寸數除之。所得卽爲一方寸間之安全壓力矣。按此算式專爲單項式鐵釘之鍋而設。若其釘爲雙項式

者，則安全力尚可加添二成，猶無危險之虞也。

問：煤燃于鍋爐中，其熱氣純爲蒸汽所收吸者，爲何成數？

答：尋常煤一磅在沸點時，可變水拾磅爲汽。但參考蒸汽表中之內容則由沸點起算，每化水一磅爲汽，須需 966 個英國熱氣單位。化水拾磅卽需 9660 英國熱氣單位也。尋常煤一磅約有 14,000 個英國熱氣單位之熱量。如是以 14,000 除 9660，所得卽爲煤中熱量成數爲蒸汽所收吸者也。　（完）

通　訊

南洋大學工程學會諸先生公鑒：接奉十月十六日

大扎，欣悉母校業已開學，各項會務皆在進行。母校爲工程學校，工程學會之責任爲最大。工程學報，久應發行，迄未果行。現經

諸先生熱心從事，工程學報准期創刊，聞訊之下，不勝欣躍。蒙聘爲名譽編輯，弟等不才，又遠居異邦，本不敢任。但以此事非僅爲母校之貢獻，亦中國之創作，敢不竭棉力以追隨諸先生之後，共襄盛舉。弟等前此久有發起工程學報之意，爰以中國地大物博。原料豐富，東部雖漸見開發，其他各地，以天險相隔，交通不便，迄未開發。工程之需要亟廣，工程計劃雖多，亦無適當機關研究其工程學原理，究竟是否可辦。工程事業方法種多，往往同一之事業，可用不同之工程方法舉辦之，究以何爲最適用于中國，亦一應詳細討論之點。工程事業日新月異，晚近工程方法進步更速，中國工程界如欲與世界工程進步相提攜，工程學報乃必需之物。凡此種種，皆賴工程學報爲先驅以促進中國之工程事業。弟等雖久有此意，但以種種困難，不能即行舉辦，無適當機關專任之爲最大原因。嘗念弟等前在校時，曾倡議由工程學會辦工程學報，徒以經濟材料多有不利，卒未果行。來美後，此心未渝，仍堅持工程學報亟待發行，以母校工程學會爲發行機關，是最適當。忽蒙賜函，謂母校工程學會已定期發行工程學報，弟等欣喜欲狂，亟先修此書以表弟等前後初衷。一面即起稿擬成工程學報內容若干條；非敢爲將來必行之條例，亦所以聊備參攷而已。一面又向留美南洋同學會提議，請於稿件方面竭力相助，經濟方面如力之所及，亦將儘多相助，已蒙會長許應期君允爲促成。弟等更以私人名義通函在美諸同學，述工程學報之重要及請投稿之意，已有多數復信贊成；當即定辦法，爲在美諸同學一切稿件經濟轉遞之責，完全由弟等兩人負責辦理。凡每兩月寄稿一次。至第一期稿件，來函謂于十二月廿五日以前寄到，雖稍形侷促，現正趕製，不日寄上，

當可趕第一期。第二期起，即可按弟等原定計劃實行。經濟方面悉己得教務長顧維精先生允助。弟等又另函顧先生並凌鴻勛先生，請出力辦理。總之弟等對于母校發行工程學報，認爲中國之大事，絕非可倉猝從事者。不以愼始，難以持久。內容尤爲重要。觀彼科學雜誌煞費心血，幾經中斷，非辦事者之毅力，何能支至今日？工程學報之發行，較科學爲尤難，不有十分充足之準備，絕難實行。母校亦曾發行科學世界與研究二種，皆以經濟材料困難，中途而止。故此次工程學報發行之初，必先各方面皆能盡力相助，方可創刊。關于材料方面，弟等當另于編輯內容中詳述之。經濟方面，弟等以爲完全由學校補助，甚非持久之道；不如規定每期領二百元爲補助費，其餘不敷之數，由廣告售書及其他收入充之。發行若干期後，如有必要時，並爲省時間精力，得專注于稿件內容時，可與國內大書坊商議，印刷發行之責，全歸書坊負担，仿科學雜誌之辦法，每期除領四五百本作爲贈品外，所有責任，只在供給材料。但必須先發行數期，然後方可實行。因學報之內容及價值，得世人信任，方能與書坊交涉也。玆先將工程學報編輯內容條列如左：

南洋大學工程學報內容

（一）　論文　（1）通論

（2）專論　土木工程　機械工程　電機工程　工程管理

（3）基論　算學　材料學　力學　熱力學　電學

（二）　工程學者傳記

（三）　參觀記　實習記

（四）　工程新聞

（五）　通信

（六）　本報投稿者小傳

（一）　通論以泛論工程，與中國社會工程研究法，工程基本原理，工程與經濟學，工程與科學，工程的與非工程的討論等，以輸送淺近工程學識與觀念爲主。

（二）　專論以專門論文爲主，不以迎合讀者程度爲主；其有工程價值使得爲工程研究之永久參考，同學如有心以中文製工程教科書或參考書而一時不能全篇脫稿者，即可分章在本刊發表，應用儲蓄方法，以成大功于後日。

（三） 基論以介紹與工程有關係之基本學術為主旨。

（四） 工程學者傳記不以幾年生幾年死某年某事等大事記爲主，而以其造詣之深在何事物，此事物之精妙在何處，又其何以致此之由，詳述之，使讀者無形中得研究方法；再必記其窮苦狀，用功狀，使讀者無形中得研究精神。

（五） 參觀記以小說體滑稽體爲最適宜，苟用綜合體，則不免有銀行簿記之形式，不能引起讀者興趣；然又必以輸送工程智識爲主，離題太遠，亦不合用。

（六） 工程新聞越簡短越新穎，足以使讀者易知世界工程近況。

（七） 通信所以解答疑問，互通消息。

（八） 本學報投稿者小傳，不過使讀者更認識著者之生平耳。

學報之內容旣如上述，編輯方法不可不先有準繩；不然，必雜亂無章，難以辦事。爰再述編輯方法與程序如左：

（一） 設立南洋大學工程學報稿件保存所。 學報稿件如僅存于總編輯處，固易與他物混雜遺失，其他編輯查閱亦非易易。此所以保存所有學報之稿件收到後，即編入一種分類目錄，使翻閱時有所稽查，一目了然。所有稿件之多少性質，再將原稿依目錄分類保存，可以隨時檢閱。

（二） 稿件分國內及國外兩部投稿：國內由在校與出校校友投稿，在校分教員與學生投稿。其辦法如下：

(A) 國內部（甲）在校 (1) 教員——每二月投稿一篇，其西文者由編輯翻譯。

(2) 學生——一二年級以通論基論爲主，三四年級以基論專論爲主，皆先期按月由自己或教員出題作稿，由教員收集遴選登錄，中國工程學，市上無書，即教科書中所述者，亦不妨編輯成文，以享中國工程界。

（二）出校　由編輯部發函徵稿，爲定期投稿者，至少三月一次。

〔B〕　國外部　留美同學由駐美收稿處收集，每二月寄一次。

其他各國，或專函聘請，或亦設收稿處。

（三）　工程學報所有職員，統由工程學會中另舉出專任之。教員之爲名譽會員或顧問會員者，即可聘爲名譽編輯或編輯顧問。工程學報總編輯選舉時，教員之爲會員者，亦有選舉權。總編輯責任重大，必學問優滿才幹卓絕者方能任之。

（四）　初辦時，工程學報定爲季刊，每三月一册，每册至少須以二百頁爲準；日後如稿件豐富，可臨時改爲月刊紙張可用平常雜誌紙，遇有圖畫，可用上等紙。

（五）　工程學報中另專設圖畫部，遇有稿件需圖畫時或來稿圖畫不清晰，由此專部繪畫，以便刊登。

以上不過管見所及，不週之處，自所不免。弟等對于母校工程學報之發行，抱有莫大之希望，除弟等在美國方面努力進行外，仍望。

諸先生　時賜

針教，以匡不逮。專此敬頌

進步。　　學弟　陳廣沅　茅以新　謹上。　十一月廿日。

民國十三年度本校大學一年級入學試題

Entrance Examination

Freshman English August 11, 1924.

Note: Before answering the questions, state the titles and anthors of all the English literature and Composition and Rhetoric you have studied during the last two years.

1. In each blank left in the following sentences, supply the right word from those given in the parenthesis.

   (a) Nanyang University offers - - - - - - - (exceptionable, exceptional) opportunities to earnest students.

   (b) Electricity has been an important - - - - - - - (feature, factor, part) of modern industrial progress.

2. A. Correct the following sentences:—

   (a) He is younger than me.

   (b) Do you approve me going to Nanyang Univercity?

   (c) This is one of the warmest if not the warmest, day that we were having this summer.

   B. Name the figures of speech in the following sentences:

   (a) Our house swarmed with guests like a beehive.

   (b) I have a diamond as large as a goose egg.

   (c) The kettle sings.

   (d) He grasped my meaning instantly.

   (e) The wind howled and moaned.

   (f) The kettle boils.

3. A. Write a "loose sentence" and turn the same into a "periodic sentence".

B. Correct the following sentence to secure unity, coherence, and emphasis:—

(a) Shanghai is a big city and there are many foreigners.

(b) Being the youngest child, mother hated to see me leave home.

(c) A man was run down by an automobile while crossing the street yesterday.

4. A. What are the methods of developing a paragraph?

B. Write two paragapha of not less than three hundred words on "My Ambition", using at least two methods to develop each paragraph and taking care of unity, coherence and emphasis. Underline your topic sentences and indicate at the end of each paragraph the methods you employ.

1. (a) Nanyang University offers exceptional opportunities to earnest students.

(b) Electricity has been an important factor of modern industrial progres.

2. A. (a) He is younger than I.

(b) Do you approve my going to Nanyang University?

(c) This is one of the warmest days, if not the warmest days, that we were having this summer.

B. (a) Simile

(b) Simile

(c) Metaphor

(d) Metaphor

(e) Personification

(f) Metonymy

3. A. He did not know what to do, since he was neither a soldier nor a civilian. (Loose sentence)

Being neither a soldier nor a civilian, he did not know what to do. (Periodic sentence)

B. (a) Shanghai is a big city. Many foreigners are there.

(b) Mother hated to see me leave home, b.cause I was the youngest chi'd.

(c) Yesterday a man, while crossing the street, was run down by an automobile.

4. A. See Merkley - Fergoson's "Compositiwn - Rhetric". Book 1, part IV, Chap. 1, PP. 197 - 201.

Physics

1. A bullet of 2 oz. leaves the mizzle of a gun with a velocity of 800 feet per sec. The barrel of the gun is 3 feet long. Calculate the average pressure on the bullet in foot - poundals as it travels down the gun barrel and the amount of work done upon it in foot pounds. G = 32.

2. A man 5 feet tall stands in front of a looking glass of the same height as himself. Show that he requires only one half of the length of this mirror in order to see a full image himself.

3. In a hydraulic press the area of the press piston is 10 sqft. while that of the face of the pump piston is 0.92 sq. ft. The pump is worked by a lever of the first class, the distance from the pump piston to the fulcrum being 2 in. and that from the fulcrum to the point whereo force is applied being 500 in. How great a force must be applied to the handle to produce a total pressure of 18,000 lbs. on the face of the press piston?

4. A Explain the action of (a) an induction coil; (b) a transformer.

B. A vessel contains water and mercury, and an iron sphere floats on the mercury and is completely covered by the water. The volume of the sphere is 100 c. c.; the density of mercury is 13.6, and of iron 7.8 what is the volume immersed in each liquid?

5. A. Eight cells, each with half an ohm internal resistance and 1.1 volt E. M. F. are connected (1) all in series, (2) all in perallal, (3) in two parellel sets of four cells each: calculate in each case the current sent through a wire resistance of 0 8 ohm.

B. A galvanometer coil has a resistance of 125 ohms; calculate the resistance of a wire which will shunt off ninetenths of the main current from the galvanometer.

6. A. What are meant by (1) resonance; (2) critical angle; (3) unit pole; (4) kinetic energy; (5) kilowatt - hour.

B. A copper calorimeter, of mass 10 grams, contains 30 grams of water at 5°;C 20 grams of a metal are Melted and poured at the melting point which is 315°C into the water. The final temperature is 24°C. The specific heat of the solid metal being 0.055, calculate its heat of fusion, taking specific heat of copper as 0.095.

(1) Work spent on the bullet

=kinetic energy gained by the bullet

$$=\frac{mv^2}{2g}$$

$$=\frac{2}{16}\times 800^2/2\times 32=\frac{2\times 64.10^4}{16\times 64}$$

$= 1250$ ft. lbs.

average pressure acting on the bullet

$$= \frac{\text{work}}{\text{distance}}$$

$$= \frac{1250}{3} = 416\frac{2}{3}\text{磅}$$

(2)

MM' indicates the position of mirror, oo', that of man, & II,' that of his image.

OI & OI' are the terminal rays of light, by which the man sees his own image. Our problem is then to prove that $MN = \frac{1}{2}MM'$

II' is parallel to MN, and by law of reflection $OM = MI$

$$\therefore \quad MN : II' = OM : OI$$

$$= OM : OM + MI = OM : 2OM$$

$$= 1 : 2$$

$$\therefore \quad MN = \frac{1}{2} II'$$

since $II' = MM'$

$$MN = \frac{1}{2} MM'$$

(3) In a lever system, the two moments about the fulcrum must be equal under equilibrium.

$$\therefore P \times 500 = F \times 2 \qquad P = \frac{2F}{500} = \frac{1}{250}F$$

In a hydraulic press, the pressures on the two pistons must be equal.

$$\therefore \frac{F}{0.92} = \frac{18000}{10} \qquad F = .92 \times 1800$$

$$\therefore P=\frac{1}{250}\times.92\times1800=6.62 ※$$

(4) A (a) an induction coil is usually made by bending a wire into loops, and wind them around an iron core, so that a magnetic circuit of fairly low reluctance is formed & assciated with the coil constituting the electric circuit. When a current flows through such a coil, a number of magnetic lines of force equal to $\frac{4\pi ni}{\frac{1}{u}\frac{l}{A}}$ will be set up around it. Since the magnetic field cannot be built up with-out the expenditure of energy equivalent to that represented by the field, the current in the coil tends to lag behind the applied voltage, there being a tendency to impede the flow with increasing current, to prolong it with decreasing current. Or, to express it mathematically, there is induced in the coil a counter-emf. equal to the product of the inductance of the circuit & the rate of change of current, i. e. $\theta=-L\frac{di}{dt}$..........................

....

(b) Two coils, so placed that they have a magnetic circuit in common, form a transformer. The lines of force set up by current in one coil link, in part at least, with the other coil, so that changes in voltage & current in one will produce similar changes in the other. Such two coils, being electromagnetically coupled together, constitute what is known as the primary & secondary of the transformer. By appling an alternating emf. across the primary terminals, we may obtain, in the secondary, simiilarly alternating emf & current, which have magnitudes determined by the ratio of transformation, e. i, $E_2 = \frac{n_2}{n_1} E_1$ $I_2 = \frac{n_1}{n_2} I_1$. Transformers find the greatest field of applications in a. c. systems, when they are used to step up or step down the voltages to meet different conditions of service.

B. Let X = volume immersed in mercury

y = " " " water

Then X + y = 100 c. c. ..... (1)

13.6 X + y = 7.8 × 100 ..... (2)

Whence 12.6 X = 680

X = 54 c. c.

y = 150 − 54 = 46 c. c.

(5) A $e = 1.1$ volt $r = 0.5$ ohm

with series connection,

$E = 8 \times 1.1 = 8.8$ volts

$R = 8 \times 0.5 + 0.8 = 4.8$ ohm

$\therefore I = \frac{E}{R} = \frac{8.8}{4.8} = 1.83$ amp.

with parallel connection,

$E = 1.1$ volts

$R = \frac{1}{8} \times 0.5 + 0.8 = 0.8625$ ohm

$\therefore I = \frac{E}{R} = \frac{1.1}{.8625} = 1.275$ amp.

with series parallel arrangement,

$E = 4 \times 1.1 = 4.4$ volts

$R = \frac{1}{2} \times (4 \times 0.5) + 0.8 = 1.8$ ohms

$$\therefore I = \frac{E}{R} = \frac{4.4}{1.8} = 2.44 \text{ amp.}$$

$G = 125$ ohms $R =$ unknown resistance

$$\frac{i_2}{I} = \frac{G}{G+R} \qquad \frac{9}{10} = \frac{125}{125+R}$$

$$1250 = 9 \times 125 + 9R$$

$$\therefore R = \frac{1250 - 9 \times 125}{9} = \frac{125}{9} = 13.9 \text{ ohms}$$

(6) A (1) When two objects, such as two tuning forks, have been adjusted to the same frequency, vibrations in one object may set up or induce similar vibrations in the other object. This phenomenon is called resonance. Modern radio communication is essentially resonance action betweee two electric circuits.

(2) Critical angle:— The angle of incidence, of which the sine is equal to the reciprocal of the refractive index, is called the critical angle.

(3) A unit pole is a pole which when placed in air at unit distance from a seond pole identical with it will exert on the latter a mutually repulsive force of unit magnitude.

(4) Kinetic energy is the energy stored in an object, due to its motion or velocity. The amount of energy so stored varies as the square of the velocity, and directly as the mass or inertia of the moving object.

(5) Kilowatt hour is the amount ot energy equal to that consumed in a circurt carrying 1000 watts of electrical power, in a period of one hour.

B. Let F be the heat of fusion of the metal in cal/gm.

Then $20\times F+.055\times20\times(315-24)=.095\times10\times(24-5)+1\times30\times(24-5)$

$20F+1.1\times291=.95\times19-130\times19$

$20F+320=18.05+570$

$20F=268 \qquad \therefore F=13.4$ cal/gm

Higher Algebra

By Creason Loh 陸輔唐

——>00 × 00<——

1. Resolve into partial fraction:

$$\frac{2}{3(2x+1)(x^2+x+3)}$$

Assume $\dfrac{2}{3(2x+1)(x^2+x+3)}\equiv\dfrac{2}{3}\left(\dfrac{A}{2x+1}+\dfrac{Bx+c}{x^2+x+3}\right).$

Then $1\equiv A(x^2+x+3)+(Bx+c)(2x+1).$

That is, $1\equiv(A+2B)x^2+(B+A+2c)x+(3A+c).$

Hence $A+2B=o,$

$B+A+2c=o,$

$3A+c=1,$

Solving for A, B and C,

$A=\dfrac{4}{11}, \qquad B=\dfrac{-4}{22}, \qquad C=-\dfrac{1}{11}.$

Then $\frac{2}{3(2x+1)\ (x^2+x+3)} \equiv \frac{2}{3}\left[\frac{4}{11\ (2x+1)} + \frac{\frac{-4}{22}x - \frac{1}{11}}{x^2+x+3}\right]$

$\equiv \frac{8}{33\ (2x+1)} - \frac{4x+2}{33(x^2+x+3)}$

2. Show that $\begin{vmatrix} a^2 & h & g \\ h & b^2 & f \\ g & f & c^2 \end{vmatrix} = -(bg+ch)^2$ if

$\begin{vmatrix} b^2 & f \\ f & c^2 \end{vmatrix} = o.$

By the defineton of determ inouts,

$$\triangle = \begin{vmatrix} a^2 & h & g \\ h & b^2 & f \\ g & f & c^2 \end{vmatrix} = a^2 \begin{vmatrix} b^2 & f \\ f & c^2 \end{vmatrix} - h \begin{vmatrix} h & g \\ f & c^2 \end{vmatrix} + g \begin{vmatrix} h & g \\ b^2 & f \end{vmatrix}$$

Whon $\begin{vmatrix} b^2 & f \\ f & c^2 \end{vmatrix} = o.$ the first term is gero, we then have

$$\triangle = g \begin{vmatrix} h & g \\ b^2 & f \end{vmatrix} - h \begin{vmatrix} h & g \\ f & c^2 \end{vmatrix} = ghf - g^2b^2 - h^2c^2 + ghf$$

But since $\begin{vmatrix} b^2 & f \\ f & c^2 \end{vmatrix} = o$ $\quad bc = f.$

Hence $\triangle = -g^2b^2 - 2ghbc - h^2c^2 = -(bg+ch)^2.$

Q. E. D.

3. Find the roots of

$$9x^4+15x^3-143x^2+41x+30.$$

This equation contains at least 2 real roots.

First try +3.

$$9\times 81+15\times 27-143\times 9+41\times 3+30=0.$$

Hence the given equation has a root +3..

$$\therefore 9x^4+15x^3-143x^2+41x+30=(x-3)(9x^3+42x^2-17x-10).$$

Again try $+\frac{2}{3}$ $\quad 9\times\left(\frac{2}{3}\right)^3+42\times\left(\frac{2}{3}\right)^2-17\times\frac{2}{3}-1o=o.$

$$\therefore 9x^4+15x^3-14x^2+41x+30=(x-3)(3x-2)(3x^2+16x+5)$$

The other two roots can be obtained by resolvine the quadratic $3x^2+16x+5$. They are found to be

$$x=\frac{-16\pm\sqrt{256-4\times 3\times 5}}{2\times 3}=\frac{-16\pm 14}{6}=-5,\quad -\frac{1}{3.}$$

Therefore the four roots are

$$x=-3.\qquad x=+\frac{2}{3}\qquad x=-5,\quad \text{and}\quad x=-\frac{1}{3.}$$

Find $\sqrt[5]{\frac{1}{2}-\frac{1}{2}\sqrt{-3}}$ and represent the results graphically

$$\sqrt[5]{\frac{1}{2}-\frac{1}{2}\sqrt{-3}}=\left(\frac{1}{2}-i\frac{\sqrt{3}}{2}\right)^{\frac{1}{5}}=(\cos 60^\circ-i\sin 60^\circ)^{\frac{1}{5}}$$

$$=\cos\frac{(60^\circ+R(360^\circ))}{5}-i\sin\frac{(60+R(360^\circ))}{5}$$

Put R=o, 1, 2, 3, and 4 Separately, the five roots are found to be

$r^1=\cos 12^\circ-i\sin 12^\circ=$ o. 97815 −0.20791 i,

$r^2=\cos 84^\circ-i\sin 84^\circ=$ 0.10453 −0.99452 ,

r^3 = cso 156° — i sin 156² = -0.91355 — 0.40674 i,

r_4 = cos 228° — i sin 228° = -0.66913 + 0.74314 i,

and r_5 = cos 300° — i sin 300° = 0.5000 + 0.8660 i,

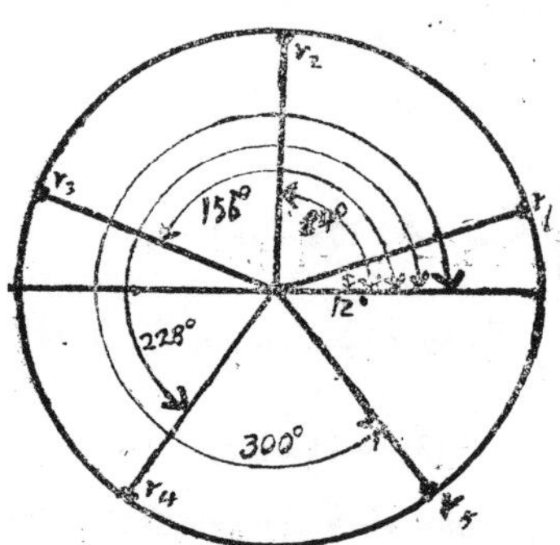

The radius of the circle represents the modulus which is equal to 1. The points on the circumference represent graphically the five roots.

5. Devide 123 into parts such that the product of half one part by a third of the other part shall be maximum,

Let x be one part and 128-x be the other one part of the number required; and y be the product of the two parts. Then

$$y = \frac{x}{2} \times \frac{182-x}{3}$$

$$= \frac{1}{6} x (128-x)$$

$$= \frac{128}{6} x - \frac{1}{6} x^2$$

The is the equation of a para bola having its max. value of $y = -\frac{B^2}{4A} + c$, if the eguation of parabola is designated by $y = Ax^2 B x + c$.

Nolw $A = \frac{-1}{6}$, $B = \frac{128}{6}$ and c = o.

$\therefore$ Max. value of $y = \left(\frac{128}{6}\right)^2 \div \left(4 \times \frac{1}{6}\right)$

$=682.56,$

whence $x = \frac{-B}{2A}$

$= \frac{128}{6} \times \frac{6}{2} = 64.$

The valne of x for which y is max. can also be found by plotting the equation

$y = \frac{128}{6}x - \frac{1}{6}x^2$

Answer:—— The two parts are equally 64 and 64.

Trigonometry

1. $\sin\frac{x}{2} = \frac{5}{13}$ to find tan x

$$\sqrt{\frac{1-\cos x}{2}} = \frac{5}{13}$$

$$\frac{1-\cos x}{2} = \frac{25}{169}$$

$$169 - 169\cos x = 50$$

$$169\cos x = 119$$

$$\cos x = \frac{119}{169}$$

$$\tan x = \frac{\sin x}{\cos x} = \frac{\sqrt{1-\cos^2 x}}{\cos x} = \frac{\sqrt{1-\frac{14161}{28561}}}{\frac{119}{169}}$$

$$= \frac{\sqrt{\frac{14400}{28561}}}{\frac{119}{169}}$$

$$= \frac{\frac{120}{169}}{\frac{119}{169}} = \frac{120}{119} = 1\frac{1}{119}$$

2. $\tan\frac{x}{2} + 2\sin^2\frac{x}{2}\cos x = \sin x$

To prove identity

$$\frac{1-\cos x}{\sin x} + 2 \times \frac{1-\cos x}{2} \times \cot x = \sin x$$

$$\frac{1-\cos x}{\sin x} + (1-\cos x)\frac{\cos x}{\sin x} = \sin x$$

$$\frac{1-\cos x}{\sin x} + \frac{(1-\cos x)\cos}{\sin x} = \sin x$$

$$\frac{(1-\cos x)\ (1+\cos x)}{\sin x} = \sin x$$

$$\frac{1-\cos^2 x}{\sin x} = \sin x$$

$$\sin x = \sin x$$

3. $\tan^{-1}(x+1)+\tan^{-1}(x-1)=\tan^{-1}\frac{8}{31}$

Let $\angle\phi=\tan^{-1}(x+1), \angle\theta=\tan^{-1}(x-1), \& \angle\theta+\angle\phi=\tan^{-1}\frac{8}{31}$

Then, $\tan\phi=x+1,\ \tan\theta=x1,\ \tan(\theta+\phi)=\frac{8}{31}$

But $\tan(\phi+\theta)=\frac{\tan\phi+\tan\theta}{1-\tan\phi\tan\theta}=\frac{(x+1)+(x-1)}{1-(x+1)(x-1)}$

$$=\frac{2x}{1-(x^2+1)}=\frac{2x}{2-x^2}$$

$\therefore\ \frac{2x}{2-x^2}=\frac{8}{31}$ $\qquad 31x=8-4x^2$

$$4x^2+31x-8=0$$

$(4x+32)\ (x-\frac{1}{4})=0$

$x=-8$, or $\frac{1}{4}$

4. $a^2=b^2+c^2-2\ b\ c\cos A$

$a^2=60^2+40^2-2\times60\times40\times \text{coo}135^\circ$

$=3600+1600+4800\ \cos\ 45^0$

$=5200+2400\times\frac{\sqrt{2}}{1}$

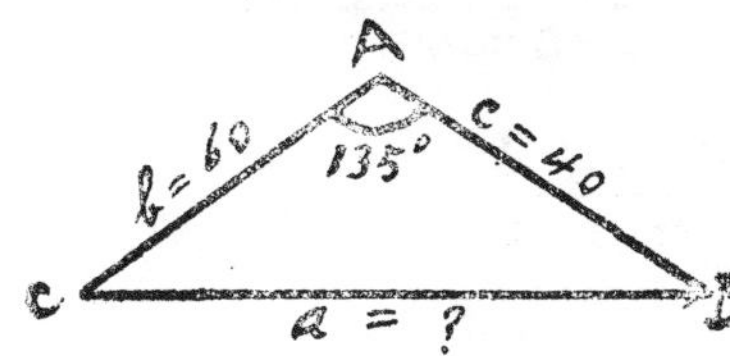

$=5200+3303,6=8593{\cdot}6$

$\therefore a=\sqrt{8593.6}=92.7$

the perimeter of the $\triangle$ is equal to

$40+60+92.7$

$\therefore$ a side of the square is $\frac{192.7}{4}=48.175$

aud its area $48.175^2=588.83$

5. To prove that

$$s=\frac{d\tan\phi}{\tan\theta-\text{tin}\phi}=\frac{d\cos\theta\sin\phi}{\sin(\theta-\phi)}$$

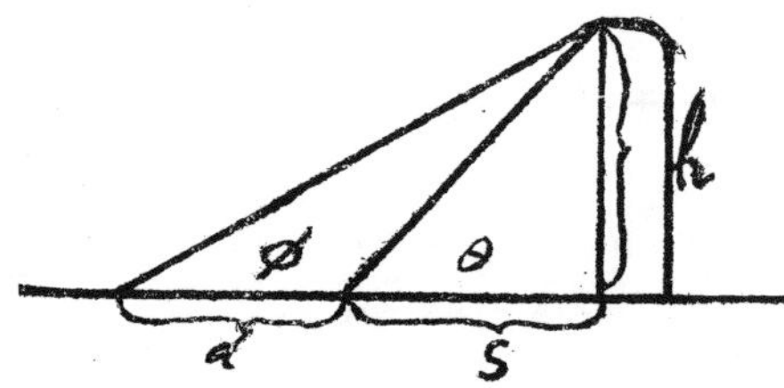

$$h=(d+s)\tan\phi$$

$$h=s\tan\theta$$

$$(d+s)\tan\phi=s\tan\theta$$

$$d\tan\phi+s\tan\phi=s\tan\theta$$

$$s\tan\theta-s\tan\phi=d\tan\phi$$

$$s(\tan\theta-\tan\phi)=d\tan\phi$$

$$s=\frac{d\tan\phi}{\tan\theta-\tan\phi}$$

$$=d\frac{\sin\phi}{\cos\phi}\times\frac{1}{\frac{\sin\theta}{\cos\theta}-\frac{\sin\phi}{\cos\phi}}=d\frac{\sin\phi}{\cos\phi}+\frac{1}{\frac{\sin\theta\cos\phi-\cos\theta\sin\phi}{\cos\theta\cos\phi}}$$

$$=d\frac{\sin\phi}{\cos\phi}\times\frac{\cos\theta\cos\phi}{\sin\theta\cos\phi-\cos\theta\sin\phi}=\frac{d\cos\sin\phi}{\sin(\theta-\phi}$$

Question:

In an experiment I gram of a compound which contains only carbon and hydrogen., yields on combustion 2.25 grams of water and 2.75 grams of carbon dioxide. What is its empirical or simplest formula? What the compound would likely be? (C=12, H=1)

Auswer.

2.25 grms of water contains $\frac{1}{4}$ grm of hydrogen

$$2.25\times\frac{H_2}{H_2O}=2.25\times\frac{2}{18}=\frac{1}{4}\text{ grms}$$

2.75 grms of carbon dioide cantains $\frac{3}{4}$ grm of carbon

$$2.75\times\frac{C}{Co_2}=2.75\times\frac{12}{44}=\frac{3}{4}\text{ grms}$$

Since $\frac{1}{4}$ grm of hydrogen and $\frac{3}{4}$ grm of carbon make up 1 gram of the compound, so the hydrogen and carbon must be present in the compound in the ratio of $\frac{1}{3}$ by weight. Consequently the simplest formula must be CH_4. which is the marsh gas, or methane,

2. Question:

100 c. c. of a mixture of nitrous and nitric oxides were mixed with just sufficient hydrogen in a eudiometer and the mixture was fired. After the condensaion of steam, the gas left in the eudiometer was 65 c. c. of nitrogen. Find the respective volume of nitrous oxide and hydrogen,

Solution:

$2NO + 2H_2 \rightarrow 2H_2O + N_2$

$N_2O + H_2 \rightarrow H_2O + N_2$

$2NO + N_2O + 2H_2 \rightarrow 3H_2O + 2N_2$

Since the reacting and resulting substances are all gases, numbers of molecules represent also the volumes of the respective substances.

(a) $2NO + N_2O + 3H_2 \rightarrow 3H_2O + 2N_2$

22.4　　4.48

1　　2

x　　65

$1 : x = 2 : 65$　　$x = 32\frac{1}{2}$ c. c. Volume of nitrous oxide

(b) $2NO + N_2O + 3H_2 \rightarrow 3H_2O + 2N_2$

67.2　　4.48

3　　2

x　　6.5

$3 : x = 2 : 6.5$　　$x = \frac{195}{2} = 97\frac{1}{2}$ C. C. Volume of hydrogen

3. Question:

Write equations representing four different ways for preparing zinc sulphate.

Answer: Zinc sulphate can be prepared by

(1) Oxidation of sulphide at a high tamperature

$ZnS + 2O_2 \rightarrow ZnSO_4$

(2) addition of sulfur trioxide the the ovide of the metal

$Zno + So_3 \rightarrow ZnSo_4$

(3) double decomposition

$(NH_4)_2So_4 + Zn\ cl_2 \rightarrow 3\ (NH_4)cl + ZnSo_4$

(4) from bisulphates

$Zn\ cl_2 + Zn(HSo_4)_2 \rightarrow 2H\ cl + 2\ ZnSo_4$

4 **Question:** In what respects are the elements in cluded in the chlorine family similar?

Answer: The most remarkable fact of the similarity is that, when th elements in this family are arranged in order with respect to any one property, the others will be observed to be of the same order.

Element	atomic weight	state	color	boihg pont
Fluorine	19 0	gas	yellow	−187°
Chlorine	33.5	gas	yellow	−34°
Bromine	79.9	lifuid	brown	+59°
Iodine	126.9	solid	violet	+184°

As tomic weight in creases, the boiling point rises, the color deepens, the state changes. From chemical point of view, they are closely alike.

When unitd with hydrgen and metals, they are all univalent. In their oxygen compounds, they have a higher valence. Their oxides unites with water to give acids. They are strongly eletronegative. Their halides, when dissolved in water, are all active acids.

5. **Question:** Explain the meaning of the term nascent in chemistry, illustrating your answer by reference to reasons in which (a) nascent hydrogen (b) nascent oxygen are supposed to take part.

Answer: An element, when just set free from i's combination with other element, is said to be in the nascent state. Nascent element is more active. This is explained by the reason that, when it is set free from combination, it is in the state of an atom rather than a molecule. For example,

Hydrogen in nascent state has been proved to reduce mercuric chloride to calomel and potassium nitrate to nitrite.

Oxygen will oxidize ammonia to nitrous acid and methyl alcohol to formaldehyde.

6. Question: Mention the causes of the formation of boiler scale. State the injurious effects of the boiler scale and explain how the water used in boiler may be freed from such contamination.

Answer: The scale in the boiler will be formed under the following circumstances.

(1) due to increase in concentration by the evaporation of water.

(2) due to the decrease of solubility at high temperature and pressure.

(3) due to formation of insoluble salts from others previously soluble

The injurious effects of the scale are.

(1) Poor transmission of heat and wasteful of fuel

(2) Overheating and deformation

(3) Deterioration of metal

(4) decrease in heating area and reduction in boiler capacity and efficiency.

(5) cost of maintainance.

Since the for mation of scale is objectionable, the water used must be purified before use. There are, in geneaal, two methods for this (1) cold water softening (2) hot water softening. The constituents causing the for mation of scale can be divided into two classes, temperary h5rdness, and permanent hardness. In the cold water softening, the former is first converted from bicarbonate into carbonate by the use of lime $ca(oH)_2$ & the latter is removed by the use of soda ash Na_2 Co_3. The carbonates formed. being in soluble, can be removed by filtration or settling, while the sodium salts formed, in the case of permanent hardness, being soluble, remain in water but do no harm. In the hot water softening, the water is treated in the feed-water heaters. It passes through pipes surrounded by steam under high pressure, & the temporary hardness is removed in the form of carbonates. As to permanent hardness, soda ash is used as in the cold process., But under high temperature, the reactions take place more readily.

NANYANG ALUMNI ASSOCIATION IN AMERICA

circular 1

issued on Nov. 18.

CONTENTS.

(1) The Message from the Past President,

(2) An Address from the New President,

(3) Welcome to the new members,

(4) A list of Officers for the year 1924 - 1925.

(5) An Outline of Activities to be undertaken during the current year,

(6) Special Announcement,

(7) Nanyang Reunions at Conferences,

(8) Some Personal News,

(9) Special Notice.

THE MESSAGE FROM THE PAST PRESIDENT.

Dear members,

Congratulations and good wishes to all of you! It has always been my pleasure to talk to my friend hoping to receive some advice and cultivate mutual understanding. It is a rare privilege, indeed that all of us should come from the same institution as Nanyang. During these twenty years, Nanyany has been devoted to the development of engineering education, and certainly she will play a very important part in making the great future for China.

The Nan 'aug Alumni Association in America was organized for the sole purpose of performing our duty which rests heavily on our shoulder. May I suggest that all of us pay due attention to this organization? Take prompt action in response to whatever question raised by its officers. In doing so, while no pain has been taken on the part of the members, the effect will be quite different.

Another suggestion I wish to make is that we ought to take into serious consideration the Permanent Membership Campaign conducted by the Nanyang Alumni Headquarter at Shanghai. Look at the work done by the Alumni for their alma mater in the country. It is the alumni who are responsible for the extension and development of American Universities. It is not vanity but purely the genuine expression of the sense of gratitude. The future of Nanyang, an institution of thirty glorious years, therefore should rest on the achievements of its loyal sons.

On my part, I have to apologize for not doing much work during my administration last year, and now it is a chance for me to make up my shortcomings by urging my fellow members to co-operate more faithfully with this new administration.

With best wishes and regards, I remain

Yours faithfully,

(signed) U. T. Hsu.

AN ADDERSS OF THE NEW PRESIDENT

Dear Alumni:

Permit me to extend my best wishes to you. Whether you are now pursuing the highest degree of honor or gaining the invaluable experience as practical engineers, I wish you good luck just the same.

I am specially honored by your call to act as the president of the Nanyang Alumni Association in America, an Association of history and brilliant future, I know how heavy my duty is and how incapable I am to shoulder such a responsibility. Your assurance of cooperation and my sense of duty keep me from hesitation as to the acceptance of this position. So let us first of all repeat briefly the ideals of our Association.

First, our associätion has grown out of one purpose, i. e. "sympathy". Great is the word "sympathy" which brings to our mind thousands of sweet memories. As a loyal mèmber of this Association, the name of which tells the very significance, we feel bound to love each other and share the rejoicings of those who are making the great success in their career and at the same time never hesitate in extending helping hands to those who need help. This every spirit arises out of the deep respect in which we all hold our alma mater and the broad sympathy we show to those we have much in common as the fruit of discipline we all have during those rugged years in Nanyang.

Secondly, another watchword standing side by side with "sympathy" is "Co-operation". Being educated in the same institution, we feel it a duty incumbent on us to rally around all our members under the same standard. Hard work is right before us. Our Alma Mater has no yet reached a stage at which her dutiful sons can rest assured that their part is done. So let "co-operation" be the hobby of every one, and develop the spirit of "me too". This Association is not an association of the few, it was through the long-felt demand and the acute desire on the part of the members that the association actually came to being. So whatever be its merit or demerit, it is always up to the members as a whole to dictate its policy. Let us watch closely what the Association is doing and whenever opportunity comes, be prompt to assert our right as a loyal member never fails to do.

We, the sons of Nanyang, are often upbraided as inert and lacking the co-operative spirit among the members. I feel hurt to hear such a reproach, and I never believe so. Just watch the foot-ball game at Markham Road, and men will never think that Nanyang boys are in any way lacking the genuine spirits which mark the real value of college education. For my part, I recognize that men from Nanyang are more cautious in action, concrete in conception and solid in decision. These are the characteristics of our training, and what we lack is only the outward expression of these genuine qualitles. Let us reflect once more the battle scene of Markahm Road Ground and summon up all out forces first bv strengthening ties among the members of this Association and second by co-operating with these members at home in a common effort to develop our beloved Nanyang.

In conclusion I wish to express my sincere desire to be in constant touch with you fellow memders. May the year 1924-1925 be the year of success to you all!

Yours sincerely,

I. G. Shu
President of the N. Y.
Alum. Ass. in America.

WELCOME TO THE NEW MEMBERS.

The following Nanyang men newly arrived from China.

Chrnell: Messrs. P. L. Yuan, P. C. Cheng, P. H. Cheng, T. K. Shen D. I. Niu, Z. L. Tsou, C. S. Wang, Y. K. Koo and W. Y. Ying.

Purdue: Messrs. C. Chen, T. M. Tsia, C. J. San and J. C. Young.

M. I. T. Messrs. H. P. Wang, Geo. P. King, C. C. Li, anb V. S. Tsao

We beg to extend our heartiest welcome to them into our club. It has always been a pleasure as well as an inspiration to see new members coming from afar. It is true we feel sorry for continuolly losing old members who went back to China, but certainly we rejoice very much in the adding of new once. This club, wh'ch is the biggest one of all the Nan;ang's overseas alumni associ tions, provides a central organization for us to serve and to carry out the work of common interest relative to our mother school; and it is only with this spirit that our staunch friendship can be cultivated and the club s activities carried out successfull;, so let us give loud cheers to the new members and invited them to join our club with a belief that their warm support and hearty co-operation will help make the club more successful than ever.

Note: The above list of new members is not supposed complete. If any one who happens to know any new memder whose name is not included in the list please report to Mr. P. F. Woo, the secretary.

A LIST OF OFFICERS FOR THE YEAR 1924-1925.

President: Mr. I. G. Shu, 86 Oxford St., Cambridge, Mass.

Vice-President: Mr. W. E. Mao, 114 Columbia St., W. Lafayette, Ind.

Secretary: Mr. P. F. Woo, 527 Center Ave, E. Pittsburg, Pa.

Treasurer: Mr. P. L. Shen, 600 Rebecca Ave., Wilkinsburg, Pa.

Chief-Editor: Mr. L. S. Wang, 212 Fall Creek Drive, Ithaca, N. Y.

AN OUTLINE OF ACTIVITIES TO BE UNDERTAKEN DURING THE CURRENT YEAR.

(a) Three circulars will be published. The latest news of the Alma Mater, personal news of the members in this country as well as those who have newly returned to China and other topics of interest will be given. Inasmuch as the circular is the only organ to bring us together by making all of us well informed, great stress will be laid on this point. We shall strive to convince you of the necessity as wel as the deep interest of this publication.

(b) We shall try to bring about an effective co-operation between this club and the N. Y. A. A. in China as well as the Nanyang Students Association. Both our club news and personal news of our members will be sent to the publication of those above-mentioned associations. Members and officers are urged to keep constant correspondence with those publications. We shall ask them to devote a special section to our activities. In the correspondence your views of American colleges and American life, as well as your personal experiences may be given. Surely many people will be interested n your work and our younger brothers will get infinite benefit from it.

(c) Thirdly we shall try to do some work of vital importance to our Alma Mater. You know the Boxer Indemnity Fund has been returned to our government by the United States of America. Being one of the outstanding insitutes in our country, our Alma Mater is surely justified in securing a part of it for future extention. This problem was brought out into discussion at both reunions at Chinese Students Conference at Ann Arbor and Haverford. No decision definite was reached however. A committee will be immediately appointed to take tare of the problem. Your co-operation will help to make our ambition a realization.

While many other activities are under contemlation, we don't want to make too many promises before we can be sure of carrying them out. One thing, however, we can assure you is, that we shall try our best to serve you and to make this year's administration a success.

SPECIAL ANNOUNCEMENT

The annual membership due was curtomarily \$2. Last year it was cut down to \$1.00. This administration deems it expedient to "return to normalcy". The one dollar raised will be used to subscribe for "Echo" of N. Y. A. A. in China and the "Nanyany Weekly" for each member of the club. In order to farcilitate the business functions we ask your permission to skip over the formal process of putting into vote. In view of the fact that this is of absolute necessity to bring about the co-operation and interest among these three bodies we believe you will agree with us. If members who register their opposition within fifteen days of the issuing date of this circular, are not more than one tenth of the total, the motion will be carried into effect; otherwise a popular vote will be cast and the result will be announced in the next circular.

NANYANG REUNIONS AT CONFERENCES.

(a) Eastern Section (Havertord College, Pa.)

The Annual Nanyang Reunion was held on Sept. 6 in the Chinese Students' Conference at Heverford College, Pa. Messrs. L. S. Wang and I. G. Shu were appointed by the then President Mr. U. T. Hsu as the Reunion Committee. A Reunion banquet was served at the Boyd Cafe, Ardmore, Pa. with Mr. U. T. Hsu as the toast-master. Some twenty five members attended forming a record-breaking gathering in the history of Nanyang Reunions in America. A formel letter from Mr. Z. Z. Hu. Presicent of Nanyang Stndents' Club, with regard to the appropriation of a part of the Boxer Indemnity returned to our goverment by the United States of America for the extension of our Alma Mater, was read by Mr. U. T. Hsu, and a brief discussion followed. The Reunion was characterized by friendly warmth and joviality followed by a picture-taking. The college song was sung celebrating the occasion and bringing to the sweet memories of every one the good old days of Nanyang.

(b) Mid-West Section (Michigan University, Ann Arbor, Mich.)

Through the courtesy of Mr. Herbert C. T. Lee, the following extracts from the Conference Daily is obtained. The exact followe:

"The Reunion meeting of the Nanyang Students took place at 10:00 yesterday morning. Nine members were present at the meeting at which Mr. Herbert C, T. Lee presided. Mr. C. Koo was elected temporary secretary. After the personal introductions were made, a brief report was made of the present conditions of the famous institution by Mr. E. S. Mow.

It was moved and passed that simultaneous meetings should be called annually by the bhairman of the previous year jointly with the annual conference of the Mid-West Section of the C. S. A.

Resolution was made to draw a petition to the Home Government for the reservation of a part of the Boxer Indemnity Fund returned by the U. S. Government for the maintenance and extension of the University. For the purpose of carrying this into effect, co-operation with the Alumni Association in the East was thought necessary."

Note: Regarding the foregoing statement the Executive begs to add one word. He greatly appreciates the enhusiasm shown by the members to the club affairs and the interest of the Alma Mater. We shall take these resolutions into serious consideration and elaborate plans will be mapped for the benefit of our Alma Mater and the club. But as the present Constitution of our Association fails to provide any article regarding the relationship of the local section to the central Administration, we wish it to be understood that the resolutions referred to in the statement are but expressions of the joint opinions of the members present.

PERSONAL NEWS

Mr. P. D, Chang who left America on July 19 is now the engineer of Soochow Lighting and Power plent.

Mr. C. C. Wang will be connected with Anderson Meyer & Co., but owing to the recent war between Kiangsu and Chi-kiang, his latest letter says that he was still enjoying his home life.

Dr. Y. R. Chao leaving Boston on June 1 is now touring in Europe with Mrs. Chao and his two children. He has accepted the offer of professorship of Tsing Hua College.

Dr. C. H. Hu had his romantic marriage in July. His bride came from China to marry him! After a sweet honey-moon the couple returned to their father land.

Mr. U. T. Hsu, our past president, enjoyed the whole summer in auto-travelling and camping. He visited all the leading cities in the east and the midwest. Lest time he returned to pittsburg from Detroit saying he was tired of the life and adventures of the trip. He has improved much both physically and intellectually. The life in the camp affords good opportunity for him to have intimate contact with nature and all sorts of danger and thrill in the wilderness. He is working in the Bessemer Engine works, Grove city, Pa.

Mr. S. H. Tsou was graduated this summer in the chemical Engineering Course in the university of Michigan. He was connected with Hercules Motor Co-operation, Canton, Chio for some time. Now he serves as an assistant Chemical Engineer in the Continental Sugar Co., Findlay, Ohio. He is scheduled to sail from China early in the next January.

Mr. C. Kiang having declared his jndepenkence from the Wilkinsburg Party now joined the side of the Philadelphia Nadyang Club. He found the job of Westinghouse Co. O. K., but he likes the turbine and Lomocotive better. He was installed in the South Philadelphia Works of Westinghouse Co. He is a great writer of love letters.

Mr. W. P. Chen, after completing his study in Lowell Textile College, is carrying on some special researches in N. C. College. No doubt he will contribute much to the improvement of the cotton industry of our country.

Mr. C. C. Wu, who took summer school of M. I. T. to equip himself on mechanical engineering side, has returned to Lowell.

Mr. Winton Bee is practicing in G. E. Lynn work. Mr. Bee possesses high musical talent. Nanyang boys are noted for scholastic attainment, but only a few are endowed with such gift.

Mr. Z. Z. Chang being tired of the factory life quitted from the Allis Chalmers Co, early in June. He is now in the University of Wisconsin working for his Master Degree. Ghang likes to take trips exploring the nature and filling his camera box with stories which he treasured more than anything else.

Mr. P. C. Fan formerly connected with the Canada Pacific Railwayis now in the McGill University, Montreal, Canada, registering as a graduate student in electrical engineering. He is staying with Messrs. S. M. Ying and T. Y. Chen.

Mr. W. Chu who received bis M. S. from M. I. T. last June is now registered in Harvard University.

Both Mr. Y. S. Koh and Mr. C. Y. Wu have successfully "mastered the Science" of Cornell. Wu is now working in White Motor Truck Company, Cleveland, and Koh is working in B. F. Sturtevant, Boston. Wu is very much interested in his work. Koh being in a small town alone is suffering from solitary living. He is, however, always welcomed by the Boston Alumni, for his smiling foce and interesting talk gives them much pfeasure.

Mr. Wakan Chang who had worked a whole Summer in the Diehl Mfg. Co., returned to Cornell to Complete his thesis. He inspected many power plants during the snmmer which enables him to know the new developments of the electrical industry in this country.

Mr. L. S. Wang is an "interesting Man" to quote the wor of prof. Sheldon. Whoever attended the Eastern Conference of Chinese Sttudents Allience this year would witness how well his part in the Cornell's stunt. He is now busy with his thesis.

Mr. S. P. Chu, the only man who being the master of Electrical Engineering finds great interest in business, is still in Jacksonvillee, Florida. His Shanghai Trading Co., becomes San Sun Trading Co., i. e. three provinces. He is very much optimistic over the prosperity of his business.

Mr. Y. L. Chen, the foot-ball star of Nanyang Eleven, formerly connected with the Canadian Pacific Railway, entered Cornell as a graduate student of Electrical Engineering. Chen had the bad luck of hurting his eye severly when hottly engaged in a soccer game with the Filipino. Fortune did not desert him however, and he is now getting on fine.

Mr. S. D. Yuar. is still working in the Ford Co., Detroit, Mich. Having been throughly trained in the Motor-room Dept., he is now working on the final assembly. He can build a Ford car within four hours and fifteen minutes.

SPECIAL NOTICE.

Mr. W. E. Mao has been elected by the Shanghai Nanyang Alumni Association to conduct a campaign for permanent membership of the said club. The zealous appeal on the part of Mr. Mao and your sense of loyalty will no doubt keep you from hesitation to join the registration. Mr. Mao's notice follows:

"The Saanghai Nanyang Alumni recently started a permanent membership campaign for the purpose of raising a fnnd for erecting an Alumni Building at Shanghai. The registration fee will be $30. silver, payable at $15. gold. The money thus raised will be spent on the building exclusively. Those who are intersted in the campaign are kindly requested te communicate with me."

Mr. Mao's address is:114 Columbia St, West Lafayette, Ind.

DIRECTORY OF NANYANG ALUMNI ASSOCIATION IN AMERICA

(1)	Bee, Winton	75 Gainchora Street, Boston, Mass.
(2)	Chang, Church	International House, Riverside Drive, N. Y. C.
(3)	Chang, H. P.	216 Rochelle Ave., Wissahickon, Pa.
(4)	Chang, K. M.	290 Massachusetts Ave., Boston, Mass.
(5)	Ceang, S. Y.	c/o American Bridge Co., Elmira, N. Y.
(6)	Chang, Waken	111 Ithaca Road, Ithaca, N. Y.
(7)	Chang, Z. Z.	535 Conklin Place, Madison Wis.
(8)	Chen, C.	218 Waldron St., W. Lafayette, Ind.
(9)	Chen, C. C.	5405 Ridgewood St., Chicago, Ill.
(10)	Chen, K. Y.	2815 26t4 Ave., S. Minneapolis, Minn.
(11)	Chen, T.Y.	579 Union Ave., Montreal, Canada
(12)	Chen, W. P.	c/o N. C. State College, Raleigh, N. C.
(13)	Chen, Y. L.	212 Fall Creek Drive, Ithaca, N. Y.
(14)	Cheng, P. C.	302 Mitchell Street, Ithaca, N. Y.
(15)	Cheng, P. H.	302 Mitchell Street, Ithaca, N. Y.
(16)	Cheng, S.	1211 W. Clark Street, Urbana, Ill.
(17)	Chi, C. C.	International House, Riverside Drive, N. Y. C.

(18) Chou, H. S. 3262 Sansom Street, Philadelphia, Pa.

(19) Chu, S. P. Box 632, Jacdsonville,, Florida.

(20) Chu, Wentworth 306 Harvard Street, Cambridge, Mass.

(21) Fan, P. C. 579 Union Ave., Montreal, Canda.

(22) Fong, H. D. 95 Mansfield St., New Haven, Conn.

(23) Fung, K. K. 3200 Broadway, N. Y. C.

(24) Hsu, C. K. 132 Sumac St., Wissahickon, Pa.

(25) Hsu D. B. 311 Thompson St., Ann Arbor, Mich.

(26) Hsu, K. S. c/o American Bridge Co., Elmira, N. Y.

(27) Hsu, Unbay 89 Appleton Street, Combridge, Mass.

(28) Hsu. U. T. 109 Gilmore Ave., Grove City, Pa.

(29) Hu, S. Y. Central Y. M. C. A. Brooklyn, N. Y.

(30) Kao, Chas. Y. 533 Church Street, Ann Arbor, Mich.

(31) King, Chau c/o Educational Dedt., Westinghouse Electric & Mfg. Co., Essinton, Pa.

(32) King, Geo.,p. 788 Mass. Ave., Cambridge, Mass.

(33) Koh, Y. S. Y. M. C. A. Hyde park, Boston, Mass.

(34) Koo, E. K. 302 Mitchell St., Ithaca, N. Y.

(35) Kwong, T. C. 336 John St., Ann Arbor, Mich.

(36) Liang, C. Y. 3418 Sansom St., Philadelphia, Pa.

(37) Lee, Herbert C. 614 E. Universlty Ave., Ann Arbor, Mico.

(38) Lee, T. 14 S. Mills St., Madison, Wis.

(39) Li, C. C. 306 Harvard St., Cambridge, Mass.

(40) Lieu, Natsen 17434 Arlington Ave., Detroit,, Mich.

(41) Luog, S. Y. 8 Union St., Schenectady, N. Y.

(42) Mao, W. E. 114 Columbia St., W. Lafayette, Ind.

(43) Nih, T. c/o J. G. White Engineering Co., Pine Grove, Pa.

(44) Niu, D. I. 206 Delaware Ave., Ithaca, N. Y.

(45) Pan, C. C. 22 W. Kinney St., Newrrk, N. J.

(46) Pan, C. H. 155 Willoughby Ave., Brooklyn, N. Y.

(47) Quo, T. T. 3266 Sansom St., Philadelphia, Pa.

(48) San, C. J. 218 Waldron St., W. Lafayette, Ind.

(49) Shen, P. L. 600 Rebecca Ave., Wilkinsburg, Pa.

(50) Shen, S. 117 Sumac St., Wissahickon, Pa.

(51) Shen, S. H. 131 Windmere Ave., Highland Park, Mich.

(52) Shen, T. K. 302 Mitchell St., Ithaca, N. Y.

(53) Sheng, T. K. 527 Center Ave., E. Pittsburgh, Pa.

(54) Shu, I. G. 86 Oxford St., Cambridge, Mass.

(55) Siek, H. Y. 332 S. Division St., Ann Arbor, Mich.

(56) Sun, H. H. 6019 Kenwood Ave., Chicago, Ill.

(57) Sun, T. T. Apt. 34, 401 W. 118th St. N. Y. C.

(58) Tang, C. T. 96 Trowbridge St., Cambridge, Mass.

(59) Tang, T. Y. Y. M. C. A. Bangor, Maine.

(60) Tsao, V. S. 306 Harvard St., Cambridge, Mass.

(61) Tsai, C. S. 124 S. Mills St., Madison, Wis.

(62) Tsai, T. M. 114 Columbia St., W. Lafayette, Ind.

(63) Tseng, H. N. 606 E. Catherine St., Ann Arbor, Mich.

(64) Tsoon, Z. I. 120 Liden Ave., Ithaca, N. Y.

(65) Tsou, S. H. c/o Continental Sugar Co., Findlay, Chio.

(66) Tsou, T. Y. 610 69th. Ave., West Allis, Wis.

(67) Tang, S. T. c/o C. E. M. 2312 19th. St., N. W., Washington, D

(68) Vong, P. L. 219 Rochelle Ave., Wissahickon, Pa.

(69) Wang, C. P. 533 Church St., Ann Arbor, Mich.

(70) Wang, C. S. 110 Cook St., Ithaca, N. Y.

(71) Wang, H. P. Cambridge, Mass. Box 258 M. I. T.

(72) Wang, L. S. 212 Fall Creek Drive, Ithaca, N. Y.

(73) Wang, T. S. 417 W. 121 St., N. Y. C.

(74) Wang, Y. L. International House, Riverside Drive, N. Y. C.

(75) Wang, Y. K. International House, Riverside Drive, N. Y. C.

(76) Wei, K. C. 3614 Chestnut St., Philadelphia, Pa.

(77) Wong, S. F. 1324 W. Dayton St., Madison, Wis.

(78) Wu, C. Y. 1204 Melbourne Road, E. Cleveland

(79) Woo, P. F. 527 Center Ave., E. Pittsburgh, Pa.

(80) Wu, T. C. 135 White St., Lowell, Mass.

(81) Wu, T. M. 600 Rebecca Ave., Wilkinsburg, Pa.

(82) Yang, S. Y. International House, Riverside Drive, N. Y. C.

(83) Yew, Irving C. 1537 E. 65th St. Chicago, Ill,

(84) Ying, S. N. 579 Union Ave., Nontreal, Canada.

(85) Ying, M. I. 124 Linden Ave., Ithaca, N. Y.

(86) Young, J. C. 218 Waldron St., W. Lafayette, Ind.

(87) Young, S. Y. P. 813 Foster St., Evanston, Ill.

(88) Yu, Wilkie 336 John Street, Ann Arbor, Mich.

(89) Yu, Z. S. 417 Center St., Wilkinsburg, Pa.

(90) Yuan, Polixenes L. 302 Mitchell St., Ithaca, N. Y.

(91) Yuan, S. D. 17509 Arlington Ave., Detroit, Mich.

Plesae report any mistake to Mr P F. ..Woo, the secretary.

留美南洋同學會會員錄

(1) 畢維棟
(2) 張嘉鑄
(3) 張海平
(4) 張光明
(5) 張樹源
(6) 張惠康
(7) 張承緒
(8) 陳 章
(9) 陳中正
(10) 陳廣沅
(11) 陳體榮
(12) 陳文沛
(13) 陳毓麟
(14) 程本厚
(15) 程本藏
(16) 鄭 泗
(17) 季警洲
(18) 周賢頌
(19) 諸水本
(20) 朱物華
(21) 范本忠
(22) 方顯庭
(23) 馮天民
(24) 徐承爌
(25) 許騰八
(26) 許貫三
(27) 徐恩培
(28) 徐恩曾
(29) 胡壽頤
(30) 高君湘
(31) 金 憋
(32) 金 溥
(33) 葛學瑄
(34) 顧亦愷
(35) 鄺子俊
(36) 梁建鄴
(37) 李中道
(38) 李 青
(39) 黎智長
(40) 劉乃遷
(41) 龍純加
(42) 茅以新
(43) 倪 俊
(44) 鈕因梁
(45) 潘承新
(46) 盤珠衡
(47) 郭泰楨
(48) 單基乾
(49) 沈炳麟
(50) 沈 邵
(51) 沈慈輝
(52) 沈同庚
(53) 盛祖江
(54) 許應期
(55) 薛恆元
(56) 孫浩煊
(57) 孫多炎
(58) 唐慶增
(59) 唐霈源
(60) 曾鳳山
(61) 蔡承新
(62) 柴志明
(63) 曾憲規
(64) 鍾兆琳
(65) 鄒尙熊
(66) 鄒忠曜
(67) 董時進
(68) 馮寶齡
(69) 王傳璧
(70) 王慶禧
(71) 王會賓
(72) 王魯新
(73) 王志莘
(74) 王元齡
(75) 王裕光
(76) 韋國齡
(77) 王世富
(78) 吳慶衍
(79) 吳保平
(80) 吳宗傑
(81) 吳達模
(82) 楊錫冶
(83) 尤寅照
(84) 殷受宜
(85) 殷文友
(86) 楊 鉅
(87) 楊蔭溥
(88) 余 騏
(89) 俞汝鑫
(90) 袁丕烈
(91) 阮神鐸

附 註 排列次序在英文名字字母先後爲標準欲知通信處請查英文會員錄

中華民國十三年十一月編

投稿者小傳

陳君廣沅江蘇江都人，十一年夏，卒業本校機械科。本校工程學會，由君一手組織。任本會第一任會長。文擅中西，工程著作尤富。辦事優長，善交際，曾任本校學生會會長職。畢業後，執教年餘。十二年，由交部派往美國。入意利諾大學專攻鐵路工程。旋在聖保 St. Paul 鐵工廠實習。百忙之間，常為本校週刊，作些紀載翔實的通信，給我們不少的新知識。陳君愛護母校，贊助本報，十分可佩。

陳體榮君福建閩侯人。十二年，在電機科卒業；習電力工程門。旋偕同級五人，西渡往加拿大鐵路公司實習。陳君為本會第二任會長。課外活動，異常熱心。在加拿大年餘。轉境入美哈佛大學研究院。重溫舊學。工廠與學校生活，相更替。亦樂事也。陳君所著加拿大水電事業，係實地調查之心得。為本報增光榮不少。

茅君以新江蘇丹徒人，為茅以昇博士之胞弟。民國十二年夏，畢業本校機械科。為人和靄可親，磊落聰慧。在校學課冠羣儕。凡各書籍，披覽無所不至。好著述，作品散見報張雜誌間。勇於任事，曾任本校義務學校校長，南洋週刊社主任，及本會研究部長等職，在膠濟路實習半載；由交部派往美國車輛公司實習。旋入普渡大學研究院。現任留美南洋同學會副會長。在美拳拳不忘母校，對於刊物熱誠贊助。本報之得以出版，得茅君襄助之力不少。 （式） 通信處 W. E. Mao Box 16, West Lafayette Ind, U. S. A.

趙君曾玨十三年本校電機科卒業。為趙芹波先生之長公子。前由交部派電政司辦事。於三月十二日，搭法船安商爾號赴歐，入英國最大之電廠茂偉公司實習。（參觀插圖）聞經交部當局特准，於赴英實習期內，得保留原薪。並將關於歐洲電信事業，有所切實調查。李君開第為李衡齋之長公子。李君亦去年畢業。所修電機力門，尤多心得。去夏在安利洋行工程部服務。今歲交部派往膠濟路辦事：已與趙君同赴英入茂偉電廠實習，亦得保原薪之優受云云。

通信處 T. C. Tsao

Education Department, Metropolitan-Vickers Electrical Mfg, Co., Manchester, England.

中華民國十三年本會職員名錄

會長 楊樹仁 副會長 陳俊遠

研究部長 顧穀宜

參觀部長 胡嵩嵒

學報編輯部長 何鴻業

學報發行部長 嚴 珊

通信書記 戚其淵

記錄書記 吳壽彭

會計 范式正

幹事 沈昌 沈同德 宋鏖生

陳蔚觀 顧毓瑔 徐振池

中華民國十三年工程學會大事紀

本校向規，秋季始業，定於九月十號開學，但江浙第一次戰釁既啓，本校以各方面之關係，不得不展緩開學，延期一月。校中旣於十月十一日開課，本會工作，乃在一星期後開始進行。

十月二十四 晚七時在上院物理教室，開第一次職員會議討論進行方針。

十一月七日 敦請益中機器公司廠長周琦先生來校演講感應電動機。周先生爲本校舊同學。一九一七年，由部派往美國西屋公司實習。對於感應電機，獨有深造，回國後在浦東創設益中機器公司，製造各種電機，悉心講究，次第成功。此次本其研究，發爲宏論，裨益同學，實匪淺鮮。其演辭分爲四部：（一）構造（二）歷史（三）製造方法及個人之經驗（四）現在之應用及將來之發展，周先生於演講時，並攜帶感應發動機之要件四件，作為解說之用。講畢悉以贈之本會，以作紀念，特此道謝。

十一月八日 下午二時往上海華商電氣公司參觀，由工程師蘇祖修君招待。廠中設有透平發電機兩座及 750 K. W. 變流機一座。供南市之用。該廠營業分電力，電燈，及電車三項。聞電燈營業，最為發達云。

十一月十五日 本會會員三十四人，由徐佩璜教授領往楊樹浦上海自來水廠參觀。

下午二時由校出發，三時抵廠，廠濱黃浦江。規模頗大，玆將該廠分部手續，記述如下。

黃浦濁水澄清池砂濾池清水池水塔用戶

黃浦江濁水，由四個大水管，（口徑二十九英寸）用抽水機吸進。流水與明礬粉相混，而注入澄清池中。水在池中，留滯十四小時，使水中雜質，悉為明礬粉凝集而沉澱於池底。上層清水，用抽水機打入砂濾池；池以細砂及碎石疊以成。碎石層深十五英寸。上鋪黃沙三寸。此沙用污，卽以清水洗滌，以備復用。澄清池共有五只。久用之後，沉澱污物逐漸堆積。每閱六月，實行洗池一次，現該廠添造新式澄清池，底為V形，如此則清水由上吸去，而污物同時從尖底卸脫。可免時時洗滌之煩。砂濾後，流水再綠與氣相接觸。水中微生物，悉被殺滅。此種清水，用六十磅水壓，送到水塔。然後分給用戶。該廠供給上海公共租界用水。每日約四十萬加倫水塔共有四；一在江西路，一在新閘路，膠州路則有兩只。

十一月二十三日上午九時，參觀南洋兄弟烟草公司上海製造廠。該公司共有製造廠五所。總廠在香港。上海支廠，建於民國二年。現在資本一千五百萬元。廠內組織，分總務。財產，營業三大部。製造，分拍葉，折骨，加香、切烟，焙烟，捲烟，裝罐，裝箱等。工人七千有餘。作工八小時至十小時。每日出烟二百七十箱。每箱平均約二百五十元。原料十分之三來自美國。十分之七購自山東坊子。一切原動力，純用感應電動機。有小鍋爐一，僅作焙絲及潤葉之用。

十一月二十八日 特請中國工程學會會長徐佩璜先生演講「發酵之化學原理。」由會長楊樹仁君主席。徐先生講辭甚長。其大意述發酵在化學工業上之重要，對於酵母及酒精之製造，一一用化學原理解釋。五時講畢。

十一月二十九日下午一時，參觀德商在滬所設大華利衛生食品公司。（詳情載在陳蔚觀君之參觀紀載）

十二月十六日本會研究部在物理教室舉行工廠實習討論會邀請暑假內赴各地工廠實習者報告互相交換心得由部長顧穀宜君主席到會者三十餘人講演諸君均將實習時之心得盡量發表娓娓動聽計所討論之工廠十餘處包括電機機械礦冶土木四種工程十時半講畢。嚴珊君述漢陽礮廠近況潘世宜君述安源礦務局動力廠陳大燮君講杭州閘口機車廠概況胡嵩嵒君講青島四方工廠陳華松君講變壓器之製造楊恆君講述東南建築公司范濟川君述青島四方機廠錢鳳章講電風扇之製造顧穀宜君講常州戚墅堰電機製造廠（請參看南洋週刊第五卷第八號校聞）

十二月十九日請湯生教授演講「高壓的電纜。」湯教授新自美回校。帶來紐約電機試驗室所送贈本校之高壓電纜許多貨樣，及高壓絕電體等物。湯先生詳講電纜之製造方法，及各種電纜之特用。並演算式，釋明學理。

十二月二十四晚特請中國工程學會會刊總編輯王崇植先生演講『原動機之新趨勢。』王先生在本校電機科畢業後，往美國麻省理工大學研究院習電機。復往奇異公司實習。甫於今夏返國。王先生對於汽輪及內燃引擎，研究有素。所講確使聽者十分滿意。王先特用中文演講，其提倡吾中華工程學之獨立精神，露於言辭之間。可敬可佩。（參觀中國工程學會會刊『工程』第一卷第一號王崇植先生所著原動機之新進步。）

十二月二十六日晚特請本校教授黃叔培博士講『日本的實業情況』詳講日本造船工業，無線電事業。及一切普通工業之發達情形。回顧吾國之幼稚工業，引起吾人能不自勉自勵之念。以促進吾國工程進步也。

十二月二十七日在上院客廳舉第二次職員會。討論工程學報刊印事及請求校中經津貼事。

十二月二十九號研究部組織工程教育研究委員會首先舉行工程教育心理測驗集會

驗之項目向同學徵求答案開會實詳錄后：

主席 顧穀宜 臨時記錄 顧毓瑔

到會委員 胡嵩嵒 范式正 歐陽崙

楊樹仁 費福燾 徐一貫 朱瑞節 黃 醬

議決(一)研究方法用問題表格向同學徵求答案(二)應提出問題由各人自由發表意見後決定各項(三)對中學辦法擬請徐佩璜先生帮助（四）對於大學各案請大學教授參加意見。(五)每班指定一人負責辦此事

十四年一月九日(星期五)晚七時假上院十二號教室開茶話大會，由楊君樹仁主席。報告半年來會務詳情。次由各部部長報告各部工作畢。敦請周明誠教授講『中國所須之工程教育。』八時半，特請本會名學會員徐君志方接無線電音樂。空中樂聲，婉轉悠揚，歌聲中時雜時事之報告。略謂滬地兵事緊急。製造局軍隊增防。不幸言中，兩日後，張允明兵敗被逐。以致本校特別提早放假，而本會學報因時局打擊。無形停頓矣。九時，選下屆職員畢盡歡而散。 附周先演辭大意：

「今日鄙人能與諸同學在一堂共聚，實爲絕好機會，鄙人在校執教以來，已將數載。於工程教育一事，頗多感思。願與諸君討論之。吾國自海禁開放以來，知西洋各國之所以勝我，由於應用科學之發達。是以科學與工程教育，早爲當局所注重。然提倡數十載，而成績不著。昔日所希望者，極少成功。原因固甚爲複雜。然教育不得其方，實爲主要原因。我國工程教育，自昔到今，一概抄襲西洋。均未深察國內實情，而自定適當之課程。以中國目前地位而論，中國所需要之工程人才，與西洋迥異。彼所須者，多爲專門技術員。而我所須者，乃富有常識，而諳社會經濟之工程人才。能創造，能管理，爲實業界之領袖。但吾國專門學校，事事模倣外人，以致卒業生，不得社會之歡迎。社會亦不蒙其貢獻，其故在此。故今後工程教育之方針，當注意國內之切要，而排除一切仿效之手段。方能得圓滿之結果也。貴會既有工程教育之研究，希望力進爲要。」

十四年度之新職員

會長 顧穀宜 副會長 陳蔚觀

研究部長　費福燾

參觀部長　張慕聃

學報編輯部長　胡嵩嵒

學報發行部長　朱瑞節

會計　余昌菊

通信書記　歐陽崙

記錄書記　駱美輪

中華民國十四年五月十五日初版

工程學報第一期

售洋二角

編輯者 南洋大學工程學會

發行者 南洋大學工程學會 上海新聞福康路六百五十號半

印刷者 中國印刷廠

廣告價目

地位	封面之背	底面之背	其他
全面	十五元	十五元	六元
半面			四元

《工程》简介

《工程》于 1929 年 1 月在上海创刊，系综合性工程类期刊，季刊。由交通大学工程学会编辑部李金沂、王作舟、孙洪钧等编辑，交通大学工程学会发行。该刊由铁道部长兼交通大学校长孙科题写刊名，秘书长程孝刚作序。目前仅见创刊号。

《工程》以"宣传工程常识、交流学术研究心得"为宗旨[①]。创刊号正文部分共刊载 23 篇文章，未分栏目。文章可分为工程学科问题的讨论、工程学术研究、演讲稿、实习参观经验等四个方面。有关工程教育问题的文章主要关注工程学科学生的培养问题，包括工程专业的同学要有创造能力、领袖精神，铁路机械研究者所负的责任，工业研究的功用问题及工业学生在校时应注意的问题。介绍交通大学工程学术研究的文章探讨了南京电车工程、电话声音传输清晰度问题、有关三合土力量的研究等。学术演讲有上海市政府公用局局长黄伯樵关于公用局与市民的关系的演讲。参观、实习类文章介绍了学生在常州震华电厂、建设委员会首都电厂、泰山砖瓦厂等实习、参观的经历。刊后所附英文论文为 Z. L. Tsoon 在康奈尔大学的毕业论文。

该刊本期知名撰稿人有电机工程学院院长张廷金，机械工程学院院长王绳善，化学系主任徐名材，机械工程专家支秉渊等。

---

① 程孝刚:《序》,《工程》1929 年第 1 期，第 3—4 页。

工程
孫科題

治肺癆特效聖藥
肺形草
註冊商標
可怖
人類之死于肺癆者每三十秒鐘得一人
肺形商標
主治
多年肺癆 新久咳嗽 吐血咯血 痰中夾血 乾血女癆 百日童癆 肺炎肺癰 瘰癧串核 久咳失音 骨蒸潮熱
每服二元 每打念元 備有說明書 詳載肺病概況 調養須知等要目 函索即寄
總發行所 天濟醫室
上海四馬路南石路新普慶里內 電話一一六三〇 電報掛號九二三四

工　程　目　錄

序 ……………………………………………………………………叔　時
工程同學應有創始之能力與領袖之精神 ……………………………張廷金
研究鐵路機械者對於吾國路政所負之責任 …………………………王繩善
工業研究之功用 ………………………………………………………徐名材
工業學生在本校時應注意之要點 ……………………………………支秉淵
南京首都電車工程及經濟規劃論 ……………………………………周　琦
電話之傳音清晰問題 …………………………………………………壽俊良
成蘿製造論 ……………………………………………………………胡嵩嵒
三合土力量的研究 ……………………………………………………李金沂
火車自動鈎在美發展之經過 …………………………………………魯　波
狄塞爾之經濟設備 ……………………………………………………潘廉甫
煤粉狄塞爾之成功 ……………………………………………………王仁東
空心線圈之磁感量及週率之直線解法 ………………………………哲　公
變壓器（俗稱方棚）之各種接線法 …………………………………宜　公
冬日汽車之預防 ………………………………………………………孫　魯
煤烟減免法 ……………………………………………………………允　明
軍用開井器及用法 ……………………………………………………王友之
公用局與市民之關係 …………………黃伯樵先生演講…劉隨叢…沈　誠記錄
常州震華電廠實習記 …………………………………………………陳南琛
建設委員會首都電廠實習記略 ………………………………………張　堅
泰山磚瓦廠參觀記 ………………………………………………………祉
二日參觀記 ……………………………………………………………邱宗義
本校工業研究所之新發展
工程學會大事記

序

叔　　時

工程是應用科學的一部分工程的效用,能節省時間,能節省勞力和材料,能增加生產,能征服自然.換轉說,就是能利用科學的發明,使人類的生活,更加充實,更加豐富,更加高尚」.

人類的意志,不斷的向上發展,對於充實,豐富,高尚的生活,當然絕對歡迎.所以工程事業在世界各國中,都受狠熱烈的同意與提倡.其發展的情形,眞可算得一日千里.惟有我國,還是甘居人後,俄延—— 遲疑—— 缺乏接受工程福音的勇氣.

難道是人才不夠嗎?據我看,這是不成問題的.外國的人才,車載斗量,儘着聘請好了;何況本國的人才,還未能盡展所長呢!難道是官僚的阻碍,軍閥的罪惡嗎?我說也不盡然.他們的事業,若要充分發展.也是非求助於工程不可;何況有許多工程事業,與他們沒有關係呢!

大凡社會的關係,是狠複雜的.工程是應用的科學,實行之際,處處與社會的需求相應,而不是純粹科學.純粹科學,可以獨立的研究發展,脫離社會,爲學問而學問,是無妨碍的,而應用科學,却非社會上有一種迫切的要求,或熱烈的同情贊助,決沒有發展的希望.反過來說,若社會有這種的需要和同情,應用科學的成功,也决非任何人所能限制的.所以推闡起來,可以說中國工程事業之所以不發達,是因爲環境不良.而環境不良,是因爲社會愚昧,常識低下,因而不能發生普遍的需要和眞切的同情.

工程是專門的技術,然而他的效用,却含有普遍性.利用越廣,效力越大.譬如電話裝戶甚少的時候,彼此互通消息範圍狠狹,若是裝戶甚多,通訊的範圍就愈大,價值也就愈加顯明.剖析發達的步驟,最先須了解電話的功用,然後發生需要.因需要然後裝設.若不了解,就無需要.若不需要,就是有最完善的電話,又有何用處呢?我們考察中國的情形.無論城市或鄉村,到處充分表現着愚陋和退化的現象.就理而論,工程的需要,是應該時常急迫的,但是事實却告訴我們實際並不如此.城市的飲水汚濁了,他們寧可疾病叢生,求神服藥,却並不需要清潔的自來水.農村天旱了,他們寧可年年感受飢荒,怨天歎命,却沒有水利工程的需要,甲地豐收,乙地飢饉,相隔並不甚遠,他們寧可逃荒就食,却沒有改良道路以通有無的需要.所以不發生需要者,並非不願,實因不懂.倘若一般民衆的程度,永遠不過如此,工程决不會有滿意的進步.

以上所說的是不知不覺的一般社會.這種社會,作全國的大多數.然而也是一班自命開通的人物,他們對於工程事業,有些迷離模糊的知識,以爲這些確是中國所需要的,並且常常站在提倡或宣傳的地位.但是他們的出發點,或爲大而無當的愛國論,或爲急切競利的野心.因此對於工程事業,不免發生一種錯知錯覺,而表現出家的現象,就是缺乏同情心,一爲對事的.二爲對人的.

大凡一種新事業的發展.必須經過一番扶助和相當的時間.才能有穩固的基礎.而我國辦理實業的人們,因無眞切灼見之故,往往於最初時不肯出充足的資本.繼之以位置私人.浪費濫用.繼之以強分官利.繼之以急求大效.否則灰心.經過這種之錯誤以後,新事業决難支持.十成中有九成就非失敗不可.等到失敗以後,這種事業,就會被社會視爲畏途,更難發展.這是「所與者吝,所望奢」的一個大毛病.也就是上面所說的缺乏經營事業的同情心.

其次,對人問題.我們常常知道,某處聘請一位工程師之後,各種瑣屑範圍以外的事,都要請教他去幫忙.或是電機工程師,要替人建築房舍,或機械工程師,要替人修理鐘表,或是鐵路工程師,要替人開礦.種種不應當的事,都非勉強做去不可,否則就要受人輕視.固然,以爲工程師莫能,並不沒有同情心.但這種錯誤的見解,往往引起一種必不可避的失望.與其過推崇,反不如切實了解.什麽是工程師的責任,什麽是工頭工人的責任,什是經理的責任,職權分明,就可以省去許多無謂的糾紛和痛苦.這是因爲會工程常識缺乏,所以不能對於工程人負同情到底.

以上不過就對於工程事業含有善意的人們,加以分析,業經發見種種困難.至於嫉妬,輕蔑,譏笑,尤爲數見不鮮的事,更加令工程事業,受多方面打擊.

我們現在已經把社會對於工程的狀況,加以剖解,那麽到底應該如何行才可以打破現在的環境而爲工程事業謀一生路呢?

上面說過,大多數的國民,都是不知不覺,或是錯知錯覺,所以發生困難.若我們遵照中山先生的教訓做去,自然應該設法,令不知不覺的人,變成知後覺.錯知錯覺的人,變成正知正覺.而這種宣傳和指導的責任,當然落一般工程界的先知先覺身上.

人人不都是政治家,但對國家大勢,必須明瞭;這叫做政治常識.人人不是醫生,但對於身體構造,營養調攝,疾病預防,必須明瞭;這叫做衛生常識.人不都是工程家,但對於機器大意,應用方法,必須明瞭;這叫這工程常識.上三種,都是國民所必須,而最感缺乏的.現在關於政治和衛生,都有國立關,從事大規模的宣傳和指導.至於工程常識呢?不但無人宣傳,甚至於僅這個名詞,都沒有多少人能夠了解.試問這是一種什麽現象?若想建設燦偉大的工程事業,在這樣缺乏常識的社會裏面,能否辦到?所以我們工程,僥倖站在指導的地位,就應當努力於建設國民的工程常識,然後其他事方能有進行及成功的希望,

美國有一種刊物,叫做「普通機械雜誌,」Pofular Meclauis 每期銷數五十萬份以上對於工程常識,宣傳的效力,甚爲偉大,我希望中國也能有

人提倡這種刊物,他的銷行,可以當作工程的先導,也可以當作事業的指毆.

本校學生,組織工程學會,平時大家互相研究,狠爲有益.現在又要發行一種雜誌,從事於宣傳,並承不棄,請我作篇序文,所以把我的感想,拉雜寫出.希望這是大規模宣傳的嚆矢,希望大家繼續努力,不要忘記了我們的使命.

工程同學應有創始之能力與領袖之精神

張 廷 金

今日之世界.非工業之世界乎.然工業之發達.全恃工廠之組織.組織之法.條理紛繁,分工複雜.自原科製造集合裝配試驗較準而至完成.決非依樣葫蘆.沿襲舊式.可以立足於競爭之世界.事事須有工程之知識.領袖之能力.否則無所適從.安有工業發達之可言.故工業界須有工程領袖人才也.工業出品.廣告推銷,又須工程專家爲之剖悉解說.明其效用.廣其推銷.例如英之惠格機器廠.德之西門子.美之奇異西屋電氣公司等.經售出品者,皆工程專家也.非普通商人也.然商業競爭.非有領袖工程推銷人才不爲功.何謂領袖工程推銷人才.即能獨出心裁.洞察商情.而能得社會用戶信仰而達到推銷目的之謂也.此商界須有工程領袖人才也,餘如建設道路.天然障礙.如高山大河.隨地有之.何者宜以爆裂藥開掘.何者宜建橋梁以渡濟.何者宜用緊壓空氣之力以穿鑿.何者宜填塞以通道.事事須具領袖之能力而酌核施行.茲特舉數例以證之.凡工程事業.莫不如是.蓋工程事業.與律師等業不同.工程職業.創始之職業.也.負責之職業也.律師之責任.搜查案卷.有無先例.有先例者.可以引證辨護.出庭可操勝券.萬一失敗.則曰原告被告.必有勝負.勝負常事也.非吾之過也,工程則不然.根據科學原理.施之實用.若沿襲舊式.依樣裝配.則世界物質文明無進步.且不能立足於競爭之世界.非工程領袖人才也如發生危險或失敗,須負全責.無由推諉.由是觀之.工程之責任既如此之重.將來物質文明進化之速.又非吾人所能逆料.今日工程同學.即來日工程領袖人才.苟無創始之能力.何以應付二十世紀之潮流.故同學求學時代.非先培養創始之能力.與領袖之精神不可.此鄙人所以夙夜自勉.願與吾同學共勉之.

研究鐵路機械者對於吾國路政負之責任

王繩善

近百年來世界各國鐵路機械之創造.鐵路事業之進展.有一日千里之勢.試一讀交通工業之史乘.未有不爲之歎伏者也.吾國工業不振.鐵路之敷設雖已具五十年之歷史.而機械工程則向藉外人爲我籌畫.爲我管理.最初吾國人參與此種工作者.僅爲胼手胝足之無數苦力而已.若夫青年學子專攻鐵路機械工程之學.以爲發展本國鐵路事業之準備者.不過廿年間事耳.然則吾國鐵路機械工業之幼稚.概可知矣.

今欲就本國鐵路現狀.進而研究機務與路政之關係.則從各路機務處之實際情形中可以覘之.試摘取以前交通部路政司及統一鐵路會計會所編國有鐵路會計統計總報告:自民國九年至十三年各册中之材料而統計之.可得下列六表.

(第一表)

民國十三年各路機務處保管之資產比較表

款目	國有十六鐵路總計
資—12 總機器廠	12,644,684.04元
資—13 特別機件	1,213,228.16元
資—14 機廠	4,988,700.45元
資—15 車輛	150,398,594.66元
共計	169,221,177.31元

(註) 表中所列國有鐵路爲漢平.平奉.津浦.滬寧.滬杭甬.平綏.正太.道清.汴洛.吉長.株萍.廣九.膠濟.漳廈.湘鄂.四洮共十六路.以下各表同.

（第 二 表）

年 份	國有各路建築資產總數	各路機務處保管之資產總數	百分之幾
民國九年	446,305,900.90元	105,092,316.98元	23.9
十 年	476,943,041.63元	1[illegible]9,96[illegible],966.70元	25.2
十一年	498,627,441.80元	133,466,094.24元	26.8
十二年	562,4[illegible]8,971.25元	167,336,882.87元	29.7
十三年	57[illegible],042,101.40元	169,221,177.31元	29.3

（第 三 表）

營業用款細別表

款 目	國有各路總計	
	銀 元	百分之幾
用一1.總務費…………	15,198,639.94	22.56
管理…………	7,273,699.00	10.76
特別…………	7,924,940.64	11.77
用一2.一車務費…………	9,143,758.81	13.57
用一3.運務費…………	13,466,963.59	19.99
機車…………	10,653,270.56	15.77
客貨車…………	715,095.46	1.08
自動車…………	1,150.14	.01
車務…………	1,766,633.94	2.63
渡船…………	330,813.49	.50
用一4.設備品維持費…………	15,242,212.38	22.62
機車處…………	15,201,135.57	22.56
渡船…………	41,076.81	.06

用一5.工務維持費………	12,459,940.87	18.49
養路處…………	11,545,553.50	17.13
他處……………	914,387.37	1.36
用一6.互用車輛…………	1,866,880.37	2.77
營業用款總計……	67,378,395.66	100.00

（註） 本表轉載民國十三年交通部編國有鐵路會計統計總報告內第十一表

（第 四 表）

年 份	國有各路營業用款		
	總計數	屬於機務處之數	
	銀 元	銀 元	占總計數之百分之幾
民國九年	42,780,106.53	16,466,112.87	38.26
十年	53,967,045.49	19,618,402.87	36.36
十一年	56,659,483.79	21,004,631.59	37.08
十二年	64,724,460.14	25,683,942.25	39.87
十三年	67,378,395.66	26,570,751.73	39.44

（註） 屬於機務處之數爲第三表中之（用—3）運務費內之機車客貨車自動車及（用—4）設備品維持費內之機車處四項之總數

（第 五 表）

各路人員分類表

分 類	國有各路總計	占各路人員總數之百分之幾
總管理處	5,770	5.99
車務處	25,559	22.60

機務處	31,270	27.65
養路工程處	31,005	27.41
電報處	1,163	1.03
警務處	16,534	14.62
其他各處	800	.70
總數	113,091	100.00

（註） 本表轉載民國十三年交通部編國有鐵路會計統計總報告內第四十二[illegible].

（第六表）

年份	國有各路人員總數	國有各路機務處人員總數	
		人員數	占各路人員總數之百分之幾
民國九年	77,622	21,426	27.61
十年	89,043	24,747	27.79
十一年	91,356	25,350	27.74
十二年	107,370	29,2 0	27.22
十三年	113,091	31 270	27.65

統觀各表.可知（一）各路機務處保管之資產.民國十三年時有一六九,二二一,一七[illegible].=三一元.實占國有各路資產總數之百分之二十九.(二)國有各路營業用款關於機務處者.實占百分之三十九.（三）機務處人員數占國有各路人員總數之百分之二十七強.是故以資產用款及人員三項而論.鐵路上機務之重要.至爲顯著.

又查民國十三年之報告.國有各路營業路綫共長九六三三公里.各類機車共有一一四六輛.平均計.每百公里鐵路.祇有機車一五•五輛.設與民

國十年日本每百公里鐵路機車有三十二輛之數相比較.尙不及二之一.至於客車貨車之數相差尤鉅在近數年中.受戰事之影響.各路車輛不特無所增益,且毁損甚多.由是以觀.今後各路之整理.當以添加車輛擴大機廠爲要圖.如是則機務處資產用款與人員之數量不將隨之增進.機務處之地位.不更形重要耶.

機務處之地位愈重要.卽所負之責任愈大.就前表所分析者言之.應負之責任.當爲（一）保管及改良資產.使各種機件車輛有最高之效用.（二）節省營業用款.以最省之費用.得最大之效力.（三）引用人才得宜.使員司工人等得各盡其所能.但欲求此三者一一實現.則非注意特殊教育不爲功.特殊教育有二種.一爲實施職工補習教育.使機務處之員司實習生工人等.於工作之餘.均得進學校或講習所研究學理.則學識與經驗並進.於工作效率上影響必巨.一爲造就機械專門人才.使有志研究機械工程者.獲得高深學問與創造能力.則機械工程不必依賴外人.卽機車客貨車以及各種機件將來亦能自造.不必仰給於外國.能如是.則人才集中.各盡其職.機務焉有不蒸蒸日上者.

綜上所述.鐵路上機務之重要與所負之責任.均極明瞭.研究鐵路機械者讀此.能了解自身所有之責任.可斷言也.

工業研究之功用

徐材明

近世工業進步.日新月異.推本窮源,不能不歸功于科學之致用,而學理之所以能日就昌明者,實由各國學者研究求實驗之功.其從事于純粹學理之推究者.辨析至精.貢獻至多.每不爲社會所注意.其專謀學理之應用者.以改良物產創製新器之故,其成績尤彰彰在人耳目.蓋研究學理者,譬如闢市集于荒野之地.以待人民之來歸.研究應用者,譬如就人烟稠密之區.而創辦市政,以應地方之需要,二者固殊途而同歸也.

年來國人受舶品之影響,曉然知改良工業之不可緩,研究提倡之聲,甚囂塵上.國人欲爭存世界,非就科學應用,發揚舊藝,擴張新業,不爲功,此義亦人人所公認矣.但提倡研究,促進營業,此猶從工業界言之也.若從社會方面言之,其利益猶有什伯倍于此者舉其大者,約有三端.

一,灌輸科學智識　學術愈盛,事理日多,其繁賾非常人所夢見,僅供專門學者探討之需耳.若一旦致諸實施,製物便用,社會人士,接觸既多,智識經驗,隨之而增,無形中卽提高科學程度.如電機汽車之製造,其搆成之曲折繁瑣.非常人所欲知,而以朝夕習用之故,外國人士明瞭電機汽車之簡要原理者,所在多有.又如提取空中淡氣,以製肥料,理論甚深,實行極難,而製品與天產之優劣分別,西國農夫且熟知之.業電機者!無不知有石炭酸製成之阻電劑,(Bakelite)近有人主張以此物製家用木器.聞者定茫然莫解,若異日竟告成功,石炭酸一物,定成家喻戶曉之事實,又可斷言也.

一,增進人生欲望　人事愈繁,需要愈多,此爲計學定理,而需要之能擴增,實爲應用科學改良商品之功.試以汽車譬之,甲車華美舒適,購者方躊躇滿志而以製造進步故,未及一年,復有乙車之銷售,完美或倍于甲車,車主將捨舊謀新,惟恐或後.雖甲車優點,初未少減于前,而用者心理,或棄不復顧.無他,因工業研究而物品進步因新製精良而慾望提高,商業需要隨之產生耳.帆船變爲汽船,油燈易爲電燈,衡之他事,莫不皆然.試遊百貨商店,而判別其所陳列之物品,一二年前所未有者約幾成,一二十年前所未有者幾成,一二百年一二千年前所未有者又幾成;卽可瞿然于工業進步之速,社會變遷之急,而國貨程度之高下,亦可于此得一明確標準.論者每以貨幣銷用之數,絜量工商業盛衰,實則市上商品之能流通,由于需要之變遷不已,而人生欲望之增進,由于物品之推陳出新,貨幣流通,不過天然之結果.否則一衣非敝不易,一物非壞不更,社會需要,爲量至微,而今日工商業之盛況,亦末由達到矣.

一,增進社會幸福　物質文明,與時俱進,凡衣食住行日用所享受者,較之昔時良窳不可同日語.舊時豪貴所百計營求,不能得當者,今日人人得以享用,此其例數見不鮮.今卽以數事譬之,萬里驛傳鮮果,昔時傳爲佳話,今自罐製食品法發明後,海外珍奇,窮鄉僻壤皆得試嘗,又人造香料,價値較眞品不逮什一,貴如麝香,亦能仿製.絲織綢緞,中下人家不能常用.現在人造絲出品,光彩色澤,不殊眞品,售價低廉.人得購用.類此者,不勝枚舉,均學術研究之成效也.

由此觀之工業研究之功用,影響社會者至大,受其利者不僅工業界也.外國政府機關,公私學校學術團體,指定專家從事研究者,多至不可勝數,而服務工程事業者,亦恆以貢獻學術爲要務,故能學術日新,而應用愈廣.吾國欲爭存于世,亦非從斯努力不爲功,此其責不僅在各工廠,亦全國工程同志所有事也.

工業學生在校時應注意之要點

支秉淵

我們中國的工業是在幼稚的時代,欲與歐美各國相比較,眞是望塵莫及,不知從那裏比起.現在訓政開始,百業待舉,工程師的需要,將駕各種工業之上,故在校求學而將執中國工業界牛耳之未來工程師,應有相當之預備,免得臨事手足無措.謹將個人數年來所見所聞之情形,貢獻於諸君之前,以備參攷,文字之工拙不之計也.

在過去及現在之工業界中,要做一個工程師,眞是難之又難.(一)資本家不能信任工程師,(二)工人不聽命於工程師.故現在要尋一個工程師的位子,非常困難.即能尋到,而工程師處於兩大之間,雙方夾攻,非有眞才實學,斷難措置裕如.

曾見多數之大工廠,支持工務者,竟非工程師而爲一工頭.及詢問廠方以不用工程師之故,則答案之十之八九,是,"工程師無用,反不及一工頭.以前亦曾請過工程師,但沒有一個對於機械是充分明瞭的.一有毛病,即不能解决;所以現在不請工程師."然細察他們所信任的工頭不過是一個極平常的工人,普通機械的常識,尙且不足,不要說理論及計算了.不過對於該廠的機械,因爲天天的在那裏管理,倒很有一點經驗而已.

我也問過許多工人對於工程師的意見.他們都是異口同聲的說,工程師只能在口上講,不能在手上做.

歸納起來我們工程師有許多缺點:(1)讀書時祗在書本上用功夫,不知工廠裏的事.(2)理論講得太多,反將應用忘記,不去研究.(3)不注意小部份之機件.(4)不到工廠去做工.(5)出校後一心就要做工程師,不顧去做一個工人.

(1)書本是死的,讀熟而不應用,放過之後,還是忘記,等於不讀。所以讀書時,即刻要去看實在的機器,讀的才有用.所以學校與工廠,不能分離.

(2)我們要研究一件機器.先要看見一件機器之後,再去研究他的理論.如此所得的益處,要比先有理論再去看機器的多得多.所以應用要比理論來得緊要.

(3)機器是由小部份的機件做成的,我們在學校裏的時候,總留意在大理論而忽略了小的部份,講的也是大的理論,考的也是大的理論,小的部份,沒有人去注意到.但是一到實用,理論不常常要用,倒是小部份的機件,時時要用到.然而我們在求學的時候,一點沒有注意到,工程師之不信任於資本家與工人,全在於此,非得苦頭吃足,才有一點頭緒,譬如有一個鍋爐.要供給蒸汽至一个引擎.我們的計劃,不過是從鍋爐上接一根管子到引擎.但是要問一問,管子的口徑應有多少大?管子是用生鉄還是熟鉄的?還是用 Light weight Pipe? 或 Standard weight Pipe? 或 Heavy weight pipe? 管子的接頭是怎麼樣的,是不是有牙齒的?倘然是有牙齒的,牙齒是怎樣做法的?每吋有幾牙?牙齒是有幾種的規定?我們應用那一種?管子的牙齒與螺旋的牙齒是不是一樣?管子的大小是量那裏的?灣頭是怎麼樣接的?是用什麼來做的,或怎麼的式樣方可用?諸如此類的小問題,往往學校裏的教師學生都不注意的,而我們天天的用到他,一不曉得,資本家就不信任,你工人就要看不起你,你的命令,也不聽.這不過是舉一個例,其餘的問題,是有許多許多.我很望在校求學的諸君,在觀察或試驗一个機器,除知道他的原理應用等等之後,最好費一點工夫去研究他的構造,就是一个螺絲也有他的規定,有他的應用在裏邊,並不是隨隨便便生上去的.

(4)工業學校畢業之後,最好要去做幾年的工,並不是少爺式或實習式的做工,是要和工人一樣的做工,然後曉得工作是怎麼樣,工人的習慣是什麼樣.那末,以後做工程師,因為你已有工人的技能,又有學校裏得來的學識,然後命令工人.工人是沒有不聽你命令的.否則,你的說話雖對,他們也要反對你的.有一次,我新用一個工人,叫他去修理一個抽水機,並指示他修理的方法.沒有叫他去以前,我已得到用抽水機人的報告,所以我已知道他的毛病.過了一天,他回來說,這個抽水機修不好,我問他爲什麽修不好.他說出許多不通的理由來,要來難到我.（因爲他們是新來的,第一次難到了,我以後惟他的命是聽了.）我說『那末我們一同去.倘然我去後,是修理得好的那末我曉得你的技能了.』他卽刻就說:『我再去修理修理看,不靈,再來請你』.『不到半天工夫,他已修好回來覆命.所以工程師可以不做工人的事,但是決不可無工人的技能.

還有一層我們應該注意的,就是無論在工廠裏或學校裏工作的時間,應該像工人一樣的去做,就是動作要靈敏,切忌遲緩與畏懼.不要學一個學者的態度,是要學一個工程師有精神的態度.

(5)出校之後,出洋求學固是好事,若能先在國內作一二年之工作後,對於本行情形,稍爲熟悉,然後再出外求學,較爲經濟,卽在本國工作,斷乎不要去做工程師,因一做工程師,工人的技能,就要學不到。以後就要變一個無根底的工程師.

以上爲個人數年來所見到之情形,是否有當,還新讀者諸君討論之.

南京首都電車工程及經濟規劃論

周 琦

寰球各國今日之所稱大都會者,半由於天然,半由於人爲,前者因天時地利之優勝,後者乃因凡百事業之發達.天時地利,屬於自然姑不具論.凡百事業,全恃人力,尤爲吾輩工程人士重負其責,須深加之意焉.事業條目至繁,竊以發展交通爲其綱要.何以言之,今之評論大都會者,必稱其人口之疎密,工業之盛衰,商貨之分合,與夫金融之升降.試一一深究,無不與交通攸關.未有交通不先發達而人口工業商貨與金融能發展者.

南京龍蟠虎踞,扼淮臨江,歷史上久爲吾國東南重鎮,然仿之各國大都會,人口甚稀,工業寥落,下關浦口商埠,幾同虛設,金融困難,原因雖多,交通實爲其主要之一.

南京扼長江航路要區,自滬甯津浦兩路通軌後,可稱舟車交會之樞機,南北銜接之咽喉.現惟城市交通,極感不便,國民政府建都於此,注意建設,刷新市政,當早感受城市交通之影響.朝野上下,方謀整理之道;竊謂舍舉辦首都電車外,無他良法.

南京電車,亟須建設理由:城市交通,其道甚多,然即南京特殊情形而論,必以興辦電車爲穩妥快廉,利益最大.其亟須建設理由凡四,簡列如下;

(甲)城市遼闊: 南京爲全國幅圓最廣之都市,城周九十餘里,自南至北幾達廿四里.重要機關,分佈各處.偶而出行,須覓代步.苟興電車.四通八達縮長途爲咫尺,化時刻於俄頃,則遼闊阻隔,均不足爲患,且城市街道平闊,敷設軌路,頗易動工.

(乙)車價昂貴: 南京向恃爲代步者,僅江寧火車馬車驢馬及人力車數種.火車歷來爲軍人御用,腐敗汚穢,一般人民,均避不敢乘,今方謀改革而難於整頓.馬車驢馬,僅少數多金或善騎者顧之.大多數市民不得不取人力車一項.近來人力車夫恃工會保障,將車值提高,較上海例價尤爲昂貴,使人有行路難之嘆.電車取値,可僅佔人力車價之五分之一左右,穩快則不啻倍蓰.

(丙) 事業衍遲: 南京城市遼闊,交通困難,居民相沿成習,好靜惡動,怠於進取,即奮發有爲者,亦感受環境之支配,而消除其橫厲直前之概,故凡百事業,均致墮落.今有電車,車塵軌跡,縱橫盤亘,氣象勃新,俗尙丕變,百業俱有振興之望;是京師不特爲首善之區,抑將爲工商之中心也

(丁) 商埠偏僻: 下關當滬甯之西極,浦口當津浦之南衝,夾江對峙,宜若易於發達,乃因南京工商不振,城市交通阻梗,繁盛地區,僞在城南,開辦迄今,未能望滬漢之項背.今有電車,溝通聲氣,向之偏僻者,驟爲通衢,市民之往返下關者必倍增.下關與浦口亦盛,必然之理也.

南京有興建電車之必要,旣如上述,吾人所亟欲知者,爲如何敷設工程,以應目前經濟之狀況;及如何籌畫經濟,以適合工程之需要耳.此兩者如輔車相依,非相提並論不能進行,今分述如下.

南京電車工程上計劃:

(甲) 路線分佈: 暫定路線六條,即 (參觀地圖)

(一) 環城路——自下關起環城外周而復始,長凡 27.0英哩.

(二) 東山路——即南京市政府前擬開闢之公園路及民國路.自太平門至通濟門,長凡3.5 英哩.

(三) 神聚路——即市政府擬設之路南自聚寶門北達神策門,長凡6.2英哩.

(四) 下關路——即市政府擬設之三民路.自城西南胡園至下關,長凡7.7英哩.

(五) 洪漢路——即市政府擬名之中正路.自洪武門至漢西門,經過城

南最繁盛區域,長凡3.5英哩.

（六）水通路——卽市政府擬名之建國路.自水西門至通濟門,亦經過城南繁盛區域,長凡二英哩.

（乙）車輛：茲定車行時程如下:每繁盛區,車行速＝10哩／時,其餘＝30哩／時.每站停½分鐘,繁盛處每5分鐘間一車,其餘每15分鐘間一車.行車時間,自上午六時至下午十時,每日十六小時,依上列線路及車行速度,(引用時程孤線參看第一表）暫須購置40呎長8輪機車34部,30呎長4輪機車30部,32呎長4輪拖車34部,又20呎長4輪運貨車10部,以備拖客商貨物之用

（丙）發電廠：

上列各路各車同時行車之最大需要電量＝〔(28×70)＋(30×50)〕×3/4＝1730匹馬力,卽130 KW.

今預爲將來擴充計,暫定廠內設汽輪發電機(Turbo-generator),爲1000 KW 2300 Volt二部,轉電機(Rotory converter) 750KW 380V.交流626V.直流二部其他各需要設備詳如第二表.

發電廠之位置,以附近下關爲最宜,廠址近江水源適當,其利一.下關現有電燈廠內,備1000KW 2300V.汽輪發電機一部,可以合併擴充,佈置簡捷,其利二.同一原動機,日供電力,夜助電燈,格外經濟,其利三.輸運然料,水陸均宜其利四.

（丁）軌道：鉄軌定用7"高85磅30呎凹槽式,每英哩約重133.5噸.第四路自胡園至馬巷,第五路自王府巷至大中橋,第六路自馬巷至大中橋,均爲雙軌.其餘則單軌.單軌總長50哩.雙軌總長3.5英哩,共長53.50英哩.應須各種設備詳如第三表.

（戊）線路：凡車行速在30哩／時者,用架空單支式,共長32.6英哩.車行速在10哩／時者,用架空雙支式共長17.4哩.均依單軌600V.電壓雙根幷3/0號架空紫銅線而線桿距離100呎計算,應須種種設備詳如第四表.

(己) 將來擴充: 電車事業之發達,日新月異,照此計畫暫時應用,雖無虞缺乏,不數年間,必慮規摸狹小,故當預留地步,以備擴充.上述發電廠之地基,起設兩倍電量發電機所用,其餘車輛軌道線路,均可隨需要而增設.

南京電車經濟上預算:

(甲) 全年收入: 全年收入,以車票為大宗,運貨及電燈費次之,廣告費又次之,茲分述為下.

(一)車票收入——暫定每一英哩頭等收費銅元五枚,二等三枚,平均哩收四枚.照前述六路電車每日班次乘客計算,則得收支第一表.其結果為

每日平均收入為銅元121千文.

各路每日總收入合銀2,040兩.

電車車票全年總收入合銀734,400兩

此處可供討論者有三點:

第一.南京城市戶口,據最近調查,約有三十八萬人(380,000).依此表,全年長途乘客共為九百四十二萬四千八百人(9,424,800).即平均每一居民年僅乘車25次 Passenger Per Capitoa Perannum.實為吾國現在各業不發達人民少相往來之實情.將來事業振興.人口增加.電車營業必益進步.

第二.照歐美各國電車設計預算,全年收入,按照人口每人每年計至少為美金3.4元.Grossincomeper capita per annum.惟此表僅列此數為$1.84或美金1.10元,僅居歐美交通半發達時代收入之差,極為低小.

第三.按最近平津滬港電車收入之調查,除北平免費太多虧本不計外,每一電車(或連或不連拖車),日收恆在一百六十千至一百十千銅元之間,今表中所列日收一百二十一千,較成例甚為公允.

(二)貨車收入——電車附拖貨車,應用環城路及下關路以轉運客貨商品,迅速價廉.效用甚廣.現定貨車10輛僅重各十噸,每噸每哩酌收運費銀×錢,平均每車每日可收銀30兩,即全年總收入合銀125,00兩.

(三) 電燈費收入——上述發電機供量,共2000KW.而電車最大需要電量,僅1300KW.餘量700KW,擬以一半供電燈之用,可點16支光燈(即毛算每只20瓦特)17.500只,每燈每月收銀1兩計,則全年收入爲銀210,000兩.

(四) 廣告收入,此數初辦時極少,每月假定以$300元計,全年可收銀4320兩.

總計上列四項,全年收入爲銀一百〇七萬四千七百二十兩($1,074,720),另洋收支第二表.

(乙) 全年支出:全年開支,以發電廠開支及事務所辦公費爲大宗,此外股本應提股息,財產應提拆舊,銅元應扣兌耗,均不可不注意.吾國電車,猶有一種意外損失,即濫發之免票,車員之舞弊,管理保護,縱極嚴格,尙難弊絕風淸,故支出項下,必須列此一門,因得支出 第二表全年支出應爲銀六十五萬九千二百兩($659.200).

(丙) 開辦資本:以工程設備四表價值相加,

南京電車應須固定資本總額爲銀二百〇二萬七千七百兩,必須另設流通資本約全額之⅛,共須開辦資本銀二百五十萬兩,詳列收支第三表.

(丁) 每年盈餘:以收支兩表比較,每年純盈爲四十一萬五千五百二十兩,照全額資本不提公積及職工花紅計算,每年紅利可派百分之十六,則此業大可有爲矣.

南京電車最確當之前例爲上海南市華商電車公司,茲列該公司最近六年營業表如下.

年份	路程總數 (KM)	乘客總數	收入總數
辛酉	1,6,23,221,319	26,127,531	364,233
壬戌	1980,811,870	26,644,200	431,999
癸亥	1.945,5[illegible]7,278	27,396,596	466,201
甲子	1877,672,530	25,371,953	445,097

乙丑	2,138,790,701	26,860.422	508,743
丙寅	1,986,876,296	26,121,214	527,954

(戊) 籌資方法: 南京電車既須銀二百五十萬兩,方能舉辦,國民政府財政未裕,且首都初建,百廢待舉,安得此大宗的款進行其事.集資方法固多,竊以謂舉辦市政公債爲最妥,即由政府先存銀五十萬兩.其餘二百萬兩則以電車公債名目募集之,且刊發其全部計畫書.歷來公債,不採單獨發行制,即指定一種事業,不易得市民之信仰.今用電車公債名目,爲數不鉅,易於徵集,其利一也.即用電車收入爲担保品,明確可靠,其利二也.電車爲實副市民切望之舉,使之負共同監督之責,樂觀厥成,其利三也.且公債還本,須採按年撥還法,以示政府積極進行.不致虛糜鉅款或移作他用,則信仰愈增,推銷甚暢矣

南京電車工程昔備表

(I) 車輛

分段	路名	車類	路程 英哩	路程 華里	開行時間	速度 市中緩行10M.PH.	速度 曠地速行30 MPH.	速度 停車次數每停½分	行程全時	每車班數	每日班數	應需車輛	事件說明	總價
一	環城路	40呎8輪機車連30呎4輪拖車	27.1	76.0	每20分鐘	3哩	24.1哩	54次	1.55時	9班	108	機車拖車各1輛	2部35匹馬力600磅直流馬達及安全燈爐各設	130,800
二	東山路	30呎4輪機車無拖車	3.5	9.8	15 "	2	1.5	10	0.25	30	120	4	2部25匹馬力600磅直流馬達及安全燈爐各	21,840
三	神聚路	40呎8輪機車連32呎4輪拖車	6.2	17.4	15	3.2	3.0	25	0.63	18	108	6	同(一)路	65,400
四	下關路	40呎8輪機車連32呎4車輪拖車	7.7	21.5	10 每天開18小時	3.7	4.0	30	0.75	21	210	10	同(一)路	109,000
五	洪漢路	30呎4輪機車無拖車	3.5	9.8	5	3.5	0	25	0.55	25	300	12	同(二)路	62,520
六	水通路	30呎4輪機車無拖車	2.0	5.6	5	2.0	0	20	0·37	35	280	8	同(二)路	43,680
	各路	20呎4輪運貨車	——	——	——	——	——		——	——	——	10	由任一路機車拖帶	12,000
	總計					40呎機車及32呎拖車連備車二成各34部 30呎機連 ,, ,, 30 20呎運貨車 10								〒 546,400

* 每部40呎8輪機車值銀〒8200；每部30呎4輪機車值銀〒5460；每部32呎4輪車車值銀〒2700，每部20呎運貨車值銀〒1200據最近民國十五年估計

(II) 發電廠1,000KW2,300V.3相發電機2部 750KW380620磅轉電機2部

名稱	說明	件數	單位價 每瓩脫	總價
闢地	拆房測量造路築軌	15畝	$0.40	$ 800
開院	進出水管築墻鋪地	15畝	2.00	4,000
底脚	房屋機器烟囪等各基		2.50	5,000
廠房	連堆煤棧		6.50	13,000
鍋爐	白魏氏水管式鍋爐及附屬噴鉢汽管	6部	26.00	52,000
汽輪發電機	1.000KW2300V.平發電機及各附件	2部	24.00	48,000
開關石版	連各電表及結線		4.00	8,000
裝車機件	起重機件運煤灰各車件		3.50	7,000
衛生設備	電燈烘爐消防傢具工具		1.00	2,000
開辦費	裝車試車各工程辦事開支		4.80	9,600
以上總發電廠			74.70	$149,400
轉電機	750KW620V. Convrerter	2部	16.300	32,600
變壓器	500KVA2300/380V Transsormer	4部	2700	10,800
蓄電池	260池Storage Batterv	2付	17000	34,000
開關石版	連各項雜設備			20,000
以上分電站				$ 97,400
地皮	電廠事務所棧房貨棧工場車棚等	100畝	150	15,000
房屋	事務所分電站棧房貨棧工場車棚等	8座		98,000
以上全公司				$133,000
共計				$359,800

(III) 軌道 路軌單軌長50哩雙軌加3.50哩共為53.50哩

名稱	說明	單位價	總價 每一哩合價
鐵軌	7'高85磅30呎凹槽鐵軌 每哩用 133.5 噸	〒62.00/噸	〒 8,277
枕木	洋松 2640根	1.00/根	2,640
接頭板桿			928
螺釘	連華水螺釘帽等		700
掘地及鋪平	約2410立方碼	050/立方碼	1,206
鋪設工費	連放線測量油漆等5280呎		1,320
工程費	估上列10 %		1,500
總計	路軌 53.50哩	共計	〒16,570 * 〒886,500

* 即每華里需費〒5.920據平滬各電車調查核計

架空單支式(Bracket)

(IV)A 線路 單軌620磅電壓雙根〒3/0架空線線桿距100呎

名稱	說明	單位價	總價 每一哩合價
鉄線桿	4"-5"-6"徑30呎高生鉄製53根連砌地	〒36.00	〒 1,908
支桿	連掛鈎穿耳附件等53根	1.60+	87
架空銅線	$3/0×2哩長約5500磅連裝費	0.30	1,650
特別配件	分路轉灣等處用		200
拉柱及拉線			30
運費			120
避電器			25
共計	凡車行速在30M.P.H.者共32.6哩用之		〒 4,020 〒131,000+

架空雙支式(SpanWire)

(VI) B 線路 單軌630磅電壓雙根井3/0架空線線桿距 100呎

名稱	說明	單位價	總價 每一哩合計
鐵線桿	同前 106根	＄36.00	＄3,816
支線連拉線	各1250呎	0.03+	39
空架銅線	同前	0.30	1,650
掛線各件	連各瓷瓶		100
運費工資			350
避電器			25
共計	凡車行速在10M.P.H.者共17.4哩用之		＄5,980 ＄104,000
總計	線路長50哩		＄235,000

南京電車公司全年收支表

（I） 客車收入　　暫定每哩頭二等收費銅元5/3枚　平均收4枚

分路	乘客最大容量		每車全程乘客	軌程	車班	每天車程 Car Mile per Day	每路日收 百枚銅元即一千爲單位	每車日收 百枚銅元即一千爲單位	全程票價	
	座位	立位	照座位之⅓計						頭等	二等
環城路	90人	55人	30人	27.1哩	108班	2930車哩	3,520千文	293.0千文	1350文	810文
東山路	30	20	15	3.5	120	420	252	63.0	180	100
神聚路	90	55	30	6.2	108	670	804	150.6	320	200
下關路	90	55	30	7.7	210	1612	1934	193.4	380	240
洪漢路	30	20	20(⅔客座)	3.5	300	1050	840	7.00	180	100
水通路	30	20	20(⅔客座)	2.0	280	560	448	56.0	100	60
總計				50.0哩	1126班	7242車哩	7798*千文	726.0×		

* 每日收入共2,040　　× 每車平均收入　　121千銅元

(II) 全車收支

全年收入		
分類	說明	銀兩總數
全年客車車票收入	日收兩2.040以360日計	兩 734.400
全年貨車運費收入	貨車10輛儎重共100噸日收兩350	126,000
全年電燈費收入	電廠餘電700KW以一半供電燈17500只	210,000
全年廣告收入	每月以 $ 500 計	4,320
總計		兩 1074,720

(III) 資本總額

全年支出			資本總計	
分類	說明	銀兩總計	分類	銀兩總計
發電廠開支	每日用1300×16+350×12=25,000KWHR. 平均每KWHP.開支(利息折耗除外)爲$0.011	$99 000	車輛(I)表	$ 546,400
事務所開支	郵電廣告交際各辦公費每月$3,000	36,008		
職員薪俸	總副經理工程師會計師機匠伕役約百廿人	48,000	發電廠(II)表	359,800
電車工役工資	照客貨車108輛計約用司機賣票200人平均月資$15.00	36,000	軌道(III)表	886,500
公益及衛生	職工教育娛樂醫藥及撫卹每月1,000兩	12,000		
股本利息	以財產$2,027,700周年八釐計息約	162 000	路線(IV)表	235,000
財產折舊	發電機器軌道以周年五釐計。地皮無折舊車輛路線以七釐計。房屋以一分計	122,000	固定資本總計	$2027,700
銅元兌耗	以全年客車收入作95折計	36,700	流通資本	472,300
免票及意外損耗	以全年收入作一成計	107,500		
			總需資本	$2500,000
總計	每年純餘——	$ 659,200 415,520 $1074,720	每年紅利	佔百分之十六

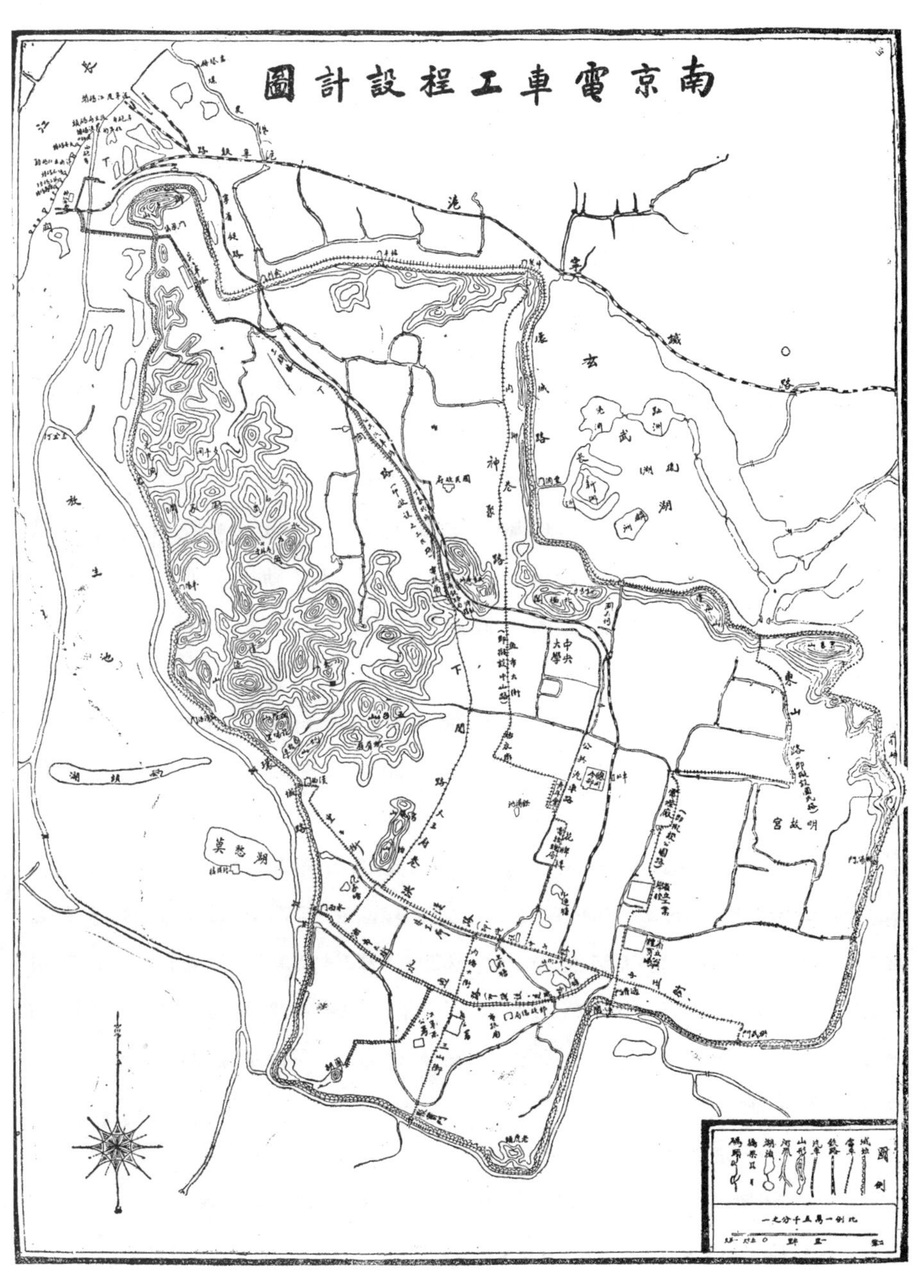
南京電車工程設計圖
中央大學
玄武湖
明故宮
莫愁湖
圖例

電話之傳音清淅問題

壽　俊　良

世界電話交通之發展,可分爲兩大部份,一爲電話機件之進步;一爲免除電話使用時之糾擾 (Interference).

第一部份之發展,較爲顯著而神祕.五十年來,電話機件,疊經改良.以受音器而論,倍爾系屬 (Bellsystem) 下所轄各公司,其標準已更改五十餘次,每次必有一番進步.傳音器亦經變更七十餘次;初用電磁式,繼則用變換電阻式,即今之炭屑傳音器是也,又加最早之配電板 (Switch board),僅可用戶八家接綫,今則可接線一萬戶;且由人力接線而改用自動接線.他如電纜所包電線根數,由百根而增至二千四百餘根,複話器之發明,歷程愈爲增遠等皆是.

第二部份之進步,乃在研究電導綫之特性與佈置等,使減少糾擾而達廣播清淅爲目的.此係牽涉于具體的傳電問題,故進步較爲困難.所謂具體者,即電力界與電話界本身是也.

茲姑舉美國而言自一八八〇年迄一九二七年,電話用戶,每年增率甚速.(由30;872增至約20,0000,00用戶之數）電報電話之導綫,幾成蛛網之複雜.近年來又有長途電話之發達,自1876至1922年間,電路距離.自二英里增至6000英里.又以電力而論,自用高壓以輸送達遠以來,電力傳送綫之廣佈全國,通達四方,更形繁亂.電力與電話交通兩者之同時發展,遂釀成一相互問題,即解决彼此之糾擾問題.

電話所受之糾擾有二:

(1) 短接與漏電的糾擾 (Contacd ond leakage interference),

(2) 感應的糾擾 (Inductive interference),

短接與漏電的糾擾,發生于不測,茲可略而不述.

感應的糾擾,可依其性質與原因之各異區別,爲下列數種:

(1)本身感應之糾擾,

(2)電力綫感應之糾擾,

(A)電應 (Electrostatic induction)

(B)電磁感 (Electromagnetic induction)

(C)不規則之電波與高週波 (Irregulor waves & harmonics),

(D)剩餘電流及電壓 (Residual currents & voltage).

(3)電車綫之糾擾.

今將各項分別言之:

(1)本身感應之糾擾 —— 普通電桿,可載多至數十餘綫之電話綫,相近則6英寸,遠則12至18英寸.當一綫傳送電流時,其附近各綫,莫不以磁流之增減而感生電流,欲免除此糾擾,其法乃配置各綫成一交互式 (Transposition).但此法未必能免除糾擾至完全程度,蓋各綫之相互距離亦須平衡 (Balanced circuits). 所謂平衡者,原使兩綫之 Séries Impedance 將與兩綫之 admittance 相互等. Impedance 之不平衡,大概屬兩種原因:(一)爲中央接綫站機件之不完美或不同標準(二)爲不同之接線法等. Admittance 之不平衡,大概係于殘破漏電之絕緣物 (Insulators), 或一部份綫與樹木接近等,故配置位置方法,在實際上未必能完全剷除糾擾之來源,

(2)電力綫感應之糾擾.

(A)電磁感 (Electromagnetic).

設 1 = 電流量數 (Amperes)

x = 某點與電力綫間之距離 (cms)

電力線四週之磁場密度爲 $\frac{21}{x}$ gauses.

磁流圈過于二綫間之數爲 $\int 21 \frac{d\times}{\times}$ per cm.

若電力線爲三相A,B,C電話綫兩路爲a,b,則在電話綫上感得之電壓,得下式表之.

$$E_{ab}=j.000741\,\omega\left[I_A \mathrm{Log}_{10}\frac{D_{Aa}}{D_{Ab}}+I_B \mathrm{Log}_{10}\frac{D_{Bb}}{D_{Ba}}+I_C\mathrm{Log}_{10}\frac{D_{ca}}{D_{cb}}\right.$$

vector volts 每一英里

(可參閱 woodruff's Power Transmission).

由上述公式而觀,可知感得電壓之高下,不關係局部之距離,而關于兩電話線之對于每一電力線距離之比例.欲免除感得之紛擾,電話線之裝置,須依比例如下:

$$\frac{D_{Aa}}{D_{Ab}}=\frac{D_{Ba}}{D_{Bb}}=\frac{D_{ca}}{D_{cb}}$$

若裝置不能依照上述比例時,欲免除糾擾,復須用配置位置法以助之.

(b)電應 (Electrostatic)

磁應在電話線上有兩種作用:(一)使發生電壓于兩線間,(二)使發生電壓于每線與地之間.

設P爲電力線之荷電 (charge,)

×爲某點與電力線中心之距離 (cms),

在×距離之電壓逐度 (Potential gradient) 則爲 $\frac{2p}{\times}$stat volts/cm,

其結果在電話線間所得之電壓,以下式表之.

$$E_{ab}=2Q_A\log_e\frac{D_{A'b}D_{Aa}}{D_{Ab}D_{A'c}}+2Q_B\log_e\frac{D_{B'b}D_{Ba}}{D_{Bb}E_{B'a}}\ 2Q_c\log_e\frac{D_{c'b}D_{ca}}{D_{cb}D_{c'a}}$$

vectorstatvolts.

(可參看 ,Woodruffs Electrectric Power Transmission and Distiribution)

此處 A',B',C'爲地上假定的射影 (Imagesof Powerwires).

電話線上之電壓,爲由電力線所電應者,與本身應得者之和.

設 V ＝ 兩線間之voltage,（參閱第一圖）

Z ＝ 每端電話機上之 Vector impedance,

I ＝ Vector current,

則 V ＝ I Z

$$V = E - \frac{Q}{C} = E - \frac{Z\,I}{j\,w\,c} \text{ vector volts.}$$

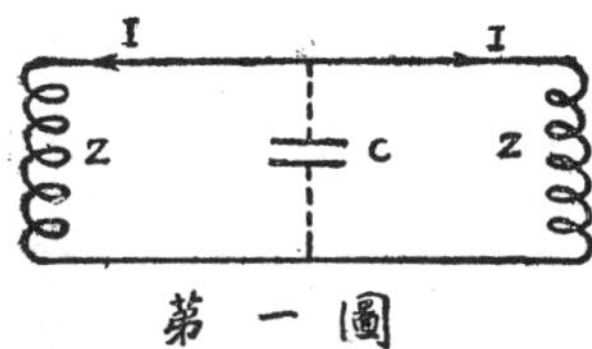

第 一 圖

此處Q乃二電流之荷電（charge）

$$I = \frac{E}{\frac{2}{jwc} + Z} \text{ vectoramperes}$$

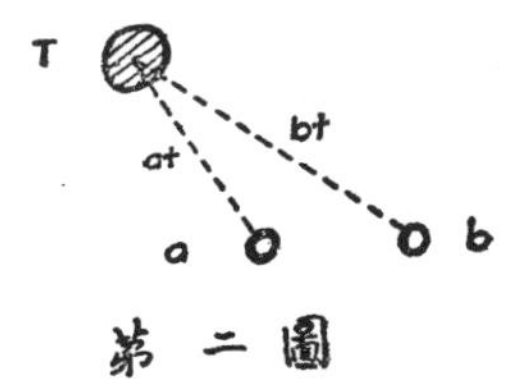

第 二 圖

若電話線之感應所得兩電流作用同時存在,則感得之電流通流于全線而繞迴,應得之電流所流方向,為兩端由正電線而至負電線.

由此推求可知配置方法,未必能消滅糾擾至完全程度.

（c）不規則之電波與高週波 (Irregular Power Waves & Harmonics).

不規則之電波與高週波,發源于發電機中不規則之磁線路（Magnetic circuit），或變壓器內之磁場倒亂（Distort flux），以及應用電力機之特性物如淅電器（Mercury Rectifiers），弧光燈（arc lamps），等均足發生不規則之電波與高週波.

偶次之高週波（Even harmonics）,自經計劃電機精求改良後,早已平衡而達消除之程度,故不存在于普通傳電線上,但奇次之高週波（Oddharmonics）,高至37th,仍往往發見,每可用測波器驗得之.

倘高週波存在于電導線上,而欲滅除之,至感困難.蓋此種高週電在三線制上為同週期(Same Phase),而其回路繞道于中和線或地線(Neutral Wire or ground`。

高週電之影響于電話線有三作用:(一)在增高固有之感應電壓與電流,(二)因其爲高週波,其感應之現象更形複雜,(三)因其爲高週波感,應之電,使電話發音機與聽筒之鐵皮(Telephone diaphrams)太活動,致聲音混濁不淸.

最普通之高週電,首推三次高週電(3rd, harmonics),欲免除其生存其,法在置電力線於地下而不用中和線,若因他種理由電力線三線制須用中和接法時,則變壓機等須用低磁流密度(Low flux density),蓋漏磁流(Leakage flux)常是發生高週波.又電力線所供給之電,不用于淅電器與弧光燈等(Recifier andarc lamp),亦可至少減滅其患,他如電力線因用高壓傳電而有corona 亦足發生高週電,電話線之裝設,宜遠而避之.

(d)剩除電壓與電流(Residual vohage and current)

電力線上之電流之和,不能達于零,其結果爲中和點上發生一種小電壓(Vohage drop in neutral).此電壓自線至地,名日剩餘電壓,而所發生電流,曰剩餘電流.剩餘電流之影響于電話線,遂復成一糾擾.

剩餘電流之存在,卽用配置位置方法,斷不能杜絕其弊.因電流將平行繞道中和線或地下而巡回,結果每使所受之糾擾,更形複雜,若電話綫埋置在地下者其患尤甚.

(3)電車之糾擾(Electric Railway)——城市郊外,電車四達,車線鐵軌(Trolley Wire & Track),縱橫交錯,其電流取道車線架于空中,巡由電車上之電動機及鐵軌而達于發電機,其電流又以電車位置之不同,增減無定量,無定時.車輛來往愈多,電流改變愈驟.電話線立足于街市中,受其影響,豈爲淺鮮.今喩其利害與抵制方法如下:(參閱第二圖)

設 ϕ 爲車線所發出之電磁流,

I 爲車線上之電流,

L 爲車綫之長,

r 爲車綫之半經,

$$\phi=\frac{2Il}{10}\left[\log e\left(\frac{at}{r}\right)-\log e\left(\frac{bt}{r}\right)\right]=.2IlLoge\ \frac{at}{dt}$$

$$d\phi=.2lLoge\ \frac{at}{bt}\ dI$$

$$Eab=\frac{d\phi}{dt}=.2loge\frac{at}{bt}\cdot\frac{dI}{dt}\ \text{abvohs/cm.}$$

從上述之基本公式而觀,欲滅除感生電壓,非使距離 $at=bt$ 不可.然事上决不能臻于美滿地步,而以在衆多電話綫平行時爲尤甚.故改變電流 $\frac{di}{dt}$ 仍足以使感生之電壓顯著而擴大之.

若電話線包容于電纜而埋于地下者,則受軌上之電流之影響亦復不淺.

欲抵制電車之感應,其法最近用輔線制auxiliary system及 Forcéd track return.例如美國之 New heaven 鉄道 (22000volts) 其一線爲車線(Trolley-Wire),另一綫爲輔綫 (au×iliaryfeeder),而鉄軌爲中和線.每一英里間,設一變壓機 (autotransformer).（第三圖）

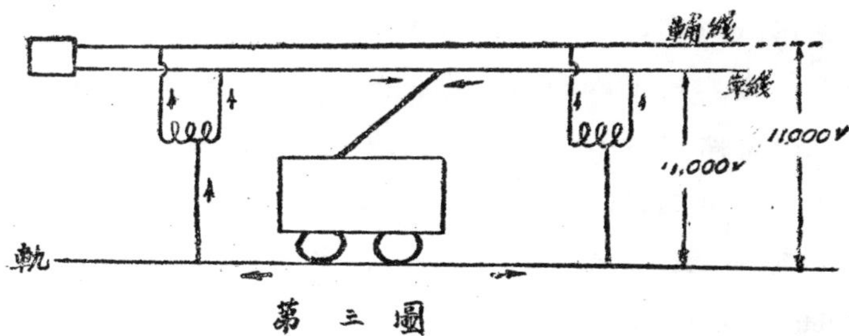

第三圖

用此特殊佈置後,軌上電流分成相等流量向車前車後兩方向而流,全部電流不致直向發電站如平常制度然.因相近兩自動變壓器 (Auto-.rans.former).負着大部份電荷 (Load),而重荷之電流,不能流遠其趨向,亦使電流之出軌道而漏入于地中者因之稍殺.

電車軌道之漏電,爲患甚烈,亦須在防禦之列.普通用一種絕緣接頭(Insulat:d joints), 設置于兩軌間,另設一接連變壓機 (Series translormer)于每一二英里間(見第四圖.)變壓機之接法其 primary 接于車線上,而其 Secondory 則接于兩軌間 Impedance bond 之中點,凡電流在軌上有趨向將入于地中者,被迫而入于次一段之軌道,現美國 Pennsylvania 鉄道之制度即其例也,

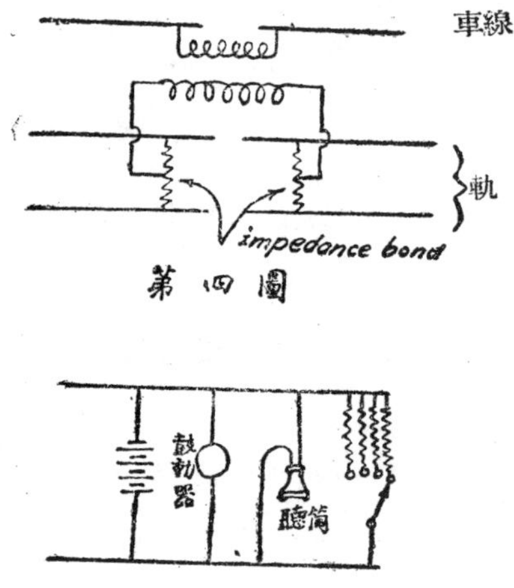

第四圖

第五圖

糾擾之測驗——欲免除電話上之糾擾,必先審查其糾擾程度.按尋常經驗所得在一端分站之 Switch hook 拉開線路時,電流入他分站,將使流量增加而因之聲音擴大者,可斷定爲應得之糾擾 (Electrostatic interference.)若聲音反而縮小者,則爲感得之糾擾 (Electromagnetic inteerference).

審定糾擾程度之法,乃用一種標準的驗聲器 (Standardnoiser).其構造至簡,僅包含鼓動器(Vibrator),可校動之分電路 (Variableshunt),及一電池而已.校動之分電路上,設有度數表,每度示一度之紛擾.(Aunit of interference is defined as that interference Which will decrease the intelligibility of conversation over the circuit to the same circit as the introduction of 1/4o mile of stonbard cable tn the circuit).(第五圖)

測驗時,先將聽筒,(Receiver) 接于障碍之電話線路上,然後再接至驗音器而增減其分電路 (shunt).若所得之聲音適于電話綫上改得之聲音相同,其度數即示糾擾之量.其法似屬簡單,但準確悉憑人耳之感覺能力,故

未可云爲美滿測驗法，

感應之糾擾，係諸二大因數；曰波形因數(Wave farm foctor)，與(E×pose factor)暴露因數.波形因數(Waveform factor)爲量得電力上波形(wave orm)所感應之程度，而暴露因數(Exposefactor)爲量電話線暴線于電力線或電車線之程度(Degree of exposure).兩者相乘之積，與總共糾擾成爲比例者也.暴露因數.憑諸電話線與電力線之配置位置之程度，及地下地上制度之不同而異，

波形因數(wave factor)之測量，可用糾擾表(Telephone interference meter)量之.此表包含一種線網，具有連接及並接之電阻與電容，及一種指示器(Anetwork containing series and shuntresistance and capacity and an indicating element)用以校動不同週率之電流.因校得電流適與擾亂程度(Disturbiug effect)成爲比例.換言之，此表所示，卽從平均許多週率之電波所得之糾擾之量值(Inductive Interference).

暴露因數之測量，乃量其流于聽筒內之基本週波之電流(Sine wave ocurrent).

配置位置方法(Transposition)——欲得完全程度的平衡，電話線本身

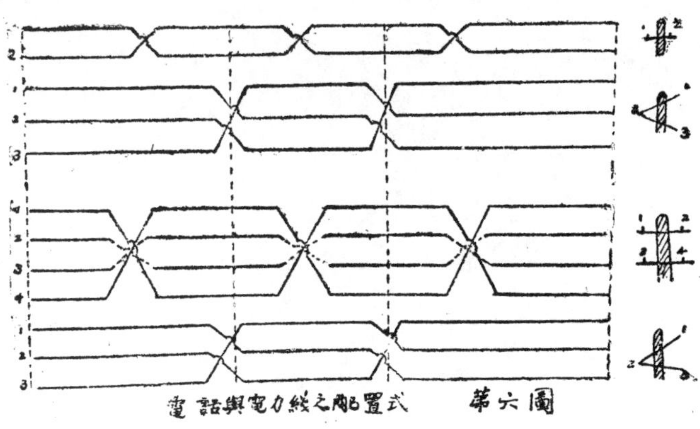

電話與電力線之配置式 第六圖

之配置之外,須濟以電力線之配置.每段配置之距離,須視線之長短與桿上電線之根數而定.上圖所示.乃僅限于簡易者.至複繁之式.詳見 Proc.A.I.E.E. July 1917雜誌中(第六圖)

成蘉製造論

亨利福特原著 胡嵩嵒譯

威蘉製造 (Mass Groduction) 爲近日工業界中創立之一新名詞;乃指多量製造一種單獨標準貨品之方法;近日習用之以指出品之量數,其本來意義則專指製造方法而言也.此一名詞,有時在特殊情形之下,不必滿意適用.成蘉製造,不僅爲多量出品而已,緣有時出品之量數甚大,而其製造方法中,毫無成蘉製造眞意義所應具之種種必須條件.此一名詞,亦不僅指機械製造,蓋有時一種貨品雖係用機械製造而成,但亦不定與成蘉製造之眞意有關係也.

圖一

原箸者美國汽車亦王亨特福特之肖像

成蘉製造者,乃集中動力,精確,經濟,製度,速率,不間斷等原則應用於一種製造計劃上之謂.研究工作手續,機械之發展,與其聯合應用乃爲實現上述種種原則之工作而亦工業管理者之重要作業.成蘉製造所產生之普通結果,卽爲一種有生產之組織能應用標準之原料,工作技能,設計,以最低之代價,製造多量之貨品.當然,成蘉製造之先決問題,爲成蘉消費,或謂多量消費之能量.無論其爲潛在者或已經發展者.換言之,卽是社會有無吸收多量出品之問題.此兩點實互爲因果相並進行;於消費問題中,每能發見前者發生之徵象也.

(一) 成蘉製造之起原

成蘊製造之說,近代始盛行於美洲.最初可考者,約在二十世紀之初葉.若夫多量製造,卽是以人工與原料衆多而言,則其方法可與埃及之金字塔同其湮遠.基本工業;如紡織,房屋建築,木舟製造等,所應用之方法,與埃及古代大同小異,僅不過有些微表面上之變易而已.當時手藝與家庭製造,爲工業中之主要方式.待至蒸汽發動機發明,情形始爲之一變.

因有力之機器產生,工業之地位乃由一般人之家庭,而遷至新創設工作中心之工廠.對於工廠製度,議者紛紜.惟苟持平而論,可謂工廠之興,其最初影響,乃在解放家庭,使其脫離織機與砧臺之煩擾;而其更進之結果,則爲使家庭得如今日,爲發展个人人格之所焉.

最初之工廠製度,各方面均不經濟,故其始輒發生向所未有之危險,與資本以重大損失.因之使工資減低,工人之希望減少,加之貨品質地之銳減,而無普通貨品增加之調濟,工作時間加增,人工加增,機器加增,均不足以改善情形.增加之結果,不過使營業之失敗更加擴大而已.是故單持以工人與工具之增加,實猶不足,尚須加以科學之智識與精神;而此種科學智識精神之應用,遂展進而漸成今日所稱之成蘊製造.

工業上營業與經濟失敗之後,此新方法應運而生.工業中經濟操縱之進步,可於兩大發展中覘之.所謂兩大發展者,卽公司之組合,與勞工之革命.因經濟上種種之關係,若干工廠多特別合併成爲一種大組合公司.此種組合,實爲促成蘊製造實現之第一步運動.當時之理想,以爲經濟上苟得完全之操縱,則完全利益自然可得.此種理想,乃未計及許多營業上之重要原則;故仍不免於失敗;而社會上之反響,遂亦不旋踵而起矣.社會上反響之發生,雖爲不幸;乃因此而產出一種新觀念,卽是以爲工業上一切困難問題,大概爲缺乏科學的製造方法而起.一切工業成應視爲必需而有實用.其供獻之利便,自有其相當之價值,使從事於其中者,得受公允之報酬.故說者以爲工業管理方面,對於實在應用之工作程序,應當注意.於是乃產生當時——二十世紀之初葉——所以稱之「效率運動」,(Efficiecy Movement)及其附帶之「時間研究」,(Time Study)及其他種種類似之方法.惟此種運動實早爲一八九八年之工業研究者所種因矣.

雖然,當時效率專家,不過直接於一種問題中,取其所擇之一例,以示人當時流行之方法如何靡費人工,苟能改良糾正,當能如何增加生產,於是工資乃可以增高,而勞工之狀況可以改善.當時專家等所注意者,在應用一種比較流行方法尤爲精密之管理方法,而不知尙有一種完全新法,可以實行,並能免去舊式方法在極精密管理情形下之種種困難問題.試舉一例:彼等嘗研究得一種方法,使每日負担十二噸半生鐵之勞工,可以每日負担四十七噸半;使其日給工資,由一元一角五分,增至一元八角五分.其實,彼等未能見及尙有他種更佳方法,可使勞工無須負担十萬六千四百磅之生鐵,以博取此一元八角五分之工資;緣成藴製造方法,彼等所未見到,彼時所思及者不過爲最拙劣之工廠競爭方法耳.

汽車製造業,實爲促進成藴製造方法,由試驗而臻成功者.而福特汽車製造公司,尤爲社會所公認爲大規模實行成藴製造之先進.設以福特公司爲根據,或可使敍述成藴製造方法之歷史,及其原理,更爲簡易明瞭.

前已述及欲使成藴製造之實現,必須社會有吸收多量出產貨品之能力.故此種貨品,必限於日用必需品,或爲能致便利之工具.成藴製造業之最大發展,乃在製造便利工具.汽車可供獻人類以一種基本與恆久之便利,今日所謂之「交通」是也.

成藴製造,乃因公衆之需要而產生.但當時社會,或尙不知「需用便利」(Use-convenience)必須與「代價便利」(Price-convenience)相符合之原則.在此原則中,其重要之條件,實爲產生利便利益,及擴充而成爲自然之結果.至於出產與消費,孰爲因果?則意見每因各人之經驗而歧異.倘能觀察公衆之需要無誤,而所製造之貨品確能備足此項需要,則出產之增加可以預料.無論因預料需要,或爲滿足需要,而生之結果——消費,必須用以增進貨品之質料,或爲爲減低售價,或兩者並行;如是,則可產生更大之「需用便利」與「代價便利;」此種便利增加,則消費增加,乃使出產更加便宜;如是互爲因果,以至其極.

夫貨品之供給於人類及文明者,大都不過世界上一小部份人民享受之耳.福特汽車製造公司之經驗,則爲成蘯製造貨品先於成蘯消費.應用成蘯製造方法.乃使成本減輕,而使「需用便利」與「代價便利」同時增加.蓋苟使出產增加,則成本可以減低.如出產增多百分之五百,則成本可減少百分之五十.成本減輕,則售價自可低廉.於是可使有能力可購備此種貨品之人數增加十倍,此不過一種穩健之一例,以示出產可以產生需求,而知生產不僅僅爲需求之結果也.

（二）成蘯製造之原則.

「簡單」兩字,爲成蘯製造在工廠中實施方面之秘鑰.其中包含淺明之原則三項:第一,精密設計之廠中貨品製造程序第二,工作之如是分配,使工人無須自動尋覓第三,工作手續之分析,以研究其組合之一切部份.上述三項,乃爲顯著而非分離獨立之步驟.三項均包含於第一項中.夫「計劃」原料之進行程序,由最初製造手續,以至完成貨品,卽包括大規模之工廠設計,及原料,工具,配件等之製造與傳送,於程序中之各點.苟欲求此種工作進行之順利,卽須詳細分析工作手續之自然順序.是故三項基本原則,皆屬於最初工作,卽是計劃一進行之製造路線.

此項方法,非第應用於最後集成,（或稱裝配）部份.凡一切關於完成一種貨品各種藝能手工均亦應用之.汽車裝配部最爲可觀,蓋可見數百件配件,在極短時間內,裝配成爲一能行之車輛.非但如此,而此數百種配件,又各有其製造線索而至集成之處.

試舉一例:彈簧一物,於汽車最後裝配時,始得發見.人遂覺其爲全體工作中之無關輕重者而忽視之矣.舊時匠人一人,須從事一切工作,如切練灣曲,以製成一彈簧.今日則一葉彈簧之成,其表面所見之手續,可謂極為繁複,實則工作手續,較前減至最簡矣.

為明白詳解起見,吾人試一追述一葉彈簧,由礦苗煉成鋼板後之製造程序.

(一) 以煉鋼廠製成之狹條鋼板,置於壓穿機上,切壓穿孔.第一工人以鋼板送入機中,待其接觸一停止器,然後使機動工作.切成規定大小,並穿就孔洞之鋼板,自會落於一皮帶傳送器上,以送至煆煉爐之一端.

(二) 第二工人由皮帶傳送器上,將切就之鋼板片取下,置於一送入火爐內之另傳送器上,爐內之溫度,自動調制.故此傳送器經過火爐,即將鋼板熱至規定之溫度,而卸於火爐之另一端.

(三) 第三工人以夾鉗,將燒熱之鋼板提起,置於一灣折機上,使此葉板壓成一種規定之弧形.鋼板隨機一同浸入,一油槽內.油之溫度,乃係另有器具以保持其永在一規定之度數.

(四) 待灣折機由油內昇起,此原工人即將葉板鉗出,置於一旁.以待其自冷.

(五) 第四工人將葉板拽過一溫度適宜之硝酸鹽液擠.

(六) 第五工人檢察之.

福特汽車上所用彈簧,每具平均需十七葉鋼板.每日平均製出彈簧二萬五千具.由此可見應須用若干組如上簡單敍述之手續,方克蕆事.不第如是,一具彈簧中之葉板,長短弧形各異,由最下之主葉,至頂上之一葉,各各不同.故又可見須有若干組同時進行,每組自製其特別尺寸情形之葉板.各組應用其特殊機械與手續,後乃彙至一處,使由各種葉板配集而成彈簧.吾人所述葉板製造之一切手續,獨為最簡單之一種耳.

請續言彈簧製造之手續.

(七) 第六工人將葉板,由自經過硝硫鹽液劑處來之傳送器上移下.配齊一具彈簧所應需之一付葉板,以拴釘貫之.

(八) 第七工人裝上拴釘帽,並轉緊之.

(九) 第八工人裝上左右葉鈎,並將毛口磨平.

(十) 第九工人檢察之,

(十一) 第九工人將檢察後之彈簧,懸於一傳送器上.

(十二) 彈簧在傳送器上,行過第十工人之前,該工人卽塗以油漆,傳送器繼續進行,將其送過最初所述之火爐,因爐上散射之熱,致漆速乾.

(十三) 傳送器一直送至裝卸處,由第十一工人卸下之.

若用舊時製造方法,一工人隨此種鋼葉經過一切手續,則其出品必爲有限.同一物品,其出產數目衆多者,則其最簡單之一種手續,亦可佔盡一人之全部光陰.例如須一分鐘久之一種手續,若出四百八十件時,則須一人工整日八小時,始得完成之.而此雖甚簡單之鋼葉,須與其他千萬同樣之鋼葉,具同等之精美弧度.故製造方法,乃不能不十分精密而繁複;而惟以自動機器極準確之度量器,熱度表之操縱,檢驗尺等是賴矣.換言之,卽是近代工廠管理方法,所能有之種種最良方法,尙無不備用之.

上述之彈簧鋼葉,若與製造本體相提並論,則不過爲極微細之一部份.設以其本身言,則實爲一主要之件需用豐富之原料供給,於其相當之供給地位.例如製此彈簧:第一步,需鋼板之供給第二步,須有熱力;第三步,須有機力與油;第五步,須有硝酸鹽第七步,需拴釘第八步,需拴釘帽;第九步,需葉鈎;第十二步,需油漆.於此種種步驟手續之間,一切工藝之訣竅,均須應用.始得良果.

以上簡短之記述,乃表明何爲工件在廠中之有次序的進行.此一小配件將與汽車中,其他各件相配合而製成汽車.所云其他各件,亦均須經過如此相彷之手續而來.此一段記述,亦可表明何謂分送工作與工人.蓋由上所述,可見每一工人之工作皆爲另一工人所備好,而傳送至其手下.於此又可見第三原則,卽是以一件工作,從而分析之,以求知其組成之各部手續.此處所舉一例,極爲簡單.但其他製造手續,自極笨重之打鐵工作,至最輕微精細之電氣器具裝配,亦莫不如是.雖有若干檢驗儀器之檢察精細程度,至千萬分之一寸,亦均可應用此法.

此種製造方法之經濟,殊爲顯著,蓋機器無空閒之時.若工人一人須從事於一切製造彈簧之手續,則此種種設備,必不能得極合乎經濟之應用.緣工人由一種手續,至另一種手續時,則壓穿機,煆煉爐,灣折機,油槽,等等,勢不能同時使用;必有閑而不用者.應用成蘊製造法時,工作乃由一種手續,而傳送至別一種手續,工人不必移易其位置也.機器施用鐘點之經濟,不過僅爲一端.至於時間,原料,人工,亦無不較舊法經濟多多.總之,成蘊製造,自有其價値,而且因其經濟所得之利益,尙可以達於購貨之消費者焉.

(三) 成蘊製造之影響.

成蘊製造之歷史與其原則,皆不足以引起廣闊深沉之討論.吾人所當注意者,乃其所發生之影響.試一究察成蘊製造影響於社會者爲何如?

(甲) 請先言管理方面:成蘊製造法產生之處,工業管理,卽特異與財政管理者,無不隨之而起.工程師之意見,漸得向上地位.此種趨勢,將繼續不已以至理財學術,成爲生產實業之僕從,而不若前此之爲主宰.工業管現,日在改善,趨赴一定之準則,卽是應用較爲優良方法於一切生產有關係之處,以淘汰舊法.

財政管理:並以於出品上作昂貴變更之趨勢而斷定.於較優設備器具之發明,當立卽卸除陳舊設備.此種辦法之經濟,尙未爲人所熟知;致此種新進步之成功者,則爲含於成蘊製造法中之工程管理也.緣其能一切管理,切近廠中,而使辦事處化爲廠中之淸理機關,如是經理與傭員乃更接近,更互相了解,而使製造之目的化爲更大而單純.

(乙)成蘊製造之影響於貨品者,爲使貨品得最高地步之質地,爲向之多量出品時所不克臻此者.成蘊製造之條件,須得最精美之原料,方能經過一切手續順遂,無憾,一切工作手續,均極十分精確.每件每部分之製造,必須適合設計所定之規範.成蘊製造法中,不容應用墊補之物,以相湊合.反言之,倘一件之中,用有墊補之物,可見其製造不良.不能與原來設計之規範符合

凡美術品與奢侈品之精確,多以代價極高之手工而致.若以手工方法困於成蘊製造法中以求準確,斷難實行.蓋「價值便利」一層,必不能得.貨品之標準質地,乃爲機器所担保.緣機器之構造如是巧妙,凡一件工作非完全符合所定之規範條件者,不能經過此種機器.設工作料已經是種機器工具,其物必無纖微之差誤.於此可見新法製造之重責,純在管理者之設計與原料之選擇.

(丙)成蘊製造之影響於機械科學者,乃爲產生各種單純作用之機器此種機器,不但總彙同樣手續,使其多量工作.且能仿效手工之精巧,至驚人之地步.此種發展,乃以重新配合應用舊有原理而著.非祇因發見各種新原理有以致之也.成蘊製造方盛行.機器製造業遂因之激增,爲其有史以來所不及.不絕計劃式機器事成爲各大工廠生產工作中之一部份重大事業.

(丁)成蘊製造對於傭工所生之影響,論者紛岐.現代之公司組織,「究爲藝術之破裂抑救濟」?「使機會擴大抑狹小」?「助長抑阻止之工人个人之發展」?等等問題.尙以觀察之事實而斷.成蘊製造之主要原則,謂「苦工乃是耗費」.故成蘊製造法中,以物質之担負,由人而卸至機器.智力之担負則由工作者而移與設計者.辯難者以爲機器將爲人類之主宰,其實不然,且可謂機器實增加人類主宰環境之能力.近代機械日在不絕增加,並未見人類轉爲機械之奴隸也.

成蘊製造中,須用精巧技師,實較向常爲多.例如試入福特汽車公司參

觀者.見若干精巧技匠,不在製造商品,而在構造與看護各種製造商品之機械.成蘊製造未產生前,工廠中各部須用精巧技匠,由五千至一萬人者,未之聞也,成蘊製造之結果,爲增多技巧抑減小技巧,猶爲辯論之焦點.著者(福特氏)之意,則以爲有無減.世界上一切尋常工作,向爲普通無技能之人工所成,但現代之尋常工作,已不如從前之尋常,而簡易.大概任何工作,目下均較一二代前需要更深之學識與更重之責任.

研究成蘊製造者,嘗論及重複工作單調之煩悶.此種單調煩悶,實際上在工廠中並不若理想家心目中懸想之劇烈.無論何種工作,無不有其難處,而現代工業方程中,則不應仍有可以避免之困難.成蘊製造減輕工作之艱難,增加其重複性質一點,實爲與中古技藝精神大異之處.中古時之技匠,大都獨力經歷一切手續,由準備原料以至於完成一物.中古時,繁瑣艱難之工作,是否可以減去單調之煩悶,殊爲疑問.但吾人絕對可知其對於工人之結果,較近日分工方法,爲必滿意.近日管理良善之工廠,嘗用時常更易工人之工作種類,以調濟單調之煩悶.

批評成蘊製造者,嘗謂成蘊製造乃爲減少僱工之一種方法.但現已不足置辯.以福特汽車公司之經驗言,凡製造手續上工人減少,則必有其他工作產生.故一方面不絕減少人工,而一方面不絕增加僱工,每爲平行.

至於成蘊製造影響於工資,及經理與工人之關係兩層,可無庸深論.成蘊製造之結果,增高工資,爲他種工業方法所不及.此乃人所共知之事實.其原因淺而易見.蓋用成蘊製造方法,可使工人生利增加,自然其所得亦增多.

更有進者,成蘊製造方法增加管理技藝方面之責任.若是重多舊日以減低工資爲惟一經濟法者,應用科學之製造家,早摒棄不用矣.

一種商業倘持窄取其僱工之工資爲理財之妙法,實無科學之根據.使社會,工人,公司本身,三者均受其利,乃爲管理上之根本問題,須知如何組織生產,此解決此問題.倘管理而使三者失一,即爲不良之管理.

工人不安情況工資低微.利益不定,皆管理失當之徵象.管理之技藝精神,在吸收累千人之精力,而利用之.若無成蘊製造方法,則此累千人之創造力無發展之機會.此卽現代方法擴大,並非狹小个人機會種種方面之一例.

(戌)至於成蘊製造對於社會之影響,則人類需要之供給增加,及新生活程度發展,爲可計及之兩大要端.至若擴增閒暇,增多人類之接觸,擴充个人之範圍,則又成蘊製造在各方面所產生之結果也.(完)

圖二　齒輪製造廠

此爲福特汽車公司之一部分作場。應用成蘊製造原則製造汽車中應用之齒輪。各種齒輪均由傳送器上經過一列工人之前。每一工人僅施行一步微細手續。

圖三 最大穿洞機

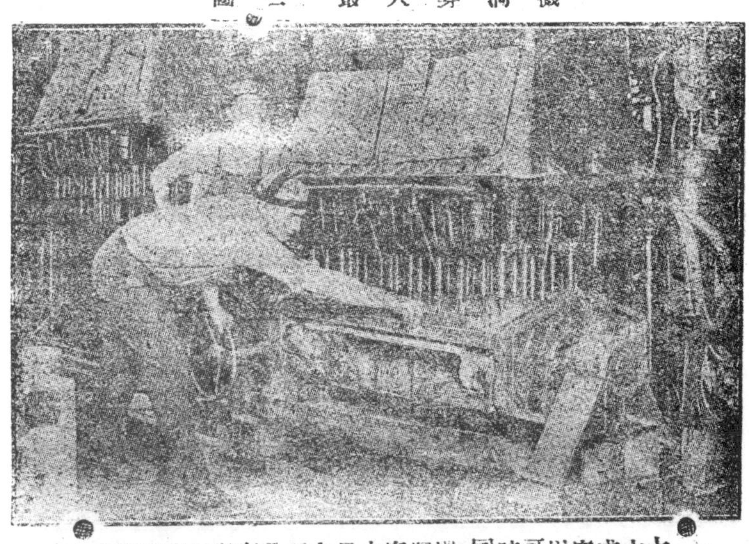

此爲美國倍卡汽車公司之最大穿洞機。同時可以穿成六十五洞。節省金錢人工不少。此成藁製造之產物也。

圖四 玻璃製造廠

此福特汽車公司之玻璃製造廠。應用繼續不斷方法。多用機器。減少人工。出品額量殊鉅。

圖五 福特鑄鋼廠

此福特汽車公司鑄鋼廠中之戶內露場。鑄成之汽車機件均置於架上待其自冷。即用機器移送他廠施行工作。

圖六 福特鍊鋼廠

此亦福特汽車公司之一部份。廠中煅煉汽車用鋼。全用機械工作極少人工。

中原書局目錄摘要

◉國文成績類

- 全國學生國文成績 文庫（甲編一集） 全書六冊 定價九角
- 全國學生國文成績 文庫（甲編二集） 全書六冊 定價九角
- 全國學生國文成績 新文庫（甲編三集） 全書六冊 定價七角
- 全國學生國文成績 文庫（乙編一集） 全書六冊 定價七角
- 全國學生國文成績 文庫（乙編二集） 全書六冊 定價六角
- 全國學生國文成績 學生新文庫（甲編） 全書六冊 定價七角
- 全國學生國文成績 學生新文庫（乙編） 全書六冊 定價九角
- 全國學生國文成績 全國學生文庫（甲編） 全書六冊 定價九角
- 全國學生國文成績 全國學生文庫（乙編） 全書六冊 定價七角
- 全國學生國文成績 論海 全書六冊 定價九角
- 全國學生國文成績 文海（中學之部） 全書六冊 定價八角
- 全國學生國文成績 文海（小學之部） 全書六冊 定價六角
- 全國學生國文成績 學校文選（初集） 全書四冊 定價七角
- 全國學生國文成績 學校文選（二集） 全書四冊 定價七角
- 全國學生國文成績 廣文庫（甲編） 全書一冊 定價七角
- 全國學生國文成績 廣文庫（乙編） 全書一冊 定價六角
- 全國名人傑作 新文庫 全書本裝二冊八角 洋裝一冊一元

◉國語用書類

- 校正注音 國語學生字典 本裝一冊五角 洋裝一冊八角
- 中等 國語文典 全書　冊 定價四角
- 圓周制 初級語法課本 全書一冊 定價二角
- 圓周制 高級語法課本 全書二冊 定價[illegible]角
- 國語文法圖解 每套十張 定價二角
- 國語文法掛圖 全圖兩幅 定價六角
- 注音 初級白話文範 全書一冊 定價二角
- 兒童叢書 好朋友 印刷中
- 注音 高等白話文範 全書二冊 定價四角
- 國語 字母草書讀本 全書一冊 定價二角
- 國語 補助課本 每冊一角五分
- 中學國語課本 魯濱孫飄流記 本裝二冊六角 洋裝一冊八角
- 小學適用 國語自習書 全書二冊 定價三角
- 國語學校適用 國語教程 原書一冊 定價二角
- 國語教程 參攷書 全書一冊 二角五分
- 普通適用 國音會話讀本 全書五冊 定價三角
- 注音 國語學生會話 全書一冊 定價二角
- 兒童文學 童話集 全書一冊 二角五分
- 繪圖 中國童話集 全書四冊 定價四角
- 繪圖 格列姆童話集 全書一冊 一角五分

◉作文用書類

- 名家合著 文藝全書 本裝三冊一元四角 洋裝一冊一元六角
- 中等 簡易作文法 全書一冊 定價二角
- 中等 應用文範 全書一冊 定價五角
- 商業應用文 全書一冊 定價四角
- 言文對照 初等應用文範 全書二冊 定價三角
- 言文對照 新制應用文範 全書二冊 定價四角
- 許編 作文百法 全書二冊 定價三角
- 費編 作文百法 全書二冊 定價四角
- 言文對照 作文新範 全書二冊 定價四角
- 言文對照 初級作文新範 全書一冊 定價二角
- 言文對照 作文指導法 全書一冊 定價五角
- 言文對照 最新文法指南 全書一冊 定價七角
- 言文對照 高等新論說 全書二冊 定價四角
- 無師自通 論說百法 全書二冊 定價三角
- 無師自通 記事百法 全書二冊 定價四角
- 無師自通 書信百法 全書二冊 定價四角
- 無師自通 作詩百法 全書二冊 定價四角
- 無師自通 填詞百法 全書二冊 定價四角
- 言文對照 初學新新文範 全書二冊 定價四角
- 言文對照 白話作文指南 全書二冊 定價三角
- 言文對照 新文趣 全書二冊 定價三角
- 小學適用 記實文範 全書一冊 定價三角

◉平民課本類

- 白話體 公民必讀 全書一冊 定價二角
- 千字文 識字課本 全書一冊 定價二角
- 千字文 國語課本 全書一冊 一角五分
- 千字文 國文課本 全書一冊 一角五分
- 千字文 尺牘課本 全書一冊 一角五分
- 千字文 楷書字帖 全書一冊 一角五分

上海棋盤街五馬路口

上海交通大学百年报刊集成·第一辑(1896—1949)·学术学科

三合土力量的研究

李 沂

三合土是混合水,水泥及石子三種東西在一起,經過一種化學變化(Hydration)凝結而成的.本來當三合土尚未凝結的時候,我們沒有方法可以試驗出他的力量:如壓量(Compressive Strength),引量(Tensile Strength)等,所以混合(Mixing)及貯藏(Curing)的時候,都要有一定的方法,并且要十二分的小心,不然决不能得到好的結果.三合土有三種要點:(一)力量(Strength),(二)耐久性(Durability),(三)經濟(Economy),所以作的時候最要緊的是:

(一)選擇適當的原料,

(二)設計正確的比量;

(三)選擇正確的混合法及貯藏法,

(四)相當的保護.

以上這四條,每條對於出品都有莫大的關係,現經美國水泥研究會(Portland Cement Association)研究的結果,已經可以事前預定三合土的穩稱力量,并發現三合土的力量與加水量的多寡有密切的關係.根據這種事實制定了一條水泥水比定律(Water-cement Ratio Strength Law)

水泥水比定律

這條定律說「用同樣的原料并經過同樣的手續製成的三合土若是沒有破裂散碎或不可用的情形,他的力量完全隨水與水泥的容量比例(Volumitric Ratio)而轉移.」

譬如用一公升(Liter)的水同一公升的水泥再加上乾淨堅硬的石子造成的三合土,若是沒有破裂散碎或不可用的情形,他的力量是永遠一樣,并且可以預定出來,石子的多少沒有關係,但是石子太多,自然就要破裂散碎或不可用,那就不在這條定律範圍之內了.

我們可以用一個淺近的比喻來解釋這個定律.水泥加上水好像膠汁一樣,把石子黏牢在一起,水的份量可以變更膠的濃度,稀薄的膠,力量自然就弱了,可是石子若太多,膠的黏力雖大,也是不夠用,自然就要散碎的.

水比 (Cemena-Water Ratio) 對於三合土的影響

水比不獨是對於壓量有關係,就是對於硬度 (Resistance to Wear) 及變動壓力的力量 (Flexural Strength) 也都有密切的關係.三合土的不可入性 (Impermeability) ,可以阻止風雨及酸素的侵蝕,若是用水泥及堅固無孔的石子和少量的水造成的三合土,不可入性一定很大,所以對於水比也是相關的.

選擇適當的水比法

選擇水比的手續是先要決定三合土應用的地方壓力的大小及應用的情形,譬如用於室外就比室內容易損壞然後決定應有的壓量再從第一圖中找出適當的水比.

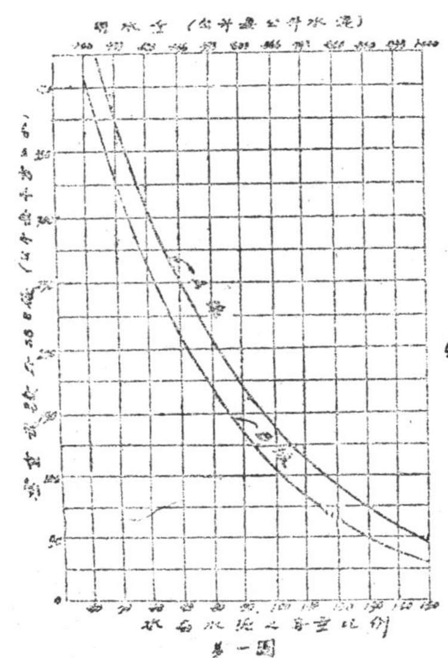

第一圖

第一圖是集合許多試驗的結果所成的.試驗的時期經過四年之久,作的時候很小心,混合的很平均,裝模要一點孔隙都沒有.在初凝結期 (Early Hardening Period) 中,不可使水分結冰或蒸發乾了.圖中標明的水分,是連石子上帶的水分算在內的,下列的表是從第一圖中取下來的:

	建築物	廿八日後的壓量 公斤每平方公分	最多的水量 公升每公斤的水泥
I	道路,椿子,水管,水桶,室外小建築物及牆壁水堤碼頭之暴露於風雨或水中的	210	0.533
II	橋梁陰溝,水堤,牆壁暴露於較輕之風雨中的	170	0.600
III	不露於風雨中的鐵筋建築	140	0.633
VI	房基牆壁不遇水或大風雨的	115	0.733

第一圖中的A線并不能代表一切的三合土.若是原料不同,或手續稍差結果就不會一樣.頂好由各水泥公司,將自己的出品做成各種水比的三合土再經過多次精確的試驗做的試驗次數不可太少,否則不會準確將所得的結果畫成第一圖的樣子.(這實在是很好的工作.)

第一圖的B線三合土的壓量比A線約小40公斤.因為用的器具不準確,或手續不精細,石子太濕,不容易知道準確的水量.結果當然少差不如A線那樣好若是遇見這樣情形還是,用B線比較可靠些.

(他種事項有關於三合土壓量的)

從水比定律上可以看出來,作三合土時候一切手續也很有關係的.所以試驗的時候要先定出標準的混合法及藏貯法,然後纔可以比較他們的壓量.現在分說這幾種事項如下:

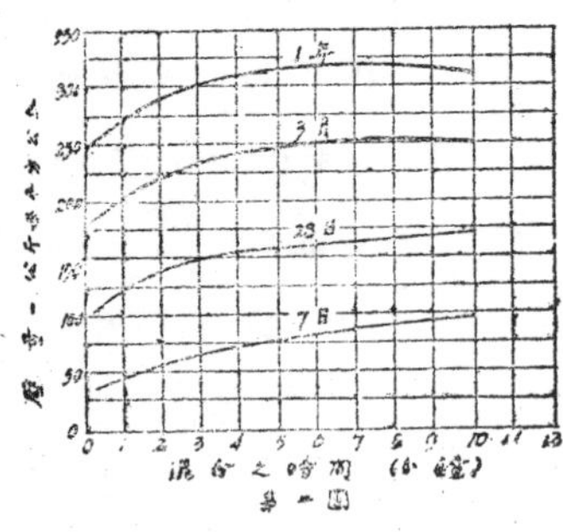

第二圖

(一) 混合時間的長短

從第二圖可以看出混合時間越長,得的結果越好.從十五秒至兩分鐘壓,量長的很快.譬如照七日後試驗的結果說:混合兩分鐘的壓量比混合十五秒鐘的壓量要大57%(一個是55公斤一個是35公斤,)所以混合時間長有下列幾種好點:

(A)壓量加大如上所述.

(B)出品可靠, 因爲混合時間長,各部分的成分可以平均,力量自然也差不很多.經過試驗的結果,混合十五秒鐘的三合土壓量有相差到30%的,混合兩分鐘的,最多差10%(譬如用同樣同比的原料做幾個樣品,試驗的結果有的90公斤,有的100公斤有的110公斤,平均相差不過10%.)

(C)經濟. 因爲混合平均,黏性自然大,同量的水泥可以多加石子,容量比較大得多,用費自省.

(D)防水力加大.因爲混合平均,可免除孔隙用牠築橋梁水堤可以免得水分透入.

經過試驗的結果,知道混合器旋轉的速度(R.P.M.),與三合土的力量沒有多大關係,有關係的是混合時間的長短.若是嫌出品太慢,不夠用,應當添置混合器(Mixer),不應當增加牠的速度.

(二)貯藏的情形

(a 溫度. 因爲三合土的凝結,是一種很慢的化學變化.祗要溫度適宜,水分充足,牠仍是繼續變化下去.所以三合土做成後應當先濕藏七天或十天以上.若是乾的太早,力量一定很弱.

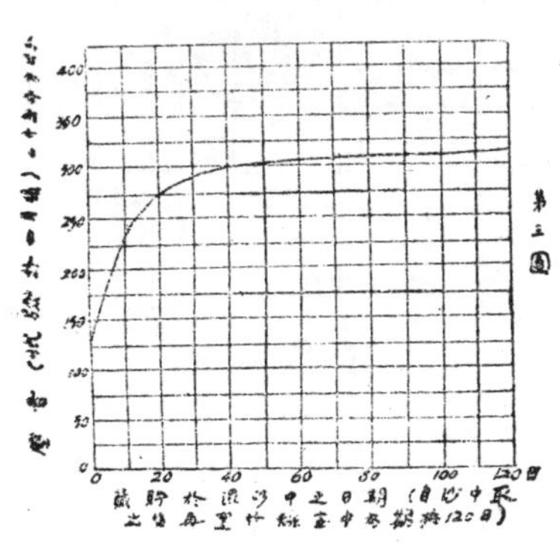

第三圖是用同樣同比的原料製成許多樣品,在四個月後試驗所得的結果.不過續在濕沙中的日子各不相同,有的藏濕沙中10天,再藏乾空氣中110天;有的藏濕沙中20天,藏乾空氣中100天…等.在圖中可以看出:在初凝結期中,壓量長的很快.長期的濕藏,不但可以加大壓量,并且增長磨量(AbrasiveResis'ance)及表面

硬度 (Hard Dence Surface).下列的表是從圖中取下來的:

藏貯的方法	壓 量	比 例
完全藏乾空氣中	126	100%
藏濕沙中十天	230	182%
藏濕沙中三星期	270	212%
藏濕沙中四個月	315	250%

可見藏貯法是很有關係的,尤其防水工程.因爲長期的濕藏,可以使化學變化愈完成,三合土的不可入性也就隨而增加.

(b)温度　温度與硬度的關係可以從第四圖上看出來:

在一1.1°C 凝結的三合土牠的壓量,比 21.1°C 所凝結的要小40%(廿八日試驗的結果.)

標準藏貯室中的温度,應當在16°與24° C間無論是濕沙或空氣.

(三)藏貯期的長短

前節已經說過三合土的化學變化,是繼續不斷的.所以牠的力量也是

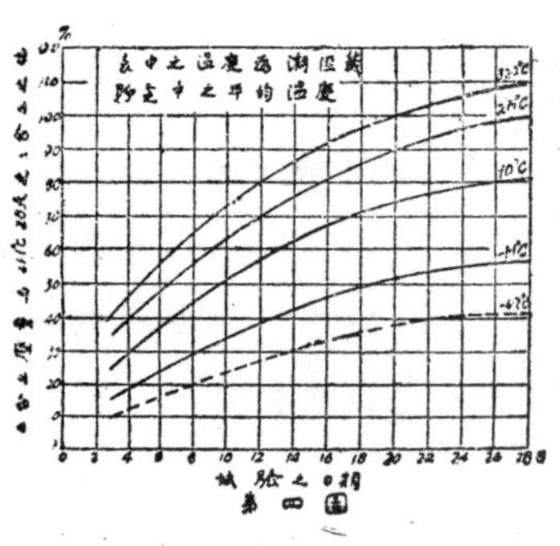

第四圖

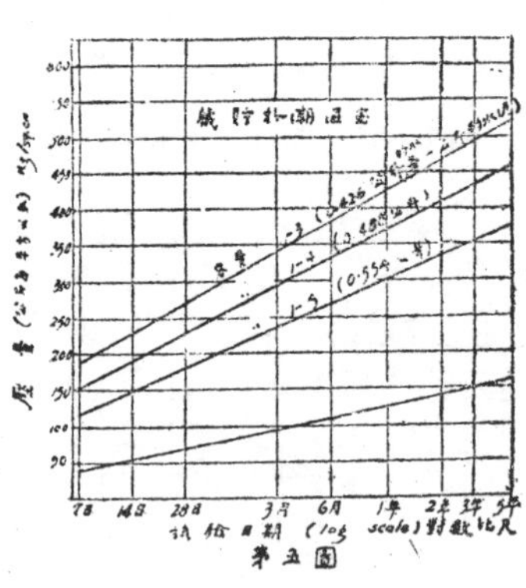

第五圖

有長無已,祇要水分充足,温度適宜,不過起初長的快,越到後來長的越慢.(參觀第五圖)這是將三合土藏在濕空氣中,經過五年之久.所試驗的結果.

從這圖中可以看出來,濕藏的三合土力量與日期的對數比尺 (Logarithm Scale) 成正比例.普通都是用28日後試驗的結果爲標準.

附　錄

1 公斤=2.2046磅

1 磅=0.45359公斤

1 公升=61立方英寸=0.264加侖

1 加侖=3.785公升

1 公升每公斤=11.28加侖每索(SACK)

1 索水泥=94磅

1 公斤每平方公分=14.2234磅每方英寸

1 磅每方英寸=0.07031公斤每平方公分

火車自動鈎在美展之經過

美國翻鑄廠出口經理　A.G.williams述　魯　波　譯

火車所用的聯車鈎,凡是留心機件的人,全都知牠的外形怎樣,動作怎樣,不必一定是專家才知道.現今所用的,已覺是非常便利,拆車聯車,僅用一提之力,毫無危險.然而就是這樣一個鈎,牠的發明和改良的經過,亦是很有意思很值得說一說.

從小的時候就聽見父親和哥們說:『火車上所用的鈎,是中國人詹天佑君所發明的,』心裏很快活,以爲中國亦有所發明,聊可以自慰.誰料想現在才知道;連這一點發明亦不是!眞是可哀啊!然而這不能算是詹君的羞辱,因爲詹君自有建樹,爲外人所賓服,而所可羞的,實在是中國人啊!

自動鈎的產生,是在美國有了鐵路以後,十年的時候(一八六六.)雖然,在一八六三的時候,有米勒氏發明了一種,然而因爲牠不甚合用,早已廢雜,所以不能算數.米氏的鈎,是用一個牢固的鈎,裝在一個長鋼柄的一頭上的一個軸上,可以左右擺動.當着兩鈎相遇時,因爲斜面的關係,可以把那頂着長柄的彈簧,推動一點,使兩鈎掛好.掛好之後,因爲那四個彈簧的均力,所以不會再拆開.等着要分車的時候,却須用人去推動彈簧才行.(參看圖一)

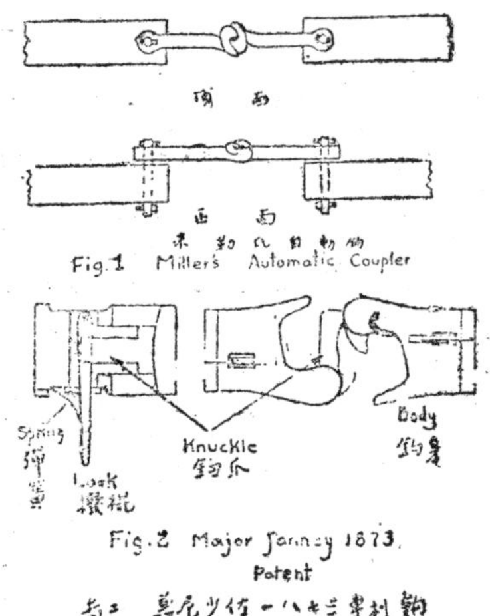

Fig.1 Miller's Automatic Coupler
圖一 米勒氏自動鈎

Fig.2 Major Janney 1873 Patent
圖二 兼尼少佐一八七三專利鈎

一八六六年,兼尼少佐 Major E.H.Janney 剛從南北戰畢退伍出來.不久的時候,他就注意到這個問題因爲那時候所用的鈎,是和現在上海法界電車用的一樣.每個車的一頭裝一個柄.一頭柄上有凸出的細桿.桿的近頭有一個洞,其餘的一個柄,有凹入一條長槽,正好容納凸出的細桿.槽的近底,亦有一個洞.當兩柄合好時.可以插過一個鋼銚連成一體,當聯車時,一個人用手扶平了細桿,對準了槽口,當桿已進槽,而未到底時.趕緊把手拿開,但是這在電車上用起來還好因爲平常總是機車接拖車,扶桿的人和司機的人,離得很近,車走的又慢,所以很少出危險,但是在火車上就不然了,扶桿的人和司機的離得很遠車的速度又很難平均,所以一個酌量不對了,有時要擠掉手指,手臂,甚至於性命也送掉!所以兼尼君就想做一種自動鈎去代替牠.

兼尼君第一次註册專利的鈎樣,同他在一八七三年註册的差不多.(參看圖二)這種以後就叫作兼尼式 M.C.B.A.自動鈎.

註 M.C.B.A. Master Csupler Builders Association

兼尼君的一次出品,是在倭而維尼亞州亞歷山大廠翻造的.造成後.在南方鐵路公司車上試驗.因爲那次試驗的結果,非常之好;所以兼尼君就自己開辦了一廠叫作『兼尼火車自動鈎製造廠,』專門供給各鐵路之用.總一方面經營此廠,一方還極力改善他的出品.一直等到他的末次專利年限滿了的時候,才把廠讓與別人.

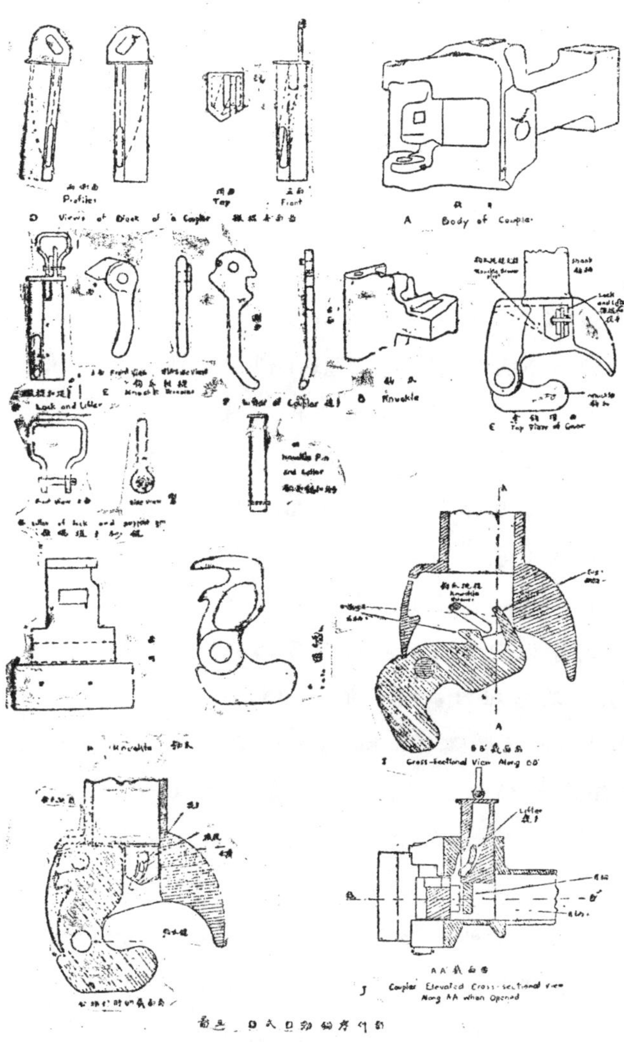

圖三 D式自動鈎零件圖

在一八七四年時候,他把自動鈎的外形,已竟改的同現在通用的『D』式鈎差不多,同時他又請了一次專利,但是這還不甚合用.在一八七九年,他又改成了一種斜面式自動鈎,亦請了專利!幷且在一八八八年被M.C.B.採定爲標準自動鈎.然而這種應用亦不能算很廣,後來被『D』所排斥,現在已竟不見了.

自動鈎起初是用坩𬬻鋼Cruiblesteel所作,試驗起來,非常力足.後來銷路愈大坩𬬻鋼又貴,所以改用可延鉄Malleableiron到現在完用生鋼Cast Steel了.試驗起來還是非常力強足用,可是價錢賤多了,所以現在美國鐵路聯會定的標準是用生鋼.

从一八六六年發明以後,一直等到一八八二年,在這十六年當中,雖然採用自動鈎的公司漸漸加多,但還不算勇躍而採用自動鈎的最盛時代,要算是一八八二以後幾年;因爲那年魏士廷好士君在試驗他的壓气殺車Co m-pressed Air Brake 的時候【註一】爲要證明他的殺車能力強大的緣故,特意用了五十多輛車,(比平常約多四陪)裝置他的壓气殺車,同時却又裝用鎌尼君的自動鈎,試驗的結果,不但證明了他的壓气殺車能力,同時自動鈎的能力,亦藉以大白因爲用從前的桿柄式,是帶不動那樣多的車底!

在鎌尼君的成功已竟確定以後不久就有許多別樣自動鈎出現但是因爲總離不了鎌尼君的原理和形狀,所以在那數百種內僅僅有十五種是曾經實在被採用過,而在這十五種中,又僅有五六種佔過一點勢力.但是要同鎌尼式的比起來,那眞是小巫見大巫了.所以結果是:雖然有許多人去改良自動鈎,但都沒很大的改善,而最末還是那老鎌尼去作那最大的改良工作.當一九一一年,他已竟是八十歲了,卽又發明了一種『鈎爪保護器.』這個專利,是在一九一二年批準的,不幸他却在批準後頭幾天死了!

在未說『鈎爪保護器』以前,先讓我把鈎的各部分講出來,以後比較容易懂(參看圖三).一個鈎,大略是包含鈎身,鈎爪 Knucle, 撥塊 Lock, 鈎爪挑棍 Knuckle thrower, 提手 Lifter, 鈎爪鍵 Knuckle pih, 栓子 Cotters, 鈎爪挑棍的支柱 Knuckle tnrower pivot, (這個支柱是可以同鈎身做成一體的)和撥塊提手和鍵 Lock Iifter and Suppch pin 等十様零件合成的.各零件可以在圖三裏頭看出大概的形狀來,至於拚攏的手續是先把鈎爪挑棍安在牠的支柱上.就是把E掛在C的c上.然後把D放進A的S孔裏,再把F放到D裏去,加上G就成P在A裏了.等到B和H加好就算成了.牠的頂面形和C差不多,而牠的側面形亦可以从Q圖揣模出大概來.當着要接車時,先把撥塊和提手用手提起來,這時候提手F的D,就把鈎爪挑棍的F挑起來.這樣一來,挑棍的F就入挑開K圖的g;如此一來,就由Q變成I和J了.等到對方的鈎爪I碰到了H的時候,鈎爪向裏轉去,由g點推回挑棍,等到推到原處的時候,挑棍的E就又把提手給捺下來,仍回到Q的形狀去,於是再用力量去拉鈎爪,就拉不開了.

現在再說什麽是『鈎鍵保護器』這個保護器,幷不是在各件之外又加上一件東西,實在把從前的鈎身和鈎爪的構造,稍加修改而已.圖四是一七四年的樣子,我們要把牠和第三圖的樣一比,就看出二個分別所在.三圖的鈎身,多了上下兩個摺緣 flange, 而最要緊的就是圖的兩個耳柄P和Q,還有鈎身的r和S有了牠們以後,鈎爪鍵的糜費減少多多.從前的鍵,全受向旁的拉力.現在當車子行走的時候,鍵竟可以自由取出來了.而車仍不斷.

自動鈎製造有二個要點:一個是要零件少,一個是要堅牢.撥棍和爪尾相擦的面積,與撥棍和棍牆相磨面積,全是愈大愈好,所以現在的撥棍,全是正方形的截面,幷且極力作成和立方形相近,以求力量足,提手一定要完全是一塊,因爲从前的提手是好幾塊做成的,常常互相攪着,不能上下自如,以致把全鈎弄壞.至於鈎爪鍵保護器,不用說是頂要緊了.

製鈎業在美國可說巳竟發達到了很高的地步了.一來那廠家承造的樣式很多,二來各種的應用程度又都知道,所以現在關於設計方面,差不多可以說是盡美盡善;而關於製造方面,那更是熟極而流.他們可不用車床Lathe 鏃磨,僅用翻沙和打鍊 (Casting and Forging) 做出極適用的鈎來.

爲試驗出品優劣起見,『美國鋼鐵翻鑄廠,』曾做二種機器,專供此用.後來美國鐵路聯會亦採用這這兩種,頭一種是一個斜置的短鐵軌,上面有兩個轉向機 (Truck 卽機車前端之小輪盤) 每頭裝一只鈎,當試驗時,用馬達去轉動轉向機,然後作種種掛鈎.折鈎,開放,下撥棍 ……… 等動作.如此來回數千次,假若有缺點時,一定可以看出來了.第二種是一種仿崎嶇道式的機器.一個鈎上下搖動,一個却向左右擺動.如果要是撥棍沒有跳出來,凡那鈎就算可用.

鈎的製造,所以這樣盡善盡美的原因;一在有詹尼君的努力創造,二在各工廠的工程師的改良.到現在計算起來,所救免的危險已覺說不出了.雖然將來一定還有改良,但是就不再改良,現在的已覺可以應付,一切了.

但是上面的歷史,乃是在美國是這樣,至於歐州諸國,發達的較爲遲慢,尤其是英國,直到晚近才行裝用.

現在我們知道自動鈎不是詹君所發明,不過詹君實在有一種改良的意見和建議而已.同時希望國人深自策勵多多努力.

註一 按火車用之殺車,在先原是『手按殺車』Hand Brake和『彈簧殺車』Spring Brake兩種,

而用的最多的,還是手按殺車,但是這兩種全部不合用,一則每列車只有機車上面有一個殺車,二來人力太小,所以機車雖然殺住,而後面的車,還是要挨次的碰上來.喬治魏司廷好士君所以發明這個壓气殺車的動機,亦是由於他受過一次碰車苦.他的第一次出品試驗,是在一八　　年全機裝置如左,

在機車上車手坐旁,有一個幇浦壓气機 Puvnpas Compressor,車底下有一大蓄氣缸,在每一車底下有一個殺車气缸,彎管頭,爲連接各車之用.在蓄气缸和彎管頭中間,有管相通,并有三孔活門一個,做放氣通气之用.蓄气缸上,并裝气壓力表一只,以覘气力.當平常時,先由幇浦將空气壓至缸內,到了一定的壓力就停住,然後等到用時,車手一開活門,气就流到各車的殺車氣缸,把殺車殺緊.等鬆車時,把活門推到放气孔,空气就跑出來了.這種設備,自然比手殺車好多了,但是因爲氣管太長,阻力又大,所以气壓力愈往後愈小,達到末車亦慢,所以前後各車,不能同時殺住.魏君於是又改良裝置,把每輛車底下添一個幇浦和一個附蓄气缸.而機車上,其餘氣管仍然和第一次相同.大气管和附蓄气缸中間有

一個活門,平常的時候,大气管裏的气壓力,比附蓄气缸裏的气壯力大,所以附缸裏的气不得到殺車气缸裏去.等到殺車時,車手把大气管裏的气壓放小,附缸裏气就出來殺車.這樣一來,殺車的速度,固然是快了:（因爲加气到管內去不如從管內放出來快）而每個附缸壓力相等,所以末尾殺車的殺力,亦不減少,所以總算大功告成了.上文所說的試驗,就指第二次而言.以後還有特別快車殺車的試驗,因爲不關本文,此地不便再說了.

狄塞爾廠之經濟設備

潘廉甫

狄塞爾機之進步一日千里,其駕理之簡便,消耗之經濟,爲工程界所共認.歐美近時之發電廠多採用是項油機以代汽機.上海法商水電廠其原動力全係狄塞爾機卽其例也.但狄塞爾機雖使用便利,其設備之須要,似較汽力廠爲繁,惟其種種之設施可使動力之價值減至最低之一步.故狄塞爾廠之能較汽力廠經濟與否,全視其設備之完全及良善與否.就近代狄塞爾廠而言,除引擎本身及其附屬品之完善外,尙應注意于下列之各要點,以達最經濟之目的.

(一)燃料之儲存,

(二)燃料之純淨,

(三)散熱冷水之節省,

(四)滑油消耗之經濟,

(五)空氣之潔淨,

(六)起重之設置.

(一)燃料之儲存——燃料爲一廠之生命供給不可一日缺乏,且燃料爲支出之正宗,其經濟問題尤爲重要.燃料儲存箱之設置,直接應響及以上之二問題,故宜加以注意也.

燃料之儲箱存宜築於廠房附近,使供油便利通暢,同時須近交通大道以減燃料運輸之困難及其費用,其儲量因燃料購買之經濟問題,至少須6500加倫之容量.同時至少須能供給一星期之消耗.若用圓桶式之儲油器,八呎直徑二十呎長容量8400加倫,最適用於小廠.容量自15000－50000加倫最適用於大廠.如以上之容量,可使廠家用其財力,在燃料價值降落之際,盡量收儲.此項儲油器之小者,約重6000－7000磅,值$500美金左右.

儲油器有以水泥築成者,其價可稍低廉.其底承油之一面須以鋼骨水泥爲之,直立之四週亦須以鋼骨水泥爲之,惟可稍薄,(4/8至3/4)鋼骨每條相隔12吋),儲油器之位置須能使油因自巳重量之壓力流過淨油器以達輸送管.在此管之近引擎部份輒繞以汽管或熱水管,使油質保留一定之流性,蓋流性之減低有損于燃料使用之經濟也.

(二)燃料之純淨——狄塞你引擎因油質之揮發而推動活塞,故油燃燒後所成之氣質直接觸于氣缸內之各部份.若此項氣質內含有不純之雜質每使注油筒口(Injection nozzle)活塞環(Piston ring)氣缸綠發生損害,而縮短引擎之生命.近代之大小廠多備一燃料之化淨器,於油注入引擎之前加以化學之作用,提除燃料中之鹽基性之雜質及水質.此種設置,若用於600匹馬力之引擎上,約須美金2500.在壓油式(Solid injection)之油筒口(nozzle),因有淨油器之設備,可用低級之燃料,其節省之耗費可與設淨油器之費相消而有餘.且由經驗上,使吾人知曉若無淨油器設備,引擎內之新油筒口祗有二十四小時之美滿功作,越此卽已爲油內之有害質損傷,可知該器實爲不可少之品也.

(三)散熱冷水之節省

狄塞你機之動作,全持油質之燃燒,故其氣缸之熱度每高至與油之燃燒點間.在熱力學之理論上,此種顯像可使引擎功作率減少,故必須設法將氣缸上之熱傳散之,其法大概有三種:(一)空氣散熱法,(二)油流散熱法,(三)冷水散熱法.以上三種之冷機法,第一種祇能用於較小之引擎上(100匹馬力以下),第二種及第三種之方法,多用于較大之引擎上.油流法雖佳,但有火患之危險,且費用甚大,故冷水散熱法爲最普通,惟狄塞你廠之設置,多在水給不充足之處,巨大之引擎,欲求水給之不缺乏,實爲一困難問題.試觀一座狄塞爾引擎,每供給一輪制馬力每小時須散熱冷水6至8加倫.其溫度必須在80°F以下若超越此數,卽須15加倫水量.以一座600匹馬力之引擎而論,每分鐘須耗水15加倫之巨,其數甚屬可觀.若在水源不充足之處,必難以供給,故必須用一種方法,緊用過之水冷而再用之,以資節省,

最簡單之狄塞爾散熱法,爲以一水桶可供給十小時之水量,位置于引擎進水管平線廿五尺以上.在是水箱之支脚旁,置水泥水箱一.自引擎中流出之熱水可儲入其中,以流通喞筒送入高水桶經過淨濾作用流于濺水板(Spl sh Plates)上,使水溫度減低,流至桶底因廿五尺之水壓再入引擎.如是週而復始,成一循環水路

以上方法,因限於水量不能應用于大廠.若前述之600匹馬力引擎,卽非用水塔不能供給15加倫之水量,同時以二流通喞筒使水流自塔至引擎,自水槽至水塔,循環不息.每有因水塔過高,另須抽水喞筒以助水之流入水塔,但計劃稍精卽可免去之.

于是種散熱法,其水流之固定無缺,爲計劃時之最要點.水流于導送管或其他處所,每因阻力而速率減低.如是則在一定時間內水量供給將減少,故水壓力應另加廿五磅專爲消磨于阻力者,然後可以使水量供給不致減少.流通喞筒有時不能送水至水塔中,因其抽水力之不足,致冷水之供給有中斷之虞,故流筒喞筒必須確知其有十呎以上之吸水力,始能應用也.

(四)滑油消耗之經濟

滑油爲保善機身免除危險之重要消耗品,爲全廠支出重要部份之一若滑油一度用過,即行拋棄,損失殊大.近代大廠,多用化學方法,以淨除其雜質,然後再用之.此種方法,亦不能使油應用多次,蓋其中膠狀之炭屑,於每次淨化時,不能完全提去.積數次之後,此種質份過多滑油卽不能再行使用.但用清濾法及沈澱法,可使以上之困難免去.其法卽以油箱三只並例,以第一箱承接自引擎流出之滑油,第二箱和明礬 (alum) 于自第一箱流入之油內,使油內之雜屑及炭屑等,凝結而下沈然後以曲吸管 (Siphon) 送入第三油箱儲存,再以油唧筒送入引擎各部之須要滑油者.是種特製器具,若有十桶滑油之容量,須美金 $3000 之巨.但廠小者可以空油桶代之.則其所費祗美金 $50 而已.滑油消耗節省之數當不止此也.

(五) 空氣之潔淨

燃料含有雜屑有害子活塞活塞環及氣缸綫等已述之詳矣.但燃料之發火,全憑空氣之給養,是以空氣所處之地位,正與燃料相同.人多注重燃料之純潔而忽略空氣之清淨,空氣中所含之塵土等及炭屑品亦有害於氣缸內之一切無疑.其消除之方法有二:曰濾淨法,及洗淨法是也.洗淨法以化學方法,剷除空氣中之有害物,其設置之費極大.若每分鐘供給 4000 cu. ft. 空氣其費須美金 $800,若每分鐘供給 2500 cu. ft. 則須費 $8000 美金矣.濾淨法可較底廉,其法以空氣吹過濾淨器以除塵污.濾淨器之內,祗有極細之鐵絲網幕,組織簡單.用時過多則其功效卽漸減少.然因其費用祗須美金 $300 可使引擎保養美滿,生命延長,倘不失爲一有利之設備也

(六) 起重之設備

狄塞爾引擎之裝設及折散,須要極大之功,且多重量巨大之零件,非一人所能擔任者.故廠房內應設起重之機件以應不時之須,而節人工.是種起重機,宜高架於廠房之屋頂下.以鐵鍊下垂以應須要.其架於屋頂下之橫梁以,宜能活動進退,以達廠房之各部份.是種設備,雖略費資金.但能於經廠之

時卽設置,則所節有之人工及時間,正匪淺鮮也.

狄塞爾廠之設備,大概如上.其餘若種種之測驗器,測量器,紀錄之工具,以及每日廠之工作情形圖表,與廠務之管理及改良,有密切之關係,亦皆重要不可忽略之要點也.

煤粉狄賽爾引擎之成功

王 仁 東

狄賽爾柴油引擎(Diesel Oil Engine)佔地狹小,管理簡易,燃料節省.近日發達甚速,已在工業界中佔一重要地位.盛極一時之蒸瀛引擎(Reciprocating Steam Engine),爲之退避三舍,將遭淘汰之勢.吾國人士,採購狄賽爾引擎,以供發力及船舶之用者,亦漸有聞見.足見狄賽爾引擎之成功,方興而未艾也.然吾國產煤之富,甲於全球而石油礦則尙少發見.如將來狄賽爾柴油引擎盛行於吾國.豈不將舍國產之煤不用,而仰給柴油於他國耶?此誠一問題也.

當奧士氏(Otto)於一八七八年發明奧士式內燃引擎時以氣盾爲燃料.其後發明化氣器,(Carbiuretor)乃能利用汽油(Gasoline)及火油(Ke-osene).最近狄賽爾引擎,則用盾重之柴油(亦稱黑油)爲燃料.然欲更進一步,以固體之煤代替柴油,則數年前公認爲不可能之事也其困難蓋有二點(一)煤之餘燼若留於氣缸(Cylinder)內,嵌入活塞與氣缸壁之間,能將氣缸壁及活塞擦損.(二)不易着火(Ignition).故歷來試以煤粉(Coal Dust)代替柴油以供內燃引擎之燃料者雖不乏人,而結果終鮮成效.

德國顧斯毛斯機器廠(Kosmos Maschinen Fabrik)於一九一一年起研究此事.於一九一六年解決着火問題.乃以氣缸直徑十六吋半,活塞行程(Stroke)二十五吋,單氣缸,四週式(Four Cycle),之狄賽爾柴油引擎一座,改裝

噴射煤粉之器具迄今十二年內試用結果.非常滿意.玆條舉如左:

(一) 十二年前用柴油時,能得實馬力一百二十匹,現用煤粉,仍能得一百十匹實馬力.

(二) 十二年前氣缸內氣壓(Compression Pressure)能達每方时四百四十磅,現仍能達此數.

(三) 燃料純用煤粉.或煤粉與柴油之混合物,均能獲完全之燃燒甚或用焦煤(Coke),亦無困難!

(四) 烟囱管(Dxhaust Pipe)所出之廢氣頗爲清潔;在數尺外之三丈高牆,於十二年內,無顯著之污痕.

(五) 氣缸壁上部僅磨去一百分之八吋其下部絲毫無損.

煤之灰燼本爲不可免之物.但燃燒室(Combushion chamber)之式樣如購造得宜,則可使灰燼完全停留於氣中,不與氣缸壁及活塞相接觸;復以高壓(每方時八百八十磅)之淨潔空氣,(Scave nging Air)自活塞圈(Piston Ring)間吹入則灰燼卽隨廢氣自烟囱管迅散,不復爲害矣

煤之價廉而柴油之價昂;故煤粉引擎之Operation Cost在德國僅及柴油引擎之四分之一.煤粉引擎之構造費,亦與柴油引擎相彷彿.

狄賽爾柴油引擎,當活塞之壓縮行程 Compression Stroke 時,氣缸內僅有空氣.在壓縮完畢時,柴油始射入;故柴油之由冷而熱及着火而燃燒均須於極短時間內完畢.在煤粉引擎,則煤粉與空氣同時受壓,不過互相隔開,逮壓縮完畢時,(Deadce nter)始相接觸而燃燒.且柴油係流質,故射入氣缸時遇高壓空氣,卽受阻而飛散,不能深入氣缸中部.煤紛則係固體,故能深入氣缸中部,使燃燒易臻完全此皆煤粉引擎之優點也.

至於潤滑油(Lubricant)則煤紛引擎耗費略大.又煤碎爲粉,須經一番手續.如煤之成分(Volatile Matter)較少,或灰質(Ash)較多者,其顆粒須愈細,此層手續,爲柴油引擎所無也.

據顧斯毛斯機器廠試驗之結果.煤粉引擎已漸由幻想成爲事實.此其成功,在世界工程界立一紀元.而與產煤最富之中國,尤有莫大之關係及希望焉.（完）

空心線圈之磁感量及振盪週率之直線解法

哲 公

頻年來無線電報,在我國進步之速.大有一日千里之勢.良以遞信迅速.需費較省,駕有線電報而上之故國人之起而研究者,日益增多,進而自製收發報機者,亦復不少.誠我國無線電界之福音也.

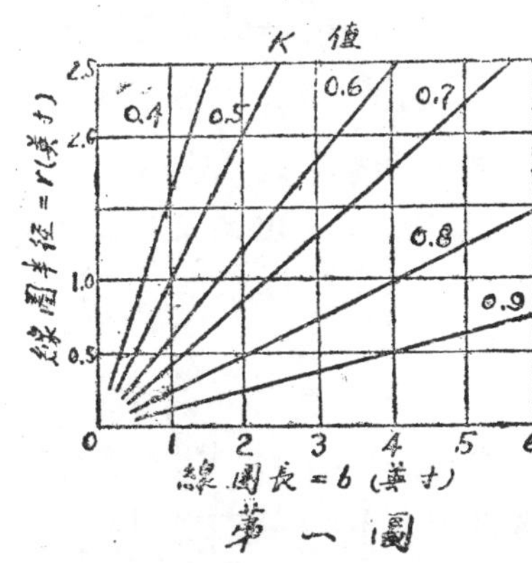

第一圖

考無線電報之振盪(Oscillati on),實基於磁感量(Inductanae)及電容量(Capcity),電容器(Gondenser)製造非易,往往購自市鋪,磁感量製造簡單,以紗包線或絲包線繞成線圈(Coil)即可,但當吾人製造線圈時,每不知其磁感量若干,換言之,即不知若干直徑之線圈,須若干圈數,方適用於一定之電容量及週率(Frefuency),若在實習室試驗或以公式計算,似覺費時,本篇所述,即關係磁感量及週率之直線解法,應用極便,願以一得之愚,書而出之,爲樂於斯道者之一助也。

（甲）空心線圈之磁感量

空心線圈(Ai rcored coil)之磁感量之大小,胥視乎線圈之形狀與大小,就普通言線圈每作圓形,計算公式如下:

$$L = \frac{0.10029r^2n^2}{b}K \cdots\cdots\cdots\cdots (1)$$

公式中　L ＝磁感量兆分亨利 (Inductance in micro-henry)

r ＝線圈平均半徑（英寸）(Mean randius of coil in inches)

n ＝線圈轉數 (Number of turns)

d ＝線圈長（英寸）(Lensth of coil in inches)

k ＝係數,隨線圈之大小而變 (shape factor)

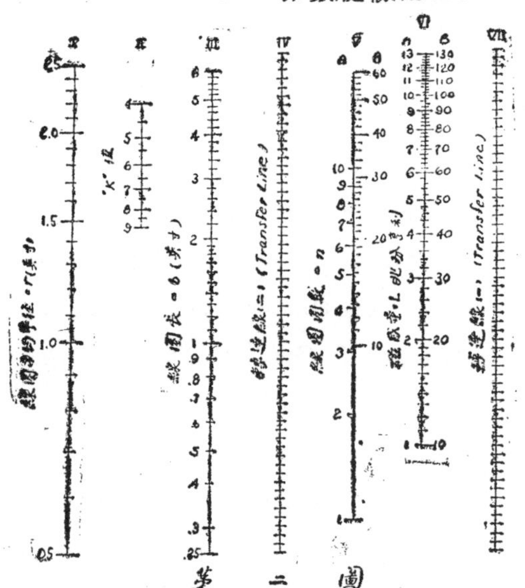

第二圖

(例一)　設 r ＝ 3

n ＝ 30

b ＝ 2

讀第一圖,得 k ＝ 0.5

$$故\quad L = \frac{0.10029\times 3^2\times 30^2}{2}\times 0.5 = 90.26兆分亨利$$

若以第二圖解之,僅藉三角板一塊或尺一枝,即足求得數,用法先連III線及V線上之

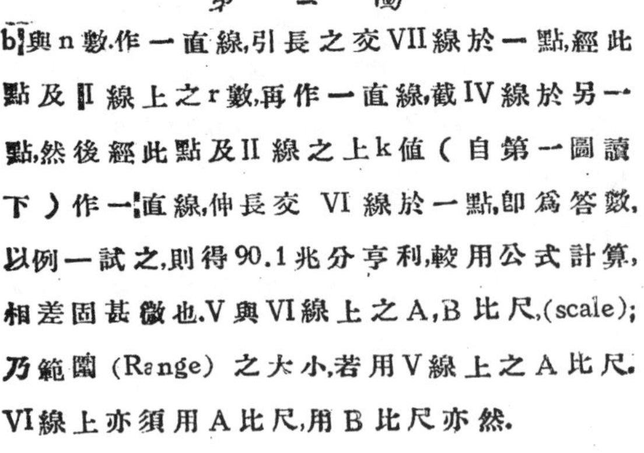

b數與n數作一直線,引長之交VII線於一點,經此點及I線上之r數,再作一直線,截IV線於另一點,然後經此點及II線之上k值（自第一圖讀下）作一直線,伸長交VI線於一點,即爲答數,以例一試之,則得90.1兆分亨利,較用公式計算,相差固甚微也.V與VI線上之A,B比尺,(scale);乃範圍 (Range) 之大小,若用V線上之A比尺.VI線上亦須用A比尺,用B比尺亦然.

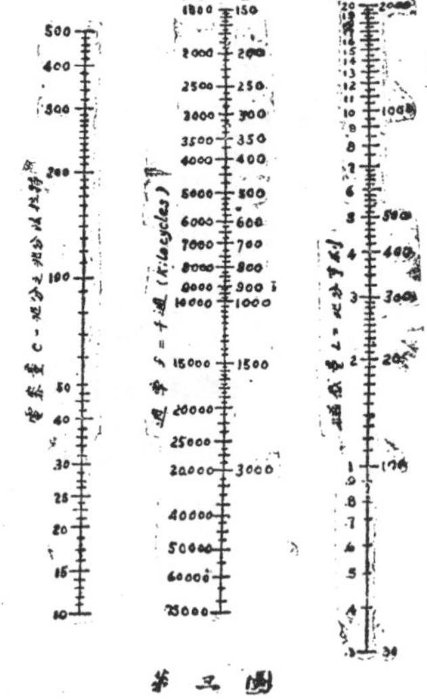

第三圖

（B）週　率

週率與磁感量及電容量之關係,以公式計算如下:

$$f=\frac{1}{2\pi\sqrt{LC}} \cdots\cdots\cdots\cdots \quad (2)$$

公式中　f ＝週率 (cycles per sec)

L ＝磁感量亨利 (Inductance in henrys)

C ＝電容量法拉特 (Capacity in farads)

$\pi = 3.1416$

例二　設　L ＝300兆分亨利

C ＝100兆兆分法拉特,

則　$f=\frac{1}{2\pi\sqrt{300\times10^{-6}\times100\times10^{-12}}}=\frac{10^7}{2\pi\sqrt{3}}=919\times10^3$ 週率

如用第三圖解之,時間經濟多矣,用三角板或尺,連任何已知兩數,截第三線即答未知數,故第三圖不僅能求週率而已矣.圖中所示電容量,自10至500兆兆分法拉特.磁感量自0.3至2000兆分亨利,率週自150至75000千週(kilocycle),換言之卽波長(Wave length)自4至2000公尺(meter),週率及磁感線上之A,B兩比尺,須同時用A A或B B.卽以例二試之,答數與用公式解之無異,其法,其簡,經C＝100及L＝300兩點,直線交中線於一點,卽爲答數.反言之,倘已知f與L,或f與C,第三未知數,用同法求之亦得.

十八，一，八．於西宿舍

變壓器(俗稱方棚)之各種接線法

宜　　公

接用變壓器的方法,實至繁多.最簡單者,乃以單只變壓器,用於 Single-Phase cireuit 中;若第一圖所示.現假定此變壓器,乃用以變高壓至其十分之一的低壓,其Capacity爲1000 Watts.（alkw,1 to 10step-down fransformer）不計其變壓時之各種喪失(Losses),則其電流（current）及電壓(Voltage)亦若圖中所示.

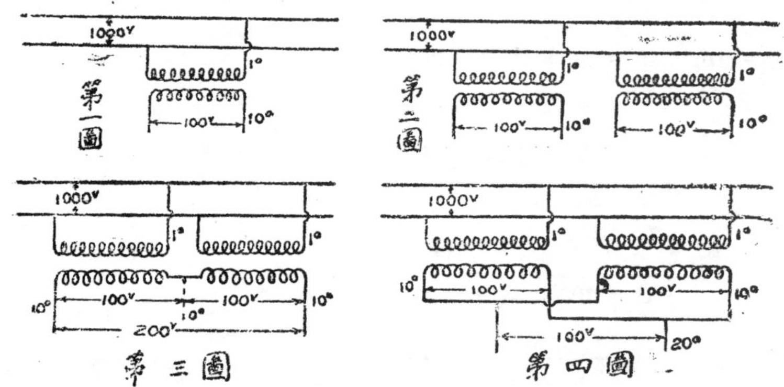

第二圖所示,爲兩只（或二只以上）之變壓器,接於同一線路中.其Primary turur 用平行法(in multiple or parallel)相接,而其 Secondarv turns則不相連接.倘此種兩只變壓器之Secondaries,能「適當的」連接,如第三圖中所示則可得二倍的低電壓.倘於其啣接處,再加一電線,若圖中斷線所示,則成爲三線傳送系矣.(3-wire system of distribution.)

頃謂此二只變壓器之 Secondaries,需有「適當的」連接,所謂「適當的」連接者.即其 Secondaries 須「相加的」連接.各個中之 Instantaneons E.M.F,必須在同一方向中是也.倘方向相反,「相減的」連接,則無電壓存於外邊二線之間矣.因此二線圈中之 Instantaneous pressures,常是相等,故在此反接中,同時相消失也.

又 Primaries 仍如第三圖所示,用平行接法;其 Secondanies 亦可平行相接.若第四圖中所示.在此種接線法中,須注意:在無論何時,其 Secondaries 中之E.M.FS.,當同時指向同一分配傳送線(the same distributing wire)二個以上之 Secondauies,連亘相接(series connected),不甚多見;但在縱橫密布之送電線路上,電力多從高壓線(High tension Line),於各處經變壓器而傳送,則其secondaries,必須若第四圖之平行相接.

市上之變壓器,其Secondanies,通常爲兩個分離而又相同的線圈所組成.兩線圈(coils)之四端,皆通至殼箱(case)之外.如此,其接線法,可因應用而異.或如第三圖,則可得較高之電壓或若第四圖,則可得較大之電流.而購一此種變壓器,較之購二只小一半電力(兩只相加可得同樣電力)之變壓器,便宜多矣.因不特買價較廉,即使用時之消費,亦較爲節省也.

今以言two-phase sgsten:倘爲四線系(Four wire system,)則可當作二之獨立的Single-phase System.其高電壓可用兩隻相同之Single-phase變壓器,接于每一phase中,而變成低電壓倘欲以此二變壓器,供給two-phase three-wire system.其接線法示於第五圖中,其外邊兩線間之電壓,並非爲各個變

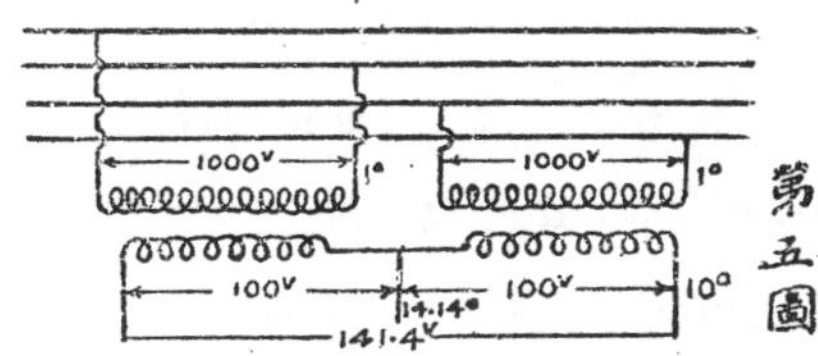

第五圖

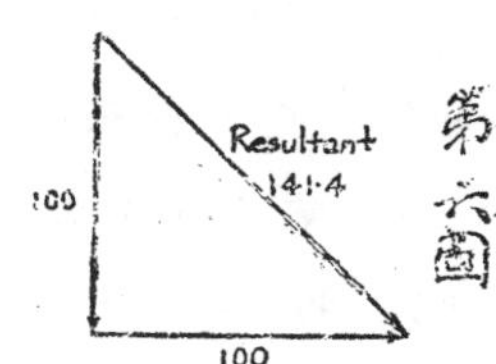

第六圖

壓器電壓數目之和,而是彼等之Vectorial sum.因在two-phase電路中,其感應電壓(Induced E.M.F.)之方位,常相差九十度,如第七圖中a b線與d e線;故其Vectorial sum爲ac,而並不等於兩者數字之和也,前第五圖中所示之接法,苟顛倒之,(即其Primaries當作secondaries而secondaries則視爲Primaries之謂)則two-Phase three-wire system,可以變成爲two-phase four-wire system矣.

司各脫氏嘗計劃成一頗饒趣味之接線法,能將two-phase four-wire sysem,一變而爲three-phase three-wire system.第七圖卽示其二個變壓器之接線法.倘其一爲十比一之變壓器,則另一變壓器之轉變比例,(Rrtio of transformation)必須爲十與•八六七$\left(10:\frac{\sqrt{3}}{2}\right)$.其secondary之一端接于第一個變壓器secondary之中央.於是其餘三端,接以電線,卽成 Three-Phase Three-wire system矣第八圖爲其圖解,祇就其Secndaries方面者.ab線代表第一個變壓器所生之感應電壓,c d線代表第二個中所生者,與a b成a d,直角.因其接法如是,故d爲a b之中點.如是,a b及c d,皆表明其電壓之方位與大小,而從此圖形觀察,卽知a b c爲一等邊三角形,三邊所代表

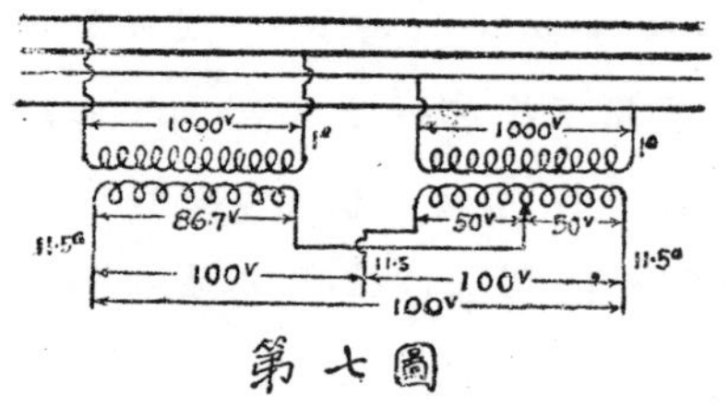

第七圖

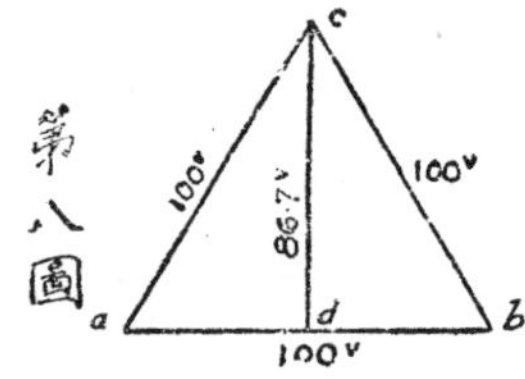

第八圖

之電壓相等,其所差之角度亦相等是正宜于供給 Three-PhaseThree-wre sy tem以電力者也,在電力傳送之廠內,倘因限於境遇,而必須以Two-Phase發電機供給 Three-Phase Three-wire System者,而此種接法乃常用之.

在 Three-Phase circuit 中,亦往往每一 Phase,用一變壓器,則此三個變壓器,用Y接線線可,用△接線線亦可將其Primaries用Y接線法,而其Second-avies用△接線法亦可;或顚倒之以其Primaries用△接線法,而其Secondories用Y接線法亦可,第九圖中,其Primrieas及Secondaries.皆用△接線法,其Primaries所受之電壓,爲一千伏而次(Volts),亦假定其每個有一千瓦特(Watts)的工率,故每器中之電流爲一安培(Ampere),而路線上爲一•七三安培也.

在Three-phase Circuit中,電壓方位之相差,爲一百二十度.故在平衡狀種態之下.其Current Vectors間亦相差一百二十度若第十圖中所示其長弦爲其短邊之一•七三倍故路線中之電流,亦一•七三倍於變壓器中者假此

之裝置,最宜於常須電力之處,因三個變壓器中,或有其一損壞,則此組電路,並不斷絕電力之供給;惟其餘二個,各多受六分之一之電力負重 (Load) 耳.換言之,倘此組已使用其電力全量,其餘二個各須過負(Overload)百分之十六•六七也.又,卽使同時有兩個變壓器損壞,其一仍能供給其單路以電

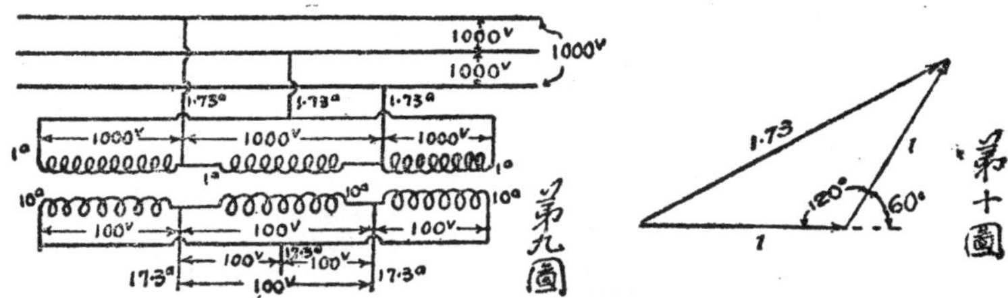

第九圖

第十圖

力而不斷.

變壓器之Primaries及Secondaries.皆用接Y線法者,示于第十一圖中.照此裝置,則其中有一毀壞時,接于此變壓器之一路線,不能用之,致二面之電力,因之間斷,而其餘一面,亦祗能在較低電壓之下,維持繼續.但此種接線法,亦有其利;卽計畫其變壓器時,祗須計及其路線電壓 (Line voltage) 之百分之五七•七是也.在高壓傳送 (High tension trausmission) 中,用此方法,可使

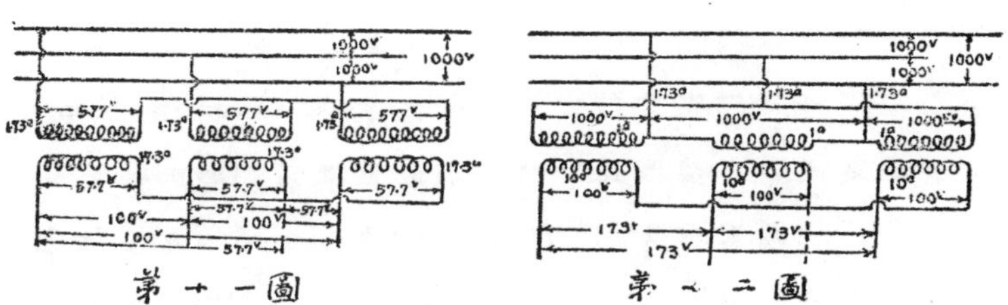

第十一圖　第十二圖

變壓器之構造,之之較用△接線法者,縮小許多.又圖中虛線所示之處,倘加以電線啣接,卽成四線傳送系矣.

第十二圖所示,其 Primaries 用線接線法.其 Secondavies 用 Y 接法.第十三圖所示.適相反.利用此二圖所示各個接線法之益點,次可以用等比變壓器將電壓增高或低減.倘以等比變壓器,如第十二圖裝置,則可從一百伏而,

次,變高成一百七十三伏而次 (Volts); 如第十四圖裝置,則可從一百伏而次低減至五七•七伏而次.

尙有一種變壓器,名爲自變電壓器(Auto-transformer).其中二種線圈相連接.於是其 Prim'nary 卽成爲 Secondary 之一部.倘其轉變之比爲二與一,則此自變電壓器,以與平常能有等量電力之變壓器較,可省一半成本,一半喪失 (Losses.) 及減少一半電壓之參差(Regulation)〔第十四圖中甲爲變

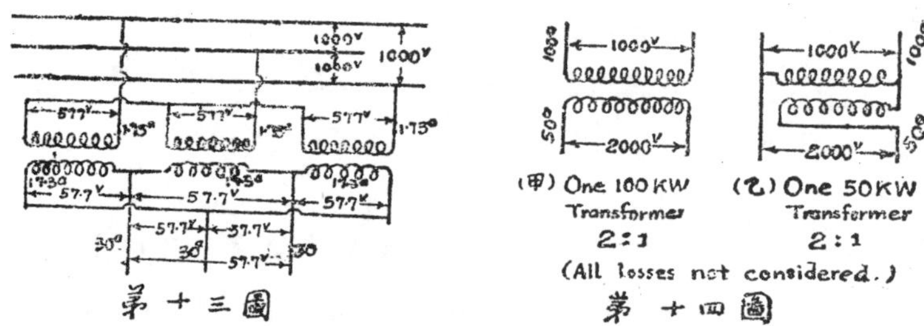

第十三圖　　第十四圖

壓器乙爲自變電壓器可相比較〕其惟一之弱點,卽其 Primary 與 Secondary 並未隔離,以致當路線偶于某處着地時,其低壓線或將遭受高壓線高壓之危險.變壓器中之絕緣質,或因之損壞,因其低壓線圈之絕緣質,祇能抵抗低壓,而其他線圈之絕緣祇能抗絕高低二壓相差之電壓也.自變電壓器之工率,爲高壓電流與高低二壓之差之積.自變電壓器,亦常稱作 Compensators,用以提高少量之電壓,以補償長分配線之電壓減失 (Drop).

第十五十六兩圖,表示 Three Phase Circuit 中變壓器與自變電壓器之用比較.每組所作之工相等,而各組變壓器之工率不同.第十五圖中,係用△接線法,須三個有三十三啓羅瓦特 (K.W.) 工率之變壓器,這十六圖中,係Y接線法,祇須三個有十六•五啓羅瓦特工率之自變電壓器,卽可同樣工作.

一 Two-Phase circuit 可用適當之變壓器.變成 Single-Phase.其電壓與 Phase angle, 可以隨意之所至.設有一百伏而次之 A 及 B Phases 爲 two-

Phase 發電機所發,今須成一千伏而次之 Single-phase 電壓,而與甲之方位差(Pha e sangle)爲三十度.則先如第十八圖,畫兩線相成直角,代表 A,B.再從其頂角,作一與甲成三十度之直線,取其一千個單位長,如自 o 至 c, 以表所

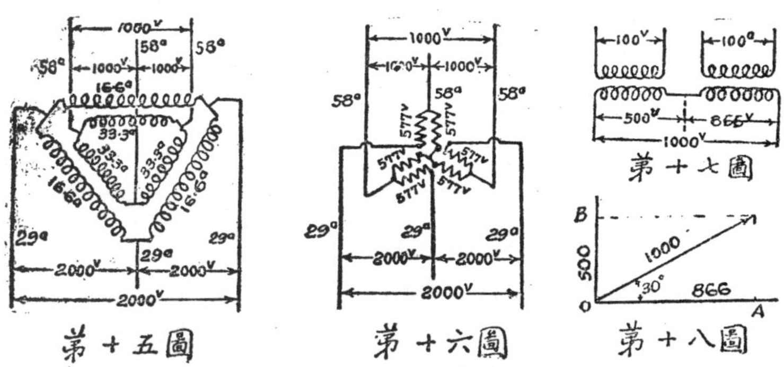

第十五圖 第十六圖 第十七圖 第十八圖

需求之電壓之方向與大小,於是再從C點作兩線與A,B兩線垂直,成交點A及B.乃知A須有八百六十六個單位長,B須有五百個.現在每單位長,卽代表一伏而脫 (Volt), 故 A-Phase 變壓器中之 seconeary. 須有八百六十六伏而次,B-Phase 變壓器中之Secondary,須有五百伏而次之電壓.如是,A-Phase中,將電壓變高八 • 六六倍, B-Phase 中,則變高五倍.倘A變壓器有八 • 六六啓羅瓦特之工率,則B變壓器之工率,爲五啓羅瓦特,而電流同爲十安培 (amperes). 因此,AB兩方之電力負重,並不平衡.此種接法,平常無之,卽有之,其目的在 Two-Phase Circuit 環境中,求得一 S ngle Phase 之某種高壓,以適應所需;卽負重因之不得平衡,亦犧牲之而不計及矣.(完)

（參閱 S.M.&H. P.P.181—P.188）

冬日汽車之預防

孫 魯

汽車開駛.每遇冬日.是一復雜困難問題.不可不注意者也.當冬日開車

時.常有曲柄折斷之事.減熱器之凝結.齒輪及承軸之損壞.與不良之加油.遂使引擎發生困難.欲免除以上之阻礙.必須注意燃料處置.引擎加油.防冰劑多少.及減熱器蓋適合.以保持冷水一定温度.不致結冰而有破坏引擎之慮.故冷天開汽車宜察視下列五點：

（一）燃料及其使用法.

（二）引擎加油，(Lubrication of the Engine)

（三）齒輪箱後齒輪等機件及車架加油，（Lubrication of Eransmission Differential and chasois）

（四）減熱裝置，(Cooling System)

（五）電池(Battery)之預防.

(一) 汽車燃料 (motor Cor Fuel)及其使用法，

汽油與普通之火油,係同類之物質.均由礦中取出.當礦油自地中採出時.用烝法烝之,其質輕者先取出.重者後取出.即有㳄司令(Gasoline) 和火油之分是也.

（甲）增加與阻止 (Priming and choking) 之効果.

近來燃燒汽油須至華氏一百度.始有功効.當天寒時.汽油不能燃燒至一定之温度,因空氣温度過低也.故增加多量㳄司令或阻止冷空氣到氣缸中.即可燃燒而轉動引擎.若久用此法.則汽油過多.致引擎有過熱及造成多量炭質之患,所以引擎有一二爆發後.即將前法不用.

（乙）㳄司令(Gasoline)中之水

冬日氣候嚴寒.水分易於結冰.㳄司令中亦含有水分.一經遇冷,即能結冰.有礙㳄司令管化油器 (Carburelor)及儲蓄㳄箱之底.設使一滴之水.在濾器上成一薄膜.此薄膜即可凝結.阻止㳄司令之流通.如有多數薄膜凝結.則來源爲之斷決.引擎即不能行動.若薄膜水不凝結.則亦礙發火之能力.如儲蓄箱上部之濕空氣遇冷凝結.曲柄箱中亦有同等情狀.所以化油器中之水.

亦能妨礙發火.宜常時開化油器之濾器傾出水也.開水時如能預先考察箱有水而傾出之.則各弊立可解矣.

（丙）化油器之糾正 (Carburetor Adjust m nt)

大凡冬日開車之際.化油器之糾正占一重要地位.化油器是引擎中主要部分.冬夏之記號安置.略有不同.當氣候寒冷時.汽必須加多.而放置記號不得不較多也.否則開車時困難之極.故近來化油器之裝置.務須使汽與空氣可以有任一定之比例.而與以適合之糾正.困難可免.

化油器之不正當糾正.故有下列之情形：

a 耗費多量燃料.

b 失去能力.

c 引擎旋轉不能平穩.

（二）引擎加油 (Lubrication of the Engine)

（甲）曲柄箱中水之積蓄

當將司令混合物與空氣燃燒之時.副產物—蒸氣—亦隨之而生.在平常溫度時.隨排氣經排氣門而出.過冬日氣寒時.此種蒸氣.遇冷汽缸即須凝結而成水.漏過活塞圈(Piston Ring)而到曲柄箱之下部.圍繞油唧筒(Oilpump)若聚積日多.而溫度在冰點以下.則水立刻結冰.有礙油唧筒工作.甚至使唧筒破裂.阻止油之循環.而有承軸(Bearing)燒坏及氣缸(Cylinder)斷痕發生之患.水之漲與縮.可以使曲柄箱底破裂.即不然.水不結冰而與油混合.以致油不純潔.各部分磨擦.皆非所宜.

（乙）濾出曲柄箱中之水

減少曲柄箱中積水之最好方法.和冷時潤滑油之參水.是在每四五百英之路程.必須濾出曲柄箱中之水.另換潤滑油.此法雖未盡善盡美.而減少損害許多.當傾出後.須用經馬達油洗過.移去渣滓.油仍以裝滿爲佳.但費用稍大.如不十分清潔.亦可用以潤滑車架.當引擎熱時.傾出洗油.多數渣滓及

他種雜質皆隨之而出.則微細雜質不致與承軸汽缸活塞圈等處互相磨擦.而引擎亦可免發生障礙之危險也.

（丙）曲柄箱中之加水

曲柄箱之油.過于稀薄.則易害及引擎各部磨擦之處.若用之過厚.亦增加較大之磨擦力,非保護引擎加油適宜之法也.故在冬日温度降低時,油若變厚.則須參水.使其稀薄.即能保持一定之常度.

（丁）不足之潤滑

有時曲柄箱潤滑油不足,(其原因由於未曾注意)各部機器立即發熱.最要注意者,應即停止其動作,而使各部熱度降低.迨其冷時再加以新油.及其適當之高度.吾人於開車前苟能注意及之,則不致有此煩腦矣.

（戊）選擇燃料

潤滑油之厚薄.依温度之高低及固性之不同而定,但固性常隨温度而變遷,高熱度時.宜用較大之固性潤滑油.而在低温度時.宜用較小之固性之潤滑油.

（三）齒輪箱後齒輪及車架加油.

（甲）齒輪箱及後齒輪 (Eransmission and Differential) 加油齒輪箱與後齒輪藏在車架之內.故其不能與引擎接受同等之保管.但其在汽車之中.亦爲一重要之部分.吾人若能好爲處置.則車必定行駛完善.倘稍有疏忽.則困難之事.必定發生.並需修理.方可應用.用厚潤滑油在齒輪箱與後齒輪上則有下列之幣端：

(a)力之消磨!

(b)移動軸之困難.

(c)滑油路不佳.

用薄油所生之弊端.

(a)大聲發出.輪齒互相磨擦.

(b)漏到飛輪和制輪.

(c)制輪効力減少.

吾人恆不注意車架.(Chassis)加油.用久後則各部皆被磨擦.齒輪即失其潤滑之用.足以致病之大原因.至于冬日所用之車架.較夏日尤須時常注意.不使有過厚過薄之弊.

(四)減熱裝置(Cooling System)

(甲)防水劑

當嚴冬極寒之際.水易結冰.汽車上如發現結冰之現象.即能損害物件.妨礙行駛.何以故.因水結冰時其體積膨漲.其力量非常強大而鋼鐵之自來水管不能抵抗.立即破裂.而損坏.故汽車上減熱器以及各管等常滿盛以水.一遇結冰之時.當然有破坏之慮.如欲免此患害.可加防冰劑於水中以預防之.防冰劑乃數種物質合成.加于水中.則水之冰點降低.防冰劑不須有下列之性質:

(a)內中之物質預于最近地方可以購得.

(b)無結冰之能力.

(c)須不含酸性傷害引擎及減熱器.

(d)永久而不失不結冰之用.

(e)此種之混合物.須不改變流質之沸點.

(f)發火點愈低愈妙.

(g)溶液沸點.不能超過水之沸點.

(h)須速傳熱.

(i)固性欲保持原狀.

酒精(Alcohol)防冰劑是近來最通用者.因酒精各處皆易購得.且不腐蝕鐵件.如木質酒精常含有酸性.用時須先去之.至用酒精之多少.使混合物質之冰點各有不同.試看下表可以明瞭之:

酒精之體積%	10	20	30	40	50
溶液之比重在華氏六十度	.9[illegible]8	.973	.968	.958	.948
溶液之冰點(華氏)	27°	19°	10°	2°	-18°

若用多數之酒精.則沸點減低.欲免此弊.須用甘油 (glyceine) 與酒精各半.甘油提高水之沸點.但傷害橡皮物件.沒有酒精之易蒸發.甘油與酒精防冰劑或水之防冰劑多少及冰點漲落錄之如左:

酒精和甘油各半之體積%	10	20	30	40	50
水 %	90	80	70	60	50
溶液之冰點(華氏)	25°	1[illegible]°	9°	8°	-26°

甘油 %	10	20	30	40	50
水 %	90	80	70	60	50
溶液之冰點(華氏)	20°	10°	0°	-10°	-20°

(乙) 鹽之溶液

鹽溶解於水.即成鹽溶液.此種鹽溶液.不易蒸發.當酒精甘油防冰劑不易購買之處.有時用之.金屬部分.易受傷也.

(丙) 煤油

煤油之價值甚廉.和於水中亦可使水之冰點降低.且蒸發點甚高.難於散失.無須加添之煩.故現今亦多有用之者.惟此物有腐蝕水管橡皮之弊.若用之.須將各橡皮管改爲銅製方可.

(丁) 管理水之溫度

若保持管內水之溫度高於冰點.則不致結冰.不免破坏之危險.同時引擎和減熱器溫度亦增加.容易起動.蓄電池大可省用也.

(五) 蓄電池 (Storage Battery) 之注意

冬日蓄電池注意重要點.在保持蓄電池內溶液之密度.使不致結冰.須知冰點依其濃度而變態.如比重一•二五之溶液.在華氏零度下六十二度

卽結冰.一•一五之溶液在華氏零度上五度卽結冰.故常時須用浮秤以量其比重.而糾正溶液之密度.其方法述之如下:

(a) 須視蓄電池已完全傳入.

(b) 預先準備一二八五濃度之電化液(淡硫酸)

(c) 傾出電池之液溶.同時須注已準備之電化液.但不可使電池中空.

(d) 傳入電量於電池.

(e) 若浮秤不在一定之高度.須改正之.

無論何時.電氣板宜蓋以電化液.實因水分時常蒸發.故須加蒸汽水.保持.原狀.

(六) 總論

以上所述五種要素.吾輩苟能詳加注意.則冬日開車時雖遇困難.立可解决.汽車覺冷.亦猶人也.吾輩衣輕裘飲咖啡抵禦寒冷.汽車亦圍以厚布於減熱器.保持溫度.如保護不甚妥當.則百病發生.不能駕駛矣.

煤烟滅免法

允 明

處於實業發達.人口稠密之都市.不免受『煤烟』之侵擾.據『煤烟』一物,其發生之原因,不外乎下列二端:—(1) 燃燒之不適當.

(2) 燃料之不合宜.

其結果不特有碍公共衞生.且於使用上言.乃爲極不經濟之事.緣此大大不利,乃不得不思以設法滅免歐美名都,在市政管轄區內,原有規定工廠,煙突高距則例,使『煤烟』不致墮佈於近區.唯此等辦法,雖屬可取,然不免屬於治標的方法,不能澈底的免除.下例各條,從根本上考慮而得,雖較難於實行,唯舍此辦法『煤烟』終難根本消滅.

（1） 將多烟的石煤（High Volatile Bituminous Cool）設法製成價廉之煤氣，或其他氣質燃料，能使闔市人民，均用此氣質燃料作生熟煮食之用，則既省人工，復得使『煤烟』絕跡.

（2） 將價廉的多烟粗雜燃料，製成少烟的固體燃料.（如煤球焦炭之類）售給各工廠燃燒而各工廠中須雇用精幹生火工人，以司其事.若燃燒得當，則可使『煤烟』消滅.

（3） 設立專門職業學校，訓練燃燒學識之專員，以供各工廠聘用，督促工人燃燒，俾達最經濟而除免『煤烟』之目的.

（4） 政府須頒佈規章，管理工廠之燃燒用取締方法，禁止『煤烟』之發現.同時當獎勵製造廉價的無烟燃料，以供居民日用.

（5） 凡居民日用之燃料，可採用焦煤或白煤.其使用之便利簡單及衛生方面之增益，當可抵補.因使用無烟燃料所增高之費用.

（6） 將電力以價值抑降使居民採購廉價電力以作燃燒之用，以免因使用煤炭等物而致發生『煤烟』也.

軍用開井器及用法

王友之

凡在行軍之際，飲食之設備，以簡速爲上.開井亦然.下述之管井法，與通常民用者略有不同.因其易於打入，且易於拔起也.

井之本身，係一熟鉄製之空管.每管長三尺至十一尺，分作多節，量其水之深淺，以便配接.其下節有孔八行，各長尺半，圍管排列（閱第一圖）各孔之中心相距約半寸.管之內徑 $1\frac{1}{4}$.外徑" $1\frac{1}{16}$."管之下節長三尺五六尺其下有實心鋼尖頭，以便插入泥土.

第一圖中 （甲）爲實心鋼尖頭

（乙）爲有小孔之鉄管.小孔之設.爲便利水之流入.

打井法:打井用重鎚及滑車等行之.第一圖中(丙)爲鉄鎚.中有穴.適套在管上.鉄鎚以二繩繫之,繩通過滑車.以便上落.圖中(丁)即爲滑車.此二滑車用鉄製夾板及螺螄釘夾緊在井管上.第一圖中之(戊)即爲夾板.打井時先將有尖頭之鉄管打入土中（如第一圖）一人扶管垂直.二人拉繩.使重鎚舉起.舉高後任其墜落於鉄環上.[第一圖（己）及(庚)]鉄環有兩.上環大.下環小.小鉄環有四螺釘.旋緊於井管上.使井管與鉄環成爲一體.則鎚擊下鉄環時.井管亦被擊下.待鉄環離地面相近時.則將滑車夾板及鉄環同時移上.然後再行前法.一管將

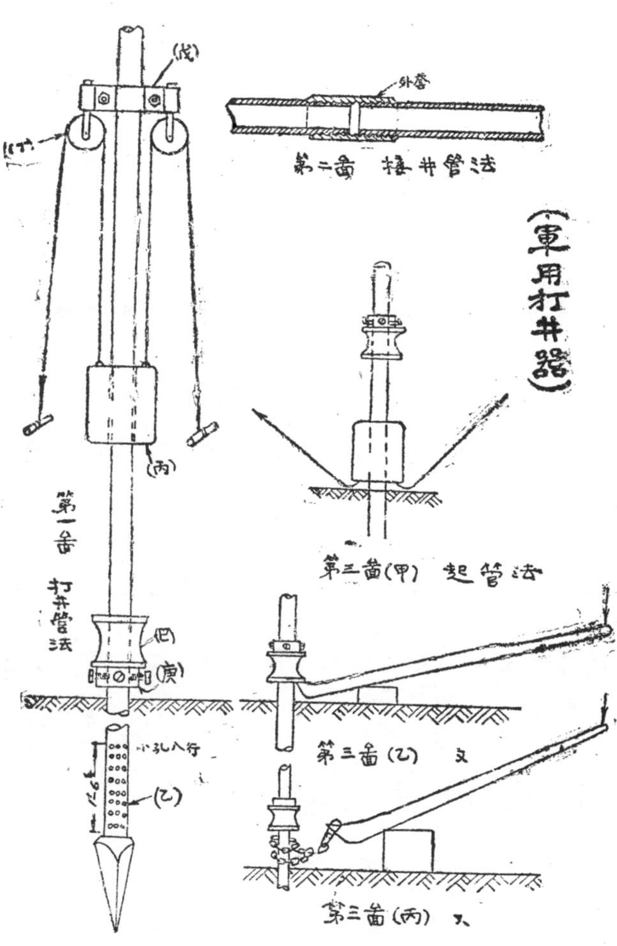

盡接以他管.接管時可依第二圖行之.二管相接之端.須用陽螺搭母旋成螺螄狀.外套亦用陰螺絲母旋成.以便接旋.旋緊後.復塗以白鉛紛或油膏.以免

洩漏.

井管一一打入時.須不時以鉛錘宕入管底.以探水之有無.至有足夠水量時.即可停止鎚擊.提水之法.可用抽水機行之.

在軍隊將開拔之際.此管井卽可取消.鉄管可依第三圖甲乙丙各方拔出之.拔出時之記用何法.均須將二鉄環倒置如圖.

以上所述之管井.依法用之.起水極簡便.遇鬆碎石層沙層等地.一小時可開深十二尺.遇最硬之土質每小時能開二十尺.行軍用此.益處至多.其器具簡而耐用.易載.騾馬拖擊.開井更速.移至別處.起出亦易.故每到一處.立能取水便用.

(附註) 打井時.夾器及鐵環等之螺絲釘.不可使鬆.幾擊之後須時時審察.鬆時應卽旋緊.

如用人工開此井時以五人最適,一人扶鎚管垂直.四人拉繩.兩人爲一組.互相更替.在不拉繩時.可作其他另星工作.(如旋緊螺絲之類.)又在拉繩時,繩之方向.須尤近於垂直線爲尤好.且兩人行動尤貴一致.

鉄鎚之重.約自八十磅至一百磅舉鎚高下之距離.須視土質之堅鬆而定.開井時須預先測試.務使距離適中.不致過大而致有損器械也.

以上祇具粗模之開井器及用法.至於如要實用時.則一切設備大小等等.均須從長考慮.俾適應用焉.

公用局與市民之關係

黃伯樵演講　　劉隨藩　沈誠　記錄

今日之題目爲公用局與市民之關係.然而在未講之前,吾人應先明瞭特別市政府之地位,及全特別市之土地人口與收入也.

上海特別市包括閘北南市及新劃入之十五鄉,據土地局測量,全上海之面積有一百十萬畝,公共租界佔其中之三萬三千五百畝,法租界一萬五千畝,僅全市面積之二十二分之一而已.

全上海之人口據公用局最近之調查

全市（除租界）	1,503,970人
公共租界	855,000人
法租界	358,453人
總計	2,717,432人

然而收入方面公共租界有二千萬餘元,特市僅二百五十七萬餘,當公共租界之七分之一.公共租界之工程支出有六百四十二萬元,特市之工程支出僅六十七萬,當公共租界之十分之一.

觀以上之統計當知特市之人口多,收入返少,面積大,而工程之支出返減此何故耶.歷史之關係而已.租界有八十五年之歷史,特市則去年七月開始,至今僅一年又三閱月耳其經驗體力,富足均遠不及.然則相較之下,自必瞠乎其後,一般市民對於市政府認爲不及租界加以非難之批評,殊非公允也.

市政機關本應由地方自治辦理無奈中國人民對於自治自衞,向取放任態度,並無任何組織,以致大權旁落如香港大連旅順等處,皆被外人越俎,曷勝浩歎,此皆人民之劣根性有以致之也.國民軍所及之地,對於該地之市政即思積極興辦,因人民普通無市政上之人才.不得不由政府任命少數人,以治理之,將來仍當交市民自辦也.且租界之條約爲九十九年,現已過去八十五年,至多十四年後,租界即將收回.然而如工部局電廠,發電量有147,000 K. W., 每日燃煤一千二百噸,廠中工人千餘,有何人能接收之?是故吾人應在此十四年內,對于租界外之市政痛加工夫使有良好之成績,不但吾人能得相當之經驗即外人自亦不能有所藉口而強佔不還也.

明瞭以上種種情形,方能講公用局與市民之關係.

公用局去年七月成立.由兄弟担任,初半年內,從事調查視察,訂定章程,

籌劃經費,可云毫無成績;此後所辦之公用事宜,可分七類.其次序如下:

1. 路燈　2. 交通　3. 電氣　4. 給水　5 廣告　6. 門牌　7. 權度

I. 路燈　裝設力求普徧,光度力求增高.整理結果,市民往來稱便,而盜賊亦大行減少.路燈之區域現已北至吳淞南至龍華.共增四千餘盞,以前之路燈每盞一元半,二元不等,至少須大洋八角;自公用局接辦以來,統一價格,不論用電多寡,一律納費六角,華商電氣公司亦頗加以原諒也.是故雖盞數雖增加不少,而費用反減少甚多,且本局購買各種材料,經手人,絕無回扣.不但此也,經公用局交涉結果.本局向各公司購買材料,按普通批發,再打一八五扣.此種情形蓋皆涓滴歸公有以致之也.

II. 交通　昔日閘北南市之車輛悉皆租界之淘汰物大都破爛不堪乘用.自本局蓄意改良管理增加利便以來,每三月檢驗一次,不合格者限三星期修理完好.覆驗後然後發給照會,無照會者絕對不准通行.公用局現用照會,種類甚多:如自備汽車用黑底白字,租用汽車用白底黑字,貨車用黃底黑字,脚踏車用白底黑字小牌,此外比租界上改良者又有數點.

（1）醫生所乘之汽車加另加一紅十字,凡有此種符號之車,可加快,且可以停放任何處所,蓋所以鄭重人命也.

（2）租用之汽車,車輛內乘客面前加釘小牌一面,亦書有汽車之號碼,以便乘客記憶也.

（3）汽車公司試用新車,另用試車牌子,以免混殺.

另有一種認捐牌.每季顏色不同,已認捐之車輛,給以此種小牌一面,查看之時,自易一目了然.該牌由本局製就,交財政局.車輛查驗合格之後,由本局給以執照准其認捐,然後持此執照至財政局納捐領牌.本局查驗車輛,注意下列三點:

（1）機件是否良好

（2）車輛是否破壞

（3）重量多少

自本局大加整頓之後車捐之收入,由月收十一萬元,一躍增至月收三十萬元.車輛總數亦由32,949輛增至55,165輛.蓋汽車公司揩油,取巧,均皆消滅之故也.

本局比租界工部局完善者尙有一點,卽新置之自動磅秤是也.此種秤係自十月起開始啓用.可秤自二百公斤至二十噸之各種車輛.且可自動報告重量,免去種種弊端.車輛納稅之多寡,卽以重量爲之標準,辦法至公允也.

公共汽車,南市業已興辦,閘北亦逐漸進行,並擬辦理新式渡船,推廣電車使環繞特別市四周,俾鄉鎭與城市間貨物之運輸益加便利.

現在上海租界市政較歐美各都會仍相差甚遠,例如愛多亞路每日淸晨.各街內糞桶林立.此種情形焉能適合衞生,歐美則全用水管通入鄉村之貯糞所,以故死亡率極紙.此僅其一端,其他種種,曷堪勝計.

去年新閘橋損斷重修期間,本局爲便利行人起見辦理義渡極有秩序在四十九日內渡八十八萬二千人.後修理之時計二百七十一日又渡四百七十一萬五千四百人,計其用費每人渡一次僅用洋一厘而已由此觀之,公用事業對於市民之利益,顯然明矣.

III.電氣　現在全上海共有電廠八,租界有其二.在特市範圍內之六個,其中有兩較大,一在閘北,曰閘北電廠,一在南市,曰華商電氣公司,但辦理均異常不良.在閘北或南市每K.W.耗煤高至兩磅至三磅.浦東電廠甚至五磅,每K.W.售洋一角八分至二角五分.較之租界每K.W.僅售一角五分.以工程師論之,租界電廠所用月俸多至二千兩以上,而中國電廠所用僅八十餘元,相差誠不可道里計.結果如此,完全由于用非其人,經理兼職十餘處,每日至多來廠十數分鐘,以致廠內人員大都懶於工作,用煤不加化驗以致成分差;重量又不足.設廠無充分考慮,運輸不便,以致用煤每每噸須加運費至一元之多.事後補救晚矣.是故市民犧牲甚大,本局有鑒及此,力使電氣成本減輕,訂定統一電廠計劃。

查本市除租界電廠不計外,共有六家電廠.所謂統一電廠計劃者,即以小廠與大廠聯絡,更集中大電廠成爲中央電廠.現在政府已商得閘北電廠同意,决意在閘北設一大廠,以各小廠爲支廠只准轉買大廠之電,不准發電.一方面限制大廠售電價格,一方面保證小廠,無其他電廠向彼侵略,將來結果,定能使成本減輕.且發電集中自有餘力延請有名之工程師,設法促進公衆之利益,非但此也,中央電廠,可採用網狀聯絡,即一線發生障礙,仍可由他線供給也.

IV 給水　以前之閘北之水電廠,徒有其名而已.蓋電則由租界買來,再轉賣用戶,水則取給于蘇州河中,按蘇州河兩岸多鞘皮廠,以致水色深黑,且兩岸居民時將汚穢不堪之物傾潑河中,該廠僅將此種穢水,以極簡單之手續澄清轉送各用戶,焉能供飲食之用.

現在新廠,業已成立,在吳淞蒯淞橋,佔地三十畝,明春可以正式開幕.並在附近設一大規模之電廠,預計二十四月後可以完工.種種設備,遠非租界所能及.內用三十五氣壓之汽輪機,尤所罕見.

南市華商電氣公司尤爲可笑.發電機有發兩萬K.W之能力,而所用蒸汽鍋爐之容量僅及三分之一,水管僅夠四千K.W.之用.實非笑談.經公用局督促,昨日始將新鍋爐裝設完竣也.

華商電氣公司之機器多落伍,遂至資本擱死,難以活動,且亦不足以應付潮流,而與外人競爭也.廠中所有水管汽管之路線,以及他種圖表多已散失.其原因則其機器泰半由外人裝置,裝後即又將該表帶走,以致機器損壞時,無路可尋,竟難着手修理.廠中人員之糊塗一至于此,爲之一嘆.公用局一年來之工作,爲彼輩製圖不少.現在對於廠中情形,恐局中反較廠中之人明瞭多多.本局每星期三公開研究,諸位有暇何妨賜教.

對於水質問題,由公用衞生兩局時時會同化驗.昔在革命軍初到上海之時,水中含微生物數目無統計.但在丁文江時代一C.C.中含有二萬餘至少一千.市政府成立嚴格檢查,每C.C.中僅一百二十至四五十枚.兩年來時疫猛減,水量充足,對於消化方面亦得益不少.

閘北用水,可謂優於租界,南市方面機器已高壽至三十年.現在擬設法改良,加資本七十萬元,購買新機器.明年起改用電氣發動,以後之進步,請拭目以待之.

V 廣告　廣告之目的,在使人注目,使人注目.便須有美術觀念.然而試觀今日之廣告,完全使人厭惡.即街上橫掛之革命標語,經過數月之後.風吹雨打,破爛不堪,仍在街上飄來蕩去,有時標語竟與六〇六廣告貼在一處,可笑可笑.我日前已與警備司令部特別交涉,會商即日舉行清壁運動,將一切不美觀使人厭之廣告標語一律撤消.一方面設立公共廣告場以資統一而增效率.

尙有擬辦而未實行之一事,即整理市內招牌是也.查各店之市招長短大小,形形色色,奇奇怪怪,莫不齊備,殊不雅觀.是以擬規定尺寸,一律掛用同樣市招,並規定地位,庶幾得收美觀整齊之效.

VI 門牌　門牌者,房屋之生命也,昔日往往一家而有三四個門牌,房東有門牌,警廳有門牌,工務局亦有門牌.甚至自來水公司亦自有其門牌,以致納捐,郵政,尋覓等方面在在均感不便,

門牌一事本應由公安局辦理,然市政會議,公推由公用局辦理,現在所採用之門牌,比較適用,且亦較大,其優點有六:

(1) 白底黑字異常清楚.

(2) 下面多一箭頭,指示門牌號數之次序,可以順此方向尋找.

(3) 門牌上並有路名

(4) 一面單數一面雙數每隔一丈二尺定一門牌即未有房屋之處亦預為備好.

(5) 並無機關名字（辦理門牌之機關）是故永遠可用且號數之字可以加大,

(6) 每里亦有門牌,在里口標明,里內共有若干號數,尋覓者可免跋涉之苦.

以上種種比公共租界法租界現行門牌制度改良多矣

VII 權度　工程界無一時不用權度,昔我國權度不能統一,英國權度乘間侵入.其實英國權度最壞,一尺分十二吋,一吋又分為八分,每磅又是十六兩,均不便使用.結果徒耗無謂之腦筋,無限之光陰,於權度之計算上.寧不可惜.

中國商界不用元而用兩,其實市面流行盡銀元.並無兩之一物.其目的無非謀蠅頭之利.剝削平民.尺有長短秤有大小,結果養成刻薄虛偽之心理.凡此種種,均非根本革除不可.吾人當決定:

(1) 不用非法權度.　(2) 統一標準　(3) 維持商德,

在1870年德法發生戰爭結果德人大勝,所佔之地,對於法國習俗均加禁止,惟法之權度則認為非常便利而採用之.由此可見德人善於採人之長,補己之短.吾人當亦具有此種良好之精神也.津浦隴海京漢正太諸鉄路皆用密達制,成績甚佳.中國應統一者凡三:

(1) 語言　應由大機關首先實行,必須用國語談話,一概不准用本地土語.漸次推廣,免去人民種種隔膜,南洋羣島各學校.無不有國語一課.大半皆能作談話之用矣

(2) 幣制　以元為單位.取十進制,免去種種麻煩.

(3) 權度　所謂公平交易,童叟無欺,商業正應如斯.

以上三點如不能實行,可謂之野蠻國.現在本局首先提倡權度統一,一切表格圖樣.均用密達廠家送來圖樣如用英呎,即不收閱也,最近呈農商部請頒布用公尺制庶幾權度得達到統一之境.凡我智識階級中人尤應竭力

正題講畢,尚有一事須忠告諸位青年,亦即青年所最注意者,蓋即婚姻問題是也.按溫帶熱帶居民,結婚年齡較早,然而在學業未成.事業未立,之前却萬不可結婚.中國父母往往喜兒女早婚.早得孫兒繞膝.不知我國國民之成爲東方病夫,即伏根於此,且早年結婚,尙無爲父母之資格.其子女教育自亦臻於不良之境,而經濟方面發生種種困難.自亦不言可喻.況志向之磨滅,尙在不計乎.試觀共黨之用美人計.以誘惑一般之青年,即其顯明之例也.我以爲凡結婚者須具有下列兩條件.

(1)二十五歲以上

(2)入款須足以養活三人以上

否則道德信用.均至易發生問題.蓋金錢之魔力可迫其自蹈於危機也.

凡我青年皆將來中國之主人翁,望大家注意體育.使身體康強,奉勸在座諸君,未結婚萬不可現在結婚,而已結婚者則須加以愼重也,日本禁止早婚,致力鍛練身體,昔日之矮人,今已漸次增高,事故余亦擬建議政府,從事調查戶口.然後嚴格限制結婚年齡,否則以後人民.均成爲劣種矣.

今日演講完了,謝謝諸位.

常州震華電廠實習記

陳 南 琛

今年暑假中.由本校電機工程學院院長張貢九先生介紹.至常州震華電廠實習.同往者,有嚴君一士孫君洪鈞黄君如祖等.實習六星期而畢.炎炎夏日.遂消磨於隆隆機聲之中.謹將實習狀況.濡筆記之.以告諸君.而希指正.焉.

(一)電廠情形

震華電廠.創辦於民國十四年.爲國人自資經營之一大事業.(資本一

百二十萬元)亦吾國電氣工程之一大建設也.地處常錫之間.距戚墅堰鎮約四里許.運河橫貫於前.鉄道迤延於後.水陸運輸.固極便利也.該廠機器甚爲完備.內有五百五十鍋爐馬力(Boiler Horse Power)水管式鍋爐四座.(Woter-Tube Boiler of Babcock F Wilcox Type)四千開維歐汽輪發電機兩隻.(4000 Kva. Turbo-Generoter)其他機器.無不應有盡有.所發電力.東達無錫.西迄常州.皆以高壓傳送.(33000-High Vohage Transmission)而藉方棚分佈.兩邑城市電燈.工廠馬達.農田灌溉.大都賴其供給.故兩邑物質之進化.震華電廠實有密切之關係焉.該廠組織設總務煤務電務機務四處.而在常錫則設立分所.襄助經理.現主持電務及機務者.即吾校前輩畢業同學張百醐先生與陸競智先生是也.

(二)實習狀況

吾等於七月十日相繼至廠.休息二日.方開始實習.由機務處陸競智先生將程序排定.分五節實習.第一節爲鍋爐間第二節爲打水機間.第三節爲汽輪發電機及凝水器間.第四節爲配電開閉電路及方棚等間.第五節爲參觀分廠.同往四人.分爲二組.黃君如祖與孫君洪鈞爲一組.嚴君一士與余爲一組.互換實習.與校中無異.惟實習性質.炯然不同.蓋廠中機器.咸相啣接.各盡其能.運用工作.不得稍爲變更.故實習時.僅許就旁觀察.不若學校試驗室中.各種指定之機件.可擺佈自如.隨所欲而欲也.每日實習.無一定時間.惟因日間氣候酷熱.廠中溫度過高.故都於清晨至廠.午前而回.實習時.先將所指定範圍內之機器.一一觀察.審其結構.考其作用.每日下午在臥室內.并繪圖以明之.作報告以表之.初自燃煤.後至發電.皆須悉心研究.遇不懂處.張百醐先生常予詳細講解.廠中經驗豐富之工人.亦多和善可親.樂於指示.因此複雜難明之原理.前所未見之機器.按步探索.咸能知其大略.實習完畢.共作報告四份.皆由張百醐先生與陸競智先生一一校對.吾等實習將畢之時.廠中因改組問題.致起風潮停止發電數小時.於是各部機器如何開始動作.如何

停止運行處置手續.咸得目睹.誠望外之幸也.可爲快哉.實習旣終.乃有參觀之舉.由張百剛先生率領.至常州無錫各分廠方棚及其他工廠如油廠紗廠麵粉廠等處.相繼參觀.一廣眼界.洵樂事他.

(三) 實習生活

震華電廠.位居鄉間.無城市喧鬧之俗有農村清幽之稚.廠內風景.亦頗宜人.有花圃.有草地.有林木.有荷池.每當血日西墜.晚飯之餘.或徐步郊外.或席地談天.或玩償花木.或垂釣魚池.心神怡然.極消遙之樂趣也.廠中識員.復有俱樂部之組織.內供小說雜誌.以資消遣.且備檯球網球.以資運動.故實習之餘.生活調劑.甚易得也.吾等膳宿.概由廠中供給.濾洗沐浴.亦頗便利.廠中職員.咸甚和藹張百剛先生更以母校情誼設宴聯歡.融融洽洽.甚是相得.此次往震華實習.吾等爲第三班.今後校中當相繼介紹.則震華與吾校之情感益深.而關係亦日切矣.

建設委員會首都電廠實習記略

張 堅

十七年暑期堅由本校教授鮑國寶先生的介紹,到建設委員會首都電廠實習,該廠共分兩部,總廠在城內西華門.本來是用水汀車,(Steam Engine)當時正在添裝柴油引擎.還有一個分廠.在下關江邊,是用透平車,(Steam turbine)堅在甯實習共七個星期,其中四個星期在下關,三個星期在城內西華門.

首都電廠的指導員,(即總工程師)是母校舊同學陸法曾先生,這次實習,得到陸先生很多的指導,實在感激無已,可是堅在實習的時候,自已沒有十分的留意,因此所得很少,茲將大概情形,拉雜記之,如有謬誤的地方,還請讀者諸君,加以指正爲幸.

下關電廠記略：——

茲為便利筆述起見，分下列數節，依次敘之.

1. 簡單說明：— (A) 鍋爐間
(B) 透平間及凝汽間

2. 開車關車的動作(Operation)

3. 燒火的要則(Firing)

1. 簡單說明

A 鍋爐間

共有鍋爐三只，平常用兩只，一只以備意外，(Rèsèrve)均係BDW雙汽包水管式，每一只鍋爐，有進煤機(Chain grate Stocker)一副.

送煤的速度可有四種，(用四對齒輪配合而成)煤的深淺，亦可自由變動，這種送煤的方法，既可配合適宜，且可以不斷的慢慢送入，沒有過多過少之弊.

烟囱很高，有風門可以開關，這種叫做 Chimney Draft.

進透平的水汀，必先經過盤香管子(Superheater)，但是轉動幫浦及其他 Auxiliariès 的水汀，不經過盤香管子.

海達缸(Heater)一只，水及回汽是直接接觸的(即所謂Open Heater)用以加熱進鍋爐的水.

B 透平間及凝汽間

透平間有Curtis透平一只，Genèrater及Fxciter多在一個軸上，係General Elèctric Co.所造.Name plate:

汽壓150＃3 Stage, R, Pm. 3600. K。W.

發出來的電，是2,200 Volts不過現在因負荷過重，所以祇有1900-2000V-olts.)透平的Governer是用Steam Pilot Valvè, Oiling是用連在Generator Shaft上的Gear Pump, Cooling是用冷水在汀Bearing不斷的流過.

在透平的旁邊,就是石板.(Switch board).

凝汽間,在透平間的下層,有凝結器(Surface Condenser)一具,同凝結器相連的,有冷水進水機,(Circulating Water Pump)凝水抽水機,(Condensate Pump)及Hydraulic dry air Pump.

2.　開車關車的動作

該廠日間不發電,所以每天必須開車關車各一次.

開車：——

(A)鍋爐間的工人所做的事情——

風門開足.各處加油.(Lubricant)出灰(每隔十餘分鐘就要出一次)拿昨晚堆起的煤,(Banking coal)弄一弄平,加一些生煤,使煤的深淺放到汀的地方,再拿漏斗(Coal Hopper)的煤,搗一搗鬆,(恐阻塞不易落下)然後開足小水汀車,(電發出後卽用馬達)轉動爐排(Grate)送煤進去.同時拿汽包(Drum)上的活塞開好,以便可以送水到鍋爐.等到火頭已很好的時候,(此時汽壓大概已有100#)就可以停止送煤,汽壓自己會慢慢的長起,(假使仍舊不斷的送煤,那末煤就來不及燒完,而耗費過量的煤)等到火頭很低要斷火的時候,再慢慢的送一些煤進去.(從100#到150#的中間,風門可以稍關,煤需慢慢的送入.)然後拿Flooding Cock(就是汽包同Superheater所通的門,關車的時候使汽包的水流入免得Superheater有過熱之虞)關起,Drain Cock開起,使盤香管子(Superheater)的水(關車時放進去的)放脫,再開幫浦,(Feed Pump)以打水到鍋爐.拿Steam trap的活塞開好,將總汽門(Main Stop Valve)亦開好,然後再拿Drain Cack關好.將到150#汽壓的時候,拿煤的深淺配到二寸,電發出後,開馬達轉動爐排,將小水汀車停下.

(B)透平間工人所做的事情——

等到100#汽壓的時候,鍋爐間的總汽門已開後,透平就可以慢慢的開了.先拿Emergency Stop放在開的地位,(最好時常要試試,壞沒有壞.)狄合

(Drain Valve)昨晚關車時就開好,現在不必去動他.將到Packing的活塞開起.(便水汀進去以免漏氣就是 Steam Packed glands)透平應于冷時開動,所以先拿總汽門Main Valve稍開一些,使透平能很慢的轉動,同時拿小Valve開好,使得水汀進去,烘熱機身,等到轉動稍快,就拿小 Vrlve 關起,開總門(main valve)務必慢慢的開,再拿冷bearing的水管子的活塞開足,油管子的活塞時常開好,用不到去管他,大概要半小時才能開足到3600 R.P.M.同時拿本廠的開關推上,而廠中電燈就亮了,

(C)凝汽間工人所做的事情——

沒有發電以前,回汽(Exhaust Steam)放到空中,等電發出後,拿轉動凝結器(Condenser)幫浦的馬達多開好,三只幫浦活塞亦多開好,拿放到空中的活塞關好,一方面回汽到凝結器的活塞,慢慢的開足,同時各處多加油.(Lubricant)

關車：——

(A)鍋爐間工人所做的事情——

鍋爐間工人先停止送煤進去,(就是使煤不下去)等煤將要走完的時候,停馬達.使爐排(Grate)不走,幫浦(Feed Pump)走慢一些,悶火,(拿生煤堆起七八寸,就是(Banking Fire)關風門.將到100#的時候,透平間工人就拿透平停下,燈熄,拿總汽門關好,拿汽門的水打滿,使水汀不再高爲止,同時Flooding cock開起拿水放滿盤香管子(Superheater).

(B)透平間工人所做的事情——

等到100#汽壓的時候,先拿負荷(Load)移去.再用Emergency Stop立刻停下透平.然後拿總門(Main Valve)關好,狄令(Drain Valve)開起,冷Bearing的水管活塞亦關好

(C)凝結汽間工人所做的事情——

等燈息後馬達(Jnduction motor)已停,拿馬達的Starting Switch拉到關

的地位,同時將汀幫浦的活塞關好,而拿拿回汽到空中的活塞開好.

關車時附帶的工作：——

鍋爐隔兩星期就要冲洗一次,這種工作,亦是關車時做的.兩只鍋爐,一洗一只,(假使兩只同時洗,白天就沒有水汀用,幫浦就不能動,打水必需白天打,因爲白天的河水比較清一些.)下面就是洗的方法：——

先將一必要洗的鍋爐.使煤不下去,等到走完時,拿生煤堆上,火悶好,風門關起,汽門亦關起,再將水汀放到空中,一方面打水進去.冲洗一下,等汽壓降到0爲止,將Gage glass的水打到⅞深.然後再拿第二只鍋爐封火,照平常方法關車.

3) 燒火的要則

目的：

(a) 使汽壓常在150#.(因爲透平所需要的是150#)

(b) 煤要燒得節省.

大概燒火的合法與否,但看煤中的熱度是否盡量發揮爲標準,熱度的高低,可以火的顏色如別,爲白色爲最高,黃色次之,紅色最低.

最好的現象：——

(a) 煤的深淺,同送煤的快慢要適宜.

煤太淺恐怕冷空氣要洩漏進來,(Air leakage)以致冲冷爐子熱度煤太深則空氣不夠,煤不能燒完,而費去許多的煤.送煤太快,煤亦是不能燒完,而不經濟.送煤太慢,恐怕不到尾端,已在中途燒完,於是冷風吹入,而斷火起了.

(b) 火頭很高 ⎫
(c) 火色發白 ⎭ 多是火盛的現象

(d) 沒有斷火(斷火,汽壓要降低.)

(e) 到爐排(Grate)的尾端,煤恰好燒完.而剩下白色的餘灰.(Complete

C ombustion)

(f) 水汀常在1:0井（此是目的不生問題）

不好的現象：——

(a) 斷火（汽壓容易降低）

(b) 火頭太低.（因爲通風不好,或者因爲斷火的關係.）

(c) 到爐排(Grate)尾端的煤灰呈褐色(Ihcomplete Chmbustion)

(d) 火色帶黃或紅（火勢不盛）

(e) 汽壓時常太高太低

(f) GaGe Glass的水一時太高一時太低

普通的方法：——

經長時間用此鍋爐燒煤的經驗,發覺到煤的適當深淺及最適當的送煤速度,而能夠得着一最經濟的結果.據燒火的工人說,下關廠的鍋爐,在開車以後,煤的深淺是2,送煤的快慢是3字,（配快慢的地方,有五個字,0,1,2,3,4,0字是不動,1字最慢,4字最快）

其他的時間,如汽壓降下一些,就拿幫浦(Feed Pump)走慢一些,或者送煤快一些.如汽壓升高一些,拿幫浦(Feed pumg)走快一些,或者送煤慢一些.（將風門關一些亦可）

城內西華門總廠,是用的水汀車,已經用了二十多年,從前負責人沒有好好的整理及維持,自從歸入建設委員會以來,正在積極整理,趕裝新機,堅此次實習的時候,有兩只Warthington狄斯爾柴油引擎間裝好,一只是270馬力,一只是180馬力,多是2Cycle無空氣注射,(Solid-in!ection)三汽缸,直立式.同時該廠買了中華書局兩只舊的德國道馳廠出的柴油引擎以應急需.（因爲當時該廠發出的電不夠供給）堅因此看這機件如何從車站運到廠內,並看到一些裝置,（沒有到裝完,堅就離廠）但是因爲時間短促,沒有系統的記述,現在祗得略而不記了.

此次同往實習者,爲吳君錫銀,廠中工程師多南洋舊同學,待遇優渥,並指疑解惑,均懃懃不倦,不勝感激附誌於此,以誌謝悃.

泰山磚瓦廠參觀記

社

某月之五日,隨工程學會到泰山磚瓦廠參觀.該廠設在新龍華附近.是日先由徐家匯乘火車到新龍華.然後步行四里許始抵廠.到廠後由總工程師柳君帶領到各部參觀,并詳加解釋,熱心異常,甚可感也.該公司資本爲五十萬元,開辦已七八年.共分兩廠:第一廠(老廠)在硤石,專做青瓦及紅磚等物;在新龍華者爲第二廠(新廠),出品甚多,如大方瓦,火磚,紅磚,及門面磚瓦等.玆將該廠概況分敍於下:

(一)發動力廠: 該廠之發動機係一德國 Henrich Zanz 公司之Double Expansion Locomorive typə 蒸汽機.馬力一百六十匹,現在祇用百二十匹,汽壓約在一百一二十磅左右,是機用煤極省,一日燒十二小時,祇用煤屑一噸,并且 Running Condensing, 故非常經濟.

(二)原料: 瓷土掘自山中.廠中用者共有三種:

(A)青浦黏土: 用以做普通磚瓦

(B)無錫白瓷土,及

(C)江陰宜興之紫瓷土,(B)(C)兩種,係用以做門面磚瓦及火磚等,

(三)製造:

(A)曬乾: 初掘出之土,含水分過多,故必先晒乾之以便壓碎.

(B)壓碎: 先將瓷土傾壓碎機中,用磨輪(Grindər)壓成細粉.然後用篩篩過,粒大者,仍落囘壓碎機中,重新壓過,細者,則由

皮帶傳送至加水器中.全部工作,皆用機械,不假人力.

(C) 加水: 細土流入加水器中,即加以適量之水,用攪輪和之成漿.

(D) 加模: 泥漿自加水器中流出後,再用一推進螺旋 (Screw propeller)將其自一長方之口(Die)中擠出,此方口係用鉄板做成,并用鐵絲兩條分爲三橫格,故擠出之土,亦分爲三條.上下兩條,多破裂,故不用.祇用中間一條而已.此種土條因經鐵絲割過,故其表面即現高低不平之波紋,燒成磚後,即甚美觀.

方口之大小,亦有多種,隨所欲造之磚而定.口之周圍,須加以水汀(Steam)及油,使之既熱且滑,庶幾土條不至黏附於其上,

(E) 切斷: 長條之土,用鋼絲切斷後,即成爲磚,一日約出磚二萬餘塊.

(F) 造瓦: 若欲造瓦,則將泥漿置於壓瓦機 (Tile press)中,上下用兩花模壓之.成瓦形即可.

(G) 烘乾: 磚瓦成形後.

(一) 大者厚者:則置於温爐中烘乾之,爐中熱度,約在華氏二百度(20..F)上下.是爐中勿須燒煤,蓋將窰中之熱空氣吸來而利用之也(詳後).

(二) 小者薄者:若烘之即有破裂之虞,故祇可置於空氣流通之處陰乾之.費時約三星期.

(H) 燒窰: 廠中共有窰十二座.窰作圓形,直徑約十五六尺.內層用火磚築成,外層則用普通之紅磚.每窰有八火門 (Fire Door).窰係 Down Draft Type, 烟由地下通至大烟囱.

磚瓦入窰後,窰門卽須封固,四圍加煤燒之.窰頂有一小烟囱,爲排出水分之用.蓋初燒時,磚瓦中尙含有少量之水分,燒一二日後,水分排盡,此小烟囱卽須塞住.每次須燒七日.燒畢再歇八日,方可開窰.當燒畢時,先將大烟囱關固,并將另外一氣門開放,再用一風扇將熱氣吸至溫爐中.一方面可使窰中磚瓦冷却,一方面又可利用是種熱氣作烘乾土磚瓦之用.誠一舉兩得之法也.每燒一窰,用煤約二十噸.窰中溫度,約在 200.F 上下.量溫度則用 Cone 及 pyrom-erer 兩種方法甚爲便利.燒成之磚瓦,皆須詳加檢查.顏色不佳及稍有破裂者,皆被剔出,約在 6—7% 之間.

結論:　該廠出品,花樣色澤皆甚新奇且質地亦甚堅固,故頗受人歡迎上海一隅用者亦甚多,其顯而易見者如上海大戲院及外國青年會之門面,法租界電車道之鋪磚,皆爲該廠出品.惜連年受戰事影響,不克進銷至華北各省及我國內地.將來北伐成功,交通恢復.該公司之前途正未可限量也.

二日參觀記

邱宗義

我儕蟄居校中,孜孜爲學,探求原理,證諸試驗,雖於學理實驗.已能兼籌並顧,惟尙不可以語工廠實際設備也.若佈置管理連絡分配等等,自非求諸校外各工廠不爲功,於是參觀尙矣.且參觀之作用,於補助學校實驗課程之備不足外,更得親歷考察實際工廠之設備.籍辨其輕重而作他日服務之準計良得也.故我級諸同學.經壽俊良先生之赴戚墅堰電廠參觀之建議,卽興然願往.期望幾及三星期,至冬至節假日乃實現.先期,由同學張君,請學校向路局接洽團體票,籍以減少麻煩而節經濟,同行者同學廿八人,教授二人,壽俊良與鐘兆琳二先生也.

十二月二十二日晨六時,由校出發,是時晨光已透,朝霧將收,清寂恬靜,別有佳趣,抵北站,同學之從他道來者會焉.七時後,上火車,車已將開動矣.車中羣集一處雜談,甚樂,頗不覺車行之苦.十一時抵無錫,借寓於新世界旅社.休息片時而午飯焉.飯後,羣赴慶豐紗廠,張員九先生之介紹也.同行二十二人中,無一熟悉錫城地理者,故由茶役為之引道抵慶豐後,由該廠工程師范壽康先生招待,並任指導之職.范先生我南洋之舊同學也.講解頗詳.是日適逢星期六,故該廠停工,余等參觀乃亦就其發力廠為止.今略述其梗概如下:

鍋爐間:共有雙筒水管鍋爐三個,平時用其二,皆為Babcock and Wilcox廠出品.每個鍋爐皆附有進煤機 (Chain grate stocker), 節熱器(Economizer)及超熱器(Superheater)汽壓 (Steam Pressure) 為 200 16s/sgin,其馬力 (Boiler Horse Power 為二百八十四.另有貯水箱 (Hot Well), 抽水機 (Feed water pumps)小蒸汽機 (Steam engine) 等等,(蒸汽機係用以轉動進煤機者)一如普通鍋爐間之設備.

機器間:機器間位於鍋爐間之次,所以便熱汽之輸送也.裝透平發電機 (Turbo-generator) 一座為 English Electric Co. 出品,怡和洋行經售. (Turbine)為 Imupse and Reaction type, 發電機生交流電,其率數(Rating) 如下:

1250 KV.A.	2300 Volts	314 Amps
3-Phase	0.80 Power factor	50 Cyele.
2-Pole	3000 Rpm.	

勵磁機 (Exciter):

20 KW	110 Volts	180Amp.
4-Pole	Commutating	3000Rp.m.

石板及分配銅板為發電與用電之轉承機關,亦備有交流電機合步指

示器 (Synchroscope)，惟無所用耳.該廠備有750KVA,2300380Volts變壓器一座,爲 Allis Chalmer 廠所製造,及200KVA2300-380volts變壓器一座.爲H.J.Maysey Co.所造,用以變低發電機之電壓.以合應用 (Utilization) 凝結器位於透平之下,爲 Surface Cooling condenser. 其附屬之抽水機等,皆用電動機(Induction Motor)轉動.凝結之水,打入貯水器,再由抽水機經加熱手續(Preheating)而入鍋爐.該廠於用水流量率 (Rate of flow of feed woter),亦有記載;約在每小時一萬一千方立方呎左右.全日耗煤約十五噸,煤係日貨.據云每度電力 (1kwHr) 之成本約在$0.029與$0.030之間.機器之負重(Load),亦有記載記載之器係由記壓器(Pressure recorder)改用而成.因一經節汽門(Throling vaiue) 後之汽壓,與負重(Load)成正比例也.其Load curve頗均勻,惟每晚五時至八時,搖紗廠 (Weaving plant) 工作期間負載較重.故 Load curve,至此突起.范先生言,該廠擬於最近期內,稍加錠子,庶幾透平常負足重載(At normal load).再從戚墅堰電廠購買一部分之電力,以供搖紗廠.如此效率可較高.至於將來遠大之發展.則機器間中.亦已留有餘地,再可裝置他機也.該廠尚有十四馬力柴油引擎一部,則當透平車停工時,用以拖動修理間之車床等機器者.在發電之時,修理間固仍以電動機拖動之.參觀畢,乃興辭

余等離慶豐紗廠後折至火車站僱黃包車向申新紗廠前進,連同茶役一行共二十三乘,魚貫疾行.沿城路狹之處,途爲之塞.行人爲之傍站,以俟余等之過,頗惹注意,車至迎龍橋,不肯前.或由禁章所致.余等祇得棄車步行.以達申新紗廠.該廠規模冠於全錫,係榮德新獨資創設.上海常州,亦皆設有紗廠.榮先生能獨力發展實業,佔一企業家重要位置,不勝欽佩.惟錫廠未聘任工程師,(滬常二廠,因未便動問,不得而知.)殊非爲實業本身之福.爲實業前途計,不當恃商業上策略與勢力,而當謀製造之改良.成本之減輕,與維持費用之節省,以與人爭競.今工人祇能繩墨舊法,所謂依樣畫葫蘆,自不能與語改進,余等參觀時,眼見該廠工人着慌之狀,頗堪發噱.據該廠職員言,民國

九年初創時,本聘德人總理工程,後因該德人常思添置附件,費用頗浩,故不數年而辭去云.

惟該廠出品頗佳,應接室中所陳列之紗布樣塊,頗極美麗.花紋旣新穎,品目亦繁多,色彩之配合,頗有溫存超俗者,與舶來品不相上下,頗可爲國貨生色,特不知其價格,能否與外來貨相競耳,

今將該廠所備,約略述之,鍋爐間中,有Babcock and Wilocx水管鍋爐四座,每座亦附有進煤機(Ch in grate stocker)節熱器(Economizer)等等.紗廠開工時,四者之中用其三.隔牆爲機器間,裝有相同之透平發電機二座,共有3500 KVA.紗廠中之需要約在1600至2000KW之間,故尙有餘量.因之與戚墅堰電廠訂有合同,相互連絡(Interconnection).當戚墅堰電廠不能供給無錫城市電燈時,由該廠送發電力.其機器爲 Allis Chalmer廠製造,

發電機	2300volts	503Amp. max.	50-cyele
	3-Phase	2-Pole alternator	3000RPm.
勵磁機	12.5KW	125 volts	100 amp.
	4-Pol	Commutating	3000Rp.m.

每座機器,有凝結器及抽水機等器.凝結器爲水管隔離式(Sur face condenser).抽水機皆爲離心式(Centvifugal type).

參觀旣畢,致謝而辭.以時間尙早,乃作惠泉山之遊,皆步行以往,及抵山麓,力半竭矣.觀光名泉之餘,有倡議攀山之舉者,乃鼓餘勇,奮力上進,未及片時,中止者過半,得達頂茅峯者,不過六七人.遙望太湖,水平如鏡.諸峯聞立帆船上下,其間固安穩甚矣,而不知卽匪盜出沒之所也.時天色近晚,乃相將下山不再作前進之想.抵山麓,同行者會焉.休息移時,僱車而返.抵旅社時,已燈火齊明矣,是晚閑步入城,一觀城市設施與狀況,覺尙愜人意.公園之中,余等亦臨之,佈置甚整潔.行經崇安寺,則已改爲商場,電炬輝煌,陳列亦甚美觀.此點頗見無錫人士改進之勇.將寺院作商場,尙望他處從而倡行之.

翌日之晨.起身甚早,寒露瀰漫中,即向車站出發.時天尚未明也.上車後坐待片時,乃向前進.抵戚墅堰.則戚墅堰電廠,早已派人候於車站矣,蓋先期通知者也.於是相將下該廠所備之船鼓輪向該廠進發.該廠即位於運河之傍.取便於水之需要也.四週少人家清清寂寂.廠內佈置,亦極整潔.草木之外並有池塘.公忙之餘,頗可以怡神養性.余等由陳良輔先生招待.該廠之工程師也.並介見建設委員會指導員吳柄新先生工程師張伯嗣先生及職員陸競智陸競良等,皆我南洋舊同學也,相敍甚歡.休息約一小時,乃由陳先生率領參觀.其次序則:(1)鍋爐間,(2)機器間,(3)石板間,(4)油開關間,(5)凝結器間,(6)變壓器間乃及(7)其他機器零件是也.理即依次述之.

(1)鍋爐間　鍋爐間中,裝有鍋爐四座,其一尚未完工,亦皆爲Babcock and Wilcox廠所造.每座長22呎,有受熱面積(Heating Surface)4520平方呎.皆附有超熱器(Superheater),其受熱面積(Heating surface of superheater tubes)爲1330平方尺.其鍋爐爲雙筒水管式(Double drum water-tube type),有水管200根,有450鍋爐馬力(Bailer hovse-Power.)每一鍋爐約能供給機器以3或4以至8馬力(Engine horse-Power.)該廠負重最甚之時,約在下午六時至八時半.最高紀錄約爲3000 K W,故常用鍋爐二座即於半夜後負重最輕時,雖一座之力尚有餘,亦用二座,惟大部份之負重偏加於一座使其餘一座供極小一部份之動力而維持其汽壓.如是,則鍋爐之效率較高.因爐火之一閉一開頗多耗費故也.

每座鍋爐裝有進煤機及節熱器.節熱器位於鍋爐之後,熱烟(Flue gas)經過之,加熱於其中之鍋爐用水(Boiler Water),使其温度上昇約60°C約從40°至100°C),然後再引入鍋爐之中.進煤機爲Chain grate Stocker,備有電動機及小汽機以拖動之.平時常用電動機;其小汽機則在鍋爐已有低汽壓而尚未能拖動透平以發電時不得已而用之.進煤之速度,可以有四種變動.每一進煤機,分爲兩半.各位於每個汽筒(Drum)之下,其速率可各自變動而不相關.如是,每個汽鍋 (Drunm) 中之汽壓,又可以進煤之速緩而平均之.煤層之厚薄,亦可隨時增減,以應需求.該廠煤層之變動,在2吋與4吋之間.四座進煤機之爐排 (Goad),略有短長,爲14呎與12呎二種云.

頃已言負重 (Load) 時有增減,故火力亦當因之增減.進煤機速率與乎煤層厚薄之改更,卽增減火力之二種方法.惟增減火力,尙有一法,卽變更風門之大小是也,風門有三道.一在鍋爐後部,一在與節熱器之間,燭爐在節熱器中部.有此三者,鍋爐之熱烟,可直接至烟突,可全經節熱器,亦可由節熱器中開放 (ByPah)一部,直接至烟突.如此風門之變動備矣.據陳先生言,廠中現正從事訓練火工 (Fireman) 使此三者隨時適應負重.庶得收最之效率.其奮求改進之精神良足多焉.

鍋爐中水汽之溫度,約在375°F 左右.經超熱器又增加溫度275°F.故從總汽門引出之蒸汽,已是超熱約 250°F—260°F (Superheated 250° —26°F), 故此蒸汽之熱度,在650°F 或 350°C 左右.其汽壓爲 20016s Per sq in,此節熱器之功用,在使蒸汽在高溫度多做工作,因此可增高鍋爐效率(Boiler efficiency).其高之數率約在百分之十云.

其他附裝物,有 Co_2 indicator, 以標示烟氣 (Flue gas) 中CO_2之多少.通常在機器開足時Full-foad),Co_2當在10—12%.在半開足時(Half—load,)當在6%.其構造爲一 Wheatstone bridge. 四邊之一,包圍於煤烟之中,餘則在空氣中.因煤烟中CO_2之多少,而定其電流不平衡之程度,乃以電表標示之.惟此器該廠尙未裝.竟致未見其工作狀況,此外尙有一 Advance Cu thermostat 及 Steel Mercury Parameter, 前者用標示烟氣之溫度.後者則標示蒸汽之溫度者也.

出鍋爐間,至其下層,則出灰之所也.煤灰落於灰斗之內,乃用人力推至曠場.面積雖大,而煤灰堆積甚高,因輸運不便數年來未嘗有需用之者故也,該廠頗苦之.故有出出灰間,過烟突而折至機器間.烟突高60米達 (Meter),

下部之直徑爲12米達,而最上層之直徑爲6米達烟氣徑節熱器而至烟突.並無Induced Draft之設備.故烟突當高舉也.

（2）機器間 機器間位位於鍋爐間之次,其中裝置相同之透平發電機兩座.透平爲德國Krnpp廠製造.發電機爲Siemenp Schuckert廠製造附有勵磁機,各個之率數如下:

透平機 4600H.P. 3000R.P.m. Steam Temperature 350°C

Steam Press. 200 lbs/sg.in 91% Gauge Vacuum.

Oil-Pressure Governor Zoelly Impulse Type.

發電機 4000KVA 6600Volts 350 Amperes.

3000 R.p.m. 50-cycle 80Powerfactor

3-Pase Yconneetion. 2-pole

勵磁機 2:KW 110 Volts 209 Amp. 300 R p.m.

蒸汽壓力.在透平汽輪中,分八次遞降,而速率則始終不變,故爲單速率多壓位(Single velocity multiple stage)透平機.其制速器(Governor)利用油壓力(oil-presure)以司節汽門(Throtling valve)之開大與關小,其槓杆(Lever)之支點爲一油繼遞器(Oil relay).故此槓杆之動作,頗形複雜.其油壓力爲35 lbs/sv.inv至於週流於軸承(Beavings)之間之滑機油,其壓力爲25lds/sg.in.機上附有離心式邦浦(Centrifngat type pumps),在已經開動時,油之壓力,卽爲此邦浦所激動.倘在開始開機時,則油之壓力,另用汽機(Reciprocating Steem Engine)鼓動油邦浦以維持之,直至透平之速率加至3000 R.p.m附近爲止.機上更附有過重門(Overload value or Emergency valve).當負載過重(Overload)時,可開此門,使鍋爐中之蒸氣,可以直接衝至後部數壓位(Last few pessure stages),而增高其發動力.機上尙有一門則爲使抽水用小透平機用過之蒸汽,引入後部數壓位之用.如是,則又利用蒸汽殘餘熱力之一部,而減少消耗矣.透平之速率,亦可於石板(Switch board)上管理之.以開動附着於機身之小電動機,而管理制速器.此種運動,能管理機器速率百分之五.機上亦有手用準速(Handoperating adjustment)之設備,可以手管理之.此外尚有防患跳(Emergency trip),於速率過甚或其他意外發生時,推動之.則蒸汽之供給,立刻斷絕,因節汽門隨防患跳之躍動而關閉也.跳脫(Tripping off)之方有三:一則利用車軸彈簧離心之力,一則利用因過速而生之過高油壓力,一則運用我吾人手是也.

機器間參觀既竟,陳先生萬分辛苦矣,乃有請少憩者,陳先生謂可先至一吸新鮮空氣.乃群赴煤場場近運河而在鍋爐間之外,其中煤堆甚多八九種,有多炭輕化合物(Volatile matter)者,有多炭質(Fixed C)者,有多灰者.燃燒時,用數種相混,在負載最重之時,則用多炭輕化合物及較佳之煤混,在負載較輕之時,則用較遜之煤相混合.總之欲求適當煤量之混合,以適應鍋爐及負重而得最高效率而已.煤多日貨.國貨亦有之.惟太細屑耳.

(3)石板間 煤場既走遍,得新鮮空氣之吹拂,精神爲之稍振,乃重進機器間,拾級而登石板間.蓋石板間即在機器間之傍也.此間裝有電表台三座,石板十二塊.二部發電機各佔一座電表及一塊石板.其餘一台及另一石板,則爲兩機併合發電時(Synchronizing)之用.石板上有紅綠號燈(Signal lamps),銅排燈(Bus bar lamps).油開關總柄(Main switch handle),阻力器(Rheostats),及管理透平速率之電動機之開關.每部透平,有二個阻力器:一在勵磁機之磁力場線(Shunt field circuit)中,可變動其磁力之強弱,一在交流發電機之磁力場中,亦可變動其磁力之強弱,因而得適宜之電壓,即6600Volts是也,轉變阻力器之柄,亦在石板之上.第三石板上有調節器(T.A. Regulator),惟裝而未用,以該廠發電狀況極安穩,電壓並不時高時低,故不接用,籍此可節省電力,且接用後,因多一附件,倘發生困難,則又難一層尋出矣.發電機電表台上,有電壓表,電力表,(Kilowattmeter),電力因數表(pawer factor meter),及交流直流兩電流表.最後兩表,標示發出之電流與乎磁場中之電流者也.併合用之電表台上,有週率表 (Frequency meter)，一面標示銅板電壓之週率,一面標示將併合之發電機之週率.有電壓表二,用以標示兩者之電壓.另有一電壓表,標示兩者電壓之差.更有一電燈 (synchronizing-amp)，因其明滅而定合併之可否者也,其餘九塊石板,爲送電之用,號燈之外,各有電壓電流及電力 (Kilo watt hour meter) 表.手開關及調節器.另有三盞電燈,係從銅排引出接於中和線 (Neutral wire) 而着地 (grounded),作爲探試着地 (Ground detector) 之用.燈分紅綠白三色,與銅排之三色相應.如紅色燈滅.則紅色銅排之幹線着地是也.在石板之後,有 380Volts 之銅排.本廠之電動機及電燈,由此出矣.

(4) 油開關間銅排間　石板間之後,即爲銅排間,其下乃爲油開關間,再下則變壓器間.電力廠室內之裝置,大都如此.銅排間中有 33,000Volts 及 6600Volts 銅排各兩副,其一則預備他副損壞時用之,附有閘力開關 (Disconnecting switches). 6600Volts 銅排上之電壓,由發電機經石板而來.由此經閘刀開關,至下層油開關.而止於最下層之變壓器. 33,000Volts 銅排上之電壓,則由最下層之昇級變壓器,經阻電圈 (Chokecoil) 而來,乃引至室外,傳送至無錫及常州. 6600Volts 電壓,亦有傳送線至戚墅堰鎮及附近四鄉,供電燈及農田戽水之用.油開關間中,更有角形擒雷器兩只分接於二副 6600Volts 銅排之上,所以免空間雷電之突擊也.尚有變壓器變流器 (Current transformers)，則引至石板,通於電表.過負繼遞器,爲電流量反常時之保險也.

參觀至此,午飯已備.乃離動力廠而飽腹於辦公處之膳廳中.飯後散步一週,並一觀河水引進之處.有籬障之恐蒿草及雜物之吸入機器也.觀畢折回而至凝結器間.

(5) 凝結器間　凝結器位於透平機車之下,爲管面隔離式 (Surface condenser). 其優點在凝成之水可再用於鍋爐,不必經其他手續.器爲 Krupp 廠造,有寒冷面積（Co.ing Surface）66) 平方米達，1625根水管，其直徑爲29密簧米達，長爲4028密簧米達.冷水與餘汽（Exhaust steam）反流，分三門由器之一端下方入，往復於各小管中，於他端上方出，亦分三門匯於一總出水管而瀉於運河.水之温度，在夏日自20°昇至28 c，在冬日自10°c 昇至22°c，故其器中之眞空在冬日較佳也.

冷水進水機，抽氣打水機.及凝水抽水機，同爲離心式，裝於同軸上，由小透平機（85H.P.）拖動.凝結器中之空氣，用抽氣器打水機抽去之.抽氣作喇叭形，用打水機衝.在喇叭頸口.冷水速率驟增.壓力驟降，空氣乃爲之吸出.凝結器之眞空冬日約在740-750 M.M，夏日在720M.M.左右.因以維持.透平機之餘汽，亦可直放天空，不經凝結器則爲備凝結器發生意外時用之.更有冷油器（oil cooler）.使滑機油寒冷.旁有小汽機.於開車或停車時，抽動滑機油，以灌注於軸承者也.

(6)變壓器間　凝結器間觀察旣竟，乃入變壓器間.有二座2000KVA之變壓器由6600 Volts 昇高至33000 Volts.另有二座，其量爲150KYA從6600 Volts，降低至380 Volts 供該廠自用.變壓器皆爲殼包式（shelltype），係Y接法.散熱之方，利用其外廓之皺紋面積.更以電扇置於牆孔.可速空氣之流動，而利該器之散熱.參觀至此.該廠之大概.已瞭然於中.所差者卽抽水系統耳.

(7)抽水系　鍋爐用水，除凝結水外，亦仰給於運河.冷水以抽水機貯於濁水櫃，由此經除氣器（De-aera'or），預熱器（Raw-wat?r h?ater），及炭爐器（C-oke filter），而至蒸發器（Evaporators），水在該器中，因熱汽迴旋於螺形管內而蒸發之，此清淨之水汽，然後引入接觸加熱器（Contact Heat?r.）再以加水機（Feed-water pump）打入鍋爐.入鍋之道有二，一則直接由機至鍋，一則經節熱器而至鍋是也.冷水抽水機有離心式及水筒式二種.以電動機及汽機拖動.蒸發器有三，一爲高壓，二爲低壓.加水機亦有三，一用小透平運動.其餘則以電動機.平時用其一,餘皆備貨 (Reserve) 也.抽水系中最重要者爲水管系 (pipe-system). 因水爲發生能力之媒介 (Medium), 不可或缺者也,故至少必有兩路可通,以備不測,是以水管縱橫,水門 (Valves) 錯雜裝置時煞費神思也.

機房參觀既畢,乃入工務室.得見一標示器 (Indicator) 能同時畫成三種色線,指示烟氣 (Flue gas) 之溫度,CO_2 之成分,及蒸汽之溫度.構造精細也.全日負重亦有記載,嘗見某日之平均負重(Average Load)爲 1867 KW.煤之用量及價值亦有記載,大約每度電力 (Kw-hr). 費煤三磅.價值在$0.001左右,嘗按圖線觀之.見其最低之煤價.(每1KW-hr) 爲 $0.00097,而其最高價爲$0.00103.

參觀既竟.乃即由陸君等領導,往一里外之通成紗廠參觀.於午飯後即由電廠接洽妥當者也.由該廠工程師張先生指導繞行廠內一週.紡織機器種類頗多.該廠現正從事紡織絨布,則破布殘棉,爲人所棄置者,該廠碎之鬆之,經多次機器運動,而成極美麗之絨布.吾人之服此者,初不料其衣之原料本即爲誰何所不取之破絮也.該廠出品,除色彩染料外,俱爲國貨,大可爲之提倡.故當時師生多有購買者,其價格亦甚公道也.

移坐片時,時鐘已將報四下,乃相將辭謝而出,徐步回戚墅堰電廠而休息.該廠上下辦事人員,皆和藹可親,此次參觀,多承殷懃招待,殊可感也.廠中生活,殆無異乎學校中狀況,一種和樂之氣象,爲其他廠家所罕有.是又可贊美者也.四時後,仲謝告辭,仍乘廠中所備之船,疾駛至火車站.待車約刻餘乃攀登而上.車中擁擠頗甚.於是二十二人爲之隔離.初不得座.大半立于車臺.當時天已黑暗,冷風吹來,細雨點點,幸移時即止.及抵蘇城.上下頗衆,乃皆得安坐稍憩.九時後.抵上海北站,再移時而安抵校中矣,二日來,雖興高彩烈,然栗碌奔走,亦頗覺疲痨.不過於參觀之餘,得遊覽之樂.此行不虛也.爰如此記之.其中有涉工程之處.皆爲未嘗或近工廠者說法,貽笑方家,在所不免.諸君披閱之餘,或可想見二日短程中旅行參觀之狀況於萬一,是則作者用以紀念此行之微意也.

十七、十二、三十夜畢,

本校工業研究所之新發展

本校工業研究所,本學期來,積餘進行,不遺能力.就目下內部之設備言之,參考書籍及雜誌等,不下千餘册.而於儀器一項,物理及化學兩部,均已購到多種,現已分別一一裝置就緒機械部器具,亦稍有添置.各部之進行計劃,經擬定如下: (一)機械部工作事項,約可分爲兩大類:一爲國產材料之試驗電如,鋼鐵,木材,磚,瓦,水泥等.一爲工廠用具之檢定,如汽壓表,彈簧等.(二)機部現亦擬分二項進行:一爲無線電之研究.一爲各項電機之鑑定及試驗.(三)物理部目前計劃,可分三端(甲)物理性質之測定,如密度,電阻傳熱等(乙)科學用品之檢查,如天秤,電表,寒暑表等,(丙)各項電瓶之比較.(四)化學部現擬入者,爲油餅製漆(塗料)之研究,同時兼作煤,油,用水,飲水,滑油,簡單礦產等,之分析及檢驗.所有各部試驗範圍,可參觀本所新出版之材料試驗及標準測驗簡明目錄凡各界委託試驗,無不竭誠辦理,以符本所服務社會之素志也.

代辦試驗簡章附錄如下

本校工業研究所代辦試驗研簡章

第一條　本所試驗事項以目錄列舉者爲限

第二條　本所代辦各種試驗不能限期惟有特別理由者得聲請提前辦理

之

第三條 凡國家機關之試驗均不收費

第四條 凡私人或私立機關委託試驗事項得核實酌收工料費

第五條 凡委託試驗者均須將試驗事項詳細開明（本所印有表格函索即寄）寄交本所

第六條 試驗之材料或物品均須用妥當方法寄交本所以免中途損壞或遺失材料之尺寸數量及裝置包裹方法如本所業有規定者應依照辦理

第七條 凡與本簡章所規定不合者本所得拒絕試驗

第八條 本所之試驗結果均由所長及主任試驗員簽字爲證惟如有因此發生糾葛或損失者本所不能負責

（附記） 凡關於試驗事項之函件均請逕寄上海徐家匯交通大學工業研究所

工程學會大事記

（中華民國十七年秋） （義）

本校於九月十日開學,十七日正式上課,本會會務,亦即於上課後第一週開始.

九月二十一日下午四時,開第一次執行委員會,相互選定各部部長如下;

總務部部長	孫 魯	參觀部部長	潘應甫
研究部部長	王仁東	實習部部長	盧鉞章
編輯部部長	邱宗義		

並聘定楊銘久任會計,劉隨藩任文牘,林定焘任書記,謝銘怡任庶務,當時議決各項如下;

(一) 每會員每學期仍繳會費小洋四角

(二) 工程壁報每兩星期出版一次

(三) 每兩星期赴工廠參觀一次

(四) 時請工程界名人來校演講

(五) 多映工程新聞電影

(六) 徵求會員

十月一日　開始徵求會員編輯部出版工程壁報第一期.

十月六日　由參觀部接洽,張貢九先生之介紹,參觀上海華商電氣公司:加入者共有四十餘人.該廠總工程師徐恩曾先生,吾校之舊同學也,担任招待與指導.該公司有8000KVA透平發電機二座,及4000KVA透平發電機一座,并有750KW及600KW變流機各一座,日夜輪流以供南市電車之用.本有B&W 筒鍋鑪四座,今夏又添置一座,以備發展.大約每天電氣需要之最高紀錄爲5000KW.其營業大體,別爲電燈電力及電車三項.惟因南市工廠甚鮮,電力之需要尚少,其最發達者厥惟電燈一項.因電車營業,雖似發達,然因道路之修理維持費等頗大,致難獲利.又該廠並自設修理間,配置零件,凡馬達之損壞者,亦皆自行修理云.

十月十五日　工程壁報第二期披露

十月十八日　徵求會員,已經截止,加入者有二百二十九人,爲歷來所未有.各班幹事亦已選出,故於晚間七時在本校文治堂開全體大會.由程孝剛先生特請黃伯樵先生來校演講,本校教授之到會者,有王爾綸先生,鐘兆琳先生及胡嵩喦先生.主席孫鲁報告開會後,即請黃伯樵先生演講.題爲「特別市公用局與市民之關係」極見公用局科學精神.黃先生講來有聲有色,並示以各種圖表,故演講雖長,而聽者了無倦容.(演辭見記錄)次由王爾絅先生鐘兆琳先生,相繼致訓辭.略用茶點後,乃開映工業影片八本.迨片映畢,已十一時半,早已過校中熄燈時候矣.

十月二十日 赴蘊藻浜滬甯鐵路機車廠參觀.王爾絅之所介紹者也.該廠屬滬甯鐵路,專事修理,廠址甚大.當時因逢星期六下午工務員皆未在廠,故由工頭指引.有機車廠,翻沙廠,金工廠,打鐵廠.更有電焊油漆等等.其原動力廠中,有二只汽機直流發電機,皆爲150KW,平時開動其一.

十月二十九日 工程壁報第三期出版

十一月三日 第三次參觀益中機器公司廠址在浦東,加入者十有七人.該公司自造變壓器與感應馬達(Induction Motor)及電氣磁料,並有修理部發電機電動機等,皆可修理.參觀時,由總工程師周琦先生及劉錫驥先生分組指導.有金工廠銅匠間,翻沙間,碎泥調泥模型等處.原動力出自28 H.P.之柴油引擎,經自製之加速齒輪,以轉動發電機而得電力.黏土自佘山運來經多種手續,若調漿,研細,濾乾等.模型皆用機器壓成,出品頗速.另有二窰,一圓形,一長方形,係作燒磁之用,係採德美二國之長而成.窰中之熱度,長方形者爲1300-1400°f,圓形者爲3000°f.每窰裝貨需三日,加熱一日,出貨又須三日,故每窰每週出貨一次.

十一月五日 潘廉甫辭參觀部長職,與研究部長王仁東互調

十一月十三日 工程壁報第四期出版

十一月十五日 (星期四)第四次參觀,參觀上海兵工廠彈械廠,在高昌廟,加入參觀者共三十五人.廠址極大,由該廠工務員分組指導.機器甚多,記不勝記.製造鎗統鎗彈銅壳等,經過手續甚多.機關鎗之使用方法亦詳爲指示.更有迫擊砲,構造甚簡,而功用頗大.又見山炮彈,跑馬彈等.銅引廠中引銅之機器甚多,引鋼之機器更大.該廠以前本有鍊鋼廠,現已停止工作.該廠亦自發動力,惟因創始時各廠逐漸添設,故動力機多而小,甚不經濟也.

十一月十七日 第五次參觀,在小沙渡大隆機器廠,加入參觀者計三

十二人.該廠爲嚴氏獨資創設.製造織布機.已頗著成績.現更製造簡單雙活塞(Single-cylinder, -double-Piston)柴油引擎.陳列於國貨展覽會,成績亦佳.此種機器,用油較省,是以效率較高也.翻沙廠規模宏大,實滬上所少見.該廠組織甚善,管理理亦佳,工人亦有組織.廠中供給膳宿,不許外宿,有妻孥者則聚於大隆村,亦廠中所建築也.

十一月二十二日　第六次參觀.參觀法商電車公司於盧家灣,加入者共四十九人.鍾兆琳先生及壽俊良先生亦與焉.該廠因地理關係水之供給不便.故用蘇而壽(Sulzer)狄氏內燃機(Diesd Engine.)每只汽缸(Cylinder)能發500匹馬力,有八只汽缸相連者有六只相連者,亦有四只相連者.發電機多電極.又高而大,因內燃機之速度不能太高故也.機爲氣壓進油式(Ai--rinjection type,)燃燒後之油烟,亦無空氣吹去(Air-scavenging,)故又備有抽氣機,以電動機運用之.法租界之電車,亦由該廠供以電力,故有同步換流機(Synchroncus Converter)四部,輪流替用.直流電石板(D.C Switch boards),卽在換流機之傍,而交流電石板,則在機房一傍之樓上.銅排間亦在焉.狄氏引擎寒冷水線(Circulating cooling water line),頗爲重要.該廠旣不便得水.故寒冷水於經過機器受熱後,使散熱於空間.庶再應用.高出於圍牆之三座水泥建築,作方塔形者,卽爲散熱之用也.

十一月二十四日　第七次參觀.參觀寶山路之商務印書館印刷所,參加人數二十七.該所用二百匹馬力狄氏引擎自發電力,以供各部應用.印刷器種類甚多,運用亦頗便利.更有製版部鍍鋼部等.鍍銅部中之發電機,電壓甚低,而電流極大,約在2000安培左右頗有趣也.

十一月二十六日　工程壁報第五期出版

十一月二十九日　第八次參觀仍往高昌廟之兵工廠彈械廠.參加者二十五人.(本會每次參觀之人數因廠家而加限制.有時參加人數太多乃接洽第二次參觀.)

十二月三日　工程壁報第六期提前一週出版

總務部長孫魯辭職,與實習部長盧鉞章互調.

十二月十五日　第九次參觀,加入者十有四人往龍華兵工廠鎗彈廠與火藥廠,鎗彈廠中,由工程師招待.先至溶銅廠,則銅與鉛二者相融,澆入模型而成銅塊.引銅廠中,將此銅塊經多次展引而成薄片.乃經鍾鍊(Annealing)而入金工廠,將薄片銅剪壓之,長引之,而成彈殼.彈粒由鋼殼與銅殼配合亦用,機器壓成裝置火藥.亦用機器.繼參觀火藥廠,以棉花軋成花衣後,經蒸汽,硫化(Nitration),漂淨,調藥,切片等手續.再加石墨(Graphite),使燃燒均勻.

十二月十七日　工程壁報第七期出版

十二月三十日　晚八時,執行委員會全體出席討論刊行『工程』及籌款問題.議決向學校當局請求加撥款項,補助「工程」印刷費.

十八年一月七日　工程壁報第八期出版

Note: The following research work was carried out while the writer was taking graduate work in Cornell University. With the rapid development of radio equipments manufacturing in our nation, the subject on which the paper was written is becoming increasingly important, and the writer considers it timely and not superfluous to have it republished.

Shenghai, 1928. The Writer.

PREFACE.

The catculation of self inductance, mutual inductance, and forces acting on inductive coils is of practical imptance in both science and engineering. In most of the papers written on the subject, complicated mathematical formulas and derivati n are involved. This work has, for its object, the simple and clear presentation of this subject in order that the understanding of this subject may be acilitated and the study of it may not be quite time consuming.

To accomplish this aim, the formulae of Ellfptic Function that are used in this paper are derived in the Appendix in the simplest may, and a brief outine of method of deriving formulas for the self and mutual inductance of coils is written in the appendixes. Numerous diagrammatic sketches are drawn for the same purpose. Charts for computing self inductances, mutual inductances of, and forces acting on coils are plotted for use when only a rough accurancy is necessary and when convenience and readness to obtain results are of importance.

Investigation is made of the maximum inductance of circular rings, of single layer coils, and of multilayer coils obtainable with a wire of given length and size. The methods used in this investigation are convenient and also give results accurate enough for ordinary engineering purpose.

References to the original papers are given at the end of each chapter besides the complete list at the end of the thesis.

Ithaca, N. Y., U. S. A., 1925 Z. L. Tsoon

A STUDY OF REACTANCE COILS AND CURRENT LIMITING REACTORS

CHAPTER II

MUTUAL INDUCTANCES AND FORCES BETWEEN TWO CIRCLES

MUTUAL INDUCTANCE

The self inductance of circular coils and rings, the mutual inductance of coaxial cylindrical coils can be found either by integration or by mechanical quadrature if the mutual inductance of two coaxial circles is known. *1 Thus, formulas, tables, and charts for computing mutual inductances of two circles are of practical importance. Maxwell developed in his book on electricity and magnetism an exact formula in terms of elliptic function, which has been expanded into series. *2 Several tables have been computed by various writers. *3 In this chapter some of these tables are reproduced and curves plotted from these tables. A chart is computed and plotted by the writer in order to facilitate the computation of mutual inductance of two coaxial circles when their radii and the distance between their centers are given, and the dimensions of the circles to give a desired value of mutual inductauce.

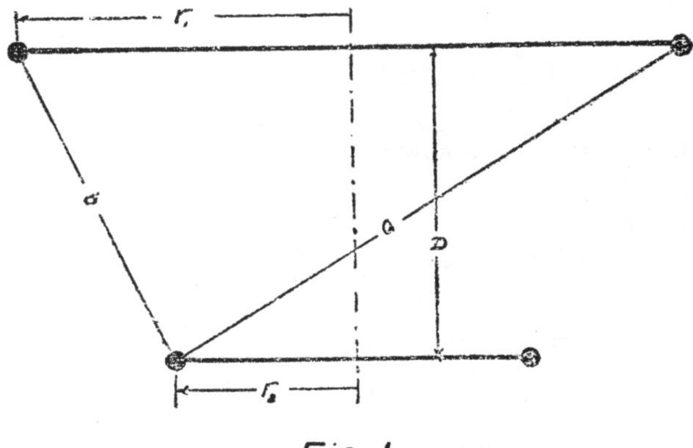

Fig. 1

Diagram of two coaxial circles

Fig. 1 shows a cross sectional view of two circles, the mutual inductance betweeu which is to be computed. Let r_1 = the radius of the larger circle; r_2 = the radius of the smaller circle; d = distance between the centers of the circles. Then the longest distance between the circumferences of the two circles

$$a = \sqrt{(r_1 + r_2)^2 + D^2} \quad \cdots\cdots(10)$$

and the shortest distance between the circumference of the two circles

$$b = \sqrt{(r_1 - r_2)^2 + D^2} \quad \cdots\cdots(11)$$

Squaring (10) aud (11),

$$a^2 = (r_1 + r_2)^2 + D^2 \quad \cdots\cdots(12)$$

$$b^2 = (r_1 - r_2)^2 + D^2 \quad \cdots\cdots(13)$$

Then the mutual inductance between these two circles is, as developed by Maxwell,

$$M = 4\pi \sqrt{r_1 r_2}\left[\left(\frac{2}{k} - k\right) K - \frac{2}{k} E\right] \quad \cdots\cdots(14)$$

Where k, the modulus of elliptical integral functions K aud E, *3 is defined by the following relation

$$k^2 = \frac{a^2 b^2}{a^2} = \frac{4 r_1 r_2}{(r_1 + r_2)^2 + D^2} = \frac{\frac{4 r_1}{r_2}}{\left(1 + \frac{r_1}{r_2}\right)^2 + \frac{D^2}{A^2}} \quad \cdots\cdots(15)$$

or

$$k = \frac{\sqrt{a^2 - b^2}}{a} = \frac{2\sqrt{r_1 r_2}}{a} \quad \cdots\cdots(16)$$

Substituting this value of k in equation (14),

$$M = 2\pi a \left[(2 - k^2) K - 2E\right] \quad \cdots\cdots(15)$$

Substituting the expression for elliptical functions K and E as given in appendix, in equation (15)

$$M = \frac{\pi^2 a k^4}{8} \sum_{n=0}^{n=\infty} \frac{(2n!)^2}{2^{4n} (n!)^4} \frac{2(2n+1)^2}{(n+1)(n+2)} k^{2n} \quad \cdots\cdots(16)$$

It is evident that the above series is rapidly converging when k is small, i. e., when the ratio of $\frac{r_2}{r_1}$ is small or when D is large. If the coils are nearly of the same radii and near to each other, k will be nearly unity. In this case it is convenient to write equation (14) in another form,

$$M = 2\pi a\left[(1+k_0^2)K - 2E\right] \quad \text{..(17)}$$

where

$$k_0 = 1 - k^2 = \frac{b}{a} \quad \text{..(18)}$$

k_0 is called the complementary modulus of the elliptic functions. Expanding equation (17) by elliptic functions in terms of k_0 *3, equation (19) for mutual inductance between two circles of nearly the same radii and near to each other is obtained.

$$\begin{aligned} M = \pi a \Bigg[& \ln\frac{16}{K_0^2}\Big(1+\frac{1}{2^2}k_0^2+\frac{1}{2^2}\cdot\frac{1^2}{4^2}k_0^4+\frac{1}{2^2}\cdot\frac{1^2}{4^2}\cdot\frac{3^2}{6^2}k_0^6+ \\ & +\frac{1}{2^2}\cdot\frac{1^2}{4^2}\cdot\frac{3^2}{6^2}\cdots\cdots\frac{(2n-3)^2}{(2n)^2}k_0^{2n}\Big)+ \\ & -2\Big\{2-\frac{k_0^2}{4}+\frac{1}{2^2}\cdot\frac{1^2}{4^2}\Big(\frac{2}{1\times 2}-\frac{1}{2}\Big)k_0^4+\frac{1}{2^2}\cdot\frac{1^2}{4^2}\cdot\frac{3^2}{6^2}\Big(\frac{2}{1\times 2}+ \\ & \frac{2}{3\times 4}-\frac{2}{6}\Big)k_0^6+\cdots+\frac{1}{2^2}\cdot\frac{1^2}{4^2}\cdot\frac{3^2}{6^2}\cdots\frac{(2n-3)^2}{(2n)^2}\Big(\frac{2}{1\times 2}+\frac{2}{3\times 4}+\cdots \\ & \cdots+\frac{2}{(2n-3)(2n-2)}-\frac{2}{2n}\Big)k_0^{2n}\Big\}\Bigg] \quad \text{......(19)} \end{aligned}$$

M/ a =		M/ a =			
1.23370 k^4	1.00000	(8.71035+ 7.23378 colog k_0^2)	1.00000	$-\pi$	4.00000
	+.75000 k^2		+.25000 k_0^2		−.50000 k_0^2
	+.58594 k^4		+.01562 k_0^4		+.01562 k_0^4
	+.47852 k^6		+.00391 k_0^6		+.00651 k_0^6
	+.40395 k^8		+.00153 k_0^8		+.00300 k_0^8
	+.34895 k^{10}		+.00075 k_0^{10}		+.00160 k_0^{10}
	+.30715 k^{12}		+.00042 k_0^{12}		+.00094 k_0^{12}
	+.27424 k^{14}		+.00026 k_0^{14}		+.00060 k_0^{14}
	+.24767 k^{16}		+.00017 k_0^{16}		+.00040 k_0^{16}
	+.22578 k^{18}		+.00012 k_0^{18}		+.00027 k_0^{18}
	+.20744 k^{20}		+.00008 k_0^{20}		+.00020 k_0^{20}
	+.........+		+.........+		+.........+
	(20)				(21)

To facilitate computation $\pi \ln \dfrac{16}{k_0^2}$ in equation (19) may be transformed as follows

$$\pi \ln \frac{16}{k_0^2} = \pi\, 2.303 \left(\log \frac{1}{k_0^2} + \log 16 \right) =$$

$$7.23378 \operatorname{colog} \frac{1}{k_0^2} + 8.71035 \quad \dots\dots\dots\dots\dots\dots\dots\dots (20)$$

Changing fractions into decimals, equations (16) and (19) are transformed to equations (21) and (22).

Table 2, *[1] computed from the above equations, gives values of $\dfrac{M}{a}$ for different values of k^2 and k_0^2. Tables 3A and 3B,*[1] computed from equation (15), give values of k^2 for different values of $\dfrac{r_2}{r_1}$ and $\dfrac{D}{r_1}$. Thus mutual inductance between two coils of given radii and distance between their centers can be readily computed from Tables 2, 3A and 3B, and formula (12).

Quite frequently, the radii and distance between centers of two circles are to be determined for a desired value of mutual inductance. This can be readily performed by using the tables as follows.

1. Select a convenient value for r_1. If it is desired to have coils close together, r_1 should be small. If the coils are to be far apart, choose a large value for r_1. Ordinarily, the value of r_1 is so chosen that $\dfrac{M}{2r_1}$ lies between 4 and 0.1.

2. From Table 2 select a value of $\dfrac{M}{a}$ which is very nearly equal to $\dfrac{M}{2r_1}$ and at the same time, read the corresponding values of k^2 from Tables 3A and 3B.

3. Compute a by dividing the given mutual inductance by the value of $\dfrac{M}{a}$ read from Table 2.

Table 2
Values of M/a for different values of k^2

k^2	k_0^2	M/a	k^2	k_0^2	M/a
0	1.00	0	0.16	0.84	0.03592
.01	.99	.0001243	0.17	0.83	0.04090
.02	.98	.0005010	0.18	0.82	.04626
.03	.97	.001136	0.19	0.81	.05200
.04	.96	.002035	0.20	0.80	.05813
.05	.95	.003205	0.21	0.79	.06467
.06	.94	.004651	0.22	0.78	.07163
.07	.93	.006381	0.23	0.77	.07902
.03	.92	.008401	0.24	0.76	.08684
.09	.91	.01072	0.25	0.75	.09512
.10	.90	.01334	0.26	0.74	.1039
.11	.89	.01628	0.27	0.73	.1131
.12	.88	.01953	0.28	0.72	.1228
.13	.87	.02311	0.29	0.71	.1330
.14	.86	.02703	0.30	0.70	.1438
.15	.85	.03130			

Table 2 continued

k^2	k_0^2	M/a	k^2	k_0^2	M/a
0.31	0.69	0.1551	0.46	0.54	0.4035
0.32	0.68	.1670	0.47	0.53	.4265
0.33	0.67	.1794	0.48	0.52	.4505
0.34	0.66	.1924	0.49	0.51	.4755
0.35	0.65	.2061	0.50	0.50	.5016
0.36	0.64	.2203	0.51	0.49	.5287
0.37	0.63	.2353	0.52	0.48	.5571
0.38	0.62	.2509	0.53	0.47	.5866
6.39	0.61	.2672	0.54	0.46	.6175
0.40	0.60	.2843	0.55	0.45	.6496
0.41	0.59	.3021	0.56	0.44	.6832
0.42	0.58	.3207	0.57	0.43	.7182
0.43	0.57	.3401	0.58	0.42	.7548
0.44	0.56	.3604	0.59	0.41	.7929
0.45	0.55	.3815	0.60	0.40	.8328

Table 2 coutinued

k^2	k_0^2	M/a	k^2	k_0^2	M/a
0.61	0.39	0.8744	0.74	0.26	1.637
.62	.38	.9179	.75	.25	1.719
.63	.37	.9634	.76	.24	1.806
.64	.36	1.0110	.77	.23	1.898
.65	.35	1.0610	.78	.22	1.995
.66	.34	1.113	.79	.21	2.099
.67	.33	1.168	.80	.20	2.210
.68	.32	1.225	.81	.19	2.328
.69	.31	1.285	.82	.18	2.454
.70	.30	1.349	.83	.17	2.590
.71	.29	1.415	.84	.16	2.736
.72	.28	1.485	.85	.15	2.894
.73	.27	1.559			

Table 2 continued

k^2	k_0^2	M/a	k^2	k_0^2	M/a
0.86	0.14	3.065	0.992	0.008	11.405
.87	.13	3.252	.993	.007	11.820
.88	.12	3.457	.995	.005	12.821
.89	.11	3.684	.996	.004	13.537
.90	.10	3.935	.998	.002	15.692
.91	.09	4.218	.999	.001	17.855
.92	.08	4.539	1.000	.000	∞
.93	.07	4.908			
.94	.06	5.341			
.95	.05	5.861			
.96	.04	6.508			
.97	.03	7.356			
.98	.02	8.571			
.99	.01	10.685			

Table 3 a

Values of k^2 When $D > r_1$

r_1^2/D^2 \ r_2/r_1	0	0.1	0.2	0.3	0.4	0.5	0.6	0.7	0.8	0.9	1.0
0	0	0	0	0	0	0	0	0	0	0	0
0.1	0	.0357	.0699	.1027	.1338	.1633	.1911	.2172	.2417	.2645	.2857
0.2	0	.0644	.1242	.1794	.2299	.2753	.3175	.3549	.3883	.4181	.4444
0.3	0	.0880	.1676	.2389	.3023	.3582	.4072	.4499	.4868	.5185	.5455
0.4	0	.1078	.2030	.2864	.3587	.4211	.4743	.5195	.5575	.5892	.6154
0.5	0	.1243	.2326	.3252	.4040	.4706	.5263	.5726	.6107	.6417	.6667
0.6	0	.1391	.2575	.3575	.4412	.5106	.5678	.6145	.6522	.6822	.7059
0.7	0	.1516	.2789	.3848	.4722	.5437	.6017	.6484	.6854	.7145	.7168
0.8	0	.1626	.2974	.4082	.4984	.5714	.6299	.6763	.7127	.7407	.7619
0.9	0	.1723	.3136	.4284	.5210	.5950	.6538	.6998	.7354	.7625	.7826
1.0	0	.1810	.3279	.4461	.5405	.6154	.6742	.7198	.7547	.7809	.8000

Table 3b

Values of k^2 When $D < r_1$

D^2/r_1^2 \ r_2/r_1	0	0.1	0.2	0.3	0.4	0.5	0.6	0.7	0.8	0.9	1.0
0	0	0.3306	0.5556	.7101	.8163	.8889	.9375	.9689	.9877	.9972	1.000
0.1	0	0.3053	0.5195	.6704	.7767	.8511	.9023	.9365	.9581	.9703	.9756
0.2	0	0.2837	0.4878	.6349	.7407	.8163	.8696	.9061	.9302	.9449	.9524
0.3	0	0.2649	0.4598	.6030	.7080	.7843	.8392	.8777	.9040	.9207	.9302
0.4	0	0.2485	0.4348	.5742	.6780	.7547	.8108	.8511	.8791	.8978	.9091
0.5	0	0.2339	0.4124	.5479	.6504	.7273	.7843	.8260	.8556	.8759	.8889
0.6	0	0.2210	0.3922	.5240	.6250	.7018	.7595	.8023	.8333	.8551	.8696
0.7	0	0.2094	0.3733	.5021	.6015	.6780	.7362	.7799	.8122	.8353	.8511
0.8	0	0.1990	0.3571	.4819	.5797	.6557	.7143	.7588	.7921	.8163	.8333
0.9	0	0.1896	0.3419	.4633	.5594	.6349	.6937	.7388	.7730	.7982	.8163
1.0	0	0.1810	0.3279	.4461	.5405	.6154	.6742	.7198	.7547	.7809	.8000

4. Compute the radius of the other circle by

$$r_2 = \frac{k^2 a^2}{4 r_1} \qquad \text{.........(23)}$$

which is a slight modification of equation (16).

5. Then compute D by equation (12).

If the rapius of the secona circle and the distance between centers of the two circles thus fouud, are not desirable, select another value of $\frac{M}{a}$, repeat the above computations until desired size and location of second coil is obtained. If D should be imaginary, then a larger value of $\frac{M}{a}$ must be chosen.

Sometimes it is desirable to find the radii and distance between centers of two coils for desired values of mutual inductances and ratio of $\frac{D}{r_1}$. In this case, select first a desired value of $\frac{r_2}{r_1}$, read k^2 from Table 3A or 3B corresponding to the given value of $\frac{D}{r_1}$ and selected value of $\frac{r_2}{r_1}$. Then read $\frac{M}{a}$ from Table 2. By equation (12)

$$\frac{a^2}{r_1^2} = \left(1 + \frac{r_2}{r_1}\right)^2 + \frac{D^2}{r_1^2} \qquad \text{.........(24)}$$

From this equation, r_1 and corresponding values of r_2 and D cau be determinedd.

From Tables 2, 3A, and 3B, Fig. 2a, 2b, 2c and 3a, 3b are poltted to avoid the trouble of iutérpolation when a great accuracy is uot necessary. Fig, 4 is computed and plotted, giving directly values of $\frac{M}{r_1}$ for different values of $\frac{r_2}{r_1}$ and $\frac{D}{r_1}$ for the most useful range in engineering practice.

FORCE BETWEEN TWO COAXIAL CIRCLES:—

The formula for mutual inductance between circular coils as developed by Maxwell was obtained by integrating

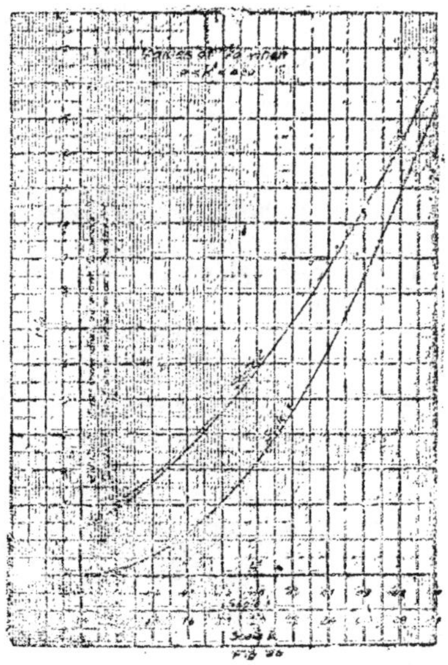

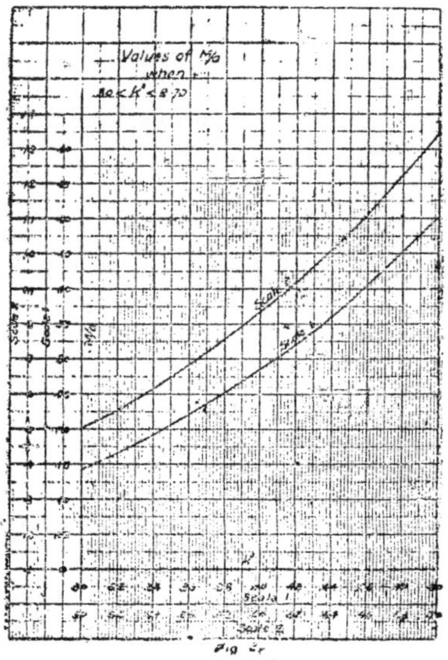

Fig. 26

Fig. 27

Fig. 28

Fig. 30

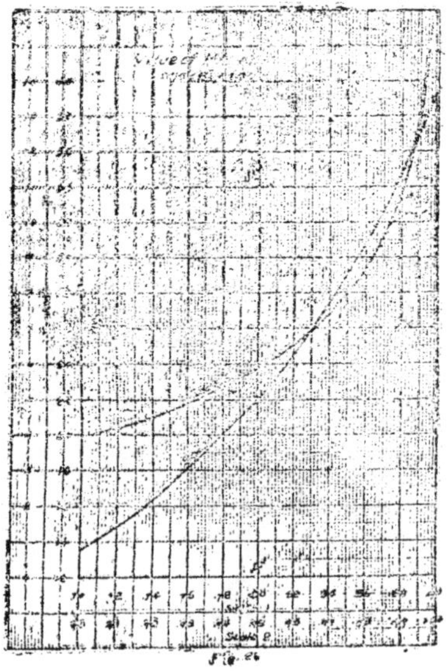

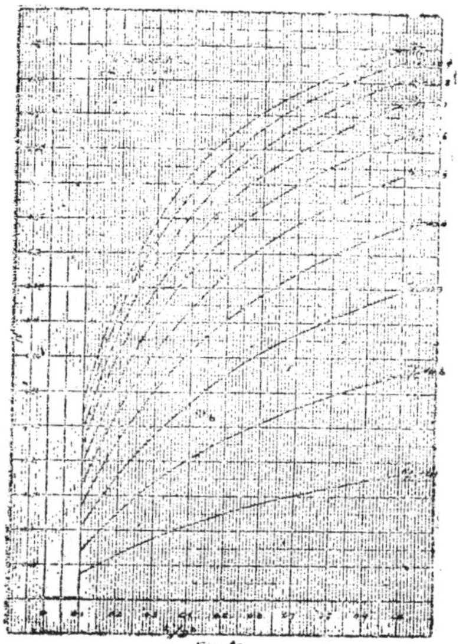

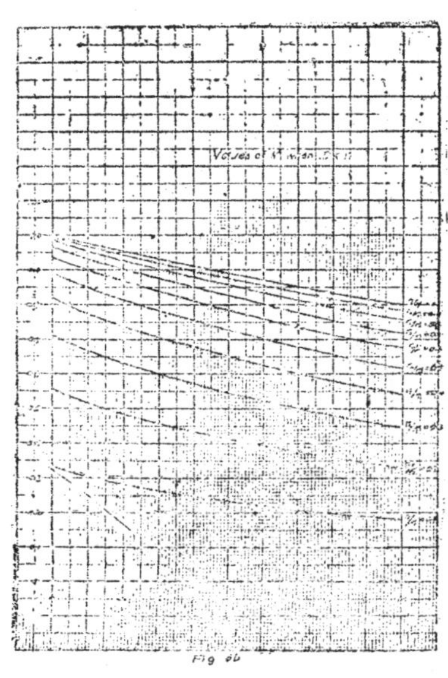

Fig 6b

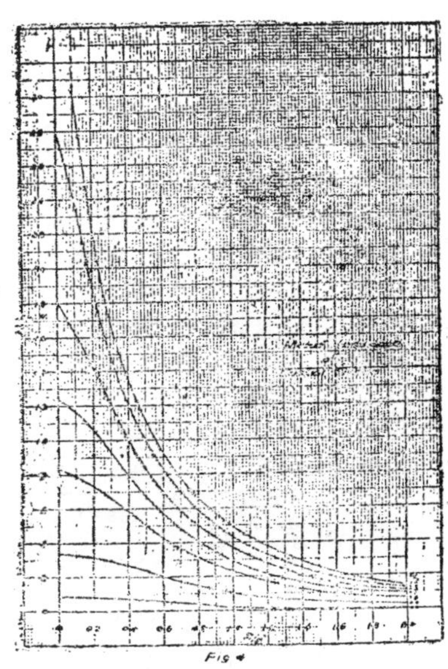

Fig 4

$$^{*5}\ M=\int_0^{\pi}\frac{4\pi\ r_1 r_2 \cos\ \phi d\phi}{(r_1^2+r_2^2+D^2-2\,_1 r_2\ \cos\ \phi)^{\frac{1}{2}}}\qquad\text{.....................(25)}$$

Taking the derivative of (25) with respect to D, the force between two circular coils carrying currents i, and i_2 respectively is

$$F=-\ i_1 \cdot i_2\ \frac{dM}{dD}=4\pi\ r_1 r_2\ Di_1\ i_2$$

$$\int_0^{\pi}\frac{\cos\ \phi\ \ d\ \phi}{(r_1^2+r_2^2+D^2-2r_1 r_2\ \cos\phi)}\qquad\text{.....................(26)}$$

To intègrate (2), let $\phi = \pi - 2\ \theta$ ....(27)

then $d\ \phi = -\ 2\, d\ \theta$ ....(28)

$\text{Cos}\ \phi = \cos\ (\pi - 2\theta) = -\text{Cos}\ 2\theta = -(1-2\ \sin^2\theta)$ ......(29)

$\text{Cos}\ \phi\ d\phi = 2\ \text{Cos}\ 2\theta\ d\theta = 2(1-2\ \text{Sin}^2\theta)\,d\theta$ ....(30)

Wheu $\phi = \pi$ $\theta = 0$ ....(31)

$\phi = 0$ $\theta = \frac{\pi}{2}$ ....(32)

Substituting (31) and (32) in (26)

$$F = 8\pi\, r_1 r_2\, D\, i_1 i_2 \int_{\frac{\pi}{2}}^{0} \frac{(1-2\sin^2\theta)\, d\theta}{(r_1+r_2)^2 + D^2 - 4r_1 r_2 \sin^2\theta} \quad \text{.........(33)}$$

Let

$$\frac{4r_1 r_2}{(r_1+r_2)^2+D^2} = k^2$$

ai iu finding mutual iuductauce between two circular coils, and use the following elliptical integrai formulas *3

$$\int_0^{\frac{\pi}{2}} \frac{d\theta}{1-k^2\sin^2\theta} = \frac{E}{1-k^2} \quad \text{.................................(34)}$$

$$\int_0^{\frac{\pi}{2}} \frac{\text{Sin}\,\theta\, d\theta}{(1-k^2\,\text{Sin}^2\theta)} = \frac{E}{k^2(1-k^2)} - \frac{K}{k^2} \quad \text{......................(35)}$$

Formula (33) when integrated gives

$$F = \frac{8\pi\, r_1 r_2\, D i_1 i_2}{(r_1+r_2)^2+D^2}\left[-\frac{E}{1-k^2} + \frac{2E}{k^2(1-k^2)} - \frac{2K}{k^2}\right]$$

$$= \frac{8\pi\, r_1 r_2 D\, i_1 i_2}{a^3}\left[\frac{2-k^2}{k^2(1-k^2)}\, K - \frac{2K}{k^2}\right]$$

$$= \frac{8\pi\, r_1 r_2 D\, i_1 i_2}{a^3}\left[\frac{E}{1-k^2} + \frac{2}{k^2}(E-K)\right] \quad \text{............(36)}$$

When a and b (See Fig. 1) are nearly equal, i. e., when the radii of the circles are small as compared to the distance between coils, k is small. In this case, the above formula may be readily expanded into the following form

$$F = \frac{6(\pi r_1^2)(\pi r_2^2) D\, i_1 i_2}{a_5}\left(1 + \frac{5}{4}k^{\cdot} + \text{.........} + \text{etc.}\right)$$

$$= \frac{6A_1 A_2\, D\, i_1 i_2}{a^5}\left[1 + \frac{5}{4}k^2\right] \quad \text{..................................(37)}$$

where A_1 = area of the larger coil, and A_2 = area of the smaller coil, When D is very much larger than $(r_1 + r_2)$, k^2 approaches zero and formula (37) becomes

$$F = \frac{6 A_1 A_2 i_1 i_2}{D^4} \text{ approximately} \qquad (38)$$

Thus when the coils are of same radii and far apart, the force is very nearly proportional to the product of their area, the currents they are carrying and inversely to the fourth power of the distance between their centers.

But when the coils are close together and nearly of the same size, k is nearly unity, then formula (36) can be more conveniently expanded by elliptic functions in terms of complementary modulus.*5 The result is, then,

$$F = \frac{8\pi r_1 r_2 D i_1 i_2}{a b^2} \qquad (39)$$

Instead of calculating the force between two coils from the above formulas, it can also be computed by taking the ratio of small change of mutual inductance of the coils to the corresponding change in the distance between the coils and multiplying this ratic by the product of the current they carry.

Expressed mathematically,

$$F = -i_1 i_2 \frac{dM}{dD} = -i_1 i_2 \text{ Lim. } \triangle D = 0 \frac{\triangle M}{\triangle D} \qquad (40)$$

Values of mutual inductance between two coils of given radii at various distances apart may be read from Table 2 or Fig. 4, their differences taken and forces computed as explained above.

*1 See appendix 2 and Bureau of Standards Bulletins, Vol. 2 and 4.

*2 Bureau of Standards Science Paper 169 and 492.

*3 See appendix 1

*4 Reproduced from Science Paper 492 by L. Curtis and C. M. Sparks, U. S. Bureau of Standards

*5 See A. Russell's "Alternating Current" Vol. 1, 1914 edition, page 100

*6 See A, Russell's "Alternating Current" Vol. 1, 1914 edition, page 94, formulae (6) and (7)

CHAPTER III

INDUCTANCE OF CIRCULAR COIL OF CIRCULAR CROSS SECTION

Let r be the radius of the circle and r_0 be the radius of the wire. When r_c is very small as compared with r, the lines of fcrce near the circular wire are very approximately circles concentric with the wire, *¹ i. e., very similar to those about a straight cylindr cal wire of infinite length in which t e current flows along t e wire. Therefre the self inductance per unit length due to field in the wire = $\frac{1}{2}$, and the inductance of the whole r ng due to the field inside the wire is $2\pi r \times \frac{1}{2} = \pi r$ abhenries ....(41)
The linkage with the current of the flux inside the ring is nearly the same as the mutual inductance of two circles of radii r aud $r-r_0$ respectively.

By equat on (14)

$$M = 4\pi\sqrt{r(r-r_0)}\left[\left(\frac{2}{k}-k\right)K-\frac{2}{k}E\right] \qquad \text{(42)}$$

where

$$k^2 = \frac{a^2-b^2}{a^2} \qquad \text{(43)}$$

From Fig, 5,

$$a = 2r-r_0 \qquad \text{(44)}$$

$$b = r_0 \qquad \text{(45)}$$

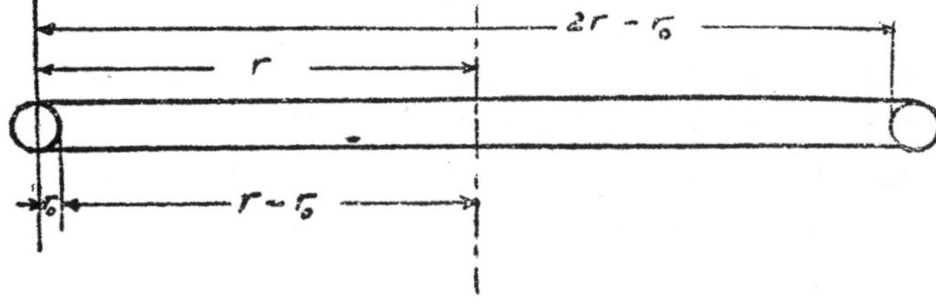

Fig. 5

Circular coil of circular cross-section

These two squations can also be obtained from equations (10) and (11). Substituting (44) and (45) in (43),

$$k^2 = \frac{(2r-r_0)^2 - r_0}{(2r-r^0)^2} = \frac{4r(r-r_0)}{(2r-r_0)^2} \qquad \cdots\cdots(46)$$

and

$$k_0^2 = 1-k^2 = \frac{r_0^2}{(2r-r_0)^2} \qquad \cdots\cdots(47)$$

Since k is nearly unity, it is convenient to convert equation (42) into another form, using elliptical functions in terms of a smaller modulus by means of the following Landen-Legendre formulae. *

$$K = (1+k_1)K_1 \qquad \cdots\cdots(48)$$

$$E = \frac{2}{1+k_1}E - (1-k_1)K_1 \qquad \cdots\cdots(49)$$

$$k_1 = \left[\frac{k}{1+\sqrt{1-k^2}}\right]^2 \qquad \cdots\cdots(50)$$

Substituting (46) and (47) in (50),

$$k_1 = \frac{r-r_0}{r} \qquad \cdots\cdots(51)$$

Substituting (48) and (49) in (42),

$$M = 8\pi(2r-r_0)\left[K_1 - \frac{k^2}{4}K_1 - \frac{E_1}{1+k_1}\right] \qquad \cdots\cdots(52)$$

Substituting (46) and (51) in (52)

$$M = 8\pi r(K_1-E_1) \qquad \cdots\cdots(53)$$

Combining equations (53) and (41), the self inductance of a circle is

$$L = 8\pi r(K_1-E_1) + \pi r = 4\pi r[2(K_1-E_1)+0.25] \qquad \cdots\cdots(54)$$

Equation (54) ahould be expanded by elliptic functions in terms of complementary modulus, as its modulus $k_1 = \frac{r-r_0}{r}$ is nearly unity. The complementary modulus

$$k_{01}^2 = 1-\frac{r^2-2rr_0+r_0^2}{r^2} = \frac{2rr_0+r_0^2}{r^2} = \frac{2r_0+\frac{r^2}{r}}{r} = \frac{2r_0}{r}$$

approximately$\cdots\cdots$(55)

Since r_0 is very samll as compared to r, k_{01}^2 is small and the powers of k_{01} higher than two may be neglected. The two elliptio functions in therms of complementary modulus then become

$$K_1 = \ln \frac{4}{k_{01}} + \frac{1}{4} k_{01}^2 \left(\ln \frac{4}{k_{01}} - 1\right) \qquad \text{..........(56)}$$

$$E_1 = 1 + \frac{1}{4} k_{01}^2 \left(2 \ln \frac{4}{k_0} - 1\right) \qquad \text{..........(57)}$$

$$2\,(K_1 - E_1) = 2 \ln \frac{4}{k_{01}} - 2 - \frac{1}{2} k_0 \ln \frac{4}{k_0} \qquad \text{..........(58)}$$

As k_0 is small, $k_0 \ln \frac{4}{k_0}$ can be neglected and equation (58) becomes

$$2\,(K_1 - E_1) = 2 \ln \frac{4}{k_0} - 2 = \ln \frac{16}{k_0^2} - 2 \qquad \text{..........(59)}$$

Substituting (55) in (59),

$$2\,(K_1 - E_1) = \ln \frac{8r}{r_0} - 2 \qquad \text{..........(60)}$$

Substituting (60) in (54),

$$L = 4\pi r \left[\ln \frac{8r}{r_0} - 1.75\right] \qquad \text{..........(61)}$$

To facilitate computation, formula (61) may be transformed as follows,

$$L = 4\pi \times 2.303 \left\{\log \frac{8r}{r_0} - \frac{1.75}{2.303}\right\} = 28.935\,r$$

$$\left\{\log \frac{8r}{r_0} - \log 5.723\right\} = 28.935\,r \log 1.3902 \frac{r}{r_0} \qquad \text{..........(62)}$$

The above equation may be written in anotber form

$$\frac{L}{r} = 28.935 \log \frac{r}{r_0} + \log 1.3902 = 28.935 \left(\log \frac{r}{r_0} + 0.14307\right) \text{...(63)}$$

Therefore, the curve plotted with $\frac{L}{r}$ as ordinate and $\log \frac{r}{r_0}$ as abscissa is a straight line. For this reason only two convenient points need to be computed. The other values of $\frac{L}{r}$ for different values of $\frac{r}{r_0}$ my be read directly from the straight line plot'ed with $\frac{L}{r}$ against $\frac{r}{r_0}$. Thus the computed values are

When $\frac{r}{r_0} = 100$, $\frac{L}{r} = 62.05$

and when $\frac{r}{r_0} = 1000$, $\frac{L}{r} = 91$

The values read from the straight line with $\frac{L}{r}$ against log $\frac{r}{r_0}$ are plotted again in Fig. 7.

When the radius of the cross-section of the circular wire is not negligible as compared with the radius of the ring, the following formula as developed by Rayleigh* should be used.

$$L = 4\pi r\left[\ln\frac{8r}{r_0} - 1.75 + \frac{r_0^2}{8r^2}\left(\ln\frac{8r}{r_0} + \frac{1}{3}\right)\right] \quad \ldots\ldots\ldots\ldots\ldots(64)$$

It is evident that when $\frac{r_0}{r}$ is negligible, equation (64) reduces to the same form as equation (61).

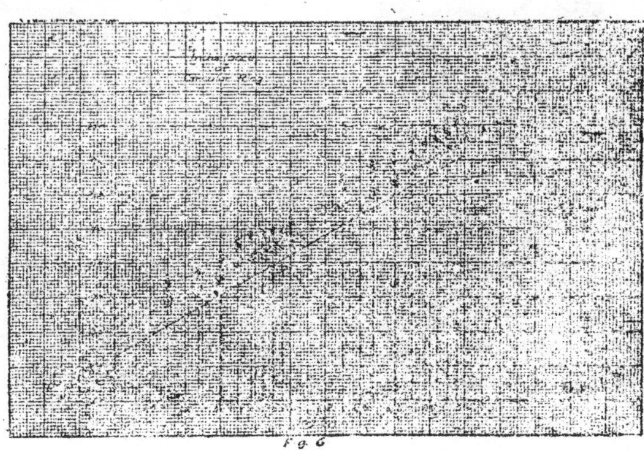

Fig. 6

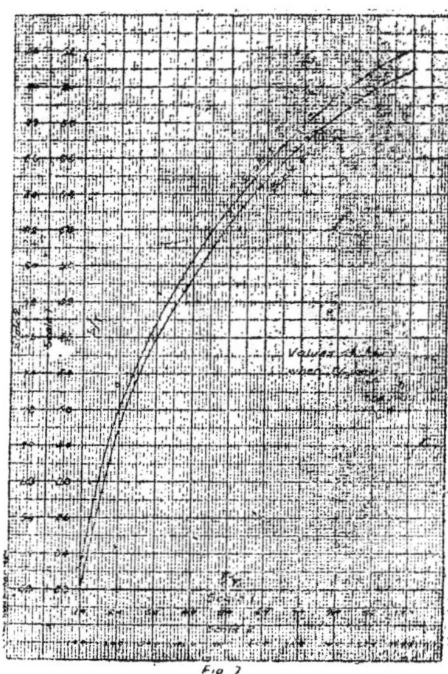

Fig 7

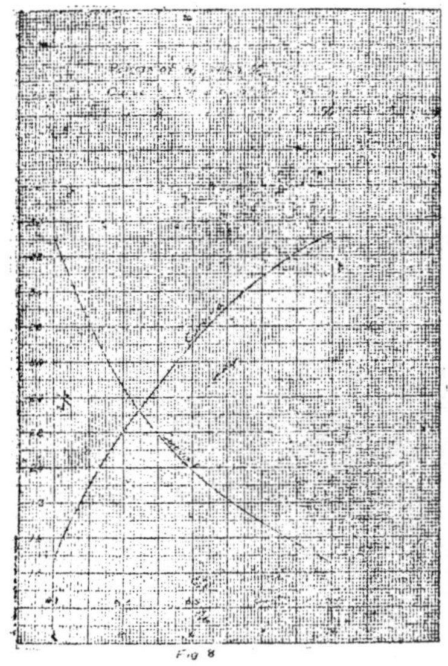

Fig 8

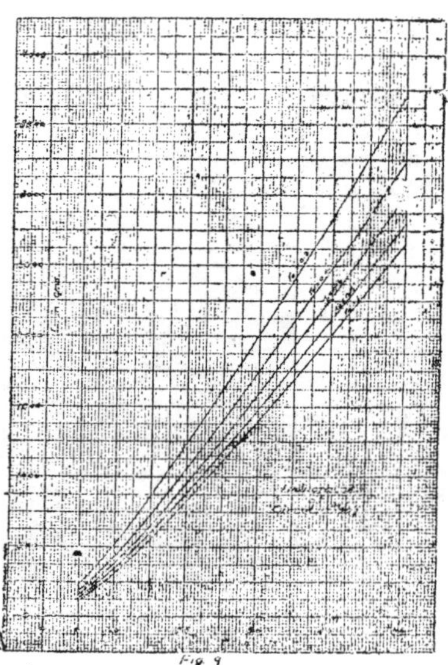

Fig 9

For convenience of computation, equation (64) is reduced (by the writer as follows) to the following form

$$\frac{L}{r} = 4\pi \times 2.303 \left[\log \frac{8r}{r_0} - \frac{1.75}{2.303} + \frac{r_0^2}{8r^2} \left(\log \frac{8r}{r_0} + \frac{1}{6.909} \right) \right]$$

$$= 28.935 \left[\log 1.39 \frac{r}{r_0} + \frac{r^2_0}{8r^2} \log 11.1 \frac{r}{r_0} \right] \quad \ldots\ldots\ldots\ldots\ldots\ldots (65)$$

From this equation, values of $\frac{L}{r}$ are computed for different values of $\frac{r}{r_0}$ when $\frac{r}{r} < 10$ and the results plotted in Fig. 8. From the curves in Fig. 7 and 8, a chart showing the variation of self inductances of a circular ring with r, usiug r_0 as parameter is computed and plotted as shown in Fig. 9.

MAXIMUM INDUCTANCE OF A CIRCULAR RING WOUND WITH A GIVEN WIRE

For simplicity, the approximate formula for the inductance of a circular ring with circular cross-section is used for preliminary investigation,

$$L = 4\pi N^2 r \left(\ln \frac{8r}{r_0} - 1.75 \right) \quad \ldots\ldots\ldots\ldots\ldots\ldots (66)$$

Let the total length l and the thickness p of the wire be given and let the number of wires per unit area of the cross-section be denoted by n.

Then $\quad l = 2\pi r N \quad \ldots\ldots\ldots\ldots\ldots\ldots (67)$

and $\quad N = n \cdot \pi r^2_0 \quad \ldots\ldots\ldots\ldots\ldots\ldots (68)$

Combining equations (67) and (68),

$$\frac{r}{r_0} = \frac{l\sqrt{n}}{2N^{3/2}\sqrt{\pi}} \quad \ldots\ldots\ldots\ldots\ldots\ldots (69)$$

Sudstituting equations (67), (68) and (69) into (66)

*For a brief outline of method of derivation, see appendix. For the complete mathematical proof see the original paper by Rayleigh, Proc. Royal Society, Vol. 86, p. 562, 19 2.

$$L = 2Nl\left[\ln\left(4l\sqrt{\frac{n}{\pi}}\right) - \frac{3}{2}\ln N - 1.75\right] \quad \ldots\ldots(70)$$

In equation (70) l is given and n, number of wires per unit cross-section is constant, since the thickness of the wire is also given. So N is the only variable in this equation and the condition for maximum inductance can be obtained by putting $\frac{dL}{dN} = 0$

Differentiating equation (70), and putting $\frac{dL}{dN} = 0$

$$\frac{dL}{dN} = 2l\ln 4l\left(\frac{n}{\pi}\right)^{1/2} - 3l - 3l\ln N - 3.5Nl = 0, \quad \ldots\ldots(71)$$

$$2l\ln 4l\left(\frac{n}{\pi}\right)^{1/2} - 2l\ln N^{3/2} = 6.5l \quad \ldots\ldots(72)$$

$$\ln\frac{4l\left(\frac{n}{\pi}\right)^{\frac{1}{2}}}{N^{3/2}} = 3.25 \quad \ldots\ldots(73)$$

But by equation (69)

$$\frac{4l\left(\frac{n}{\pi}\right)^{1/2}}{N^{3/2}} = \frac{8r}{r_0} \quad \ldots\ldots(74)$$

$$\text{Therefore}\quad \ln\frac{8r}{r_0} = 3.25 \quad\text{and}\quad \frac{r}{r_0} = 3.22 \quad \ldots\ldots(75)$$

Thus the criterion for maximum inductance depends only on the ratio of radii of the ring and the cross-section and is independent of the sizes of wire, i.e., for any wire of given length and thickness, maximum inductance is only obtained when the coil is so wound that the ratio of radius of ring to that of cross-section is 3.22

Substituting equation (75) in equation (66),

$$L_{max} = 6\pi N^2 r = 3N = \frac{3l^2}{2\pi r} = \frac{3l^2}{2\pi(3.22r_0)} = 0.148\frac{l^2}{r_0} \quad \ldots(76)$$

Combining equations (67), (68) and (75)

$$r = \frac{1}{3.97} \left(\frac{1}{n} \right)^{1/3} \quad \text{...(77)}$$

Substituting (77) in (76),

$$L_{max} = 0.59 \; n^{1/3} \, l^{5/3} \quad \text{..(78)}$$

Thus the maximnm value of inductance of a circular ring of circular cross-section is definite for a wire of given length and thickness and is independent of anything else.

While the theories developed above by the use of the approximate formula are true for actual coils, the value of maximum inductance given by equation (78) is not accurate enough as r_0 is not negligible in comparison with r for maximum inductance. Equation (64) gives the value of inductance to a closer approximation,

$$L = 4\pi r N^2 \left[\left(1 + \frac{r_0^2}{8 r^2}\right) \ln \frac{8 r}{r_2} + \frac{1}{24} \frac{r_0^2}{r^2} + 1.75 \right] \quad \text{...........(79)}$$

Substituting equations (67), (68) and (69) in (66),

$$L = 2Nl \left[\left(1 + \frac{\pi N^3}{2 n l^2}\right) \ln \frac{4 \; l n^{1/2}}{\pi^{1/2} N^{1/2}} + \frac{\pi N^3}{6 n l^2} + \frac{7}{4} \right] =$$

$$2Nl \left(1 + \frac{\pi N^3}{2 n l^2}\right) \ln \frac{4l \; n^{1/2}}{\pi^{1/2} N^{3/2}} + \frac{\pi N^4}{3 n l} - \frac{7}{2} Nl \quad \text{...................(80)}$$

The criterion for maximum indnctance can be obtained as befoae by taking the derivative of equation (80) with respect to N and putting it equal to zero.

To diffeaentiate the term

$$2Nl \left(1 + \frac{\pi N^3}{2nl^2}\right) \ln \frac{4 \; l n^{1/2}}{\pi^{1/4} N^{3/2}} \quad \text{..(81)}$$

let $$x = \frac{8r}{r_0} = \frac{4 \; l n^{1/2}}{\pi^{1/2} N^{3/2}} = \frac{k}{N^{3/2}} \quad \text{..(82)}$$

Then $$\frac{1}{x^2} = \frac{\pi N^3}{13l^2 \; n} = \frac{N^3}{k^2} \quad \text{..(83)}$$

wherd $k = 4l \left(\frac{n}{\pi}\right)^{1/2}$ is a constant. Denoting expression (81) by G and substi tuting equations (81), (82) and (83) in it,

$$G = 2Nl\left(1+\frac{8}{x^2}\right)\ln x = \left(2Nl + \frac{16lN^4}{k^2}\right)\ln x \quad \text{.....................(84)}$$

Differentiating (84) with respect to N,

$$\frac{dG}{dN} = \left(2l + \frac{64\,lN^3}{k^2}\right)\ln x + 2Nl\left(1+\frac{8}{x^2}\right)\frac{d\ln x}{dN} \quad \text{...............(85)}$$

Now

$$\frac{d\ln x}{dN} = \frac{\frac{dx}{dN}}{x} = \frac{-\frac{3}{2}\frac{k}{N^{5/2}}}{\frac{k}{N^{3/2}}} = -\frac{3}{2}N^{-1} \quad \text{.................(86)}$$

Substituting (86) in (85),

$$\frac{dG}{dN} = \left(2l + \frac{64\,l}{x^2}\right)\ln x - 3l\left(1+\frac{8}{x^2}\right) \quad \text{.................(87)}$$

and

$$\frac{d\,\frac{\pi N^4}{3nl}}{dN} = \frac{4\pi N^3}{3nl} = \frac{64l}{3x^2} \quad \text{.....................................(88)}$$

Tuerefore

$$\frac{dL}{dN} = \left(2l + \frac{64\,l}{x^2}\right)\ln x - 3l\left(1+\frac{8}{x^2}\right)$$

$$+\frac{64}{3}\frac{l}{x^2} - \frac{7}{2}l = 0 \quad \text{.....................................(89)}$$

$$12(x^2+32)\ln x - (39x^2+16) = 0 \quad \text{.........................(90)}$$

Evidently equation (90) is satisfied when

$$12(x^2+32)\ln x = 39x^2+16$$

Therefore the intersection of two curves $y = 12(x^2+32)\ln x$ and $y = 39x^2 + 16$ gives the value of x at which the inductance is maximum. These two durves are computed and plotted as shown in Fig. 10 aud found to intersect at value of $x = 20.5$

$$x = \frac{8r}{r_0} = 20.5 \quad \text{..(91)}$$

and $r = 2.57\, r_0$ ....(92)

Substituting equation (92) in (79) and transforming as before,

$$L_{max} = 5.36\,\pi N^2 r = 0.165\frac{l^2}{r_0} = 0.61\, n^{1/3} l^{5/2} \quad \text{...............(93)}$$

Thus the value of maximum inductance for a wire of given sizeobtained by the use of approximate formula (1) is about 3.3% too small.

While this method of finding the criterion for and the value of maximum inductance of a circular ring of circular cross-section wound with a given

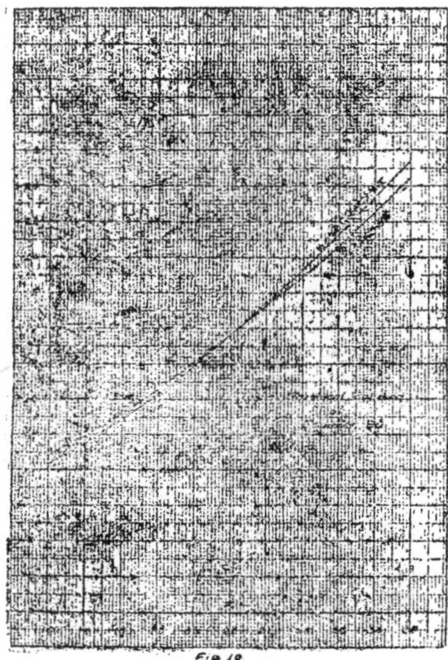

Fig 10

wire is mathematically correct and accuate, the method itself is somewhat long and results obtained by this method do not show how the value of inductance deviates its maximum. When the ratio of radii of the ring and the cross-section deviates from the ratio to give maximum inductance. The following graphical methods as devloped by the writer have the advantages of simplicity acd besides, the results show how the value of inductance for a given ratio of $\frac{r}{r_0}$ deviates from the maximum value.

Equation (79) may be written as

$$L = rN^2 f\left(\frac{r}{r_0}\right) = rN^2 a_1 \qquad (94)$$

where $a_1 = f\left(\frac{r}{r_0} = \frac{L}{rN}\right)$ way be read frow Fig. 8

Substituting equation (67) in (94)

$$L = \frac{l^2}{r_0} a_2 \qquad \text{......(95)}$$

where $$a_2 = \frac{a_1}{4\pi} \times \frac{r_0}{r} \qquad \text{......(96)}$$

Now $$= 2\pi rN = 2\pi r_0 \left(\frac{r}{r_0}\right) n \pi r_0^2 = 2\pi^2 \left(\frac{r}{r_0}\right) n r_0^3 = a_3 n r_0^3 \qquad \text{......(97)}$$

where $$a_3 = 2\pi^2 \left(\frac{r}{r_0}\right) \qquad \text{......(98)}$$

Equation (96) may be written in the following form

$$r_0 = \frac{1}{a_4} \left(\frac{l}{n}\right)^{1/3} \qquad \text{......(99)}$$

where $$a_4 = (a_3)^{1/3} \qquad \text{......(100)}$$

Substituting equation (100) in (95),

$$L = a_2 a_4 l^{5/3} n^{1/3} \qquad \text{......(101)}$$

Where a_2 and a_4, as defined by equations (96) and (101), are functions of $\frac{r}{r_0}$ only. Therefore the inductance of a coil wound with a wire of given sizes depends only on the ratio of radii of the ring and the cross-section. Furthermore, dividing (101) by (93),

$$\frac{L}{L_{max}} = \frac{a_2 a_4}{0.61} \qquad \text{......(102)}$$

Therefore the ratio of the inductance of a ccil to its maximum value is de finite for a definite value ot $\frac{r}{r_0}$ regardless of sizes of the wire. It has also been shown that the ratio $\frac{r}{r_0}$ to produce maximum inductance is the same for any wire of given size. So the ratio $\frac{r}{r_0}$ to paoduce maximum inductance and the variation of the ratio $\frac{L}{L_{max}}$ with the ratio $\frac{r}{r_0}$, may be investigated for a given wire. The results thus obtained apply also to coils wound with wires of any sizes.

For a given wire, the weight and the volume of the wire are constant, i.e., rr_0^2 = constant. For convenience of investigation, such a wire is chosen that the product $rr_0^2 = 1$. Then assume different ratios of $\frac{r}{r_0}$, compute r_0 and r from the above relation and read corresponding values of $\frac{L}{rN^2}$ from Fig. 8. Again for a given wire rN is a constant. Thus dividing $\frac{L}{rN^2}$ by r, values of $\frac{L}{r^2N^2}$ for different ratio of $\frac{r}{r_0}$ are obtained. The curve plotted

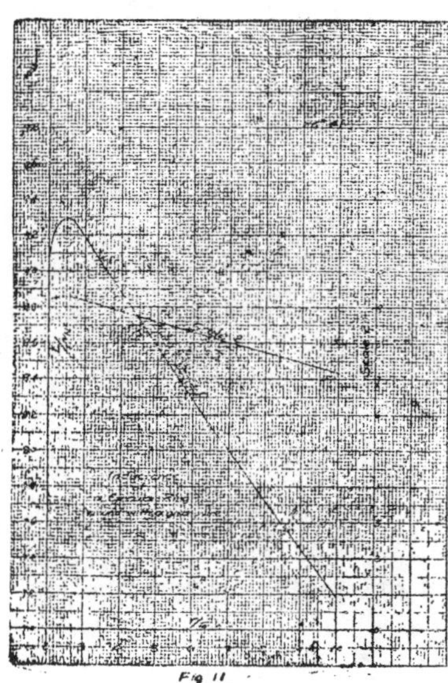

Fig 11

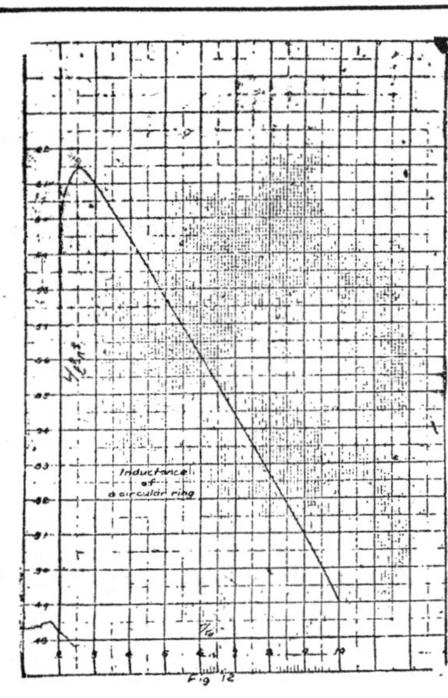

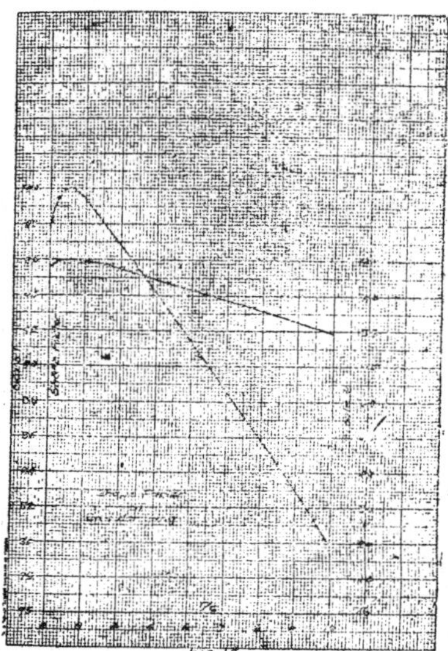

with $\frac{L}{r^2 N^2}$ as ordinate and $\frac{r}{r_0}$ as abscissa gives the ratio $\frac{r}{r_0}$ for maximum inductance and also the variation of $\frac{L}{L_{max}}$ with $\frac{r}{r_0}$, since L is droportional to $\frac{L}{r^2 N^2}$ for a wire of given length.

Another method used by the writer for the same investigation comes directly from the relations shown by equations (101) and (102). In this method, different ratio of $\frac{r}{r_0}$ are assumed, and the proeuct $a_2 a_4$ computed. The result is also plotted in a curve which agrees very well with that obtained by the first method.

The results obtain d by the graphical methods are close enough to that obtained by mathematical differentiation and solution. The slight deviation may be due to the inaccuracy in reading curves. The ratio $\frac{L}{L_{max}}$ represents the deviation of the value of inductance from the maximum value due to the deviation of the ratio $\frac{r}{r_0}$ from that to give maximum inductance. So it may be called the "shape factor."

It is self evident that the variation of shape factor with $\frac{r}{r_0}$ can be obtained from curves in Fig. 11 and 12. The result is also plotted in a curve shown in Fig, 13 This curve shows clearly that the inductance remains practicrlly constant for values of $\frac{r}{r_0}$ ranging from 2.2 to 3. At the ratio of $\frac{r}{r_0}$ = 10 the inductance is still about 80% of the maximum value.

The facts investigated in this chapter are of some practical importance in the design of inductivc coils. For by formula (93) the maximum inductance that may be obtained by a wire of given sizes can be readily calculated, and the inductance of the coil wound with a certain ratio $\frac{r}{r_0}$ may be calculated by taking the product* of the maximum value and the shape factor.

It is interesting to note by the following mathematical proof that the two graphical methods as used by the writer should give similar results. The first method uses $\frac{L}{r^2 N^2} = \frac{a_1}{r}$ as the basis for the comparison of inductances. But for a given wire $rr_0^2 = k$, i, e., $r^3\left(\frac{r_0}{r}\right)^2 = k$ and $r = k\left(\frac{r}{r_0}\right)$. So the basis used for comparison of inductances used by the first method is $\frac{a_1}{k}\left(\frac{r}{r_0}\right)$. The second method uses $a_2 a_4$ as basis for comparison of inductances. By equations (96) and (100)

$$a_2 a_4 = \frac{a_1}{4\pi}\frac{r_0}{r}2\pi^2\left(\frac{r}{r_0}\right) = \frac{2\pi^2}{4\pi}\left(\frac{r_0}{r}\right) \quad a_1$$

Thus the bases used in the two methods differ only by the constants, i. e., they bear a definite ratio to each other. Thus the shape factor, $\frac{L}{L_{max}}$, obtained by the two methods must agree with each oteer.

*1 See Fig. 48 Maxwell's "Electricity and Magnetism"

*2 A. Russell's "Alternating Current" Vol. 1, 1914 edition, Fage 99. Hancock's "Elliptic Integrals", Chapter IV

CHAPTER IV

SELF INDUCTANCE OF A SINGLE LAYER COIL

The exact formula for the self inductance for single layer coil as developed by Lorentz in 1879 *1 is

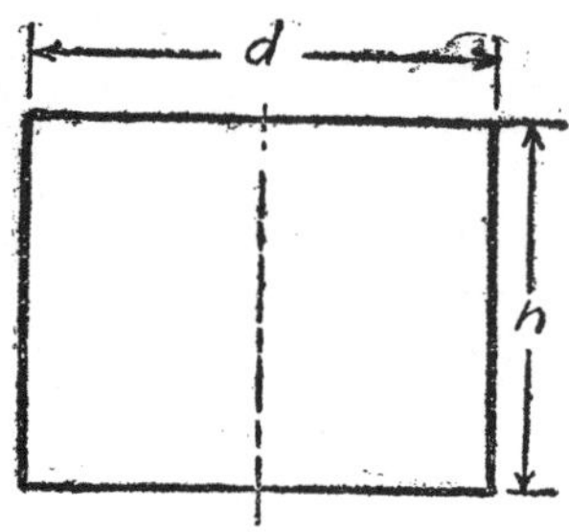

Fig. 14

A Single Layer Coil

$$\frac{4\pi d^2}{3h} N^2 \left(1+\frac{d^2}{h^2}\right)^{\frac{1}{2}} \left\{ E + \frac{h^2}{d^2}(K-E) - \frac{d}{h} \right\} \quad \text{......(103)}$$

Where d is the diameter of the coil; h is the height of the coil; K and E are elliptic functions, *2 the modulus of which is

$$K^2 = \frac{d^2}{d^2+h^2} \quad \text{......(104)}$$

This formula is good only for coils closely wound with very fine wire so that the thickness of the coil is negligible, each turn of the coil is practically in a plane perpendicular to the axis, and the coil behaves practically like a current sheet.

Expanding equation (103), the following equation is obtained. *3

$$L = \frac{\pi^2 d^2 N^2}{h}\left[1 - \frac{4}{3}\frac{d}{h} + \frac{1}{8}\frac{d^2}{h^2} - \frac{1}{64}\frac{d^4}{h^4} + \frac{5}{1024}\frac{d^6}{h^6} + (-1)\frac{(n+1)[1.3.5\ldots\ldots(2n-1)]\,[1.3.5\ldots\ldots(2n-3)]}{2^{2n}\,n!\,(n+1)!}\left(\frac{d}{h}\right)^{2n}\right] \ldots(105)$$

Let U_n be a term of the series under the bracket in the above equation, the exponent of the factor $\frac{d}{h}$ of the term being 2n and U_{n+1} be the next term. Then $\frac{U_{n+1}}{U_n} =$

$$\frac{\dfrac{[1.3.5\ldots\ldots(2n+1)]\,[1.3.5\ldots\ldots(2n-1)]}{2^{2n+2}\,(n+1)!\,(n+2)!}\left(\dfrac{d}{h}\right)^{2n+2}}{\dfrac{[1.3.5\ldots\ldots(2n+1)]\,[1.3.5\ldots\ldots(2n-3)]}{2^{2n}\,n!\,(n+1)!}\left(\dfrac{d}{h}\right)^{2n}}$$

$$= \frac{(2n+1)(2n-1)}{4(n+1)(n+2)}\left(\frac{d}{h}\right)^2 \quad \ldots\ldots\ldots\ldots\ldots\ldots\ldots\ldots\ldots\ldots\ldots\ldots\ldots\ldots(106)$$

When n becomes infinity, equation (4) becomes

$$\operatorname{Lim}_{n \doteq \infty} \frac{U_{n+1}}{U_n} = \operatorname{Lim}_{n \doteq \infty} \frac{4n^2}{4n^2}\left(\frac{d}{h}\right)^2 = \left(\frac{d}{h}\right)^2 \quad \ldots(107)$$

So equation (3) is convergent only when $\frac{d}{h} < 1$ *4

When the diameter of the coil is greater than its height, the following series obtained by expanding (103) in terms of the complementary modulus $k_0^2 = 1-k^2 = \frac{h^2}{b^2+h^2}$ should be used for computing the inductance. *5

$$L = 2\pi d N^2 \left[\ln \frac{4d}{h} - \frac{1}{2} + \frac{h^2}{8d^2}\left(\ln \frac{4d}{h} + \frac{1}{4}\right) - \frac{1}{64}\frac{h^4}{d^4}\left(\ln \frac{4d}{h} - \frac{2}{3}\right) + \frac{5}{1024}\frac{h^6}{a^6}\left(\ln \frac{4d}{h} - \frac{109}{120}\right)\right] \quad \text{...(108)}$$

Equation (105) is of the form

$$L = \pi^2 d \left(\frac{d}{h}\right) N^2 F\left(\frac{d}{h}\right) \quad \text{.........(109)}$$

where F: $\left(\frac{d}{h}\right)$ represents function of $\frac{d}{h}$ as defined by the series under the bracket of equation (106) Equation (108) may also be conveniently written

$$L = 2\pi d N^2 F'\left(\frac{d}{h}\right) \quad \text{.........(110)}$$

where F' $\left(\frac{d}{h}\right)$ is a function of $\frac{d}{h}$ as defined by the series under bracket of equation (108). From equations (109) and (110), it is evident that $\frac{L}{dN^2}$ is a function of $\frac{d}{h}$. This can also be seen by rewriting equation (103) and (104) in the following form

$$\frac{L}{dN^2} = \frac{4\pi}{3}\frac{d}{h}\left(1 + \frac{d^2}{h^2}\right)^{\frac{1}{2}} \left\{ E + \frac{h^2}{d^2}(K-E) - \frac{d}{h} \right\} \quad \text{...(111)}$$

and

$$k^2 = \frac{d^2}{d^2+h^2} = \frac{\frac{d^2}{h^2}}{\frac{d^2}{h^2}+1} \quad \text{.........(112)}$$

Since the modulus of the elliptic function in equation (111) is also a function of $\frac{d}{h}$ as proved, $\frac{L}{dN^2}$ is evidently a function of $\frac{d}{h}$. Table 4, giving values of $F\left(\frac{d}{h}\right) = \frac{Lh}{\pi^2 d^2 N^2}$ for different value of $\frac{d}{h}$, is reproduced from that computed by Nagaoka. *6

Table 4Nagaoka's Con3tants

d/h	F (d/h)	d/h	F (d/h)	d/h	F (d/h)	d/h	F (d/h)
0.00	1.0000	0.1	0.9588	1	0.6884	10	0.20332
0.01	0.9958	0.2	0.9201	2	0.5255	20	0.12362
0.02	0.9916	0.3	0.8838	3	0.4292	30	0.09100
0.03	0.9874	0.4	0.8499	4	0.3654	40	0.07282
0.04	0.9832	0.5	0.8181	5	0.3198	50	0.06110
0.05	0.9791	0.6	0.7885	6	0.2854	60	0.05285
0.06	0.9750	0.7	0.7609	7	0.2584	70	0.04670
0.07	0.9709	0.8	0.7351	8	0.2366	80	0.04192
0.08	0.9669	0.9	0.7110	9	0.2185	90	0.03810
0.09	0.9628	1.0	0.6834	10	0.2033	100	0.03496
0.10	0.9588						

From this table values of $\frac{L}{dN^2}$ for different velues of $\frac{d}{h}$ are computed and the results plotted tn Fig. 15.

When the length of coil becomes infinitely long as compared with its mean diameter, Formula (105) becomes

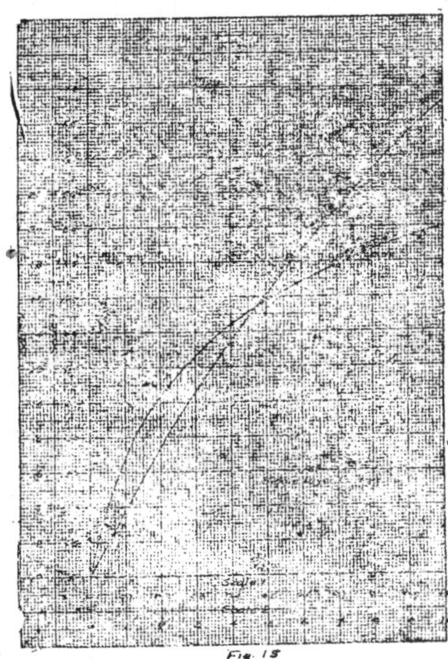

Fig. 15

$$L = \frac{\pi^2 d^2 N^2}{h} \qquad \text{.........(113)}$$

This formula may be conveniently checked as follows:

$$L = N^2 P^{*7} \qquad \text{.........(114)}$$

Where P is permeance of the flux path. In an infinitely long coil, the entire m.m.f. is consumed within the coil, the reluctance of path outside of the coil being comparatively negligible.

Therefore $$P = 4\pi \frac{\pi d^2}{4h} = \frac{\pi^2 d^2}{h} \qquad \text{.........(115)}$$

where 4π is permeability of air in c.g.s. units. *3

Substituting equation (115) in (114),

$$L = \frac{\pi^2 d^2 N^2}{h} \qquad \text{.........(116)}$$

which is the same as equation (113).

When the coil is not infinitely long, the inductance of the coil may be expressed by

$$L = \frac{\pi^2 d^2 N^2}{h+y} = \frac{l^2}{h+y} \qquad \text{.........(117)}$$

where y is equivalent length of flux path outside the coil, which depends upon $\frac{d}{h}$ of the coil. Formula 117 will be of great convenience in investigating the maximum inductance of multilayer coils wound with a given wire.

MAXIMUM INDUCTANCE OF COIL WOUND WITH A GIVEN WIRE

The question of maximum inductance of a single layer coil wound with a given wire has been discussed by A. Russell *9 However the mathematics involved in his discussion is so long and cumbersome that the phenomenon involved becomes not quite obvious and clear to readers. Furthermore Mr. A. Russell does not show how the inductance deviates from its maximum value when the criterion for maximum inductance is not satisfied. Therefore the writer has developed the following method similar to those used to investigate the inductance of a circular cross-section wound with a given wire,

It has been shown that $\frac{L}{dN^2}$ is a function of $\frac{d}{h}$, of putting in the form of an equation

$$L = dN^2 \phi \left(\frac{d}{h}\right) \qquad \text{.........(118)}$$

Let the coil be wound with a wire of length l and thickness p

Then $\quad l = \pi dN \qquad$ ....(119)

and $\quad pN = h \qquad$ ....(120)

Thus $$\frac{1}{p} = \frac{N}{h} = \frac{N}{d}\left(\frac{d}{h}\right) \qquad \text{.......................................(121)}$$

$$\left(\frac{N}{d}\right)^{1/2} = \sqrt{\frac{1}{p}\left(\frac{h}{d}\right)} \qquad \text{.......................................(122)}$$

And from equation (119)

$$d^{3/2} N^{3/2} = \frac{l^{3/2}}{\pi^{3/2}} \qquad \text{.......................................(12)}$$

Taking the produce of equations (122) and (123),

$$d N^{2} = \frac{1}{\pi^{3/2}} \frac{l^{3/2}}{p^{1/2}} \left(\frac{h}{d}\right)^{1/2} \qquad \text{.......................................(124)}$$

Substituting equation (124) in equation (118)

$$L = \frac{1}{\pi^{3/2}} \frac{l^{3/2}}{p^{\frac{1}{2}}} \left(\frac{h}{d}\right)^{\frac{1}{2}} \phi\left(\frac{d}{h}\right) \qquad \text{.......................................(125)}$$

Thus the inductance of a single layer coil wound uniformly with a wire is a product of two functions, one of the ratio $\frac{d}{h}$ and another of dimensions of the wire. And for a coil wound with a given wire the inductance is only a function of $\frac{d}{h}$. The inductance is at its maximum when

$$\frac{d}{d\left(\frac{d}{h}\right)} \left[\left(\frac{h}{d}\right)^{\frac{1}{2}} \phi\left(\frac{d}{h}\right) \right] \qquad \text{.......................................(126)}$$

From the above equation the ratio of diameter to length of the coil to give maximum inductance can be found. It is self evident that the ratio $\frac{d}{h}$ to give maximum inductance is a definite quantity, no matter what wire is used to wind the coil. From equation (125), it is also evident that the value of maximum inductance which is obtained at a definite ratio $\left(\frac{d}{h}\right)$ is only dependent on the dimensions l and p of the wire with which the coil is wound, and that the ratio of inductance of the coil for a certain value of

$\frac{d}{h}$ to the maximum is definite and is equal to

$$\frac{\left(\frac{1}{r_1}\right)^{\frac{1}{2}} \phi(r_1)}{\left(\frac{1}{r_m}\right)^{\frac{1}{2}} \phi(r_m)} \quad \text{...(127)}$$

where r_1 = given value of $\frac{d}{h}$

and r_m = value of $\frac{d}{h}$ to give maximum inductance of the coil.

Values of $\phi\left(\frac{d}{h}\right) = \frac{L}{dN^2}$ have been computed for different values of the ratio $\frac{d}{h}$ and resultr plotted in Fig. 15. From this curve, values of $\sqrt{\frac{h}{d}}\ \phi\left(\frac{d}{h}\right)$ are c mputed and plotted against values of $\frac{d}{h}$. The maximum

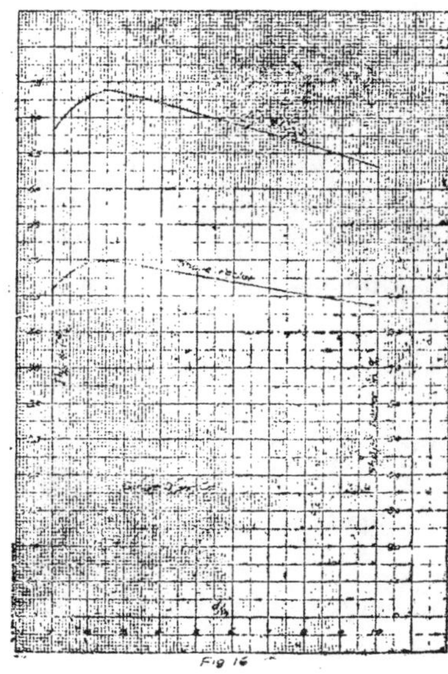

Fig 16

values of $\frac{\sqrt{h}}{d}\ \phi\left(\frac{d}{h}\right)$ is found from this curve to be about 7.37 and to be obtained at the ratio of $\frac{d}{h}$ = 2.45 approximately.

Substituting the maximum value of $\frac{\sqrt{h}}{d}\ \phi\left(\frac{d}{h}\right)$ thus found in equation (125), the maximum inductance is given by the following equation.

$$L = 1.322 \frac{1}{p^{1/2}}^{3/2} \qquad \ldots\ldots(128)$$

This checks quite closely with that obtained by Russell by mathematical differentiation.

Similarly equation (127) becomes

$$\frac{L_1}{L_{max}} = \frac{1}{7.37}\left(\frac{1}{r_1}\right)^{1/2}\phi\ (r_1) \qquad \ldots\ldots(129)$$

when L_1 is the inductance of the coil wound with a certain ratii of $\frac{d}{h} = r_1$. So from the curve plotted in Fig. 16 the ratio of the inductance of coil wound with an wire of given dimensions for a certain value of $\frac{d}{h}$ to the maximum inductande obtainable can be calculated. This ratio shall be called shape tactor as it represents the deviation of value of inductance from its maximum due to the deviation of the shape of the coil from the shape for maximum inductance.

From these curves the inductance of a single layer coil wound with any wire and ratio of $\frac{d}{h}$ from one to ten can be readily computed. Thus they are of some importance in the practical design of single layer coils.

*1 For a brief outline of method of derivation see appendix. For the complete mathematical proof, readers are referred to A. Russell's "Alternating Current"

Vol. 1, 1914 edition, Chapter 3 and Bulletin of U. S. Bureau of Standards Vol. 2, pages 355 and 368.

*[2] See Appendix 1

*[3] U. S. Bureau of Standards Science Paper No. 320

*[4] See Chapter on Convergency and Divergency of Series in Books on Different Calculus

*[5] See Appendix 1

*[6] Tadle 2 Science Paper 455, Bureau of Standards

*[7] See Formula 3 or V. Karapetoff's "Magnetic Circuit", page 184

*[8] In this paper an abampere turn is chosen as the unit for m. m. f. in the absolute system. So the permeability of air is 4π centimeters per centimeter cube.

*[9] A. Russell's "Alternating Current" Vol. 1, 1914 edition, page, 115

CHAPTER V

INDUCTANCE OF MULTILAYER COILS

Where a great inductance is needed, multilayer coils should be used in spite of the advantages of single layer coils, such as the small capacity, the ease with which the coils may be wound, and the accuracy with which the inductance may be calculated. Assuming the winding to be uniform and the space taken by insulation to be negligible, the multilayer coil resembles very much a cylindrical coil of rectangular cross section.

Various formulae have been derived to calculate the inductance of such a coil. Each of these formulae find its use for a certain form of coils and none of them is good for all coils. For a long coil, the inductance may be expressed by the formula

$$L = L_s - \triangle L \qquad \text{.......................................}(130)$$

Where L_s is the inductance of a single layer coil of the same diameter and axial length and $\triangle L$, the correction factor due to the radial thickness of the coil, is expressed by formula 131. *

*1

$$\triangle L = \frac{\pi^2 d^2 N^2}{h}\left[\frac{2}{3}\frac{t}{d} - \frac{1}{3}\frac{t^2}{d^2} - \frac{4d}{3\pi h}\left\{\frac{1}{4}\frac{t^2}{d^2}\left(\ln\frac{4d}{t} - \frac{23}{12}\right) - \frac{1}{80}\frac{t^4}{d^4}\left(\ln\frac{4d}{t} - \frac{1}{20}\right) + \ldots\ldots\right\} - \frac{t^2}{d^2}\left(\frac{1}{12}\frac{d^2}{h^2} - \frac{7}{192}\frac{d^4}{h^4} + \frac{17}{768}\frac{d^6}{h^6} - \frac{775}{32\times1536}\frac{d^8}{h^8}\right) - \frac{t^4}{d^4}\left(\frac{1}{72}\frac{d^2}{h^2} - \frac{13}{960}\frac{d^4}{h^4} + \frac{169}{7680}\frac{d^6}{h^6} - \frac{2167}{32\times2304}\frac{d^8}{h^8} + \ldots\ldots\right)\right] \qquad \ldots\ldots(131)$$

*1

$$L = \frac{2\pi^2 N^2}{h\,t^2}\left[\frac{1}{3}R^4 - \frac{4}{3}R^2S^2 + S^4 - \frac{1}{h}\left(0.244127\,R^5 - \frac{2}{3}R^2S + 0.422776\,S^5 + \frac{S^5}{10}\ln\frac{R}{S}\right) + \frac{S^5}{h}\left(0.004464\frac{S^3}{R^3} + 0.000543\frac{S^4}{R^4} + 0.000129\frac{S^6}{r^6} + \ldots\ldots\right) + \frac{1}{9h^2}\left(R^3 - S^3\right)^2 - \frac{1}{30h^4}\left(R^3 - S^3\right)\left(R^5 - S^5\right) + \frac{1}{84h^6}\left(R^3 - S^3\right)\left(R^7 - S^7\right) + \frac{3}{200h^6}\left(R^5 - S^5\right)^2 - \frac{5}{864h^8}\left(R^3 - S^3\right)\left(R^9 - S^9\right) - \frac{3}{112}\left(R^5 - S^5\right)\left(R^7 - S^7\right) + \ldots\ldots\right] \qquad (132)$$

where R is the outer radius of the coil $= r + t/_2$ (133)

and S " " inner " " " " $= r - t/_2$ (134)

The general term of power series in S/R in (132) is

$$\frac{(2n-1)!\ (2n+1)!}{(n!)^2(n+1)!(n+2)!(2n+5)2^{4n}}\ \frac{S^{2n}}{R^{2n}} \qquad \ldots\ldots(135)$$

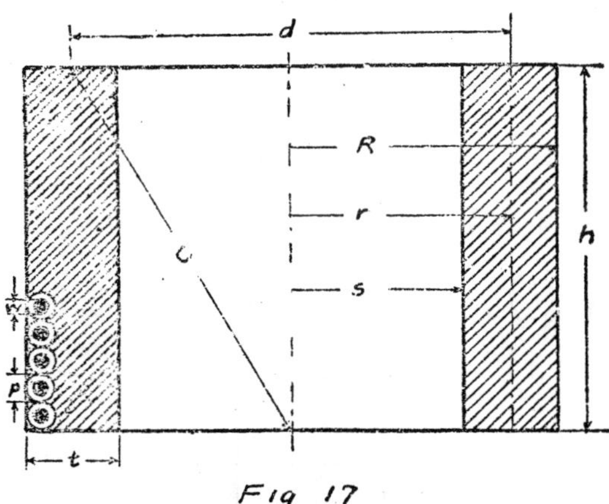

Fig 17

Section of A Multi-layer Coil

For a very thick coil when t is nearly as large as d. formula (132)as deueloped by H.B. Dwight should be used.*[1]

For a short coil when the axial length of the coil is less than the mean diameter, the inductance may be calculated by a formula derived by Professor Lyle. *[2]

$$L = 4\pi r N^2 \left(1+m_1 \frac{c^2}{r^2} + m_2 \frac{c^4}{r^4} + m_3 \frac{c^6}{r^6}\right) \ln \frac{8r}{c}$$

$$- l_0 + l_1 \frac{c^2}{r^2} + l_2 \frac{c^4}{r^4} + l_3 \frac{c^6}{r^6} \quad \text{.....................(136)}$$

In this fprmula

$$c^2 = t^2 + h^2 \quad \text{.................................(137)}$$

and m_1, m_2, m_3, l_0, l_1, l_2, l_3, are functions of $\frac{t}{h}$. These values have been prepared and tabulated by Professor Lyle. *[2]

It is self evident from these equations that $\frac{L}{d N^2}$ is a function of $\frac{h}{d}$ and $\frac{t}{d}$. Dwight* has prepared charts with $\frac{L h}{d^2 N^2}$ against $\frac{h}{d}$ using $\frac{t}{d}$ as parameters. In these charts the dimensions of the coils are in inches.

The great disadvantage of his charts when the ratio $\frac{h}{d}$ approaches zero, $\frac{L\,h}{d\,N^2}$ approaches zero also, while the inductance of the coil approaches that of a disk coil given by the following formula [*4]

$$L = N^2 R f\left(\frac{S}{R}\right) \qquad (138)$$

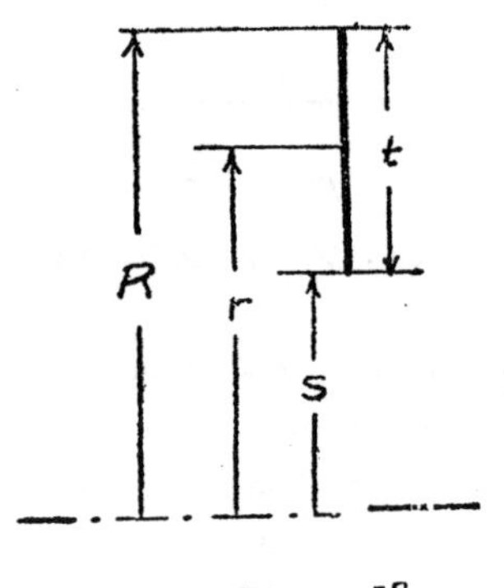

Fig. 18

A Disk Coil

Values of $f(\frac{S}{R})$ have been tabulated [*4]

$$\text{Since } R = r + \frac{t}{2} \qquad (139)$$

$$\text{and } S = r - \frac{t}{2} \qquad (140)$$

Equation (140) may be put in the following form

$$\frac{L}{r\,N^2} = \left(1 + \frac{t}{2r}\right) f\left[\frac{1 - \frac{t}{2r}}{1 + \frac{t}{2r}}\right] \qquad (141)$$

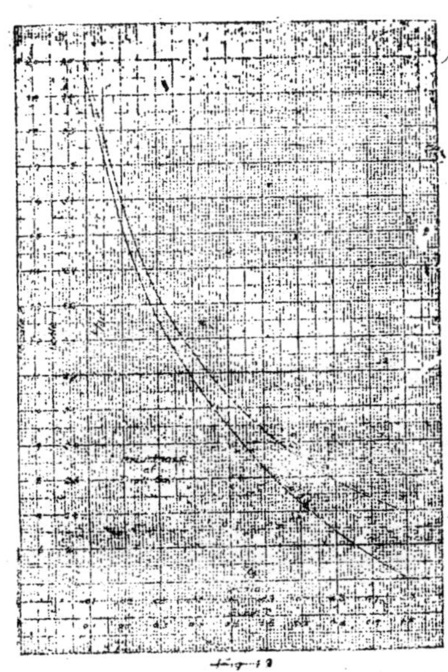

Fig. 19

Thus fsr a disk coil, $\frac{L}{d N^2}$ is a function of $\frac{t}{d}$. Fig. 19 is plotted with $\frac{L}{d N^2}$ as ordinate and $\frac{t}{d}$ as abscissa.

From this figure and the above formula , Fig 20 and 21 are p'ott d with $\frac{L}{d N^2}$ against $\frac{h}{d}$, usin; $\frac{t}{d}$ as paramet rs.

CORRECTION FOR INSULATION AND SPACE NOT OCCUPIED BY THE WIRE

In applyińg th above formula and charts, assumption is mad that th current is distributed evenly in th whol s ction of the winding. Wh n insulated wire is used, the valu for inductance of th coil has to b corre-oted by th following formula

$$\Delta_i L = 2\pi d N \left(\ln \frac{p}{w} + 0.14 \right) \text{*5} \qquad \ldots\ldots(142)$$

In the above formula,

p = distance between centers of adjacent wires, or diameter of the insulated wire

w = diameter of the bare wire. With square wire the term 0.14 should be omitted.

MAXIMUM INDUCTANCE OF A MULTILAYER COIL WOUND WITH A GIVEN WIRE

M. H. Brooks and H. M. Turner have modified formula (117) to the following form so as to make it applicable to multilayer coils of various shapes. *3

$$L = \frac{l^2}{h + r + 1.5t} \times F' F'' \qquad \ldots\ldots(143)$$

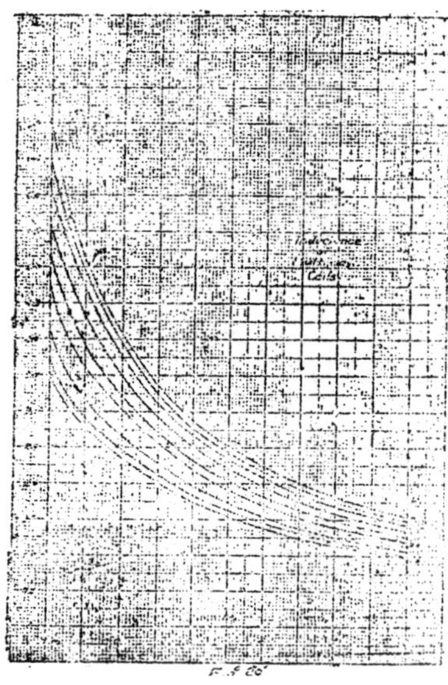

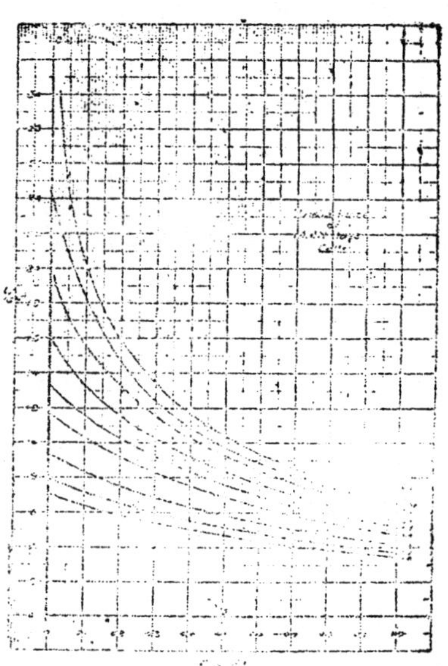

where F', and F" are correction factors which depend on the shape of coil. Values of F', F" and their product have been tabulated for different coil proportions.*[3] Based on their table, the writer has plotted curves as shown in Fig. 22. Formula 143 is of great convenience in investigating the coil proportions to give maximum inductance with a given wire.

For a preliminary investigation, F' F" may be assumed as constant. Then the inductance of coil wound with a given wire is evidently a maximum when h + r + 1.5t is a minimum. Now for a given wire, rht is a constant

$$r = \frac{k_1}{ht} \qquad \text{(144)}$$

and the inductance of the coil is at its maximum when

$$\frac{d}{dh}\left(\frac{k_1}{ht} + h + 1.5t\right) = 0 \qquad \text{(145)}$$

Therefore

$$-\frac{k_1}{h^2t} + 1 = 0 \qquad \text{(146)}$$

Substituting (144) in (146),

$$h = r \qquad \text{(147)}$$

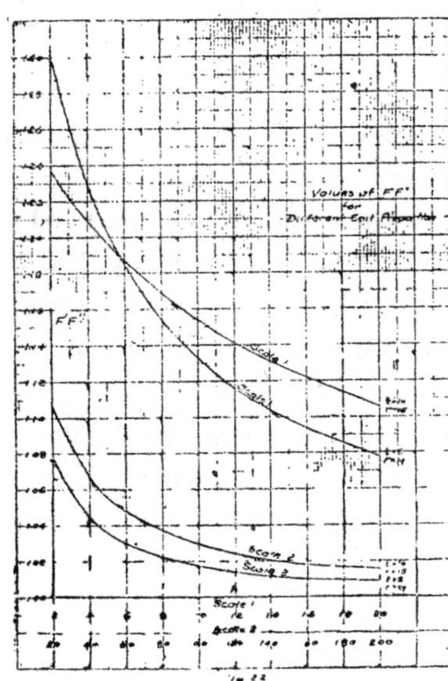

is obtained as one of coil proportions to produce maximum inductance. Substituting equation (147) again in equation (143), it is obtained that the inductance is maximum when 2h + 1.5t is a minimum or

$$\frac{d}{dh}\left(2h + 1.5\frac{k_1}{h^2}\right) 0 \quad\text{...(148)}$$

Solving (148),

$$2 - \frac{3k_1}{h^3} = 0 \quad\text{...(149)}$$

But $k_1 = h^2 t$ ....(150)

Therefore h = 1.5t ....(151)

Thus when the variation of F'F'' with coil proportions is neglected, the inductance is a maximum when r: h: t = 1.5: 1.5: 1.

When the variation of F'F'' with relative proportions of the coil is taken into consideration the coil proportions for maximum inductance found by Brook and Turner by method of approximation, are r: h: t = 1.5: 1.2: 1. This means that the outside diameter of the coil is twice its inside diameter, and the axial length is only three—tenths of the outside diameter. Thus the the coil of maximum inductance has a compact shape. Fig. 23, taken from "Inductances of Coils" by Brook and Turner, shows how the inductance of a given length of wire varies with different coil proportions. *3 The coil is wound with 304.8 meters of No. 16 double cotton covered wire. The mean radius of the coil is kept constant. Since the product rht is constant, the shape curve plotted with thickness of winding t against its axial height h is an equilateral hyperbola. The inductance of the coil corresponding to the axial dimension h of the coil is read from the inductance curve, and the ordinate of the shape curve for the same abscissa gives the thickness of the shape curve for the same abscissa gives the thickness of the winding. For proportions to produce maximum inductance, the product F'FF'' is 1.141, and r + h + 1.5t = 4.2t. Substituting these values in equation (143), the formula for maximum inductance becomes

$$L_{max} = 0.2714\frac{l^2}{t} \quad\text{...(152)}$$

The product lp^2 of the conductor length l by the square of the outside diameter P must be equal to the coil volume

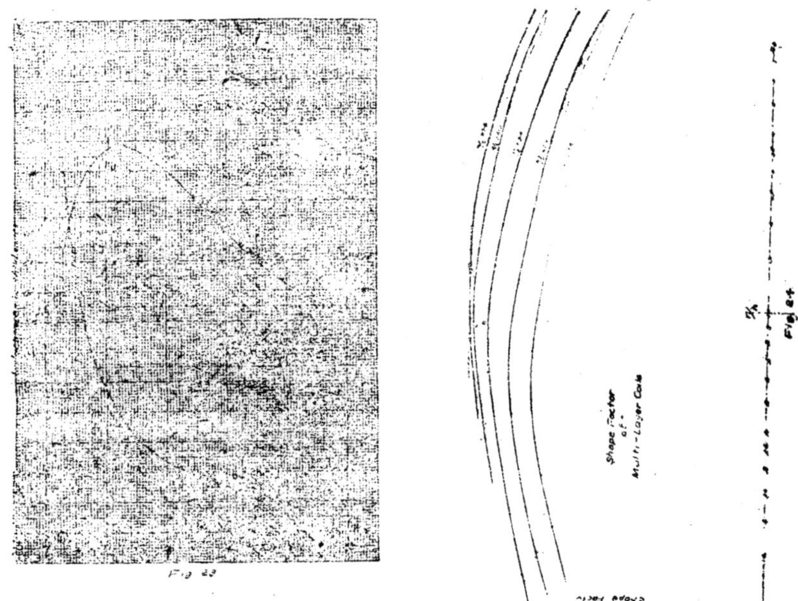

Fig. 23

$2\pi r_1 h t$ which, for the shape to produce maximum inductance, becomes $11.3t^3$. Thus

$$t = \frac{\sqrt[3]{lp^2}}{11.3} \text{ for maximum inductance} \qquad \text{......(153)}$$

Substituting this equality in equation (152), the maximum inductance is

$$L_{max} = 0.609\, l^{5/3}\, p^{-2/3} \qquad \text{......(154)}$$

The length of conductor l is equal to $2\pi r N$ which, for the proportion to produce maximum inductance, becomes

$$9.45\, tN \qquad \text{......(155)}$$

Substituting this equation (152),

$$L_{max} = 2.56\, lN \qquad \text{......(156)}$$

A chart, which shews the ratio of inductance of a coil wound for a certain coil proportion to the maximum, is reproduced here from that prepared by Brooks and Turner*[5] Various charts, giving values of maximum inductance obtainable with wires of given size and length have also been prepared by the above mentioned authors. *[6]

The methods used by the writer in investigating the maximum induc tance of circular coils of circular cross section and of single layer coils can also be applied to multilayer coils of rectangular cross section. As shown before, the quotient of inductance by the product of mean diameter of the coil and square of number of turns is a function of ratios, $\frac{h}{d}$ and $\frac{t}{d}$, or putting in mathematical form

$$L = d N^2 \psi \left(\frac{h}{d}, \frac{t}{d}\right) \quad \text{.........(157)}$$

Now $\quad \pi d N = l \quad$ ....(158)

and $\quad \pi d h t = l p^2 \quad$ ....(159)

Substituting $d\left(\frac{h}{d}\right)$ and $d\left(\frac{t}{d}\right)$ for h and d in equation ....(159)

and solving

$$d = \frac{1}{\sqrt[3]{\pi}} l^{1/3} p^{2/3} \left(\frac{d}{h}\right)^{1/3} \left(\frac{d}{t}\right)^{1/3} \quad \text{.........(160)}$$

Substituting (158) and (160) in (157),

$$L = \pi^{-5/3} l^{5/3} p^{-2/3} \left(\frac{h}{d}\right)^{1/3} \left(\frac{t}{d}\right)^{1/3} \psi \left(\frac{h}{d}, \frac{t}{d}\right) \quad \text{.........(161)}$$

Thus the inductance of a coil depends on product of two functions, one of the dimensions of the wire with which the coil is wound, and another of coil proportions. It is self evident that for a coil wound with a given wire, the inductance depends only on the coil proportions and for a given coil proportion, the inductance is a function of dimensions of the winding wire only. The maximum value of inductance is obained when $\left(\frac{h}{d}\right)^{1/3} \left(\frac{t}{d}\right)^{1/3}$

$\psi\left(\frac{h}{d}, \frac{t}{d}\right)$ is a maximum $\psi\left(\frac{h}{d}, \frac{t}{d}\right)$ can b read from curves in Fi. 20 and 21 for orresponding alues of $\frac{h}{d}$ and $\frac{t}{d}$. T us values of $\left(\frac{h}{d}\right)^{1/2} \left(\frac{t}{d}\right)^{1/2}$ $\psi\left(\frac{h}{d}, \frac{t}{d}\right)$ can be plo ted sga nst one of the ratios using the other ratio as a parameter, and values of $\frac{h}{d}, \frac{t}{d}$ for maximum inductance obtained from the cur es plotted.

Since values of $\frac{h}{d}$ and $\frac{t}{d}$ to praduce maximum inductance and the ratio of induc ance of a co l f r certain coil pro portions to the maxi um is ind-ependent of the dimensions of the wire, such values obtained by investigat-igation with a certain wire apply to coils wound with any wire. This leads to another method described below.

Let the product dht be any convenient value.

Assume different valuees of d and compute h and t. Evidently for a certain value of d, t varies inversely as h. Then compute $\frac{h}{d}$ and $\frac{t}{d}$; and from curves in Fig. 20 and 21, read corresponding values of $\frac{L}{dN^2}$. Dividing $\frac{L}{dN^2}$ by d gives $\frac{L}{d^2N^2}$ which can be used as a basis for comparing values of inductance sin e the p oduct dN is proportional to the length of the wire

By simple matnematical analysis, it can be shown that the second metho is similar to the first method, only put in a different form.

*1 Electrica World, F b. 1918

*2 Bureau of Stan a ds Science Paper 320, equation 23 (a) Tab es C and D

*3 A.I.E.E. Transactions 1919. page 1692 and 1693

*4 Bureau of Standards Scien e Pape 320, equation (24 a) Table E

*5 ureau of Standards Science Paper 169 (or Vol. 8) equation 93

*6 Inductance of coils by M. Brooks and H.M. Turner, University of Illinois, Bulletin 53, vol. 9, No. 10, Jan. 1912

CHAPTER VII

MUTUAL INDUCTANCE BETWEEN MULTILAYER COILS

MUTUAL INDUCTANCE BETWEEN TWO COAXIAL COILS: — Consider two coaxial coils of same mean diameter d and thickness t of heights h_1

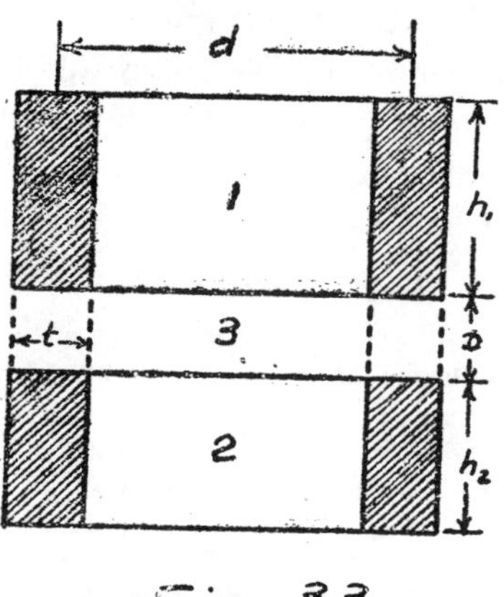

Fig 33

Two Coaxial Coils

and h_2 respectively and with distance D apart between ends of the coils. If a third coil of length D and same style of winding as coils one and two is put between these two coils, a fictitious long coil of length h_1+h_2+D is formed. The inductance of this coil is

$$L_{1+2+3} = L_1 + L_2 + L_3 + 2M_{12} + 2M_{13} + 2M_{23} \quad \text{......(170)}$$

and also

$$L_{1+3} = L_1 + L_3 + 2M_{13} \qquad \text{.......................(171)}$$

$$L_{2+3} = L_2 + L_3 + 2M_{23} \qquad \text{.......................(17)}$$

Substituting equations (17) and (172) in (170)

$$M_{12} = \frac{1}{2}(L_{1+2+3} + L_3 - L_{1+3} - L_{2+3}) \qquad \text{..............(173)}$$

The self inductances of the fictitious coils can be calculated or read from charts in the chapter on self inductances of multilayer coils. The number of turns of coils are proportional to the lengths since the same style of winding is used in all three coils. Thus the mutual inductance between coils one ane two can be readily calculated from equation (173). When $h_1 = h_2 = h$, and $N_1 = N_2 = N$,

$$\frac{L_{1+2+3}}{dN^2} = \left(2 + \frac{D}{h}\right)^2 \psi\left(\frac{2h+D}{d}, \frac{t}{d}\right) \qquad \text{.................(174)}$$

$$\frac{L_3}{dN^2} = \left(\frac{D}{h}\right)^2 \psi\left(\frac{D}{d}, \frac{t}{d}\right) \qquad \text{................................(17)}$$

$$\frac{L_{1+3}}{dN^2} = \frac{L_{2+3}}{dN^2} = \left(1 + \frac{D}{h}\right)^2 \psi\left(\frac{h+D}{d}, \frac{t}{d}\right) \qquad \text{.........(176)}$$

Substituting these equations in equation (173) $\frac{M_{12}}{dN^2}$ is readily found to be a function of $\frac{h}{d}$, $\frac{D}{d}$ and $\frac{t}{d}$ only. Fig. 34 is plotted with $\frac{M}{dN^2}$ against $\frac{D}{d}$, using $\frac{h}{d}$ as parameters for a coil, the thickness t of which is one sixth of its mean diameter. This chart is reproduced from that published by Dwight with the exception that the dimensions of the coil are in inches in his chart. *1

FORCE BETWEEN COAXIAL COILS:— Differentiating the formula for mutual inductance of the coil with respect to the distance detween coils, formulas for computing the force between two coils have been obtained by Dwight. *1 These are as follows:

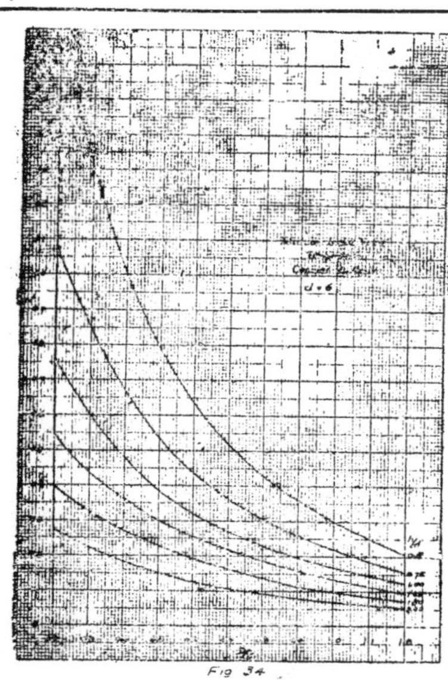

Fig 34

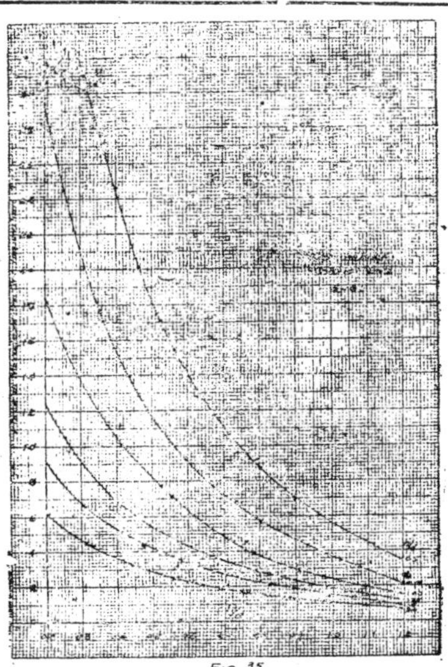

Fig 35

$$F = \frac{I_1 \; I_2}{2.02 \times 10^4} (Q_{h_2+D} + Q_{h_1+D} - Q_{h_1+h_2+D} - Q_D) \text{ gms}$$

where Q is a quantity which should be computed for four cases of $H = h_1 + h_2 + D$, $h_1 + D$, $h_2 + D$, and D. when H is greater than d

$$Q = \frac{\pi^2 d^2 n}{2} \; 1 - \frac{2}{3}\frac{t}{d} + \frac{1}{3}\frac{t^2}{d^2} - (\frac{1}{8} + \frac{1}{12}\frac{t^2}{d^2})\frac{d^2}{2}$$

$$+(\frac{3}{64} + \frac{7}{64}\frac{t^2}{d^2})\frac{d^4}{H^4} - 0.0244\frac{d^6}{H^6} + 0.015\frac{d^8}{H^8}$$

$$- 0.0101\frac{d^{10}}{H^0} + 0.0073\frac{d^{12}}{H^{12}}$$ (174a) when H is less than d and greater than t

$$Q = \pi d n^2 H \; n\frac{4d}{H}(2 + \frac{1}{2}\frac{H^2}{d^2} + \frac{1}{12}\frac{t^2}{d^2} - \frac{3}{32}\frac{H^4}{d^4})$$

$$- 2 - \frac{\pi}{3}\frac{t}{H} + \frac{5}{24}\frac{t^2}{d^2} + \frac{1}{6}\frac{t^2}{H^2} + \frac{5}{64}\frac{H^4}{d^4}$$ (175a) when H is less

than t,

$$Q = \pi d n^2 H \; n \frac{4d}{t} \left(2 + \frac{1}{2}\frac{H^2}{d^2} + \frac{1}{12}\frac{t^2}{d^2}\right) + \frac{2}{3}\frac{H^2}{t^2} \; n \; \frac{t}{H}$$

$$- \frac{\pi H}{t}\left(1 + \frac{1}{3}\frac{H^2}{d^2}\right) - 1 + \frac{1}{2}\frac{H^2}{d^2} + \frac{11}{9}\frac{H^2}{t^2} + \frac{43}{144}\frac{t^2}{d^2} +$$

$$\frac{7}{16}\frac{H^4}{t^2 d^2} + \frac{1}{30}\frac{H^4}{t^4} \qquad \text{...(1769)}$$

In these formulas, n represents the number of turns per centimeter of the coil. Evidently Q is a product of square of total number of turns and a function of the ratio $\frac{h_1}{d}$, $\frac{h_2}{d}$, $\frac{D}{d}$ and $\frac{t}{d}$. Therefore when $h_1 = h_2 = h$, $N_1 = N_2 = N$, the force per ampere turn $\frac{F}{I_1 I_2 N^2}$ is a function of $\frac{h}{d}$, $\frac{D}{d}$ and $\frac{t}{d}$ only. Dwight has published a chart, drawn with force in lbs as ordinate, $\frac{D}{d}$ as abscissa, $\frac{h}{d}$ as parameters for a coil whose radial thickness is one sixth of its axial length, *1 This chart is reproduced here with the exception that force is expressed in grams instead of pounds.

MUTUAL INDUCTANCE BETWEEN COILS WITH PARALLEL AXIS:—

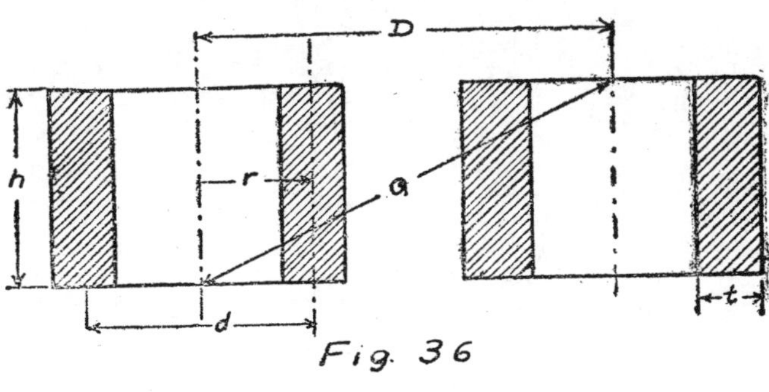

Fig. 36

Coils with Parallel Axes

Formula (177) for computing the mutual inductance between two coils with parallel axes of same mean, diameter, axial height and style of winding (Fig. 36) was derived by H. B. Dwight. *[1]

In formula (177), $a^2 = D^2 + h^2$. and $r = \frac{D}{2}$ is the mean radius of the coil. When h is zero, a = D, formula (177) becomes indeterminate, and formula (178) should be used instead.

$$M/dN^2 = \frac{\pi^2 r^2}{h^2}\Big[\frac{r}{a}\Big(\frac{a}{D} - 1\Big)\Big(1 + \frac{t^4}{6r^2} + \frac{t^4}{144r^4}\Big) + \frac{t^3}{2a^3}\Big(1 - \frac{3}{2}\frac{D^2}{a^2} + \frac{a^3}{2D^3}\Big)$$

$$\Big(1 + \frac{7}{12}\frac{t^2}{r^2} + \frac{13}{240}\frac{t^4}{r^4} + \frac{t^6}{960r^6}\Big) - \frac{5}{8}\frac{r^5}{a^5}\Big(1 - \frac{5D^2}{a^2} + \frac{35}{8}\frac{D^4}{a^4}$$

$$-\frac{3}{8}\frac{a^5}{D^5}\Big)\Big(1 + \frac{17}{15}\frac{t^2}{r^2} + \frac{169}{600}\frac{t^4}{r^4} + \frac{41}{2800}\frac{t^6}{r^6} + \frac{113}{672000}\frac{t^8}{r^8}\Big)$$

$$-\frac{35}{32}\frac{r^7}{a^7}\Big(1 - \frac{21}{2}\frac{D^2}{a^2} + \frac{189}{8}\frac{D^4}{a^4} - \frac{231}{16}\frac{D^6}{a^6} + \frac{5}{16}\frac{a^7}{D^7}\Big)$$

$$\Big(1 + \frac{155}{84}\frac{t^2}{r^2} + \frac{2167}{2520}\frac{t^4}{r^4} + \frac{541}{4704}\frac{t^6}{r^6} + \frac{2129}{3136\times 180}\frac{t^8}{r^8}$$

$$+\frac{197}{1960\times 3456}\frac{t^{10}}{t^{10}}\Big) + \text{etc.}\Big] \qquad \text{..................(177)}$$

$$M/dN^2 = \frac{\pi^2 r^3}{2D^3}\Big[\Big(1 + \frac{t^2}{6r^2} + \frac{t^4}{144r^4}\Big) + \frac{9}{4}\frac{r^2}{D^2}\Big(1 + \frac{7}{12}\frac{t^2}{r^2} + \frac{13}{240}\frac{t^4}{r^4} + \frac{t^6}{960r^6}\Big)$$

$$+\frac{375}{64}\frac{r^4}{D^4}\Big(1 + \frac{17}{15}\frac{t^2}{r^2} + \frac{169}{600}\frac{t^4}{r^4} + \frac{41}{2800}\frac{t^6}{r^6} + \frac{113}{672{,}000}\frac{t^8}{r^8}\Big)$$

$$+\frac{8575}{512}\frac{r^6}{D^6}\Big(1 + \frac{155}{84}\frac{t^2}{r^2} + \frac{2167}{2520}\frac{t^4}{r^4} + \frac{541}{4704}\frac{t^6}{r^6} + \frac{2129}{3186\times 180}\frac{t^8}{r^8}$$

$$+\frac{197}{1960\times 3456}\frac{t^{10}}{r^{10}}\Big) + \text{etc}\Big] \qquad \text{..(178)}$$

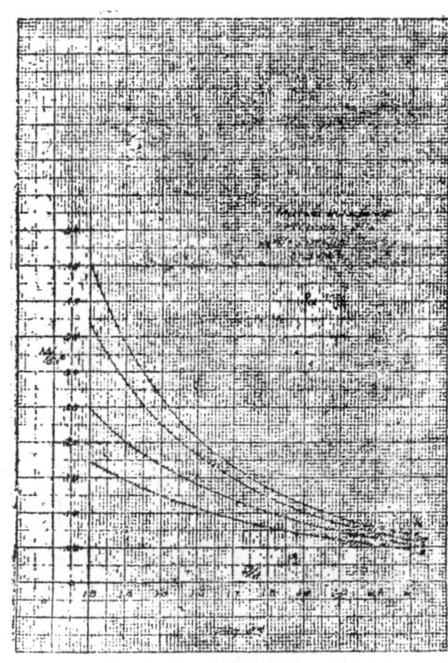

$$M=\frac{\pi^2 N^2}{h^2}\Big[r^4\Big(\frac{1}{p}-\frac{2}{q}+\frac{1}{a}\Big)\Big)\,1+\frac{t^2}{6r^2}+\frac{t^4}{144r^4}\Big)-\frac{r^6}{2}\Big\{\Big(\frac{1}{p^3}-\frac{2}{q^3}+\frac{1}{a^3}\Big)$$

$$-\frac{3D^2}{2}\Big(\frac{1}{p^5}-\frac{2}{q^5}+\frac{1}{a^5}\Big)\Big\}\Big\{1+\frac{7}{12}\frac{t^2}{r^2}+\frac{13}{240}\frac{t^4}{r^4}+\frac{t^6}{960r^6}\Big\}$$

$$+\frac{5}{8}r^8\Big\{\Big(\frac{1}{p^5}-\frac{2}{q^5}+\frac{1}{a^5}\Big)-5D^2\Big(\frac{1}{p^7}-\frac{2}{q^7}+\frac{1}{a^7}\Big)+\frac{35}{8}D^4$$

$$\Big(\frac{1}{p^9}-\frac{2}{q^9}+\frac{1}{a^9}\Big)\Big\}\Big(1+\frac{17}{15}\frac{t^2}{r^2}+\frac{169}{600}\frac{t^4}{r^4}+\frac{41}{2800}\frac{t^6}{r^6}$$

$$+\frac{113}{672000}\frac{t^8}{r^8}\Big)-\frac{35}{32}r^{10}\Big\{\Big(\frac{1}{p^7}-\frac{2}{q^7}+\frac{1}{a^7}\Big)-\frac{21s^2}{2}\Big(\frac{1}{p^9}-\frac{2}{q^9}$$

$$+\frac{1}{r^9}\Big)+\frac{189}{8}D^4\Big(\frac{1}{p''}-\frac{2}{q''}+\frac{1}{r''}\Big)\Big\}\Big(1+\frac{155}{84}\frac{t^2}{r^2}+\frac{2167}{2520}\frac{t^4}{r^4}$$

$$+\frac{541}{4704}\frac{t^6}{r^6}+\frac{2129}{3136\times180}\frac{t^8}{r^8}+\frac{197}{1960\times3456}\frac{t^{10}}{r^{10}}\Big)+\text{etc}\Big]\quad\ldots\ldots(179)$$

Where $p^2=D^2+(h-e)^2$ ....(180)

$$q^2 = D^2 + e^2 \quad \text{...} (181)$$

and

$$a^2 = D^2 + (h+e)^2 \quad \text{..} (182)$$

These quantities are represented grap ica.ly in Fig. 38 & 39

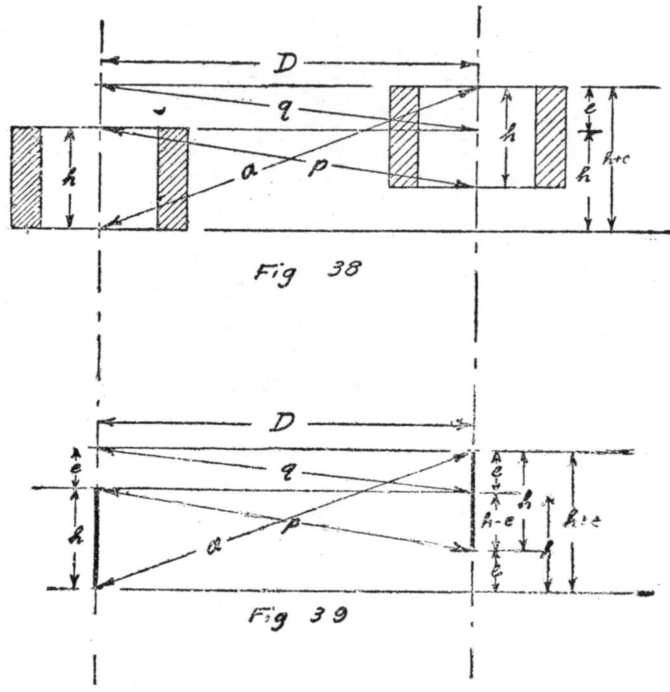

Fig 38

Fig 39

Two coils with Parallel Axes
not standing on the same plane

$$F_1 = \frac{20.4\pi^2}{10^6}\frac{r^2}{h^2}\left[\frac{r^2}{a^2}\left(\frac{a^2}{D^2} - \frac{D}{a}\right)\left(1 + \frac{t^2}{6r^2} + \frac{t^4}{144r^4}\right) + \frac{3}{4}\frac{r^4}{a^4}\left(\frac{4D}{a} - \frac{3D^3}{a^3}\right.\right.$$

$$\left. + \frac{a^4}{D^4}\right)\left(1 + \frac{7}{12}\frac{t^2}{r^2} + \frac{13}{240}\frac{t^4}{r^4} + \frac{t^6}{960r^6}\right) - \frac{75}{64}\frac{r^6}{a^6}\left(\frac{8D}{a} - \frac{28D^3}{a^3}\right.$$

$$\left. + \frac{21D^5}{a^5} - \frac{a^6}{D^6}\right)\left(1 + \frac{17}{15}\frac{t^2}{r^2} + \frac{169}{600}\frac{t^4}{r^4} + \frac{41}{2800}\frac{t^6}{r^6} + \frac{113}{672000}\frac{t^8}{r^8}\right)$$

$$+\frac{245}{256}\frac{r^8}{a^8}\left(\frac{32D}{a}-\frac{216D^3}{a^3}+\frac{396D^5}{a^5}-\frac{429}{2}\frac{D^7}{a^7}+\frac{5}{2}\frac{a^8}{D^8}\right)$$

$$\left(1+\frac{155}{84}\frac{t^2}{r^2}+\frac{2167}{2520}\frac{t^4}{r^4}+\frac{541}{4704}\frac{t^6}{r^6}+\frac{2129}{3136\times 180}\frac{t^8}{r^8}\right.$$

$$\left.+\frac{197}{1960\times 3456}\frac{t^{10}}{r^{10}}\right)+\text{etc}\Big] \quad \cdots\cdots\cdots\cdots(183)$$

$$F_1=\frac{30.6\pi^2}{10^6}\frac{r^4}{D^4}\Big[\left(1+\frac{t^2}{6r^2}+\frac{t^4}{144r^4}\right)+\frac{15}{4}\frac{r^2}{D^2}\left(1+\frac{7}{12}\frac{t^2}{r^2}+\frac{13}{240}\frac{t^4}{r^4}+\frac{t^6}{960r^6}\right)$$

$$+\frac{875}{64}\frac{r^4}{D^4}\left(1+\frac{17}{15}\frac{t^2}{r^2}+\frac{169}{600}\frac{t^4}{r^4}+\frac{41}{2800}\frac{t^6}{r^6}+\frac{113}{672000}\frac{t^8}{r^8}\right)$$

$$+\frac{25.725}{512}\frac{r^6}{D^6}\left(1+\frac{155}{84}\frac{t^2}{r^2}+\frac{2167}{2520}\frac{t^4}{r^4}+\frac{651}{4704}\frac{t^6}{r^6}+\frac{2129}{3136\times 180}\frac{t^8}{r^8}\right.$$

$$\left.+\frac{197}{1960\times 3456}\frac{t^{10}}{r^{10}}\right)+\text{etc}\Big] \quad \cdots\cdots\cdots\cdots(184)$$

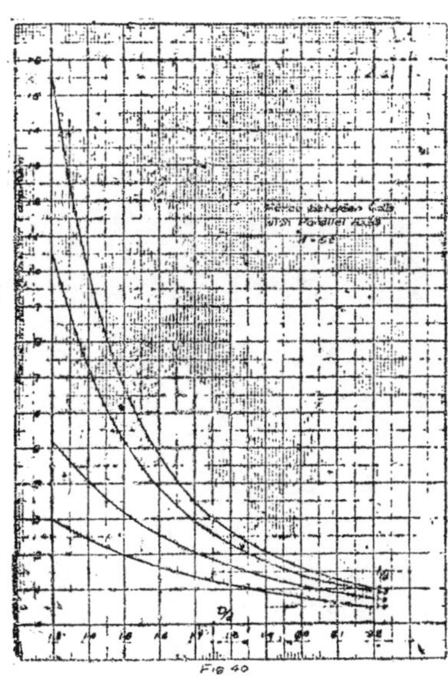

Fig 40

It is evident from the above equations that $\frac{M}{dN^2}$ is a function of $\left| \frac{D}{d}, \frac{h}{D} \right.$ and $\left. \frac{t}{d} \right|$. Fig. (37) shows the variation of $\frac{M}{dN^2}$ with $\frac{D}{d}$, for diffe ent values of $\frac{h}{d}$ for a coil whose radia thickness is one s xth of its mean diameter.

When one of the coils stands on a plane higher than the othe by a distance e(Fig. 38) the mutual inductance between the coi s may be co puted by formula (179). Differentiating formula (177) with respect to D, the force in dynes, when one abampere is flowing in each coil, is obtained. Ch nging the unit the force in grams for one ampere turn is expressed by formula (183).

When h = 0, a = D formula (183) becomes indeterminate and formula (184) should be used instead. It is evident from equation 183 that force per unit amp-turn is a function of the ratio $\frac{D}{d}$, $\frac{h}{d}$, and $\frac{t}{d}$. Fig. 40 is plotted with F_1 against $\frac{D}{d}$ for diffe ent values of $\frac{h}{d}$ for coils, the radial thickness of which is one sixth of its axial height.

POSITIONS OF COILS WITH PARALLEL AXES FOR ZERO MUTUAL INDUCTANCE

From Fig. 25, it is seen that, with coaxial coi s, the flux linking with one coil produced by the o her co l is in the same dir ction as that produced itself when the currents in the coils flow in the same direction. In such a case, the mutual inductance between the coils is positive. In the case of coils with parallel axes, and standing on the same plane, the mut al inductance is negative as shown in Fig. 27. Evidently there is an intermediate position as represented in Fig. 38, for which the mutual inductance b tween the two coils is zero. Th s position may be determined from equation 179.

If the ratio $\frac{e}{D}$ (Fig. 38) to give zero mutual inductance is independent of the distance between the axes of the coils, any number of coils can be so placed that the mutual inductance between any pair of coils is zero. That this is not true makes it difficult for us to place three or more coils in such a position as to give zero mutual inductance between any pair of coils*

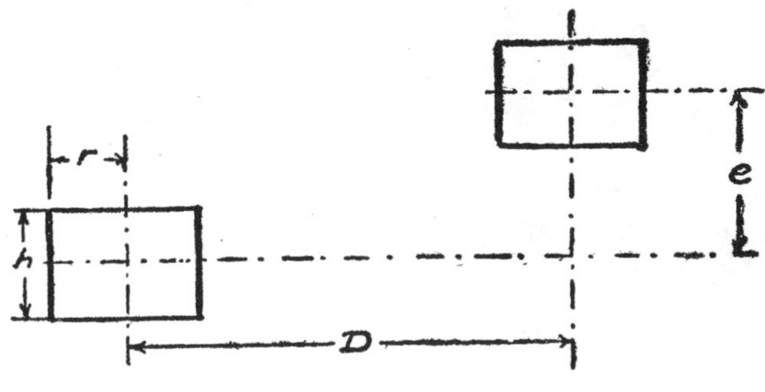

Fig. 41

Two Single Layer Coils with Parallel Axes

Dwight and Skilinn have published a curve showing the variation of $\frac{e-0.707D}{r}$ with $\frac{D}{r}$ for single layer coils. This curve is reproduced here as Fig. 42. For coils the values of $\frac{h}{r}$ lie between one and two, the variation of $\frac{e}{D}$ with D is not great especially when the coils are far apart. Thus for such coils, the mutual inductance between any pair of three or more coils can be made approximately zero, though not exactly.

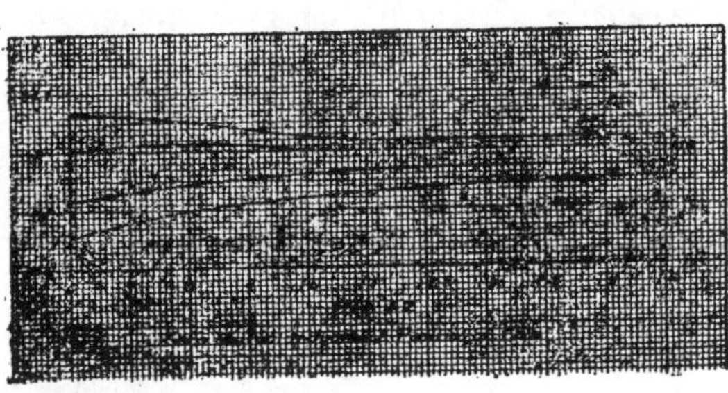

*1 Electric Journal 1918, p. 166

*2 Transactions A.I.E.E. 1919, p. 1675

*3 Electric Journal, December 1925

誌謝

此册付梓已邇及至排版校對已在本校温課期中同學皆致力於預備功課幾無暇時而下列諸位能抽寶貴之光陰節休息之時間爲之認眞校對熱忱可佩用特題名聊以誌謝

李金沂　王作舟　孫洪鈞　黃如祖　魯　波

孫　魯　錢尙平　馮和修　張善祥　陳中履

潘廉甫　高　彬　吳興吾　夏　亞　邱宗義

更承潘廉甫盧鉞章二君爲之接洽廣告特此附謝

商務印書館出版

服務於交通界者之好讀物

學叢彙刊

支配鐵路貨車概要

曾世榮著 一册 定價四角

本書乃著者積幾年來從事支配車輛之經驗，益以外國書籍雜誌所載關於此種學理的著述而編纂者。對於貨物移動之原則，貨車之管理及支配，行駛列車之計劃及紀錄，車站作業等，敘述綦詳。鐵路事業極形重要，而我國關於支配貨車之專書，迄今尚是鳳毛麟角，本書之作，實有志鐵路事業者所當人手一編也。

現代鐵路叢談（百科常識叢書） 一册 定價八角

T. Corbin 著 馮雄譯 全書計二十二章，於踏勘、定線、築路基、鋪軌道、建橋梁、開隧道、製機車、設號誌、節制行車、警備險以及各種特別鐵路，如地下鐵路、電機鐵路、索引鐵路等，皆有扼要之敘述。不僅供常人閱讀，然足資習鐵路學者及服務鐵路者之參考。

運輸與通信（新智識叢書） 一册 定價四角

黃士恆編 書分四編，前三編述陸上水上及空中之交通機關，後一編述通信機關，最新發明之無線電報無線電話等，均經述及。讀者於此可得關於交通上之一般智識。

實驗無線電話收音機製造法（新智識叢書） 一册 定價四角

林履彬著 本書詳述各種最新式無線電話收音機的製法，及簡要原理常識等。廣附精緻插圖，詳示尺寸、位置、連接等，無微不至。所述製法無需特別機器及複雜的手續，閱者按圖製造，極為容易。

現代商業叢書 交通論……史維煥譯 八角
交通史……王倬著 四角五分
交通救國論……葉恭綽著 三角
兵工問題……陸世益著 三角
百科小叢書 道路……劉友惠著 二角
鐵路會計學……李懋勛著 一元二角
航空論……黃璧著 五角
東方文庫 飛行學要義……顧紹衣著 一角
無線電學……王錫恩編 一元
百科小叢書 無線電原理……王錫恩著 二角
百科小叢書 無線電話原理……啓觀譯 一角
中西對照星宿圖……沈懋德作 一元
華英平漢鐵路圖……陳鎬基編 三角
華英津浦鐵路圖……陳鎬基編 三角
現行行政區劃一覽表……一角

天1337（一·） 16—11—17

工程

民國十八年一月出版

編輯處　上海交通大學工程學會編輯部

發行處　上海交通大學工程學會

印刷者　上海中國印刷廠

代售者　上海海格路蘇薪書社

定價　每册大洋三角

郵費　每册本埠一分　外埠二分半　國外十分

廣告刊例

全面	封面裏頁及底面裏外頁	洋三十二元
	尋常地位	洋十六元
半面	封面裏頁及底面裏外頁	洋十六元
	尋常地位	洋八元

《工程半月刊》简介

《工程半月刊》于1930年10月在上海创刊，系综合性工程类期刊，半月刊。由交通大学工程学会出版部编辑，交通大学工程学会发行。刊名为校长黎照寰题写。本卷收录1930年第1期和第2期。

《工程半月刊》是由交通大学工程学会先前发行的《工程壁报》《工程周刊》（今未见原刊）改版而来。因后两种刊物为报纸形式，发行周期较短，出版部疲于筹备；报纸形式版面有限，不便登载较长篇幅的论著，且不利于收藏，[①] 于是改版为《工程半月刊》。

1930年第1期正文刊登了5篇文章，1篇工程界消息。5篇文章中有3篇为工程学术研究文章，探讨了钢轨受损的原因，测量差问题，土壤力学问题；2篇为参观、游记文章，其一为李彦士所作《欧游见闻》的演讲稿笔录，记录者孙佐钰为中共地下党员；其二为王平洋参观永安第二纱厂的感悟。工程界消息则登载了广州市珠江铁桥的建筑计划及施工近况，以及在美中国留学生的消息。

1930年第2期正文刊登了9篇文章，1篇工程界消息。9篇文章中有4篇工程研究文章，讨论了测量差问题，钢筋砖工问题等；1篇介绍南京轮渡的演讲稿；4篇参观记，记述了参观上海电力公司、高昌庙兵工厂、江南造船所、法商电气公司的经历。本期工程消息发布了5则国外新的工程技术器械、学术研究动态。

两期中较为知名的撰稿人有电力工程专家王平洋、土木工程专家王兆藩等。

---

① 编者：《编辑者言》，《工程半月刊》1930年第1期。

工程半月刊

黎照寰題

第一卷　第一期

本期要目

編輯者言……………………編者
歐遊見聞……………………李彥士演講 孫佐鈺筆記
永安第二紗廠參觀記……………………王平洋
鋼軌受損之原因……………………吳亮
測量差概論……………………照原
土壤力學……………………王兆藩
工程界消息（兩則）

民國十九年十月二十日

交通大學工程學會發行

編輯者言

本刊係由工程週刊改進而來，亦猶去秋由工程壁報改爲工程週刊之意，故其性質，仍與以前彷彿。此次改爲半月刊之動機，一因週刊每星期一次，辦事方面，過於瑣碎麻煩，而半月刊則時間較長，辦事較爲便利；二因工程週刊，雖自第十二期起，將篇幅擴充至八頁，然仍係報紙式，較易散失，今改爲半月刊，可訂成一冊，似于收藏方面，亦較便利，且篇幅較廣，即長篇之論著，在萬字左右者，亦可登載，此亦半月刊之較勝於週刊者也。惟是欲求本刊精神之煥發，決非編者數人所能力致，所賴諸同學以其研究之精神，充分賜稿，共同維護尤望諸教授，秉其愛護本會之熱忱，時賜箴規，以匡不逮，是本刊之光也。

歐遊見聞

李彥士博士演講　　孫佐鈺筆記

兄弟今天到貴校工程學會來演講，覺得非常榮幸，但一方面又覺慚愧，爲什麼呢？貴校是國內著名的工科大學，工程學會的諸位會員，對於工程，又都是很有研究的，不過兄弟自己却並不是工程專家，只是辦工程事業的人，所以對於諸位，恐怕不能有多少幫助，兄弟只能把自己一點經驗，說出來作諸位的一種參考罷了！

兄弟這次同王院長被派到歐洲去，一方面是參加世界動力會議，一方面也預備考查歐洲工業的現況，詳細的報告，要等整理後才能發表，現在先就兄弟個人的見聞和感想說一說，兄弟上次在歐洲，還是在 1914 年歐戰爆發之前，這次重去，兄弟事前以爲歐洲各國在這戰後十幾年內，休養生息，一定有極大的進步，不料既到之後，却大失所望，歐洲各處的情形，不但沒有恢復戰前的興盛，只有更加壞些，兄弟先到的是德國，現在先就德國說起，德國誰都知道是世界第二工業國家，除英國外，沒有能夠比得上她的，但是現在却料想不到會一落千丈，德國工業中最重要的，如採礦業，鋼鐵業，顏料業等等，都大部分倒閉，沒有倒閉的，也只是勉勉強強的維持着，我們參觀時，只見許多的烟卤都靜靜地不冒烟，平均起來，十個烟卤中間，差不多只有三個是冒烟的，工廠裏的機器，也大半是十幾年前的舊的，勉強應用着，所以現在製造出來的貨色，也比從前差得多，只求能夠用得過就罷了，再沒有以前那樣公公道道的做出來了，所以這樣的原因，一部分固然因爲德國受戰敗的影響，每年要付很大的賠款，各種的發展，都受限制，並且許多重要工業區域，都被割去和佔領，但最至要的原因，還是因爲世界一般的經濟恐慌，換句話說，就是全世界的市面不振。

經濟恐慌最顯著的現象，就是失業工人的激速增加，現在世界各國失業人數之多，是從來所未有，德國原有失業者二百五十萬，現在已經要近三百萬，英國也相同，大致有三百萬，此外美國有五六百萬，日本也有一百萬，全世界失業人數，總共在一千八百萬以上！諸位想想看：有一千多萬人失了業沒有飯吃，不但如此，還有許多人的妻子和家屬，也跟着沒有飯吃，這事要不要鬧出亂子？是不是要從速設法補救？補救的方法，現在各國政府都在盡力找着，兄弟不是專門研究政治和經濟的，當然更說不上來：但關於他的原因，却可以說一說，第一個原因，就是市場的不振，我們都知道，歐美各個工業的國家，他們製造的貨物，自己當然用不了，於是就必定要向工業不發達的國家找銷路，世界上原來有三個大市場，就是俄國，中國和印度。俄國自從革命之後，日常用品，都歸本國製造，絕對不買外國的貨物，進口額要減少一半有餘，中國呢，因連年的戰事，鬧得民窮財盡，購買力非常薄弱，而且因最近金貴銀賤的關係，購買力更要減少百分之四十，至於印度，更不用說，近來甘地的不合作運動，鬧得一天星斗，他老先生只是提倡土布和手工業製品，凡是外貨，一概排斥，這三個世界市場，既然不是停頓，就是減縮，那末叙這些貨物到那裏去呢？第二個原因，就是出產過剩 (Overproduction)，因爲工業競爭的劇烈，機器只是精益求精，一天比一天進步，生產力也一天高似一天，但是供給雖然來得多，需要却不能同樣的增加，於是市價不得不跌落，市價一跌，大家賺不着錢，於是各個工廠也只得關門大吉，因爲上面的兩個原因，所以才造出空前未有的世界經濟恐慌和失業。

普遍地說來，世界各國，都多少地受到這恐慌的影響，但分別地說來，這種現象，惟有在幾個工業非常發達的國家，才特別顯著，如英，德，美幾國，至於在重農而工業不十分發達的國家，如法國和意大利，她們是以農立國，工業方面，不過供給國內的用途，所受的恐慌和失業，倒要好些，這樣看來，一個國家，最好還是對於工業和農業，同樣的注意，同樣的發展，或者可以減少些危險。

至於美國，她的農業也是很發達的，不過還是免不掉恐慌和失業，這是爲什麼呢？簡單說來，還是因爲生產過剩。美國人是最講效率(Efficiency)的，他們只講大量生產，成本低，出貨快，是唯一的標準，這樣拚命地出產，固然也好，但是一旦供過於求，貨物銷不出去，那就沒有辦法了，所以美國股票的跌價，達到從來沒有的最低額，有些減少原來價額的百分之三十或四十，更有減少百分之六十的，這也是經濟恐慌的一個很顯著的現象。

從上面這幾種現象，我們可以看出現在世界經濟最大的危機，因爲人心的恐慌，大家都好像被迷徑似的，想不出一個辦法，於是市價越跌越低，銷路越來越壞，工廠越關越多，失業的人數，也就無限制的增加上去，這樣就要造出很不幸的結果，第一就是失業工人的鬧事，如今年五一和八一歐洲各大都會工人的示威，今年的八一，兄弟在柏林親自看見十三萬的工人，在街上遊行，男的帶着紅帽子，女的穿着紅的褂子，一面走，一面就喊着叫着，這是很可怕的，說不定將來就會鬧成俄國那樣子，第二是各國間的敵視，現在各國表面上固然都說希望和平，但暗地裏却還是拚命擴充軍備，尤其是德國，因爲戰後所受極端的壓迫，現在時時刻刻，都準備着復仇，這次德國國會選舉是極右派的國家主義者佔勝利，更足以證明，所以第二次大戰，早晚是免不掉的，這兩點都是經濟恐慌和失業的可能的結果。

歐洲還有一樁不好的現象，就是道德和風俗的退化，歐洲各國，本來是重法治的，但是現在却因爲社會的不安定，犯法的人，一天天地增加，法律也幾乎失掉他的效用；他們對於金錢也計較得非常頂眞，無論是最要好的朋友，你要是託他做些事，他一定要向你要酬報(Commission) 對於外國來的，他們更算得利害，總想很很地敲一下竹槓，多拿你幾個錢，至於女人方面，只是一味考究衣服和裝飾，而且不老實的多，在那邊留學，常有被誘惑的危險，以前英國女人，是要算最莊重的，現在也變得同巴黎女子一樣了，所以男人只是要錢，女人只是要漂亮，說句笑話，他們簡直可算是「男盜女娼」，這一切墮落的現象，據兄弟看來，都是物質文明發展過度的結果，所以中國的舊道德，還不可輕易廢掉，我們最好還是要找一種能夠永遠維持的文化。

還有一點，兄弟要特別提出的，就是我們採用歐美的新學說，事前一定要鄭重考慮，看他是否適合於中國的情形，實行起來，有沒有流弊，現在兄弟可以舉兩個例來說說，第一就是失業保險，和疾病保險，這兩種照理論講起來都是很好的，工人假使不幸失了業或是害了病、還可以領些錢維持他的生活；不過實行起來，就有困難，因爲這保險是政府，資本家和工人三份合出的，政府多了種預算，資本家多了些支出，工人平時却減少些工資，政府不必說，在資本家却只有使出品的成本提高，在這種恐慌的時期，更容易使工廠倒閉，在工人方面，安分些的因爲少拿了工錢不願意，不安分却就故意鬧事，等被開除失了業，好領津貼，或者裝起病來，等着拿他除名，這種流弊、在中國未實行之前，是不能不早防備的。

還有一種最時髦的學說，就是合理化 Rationalization，這就是把性質相同的工業歸併集中起來，一面又使各種相同的東西都標準化，這樣可以大量生產，減輕生產費，并且用一種不休傳送帶的制度，使得出品迅速，他的好處，就在避免同業間的競爭，減少工人，降低成本，不過他的害處，也就在這一點，現在世界上正是鬧着生產過剩和失業增加，合理化反而只有增長這兩種趨勢，尤其在中國現在人浮於事的時候，合理化更要使得多數人沒有事情做，沒有飯吃，所以這也是難於實行的。

兄弟現在想再把金貴銀賤的問題講一講，所以金貴銀賤，只是因爲金子的需要多而銀子的需要少，至於何以會這樣？這就有好幾種原因，第一是國際的原因，中國的金融，完全操縱於倫敦，紐約的銀行，在他們那邊金銀的比價，要是有變動，我們只好跟着他變動，中國向來是入口貨超過出口貨，年年有許多的銀子流出去，出去得多了，外國都嫌夠了，於是只得跌價，而且現在世界上主要用銀的國家，除中國外，如印度，暹邏，南美各國，都逐漸改用金本位，銀子只是嫌多剩下來，還有歐洲各國，因爲準備二次大戰，盡量地吸收現金，所以才造成銀子過剩和金子缺乏的現象，其次是國內的原因，因爲繼續不斷的內戰，內地各省的商業停頓，現銀的需要減少，又因向外國購買大批的軍火，動不動就是幾百千萬，而且明年關稅增加，今年各商店都盡量地向外洋定貨，金磅藉此正好漲價，因爲這許多原因湊在一起，才造成這空前未有金貴銀賤的現象，金子的價錢比以前幾乎要貴了一倍，外國貨的價錢也跟着要貴百分之五六十，或者甚至於百分之一百，吾們日常所用的，大部分是外國貨，金價一貴，我們的生活程度便突然地提高，所以每人都感覺到生活上極大的困難，但這有補救辦法沒有呢？據兄弟看來，只要這些原因能夠消滅，自然就會恢復原來金銀的比例，但國際間的原因，看來一時不會消滅，國內的原因，我們倒可努力改革一下；第一步就是請政府保護國內幼稚工商業，第二步就是鼓勵已有的工商業，振興沒有設立的各業，第三步就是提倡國貨，不用外貨，這三步都是互有關係，缺一不可的，非得政府，資本家，和民衆各方面通力合作，才能收到效果，諸位都是學工程的，振興工業當然是諸位的天職，不必兄弟多說，關於提倡國貨，兄弟倒還要說幾句，普通人有一種很不好的成見，以爲外國貨總是好的，國貨總是差的，所以不管有沒有代替的國貨，要買總是買外國貨，不知國貨所以會差，是幼稚工業免不掉的現象，我們大家要都買他，那末他自然會逐漸改良，大家要是都抱着成見，不加過問，那他連立足之地都沒有，自己還保不住存在，還那裏能談進步發展呢？所以要振業興工，第一要大家都用國貨，非萬不得已時，才買外貨。這種精神，在外國到處都表現着，使我們看了，眞覺得慚愧，

最後兄弟還有關於建設方面的一點意見，兄弟以爲建設應該先從最基本最重要的做起，不過像現在這些造馬路造洋房，買飛機等等的表面建設，大可從緩，兄弟並不是以爲這些沒有價值，并不是以爲交通的發展不重要，不過發展交通，也應該從最基本的鐵路輪船，汽車路等等做起，才是正常的辦法，此外建設所用的材料和工具，也應該竭力採用國貨，非萬不得已不買外貨，這樣一來，發展了一樣工業或者建設，更可連帶發展其他幾樣工業，我們可以得到一舉兩得之效。還有最近的金貴銀賤，一方面固然提高外貨價格，一方面也使吾們容易儲存現金，這兩樣都是興辦實業的好機會，諸位都是學工程的，將來就都是建設的人才，所以建設新中國的重担，全落在諸位的肩上，至於兄弟，說不上是先進，也說不上能做諸位的指導，不過作爲識途老馬，說幾句經驗之談，兄弟今天來演講沒有預備得好，說得很沒有系統，這一點也要請諸位原諒，最後，兄弟希望將來中國因諸位的努力，改變成一個偉大的，繁榮的國家，這恐怕就是社會對於諸位的希望，同時也就是諸位自己的希望，

參觀永安第二紗廠發力廠記

王平洋

本學期九月十七號，機四工業門與電四電力門同學，由教授胡嵩嵒先生率領至蘊藻浜永安第二紗廠，參觀其發力廠。蓋胡先生正教授兩級之蒸汽發力廠一科，注重實地觀察，特以此輔書本之不足也。是日下午一時，由校出發，到廠參觀約二小時。該廠之設備，雖不若建委會戚墅堰電廠之完備，然發力廠之各要點，均已具備。而其全廠效率（Plant-efficiency, from coal to switch board）之高，尤東南一隅所僅有。現正趕建新鍋爐間，採用 Sterling Boiler，以應需要。據說原擬試用煤粉鍋爐，以燒粉煤（Powdered coal），可以有種種利益。後因對於煤粉鍋爐之使用法，國人尙少經驗，故仍用煤屑。在吾人遂失一附近之煤粉鍋爐模範廠，至爲可惜。然該廠目前之成績，已爲 Industrial Plant 中所不可多見，有參攷之價值。爰以參觀所見，誌之如下。舛誤之處，尙祈識者指正。

吾儕從煤棧始，逐步參觀。今亦依此程序述之。該廠於鍋爐間之側，有一煤棧（Coal yard）用水泥牆格爲二列，每列十格，每格可存煤約三百噸，各有一門，可以出煤，則其總存儲量，約爲三千噸，所用之煤，以開平特屑爲大宗，每日用五十餘噸。去年夏季社會局調查各工廠動力及安全設備時，該廠報告，每日只用煤三十噸左右，一年之中，激增如此。故極有添建新發力廠之必要，刻下正趕造也。

煤自煤棧至鍋爐間，完全用人工挑運，以其距離尙近故也。鍋爐之面前。有堆煤之處，係在平地。故欲將煤送入鍋爐，必由火夫用剷抛入進煤機上之 hopper 中，則每剷包含將煤自平地舉高六七尺之不工作，如將煤由上倒入之爲省便，故用煤一多，每見於鍋爐前設平台以堆煤也。鍋爐係拔柏葛廠（B & W）之水管式鍋爐(Water tube boiler)，受熱面積（Heating Surface）之總數爲 8040 方呎。共有兩座，(battery) 每座有單氣包（Single drum）鍋爐兩只，每只受熱面爲 2010 方呎。附有超熱器及自動進煤機。（Green chainngrate type）。煙道之中，設有省煤器(economizer)該廠利用廢熱之設備(heat saving device)，即此而已。冷水由自流井藉離心力唧筒(centrifugal pump)直接送入省煤器，利用煙道中之廢熱，將冷水溫度提高若干，然後經鍋爐進水機，送入鍋爐。省煤器水管外掃除煙灰之 Scrubbers，係由蒸汽引擎一架拖動之。在省煤機之側，又有十吋拔風風箱一座(Inducing Fan Blower)，用蒸汽引擎驅動之。普通情形之下，拔風經過省煤機，已是足夠。然有時拔風不足，則省煤機側有一道 bypass 之煙道，有門司啓閉，可令 Flue gas不經過省煤器，draft 自可增加。進煤機亦用一架蒸汽引擎驅動，故鍋爐間中共有三架蒸汽引擎，此外尚有直立式鍋爐進水幫布二只，其中一只工作，一只後備。

鍋爐間之傍爲透平間，電鑰版亦在焉。共有透平三架：(一) Curtis 10 stages G. E. Turbine, 汽壓爲190 lbs per sq. in. (1st Stage 35 lb per sq. in),眞空廿八吋，驅動三相交流發電機一架，發力 1500 Kw (1875 kva. P.F.O.8), 電壓 580 伏；電流1865 安培，勵電電壓120 伏，勵電機銅牌上書示電壓爲125伏，16 kw. 轉速均爲 3000 r.p.m. 50 cycle

(二) Gorlitz turbine 1000 kw, 轉速＝3000 r.p.m., 驅動一西門子電廠三相交流發電機，1250 kv a., cos ∅ ＝0.8 電壓＝580, 電流＝1245, 50 cycle。

(三) Williams Co. turbine, 1000 kw, 3000 r. p. m., 驅動

一架 English Electric Co. 之三相交流發電機，1250 kv.a, 550伏，1315 安培，50 cyde。

電鑰版上有幷車 (Parallel operation) 之設備，Bus bar 之三相線路，用紅黃藍三色分別塗漆，令人望之，一目瞭然。樓下凝汽間內之汽管水管，亦均整潔。凝汽間 (Condensing plant) 在透平間之下。每架透平機，有一隻 surface condenser 故該室共有凝汽器三隻。每隻 Surface condenser 前，各有一組幫布。每組有幫布三隻，由馬達一架驅動之，均連接於一軸上。一隻爲Circulating water pump 所以流動凝汽器之 Cooling water 者也，一隻爲 condensate pump 所以將已凝結之蒸水打入熱水池，備還入鍋爐也。一隻爲 vacuum pump 所以維持凝汽器內之眞空者也。有二隻 Steam jet air pump, 其下各附一intercooler。此室內倘有 Steam seperator,超熱蒸汽經此而入透平。有 Oil cooler,將透平機內所用之潤滑油，在此冷却。各汽管及各蒸汽機件上之 drains and drips,亦均於此室內會集，合入一管，將雜油之穢水洩之廠外。

該廠工作，每日十足二十四小時。日間用電，與夜間相差無幾，僅以夜間有電燈耳。廠內用電，共分二種：一爲馬達電，由發電機直接發出，爲 550伏，一爲燈用電自發電機發出後，經變壓器改爲一百十伏，然後供給燈用，燈用實祗一小部份，故全廠負荷率極高。去年社會局調查時，爲 79% 至 81%，現更超出此數。此普通電力廠所不易辦到者也。故全廠效率之高，達15%而煤耗只每字(kw-hr) 二磅，甚或一磅八至一磅九，實爲罕見之成績。

鋼軌受損之原因

吳　亮

鐵道交通上之闖禍，多由於時間上之錯誤，或軌輪上之損壞，以致相向駛行之列車，相撞而釀慘禍。而軌條受常久之壓滾(Rolling)及衝擊(Impact)後，逐漸受損，結果出軌(Derailment)造禍，亦屬常見，今姑述軌條損壞原因，藉與讀者討論，並望指正焉。

軌條之受損，有下列數端：

(1)磨損(Wearing)——因列車駛行其上，輪軌互相磨擦，年深月久，軌頭(Rail-head)上面或旁面逐漸損蝕，而失效用。

(2)分裂(Spliting)——軌身(Rail-web)及軌頭常受車輛之重壓，從軌接(Joints)及鉚釘處裂開。

(3)壓裂(Crushing)——軌條因內部渣滓之積滯及外部列車之擠壓，致頭部碎裂。

(4)破裂(Breaking)——軌條裝於枕木之上，因放置不平，及車輪所承之重量不均，常使軌坐(Rail base)碎斷。如軌條鑄造時，中有接縫(Seam)等弊病，經車輛衝撞後，其接縫處甚易斷壞。

(5)橫形罅隙(Transverse fissure)——此種罅隙雖早爲工程家認爲軌條損壞原因之一，然而以其釀禍事情，發生甚鮮，而亦甚微，故數十年來，未經工程家之研究，而知其成因也。但自去年在美國 Pennsylvania 鉄道之 Onley 地方，因橫形罅隙而致出軌，釀成死傷甚多之大禍後，始受鉄道工程家及冶金家之注意和探討。

釀禍後，即用 Sperry detector Car 在 Pennsylvania 鉄道

上查得此項罅隙有二百五十七處之多，而全美各路截止 1930 年所報告之終數為 35,797 處。觀乎如此巨數，故釀禍之機，隨時可慮也。考此種罅隙多在軌頭之內部，而與切面形成垂直。當鋼條經鍛鍊(Forging)及滾壓(Rolling)後，可以塑成各種形式時，從柔黏狀態（Plastic state）漸成堅硬狀態(Rigid state)之間，有極敏捷而極短促的時期，在此時期中，鋼條之內力（Internal strain)因滾壓情形之不同，而使軌條之性質受不同之影響：或不受內力牽制而成鞏固之軌條；或受內力之阻礙而內部破裂，形成微隙。此種微隙外部受列車之衝擊，內部經內力（Internal strain）之抨擠，逐漸增大，及至超過軌頭面積三分之二，即形斷裂。此種罅隙，曾用各種鋼料試驗，不能完全消除，殊屬可畏！

查我國迄今曾未因此項罅隙而致出軌，其理殊堪注意。英美二國關於軌條及行車上不同之點，不外下列各端：

	美國	英國
軌條含炭最高成分	0.75%	0.65%
最大輪軸載重量	30噸	22½噸
上行速率(Upward speed)	40-45.M.P.H.	less.

由此可知美國所用之軌條，含炭較多，故其質較脆，而載重又大，行車又速，宜乎釀事之機，較英為多也。當 Multi-cylinder 機車拖載重之車輛，其所施不均之搥擊(Hammer-blow)，亦增大橫形罅隙之主因也。

綜各方面之考察，此項罅隙，雖不能完全消除，然亦有一二補救之法：

（1）減少鋼軌中含炭成分，而含錳之成分不使過少；則磨損之力因以增大，而亦不易碎裂矣。

（2）用適宜之熱處置(Heat treatment)亦能減少罅隙。如先經 Sandberg Sorbitic Process 而後再用熱處置，則其效尤著。

（3）鋼鉄中由降冷而成之內力，(Internal cooling strain) 能用浸漬法 (Soaking) 使之減少。法將滾壓後之鋼條，浸入於溫度在 350-400°c 之水中，經三十分鐘，而後取出，則可免內力之影響矣。

測量差概論　照原

水平測量差

差之來源；

I　儀器差

a. 儀器整理(Adjustment of Instument) 如不正確時恆產生互消差，——如視線不與水泡軸 (Bubble-axis) 平行，當望遠鏡在水平面上轉360°時，則其視線亦不與水泡軸同在一水平面上，而成圓錐體形如圖示，I為儀器之中心點，F

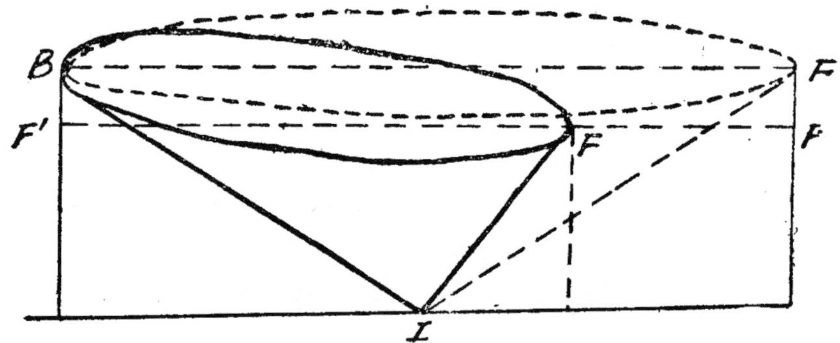

及B 各為前視(Fore-sight)及後視(Back sight).設前視與後視與儀器不同在一距離，則加一後視，減一前視後，產生BF'之差，換言之，即 F 點之高度多BF'也，如前視離儀器之距離等於後視距儀器之距離則此差可免，蓋 B 及F

雖不與水泡軸同在水平面上，然此兩點得在同一水平面上。當加後視時，多加 BF', 在減前視時，亦多減 FF'', 而 FF''＝BF',故其結果不變，爲互消差也

b. 水泡滯活亦可發生差誤——蓋因其滯活，當水平時，視其居中心以爲水平；但待看目標 (Target) 時，則其已蠕動不在中心，雖則仍可變動，再校正其中心位置，但已不勝麻煩，而工作遲緩矣，此差亦仍爲互消差，

c. 看目標時各人之視力不同，動物鏡 (Object-glass)以校正，因此互消差從中產生，如前視及後視各與儀器之距離相等，則每看後視時祇須動物鏡一次，至看前視時，可以無需再動，而差亦可互消，

d. 水平準尺之刻度不等，亦易生差，然此差可在未工作前，試驗該尺之準確與否而消去之，

2 處理失當

a. 關於水平儀器者：——安放儀器，水泡不居中心，手置三足架上或望遠鏡上，及其他等等，皆足以生差，惟每當看時，務必視水泡是否仍在中央，設稍移其位置，則必須使其復原仍位中心，

b. 關於水平準尺者：——水平準尺如不垂直，仰前或俯後，亦足以生差如圖示，故所讀得之結果，恆較正確者爲大，

有某種水平準尺，附帶垂球，可示該尺之垂直與否，如遇有無垂球之水平準尺，亦可以下法行之，定其垂直與否，

當 Target 已置於某位置後，稍動該尺（祗須仰前或俯後但不得移動其位置）視 Target 之中心是否可以高出視線之上，如不能，則 Target 之中心正在視線上時卽爲該尺垂直之表示，反是則必須移置 Target 於另一位置，

水平準尺之底不潔，汚泥聚積其上，亦足以生差，此差頗小，恆不計及，

3 讀時錯誤

a. 省略讀數中之O字者，如誤讀 5.205 爲 5.25 ，或讀 6.005 爲6.05 或爲 6.5 等是，

b. 誤讀 Target 中心以上之最小分數代其中心以下之數，如讀 5.94 爲 6.94, 及讀 6.005 爲 6.105 等是，

4 看時錯誤

在看距離頗遠之水平準尺時，往往不能一時卽讀其記數，否則卽有大錯產生。故當初看時先讀一記數，不給持尺者任何符號、待雙目稍閉，休息片刻後，再看一次，是否吻合剛才所讀之記數，如對，則給符號與持尺者，

在水平測量中，看時亦恆有一種錯誤免不去者，卽常認水平準線(stadia-hair)爲水平線(Horizontal-hair)是也，

5 儀器變動位置之差

當儀器安置于某地時，如其旁常有汽車及行人走動，儀器之水平恆可變動，尤以儀器在疏鬆泥士及平滑之石上爲最，蓋不能將儀器定實也，

水平準尺當取前視記數(Reading of Fore sight)在某一點，及取後視記數時，忽移動其位置，則必發生大錯，

6 天然之差

a. 儀器改變，

在野外工作，儀器受日光射照，其某一部份伸張恆難等於他部份之伸張，因此伸張之不同，遂產生差誤。例如，取前視記數時正迎日光，則望遠鏡之前架(Front-wye)遂受日光熱而伸張，以致前視記數大於正確數目其結果某點之高度遂亦低於正確數目矣。如讀後視記數時，則另一架亦必因受日光而伸張，致後視所得數目小於正確數目，於是儀器之高度又必爲減低，此差爲聚積差，故其結果各點高度皆爲減低。此外如日光之射照水泡，各端不等，則水泡必向較熱之端行動，而正確之水平因亦難得。如上所云之差可以避免，在野外時，祇須張繖便可避免日光之直接射照儀器，但因風或因熱空氣之流動，則無物可用以避免之，除非工作時間定於曉日初昇，或多雲無風之日。

b. 水平準尺之變化

溫度有變化，水平準尺之長度亦因而改變，溫度之變化不等而水平準尺之改變長度亦不等，但此變化頗小，在普通測量中，恆不計及，

c. 曲度及折光(Curvatrue and Refraction)

(1)曲度：——因人之視線爲平直線(Hoizontal line)而水平線(Level line)爲曲線，故所讀得水平準尺之記數，並非爲兩點眞實高度之差，如下圖所示，儀器在A,水平準尺在

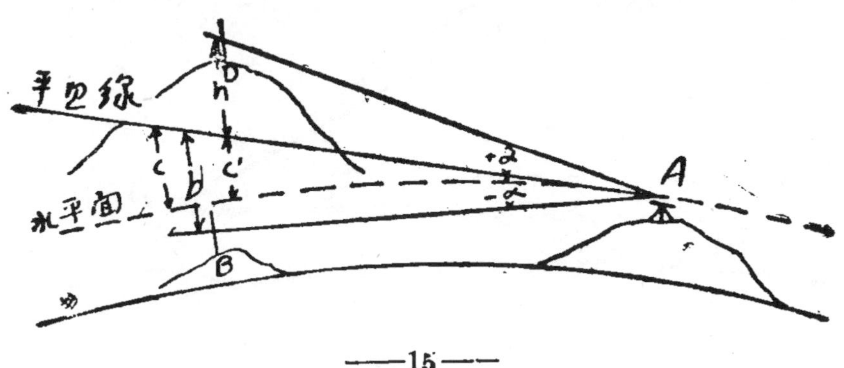

D. 在B所讀之記數爲b，在D爲 d，因平直線不與水平線同在一平面，故A與B高度之差，不爲b而實爲c-b，c爲平直線與水平線在B點高度之差，（設折光與儀器高度俱不計及）同樣得A與D兩點高度之差爲c'十d，c'爲平直綫與水平線在D點高度之差。由此可知曲度之影響爲增加兩點高度之差，每一英哩長之距離，平直線與水平線高度之差約爲8吋，此差與距離之平方而成比例，

（2）折光

地面因有空氣包圍，其密度亦因氣候，溫度及距地面之高低而生變化，故折光之影響亦時有不同，其結果使水準尺之記數減少，易言是卽減少兩點高度之距離也，

茲將曲度及折光合併繪圖於下，見之可知兩者對於兩點高度差之影響：

A與B兩點高度之差$=-b+c+R=c+R-b=-EF$（負數示B點低於A點也）

A與D兩點高度之差$=d+c'+R'=+MN$（正數示D點高於A點也）

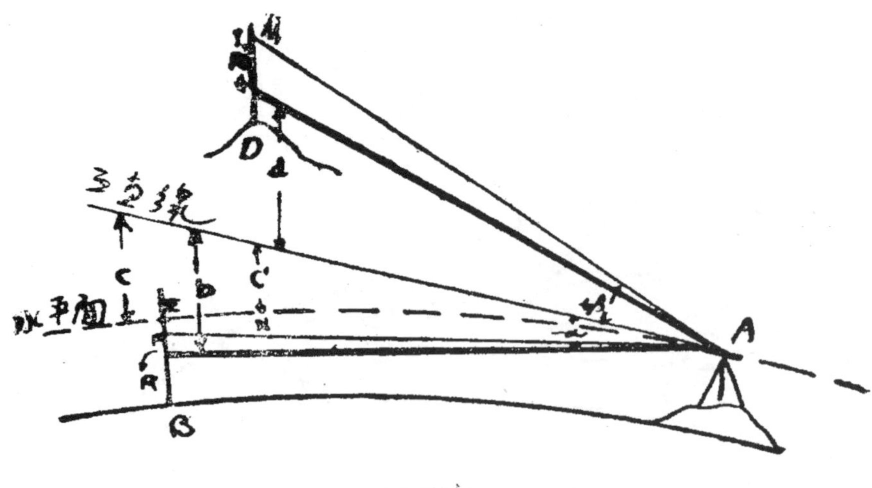

土壤力學

Principle of Soil Meechanics

Dr. Charles Terzaghi 原著　王兆藩譯述

第一章　泥之凝聚現象

土壤力學，在工程上有相當之地位，蓋高聳天際之房屋，橫亙巨河之橋梁，其基礎必為土壤，然則吾人對於土壤力學之智識，甯能昧然不知乎。惟土壤力學之專籍，向不多覯，對於土壤性質之智識，遂不甚充分；苟欲藉此以臨各種關於土壤之問題，殊難應付。是以著者窮若干年之光陰、決心對此問題，作一有系統之探討，先由試驗土壤之性質着手，數年以來，所得結果、頗多興趣，且綦重要。

泥之定義及性質——土壤顆粒，其直徑在0.006mm.與1mm·之間，而有黏性者，謂之粗泥，其直徑較小而呈膠狀者，謂之細泥（Ultra clay）；本章所述之泥，係指粗細各泥之統稱，是以討論之各點，對於各種之泥、普遍適用。泥之緊要性質，不外下列三種：（一）凝聚力（Cohesion），（二）泥中所含水分之作用，（三）滲透性（Permeability）。茲將研究泥之各種性質時，所作試驗之結果，依次述之如下：

載重與水分含量之關係——四面圍住而浸潤之泥，如受均勻之重力，必被壓縮。在試驗載重與水分含量之關係時，所用之泥，必須浸潤，蓋顆粒間隙，水分能成微管現象（Capillary）而發生表面張力（surface tension）亦足變更水分含量，苟先將試驗之泥充分浸潤，而使之不與空氣接觸，則泥所受之外力，當僅為所加之重力而已。顆粒之間隙，既全爲水分所占據，則當壓縮之時，一部分之水分必受擠而出。

試驗所用之設備，如第一圖所示，於一玻璃圓筒之底置一極薄層之濾紙，紙上置一銅圈，然後將泥漿（泥與水之混合物，其中水量，足使保持極黏厚之液體狀態。）傾入玻璃圓筒內，至半滿而止，此時銅圈四周，全爲泥漿所包圍。泥漿之面，置一層濾紙，而上置細砂，砂之大小，約爲¼mm 至½mm.，此時砂層之作用，即爲泥漿之載重，經二十四小時之後，砂之重量，對於泥漿所生之壓力影響，大約完全。故即于此砂層之上，置一銅質之杯，作爲泥漿之載重。一晝夜後復加半杯之鉛彈，如是者歷兩日，更將鉛彈注入杯中令滿，則此時泥漿之載重，約爲 0.1kg/cm² 矣。其後每隔兩日，即將載重增加，而歷次泥漿之載重，爲自 0.1，至 0.2,0.3,0.6 乃至1.2kg/cm² 也。此載重之增加，係利用之一端，經一銅質之球，而緊壓於銅杯之上。銅杯之旁置有一尺槓桿爲之，槓桿，所以量出載重對於泥漿之壓力也。

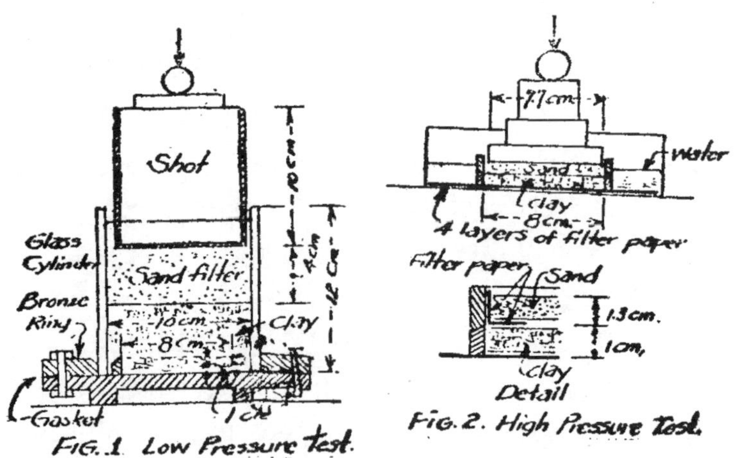

FIG. 1. Low Pressure test.　FIG. 2. High Pressure Test.

更高之壓力，可於試驗機 (Testing Machine)上得之。惟欲確知載重與水分含量之關係，則可將槓桿，銅杯，砂層，逐一移去，並將圓筒底板螺旋鬆去，然後用鎚將壓緊之泥，用力推去，而將銅圈從泥內挖出，惟圈內之泥，不可少損。圈及泥心，即用天平衡其重量，而後用圖二所示之設備，繼續試驗。試驗物之自圓筒取出，以至置入圖二所示之裝置中，動作必須敏捷，使泥中水分，少所蒸發也。

此時所用之設備，為一方形之皿，其底間置有兩層厚濾紙及一層薄濾紙，上述之有泥心之銅圈，即置於其上，泥之上層，復覆以一層潤濕之薄濾紙。而後以另一銅圈，加諸其上，兩圈之銜接面，係一直立圓錐形之一部分，（如圖二所示）故不能任意向四周滑動也。上首銅圈之四周，亦圍以濾紙，而後置砂其中，砂面加以銅質之板。斯時復注水於此方形之皿，而移置於試驗機上，載重則仍由鋼球經銅板，砂層，而達於泥心也。

方形皿既置於試驗機上，即將載重於二十分鐘之間，增至2kg/cm²，然後靜視其對於銅圈內泥心之壓力。其初泥之厚度驟減；隨後則稍減，而終達於平衡狀態，並不再減，其間所經過之時間，約為兩日。於是將皿中之水，用虹吸法(siphon)取出，載重突然移去，銅板，砂層，及上面之銅圈，亦一一移開，而用吸水之紙將泥面之水跡吸去，乃復將圈及泥心復衡其重量。更將聳出圈面之泥粒刮去，而復衡之。各種手續既畢，仍將銅圈置於方形皿中，加砂層，銅板，載重而照樣試驗。惟所加載重則逐次增加，自2,4,8,14 以至 20kg/cm². 也。由此若干試驗之結果，即可計算得壓力與水分之關係圖 (Pressure-moisture curve)之各點也。然後再作一週程 (Cycle) 之試驗，即先將載重遞減每隔兩日，令其載重各為 8,4,2, 1, 0kg/cm²，而復自 0 遞加至 1,2,5,10 及 20kg/cm²也。在並無載重之時（即載重等於0kg/cm²）其時間必須延長至四日或六日，使泥心得以完全恢復其水分含量 (Resaturation)。

當此試驗進行之時，著者曾以為每次衡重時，必須將所有載重完全移去，因而慮其不能得正確之結果，蓋在試驗砂及其他易於透水(Permeable)之物之擠壓力時，恆因此而使結果完全無效也。但在泥之試驗時，此層實屬過慮，蓋泥之滲透度（Permeability)非常之小：若以一吋厚之曾受18.9kg/cm²壓力之泥，於並無載重之時，使之與水接觸，則歷一小時之久，其水分含量之增加，僅為0.15%.今每次移去載重，而衡銅圈與泥心重量，所須之時間，不過兩分鐘，則其無傷試驗結果，可甚明顯也。

週程試驗完畢之後，復將銅圈並泥心秤過。然後以一部分之泥，留供試驗水分含量之最後值（Final moisture contant)，由以上所述試驗所得之結果，即可計算試驗時各步驟中相當之水分含量。起始試驗時之水分含量（即相當於載重為1.2kg/cm²)為已知，故又可從理論上着想，以計算逐步之水分含量，若與實驗所得者有相異之處，則可將此錯誤平均分配於逐步之結果，蓋即有錯誤，亦至微渺也。

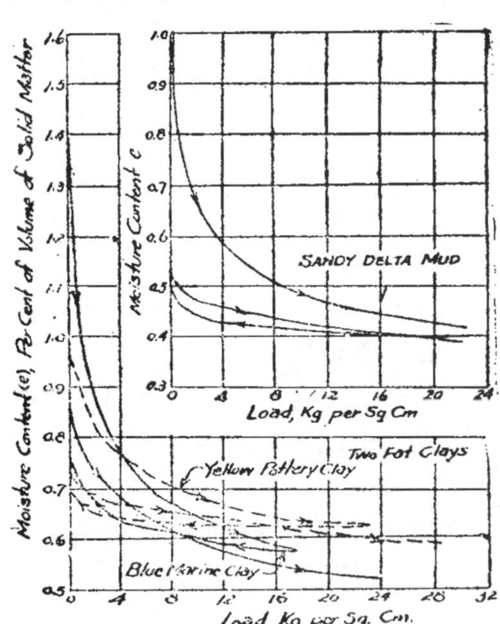

FIG. 3. Pressure-Moisture Curves

圖三所示，即為此種試驗之結果，圖中橫軸(Abscissa）表載重密度(intensity of loading)而縱軸則表水分含量，其單位為與泥之體積相比之百

分率。下方之圖，試驗品爲黃陶土(Yellow Pottery Clay) 及靑泥 (BlueMarine clay). 而上方之圖，則爲褐砂泥 (Gray Sandy Delta Clay) 之試驗結果也。每一試驗，所須之時間，大約爲八星期。圖中所示，一爲增加載重所得之結果；而又一則週程試驗之結果，其式與海斯的昔環(Hysteresis Loop) 相似。

壓力影響遲緩之原因，——由上所述，我人可知，泥之，壓力增加之後，必經相當之時間，始行完全其擠壓作用。蓋泥受擠壓，其中所含之微管水(Capillary water), 必受擠而出，以入於砂層此種微管水行動之進行，必經相當之時間也。然水之所以能流動，必因兩端水壓力之不同，而在此試驗中，泥之面層，浸潤於水中，則其靜水壓力 Hydrostatic Pressure 必爲零無疑。是故載重擠壓泥之時，足使泥之內部，發生較高之靜水壓力，而逼迫泥中之微管水，向面層流動也。此鼓動微管水流動之功能，完全消耗於抵抗流動時水與泥粒間之摩擦也。

其後著者於其他試驗之中（詳另章），證明泥或砂中，水之流動，達山氏之定律 (Darcy's law) 亦可應用。故在一定載重之下靜水壓力之差，與泥層厚度之減小率，成正比例。因泥層所縮小之體積，卽自泥中排去水分之體積也。在初置載重之時，泥之體積減小率甚速，故此時泥之內部與面層間之靜水壓力差最大；而最後則泥之內外各部，靜水壓力完全相同，故泥之體積，亦不復再縮，而保持平衡之狀態，蓋卽所謂靜水平衡 (Hydrostatic Equilibrium)是也。

是故泥中水分含量與載重之關係，適與固體中應力 (stress) 及伸縮 (strain) 之關係相類似。惟在固體中則應力之增減，立卽發生相當之伸縮，而在泥中，則載重增減後必歷若干時間，而其效果始見也。且當載重之置於泥上焉，泥之內部，卽發生靜水壓力，將微管水迫使排出，此時泥中各部所受壓力之應響，並不相同，必待靜水壓力差消滅之後，其各部所受壓力之應響，始能一致也。

收縮之試驗 (Shrinkage Test).——吾人既得上述試驗之種種結果，可進而作第二步之試驗。在第一圖之玻璃筒內，置以泥漿，與前次試驗時相同。惟泥漿面上，並不加以砂層及載重，而任其自然，使暴露於空氣之中。則見泥層內部之微管水，逐漸向面部流動而蒸發，泥中之水分含量漸次減低，而泥層之厚度減少，呈收縮之現象。其結果與吾人以前增加泥之載重相同。

此種天然之收縮，與人工之壓縮，雖至相似，然亦有不同之點在。蓋人工之壓縮，可隨吾人之意，將其壓縮至任何地步。而天然之收縮，則至一定之限度後，泥之體積，不再減小。在未至此極限之前，泥之狀態爲半固體，其收縮之進行，與人工之壓縮完全相同，而至此極限，則泥色變更，而其狀態由半固體變至固體矣。過此則蒸發所生之效果，僅使泥成龜裂，而泥之體積並不更行縮小矣。

對於天然收縮與人工壓縮兩者相同之原因，迄未有能作精密之研究者，殊屬異事。據著者研究結果，則覺其既新穎而又重要。研究時所據之理論，不過普通固體或液體所通用之各種定律而已，蓋若應用之於泥漿，此種定律，並無不能適合之弊也。

負量之靜水壓力——從實際上試驗結果，測知以數糎 (Centimeter) 厚之泥層暴露於空氣中，使其水分逐漸蒸發而收縮，則其水分含量在泥層內之分佈，殊爲均勻。是故在此泥層之內，水分必繼續不停，向泥面流動。欲維持水分向泥面流動而蒸發，則泥內部之靜水壓力，非高於泥面不可。

在載重之試驗中，泥層中心之靜水壓力爲正量 (Positive)，此靜水壓力與載重相平衡。然在收縮試驗時，並無載重，故作用於泥層上之外力，可視爲零，蓋泥層自身之重量，可以忽視之也。是故泥層中心之靜水壓力，必等于零。但就微管水自泥之中心向面部流動而論，則泥中心之靜水壓力必較面部爲高，然則泥之面部之靜水壓力必爲負量(Negative)無疑矣。

在載重之試驗中，泥面有薄層之水浸潤，故泥所受之外力，僅爲所有之載重，而表面張力，並無絲毫之關係存乎其間。在收縮試驗時則不然，泥面之上，並無載重，而表面張力，則瀰漫乎縮面之全部。是故泥內外靜水壓力之不同，及泥面之負量靜水壓力，必係此表面張力之影響也。

在微管中，水能違反重力定律，向上升高，所謂微管現象是也。水面上表面張力所發生之向上引曳之力爲 $\pi dt/g$,式中之d爲微管之直徑，其單位爲糎，T 爲每糎長之圓周上所受之表面張力，其單位爲達(Dyne).而g 則爲物體因地心吸力而墜下時之加速率，其單位爲每秒每秒糎 (cm/sec^2) 。此表面張力，與微管中水柱之重量必相等，故得 $h=4T/wdg$,式中之h,爲水柱之高，其單位爲糎，而w則水之比重也。水並無剪力(ShearingStrength)故此表面張力，使水柱發生引力 (Tensile Strength)，而支持其自身之重量也。前之所謂負量靜水壓力，蓋即此引力也。此引力之大小，在水面爲hw, 而在距水底h'糎處當即爲h'w 矣。在收縮試驗時，亦有此等引力或負量靜水壓力存在，故收縮試驗時之種種現象，即可以此解答之矣。

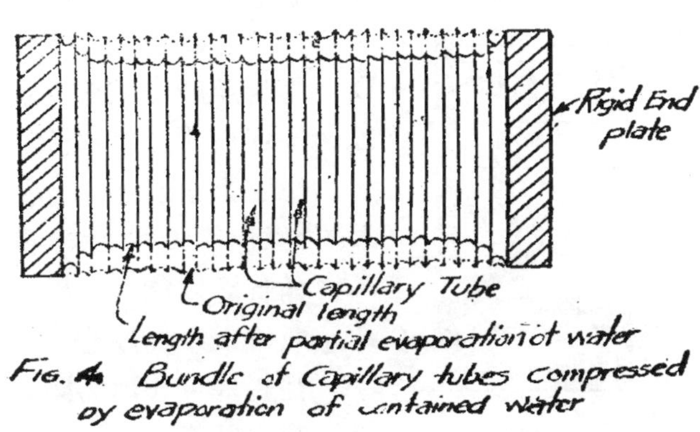

Fig. 4 Bundle of Capillary tubes compressed by evaporation of contained water

銅圈所包圍之泥層，宛如若干之微管，如圖四所示，管之端則略下於泥面。其初泥面爲水浸潤，故微管現象不著，迨後逐漸蒸發，面層必漸次乾涸，而水面亦必須降下也。惟因微管現象之故，水分乃自內向外流動，以充滿泥層各處之空隙。蒸發之際，水分漸漸減少，而泥層則因受表面張力之影響，擠壓而收縮，同時，泥中水分，則任引力之下也。

第五圖所示，爲天然收縮與人工壓縮之相似點，凡水流之方向，壓力之分布，俱已詳細明示，圖中曲尾之箭號，表示微管水流動之方向，十號表正量之靜水壓力，⊸號表負量之靜水壓力，而⊗號表並無靜水壓力也。

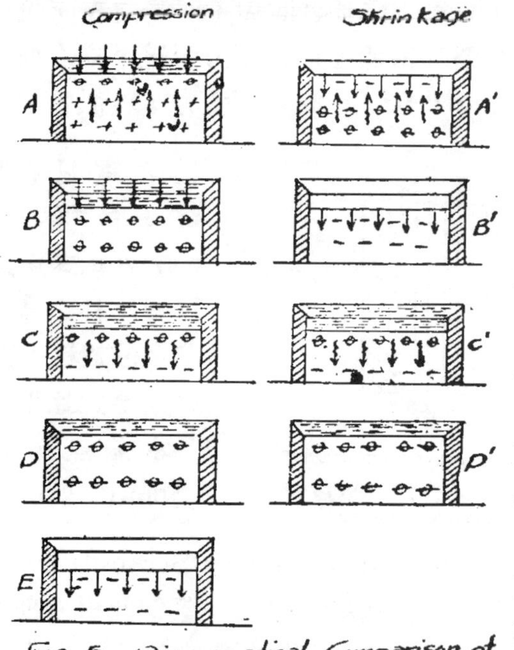

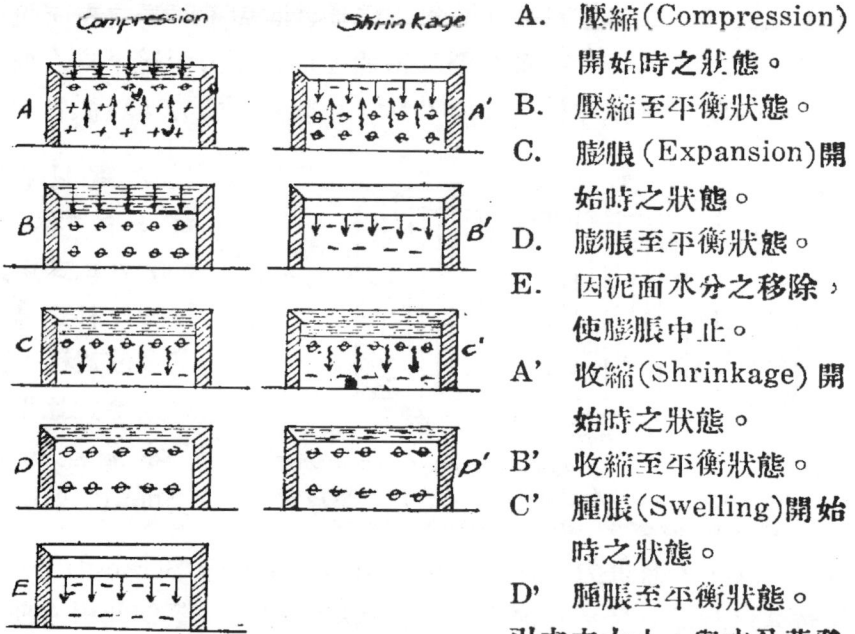

FIG. 5 Diagramatical Comparison of Compression & Shrinkage of Clay.

A. 壓縮(Compression)開始時之狀態。

B. 壓縮至平衡狀態。

C. 膨脹(Expansion)開始時之狀態。

D. 膨脹至平衡狀態。

E. 因泥面水分之移除，使膨脹中止。

A' 收縮(Shrinkage)開始時之狀態。

B' 收縮至平衡狀態。

C' 腫脹(Swelling)開始時之狀態。

D' 腫脹至平衡狀態。

引力之大小，與水分蒸發之多少成正比例，適如固虎克定律(Hooke's Law)。在微管內之表面張力最大時(hw)，引力亦為最大。此時卽所謂收縮極限(Shrinkage Limit)也。過此以往，微管內之水，不能復升至泥面，而泥面所呈之色，亦由深轉淡矣。

表面張力所發生之壓力，可謂之微管壓力(Capillary Pressure)，而其最大値可稱之爲界限壓力(Transition Pressure)蓋過此界限，泥層卽由半固體而入於固體狀態矣。用此新名詞，吾人可謂微管作用，可使微管中之水，發生一種引力，引力之大小，卽等於微管壓力也。此引力決不能較水之自然壓力(intrinsic presure)爲大。雖然，水之自然壓力約爲21,000氣壓，故實際上，界限壓力須受泥之顆粒間空隙大小所限制也。

收縮試驗時，負量靜水壓力之大小，必等於發生同等程度壓縮之載重密度也。職是之故，界限壓力可由收縮限度時之水分含量，及壓縮至此限度所須之載重決定之。著者依法試驗，測得黃泥(yellow residual olay)之界限壓力爲171kg/cm^2（擠壓力Compressive Strength爲52kg/cm^2）而青泥(Blue Marine Clay)之界限壓力爲339kg/cm^2（其擠壓力僅86 kg/cm）是故，微管壓力，其大可知，然此力之存在，至今尙鮮注意及之者。

泥之腫脹(Swelling)——如將半固體之泥層，浸潤於水中，則表面張力立刻降而爲零，而泥漸漸腫脹。此種腫脹與在壓縮試驗時，因載重之移去而膨脹，初無少異。體積之增加，卽表示水分含量之增加，故水分必由泥面流入泥內，此時泥面，係與水相接觸，故其靜水壓力必爲零，而泥內之靜水壓力，必爲負量，否則水不分能由泥面流入泥內也。

如在壓縮試驗時，先將泥面之水除乾，而後移去載重，則泥之體積，必保持不變，如第五圖E,蓋泥之體積增加，必須增加水分，今旣無水分可以吸收，則自無從增加其體積矣，然載重旣去，而體積不能恢復原來之大小，似與泥之彈性有所抵觸，殊不知

微管水之表面張力，與載重有同一之效果也，

是故各種關於泥之凝聚力之現象，皆可用表面張力以說明之，凝聚力乃對於微管壓力之內部抵抗力，然微管壓力之原因，由於微管水之表面張力，作用於泥面，蓋爲外力，故對於微管壓力之凝聚力，吾人可稱之爲顯著凝聚力(Apparent Cohesion)所以別於眞確凝聚力(True Cohesion)，所謂眞確凝聚力者，乃抵抗泥內之剪力者也，泥內之剪力，恆不滿 20g/cm²，故此眞確凝聚力，殊不足與顯著凝聚力相提而並論也，

泥之剪力，乃微管壓力與內抗係數(Coefficient of internal resistance)之乘積，此關係在有彈性時，完全準確，而在半固體或固體狀態時，剪力恆較小，猶諸固體中之剪力，恆小於其自然壓力(intrinsic pressure)與內抗係數之乘積也，此種現象，大概係由內部應力分布不均勻之故，近正爲一般英國學者所悉心研究也，

微管水之性質——泥之收縮，既由於微管水之表面張力，則依理限度壓力之大小，當可由泥粒間隙之平均寬度，計算得之，如前所述，微管壓力之最大値爲 hw，然水之比重爲 1，故微管壓力之最大値爲每平方糎h克 (h gr/cm²) 也，由一潮濕機械分析(Wet Mechanical Analysis)之結果：著者因而推測得在黃泥(yellow residual day)中，微管水之升高，可達30,600糎，相當於收縮限度時泥中間隙之大小也，是故界限壓力，當爲30,600g/cm²或30.6kg/cm²，然前述界限壓力時，謂此種黃泥之界限壓力，爲171kg/cm³，與之相較，差去殊遠，其原因蓋水在極小之空隙中(0.0001mm以下)，其性質與普通器皿中所盛之水，並不相同也，於測驗透性(Permeability)時，吾人見在此等極小之空隙中，水之(Viscosity)或蒸發之速率，增進甚快也，

泥中之微管水，僅有一部分能蒸發去之，此點綦關重要，苟

泥中之水，能完全蒸發，一如砂中之水，然則當泥乾燥之後，其凝聚力必行消滅也。在尋常溫度乾燥之後，其凝聚力約兩倍於收縮限度時之凝聚力，泥之凝聚力，既全因微管水之表面張力，故在空氣內蒸發而乾燥之泥，其中必仍有一部分之微管水，留存泥孔間，永不蒸發，

依照收縮限度之定名，可知在收縮限度之下，雖水分逐漸蒸發，而空隙之大小，絕不再行減小，是故微管水面，必逐漸向泥中下降，以至於微管中之最狹部分，而表面張力所作用之圓周，漸漸減小，然同時泥之凝聚力，則繼續增長，是故，吾人可得結論曰：微管之大小減小，則膩度與圓周單位長度之表面張力，皆因之增加也　此結論卽可解釋理論上實際上之微管壓力，不相吻合之故也。　　第一章完

工程界消息

(I)建造中之珠江鐵橋

廣州市城市設計委員會所擬築之珠江鐵橋，業由馬克敦公司承築，茲將建築計劃及施工近況縷述於下：

建築計劃，————全橋長六百呎，分爲三孔，兩端各長二百二十呎，中間一孔，爲雙葉開閤式 (Double-Leaf Bascule Type)，長一百六十呎。橋闊爲六十呎，其中間之四十呎，供車輛駛行，兩邊各留十呎，爲人行道。橋底距離水面爲二十三呎，普通鄉渡，類能通行無阻；遇有巨舶經過，卽可用電力或人力將雙葉開放，所須時間，不過五分鐘耳。

施工近況————自去年十二月興築迄今，北岸之堤，（卽長堤），業經遍打木樁，不日卽可下英泥石屑等物，至北邊橋柱之鎖貫，現已安置妥當，正用機器將其中沙石淘出，然後從事打

木樁，下石層等工作，惟南面橋柱，則仍未興工，蓋所用之長鐵板樁，須本月二十日方能運到。聞該橋竣工日期，約在民國二十一年三月間云。

(II)青年工程租家覆慘車死

美國普渡大學中國學生孫家珂許及許世泉君，於八月中旬，因覆車而遭慘死。本校老同學陳樹桂君，與死者二君，同校同學，且極友善。陳君於本屆畢業後，即乘暑期往美德勝某工廠實習，期將滿，孫許兩君由辣斐德（即普渡大學所在地）駕駛新車往迎陳君；兩地相距，汽車程約須十一小時，而許等出發時已在下午，因於中途開足馬力，飛馳前進，速率達六十哩以外，詎意斯時一車迎面駛來，許車欲避不能，急捩機殺停，而行勢太急，車身突躍起丈許，覆而復起者三次，車身全燬，許孫二君死焉。

許君閩侯人，其先為美國威省大學學生，孫君津沽人，其先為吾國南開大學學生，二君年纔弱冠，賦性聰穎，對於所修功課，勤奮研求，成績超羣，本屆數百畢業生中，授優異生學位者凡四十二人，我國學生獲得是項榮譽者僅三人，即陳樹桂君與死者二君也。三人年相若，志相若，出入相偕，同學僅一載，親密逾手足，課餘之暇，輒又合力規劃關於工業救國之大計，滿期以學成歸來，為祖國謀建設，為社會謀幸福，孰意飛來橫禍，慘死異邦，深可傷已。

民國十九年十月二十日出版

工程半月刊第一期

編 輯 者

交通大學工程學會出版部

發 行 者

交通大學工程學會

印 刷 者

上海華僑印務局

工程半月刊

黎照寰題

第一卷 第二期

本期要目

上海電力公司發電廠參觀記……朱成鄴
高昌廟兵工廠參觀記略……葉仁溥
江南造船所機廠參觀記……陸景雲
測量差之概論（續）……原照
首都輪渡……鄭輔草博士演講 王兆藩筆記
鋼筋磚工論略……陳祖德
電氣滲泳及電氣泳動之研究……康昭明
無線電收音機之病及修治法……康昭明
法商電氣公司參觀記……王平洋
世界工程雜錄（五則）……

民國十九年十二月十日
交通大學工程學會發行

編者言

本會出版物自週刊改為半月刊後，只曾出過一期，其後即停刊一月，至愧不能按時繼刊，對讀者尤深抱歉。本會無基金，亦無收入，且本屆執委會，決定不用募捐籌款，故一時經費無着，停刊一月，亦不得已也。現因外界之紛紛函詢，已決勉力繼續出刊。本學期能續出幾期，將視經費而定。倘經費有着，擬年假前再出一期，年假後再出一期。

本期有楊樹浦電廠參觀記，至為詳細，頗足以供注意發力廠者之參攷；同時又有盧家灣法商電力廠之參觀記，亦為研究發力廠之材料。上期王兆藩君之土壤力學以本期存稿過多，待下學續登。世界工程雜錄，係由各雜誌搜集有興味而確實有價值之材料，作簡略之敘述，附註載原文之雜誌，以供讀者參攷。

上海電力公司發電廠參觀記

朱成鄴

上海公共租界之電氣事業，自一九〇一年以來，向由工部局電氣處經營。迨一九二九年四月十七日，公共租界納稅人年會通過將電氣處一切產業售與紐約American & Foreign Power Co. Inc. 估價為八千一百萬兩，亦可見其規模之大矣。自此轉讓而後，該廠即改屬於上海電力公司，年餘以來，經營整頓，不遺餘力。至今總發電量已達 161,000 kw. (201,250 k.v.a.). 廠中設備，均屬新式，乃國內所罕見者。不佞曾至該廠作二次參觀，得能一覘究竟，雖時間匆促，難免走馬觀花，然記憶及參考所得，亦有不少材料，足供借鏡，爰走筆記之，以供同好。

設備概況

該廠位於公共租界之楊樹浦，地臨浦江，於燃料及運輸冷水供給，均甚便利。現有發電量計 161,000 kw. 已如上述，一切電力均用 6600ᵛ 3phase, 50 cycle 發出，汽輪發電機，為數共十四只，計 2500 kv.a. 二只，3750 k.v.a. 者二只，(供本廠用) 6,250 k.v.a. 者一只，12,500 k.v.a. 者三只，22,500 k.v.a. 者二只25,000 k.v.a.者四只。此等發電機裝置時期不一，類多逐年添置者，一號二號(5000 k.v.a.) 1913 年裝用，緣1913 年以前該，廠尚未建造，租界電氣，均賴斐倫路之老廠供給，迨新廠建造告竣，始將老廠作為分廠 (substation) 也，其他發電機之裝用年月如下：——

五號	(12,500 k.v.a.)	1917
六號	(6,250 ,, ,, ,,)	1918
七號	(12,500 ,, ,, ,,)	1920
四號	(12,500 ,, ,, ,,)	1921

八號九號	(4,500 „ „ „ „)	1921
十，十一，十二，十三號	(57,500 „ „ „ „)	1923
十四，十五號	(50,000 „ „ „ „)	1929
一號二號	(5,000 „ „ „ „)	1913

以上共計電機十四只， 201,250 k.v.a. 該廠無三號發電機，因現有之四號裝成時，將原有之三號四號二機棄置不用也。又十二，十三號二機所發之電，歸本廠自用，故名本廠電機(house sets.)十四，十五二機係電力公司接收電氣處後所裝置，現十二，十三號亦供給外界用電，故經過 6600v 本廠銅排 (auxiliary bus) 以供自用後，復用升高變壓器變至22,000v ，輸出廠外。

該廠鍋爐總數已達三十，共分四組，計第一組八只，第二組八只，第三組十只，第四組四只，均有加煤機，省煤機(economizers)過熱器(superheater)以及機械通風器 (mechanical draft.) 等設備，又其中一部份鍋爐尙有空氣預熱器 (Air-preheater)。一號至二十六號之汽壓均爲 200 lb/sq in 汽温爲 600°F, 二十七至三十號之汽壓爲 375lbs/sq.in.汽温爲 700°F. 此項汽壓較高之鍋爐，係供新裝之二只 25,000 k.v.a. 汽輪機之用，惟其他汽輪機亦可用之，因有相當之設備，可減低汽壓至200 磅也。

該廠用煤多自日本來，中國北部所產之開灤煤亦有之，煤由輪船運至浦江中心後，再用駁船運至該廠，然後用起重機 (grab hoist) 吊起或儲入煤塲，或傾入 bucket conveyor, 及 belt conveyor,直接送至鍋爐間。煤灰不時用小電車拖載至江邊，倒入駁船，售與他人以供築路之用，否則卽運至十餘哩外之黃浦江口，傾入江中。

凝汽器用之冷水當然由浦江中吸取。鍋爐給水應添補時，則用自來水，不再另加沉澱作用。

一切附屬機件如，bucket conveyor belt Conveyor reclaimer

grab hoist 等均用直流電馬達拖動，因其速度易變，快慢隨意也。發電機中發出之交流電，用迴轉變流機(rotary converter)及馬達發機 (Motor-generator) 變成直流後，卽可供給此項用途。至於普通電車應用之直流電，則歸分廠發出，因該廠離租界中心點太遠，若直接用低壓輸送直流電，電壓低落及綫路損失太大也。又廠中有一部份機件係用交流電拖動，電壓爲350^v，係自6600^{v}銅排用變壓器變低而來，此項銅排卽直接於十二，十三兩號汽輪機者。然350^{v}之低壓亦有自22,000^{v}之高壓銅排變低而來者。故該廠銅排計有二副，一印6600，由第一，二，四，六號機供給，其他發電機均經升高變壓器及其他機件如油開關等接入22,000^{v}高壓銅排。

該廠內部通話設備係用自動電話，計楊樹浦廠，福州路總辦事處及斐倫路總分廠，各有自動電話機一組，每組可裝話機一百具，故總廠與分廠及辦事處三者間通話，甚爲便利。

廠中應用之煤，水，油，漆以及金屬之類均由一試驗室詳加試驗，甄别，不使質地方面有所欠缺。

發電廠之旁有一修理廠，舉凡木工，金工，鐵工莫不具備，吾人前往參觀時，有一大變壓器正在作一絕緣試驗，電壓高至110,000^v，故不許細察，以免危險。此外尙有油開關，感應變壓器(Induction regulater)等，亦甚偉大，頗有可觀。

廠房佔地面積甚大，聞已有地一百九十餘畝。

電力之分佈

楊樹浦電廠發出之電力，用22,000^{v}電壓經地底電纜輸送至六大分廠。一在揚州路，一在斐倫路，其餘康腦脫路，Touquin 路，羅賓森路各有一所，尙有一所在白利南路，則已在租界範圍之外矣。聞租界中有二用戶，亦各有22,000^{v}分廠一所，因其用電特多故也其中一切應用機件，一係該公司所供給，一爲用戶所私有。該六大分廠每廠容量爲40,000 k.v.a.電力，自總廠送往後，由各該廠將電壓變低至6600^v 以供各處之用，又該六分廠用地下電纜互連，成一環形（loop），俾一廠機件損壞時，電力仍可由他廠供給，不致間斷，聞該廠現擬於五年內添設大分廠數處，派克路新分廠之地基，業已購就；楊樹浦一帶工廠林立，用電甚多，添設大分廠，實不容緩也。現有之分廠，亦可變壓至350^v Y（220^v △）以供一般用途；至電車用之直流電，係用馬達發電機發出，線路中電壓之低降則用 booster 糾正之。又上海各工廠用感應馬達者爲多，故該廠爲免電力因數（power factor）過低計，特在六大分廠裝設 Synchronous Condenser 各一具，以資補救，所費雖屬不貲，然裝用後線路損失可減，足資彌補，或尚有餘也。

6600^v 之饋電線(feeder)自六大分廠分出至小分廠，百分之八十用地下電纜，用架空電線者僅百分二十。小分廠計有三種卽(1)固定的(2)暫時而可遷移的，及(3) 電桿上之變壓器。此等小分廠或供大用戶之用，或卽供給一般用戶之電網（network），胥視各處情形而定。其中有數小分廠，亦有迴轉變流機，發直流電及感應變壓機，以調街燈之電壓。電力之分佈均用三相四線制，電壓爲 200/300^v 此固吾人所習知者。上述三種小分廠中，第三種用以供給 225 kw 以下之處，各電力用途達225 kw 以上1000 kw. 以下者則改裝第二種；若用途更大，超過1000 kw.時則用第一種固定的分廠以供給之。租界內繁盛之處，電壓升降不使過百分之二，卽在僻靜區域，亦不過百分之三至五。周波變動不過0.5—1%。去年電氣處出售時，該廠所有小分廠已有一百六十九所，其中五十七所係該廠所有，一百十二所係大用戶所自建者。又有電桿上之變壓器，卽上述第三種者八十一所，亦係該公司產業；想最近一年半中，該廠發展，一日千里，小分廠之數目，當

已增加不少矣，

租界中部商業繁盛之區，該廠有550v 直流電之供給，以拖動升降機，起重機之馬達，惟每日上午一時至五時，該公司有停止電流供給之權。

現今馬路上所用之路燈大都每二十五盞接成一電路，故爲串接式(series lamps) 每一電路需電流7.5amp

電力之需求：

近數年來(1925—1928)該廠之負荷情形，可於下表見之:—

年份	1925	1926	1927	1928
發電機上之最高負荷 (max. peak)	77,000	90,000	90,000	90,000kw.
發電機上之最高的三十分鐘之負荷 (max. 30 min load.)	76600	89,600	89,600	98500kw.
較去年增加	15,8%	17%	——	9.9%
饋電線上之最高負荷	72930	86,105	86,025	95,250kw.
較去年增加	14.9%	18,06%	——	107%
全廠負荷因數 (從30min peak計算)	53.06	61.79	59,91	61.0%

(以上發電機上之負荷減去本廠用電，即得饋電線上之負荷)

最近該廠之最高負荷已達120,000kw.每日發出之電計1,000,000kw. hr,本廠用電20,000kwhr.負荷因數已達75%.二年以來電力用途之增加如此可驚，無怪該廠之日臻發達也，

冬季負荷最大(十二月至一月)，夏季負荷最小(六月至八月)十月及二三月間適得兩者之半，與一年中之平均負荷相差不遠，

各部分述之：

運煤之設備，

煤由浦江中運來，已如上述，該廠現有駁船十六隻，其中，十二隻可裝煤二百噸，每隻可容煤三百噸者四只。此項駁船由二艘350匹馬力之小火輪拖動，將輪船上之煤運至堆煤場旁之小碼頭，再用三具運煤機(coal trasnporter) 吊起，經過自動秤煤機後，卽用belt conveyor 及 bucket conveyor 搬至鍋爐間之儲煤箱(bunker)，或暫儲於煤場，以供不時之需，凡此種種，均用直流電馬達拖動，完全不用人工，此其特點也，廠中現今用煤每日約一千五百噸，故全廠儲煤恆在三萬五千噸以上，計(1)鍋爐間煤箱四千噸，(2)戶外煤箱二千噸，(3)戶外煤場一萬噸，及(4)常備煤場(Emergency storage ground)二萬噸，如此縱外界煤之來源斷絕，該廠發電能力，亦可支持二十餘日之久，不致停工也。上述第二處所儲之煤，取用時卽用 bucket conveyor 裝出，第三處之存煤，則用一bridge grab吊起，再由Conveyor belt 運至鍋爐間。

鍋 爐 間

鍋爐間概況已如上述，惟當有細微之處；玆再記述于後。

1至17,19,21,23,25,2729 各號鍋爐係Babcock & Wilcox公司所造；18,20,22,24,28,30. 各號均屬 Stirling 式，其中 1至13, 15. 17,19 各號鍋爐加煤機係Chain grate Stoker, 14,16,18,20-26 各號均用 Riley Underfeed stoker, 27-30 號鍋爐係燒粉煤，故無加煤機；Riley stoker 之 retort 爲數自十八至二十不等， 20, 22,24,-30各鍋爐均有空氣預熱器 (Air-preheater)至過熱器及省煤機則各鍋爐均有之。每小時出汽量，燒塊煤者每爐二萬二千至八萬磅不等，燒粉煤者，每爐可出十四萬磅。

每只鍋爐均裝一量水表(feedtwater Venturi meter)Co_2表，及量汽表，(steam flow-meter)。給水邦布除三，四七，八，四號外，均屬離心式。原動機或用汽輪，或用馬達，或則二者並用，蓋萬一電流斷絕，即可開汽輪以代之，庶鍋爐給水無斷絕之虞也。水箱 (feed tank)均用蒸汽封固，凝汽水自凝汽器來，即注於箱之下部，蓋所以防空氣與水接觸，流入水內，致鍋爐汽輪均受其害也，箱中之水平面約在幫浦中部以上二十一呎左右。鍋爐給水未進省煤機以前先用抽空氣機 (air ejector) 之廢汽熱之，至 195°F· 此則僅就一號至廿六號之舊鍋而言，十二，十三號兩汽輪機之眞空恆在水銀柱十五吋左右，因該二機除供給本廠用電之外，尙有以廢汽加熱鍋爐給水之作用，故其眞空如是之低，原屬有意如此，實非偶然也。至新裝之廿六號至三十號鍋爐，其給水制度與舊鍋爐，完全分開，然若一方邦浦損壞或其他事變發生時，亦可用水管溝通互相應用。此項新鍋爐給水加熱，係採用放汽法(stage bleeding)即將汽輪中之蒸汽抽出，使之通過加熱器，將餘熱被給水吸取也。十四號之汽輪所用者爲二級放汽制(two-stage bleeding)加熱器即裝在凝汽水邦浦及水箱之間。十五號汽輪機所用者，爲三級放汽制 (three-stage bleeding) ，凝汽水邦浦及水箱之間裝有加熱器二具，尙有一具裝在給水邦浦與省煤器之間，用此方法，凝汽水未進省煤器之前，溫度可提高至 220°F，故若壓力不高，給水早已化汽矣，此外封固水箱之法與舊鍋爐略同，玆不複述。

汽 輪 間

一至十三號(無三號)汽輪十二只，汽壓均爲195磅，汽溫585°F 蓋蒸汽經過汽管後，汽壓汽溫均不免略有損失也。此十二只汽輪機該廠名之曰“A station”。凝汽器(condenser) 之凝汽水邦浦，均屬離心式，其中除八九兩號汽輪，用小汽輪拖動外，其餘均用電動。八號以上之汽輪機，其凝汽水幫浦，及眞空幫浦，每機均備二具，抽空氣機均用 air ejector 每一汽輪機均有量水表(condensate venturi meter)一具，以及其他應有之儀器，俾各機之行動狀況，可隨時記入簿中，以資查考比較。又汽輪間有試驗箱（calibrated test tank）一隻，任何汽輪機之凝汽水可在該箱中精量，以作上述量水表之標準，并可隨時獲得各機之用汽量也。

發電機——各機電壓均為 6600,v 一，二，四，六，十四，十五號各機均直接經變壓器升高至 22,000.v 十二號十三號係自用，故由發電機接至 6600.v 配電板，由此配電板再經變壓器(interconnector transformer) 接入22,000v 配電板，以供給外界。每機勵磁機（exeiter）均與發電機接連於同一機軸上，故其速度與前者相等，其中有一勵磁機之變流器(commutator)其銅片(bars)係裝在一平面上，與平常裝在圓柱體上者不同，亦屬罕見。

凝汽器之用冷水

黃浦江中之水時有漲落，水平最大之差計十二呎，故裝置邦浦，殊非易事，現廠中所有冷水幫浦共計十三具，打水量甚大，每只可出水每分鐘二萬至三萬五千加倫；其連帶之馬達大至五百五十四馬力，較小者亦有三百五十四，現該廠共有邦浦間三間，十三至十六號四幫浦裝在第一間，四至七號幫浦裝在第二間，第三間中裝有邦浦五具係八號至十二號，第一第二邦浦間進水處有轉動之鐵網圍護，以隔絕江水中之穢物，以免凝汽器為其堵塞。第三邦浦間亦有相同設備，惟其鐵網係固定的，邦浦間中所以無一號至三號邦浦者，因第一間中原裝一號至三號邦浦，惟抽水量甚小，不敷應用，故改裝大邦浦四具即今之十三至十六號也。

一切邦浦均屬直立的離心式 (centirfugal vertical spindle type) 用交流馬達拖動，各邦浦之中部均在低潮時水平面下二呎，故雖潮汎變動，邦浦不致有缺水之虞也，出水管由地下通至汽輪間之地平面上稍高之處，各凝汽器之冷水用過均傾入黃浦，惟出口在入口處二百碼以外，蓋所以免邦浦進水之溫度受其影響也。

變 壓 器

廠內變壓器甚多，分置於下列各處：

（1）在汽輪間及鍋爐給水邦浦之間，供給各附屬機件以及迴轉變流機應用之低壓電流。

（2）在凝汽器間，以供給冷水邦浦上馬達之用。

（3）在22000^v 配電間之下，有6600^v -22000^v 之升高變壓器與五號七號兩發電機相連；又有6,600^v -22,000^v 變壓器連接二副銅排，以及 22,000/350^v 變壓器以供廠內附件之用。

（4）在總變壓間，與汽輪間之旁，此間有 6,600-22,000^v 升高變壓器多具與八，九，十，十一，十四，十五號各發電機相連，又有連接二副銅排之變壓器若干具。變壓器有損壞時，卽以預備者替代之。

上列第一第二兩組中之變壓器均用氣冷法 (air-cooled) 第三組中用水冷法 (water-cooled) 冷水從黃浦中來，流過油中之冷水管，油卽可不致過熱，第四組中用油冷法 (oil-cooled) 變壓器中之油，先用另一油冷器中之油冷却之，然後再以浦江中之冷水激冷油冷器，此油冷器在變壓器間之下，又有濾油器及儲油箱亦在其間。

各變壓器大者 8333 k.v.a. 計六具，小者亦有五百餘K.v.a.總數共計二十三具，(Substation之變壓器不在內)

配電間——該廠有6600及22000^v 配電間各一間，裝置銅排及其他附件。全副配電用具，均係美國奇異及英國好斯頓 (British Thomson Houston) 二廠出品，房屋均用鋼筋混凝土造成，計分四層，最下層爲電纜入口處，避雷器亦在焉，銅排鈎形開關(link switch)以及電表方棚(instrument transformers)均在第二層，油開關(oil switches)及制流電阻(current limiting reactors)均在第三層，第四層中所置者爲啟閉油開關之附件，至於各發電機銅排之連結上文已有述及，茲不多贅。

控制室(Control room)位於汽輪間及配電間之間，該廠工程師控制一切電氣供給之處，下列各件均可在此室內任意啓閉。

一切22000^{v}的總油開關，6600^{v}的總油開關，本廠配電板上之油開關，汽輪機之制速機，及總開關發電機之勵磁機等等均可操縱如意，不使電壓變動太大，汽輪速度過高等危險發生。又發電機及變壓器各部之溫度，亦可在此室內記錄，一目了然，無親往機上察看之必要，室中壁間一大圖，舉凡各大小分廠之油開關，變壓器，饋電線等以及本廠之各機件無不臚列其上，如某號發電機開用否，油開關關閉否，何處電流由何機供給，何處饋電線有損壞正在修理，均隨時用紅黃綠各色小釘標明其上，司其事者但閱此圖，對於廠內廠外隨時變換情形卽可瞭如指掌，其設計之精巧實有足多者。全室中一面，各配電板(panel)均屬發電機，對面均屬饋電線，各板之上，新裝一木牌，上有記號，以資識別，如此則各饋電線通電與否，發電機供電與否，亦可從各木牌上見之，因其記號隨油開關之啓閉而易也。

試驗室

試驗室中除試驗材料物品而外，尙須每日搜集圖表記錄，作成報告，汽輪間之記錄簿須謄入清册，一週之末，尙須作一總報告，記述該週內發電之效率等項，該室驗煤時煤樣係取自煤船中，以求平均，最要者爲煤之熱力，因該廠購煤時先定一熱力標準，運到後，須憑試驗室之報告，與原定標準核對一次，如有不符之處，卽與售煤人交涉，以定煤價之增減也。此外鍋爐給水之成分，凝汽器之漏水，鍋爐發氣(flue gas)中之CO_2等，均須每日試驗一二次，據該室中某君語余，現在各鍋爐用煤之熱量，大概每磅爲12,000B. t.u.,CO_2之成分約爲15%，惟舊鍋爐較此略少。

煤之消耗量每 kw.hr.在一磅與二磅之間，故其平均的全廠效率(overallefficieucy.)爲百分之二十云。

結論

綜觀該廠各部設備之完全，管理之得法，國人自辦之各電廠，實不敢望其項背。雖云該公司財力充裕，足以儘量添備改進，然亦由於辦事人之能負責經營，不稍苟且，故效率日高，費用漸省。廠務之蒸蒸日上，固意中事也。又有一事得吾人注意者，卽該廠用戶逐年以來，均能按時付費，且竊電情事，罕有所聞，反觀吾國內地各電廠，業務日就窳敗，設備不思改進，兼之竊電情事，已屬司空見慣，軍政機關大多延不付費，公司懾於淫威，不敢抗議，其欲廠務發達，實無異緣木求魚，永無實現之日，現聞取締竊電條例，已經訂定，甚望切實執行，庶電氣建設，不致永爲紙上空談也。

本文之成，得力於工部局電氣處之報告不少；又蒙王平洋郁約瑟二君供給一部份材料，特此聲明，藉表謝忱！

高昌廟兵工廠參觀記畧

葉 仁 溥

高昌廟兵工廠，創始于有清同治二年。地址在滬城南門一帶，專製槍，礮，火藥，礮彈及鎗彈等等，以供軍事之需要，嗣該廠遷移至高昌廟，彼時鍊鋼廠，造船廠及兵工廠，均在一機關隸屬統轄之下，彼此互相供給應索，至完善也，奈自民元以還，連年戰爭，干戈擾攘，兼之國庫支絀，無暇顧及，而三廠遂行分離獨立，不復聯絡。如造船廠歸海軍部管轄，而兵工廠則由陸軍部統轄矣。兵工廠原分二大部，一在龍華，一在高昌廟，前者專製槍彈及火藥，後者則造野礮，過山礮，迫擊礮，機關槍，步鎗，以及礮彈，槍彈等等，民元後，該廠對于製礮一門，猝然停止，以致造礮機械，僉束諸高閣，而未完成之大礮數架，延遲迄今，尙然屹立待竣有二十年之久，良可慨也！玆者該廠(在高昌廟者)僅從事于修理，製槍及礮彈而已，內分四廠：

(1)製槍廠

此廠專製機關槍如三十節槍，並修理損壞之舊式步槍等。製步槍之機器則業于民五年運至漢陽兵工廠製造矣。三十節槍爲最普通應用之機關槍，每架零星機件，約達一百五十件，至爲繁雜，因而製造及配合，需時頗多。在此廠內，工人約五百人，每日工作約八小時；而此槍之每月出品，不過三十有七。槍桿及零星機件之尺寸，僉在車床上規定，故車床約有數十架。槍桿內部爲螺旋形之狹長管，其直徑較槍彈爲小，故槍彈置內，不致洩出。若將槍端機門扳動，槍彈卽被壓力推前，由桿管射出，成極急之速度，皆由于螺旋之作用也。推彈丸前進時，因阻力而生熱，故槍桿外部，有鐵筒貯水以消熱力而得長久之射擊，故亦稱水槍，槍每次可含槍彈一札，計二百五十粒，連續射擊，約一分鐘卽盡。尙有一種日本式之機關槍，槍桿外部無水筒消熱，故亦謂之日旱槍。此槍較爲輕便，雖一人而可攜帶行走，不若水槍必需二人，方可行動。惟此槍因無護水筒，致不能繼續射擊，是爲其弊，

(2)礮彈廠

此廠曩者尙製飛機炸彈，現僅從事于礮彈製造。礮彈約分二種：(一)落地炸(二)空炸，首者自礮身射出後，須觸地而始發生轟。次者則在空中時，卽行爆裂。二者之彈身，均由機器廠之翻砂部翻成。落地炸礮，彈身口徑約75mm。而空炸礮彈之口徑，則較大。每彈首端有銅帽一個，內貯藥線，帽外有刻好如Vernier式計時表格。由此表格可以控制藥線之燃燒長短程度，而得一定之炸裂時間。彈身製就後，身面均塗以油漆，俾防止其銹蝕。礮彈製造之速率，計每日可製一百三十五個，裝配火藥，專有一室爲

之，是日因免危險，致未獲覽。廠內有礮彈樣子間，列有礮彈種類頗多，計最大者約重八百餘磅，而最小者則僅十餘磅。

（3）機器廠

此廠內分翻砂，鍛鐵，及修理三部，翻砂部專造礮彈殼及礮架等。彈殼及礮架翻成後，即送至車床糾正尺寸，鍛鐵部內有熔鐵爐二，專事鎔鐵，至于生鐵，則泰半仰給于日美各國。修理部乃從事于修理損壞舊機。

（4）造礮廠，

昔年是廠，專製野礮，過山礮，迫擊礮以及礮壘上所用之大礮。其式樣胥仿諸德國克虜伯廠所製者。現自停工以還，瞬已二十餘年，惟迫擊礮。有時尚製造之。迫擊礮機件甚為簡單，計含四十餘件。故製造速度，每月可二百餘架，遠超三十節槍之製造數目。新式之迫擊砲，砲彈射出之路程可達二千米達，舊者則僅七百餘米達。砲價甚廉，計每架不過二百元。砲彈射出，每分鐘可五十發。迫擊砲之砲身，係在汽錘房製造，先將鎔鋼置于汽錘下，受擊後，由方而漸至圓形，然後移至車床上，將內部鑿去。過山砲射擊路程可達4000-5000米達，現有多架待修，惟式已稍舊矣。

江南造船所機廠參觀記

陸景雲

江南造船所現屬海軍部；在高昌廟之浦濱，與兵工廠及鍊鋼廠相毗連，成為滬南一工業區。其規模頗為宏大。機械科三年級，於十一月十日下午，由李泰雲先生率領往參觀。於木工，翻砂，打鐵，及金工廠，尤為詳盡。今追記之於後。

（一） 木工廠　專作機器木模，為備翻砂用者。廠中工人，可三十餘人，皆係粵籍。每日工作頗忙。所做木模，大如引擎底盤，及錨筒等，皆依圖樣製造。而翻砂時應否用泥心，及泥心殼等等，胥由此廠決定計劃；故工人皆知翻砂時手續之種種。否則所製模型，不易製砂模者，卽須改製也。該廠有木車床數架，及鋸床一架。動力則由金工廠以皮帶送來。

（二） 翻砂廠 木模製成後，卽送至翻砂廠製砂模。該廠工人有三四十人，皆係甬籍，類多於該廠工作多年。

有碾砂機一架；砂塊運到時，多係紅色塊形，經該機碾碎，加以相當水份，卽可應用。凡做模須烘焙者需之，因新砂黏力較大也。砂模大多用濕模，惟構造複雜者，用乾模。乾模製成後，卽推入烘房烘焙，經一夜後取出。該廠烘房有二間，輪流應用。廠中有起重機三架，用人力轉動。熔鐵爐共二座，工作忙時每日開爐一次，或間日一次。所用燃料爲焦炭。空氣由一吹氣機送入。又有熔銅爐三只，各種金屬如亞鉛，錫，鉛，等皆由此爐熔化，配成各種合金。此爐燃料亦用焦炭。該廠本有電爐一只，昔由一德籍工人管理，後自該德人離廠後，因無相當工人，故廢棄至今，已日就崩壞，良用可惜！泥心有泥心部專行製造，製成後亦入烘房烘乾，乃交製模工人放入模內。

水管泥心，多用草繩爲心，外塗砂泥，較實心者爲輕。

（三） 打鐵廠 原料皆來自外洋，因我國無熟鐵也。工作以鐵練爲多。有汽錘五六架；巨大工作皆賴之。該廠因廠房欠佳，煙霧迷漫，呼吸爲難，故同學皆不願久留。

（四） 金工廠 規模極大，車床大小可十餘架。工人分機匠，及鉗匠。機匠專管各種機器，如車床，鑤床，鑽床，銑床等。鉗匠爲裝配，及手工，如銼，鋸，鑿，等工作。物料運輸有滑輪吊機，及輕便軌道；可達木工，翻砂，打鐵，各廠，及碼頭上。全廠動力用馬達，電流由外界供給。馬達拖動地軸，再由皮帶傳至各機。此次同學等頗注意各種製造機器，如 Turret lathe, Slotting Machine, Boring Machine, Vertical milling Machine 等，皆係校內所不得見者。由李先生詳加講解，及見工人之工作情形，頗多領悟。其他如車床鏇床，等，碩大無朋，亦爲罕見也。

同學等此行目的，爲欲觀其機械製造方法，故於以上四處詳細參閱，費時頗久。其他如造船場，及船塢，亦由該廠辦事員導閱一週。及完畢返校，已五時許矣。

測量差之概論 (續)

照原

記錄及計算之錯誤

一日工作之成績端賴記錄以保存之，苟記錄失落當無成績之可言，即記錄錯誤則終日之成績亦必全盤爲其破壞，故不論何種測量中當記錄者恆爲重要人，——有學識有經驗者始克當之，水平測量中，記錄之錯誤不外兩種，

a.顛錯數字，如應記3.45錯記3.54或5.43等是

b.記錯前視及後視：——某數應記在前視一行者錯記於後視行中或將後視之記數記於前視行中等是，

至若計算之錯誤，可由他種計算以校對之，如將各個前視記數相加與各個後視記數之和相減，則其差數必爲最末與最前兩點高度之差，

人爲錯誤

不論在何種測量中，人爲錯誤總難避免，有人讀水平準尺時，如有習慣然者，恆喜多讀或少讀。又有持水平準尺者亦有習慣常持水平準尺爲某種狀態或稍斜或仰前，於是所得之差其符號恆爲正或恆爲負；無相消時；則其差愈做愈大。

差之消去法：

錯誤之避免

用二人以司紀錄，各不相依，每於一種記數取下後，則二人可互對照，是否記數相同；或持水平準尺者亦帶記錄簿，每取一記數則持水平準尺者亦記下以備工作完後與記錄者對校；於是紀

錄錯誤可免。如當水平儀變換地點時，則持水平儀準尺者可與管水平儀人(Levelman) 互調其事，可免人爲錯誤，但管水平儀者，當其視時，有二點必須牢記而且要時常自問：「余是否有以下二點之錯誤」：

(1)誤認Stadia-wire 爲Middle Horizontal cross-hair.

(2)誤讀5.205爲5.25，或多加一〇字或減去一〇字者，

前視與後視如在相等之距離固可消去儀器不正確或水泡不位

定量差之消法：

管之中央之差及折光與曲度之差，但有時遇某種情形一如跨河，上山，則前視即難能與後視離開儀器在同一之距離，故每當工作之先務須整理其儀器，如是儀器差，雖在前視與後視不在同等距離之情形，亦可不致產生，至若折光與曲度之差當不能免但可由以下二式計算而消去之：

(1)水平線與平直線之差＝0.66725呎 × D^2

D＝哩數，爲兩點間之距離，

(2) 折光之校正＝$\left(\dfrac{(d\text{呎})^2 \times 0.0.7}{\text{地球平均半徑之呎數}}\right)$

d＝兩點間之距離呎數，

地球平均之半徑＝4000哩＝2112 × 10^4呎

0.07爲折光之平均係數(mean Coefficient of Refraction)

儀器變動位置之差亦可消去，祇須當取過後視記數之後，即刻取前視記數，愈速愈妙，故在精細水平測量中，持水平尺者恆爲二人：一在後視之位置，一在前視之位置，此法亦可避免水平準尺移動其地點之錯誤，

關於其他差之消去法，已各個分述於差之來源中，茲故從略(完)

參攷書爲：

(1) Plane Surveying, by Tracy.

(2) Surveying, Vol. I & II; by Breed & Hosmer.

首都輪渡

鄭輔華博士演講　　王兆藩筆記

十一月廿一日下午七時，鐵道部設計科長鄭輔華博士來演講，關於南京浦口間輪渡之設計情形，茲將鄭博士所講各節，略記於下：

國內鐵路，在北方者大都互相聯絡，而在南方者不然，如京滬與津浦，粵漢與平漢，俱有揚子江阻止其中，滬杭甬則在曹娥江中斷，運輸方面，因此大受影響。鐵道部對於首都及武漢兩橋之建造，蓄意已久。武漢橋尙在計劃中，而首都之橋，業經計劃就緒，不日卽可開工矣。

揚子江之深度，在首都附近，約有一百六十餘呎，因此建築橋梁，殊感困難，且費用浩大，估計非二千萬元不可，是則非鐵道部現在經濟狀況所能辦到者也。若建築地道，則水面距岸約二十四呎，水深一百六十餘呎，地道距河底，又須三四十呎，總計地道約在陸地下二百餘呎，如此浩大之工程，亦不經濟。故最後決定採用輪渡方法。

就輪渡而言，各國所採用之方式，又復各不相同：鐵道部曾迭次遣派專員，分赴歐美各國，調查各種輪渡，以資比較而選擇採用。據調查所得，英國主張用Lifting deck,船頂可隨意上下，使與岸齊高，英國至法國，及法國至丹麥，俱用此法。此法價既昂貴，且不適用於首都情形，蓋此法在水面距岸僅十餘呎之處，非常適用，今揚子江之水面，距岸有二十餘呎，軌道高出地面，又有若干呎，故車輛在船上之時，平均高出水面有四十餘呎之多，殊不穩妥也。美國密西西比河所用之輪渡，大都於沿岸築一座百分之三斜坡，引入河中，坡長約一千六百呎，斜坡上置三百呎長之碼頭一座，碼頭下有輪，可沿斜坡滾動，以適合水面高度。

惟碼頭笨重異常，曳上拉下，頗不便利，輪軸間不能加潤滑油，故磨擦力殊大。且斜坡及碼頭，俱浸沉水中，設有損壞，頗難覺察，修理之時，又必須雇用潛水者入水工作。況揚子江混濁異常，水中常挾有多量之固體，若採用此法，則碼頭下之輪軸，必易阻梗，難以拉動矣。荷蘭主張用船塢及水閘，其法係將水打入或放出船塢中之水閘，而使船浮沈，巴拿馬運河用之。惟船塢及水閘之建造，所費頗鉅，且運用之時，如沿岸無天然瀑布，以供給所須之水，則必用機器打水，故運用費亦殊可觀，並不經濟。此外德國主張用浮橋，估計須價一千二百萬元，亦殊昂貴也。

各國之輪渡情形，既無完全可適宜應用者，於是不得不求其次，而擇其比較最適宜者，就上述各種而言，其中似以美國所採用之方法，較爲接近，故決定根據該法，而加以改良。該法唯一之缺點，蓋在於坡道及碼頭，俱浸沉水中，故首都輪渡，採用活動坡道，坡道可隨水之漲落而將其起落，坡道既恆在水面之上，則苟有損壞，視察易及，修理亦易，美國所用輪渡之缺點，悉已除去。且首都輪渡之坡道，係四孔單式桁梁橋爲之，每孔長一百五十呎，全長六百呎，而美國所用坡道，其長爲一千六百呎，與之相較，所省實多。首都輪渡所用之船，高十二呎，最低水面距岸爲二十四呎，故在最低水平面時，船頂距岸十二呎，橋之坡度爲六百分之十二或 2%；假定最高水面與岸齊高，則船面高出陸地十二呎，橋之坡度，亦爲 2%；而美國所用輪渡，其坡道之坡度，爲 3%；此亦較勝於美國所用者也。

首都輪渡所用之船，長三百六十呎，寬五十八呎，上舖平行之軌三道，每軌長三百呎，可客車七節，全船共可載車輛二十一節，每節載重四十噸，全船共可載重八百四十噸；普通列車，約載五百噸至六百噸，故一列車可一次載渡。

橋爲華倫式桁梁 (Warren-Truss)，其近岸之三孔，橋上僅軌一道，至第四孔，則叉爲三道，與船上之軌道銜接。軌道旣由一而分爲三，故車輛由岸下船，爲facing point, 然facing point 恆較trailing poing 爲危險，故將軌叉Switch由第四孔移至岸上，而轉轍器(frog)則仍在橋上，是故在近岸之三孔，雖祇有軌一道，而軌條則有六，故此三孔，較尋常單軌之橋梁爲寬，其第四孔則因軌道由一而分爲三，橋之寬度，逐漸增加，故桁梁並不平行，此則與尋常鐵路橋梁不同之點也。

橋與船之銜接，有跳板一條，介於其間，跳板上有 Tuggle bar,故橋與船銜接之時，兩方軌道，無不合縫之虞。跳板計劃之時，頗感相當困難，蓋銜接必須十分鞏固，然在船上載重偏倚之時，船身必略向旁傾側，而跳板因此並非平面，而成一捲面(Warped Surface)，殊不相宜，現擬將跳板連接之處，採用普遍鉸鏈(Universal Joint)此種困難，可謂解決矣。

橋身旣擬上下活動，則垂重(Counter-balance)之採用與否，實爲先決問題。普通之活動橋梁，若開闔橋梁(Bascule Bridge)及升降橋梁(Vertical Lift Bridge)等，俱有垂重使之平衡，惟此種橋梁，活動之限度頗巨，故垂重爲必需之件。而揚子江中每日水平之漲落，不及一呎，橋梁活動限度殊小，故可無須垂重也。

關於活動之方法，或用水力(Hydlraulic jet,)或用齒輪及滑輪(Chain and blook)，或用螺旋(Screw Jack)，均無不可。惟水力之應用，易於使橋上升，而難以使橋下降．齒輪及滑輪，亦不及螺旋之簡便，故現在決定採用螺旋。裝置之法，於各橋墩上，建有高架一座，螺旋四枚，卽附於高架之上，與試驗機(Testing Machine)上之螺旋之裝置絕類，運用之時，平常利用電力，惟若用人力，亦無不可。各橋墩上所設螺旋之齒輪比數(Gear Ratio)各不相同，係用適當之配合，使各孔之起落，各不相同，而就全橋觀之，則起落成爲一體也。

關於車輛之如何下船，則或用繩拖曳，或用機車輸送，後者較爲便易，故採用之。然機車輸送，又可分機車在前及在後兩法，經詳細研究之後，以機車在前較優，故決用之。蓋機車在後，則駕駛者不能望見前面情形，易肇禍端，若遇車輛脫鈎，則 2% 之坡度，亦不可謂之小，勢必急轉直下，墜入江中，殊不穩妥，況此種輸送方法，機車之無用動作(Waste Motion) 殊多，不若機車在前之既安全且經濟也。船之離岸較遠之一端，有移位台(Transfer Table)一座，所以使機車由一軌移至他軌也。

橋墩下之基礎，係用木樁(timber pile)，橋墩自身係用混凝土，而墩上之高架，(即支持一切機件者)，則用鋼鐵爲之。按此高架，亦可用鉄筋混凝土建造、惟一則因其中應力(Stresses) 較難精確計算，再則工人之技術，關係架之鞏固頗巨，故採用鋼鐵建造，較爲穩妥也。

輪渡每次裝卸，共須一小時，而實際行走之時，祗九分鐘。因此，船之原動力，似以狄塞爾引擎爲優，惟因燃料必須來自外洋，故決用蒸汽機，蓋輪渡通行之後，運輸旣便，煤價必廉也。現在京滬路之收入，八成屬於客運，二成爲貨運，預料輪度通行之後，貨運收入，可占八成，一出一入，關係之鉅，概可見也。

鄭博士並將輪渡之全部圖樣一份，贈送本校現存研究所，同學中如欲作更詳盡之研究者，可隨時前往參閱也。

鋼筋磚工論略

陳　祖　德

鋼筋磚(Reinforced Brick work)之建築，我國實屬罕覩。卽歐美諸邦亦不可得。然而印度已沿用十餘年。如地板，屋面，樓梯，橋面，門楣，飛簷等。均有良好結果。且較鋼筋三合土尤爲完美。按我國除通都大邑外。內地見聞不廣。工人對於三合土。大多不善運用。而於砌磚一層。則甚熟練。如上項工程。行之於內地。其結果之完滿。意中事耳。

(一)鋼筋磚之優點——以學理言。磚工多接縫。不若三合土之均勻。結果自不能如後者之佳。然而經印度實用結果。接縫處之弱點。甚屬渺小。無關大體者也。鋼筋磚除可以代替鋼筋三合土於各種工程外。尙有優點甚多。爲鋼筋三合土所不能及者。茲條述於后。

(1)構造簡單。我國內地工人均能爲之。

(2)建築鞏固。修理省費。

(3)不爲火傷。

(4)三合土遇熱輒燥裂。而磚則否。

(5)雖不粉刷。外表已甚美觀。

(6)無需上等工人。而可得完美之建築。建築費遂大減。

(7)泥灰線縫凝固後。仍可鑿洞。

(8)無需木殼。支撑物亦少。

(9)免除地震損失。

(二)鋼筋磚之計劃——鋼筋磚之計劃。與鋼筋三合土完全相同。鋼筋嵌在泥灰線縫內。而近引力面。以抵抗引力。一如鋼筋之於三合土。壓力面則由磚與泥灰任之。

(三)建築時之 要點——建築時所應注意 之各要點。略述如次。

(1)磚在使用前。務須浸濕。使泥灰所含水分。不致爲磚吸去。而減損其力量。嚴寒時例外。

(2)鋼筋地位。須安置適當。

(3)接縫處。泥灰須塗抹均勻。尤宜將鋼筋完全蓋沒。不使與外界接觸。而致銹蝕。

(4)鋼筋如已生銹。務須洗淨。 方可應用。 否則將減少黏力也(Bond)。

(5)泥灰凝固後。可將支撐物拆除。普通均在一星期之後。

電氣滲泳(Electro-endosmosə)及電氣泳動(Cataphorisis)之研究

康昭明

在純粹之水內，置一可透水堅靱之薄膜，以電極分置膜之二面，而以相當高度之電壓通之，則水通過薄膜而集於陰極之一面，二邊水面，顯呈高低之差異，如圖所示。

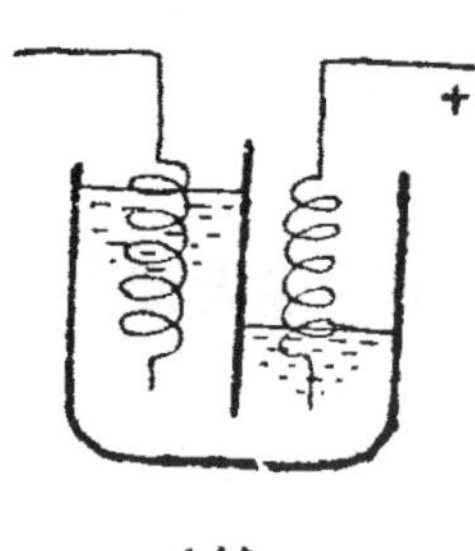

(1)

純潔之水，實際上可視為非導電物，電雛之量幾等於零，其所以呈此現象者，乃因整箇之水分子，帶有陽電，一經二極之電壓作用，遂向陰極移動。此謂電氣滲泳。若薄膜未經固定於貯水器之壁上，或粘土等微粒存在於水中，則薄膜及粘土同向陽極移動。此謂電氣泳動。以上為Wiedemonn (1852)氏所研究之結果，其結論為『二物同在水中，受電力作用，則相反而行』，例如水向陰極而膜向陽極。

若使此現象起於垂直之管內，則管中所貯液體，判然分為混濁及澄清二部。其境界可得明瞭認出，如圖所示。

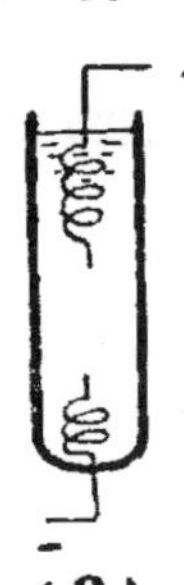

(2)

凡電氣滲透或電氣泳動之同一物質，當在同樣之液中時，所負帶之電荷常同一不變，例如粘土負負電，水負正電，故當電氣滲透時水常向陰極移動，當電氣泳動時，粘土常向陽極移動。

上述之電氣滲透及電氣泳動現象，關係於工業甚大，例如一般之地下電線之陰極線絕緣能力，常較陽極線容易喪失，是蓋由電氣滲透作用，使濕氣向陰極線聚集，致使易於腐壞之故，設計者當注意及此。

無線電收音機之病及修治法

康 昭 明

無線電收音機之病，不外下述種種，依次搜尋，按法治療，病無不愈。

(A) 無音—(1) 燈泡不佳，——取下試之，如燈絲燒壞或互相接觸，則易一新者。

(2) 電流不通——將變壓器及調音線圈一一試驗，如有燒壞，則接之，或易一新者，察視電瓶接頭，有無鬆弛者。

(3) 電流走捷徑——察視線圈及凝電器之接線處，勿使正負二端相觸。

(4) 燈座不佳——擦淨燈脚及脚底彈簧。

(5) 檢波泡乙電壓太高——以四十五弗打下各電壓試之，取其最適當者。

(6) 柵極凝電器破損——易以新者。

(7) 乙電瓶電盡——以電壓表量之，如在原電壓三分之二以下，則易以新者。

(8) 聽筒不佳——易以新者試之。

(B) 音弱——甲電瓶電盡——如爲蓄電池則充之，乾電池則易之。

(C) 發尖銳噪聲—(1) 檢波燈泡上乙電壓太高——減低之。

(2) 檢波燈泡上甲電壓太高——減低之。

參觀法商電氣公司記

王平洋

法商電氣公司，除供給法租界電燈及電力以外，又兼營電車事業。其發力廠位於盧家灣陸家浜北岸，陸家浜之上段久巳迂塞，而斜橋以東，又經工務局逐段塡作街道，近巳漸向西進，故盧家灣電廠之給水決不能恃於陸家浜；同時運煤不便，勢必採用油引擎以發電，蓋環境致使然也。滬上各工廠有自己發力者，雖頗多用油引擎者，然其規模，均遠不如法商電氣廠。是以實地攷察油引擎發力廠當以該廠爲最佳。工程學會屢蒙該廠歡迎前往參觀，每次均派技術員周密招待，良可感也。本年十月十八號重往參觀誌其概略如下，一以供曾參觀者與將往參觀者之參攷，亦以就正於讀者，請教正焉。

參觀者蒞臨該廠必先見水泥建築物數座矗立於廠屋之面前，此乃涼水塔也。該廠所需之冷水 (Cooling water) 均仰給於此，冷水經廠內使用而變爲熱水後，卽由幫布送至此數塔內，滴散冷却之，如此則若干定量之冷水便可循環應用矣。冷水塔側有鋼皮煙囱管，卽引擎之回氣管 (Exhaust pipe) 觀其吐煙輕淡，足見燃燒完淨；煙中白色不多，足見潤滑油毫不糜費。此不獨證引擎頗佳，亦知其管理得當也。

吾人進廠門後拾級登樓，樓有一大間，卽該廠之幹部，所有發電機，油引擎，冷氣缸 (Crmpressed air tanks) 等均在焉。此室北壁之樓上爲一廊，電鑰版在焉。南壁一樓係一狹廊，貯提士油 (Diesel oil) 之油箱在焉。室之南有air blower,室之北有高壓線間與蓄電池間。此層內各間之佈置約如第一圖(次頁)所示。

該廠共有發力機六架(參照一圖)(1)，與(2)，爲四氣缸 (4 cylinder) 二行程式(2 stroke cycle)之箇色兒引擎(Diesel Engine)

(3)，與(4)，爲六氣缸二行程式之笛色兒引擎，(5)，與(6)，爲八氣缸二行程式之笛色兒引擎。各引擎均直接驅動一飛輪式（Fly wheel type）之三相交流發電機，卽以發電機作飛輪故更不另需飛輪矣。發電機甚大，轉數甚慢(只125 r. p. m.) 故磁極有四十八個(48 poles)「發電機係rotating field type」。在此大如飛輪之發電機前，復有一小發電機，卽勵電機(Excitor) 所以供給直流電於發電機之field者也。（此勵電機與發電機及油引擎均連貫

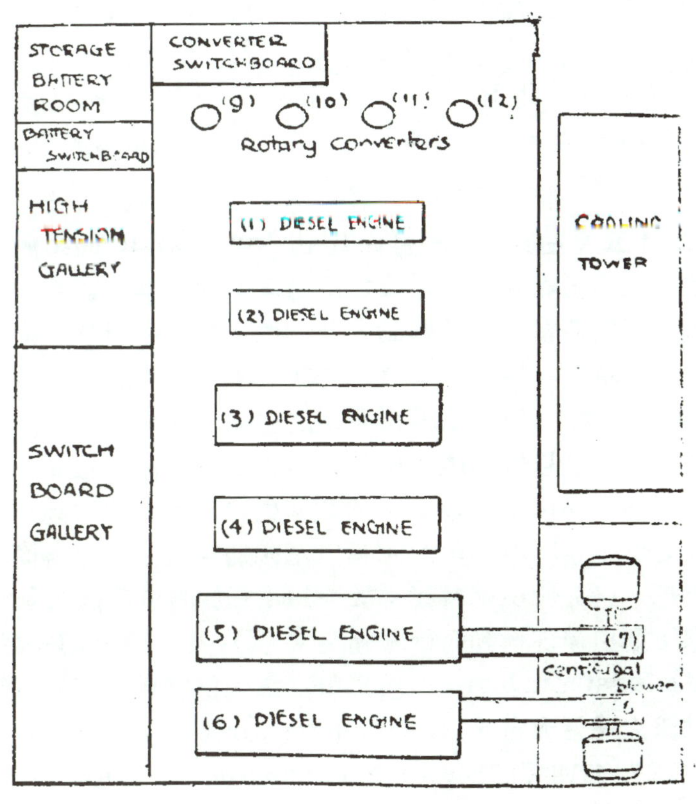

第　一　圖

於一軸上。)勵電機之側有一小馬達 (A. C. Induction Motor)附有開關盒(starting box)與齒輪(Reducing Gear)。「第二圖卽

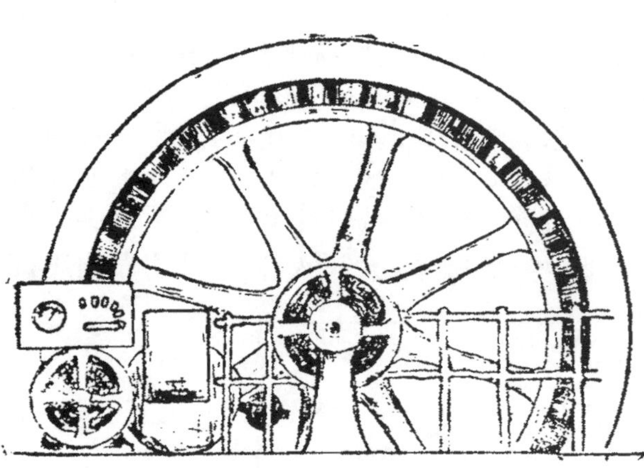

第　二　圖

略示小馬達，開關盒，勵電機，及發電機之情形」馬達之功用，所以在開動發力機以前轉移地軸 (Shaft) 者也。蓋笛色兒引擎開動時，最好其活塞 (piston) 之位置離極端位(Dead center) 約十五度左右，決不可任其在Dead center 時開動之。當開動前，先以馬達開動，馬達之轉速為 950r.p.m. 經齒輪後最後一齒輪轉速已甚慢，以此轉動大發電機，卽可獲適當之位置，是以此種馬達謂之 (Bar Gear motor)。每架引擎之彼端均附一架 Air Compressor 所以壓縮得高壓之空氣 (約70 kg/cm_2) 藉此將提士油射入氣缸以供燃燒。引擎之南靠壁各附有冷氣缸 (Compressed air tanks)一組，共五隻，供給開車用之冷氣。蓋笛色兒引擎之燃燒(Combution)須賴其活塞將空氣壓縮而得高熱，然將欲壓縮，必先使引擎轉動。故今以冷氣於開車前衝入氣缸，推動活塞，則引擎卽轉動而行壓縮矣。(7),與(8)，(第一圖)為兩隻centrifugal air blower 所以鼓空氣入引擎氣缸掃除氣缸內燃餘未袪淨之殘氣者也。(Scavangen air blower) (9)。(10)，(11),(12),為四隻同期變換機 (Synchronous converter) 亦稱迴轉變換機(Rotary converter)。附有四隻三相變壓器 (3—φtransformer)。所以供給法租界電車用之直流電者也。發電機所發之5200 volts三相交流電(3-phase a.c.)先傳至三相變壓器，變為六相交流電，再送至變換機變作550 伏之直流電，即可送至電線及鐵軌，以供行駛電車矣。該廠供給電車之變換機共有七隻，予等於盧家灣只見四只（如第一圖）尙有三只聞董家渡有分廠，其中設備即變壓器及三只變換機也。

電鑰板上直流電控制（D. C. remote control）之直流電，其來源即係蓄電池。蓄電池約有六十個，可供給40安培之電流。電壓為一百十伏。其調節電壓之方法係用“End cell system”有六個“end cell” 在初用時不加入供電，迨電力漸竭，電壓漸降，即一一加入，可使電壓常在於110 伏左右。蓄電池之功用尙不止直流控制，且於緊急斷電之時，可以暫供廠內燈電，俾全廠工人，不致於暗中摸索。蓄電池裝電時，取電於另一馬達發電機(Motor Generator Set)。池內置有比重表，工人時常注意其池液之比重，一至比重過輕即須重行裝電矣。凡蓄電池之供電於直流控制，供電於燈用及裝電等事，均有一小電鑰板司理之。

法商電氣公司中，皆法國工程師，所雇上手工人，亦非法人即俄人，與之談話格格不能通。有工人俄籍名Anatol Evseyeff者略能英語，遂得約略詢知一二，然對於全廠工作情形及油耗情形，均不能詳知，誠憾事也。

世界工程雜錄

廉價轉速計(Revolution Counter)在機械試驗時，機件之轉速每為極重要之紀錄，舊錶一隻即可以改造為轉速計，以供應用。凡舊錶之機件雖壞，而指針之可以隨手轉動如故者，即可改造為轉速計。其法至簡，購橡皮一塊中間挖空少許，嵌於轉撥指針之頭上，即是已。

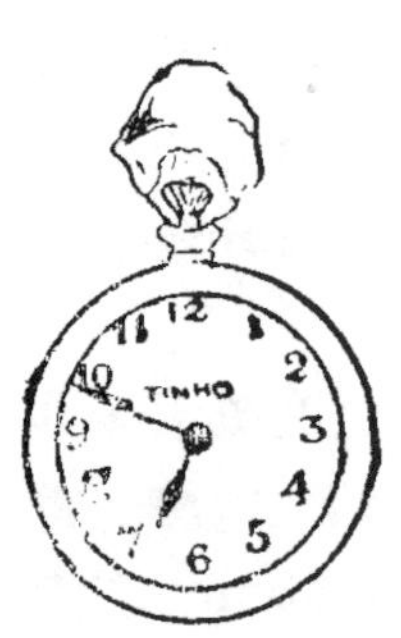

運用之法，凡曾在本校做過機械試驗者均知之，以橡皮頭按機軸一端，指針卽隨而轉動，計其時針轉數可知機軸共轉幾轉。不過時針走一週，合機軸幾轉，須預先測定，所謂“Calibration”是也。其實未壞之錶，亦可應用。不過錶件甚精緻，虞有損壞，故以用壞錶爲妥。(Power Plant Eng.

量.000,000,000,000,000,001安培ampere電流之眞空管 美國奇異公司最近製造一種眞空管精細異常，能量電流小至.000,000,000,000,001 安培。以此種電流喻爲二滴清水，則在50華特燈泡內之電流，當喻爲美國尼格拉大鑠布在三百六十五日內之傾瀉總量。然則此種眞空管之靈巧可想見矣。蓋50 華特燈泡內之電流計爲每秒電子之數則當爲 3000, 000,000,000,000,000,電子，而該管所能量者可小至每秒 36 電子！如此精細之測流器可以量極遠之星光。凡星光之在最強天文鏡中視爲只一小點者，均可藉此器測之。其於X 光線及紫外線研究室中當尤有極大之助力。故美國威斯康辛省麥迪生之華許本觀象台(Wash burn obser vatory)總理Prof. Jrelstebbins 將用此種眞空管二只設法測量向昔所認爲最微弱之星光云(Electrician)

透平工作狀况之總流計 Power雜誌最近發表一極有價値之統計，示 1929 年透平工作之狀况。其記錄之根據爲N.E.L.A之原動機委員會(Prime morer Committee)所集 279只，大透平之紀錄，分列爲以下各表。

工作總計

Hours reviewed	2,397,135=	100%
Demand hours		69.43%
Service hours		66.84%

Idle hours	33.16%
Outage due to turbine	5.02%
Outage due to Generator	1.47%
Outage due to Condunser	2.61%
Outage due to other causes	0.72%
Reserve hours	23.34%

透平故障之分析　（百分數）

Steam Casing	1.88	Vibrations	1.48
Governor	1.33	Bearings	2.42
Control Gear	3.44	Lubricating system	2.28
Shaft packing	1.83	Cleaning oil system	3.17
Nozzles and Diaphrams	1.49	Annual inspection	
Shaft	0.29	and adjustment	54.73
Wheels or spindles	5.95	Miscellaneous	8.21
Buckets or blades	12.20	Total	100.00

發電機故障分析　（百分數）

Vibration	3.03	Oil leakage	1.94
Amature core	5.07	Amature windings	6.06
Field windings	15.93	Exciter	3.04
Annual inspection		Miscellaneous	28.51
and cleaning	36.42	Total	100.00

凝汽器故障分析　（百分數）

Leakages	6.44	Cleaning	75.86
Tubes	6.16	Shell	0.66
Circulating pump	4.01	Condensate pump	1.20
Air pump	1.20	Miscellaneous	4.47
	Total	100.	

他種雜因之分析

General Piping	38.35	Boiler room	5.45
Plant electrical	12.32	Outside electrical	1.25
Miscellaneous	33.75	Total	100.08

註：表中所示均係，影響及透平發電機之鐘點百分數

福特公司之新透平機美國福特公司現正新添一架透平發電機將舊機拆換。該機爲世界上最大之"Vertical Compond Turbine Generator"由美國奇異公司承造共分兩格，上格爲High pressure element, 下格爲 Double flow low pressure turbine及發電機。只其高壓透平已能發力 160,000 kw，而因兩機上下相疊之故，占位極省。原有之兩架 12,500 kw之透平折去適足以容納新機，可見其地位之經濟矣。(Power plant Eng.)

農村用電之偉大事業近英國愛丁堡[illegible]年新有一大農場，其中專事產生鷄卵，每年當產鷄卵價值 £[illegible]0,000,000. 場中母鷄共有二十萬隻，每二年須另換母鷄。故平均計之，每年須預備母鷄十萬頭以供新舊交替。此十萬頭之母鷄[illegible]氣孵化產生之，平均每三個月孵化三萬餘小鷄，如此宏大之規模，非利用電力不可，故該廠之主要設備，有九隻極大之電熱孵卵器，每器容量一萬六千個蛋，保持溫度於99.5至華氏一百度。又有電熱蒸汽鍋爐一座 (Direct contact electrode boiler) 每小時可產生 120 磅壓力之蒸汽，共一千五百餘磅。而全廠之動力及電燈亦均以電力供給云。(Electrician)

民國十九年十二月十日出版

工程半月刊第一卷第二期

編輯者
交通大學工程學會出版部

發行者
交通大學工程學會

印刷者
上海華僑印務局

《交大工程》简介

《交大工程》于1934年3月在上海创刊，系综合性工程类期刊，刊期不详。由交通大学工程学会出版部编辑，交通大学工程学会发行。本卷收录1934年第1期和1935年第1期。

交通大学工程学会是交通大学历史悠久的学生社团组织，出版刊物有《工程壁报》《工程周刊》《工程半月刊》。[①]1931年9月之后，工程学会会务陷入停顿，刊物出版工作亦告停止。1933年工程学会恢复工作，旋即筹措经费，出版《交大工程》。该刊刊布内容力求"普及土木、机械、电机三项工程，以期三院平均发展"，化学工程及纺织工程类佳作亦可刊载。[②]该刊向师友、同学征稿，文章中英文不限，涉及论著、译述、报告、参观记、演讲记录、工程新闻、工程讨论等方向。[③]

1934年第1期正文部分包含11篇文章，其中4篇是英文学术文章。所收文章较有现实关怀，探讨为上海电力公司提供保护上海市供电线路的方法，为交大校园网球场安装照明设备等实际工程应用问题。译述类文章有褚应璜节译英国电机设计专家所著的《直流电机捲线式之选择法》；工程讨论类文章有关于"提尔塞"航空发动机的讨论。

1935年第2期正文部分包含10篇文章，其中2篇为英文。本期刊载文章主要涉及雨量研究概述、英国高压电网工程概况、三级真空管的运用问题、暖气制度问题、油机及气机的保养问题等。

该刊实行特约撰稿人制度，撰稿人有张光斗、王虚中、周明瀓、唐勋治、张思侯、徐璋本、褚应璜、钱学榘等。

---

① 《编辑者话》，《交大工程》1934年第1期。

② 《编辑者话》，《交大工程》1934年第1期。

③ 《投稿简章》，《交大工程》1934年第1期。

交大工程

第一卷 第一期

本期目錄

編輯者話……編者
佈電線路之平衡式保護法……王平洋
直流電機捲線式之選擇法……褚應璜譯
提塞爾航空發動機之討論……錢學榘
放射週率繼電器……張思侯
三和土研究新收獲種種……徐人壽
Causes and Remedies For Troubles in D. C. Machines……M. S.
Application of Dyadics to the Theory of Rotation and Strain……徐璋本
Computation of Vertical curve When T. C. and C. T. are not on Even Stations……Q. T. Chang
Deflection of Trusses With Redundant Members……Z. Z. Zee.
網球場之夜……徐民壽
雜　俎……Q. T. 等

民國二十三年三月一日
上海交通大學工程學會發行

編輯者話

工程學會在交大歷史最稱悠久，出版之刊物亦復不少，最始爲工程壁報，後改爲工程週刊再改爲工程半月刊，然自九一八事變以來會務停頓，刊物亦不能繼續，去春工程會復興，又以經費無着，會刊編就而未付印。上學期開學後，會務猛進，念數百工科同學，研究所獲，欲供於世，本會會刊，實屬急需，雖覺經費困難，亦宜强促其成，遂有籌出不定期刊物之決議，定名"交大工程。"因籌備較遲，稿件徵集而大考已屆，致未及付印；本學期上課後，即從事整理編輯，並加充實，至今日方得與諸君相見。本部辦事不力，致出版期延尙祈原諒。

本刊文字，力求普及土木、機械、電機三項工程，以期三院學術平均發展。至於化學工程及紡織工程等，如有佳作，亦當照登，以增閱者興味。

本期蒙校友諸君賜稿，不勝感激。

本刊前途之得以光明，均賴教授校友同學之充分賜稿，決非編者數人所能力致者也。如本刊獲有相當美譽，皆投稿諸君所賜；設有未能心滿處，編者之過也，請閱者諸君教之。

佈電線路之平衡式保護法

王 平 洋

(BARANCED PROTECTION OF FEEDERS)

上海市的幅員廣大，街市繁盛，商業及工業都占國內重要地位，所以其電力供給的可靠與否關係重大。電力公司用何種方法以保護其供電線路，想爲電力門同學所樂聞，本文略述保護法的要點及電力公司所用五種平衡式保護法中之一種，名曰 Merz Price System。其他四種有 (1) merz Hunter System (2) Cole Split Conductor System (3) Reyrolle Split Pilot System (4) Translay System。以限於篇幅當另文敍述。

凡供電線路(不論其是架空線或地下線)上的一切病變，大概可以歸納於兩大類，一類是一相 (Phase) 與他相間的短路，一類是任何一相的接地漏電，這兩類病變的現象都是有絶大的短路電流，電流所經之處足以燒毀一切電具，第一圖示這種短路電流的方向。

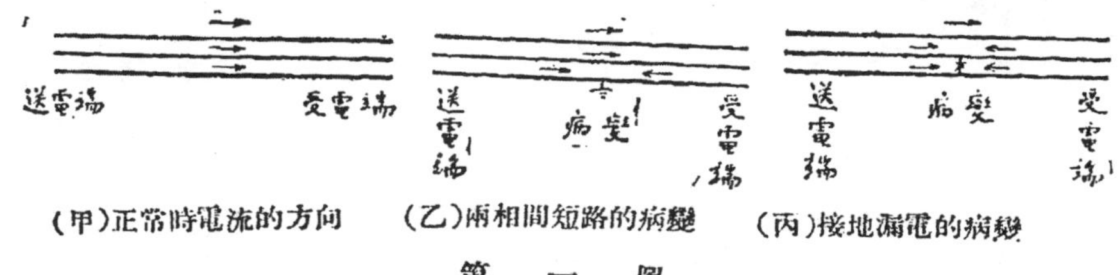

(甲)正常時電流的方向　(乙)兩相間短路的病變　(丙)接地漏電的病變

第 一 圖

吾人所用保護綫路的方法，無非將該已生病變的電線與其他各線迅速隔離，然後可以使病變不致擴大，他線仍能繼續供電，最簡單的保護方法，在線的兩端，各置一只過載繼電器(Overload Relay) 當病變發生時線內電流突然激增，使變流器內電流照樣激增（第二圖），繼電器即將油開關推開，兩端的油開關皆如此推開，該線即完全與他線隔離，然試觀第三圖即知僅用過載繼電器仍不能達到完全保護的目的。如圖，倘A 線發生病變，則不但A 線內有過量電流，B 線內亦有過量電流，流至受電銅排再達病變的局部，所

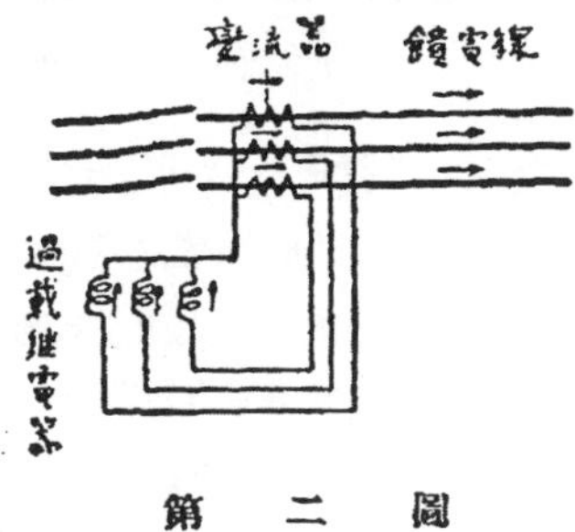

第 二 圖

以B線兩端的過載繼電器亦必將油開關推開，使完好的B線也與銅排斷絕關係。此不但使完好而可以不必斷電的線路斷電，且使查察病變時受到魚目混珠難覺原因之困難，所以較爲完善的保護法，須推各種平衡式保護法，而最早的平衡式保護法即是MerzPrice System現在電力公司的變壓器，發電器及各 6600 伏的饋電線都用此法保護，其原理可以用第四圖來說明，圖中的粗線是饋電線，細線是專爲繼電器而設的電線，吾人稱之曰 Pilot Wire, 當饋電線無病的時候，電流的方向如箭頭所示，變流器內的電壓也得箭頭所示的方向，以所 Pilot 線內電壓互相抵消，繼電器休止不動，一旦饋電線內發生病變(第五圖)，那麼病變電流所經過的變流器內的電壓，即隨饋電線內的電流而轉線其方向，使繼電器內的電壓不相抵消，於是發生電流，使繼電器動作將兩端的開關推開，病變的電線就此與他線隔離。

第三圖

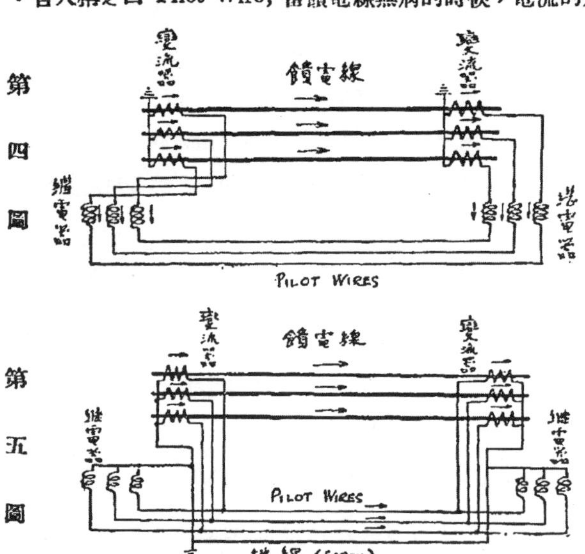

第四圖

第五圖

吾人試將上圖稍稍研究，可知這種方法的妙處，在當饋電線受到隣近他線發生病變的影響時，（如第三圖B 線所受到的情形），繼電器仍能休止不動，因爲祇要電流的方向正常，（常如第　圖所示）那麼不論電流大到如何程度，繼電器內電壓常常互相抵消，因此繼電器總能休止不動，所以這種保護法能在這一類不應動作的情形之下，保持穩定，他的價值就在於此。

以上所述的 Merz Price 保護法，名曰電壓平衡式(Voltage balance Merz Price)，因爲在正常的時候，Pilot線內的電壓常持平衡，使繼電器休止不動。此外還有一種電流平衡式的 Merz Price 保護法，第六圖示其大意，其變流器的接法，較之電壓平衡式恰好相反，在沒有病變的時候，常有些微電流在 Pilot 線中流通，但是總電器所接的各點都是電勢（Potetial）相等的各點，（所謂Equipotential Points）（注意：Pilot 線的阻抗比變流器的阻抗大）所以繼電器內沒有電壓常能休止不動。一旦病變發生，這幾點原來電勢相等的各點，立卽失去電勢的原位，總電器卽受到電勢差，而發生電流，開始動作，他的原理與電壓平衡式實在沒有兩樣，不過接法不同，讀者肇兩圖互相比較卽可明瞭也。

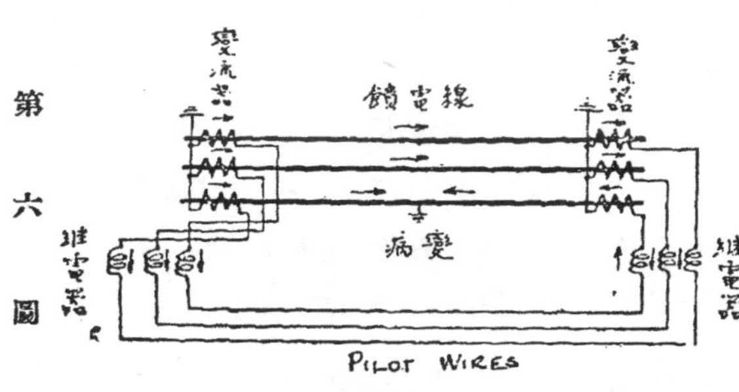

第六圖

Merz Price的要義，大概已如上述，他的優點是穩定而較爲靈敏，（因爲用平衡的原理，總電器内所受病變的影響，比之過載法大得許多）。但是經過許多年數的應用，覺得其穩定的程度，還不能達盡善盡美，經過許多人的研究，就演進爲其他各種方式。

原來保護法的宗旨，可以用兩點來包括，（1）有病變時務必將病變隔離（Infallibilitytof Operation），（2）無病變時務穩定不動(Stability)，第一點尙易辦到，第二點大不容易，因爲平衡式的穩定，全賴於平衡的完善，但是實際上平衡萬難完善，譬如 Merz Price 式中的平衡，全恃變流器所生電壓的互相抵消，這必須變流器的變流比（Ratio）完全相等，而初級和次級的角位差也完全相等，但是事實上甚難辦到，所以該式保護法中常有一些不平衡的電流，不過在普通情形之下，不平衡的電流甚小，遠不足以使總電器工作。一旦鄰近發生病變，那麼該線中的電流，可以十百倍於滿荷電流，不平衡的電流就照樣激增，不難使總電器動作(第七圖)，這種因隣近發生病變而受到的大量電流，（如第圖B線所受到的）吾人稱之曰 Through Fault Current。變流器不平衡的結果，就使總電器當饋電線受到 Through Fault Current 時動作，這是一種缺憾，還有當開關的時候，有瞬變電流爲量有時也狠大，也足使總電器動作，抑又有進者本式所用的 Pilot 線，

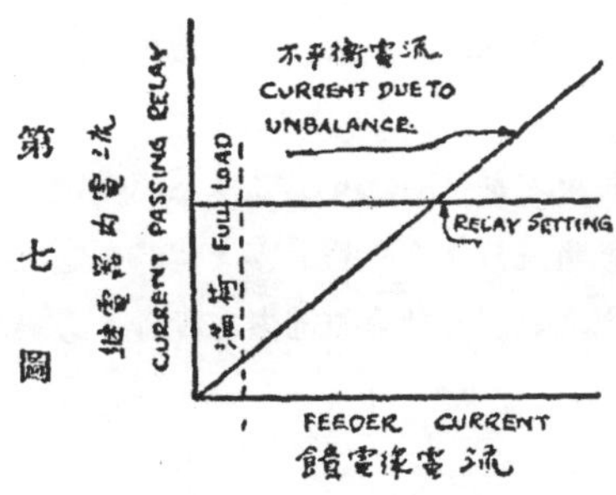

第七圖

自身也有電容量(Capacity)，當饋電線開關之際，Pilot 線受到電壓，就發生電容電流(Capacity Current or Charging Current)倘使 Pilot 線很長，電容量很大，那麼電容電流也足以使總電器工作，所以電力公司把 Merz Price System 祇應用於 Through Fault current 在 10,000 安培以下，及線長五英哩以下的饋電線其他各饋電線，概須用較爲完善的方法，最初用的是 Merz Hunter 式，最多用者爲 Cole Split Conductor 式，此兩種實相彷彿，都不用 Pilot 線，但均需用特種饋電線，所以費用奇昂，近年曾試用 Reyrolle Split Pilot 式，費用較廉，成績優越，惟最近採用的 Transly 式，所費尤省而成績絕佳，所以最近所建設的以及正在建設中的各饋電線都用此式也。

直流電機捲線式之選擇法

褚應璜譯

引言：一本文爲英國電機設計專家 R. G. Jokeman 與 J. R. Henderson 原著，載於1933，八月號之 G. E. C. Journal. 作者以簡易之文辭輔以圖表，闡明一定額之直流電機機身 (Frame) 當用何式捲線，最爲適宜。深信對電機計劃有一臂之助。文原較長，玆節譯以餉同志。

直流電機之設計，以選擇電樞捲線式爲先決條件，後者包括摺捲式 Lap Winding, 波捲式 Wave Winding, 直並列式 Series Parallel Winding 與每整流分截片之匝數 (Tuıns) 等。

電機機身之體積，由其出力定之，體積既定，磁束之數量隨之。故電樞之導綫數，即可自電壓及轉速計算而得也。採用波捲式捲綫，每整流截片之平均電壓，有時失過之高；而摺捲式則一定直徑之整流器，其截片數又將失之過多。此直流電機之設計，必將爲每截片之最高電壓與最小截片闊度兩項所限制也。

下文計算應用之符號，列表如次：——

ϕ ＝每極之磁束數「單位10^{6}」

V ＝端部電壓

n ＝每分鐘轉速 (r.p.m.)

Dc＝整流器之直徑(cm.)

Tc＝整流器截片之節距(cm.)

C ＝整流器之截片 (Segment)

Ec＝每片之平均電壓

N ＝電樞導綫之總數

t ＝每片之匝數

P ＝磁極對數

A ＝電樞分路對數

電壓公式

直流電機之電壓公式爲

$$V = \frac{P}{a} \frac{\varnothing N n}{6000} \cdots\cdots(1)$$

$$n = \frac{V.6000}{\varnothing N} \frac{a}{P} \cdots\cdots(2)$$

或 $$\frac{V}{n} = \frac{\varnothing N P}{6000\ a} \cdots\cdots(3)$$

V及n通常均先事規定，故（3）式之右方，亦必爲定值無疑。電壓公式，又可化成。

$$\frac{V}{n} = \frac{(2P\varnothing)N}{2a.\ 6000} \cdots\cdots(4)$$

（2P∅）爲電機磁束負荷之總量，各機有其定值也。

每截片平均電壓之最高極限

電樞捲綫每匝之平均電壓爲 $\frac{2P\varnothing.n}{3000}\left(\frac{V}{N/4a}\right)$

即每片之平均電壓爲 $Ec = \frac{2P.\varnothing n.t}{3000} \frac{P}{a}$

每片之平均電壓，必有一最高之極限（Ec.max），過此則運轉難期安全。定量之(Ec.max)，相當一極高度之轉速，其值爲

$$Nmax \doteq \frac{3000,\ Ec.max}{2P\varnothing.t} \frac{a}{P} \cdots\cdots(5)$$

整流截片闊度之最小極限

(2) 式又可化爲 $N = \frac{2a.V.6000}{2P\varnothing.2t.C}$

$$Tc = \frac{\pi Dc}{C}$$

故　$N=\dfrac{Tc.V.6000}{\pi Dc.2P\phi.t}$

截片之寬度，亦有定限，最小極限之Tc必相當一最低限度之轉速如下式

$$Nmin=\frac{6000\ V.\ a\ Tcmin}{\pi Dc,\ 2P\phi.t}\cdots\cdots(6)$$

實際之限度

一般電機設計之標準，以 Ec 不得過 15 V. Tc 不得低於 0.45cm. 為限度。則(5),(6) 兩式，變為

$$Nmax=\frac{45000}{2P\phi.t}\ \frac{a}{P}\cdots\cdots(7)$$

$$Nmin=\frac{860V.a}{Dc.2\phi Pt}\cdots\cdots(8)$$

簡化後之圖表

上列公式，苟用於一規定之機身（意即定量之2φP及Dc）並採算匝捲線，以示簡明，其結果可作成圖表如圖（1）俾在任何電壓與轉速之條件下，按圖索引，迅速查出最適當之捲線式也。

設此規定機身之磁束負荷總量為 36×10, 整流環標準直徑＝45 Cm. 則最多截片數$=\dfrac{45\pi}{0.145}=314$,

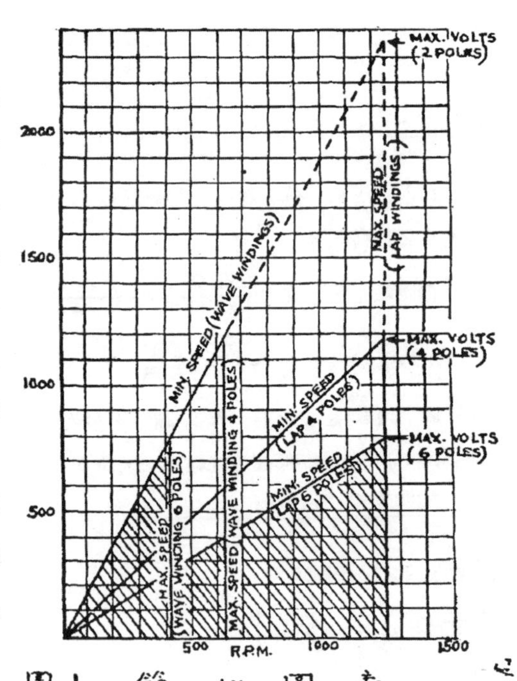

圖1　簡化圖表

$2P\phi=36\times10^6$　$D_c=45cm.$　$e_{c_{max}}=15V$　$T_{c_{min}}=0.45cm$

$$Nmax = 1250\frac{a}{P} \cdots\cdots\cdots\cdots(9)$$

$$Nmin = 0.53V.a \cdots\cdots\cdots\cdots(10)$$

下表示2.4.6極之摺捲波捲式相當之極限速度

	P	a	$\frac{a}{P}$	Nmax	Nmin	Vmax
二極摺捲或波捲	1	1	1	1250	0.53V	2360
四極摺捲	2	2	1	1250	1.06V	1180
四極波捲	2	1	$\frac{1}{2}$	625	0.53V	1180
六極摺捲	3	3	1	1250	1.59V	785
六極波捲	3	1	$\frac{1}{2}$	417	0.53V	785

以上列數値，作成圖（1）。Nmax. 爲垂直線，Nmin 爲經過中心之斜直線，兩相當線之交點，可自（9）=（10）計算得之。卽 Vmax=2360／P. Vmax, 之値，復可以他法求之，蓋通常 $Ec=\frac{2pV}{C}$ 代入 E_c 及 C 之極限數，卽得 Vmax=Ecm. ax. Cmax／2P=15×314／2P=2360／P.

綜觀上述：則每組圖表，僅代表一定額之機身，用時祇需在規定電壓處向右畫一橫線，規定轉速處向上畫一垂，兩線交點，苟位於某式捲線之Nmin 線之右方，Nmax. 線之左方，則此式卽可適用。例如電壓 500 V. 轉速 1000 r.P.m, 交點位於(⊙)處，故六極摺捲式可以適用也。苟電壓爲 500V, 轉速 700 P.m, 上式捲線，卽不適用，蓋交點位於其當 Nmin. 線之左方，反之， 四極摺捲式可用也。（500V, 700r.P.m.）如必需用六極摺捲式，則可加大整流環之直徑爲$45\left(\frac{500}{440}\right)=51$cm, 以移高其相當之 Nmin 線（8)式)。再如 500V. 500 r.P.m 電機之捲線，當屬四極波捲式也。

自(1)圖影而，可見六極單匝捲線之爲用，甚受限制，如用雙匝，則 Nmax.=625 .rP.m. Vmax =785, 圖中又多加一Nmin 線矣。

交替式圖表

或有以一圖代表一規定之極數，不受制于機身者。自（7），（8）兩式，得

$$Nmax.\cdot\phi=\frac{45000}{2P.t}\cdot\frac{a}{P}\cdots\cdots(11)$$

$$Nmin\cdot\phi=\frac{860.V.a}{D_c\ 2P.t}\cdots\cdots(12)$$

圖（2）示六極電機Nϕ及電壓之關係。

萬用圖表

圖（2）僅限于一規定之極數，茲更進以求得一普遍之圖表：設（7）（8）兩式

經如下之變化

$$Nmax.\ 2P\phi=\frac{45000}{t}\frac{a}{P}\cdots(13)$$

$$Nmin.2P\phi=\frac{860}{t}a\frac{V}{D_c}\cdots(14)$$

以$N.2P\phi$ 對 V/D_c 作圖如圖（3），則對單匝捲線（t=1）之任何機身容量，

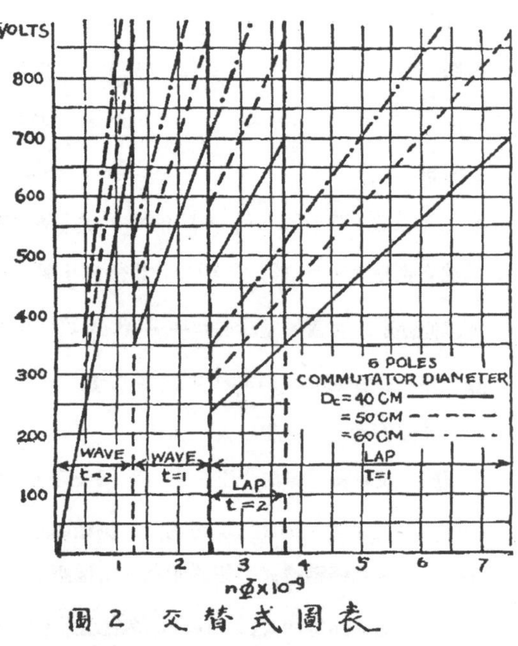

圖2　交替式圖表

數與整流環之直徑，均可通用無阻。苟匝數增多，則 $\frac{a}{t}$ 及 $\frac{a}{Pt}$ 亦隨之更動，而相當之Nmin 及 Nmax 線亦將無限數的增加；故為清晰明瞭計，每一匝數，附以圖表一幅，合而成之，斯成萬用表。

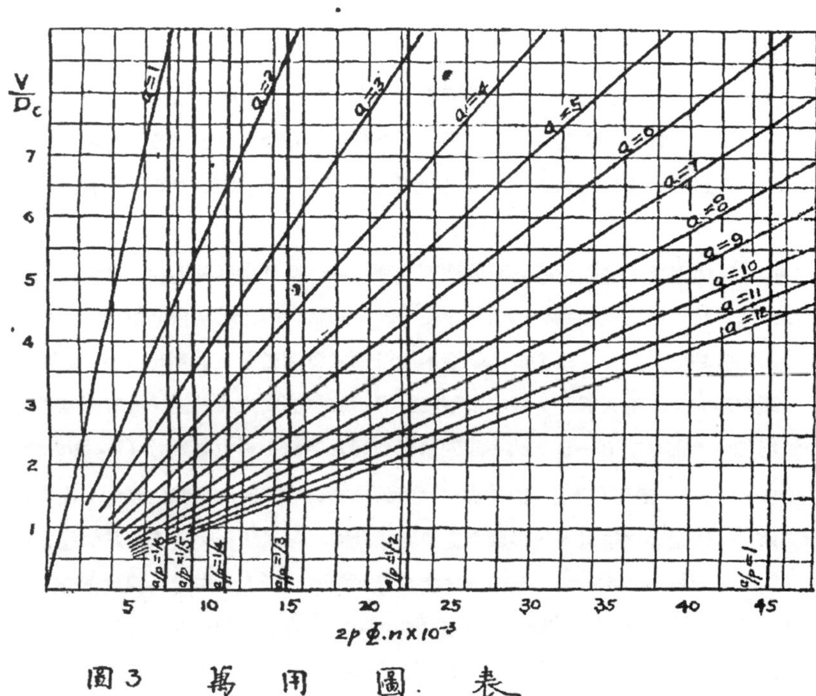

圖3 萬用圖表

例：— $2Pn\varnothing=19200$，$V/D_c=4.9$ 假定極數為 12 則如上法，得交點位于 $a=6$ 之 Nmin 線之左側，故知摺捲式不能合用也。倘用八極，則交點適落于 $a=4$ 及 $\frac{a}{P}=1$ 之間，摺捲無礙矣。

「提爾塞」航空發動機之討論

錢學榘

由於冶金工業之發達，發動機製作設計技術之進步，二十世紀乃一躍而為速度的時代，航空機研究之發展因速度增加之需要，而日新月異，於是有可驚之猛速的進步！今日尤為各國竭力擴充軍備之時，航空機製作之精巧確實與優秀已漸趨完備。惟此類航空機大都裝置汽油發動機，所用燃料僅汽油(Gasoline)一種故航空機之心臟—發動機—不過爲一個汽油之獨舞台而已。

吾人姑不論何種發動機，其最值得關心者，厥爲重量之減輕，自此點出發，則在原質上汽油發動機自較提塞爾發動機，有極大之優點，然在他方面如安全經濟以及將來世界汽油之埋藏量等點合併考慮之，則汽油發動機之不利於現在及將來，自有討論之價值。

按平常習慣言之，造船技師與發動機工程師對於燃料油均非常輕視，故生鉄與燃料油動輒以噸計算，反之汽油則決不如是輕視，殊不知新式優秀航空機之須用極大馬力者利用提塞爾發動機，反得一極圓滿之結果，燃料油之實際價值實並不比汽油爲低也。

十數年以前，早有人討論，以提塞爾發動機爲航空機之推動前進，論者雖意見紛紜，對於詳細機件部分莫衷一是，然一般同承認如吾人能將每馬力之重量 (Weight per horsepoaer) 減少至相當程度，而能與汽油發動機相競爭之時，則航空機中，提塞爾發動機自將佔一極重要之位置，故多數之提塞爾發動機專家及工程師莫不認爲前途非常樂觀· 1930 年 Packard-Dornier 發動機之能飛行，即打破世人一向認爲提塞爾發動機不可應用於航空謬誤之迷夢， 1930 年以前 Beardmore 飛船之用提塞爾發動機得一相當良好之結果，且美國航空協會之試驗室中，亦早早證明航空機上可用提塞爾發動機，對於各方均無大礙之說，且發動機結構之重量·亦並不過大。至1930年六百至七百匹馬力容克 (Junkers) 發動機飛機之能飛行，更得到一種良好之證明與試驗。

近年以來航空發動機與提塞爾發動機工程師對於發動機重量減輕一門，有極大之興趣，乃加以特別之研究，本文所述，乃就他人研究之結果，作一種工程上之分析以與汽油發動機作種種之比較，簡陋錯誤之處，尚希閱者隨時賜教指正，不勝感盼。

提塞爾發動機對於航空機之利益有六：

一、燃料消耗價格之減低。

二、失火危險之減少。

三、無線電信之「不干涉」(Noninterference)。

四、增加行進路程之範圍 (Radius of operation)。

五、二衝式 (Twostroke cycle) 採用之特別適宜。

六、對於大型航空機之特別適宜。

然其弊有五：

一、每一單位容積重量（Weight per unit volume）之增加。

二、製造費（First cost）之增加。

三、維持（Maintainence）困難之增加。

四、採用燃料較不清潔。

五、燃料並非每種均可採用。

爲欲分析兩種發動機利害之比較起見，以二百匹馬力之游玩飛機，與二千匹馬力之長途運輸正式按時開航飛機爲比較的根據，假定在四分之三的總馬力（Total horsepower）時，巡航速度（Cruising speed）爲每小時一百二十哩。

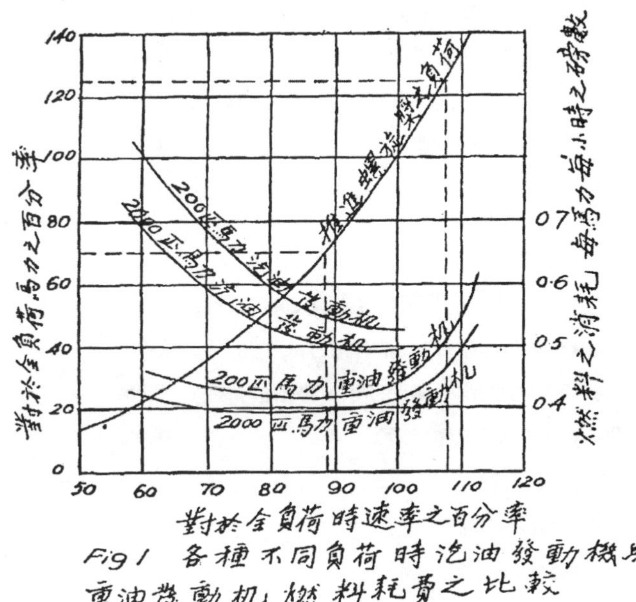

Fig 1 各種不同負荷時汽油發動機與重油發動机燃料耗費之比較

以上圖一所示各種不同負荷（Load）時汽油發動機與重油發動機燃料消耗之比較，有極可考之根據與理由；圖中以『對於全負荷時之速率之百分率（Per cent of full load speed）』爲橫坐標，『對於全負荷馬力百分率（Per cent of full load power）』及『燃料之消耗（fuel-lbs Per Hp.per hr)』爲直坐標，兩虛線係指示百分之七十負荷時之速率及百分之二十五過全負荷時之速率。

第一表兩種發動機之比較

服務之種類	游玩	輸運
規定之馬力	200	2000
巡航馬力(負荷75%時之馬力)	150	1500
巡航速度(每小時哩數)	120	120
汽油發動機		
汽油消耗量(每點鐘每馬力所費之磅數)	0.55	0.50
汽油消耗量(每點鐘所費之磅數)	82.5	750
汽油消耗量(六磅一加侖，每點鐘加侖數)	13.75	125
汽油消耗價值(每中國洋七角一加侖，每點鐘元數)	9.625	87.500
每一哩航程所需汽油(每哩元數)	0.0803	0.7275
提爾塞發動機		
燃料消耗量(每點鐘每馬力磅數)	0.42	0.40
重油(指燃料油 Fuel oil，以後仿此)消耗量(每點鐘磅數)	63	600
重油消耗量(每7.2磅1加侖每點鐘加侖數)	8.75	83.3
重油消耗量(每加侖中國洋一角七分半，每點數元數)	1.535	14.58
每1哩航程燃料消耗量(每哩元數)	0.0128	0.1212
每點鐘可省之錢(每點鐘元數)	8.090	72.920
每1哩航程可省之錢(每一哩元數)	0.0675	0.6030
燃料重量可減輕者(每點鐘磅數)	19.5	150

「註」以上價格，概照美金一元抵中國洋三元半計算

汽油之消耗對於小飛機（游玩）不過每一哩八分，然在大飛機（運輸）即須七角三分，用四分之一『汽油價值』之重油，在二百匹馬力之小飛機中，每哩可省七分，即每點鐘可省八元一角，至於在二千匹馬力之大飛機上，每哩即可省六角，即每點鐘可省下

七十二元九角（美金二十一元）。自此觀之，燃料之經濟，在定時飛行之大運輸飛機，其影響已不可輕視，换言之，如能用提塞爾發動機，因燃料之經濟，卽等於多得兩位乘客票價之利益，此因對於商用運輸飛機有莫大之關係焉。

提塞爾發機因用一種不易着火之燃料，可以減少火災之危險，蓋提塞爾燃料，不似飛機上用之汽油或甚至汽車上之汽油，其着火點决不下於華氏一百五十度，故汽油因漏氣而生之火災，在提塞爾發動機方面言之，可以完全免除，近人有試驗熱面（Hotsurface）者，在某種限制之溫度與空氣流動之下，證明某種燃料，可比汽油更易燃燒，因而乃倡言燃料重油並不比汽油安全。然吾人固可用日常各人之經驗以推翻此理論也，在日常陸地上與海船上之發船機均可以證明此種熱面之發火危險，乃一不存在之事實，且可以試驗證明之，如吾人以重油散播至熱氣管或其他高溫度之面上，作種種之試驗，决無一次可得一着火之結果也。退一步言之，如假設燃料油可以着火，其火焰亦蔓延極慢，决無汽油之猛烈，故甚易熄滅之，過去世界上有無數之飛機及飛船均因用汽油發動機而犧牲於火災之下，平常小飛機之駕駛員，爲欲免除火災不可救之危險常與機場接近飛行，以便一俟有意想不到之火災發生時可立卽降下。然在大運輸旅客飛機則不能有如此之便利，蓋須按一定之路線飛行，且航空站之距離較遠，於是火災之危險較大，而使用提塞爾燃料以免除此項危險之需要，變爲甚大矣。

第二表示汽油與燃料油之比較，吾人自此表，對於何種燃料爲最安全，火災危險爲最少，固可一望而知矣。

第二表汽油與燃料油之比較

	飛機用汽油 Aviation Gasoline	提塞爾燃料油 Diesel Fuei-oil
比　重	0.718	0.848
着火點	—18°c	70°c
燃燒點	—18°c	79°c°

分餾溫度	初溜	45°c	180°c
	20%	78°c	223°c
	40%	92°c	227°c
	60%	110°c	233°c
	80%	125°c	238°c
	100%	175°c	265°c

（上表係根據日本陸軍航空本部籐江龍之試驗結果）

因提塞爾發動機，可免除高壓（High tension）之發火裝置，乃得使無線電信之問題更形簡單。標準之汽油發火裝置，可以遮電（Shielding）之方法而取消無線電信號（Signal）之擾亂。然此種複雜之裝置，不但同時增加創辦與維持經費，且有一極大之弊端，卽減少此汽油發動機最重要一部份之信賴性（Reliability）也。現今摩登之小飛機，祇有一小部分備有無線電信或無線電尋方向之裝置，故提塞爾發動機之引用，似不甚切望。然在一大飛機中，兩方向（Two Way）電信與方向尋找乃爲必需，且無線電之良好收報及收音固不能忍受擾亂也。故提塞爾發動機之特別長處對於大航空機，有一極大之價値無疑也。

以同樣之理由，由於提塞爾發動機之引用而使行進路程範圍之增加，對於小飛機，又似有極少之利益，二百匹馬力之飛機，巡航之時，以汽油發動機之燃料消耗爲每小時每馬力0.55磅，在提塞爾則爲0.42磅（見第一表）航行路程範圍之增加雖有30%但對小飛機短時間之飛行，飛行時間總共不過兩三小時，故其利益之價値甚小，燃料重量之減輕，關係亦不甚緊要。在二千匹馬力之運輸機立場上觀之則情形大易，如用汽油發動機則每小時每馬力燃料消耗0.50磅用提塞爾發動機則僅0.40磅，行程之範圍可增加25%，在四小時之飛行旅程中卽可增加搭載重（Pay load）幾六百磅，換言之卽可多載乘客三四位。

以上之比較係根據於理想者，然按實際事實言之，則提塞爾發動機之利益，尙較以上更多新式之汽油發動機，固已發展至一種極完善之程度，然實際上尙不及提塞爾發動機遠甚，例如在以上之比較表中，大約實際情形汽油發動機每馬力每小時需要 0.55 至0.60磅（表中列爲0.45磅），而提塞爾則最多須要不過0.40磅（表中列爲0.35磅），以上之結論，不過述及燃料之經濟而已，氣化器（Carburetor）於寒冷濕潤之時，狹榨口將生冰凍之障礙，故須用保溫裝置以防止之，但須因大氣溫度之變更而需調整及裝置之麻煩。反之提塞爾發動機之運轉則不受此項溫度及濕度之影響， Pcakard 發動機曾被試驗過，其結果自-8°c至35°c之範圍中該機能發揮同等之性能，此亦提塞爾發動機之優點也。

一定發動機之發揮馬力（Horsepower output）乃為一平均擊動壓力（Brake mean effective Pressure）與力衝之周轉數（Freguency of Power strokes）之乘積之函數，故如馬力加倍，可用「力衝程數」（No of Power stroke）之加倍而得之，換言之，雖然平均擊動壓力已稍減低，因四衝式（Four strokeocycie）之改至二衝式（Two-strokc cycic）其發揮之馬力尚能增加不少，對於此點航空及一切自動機之設計工程師均一般承認，且必甚為注意。

美國 Emsco 航空公司有一試驗室之經驗如下：

用四程式之提塞爾發動機以全負荷（Full Load）每平方吋一百磅之平均擊動壓力燃料之消費為每馬力小時(hp-hr)0.40 磅，以過負荷（Overlaad）每平方吋一百二十磅之平均擊動壓力得每馬力每小時0.48磅之燃料消費，今假設以同樣之燃料消費率，將四程為二程式則平均擊動壓力可減低為每平方吋80—95磅，且每一汽缸之發揮馬力同時可增式改加60%，換言之，每馬力所需之重量（Weightperh.p.）可約減少20%，發動機在航空機中所佔之容積因之減少不少，故二程式之提塞爾發動機，較四程式更適合於航空機之應用，且吾人如能將空氣在最小壓力之下供給最少之容量，而得到高百分率之汽缸淨清（Scavenging），將有效之膨脹行程（E×Pansion Stroke）因廢氣門（E×haust Port）之高度減至最小而不致生不正當之減少，燃料之射入汽缸用正當之方法與形式且得到有効之擾亂（Turbulence），則二程式之發動機可得最多之，機械效率（Mechanical Effici-ency）必無問題也。

且提塞爾發動機之所以較汽油發動機為重者，厥因前者須有極大之燃燒壓力（Combustion Press-ure），而又限於極低之平均擊動壓力。蓋發動機之重量以粗淺之言論之，實因最大力量（Maximumforce）之大小而大小，所發揮之馬力又與平均擊動壓力成正比例，故欲得一極輕之發動機，減少最大汽缸壓力與平均汽缸壓力之比率，乃為必要。四程式之發動機，有一吸氣程（Suctionstroke）及廢氣程（Exhaust Stroke），對此必要，正有直接之抵觸，其結果乃不得不使吾人承認二程式雙動（Doubleacting）發動機乃爲一最理想之發動機，對於材料重量之利用已達到最完善之地步；在他一方面，因此類發動機，常受回覆之大力（Reversed high stress），結果有使材料疲乏（Fatigue）之虞，惟在航空機上，前者之得可償後者之失而有餘耳。

有數著者，曾以爲高速度之提塞爾發動機所以有燃料上之經濟者，因彼能使所有之聚所燃料在定容量（Constant volume）情況之下而得燃燒之故，Otto cycle 之壓力容積指示圖（Indicator Card）在此種情況之下，必有甚高之尖頭，壓力最高幾達每方吋一千二百磅，於是造成發動機結構極重之必然性。然則此種結論已被 Emsco 航空公司多數實驗之結果所完成推翻矣，吾人可以下一種更真切的結論，即欲得一頗高之平均擊動壓力，欲減少最高壓力至每方吋六百磅，而得極小之燃料消耗並非難事，1927—1928年時試驗提塞爾發動機 RAE 20T 曾經達到平均擊動壓力每方吋一百零七磅，速率每分鐘一千二百轉，燃料消耗每馬力小時 0.443磅，最高壓力亦不過每方吋六百五十磅，其最需要改良者，不過在控制燃料之射入（Fuel injection），能按所期望之兩燃（Dual cycle）使一部份在定容量（Constant Volume）一部分在定壓力（Constant Pressure）情況之下，舉行燃燒，如此則最高壓力可得每方吋六百磅，較平常航空機中之汽油發動機並不高出極多，於是與汽油發動機之結構（Structure）同樣之重量，已得足夠之堅强。

新式最良之四程式航空汽油發動機，平均擊動壓力最大約爲每方吋一百四十磅，但二程式之提塞爾發動機如與此四程式相比較，則有相當於 2×95＝190 磅(每方吋)之壓力，按此則二程式之提塞爾與同汽缸積容（Cylinder displacement）之四程式汽油發動機相較，重量將增加百分之三十五，此固由於前者最大壓力較後者爲大之故，但在大型航空機上『每馬力之機重』問題並不如小型航空機之嚴重，提塞爾發動機之所以更適用於大航空機者亦因此故。

提塞爾發動機，較汽缸數目相同之汽油發動機，在製造燃料唧筒與射入針頭(Fuel Pump Injection nozzles）方面言則需要更精良之材料及製作技術（Workmanship），因此其價必較昂貴，世界上有一種趨勢漸漸使提塞爾發動機汽缸之容積增大而數目減少，其結果乃可使同馬力之結果發動機價格相等。吾人當可信任，不久以後，因提塞爾發動機之進步，與燃料射入系統之漸漸簡單化，二程式之提塞爾發動機乃得與汽油發動機有同樣均匀 (Unitormity) 之力距 (torque) 及同樣之價格。

二百四馬力之提塞爾發動機至少須具有五個四程式汽缸，或三個二程式汽缸蓋，汽缸數目如再減少，必不能得力距之均匀，是以汽缸容積之欲增大乃或爲不可能之事實，故在小發動機中，至少須有三個至五個之射入系統。但二千四馬力之發動機則不然，彼可用五個二程式之汽缸而僅需要五個射入系統，提塞爾發動機之最適用於大航空機之理由，至此將益形明瞭，然提塞爾發動機較汽油發動機不易維持且維持費必甚昂貴，此蓋因前者需要精細之燃料射入系統 (Lnjection system)，需要不時之觀察，清淨及調整。但新式之燃料喞筒與射入器，雖有精細之機件仍有極長之生命與新式之氣化器 (Carburetor) 及發火栓 (Magneto)相較可同樣不加注意，加拿大國有鐵路曾使用 Beardmore 提塞爾發動機作爲試驗，據其報告燃料喞筒平均可在一千二百小時工作時間之內不加注意，而射入器則每二百五十工作小時之後祗需要在頂點除去一點炭屑而已，由此可見，維持困難一點對於大航空器當不致有事實極大之麻煩也。

燃料油較航空用器油當然不清潔，重油且有一種惹厭之氣味，能吸收聚集之塵埃故用於游玩飛機似不甚妥當，然在二千四馬力之運輸航空機上則設一清潔之裝置，並不費事。重油亦可與汽油相同，預先貯蓄於每一航空站中待飛機或飛船欲出發之時，灌入發動機之貯油箱，當並無一點困難

至於提塞爾發動機之冷却方法，亦有討論之價值，空冷 (Air cool) 之發動機，欲置於飛機身內或用外殼罩住，以減低其空氣之阻力，每感到十分之困難，然用水冷却之發動機，則甚易置入機身之內，因空冷之汽缸往往甚難得到圓滿之放熱故不得不增加放熱之尺寸，換言之，卽不得不增大放熱面與容量之比率或減少汽缸之直徑，然則空冷之汽缸之大小乃有一定之極限，結果又勢將增加汽缸之數目，使發動機全部更形複雜而增加出事之危險。

液體冷却之汽缸，則可用較大之容積而同一極大之馬力，可以較簡單之發動機勝任於是因汽缸之數目減少使發動機之轉動更爲滿意。

最近美國陸軍航空本部更用 Ethyl glycol (『…』沸點較水高)『卽布萊斯脫 Presto ne HOCH$_2$ CH$_2$OH』以作冷却之用，其結果乃使空冷較前更形遜色。

第三表各種高速度重油發動機之性能表

發動機	汽缸數目	汽缸直徑與行程（吋數）	速度每分鐘轉數	製動馬力(b,h,p)	平均製動壓力（每方吋磅數）(bmep)	最大壓力每方吋磅數(MaX Presure)	燃料消耗每一製動馬力每點鐘磅數	每一匹製動馬力重量（磅數）
Beardmore	6	8.25×12	1400	700	103.0	850	0.43	3.36
Beardmore	6	8.25×12	1007	424	92.0	900	0.365	4
Beardmore	12	12×12	900	1500	81.0	800	0.42	22.8
Packard	9	5×5.5	1800	200	90.7	1200	0.44	3
Maydach	6	5.5×7.125	1300	150	78.4	……	0.49	17.65
M.A.N.	6	4.53×7.09	1000	68	100	……	0.437	22
Dorni'er	4	3.73×6.30	1000	35	96.5	……	0.46	
Junkers	2	3.15×11.82	1200	54	84.7	……	0.38	16
MaclarenBenz	6	5.32×7.87	800	90			0.42	42.3

「註」此表係根據 Emsco 航空公司總工程師 Lelgh M Griffith 之調查。

結 論

數種提塞爾式即燃料射入式之發動機，甚適合於飛機與飛船推進之用此類發動機第一次最重要最適合之應用，將表顯於大型航空機上，燃料在價格與重量上之減少，商用航空運輸機上乃為一重要之因子，火災之減少，必可增加旅客對於航空安全之信仰；無線電之不受干涉，更可使航空中之交通問題簡單化。於是大型飛機之利用二程式提塞爾發動機乃為必然之趨勢，此類發動機如用液體蒸發或環流(Circulation)冷却之方法，則信賴性（Reliability）可勝過於空氣冷却之汽油發動機，不久的將來，提塞爾發動機在商業上，必有極大之發展無疑也。

放射週率繼電器

張 思 侯

(RADIO-FREQUENCY RELAY)

無線電報收發間，每感缺乏一種信號機，使收報者得聞聲往接，一如今日之電話然。今有一法焉，即利用真空管，作成高週率繼電器，能使放射週率之電流，控制信號之線路，此器係紐約物理學家盧朋氏（Samuel Ruban）所發明，渠以極小之電流節制約

5 安培之電路，成績良佳。今述其原理及接法。

原理——吾人知真空管中，電子由燈絲（Filament）放射於正極（Anode），具有動能（Kinetic Energy），此動能即足以發生下列三種反應：

一、正極受震動；

二、發生短波放射；(Low-wave length radiation)

三、正極溫度增高。

惟一二兩者影響極微，而第三點之效力則極爲顯著。

繼電器之運用即賴此電子之放射，其大部動能乃用以增高正極之溫度。惟繼電器動作之迅速與否，全視正極感熱率及散熱率而定。是故下列諸點，爲正極應具之要素：

一、欲使感熱率加速，

1.電子放射動能宜大；

2.正極之熱率（Heat capacity）宜小。

二、欲使散熱率加速，

1.正極之散熱能力宜大；

2.正極之熱率宜小。

職是之故，正極乃用一種黑色 Nichrome 片條製成；其表面積甚廣，易於散熱；其質量甚輕，故熱率亦小；其溫度常設法保持在600°c 左右，足使散熱率大增，因散熱率爲T4之函數也。

繼電器係四主要部分組成(圖一)：

一、負極(Cathode)——放射電子；

二、電柵 (Grid) ——節制電子放射；

三、正極 (Anode) ——接受電子；

四、連接臂及連接點(Contact arm and contact point)——控制外電路。

負極係鉑銥合金（Platinum-iridium）製成之片條，其表面爲一層氧化物所蔽蓋，可使放射效率增高而質地亦可耐久，此片條與正極平行架之。

電柵位於正負極之間，其效用即以控制負極或燈絲之電子放射。故在運用時，設有外來之週波加於電柵上，即能利用電子之放射，而控制正極之動作。

正極由 Nichrome 製成，已如上述。其溫度由另一電路（Local-circuit）維持至相當高度，在此溫度下其伸長度常使接速臂及連接點相距極微。此種細隙，在高壓下，得免於發生火花（Spark）者，實賴眞空完美。

綜上所述，連接臂所移動之間隙甚微，而其動作復由於正極敏銳之伸縮，則其運用必較其他繼電器迅速，可無疑議。

惟另一困難，每易發生。卽因連續加熱，日久常使眞空管各部分變形，尤在抽空氣時爲然。故在構造上，時有所改良，其結果乃得經久不變之繼電器。

Nichrome 之所以用作正極者亦維其的有下列諸特性：

一、運用之恆久不變性。（Operating constancy）

二、較大的電阻，且其電阻不因溫度而變。

三、適當的漲率。

四、質地堅固，不爲高熱所損。

連接臂與連接點均以鎢金（Tungsten）作成，連接臂乃裝於一槓桿上者，此槓桿及其架點質爲 Nickle Manganese， 此種合金，用於眞空器中最佳。槓桿之他端卽與正極相接，正極之伸縮乃藉槓桿而運用其開關動作。槓桿之地位，不因眞空管之安置法而異。故眞空管可平置，或直置，或側置，而槓桿則不致爲其所影響。

用此繼續電器，其控制所須之能力極小，僅足以調節電子放射者，已可運用。至於槓桿動作之速度，仍視正極所保持之溫度而定。

電路接法——圖二示一柵電器之接法，外來之無線電符號（Radio signal），加於電柵上，發動柵電器，乃得控制一信號機（圖示係一電鈴。）待柵電器之連接點關上後，正極電路之一部分乃使其成爲短路（Partially short circuited）於是繼電器正極因冷縮短，乃使信號機之電路復開。若以高速率之感熱與散熱，此繼電器每秒鐘約能開關二十次。

此柵電器所用之電流，均取自一變壓器（Transformer）。爲使電流不因線路上之變化（Line Variations）而受影響，乃用一平衡燈。（Ballast Lamp）其燈裝有氫氣，凡二絲，一爲鐵絲，節制流入變壓器之電流：溫度約在500°c，在此溫度，鐵之電阻因溫度之變化而增減甚著，（卽 Resistance-Temperature Coefficient 甚高）。其他一絲爲

Nichrome，橫接於線路上（Across the line），其溫度以另一電阻調節之，務使上述鐵絲有其適當之溫度。如是，則線路電壓雖有變化，因隨時調節，繼電器之電流如常，其作用得以不變。

圖四之意義與圖三同。惟在正極電路中，可用一聽筒，僅將電鑰（Switch）左右開關，則此眞空管同時可作爲信號機及收報機之用。

簡言之，盧朋氏繼電器之作用，一如其他之極眞空管；惟其例外之效用則以極小之高週率電流，乃能控制高壓或電流較大之電路。

再者，上述之繼電器，於實際上，且可用於無線電或電報中之記錄器（Recorder）及重複器（Repeater），固不限於信號器也。

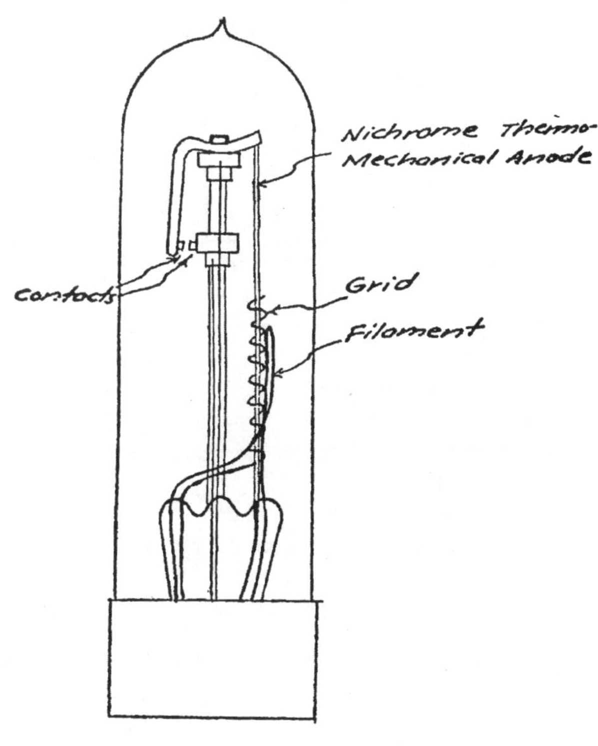

Fig. 1.

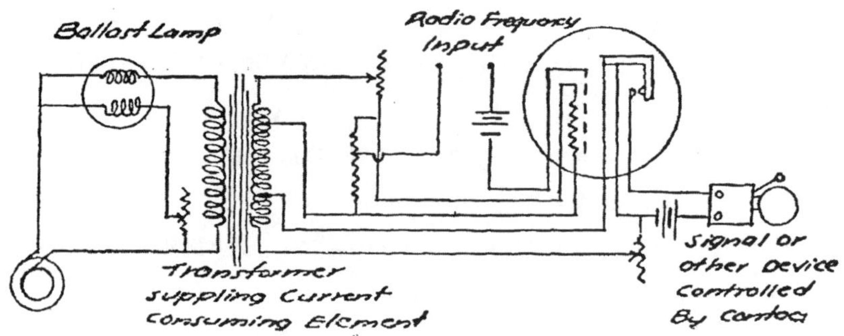

Fig. 2

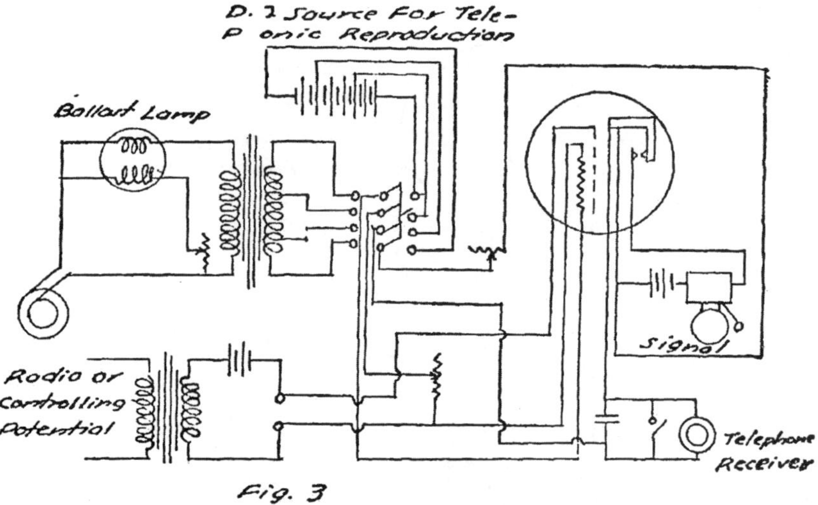

Fig. 3

三和土研究新收獲種種

徐人壽節譯

三和土之於近代建築，已佔最要之地位，每年費於此者，何止千萬元，故工程家不惜犧牲，作種種試驗，研究改進方法，其中尤致力於其重量之改輕，初凝時保護法(Curing)之改善，混凝材（aggregates）之選擇，仿模（Form）之設計等，俾經濟有效，兩相顧及，此篇略述數項研究之新收獲，供讀者參考。

1, 輕三和土 (Light weight con-rete)

輕三和土之以煤屑爲混凝材者，久已應用於建築牆壁及防火之鋼料護面，最近犂趨研究輕三和土之有强力者 (Stvength)，使其應用於一切三和土建築，此種輕三和土，或以粗 Haydite 爲粗混凝材，與沙及水泥相和；或粗細混凝材均用 Haydite，僅和以水泥而成。重量每立方呎在一百磅左右，若用以建築牆壁等，尙可減去其重量。但此種輕混凝材，較普通沙石，價昂五六倍以上，致其應用，須經工程家研究後而定。

代以此種輕三和土，可同時減去鋼筋三和土中之鋼筋，或鋼架建築之以三和土爲護面之鋼料。故研究之焦點，在乎鋼料及基礎之省費，能否與輕三和土之高價相等，設此種輕混凝材價格近於普通沙石，則建築物可使淨省增高，而工程設計者尙欲研究輕混凝材卽稍價昂，建築物亦有省費之可能，下列二例，可以明示，

(A)支加哥城中靑年會房屋，以鋼架建成，有三和土護面，樓版 (Floor) 則用鋼筋三和土，共有設計二，一用每立方呎 144 磅之普通三和土，一用每立方呎 108 磅之輕三和土。比較結果，用輕三和土建造，鋼架之鋼料可由 2690 噸減至 2440 噸，省 9.3% ；鋼筋三和土之鋼筋由 650 噸減至 570 噸，省 12.3 %；屋基所用之樁由 1650 減至 1417，共省 14r1%；三和土由 63.00 減至 6000 立方碼；屋重減去 7000 000 磅；費用省去 12,580 金元。查其所用之輕混凝材每立方碼，價 5.75 金元，而普通混凝料爲 1.65 金元。設輕料可減其價，省去建造費，尙不止此數也。

(B)支加哥城中 47 層高屋，亦有二種設計，輕三和土每立方呎重 100 磅，普通者重 144 磅。據比較結果，用輕三和土建築，鋼架重量自 7050 噸減至 6015 噸，可省 14.7 %； 鋼筋自 1,360 噸減至 1020 噸省 25 %；屋基省 25,000 元；屋重減 15,000 000 磅，第一項之省費已足低輕三和土之高價矣。

據經驗所得，用輕三和土，可減鋼料 10% 至 20%

輕三和土之用以建築橋梁者，尙少可靠報告，惟可信鋼料之因而減少者，恐尙不止 20 %

新建築法規實行，常使已成房屋有添數層之可能，而用輕三和土，所添之層數，可增加不少。

輕三和土雖較價昂，仍能實用於一切建築，現已佔相當地位，一旦此種輕混凝材製

造費減，則其用之廣當可必也。

2, 鑛渣 (Blast Furnace slag) 混凝料 (aggregate)

鑛渣中硫質 (Sulfur) 存在，使工程家懼以用之三和土中，但今美國標準局，公路局，及甚多技術組織之研究會，均已為之辯和，謂硫質之在鑛渣中成分極少不足為患，且常礦渣之用快冷法 (Rapid cooling process) 製成者，其中硫質已被束縛，不能活動，更無害矣。然尚有少數懷疑亦有過欲言其害者，最近美國三和土學會之 201 次會議中作一報告而確實證明鑛渣為三和土適宜之混凝料，而其中硫質並無影響，亦不使鋼筋蝕壞。

美國標準局亦作報告，謂硫質之在鑛渣中，不蝕三和土中鋼筋，亦不使三和土分解。

更有 S, E, Thompson 與 A, F, Goldberk 等專家，憑其數年研究結果作强有力之證明。

從 Robert W, Hunt Co, 1930 之試驗中更得一可異之報告，蓋化驗結果，一硫用水致冷之鑛渣，所含硫質，反較一著名水泥之硫質為少，如鑛渣有害，此種水泥中硫質若何？茲將此二種之化學成分，及三和土學會報告中鑛渣成分，立表如下：

	用水致冷之鑛渣	水　泥	鑛　渣（三和土學會）
矽養二	34.00	21.17	30—40
養化鐵	4.95	1.67	0.5—2
養化鋁	14.05	6.79	10—17
養化鈣	38.83	64.27	30—49
養化鎂	3.24	2.36	3—14
養化錳		0.62	
硫　質	1.42	1.76	1—2

3, 矽石與水泥之混合 (Silica-cement Blend)

當三和土中水泥水化時 (Hydration)，常有鈣質 (Calcium) 放出，此種鈣質溶解於水而濾去，設於水泥中和以矽石，則其中矽養二 (Silicon-dioxide) 與鈣化合，而助三和土以膠固能力，故代一部分水泥以硅石，可使三和土强力較大，不惟此也，硅石水泥混合，可獲製造上之便利，此種混合水泥中水泥成分較少，則製造時燃燒之溶渣(Clinker)量減，磨碎亦較省力，最近研究，更可使此種混合法，用於含鈣分較高之水泥，獲利更大，水泥中含鈣多，磨碎較易，但不宜用於三和土建築，如用硅石混入，鈣質雖多而無害，因其已與矽養二化合也，同時磨碎旣易，溶渣需少，於是鈣質頗高之三和土不爲人棄矣。

除强力外，硅石水泥混合，亦可增進三和土容積變易（Volume change）及水化熱量(Heat ot Hydration）等性質。

加利福大學材料試驗室，試驗結果，得下列各點：

a, 用混合水泥製成之膠漿（Mortar）標本乾時收縮，在最先時間，較普通水泥標本爲小，其後較大。

b, 混合水泥之膠漿標本，至四月後，其收縮較普通水泥標本爲小。

c, 硅石之 Calcination 熱度，與其製成膠漿標本後之收縮，有莫大關係，熱度越高，收縮越小。

d, 當混合水泥標本浸入水中時，其漲度較普通水泥標本爲大。

e, 在三月內，此種混合水泥所成膠漿之壓力較小，減小數量與水泥成分有關。

f, 鈣分甚高之水泥，至少可有 30 %代入硅石(須與水泥同磨)，而在三個月後，無影響其壓力 (Crushing strength)

g, 至少在三個月中，標本之以水泥硅石同磨之混合物製成者，較普通硅石水泥和合者，有較高壓力。

h, 混合水泥之水化熱量·較普通水泥爲小，但其減小量，不能與代入硅石之百分率成比例。

此次試驗，僅行於少數情況之下，且用者爲膠漿標本，結果可靠與否，尚不能確定，彼輩擬再以三和土爲標本，試驗於更多情形下，然後可知混合水泥是否適合於普通建築。

由此試驗，悉混合水泥，對於壓力無害，而於容量收縮及水化熱量等性質，能有改善，同時製造上，便利不少，水泥價格勢能減低。

4, 三和土之棉墊 (Cotton Mats) 濕治 (Curing)

三和土初置時，需物護之，使其不受溫度變遷，及阻水量滲透，稱爲濕治。麻布爲常用之物，而今美國公路局試驗以棉花製墊，視其能否代濕治之職，試驗結果，獲下列結論。試驗共分爲二：

(A)熱度試驗——試其能否保護三和土，不受疾烈之溫度變遷。先製三和土板六，三以棉墊爲護甲 (Curing Matter)，棉墊分3,6,9層三種，一用麻布，一用瀝青塗層，一則不用任何護甲，棉墊麻布皆經灑濕，共置一開閉之箱中，曝於日光之下，而測每板上一日間溫度之變遷，試畢復使棉麻乾燥，再作同樣試驗，據所得結果，棉墊層數之增加，與所護三和土之溫度變量，無甚關係。在同樣情形下，棉墊所護三和土之一日中溫度變遷數量，僅及用二層麻布者變量之百分之六十，及不用護甲者變量之百分之三十五，棉墊保護之三和土之平均溫度亦較用麻布護甲者之溫度爲低，可於下表見之：

護甲	較不用護甲之三和土板平均溫度低
麻布(濕)	12° F
棉墊(濕)	22°
麻布(乾)	7°
棉墊(乾)	19°

由此可見棉墊效力最大，可使所護三和土一日中溫度變遷範圍較狹，又使三和土溫度不因外界日光而增高，故由溫度保護方面言之，棉墊可稱滿意。

第二次試驗，得更多結論：前次所作者，皆以護甲濕面向上，第二次乃以濕面貼於三和土板上，而所護之溫度變遷，與濕面向上者無異，惟在空氣濕面 (Humidity) 較低時，濕面向外，蒸發較易，平均溫度常較濕面貼於三和土上者略降低，又試以一，二層厚之棉墊，則結果與3,6,9層棉墊相似，故從熱力之保護方面觀察，棉墊之層數似無關係。

(B)濕氣散失及强力試驗——試棉墊能否保持濕氣，不使散失，同時試其所護三和土之强力如何，共備膠漿標本八，用八種護甲：

1, 二層厚麻布，保持潮濕三日

2, 二層厚麻布，試前致濕

3, 3 層棉墊試前致濕一面

4, 6 層棉墊試前致濕一面

5, 9 層棉墊試前致濕一面

6, 3 層棉墊試前乾燥

7, 6 層棉墊試前乾燥

8, 9 層棉墊試前乾燥

每一標本製成後露於空氣中二小時半，然後護以一種護甲、八種中之一）三日，再露於空氣中，二十六日後，置水中二日，每一標本，時量其重，以定濕度散失程度，二十八日後試其强力，試驗結果如下：

第1,3,4,5種護甲，於保持三和土濕氣散失，有同樣最高效力，第2種最無效，而6,7,8 種居中。當 28 日末，置標本水中時，棉墊所護者反不見增高水量，更可知其效力之可觀，蓋標本質密，不易吸水，第1,3,4,5種所護之標本，强力亦最大，棉墊厚薄無甚影響。第6,7,8種之乾棉墊所護者之强力僅及前者之百分之八十八。

第二次又試以較薄之棉墊，而結果頗近厚者，故可言普通用以一二層棉墊，已稱滿意矣。

濕棉墊之用為護甲，所成三和土之强力與濕氣散失與用麻布者相同，且濕棉墊之保持三和土溫度變遷，有過麻布而無不及。其可用為護甲可斷言矣，況棉花之消耗亦將因之而增，其於美國生產有不少利益也。

5, 三和土仿模(Form)之橫壓力(Lateral pressrre)

新置之三和土，尚未堅硬時，仿模受相當橫壓力，其量依各人之觀察而異。

Maior Fracis R Shunk 所作之壓力圖，久被應用，其圖根據每立方呎 150 磅之液體用未至初凝 (Initia set) 之三和土高為 Head 而計算其水壓力 (Hydraulic pressure) 設未凝而全部置完，則壓力為仿模全高力水壓力，如置三和土速度減，未完而底部已凝，則壓力亦減，故壓力與置放速度有關。Shunt 因有曲線五，表 80°,70°,60°,50°, 和 40°F 等五種空氣溫度。此圖被認有不盡善處二點：

1, 彼圖視空氣溫度有關，而未顧及三和土本身溫度，惟三和土溫度變，方使凝結需時增減，空氣與三和土溫度未必能一致，設三和土熱而後置，或置後保持其溫度，顯見不與空氣温度相合，則此圖如何應用？

2， 舊時初凝需一二小時，此圖依此而作，今試驗所示 30 至 45 分鐘已足使凝結，則圖示壓力，恐將超出實際二三倍以上。

Smith 根據今日情況，作報告以示其試驗結果，彼得下列各項，與壓力有關。

A. 直上置放（Vertical placing）速度增則壓力增。

B. 濕滑之三和土重，壓力增。

C.在工作可能範圍中，壓力隨三和土結度（Consistency）之乾而增。（非意料所及，但事實如此。）

D.混合物越豐富，壓力越大。

E.三和土熱度減，而壓力增。

F, Smith 根據 150 磅三和土，今日輕三和土應用，可減少壓力，壓力與三和土重量成正比。

根據初凝需時 30 分，則仿模底部壓力，為此 30 分中所置三和土高度之壓力， Smith 公式中稱此高為 H,

設 H＝每三十分鐘所置三和土高度

R＝每小時所置之高度

則 $H=\frac{1}{2}R$ 但當冬季，並受連續震動，三和土結成較慢， H 常增。Smith 用 $H=\frac{3}{4}R$ 以求安全，選擇 H 之值，常依各人目光而異。

用每立方呎 150 磅之三和土， Smith 公式如下：

P＝每方吋之壓力。

$$P=H^{0.2}R^{0.3}+0.12C-0.3S.$$

R＝每小時所置高度（呎）

H＝三和土頂面至底部將開始凝結處之高度＝初凝所需時間中置放三和土高（呎）

$$C=100\times\frac{\text{水 泥 容 量}}{\text{粗混凝材}+\text{細混凝材}}$$

S ＝三和土沉落之吋數（Slump testCS）

C, S, 可用整數

玆將 Smith 公式及 Shunk 圖所得數值作表以比較　（壓力均為每方吋磅數）

每小時直徑三和土之高度(呎)	Smith 公式			Shunk diagram	
	沉落3吋	沉落6吋	沉落9吋	70°F	50°F
2	350	220	90	560	690
3	395	265	135	720	900
4	430	300	175	870	1110
5	465	335	205	1000	1300
6	490	365	235	1100	1460
7	515	390	260	1180	1600
8	545	415	285	1230	1720

表中用下列各項計算 （H＝3／4 R。三和土爲1:2:4混合物；重量每立方呎爲150磅）

Teller 亦謂 Shunk 圖不確，太重視空氣溫度，據彼謂三和土之置於 49°F 及 74°F 時，無異於壓力。

故 Smith 公式頗可靠，除有其他試驗結果，方可指其不確。

以上各節，係參考本年份 Concrete 及 Public Road 等雜誌而扎錄譯述者，欲知詳情，請閱該種刊物。

Causes and Remedies For Troublesin d.c. machines

Faults	Cause	Howmostreadily Detected	Reinedy
(1) Too high voltaɜe	(1) Too hiah speed oten-gine	(1) Voltmeter reads gre-ater than standard a-ndlamps burn withu-ndue brillidncy	(1) Slow the eng ine
	(2) Too strong magnctic field	(2) Same	(2) Introducing m ore resistance in shuntfield.
(2) Toolow	(1) Too low speed ofEn	(1) Voltmcter shows low	(1) Increrse speed

Voltage	gine	er than standard and lamp Burn dimly	of Engine
	(2) Too weok a magnet-ie field	(2) Same	(2) Takeoutresi-stance from shunt field
	(3) Brushes not prop-er-ly set	(3) Same	(3) Rock brushes back ard for-th till highest Voltagc consi-stent With sp-arkless com-mutation is sh-own
(3)Excessive Current	(1) In a generatr, too many lamps burnin-gor motors running	(1) Bytoo high reading of tammeter forcapa-city of machine.By Excessive Sparking of Dynamo brushes and too high reading of dynamoammeter.	(1) Cut out neces sary number of lamps.Re duce load on motor circui-ts. In this ca-se none of the motors may be doing too much Work, but there may be too many in dynamo circuit.
	(2) In a motor toomuch	(2) By Excessive Spark-	(2)Reduce the lo-

	mechanical work being done dy it.	ing of motor brushes and too high reading of motor ammeter	ad on motor.
	(3) Short circuit; leak or ground in External circuit.	(3) By Excessive sparking of brush and heating of Armature.	(3) locate and remove leak or ground
	(4) Short circuit in Armature coils	(4) By heating of shortcircuited coil more than otheos	(4) Stop machine Locate coil If entirely burned out must be renewed
	(5) Grounds in Armature. Two grounds to the core amount to a short cirwit.	(5) Same as (4)	(5) locate the ground reinsuldte the coils containing them.
	(6) Due to Excessive fnictionin Bearings or by Armature Striking pole pieces, In generaz any Cause tending to slow motor.	(6) By Sparking of brushes. By sound of armature striking when running. Byheating of motor bearings.	(6) File away pole pieces or recenter Armature. Clean and oil journals. or refit bearings.
(4) Excessive sparking	(1) Excessive current therefore due to any of	(1) Sameasgiven under "Excessire current"	(1) Same as giren under "Excess

gat brushes	the Causes girenunder that head.		sive Current"
	(2) Brushes improporly set.	(2) By Taking brushes out of holders and examine rubbing Surfaces, By measuring the peripheral distances between brush sets	(2) Fit and set accurately then shift. the brushes backward orforward till sparkingis reduced to a minimum.
	(3) Brushes make poor contact with commutator	(3) By sighting undeneath between brushes and commutator.	(3) Sandpaper the brush and adiust the spring tension until they rest evenly on commutator with light but even pressure.
	(4) Rough Non-concentric Commutator.	(4) A rough commutator canbe detected by lightly touching finger nail to it while running; an eccesrtric Commutator by	(4) Smooth Commutator With fine sand paper. If eccentricity is dueto uneven wear

	the regular rise and ta ec of the brushes	of bearings, renew or reline them.
(5) High or flat bars in commutators	(5) By the iumpihg Vibration of brushes	(5) Same as above, or turn aown the commutator in Lathe. Slot out the mica to a depth of $\frac{1}{16}$ or $\frac{1}{20}$ in
(6) Broken Circuit in Armature or Commutator	(6) Comlmutator flashes, and nearest the break iscutand burnt. Flashing continu_d When Armature is slowly turned.	(6) Locate coil by drop of potential method, If in commutator brid ge over the break If in armature Coil, it must be renewed.
(7) Weak field magnetism, caused by broken circuit in field winding or Shortcircuit in same, two or more grounding In winding.	(7) Dynamo fails fo generate full e, m, f, If very weak, motor runs very slow, taking a current many times full load current.	(7) Short circuit orgrounds are easily located and remedied if external to the windings.

reversal of one or more field coils,		If. internal faulty coil must be rewound or repaired it only grounded, A reversed coil will lower the voltage instead of increasing it, and it is remedied by reversing The connetions.
(8) Unequal magnetism	(8) Onebrush spark more than the other.	(8) only remedied by reshaping pole pieces,
(9) Dirty commutatur, causing brush to vibrate, prticularly it of carbon	(9) Flashing Around commutator	(9) clean Commutator,
(10) Poor brushes, Especially if of high resistance carbon, hard blisters forming on	(10) By ragged appearance of brushes around edges and formationof hardspots..	(10) Renew brushes, Try diffirent grades of hard and soft

	them,		brush,
	(11) Vibration; Especially of brush holders, causing rapid vibration of brush	(11) By a humming Singing Sound of brushes	(11) Reduce Cause of vibration or give the brush a little great pressure against Commutator
(4) a. Exces sive sparhing ininterpole machine	(12) Wrong interpole polarity,	(12) With loW field Excitation, Examine field polarity witha compass, the Armature being first removed	(12) In motor, progressing in direction of armature rotation, palarity should be N-n S-s etc. In generator progressing in direction of armature rotation polarity should be N-s S-n etc
	(13) Inter-poles not Exactly over Commutation belt.	(23) By Inspection	(13) Adiustable, when poles arebolted to the frame,
	(14) Brushes not setso that coils undergoi-	(14) Traceout by following up coil ends	(14) Usual setting is in geome

	ng commutation are under Interpole,		trical neutral, Set for minimum sparking under average load.
	(15) Interpole airgap too long or too short.	(15) See if all interpole gaps are egual	(15) Adjustable when poles are bolted to the Frame. weaken Interpole strength byshunting the interpole winding,.
(5) Heating of Armature	(1) Excessive Current thru it and therefore due to any of the causes given under that head.	(1) Same as given under "Excessive current".	(1) Same as given Vnder "Excesine current.
	(2) Eddy Currents and hysterists in Core	(2) Core become hotter than armature coil-after running for a short timle.	(2) This canbe Collected by improving Ventilation by special fans orair Guides.
	(3) Con duction from ot-	(3) Other Parts connect-	(3) loc ate Source

	her parts as from commutator or bearing, the heat being conveyed to Amature.	ed to armature, as commntator Shaft bear ings, hotter than an armature	of heat by ther mometer or feel by hand and correct it. by cleaning and Lubrication.
(6) Heating of commutator	(1) Too great pressure of brush, friction cause heat	(1) By feeling the commutator dy hand,	(1) Reduce pressure dy adjusting sprin
	(2) Excessive Sparking	(2) Same	(2) DiscoverCause of Sparking and correct it according to the particular causes given under ark-Spng.
	(3) Excessive current	(3) Same	(3) Same as before.
	(4) Conduction from other parts	(4) Same	(4) If from bearings. Lubricant or fit them,
(7) Heating of field coils	(1) Excessive current in field circuit due to short circuit or ground	(1) Too hot to bear the hand. If Exceedingly hot, by Smell of burning shellac orvarnishor chaning cotton	(1) Locate fault coil repair and rewind
	(2) Eddy current in po-	(2) The pole pieces are	(2) Only remedi-

	le pieces heating being conducted to coils.	hotter than coils after a short run	ed by better-design, use laminated pole shoes.
(8) Heating of bearings	(1) Lack of Lubrication	(1) By feelieg with hand. oil cups empty or feeding pipe clogged	(1) Fill oil cups; clean feeding pipes.
	(2) Dirty or gritty bearings	(2) By feeling with hand	(2) Remove cap and thoroughly cleaned.
	(3) Bearing out of line	(3) Unequal wear of bearings, and shaft will not turn freely by hand	(3) Bearings mustbe lined up or shells re-babbitted. If very serious new bearing will have to be made.
	(4) Rough or cut shaft	(4) Shaft will show the roughness in the bearings	(4) Turn down shaft in Lathe, or scrape the bearings
	(5) Shaft bent	(5) Unequalwear in bearings and Armatuire will wobble, Very	(5) Shaft canonly be straightened by dis-

		hard to move by hand.	connecting from ratamure and reheating and reforging.
	(6) Oil ring stuck	(6) Inspection	(6) Adjust rings in grooves
9) Too low Speed (referring to motors)	(1) Too much load	(1) By speed in dicator, heavy sparking, heating of all parts and bearings	(1) Reduce the mechanical Load
	(2) Any of the causes given under Heating of bearings causing Excessive friction	(2) Same as under "Heting of bearings	(2) discover particular .cause and remedied as under Heating of be arings.
	(3) Short circuit or grounds in armature.	(3) By motor taking Excessive current without loaads shown by ammeter or heavy sparking and heating	(3) Same as under (5) (Excessive current)
	(4) Too lew Voltage at terminal	(4) By motorr voltmeter speed indicator, By	(4) By Increasing the line volt-

		heavy sparking 。 and heating	age
(10) Too high Speed (referring. to motor)	(1) Too light load (iner- iesmotor.)	(1) By noticeable incre- ase in speed	(1) Increase load
	(2) Weak field Shunt motor	(2) Same	(2) Stre ngthen field
	(3) Too high vo ltge ot terminals, due to high voltage of dy nam	(3) Same	(3) Correct line voltage by re- medy 1 and 2 under Too high vo ltag- e.
(11) Dyna- mo fail to generate emf.	(1) Too weak residual magnetism, caused by jar or reversal of current not sufficie- nt to reverse mag netism	(1) very litfle attraction by pole pieces when tested with a piece of iron	(1) Send a curre- nt through fi- eld from a few cells or fro- m a running dynamo.
	(2) Short circuit within machine, or groun- ds in field wind in- gs	(2) Mag netism very weak	(2) Locate short circuit and ground and correct them
	(3) reversee field coils	(3) all poles should ha- ve altenate magnet ism if a coil is reve- rsed it will show	(3) make polarit- y opposite by reversing the connection of

	magnetism, but may not of opposite palarity	the coils each pole should be opposite in polarity to one oneachside of it
(4) Series and shunt winding connected up opposite to each other	(4) Voltage fall as load increased, the External circuit being closed showing they are working against one another	(4) Reverse connection of either field but not both,
(5) Brushes not properly placed	(5) magnetism and e,m,f increaseby shifting the brushes	(5) Find central position by experiment or from drawing of connections
(6) Opencircuit in field or Armature Brushes not making good contact with commutator, loose connetion	(6) Test circuit with magnet	(6) Set up on all connections. press brushes on commutator to start building up.
(7) Toomuch resistance in the shuntfield circuit, ie greater than the critical rsistance	(7) Voltage does not Exceed that due to residual magnetism. The Voltage due to res'dal	(7) Cut all resistace outof the shunt field circuit.Rever-

	shunt field bucks the residua lmagnetism	l magnctism drops when shunt field circuit is closed	se the shunt field.
(12) Motor fai ls to Start	(1) Too much load	(1) no motion, and fuse in circuit melt or circuit breaker acts. seeifmoior runs all right when light load.	(1) Ibmotor does not startaton-once, turn off current and reserch for cause. Redue-load on motor
	(2) Excessive fr iction, due to any causes - under he ading (Heatipg- of bearings)	(2) Same, and motor-hard to turn when - not oaded and with-no current	(2) Remedies same as under(heating ofBear-rings)
	(3) Short circuit of field- or Armature or Among Connection	(3) Motor refuse to rev-olv ethough Shows sign of strong magnet-ism. Will turn easi-ly by hand if unloac- and with no - current licurrent is veaygreat itisindication of short circuit Ibfault is in filcd,- magnetism will be-Ver yweak	(3) Ibconnections-are made - Wrong, consu-ltwath mikers Diag am and corect them- Test for conti nuity and - short cirucit

	(4) Open circuitdue to field Switch open, fuse melt loose, or broken connetions, or som fault at generator	(4) Weak magnetism showsaloose connection in field circiut no magnetism, that field swith is open, maybe heavy current in Armature, Ifthere isnot armature current, there willte no-spark at brushes when raised	(4) Turn cuncnt from motor, and search for cause of discontinuity, Examine all Switchfuses and connections. tightening all Test for continuity in machine circuits, and repair broken or burntout coils,
(13) Flickening of Lamps	(1) Uneven runing of engine propably due to governor fail to properly functioned	(1) By flickering of lamps or vibration of voitmeter indicator.	(1) Overhaul Engine, Especially governor
	(2) Loose connection, eitheron machine switchboard or external circuit	(2) Same	(2) Examine all connections and see they are firm and make gcod contact Look for arc
(14) Noise	(1) See third fault (6) fourthfault (4, 5,	(1)	

9, 10, 11) eighth
fault (3, 4, 5) and
10 th fault

(2) Armature running against brushes (2) Byunusual noise (2) Correct diaeci-direction of Rotation

Application of Dyadics to the Theory of Rotation and Strain

徐 璋 本

In the following paragraphs, a few applications of dyadics to geometry and physics are given to show the intruicic value of dyadics in the realm of pure mathmatics and physical mathematics together with the simplicity brought about. the analytic development and practical application of dyadics are the prime workin linear vector function One with a thorough understanding of the theory of addition and scalar and vector product of vectors can enjoy these paragraphs happily Though some one has asserted that vector aualysis and quaternions have but little value in the investigation of problems of mathematical physics, but the developments of them adopted by many great anthors to the analysis of problems of electricity and magnetism, electromagnetic theory of light and mechanics have reached at great success. It is still interesting to the beginners in their scientific researches to get a faithful appreciation of the vector analysis and the idea connected with it

A dyad is formed by the justaposition of two vectors without the interventin of a dot or a cross, as a b. a is called the antecedent and b the consequent When a b is known, then a. b and a×b are determined. The converse assertion however is not true. Since a. b and a×b taken together impose upon the vectors four conditions while a b imposes five. Therefore a dyad, as a b, is not only the most general product but also the most fundamental product. Other products are but functions of it. A dyadic is the symbolic sum of two, three or more dyads The dyadics are represented by the capital Greek letters as ϕ, ϕ.

$\phi = a_1 b_1 + a_2 b_2 + a_3 b_3 + \cdots$ ......(1)

A dyadic determines a linear vector function of a vector by direct mnltiplication with that vector

$\phi \cdot r = a_1 b_1 \cdot r + a_2 b_2 \cdot r + a_3 b_3 r + \cdots$ ......(2)

In equation (2) ϕ is used as a prefactor since ϕ stands previous to the dot at the leftside. When ϕ stands posterior to the dot, it is then said to be used as postfactor, as—

$r \cdot \phi = r \cdot a_1 b_1 + r \cdot a_2 b_2 + r \cdot a_3 b_3 + \cdots$ ......(3)

Any linear vector function can be represented by a dyadic. A dyadic in common manipnlation is expressed in either of the following forms

$\phi = a_{11} ii + a_{12} ij + a_{13} ik + a_{21} ji + a_{22} jj + a_{23} jk + a_{31} ki + a_{32} kj + a_{33} kk$ (4)

In (3) i, j, k are the three unlt vectors along the three perpendicalar axes of a right-handed rectangular system in space geometry.

Or. $\phi = al + bm + cn$

where a b. c and l, m, n are two systems of noucoplanar vector

A dyadic, by itself is indeterminate. It acguires a definite physical meaning only when used as an operator upon a vector. A (scalar of ϕ) is obtained by inserting a dot between the antecedent and consequent of each dyad in a dyadic and is bsymbolically represented by ϕ_s. a (Vector of ϕ) is obtained by inserting a cross etween the antecedcut and consequent of cach dyad in a dyodic and is enpressed by ϕ_x

$\phi_s = a_1 \cdot b_1 + a_2 \cdot b_2 + a_3 \cdot b_3 + \cdots$ ......(6)

$\phi_x = a_1 \times b_1 + a_2 \times b_2 + a_3 \times b_3 + \cdots$ ......(7)

when they are derived from the nonian form (4) the meaning of their is ma de conspicuous

$\varnothing s = a_{11} + a_{22} + a_{33}$ (8)

$\varnothing x = (a_{23} - a_{32})\, i + (a_{31} - a_{13})\, j + (a_{12} - a_{21})\, k$ (9)

A property of dyadics which plays an important part in the applications to rotation and strain to be developed here is the "degree of nullity" From equation (5) when the dyadic caunot be reduced to fewer than three terms, the dyadic is said to be complete, i.e. the three vectors in the antecedents and consequents are non—coplanar. when the consequents l, m, n or the antecedents are coplanar then the dyadic can be reduced to two terms and is said to be planar. In case the plane of the antecedents and the plane of the consequents coiucide, the dyadic is uni—planar. A dyadic which can be reduced to a Single dyad is said to be linear. If the antecedent and the consequent are collinear, then the dyadic is said to be cellihear

A dyadic when applied to a vector r with origin at O and terminus at P, transforms the poinit P to another point P' in space. Let r' be drawn from the same fixed origin O and

$r' = \varnothing . r$ (9)

P is the terminus of vector r.

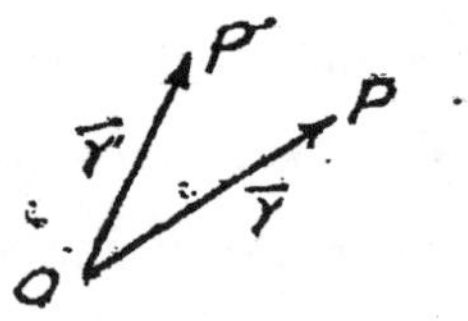

Fig. 1.

Any point Upone a line $r = b + x a$ is transformed by $\varnothing$ to another point given by

$r' = \varnothing . b + x \varnothing . a$

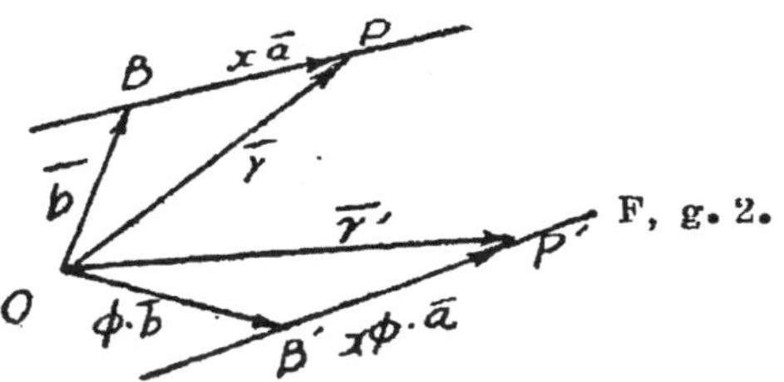

F, g. 2.

Therefore straight lines go into straight lines by transformation and planes into planes with quality of parallelism invariant. That is lines parallel to a (B P) are transformed intolines parallel to the same Ø.a.(B' P')

Such a transforma tion is a homogeneous strain Homogeneous strain frequently occurs in physics. The deformation of an infinitesimal sphere in a fluid is a homoge neous strain. The effect of a pouit pole in an isotropic dielctric upon the surroud ing Sphere with center coincident with the point pole is also a homogeneous strain In geometry, the homogeneous strain is known as a linear homogeneous transformation or an affine collineation with the origin fixed.

From the above discussion and by the analytis developement of the property of dy adics(here omitted) we have the folloing theorem "of the dyadic Ø gives the transformation of the points of space which is due to a homogeneous strain, $Ø_2$, the second of Ø, gives the transformation of plane areas which is due to that strain and all volumes are magnified by that strain in tht ratio of $Ø_3$ the third or determinant of Ø to unity.

Let:— $Ø = a\,l + b\,m + c\,n,$ (5)

$r' = Ø.r = a\,l.\,r + b\,m.\,r + c\,n.\,r$ (11)

The reciprocals of the vectors l, m, n i. e l', m', n' ($l' = \frac{m \times n}{(l\ m\ n)}$, $m' = \frac{n \times l}{(l\ m\ n)}$, $n' = \frac{l \times m}{(l\ m\ n)}$) are changed by Ø into a, b, c. There fore the planes determined by m' and n', n' andl', l' and n' are transformed iuto the planes determined by b and c, c and a, a and b The dyadic which accomplishes this result is evidently

$$\emptyset_2 = b\times c\, m\times n + c\times a\, n\times l + a\times b\, l\times m \qquad (12)$$

Th($\emptyset_2$ is obtained as

$$\emptyset_2 = \tfrac{1}{2}\emptyset \times \emptyset$$

Hence if s denotes auy plane area in space, the transformation due to $\emptyset$ replaces s by the area s' such that

$$s' = \emptyset_2 . s$$

where, s and s' represent the vectors for the original and resultant plane areas respectively.

To show that the volumes are magniefied in the ratio of $\emptyset_3$ to unity, we may choose any three vectors d, e, z to represent the volume of a parallelopiped (def) Let

$$\emptyset = a\,d' + b\,e' + c\,f' \qquad (14)$$

where d', e', f' are the reciprocals of d, e, f Since $\emptyset$ transforms d, e, f nts a, b, c, the original volume (d e f) is changed iuto (a b c) But we havle

$$\emptyset_3 = \frac{1}{6}\emptyset \overset{\times}{\times} \emptyset : \emptyset = (a\,b\,c)\ (d'\,e'\,f') \qquad (15)$$

and $$(d'\,e'\,f') = (def)^{-1} = \frac{1}{(d\,e\,f)}$$

$$\emptyset_3 = \frac{(a\,b\,c)}{(d\,e\,f)}$$

There fore the volume is magnofied in the ratio of $\emptyset_3$ to unity.

The strain of a body is reduced to ratation of the body without changing of shape from one system of right handed coordinates to auother by change the dyadic into a form expressed in the following equation

$$\emptyset = i'\,i + j'\,j + k'\,k \qquad (17)$$

and let $r = x\,i + y\,j + z\,k$

Then $\emptyset . r = x\,i' + y\,j' + z\,k' \qquad (18)$

From (18) a vector r is changed from its relative position to i, j, k to the same relative position to i', j', k', A dyadic expressed in equation (17) is called a (versor) A versor causes a rotation about a definite axis, with a negative sign such that $\emptyset = -(i'i+j'j+k'k)$ the transformation of $\emptyset$ is a rotation combined with a reflection about the origin. A transformation which changos a figurè to a symmetrical one is called a (pervirsor) Its conditions are that;——

$$\emptyset \cdot \emptyset_c = I \qquad \emptyset_3 = -1$$

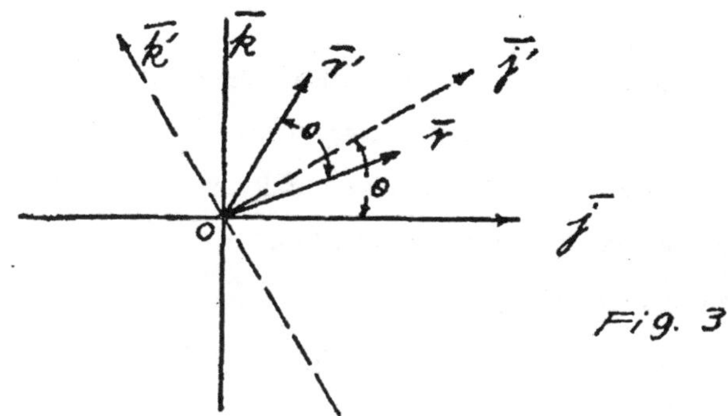

Fig. 3

If the rotation is taken about axis (i) and if the angle measured positive in the usual trigonometric direction be Θ.

The i axis being perpen dicular to the paper and towards the reader. Then from common geomtry

$$i' = i$$

$$j' = j\cos\Theta + k\sin\Theta$$

$$k' = -j\sin\Theta + k\cos\Theta$$

The dyadic which gixes this rotation may be derived as:

$$\emptyset = i'i + j'j + k'k$$

$$= i\,i + (j\cos\Theta + k\sin\Theta) + (-j\sin\Theta + k\cos\Theta)k$$

$$= i\,i + \cos\Theta\,(j\,j + k\,k) + \sin\Theta\,(kj - jk) \tag{20}$$

But we have the idem factor (I) defined as

$$I = i\,i + j\,j + k\,k \tag{21}$$

which when operated on any vector gives that vector itself

$j\,j+k\,k=I-i\,i$

and $k\,j-j\,k=I\times i$ (22)

Substituting (22) Into (20) wd obtain,

$\varnothing=i\,i+\cos\Theta\,(I-i\,i)+\sin\Theta\,I\times i$ (23)

when the vector r is parallel to i we get

$\varnothing.r=i\,i.r=r$

Therefore r remains the same This is evident from the above equation that (I−i i) is an idemfactor for all vectors perpeadvcular to i, but an annihilator for vectors parallel to i and that (I×I) is a guadratal reversor forvectors perpendicular to i but an annihilatar for those parallel to i,

If r 's perpendscular to i, then

$\varnothing.r=(i\,i+\cos\Theta\,(I-i\,i)+\sin\Theta\,I\times i).r$

$=0+\cos\Theta\,r+\sin\Theta\,I\times i.\,r$

$=0+\cos\Theta\,r+\sin\Theta\,i\times r.I$

$=\cos\Theta\,r+\sin\Theta\,i\times r$

If r' is the rotated vector as fhown in the figure (3) it represents a rotatio of anangle Θ of r.

By a transformation of the equation (23) for ∅ by the introducing of then scalar and vector of dyadic ∅, the angle of reversion can be found as;

$$\Theta=2\tan^{-1}\sqrt{\frac{\varnothing\times.\varnothing\times}{1+\varnothing s}}$$

or $$\tan\frac{\Theta}{2}=\sqrt{\frac{\varnothing\times.\varnothing\times}{1+\varnothing s}} \quad (24)$$

Let t be a vector drawn in the direction of the axis (i) of rotation and its magnitude is such that

$$t.t=\tan^2\frac{\Theta}{2}$$

Then the dyadic ∅ can be expressed in a more compact form as:—

$$\varnothing=\frac{\overline{t}\,\overline{t}}{t\cdot t}+\cos\Theta\left(1-\frac{\overline{t}\,\overline{t}}{t\cdot t}\right)+\sin\Theta I\times\frac{\overline{t}}{\sqrt{t\cdot t}}\quad . \tag{25}$$

Further development shall not be given here one who interests in this subject can find it in the taller part of the text book of vector Analysis by Dr wilson.

(1) The physical meaning of a. b and a×b makes them more clear and comprehensidle than mere enplanation Let a be $\overline{a}$ vector representing the force exerted upon a body and b the displa cement If θ be the angle between these two vectons, from the figure:—

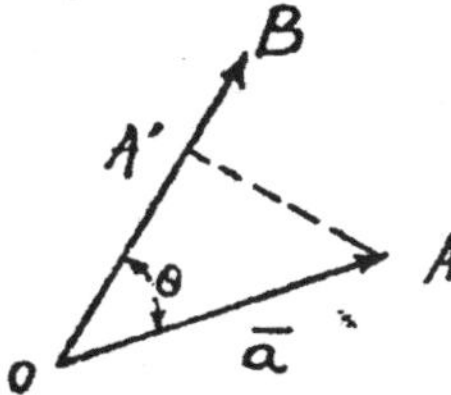

The work dore by the force il;—

a. b=a b cos Θ a scalar quantity

If a reprerents a force an d b a distance from origin O to the tail of a ther from the figure;—

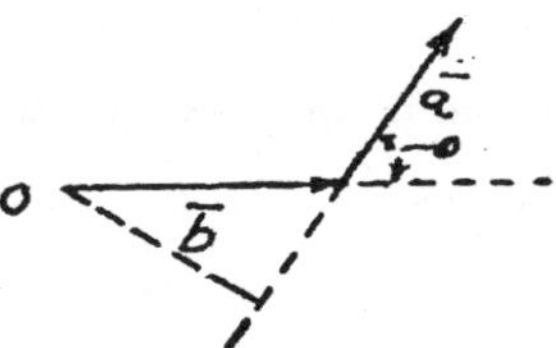

θ be the angle between the positive derections of these vectors. Them ou me ntdue to the fo rceabout O is given hy

$\overline{M}=\overline{a}\times\overline{b}=\overline{a}$ b sin O $\overline{c}$

Since the moment is a vector, a unit vector $\overline{c}$ perpendiculer to the plane a and b mag be used.

(2) This theorem can be found on Page 333 of (Vector auelysis) by Wilson.

Vertical curve of railroad when T. c. and c. t. are not on Even statins

Q. T. chang

The usual method for computing vertical curve of railrcad is by means of chord increment. this method is, in fact, very simple, but confusion will exist when T, C, and C, T, are not on even station The method of analysis for this condition is shown below, and illustrated with numerical example, To make the analysis clear, the principle is first explained,

(1) Principle:

The verticel curve is assumed to he a parabola the equation of the curve is

$$y = c_1 x^2 + c_2,$$

$$\frac{dy}{dx} = 2c \cdot x = c_3 x$$

$$\frac{d^2y}{dx^2} = c_3$$

There $\frac{dy}{dx}$ = Slope at any pt on the curve = grade

$\frac{d^2y}{dx^2}$ = rate of change of grade,

From the last equation we conclude That the rate of change of grade is constant Hence the change of grade between two points on the curve is proportionol to the length of curve between them

(2) Method,

To use this method it is necessang to know the station number and elevation of the P, I, the two grades G, and, G_2 and the spieified value of reate of rchange of grade per station)

By definition,

L (length of curve) $= \frac{G_1 - G_2}{r}$ (in station)

The station numbers and elevations of T, C, and the C, T, are determined from the station number and elevation of the P, I, and the length of curve, the last step is to determine the elevations of the stations on the curve, this is done by first computing the grade of the chord from each station to the next station, and from this new grade determine the elevation of the second station in question thus the elevation of the second station equals The elevation of first station plus the product of the grade of the chord and thedistance be tween stations.

In these computations, r is considered as positive when the grade is incresing and negative when decreasing

starting at T, c, the first change of gradle is from thetangent to a chord and assume T,C is not nn eveo station i e sta a+Kd, where K is a frootion aud d is theleng ito of stationThe changeof ade fade T C to next even station is $\frac{(1-K)d}{d}$, $r=(1-K)r$

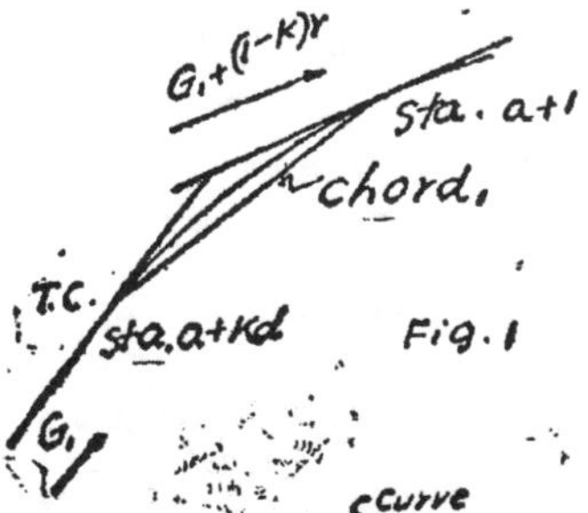

Fig. 1

Fig. 2

The grade of the first chord is equal to $G_1+\frac{(1-K)r}{2}$ which is clearly shown in Fig, 1, the curve can now be formd fon the elavation of T.C.

The grade of second chord is equal to $G_1+\frac{(1-k)r}{2}+\frac{(1-k)r}{2}+\frac{r}{2}=G_1+(1-k)r+\frac{r}{2}$. as the change of grade between first chord and tangent at sta.a+1 is $\frac{(1-k)r}{2}$, and that between this targent and second chord is $\frac{r}{a}$. the grade of third chord is plainly equal to $G_1+(1-k)r+\frac{r}{2}+r$ and so on until the last third chord is reached, the elevation of each station can be computed from previons statio n. the grade of last two chords must be int erpolated as before. If the grade of vast third chord is G', the station of T.

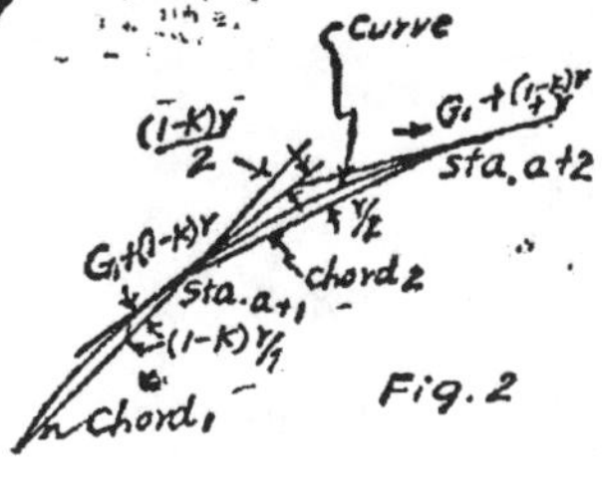

C. be n+k'd. then grade of last second chord $= G' + \frac{r}{2} + \frac{k'r}{2}$,

grade of last chord $= G' + \frac{r}{2} + \frac{k'r}{2} + \frac{k'r}{2} = G' + \frac{r}{2} + k'r$.

(3) Example. a level grade meets a+ 8% grade at sta 188+8, whose elevation is 308. it is desired to use vertical curve whose rate of change will be 0.04% per station. (metric systern is used)

$L = \frac{0.8}{0.04} = 20$ stations, $r = +0.04$.

sta. T. C. = 188+8−10 = 178+8

sta. C. T = 188+8+10 = 198+8,

El. T. C. = 308.00 Ele. C. T. $= 308 + \frac{10}{5} \times 0.8 = 309.6$,

The computations of the chord grades and the elevations of the stations on the urve may be arranged in tabular form as follows:

Sta	Computation		profile	Remerks
	Grade	Elevations	Eleva	
	O=G.			
178 + 8T.C.	$\frac{+0.012}{+0.012} = \frac{0.6}{2}r$	308.000	308.00	TrC.
179	$\frac{+0.032}{+0.044} = 0.3r + \frac{r}{2}$	$\frac{0.001}{308.001}$	308.00	
180	$\frac{+0.04}{+0.084} = r$	$\frac{0.009}{308.010}$	308.01	
181	$\frac{+0.04}{+0.124}$	$\frac{0.017}{308.027}$	308.03	
182	$\frac{+0.04}{+0.164}$	$\frac{0.025}{308.052}$	308.05	
183	$\frac{+0.04}{+0.204}$	$\frac{0.032}{308.084}$	308.08	
184	$\frac{+0.04}{+0.244}$	$\frac{0.041}{308.125}$	308.13	
185	$\frac{+0.04}{+0.284}$	$\frac{0.049}{308.174}$	308.17	

186	verticae curve L=800ft	+ 0.04 + 0.324	0.057 308.231	308.23	
187		+ 0.04 + 0.364	0.065 308.296	308.30	
188		+ 0.04 + 0.404	0.072 308.368	308.37	
189		+ 0.04 + 0.444	0.081 308.449	308.45	
190		+ 0.04 + 0.484	0.089 308.538	308.64	
191		+ 0.04 + 0.524	0.097 308.635	308.64	
192		+ 0.04 + 0.564	0.102 308.737	308.74	
193		+ 0.04 + 0.604	0.113 308.850	308.85	
194		+ 0.04 + 0.644	0.121 308.971	308.97	
195		+ 0.04 + 0.684	0.128 3080100	308.10	
196		+ 0.04 + 0.724	0.137 309.237	309.24	
197		+ 0.04 + 0.764	0.145 309.382	309.38	
198		+ 0.028 + 0.792 $=\frac{r}{2}+\frac{0.4r}{2}$	0.152 309.534	309.53	
198+8 C,T.		+ 0.008 + 0.80 $=\frac{0.4r}{2}$	0.766 309.6	309.6	C.T.Check

Deflectin of Trusses with redundant Members

Z, Z, Zee,

Detflection of a truss at any point in any direction is always expressed by the equation $d_p = \Sigma \frac{Sul}{FA}$. In case of truss Wieh

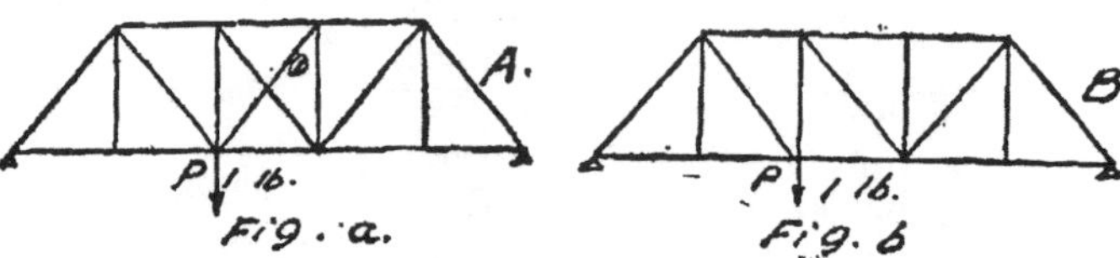

Fig. a. Fig. b

redundant members U should be the stress in certain member caused by unit load at the point. Where deflection is required with the redundant members in place, As in a truss in Fig (a) To find deflection at p requires the solving of stressin all me mbersdue tol lb. ar P. Besides calculating actual streses in allmembers This work is tedious as it is another indetermi nate problem. Then the structure textbooks sually suggest a method by using a truss with the redundant members eliminated ond solving u stresses for that sa tically determinate truss. While S stresses ore still solved from the original inde terminate truiss. As the statical indeterminate truss a sin fig (a) is changed into the form shown in feg (b) by eliminating member (1). Solve U stresses for th at statically determinate trvss. certainly the values of U will be different from that as the original truss. But the result in deflection is still the same as obtain ed by solving U stresses without redundant members removed. this will usually give suspicion to readers, Now I am going to prove mathmatically the exactness of the result,

(I) One redundant Member—Let n bethe necessary numbers reguired for Static equilibrium Deflectiou at ang point of truss Should be dp = Σ, ntl $\frac{Sul}{EA}$..... (1) where Sisthe Stress in any member due to Some causes and u is Scress in any member due to 1 lb, at p with redandant membersin, But u = u, × Urv.... (2)

U' = Stress in any member due to 1 lb, at P With redundant member removed

Ur = Stress in redundant member due to 1 lb, at P

V = Stress in any member due to 1 lb, acting at and along the redundant member.

By Substituting equation (2) into (1)

$$Dp = \Sigma,^{n+1} \frac{Su'l}{EA} + Ur\Sigma,^{n+1} \frac{SVl}{EA} \cdots (3)$$

u, in redundant member is zero

$$Dp = \Sigma,^{n} \frac{Su,l}{EA} + Ur\Sigma,^{n+1} \frac{Svl}{AE} \cdots (4)$$

In Solving stress for redundant mmber, we have the equation to express elastic property, $\Sigma,^{n+1} \frac{Svl}{EA} = 0 \cdots (5)$

So (4) can be reduced to

$$Dp = \Sigma,^{n} \frac{4Sul}{EA} \cdots (6)$$

(2) More than one redundant memfers—Let n= necessary member required for eguilibrium m= number of redundant memhers, Redundant members are r, h+1, r+2 ···—r+m−1,

$$Dp = \Sigma,^{n+m} \frac{Sul}{EA} \cdots (1)$$

u= Stress in certain member due to 1 lb, at p with all redundant members put in

U=U' +Ur Vr +Urtl Vrtl ······il Urtm-l Vr ⊦m-1, (2)

U'= ST ress in certain member due to 1 lb at p by removing all redundtna mc mbers,

Ur, Urtl, Urtl°····· are stresses ie redundunt members r, rtl, rtl······ respective ly, vr, vrtl vrtz······are stresses in certain member due to 1 lb, placod ao and along the redundant mnmbers r, rtl, rtz······respectively,

Bg substituting (2) into (1)

$$Dp = \Sigma,^{n\partial m} \frac{Su'l}{EA} + ur\ \Sigma,^{ntm} \frac{Svrl}{AE} + urtl \Sigma,^{ntm} \frac{Svrtl}{AE}$$

$$+ \cdots\cdots + urtm\text{-}l\ \ \Sigma,^{ntm} \frac{SVrtm\text{-}ll}{AE}\ (3)$$

Since u' Stresses are found with allredundant member removed, so

U' r = U'+1 = U'+2 = ... = o (4)

Moreorer By using redundaut membersin a truss,

Σ, n+m $\frac{Svr}{EA}$ l=o Σ, n+m $\frac{Svrtl}{EA}$ = etc, (5)

Ur' Ur+1'Ur+2 —— are definite numbers So after all

dP = Σ, n $\frac{Su'l}{E,A,}$ (6)

In conclusion, Σ, n $\frac{Su'l}{E,A,}$ = Σ, ntm $\frac{Sul}{EA,}$

In other words, by eliminating redundantmembers in a truss solvingu, due to llb atp and abdingup $\frac{Sul}{EA}$ for all members except the redundant members, the result wiil be The Same as that gotten fromthe truss without removing redundant members, It applies to truss with any number of redundant members, But one thing should be kept in mind and that is S being the true stress of any member and solved from truss without eliminating redundant members,

網球場之夜

徐民壽

各項運動之中，足球籃球田徑似乎太劇烈一些，並不是對於人人都適當的。最和平而全身都能運動到的，應推網球，眞是男女老小莫不合宜。但是試觀母校網球場已不爲少；然因匠學太多，而有效時間又僅在四至六時，球場有時不免覺得不敷分配。更進而言之，像在下卒業之後，在外東奔西走，一天之中非到下午六時不能得到片刻之暇。如何有功夫去打網球。惟一出路，當然就是設法如何晚上可以打網球。

尤其是在炎夏之季，如有晚間人工照明之球場，則既可免烈日之勳炙又可得戶外運動之樂趣有益身心豈爲淺鮮。

完美之網球場照明制，須注意者有二：

(1) 光線強度須充足。

(2) 球場全面積及其上十數呎之空間其光線強度務求平均一致，勿使有過强過弱之弊。

於此則球場電燈的佈置有三種制度，如圖(1)之(a)(b)(c):

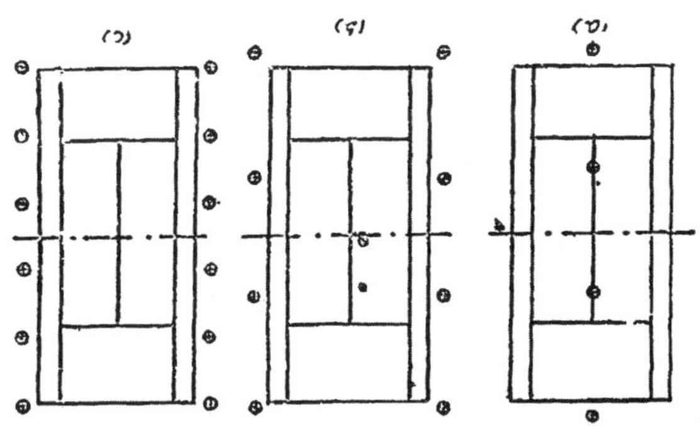

第一圖(a)所示者為在球場之中軸上，掛反光罩燈四盞。有時若干球場互相靠近，則有圖(1)(b)之裝置。場之兩傍裝有反光罩燈四盞。而(1)(c)所示者，則稍有不同，蓋此圖中之燈爲斜反光罩，（Oblique radiotars）欲知此三制之是否適宜，請觀德國柏林亞司令運動俱樂部（Osram sport club）試驗之結果。試驗球場之佈置如圖(2)。其電燈之佈置則上述之三項制度都包括在內。球場直軸之三只反光罩燈，每燈有一百廿度之分光力，(120° dispersion) 離地高度八米突。成爲第一種佈置。法球場二傍懸六隻反光罩燈，離地八米突爲第二種佈置。

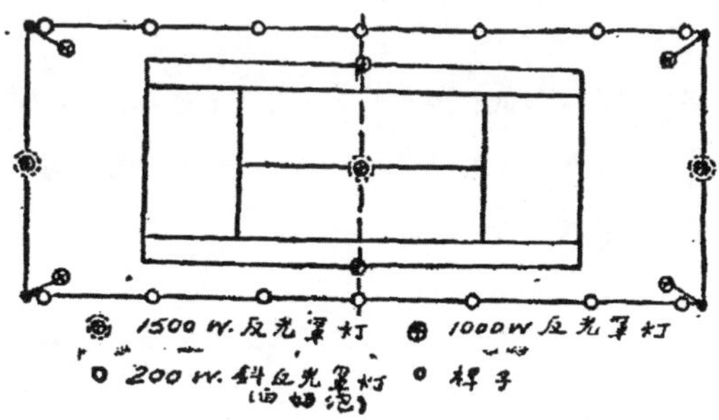

第三種佈置則爲十四個斜反光罩燈平分於場之兩傍。燈與地之距離爲五米突。以此三種佈置制度，經數晚之試驗比賽，覺無一滿意。

先觀該第二種佈置法，光線雖無不均，但用二百瓦之白奶泡燈光線强度終覺不足。因各燈均位於場之兩傍，無論球員立於何處，終有數燈在其視線之中，故耀光(Glare)在所不免。於是較强之燈泡就不能用。數日之試賽，覺電光之應用於網球場與他處不同，平面上光線之平均與否，殊無多大關係。網球之照明，非平面的而爲空間的，立體的。此立體之底面，卽球場之大小，而高度約八至十米突。日間此立體中之任何一點，光線强度都差不多。在晚上要拿人工方法以造成此結果，殊不可能。

試觀第一種佈置方法，設有一球沿球場中軸而飛來，球之表面自打球者看來，光暗不定，有此現象，球員覺球之速度，已非其自然之速度，而似乎或快或慢。再當球之方

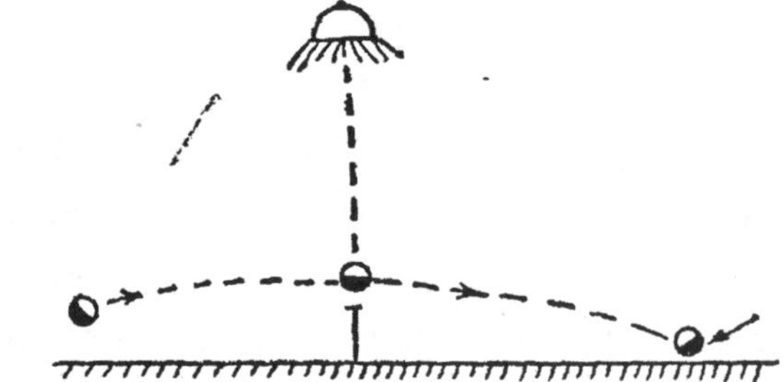

向與球場中軸成一角度時，則球面光線先自右來，再自上來，後從左來。球似乎在旋轉。

凡此種種，對於球員均所不宜，是故球場之照明，應注意於立體方面，而不應偏重於一平面。

此外則耀光一點，必須減少至最低程度。一千瓦之反光燈，球員注視之後，眼花潦亂，設球以高速度飛來時，欲其辨明，殊屬難能，故應用四個返光燈制如圖(1)不能適用，蓋球員在打高球或發球必須注視於一最近之一燈。

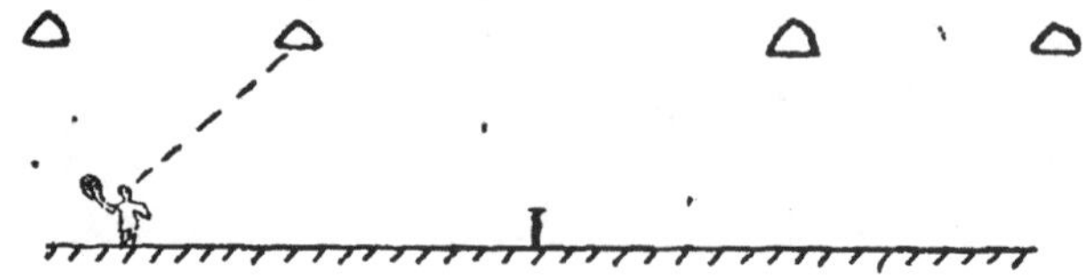

憑以往之經驗，及重易佈置實驗之結果，得下列結論焉。

(1) 近網之處，為全場最要之處，網之邊緣必須照明清楚。但同時高球亦必須能看得清楚。因此需要一平均的强烈的垂直照明。 (Vertical Illumination) 近網之處，球亦容易看清。因有黑暗之天空為背景耳。

(2) 退後近底線，光線强度，亦可稍減。但突然之銳減，務須避免，然平面光線强度之維持平均，非難事也。

(3) 近底線及在底線之後，平面照明 (Horizontal Illumination) 較為重要，蓋球員之大部份時間，常站在此處。而此處球員所看到之球面，為球之上半部。(圖 5)

(4) 網與底線之間，不能有燈，如有燈則球員之目光，勢必被燈之耀光所擾亂。

根據此項結論，於是有第六圖之最後佈置，圖中網上懸返光罩燈三盞，離地八米突。底線之後一米突處，復有燈二。有此佈置，球員不論在底線或近網處均可無耀光之苦，間或在近網之處，遇一高球，則仍稍有耀光耳。然在此佈置中，在網與底線半途中，仍有一點球不易看清。欲彌補此缺點一特製之返光燈懸於底線後六八米突處，其光線分佈圖如圖(7)。此燈如懸置高低適宜。

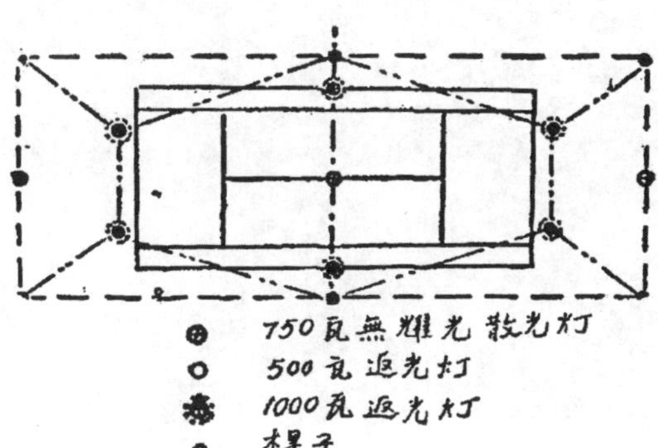

則非特球在各處都能看得清楚且可無耀光。

從度量之結果得

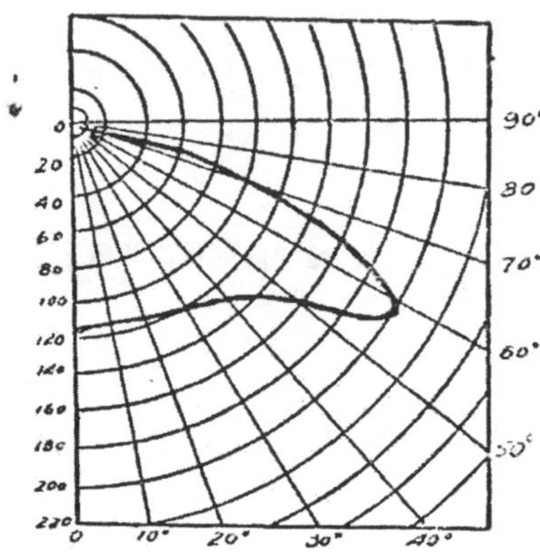

(1) 平均平面光線强度爲 751ux

(2) 平均係數 (uniformity) 爲1:2,8

(3) 總共電力爲 8 瓩至於如欲較强光線則不妨採取較大燈泡但實驗結果卽 751uz亦已足夠矣

採用此制夜間照明球場請看下圖

雜 俎

1. Colors For Concrete and Mortar

The proportion, by Weight, of mineral colors to be mixed with portland cement for obtaining different color effects are given in the following table. (all weights ore in percent of total)

A. Red

	Pale red	Medium red	Dark red
Portland cement	93	86	79
Ferric oxide	7	14	21

B. Black

	Grayish black	Medium black	Carbon black
Portland cement	95	90	85
Carbon black	5	10	15

C. Yellow

	Light yellow	Medium yellow	Deep yellow
Portland cement	95	90	85
Barium chronate	5	10	15

D. Blue

	Pale blue	Medium blue	Dark blue
Portland cement	93	86	79
Azure Blue	7	14	21

E. Green

	Pale green	Medium green	Deep green
Portland cement	95	90	85
Chromic oxide	5	10	15

F. Brown

	Pale brown	Medium brown	Dork brown	Extra deep	Rich red
Portland cemdnt	94	88	82	88	88
Manganese dioxide	3	6	9	8	4
Ferric oxide	2	4	6	2	6
Ferroso Ferric oxide	1	2	3	2	2

2. Coating materials for concrete of sulfuric acid tanks

The concrete tanks for storing suturic acid should be coated from being attacked by the acid. All the concrete surfaces always in contact with sulfuric acid hould do the same. The coating materials are:

(a) Acid resisting asphalts

(d) Paraffin wax

(c) Mixture of pitch and Tar

(d) Glass plates jointed with acid resisting cement.

3. Center of gravity of Moment area

In analysis of the deflection of beam with uniform load by area moment method, it is usually necessary to find the center of gravity and area of the parabolic segment such as ADC in the figure. a convenient method is introduced here let beam AB is loaded with W lbsper. ft we first divide this area AMDC into two Pieces triangle ADC and curved segment AMD. area and center of gravity of triangle ADC can be easily found. The problem is to find area of curved segment AMD.

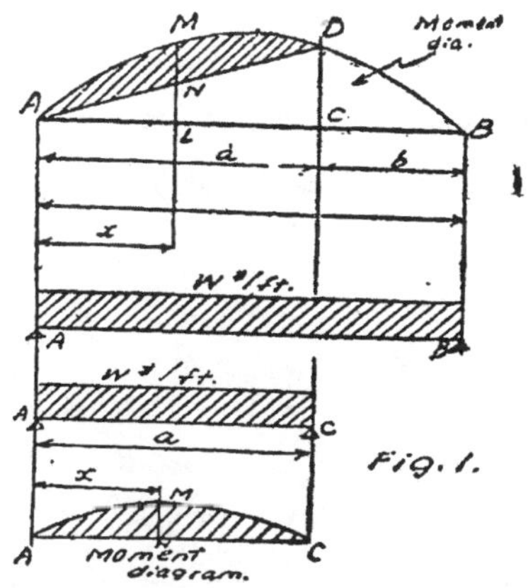

Fig. 1.

We hare the equation of the curre AMDB, $y=\frac{we}{2}\times-\frac{wx^2}{2}$. Ordinate DC is egual $\frac{wal}{2}-\frac{wa^2}{2}$. At any point L on the beam x from A,

$$NL=\frac{DC}{a}x=\frac{wl}{2}x-\frac{wxa}{2}$$

$$MN=\frac{wlx}{2}-\frac{wx^2}{2}-\left(\frac{wlxx}{2}-\frac{wxa}{2}\right)=\frac{wax}{2}-\frac{wx^2}{2}$$

Area of the curved segment $=\int_A^C\left(\frac{wa}{2}-\frac{wxx^2}{2}\right)bx$

Now, f we have a beam of a length and, same load as beam AB, hte area fo its moment dagram $=\int_A^C\left(\frac{wax}{2}-\frac{w^2}{2}\right)dx$ so in other words, the area of the curved segment AMD of a beam AB is epual to the moment area of a beam of length a and with load same as beam AB.

The area is $\frac{wa^3}{12}$ The cen ter of granty is at $\frac{a}{2}$ from A.

Area of AMDC=area of ABC+$\frac{wa^3}{12}$.

With area and center of grarity of these two pieces known, the center of grarity of the whole parabolic segment AMDC Can be readily found.

In the deflection problems, only the static moment of this parabolic segment ss required. it is only necessary to get area and center of gravity of these two pieces and take moment for each individually without center of gravity of whole iegment actually computed.

投稿簡章

1. 本刊文字，分論著譯述，報告，參觀記，演講記錄，工程新聞，工程討論等。

2. 投稿文言白話不拘，外國文亦可。

3. 遇必要事，本刊有删改權，但預先聲明者除外，稿件未經聲明，概不退還。

4. 教授校友及非會員同學投稿，亦所歡迎。

5. 稿紙可向本部索取，稿件請送新宿舍
269 徐人壽 104 徐繼昶

中華民國二十三年三月一日出版

交大工程

第一卷 第一期

編輯者 交通大學工程學會出版部

發行者 交通大學工程學會

上海南市肇嘉路一七二號

印刷者 晋新印刷所

電話二二二二四號

交大工程

第二卷 第一期

本期目錄

編輯者話……………………………………………………………………編　者
雨量概况……………………………………………………………………顧康樂
英倫全國高壓電網工程概要……………………………………………郁約瑟
佈電漫談……………………………………………………………………王平洋
三極眞空管運用"相當線路定理"之新證明……………………………璋
暖氣制度之研究……………………………………………………………張鴻烈
油機及氣機的保養…………………………………………………………嘉　屋
機座瑣談……………………………………………………………………錢惠華
煤氣汽車發動機之檢討……………………………………………………大　來
Automobile Manufacturing……………………………………………D. F. Myers
A Brief Report of The Power Generation in
Soochow Power Company……………………………………………Benjamin Ku

民國二十四年六月十五日

上海交通大學工程學會發行

編者的話

交大工程瞬已一年未與讀者諸君見面其原因有二一則以經費支絀再以稿件缺乏是以遲遲至今方得貢獻於諸君之前尙希請諸君諒之

本刊內容計包括電機土木機械工程至於採礦紡織化學及其他工程尤爲歡迎

本校功課素來繁重同學方面無暇撰稿望將研究心得抽暇賜給使本刊光而大之本期多承教授校友及同學之惠然賜稿得以出版良深感謝如能獲相當佳評皆投稿諸君之所賜設有未盡善處編者之過也

第二卷第一期 交 大 工 程 1

雨量概說

顧康樂

本校工程學會發刊交大工程，徵文於余。顧年來國內之水利問題，頗關重要。爰將關係最切之雨量研究，作簡略之敍述如次。

考雨水量度之單位，以在平面上所積水深之公厘或吋數表明。雪雹之類，則以化水之當量計算。各地雨量之多寡，每因海岸之距離，山嶺之阻隔，氣候之寒暖，森林之疏密而異。沿海之區，雨量必盛。雨水在山系迎向海風之面，必較背風之面爲多。溫度高低，則影響水之蒸發與凝結，而使雨量之差別甚大。森林繁密之地，水氣濃而雨水多。

降落之雨水，一部即行流瀉於河川中，謂之洪流量。一部自地面，水面，或樹葉蒸發成水氣。一部滲透於地土之中。滲透之水，一部爲植物所吸收後，上升至枝葉，發散於空氣中；一部在地土內下向或旁向流動，結果後現於地面，而成泉水。次圖卽示雨水之處分情狀。

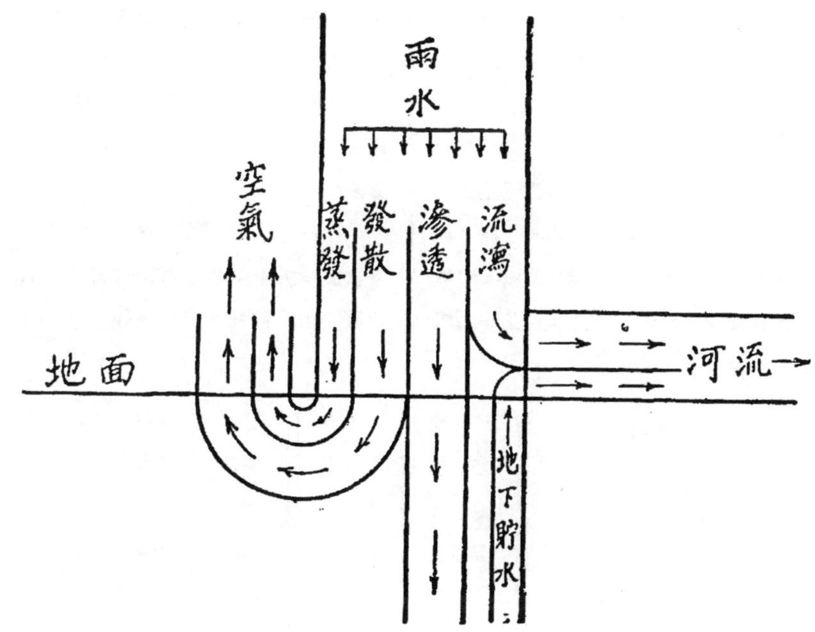

雨量記載之重要者，約有四項：(一)每年總雨量之平均數，最大數及最小數(二)一年內各月雨量之分佈情形，(三)一日間及連續二三日之最大雨量，(四)最大之雨水降率。此四者之應用性質及重視程度均各不同。例如計劃自來水工程，必特別注意每年總雨量之最小數，蓋長期之乾旱氣候，可使給水恐慌，。計河道航運者亦然，卽不患水多而防水涸也。治理洪水問題者設則當注意每年總雨量之最大數，而尤重視一日或數日之最大雨量。從事於灌溉工程者，須重視每年總雨量之平均數及最小數，及各月雨量之分佈情形。城市中之雨水溝渠爲宣洩街市間雨水之要道，故於雨勢之緩急最爲注意，數分鐘至數十分鐘內之最大雨水降率，極爲重要。

我國各地之每年平均雨量，以東南沿海各省爲最多，自1500至2000公厘左右。長江流域次之，約自1000至1500公厘。長江以北之雨量自1000低至400公厘，而以西北部爲最少。蒙古新彊之沙漠荒旱區域，則雨水更少矣。

任何地區之每年雨量，變遷甚大。連續數年較諸數十年之平均數，輒亦漲落無定。世界各處最低之一年雨量與數十年之平均數相比，約自百分之30至70。我國南部之每年總雨量，雖較北方爲多，然每月之最大雨量，則僅與北方相埒，北方之雨大都降於六七八月，此三月之雨量，約占全年總雨量百分之80以上。開封，彰德，大同，承德等處，每於各季不雨。京滬一帶之每月雨水分佈較爲均匀。

夏季之雨水對河川流量之直接功用，常爲最小。因炎熱氣候蒸發甚速，且草木生長所需之水，亦於斯時最多也。下圖示若干測候站之雨量按月分配。縱坐標示每月對全年雨量之百分數。我國各處之雨量分配，大都以夏秋二季爲多。美國沿太平洋岸，如舊金山等處，適得其反，卽冬春多而夏秋少也。

一日之最大雨量，有多至10吋以上者。次表示近十年間(1925—34)之一日(2小時)最大雨量，以公厘計。

上海	195.5	長沙	129.0	廈門	169.2
鎮江	143.5	宜昌	176.5	福州	152.4
蕪湖	96.5	重慶	110.2	汕頭	233.0
九江	86.9	秦皇島	183.2	廣州	199.3
漢口	181.6	溫州	199.4	梧州	96.3

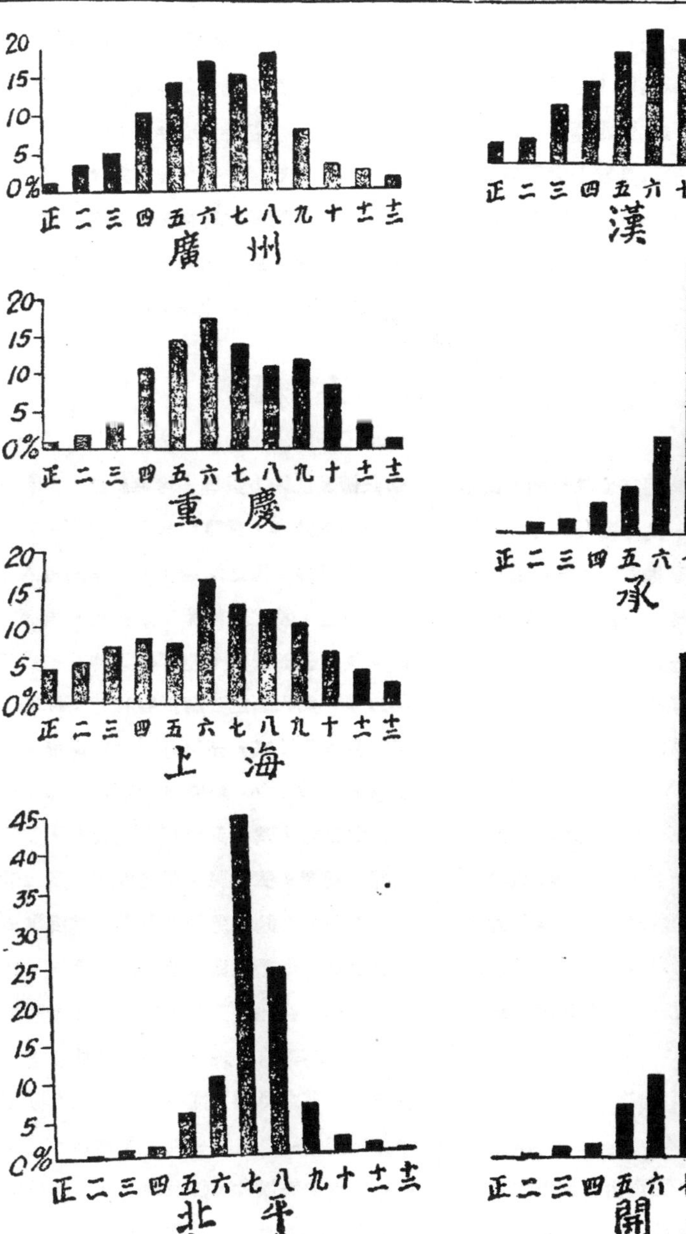
20
15
10
5
0%
正 二 三 四 五 六 七 八 九 十 十一 十二
廣州
正 二 三 四 五 六 七 八 九 十 十一 十二
漢口
20
15
10
5
0%
正 二 三 四 五 六 七 八 九 十 十一 十二
重慶
正 二 三 四 五 六 七 八 九 十 十一 十二
承德
20
15
10
5
0%
正 二 三 四 五 六 七 八 九 十 十一 十二
上海
66.1
45
40
35
30
25
20
15
10
5
0%
正 二 三 四 五 六 七 八 九 十 十一 十二
北平
正 二 三 四 五 六 七 八 九 十 十一 十二
開封

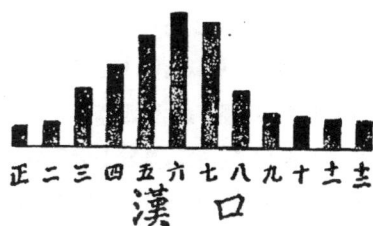

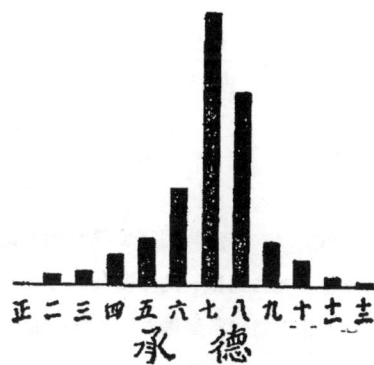

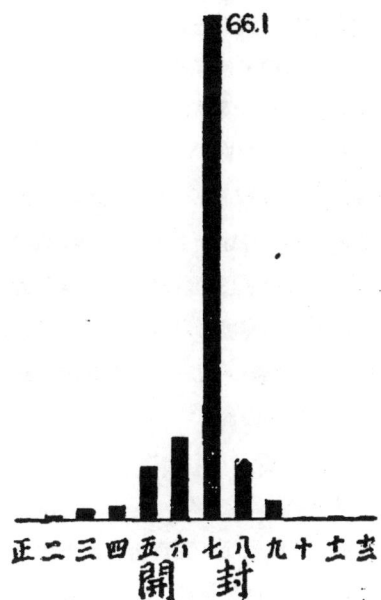

普通『雨量計』所得記錄，僅爲每日24小時之雨量。如欲估計小地積之暴雨流量，須研究短時期內之雨水降率，或曰降雨密度。此則『自記雨量計』之所以需用矣。鐵氏(Talbot)於1891年，研究短時間內之最大雨水降率，得公式如次。

$$i = \frac{360}{t+30}.$$

式中 i= 每時之雨水降率(吋數)， t= 降雨時間(分鐘)。此式爲美國北部凡30至50年間或有一次超過之最大暴雨。

降雨之時間尤長，則其降率或密度尤小；或曰，猛勢之驟雨未有能持久者。又長久之雨水，廣佈之面積較大；短促之暴雨，僅爲局部之氣象擾亂而已。

英倫全國高壓電網工程概要

郁約瑟

(Outline of British Grid)

引言： 英倫全國高壓電氣網，創議于西歷一九二六年。其後積極進行，費時七載，始于前年冬季告成，工程經費，共達四千六百餘萬金磅，約合國幣六萬萬元？誠電氣界偉大工程之一。作者在英倫實習，耳聞目視，多有電氣網之問題，頗足以爲國人介紹。爰草此篇，以供讀者參攷。本文大體，譯自 A. Fleming 氏所著之 Principle of Electrical Engineering 全文共有七節，分述如下：(一)組織概要，(二)工程概要，(三)線路工程，(四)配電所工程，(五)變壓器及保護器，(六)管理方法，(七)結論。現在先述首三節，以後當續論其他四節也。

第一節　組織概要

電氣網組織之經過　一九二一年以前，英倫之電氣供給，完全由各地之電氣公司單獨進行。發展程度，參差不齊，而一切設備及技術方針等，均無統盤之計劃，是以供電效率，與電氣售價，俱不一律。電業之發展，因之滯遲少進。全國每人用電之數量，較之其他諸工業國家，均遜一籌。英倫全部面積，連蘇格蘭總計約八萬英方哩，與我國之江浙兩省相若。此時有電氣公司 572 家，分領各地之專管權。計有發電廠 438 處，總容量爲4,4000,000瓩。其中84%，爲一萬瓩以上之大廠，其餘16%，爲 354 個小廠，平均每廠不及二千瓩。于此五百餘家電氣公司中，其供電情形之複雜，可謂包羅萬象！諸凡直流，交流，單相，雙相，三相，自周波二十五至一百，無不盡有，雜然並陳。至於發電，輸電，供電之電壓，尤有無數等級，可見參差不齊之一斑矣。一九一九年始，英政府組織供電委員會，謀改進各地之供電情形。繼於一九二六年，組織中央電氣處，着手進行全國高壓電網，統籌各地之供電事業。工程進行，計達七載，至一九三三年九月間，樹立最後一具輸電鐵塔，而電網之全部工程，亦于焉完成。

電氣網之目的及效用　建設電氣網之目標，在增進供電效率，而使電價低廉。供電成本，可以分爲三類：(一)資產 (Capital)，(二)發電費用(Generation EA—Pense)，(三)工作費用 (Wcking Epense)資產總額，須視最高負荷及貯備量而定。惟發電費用，則幾與發電量成正比。故若最高負荷不變，而發電量儘量增多，則費用之增加，甚屬有限也。今各電廠既因高壓電網而相聯接，則一廠之餘，可爲他廠之備。加以下述Diversity Factor之關係，可使最高負荷並不增加，而增加發電量？同時貯備量，亦得銳減。且電網成立以後，小廠合併於大廠，發電成本，可以減輕。而管理集中，冗員減少，亦增進經濟之道也。更就負荷因數 (Load Factor) 而論以前祇有30%至50%，今用電網聯接以後，因鄉村城市風俗習慣之不同、工商業發展之各異，可以利用Diversity Fastor而增高此負荷因數，卽所以增高供電效率也。他如規劃一定之發電方針，使效率較高之大電廠，日夜運用于滿載負荷，而由其他小廠補其不足，則總發電之耗費，實可節省不少。綜觀以上各點，可知電網之功，殆繫于經濟一端而已。

不寧惟是，凡電網所經各地，均得次第電化。故對於促進電化事業一端，亦有極大之效用也。

電氣網之行政　高壓電網，共分八區。每區置一管總理處，隸屬于中央電氣處。區內各電廠，均聽其指揮。各電廠所發電力，全部躉售于中央電氣處，再由中央電氣處，轉售於各個電氣公司。故電廠與電氣公司，皆一如其舊，而中央電氣處，則居間管理供電之經濟與效能而已。

第二節　工程概要

確定標準　高壓電網之設計，以調節電量，(Regulating Electrical Supply)爲主旨，與普通之輸電線不同。在普通長距離之輸電線，每用極高電壓以減線路損耗，然電網中之通聯線路，則在平時負荷極小，僅于非常時期或將用至滿荷，是以所定標準，爲 132 Kv.及 50,000 Kva.。普通多用雙線 (Double Circuit)，若遇主要幹線，則增加至四線。此皆行于鐵塔上之架空線也。至于在城市近處，人烟稠密之地，則架空線不能適用，須用油浸之地下電纜 (Oil Filled Under—Ground Cable)。此種地下纜之電壓，爲 66 Kv.容量爲 25,000Kva，蓋實際上有困難，不能用更高之電壓也。鄉僻之處，負荷之增加極慢，或兩發電廠之距離甚短，則通聯電網自不必用132 Kv.之高電壓。故在此等次要線路上，身電壓爲33 Kv. 凡舊有線路之可以利用者，莫不盡量採用焉。

電網之設計 電網之設計，多用Ring Main Circuit。各區之主要幹線，均形成一圈環。圈上更分出支線，散佈于區內各地。且同時亦聯繫鄰近各區之幹線環。

總計變壓器之，容量共達九百萬瓩。而高壓油斷路器(Oil Circuit Breaker)，亦有六百具之多。各項工程，均各就地由營造工程公司承包，而一切機器，多採用本國各廠之出品。英倫及網俱用英國國貨，是其特色。國人對之，作何感想耶？下表示設備之一斑。

（一）電網線路之長度

	線路長度		配電所數量	
	主要幹線	次要幹線	132kv.	132kv以下
蘇格蘭中區	240.6哩	9.4哩	15	8
蘇格蘭南區	230.6	141.5	4	8
英格蘭東北區	91.3	89.6	4	12
英格蘭西北區	316.1	199.0	22	38
英格蘭東區	322.7	201.8	12	26
英格蘭中區	397.1	18.0	18	4
英格蘭東南區	689.7	339.1	31	63
英格蘭西南區	605.7	107.7	21	16
	2893.8	1106.1	128	175

第三節 線路工程

主要線路，約長三千英里。除一小部份應用66 Kv.之地下線外，皆爲132 Kv.之架空線，行於鐵塔之上，已如上述。凡線路之佈置，及鐵塔導線之構造等，均照預先訂定之標準。但于跨河及終點等處，則各視其特別情形而另行設計之。

導線(Conductor)幹線上應用之導線，均爲鋼心鋁質線(Steel Aluminiun Wire)，係30/10的鋁線，圍繞於7/10的鋼絲線而成。其有效面積，約當銅質面積0.175英方吋，容量爲50,000 Kva,。塔頂又設接地中和線一道，應用7/10鋼絲心之12/10鋁線，所以吸收雷電，保護路線者也。在平地部份，兩塔之間距爲九百呎。最大之Sag，在華氏122度時，爲21.8英吋，其離地之最少限度則爲22英呎。

絕線(Line Insulation) 一切線路

上及配電所內之各導線間之間距，悉照下表所示之數，視各式不同之絕緣物而略異。

	線路	斷路器	變壓器
Post Insulators	——	39吋	——
Suspension Insulators	40.5吋	40.5吋	——
Sfrain Insulators	45.0吋	45.0吋	——
Bushings	——	40.0吋	40吋

鐵塔上所用者，爲下垂式(Suspension Msulafor)。直經十英吋，厚達六英吋半。各個上下嵌接，形成一列。在132 Kv.線路上，每列用九個。若遇轉角鐵塔，則須用十個 SfrainMsulaAor,形成橫列。茲將各種絕緣之特性列表如下：

		Suspcusior Type			Sfrain Tupe		
		132Kv.	66Kv.	33Kv.	132Kv.	66Kv.	33KA.
每列個數		9	5	3	10	5	3
Ultimate Tensilo Sfrength (lbs)		13.000	—	—	24.000	—	—
Flash Over Voltage	單個乾燥 (Kv)	70	70	70	80	70	70
	單個潮濕 (Kv)	38	38	38	55	38	38
	全列乾燥 (Kv)	375	275	175	420	275	175
	全列潮濕 (Kv)	320	170	100	320	170	100

在工業區域，烟霧極盛，絕緣面上，累積烟灰，可使絕緣失效。故用一種霧式絕緣子(Fog Insulator)，其直徑較小，即所以減少烟灰之屯積也。

鐵塔(Towers) 鐵塔之構造，有四種標準：(一)直線者，(二)稍斜者，(三)小轉角處，(四)大轉角處。每種塔之脚架，有十英尺高者有十七英尺高者，亦有二十五英尺高者，可以隨意配合，以應適之地面高度之變化。其在特殊情形之下，或需特高特大之鐵塔，則又須個別設計矣。各塔之底脚，大都均係方形，下有三合土之基礎。塔之高度，隨地形而變化，已如上述。總之，須使塔上導線，在最低處，離地二十英呎。最重要者。莫如導線及塔身間之距離。蓋此點即所以確定鐵塔橫樑(Cross Arms)突出之長度者也。凡應用下垂式絕緣子之鐵塔，其各部與導線之距離，及導線間相互之距離，均須四十二英吋。至於在大轉角處，則導線下又須加掛鐵球，所以減少導線之動搖。鐵塔橫樑之長度，殊不一定，無非使上面之導綫，不致因冰塊與雪片而與下面之導綫相聯接。各塔之底，又須防閒人攀登，故底部有鉄絲網，而梯級亦經牢鎖。在幹綫經過公路鐵道處，均須有接地鐵網(Earthed Guard)，以防導綫中斷之危險。凡電話電報綫路，與高壓綫相遇，則前者必穿入地下以避之。兩廠間之幹綫，至少須有一次交換位置(Transposition)，可使各相電壓之升降，不致有所異同，而各相電壓電流之關係，亦不致受綫路之影響也。

綫路建造之程序　鐵塔之基礎，以三合土澆成，略留若干鋼骨心子露出其面。乃逐步將鋼架裝上，形成鐵塔。鉄塔既成，乃置導綫。先以滑輪替代絕緣子，懸掛于塔架上，其後復以次將絕緣子調換之。在幹綫經過公路鐵道處，則須搭臨時棚架，以利工作。關於各步工作，原文有不少照相，可供參攷。惜以不便製版，不克列入，否則工作之實際情形，可以更易明瞭矣。

布電漫談

王平洋

吾人在校求學，莫不期學以致用。雖今日用非其學者比比，吾人仍認爲求學時代，須作一切致用之準備。是以作者在學之時，對于日后如何致用之情形，嘗有多少興趣。當時作者讀電力工程，現在總算仍于電力方面致用；學以致用，都曾經歷到一些。在下卽拉雜寫一些關于佈電的東鱗西爪，或可供讀者作一種談助。

學工程者踏入電廠，大槪均以獲見廠中「出毛病」爲樂事。此非幸災樂禍；誠以遇有病變，則可以得到之見識與經驗，常較恆久不變之維護工作爲多也。如讀者果以病變爲佳事，則卽請以病變爲本文之起點。

佈電系上之病變　電廠之小者，雖其設備簡陋，然未必便多病變。一年之中，常難得有一二次。是以主持電廠者，眞可以高枕而臥。至於電廠之大逾數萬瓩者，卽不可一概而論。囘顧去年一年之中，電力公司有病變一百七十四次。（此處所稱病變，英文呼作 Break Doun，均爲較大之「毛病」。）幾乎每兩天來一次，而且說也奇怪，大多每在夜間發生，使人寢席難安。論者或將謂吾人不宜有如許病變乎？其實試與全部設備之大小相比擬，則卽覺其並不過多。全部設備，計有十八萬瓩；

故每一千瓩中，每年祇有病變一次乎。今更將各種病變，分析類別之如下：

架空綫	(OverheadLines)	75 次
用戶電器	(Consumers' Apparatus)	38 次
配電所	(Substations)	35 次
地下綫	(Under ground Cables)	26 次
共計		174 次

架空綫受災最多　觀夫上表，可知病變之降臨，獨以架空綫爲最多。但考此七十五次之中。竟有五十次爲寃枉的災殃。所謂寃枉的災殃，約可歸入下列數種：(一)風箏綫。風箏綫纏繞於架空綫上，甚易引致電綫之短路 (Short Circuit)。在高壓綫上，尤屬危險。若遇天雨，則低壓綫亦無幸免。(二)新建築。在新建房屋之處，常有竹片木板，鋼筋，鐵架之類，墮落于架空綫上；有時將電綫擊斷，有時將電綫短路。(三)各種雜物之侵擾，如洋鐵皮，及廣告旗幟等等。此類中最有趣者，莫如某處有一頭水牛，恆喜在電桿之扳線 (Guy Wire) 上磨擦；每日如此，習以爲常，終致桿頂電綫受震而互相短路。(四)電車鐵桿(俗稱拖鈴)之擊撞。橫越對街之路燈對綳綫，有電車行經其下，偶而拖鈴滑跑，鐵桿向上躍起，往往將對綳綫擊損。此種情形，發生於戈登路麥根路一帶者最多。其結果足使一路(Circuit)路燈，全部斷電。(五)火警。在火警發生之處，有燒毀崩圮之樑木，或受噴水而射落，或水火焰而飛揚。且往往已浸透水漬，對於附近之電線，危害實大。火勢如其猛烈，電綫尤有燒斷之虞。在如此水火交攻之下，最緊要之措置，莫如將電綫剪斷。故每遇火警，剪割電綫之工匠出動，不容踟躕也。

經驗之價值　吾人常聞做工程職務者，最貴有經驗。但經驗究有如何價值，似一時亦不易說明。如上節所述架空綫病變之五種原因，看來似極平淡。但如能懂得却不能不算也是一種經驗。在日常服務上，亦有不少幫助。假如某處某路之架空綫發生病變，如果盲目去尋，豈非十分費事。但吾人如望見某段路綫上纏有風箏，或某段附近有新興之建築，或某段對綳綫有電車行經其下，或某處有火警；就可以認定此數處加以察看，不難一索在得。越出此五種原因之病變，乃屬少數；且亦不難觸類旁通。故尋覓架空綫病變之工作，而不明關鍵者，或亦認爲不易。在略有經驗者，即不覺其難，經驗之價值，於此可見一斑焉。

風箏綫之可怕　放風箏本係春季佳妙

之郊外娛樂。但倘使放於架空綫密佈之處，則易與電綫相纏繞，而釀成病變；不但娛樂者損失其風箏，電廠方面亦受到巨大之損害。以上海電力公司而論，在去年一年中，因風箏綫而發生之病變，共有六次。吾人防衞之方法，惟有留意每遇架空綫上發現風箏線時，立即飭匠除去。去年春季三四兩月內，計除去不下三百次。摘下之風箏，最大者長逾十三尺。在如此嚴密防範之下，猶有六次病變發生，風箏綫誠可稱架空線最可怕之敵害矣！

老鼠觸電釀成奧妙之病變　上文所列佈電系之病變統計表中，第二項即爲用戶部分之病變，亦有二十八次之多。考其原因，有不少爲機件窳劣所致。亦有不少因將大容量之感應電動機，直接向總綫開動，以致一時電流過量太大，而成變故：近來國人自營之華成馬達廠，頗注意於減小電動機之起動電流，可稱獨具隻眼，其卓見可佩也。有在用戶部分病變中，又有三次奧妙之病變，幾乎徧查不得其原因。其後經詳細檢查，方始明瞭；皆係老鼠投身電版中，觸電斃命；同時因電流經老鼠軀體而走短路，遂使佈電系上受到強烈之擾亂。老鼠所在，皆係細隙暗角，晚間極難察見。翌晨無知。小工將鼠體掃除，惟一之證據，既被消滅，搜尋病變者，遂如墮五里霧中矣。

病變之原因都甚平常　此外病變之屬於電配所者，以保險鉛絲之燒斷爲最多。因運用上措置之失當而發生者，亦有數起。以全廠工人之衆多者人材之良莠不齊，固難求其萬無一失也。至於地下綫之病變，則以接頭敗壞爲最多；二十六次中，共占有二十次。其餘六次，則因地線在開路時被工人鑿傷。以上海路工之頻繁，吾人雖隨時察勘防護，尚不免有難周之虞焉。綜觀以上所述各種病變之原因，都甚平常。然欲一一防止之，却均成爲工程上之問題。在管理不善之電廠，其病變之多，或將數倍於此！作者曾參觀某廠，見其蒸氣管接笱處，幾乎處處漏汽：是以鍋爐房中，東一股水汽，西一股水汽，宛如救火演習！走汽管之欲不漏汽，固極簡單之事。但在缺乏實學之主持者，對此竟無辦法。可知"務求實際"，與"勿忽小事"，實我工程界之寶典也。

銲錫之故事　"滅星星之火，可以防燎原之禍"，可舉一例以證之。某日有某工頭行經某處街沿，瞥見地下有銲錫數滴。夫街沿上有銲錫，本無足奇。然此人富有電機之素養，與老練之經驗。一見銲錫，立即引起注意。抬頭一望，便見上面有露天變壓器（Transformer）一具。遂聯想到變壓器上有銲錫的銅接頭，更想到銅接頭發熱，才有銲錫落下，而銅接頭發熱，即係「出毛病」之預兆。於是感覺非趕速修治不可。乃以電話通知負責之工程師，急飭人將此變壓器察看；果有行將爆發之病變。趁早修治，竟弭禍變於未然。世間大禍，莫不肇自小因，工程上如此，萬事殆莫不如此也。

差不得半%之測驗　防患於未然，固較容易；若一旦病變爆發，卽不免耗時勞力矣。如上文所論之架空綫病變，倘有上述五種原因之迹象可尋，尙不難一索得病地點；否則欲於高懸三四十尺，長逾數千碼之電綫上，尋見其毛病之所在，殊非易易矣。況架空綫病變之來襲，多在晚間，且往往發生於風雨交作之際。致從事勘治者，不能不耐寒耐勞，每須工作整個半夜。如無頑強之體力，殊不易勝任也。除架空綫外，輸送高壓電力，多有用地下綫者。此種地下綫，如一旦發生病變，尤不能賴肉眼察知其所在矣。吾人對於地下綫之病變，恆用電橋法（BridgeMethod）測定其地點。常用者爲Murray Loop。諸君如一檢參考書，卽可知其原理與方法，亦殊簡便。然實用之時，却有應當注意之處。蓋地下綫之全長，每逾數萬尺。設於全長二萬尺之地下綫上，倘作—0.5%之差誤，卽有一百尺之差池。則應在四川路北京路口開掘者，卽將誤至江西路北京路口開掘矣。如此，尙有查得敗壞點之可能耶！大概，吾人規定開掘之長度，以三十尺爲限。則吾人測驗之準確度，亦不能超出此限度。卽在二萬尺之地下綫上，不能有0.15%以上之差誤，亦可見其精細與工作之不易矣。

以上略述佈電部份之若干經歷，信手寫來殊無秩序不過供讀者談助而已不足謂有若何技術上之價値。至于佈電技術上之種種問題，以限于篇幅，不及備述。他日或將另文討論，供讀者參攷也。

三極眞空管運用„相當線路定理”之新證明

(A New AndDirect Method of Reaching The "Eguivalent Circuit Theorem" for The Operation of A Triode)

[璋]

[引言]

三極管之運用至大且廣，故其綫路之計算及設計亦爲吾人所最注意，因欲求其計算之簡便故有"相當綫路定理"之應用。此定理可用於三極管一切綫路之計算，在一般無綫電書中常常遇到但皆僅用此定理之公式，而乏深切之研究，故常爲學者所詬病因爲對此定理不明瞭，則對此常用之公式，易致懷疑，難於再進在專講眞空管之書，如Chaffee及Morecroft之 "Theory of Thermionic Tubes" 雖有極詳盡之證明，但因運用數學太繁，頗令初學者望而生畏，更不易得其要領矣，故余思以極簡便之方法，證明其定理之眞實，俾閱者一讀便知此定理之性質及其重要，然所須要之條件則與Chaffee及Marecroft等相同幷未稍失其應用之價值，今謹以之供獻於讀者幷希有以匡正之。

（1）三極管之綫路　下面所繪之綫路圖，因欲求其包括一切三極管應用之綫路，故其綫路常數，均以總阻代之。

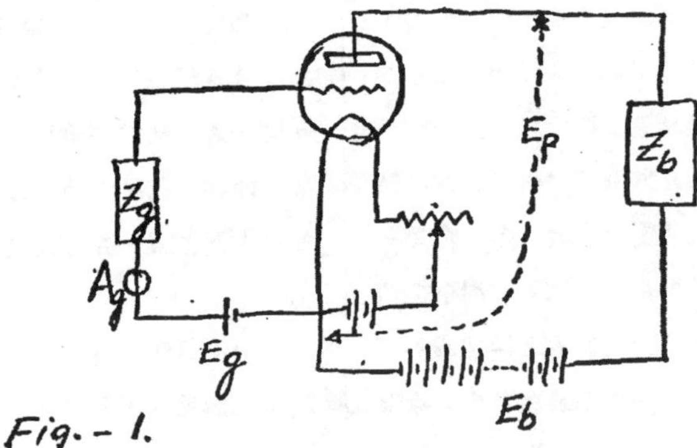

Fig.-1.

Zb＝ 屏極負荷總阻 (Plateload Impedance)

Zg＝ 柵　總阻—— (Grid Impedance)

又在眞空管以內，尙有耗阻及電容量之存在，今以下圖表明之：

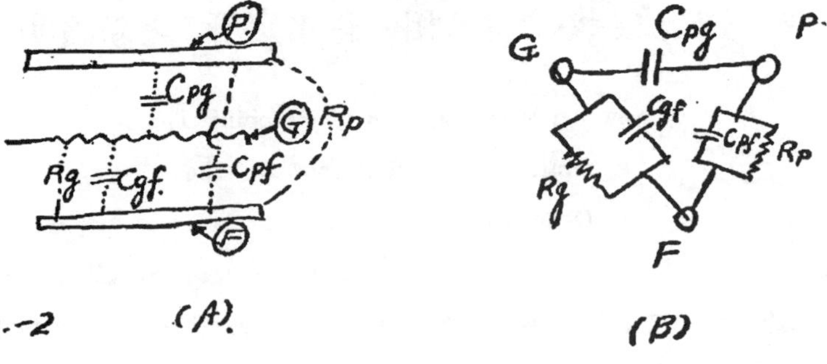

Fig.-2　(A).　(B)

圖二(B)不過將(A)所示三極管內之分佈常數代以記號(或集衆)常數，便於分析而已，但在計算管內電子放射時則仍須根據管內各極之狀態及距離及電力綫分佈之情形，是非此時所欲討論者也。

因在一三極管內，柵極距燈絲近而屏極則遠故變化柵極之電壓，對於燈絲所發出之電子(亦卽電流)放射之影響，較比變化屏壓爲大，其所大之倍數卽一眞空管之放大保數"(Amplifcation Constant)以公式化則，之爲。

$$U \frac{deg}{dip} = \frac{de'p}{dip}$$

但。$\frac{deg}{dip} = 1/Gm$ 卽一管之互導數之倒數

但。$\frac{dep}{dip} = rp$ 卽一管之屏極動耗阻(Dynamic Resistance)或稱交流耗阻

Rp＝ 屏極則直流耗阻

Rg＝ 柵極之直流耗阻

圖一所示，若在(Ag)處未加入何種電壓變逐直前，則屏之電流流(Ip)必爲常數而不變，而在此靜止時屏流(Ip)與Ep及Eg之關係，可由圖(3)Q_1點而得知：

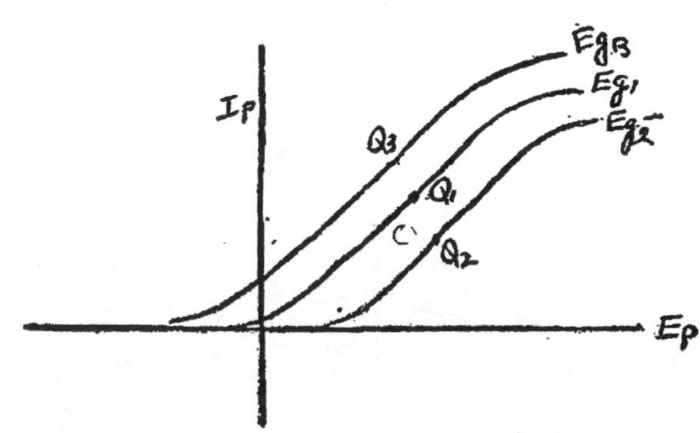

此時，屏極之後流耗阻(Rpg)卽爲：

$$Rpg = \frac{Ep}{Ip}$$

設在(Ag)處，加入一彻柵極壓變動而令其爲ef，則因管內電力綫起變化，則Rpf亦受變化，而屏流因之增減，而Q_1點必移至Q_2或Q_3點：

由上圖之三條曲綫，可知Q_1Q_2及Q_3三點之直流屏阻雖變化甚大，然在三點之斜度(Slope)則因三綫之形狀相似，變化可極小，今卽根據之點爲下列之證明：

(2).三極管運用相"當綫路定理"之證明：

在作此證明須先有三條件

(A)柵極變化電壓△g甚小

(B)其空管之放大係數(u)不變

(C)靜止點Q_1(Ouiescent Point)在Ip－Ep之直線部份

(A)及(C)即當有Eg之變化時，Q_1點移動之結果Q_1，Q_2及Q_3等點之斜度不變亦卽rp不變。

綫路之分析，仍用第一圖，吾人知屏路固有其相當綫路，柵路亦有其相當綫路然其證明之法則一。故只須取其一可矣。

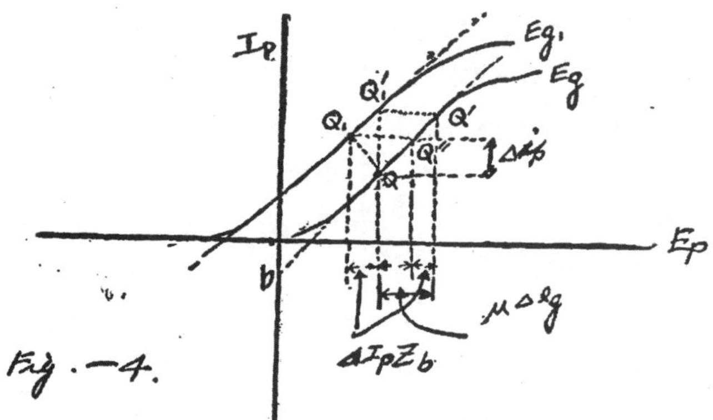

Fig.—4.

今設未加柵極變化之前，靜止點Q_1如圖所示，則當柵之有Rg之增加時，根據眞空管放大之故，有如在屏極加—ueg之電壓，故屏流卽起變化，但當屏流增加時。因流經總阻Eb，發生一電壓降，故實在加於屏極之電壓(直流)反爲減小，以是Q_1點不移至Q_1'而移至Q而屏流之增加則爲△Ip。

根據前所列三條件，吾人卽假設Q及Q_1所在兩(Ip-'Ep)特性曲綫之直綫部份，可以兩直綫方程式代之而兩重綫之斜度相同，又爲證明電流及電壓變化之關係起見，吾人可將Q_1點移至Q''點而回至第一直綫。

設第一直綫之方程式爲：

$$Y=mx+b. \qquad (3)$$

$$Y=Ip' \quad M=\frac{dip}{dep}=\frac{1}{\frac{dep}{dip}}=\frac{1}{yp}, X=Ep.$$

b則爲Ip軸上之交點：

$$: \quad =\frac{1}{rp}Ep+b. \qquad (4)$$

當柵極增加△Eg，屏流加▲ip，今旣將Q_1點移至Q''，故Q''點之屏流及屏壓亦必滿足方程式 (3).

$$\therefore \; Ip+\triangle ip=\frac{1}{rp}\,(Ep+ueg-\triangle ipZb)+b \qquad (5)$$

(5)—(4)得

$$\triangle Ip=\frac{1}{rp}(ueg-\triangle ipEq) \qquad (6)$$

$$\therefore \; \triangle Ip(rp+zb)=u\triangle eg. \qquad (7)$$

由方程式(7)，吾人卽可給一屏格相當綫路爲。

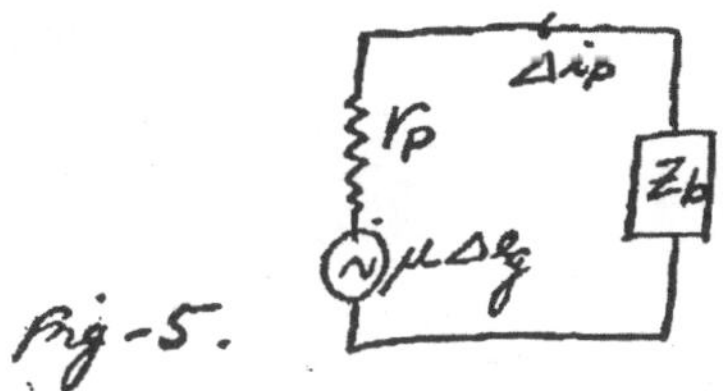

故"相當綫路定理"卽爲一當柵極有△eg之電壓變化時，屏極如有一u△ip之電壓與rp串連而加入，而屏極之變化卽爲方程式(7)如第五圖所示：

因吾人所欲知者乃屏流之變化或卽交流屏流之情形，而計算時亦不必再顧及屏極之靜止情形，故第五圖相當綫路之功用顯矣。△ eg 之意義，卽柵壓變化甚小之意，若柵極所加入之交流甚小則△可以不用，而逕以 eg代交柵電壓之有効値， ip代屏交流之有効值，故方程式 (7) 可書爲

$$ip\;(rp+zb)=ueg \qquad (8)$$

$$\therefore \; ip=\frac{ueg}{rp+zb} \qquad (9)$$

普通三極管用作檢波，放大，及振盪等綫路之計算，均可用方程式(8)及(9)因n 及yp之變化均甚小也。

若欲爲精細之計算則吾人可由方程式(6)令△eg⟶deg; △ip⟶dip, 則.

$$dip=\frac{u}{rp}\;deg-\frac{zb}{rp}dip. \qquad (10)$$

$$rpdip=u\,deg-deb. \qquad (11)$$

而 deb = zb dip 爲屏交流電壓之變化

$$\therefore \; rp\frac{dip}{dt}+\frac{deb}{dt}=u\frac{deg}{dg} \qquad (12)$$

方程式(12)可用爲計算瞬間值 (Tran-sient Value)，其中u 及 rp亦稍有變化，而非常數，但極少人用之也。

(3).不變電流之相當綫路 (Egu ivalent Circuit of A Triode WithConstant Current Generator)

前第五圖所示，爲屏極加入一交流電壓u△ge，亦可稱爲不變電壓之相當綫路。(Eqivalent Circuit With a Constant Voltage Generator)。

由方程式(11)，是人綫。

$$\frac{u}{rp}\,deg=dip+\frac{deb}{rp} \qquad (13)$$

$$\text{或}\quad Gm\,deg=dip+\frac{deb}{rp} \qquad (14)$$

不變電流之相當綫路卽根據(14)得之：—

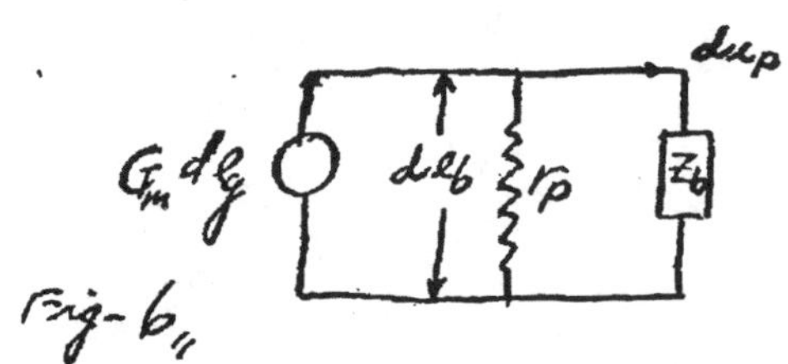

第六圖之原理同前，不過在某種問題應用第六圖及方程式(14)，易於解決及計算耳。在計算時，仍用交流有効値之方法。亦卽

$$Gm\,eg = ip + \frac{eb}{rp} \qquad (15)$$

暖氣制度之研究

張鴻烈

1.暖氣之功用——在冬季或氣候較冷之時期，欲使建築物內能以保持一定之適當溫度，對於建築物必須有適當之熱量供給。暖氣之功用，卽在能使建築物內保持一定之適當溫度，而供給相當之熱量，以抵抗建築物內之熱量消失，使吾人在房間內有舒服之生活，並增加工作効率。

2.暖氣制度之類別——暖氣制度，約可分爲兩類；(1)直接用熱制度及(2)間接用熱制度，如火爐，放熱器及壁爐等，多設在需要熱量之房間內，則謂之如直接用熱制度。在間接用熱制度中則將熱源裝設於用熱房間之外，如暖氣爐及各種風扇用熱法，皆爲間接用熱制度。

因用熱之方法不同，則暖氣制度更可以分爲下列數種：

1.壁爐暖氣制度。

2.火爐暖氣制度。

3.暖氣爐：

(a)有汽管之裝置者。

(b)無汽管之裝置者。

(c)有風扇及火爐之裝置者。

(d)與熱水制度並用者。

4.蒸氣暖氣制度：

(a)用壓力之制度.

(b)用水蒸汽之制度.

(c)用眞空制度.

5.熱水暖氣制度：

(a)利用重力者.

(b)利用壓力者.

(c)用力使水能以循環者。

6.蒸汽及熱水之風扇暖氣制度：

(a)用扇通風——以輻射法用熱。

(b)用扇通風及一部用扇送熱——以直接輻射法使之平衡。

(c)暖氣及通風皆用扇。

(d)暖氣用扇——不用通風。

(e)用單位通風制度。

(f)用風扇及火爐。

3.壁爐暖氣制度——最初之取之辦法，則爲爐條式之壁爐，空氣經過爐內之火，因受熱而減輕密度，則升入煙筒之內，熱僅由輻射作用而得至牆面及散至室內，僅靠近煙筒之牆面放熱最爲有效，有部分之熱量由煙筒內逃出，故此種取暖辦法，極不經濟，且效果亦小，此種制度僅適用於小規模之住宅內，現代此種辦法用之較少：

4.火爐暖氣制度——火爐較壁爐爲好，由火爐之下部生火最爲有之，可有多量之熱量散佈室內，能有百分暖70至80之燃料發生暖氣之效力，因火爐之溫度較高，故其熱量可以直接輻射，使房間能以溫暖，現代在外國以火爐取暖者，亦不多見，因其需要人工之照管，及其形狀不甚美觀而佔據房間之地位亦較大，在多房間之建築物內，則需要多量火爐，用以取暖；

5.暖氣爐——暖氣爐較火爐更爲進步，用此種制度時，則在建築物之地下層裝一大火爐，將空氣由外界加入，使之經過火爐及煙筒之旁管內，吸收相當之熱量，再將空氣送入各用熱之房間內，使之流通最簡便之裝置則無汽管之設備，即將空氣經過火爐後，直接用導管送至各用熱之房間內，較小之建築物用氣管將熱空氣送入各室內，較爲方便，暖氣爐用熱法之主要利益，則爲暖氣與通風之制度，可以併用，及需要小部之照管，而房間內之空氣溫度變化亦小，其最大之弊端即空氣之循環，全靠自然之氣，通如外界之風力過大，則多是冷空氣由窗縫等處進入室內，而室內之空氣壓力因之加大，則妨礙暖空氣之送入室內，故室內難以溫暖，暖氣爐之用熱法，每有灰塵及煤烟隨暖空氣流入室內，極不適合衞生，乃常爲人所反對，但現代對於此種制度，已有相當之改良，有空氣洗滌器之設備，用導管使空氣經過煙筒之內，則塵土與煤烟即不易混合於暖空氣中而流入室內。

在規模大之暖氣爐設備中，則用風扇以調節暖空氣之流通，暖氣爐爲最經濟流用熱制度，當天氣較爲和暖時，則房間內僅需要一小部分之熱量供給，用此法較用蒸汽爲省，如能利用空氣之重複循環，則更爲經濟。

6.蒸汽暖氣制度——水變爲蒸汽時吸

收多數之熱量，當蒸汽遇冷化爲凝結水時，亦有多數熱量之放出，因此可以利用蒸汽在氣管內之通，距鍋爐遠近之房間，皆可用以取暖。

當直接用蒸汽取暖制度未進步時，對於其熱量供給之管理頗覺爲難，因放熱器所放之熱量，在極冷時期足以夠用，而在普通之情形，則所放之氣量未免過多，舊式放熱器之構造，即以其能在應用時放出之熱量逾多爲妙，爲保持一定之適當溫度，則放熱器之氣閥必時有開關，近代已將此種弊端免除，在水蒸汽及眞空用熱之制度中，對於放熱器之蒸氣供給，皆以汽門或進氣閥而控制之，因之可以適合放氣器所需要之蒸氣數量，而對於氣量之供給，亦有相當之約束，熱其管理方法更爲完善，在放熱器內裝有熱力自動控制器，可以約束熱量之多寡，而能使房間內不致過熱。

此種制度適用於較大之建築物內，如工廠，學校及大公司等處皆可用之，小規模之住宅內用之，並不經濟，在完美之直接之汽暖氣制度中，燃料之熱量有百分之50至70之熱氣效率。

7.熱水暖氣制度——用熱水取暖氣裝置與用蒸汽者完全相同，其間之最大區別即在熱水制度中之放熱面溫度較用蒸汽者爲低，因之所需之放熱面亦較大，但熱水制度中放熱面之溫度較用蒸汽者易於管理，能使室內之溫度升高至190°F,或可超過之，因放熱面之溫度較低，所以對流放熱量較多，而輻射放熱量較少，故能使室內之溫度易於一致，而對於住者極覺適意。

熱水暖氣制度對於醫院或公用建築物用之較爲相宜，且使熱量之供給能以集中管理，按照外界空氣溫度之改變，對於水之溫度加以增減，而調和室內之溫度及熱量之供給，此種制度之主要便利，即爲水可以自動流通，因熱水管內水之重量輕，可以上升而冷水管內水之重量載重，可以自動下降，因冷熱二水管內水之溫度相差甚少約爲10° 至 20°F，故水之流動力亦小，當計劃之水暖氣制度時，亦須注意水管內之阻力及放流器之高度，有時難以影響水之流通，對於此種制度之按裝時亦須加相當之注意，以減少水之流通阻力，水之熱量因時間較久，則逐漸減少，而其水之流通亦較遲緩，故此種制度不適於急速用熱，此種暖氣制度所用之燃料能有百分之50至70暖氣之效率在較大之建築物中，如用熱水暖氣制度，須用打水器使水能以循環流通，可以減少水之流通困難，更可以使水之之環較快。

8.風扇暖氣制度——在公用或半公用之建築物內，因有多數人集聚一小地位內，必有相當通風之設備，以前所述之各種暖氣制度皆不能有滿足之空氣量引入室內，以爲通風之用，在人數衆多之房間內利用空氣自然流通，難得極滿足之通風，必用機械方法，使空氣流通室內，不受外界風力之影響，使距源較接遠之房間不致過冷，用機械通風之辦法，則將外界空氣完全引入熱空氣室內，使之經過空氣過濾器及熱氣器後，再用風扇送至各用熱之室內

風扇暖氣制度共有四種辦法，第一法，室內有放熱器之裝置，用以抗消室內因透風所失之熱量，將外界空氣引入鍋爐房內，先使熱氣至70°F，再用風扇將所熱之空氣送入各用器之室內。

第二法，室內無放熱器之裝置，暖氣及通風之制度，用皆風扇，先將空氣加熱使之超室內之空氣溫度，即先將一部空氣引入熱空氣之內，使之較熱，再將其餘一部熱空氣至70°F，再用風扇將所熱之空氣送入各用熱氣室內，在各用熱室內皆裝有風門及風擋，用以約束空氣供給之數量，以視各室內所需之熱量而定，此種風擋皆裝有自動開關之機械用以保持室內之適當溫度。

第三法，則爲第一與第二兩法併用，將牆及窗之一部熱量消失用風扇所供給之熱空氣抵消之，其餘一部之熱量消失則用放熱器所供給空氣量以抵消之。

第四法僅用風扇爲暖氣之制度，而無放熱器裝置，將暖空氣用風扇送入各用熱室內，再由各室內將空氣復送入熱氣器及風扇內，此法乃適合於工廠內用之。

9. 各種制度之併用法——以前所述之各種暖氣制度，已有多種聯合之用法，如直接與間接熱氣，暖氣之併用，直接與間接熱水之併用，熱水及暖空氣之併用，及蒸汽與暖空氣者併用，普通所常用者，則爲直接與間接蒸汽暖氣制度之聯合併用及熱水與暖空氣之聯合併用。

油機及氣機的保養

嘉　星

（譯自Power本年五月號）

油機和氣機的保養，在今日並不是一樁困難的事。所須注意的，總不外乎燃料，潤滑油，以及水套裏的水等三項。設能應用清潔的軟水，燃料良好，潤滑油用得適當，不致發熱，那其餘的小支節就不成問題。

困難的發生，總因爲事前沒有充分的防備。平日如能不惜小費，努力從事於保養，就不致於事出倉卒，手足無措。機關壞了，必須修理。機關的停頓，即是你在經濟方面受了打擊。停頓及修理的損失，有時會大得可驚。由此可見平日保養的重

要了。

談到保養，就該有保養的設備。在每一條排氣管，水套出路，以及潤油輸道內，最好要各安置一隻熱電高溫計。水套內須有低水警報器。潤油輸道內須有高溫警報器及安全瓣。在冬天則燃油輸道內可裝一個處熱器，這對於施用重油時亦屬需要。其他如流量計，潤油壓力計，自動潤油黏度計，自動水溫調整器等都可以裝上。有時也可再添上一隻電動潤油輸送器。有些人或以為這些東西是無足輕重的；實則牠們的及時而動，令你在將發生困難以前，得知所預防，所以其功效決不所以埋沒。

同樣，在各種氣機上，如要免除煩惱，也應有相當的設置。氣機上該有一個能在遠處操縱的開關，以便於危急時，立即停止點火裝置的作用，而免波及輸氣器中所儲存的氣體。保養氣機的第一要緊事就是潤滑油的輸送（普通每三千規制馬力時，機內約需潤滑油一加侖），其次就是作減熱用的水。普通的氣機每軸馬力時需水約 $\frac{500}{(T_2-T_1)}$ 加侖，式中 T_2 為出口溫度（不應超過華氏一百四十度），T_1 是入口溫度。用於低速氣機的保養費每八千時年約為此機購置費的百分之二，於高速機則為百分之五。第塞爾機則每年每馬力需銀數元至十餘元，其高速機則因每馬力的購置費較少，所以保養的需費較高。

在任何內燃機的，操作愈好，則保養的需費愈少。所用的水，燃料，以及潤滑油固須適當，但有時更須常使暖水周流於水套。在開動前的短時間內，有時也用暖水潤油唧筒動作的開始，最好須在機關開動之前，使得早行在各處完成油膜，減殺行動部份的起動突擊。起動時的空氣壓力，宜在可能範圍以內力求其低。

不適當的活塞餘隙，機械方面的缺點，輸送燃料及燃燒方面的困難，冷火系，潤油系，及入空氣系的欠靈活，起動的困難，以及操作的困難，在在皆是保養方面的問題，以下一一加以分述，

不適當的套合及餘隙——這類事件常發現於主軸，曲柄，丁頭等的較大軸承處。第塞爾機諸軸承的套合，較之蒸汽機關上的尤須小心，因為第塞爾機上軸承所受的單位壓力是比較地大得多了。二程機對於軸承變鬆的顯露，不能如四程機的快；這是因為牠連桿軸承的下半，永與軸栓相接之故。主軸承下半的磨損，亦頗當注意，否則當鄰接氣筒生火之際，軸即有折斷的危險。起始取用一機時，應將軸承稍稍遷移於一側，以避免牢着。在起初運動的八百或九百小時後，須察究軸與軸承是否相配。當活塞受拖拉時，須注意牠上端有

沒有裂紋。如果活塞或活塞圈的套合不好，當這機關初次受到過度的載荷，就要失去壓縮作用，排出濃厚的黑氣，增加燃料消費量，更使氣筒污穢。

氣瓣桿有時因餘隙的不適當而粘着於瓣座。餘隙過大，歷久必使瓣上滿積污物。餘隙過小，套合太緊，以致桿上每現出光亮的擦痕。

氣瓣桿上滾子與歪輪間的餘隙若是過小，若干動力將因之失去，且令機過不得運動自如。如餘隙過大，則注射期因之減短，氣瓣的聯動系發生噪音。

機械方面的缺點——此種缺點大概由於設計的不同，製作的惡劣，或用了低等的物料。前二者在今日差不多已不成問題。至於物料的缺點，實在是難於尋跡。有時甚至事先毫無警覺而突然損壞。惟一的辦法，只有常常豎耳而聽，注目而視而已。有時機件的破壞，粗視之似乎是因為機械方面的缺點，實則却是因為操作的不良。

燃料系統——普通所生困難，多在量取唧筒處。這總是由於燃料的不潔。但即使燃料很潔淨，如輸道內有積垢和水氣存在，也常妨礙唧筒的動作。濾油器須不時加以潔淨。如備有兩隻濾器，交換替用，那麼這機關就不致因潔淨濾油器而暫時停頓。吸油瓣如已修磨多次，則各氣瓣的開閉時序，應重新加以檢驗。支針及套墊損壞與否，應時加視察。輸管是否因時常振動而生罅隙，也應注意。

軟塞頗易擦損，發生隙漏。在新式的燃料唧筒內，已廢去軟塞而用柱塞，要除用軟塞時的過度緊迫與加甚的磨損。柱塞損傷，并不能加以修磨，故惟有另換一個。

燃燒——燃燒發生困難，多因入氣管的阻塞（在二程機則為氣筒部份的阻塞），燃油的過冷，空氣壓力過低(指"空氣注射"機而言)，壓縮不力（天氣極冷或軸承損害太烈，活塞即不能升至適當高度。），氣瓣開閉時序不適宜，以及噴霧器內圓盤的阻塞等等。高溫計上面的讀數，能迅速地指出困難的降臨。

水套溫度如若驟然增高異常，也表示着將有意外發生。如備有指示器則此時所畫出的功圖，必然表出後期燃着，以及其他種種的不妥所在。活塞圈如磨損太烈，即有潤滑油在氣筒內燃燒，使排氣管內排出淡藍色的煙氣。

求出發生困難的根據實屬不易。有時你會見到滴油的壞噴霧瓣，或是使瓣縮不能告成的壞入氣瓣及排氣瓣。"純油注射"機上所用的射氣瓣若是很好，則當你用手去開動燃料唧筒時，你會聽到這射氣瓣發出來一種特殊的清爽樂音。但黏着的射氣

瓣即不能如此

冷水系統——給水道內或氣筒頂上如有空氣；存在，殊爲不妥。若在裝置水管時務求務平直，則即可免去前者。常開通氣瓣以去除套頭裏的空氣，卽可免去後者。各溫度計及高溫計應及時檢閱，熱電偶也該不時加以潔淨。水套須於每次規定時間內用百分之十的鹽酸或"Artjel"加以洗滌洗洗滌水套時須停車，關閉各輸送管，令此溶液在機內停留二十四至四十八小時。停車後不可立卽將輸水管關塞，以避免積垢停滯於套頭。水套中的用的水，也應如同在軸爐的場合，予以適當的處理，免除套筒生銹的弊病。但要知過潔的水與不潔的水同樣不好。

在空氣注射機內，所用冷水，在入水套以前，每先使之經過噴氣壓縮器。若一冷却器發生罅隙，則卽有高壓空氣注入水內，同時對于氣筒停止供給。空氣如過度潮溼，中間冷却器內每有多量的水分凝結。此種凝水須時常排除之。

潤滑油系統——若是潤滑油得不到迫入壓力，這多是因爲濾油器的阻塞，主軸承或曲柄軸承處的餘隙太大，或係油槽不良。有時在你尙未聽到軸承處有打盤的聲音以前，這現象却指示着軸承的損壞。

潤滑油從氣筒內帶出的炭類，每使軸承處的油路黏着。所以新式的機關上活塞及曲柄軸等，多各備有相隔的潤油系統。用了靜力或離心力濾油器，可以免除你許多的憂慮。滑油中萬勿雜入水分。過度加油應行避免，否則活塞圈有膠結之虞（可加入煤油以爲事後的補救）。

噴氣及入氣系統——普通的毛病，多因氣瓣損傷，而致發生緊漏，成因振動而致輸管破裂。如噴氣的壓力降落，卽須停車，以避免氣瓣處發生爆炸，空氣壓縮器如果發生毛病，則當可由低級及中級壓縮處氣壓計的變化亦出。輸管內設或有所阻礙，則高級壓縮處氣壓計的讀數就會增高。所以第一須檢視壓氣器處的氣壓表。次則諦聽壓蓋及套合處入氣所生的噪音。氣瓣彈簧座以及瓣桿亦須檢視其扭曲與否。該處的潤滑油應當用得特少。假使你起動所需的氣壓不足，同時又沒有喞筒可以利用，你可以拿co_2起動，但萬不要用o_2。

起動系統——起動不得法，則數次連續的起動，將大事降低入氣的氣壓，終于得不到好的起動。其他若氣瓣的開閉時序不合，起動氣瓣膠黏，壓縮保險瓣損壞，姜路內有一關閉的停氣瓣，或某處牢接未鬆，每亦使起動發生困難。如氣筒內無爆炸，或是機關行動無常，那麼你該察看壓縮是否充分，噴氣瓣開閉時序何如，或是氣瓣本身的毛病。天氣極冷時，機關的行動不佳，多是因爲入空氣的溫度太低，淨在較小的機關內尤其容易發生。如果你發現了這事，你可停止加入燃料，將此機轉動幾轉，使氣筒壁溫暖起來，用溫水繞行於水套亦可。

水套出口的溫度，須在一百三十至一百四十度之譜！近活塞處約一百十度至一百廿度。排氣管附近約自百四十至百五十度。溫度過高，就有弊端發生。所用的水若是硬水，則應在排氣管處多用一點，以減低牠的溫度，免却多量的積垢。但排氣管的溫度，萬不要冷至排氣露點以下。否則減聲器及排氣筒內，就有生銹的危險。

氣瓣的保養——在噴氣瓣處滾子與歪輪間的餘隙應用一隙距規使其爲千分之五吋，在入氣及排氣處需千分之廿五吋（專指四程機而言）。這種餘隙矩離，均須在工作溫度內量取。如欲噴氣瓣密接，燃料內的砂屑必須去掉，輸管中的積垢和空氣也應濾除。氣瓣發生漏氣，須用細砂炭石和油修磨（金剛砂則太粗）。氣瓣四周。均須小心磨切，以便在高壓之下使牠與氣座作緊密的接合。氣瓣面如果切得不好，應先在車牀上修磨一番。最好應用一個放大鏡來察看噴氣瓣和噴口。瓣座設或損壞，可用絞鑽來修理。絞鑽槽內須塗上油脂，以便黏住絞下的屑末，免得將來氣瓣因牠們而重受損傷。察看氣瓣的密接與否，可在瓣座四周塗上筆鉛或普魯士藍，然後將氣瓣壓於瓣座，施轉數次，於是兩面上的高低處就可以一目瞭然了。

當每次察看噴氣瓣後，應用煤油將牠擦得很乾淨。瓣桿是否豎直，也須查看。

排氣瓣桿應于保護，以免刮氣瓣燒壞。此類氣瓣可先用粗金剛砂粗磨，然後用細金剛去修磬。所用燃料若含有多量的硫，在停車前數分鐘內最好改將良好的第塞爾燃料送入，如此可以使排氣瓣暖不受亞硫酸的侵蝕。

有些機關上備有圓錐面的排氣瓣。此類氣瓣外無冷套。每作二百小時的工作後，即需用細砂炭石和油磨修一次。至於他種的氣瓣，如機中用良好的燃料，則每次修磨後可用二千小時。

各個氣管須常保持其清潔與緊密，且不可使有過度的振動。排氣的溫度，須常令其在露點以上。如能時常清淨無色那麼在排氣方面就沒有問題了。

以上所述，概括言之而已。各廠家對於他自己所製造的機關，多有詳盡而特殊的保養方法。

機座瑣談

錢惠華

一般人祇知道機械本身的優劣，關係非常重要，殊不知機座的優劣，關係更是重要，倘若機座不健全，自然不能安全應用；或者壽命不長，或者易于肇禍，或工作不佳；殆若機座不安全，也是一樣的工作不健全，不安平，壽命不長。更可使一座質地極好，製造極精，而價格極貴的機械，毀壞或者變形，更爲寃枉。譬如鏇床大家知道他是金工廠的主角，務必力求優美，然而經驗上告訴我們，倘若裝架不妥，一定不能做出眞方眞平的出品。更如動力機，裝置不妥，則振動非常嚴重，數百步外，即可感覺，倘裝置得當，立可避免。所以管機械的人，對于機座，不能忽視。

然而如何可以得到好的機座，如何設計，如何建造等等，也非一言可盡，一半靠經驗一半靠學理。詳細說來，可成巨册，自非本文所能包括也。機座的使命，主義者有三點，第一能承受重力，不可有顯著的沈落或者裂縫。第二須能保持機器於正確地位，平的當平，直的當直，各部份之關係，當不變動。第三普通一般的機械，總有不平衡力之存在，當然發生振動，機座須有吸收振動和防止振動之能力。設計之時，可應用力學之方法分析，第一地面上任何一點，所受壓力，不能超過其所受之安全座力，第二全基座上之合力，（包把機重座重皮帶力齒輪力不平衡力等）的施力線，不能軼出基礎之底面，庶不致一頭沈落，或全部翻身。由上二項，定出需要之面積。第三不能有移動旋轉起落等情，我們知道壓力愈重，兩面間之摩擦力愈大，物體愈重，愈不易提起。所以這項定基礎之重量，面積和重量知道，牠的深度，易于計算了，不過有一點須注意者，無論如何，必開深至良好地層，方可施工；且嚴寒之日，土地冰裂，即要變鬆，故基礎須在冰凍綫下，約離地四尺。

設計之前，必須考慮的，就是究竟是什麽土壤，可以承受多少壓力，以爲籌劃之根據。若基礎小，關係輕，可以大約估計，倘機械重要，非試驗不可。倘若土質太鬆，更須打樁。

一個基礎有足夠之面積，足夠之重量，適當之深度，就能完成第一第二兩項使命。不致陷落或傾倒，說到第三使命，防止振動，就較爲困難了！振動是由於機器本身的不健全，是不可避免之事實。惟有二個辦法：（一）增加基礎的重量，以減少振幅，物理上說：倘若施力一樣，則加速度與物重成反比，來復機的不平衡部份大，所以牠的基礎，須格外重，就是這個緣因。(二)減少振動傳至鄰近物之傾向，機械鉄座之下，或基礎底面，用彈性物填敷，如軟木橡皮牛皮氈絨細砂等等，皆有吸收振動之効力，外國對于避免振動一事，極爲注意，有許多公司，專門從事于此。

機械基座建築材料

建築基座之主要材料爲水泥石塊磚頭木樹四種，各物之主要性質，如次：水泥爲最合理想之材料，價格既廉，而效用甚巨。石塊質重而堅硬，能吸收振動，惟建築困難，價格過昂。磚頭價廉而取材易，我國內地交通不便之處，水泥難覓，普通機械，可以磚製座，惟磚性碎弱，不能用于大機械，良磚當面面平行，角之正方，相疊成座，始省地而少空隙。木質易腐，不能耐久，祗可匆忙之間，臨時借用而已。各種材料之築基法，簡述于下節。

磚 製 基 座

磚頭基座，適用于馬力較小，而運動隱定之機械，若當地磚之價格又廉于水泥之時。惟磚頭祇用于不重要之機械，或暫時應用，不能用之于大機械，因其質不堅也。再者油質極能損壞磚頭，爲此之故，磚製基座，須有防油漏入之設施；通常方法在磚面上置一石板，或塗以水泥卽可。

建築磚頭基座，與建築房屋相似，特殊之處，卽磚頭必須精選最方正者。合縫須用一分洋灰兩份細砂之水泥。普通石灰，殊不宜用，縫距約$\frac{3}{8}$英寸。

以磚製座時，常以亂石奠基，有時碎磚石之基脚，竟佔基座之大部。惟爲妥當計，最好全部用正磚依層次砌成，若機械小而不重要，則機座外部，當用正磚砌成。其內部不直接支架機械底面之處，可用碎磚石和以三合土填實之，每隔三四尺，最好砌入已塗漆之鉄片，（1寸至2.5寸闊$\frac{1}{16}$至$\frac{3}{16}$寸厚）兩層，如此可增基座之強度。

磚製機座，高出地板時，爲增美觀起見，常加一石板，或沿邊砌以磨光磚。後者價格雖廉，不如前法。因石板可使機械重量，平均分佈于基座上，不致集中數處；更能避油質之侵佔。若機械之底面大，與基面接觸多，則重量分佈尙屬平均，不必借助於石板矣。

石 製 基 座

石製基座，較之水泥，價格奇貴，且效用不佳。今日用是甚少，惟有時某種石料，易於取獲，而機械不大，仍可應用。

故略敘於下：——

以石製座，共分三種，視負荷情形及石之性質而定，最簡單最節省之方法，取碎石及水泥混合土，膠合而成，若所架機械可用，其價格大概與磚相仿，惟因外表不平，旣礙瞻觀，又不能平均承受其負荷，上面常另加石板，致增加價格甚大；此類建築，每立方英尺約量160磅。

第二方法大部以亂石製成，如同上法上部用法石砌成，甚為美觀，惟價值大增，表面上須留意，以防重力分佈不均，若需要錨板隙位 （Anchor plate pocket）可以木製匣，四週用細石膠合。但最好用石製成，相當形狀，砌入此中。

第三方法最貴，三四十年前，應用甚廣，其法以形式相等之方石砌成，每行距離相等，或相近，用水泥膠合。石面不宜過光，以免價貴，且易膠合。石縫距離約$\frac{1}{2}$英寸。直縫可用水泥塞入，務必確實膠合。

水泥基座

以水泥製座，最為適用。因(1)比較價格尚廉。(2)易于建造。(3)建造較快。(4)阻止振動性較大。(5)各種不規則形式均易製造。(6)強度甚高。

水泥之成分配合美國大水泥廠（Universal Port Land Concrete Co.)之方法，分為三類：(1)輕小平穩之機械，用1：$2\frac{1}{2}$：5(1份洋灰$2\frac{1}{2}$份細砂5份石子均以體積比)(2)機械重而振動小，用1:2:4.(3)機械重而振動小，用1:$1\frac{1}{2}$:3.關於水泥和水混合及注入等事。本文為求簡明亦不贅述。

磚製基座，及以前之水泥座，往往採用斜脚。惟目今均用直邊方脚，因便於建設之故。

水泥內加鋼條，可增加其拉力，及避免裂縫。惟通常製造基座，除橫條直柱等外，均不必用。

煤氣汽車發動機之檢討

大來

近年來公路建設，突飛猛進。每年汽車汽油之消耗，為數極鉅。我國無汽油出產，所用汽油，皆仰給外國。資財之外溢，與一旦國際間發生戰爭斷絕汽油供給之危險，識者莫不抱為隱憂。湖南湯仲明柳敏向德等，因有創用木炭汽車之舉。在原有汽車上，加裝煤氣發生器，用木炭發煤油，由煤氣代替汽油，作為發動汽車引擎之燃料。惟有一問題，吾人應加注意者，卽該項汽油發動機。一旦改用煤氣後，其馬力是否減少？減少究竟若干；有無補救之法，此吾人所應加檢討者也。

汽油與發生爐煤氣之熱差異——汽油與發生爐煤氣之熱力上之差異，可於下之計算知之。

(a)汽油　每磅汽油完全燃燒需要之空氣爲15磅，每磅空氣在標準溫度其壓力下，其體積爲13立呎，故15磅空氣之體積爲 15×13=195 立呎，每磅汽油之熱力值爲18600 B.T.U. 故標準混合氣體之強度=18600÷195=95,卽每立呎含95B.T.U.之熱量。

(b)發生爐煤氣　以木炭爲燃料之發生爐煤氣，其理論上之成份爲 $Co = 30.58\%$, $H_2 = 8126\%$, $CH_4 = 0.812\%$, $Co_2 = 3.24\%$, $N_2 = 57.234\%$。就上述成份之煤氣，計算，其每立呎完全燃燒需要之空氣爲0.93立呎，其每立呎之熱力值爲 125.7B.T.U; 故每立呎混合氣體之熱力值 = 125.7÷1.9 = 65.1B.T.U.

(a)(b)將二項參照觀察大可知此二種燃料之混合氣體之熱力差爲 (95−65.1)÷95=.316 或 31.6%。故以汽油爲燃料之汽車發動機改燃發生爐氣後，單就二種燃之不能推算其馬力應減低31.6%。

發生爐煤氣發動機之容積效率 (Volumetric Efficiency) —— 普通汽油發動機，在1000R.P.M.時，其容積效率約爲80%−85%，而在2000 R.P.M.時，則爲65%−70%至於用發生爐煤氣發動機之容之效率，則遠不若用汽油之高。據湖南工業試驗所發試驗記錄，錄如下表：

項別 爐型	煤氣導管之直徑 吋	發動機之速度 R.P.M.	發動機之容積效率 %
二一七型	$1\frac{1}{2}$	1000	70.1
上吸式	$1\frac{1}{2}$	2000	58.1
二二一型	$1\frac{1}{2}$	1000	76.3
下吸式	$1\frac{1}{2}$	2000	59.9
二二四型	$1\frac{1}{2}$	1000	73.8
下吸式	$1\frac{1}{2}$	2000	59.8

觀上表所載，動機之容發效率，用發生爐煤氣較用汽油約減低10至15%。其減低之原因有二：一爲吸氣溫度之增高，一爲發生爐及導氣管等增加吸氣阻力。蓋汽油吸入汽缸時，必先氣化，而氣化必收熱量，故吸入汽缸內之空氣與汽油混合氣體，其溫度常可減30%常40%。於至由發生爐發出之煤氣，雖經冷却器冷却其溫度仍高。且普通汽車發動機之排氣管與進氣管，係重疊裝置，如所用燃料爲揮發性之液體。則正可利用排氣管輻射之熱，以爲揮發之用，如爲煤氣，則此輻射熱之，適

足以增高煤氣之溫度，因此吸氣溫度隨之增高。又煤氣從發生爐發出而被吸入汽缸，其間須經過滿盛木炭之發生爐滿裝濾氣材料之清潔器及長而且小之導氣管等，煤氣之路徑曲折而多阻力，因此吃氣阻力，自較僅用一化油器者增大不少。

發動機之改善——汽車發動機改用發生爐煤氣為燃料，其熱力值既遠不若汽油，發動機之容積效率又為減低，發動機之馬力自當減少。普通以發生之煤之為汽車發動機之燃料較以汽油為燃料所減低之馬力約在35%至40%。即每100匹馬力中，應減低35至40。匹是以改用發生爐煤氣為燃料之汽車，常嫌馬力不足，此不得不設法補救者也。以下諸條，即發動機之改善：

(a)加大汽缸容量　依計算動力之公式，可知發動機之馬力與汽缸之吸氣容量成正比，故加大汽缸直徑及增長活塞衝程即可增大發動機之馬力，其理甚明，蓋如汽缸直徑加大及活塞衝程增長，其活塞排氣量因之加大，在一定迴轉速率之單位時間內所吸入之燃料亦必加多，其供給之力源加多，則效力自必加大。但此法在事實上，非常麻煩。蓋將汽缸車大，已非常事，同時所用活塞環或活塞，亦須更調。增長活塞衝程，即增長迴旋臂(Crank Arm)，更為事實所不許，故發動機改用煤氣為燃料時，極鮮應用此法以改善其馬力者。

(b)裝用過供器　改善發動機馬力，既不宜於汽缸之加大，則就一定之活塞排氣量以增加吸入燃料之量，之其一方法，須將供給汽缸吸入之氣體壓縮，使當發動機吸入時，得以充分供給以增加容積效率。汽缸吸入之燃料既多，發動機之馬力自當增加也。然裝用此種過供器，其構造較為複雜，我國煤氣車製造廠家，尙少應用此法者。

(c)增加壓縮比例　汽油之自燃溫度較低不能受過高之壓力，普通汽車發動機之壓縮比例，約為5。若用發生爐煤氣，自燃溫度較高，在發縮衝程時，能受較高之壓力，並不自動燃燒。其壓縮比例可增至6或7。如是，則發動機之旋迴效率(Cycle Efficiency)可以增加。查 Otto 旋廻之旋迴效率公式為

$$E=I-\left(\frac{I}{R}\right)^{k-1}$$

式中之R為壓縮比例，以煤爐為燃料，則K為1.3，故如發動機之壓縮比例為5，其旋迴效率。

$$E=I-\left(\frac{1}{5}\right)^{1.3-1}=0.383\text{或}38.3\%$$

如壓縮比例增至6.5，則其旋迴效率

$$E=I-\left(\frac{1}{6.5}\right)^{1.3-I}=0.430\text{或}43.0\%$$

故以發生爐煤氣用於6.5壓縮比例之發動機，較用於5.0壓縮比例之發動機其馬力

可增加43.0—38.3＝4.7%

欲使發動機之壓縮比例增加，爲便利計，可將汽缸蓋刨去適宜之厚度，或用銅墊塞於缸餘(Clearance)內，將缸餘之空隙減小。此法雖不能完全回復其所損失之馬力，然較原缸蓋缸有顯然之差別，而其法則非常簡單便利。我國煤爐車廠家常常應用此法。

(d)改良火花 煤氣燃燒速率，遠不如汽油，故發火時間應該提早，庶不致廢氣排出時，力量未盡，仍在排氣管內繼續燃燒，以致機身過熱，力量減小。即火花塞之位置，亦頗關重要，亦能居於汽缸頂之中央者爲最優。蓋其發出之火，能於最短時間內傳到各部，不若火花塞之裝置在汽缸側者，其對面之煤氣往往不及完全燃燒而被屏棄，於馬力及發動機之效率皆燃損失。今欲增加此種引擎之效率，可在前說之火花塞對面，再裝一火花塞，於每一汽缸，有兩只大花塞，所謂雙發火裝置(Duel Ignition System)於引擎效率，每有良好之效果。

(e)更換發動機與車輪間之旋轉速率

發動機改用發煤氣爲燃料後，其馬力將減少三分之一左右，既如前述，若用原有發動機與車輪間之旋轉率，有時或將不堪負重而致引擎不發及爐火熄滅等情。故於必要時，須將須動機與車輪間之傳動齒輪比例增加，以增加其推進力。

普通汽車改裝爲煤氣車之條件——普通汽車改裝爲煤氣車，其發動機之改善，既如上述，故發動機之具有以下諸條件者，爲承包改裝爲煤氣車之廠家所最歡迎：

(a)發動機之壓縮比例高

(b)汽缸之直徑大

(c)火花塞之位置在汽缸蓋之中央者

(d)發動機之旋轉速率較緩

汽車之具有以上四條件者，改裝爲煤氣車時，最能得較經之成績。其理由已於前節述過。其中最須注意者爲第四條(a)。蓋高速度旋轉之發動機，其每分鐘其吸之次數較多，發生爐發生之煤氣，往往有供不應求而至發出煤氣成份不佳之弊。

鼠籠式交流感應電動機之現勢

褚應璜

內容概述

本文先論鼠籠式交流感應電動機之特性，利點與用途，次詳論其唯一缺點——起動惡劣——並補救之法；若用離心力原理之機械耦合，高電阻轉動子，及其他改進起動特性之轉動導體。最後論複鼠籠式電動機成效之優異卓絕，為鼠籠式電動機進步上最大之成功。

引言

鼠籠式感應電動機(Squirrel cage Induction Motor)為1890年 Dolivo Dobrowolski 氏所發明，其構造上特點，在乎轉動鐵心 (Rotor)半封閉之槽內，貫以紫銅或合金之長條，兩端以端環 (End Ring)焊接，條環合成鼠籠狀之綫捲，機以形名，構造簡單，堅固耐用，成本至為低廉。關于此式電動機已有四十餘年之歷史，其間進步改良，層出不窮，各種製造工廠，相率賴以為原動機器，故在工業上用途之廣，無與倫比。構造此式電機之要點有二：

(一)維持極小極均勻之氣隙距離，以減小礪磁電流，提高電力因數。

(二)條環焊接處接觸電阻 (Contact Resistance) 必須免除，以減小轉動子之銅耗 (Copper Loss)，防免滑率(Slip)增加，轉速與效率之低降。

自鋼球軸承與轉子軸承(Ball & Roll Bearing) 相繼發明以還，袖式軸承與潤滑油環，漸歸淘汰，而電動機氣隙距離，得以充分減小，仍不失其平衡，電力因數與效率俱增。鼠籠焊接問題，隨弧光電焊機與接焊技術之日新月異，美滿解決，而轉動子亦愈呈堅固，速度調整，益見平均。其他製作上改良之點，與時俱進，因地而異，實難縷指計焉。故應用之廣，尤倍蓰于前。

電動機之選擇

選擇電動機之標準有三，曰效率，曰運用上之可靠，曰價格之低廉也。效率愈高，則同一馬力所需之電力愈省，價格愈低廉，則設置費用亦愈少，彰彰甚明。至若運用可靠，「障礙減小，工作無停頓之虞」對于全廠之影響如何，當視實際情形而變易。工廠愈大，部分愈多，備貨充足，則一機之障礙，致此部分工作停頓者，不過數小時，影響于全廠出貨亦至微；設工廠規模狹小，備貨不足，動力集中于少數之電動機，則一機停頓，全廠將蒙其大患，甚至全部出貨，從而停滯。是故選擇原動機器，不可不愼之于始也。電動機之用途，可大別為二端：——

(一)變速範圍廣大——直流電動機屬之。

(二)速度不變（二級或二級以上之定速）—鼠籠式電動機與直流分捲電動機屬之。

變速度電動機之用途遠不若定速之廣，晚近製造工業，若紗，布，麵粉，製糖，水泥，捲烟等廠之機器，迨莫不以定速而運轉也。本文于鼠籠式電動機，特反覆推證，以明示其功用之凌駕一切。定速拖動，又分下列三大類：

（甲）電動機在少量負荷下起動，開出後負荷始逐漸增加者，如長地軸(Bie Sh. aft) 之類屬之。

（乙）電動機起動後，負荷隨轉速而增加者，若打風機之類屬之。

（丙）間欵使用之電動機。開動之負荷極重，需要高度之脫出轉力 (Pull Out Torgue)，若起重機之類屬之。

鼠籠式電動機

（一）效率之優越，——鼠籠式感應電動機之磁場安匝〔Ampere Turns〕隨轉動子安匝之增減，而自動調節，故礪磁之損耗極小效率遂增。直流分捲電動機與同期電動機則不然，其磁場之（安匝），必須維持最大過量負荷之數值而不能有變動，故其定值損耗Constant Loss)，較感應電動機爲大。效率自低。第一表示馬力相等，重量相當之各式電動機，效率之比較。

第 一 表

定額	機式	無負荷損耗	效率		
			全負荷	重負荷	至負荷
10 匹，960r .p.m.	三相鼠籠式感應電動機	0.45kw.	88%	88%	86%
——	直流分捲電動機	0.58kw.	84%	84%	82.5%
500匹，480 yp.m	鼠籠式電動機	14"	93.5%	93%	91.5%
500r.pm.	凸極式同期電動機	16"	94%	93%	90.5%

鼠籠式感應電動機較滑圈式感應電動機之效率與電力因數均爲高超，其故有二

（甲）鼠籠式轉動子，以同容積之槽溝，可較滑圈式(Slpring or Wound Rotor. Type)容納多量之導體，故電阻較低，銅耗較省

（乙）鼠籠式電動機因定子與轉動子間之互鏈洩漏磁來較滑圈式者大爲減少，間接提高其短絡電流，與最大出力〔Maximum capacity〕，故電力因數亦從而提高。

（二）運用之可靠——鼠籠式感應電動機之最大利點，爲運用上極端可靠。1922年英國機器，鍋爐，電機保險公司，對于電氣機器之障礙紀錄，有第二表之報告：

第二表

障碍之部位	百分比
交直流電機之轉動子(Rotor)	38.3
礪磁線圈與固定子 (Stator)	18.1
整流環，電刷及附件，滑圈。	12.1
其他	11.4
開動器	20.1
綜計	100

觀乎上表，可見轉動子，整流環，滑圈與電刷附件之障礙，占電機全部全部障礙之百分之六十三$\left(\frac{38.3+12.1}{38.3+18.1+12.1}=63\%\right)$鼠籠式電動機旣無滑圈電刷整流環附件等設備，其轉動鉄心又整接牢固，故其『障礙之可能度』遂極度減小矣。

(三)價格之低廉——鼠籠式電動機價格之低廉可自第三表得之，表中比較，以20匹馬力1000r.p.m之電動機爲標準：

第三表

直流分捲電動機及面板式開動器	100%
滑圈式感應電動機及面板式開動器	105%
鼠籠式感應電動機及單捲變壓開動器	80%
鼠籠式感應電動機及 y—△開動器	65%
鼠籠式感應電動機及直接開動器	65%

鼠籠式電動機，對于上列三點標準，悉占最優越之地位，頌曰最理想之原動機器，當無疑義，然其爲用，仍時受電力廠之限制何也？起動之特性不良，有以致之也。起動之特性包括起動電流與起動之旋力 (Torque)。鼠籠式電動機之直接起動旋力，約當全負荷旋力 (Full Load Torque) 之 100%—25%，祗要時間不長，電機不致過熱，自可勝任愉快，但其起動電流，爲全負荷電流之5—7倍，饋電線路，因一時受巨量電流之過而電壓遽急降低，引起重大之騷擾，如附近燈光之驟暗，影響甚巨，鼠籠式電動機多方受限制者，微結卽在于此。設法改善，要爲當務之急，蓋起動電流，一旦要妥解決，則鼠籠式電動機白璧無瑕，將取一切電動機而代之矣

。欲求改善，必先分別探討其任務：——

(甲)電動機在少量負荷下起動，迨滿速既達，負荷始函漸增加者——工廠動力藉長地軸拖動者，或個別拖動之車床機器，皆屬之，其起動拖力，約當全負荷時拖力百分之30—60，設起動拖力，僅需百分之四十，則普通鼠籠式電動機，配以星形三角起動器，卽克勝任，然一般機器之起動拖力，鮮有在40%以下者，故爲安全計，電動機起動拖力，當以$\frac{70}{100}$爲最適當。

(乙)電動機以全負荷起動，或負荷隨轉速而增加者——電動機以全負荷起動故可用直接起動或機械耦合(Clutch)之法。但負荷隨轉速而增加者，其起動旋力，仍需有全負荷旋力百分之七十也。

(甲)，(乙)兩類，旣具同一起動拖力之需要，故可以同一之起動方式解決之。單捲變壓開動器(Au To Transformer Starter)備有$\frac{75}{100}$之 Tapping 者，能得$\frac{70}{100}$之起動旋力，蓋起動旋力與電壓之平方成正比也。

(甲)(乙)類電動機之起動方式

(1) 機械耦合——鼠籠式電動機，以重負荷起動者，可藉機械耦合之法，以解決起動之困難。起動之際，耦合脫離，迨速度達某一定量，因離心力作用使耦合接觸，起動負荷，故電動機實起動于無負荷之下，而能以強力帶動重荷也。耦合動作之特性，可大別爲三類。

(一)耦合純粹依離心力使重量于某一速度下飛出，絕無控制之設備，故耦合在低速度卽行接觸。

(二)耦合藉離心力飛出者，由彈簧以控制之，轉速達到某一程度時，離心力適超過彈簧之拉力，而耦合接觸，故電動機帶動重荷之際，速度巳甚高。

(三)耦合藉離心力脫出之際，適當電動機星形起動完畢，而變換至三角聯接之一瞬間，故電動機加速期內，絕無負載，直至速度充分增高(約當同期速度93%)，始帶動重負者。此式動作控制，異常巧妙，蓋利用連接變換極短之過渡期間，電流中止，電動機旋力與轉速，作瞬息之遲滯，因而脫解耦合之控制器，俾耦合得離心力作用而接觸者。利用機械耦合之動重電動機，均藉星形三角開動，故起動；電流甚小，而起載，毫無困難，當爲糾正鼠籠式電動機起動惡劣之絕大進步也。至于耦合構造，方式繁多，本文篇幅有限，不及詳載，殊途同歸原理不外上述，第(三)方式，優異卓絕，堪爲此式之模範也。

(2) 高電阻轉動子——一般鼠籠式電動機之起動旋力，相當全負荷旋力之$\frac{100}{100}$—$\frac{250}{100}$，起動電流爲$3\frac{1}{2}$—$7\frac{1}{2}$倍，已如上述。電動機之起動旋力，視轉動子電阻之數值而定，亦即與轉動子內銅耗成正變，高度起動力必賴高電阻之轉動子也，電阻愈高，損耗愈大，則運轉之效率愈低，故高效率電動機，又必賴低電阻之轉動子也。普通機械之起動拖力，類皆在全負荷時拖力百分之五十以上，此非一般鼠籠式電動機附以Y—△開動器所克勝任者也(一般鼠籠式電動機之起動旋力，約當全負荷旋力百分之一百二十左右，用Y—△開運器後，僅及其三分之一，即百分之四十)單捲變壓開動器，具有$\frac{75}{100}$之Tapping者，可獲$\frac{70}{100}$之起動旋力，起動電流，爲全負荷電流之兩倍半至三倍間；電動機附以此式配備，對于起動問題，當無瑕可擊，然其成本價格，因遠不若用Y—△開動器之低廉簡便也。觀乎(甲)(乙)兩類拖動條件，則電動機附以Y—△開動器，必須具下列三項之特性：—

(一)星形聯接時起動旋力當在全負荷旋力百分之七十以上

(二)起動後加速期間之旋力，不得跌至全負荷旋力百分之五十五以下

(三)電動機以星形聯接開動後，當變換至三角聯接之一瞬間，電流卽浪起而一躍增高，此增高之數量，不得超過起動電流。

解決上項特性之法甚多，增加轉動子電阻其一端也。電阻增加一倍。直接開動之旋力可增至2.1倍。二十四馬力之電動機，原來效率90%，滑率3%，轉動子電阻增加一倍後，效率減至87.5%，滑率增至6%，起動困難，固已相當解決，而每年$2\frac{1}{2}$%之電費損失，無法補償，難期用戶滿意也。

(3) Wall 氏導體及其他轉動子導體之改進法——改進轉動子導體之目的，不外開動之時，增高其電阻，俾旋力高超，轉動時，使電阻自動減小，俾效率無傷，其法有四，狹長之深槽，與狹長之導體一也， Hobart 氏鉄質導體二也， Thomson 氏鐵套銅心導體三也， Wall 氏複式導體四也。要皆

利用周率之變化，與洩漏磁束之增減產生皮膚效應 (Skin Effect) 提高起動時之有效電阻而于轉動時回復常態而已。然則法雖殊，理實歸于一也。

(一)狹長之深槽與導體——槽形狹長，則槽下層之洩漏磁束，鏈繞該部分之導體者，必較上層導體爲多，起動之瞬息，轉子周率與線路周率同，導體下層部之自感量與電抗 (Reactance) 均較上層爲高，故電流被迫而羣趨于導體之上部，電阻乃因有效截面積之縮小而增高，迨轉速加增，轉子周率漸減，自感阻塞作用，逐漸泯滅，迄乎滿速，導體內電流分佈，恢復常態，銅損滑度，絕無增加之虞也。然其缺點有二：——

(甲)槽形過深且狹，轉動子洩漏電抗(Leakage Reactance)將激增，電動機短絡電流減小，電力因數，亦從而減低。

(乙)導體過薄，構造上難期堅固，與銅圈焊接上尤感困難。

(二) Hobart 氏鉄質導體——利用鉄質導體磁導率之高以增進皮膚效應，俾起動之際，電流因上述阻塞作用而被迫行于導體之上層部。較動加速，電流復歸常態。然鉄質導體，將使轉動子洩漏電抗，較(一)式爲尤大，起動電流與電力因數將銳減，而起動旋力仍無些微之增加也。

(三)鐵套銅心導體——亦恃起動時轉子內周率之高產生，洩漏磁束，羣集鉄管，鏈繞銅心，皮膚作用，愈呈顯殊，電流旣迫而匯流于外表，起動之有效電阻自增。此種構造，對于轉子洩漏電抗，易于控制，較之(二)法，理同而有利也。惟銅心鉄管，在導體之端部，殊難得完美之『電氣的接觸』，則構造上有困難也。

(四) Wall 博士複式導體——係銅心外套鋼管、再包銅質一層于其外，內外銅體，焊接牢固，電動機起動之際，銅心之自感量，因大量洩漏磁束，爲鋼管所吸收，而鏈繞于其外，增高倍蓰，電流被阻，外層銅套，電阻雖高，自感量較小，電流通過較易，故起動旋力大，迨轉速加增，電流復循常規如前狀。此式轉動子內部之洩漏電抗，較(三)法更易控制，加之構造方面，一掃上法之困難，則複式導體，宜乎爲四法之冠也。

複式導體之原理，又可視作兩個並列之電路，一則電抗高而電阻低，銅心屬之，一則電抗小而電阻高，外層銅套屬之，鐵套內之洩漏磁束，爲造成銅心自感量之要素，而銅套外之雙鏈洩漏磁束，又爲銅心銅套兩者互感量（Mutual Inductance）之主因也。互感量足以增加轉動子之電抗，減低電動機短絡電流與最大旋力，爲害殊巨， Wall 氏複式無術以避免之也。

(4)複鼠籠式電動機——爲 Boucherot 與 Dolivo Dobro wolsk 兩氏所發明，逐步演進，已臻完美，其轉動部之槽形構造特異，可以容納兩層之導體（銅爲鉛），形成兩個獨立之鼠籠，上下槽間，有狹長之溝相連通，第一

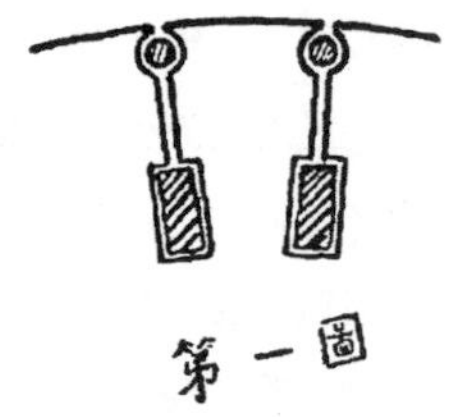

第一圖

圖上層曰起動籠，導體截面積小，電阻高而自感量小，故電抗小；下層曰行動籠，導體截面積大，電阻小但因有狹長之溝在，易生多量之洩漏磁束，鏈繞其外，故自感量高。此內外兩籠之電阻電抗四數值，可以列成無限數之組合，卽從而得無限數之轉速／旋力曲線也。當起動之瞬間，電動機轉動子內週率爲線路週率，下層籠以電抗甚高，阻塞電流之通過，電流乃向高電阻之上層籠奪路奔流，電阻高則起動旋力大，電流小，起動之電力因數亦高，迨轉速漸增，轉子周率漸減，下層籠內阻塞作用，亦徐消滅迄乎電動機正式運轉之際，大部分電流羣趨內層，轉動子具低電阻之特性矣。是故高度起動力與優越之效率，一機兼而有之。第二圖示單鼠籠

單鼠籠與複鼠籠式電動機之旋力/速度曲線比較圖

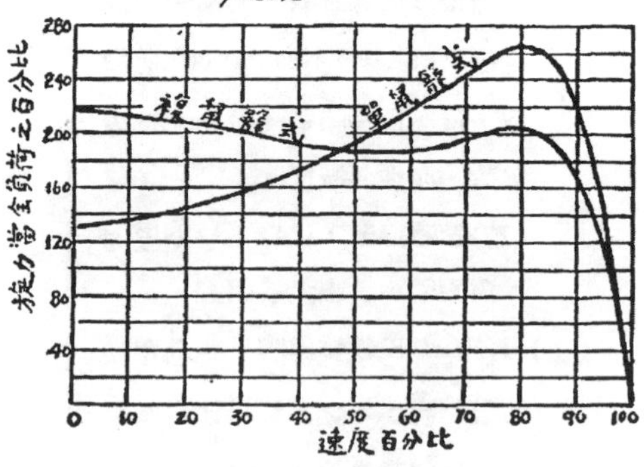

第二圖

式與複鼠籠式電動機旋力／速度曲線之比較。第三圖示兩式電流／速度曲線之比較也。

單鼠籠與複鼠籠式電動機之電流/速度曲線比較圖

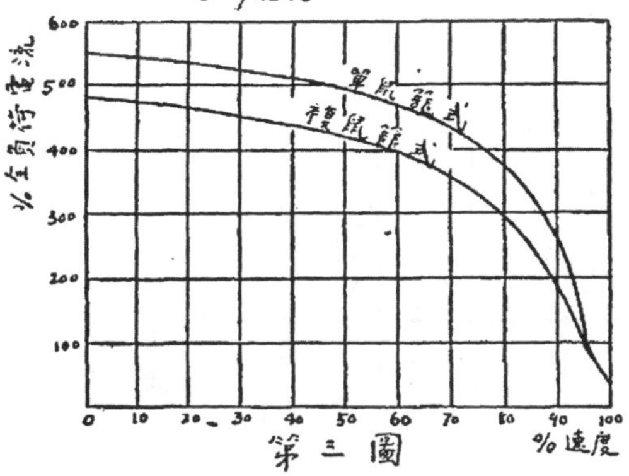

第三圖

複鼠籠式之動機本身之構造成本，較單鼠籠式略高(約為5—10%)然複鼠籠式電動機之起動設備——Y－△開動器較之單捲變壓開動器，價格低廉，控制便捷，衡之全部設備，兩者幾無差別。複鼠籠式電動機之起動設計，與整個轉動子之電阻無關，故行動籠之電阻，可以減至極小，仍無損于起動之旋力，效率益可提高，駕乎單鼠籠式之上也。複鼠籠式電動機之效率與電力因數，均較滑圈式者為高，起動特性，堪與媲美，(見第四表)而價格之低廉，控制之簡便，附件之簡單，運用之可靠，遠出後者之上，用以替代滑圈式電動機，綽有餘裕。關于提高電力因數問題，槽形作第一圖式者(第四圖)其下層之洩漏磁束，一

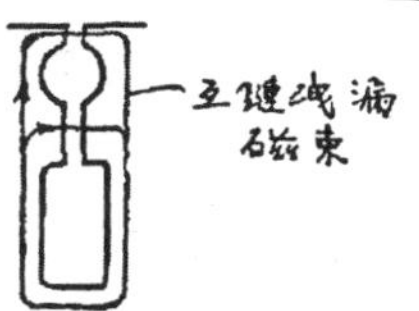

第四圖

部分同時鏈繞上層，形成互鏈磁束，產生互感量，上層之電抗乃相當增加，電力因數，遂爾低減。改善之策，見第五圖，此式互

改良複鼠籠式之槽形

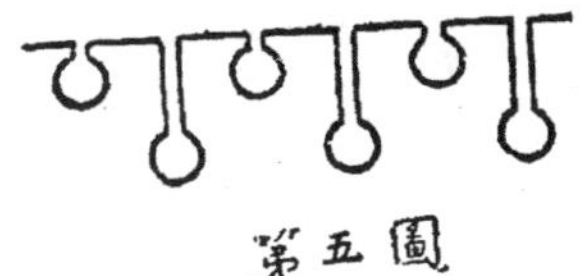

第五圖

上下層複鼠籠式電動機之旋力/速度曲線

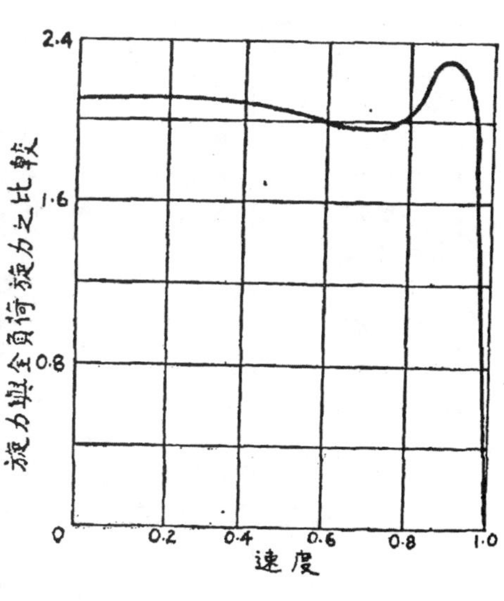

第六圖

鏈磁束，數量銳減。運轉特性，異常滿意，其與滑圈式，單鼠籠式，及啞鈴狀複鼠籠式之比較，詳列第四表中，俾讀者有所參考焉。第六第七兩圖，示兩式複鼠籠，旋力速/度曲線之比較。

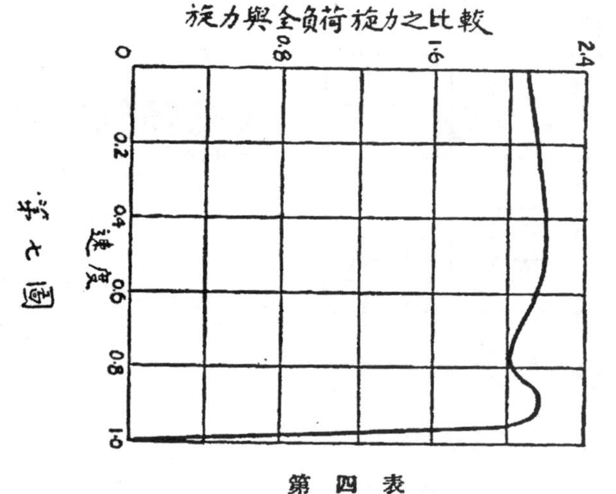

第　四　表

運轉特性	單鼠籠式	滑圈式	複鼠籠式（槽形如第　圖）	複鼠籠式（槽形如第　圖）
效率：——				
全負荷	90%	88%	90　%	90　%
$\frac{3}{4}$負荷	90%	88%	89.5%	90.3%
$\frac{1}{2}$負荷	89%	88%	87.5%	89　%
電力因數：——				
全負荷	0.92	0.85	0.86	0.88
$\frac{3}{4}$負荷	0.90	0.79	0.83	0.875
$\frac{1}{2}$負荷	0.82	0.67	0.76	0.82
全負荷滑度	2.8%	4.0　%	2.1　%	2.2%
起動電流：——				
『直接開動』	6.0　全負荷電流	——	5.6　全負荷電流	5.5　全負荷電流
『Y－△開動』	2.0　全負荷電流	——	1.9　全負荷電流	1.83全負荷電流
起動旋力				
『直接開動	1.3　全負荷旋力	——	2.1　全負荷旋力	2.1　全負荷旋力
『Y－△開動	0.43全負荷旋力	——	0.70全負荷旋力	0.70全負荷旋力

結論

鼠籠式電動機構造簡單，控制便捷，價格低廉，堅固可靠，加之效率高超，電力因數，迴非滑圈式電動機所可比擬。（當爲最理想之原動機器）各國電機工廠，莫不竭盡心力，設法改善其起動之特性，與製作之方法。年來理論研究演進既如上述，而製造方法亦相輔疾進，原來轉動子導體，悉皆以銅爲之，然與端環連接之處，仍不免焊接之勞。美國G.E.電機廠，首先用鑄鋁之法(Alumilmum DieCasting)，以高溫度將鋁質熔成液體，藉以壓力鑄入轉動子，俾導體端環與風葉，鑄合成爲一體，接觸電阻問題，全部解決，而出貨之速率，較前法增加十倍以上，嗣後各國工廠，相率效尤，成本輕減，出品整齊迅速，迄乎今日而臻于極矣。他若絕緣油漆，絕緣材料之改良，足以經受甚高之熱度而不變，單紗漆包銅線之問世，與夫鋼球軸承之發明，在王足以增進製作之便利，與運用之可靠。我國製造工業，正風起雲湧，接踵興起，原動機器，需用日增，交流感應電動機每年進口額達一百萬兩關金（約二百萬元）之鉅，國內電器製造業，有鑒于此，業已創立工廠，自行製造，引用最新原理與製造方法已有千只左右，分佈江南各省，與外貨抗衡，製造詳情，當再爲文報告，深願國人之提倡扶助也。

AUTOMOBILE MANUFACTURING

By D. F. Myers

Automobile manufacturing is one of the newest of industries. The development of this industry to its present high state has only covered a period of a little over thirty years. During this time it has developed from a very modest beginning to a place where it is considered to be one of the largest in America and in one or two of the European countries. The demand for automobiles has caused the manufacturers to devise special manufacturing processes, special materials and highly specialized plants. Automobile engineers have endeavored to evolve certain standards which are common to all automobiles and which have reduced the cost of manufacture very materially. The result is that the manufacture of automobiles, while highly specialized, has become an outstanding example of standardization. It is about this standardization that I want to speak to you today.

An examination of a modern automobile will reveal that it is simply a highly developed machine; that it is a combination of wheels, gears, levers and shafts; all operated by a common power plant. Perhaps the only difference which might be noted between the automobile and any other fine machine is that it is "mobile" or capable of being moved about at the will of the operator. But when we take a look at the methods of manufacture we find that there is a considerable difference between the making of an automobile and, say, a printing machine. The printing machine, while highly specialized, is usually developed particularly for the plant in which it is to be used and is, therefore, individually manufactured. The automobile, also highly specialized, is intended to be placed in the hands of thousands of users whose needs are exactly the same. It can be, and is, manufactured in large numbers according to standards which have been developed to meet the needs of these thousands of users.

These standards of manufacture and design have been so far developed in America that it is quite possible for an automotive engineer to select from the various makes of engines, transmissions, axles, frames, electrical units, wheels, tires, etc., sufficient units and parts of standard sizes, to entirely assemble an automobile according to his own design. It is not necessary for the egineer to individually design, test and assemble each part and unit. He can bring together all his units with the full knowledge that they will meet every requirment without additional testing and experimentation on his part. He knows that every fit and tolerance is correct and that when he gets these parts and units assembled he will have an automobile of conventional appearance and performance. The only thing he needs to do, if he wishes to add a touch of individuality to his design, is to build a special shape into his body, such as stream-lining or special seating arrangement. And, if he wishes to do so, he can even purchase his bod from any one of a half dozen manufacturers who make standardized bodies.

Now, it will be interesting to know how this standardization came about. In the beginning, the automobile industry made use of many of the previously developed mechanical de vices, such as the gear-box from an engine lathe, the steering pivot of the bicycle, the universal joint from the milling machine, the springs from a horse-drawn vehicle, the differential which had already been developed for several other machines requiring compensating drives and other mechanical devices which had been found useful for other purposes. All of these devices were made in many sizes and in various arrangements, none of which were exactly suitable for the automobile. The gear-box, for instance, had been used on the lathe for comaratively slow speeds. It had usually been run without oil and was seldom enclosed in a housing to exclude the dust. When it was built into an automobile, it was run at high speed which caused a great deal of noise and rapid wear. The usual brass bearing would not stand the higher loads which were placed upon it. Dust and dirt from the roadway quickly ruined the gears and bearings. It was necessary to shift the gears while the machinery was running and to do this with as little noise as possible. It is only necessary to compare the modern automobile transmission with that of a lathe to see what has been done in the way of improvement but it is necessary to study the transmission very closely in order to see how this improvement has been accomplished through standardization. Take, for instance, the gears of the modern automobile. High grade steel, standardized as to chemical composition to give a standard strength far in excess of the ordinary cast iron of the gears used in the lathe gearbox, is used in their manufacture. They are cut on special machines which can make thousands of the gears, each exactly like the other and absolutely interchangeable with each other. Even the teeth have been standardized to a special standard which adds greatly to the strength of the tooth and materially reduces the noise of running. The modern automobile transmission gears can be shifted without preceptable noise because of the standardization of manufacturing allowances and limits which are not possible in individually fitted units. All these limits can be maintained in mass production through the development of standardized machines for their production. Many of these machines are pratically automatic in operation and require only the attention of an experienced operator to keep them in condition and to supply them with material. The mounting of the transmission together with the clutch and the engine has been completely standardized to the extent that an engineer needs only to specify, by number the size of cluth housing and flywheel housing he requires in order to obtain what he wants.

Standardization has been extended to cover every part of the automobile from the smallest bolt and nut the mounting dimensions of the largest units. Universal joints, ball and roller bearings, tire sizes, spring lengths and widths, gasoline and oil line fittings, width of treads of the axles, sizes of head-lamp lenses, gearshift lever positions, generator and starter mountings, sparkplug sizes and a hundred other parts and units have been standardized and in most cases are interchangeable from one make of automobile to another.

All this standardization has had its effect on the manufacturing of the automobile. It has permitted certain factories to concentrate on certain individual parts and units with the assurance that these parts and units would be used by a great many automobile makers. These factories are thus enabled to install special mcahinery with which to produce large numbers of such parts at a comparatively low cost. It has permitted automotive engineers to concentrate on the refinement of their individual automobile design and appearance without being required to waste time and money on costly experiments. It has permitted mass production of the automoblie at a price which would have been otherwise impossible. It has eliminated the necessity of hand fitting the individual parts and units and allowed the manufacturer to assemble his cars in progressive order, thus eliminating the need for large stocks of parts. In the matter of maintenance of the automobile it has permitted the owner to substitute parts of one automobile for the broken or worn parts of a nother and thereby reduce the cost of operation.

Standardization of materials such as steel has given the automobile engineer definite strengths and sizes of section which enables him to definitely hold the weight of his car within reasonable limits without sacrifice of strength and safety. Standardization has removed the element of doubt from many points of design. The automobile engineer is no longer handicapped by the fear that his design will not prove practicable. He needs only to follow the established standards for the size of vehicle he wishes to design and to adapt his design to them. In so doing he knows that he is following a practice established by the best engineers in the industry and is utilizing the combined experience of all of them. He knows, also, that he will be able to get into production of his vehicle in the shortest possible time without the necessity of spending many months in tests and experiments. He likewise knows that the buying public, educated as it is to accept articles of standard construction, will not hesitate to purchase a vehicle which conforms to an established standard. And he is assured that he will be able to produce a vehicle which can be sold at a price which is competitive since his parts and units can be produced in standard factories with standard machinery.

Now it will be interesting to note, further, just how this standardization has been accomplished. Let us take the case of American automobiles. Very early in the history of automobile manufacturing in America an organization was formed, primarily to protect those manufactures who were paying a high license for the use of the selden automobile patents. This organization, known as the Association of Licensed Automobile Manufacturers (A.L.A.M.), of necessity held certain meetings at more or less regular intervals, at which meetings various problems which were common to all were discussed. This led to the etablishing of a set of standards for screw threads keyways and similar fittings. These were known as the A.L.A.M. Standards and were eventually adopted by all American automobile manufacturers. After a few years, however, the Selden patents were declared illegal by the United States Patent Office and became the common property of all automobile manufacturers who chose to use them. The A.L.A.M. ceased to exist but in its place was organized the Society of Automotive Engineers (S.A.E.) which took over the standards of the A.L.A.M. and proceeded to modify, improve and enlarge them. This new organization, consisting as it did of engineers who were interested in producing the best possible vehicles, set to work at once to bring about suitable standards and recommendations for materials and practices. Just how far this has been accomplished can be seen by an examination of the latest S.A.E. Handbook which has over 700 pages and a supplement of 75 additional pages. The standards included in this Handbook cover every-thing from the smallest woodscrew to the largest airplane propellor mounting. They cover every type and kind of material and give the chemical and physical properties of all kind of metals. Standard heat-treatments of all steels used in the manufacture of automobiles have been carefully tabulated. Lubricating oils have been classified to such an extent that even the uninitiated motorist is able to obtain the proper lubricating oil for his automobile by simply specifying the correct S.A.E. number. Ball and roller bearings have been standardized to such an extent that many duplications and odd sizes have been obsoleted. Testing standards for all materials havs been established and special forms have been prepared for the recording of engine tests and performance. A complete list of standard names has been prepared under the heading of "Automobile Nomenclature." In addition to the regular automobile standards there are many standards for airplane practice. Likewise standards have been established for stationary gasoline and Diesel engines and for farm and industrial tractors. In fact, these standards are so complete that they have been adopted by many of the British and European automobile manufacturers who wish to use American made transmissions and other units.

These standards are being constantly revised and improved. The work of keeping the standards up-to-date is entrusted to nineteen regular and three special "Standards Committees" of the S.A.E. The membership of these committees is chosen from the engineers of companies producing materials or units covered by the particular committee upon which they serve. The finedings of each committee are referred back to the general Committee, which is made up of the various chairmen of the different committees, and they in turn arrange for publication after having submitted the recommendation to the members of the Society.

The outstanding result of the standardizations thus effected has been that Américan manufacturers have been able to produce more automobiles than all the rest of the countries of the world. They have been able to set the worlds standard in design as well as in performance. They have been able to produce automobiles at very low costs with very high priced labor. And they have been able to establish production on a quantity basis which would have been utterly impossible without standardization. It will be recalled that many American manufacturers have been able to produce several million identical cars and in the case of the Ford Motor Company fifteen million cars of one design. It is also worth mentioning that, while several different makes of American automobiles can be purchased for prices ranging near US$500.00, there are very few good makes of lathes which can be purchased for that price and lathes are perhaps an outstanding example of standardization in the line of machine tools. However, the standardization of lathes has not reached the point where mass production is possible.

Within the next few years Chinese engineers are going to face the problem of producing cheap automobiles in China. Let me suggest, to those of you who expect to become Automotive Engineers, that you give careful consideration to Standardization. Take full advantage of the standards already established by American, British, French, German and Italian automobile industries. Build up a set of standards which is entirely suitable to the needs of Chinese manufacturers. Arrange to eliminate, insofar as possible the element of competition between engineer of different companies and foster the spirit of co-operation. In this way you will be helping to produce vehicles in larger quanties and at lower costs. In this way you will be able to meet Foreign competition. And in this way, and this alone, you can each one have your full share of the work required to produce automobiles in China.

A BRIEF REPORT OF THE POWER GENERATION IN SOOCHOW POWER COMPANY

By Benjamin Ku

This report is a summary of the general arrangements and operations of the different apparatus used for the power generation in Soochow Power Company. The writer had worked there for more than a month in the last summar.

It was heard that some of the Junior students in Electric Engineering like to have a short period of practice in that power plant during the coming summar vocation, the writer would be very glad to write this report which may serve as a guide for them.

This report is divided into two parts, the boiler room and the engine room.

PART I. BOILER ROOM

This power plant consists of one Stirling type steep tube boiler now in use and seven small boilers for emergency. Their ratings are:

(A) 1 Stirling type high pressure steep tube boiler tube with

		heating surface	550	sq. m.
		working pressure	16	atm.
		superheating surface	150	sq. m.
		skoda ribbed tube		
		water economizer	1008	sq. m.
(B)	2	J.M.W. boilers:		
		capacity	800	kw.
		working pressure	200	lbs. per sq. in.
(C)	5	B. & W. boilers at 200 lbs. per sq. in.		
		2	400	kw.
		1	620	kw.
		2	800	kw.

The piping arrangements for stirling boiler is shown in the following diagram.

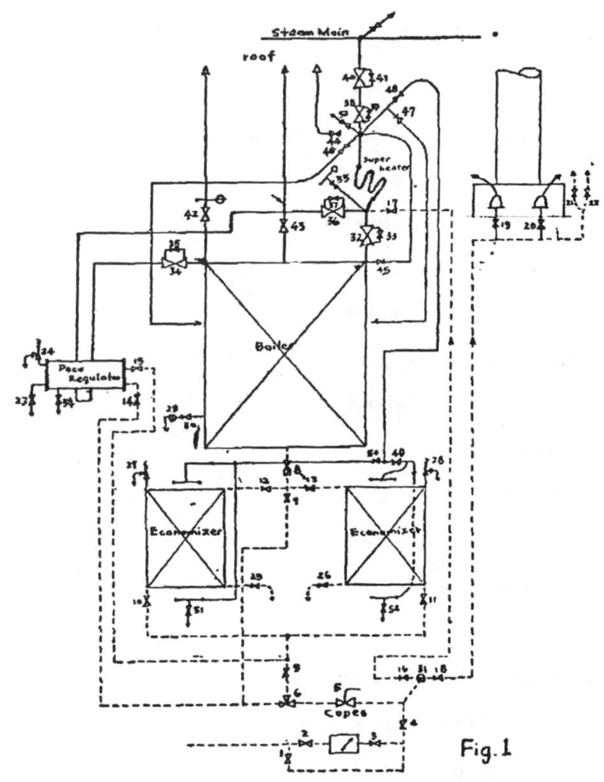

Fig. 1

Starting of stirling Boiler when Empty & Entirely Cooled Down:

(i) *Filling of boiler with water:*

Put the valves into following positions:

1	closed
2, 3	open
4	closed
5 (copes)	cut out of operation by loosening the connection to the level.
6	screw to highest position—all the water will be pumped through the regulator Peca.
7	closed
8—11	open
12—15	open
16 , 17	open, the superheater will be filled with water.
18	closed (water for cooling of ventilating bearings)
19—30	closed
31	in position as shown
32—42	closed
43 , 44	open
45—50	closed
51—52	open
53 , 54	open
55	closed

The water thus will go into the boiler through Peca regulator and both economizers.

Start the feed-water pump.

Stop the filling of water when in the water gauge water will be seen for a height of about one inch.

(ii) *Preparation of firing:*

(A) Positions of values:

1	closed
2, 3	open
4	closed
5 (copes)	cut out of commission
6	screw to lowest position. All the water now to pass by the superheated steam temperature regulator
7	closed
8	open
9	from complete closed position open for 9 turns.
10—13	open
14, 15	open
16—30	closed
31	Same
32	open
33—37	closed
38—42	closed
43	open for one turn, so that the air can escape from the boiler.
44	entirely open
45—50	closed·
51—52	open
53	closed
54	open
55	closed

(B) Position of dampers:

slides k_1 to k_5 for air under the grate all closed.

Covers in front of grate opened Short-circuit k_6 entirely open k_7—k_{10} closeot.

k_{15} k_{16} open

k_{11} k_{14} closed

(C) Starting fire.

(D) Increase coal fire grandually.

(E) When pressure reaches one atm. guage, close valve 43. By valve 44 the steam outlet to the roof is regulated so that within 4 hrs. the boiler will be under pressure. From beginning, the pressure must be increased very slowly, but toward the end it may be increased quite rapidly.

(F) Connecting boiler to main.—when the pressure in the boiler attain 10 atm., guage, open the valve 39 for two turns and valve 41 entirely. When abt. 14 atm., guage, the boiler is ready to be connected to the mian: Open 38 and 40 simultaneously and from the beginning very slowly. Check for the water level.

(G) Starting the induced far.

(H) Guiding of the flue-gases over the economizer.

(I) Operate Peca to regulate superheat.

Starting of Boiler Filled with Water Although without Pressure.

(i) Filling of super heater with water:

Position of valves as following:

1	closed
2, 3	open
4	closed
5 (copes)	cut out
6	screwed entirely down
7	closed
8	open

9	closed
10—15	open
16 , 17	open, the water can run into the superheater.
18—22	closed
23—30	closed
31	same
32	open
33—42	closed
43	open for one turn
44	entirely open, exhaurt from superheater to roof.
45—50	closed
51 , 52	open
53 , 54	open
55	closed

(ii) Filling with water:

(iii) Follow above case.

Stopping of Boilers:

(i) *Regular stop of boiler:*

First disconnect the regulator Peca: Open first slowly valve 33 and after abt. 10 min. open 32 and close again 33. Then closed simultaneously valves 34 and 36 and open strightly cock 54.

When on the grate there is only a small fire and the pressure begins to fall, open balve 44 for half a turn and at once close first valve 38 and then 40. Screw down valve 6 if this has not yet been done for. Of the perssure in the boiler rises to 14 atm, guage, open valve 44 rtill more, pump water into boiler.

The boiler can in this way be filled over the normal water level as a part of ti will still be evaporated and escapes to the atmosphere.

As soon as the pressure begins to fall, and falls to 12 atm. guage, shut valve 44 and *simultaneously* open *entirely* 45.

Through this, the circulation of saturated steam from the boiler through the superheater will be effected.

(ii) *Forced stopping of boiler:*

After taking out the fire close all assers of air to the combusion Chamber.

Simultaneously when toking the fire out from the grate, disconnect boiler from main pipe by closing valves 38 or 40. at the some time open entirely valve 44 and according to need also the valve 43.

Disconnect the regulator Copes and into the boiler pump enough water. The cooling of the contents and at same time berd much water into it, Disconnect regulator peca. When pressure begins to fall, closed valve 44 slightly if valve 43 has not been closed before.

When perssure has fallen to 12 atm., gauge, and the setting partially cooled down, close valve 44 and at the some time open *entirely* valve 45.

PART II. ENGINE ROOM

There are two turbo-alternators, one of S.S.W. made and other of B.B.C. made. Disregarding their rizes and appearance, their principles of operations are similar.

In the operation of turbines, there are mainly three cycles: the water cycle, the steam cycle and the oil cycle. They are shown respectively in the following skeleton diagrams:

Condensing plant pipings:

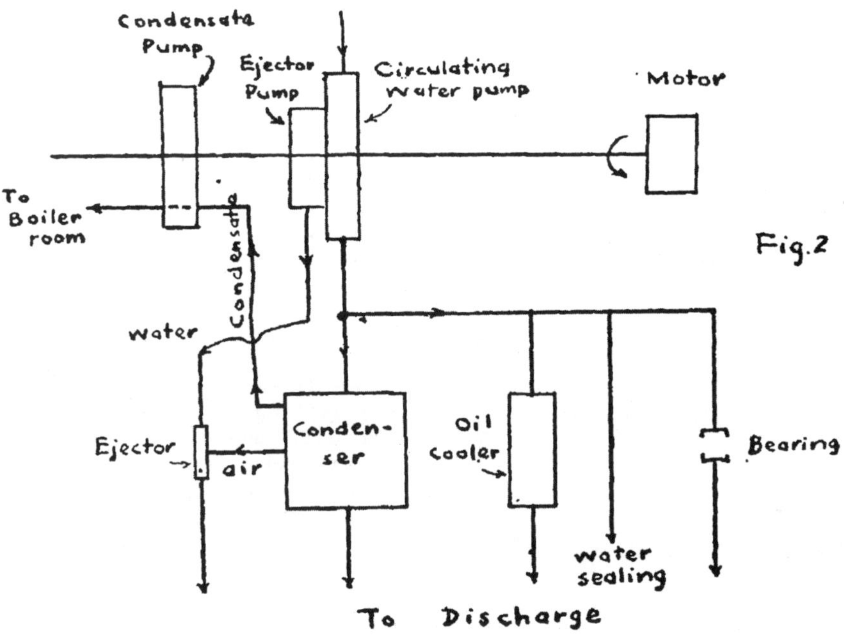

Steam circulation:

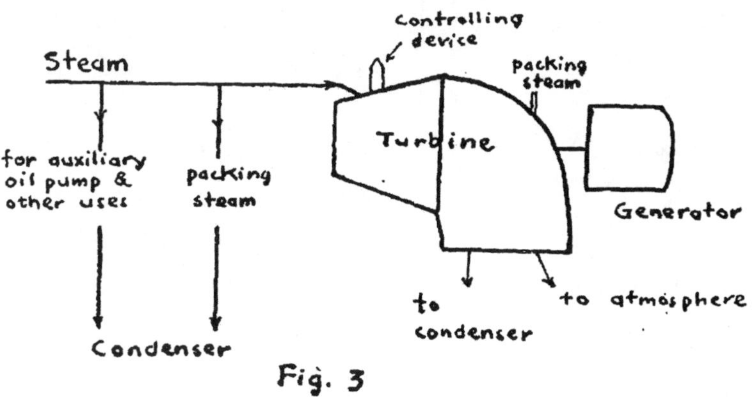

Oil circulation:

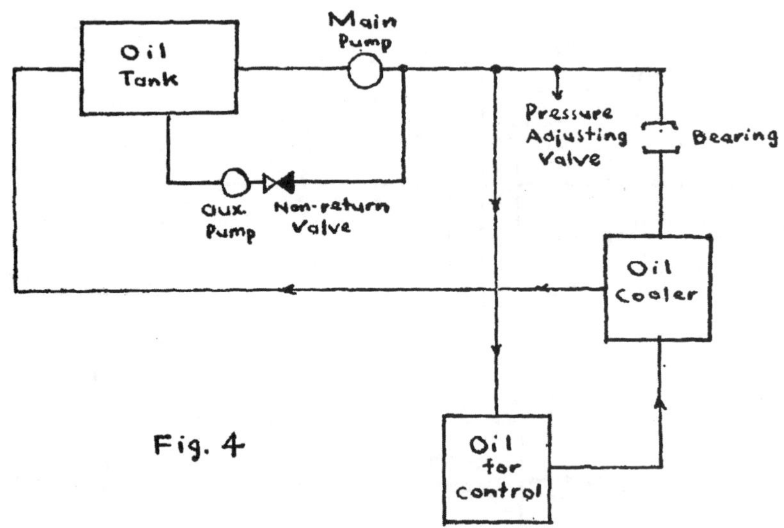

Fig. 4

Condensing Plant for S.S.W. set:

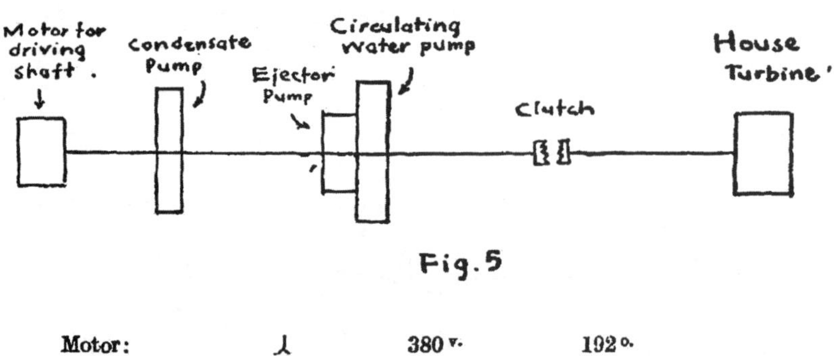

Fig. 5

Motor:	人	380 v.	192 a.
		105 kw.	p. f.=0.9
		975 r.p.m.	50 cycles
Condensate pump:		3.6 h.p.	
		960 r.p.m.	
		Q=35 m.³/h	

H=17 m/man

Ejector pump: 16 h.p.

960 r.p.m.

Q=144 $m.^3/h$

H=26 m/man

Cir. water pump: 83 h.p.

960 r.p.m.

Q=1750+144 $m.^3/h$

H=8.5 m/man

Turbine: 500 r.p.m.

Output=108 h.p.

steam pressure=13.5 atm.

steam temp. =310° c.

back pressure = 1.5 atm.

When the driving motor is in trouble, the small turbine may be used. The speed of turbine is reduced by a proper gear ratio to meet the speed refuried.

Turbine for S.S.W.-set:

Compound tpye

3000 r.p.m.

5000 kw.

steam temp. = 310°c.

steam pressure = 13.5 atm.

back pressure = vacuum in condenser

= 29'' vacuum average.

Alternator for S.S.W.-set:

人	2300 v.	1570/1960	Amp.
Nor./Max.	= 6250/7800	kva.	
p.f.	≤ 0.8	continue for 2 hrs.	

3000. r.p.m.		50 cycles
Excitation:	110 v.	260/306 Amp.

Oil control in S.S.W.-set:

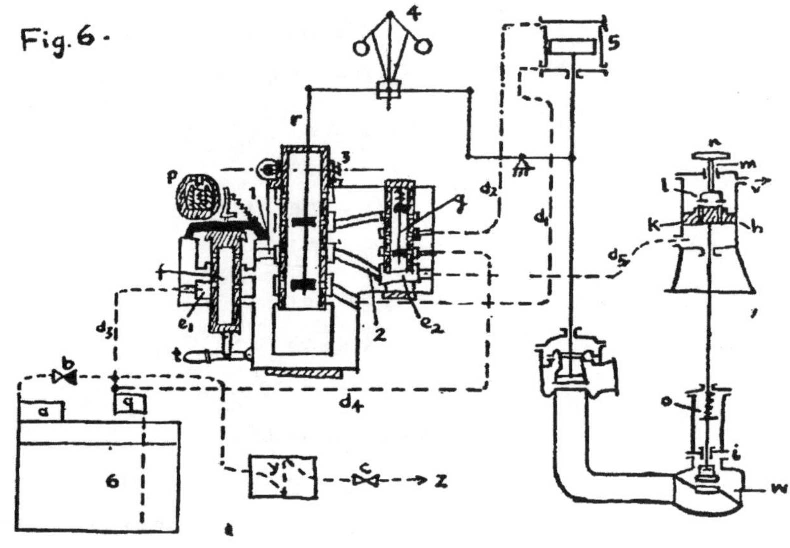

1 oil passage

2 ,,

3 speed adjusting device

4 governor gear

5 servo-motor for regulating nozzle valve.

6 oil tank

n to the nozzles

v oil drain

w live steam

y oil cooler

z to the lubricating system

The high pressure oil required for operating the governor gear is deleivered by the main oil pump q, the oil pressure generally attaining about 4 atm. At starting up, the oil pressure system is supplied from the ouxiliary oil pump a through the non-return valve b. When the turbineattains normal running speed the main oil pump takes over theo il supply and the auxiliary oil pump is taken off. The reducing valve c maintains the controlling oil pressure constant at 4 atm. and reduces the pressure to 0.5—0.8 atm. before allowing the oil to pass on the lubricating system. The controlling oil pressure is transmitted via pipe d_3 to the chamber e, bush f, chamber e_2, pilot valve g and keeps the bush as well as the pilot valve in position. Furthermore the oil pressure acts via pipe d_5 on the lower ride of the piston h which is connected to the extending spindle of the main stof valve i. The annular opening k in the piston is nornally closed to the passage of oil by the hand-operated valve l. In this way the oil pressure on the bottom of the the piston h keeps the stop valve i open during normal running, the maintaining force being the product of the oil pressure and piston area. Also, sudden opening of valve is impossible, as in this way k will be opened.

The emergency trip gear can be made to operate from two causes; firstly, the overspeed device p comes into play if the speed of the turbine exceeds the normal running speed by say 10%., whilst secondly, a fall of the oil pressure below normal operating valve has the same effect.

Condensing Plant for B.B.C.-set:

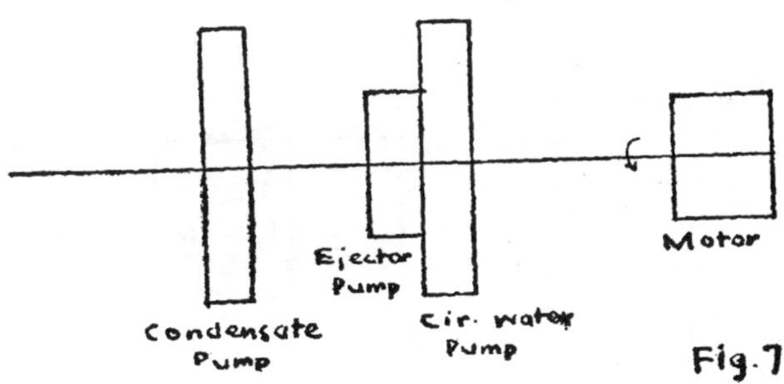

Fig. 7

motor: 110 h.p.

960 r.p.m.

Volts 人 350 v. rotor 人 265 v.

165 amp.

p.f. = 0.88

50 cycles

Pumps: 960 r.p.m.

Turbine for B.B.C.-set:

Compound type

3000 r.p.m.

3600 kw.

steam temp. = 310°c.

steam pressure = 13.5 kg/cm.²

back pressure = vacuum in condenser

= 72 cm. vacuum average.

Alternator for B.B.C.-set:

Volts	Excit.	Amp.	p.f.	cycles
2300人	120	1130	0.8	50
		1410		

Output			speed
4500	kva.	cont.	3000
5620	kva.	for 2 hrs.	r.p.m.

Oil control for B.B.C.-set:

In following figure is shown the oil controlling device for Brown Boveri turbines, the other parts being omittd for clearness;

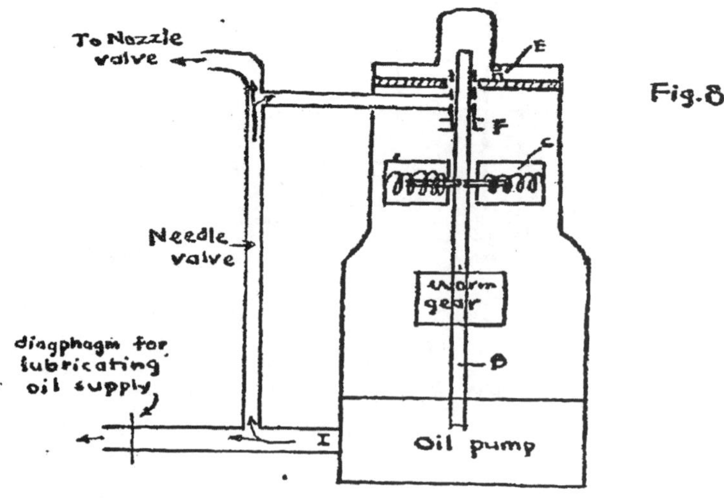

The shaft B is drived by main shaft through worm gearing. C is the governor. The oil pump is located at the lower extremity of the vertical shaft B, and supplies the oil for lubrication and governing purpose through a common supply I. The diaphragm is used to reduce the pressure suitable for lubrication.

If speed is increased, the governor sleeve F falls so that the opening becomes larger and a greater quantity of oil escapes; this causes a reduction of pressure beneath the piston of nozzle valve which therefore tends to close. When the speed decreores, the governor sleeve is raised, thus diminishing the opening at E so that oil pressure increases and the nozzle valves are opened.

交大工程

總編輯　王遵道

總經理　李宗倫

交大工程學會

主席　李　璇

文書　王遵道

會計　李宗倫

演講　桂同申

參觀　尹保泰　林士諤

出版　張大恆　徐繼和

調查　陳　湖

中華民國二十四年六月十五日出版

交大工程

第二卷　第一期

編輯者　上海交通大學工程學會

發行者　上海交通大學工程學會

印刷者　益社文具圖書印刷公司

廣告價目表

地位	全面每期	半面每期
底封面外面	十二元	七元
封面及底面之裏面	十元	六元
普通地位	八元	五元

上海交通大學
百年报刊集成

第一辑（1896—1949）
学 术 学 科

工程卷（第二册）

上海交通大学
档案文博管理中心 编

目　录

《交大土木》简介 …… 001

《交大土木》第一期（1943） …… 003

《交大土木》第二期（1944） …… 069

《交大土木》第三期（1945） …… 203

《交大土木》第四期（1946） …… 289

《交大工程》简介 …… 377

《交大工程》第一卷 第一期 创刊号（1947） …… 379

《交大电机》简介 …… 461

《交大电机》创刊号（1947） …… 463

《交大造船》简介 …… 533

《交大造船》创刊号（1947） …… 535

《交大造船》第二期（1947） …… 609

《交大机械》简介 …… 683

《交大机械》创刊号（1948） …… 685

《交大轮机》简介 …… 777

《交大轮机》创刊号（1948） …… 779

《交大土木》简介

该刊于1943年10月在重庆九龙坡交通大学校园内创刊，系土木工程类期刊，年刊。1943年第1期由交通大学土木工程系系会编印，1944年第2期及以后各期，改为交通大学土木工程学会编印。1945年该刊编辑部随校迁至上海。本卷收录1943—1946年共4期。

交通大学土木工程学会于1944年11月17日成立，为系会扩大改组而来。首任会长为薛传道。1943年第1期由薛传道担任编辑委员会主任委员、总编辑。1944年第2期由蔡听涛为编辑委员会主任委员，陈迈为总编辑。1945年该刊编辑部迁至上海，第3期总编辑为冯传炯，刊名由吴敬恒（即吴稚晖）题写。该刊办刊宗旨，正如《发刊辞》所称，为学当于学校教材之外旁征博引，于缜密研究之中收融会贯通之效，创办刊物发表课余研究所得，可以"供诸学友砥砺、切磋之需，于学术之钻求、探索，裨助非浅"，进而"增进研究学术兴趣，其奋发有为之精神"。①

1943年第1期，校长吴保丰、教务长李熙谋赠予贺语，系主任薛次莘教授作《发刊辞》。本期学术研究文章3篇，阐释偏光弹性学的概念，讨论战后工程建设问题，探讨解决管道系统中流动问题的新方法；演讲记录3篇，登载淩鸿勋所作《土木工程师应有之修养及土木工程之几个实际问题》、徐人寿所作《战后我国之港埠建设》以及茅以升所作《谈谈求学之道并论工程与管理之关系》的演讲稿；其他为土木工程系的相关概况。

1944年第2期共刊载10篇学术文章，探讨了中国铁路建设、铁路桥梁工程、铁路轮渡工程等问题，其他为工程学会工作概况及会员录等。

1945年第3期共刊载8篇学术研究文章，主要探讨了有关钱塘江桥设计、筹备及施工情况，黄河防洪问题，中国西北水土保持问题，钢筋混泥土施工问题等，还介绍了美国田纳

---

① 《发刊辞》，《交大土木》1943年第1期，第1页。

西河管理局的概况等。其余为土木工程系概况、课程纲要及土木工程学会工作纪要。插页刊载了交通大学学生暑期测量成果——《国立交通大学校舍平面图》。

1946 年第 4 期共刊载 9 篇文章。学术研究性文章 4 篇，介绍了绳条整理铁路弧线法，雷达大三角测量、复杂桁架的图解法，探讨了曲梁的切应力问题。其他文章 5 篇，有对土木系同学在校学习期间的建议，有介绍交大土木系返沪后的情况等。附录部分除了《土木系教员一览表》《土木系课程一览表》《同学录》之外，还收录了《测量室现有仪器一览表》《道路材料试验室现有仪器表》《卫生试验室仪器一览表》等。

该刊知名撰稿人有凌鸿勋、王之卓、茅以升、赵祖康、汪菊潜、王达时、顾懋勋、俞调梅等。

第　一　期

中華民國三十二年十月十日出版

要　　目

發刊辭　薛次莘

土木工程師應有之修養及土木工程之統制實際問題　凌鴻勛

熱誠求學之道並論工程與管理之關係　茅以昇

偏光彈性學之概念　王達時

戰後吾國之港埠建設　徐人壽

戰後吾國鐵路公路之建設問題　童大塤

A new method of solving flow in pipe systems　R. S. Hsu

漫憶滇緬鐵路　薛傳道

抗戰中的上海交大　鄭元芳　蔡定一

交大土木系在九龍坡　詢　克

分校土木系內遷史略

國立交通大學土木工程系系會編印

勘誤表

頁次	行次	字數	誤	正
封面			淩鴻勛	淩鴻勛
1			漏列作者	薛次莘
1	8	1	每	亦
2			淩鴻勛	淩鴻勛
2	17	1	——	有
3	32	10	免	勉
6	29	1	的	——
7	20	38	I	L
7	21	40	I	L
19	4	3	聽	聽
19	22	41	級	級
19	25	43	因	應
19	29	39	局	可
27	2	12	兩	兩
27	2	36	——	們
27	3	25	稍	積
27	5	4	而	從
27	7	42	密	容
27	8	34	六	天
27	9	37	鎖	瑣
27	10	13	,,	....
27	10	22	祇	夜
27	15	21	——	而
27	28	42	向	而
28	8	17	寇	冠
31	9	12	要	條
31	24	5	的	——
31	31	2	建像	像建
3	38	1	記	得
33	11	1	新	到
33	29	34		與
35			鄭元芳	鄭元方
35	26	13	數	數
5	28	20	份	分
35	29	31	換	模
35	29	18	測量工	測工
36	1	4	——	仔
41	6		朱歇根	朱歇根
41	18		朱學冶	朱家冶
41	25		揚德威	楊德威
42			袁　権	袁定権
	8頁,,		漫億滇緬鐵路,,之附圖	

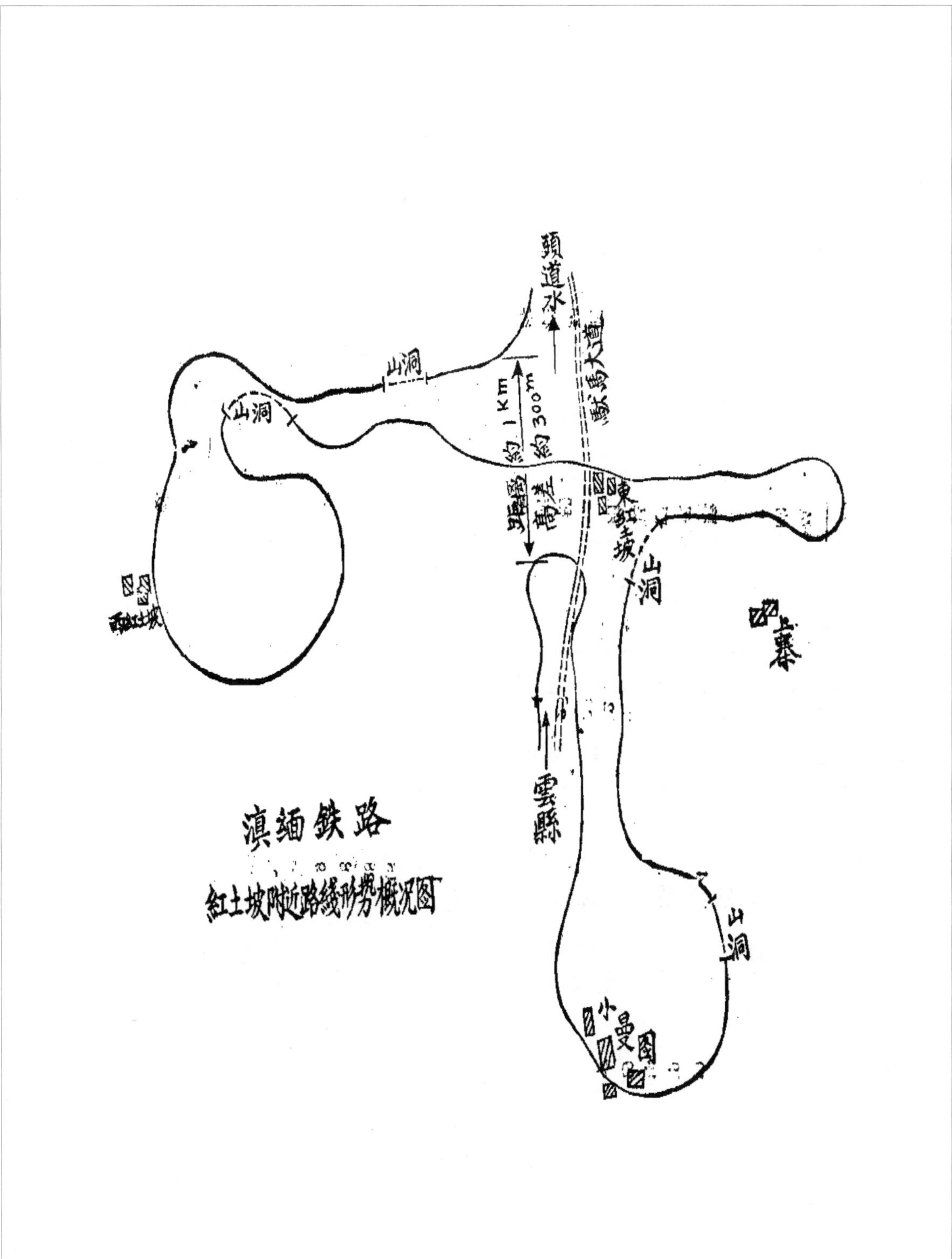
頭道水
山洞
山洞
約 1 Km
約 300m
驛馬大道
東紅土坡
山洞
西紅土坡
寨
雲縣
山洞
小曼园
滇緬鉄路
紅土坡附近路綫形勢概況图

◁◁ 鳴　　謝 ▷▷

本刊本期付印承蒙

薛次莘先生　　捐助印刷費三千元

工信工程公司　　捐助印刷費一千元

又本系荷蒙

林熙業先生　　代為設計系徽圖案

幷此致謝

本刊編輯委員會

委員錄

主任委員　薛傳道　　副主任委員　蔡聽濤

總　　務　劉　克　蔡定一　　出　　版　袁森泉　鄧辛犁

總編輯

薛　傳　道

編　輯

沈乃華　陳　邁

泰山實業公司發行

工 程 學 報（季刊）

歡迎 投稿 訂閱 批評

第一卷 第一期

發刊詞……………………編輯委員會
近代工業在中國發達略史…………曾昭掄
壩基探測研究……………………陳克誠
滑翔機及其設計…………………萬泉生
無綫電絕對高度表之原理與設計…趙伯楨
化學工廠之蒸汽問題……………嚴演存
泛論治河…………………………余家洵
介紹一種優良水泥代用品——灰渣水泥……陸志鴻

第一卷 第二期

低地排水與高原灌溉……………雷鴻基
[illegible]凝原理……………………祁丕緒
公路路面材料研究與實驗…………李謨熾
兵工業所用的金屬材料……………曾昭掄
行駛康藏高原公路汽車增裝問題芻議……丁觀德
化學工廠之蒸汽問題（續）………嚴演存
壩基一般性質之研討………………陳克誠
機械與鹽業生產……………………吳克宗

第一卷 第三期

級配混合路面之研究………………李謨熾
荒溪整治之原理……………………張書農
椿基之性質…………………………陳克誠
木材與工程…………………………唐　曜
山溪河內建築基礎工程施工概述…鄭厚平
戰時鐵路工程標準規範擬議………韓伯林

第一卷 第四期

缸磚製造與缸磚路面設計…………方福森
多相感應電機之圓圖………………朱子山
羊毛脂之製取及其利用……………王善政
化學工廠之蒸汽問題（續完）……嚴演存
土壤力學纂要………………………陳克誠
水上建倉之芻議……………………吳華慶

零售每冊十六元　　掛號郵費每冊三元

自由訂戶預付一百元照定價九折優待

接洽處：
昆明　小東城脚十號
重慶　學田灣五號附三號
桂林　交通路經堂右巷十一號
蘭州　中正路一七二號

中一文化供應社

影印西書

Murray: Differential Equations
Piaggio: Differential Equations
G. S. L.: Diff. & Integral Calculus
Webb; Railroad Construction
Jacoby: Timber Design & Construction
Jacoby; Foundations of Bridges & Bldgs
Duff; Physics
Boyd; Strdngth of Materetrials
Seely: Resistance of Materials
Hool; Reinforced Concrete Contruction
Timoshenko: Elem of Strength of Materials
Agg: Construction of Roads & Pacements
Kimball: Elements of Machine Design,
Seely & E.: Analytical Mechanics for Eng'g.
Timbie & B.: Prin. of Elec. Eng'g.
Poorman: Applied Mechanics
Marks: Mechanics Engineers' Handb'k [illegible] ed.
Lawrence: Prin. of Alternating Currents
Langsdorf: Prin. of D. C. Machine
Henney: Radio Eng'g. Handb'k 3rd ed.
Glasgow. Prin. of Radio Eng'g.
Gray & W.: Prin. & Practice of Elec. Eng'g.
Barcard: Elem. of Heat Power Eng'g 3 Parts

重慶中一路九十三號　外埠函購　[illegible]

工程界偉大貢獻　科學上之新發明

國產　白底黑綫晒圖藥品

優點
(一)圖樣美觀清晰　(二)綫底與原圖一樣
(三)圖樣可永遠保存　(四)感光迅速
(五)圖樣錯誤易於修改　(六)完全國產原料製造

——備有用法說明書及樣張函索即寄——

歡迎批銷　運費照加　附設晒圖部

瑤光化學廠出品

營業部　重慶中一路九十一號

經濟部獎許專製

三星固體牙膏

與液體牙膏一般功效，

比液體牙膏經濟實惠！

中國化學工業社重慶分廠出品

營業處　臨江路十五號

合生建築公司

承辦各項土木建築工程

經理 程蕪南

地址：歌樂山龍洞壪七號

土木工程為各種工程中發展最早包含最廣之一門將來對於國防建設增進人民福利等工作有賴於我土木工程師多所努力焉

校長　吳保豐題

我國戰後復興建設交通事業實居首要國防工程與土木亦有密切之聯繫今日習斯學者其勿忽視其責任之艱鉅重大也

[illegible]教務長 李熙謀題

發刊辭

近代科學昌明學術之進步月異而歲不同居今而言為學要當於學校教材之外旁徵博引擇精抉微俾於縝密研幾之中收融會貫通之效然後學術之闡明乃日臻於盛而無止境本校工科同學有鑒於此嘗有各種工程學會之組織並就課餘研討所得著為文章發行刊物藉供諸學友砥礪切磋之需於學術之鑽求探索裨助非淺我土木系同學因每組設土木工程學會並刊行「交大土木」期刊藉以增進研究學術興趣其奮發有為之精神有足多者語云泰山不讓土壤大輅始於推輪際此創刊號發行之日爰贅數語弁諸篇首所望當世學者進而教之使本刊日進於發揚光大之域所深幸焉

土木工程師應有之修養及土木工程之幾個實際問題

凌鴻勛講　　薛傳道記

本人離渝在即，工作繁忙，但母校土木系各位同學要本人來談話，當然不能不來，況今天又逢土木工程系系會成立大會，目睹吾交大總校內遷後的第一批土木系同學濟濟一堂，氣象蓬勃，更不能不略獻數語。

我想學術理論方面，平日校長系主任教授一定講得很多，用不到我再冗贅，今天預備與各位談談另一個問題：就是土木工程師應有的修養及土木工程的幾個實際問題，凡此都與各位將來在工程界服務有關，當可供作參攷。

我首先要問問各位，各位為何要讀工？又為何要選土木工程？一般來說我想不外乎兩點：一、因為對於土木工程很有興趣，與自己的志趣極相近，這是對於土木工程有了清楚的認識而選定的。二、因為覺得土木工程很是有用，社會非常需要，將來謀業可較容易的緣故。這兩種觀點，一從志向上著眼，一從職業上觀察，都不能說是不對，不過各位必須要得到更進一步認識：土木工程這一項職業，對於人類有很大的貢獻，可使大衆得很大的福利的，正如教育是為傳揚文化，法律是為保障人權，土木工程乃是為大多數的人羣而建設。凡有關人羣福利的各項建設事業我們都要從事，都要去幹，所以工程師在社會上有相當的地位，工程師不會發財，不會升官，也沒有見過有多少工程師發了財，升了官。的確工程師是不應該去想怎樣發財，怎樣升官的。可是工程師雖是不發財不升官，但工程師一樣有着應有的報酬，因為工程師最大的安慰乃是從荒蕪中建造出自己的目的物。諸位試想：當一條漫長的鉄路或公路由我們的血汗，在崇山峻嶺中建成的時候，眼看本來根本是人煙稀少之區，現在居然能以最新式的交通工具進來了，這該使我們感到多少的愉快和安慰呢!?又如本來是灘礁纍纍，急湍澎湃的河流，一經我們的設計整理，就可以航行，就可以發電，當我們看到城市和市鎮，現出了輝煌的電光，當我們眺望那河中來往的船舶，我們又將感到多少的愉快和安慰呢!?更如九龍坡本來是一個荒僻的鄉野，以前能有多少人知道呢，但現經過母校吳校長及各位先生的努力，我們的新校舍終于在這荒蕪的鄉野中建立起來了。當各位看到這樣的禮堂教室宿舍的時候，難道不會悠然感到無限的興奮嗎!?總之，工程是一種建設性的事業，它有很大的意義，它能給人很多的快慰！各位現在都已進入了工程的大門，並已有一年或二年的基礎，實在可稱為時代中的幸運者，倘望保持此基礎，善自努力！

或有人以為工程是一種很呆板的學問，也是一種呆板的職業，所以每當一個天資活潑，有點天才的青年要升學，家中為他討論選科的時候，大約總以為學工程太可惜，該讓他去讀外交政治經濟等等，這種相當普遍的社會觀念，是否準確，我未便隨意批評，但我敢說學土木工程也要有頭等的天才和聰明才成的，因為土木工程的範圍太大，土木工程是工程之母，一切工程都少不了土木工程為其先決的條件，土木工程所牽涉到的，不但是工程的學理和技術，凡國家經濟，社會安寧，人民生活以及各地風俗習慣，莫不是都須要我們土木工程師注意研究的問題。蓋土木工程除一部份在大都市中外、大部份常常是深入到鄉村、荒野、邊疆，對于人民生活的背景，所在社會的環境，及各種風俗習俗都免不了發生密切的關係，縈繞在土木工程師心頭的決不止學理和技術，凡人民的智識，生活、宗教、習慣、風俗…………等等都須時時顧及，實在遠比學電機、機械者複雜，這並非個人之學土木工程而有此偏見，想在座各位系主任當有同感！所以土木工程師應有的學問經驗，常識以及工作的精勤力，該比銀行經理、工廠廠長還要多，不但數學力學等主科一定要學好，經濟學、社會學，以及勞工管理等次要科目也一定要懂得清楚，而更要緊的是應該有高遠的志願和遠大的見解！

其次我想談談土木工程實際工作中究竟應解決些什麼問題，我覺得土木工程的實際問題不外乎四件：一、人，二、物，三、錢，四、時間，不論技術是如何高妙，日常工作中誰總離不開人、物、錢和時間，做事一定靠人，土木工程更離不了人的因素，土木工程需要的人常常是大量的，少者幾千，多者上萬，更多者幾千百萬，我們的每一個設計，都要考慮到人這個問題，人並不是一要即來，來了也并不是容易支配，容易使之隨您所望地好好工作的，如何支配人？我們不能不知道，人的問題包括的很多，例如各地人民的性格，一般工作能力，生活習慣以及每人每天需多少米，多少鹽等等我們都得很清楚，又各地人的特長互不相同，如寧波人以木作出名，北方人以開山打石著稱，這些我們也要了解，庶幾應用自如，不致感到困難，在戰前，人的問題還比較容易，河北、河南、江浙等地，人口多，工人易找工資也便宜，二角一天即够了，現在二十元一天不得一飽，並且在西南北的邊陲上，人口稀少，人力實在是目前土木工程的一大問題，除此以外，在同事間如何相處，如何使工作的進展不受人事的影響等，也該是我們應當注意留心的事。

其次物：任何那件工程都必須要材料，材料的種類很多，一種是本國有的，一種是自己沒有而需要外國供給的，如何取得各種材料以進行工程，這是我們土木工程師的一個大課題，假如所需材料本國有最好，本國沒有只有向外國購買，我們要考慮的問題是向那裏買，那裏便宜，那裏來得快，那裏好，材料并不是寫一封信打一個電報即會來的，一切還得我們自己去設法，現在中國自己有的物資，自己還知道得不大清楚，那裏產木材，那裏能燒石灰，那裏有砂，那裏產洋灰………都要我們自己隨時去留意，至於向外國買，則經濟，國交，國際問題等等，都要考慮。除了材料之外，還有工具，也是一個重要問題，打樁、抽水、開山……要用些什麼工具，這些工具如何應用，我們都要知道，學習土木的，在校時常常會犯一種毛病，他們以為僅僅將土木工程方面的各門學課學好了，一切就已足够，電工、機構、熱機等，則多認作是無關緊要的，於是就十分隨便，只求及格，就算了事，這是大錯而特錯的心理！就工具來說吧：現在一切工程日用的工具已日趨於機械化，如打樁用蒸汽機，吸水用柴油機，趕夜工的電燈，開山的開山機，通訊用的電話電報，無不是機械與電!!并且其發展正日新月異，愈來愈新愈妙，我們唯恐跟隨不上，那裏還能以隨便敷衍塞責的態度去學習呢!?我相信將來人工是靠不住的，人工一定讓于機器，我們將必須盡量應用機器，所以各位對於機電等課程，必需也要注意，如此將來才能很順利地應用各種器材，并當機器損壞的時候自己就會動手修理，至少也能知道其損壞在那裏，不致一切茫然，增加多少工作上的困難。這是對「物」一方面一點補充的意思。

其次，談到錢：擴大些說即是經濟，關於這一點，過去學校中也都太不注意了，經濟、會計等課程，誰也不會注意過，學者也多數是敷衍了事，其實，經濟是工程上的一大要素，例如為什麼要造一座橋，為什麼要修一條鐵路，這完全是經濟的問題，經濟實在是一切工程的背景，關係工程者太重大了，如何配合經濟的條件，使用最小代價完成最大效果，這是我們土木工程師必須考慮的問題。假使我們閉門造車，設計了一個很好很偉大的橋梁或建築，但一點沒有顧及經濟的因素，則實際上很可能無法把它完成，即使勉強費了很多的錢把它完成了，經濟上依然是失敗的，經濟失敗，即是技術的失敗，我們不能不對經濟要大加注意，如何能取得錢？如何支配錢？如何使經濟的收支有一定的計劃，一定的方式？假使是借款的話，則國際關係如何？國際匯兌如何？還本付息又如何？都是要我們知道的，此外市場的情形，材料器具的價格，一切物品的成份，我們也要完全清楚，庶幾乎才能權衡良窳貴賤，達到經濟的原則，中國一切工程對于成本一點向少注意，尤其國營事業更是馬虎，常常一件工程趕工完了，賬目一塌糊塗，好幾月，甚至好幾年沒法交清楚，這是一種應該糾正的現象。

最後，關於時間：一切工程的時間，常常是一定的，這即是說，一件工程總是要在一定時間裏完成的，材料不對，我們還有換的可能，錢不够，我們還有添加的餘地；時間一誤簡直是無法挽回的。如何計劃在規定的時間內，完成我們進行的工作，這比甚麼還要重要，影響於工程時間的問題很多，如北方的冰凍期中，土石方無法進行，洋灰無法應用，南方的雨季時期，室外工程師得停滯，河流有低水期及高水期，低水時宜於造橋，高水時宜於運料，此外何時農忙：何時農暇，如何利用農暇，以便雇工，這些我們都要知道，都要考慮，一切必須善爲利用，善爲支配，這是工程師成敗的一個很大的關鍵。

綜上四點，都是土木工程師日常必然遭遇的問題，不論是繪圖、設計、施工，不論其學理如何高深，技術如何巧妙，這四個問題是避免不了的！諸位在校除當注意物理、化學，數學等基本課程外，這些問題也當及時隨時留心，庶不致將來一出校門，對實際情況免得茫然不知所云，良好的學業，豐富的常識，高尚的志操都是一個有爲的土木工程師必具的條件，深望諸位放大眼界，不要妄自菲薄，很多偉大的工作正待着我們去担當，去完成！

談談求學之道並論工程與管理之關係

——二月廿二日在本校講演——

茅以昇講　　薛傳道記

抗戰之前，我曾在上海徐家匯本校參加過好幾次紀念週，但戰後在重慶參加本校的紀念週，今天還是第一次。回想過去，矚目現在，使我感覺到非常的愉快。從徐家匯到九龍坡，地理上雖不啻千里之隔，可是我們交大的精神，交大的規模，確屹然如故，這正表現着我們交大不屈不撓的毅力和意志，憑着這種精神、毅力，學校的前途必定將更見輝煌！今天我們想乘這個機會與各位談談求學的方法并說明工程與管理的關係，以供各位在校努力的參考。

各位在這裏讀書，乃是爲造成交通建國的領袖人才。諸位都知道：交通事業在一個國家是非常重要的，就以這次抗戰來說，抗戰中對於國家貢獻最大的，除浴血的將士外，就是交通！而交通事業上貢獻最多的，就是我們交大校友。諸位現在來到交大受訓練，實在是很可寶貴的一件事，因爲諸位不久也就獻身到對國家貢獻最大的交通事業裏去了！所以盼望各位能在讀書的時候，充分利用這機會，好好的充實自己，不僅在技能上要留心學習，對於待人接物，處世做人也要刻刻注意進修。

學問是無止境的，但教育是有期限的，莊子說：「吾生也有涯，而知也無涯。」蘇格拉底說："I know but one thing, that is,I know nothing"這都表示着學問的廣大無限，我們以有限的人生去追求這無限的學問，假使不用一種很科學的方法，能有些什麼成就呢？因此求學之道，不能不講究，我覺得：我們求學應先尋求一把鑰匙，有了這一把鑰匙，然後就可開啓一切學問之門。各位在大學裏所受的大學教育，主要使命就是訓練思想，養成創造性，尋得這把學問之門的鑰匙。教育本身本來就不是注入性的，乃是導引性的。大學教育尤重於啓發，而不在灌輸，它彷彿是畫一條龍，只畫其形并不點其睛，點睛的工作完全有待於各位畢業後之繼續努力，所以各位現在必須注意訓練自己思想的啓發，如是方能獲得那學問之門的鑰匙而可以隨時隨地去開啓智識的寶庫！

其次，諸位應該知道，現在自己所讀的科目，與將來服務的事業，倒底有些什麼關係？我們交通大學所教的不外是工程和管理二方面，那末各位就要知道工程與管理究竟是怎麼一回事？工程與管理又有些什麼關係？

工程的定義很多，但我可以這樣簡單的說：工程是科學，藝術和經濟的適當配合，工程師們卽以這三種事物去修改大自然創造的作品，使它對人類的福利更爲擴大，在大自然裏留下永久的紀念。所以工程實在是一種極有興趣極有價値的工作，工程師的報償既不是爲名，也不是爲利，乃是修改大自然！在修改大自然的奮鬥中做一個無名英雄，那眞是偉大的人生，最崇高的安慰！遠遠勝過於虛浮的名利。

工程師的責任是很繁重的，往往一件平常人看來很容易的工程，從工程上來着手進行，確必須要經過極精密的試驗，極準確的計算，然後才能實際去動工。因爲工程師必須依着科學，藝術和經濟去修改大自然，他唯一的報償乃是將大自然科學化，藝術化并且經濟化地修改。但僅僅試驗、計算，確仍不足以達成這種目的的，爲發揮工程的功效，我們必須還有賴於管理的幫助。

管理也是一種需要科學、藝術、經濟并且還需要人事的工作。人事對於管理，特別是重要，管理的好壞常常由人事的處得好壞決定。而工程的好壞確又以管理的好壞爲判斷，此中關係顯然非常的密切。昔人嘗說：「貨暢其流，地盡其利，人盡其才，物盡其用，」用這話可表示出工程與管理的作用，不過，我覺得在這中間多了一句「貨暢其流」而少了一句有關時間的。我們知道：宇宙間沒有一個離開時間的空間，也沒有一個沒有空間的時間。所以時間的因素是不能予以忽略的。我以爲上面的話中不妨去了「貨暢其流」而加上一句「天盡其時」。工程是注重「天盡其時」，「地盡其利」。管理則注重「人盡其才，物盡其用」，工程是把握住「時間」「空間」而修改大自然，管理則利用「人」與「物」而發揮它的功效。因此，我們可以說：工程是成物，管理是成用。

工程的對象是物質，物質是沒有知覺的，所以工程師對物質常多用理智而少用情感，并且物質是機械性的，所以工程師又多容易帶有機械性的氣質。更因為物質可以有一定的準繩，一切可以測量的，所以工程事業比較容易有一個標準，標準化和機械化是它的一個特徵。

管理則完全不同，管理最重要的因素是人對人比對物實在困難得多，人與人之間相處，尤其是困難，因為一個人自己對自己尚且不能有握，往往今天的我會與昨天的我作戰，并且同一個空間和時間內，個人的性格也可以受情感支配而不同的，即心理學上所謂的「雙重人格」（Duet personality）所以人事是最複雜而沒有標準，處理人事還比處理物質困難，因此管理也就要比工程複雜而困難。

工程和管理的關係，非常的密切，在工程進行的時候需要管理，完工以後也需要管理，管理既要幫助工程事業的完成，更要幫助工程事業盡量發揮效力。很多工程上的成功都得力於管理的完善，剛才主席提起的錢塘江大橋就是一個例子，大家都知道 總裁對於抗戰的指示是「三分軍事七分政治」，在工程上我們則可以說：應該「三分技術七分管理」，所以希望各位不要忽視了管理的重要性。

一件事情的成功，俗話常拿「水到渠成」四個字去形容它，這也很可用來解釋工程和管理的關係，所謂「水到渠成」的意思乃是說恰恰水流到的時候，溝渠正好完工。但溝渠的完工是屬於工程的事，水的流到灌是屬於管理的任務，所以必須工程和管理配合得非常適當，才能達到了「水到渠成」的圓滿結果。

總括來說：工程是「物的管理」（Engineering is po wver management）管理是「人的管理」（Human management）工程是機械的效用，管理是人事的效用，一物之兩面，一事的兩相，無法分別彼此的。古人批評王維的詩畫說：「畫中有詩，詩中有畫」，我們同樣的可以說：「工程中有管理，管理中有工程」！

為什麼今天我要特別強調管理的重要呢？因為我在貴州分校的時候，一般同學多認為管理比工程容易，管理系同學自己也多以為不及工科的同學，好像自己的數理比人差，所以不讀工科，工科的同學則認為功課差的才進管理系，其實一個成功的工業管理者必須也要具備「工程的眼」（Engineering vision）「工程的心」（Engineering mind）和工程的手」（Engineering tecknquic），而一個成功的工程師同樣必需知道「人」和「物」的管理。因為工程在個人單獨從事的時候，固然是純粹工程，但有了兩個人以上的時候就已經有了管理的存在。所以學工程的應該時時刻刻不忘管理，學管理的應該處處懂得工程。管理是工程的基礎，工程也是管理的基礎。

水利專家李儀祉先生曾經說過：「治水須以水為師」這實是一句經驗的名言，準此我們學工的要以工程為師，學管理的要以管理為師。而且更要進一步：學工的還應以管理為師，學管理的也應該以工程為師，我們交通大學的校友不外從事工程和管理兩方面，工程管理方面的校友在外莫不需要彼此相助相依。所以在校的工科同學和管理系同學應該打成一片，彼此探討，彼此砥礪，彼此學習，然後將來出校後才能達到成功之境而完成我們交通救國的志願。

所以，我們在交大所要得到的一把學問之門的鑰匙，乃是工程管理合一的鑰匙，工程是它的本質，管理是它的形狀；這把鑰匙的銅質是代表完美的工程技術，一彎一曲一凸一凹的形狀正是表示靈活適當的管理能力。有了這把鑰匙，我們就可以掌握一切交通事業，發揮一切工程效能！這是本人今天奉獻并祝望於各位的一點意見。

（附註）本文原曾寄請茅先生親予修正，後因付印匆促，未能等及回件，乃冒昧以未正稿付印，文內設有謬誤之處，自當由記錄者自負責也。

偏光彈性學之概念

王建時

———偏光彈性學之基礎，由部盧斯脫創于西曆一八一六年，且早有專書問世，本文就其光學原理，詳爲分析。———

引言　偏光彈性學合光學與彈性學兩種科學，非謂光之彈性學也。彈性學理乃應用材料力學，研究彈性物質受外力後在平衡狀態時所生之應力；偏光彈性學爲一實驗之方法，用偏極光解求透明模型中之應力。此種模型可爲極複雜之結構物，或機械部份。其所受外力，可爲靜力或動力。

彈性學所能解決複雜結構物及機械部份之應力問題，事實上爲數不多。其解決此項問題之方法，係基於外力作用狀態時之某種假設，實際所得之數據，往往不能與前者所得之結果相符合。此非謂彈性學理之不可靠，而所以證示根據外力作用，及應力傳播情況，所用之假定，與實際不符耳。

偏光彈性學之特點：在其能將任何複雜結構物，或機械部份，用透明之物質，製成模型，而內部之應力分佈線，得直接映於幕布，然後根據此種條紋，計算其內部之應力，能得極準確之結果，其差誤可期在百分之二以內。其特具之優點，在能給外力作用以時間因素上之檢討。加力速度之影響，可用簡單齒輪使模型微動，而觀察幕影得之；或用照相機攝之，以誌永久。迴轉速度極高時，可用斷續光測頻器察其結果。惟是法之主要應用，目前暫限於兩向度應力問題之分析。

偏光彈性學之儀器　參照圖(1)，偏光彈性學之儀器，包括單點強力光源，如弧光燈 A，此燈發射尋常光線。光線經聚光器 B，冷水箱 C，及雙凸聚光器 D，用以集中光線於 E。E乃第一塊泥科爾稜鏡(或稱起偏極鏡)所在之處，起偏極鏡使尋常光線變爲面偏極光線。F爲四分一波片，用以變面偏極光爲圓偏極光者也。

用兩塊平凸準直鏡 G及 I，得平行光線。鏡 G 置於離起偏極鏡之焦距處。模型 H之地位，須使幕像 Q清晰可見。爲達此項目的，可用投射鏡 J。

圖示儀器之設計，謀於準直鏡 K及 M之間，造成第二組平行光線。其間可置以校準材L。然後光線經當第二投射鏡 M，交於第二塊泥科爾稜晶 P(或稱檢偏極鏡)。結果幕布映出模型 H及 L之影，投射鏡 N所以焦集影像於幕布也。(圖 1　偏光彈性學儀器之構成)

爲使圓偏極光變爲面偏極光，置另一四分一波片。於檢偏極鏡之前。四分一波片之軸，須以45度角與起偏極鏡及檢偏極鏡之偏極面相交，而各以90度角相交，如圖(一)所示。

光之性質　光爲由電子振動所生之傳播波浪，發熱物體放出兩種異質之輻射：發生熱度者，謂之熱波；感覺視神經者，謂之光波。此兩種波之不同，僅繫於射入物體內原子結構後之振動情況。

十七世紀時，惠更斯申陳光學原理：謂光爲包含在設想介質，以太，由之波動。因其能用以解釋各種光之現象，此說經已普遍承認。偏光彈性學實驗中之色彩，乃光波干涉之結果也。

發光點之色彩起源，由於各種不同物體內，原子中電子振動情況之不同。在某種物質內之振動頻數爲一定，所生波動亦有一定之波長。

尋常光可亦如圖(2)，光柱在傳播線之垂直面上振動，此面上之電子，各向不同之方向振動；想像以照相片垂直置於光之傳播線，則振動電子將在相片上發生痕跡，此痕跡繪於紙上，如圖(2)所示。若應用尋常光於偏光彈性學，則嫌過於複雜而不適用。(圖2　尋常光)

平面偏極光係由電子在某一平面內，於傳播線之垂直線上振動所產生，如圖(3)所示。若一柱光爲面偏極化，可想像一平面經一射線，而光波之振動，垂直於此面，此平面稱謂偏極化面，其簡單之定義爲：偏極化面乃垂直於電子振動面之平面，設想一照相片垂直置於光波之傳播線，則振動電子將

在相片之垂直面中產生垂直於傳播方向之直線。(圖3 平面偏極光， 圖4 圓偏極光)

圓偏極光由電子在圓圈上振動所形成，其圓圈面垂直於光之傳播線，如圖(4)。此種光波可用照相片做成之紀載目標想像之，每一光球作圓形之動作，並推動其相鄰之光球，乃產生調和之螺旋移動，此種光波經過紀載板時留有同心圓之痕跡，而以傳播線與紀載板之交點爲同心圓之中心。

下述各定義，其名詞之符號，詳見圖(?)。

『位移』 D，爲任何時振動光粒與其平均位置間之距離。

『振幅』 a，爲振動光粒之最大位移，此等於光粒振動距離之二分之一。光之強弱，卽以振幅度量之。振動愈大，所需能量亦愈大，故光之強弱與振幅成正比例。

『頻率』 n，爲光粒在每秒鐘內所作整個振動之次數，原子中電子之振動將直接影響光源之色彩。

『週期』 T，爲光粒作一整個振動時，所需之時間。故 $T=1/n$。

『相』 爲光粒對未擾介質之位置。

『波長』 λ，爲兩同相振動光粒間之最短距離，波長爲光色之基本特性。

光波與泥科爾稜晶 泥科爾稜晶(爲紀念發明人亦簡稱泥科爾)爲產生面偏極光之工具。取名曰冰州石之晶體，依斜角線切成兩塊，(圖(5))，然後磨光而用加拿大樹膠黏接之。光柱射入晶體卽分成兩道光線：一曰尋常光線；一曰非常光線。其電子振動之情形，示如圖(6)，在紙面之光波線示非尋常光線，黑點示尋常光線

爲詳明瞭泥科爾稜晶中兩道光線之動態，玆將其構造情形，詳述於後。(圖5 泥科爾稜晶)(圖5)沿 AB 面將冰州石切開，圖(6)，角又約爲22度。加拿大樹膠與冰州石之折射率各爲：

加拿大樹膠： 1.55

冰州石 { 非尋常光線 1.468
　　　　 尋常光線： 1.658

而折射率

$$n=\frac{\text{Sn (空氣中之入射角)}}{\text{Sn (物體中之折射角)}}$$

根據上列數據，加拿大樹膠之折射率較尋常光者爲小，而大於非尋常光之折射率。當尋常光線分開而AB 上之O點，圖(7)，卽遇加拿大樹膠，其入射角 i 大於非尋常光線之臨界角，故全向晶體之邊界反射，稜晶以黑色紙包裹，或塗以黑漆，將此光線全部吸收。

非尋常光線與分開面所交入射角之情形，詳述於下文，此光透過加拿大樹膠而射過晶體，最後由斜方形晶體磨光面，BG 射出之光線，仍爲面偏極化，卽謂所有光子之振動，均在同一平面以內也，出射光線之頻率，約爲二分之一入射光線者，其餘二分之一爲晶體所吸收。

通常所稱折射率係指尋常光線自空氣射入物體而言，冰州石與加拿大樹膠之比重，均較空氣爲大當光線自空氣射入物體，此項折射率均大於一，故光線向邊界面之垂直線偏轉，故

$$\frac{\text{Sin i (空氣)}}{\text{Sin r (物體)}}>1$$ 或入射角 i > 折射角 r （圖7 圖8）

冰州石與加大拿樹間之臨界角，計算如下：

尋常光線

$$n_o=\frac{\text{Sn (空氣中之入射角)}}{\text{Sn (冰州石中之折射角)}}=1.658$$

$$n_2=\frac{\mathrm{Sn}\text{（空氣中之射角）}}{\mathrm{Sn}\text{（加拿大樹膠中之折射角）}}=1.56$$

n_2除n_1，並採用簡單之縮寫得：

$$\frac{n_2}{n_1}=\frac{\mathrm{Sn}\text{（空氣）}/\mathrm{Sn}\text{（加拿大樹膠）}}{\mathrm{Sn}\text{（空氣）}/\mathrm{Sn}\text{（冰州石）}}=\frac{1.55}{1.658}$$

設兩者在空氣中之入射角相等，消去Sn（空氣）得：

$$n=\frac{\mathrm{Sn}\text{（冰州石）}}{\mathrm{Sn}\text{（加拿大樹膠）}}=0.925$$

上式代表尋常光線在冰州石中射入加拿大樹膠時之折射率，因冰州石內之入射角，r_1小於加拿大樹膠之折射角，r，此式證明入射光線IO，圖(7)，透入加拿大樹膠之方向，OR，偏離垂直線。

參照圖（7）之臨界角，i_c，得

$$\frac{\mathrm{Sn}\ i_c}{\mathrm{Sn}\ 90^\circ}=\frac{\mathrm{Sn}\text{（冰州石）}}{\mathrm{Sn}\ 90^\circ}=0.925$$

解上式得尋常光線射於加拿大樹膠時之臨界角，i_c，等於69°14′，切泥科爾稜晶時，使尋常光線於分開面，AB，圖（7），之入射角大於69°14′故乃全部反射。

非尋常光線

$$n_1=\frac{\mathrm{Sn}\text{（空氣中之入射角）}}{\mathrm{Sn}\text{（冰州石中之折射角）}}=1.468$$

$$n_2=\frac{\mathrm{Sn}\text{（空氣中之入射角）}}{\mathrm{Sn}\text{（加拿大樹膠中之折射角）}}=1.55$$

除n_2以n_1並採用簡單之縮寫得：

$$\frac{n_2}{n_1}=\frac{\mathrm{Sn}\text{（空氣）}/\mathrm{Sn}\text{（加拿大樹膠）}}{\mathrm{Sn}\text{（空氣）}/\mathrm{Sn}\text{（冰州石）}}=\frac{1.55}{1.658}$$

消去Sn（空氣），得：

$$n=\frac{\mathrm{Sn}\text{（冰州石）}}{\mathrm{Sn}\text{（加拿大樹膠）}}=1.055$$

上式示非尋常光線在冰州石中射入加拿大樹膠時之折射角，r'_2此式證明入射線I′E，圖（8），折射入加拿大樹膠之方向，ER，偏向垂直線。

圖（8）示下列事實：即任何光线於AB面，而其入射角小於90度時，則其將透過加拿大樹膠，晶為興趣者，為對看光线自CD面射出，而射入其餘一半晶體時之動態，欲達此項目的，須求得光線自加拿大樹膠射入冰州石時之臨界角。（加拿大樹膠）

$$\frac{\mathrm{Sn}\ i_c}{\mathrm{Sn}\ 90^\circ}=\frac{\mathrm{Sn}\text{（加拿大樹膠）}}{\mathrm{Sn}\ 90^\circ}=\frac{1}{1.055}$$

解此方程式得非尋常光線自加拿大樹膠射入冰州石時之臨界角，i_c，等於71°27′

切開晶體時，務使非尋常角線射於AB面上之入射角小於90度，故此光能透過加拿大樹膠而自冰州石之CD面射出。所得結果：為全反射無以存在，而非尋常光得透過晶體，最後此光從斜面BG（g），射出，並仍為面偏極光，圖示光粒在紙面內振動。

為說明泥科爾稜晶之作用，並先去其種種誤會起見，可用一方形厚板，代表泥科爾稜晶，在其上縱一精細之小槽，祇有在槽面振動之電子始能通過，在其他方向振動電子全被消滅。若有第二塊泥科爾A，圖（9），置其設想槽於同一垂直面上，可想像在垂直方向振動之光波，將在極易之狀況下，透過泥科爾A之L槽，而在幕布發生光之感覺。（圖9　平行泥科爾稜晶）

若置泥科爾之縱軸於同一平線，而其偏極化面互相垂直，則無光能透過第二塊泥科爾，圖（10），故正交泥科爾不允光線透過。圖（10）示電子達第二塊泥科爾時，不能穿過其「設想小槽」，此時幕上呈黑暗。（圖10　正交泥科爾稜晶）

光波與四分一波片　若光波經過薄片晶體之斷面，而主晶體軸，即光軸，與斷面間有一交角，則此光線分成兩道垂直之光線，如圖（11）。兩者在晶體內之光速，快慢不同，乃形成兩光線間之相差此兩光線自晶體射入空氣後之速度，各仍如前，故相差依然存在。（圖11　四分一波片之作用）

凡晶體的有兩種互相垂直不同特性，在一個方向之分子，比較密集，即分子間之距離較其垂直方向者爲小，故電子比較不易，在此向透過，光線之傳播速度，因以減小。板之厚度亦直接影響光速，光線自晶體射入空氣後，其速度依然不變，是以減速，或所生之相差，仍與前者相同。

下文擬重敍力學中之週期運動：視一點，P，作等速圓形運動，圖（20），P點在直徑AB上之投N′點，發生變速運動，當P點繞圓周行動，N′點則在AB上發生「簡諧運動」；P點在直徑CD上之投影M點，亦作變速運動，當P點繞圓周行動，M′點在CD上發生振動運動，其運動亦爲「簡諧運動。」（圖12）

設想P點分爲兩個二分之一，N及M，而各自運動，圖（12）示N及M各在正交之直徑AB及CD上運動。當N′在B點，則M′在O點。同樣：N′M′N″M″，N‴M‴各在對稱之位置。綜之：圓周運動可分爲兩個正交之簡諧運動，其間之相差爲90度，或四分之一周期。反言之：兩個簡諧運動可成爲等速圓形運動。

光波突過一片，發生四分一波於另一波之後，則此片謂之四分一波片，此兩光波各爲簡諧光波，圖(11)。此兩相似之光波，互相垂直而其相差爲90度，或四分之一周期。若合上述兩種光波，則得等速圓運動。故四分一波片化面偏極光爲圓偏極光。

上述現象，可用下列事實證之：光線經四分一波片波後，則第二塊泥科爾，或檢偏極鏡，可繞其橫軸旋轉，而勿影響傳過該鏡之光線强度。圖(13)

四分一波片通常均係雲母片製成，用以化面偏極光爲圓偏極光。每種晶體如雲母者，具有兩個特殊之方向，稱謂軸，此兩軸以90度相交，沿此兩方向之振動電子，各具其特性。假定四分之一波片垂直於光之傳播線，旋轉此片而使其光軸之一，以45度角與泥科爾稜晶之偏極面相交。圖(14)示泥科爾稜晶之設想槽OA，爲面偏極光之振幅，OB及OC爲光波在雲母片內之振幅，從圖知OB及OC之最適宜角位爲中等於45度，因振幅OA完全分於OB及OC兩個方向，相等向量OB及OC發生兩等振幅簡諧運動，而圓周運動包括兩個正交，相差爲四分之一周期，及等振幅之振動運動。

四分一波片與偏極面爲45度時，在幕布發生之照度最大。如圖(15)所示者：光軸OB與設想槽OA相符合，而祇OB存在。圓偏極光包括兩個相等之分向量，故此時不能得之。更將四分一波片繞O點至紙面之垂直軸旋轉，當角中等於45度之照度爲最大。圓偏極光之重要特性，在使第二塊泥科爾能繞其平軸任意旋轉，而不影響射過該稜晶之光線强度。

在光線達第二塊泥科爾稜晶前，插以第二塊四分一波片。若反轉光波之傳播方向，即假定光線傳自C至B至A，以代替A至B至C，圖(11)，圓偏極光之動態，極易明瞭，想像圓偏極光分成互相垂直之兩個正弦曲線，一與面I相符合；一與面II相符合，因相差等於四分之一，光波彼將以同樣之情態透過雲母片，而最後自面，OFDE，射出時，形成面III內之面偏極光波。

關於四分一波片與偏極面間交角之決定：取泥科爾稜晶模型，圖(16)，而置雲母片於其後，過使其光軸以45度之角相交於偏極面。繼旋轉經18〇度而置雲母片於前，圖(17)。所得結果，爲第二塊雲母片對偏極軸之角位亦爲45度，惟雲母片之軸應互相垂直。根據上項討論第二塊雲母片應在圓偏極光未經第二塊泥科爾，即於偏極鏡之前插入。

雲母片插入之情態，既如上述，惟試驗之結果，往往爲某種情形所阻礙，尋常之光源，可用於偏光彈性學之分析者，輒生極複雜之光波，此其一也；市場上之四分一波片，均係對一定之波長設計，常爲細光，而非通常所用之白光，此其二也；泥科爾稜晶與雲母片之製造，難免有不準確之處，此其三也。相交之雲母片，能予後者以甚多改進之處。（圖十四）（圖十五）（圖十六）（圖十七）

干涉條紋　求明瞭兩道光線干涉之作用：假定置單色光線S_1及S_2如圖(18)所示。純單色爲由一種頻數及波長之光線所產生。

假定長度S_1R_0與S_2R_0之差，爲波長之二分之一，或λ/2，此兩長度被光源S_1及S_2所生等強度光波所條布，等波長之兩道光波達R_0點而生相差λ/2，結果得振幅爲零之組合光波，因每在光波S_1之正位移處，有S_2之相等負位移也。是以R_0點處無光。

在幕上另找R_1點，使距離R_1S_1及R_1S_2相等，則兩道光線達R_1點時，不再發生相差，而組合光波之振幅，將兩倍於前者。結果在幕上得代表兩隙影之明亮點。

另擇一點R_2，使S_1R_2與S_2R_2之差等於二分之三波長，或3λ/2，則R_2點現黑暗。

若取數點R_3，R_4等，使距離S_1R_3及S_2R_3之差等於λ，2λ，或3λ等，則幕上各該點均發亮。

依照上項討論，幕布將爲所擇之單色光照亮。例如紅色在R_1，R_3處之強度最大；在R_0，R_2處呈黑暗；R_0與R_1，與R_1，R_2與R_3之間爲淺紅色。

若光源S_1S_2爲黃色，可得類似之條紋，不過色彩不同耳，圖(19)。惟以黃色光之波長短於紅色光者，兩者在幕上所生之明暗點，不相重合，圖(21)示暗點λ/0向下移動。若光源爲青、藍、或紫色，幕將發生類似之色條，而其明暗點各不相叠。

若光源S_1，S_2非單色光，而包括各種色彩，將在幕上發生連續之條紋，稱曰光譜。

白色光爲包括幾種色彩之光，故白光非單色光，而爲複色光。若置白光於光源S_1，及S_2，因各色光之干涉作用，在幕上映出多色之條紋，圖(20)示各種單色條紋於一直線。

荷重之模型　透明、均勻、及單折射材料，如賽璐璐，電木等受力後，即變爲雙折射材料，其雙折射情形，依應變情形直接變化。關於泥科爾稜晶暨雲母片內之雙折射情形，前已詳論。面偏極光射過此種受力之材料後，便產生兩道面偏極光線，在兩個正交之平面內振動，因其在材料內之振動速度互異，射出之兩道光線，乃生相差。

簡言之：受力材料能變成臨時晶體，因此荷重使分子重行分佈之故。在應之拉方向，分子散開；在壓力方向，分子接近。此種變動之結果，可用下列試驗證明之：繪等距之黑點於橡皮帶上，圖(22)，如a，b，c，d，e，f，加力F後，距離a′b′及b′c′小於a′d′及c′f′，故在兩個垂直方向留予電子透過之空間各異。

相差，或減速度，繫於光粒之位移，結果將繫於材料之應力情形，及厚度，因「設想應力」祇限於模型之周界以內也。以計算式示之，得：（圖十八　光干涉之說明　圖十九，二〇　干涉色光發生之光譜　圖二一　波長作用之說明）

減速度＝常數×應力情形×厚度

或　R＝C.L.t

式中C＝關於材料性質之常數，

R＝減速度或相差，其單位關於常數C，

L＝應力情況(下文再詳論之)，

其材料之厚度。

此為用偏光彈性學解求應力之基本公式。

置透明模型於面偏極化單色光，並用投射鏡映模型於幕布，因模型荷重後，即變為雙折射物體，故兩等波長之光波將射過模型，而達於幕布。此兩光波之相差，與應變情形及模型厚度成正比例。若置無荷重之模型於兩塊正交尼科爾稜晶間，則幕上祇現黑影，當模型承載後，其中若干點由應力作用而變成臨時晶體，結果形成雙折射現象。從雙折射發生之兩道光線，將在模型內之兩垂直方向振動而生相差，一若前節所述光源S_1及S_2所射出者。此兩光波將互相干涉，是以除零應力各點仍呈黑暗外，其餘各部均呈光亮。

若置透明模型於正交尼科爾稜晶間，而透射光線為面偏極化白光，當模型不負荷重時，模型於幕布現黑影。現射入之光為白色，模型上因荷重所生應力各點，將發生各色光波之雙折射，各該點之作用，極類似前述光源S_1及S_2在黑暗背景所生之色彩點者。因短波光線之干涉較長波光線之干涉為快，可預言色彩之發現程序，為暗青灰色，青黃色，橘色，而紅色。然以白光為複色光，材料本身亦常有色彩，所得之結果，常較由理論所預測者為複雜。最後之荷重模型將滿佈色彩干涉條紋，每種色彩代表光線射過荷重模型受力點時由雙折射所生相差之結果。故一種色彩代表某點之應力情形，相差或減速繫於應力情形，即其與主應力差成正比例也。

合振幅 前已詳述：在荷重模型之兩設想槽內，光波各以不同之速度傳播，因此兩光波間發生相差或減速度。光自模型射出後，各以同樣之速度在空氣中傳播，其相差依然存在。根據圖(23)所示兩光線之波長亦相等，此因

V（速度）=nλ=（每秒鐘之振動數或振動率）×（波長）

在模型前後之光波，其V與n互等，故λ不變。於模型及檢偏極鏡間發生兩正弦光波，圖(26)，此兩光波相互正交，並有一定之相差R。正弦光波之振幅可得自分解向量0.λ，為兩個分向量acos2 及 asin。原光波在豎直面內射入模型，及兩光波入小槽I及II而射出時，彼乃互相錯砭而生相差，如圖(25)所示。

檢偏極鏡祇見兩光波之平向分波射過，故自檢偏極鏡至幕布間之正弦光波，在一個平面內傳動，其相差與在模型及檢偏極鏡者相同。其振幅可得自asinα及acosα在平軸上之投影，惟方向相反圖(27)。傳動光波之概況示於圖(26)。

豎直面內之振幅a為單純振動，圖(24)現分解為分振幅asinα於模型小槽I，及acos2於槽II，視振幅為簡諧運動，則入射光之位移「a」，可用下列方程式得之。

$$S=a\cos wT=a\cos w(T+T_0) \cdots\cdots\cdots\cdots (1a)$$

式中 a=最大位移或振幅，

T=自最大位移「a」以後之時間，

To=一整個振幅所須之時間，

w=如下述所得之係數。

（方程式(1a)祇於下述條件時，始能成立。 ）

$$wT_0=2\pi,\ 4\pi,\ 6\pi,\cdots\cdots\cdots\cdots 2n\pi$$

設 $wT_0=2\pi$，或 $w=\dfrac{2\pi}{T_0}$

若 n=每秒鐘之振動數或振動率，則

$n=1/T_0$

$w=2\pi n$

故w為與頻率成正比例之因數。

光波射過波痕模型以前，相當於方向I及II之位移為：

(Ia)及 $S_I = a \, \mathrm{Sin}\alpha \, \mathrm{Cos}\, wT$ $\qquad S_{II} = a \, \mathrm{Cos}\alpha \, \mathrm{Cos}\, wT$

（圖二四 圖二五 圖二六 圖二七 圖二八）

投射於槽I之振幅 $a \, \mathrm{Sin}\alpha$ 圖（25）；透過模型後，並不與槽II內之振幅同時發生，此因相隔之故也。設T_1及T_2為兩個分振動傳過模型內槽I及槽II所須之時間，則經過模型後，其相對之位移為：

$$S'_I = a \, \mathrm{Sin}\alpha \, \mathrm{Cos}\, w(T-T_1)$$

$$S'_{II} = a \, \mathrm{Cos}\alpha \, \mathrm{Cos}\, w(T-T_2)$$

前已論述：第二塊泥科爾棱晶（檢偏稜鏡）之位置，祇見在橫平面內之振動通過，圖（27），故通過檢偏稜鏡之分振動，可投射位移S'_I與S'_{II}於橫平面上得之：

$$S''_I = S'_I \mathrm{Cos}\alpha = a \, \mathrm{Sin}\alpha \, \mathrm{Cos}\, w(T-T_1) \, \mathrm{Cos}\alpha = \frac{a}{2} \mathrm{Sin}\, 2\alpha \, \mathrm{Cos}\, w(T-T_1)$$

$$S''_{II} = S'_{II} \mathrm{Sin}\alpha = a \, \mathrm{Cos}\alpha \, \mathrm{Cos}\, w(T-T_2) \, \mathrm{Sin}\alpha = \frac{a}{2} \mathrm{Sin}\, 2\alpha \, \mathrm{Cos}\, w(T-T_2)$$

兩平面內之組合振動：

$$S_{(\text{最後})} = \frac{a}{2} \mathrm{Sin}\, 2\alpha \, \mathrm{Cos}\, w(T-T_1) - \frac{a}{2} \mathrm{Sin}\, 2\alpha \, \mathrm{Cos}\, w(T-T_2)$$

(Ib) ……… $= \frac{a}{2} \mathrm{Sin}\, 2\alpha \left[\mathrm{Cos}\, w(T-T_1) - \mathrm{Cos}\, w(T-T_2) \right]$

(Ic) ……… $= \frac{a}{2} \mathrm{Sin}\, 2\alpha \left[\mathrm{Cos}\, wT \cos wT_1 + \mathrm{Sin}\, wT \, \mathrm{Sin}\, wT_1 - \mathrm{Cos}\, wT \, \mathrm{Cos}\, wT_2 - \mathrm{Sin}\, wT \, \mathrm{Sin}\, wT_2 \right]$

$$= \frac{a}{2} \mathrm{Sin}\, 2\alpha \left[\mathrm{Cos}\, wT(\mathrm{Cos}\, wT_1 - \mathrm{Cos}\, wT_2) + \mathrm{Sin}\, wT(\mathrm{Sin}\, wT_1 - \mathrm{Sin}\, wT_2) \right]$$

$$= \frac{a}{2} \mathrm{Sin}\, 2\alpha \left[-2\, \mathrm{Cos}\, wT \, \mathrm{Sin} \frac{wT_1 + wT_2}{2} \mathrm{Sin} \frac{wT_1 - wT_2}{2} + 2\, \mathrm{Sin}\, wT \, \mathrm{Cos} \frac{wT_1 + wT_2}{2} \mathrm{Sin} \frac{wT_1 - wT_2}{2} \right]$$

$$= \frac{a}{2} \mathrm{Sin}\, 2\alpha \left[2\, \mathrm{Sin} \frac{w(T_1 - T_2)}{2} \right] \left[\mathrm{Sin} \left(wT - w\frac{T_1 + T_2}{2} \right) \right]$$

或 $S_{(\text{最後})} = \underbrace{\left[a \, \mathrm{Sin}\, 2\alpha \, \mathrm{Sin} \frac{w(T_1 - T_2)}{2} \right]}_{(\text{最後振幅})} \underbrace{\left[\mathrm{Sin}\, w\left(T - \frac{T_1 + T_2}{2} \right) \right]}_{(\text{正弦函數})}$ ……………… (Id)

方程式（Id）所示組合光波，證明最後光波為正弦波，其振幅為：

$A_{(\text{最後})} = a \, \mathrm{Sin}\, 2\alpha \, \mathrm{Sin} \frac{w(T_1 - T_2)}{2}$ ………………………………………………… (Ie)

若模型之荷重及入射光線之強度為一定，則對模型中某點而言，式（Ie）中各數值為一定。

a＝光之強度，

α＝檢偏稜鏡之傾斜角，

$w=2\pi n$光色或頻率之函數，

T_1-T_2＝兩光波自模型射出後之減速。

上述最後振幅，當位移達最大值時所須之時間，可使S對T之一次導微函數等於零得之。以式(Ie)代入式(Id)

$$\frac{dS}{dT}=A\,w\,Cos\,w\left(T-\frac{T_1+T_2}{2}\right)=0$$

$$Cos\,w\left(T-\frac{T_1+T_2}{2}\right)=0，或\ w\left(T-\frac{T_1+T_2}{2}\right)=\frac{\pi}{2}，$$

達最大位移所需之時間，

$$T_{(最大位移)}=\frac{\pi}{2w}+\frac{T_1+T_2}{2}$$

故自式(Id)及(Ie)得：

$$最大S_{(最後)}=A\ Sin\frac{\pi}{2}=A_{(最後)}$$

以時間為單位之減速(T_1-T_2)，可用式(Ib)(Ic)之w及n代入，而得

$$\frac{w(T_1-T_2)}{2}=\frac{2\pi n(T_1-T_2)}{2}=\frac{2\pi}{2}\cdot\frac{(T_1-T_2)}{T_0}=\frac{\pi(T_1-T_2)}{T_0}\cdots\cdots(If)$$

單位為時間或波長之減速，其間之比例為

$$\frac{減速(秒)}{週期(秒)}=\frac{減速(波長)}{波長}，或\ \frac{T_1-T_2}{T_0}=\frac{R}{\lambda}\cdots\cdots(Ig)$$

將式(If)及(Ig)所得之數值代入式(Ie)，則

$$A_{(最後)}=a\ Sin\,2\alpha\ Sin\,\pi\left(\frac{T_1-T_2}{T_0}\right)\cdots\cdots(1)$$

$$或\ A_{(最後)}=a\ Sin\,2\alpha\ Sin\left(\frac{R}{\lambda}\pi\right)$$

總結本節所論，用圖解法，圖(28)，合併III,IV兩波，得最後正弦光波之振幅，

$$A_{(最後)}=a_{(起始)}\ Sin\,2\alpha\ Sin\left(\frac{R}{\lambda}\pi\right)$$

式中：A＝最後光波之振幅，

a＝入射面偏極光波之振幅，

θ＝檢偏極鏡內偏極面與主應力方向間之交角

R＝一若入射光線之以波長為單位之減速，

R/λ＝以波長部份為單位之減速，

Rπ/λ＝以弧度為單位之減速。

式(2)證明最後振幅為a,α,R,及λ之函數；故模型內各點之光線強度繫於下列各項：

(1)光源之強度，「a」

(2)主應力之方向，「α」

(3)光源之波長，「λ」或色彩，

(4)減速，「R」此繫於下文所述各項因素。

偏光彈性學之方程式 前已論述：發生應力後之物體，為臨時晶體；根據彈性學理論；當作用於

某點正應力之一，達其最大値，第二正應力及最小値，此兩正應力乃變爲主應力。主應力差（P－q）愈大，臨時晶體內兩軸方向之分子售合情形亦更不同，兩分振動經模型之時差乃愈久。換言之：減速與主應力差成正比例實際亦證明此言不謬。

減速由設想阻力或對透射電子之反力所產生。故阻力之空間愈大，或模型之厚度愈厚，減速亦愈大。

材料之物理性質，亦將影響光粒之傳播速度。上述三項因素，可用下列公式示之。

$$R=C(P-q)t \qquad (3)$$

此乃偏光彈性學之基本公式，以式（3）中之値代入式（2），得光線之最後振幅或强度，

$$A_{(最後)}=a_{(起始)}\sin 2\alpha \sin\left[\frac{C(P-q)t}{\lambda}\pi\right] \qquad (4)$$

假定單色光源之强度「a」，波長「λ」爲一定，模型之均勻厚度爲「t」材料之光學常數爲「c」茲研討兩正弦光波變更之作用，此光波倚於主應力差（P－q），及檢偏極鏡內偏極面與主應力之交角 α

(1) 當 $p-q=0$，$\sin\left[\frac{C(p-q)t}{\lambda}\pi\right]=0$；$A=0$，點呈黑暗

$p-q=\frac{\lambda}{2ct}$，$\sin\left[\frac{C(p-q)t}{\lambda}\pi\right]$爲最大，A爲最大，點呈最大照度。

故得結論：若兩主應力相等，$p=q$，或最大剪應力 $=\frac{1}{2}(p-q)=0$，光亮背景內之模型，在該處呈黑色，而在 $(p-q)=\frac{\lambda}{2ct}$ 處之光線照度最大。

(2) 當 $\alpha=0$，$\sin 2\alpha=0$，$A=0$，該點呈黑暗。

$\alpha=45°$，$\sin 90°=1$，A爲最大，該點呈最大照度。

$\alpha=90°$，$\sin 180°=0$，$A=0$，該點呈黑暗。

當代表主應力方向之設想槽，與泥科爾棱晶之設想槽相合時，該點卽呈黑色。故黑點所以表示主應力方向符合於正交泥科爾棱晶之兩槽也。

等色線　設置模型於圓偏極光線中，起偏極鏡與檢偏極鏡之偏極軸互相豎平配置，四分一波片之軸與垂直線成45度，而兩者互相正交。如是配置之結果，圓偏極光將射過模型，電子各在模型之兩設想槽內振動，設想槽所以代表主應力之方向者也。如圖（29）所示：光粒達模型前之a點，而仍作圓運動。繼尋獲兩正交之設想槽於b點，圖（30），此兩槽卽指主應力方向者，光粒乃分成兩半、各在槽內振動，射過模型而生相差。此兩光波以內速度而不同相之情形，達於檢偏極鏡前之四分一波片，再射過檢偏極鏡之槽。其狀一若自起偏極鏡射出者，最後達於幕布而生光覺。

現檢討不同相光線達幕布時之減速作用。姑假定祇有一色——紅色——射自白色光源。關於減速形成之光亮點以及干涉所生之色彩，前已詳述。

兩光波自荷重模型射出後，透過檢偏極鏡之設想槽。而達于幕布，此時兩光波間發生相差或減速。圖（31）示紅色光源S1及S2兩者之波長相同而相互異，各示於由模型射出之處。叠加此兩道光波得組合光波，示如圖（32）。模型上此點將於幕布呈現光亮之紅色，其照度繫於減速R或主應力差（p－q）其關係爲 $R=C(p-q)t$。圖（33）所示減速爲 λ/4。圖（33），（34），（35）示單色光線之三種情形，其相差各爲0，λ，3，及λ/2。組合光波可自圖解得之。

白色光源包含橙，黃，綠，靑，及紫色光線，諸色可期於光亮之幕布上發現。惟泥科爾棱晶互相

正交，除模型內有（p－q）應力之作用諸點外，光線不能射過其他部份而達於幕布。光波在四分一波片間係圓偏極化。此部中光線之傳播，不受主應力方向之影響。既知減速繫於（p－q）之值，則每一種色彩所以代表相等之（p－q）。色彩相同各線稱爲等色線，亦可由此得最大剪應力之數値者也。

（圖三一 圖三二 圖三三 圖三四 圖三五）

戰後我國之港埠建設

——六月六日工程師節本校紀念會講演——

徐人壽講　錢家顒記

主席、各位同學，今天是大禹的生辰，政府爲追懷這偉大的治水專家，所以定爲工程師節，教務長約我在這工程師節的紀念會上作一次講演，我想在座的各系同學都有，所以預備談談很普通而和各項工程都有關係的一項建設。就是港埠的問題，有一位英國專家說，港埠工程並不僅僅包括土木工程而已，而是百分之四十屬于土木，百分之六十屬于其他工程。其中機械占百分之三十，電機占百分之二十，其餘百分之十屬于航運、造船等，所以港埠工程可以說包括了各項工程。今天趁此機會，就跟各位同學討論一下戰後我國的港埠建設。

港和埠是不同的，港（Habor）的來源是因爲覺得船在航運中遇到了暴風雨，很是危險，所以找一塊地方作爲停船之處，那就是港，埠（Port）却不同，除了停船的作用以外，還有上下旅客，裝卸貨物的設備，這是港和埠不同的地方，港有軍港、商港之別，今天所討論的大多偏重于商港，有人在「埠」之前常加上了「商」字稱爲「商埠」，此又有些不同了，埠需有了經商的市場才稱爲商埠，例如連雲港（隴海鐵路終點）是埠而不是商埠，因爲它沒有市場的緣故。

在戰後爲什麼港埠的問題是很重要呢？因爲一切的交通，其出發點總是港，從港起始才可以建造很多的鐵路和公路，戰後的工業建設，一切工業材料一定得靠港運來，原料也得靠港輸出，所以港埠在交通中是最重要的了。

在國父的實業計劃中，我國要建設頭等港三個，二等港四個，三等港九個，，漁業港十五個，共三十一個，「中國之命運」中也規定了在戰後要建造一萬萬八千六百萬噸吞吐量的港，十年以內須完成一萬萬噸，商埠須開一千二百處，十年以內完成七百處。

在實業計劃中（民七年寫的），幾個著名的港都未列入，如上海、青島、大連、旅順等，那是因爲在那時都在外國人手中，可是今年不平等條約取消後情形就不同了，築港的計劃也應該要加以補充。

在討論將來如何築港以前，先得講一講築港的條件，第一方面是經濟的條件，商港不像軍港，它有着經濟上的問題，在它的後面一定要有一塊地叫背陸或腹地（Hinter Land），在這塊以內的貿易全由此港進出，同時港與陸地間要有很好的交通線，如浙江、福建都有很好的港口，可是後面横亙着很高的山脈，所以不能成爲良港。又如上海港的工程條件並不好，而有很好的經濟條件。第二方面是工程的或技術的條件，第一、要使大輪船能進出即水道要深，深水道最好是天然的，不過也可用人工來挖深的，挖掘航道即涉及工程和經濟的問題了。第二、希望一年中天天能通航，如蘇聯很多的港，可是在一年中有好幾個月結冰不能通航，大霧也可妨礙航運的。第三、港內要便于建築，即要有很好的基礎，他如地形等都是工程上的條件。

戰後先準備築什麼港呢？一港的建築是很慢的，總得要化上幾十年的工夫，才具相當規模，戰後我們沒有很多的時間，故宜將已成的港口改良而使其合乎需要。不平等條約取消了，我們很可把被外人拿去的港口加以整理而應用。先看北方，大連和旅順都是很好的，旅順適宜于軍港，大連是很好的商港。在戰前東三省百分之六七十的貿易都經過大連，大可以此爲北方大港。次之青島，在寫實業計劃時，青島還在德人手中，所以沒有列入，青島的貿易也很大，可是背陸不大。故不能成世界大港。可列爲二等港。再看東方，實業計劃中以乍浦澉浦或上海爲東方大港。就工程上講，上海並非良港，因其必須先入長江口進黃浦江，要經過一很長的航道，且此航道不深，可是近年來，上海的航運已大有改進，故雖不滿意，在戰後仍可利用之。倫敦港是英國最大的港口，但也須經過一很長的航道，深度亦有限，故大輪不能駛進，都停泊在逍三本（Southampten），可是每年的貿易，逍三本就差得很遠，所以我以為戰後仍可以上海為東方大港，另在乍浦附近築二等港以備專停大船之用。最後南方，廣州要經珠江河道故大輪可停舶九龍香港，小輪入廣州，若九龍、香港能歸還我國後，則當以香港為南方大港。他如烟台、天津、廈門、福州等都已成就皆可利用。

要建造這末多的港，經費從何而來呢？以生意的眼光看來，港是最容易把錢收回來的，所以戰後築港，祇要有人投資，經濟可不成問題。前幾天見報上載着一切的經濟建設都可以組織公司來經營，可是港却不同，雖然是商港也是有關國防的，還是應該由國家去經營。

最後，討論一下管理上的問題，工程上的問題有時倒不難解决，最困難的還是在港完成了以後管理上的問題。綜合管理的方法有四，一、由政府管理，或為中央政府，或為地方政府，如青島港是由青島市政府管理的，二、組織港務機關，包括有關各方的代表，如倫敦港是，三、屬于鐵路或其他公司的，如連雲港係屬于隴海鐵路，四、夾雜的組織，沒有統一的機關，這種管理的方法，中、美用得最多，如上海港，航道整理有濬浦局，收費有海關，碼頭、倉庫的主權，中外人士都有。他如航道，標誌等又屬于海關的，引水人又屬于另一機關，所以上海港的組織可說是夾雜的。

在以上的四種方法中，第四種當然是不興的，第二種也不大好，因為改良港務不大方便，由市政府管理倒不差，青島港便是我國管理上最完善的一個，可是小港還不成問題，大港决非市政能力所能及的，故我國最好要有統一的管理，除小港以外，由中央組織一專門機關管理之，總機關下在各港可設工程局，工程完竣後，改為管理局，如此可有統籌的辦法，也可免去競爭生意之弊了。

現在雖然還在抗戰期間，沿海多已淪陷，談不上港埠的建設，可是我們不能不先有計劃，就是必須要訓練大批的工程和管理的人才，以為我國將來進行港埠建設的準備。

戰後我國鐵路公路之建設問題

章大璜

在戰事快要結束的時候，籌劃戰後的交通建設，實在是一種未雨綢繆，而且是極端重要的基本工作。我國是一個交通建設比較落後的國家，過去因爲時間和空間的限制，使我們一千五百萬方公里的國土，充滿了此疆彼域的封建觀念；四萬萬五千萬的同胞，消失了親愛精誠的民族精神。這種政治建設的脆弱，影響我們的國防的力量，和經濟的發展，使我們淪於次殖民地的地位，而爲列强所宰割。現在勝利的光明，業已在望，幾年來堅苦卓絕的抗戰，確立了國家民族獨立自由的基礎，我們今後的任務，應該是如何把它發揚光大，以垂久遠，所以必須要確切認明百年來積弱的癥結所在，而將戰後的交通建設，列爲各項建設的首要，然後建國大業，纔能够循着正軌作有計劃的發展。

交通事業，包括運輸和通訊二方面，這二種事業，在戰後建國的過程中，都有它們特殊的地位，應當受到同樣的重視。就運輸事業而論，我們可以劃分爲陸運，水運和空運，三大類，戰後必須因地制宜，作相互的配合，方能收普遍開發交通的實效。但是按照目前國內資源分佈的情形，和戰後工業區域劃分的需要看來，我們必須要着重於陸上運輸網的建立，以適應事實上迫切的需要，所以戰後鐵路和公路建設，應該是交通建設中一個最切要的問題。

我國修築鐵道，已有六十餘年的歷史，修築公路亦已有三十年的歷史，時間不可謂不久，而戰前完成通車的，僅一萬幾千公里的鐵路，和十萬公里左右的公路，無論在質地，和數量方面說起來，都是異常落後的，非但不能和歐美的先進國家相比美，就是和鄰邦各國較短長，也感覺到瞠乎其後。我們知道，鐵道和公路是陸上運輸的主要工具，且爲一切建設的原動力，它的長度和密度，可以表示一個國家國防能力的强弱。我們現在所有的數量，和現在國家的需要，相去太遠，假定不得於最短期內迎頭趕上，恐怕戰後的一切理想，將永無實現的一日！

關於戰後鐵道和公路建設的全盤計劃，　總理的「實業計劃」，　總裁的「中國之命運」，都有了詳盡的指示。我們現在的任務，是應該如何斟酌建設的時間，國防的環境，和國家的經濟條件，來決定我們實施的步驟。戰後我們能有多少休養生息的時期，作爲復興的過程，是值得研究的。我們是政治國防和經濟建設一切落後的國家，以往因爲缺乏了近代立國的主要條件，幾使我們淪於萬劫不復的地位，今後必須抓住問題的焦點，儘最短時間，完成我們的交通建設。癥結一除，則所有的問題都可以迎刃而解。我們現在的看法，認爲戰後可能有二十年從事於建設工作的機會，所以交通建設，必須要在這個時期內全部完成。就鐵道建設和公路建設而論，我們可以分作四個五年計劃進行，並因配合政治、國防、經濟、的需要，斟酌緩急輕重，以爲釐訂分期計劃的依據。

根據　總理的「實業計劃」，我們應該擁有鐵道十六萬公里，公路一百六十萬公里，若以鐵道運輸來比較，那麽，無論在運量和運費方面，說起來，鐵道總是處優越的地位，而且按照我國目前資源開發的情形，和將來工業進展的趨勢，而謀鐵道事業自給自足和自主，發展的基礎，也足以比較的容易建立，所以它能够在平時收物盡其用和貨暢其流的效能，在戰時維持運輸事業的靈活，而不爲敵人的破壞與封鎖而癱瘓，但是配合國防建設便利機械化部隊運用的高級公路，和配合政治經濟建設的省縣道路，戰後也有迫切的需要，不能予以忽視的。我們戰後的公路建設，應該使它儘量配合國防和政治的需要，而不應該使它担負長途運輸的任務，代替鐵道的位置。所以「實業計劃」中一百六十萬公里的目標，似可大爲減低，至少可以說在最二十年中，五十萬公里的公路，一定是已經合乎需要的。因此，我們對戰後陸上運輸事業的配合，無疑的應以鐵道爲主，公路則除了特殊的任務而外，祇能够處於輔助發展的地位。

戰後的鐵道和公路建設，能否順利完成，是要以資金、人才、器材、的供應爲轉移，我們應該擬三種建設事業的要素，有合理的運用，必須先要有愼密的設計，然後財力、人力、物力，纔能得到適宜的配置，而充份發揮它最高的效能。就工程方面來說，無論在踏勘，初測，以至於定測的時候，我們都應該有周密的計劃，和詳盡的研討，俾能在地面上尋求一最適宜而且最經濟的路線，使資金和器材的需要，減至最低限度，彌補戰後財力和物力的缺略，完成交通建設之偉大計劃。

其次，我們再談一談戰後鐵道建設和公路建設計劃的本身。

我們斟酌戰後環境的要求，和時間的因素，認爲在最初二十年內，完成十四萬公里的鐵路，（已有三萬公里）和五十萬公里的公路，（已有十萬公里）是比較合理的，而且也是最低限度的要求，這一部份的工作，我們建議分爲四個五年計劃舉辦，並將每期工作的分量作如下的分配：

項目＼期別	第一期工作量	第二期工作量	第三期工作量	第四期工作量	全部工作量
鐵路	20,000	30,000	40,000	50,000	140,000公里
公路	50,000	100,000	150,000	200,000	500,000公里
鋼料	2,000,000	3,000,000	4,000,000	5,000,000	14,000,000噸
機車	3,400	5,200	6,800	8,600	24,000輛
客貨車	50,000	75,000	102,000	125,000	352,000輛
自動車	256,000	512,000	768,000	1,024,000	2,560,000輛

上面所提出來的戰後鐵道建設，和公路建設的計劃，數字是比較龐大的，根據戰前的築路經驗，也許會認爲這是一種不可能的事實，但是回溯抗戰以來的成果，我們祇要有堅强的意志，和奮發的精神，必定能够把普通認爲太理想的變爲現實，而何况戰後完成？本計劃的一切條件，又是相當具備的，假定我們能够有澈底的認識，人人以完成這種建設爲一無上的光榮，運用我們的智力，和體力，埋頭苦幹，二十年如一日，相信我們這裏提出來的計劃，一定能够順利完成的。

A NEW METHOD OF SOLVING FLOW IN PIPE SYSTEMS

R. S. Hsu.

A system of pipes as commonly used in the field of hydraulic engineering always consists of a group of loops. The solution of the flow in each loop is a very tedious work. By successive approximations, a fairly accurate solution may be obtained after three or more times of correction. The original idea was due to prof. Hardy Cross, whose method was, however, not simple and limited to the flow of water due to the use of old empirical formulas applicable to particular pipes only. These formulas always contain terms with odd exponents to make the solution quite complicate. The writer modifies the original idea to make the solution simpler and to apply to all sorts of fluids and pipes. The general principles of this method is first stated and an illustration will be given to show the procedure of solution.

General Principles -

(1) The loss of head due to friction in any pipe of the loop as shown is commonly expressed by,

$$L.H. = f \frac{L}{D} \frac{V^2}{2g}$$

where L and D are respectively the length and diameter of the pipe, V is the velocity of flow and f is the coefficient of friction. For any particular pipe, f is a function of the Reynolds number and it is constant only for a constant velocity or, in other words, a constant rate of discharge, Q. Again, (Map I)

$$L.H. = f \frac{L}{D} \frac{Q^2}{2gA^2}$$

where A is the cross-sectional area of the pipe. For a given pipe,

$$\frac{L}{D} \frac{1}{2gA^2} = \text{constant} = c = \frac{L}{40\ D^5}\ (\text{app.})$$

$$L.H. = f\ c\ Q^2$$

Therefore, for any given pipe, whatever the discharge is, the loss of head can be expressed to be a constant times f and Q to the second power.

(2) From experiments, the logarithmic plotting of values of f against Reynolds

number 'R' for a given pipe is a straight line and the following equation holds.

$$\text{Log } f = S \log R + a,$$

or, $$\text{Log } f = S \log Q + b.$$

S is the slope of the straight line, and a, b, are constants. S is -1 for laminar flow and is generally very small for turbulent flow, i.e., the change of f is only very slight for a small change of R or Q.

(3) Total flow from a junction of pipes must be equal to the total flow toward the same junction.

(4) The total loss of head along the pipes by tracing around the loop must be zero in considering that the loss of head has different signs algebraically according to whether the flow being in the direction or against the direction of tracing.

Mathematical Relationship.-

If any flow Q_o is assumed for any given pipe which has a probable true flow of Q, the following relation holds,

$$Q = Q_o \pm \triangle Q_o$$

where $\triangle Q_o$ is the probable error in the assumed value of Q_o. In the similar manner, f_o is the coefficient of friction corresponding to Q_o, and the true f is

$$f = f_o \pm \triangle f_o$$

The loss of head in one pipe of the circuit is,

$$\text{L.H.} = f c Q^2 = c\,(f_o \pm \triangle f_o)\,(Q_o \pm \triangle Q_o)^2$$

$$= c f_o\,(Q_o^2 \pm 2 Q_o \triangle Q_o), \qquad \text{(app.)}$$

since $\triangle f_o$ is very small and also $\triangle Q_o^2$ may be neglected.

The summation of the loss of head of the whole loop must be zero

$$\sum f c Q^2 = \sum c f_o Q_o^2 \pm \sum 2 c f_o Q_o \triangle Q_o = 0$$

Let $\triangle Q_o$ be the average probable error for the whole loop.

$$\triangle \bar{Q}_o = \pm \frac{\sum c f_o Q_o^2}{2\sum c f_o Q_o} \qquad \text{(app.)}.$$

Since log f = S log Q + b, by differentiation we obtain

$\frac{df}{f} = S\frac{dQ}{Q}$, or $\frac{\Delta f_e}{f_e} = S\frac{\Delta Q_e}{Q_e}$

Values of S for different kinds of pipes may be easily calculated and are given in accompanying with the experimental curves

General Procedure.-

The problem is to determine the probable distribution of flow in each pipe in the different loops of a pipe system.

(1) Assume the flows in all the pipes.

(2) Determine values of c for all pipes. ($c = L/40\ D^5$)

(3) Find Reynolds number for each pipe and value of f_e

(For water at 72° F, R = 122,000 Q/D)

(4) In each loop, compute for all pipes concerned, values of $cf_e\ Q_e^2$ and $cf_e\ Q_e$

The summation of the former divided by the summation of the latter gives $\Delta \bar{Q}_e$.

Proceed on the same procedure for other loops of the system.

(5) Make the corrections for all the pipes about Q_e.

(6) Correct f_o if necessary.

(7) Repeat the process until $\Delta \bar{Q}_e$ for all pipes won' t change any more in successive calculations.

In assuming the flows for the first trial, remember the rule, For same L.H. in different pipes, the smaller is 'c', the bigger will be 'Q_e' in any pipe. Sketches and tables are useful in solving the problem as shown below.

Illustration.- Water is flowing in the pipe system as shown.

Table I.

Pipes	Material	D(in.)	L (ft.)	c
1		12	300	7.5
2	all	12	200	5
3	wrought	12	400	10
4		8	200	38
5	Iron	8	300	57

(Map II)

6	8	250	47.5
7	8	200	38
8	8	250	47.5
9	12	200	5
10	12	550	13.8
11	12	200	5

Now trace the loss of head along the loops beginning with loop no. I and trace it in a clockwise direction. The loss of head of the flow in this clockwise direction during tracing is considered positive and flow in the reverse direction is negative.

Table II - First Trial

Loop I	Pipe	c	f_o	Q_o	$Q_o^2 cf_o$	$Q_o cf_o$	
	1	7.5	.014	10	10.5	1.05	
	2	5	.014	10	7.0	.70	(Map III)
	2	10	.013	15	+ 29.2	1.95	
					+11.7	3.70	

$$\triangle \bar{Q}_o = \frac{11.7}{2\times3.7} = 1.5.$$

This correction $\triangle \bar{Q}_o$ is to be applied counterclockwisely and so designated by an arrow shown in this direction.

Loop II	Pipe	c	f_o	Q_o	$Q_o^2 cf_o$	$Q_o cf_o$
	3	10	.013	15	−29.2	1.95
	4	38	.015	7	+28.0	4.00
	5	57	.016	0	0	
					−1.2	5.95

$$\triangle \bar{Q}_o = 0.$$

Loop III	Pipe	c	f_o	Q_o	$Q_o^2 cf_o$	$Q_o cf_o$
	4	38	.015	7	−28.0	4
	6	47.5	.015	7	−35.0	5

7	38	.015	8	+36.5	4.6
8	47.5	.015	8	+45.5	5.7
				+19.0	19.3

$$\triangle \overline{Q}_o = \frac{19}{2 \times 19.3} = .5$$

Loop IV	Pipe	c	f_o	Q_o	$Q_o^2 cf_o$	$Q_o cf_o$
	5	57	——	0	0	0
	6	47.5	.015	7	+35	5
	11	5	.013	15	+15.6	1
	10	13.8	.015	5	+ 5.5	1.1
	9	5	.012	25	−37.5	1.5
					+17.6	8.6

$$\triangle \overline{Q}_o = \frac{17.6}{2 \times 8.6} = 1$$

New correct the assumed flows by these $\triangle \overline{Q}_o$ first to those branches that are not common to two loops and then use general principle (3) to get the flow in the other branches.

Correction for f

Pipe 5 — f = .018. For all other pipes, $\triangle \overline{Q}_o / Q_o$ are all less than 10 % and after multiplying S, values of $\triangle f_o / f_o$ are only 1 % and can be neglected. Usually f_o should be corrected only when $\triangle \overline{Q}_o / Q_o$ is as high as 30 or 40 %. Values of c and f may be put in the sketch as shown below.

<u>Table III · Second Trial</u>

Loop I	Pipe	$Q_o^2 cf_o$	$Q_o cf_o$
	1	−13.9	1.21
	2	− 9.3	.80
	3	+23.6	1.75
		+ 0.4	3.76

$$\triangle \overline{Q}_o = 0$$

Loop II	Pipe	$Q_0^2\,cf_0$	$Q_0\,cf_0$
	3	−23.6	1.75
	4	+32.1	4.28
	5	+ 1.0	1.02
		+ 9.5	7.05

$$\Delta \bar{Q}_0 = \frac{9.5}{2\times 7.05} = 0.6$$

Loop III	Pipe	$Q_0^2\,cf_0$	$Q_0\,cf_0$
	4	−32.1	4.28
	6	−30.0	4.61
	7, 8	+72.0	9.60
		+ 9.9	18.49

$$\Delta \bar{Q}_0 = \frac{9.9}{2\times 18.49} = 0.3$$

Loop IV	Pipe	$Q_0^2\,cf_0$	$Q_0\,cf_0$
	5	− 1.0	1.02
	6	+30.0	4.61
	11	+12.8	0.91
	10	+ 3.4	0.84
	9	−40.5	1.56
		+ 4.7	7.94

$$\Delta \bar{Q}_0 = \frac{4.7}{2\times 7.94} = 0.3$$

Correction for f

Pipe 5 f = 0.020 (MAPs V) (MAP VI)

10 f = 0.016

After second correction After fifth correction

The flow condition after this second correction and that after fifth correction are shown as above. We can see there are only slight differences between these two.

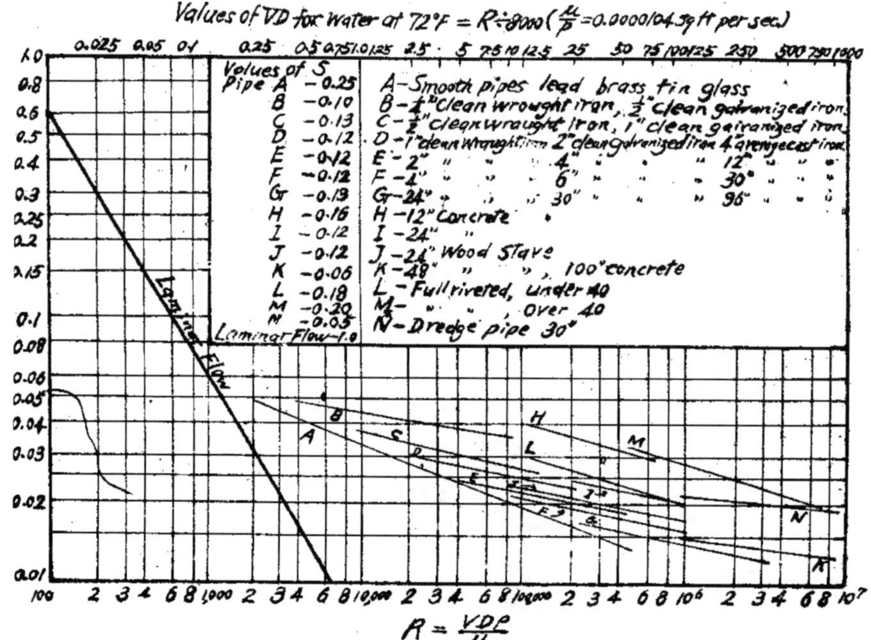

Coefficient of Friction f for Circular Pipes of Different Varieties

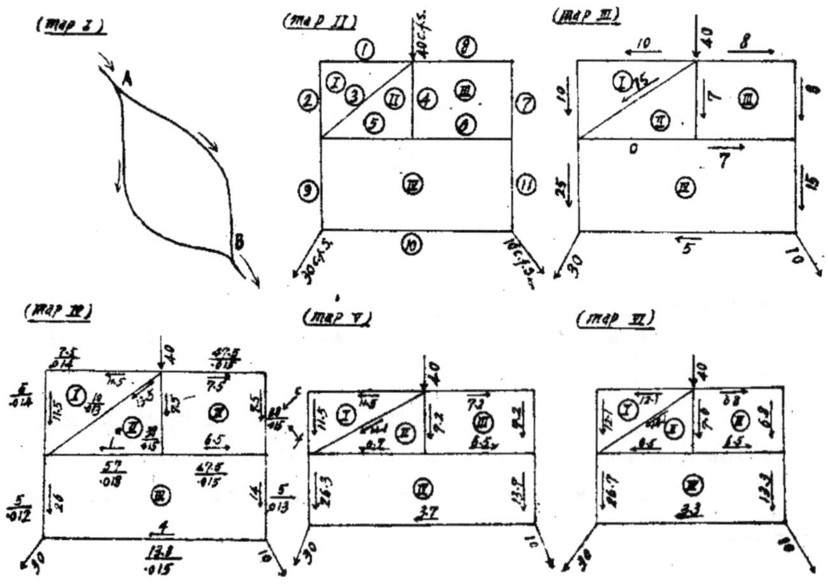

漫憶滇緬鐵路

薛傳道

朋友：酷熱好幾天了，人們天天都在祈待着下雨。今天，烏雲颯風，必竟帶了上天的恩惠！淅瀝淅瀝地從上午一直到現在雨脚還沒有停過；農夫們高興着田土得到了蘇醒，市民正痛快的天氣大大的涼爽了！我呢，一陣雨也彷彿刷掉了一學年來繁冗功課積累下的心頭的沉重；遙眺天邊的雲層，瞻望蒼鬱的山巒，心神禁不得千萬里外！

六年了，而搭京滬最後一次通車離開故鄉到現在。六年來，由黃浦江畔而嘉陵江頭，從藤府山邊而喜馬拉雅山麓；人事滄桑，已經幾度花開花謝，任家園瓦碎，任骨肉飄散，獨個兒始終隨着時代的洪波在動盪，說什麼形單影隻，舉目無親；訴什麼風霜雨露，逃亡流浪；時勢也如斯，一切還容我們區區於兒女之情嗎？當然，誰不愛家，誰不思親？但半壁河山正淪敵手，連六妹丈裏除了祖國還有什麼該縈在我們年輕人的心頭呢？所以幾次給您的信裏，我全多沒有提到個人家庭的鎖碎事；天涯海角的鄉思，客旅窘困的悽情，，全讓它們走進了午夜夢魂之中。

昨天得你關外寄來的飛鴻，知道你畢業了，並且一如您過去告訴我的遠赴邊疆去工作了，這使我感到非常興奮和安慰！自從 委座「中國之命運」出版以後，「恢復馬伏波班定遠的精神，立志經邊」的聲浪和呼號，不能說不多，但究有幾人真的去邊疆立志埋頭苦幹了呢？紙醉金迷的都市生活依舊沉溺着不少的青年，出洋鍍金的念頭還是很普遍，「家有餘穀百石或腰纏餘金十萬」的不論其他條件如何，莫不多在想美國之遊，而你確終於沉着氣，立定志，悄悄的依着自己的理想去邊疆了。也許荒漠的原野，崎嶇的山嶺，稀少的人煙，正單調閉塞着你的生活；毒蛇、猛獸、蠻子、野人，正使你每天在生命的警備中，然而我相信你精神一定是愉快的，因爲偉大祖國的廣野，不知將如何啓發着你擴建崇遠愛國進取的情緒！我敬佩你行動和意志的一致，並祝福你在邊疆沉默地努力吧，人生本來不是靠嘴巴所能建造的，行動才是人生的表現呢！

你要我報告你過去二三年在邊疆生活的經過和感觸以及在滇緬鐵路工作的情形和心得，使我有些慚愧。我已經身在冠蓋雲集的陪都，還好意思再與在邊疆的朋友談邊疆事?!而且邊疆二三年，說來好像新奇，其實想想祇可說沒有知道了甚麼。雖然曾經渡過洶湧的流沙河，超越積雪的大相嶺；穿過夷人搶掠的涼山，爬上狼豺豹嗥血跡斑斑的小相嶺；到過唐繪歇足的西經關，見了諸葛七擒孟獲的古城；也曾黑夜騎馬，迷失在荒山之中；獨自登高，徬徨於蔽天的森林裏；吃過苦口的青稞餅，嘗過新鮮的大蘿菠；羊腸小道，蠻子苗人，更是司空見慣。但這些除了供我自己回憶的資料外，那裏值得上多提它。我們學習土木工程的，將來種種新奇的遭遇，一切危險的急境，還多着呢！至於在滇緬鐵路，名義上算服務了十個月，實際僅僅做了六個月工作；前年八月我才離開西康，九一八才渡金沙江進入雲南，那年的中秋就在滇緬公路上的一站鎮南城過的。本來預備由曉町，去臘戍，然後經滾弄向轉孟定第一工程處去；後來改道漾渡，經瀾滄江到雲縣，參加了第二工程處的趕工。十一月抵工地，次年五月初就以滇緬戰局的演變而匆匆離開了，時間實在很短促，但因趕工的急迫，規模的偉大，所以雖然僅五六個月，對我這初次正式離開校門的人確不能不算得了不少的經驗。當然從離開滇緬到今天，時間的沙上已經又添了一年的痕跡。今天而再談滇緬的往事，好像有些隔日黃花之感。但「過去」正是「未來」的鏡子，追計一下這一年前實際工作的觀感，倒還不致完全是無意義的。而且目前反攻緬甸的聲浪很高，雄厚的國軍正等待着秋高氣爽！一旦緬甸收復，滇緬公路重開後，滇緬鐵路的再度趕築，乃屬合理、可能而必要的。

這裏我想首先告訴你一點滇緬鐵路經過的情形：滇緬鐵路起點於雲南省會昆明，也即在昆明與滇越鐵昆河線銜接。自昆明由東向西，經安寧、祿豐、廣通、楚雄、鎮南、姚安達祥雲，是即普通所謂之滇緬東段。路線所經除廣通與姚安一段外，幾不多全與滇緬公路平行，蜿蜒於紅河及金沙江兩流域之分水嶺上，大致可稱為山脊路線。自祥雲以西即入所謂滇緬西段，本有南北二條比較線，北線即現滇緬公路所經者，終以工程過巨而放棄，後採用者為南線。此線最早係1894－1900年間英國譯維斯少校（Major H. R. Davies）所踏勘；自祥雲經彌渡、蒙化、雲縣、順寧達與緬屬之臘戍而與緬甸鐵路之臘戍支線相銜接；深入夾谷地區，大部可稱為山谷路線。沿線人口稀少，瘴癘流行，且人種複雜，言語不通；復遠離公路，給養困難，故工程進行更難於東段。總計全線共長883 公里，橫貫滇南中部，跨越橫斷山脈，工程艱巨，堪稱冠於全國，由下表數字當不難知其崎嶇起伏之情況：

地名	距昆明（公里）	海拔（公尺）	地名	距昆明（公里）	海拔（公尺）
昆明	0	1940	彌渡	430	1660
楚雄	217	1740	白馬箐	514	2140
鎮南	260	1880	雲縣	665	1[illegible]20
新村	278	2120	頭道水	689	1620
姚安	300	1900	孟定	867	520
清華洞（祥雲）	478	1980	蘇達	885	497

全線最高點與最低點之高差達2643公尺。最困難地段當推南澗白馬箐及白馬箐鷂子山之盤山路線，後者距離50公里而高度相差竟達1200公尺，迂迴曲折，備極艱難。其次雲縣頭道水及頭道水與[illegible]間路線距離祇約30公里而高差各達630 公尺，亦為極艱巨之一段。我所工作之地點紅土坡就在雲縣以西四五十華里，距頭道水僅四五華里之處；正為路線由瀾滄江支流南河流域爬上頭道水分水嶺而轉入怒江支流南丁河流域的地方；工程實在堪稱偉大艱難，所用坡度幾全為 3%之最大坡，其盤迴彎曲，尤蔚為大觀。身臨其境，祇見山頂上在填挖，山坡上在填挖，山谷中也在填挖，如果沒人領導，真會不知路線將何來何去！僅僅一公里直接距離之地帶中，路線竟繞了十公里之長，你即可想像得到其盤旋彎曲了。不妨讓我再憑記憶所及，將那邊一段路線的大概形勢，畫個草圖給你看看吧：（見附圖；此圖全憑記憶描出，完全不按比例尺，祇是個「大概形勢」。）

所以一位友邦專家視察滇緬鐵路後曾經驚奇地說：「滇緬鐵路真是世界上最美麗的一條鐵路，它最富於『曲線之美』呢！」

此外昆明的碧雞關，祿豐的老鴉關以及祿豐廣通間，鎮南祥雲間，工程亦多很不易，可惜我沒有參加，未能多予注意。至於橋樑工程，困難問題較少，因沿線除瀾滄江外並無著名大川，而瀾滄江架橋處江面亦僅長二百公尺左右。其實滇緬鐵路西段建築的困難，我覺得正如巴拿馬運河一樣深受氣候及疾疫的影響，尤過於工程本身。雲縣附近，南丁河沿岸，地勢低陷，氣候悶熱，惡性瘧疾等勢甚猖獗流行，即普通所謂之「瘴氣」；[illegible]衛生設備稍差，死亡可能實在太大，甚至有「鬼門關」等地名出現，其厲害可想而知。以至沿線人煙稀少，遠地招來之工人也多感受瘧疾，影響工程甚巨；雖政府招請了大批醫務人員，並專聘美國曾經參加巴拿馬運河抗瘧工作之專家來華組織抗瘧團（後更名美國醫務委員會）從事沿線之抗瘧醫務工作，以配合工程進行；但因趕工過急，時間過短，致未曾能適應工程之實際進度。運輸方面：東段緊貼滇緬公路，尚可藉其維持，然每日平均運量亦不到三百噸，供應已困難。入西段後則遠離公路，而此有限之運量都無法直接利用，數十萬員工之給養工具以及洋灰、鋼管、炸藥等之材料，幾盡需日行六十華里的馱馬維持，其艱難實不堪想像；以致一度竟亟移視工萬急鐵路之人材先搶修保騰公路（保山至騰衝）及沿綫公路便道，企圖解決運輸之困難；眞是萬般困難，不能說不費盡氣力。自這次親入滇緬西段後，使我更深深覺得在鐵路公路踏勘的時候，對於沿綫氣候、人口、交通等等實在必須有詳細的考慮。

其次我想再告訴各一點滇緬鐵路的建築標準和工程數量：滇緬鐵路是屬於西南窄軌鐵路系統，所以一般設計標準，差不多全與滇越及緬甸兩鐵路所採用者大同小異：

軌　　距：　一公尺。

最小灣道：　100公尺（11°27′38″）；便道：80公尺（14°19′26″）

最大坡度：　[illegible]%，便道4%（均包括曲綫折減率在內）

曲綫折減率：　R<200公尺者：$\frac{570}{R}$%；R>200公尺者：$\frac{700}{R}$%

介曲綫長度：　R>400公尺者免用；　400公尺>R>200者：　30公尺；

R<200公尺者：40公尺；　便道得用20公尺

兩同向或異向介曲綫間最短直綫：20公尺；便道12公尺。

豎　曲　綫：　凸角每20公尺變更率0.4%；凹角每20公尺變更率。0.2%；（坡度變更不及0.4%時免用）。

隧道最大坡度：　2%（包括曲綫折減率在內）

隧道避車道距離：　30公尺。

車站內最大坡度：　0.3%（不包括曲綫折減率）

車站內最小灣道：　300公尺（3°49′10″）

路　　寬：　4.4公尺（路塹邊溝在外）

道碴厚度：　2公寸

枕木尺寸：　0.15×0.2×2.0公尺

枕木數目：　灣道每10公尺16根，直道每10公尺14根

鋼軌重：　每公尺20公斤

橋梁活載重：　中華十六級（C.N.R. L[illegible]ding Class[illegible]（C16），約合古柏氏E三十五級）

橋梁枕木：　最小厚度為2公寸。

道岔號碼：　正綫10號，　支綫8號。

外軌超高限：　1公寸。

軌道距加寬限：　2.5公分。

車站距離：　10公里。

山洞淨寬：　4.4公尺。

橋梁淨寬：　4.0公尺。

站台最短長度：　200公尺。

水站最長距離：　30公里。

煤站最長距離：　100公里。

固定建築物淨空限：　寬4公尺，高4.6公尺。

車輛載積限：　寬[illegible]公尺，高4.2公尺。

滇緬鐵路的建築開始於民國二十七年冬，當時最高組織爲工程局，嗣因經費困難，未能積極進行。二十九年復移一部份人、材修建川滇西路之西祥段（西昌至會理），竟於六個月裏完成五百多公里長的公路，於是一時不但震驚國內，且受　最高領袖的嘉獎。三十年美國租借法案成立，建築經費獲得大量借貸，因此工程又告積極復活。以限期十五個月完工，乃不但撤回原有人馬，並大量集中全國鐵路土木人才，將原有工程局擴大爲督辦公署，由現任交通部部長曾養甫先生任督辦，原任局長杜鎮遠先生任總工程司；在西段分別成立第一、第二、第三三個工程處，東段成立第四工程處，分段動工，一時全線工作者達二十萬人，並擁有卡車六七百輛，駄馬五六千匹，場面的偉大，情緒的緊張，眞是空前所未有！惟以材料缺乏，且須爭取時間，故工程技術上殊少成就，凡一切工程：多將陋就簡，盡量以節省水泥，少用鋼料爲目標；先塡工程，遇高山谷架橋，深長山洞工程等多以避免爲原則；致塡土逾二十公尺者還是塡土，不用橋梁，挖方超過二十公尺者仍爲挖塹，不用山洞；全部工程幾全在依賴男女老幼數十萬民工之斥滴，「愚公移山，精衛塡海」想來也不過如此！所以儘管有人言此次滇緬與工是「集中人力，浪費物力」，但這種艱苦撐做的精神，絲毫不容我們加以抹殺。結果雖因大局關係，功虧一簣，通車路線僅昆明安寧間之三十五公里，然其留於抗戰史上之意義，以及影響於今後高原鐵路之興建者實在很重大。至於各項工程數量，以各處段臨時均有局部改線，故實際數字未能統計，就其預算所列則爲：

土	方	26.550.000方
石	方	12.150.000方
大	橋	3.000公尺
小	橋	2.700公尺
涵	管	3.000座
隧	道	5.200公尺
堤	堹	42.000公尺
車	站	94個

關於盟國收復緬甸後之滇緬鐵路復工問題，或有人以爲既然此路工程如是浩大，環境復又如是艱苦，短期內當難應付戰事之急需，則遇此國庫孔缺之戰時，於其以數萬萬元趕工鐵路似不若用較少之經費改善滇緬公路而增進其運輸量比較切用時效。此譏我們不能說其沒有正當理由；但時效固然重要，長久之計確也不容我們徒因時效而暫棄。蓋建國基礎必須奠定於勝利之前是爲不可疑議之事。滇緬鐵路是高原鐵路網之咽喉，外銜緬甸鐵路而通達印度洋之孟加拉灣，內接敘昆鐵路直深入天府之四川，將來若黔桂鐵路展至貴陽，滇黔鐵路能予興築，青海西寧與雲南大理間之路線得告竣工達成，則此路不但將能促歐風便捷內輸，廣尚西南奥區，令西南物資縮短里程，不出滬港而遠運海洋；且可使國內交通能由東海之濱直達怒江之畔，西南之陲得越過數萬尺高原接隴海鐵路而遙應西北之邊；對整個華西國防文化經濟之關係太鉅大而悠遠了！更且此路之通是西南其他建設的先決條件，蓋必待能藉此路運入機器等外洋重器材後西南邊陲的各項建設才能事半功倍。所以緬甸收復後滇緬鐵路的必須仍予復工，當爲無可非議的事，唯在工程進行上，不無研究之處，應同時顧到時效的問題。由上述情形，可知滇緬鐵路工作進行最大的困難是運輸和氣候，欲其如期完成，必須先打破這二重困難。氣候方面一半屬於天[illegible]，一半始屬人爲衞生；而人爲衞生的改善也須先運輸問題的解決。所以歸納一句：可知暢便運輸當爲滇緬鐵路復工的第一步。關於這一點，我曾有一種見解，覺得應先集中力量趕工完成西段公路便道，路面並須相當高級。因爲這樣既可解決鐵路本身的運輸困難，復無異自祥雲以西另闢了一條新的滇緬公路；並且從祥雲至蘇達接滇緬鐵路比現自祥雲出畹町至臘戍接緬甸鐵路之里程近得多多；而以過往經驗及過去已有基礎，相信此項公路最多一個半年必可完成，其有裨軍[illegible]功效必

定基鄉！因此我有一種意見，以爲滇緬鐵路應分爲二期進行：

第一個旱季：（a）東段（八月至六月）：全部完工，鋪軌至祥雲。

（b）西段（十月至五月）：完成全部沿線公路便道及保雲公路。

第二個旱季：（十月至五月）集中全部人材於西段，完成路基，並即由緬邊、雲縣、祥雲分段同時鋪軌，務使全部竣工。

這樣短短二年內即可打通全線，同時並另添了一條公路；於現在，於將來，都兼籌並顧，不難爲工程界造成空前的一大奇蹟，以與神聖抗戰同垂不朽。

至於我在滇緬鐵路工作一年的心得和感觸，彷彿像是很多，但要想寫，又似乎找不到具體的落筆處。生活眞是一首詩，那裏的深奧又那樣的平凡！聽，窗外的雨，灑着大大的樹葉，歸陣自然的樂籟裏，我怎能不沉默於過去的回味，但我又能用什麼來寫一點心靈的深處呢?!朋友：願你滲入現實的社會去親自欣賞生命的詩篇吧，不要徒聽一般似是而非的「經驗談」，不要過信加油加醬的「世故話」。光明和黑暗，困苦和幸福……祇有從生活中才能體味這些生活的而面。我可以告訴你的是社會一點也不可怕，可怕的祇是自己沒有自治，自制的能力。祇要我們有理想，有主見，有膽量，有毅力，任何環境沒有不可處的。地獄也是天堂，問題全在自己！的確，誰不在說社會太複雜，誰不在歎現實太污黑，但是我們爲什麼不想想，這種複雜和污黑難道不是人爲的?!人而不能對付人爲的局面，這能怪誰呢！而且現實社會如果眞是完全像一般所說的那樣黑暗到不可救藥的話，那六七年血肉的抗戰又怎樣能支撐的呢?!怨天尤人沒有用，悲觀苦悶太多餘，抬起頭，迎面一切，用最單純的心應付最複雜的新社會，以固定的理想旅行千變萬化的人生。做人祇有一個字：「誠」；處事祇有一句話：「不變應萬變！」這是我一年服務的觀感，很願深深貢獻於你。

其他涵養技術等各方面，所得感觸也不少，但紙短情長，這次信中來不及多費敘述了，姑且簡單地條列式似提出幾點先供你參考：

（甲）學問技術方面

一、理論學課要學好：現在不少人以爲材料力學結構學等等理論學課實地是用不到的，在學校中x,y 僅管的忙個終日，其實一到新社會上那裏還會去用到。這話聽來好像有些不錯，其實確大不然。固然由於目前中國一切工程尚多草率而憑經驗，不講究精密計算，不依照科學設計，因之很多地方彷彿全可無師自通，那用着甚麼高深的學理。可是我們能容許這種不科學狀態沿續下去嗎？我們難道不預備着趨向科學化，標準化嗎？在眞正科學化標準化的工程中，學理無疑是必備的涵養。即退一萬步說：就在目前這種不健全的狀態中，我們也無法一定說用不到學理。譬如這次滇緬鐵路因鋼料無法解決，中途奉命把所有較小橋梁以當地木材改建木便橋，於是原可依樣葫蘆的鋼橋標準圖到此全不適用，祇有另從應力，應變……一步步重新設計，這時你就不能再說基本學理的無用了。所以我覺得求學祇少理像軍，所謂「養兵千日，用於一旦」，寧可備而不用，不可用而不備。

二、工程材料的知識須注意：土木工程應用的材料，種類甚多，關於它們的性質、製法、特點必須清楚，不然將影響你全盤的設計和施工，在學校的時候，誰會重視材料試驗，誰不對工程材料一課頭痛；然而一出學校，才知道這方面知識的不足，眞是莫大的苦惱！記得在滇緬的時候，因爲洋灰太缺乏，偶能運到一點緬甸貨，也無濟大用；而工地附近，石灰石又沒有，石灰的燒製復大成困難。於是我們很想試試能不能就當地的石質土壤設法製造代替品；然而就因爲自己化學，工程材料，地質等在校多沒能學徹底，應記的東西全忘了，連洋灰詳細的成分是些什麼，土壤的分類特性是如何多記不記，而所帶的參考書中也無一本關於這方面的資料，以至心餘力拙，徒望工程爲這種必要材料而滯礙。後來祇有專函貴陽去請問以前的老師，可是得回信我已快離開工地了！更有一次因爲覺得吾國西南各省產竹甚富，趕工上應用極方便，工棚的搭製，臨時屋舍的建築，普通傢具的製造，山地泉水的導管，都可用竹；甚之公路便道的涵管，也可把竹節打通而充任；更觀以竹堅而輕，有使之作為飛機製造之材料之可能，於是又想與同事們就工地附近的竹加以試驗。但是因為在西南專校時無設備而沒有做過材料試驗；在中央工校時雖曾摸過幾種材料試驗儀器，然也並不曾太加注意；以至又茫然不知如何着手。後來閉門造車地憑一點直覺的智識從事了一下，結果一點成績也沒有，真够惱人！及後我到昆明，偶在第一期航空工程上見到「竹性能之試驗」一文，甚感寶貴。這是呂鳳章氏一九三八年在德國試驗結果的報道，所用之竹是國立清華大學航空研究所供給，工作地點曾借用德國 T chn sch H chschul Aach n, Instita fur Werkstaffkund 之試驗室。雖結果並不完全，僅限於基本物理性能之一小部份，然確爲國內不易多見的關於竹性能研究的專文。這裏就將他集成的竹與其他材料的比較一表附上，也許還可供你參考：

竹與飛機材料之比較

	比重 以水爲單位 r	比重 以竹爲單位 r rB	抗牽强度 △Z	抗牽强度 比重比數 △Z r	△Z r / (△Z rB)	抗壓强度 △D	抗壓强度 比重比數 △D r
單位	[illegible]	[illegible]	Kg Cm²	Kg Cm		Kg Cm²	Kg Cm²
竹	0.6	1.00	14[illegible]0	233	1.00	5[illegible]4	944
樅木 (Douglas Fir)	[illegible]	0.716	7[illegible]0	164	0.7[illegible]4	352	818
合金鋼 (18-8)	7.83	1[illegible]	13[illegible]0	166	0.713	1[illegible]6[illegible]	1[illegible]5[illegible]
鋁合金 (24-81)	2.8	4.67	[illegible]	156	0.668	28[illegible]	1010
[illegible]合金 (Am-58s)	1.81	3.[illegible]2	3[illegible]4	179	0.708	246[illegible]	136[illegible]

仝 前

	(△D r) / (△D rB)	抗牽彈性係數 EZ	抗牽彈性係數 比重比數 EZ r	(EZ r) / (EZ rB)	抗壓彈性係數 ED	抗壓彈性係數 比重比數 ED r	(ED r) / (ED r)B
單位		Kg Cm2	Kg Cm2		Kg Cm²	Kg Cm²	
竹	1	13[illegible]000	217[illegible]00	1	95[illegible]00	1585[illegible]	1
樅木 (Douglas Fir)	0.868	915[illegible]0	211[illegible]00	0.975	915[illegible]	211000	1.332
合金鋼 (18×8)	1.43	2100000	268[illegible]00	1.236	210000[illegible]	268[illegible]00	1.69
鋁合金 (24-18)	1.[illegible]8[illegible]	732000	261[illegible]00	1.2[illegible]0	732[illegible]	261[illegible]00	1.648
[illegible]合金 (Am-58s)	1.418	458[illegible]00	254[illegible]00	1.17	458[illegible]	254[illegible]00	1.6[illegible]0

符號右下角有「B」者爲代表竹之性能.

——載第一期航空工程64頁

（總之）工程材料的知識在實際工程上實在太有用了，願你特別加以注意！尤其竹子和敘昆滇緬二路常會用得很多的紅土，更值得我們隨時留心研究，它們都很可能將是工程材料發展的新園地。

三、技術該達熟練：技術這東西並沒有什麼難得不好懂的，祇是要熟而精確並不容易。中國有句古話說：「拳不離手，曲不離口」。這拿來說明學習技術的訣竅是再恰當沒有了。土木工程中最常用的技術當然是測量。測量與其他技術一樣，易懂不易精；在校的時候測量不及格的人總是很少，而對測量實習能特感興趣的也不會多見。大部份同學多只求懂得、會做，就算完事，很少還想到去訓練熟巧而精確。其實這正在預留你跨出校門的一個大弱點呢！社會根本是個客觀，祇要你的技能不足够是決定忍不住它的錯誤的。這次在滇緬，有位從國內著名工學院已畢業三、四年的同事，測水平會錯誤到三四公尺，負責一山洞開工接頭處又差了一公尺多，一時就被傳爲笑柄。這完全是在校沒有注意實習，平日不講究精確的後果；很值得我們作爲殷鑒。我自從高中開始學土木到現在，正式非正式踏入新社會四五次，其中三次多是測量的工作，第一次是爲三才生煤礦公司勘測輕便鐵道；第二次是加入航空委員會測量隊測量飛機場；這次到滇緬鐵路大部份還是從事測量。很難得主管讓我負責測中線、定曲道、測B. M.、操水平、放邊坡、定涵洞、並做了幾次隧道測量，使我更覺得測量實在首重精確和熟練。要達到精確和熟練的目的，決不是空空推理就能奏效，必須要富長久的野外經驗。這點願你特別能體味，不要怕烈日風雨，有機會就多出去爬爬山坡；否則紙上談兵，技術不會接近你的。

其他，目光、語文的訓練，以及經濟、地理、地質的常識，都是我們土木工程人員很應注意的；不過這些題目似乎更大了，容後再談吧。

（乙）性格涵養方面

關於這方面，我不必道學先生似的多嚕囌，土木工程人員既然也是人，那末凡是一切人所應具備的涵養，土木工程人員當然也得具備。尤其敏捷、確實、忍耐、堅毅、沉着等更是不可缺乏的性格。不過我願特別把謙遜和自信加重的提到，因爲很多青年朋友似乎不注意，不分清這二點。謙遜並是說不自信，同時自信也不是說不應該謙遜。不少剛畢業的同學，一入社會就喊苦叫，說環境惡劣囉，說長官不信任他囉，說沒有施展抱負的機會囉，其實他不想想：今天的社會環境還不是以前一屆屆的畢業生造成的，那末自己是不是比過去畢業的強呢？你是剛畢業的後生，如果長官你本來素昧平生，爲什麼一下就要信任你呢？施展抱負那又要請問你究有多少經驗？人家畢業後已幹了幾年，難道還不如你嗎？這顯然多是自己不知道謙遜的盲目牢騷！又有很多剛畢業的同學，見了任何工作都不敢負責，獨怕自己不能勝任，簡直好像對自己十多年來的教育深表懷疑。膽怯、退避，表露自己的無能。其實他沒想想：那一件事不是人爲的，人能爲我爲什麼不會呢？即使真的不會，那又豈不正是給你學習訓練的機會，爲什麼要退避而不敢負責呢？這完全是沒有自信的毛病。所以我常覺得做事不必須要有信心，處世時時要知道謙遜：用俗語「膽大心細」四個字來解釋這點，似乎正適當。

此外誠懇和廉潔也是對人處事特別須要的性格和涵養。最近我在一家工程公司的會客室裏看到一副對聯說：「從古精誠能破石，掀天事業不貪錢」，真是再好不過的銘言呢！

（丙）生活習慣方面

一、天涯海角都要跑得，風霜雨露全要受得：土木工程本來是一種野外職業，大部份是不安定而危險辛苦的生活；土木工程又多是時期有限的建設，一路完工又一路，一河治好又一河，所以土木工程人員很難能安居一地，必須隨時遷動，到處奔波。急湍之上，懸崖之巔，叢林裏，深谷中，都是我們土木工程人員寄足之所，辛勞危險，真是不太亞於前方的將士。查勘金沙江的呂關水利顧問和我國幾位工程師葬身魚腹事情，想你一定早已知道；喜馬拉雅山下修築中印公路的員工被猿子用石子擲死的新聞你也一定會見到。其實爲國防工程而犧牲的無名英雄還多着呢，滇緬鐵路上即有爲測量而從半山墮下跌死的工程師，有爲解決工人械鬥而被打掉耳朵的工務員！沒有真正從事土木工程的人是不會知道土木工程界可歌可泣的壯績的。那般捨不得老家園和膽小怕死沒有冒險性的人是不配學土木的；祇有厭棄紙醉金迷，不願半生半死，有勇氣，愛新奇，好探險的青年人才是最理想的土木人才！其實，人生本來好像一脈流水，「榮華富貴」，到頭還不全是一片茫茫大海，於其出賣心靈於烏煙瘴氣的銅錢弄鐵，於其無波無紋地消過平淡無奇的旅程，那爲什麼不就在這種驚險的野外生活中激起幾朵生命的水花呢?！眞如宣詠春先生所寫：「你可能碰到大批猩猩用石頭將你的儀器打成粉碎；或者貪婪的豺狼黃昏時在你的帳篷四周低聲嗥叫；或者黑夜里野人偷偷地想砍你的脚；或者你被蠻子擄去，而你的英俊與勇敢引起位蠻美麗的蠻子姑娘的同情，她悄悄地設法救了你；或者眼睜睜看年青的同事絕望地與惡疾掙扎，親手埋了他又繼續前進。」這些全不是虛構的傳奇，這全是土木工程人員所遭遇的生活，所以我們必須及早養成不辭艱苦，不怕冒險的習慣，時時要存心能天涯海角都跑得，風霜雨露全受得！

也許你會說：我將來是願意從事室內設計工作的，那裏一定要像你說的這樣呢？可是，你更該清楚：最好的室內設計必須憑藉於最好的室外經驗；一個沒有相當施工經驗的工程師而從事設計的工作，正像一個沒有親上幾次戰場的將官而運籌參謀的帷幄，其結果如何，是不難想見的！

二、瀟灑落脫，熱烈負責：正因爲如上所說，土木工程人員是不時會在驚波駭浪中生活的，所以我覺得從事土木工程的人對生活應該有熱烈負責的情緒和瀟灑落脫的胸懷。唯其能熱烈負責才有勇氣敢冒險；正因瀟灑落脫，才會置生死於度外，視名利如浮雲。不然，不會有笑傲風月的姿采，不會眞正做個改造大自然的無名英雄。

三、要有正當的愛好：人不是機器，除掉生存必須的衣食住行之外，當然還得要有娛樂；尤其土木工程人員，整天辛勞緊張，若毫無娛樂以爲調劑，未免將使生活太積累了。可是由於我國學校教育一般對娛樂興趣的啓發太不注意，以至很多人一入社會，因爲不知道在正當的方向去尋求消遣，於是誤入歧途，狂嫖濫賭，不但造成社會頹敗的風氣，摧殘個人身體精神意志，更且影響國家社會的前途；直接浪費光陰，荒廢公事，盜用公款，侵吞；間接貪污作弊，犯法亂紀；結果公私都弄得一敗塗地。我眼見過好幾位在校本來蓬勃有爲的青年，一入社會就因陷進這種泥坑而漸次沉淪了；及今想起，還有些令人不勝惋惜，所以最後特別提到這點，請願你警惕。工作之暇，望你能養成好文學、愛藝術、音樂歌唱或體育運動、旅行等習慣，庶不致讓那些不正當的「消遣」有隙可入！

拉拉雜雜，想不到已經這樣一大堆。時間已不早，雨雖然還在下，天是慢慢地黃昏了。風、雨、夜……，眞是黎明前的景色！就此擱筆吧，不想再多嚕囌這些世俗的瑣碎了。敬祝你在千萬里外安康快樂！你的朋友雪人寄自重慶九龍坡。

國父對於鐵路建設之遺訓

交通爲實業之母，鐵路又爲交通之母。國家之貧富，可以鐵路之多少定之。地方之苦樂，可以鐵路之遠近計之。……計劃交通，當先以鐵路爲重要。建築鐵路，應先以幹路爲重要。……謀建幹路，尤當先以溝通交通阻塞之幹路爲重要。蓋交通便利之地，其商道之幹路，正在建築，而將來經營便之內部幹路者必多。故吾人能放大目光，注全力於其所難，是不啻爲包圍，促令全國人民起而贊成計劃之內進，是難之，適以易之也。

對民立報記者談話

抗戰中的上海交大

蔡定一　　鄭元芳

呂班路，一提起她，便不禁神往。我懷憬着那幽靜的柏油路，夾道的法國梧桐。青年們挾了幾本西書，出入着一扇大門，門裏面巍然矗立着一幢四層樓的大廈，在那最高一層樓上，便是我前半期大學生活的園地。隔壁的天主教堂，不時的鳴出一陣鐘聲，怪有詩意的生活呀！

自從火藥氣味瀰漫了上海以後，交大無可奈何的拋棄了她原來良好的環境，優美的設備，離開了歷年來苦心經營的徐家匯校舍，像難民一樣的逃進入租界。在法租界冷靜的一個角落裏——愛麥虞限路——她佔據了中華學藝社的社址，停留了下來，繼續着以往的精神困苦的設法復課。

這樣一個龐大的學府，侷促在一隅，自然是感到狹窄擁擠的，幸而靠着以往的名譽和校風，幾度交涉，方能够在呂班路震旦大學，借到新舍四樓一層房子，這樣一二年級就在這裏上課而三四年級及宿舍却擠在學藝社。

交大一向是設立土木、機械、電機、理、及管理五院，教務長是由五院院長輪流担任。註册處權力甚大。開學時候，同學祇要報到註册，就可待正式上課時，來校上課。至於選課等手續是沒有的，這是同其他學校相異之處。

教授多是專任十數年以上的。尤其是我們土木學院的院長李謙若先生，是國內有名的測量專家，自他來長我院，十數年間，經他興革改進，土木系就一年發達一年了。並且他是在滬碩果僅存的天文大地測量教授，那時他一人兼教數校。所以在滬任何一校土木系的同學，都可說是出於李先生的門下！

因早先交大隸屬於交通部，所以土木系注重鐵路公路，到了土四，分為結構、鐵道、公路市政四門，對於水利則注意較少，這是與現在總校土木系稍不同的一點。

同學方面大家一踏進交大之門，就秉受了交大傳統上的精神，一貫的風氣，把握住自己。圖書館自修室都借用震旦，廣大的館內，孜孜不倦埋首勤讀的大半是交大同學。自清晨以至黃昏及亮了電燈，方才依依不捨的離校返家。

課程方面，一年級的物理、化學、微積分是有名的三關。並且土一比其他理工學院一年級多讀了一科測量，所以土一是比較繁忙的。到了土二，最是吃緊，功課繁而且重。交大一向考試嚴格，大概開學上課了三星期後，當局就排出了一張「本系各級各科考試日期表」，於是各科的孜試，就接踵而至。加上理學院排定的理化教學考試，平均每週至少一二樣，而且考前一定要先繳習題，這樣的一直忙到大考之後。並且因為經濟時間，考試時間，大概都在每星期六日下午五時至六時，時至今日，我每逢這時，總不無感想。教務上雖則有各種二份之一三分之一退學留級的規定，可是前面已經說過，同學一入交大，都能把握住自己，所以並不容易達到這種「標準」毋須摸倣蘇聯，來什麽「五年計劃」……。

圖書儀器經過一次遷移，自然稍有損失，而各種設備，仍然齊全。理化實驗一年級借用震旦的實驗室，二年級在中國科學社及文華製墨廠。工廠實習在××機器廠。雖則地方東湊西借但實驗並不缺少，由此可見學校當局的苦心維持了。測量實習因為限於環境，祇能在震旦操場上實習，當然對於地形，水平及大地測量不無缺陷。

測量儀器之多，在滬各學校中當然是首屈一指，就是同國內著名學府比較也未見遜色。並且這許多儀器，專門有一位資格極老極老的老測量工管理，他早年就跟着李先生奔走，除了測量書本上的洋文外，差不多比誰都來得精熟。逢到每次實習，就由他分配一切，實習完了，每根鋼尺，每架儀器，都經他細檢驗，遇有損傷，立即加以修理，所以從無重傷失落之弊的。

因爲功課繁重，校方深恐同學體力不濟，對於校醫室特別注重。每學期開始，校醫先要檢驗體格，及格了方能註冊入學。遇有患病或體重過輕，立即設法醫治，或勸你休息一年再來。

以這樣的設備，這樣的環境，是多麼利於讀書求學問呀。可是敵人是絲毫不肯放鬆的，他既把我們趕出了徐家匯，見到我們依然能在困苦的環境下艱難維持上課，對於這樣偉大的教育事業，自然是滿腹忌妒的。「一二·八」早晨的炮聲猶如喪鐘一樣，租界政權，大公司、銀行、報紙、學校都逐一被接收，或被迫關門。不久，愛麥虞限路四十五號的門旁掛出了「國立交通大學」的招牌，這是上海交大的墓碑，也是空前的遭遇，這是污辱啊！大部分教授都退隱在家，或設法到內地去，同學們也悄然離校。未走的一切都鬆弛下來，大家所討論的是赴內地路線和旅伴，尤其是知道了內地有總校的復活。可是一部分都限於家庭環境及經濟能力，無奈仍留在籠中，但人心還是向着自由的內地的。

舊的是陳腐沒落了，新的却正在蓬勃發展中，看看揚子江畔的九龍坡吧，交大！

交大土木系在九龍舖

劉　竞

交大土木系在國內，正如交大在國內一樣的有着悠久的歷史和崇高的聲譽。如今在交通界，尤其路政方面的負責人，和高級幹部，交大土木系校友，幾所在皆是，他們對國家交通建設方面，盡了很大的力量，有着不朽的貢獻。尤其戰時艱苦的物質條件下，器材是極端的缺乏，而後方交通建設之能有目前的情形，更不能不說是他們對事業奮鬥的成績。這也說明了在此後的交通建設中，交大土木系同學所處的地位，將是何等的重要；同時也告訴了你，我們土木系所以在短時間內恢復起來的原因。

一、恢復經過

隨着戰局的進展，上海情勢日益險惡，爲奠定他日復校基礎計，經後方校友的奔走籌劃，二十九年夏，重慶分校乃得誕生於小龍坎。開辦伊始，人力物力，均有所不逮，初僅設電機，機械兩系。迨「一二·八」事起，敵人的魔掌，伸入了上海的每個角落，總校此時在上海，已無法再行維持下去，於是乃有遷校之議，幾經努力，卒於去年圓滿實現，設總校於九龍坡，經吳保豐先生及徐名材先生的苦心籌劃，以及各校友的竭力襄助，土木系也隨着總校的再生，而恢復了，這個初生的嬰兒，因爲先天的健全，和後天環境的優良，一道地就顯得很健壯、結實，在不久的將來，相信她將會以嶄新的姿態，魁偉的身軀，峥嵘的頭角，出現在交通建設的隊伍中。

二、現任教授

[illegible]在全國大學都鬧教授荒的現在我們能有這幾位教授，實值得我們欣慰與自豪！不過這也難爲了我們的系主任[illegible]先生，他差不多每個學期，都在東奔西走的請教授，因爲他很知道保姆對嬰兒的重要。本系現有專任教授三位：[illegible]先生，徐人壽先生，[illegible]先生，兼任教授兩位：[illegible]先生，[illegible]先生，講師兩位：宋家治先生，林振鎬先生，助教三位：熊朝鈺先生，馮應邦先生，[illegible]先生。這[illegible]先生都是誨人不倦和藹可親的長者。而他們對功課的認真，你如果問問上面的任一位同學，他們都會有聲有色的說給你聽。自總校遷到九龍坡後，一點也沒有沖淡了「努力、切實」的南洋精神！

——交　大　土　木——

下學期起，大家所熟知的橋樑專家茅以昇先生，公路方面的教授李崇德先生，以及助教李道倫先生等，多將到校執教，所以教授陣容，一定更將大大的充實！

三、在校同學

九龍坡——這以對人們極端生疏的名字，如今隨着交大的遷來，交通也跟着發達起來了，到重慶有輪船，公共汽車、校車等，堪稱便捷，所以現在的九龍坡，已是婦人皆曉的地方了。這兒不像古路壩的過於「荒漠」，沒有華西壩的「洋氣」，也沒有沙坪壩的「繁雜」。這兒有的是適度的恬靜，清新的風，明朗的月，不高不低的山，奔流不捨晝夜的揚子江，如果說讀書須配合上優美的環境的話，這兒便是這理想的王國！對於土木系，尤其是一片天師地設的理想的實習地方。就在這優美的環境中，一二年級同學，完成了他們一年的學業，和應有的實習。

在這夠理想的環境中，本系同學的生活情形大概是這樣：——

畢業班——本年度有十三位同學畢業，他們都是上海總校的，他們知道現在上海的空氣對他們將是一種毒劑，所以便毅然的跑到內地來，其中十一位在平越分校借讀一年，二位在中大借讀一年，在平越分校借讀的十一位，已於本年八月初來九龍坡了，他們是總校遷渝後，本系第一班畢業生，從他們肯吃苦耐勞埋頭苦幹的精神看來，他們將爲這新生的土木系放出響亮的第一砲，

土二——本系二年級有男同學二十二位，女同學一位，雖然大家都來自不同的地方，可是同學間的感情却極爲融洽，

土木系在工學院中，因爲野外工作的多，說起來是比較苦一些的，而二年級又爲土木系四年中，野外工作最繁最重之一年，本年度二年級的野外工作時間，幾佔每週的三分之一，雖値烈日炎炎，或朔風怒吼的時候，我們仍可看到一羣皮膚黧黑，神采翩翩的小伙子們，攜經緯儀，提大木箱，奔跑於山崗上，田壠間，他們野馬似的活躍於偉大的自然中，都市的煩囂，世事的坎坷，功課的累壓，對他們都一股腦兒忘記得乾乾淨淨，大自然正對他們啓示着某種人生哲理，但一回到教室中，打開書本，翻出習題，平下心，靜下氣，馴服得像羊兒，生活對他們似乎是一個善變的孫悟空，

本年暑假，學校建築委員會因爲要把學校附近地區的地形，測繪出來，到外面找測量隊，因恰値暑天，既不容易，又不經濟。因爲愛護學校，和服務心的驅使，土二同學便毫不猶豫的担當了這件辛苦的工作。正値室外溫度達到了一百十度，人們坐在電扇旁還大叫其熱的時候，他們却正手持標尺，爬上爬下的工作着，一個個幾都曬成了黑炭團剛還恭。新中國交通建設的生力軍，就是在這樣鐵一般的鍛鍊下成長着呢！因爲生活的使然，土二同學大半都具有曠達的人生觀，和幽默的談吐，但是他們不作無謂的取鬧。他們努力正經的工作，同學們見面的時候，多在「老板」之上，冠以姓而呼之曰「某老板」，此究出何典尙待考證。

土一——本系一年級有男同學五七位，女同學一位，一二年級是大學工學院中最令人頭疼的過程，一年級同學的功課更重，所以他們很少參加課外活動。多自修在晃晃的豆樣燈光下，令人窒息的烟霧氛圍中。假使你因失眠而半夜裏起來的話，我敢担保你還能看到的燈光，一定是在土一教室裏面，他們還多埋着頭一點聲息也沒有，有的也只是鋼筆寫在紙上的沙沙聲。這一批青年的苦幹精神，正象徵着交大土木系的新生！

四、目前設備

總校雖說是遷渝，實際乃是在渝另起爐灶，値此時期，憑空建設，一切設備談何容易，雖云土木系所需設備較爲簡單，然亦非可一蹴而至者，幸賴薛主任的極力設法，並承寶天鐵路、綦江鐵路、西南公路局等工程機關的慨予捐贈或借用，實習儀器粗告不缺。現將本系所有儀器，大約統計如次：

經緯儀	五具	水平儀	五具
大平板儀	一具	小平板儀	三具
標尺	十四根	求積儀	三具
六分儀	二具	標準鏈	一具
方位儀	一具	望遠鏡	二具
皮尺	十捲	鋼尺	四捲
手水平	五個	氣壓計	二個
流速儀	一具	天秤	一具
橋樑模型	一具		

此外尚有各種木材及沙石標本，共有數十種之多關于材料試驗室土壤力學試驗室及水工試驗室之建築計劃，已經擬具最近即可興建一部分儀器現已運到，其他有關儀器除經常向各方募集外，尚正積極設法購置中，至於本系圖書，尚感不足，近雖已添置不少，普通參考書及教本仍稍缺自商船學校由本校接收後，關於天文方面書籍，增加不少此後尚祈望圖書當局能盡力購置，則本系的充實指日可待。

五、結語

總之本系雖然在九龍坡恢復，到現在爲時僅一年，可是各方面已建樹了基本的規模，這我們不能不說是進步的迅速，當然精益求精，一切還須我們在校師生的共同努力，更待前輩校友們的愛護督促和幫助。

分校土木系內遷史略

本校貴州分校土木工程系之前身，即前本校唐山工程學院土木工程系也，唐院土木系之創立，遠在清光緒三十一年，合山海關鐵路學堂計之，則已有四十七年之歷史，正與總校同其年歲。自二十六年七七戰起，該院院址即告淪陷，幸師生不辭辛勞，漸次集合湖南湘潭，得於十二月十六日在湘復課；二十七年三月奉教育部令將本校北平鐵道管理學院暫行併入該院，乃以校舍不敷，於五月遷湘鄉楊家灘上課。長沙大火後，於同年十一月再遷貴州平越繼續開課，由茅以昇先生任院長；迄三十一年一月始奉教育部令改稱國立交通大學貴州分校，仍設工程及管理兩學院，初由胡博淵先生長校，現已請任教三十年之土木系名教授羅忠忱先生任校長，工學院仍分土木、礦冶兩系，土木系以擁有原校老教授，故雖值戰時，依然蜚聲國內也。

系會一年來工作記略

總校內遷後，本系亦即在後方復活，三十一年十二月一日九龍坡新校舍落成開課，本系即有一二年級各一班，共計同學六十一人，雖皆來自各方，多屬初次同窗，然感情極融洽，乃不久即有系會發起之議，當由一二年級各推代表五人進行籌備，幾經磋商，至三十二年一月六日而舉行成立大會，吳校長李教務長薛主任柴主任等既嘉賓凌鴻勛先生李法端先生均蒞會指導頒訓，由劉克同學主席薛傳道同學記錄，當場通過會章及重要決議案多項，嗣遵大會決議，由一年級推選幹事六人，二年級推選幹事五人，成立幹事會，以爲本會會務執行之機構。

一月十六日舉行幹事會首次會議，當推定負責同學如次：

主　席：蔡聽濤　總務股：劉　克　袁森泉　學術股：黃紹忠　宋福猷

出版股：薛傳道　徐　永　康樂股：張廣恩　鄒慶翔　交際股：李邦平　顧瑞林

一月二十九日請系主任薛次莘先生，對本系同學作首次訓話，薛主任除將本系發展之計劃詳加報告外，並指示土木工程人員應有之抱負及應注意之要點，謂「從事土木工程者必須有爲人服役之精神，土木工程師是常常要先天下之憂而憂，後天下之樂而樂，並且天下之憂土木工程師必有其份，而天下之樂土木工程師未必能享受到，所以沒有徹底爲人服役之崇高理想和胸懷者不宜學土木工程！」同學聆訓後，莫不興奮萬分。

三月五日舉辦第一次學術講演，敦請中央設計局專門委員董大順先生主講「戰後我國鐵路公路之建設工程。」內容極詳實，且語多勉勵，聽者動容。

爲計劃籌製本系系徽，自三月十二日起公開徵求式樣設計圖案一月。

五月十三日舉行第二次系會會員大會，薛主任王達時教授徐人壽教授葉顯安教授等均蒞臨指導當場決議按前例由一二年級分別改選幹事。

五月二十九日新幹事產生，舉行第二學期第一次幹事會，當即推定負責同學如次。

主　席：薛傳道　總務股：錢家順　王傳堯　學術股：馮傳炯　胡多聞

出版股：沈乃崟　鄧辛肇　康樂股：鄭元方　程鴻壽　交際股：李邦平　顧瑞林

並決議工作計劃要案多項。

六月七日新舊幹事移交完竣，第二屆幹事會開始工作。

六月九日再度公告，繼續徵求系徽式樣一月，並聘請蔡聽濤劉克袁森泉蔡定一陳邁爲本會編輯委員。

六月十三日舉行第一次編輯委員會，推定負責委員如次：

主任委員：薛傳道　副主任委員：蔡聽濤　總務：劉　克　蔡定一　出版：袁森泉

鄧辛肇　編輯：沈乃崟　陳　邁

並推主任委員薛傳道兼任總編輯，當即決定出版「交大土木」期刊，刊期定爲一學年一次，內容以學術爲主。

七月十日經同學公決系徽式樣採用林熙棠先生設計之方式圖案。「交大土木」出版事宜亦大致商定，決九月中旬付梓。

八月六日本系同學門啓明袁森泉蔡定一陳才良黃紹忠吳琰桂舉才七位暨林徵國馮漢邦二先生組織測量隊爲本校建築委員會代測本校及附近地區地形，由門啓明同學担任隊長。

八月十四日定製系徽於重慶。

八月三十一日「交大土木」徵止收稿。

九月十日「交大土木」編輯竣事，[illegible]
九月十五日測量隊工作完畢，「交大土木」第一期在滬付印。

編　　後

一、本刊草創伊始，對於稿件之徵集，印刷之編排，均頗費時日；且因限於人力、財力，簡陋[illegible]難免，[illegible]校友[illegible]同學之熱心指導贊助，使際此國內工程期刊甚易多見之秋，本刊尚得於今日問世，實令編者既愧且感！

二、本期所載，或為譯稿，或屬專著，內容除係學術之闡究，戰後土木工程建設之討論[illegible]學之方法以及實地工作之心得等莫不均有包括；其足供吾土木界之參考者，無需編者多贅，惟尚有論文數篇及最近國內外土木工程之新聞多則，因限於篇幅[illegible]，致不克刊出，甚為歉仄！

三、本期尚蒙王達時先生宋家治先生錢[illegible]先生李道倫先生[illegible]同學許[illegible]同學施光[illegible]同學等熱心介紹廣告，以維持印刷費用，並蒙王[illegible]先生[illegible]接洽印刷事宜，使本刊能及早付梓，隆情厚誼敬此一併深致謝意！

會員錄

(甲) 師長

職別	姓名	性別	年齡	籍貫	履歷	附註
系主任	薛次莘	男	四十七	江蘇武進	美國麻省理工大學畢業曾任上海工務局技正經濟委員會技正濟委員專門委員西南公路處處長等職	
教授	王達時	男	三十二	江蘇宜興	美國米歇根大學土木工程碩士曾任中山大學重慶大學復旦大學教授	
教授	徐人壽	男	三十二	浙江吳興	美國麻省理工大學碩士曾任國立廈門大學教授福建省建設廳技正兼科長等職	
教授	[illegible]稱安	男	[illegible]十六	廣東寶安	美國普渡大學碩士曾任暨南大學中山大學雲南大學等校教授	
部聘教授	茅以昇					
教授	薛桂輪					
教授	童大塤					
教授	李崇德					
講師	宋學洽	男	三十二	江蘇奉賢	交通大學畢業曾任西京市政建設委員會工程師南京首都電廠副工程師等職	
講師	林振國	男	三十一	福建思明	國立同濟大學畢業曾任經濟部中央地質調查所技士	
助教	熊鴻鈺	男	三十一	漢口	重慶大學畢業曾任中大土木系助教一年	
助教	張德威	男	二十七	四川榮昌	重慶大學畢業曾任水利委員會助理工程師	
助教	馮漢鄂	男	二十六	廣東鶴山	私立嶺南大學畢業曾任香港域多利電器製造廠技士	
助教	李道倫	男	三十一	河南信陽	重慶大學土木系畢業	
助教	詹道江	男	二十六	湖北黃安	國立中央大學水利系畢業	

(乙) 同學

——本屆畢業同學——

姓名	性別	年齡	籍貫	姓名	性別	年齡	籍貫
管紹沅	男	二十三	江蘇吳縣	周正平	男	二十五	江蘇吳縣
張志炯	男	二十三	江蘇嘉定	郁鍾韓	男	二十三	浙江吳興
李叔綸	男	二十四	福建閩侯	劉效會	男	二十三	江蘇無錫

——[illegible]——

姓名	性別	年齡	籍貫	姓名	性別	年齡	籍貫
李韻馨	男	二十五	江蘇吳縣	陸德綏	男	二十三	上海市
朱隆均	男	二十三	江蘇松江	朱保如	男	二十五	江蘇江都
鄧偉才	男	二十一	廣東中山	陳和平	男	二十三	河南正陽
張崇徽	男	二十一	江蘇松江				

——民三四級同學——

姓名	性別	年齡	籍貫	姓名	性別	年齡	籍貫
李浣蕙	女	二十一	廣西蒼梧	馮傳炯	男	二十一	江蘇無錫
蔡德源	男	二十二	浙江蕭山	劉克	男	二十二	河南商邱
韓昌審	男	二十二	浙江富陽	錢家顯	男	二十	浙江吳興
黃紹忠	男	二十三	廣東潮陽	薛傳道	男	二十三	上海市
陳才良	男	二十一	湖北荊門	袁森泉	男	二十二	浙江新登
吳琰	男	二十三	吉林賓縣	門啓明	男	二十一	遼寧撫順
施光growth	男	二十三	浙江紹興	蔡定一	男	二十一	江蘇金山
王傳堯	男	二十三	浙江吳興	鄭元方	男	二十二	上海市
俞受穀	男	二十	浙江慈谿	鄺書成	男	二十一	四川新津
何開蒂	男	二十三	浙江杭縣	許顯忠	男	二十二	浙江嵊縣
葉世鑾	男	二十二	湖北嘉魚	葛仁炯	男	二十五	江西南昌
胡世平	男	二十三	浙江吳興				

——民三五級同學——

姓名	性別	年齡	籍貫	姓名	性別	年齡	籍貫
章延	女	二十	江蘇吳縣	周世政	男	二十一	浙江吳興
張廣恩	男	二十二	河北安平	李英	男	十九	河北灤縣
胡冬聞				沈乃滏	男	十八	江蘇青浦
周以勤	男	二十	浙江吳興	王兆熊	男	二十二	浙江吳興
徐永	男	二十二	江蘇武進	劉瑞林	男	二十三	江蘇南匯
袁穠	男	二十四	江蘇東台	宋源歐	男	二十三	四川仁壽
江春品	男	十九	四川內江	鄧辛華			
李邦平	男	二十	河南汜水	王哲章	男	十九	福建南安
楊興芳	男	二十	四川遂縣	鄒榮昌	男	二十	四川江津
張有昌	男	二十	四川涪陵	程鴻壽	男	二十二	四川江津
羅其斌	男	二十	湖北宜昌	孟慶源	男	二十	安徽阜陽
李澤坤	男	二十一	安徽阜陽	陳錫奇	男	二十一	廣東台山
梁增廣	男	二十一	廣東梅縣	汪樹德	男	二十一	安徽桐城
鄒慶翔	男	二十二	山東濟南	[illegible]	男	二十一	江西清江
孟昌驊	男	二十	湖北黃岡	陳紹如	男	十九	廣西邕甯
[illegible]	男	十八	廣東番禺	左勵修	男	二十二	四川合川
[illegible]	男	二十一	江蘇武進	周增凌	男	二十三	江蘇吳縣
[illegible]	男	二十	安徽桐城	陳適	男	二十	浙江慈谿

陳道周	男	二十一	浙江嘉善	李青岳
顧祥貞				莊和卿
李熙唐				陳我軍

本屆錄取新同學（民三十六級）

楊運生	胡功業	胡 樂	胡保璧	吳松鶴	余知通	戚松麟	范廣居	張由愛
趙振宋	葉 中	鍾啓壽	蕭永鋼	陳百鈞	黃文華	朱雲鳳	王慶壽	華通球
張永熙	屈憲筠	程濟凡	劉宗圖	顧顯揚	張光鈞	呂紹謨	宋 瀚	王芸華
王福東	祁 珍	盧國祥	金 球	盧新炯	陳景初	徐秀麟	胡崇俊	李增福
黃蘭谷	萬正遠							

家庭木器行

專製新穎木器
承辦學校傢俱

工作精良　備有現貨
定價克己　歡迎惠顧

地址　重慶夫子池特五號

九龍商店

書籍文具　華洋百貨
糖果糕餅　寄售代買
教師學生惠顧　格外克己

地址：九龍坡黃桷坪三號

冠生園有限公司

糖果餅乾　西點麵包
粵菜小食　標準鮮奶

重慶分店：民權路十四號

交通部組織中

中國橋梁公司

資本

二千萬元

業務

承辦各種橋梁工程

承製各種鋼鐵建築

總公司

地址　重慶中三路二號

電話　二八一六

電報掛號　二八一六

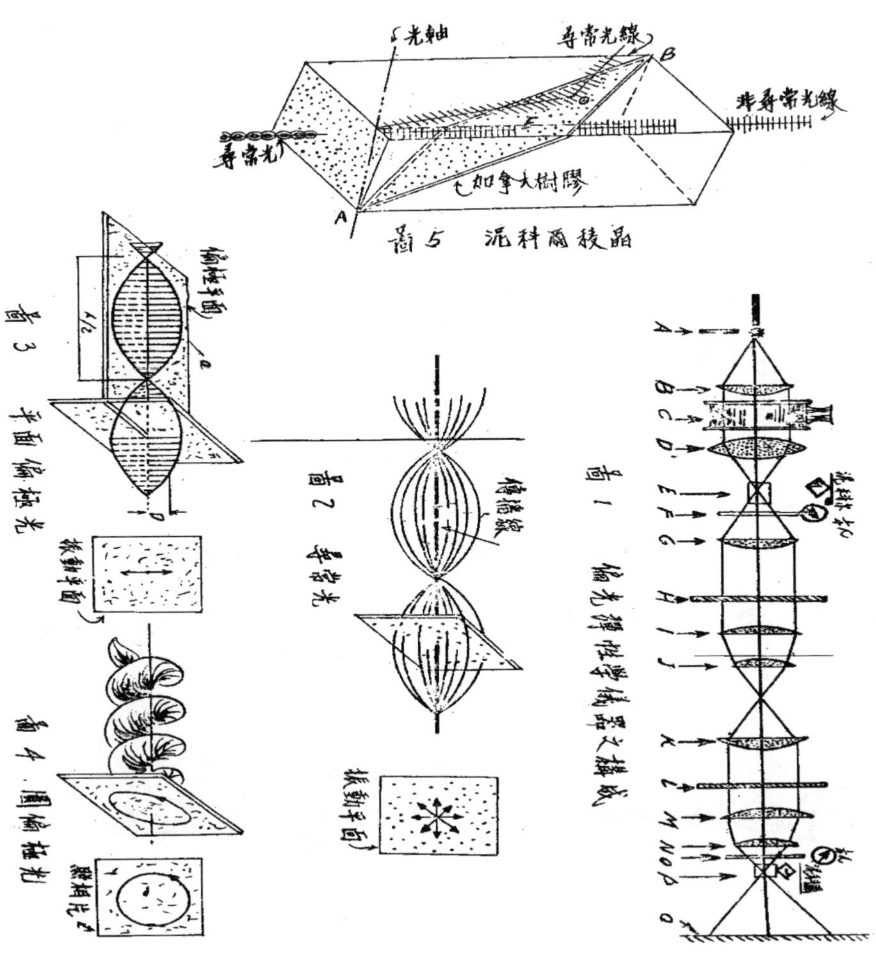

圖5 泥科爾稜晶

圖1 偏光彈性學儀器之構成

圖2 尋常光

圖3 平面偏極光

圖4 圓偏極光

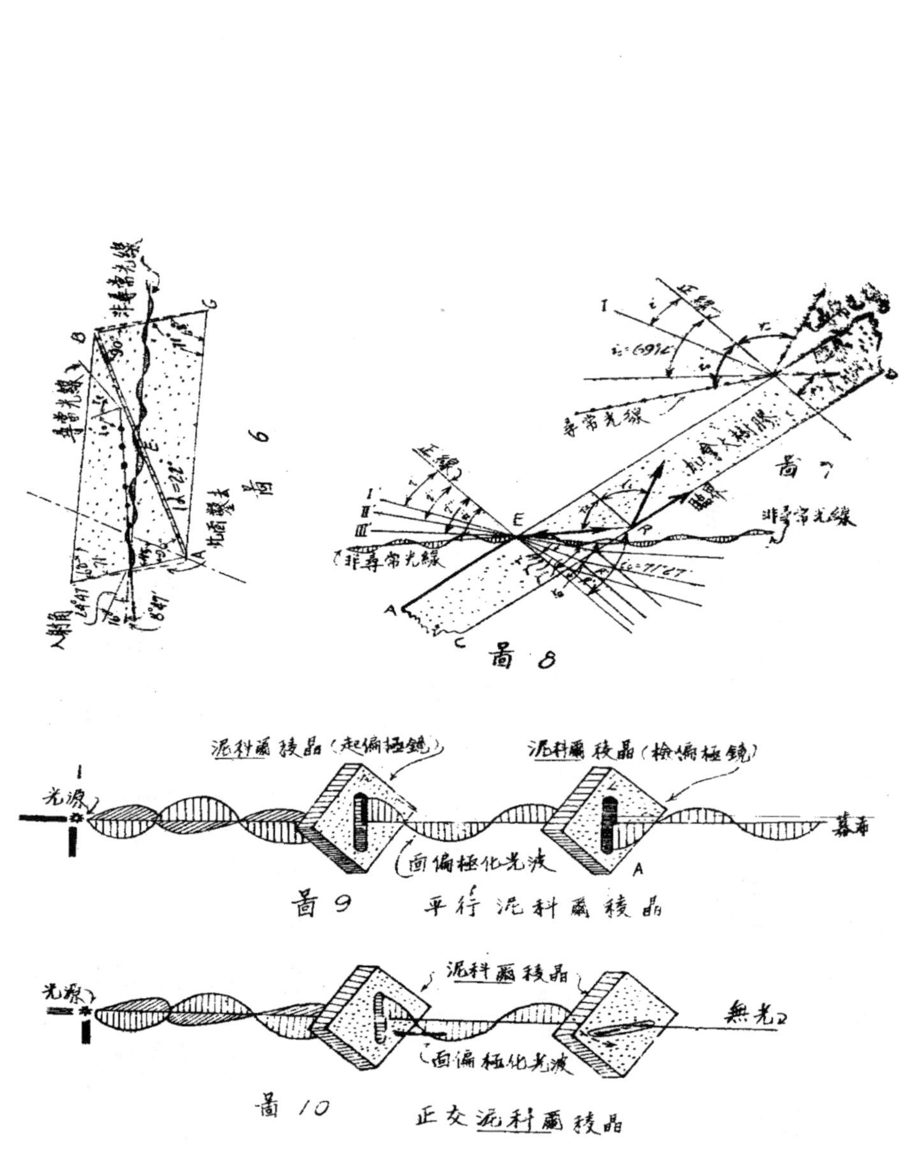

圖 6

圖 7

圖 8

圖 9　平行泥科爾稜晶

圖 10　正交泥科爾稜晶

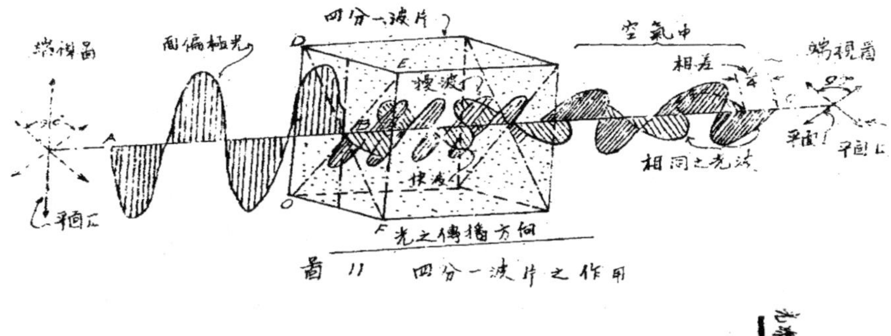

圖 11 四分一波片之作用

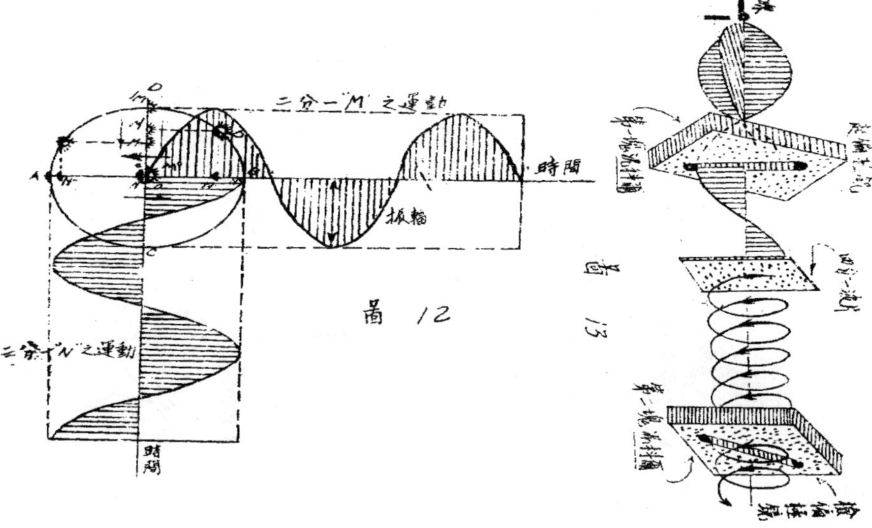

圖 12

圖 13

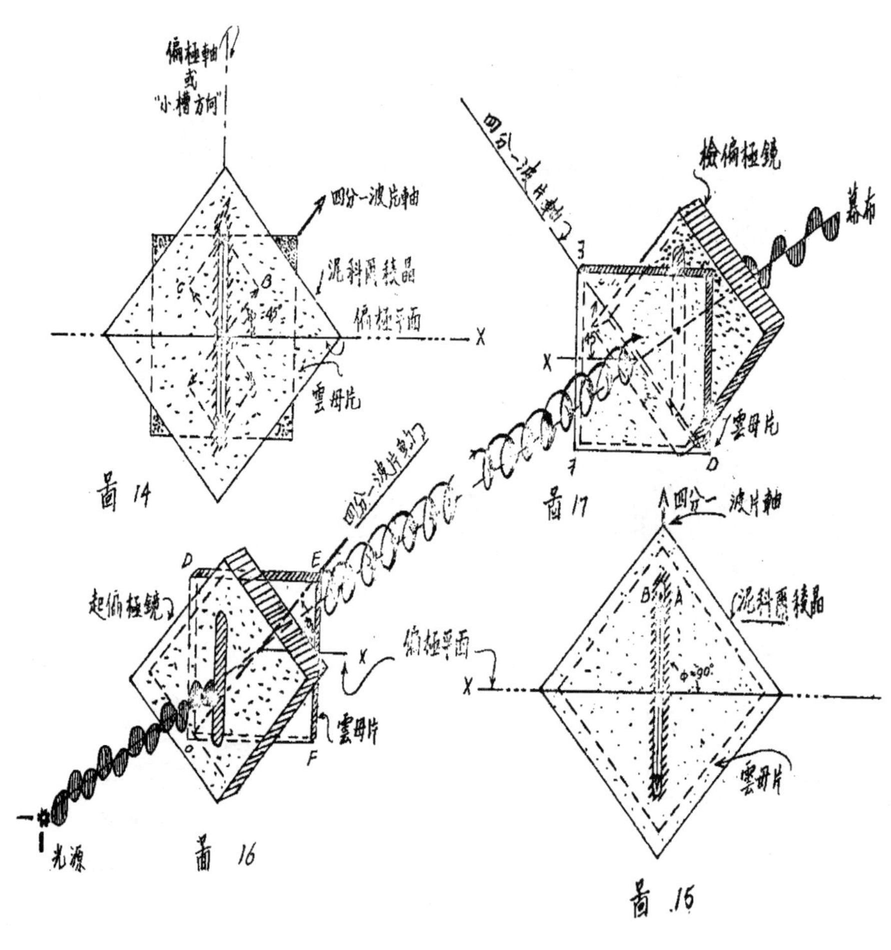

偏極軸
或
"小槽方向"
四分一波片軸
泥科爾稜晶
偏極平面
雲母片
圖 14
四分一波片軸
檢偏極鏡
幕布
雲母片
圖 17
四分一波片軸
起偏極鏡
偏極平面
雲母片
光源
圖 16
四分一波片軸
泥科爾稜晶
雲母片
圖 15

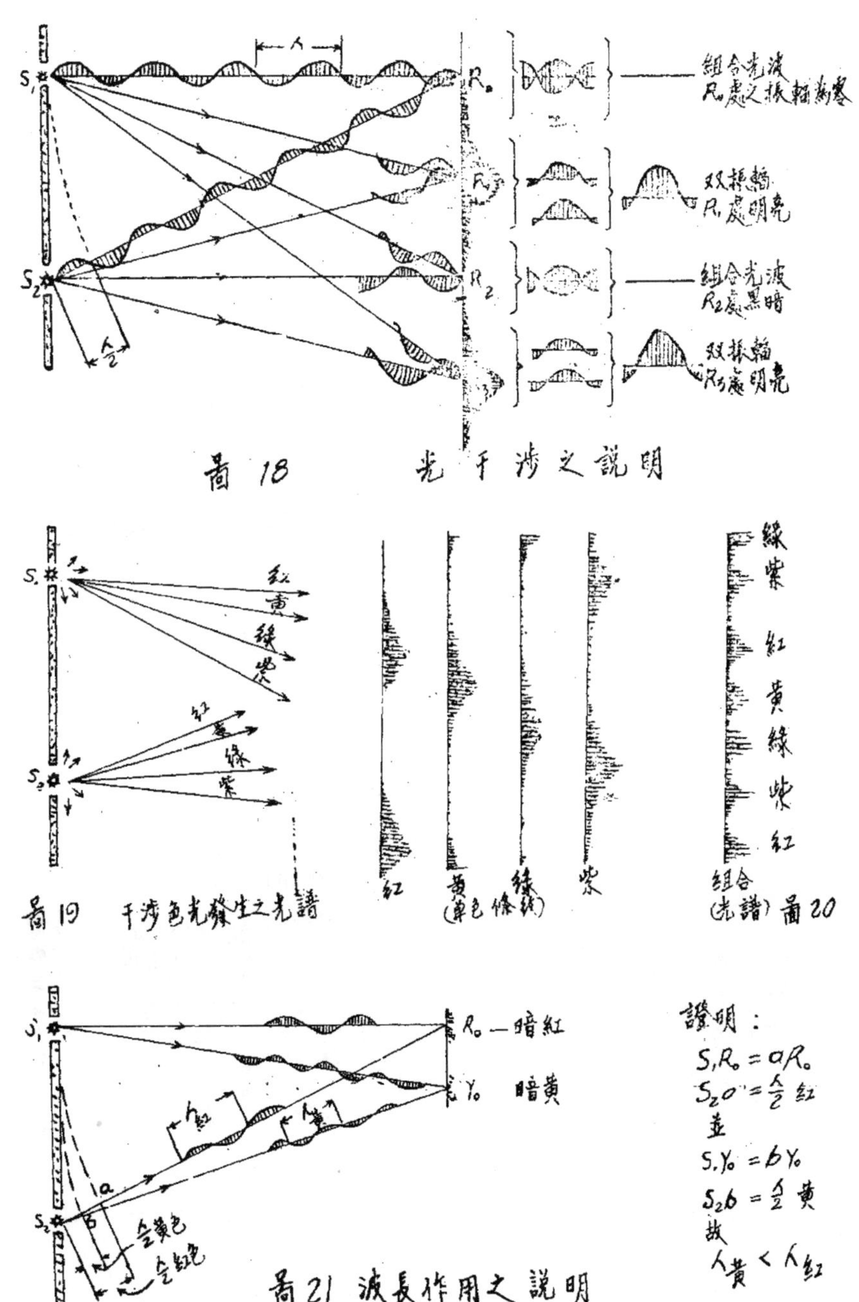

圖18 光干涉之說明

圖19 干涉色光發生之光譜

圖20

圖21 波長作用之說明

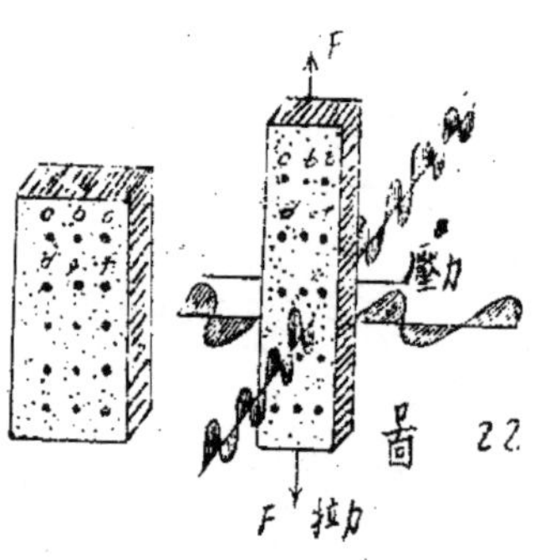

圖 22

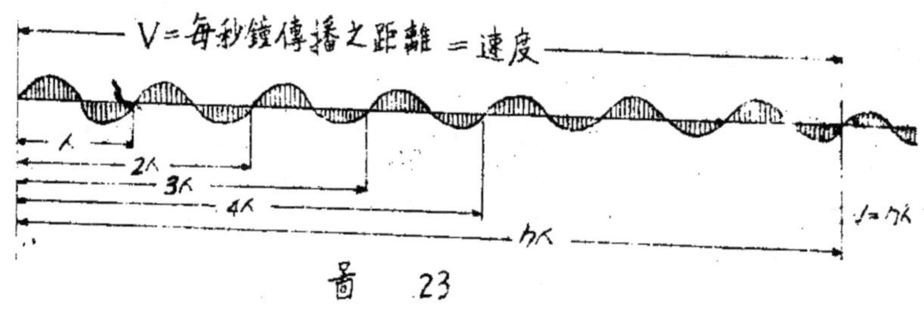

圖 23

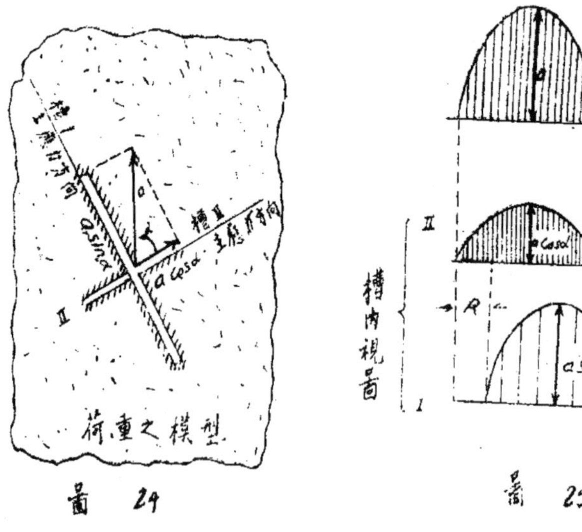

圖 24

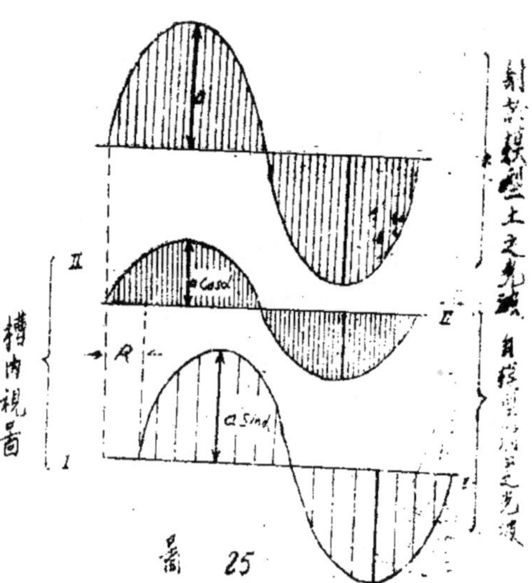

圖 25

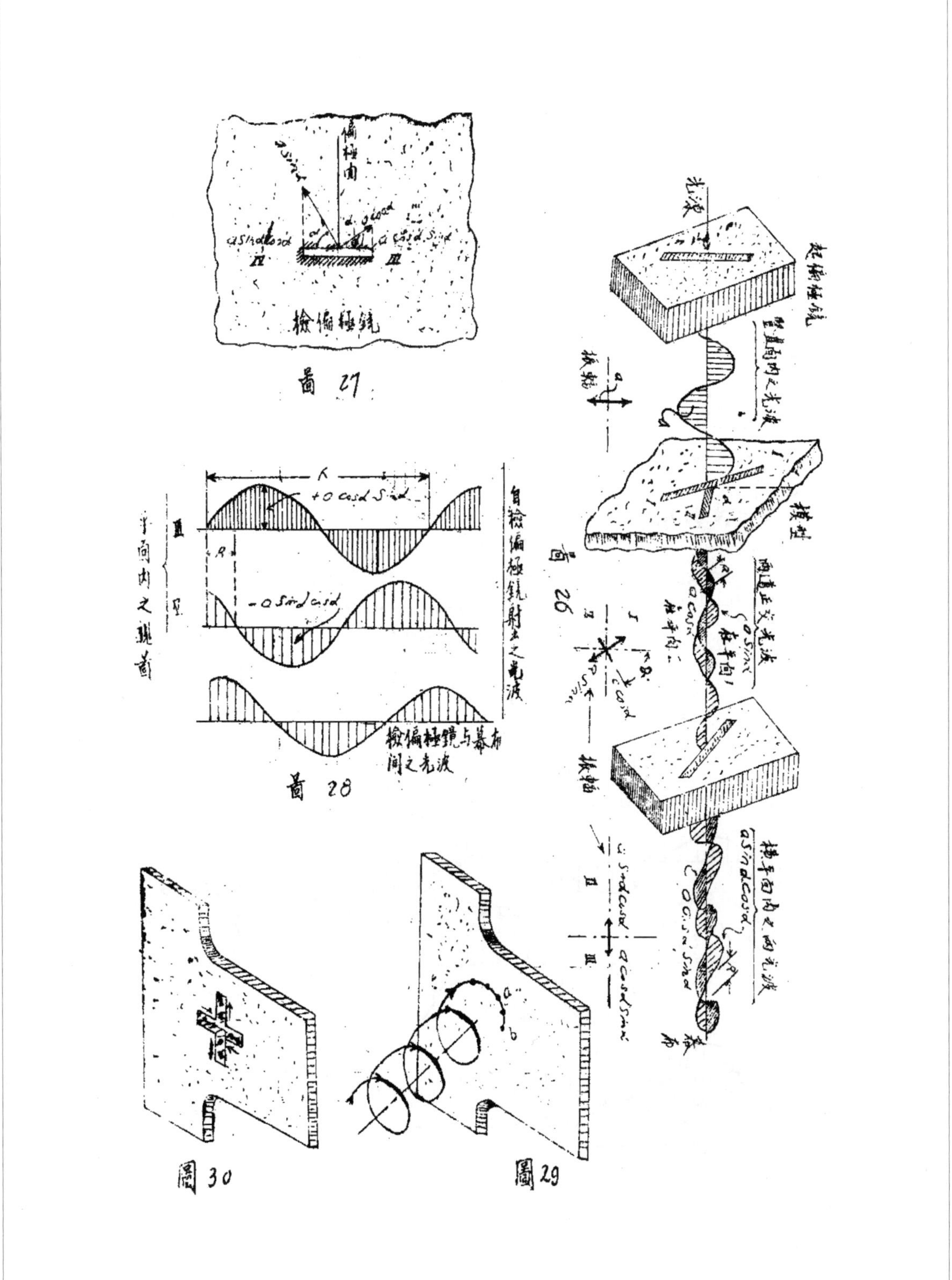

圖 27

圖 28

圖 26

圖 30

圖 29

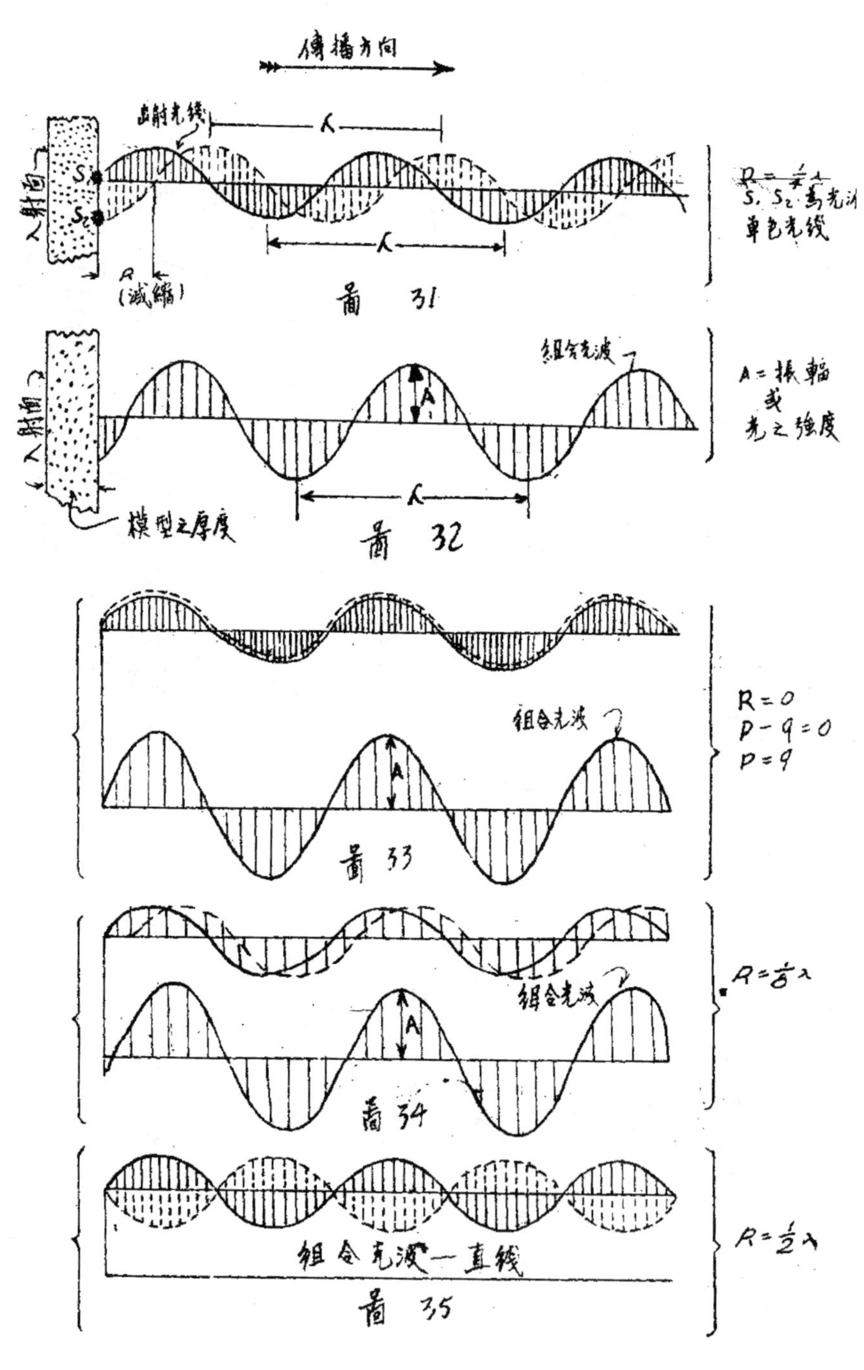

圖 31

圖 32

圖 33

圖 34

圖 35

第二期

中華民國三十三年十月十日出版

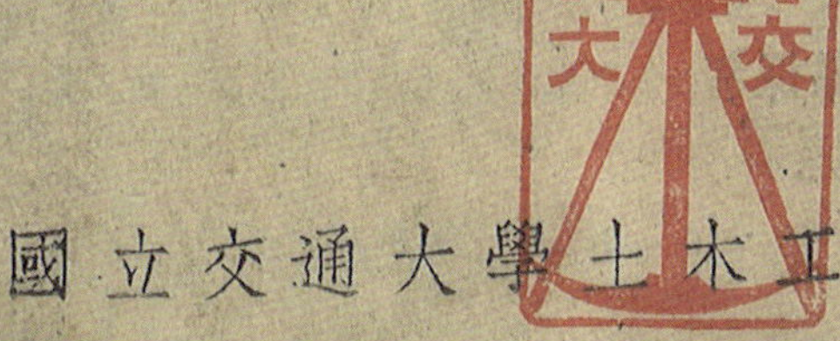

國立交通大學土木工程學會編印

交大土木第二期目錄

八十年來之中國鐵路　凌鴻勛（1）

我國的鐵路　袁夢鴻（11）

近三十年來我國鐵路橋樑工程之概況　顧懋勛（31）

首都鐵路輪渡工程　汪菊潛（37）

談航空測量事業　王之卓（41）

續編光彈性學之概念　王達時（45）

戰後東方大港建設問題之商榷　徐人壽（61）

機械築路概論　李崇德（71）

高樓架應力分析　金稼軒（79）

控制碳酸鈣平衡之給水防蝕處理　楊　欽（85）

本會一年來工作記略　（101）

會員錄　（105）

附錄　本校土木工程系課程　（109）

編後　（113）

八十年來之中國鐵路

凌鴻勛

——爲紀念唐蔚芝先生八十壽而作——

民國三十三年十月，爲吾師太倉唐蔚芝先生八十壽辰。同門諸君子謀所以爲先生壽者，僉以先生誕生八十年來，正值吾國內憂外患存亡絕續之秋，又正維新革命抗戰建國，國運上發生劇烈轉變之會；先生在此時期所躬與之政治外交文化教育實業交通諸大政，與其所提倡勤儉敬信躬行實踐之風，出處進退辭受取與之辨，施於當時而垂於後世者至爲重大。因議輯錄八十年來中國各項學術與事業演進之概況，由同門分任其事，彙爲先生八十紀念專刊，而將鐵路一題屬於鴻勛，竊以自髫齡即幸列先生之門牆，雖於先生之道德文章未能窺其萬一，然於此又焉能辭。

先生誕生於同治四年，其時太平軍之亂將息，舉國上下漸知物質建設之足以強國。適英人史蒂芬孫氏來華，大倡建築鐵路之議，在滬之歐西人士亦提議修築上海至蘇州之鐵路，遂於同治五年有淞滬鐵路之創設，其後雖經拆毀，非復今日之淞滬鐵路，然此實爲中國有鐵路之始，而其誕生則幾與先生同時，不可謂非巧也。

光緒二十九年清廷設立商部，鐵路事務歸商部主管。先生自設部起即任右丞，後轉左丞，補左侍郎，署理尚書。其時對於鐵路之經營計畫，大有煥新氣象，曾編纂全國路產表，有鐵路總表，月計表之公佈；而整訂軌制之議，增築路綫之議，遴派路務議員之議；暨張弼士之請辦三水佛山鐵路，張煜南之請辦潮州汕頭鐵路，以及合興公司粵漢之廢約，蘇杭甬鐵路之力爭，皆在此時期。先生駁復北洋大臣袁世凱及對路務議員辦事章程一摺，傳誦於一時。陳石遺先生撰先生全書總敘，謂此摺爲必傳之作者也。世人但知先生經學湛深，爲一代宗師，致先生於鐵路建設初期之經營擘畫，反爲文名所掩有如是者。

先生於光緒三十二年丁內艱後，即絕意仕進。翌年應郵傳部之聘爲上海高等實業學堂監督，嗣則迭經改組，歷辭校長，即今之交通大學也。先生在任凡十四年，此十四年間，擴充土木工程科，創辦電機工程科，及鐵路管理科，並一度兼辦船政科，執江左教育界之牛耳，其所成就之路電航政人才至著，而以鐵路一門爲尤多。近三十年來我國鐵路高中級幹部，或屬工程，或屬運輸與會計，多出於先生之門。今先生雖已隱居，而一部鐵路史與先生生平之關係實至深且遠也。

溯自鐵路介入我國，八十年以來，事事均與政治外交軍事有關，對於我中國大局遂有不可分離之象，而自　孫中山先生發表建國方略提倡鐵路政策，舉國上下方知此爲建設國家首要之所在，近年鐵路事業在國策上始漸納於正軌。今鐵路雖已備受暴敵之摧殘，然勝利之券已操於吾人之手，否極泰來，爲期不遠，除舊布新之實現自可拭目以待，他日舉行我國鐵路百年紀念，亦即先生期頤同祝時也。茲將我國鐵路分（一）滿清時代（二）民國初期及（三）國府成立後三個時期，述其演變如后：

（一）滿清時代之鐵路

甲、閉關時期。自同治中葉淞滬鐵路爲曇花一現之後，光緒初元遂有開平煤礦鐵路之建設，爲北寧鐵路最早之一段。茲後二十年間以外患日深，國防空匱，識者始漸爲建築鐵路之議，顧以事出草創，得失利弊聚訟盈廷，蓋當時疆吏之稍諳時務者如李鴻章、劉銘傳、左宗棠、張之洞之輩，皆主張築路；而廷臣之自命清流不識時代者，則又危詞聳聽，橫亙其中，致多梗阻。北京清江之議既失敗，蘆漢鐵路之議亦無成，僅由津沽接至閻莊之線幸告成功。在甲午（光緒二十年）中日之戰以前，鐵路尚在閉關時代，政府亦無固定政策之可言。

乙、借款築路時期　自甲午對日戰敗以後，朝野怵於國難之嚴重，稍知國防之急迫，對於建築鐵路無復如前之反對，顧其時官商均無自行籌款築路之能力，於是一舉而開大借外債之局。復以國力薄弱，已因甲午之敗而暴露於世，凡借債築路更開訂約喪權之先例。而外力之侵入，外資之各自經營，經濟侵略與國際野心之隨鐵路而俱進，皆盛於此時。計由光緒二十一年至二十九年，此九年中實以盛宣懷氏所主持之鐵路總公司爲此政策之中心，所有蘆漢、正太、滬寧、汴洛、粵漢、津浦、道清各借款，以及蘇杭甬、澤震、浦信、廣九諸約大半皆在此時期中由盛氏訂立。其與各國所訂諸約，大部份以建築管理諸權盡授之外人，凡借用某國之款，即用該國籍之總工程司代爲營造，在合約年限之內，一切包工購料用人理材，甚至於行車營業悉歸經理，其職權略如海關之稅務司，實爲此時期中最失策之事。

外人攘奪路權，始於光緒二十一年十月法人索辦廣西龍州至越南河內鐵路，同時俄人挾甲午助我收回遼東之德，要求報酬，訂立東清鐵路之約。二十三年二月德人以膠州教案，要求膠濟鐵路及膠沂鐵路敷設權。同年法人復要求由越南築路經雲南蒙自至雲南省城，以抵制英人，且索北海至西江間修路權。英人又索雲南境內修路之利益與法均沾，政府與訂約十二條。旋中法廣州灣之約，復允其修赤坎至安鋪鐵路。廿五年中法協約成，政府允法國建築安南至昆明鐵路全權。廿七年英使請將緬甸鐵路展進華境，以踐修路利權英法無別之約。蓋是時外人洞知吾國之積弱，羣起要求，直視我國如殖民地。英法諸國復互爭利權，各謀均勢，莫肯相下，而吾國坐受其敝，舉凡不平等條約之訂定，莫不與鐵路問題有關。借款造路，喪失主權之不已，更變爲外人攘路自辦，實爲歷來未有之奇局，列強勢力範圍遂基於此時。

丙、拒款自辦時期　盛氏大借外債之結果，雖工程頗有進展；但以權利喪失關係，不久發生極大之反動，而商辦拒款之局成。蓋自光緒三十年至宣統二年間，乃全國主張拒外債廢成約收回自辦之時期也。商辦之動機，發生於粵漢，以此路美商合興公司，將大部份底股讓於比國，時論以爲當時國際情勢，比通於法，法通於俄；京漢既屬於比法之利益，萬不可再使與粵漢聯爲一氣。於是粵漢由廢約而改爲贖約，歸三省商辦。蘇杭甬之廢約，京漢鐵路之贖回，皆繼續實現。政府懲於往事，曾通飭不得再借用外款築路，而官紳商之自辦紛起。屬於官辦者，有光緒三十一年至宣統元年之京張張綏兩路，與光緒三十三年江督自辦之江寧鐵路；屬於商辦者，則川鄂二省之川漢路，以及長辰、江西、福建、浙江、安徽、西潼、新寧、澳三、江蘇、湖南、廣西、滇蜀、騰越、同蒲、河南、吉黑、齊愛、洮法、廣廈、潮汕、閩海等地，同時並進，一時大紳富商，多以倡辦本省鐵路爲名，設公司推總理搜欵公司款項，祗有狂熱而無永久性，多慕虛名而缺經驗，不特進行遲緩，成效寥寥，且浸假而弊端百出：如潮汕有洋股嫌疑，南潯亦私借日款，光緒三十三年乃有收歸國有之議。部限各商辦路務於三年內辦成，否則由部會同督撫辦理，開國有鐵路政策之張本。

在此商辦拒款之時期內，借款築造之路乃有津浦滬杭甬廣九等路，而屬於外人自辦者，則又有日本所築之安奉、新奉，與日本由俄人手中所奪東清支線而成之南滿鐵路。

丁、國有時期　自拒款自辦以來，商辦公司之無力既已顯著，政府遂轉移其政策於國有之一途。商辦鐵路中較有成績者，厥爲廣東之粵漢，而所持永久商辦之議亦以此路爲最堅，政府對於此路宣示三十年後須歸國有，此外各路不得爲例。嗣又有幹路永遠官商合辦之提議，同時並由政府派員澈查商路工程款項。宣統三年遂由清廷宣佈幹路國有之政策，然政府對於幹路仍進行借款，爲各省人士所抗爭，以爲國有乃借外款，直有名無實，人情憤激，舉國譁然。川中紳民請緩接收，朝議與民情遂各走極端，政府更爲武斷操切之策激起川變，不久民軍紛起，武昌起義，清廷以亡。此一時期僅一年而已。

(二)民國初年之鐵路

民國成立，氣象一新，孫中山先生辭臨時大總統之職，由政府授以籌畫全國鐵路全權，設鐵路總公司於上海，畫全國鐵路爲幾個系統，預計十年間築成十萬英里鐵路。各路以北方東方南方各大港及海岸碼頭爲起點，分向內地伸展，其目的在移民內地，建設實業，更爲開發資源，充實國防，並謀國際交通之聯絡。惜乎民國初定，政局杌隉，中山先生以不得行其志而去，嗣後軍閥割據，內亂迭起，武人干涉路政，擅用借款，政客復藉借債築路爲政治之活動，於是鐵路遂捲入政治漩渦。歐戰以後，財源枯竭，無法借款，袁段當國，日人勢力益隨鐵路問題而俱入，蓋自民國初元以至國民軍北伐時期，十餘年間鐵路進展至爲遲鈍，良可惜已。

在此時期中所差強人意者，則收辦商路之成功是也。有清既以國有鐵路政策召亡，乃民國成立時甫一年，交通部遂舉川路湘路鄂路皖路蘇路浙路豫路而盡收買之，一無抗阻，此足見當時商路之本無實力，亦以國民觀念與曩昔大殊也。其時鐵路行政逐漸集中於交通部，於是促辦各幹路，訂立統一鐵路會計則例，辦理國際聯運，訂定鐵路技術標準，禁商路私借外債，審訂鐵路名詞，公布民業鐵路條例，均在此時期逐一實施，奠當時之基礎，樹此後之規模，爲極有成就之事。至於新路工程，此十六年中則有粵漢北段之武昌長沙一段，長沙至株州一段，及南段通至韶州一段之完成，與隴海路徐海段洛陝段平綏路綏包段之展築。

日人於我國鐵路久懷野心，南滿鐵路既因日俄戰後而讓渡於日，自後日思向東省發展，四洮開海之預約，福建鐵路之覬覦，膠濟鐵路之佔領，皆民國初年之事。歐戰以後，歐美金融告緊，日人復乘機爲利用墊款之引誘，而有吉會鐵路，滿蒙四路，高徐濟鐵路之借款，同時並與我定膠濟新約，以爲誘我之陷阱，卒有二十一條之屈辱，蓋至是而中日之關係益隨鐵路問題而緊張矣。

(三)國府成立後之鐵路

民國十七年國府奠都於南京，特設鐵道部以經營全國鐵道，後因抗戰軍興而合併於交通部，在此十餘年間鐵道事業居國政中一重要位置。計可分抗戰前及抗戰後兩時期敘述如下：

抗戰以前

民國十七年底鐵道部成立後，即向中央政治會議提出庚關兩款築路計畫一案，於十八年一月通過公布。其所擬分期築造路線，第一期築粵漢路之株韶段，隴海路之潼蘭段及滄石路，共計一七一三公里。第二期築京湘、京粵、韶昌、福昌、粵滇、湘滇諸路，共計八四六八公里。第三期築包甯、成渝、道濟、同蒲諸路，共計二一八八公里。第四期築寶欽路，計一二〇五公里。該案又說明在六年之內，以庚關兩款發行公債，可得四〇八，五〇〇，〇〇〇元，約能築路四千公里。其餘則待此四千公里築成後再籌集之。此案選線之標準，注重在長江以南，並注重在南京國都之拱衛，此案決定後，路線計畫稍具雛形，嗣後雖因財政關係未能盡付實施，然後來英國退還庚款，首先利用於鐵路，粵漢全路即由此奠定其完成基礎，隴海鐵路之靈潼、潼西段亦因得中比庚款材料而西展，實為最足紀錄之事。

民國二十五年，蔣委員長手訂五年建築八千公里鐵路計劃，其擬築之路，包括湘黔、寶成、黔滇、成渝、川黔、京贛、廣梅、湘桂、鄂陝、南玉、南萍、蚌正、杭紹、蘇嘉等線，當時國家統一之基礎已定，正積極從事建設之時，同時國家債信恢復，外資易於吸收，而國內築路人才輩出，築路前途大有突飛猛進之象。不意日人忌我進步之速，狡焉思啟，民國二十年有瀋陽之變，旋至侵佔四省，所有四省鐵路，盡被蹂躪；二十六年並發動蘆溝橋之役，擴大侵略於華北及沿江一帶，我國歷來所經營之鐵路慘遭破壞，此種暴行將必自食其報，而我國鐵路他日之恢復自必取償於侵略者也。茲將民國十七年至二十六年，抗戰以前所建設之鐵路約舉如下：

浙贛鐵路　民十八年浙省創辦杭江鐵路，廿二年年底由杭州江邊通車至玉山（三四一公里），翌年鐵道部與浙贛兩省府合組浙贛鐵路公司，續修玉山以西，二十五年通車至南昌（二八五公里），二十六年九月通車至萍鄉（二六〇公里）。同時粵漢路之株萍支線改歸浙贛鐵路管轄，此長江以南之東西幹線，遂得與粵漢鉄路相接，上海與廣州乃有直接鐵路之聯繫。

粵漢鐵路株韶段　粵漢鐵路北之湘鄂段南之廣韶段先經築成，中間四百五十六公里相隔未通者垂十餘年，民國二十二年中英庚款案解決，韶州樂昌段(五〇公里)即已築成，樂昌株州段(四〇六公里)於二十五年四月告成。於是經營三十餘年之粵漢鐵路，始完成通車。嗣於二十六年「七七」抗戰軍興後之一個月，與廣九路在廣州附近接軌，外洋物資得直由九龍通達內地。

隴海鐵路之展築　此路在國府成立以前，東止於大浦，西止於靈寶，靈寶至潼關一段(七二公里)雖開始興修，因中原多故，迄未告成。鐵道部成立，首撥款完成此段，並利用一部份比庚材料，於二十年年底通車至潼關，二十三年年底通車至西安，(潼西段一三二公里)嗣再展築長安至寶雞一段(一七二公里)，於二十六年七月通車。而東端自新浦至連雲港一段(二八公里)，與築港工程同於二十一年動工，二十四年全部完工。是隴海路之出口問題得以解決，而成一東西重要幹線。

同蒲鐵路　由大同縱貫山西全境而至風陵渡(幹線五一三公里)，於二十二年由太原綏靖公署創辦，改築一公尺軌距之狹軌輕便鐵路，以兵工修築為主，由太原分南北兩方向推進，至二十六年三月幹線南自風陵渡北至陽方口已先後通車營業，其自陽方口至大同之一五二公里，原應於是年底完工，全線通車，乃以抗戰軍興太原淪陷而停頓。

江南鐵路　此為民營鐵路。民二十二年成立公司，二十三年七月蕪湖至宣城段開始通車，嗣展至孫家埠，二十四年南京蕪湖間通車，嗣接築南京中華門至堯化門一段；(堯化門至孫家埠共九四公里)與京滬路相接。

淮南鐵路　民十九年淮南礦務局為運輸煤斤而築，北起淮河南岸之田家庵，南至揚子江邊之裕溪口，長二一四公里，二十三年三月開工，二十四年六月完成。

蘇嘉鐵路　此路係為京滬、滬杭甬兩路易於聯接而設，自蘇州至嘉興共七四公里，二十四年二月開工，二十五年七月完成。

京贛鐵路　由孫家埠起至浙贛路之貴溪，共四百七十餘公里，二十五年間分皖贛兩段動工，二十六年十一月孫家埠至歙縣一六〇公里，及貴溪至景德五四公里已舖軌行車，嗣以戰事停頓。

湘黔鐵路　由粵漢鐵路之株洲西達貴陽，約長一千公里，二十五年開始辦理；未幾抗戰軍興，迄二十八年一月，已由株州通至藍田（一七五公里），因戰事逼近，將軌道拆卸作爲修築黔桂之用。

此外有足述者，則尚有平漢路之道楚支綫，（道口至內黃縣之楚旺六十六公里）滬杭甬路之杭曹段，（錢塘江邊至曹娥姚江八十公里）皆於此時告成。其不屬於一路而有高度聯絡性者，則有廿二年竣工之首都輪渡，與抗戰後數日通車之錢塘江橋，皆爲較鉅大之建設。此外尚有成渝鐵路，（五二三公里）在民二十五年間卽開始進行，嗣以路料未及運入，而上海與廣州相繼淪陷，至今路基隧道一部份已成，而未克鋪軌利用，良可惜已。

東省鐵路　自帝俄築中東暴日佔南滿以後，藉此兩路爲侵略之工具，已使東省一切受其支配，地方當局受此壓迫，不得不爲自行築路之謀。在九一八之前數年中，分築洮昂、吉敦、瀋海、吉海、呼海、齊克、洮索、鶴崗等路，增長一千五百餘公里，築路與營業均各有發展，九一八以後則爲敵所侵佔不堪問矣。

抗戰以後

抗戰軍興，華北與沿海及長江一帶鐵路備受戰事影響，我國爲增強抗戰力量，鞏固後方地位，並打通國際路線，於是鐵路全盤計劃爲之劇變。在此數年中所興建之已成或尚在推進中之各路如下：

湘桂鐵路　此路由衡陽至桂林（三六一公里）原發動於七七以前，迨抗戰軍興，遂有由桂林展築至鎮南關，並與越南鐵路聯接之決定，由鐵道部與湘桂兩省組織湘桂鐵路公司，經營全綫，二十七年十月衡桂段首先通車，二十九年一月桂柳段（一七七公里）通車，柳州至南寧段（二六〇公里）二十七年六月開工，連同黎塘貴縣支綫（五七公里）路基橋樑已大部份完成，迨二十八年十一月南寧失陷停工。其後柳州至來賓一段（七二公里）繼續鋪軌，於三十年九月通車。其南寧至鎮南關一段，（二三二公里）則係同一時期用借法料與一部份法款，委託中法建築公司辦理，至二十八年十一月已由越境同登鋪至寧明附近計八十餘公里，亦因南寧陷敵而停止。後南寧雖已收復，而因越南已爲敵所盤據，因之未繼續進行。

黔桂鐵路　此路由柳州接至貴陽，長六二〇公里。於湘桂鐵路通至柳州後卽繼續進行，二十九年十月通至宜山，（一百四十餘公里）三十年二月接至金城江，三十二年六月接至獨山，三十三年二月接至都勻，由都勻至貴陽一百五十餘公里正在趕工中。

滇緬鐵路　由昆明經祥雲、彌渡、孟定、滾弄接至緬甸臘戍之線，爲西南國際路線之一。在國境內計長八八一公里，因與緬甸境內之一公尺路軌相接，故此路係照一公尺軌距標準建築，二十七年十二月動工，原定於三十一年通車，乃以太平洋戰事發生，緬甸失利，功敗垂成，至可惜也。

叙昆鐵路　由昆明經曲靖、宣威、威寧接至四川之叙府，共長七七四公里，亦爲西南國際路線之一。蓋由昆明轉滇越鐵路，即可通越南。滇越鐵路爲一公尺軌距，故叙昆鐵路亦用一公尺軌制。此路二十七年十二月與滇緬路同時動工，三十年二月通至曲靖，（一七二公里）三十三年六月接通至霑益，（一二公里）自太平洋戰事發生，料運阻塞，未能速進。

隴海鐵路咸同支線　由咸陽至同官，（一三八公里）爲抗戰以後隴海西段之重要煤運支線，二十八年五月動工，二十九年年底告成。

寶天鐵路　此爲隴海幹線西展之一段，由寶雞至天水計一百七十公里，二十八年即籌備興築，此段工程浩大計有隧道一百二十餘座，共長二十二公里，進展困難，工作亦時作時輟，三十三年春間決定趕修，預計三十四年春間可以告成，從此西北交通更可進一步矣。

綦江鐵路　長八十五公里，爲川省重要礦運路線，三十一年四月開工，先築江口至五義一段，三十三七月間暫行停頓。

以上係抗戰前後所修築之各線，至在此時期所測量而未興築者：則民國十八年以後有京粵、湘粵諸線之測量；抗戰以還更利用人力與時間，測量西南西北各重要路線，藉作他日修築之準備。其中較重要者在西南有筑咸（貴陽至咸寧約四二〇公里）、川黔（貴陽至重慶五一六公里及比較線）諸線，在西部有天成（天水經廣元至成都七五五公里已定測）川康（成都經樂山雅安至康定五六五公里，又由雅安經瀘沽至西昌二七〇公里尚經踏勘）諸線，在西北有天蘭之定測（天水至蘭州三七二公里）隴西臨洮線之初測（一二〇公里），蘭州肅州線之初測（九三三公里），甘新全線之踏勘（肅州至迪化一千一百餘公里迪化至烏蘇二七〇公里現正進行中），均爲近年之準備工作。

自國府成立以來十餘年間，除中央主管院部積極推行鐵路計劃外，所有歷屆中央會議及國民參政會議所提關於鐵路建設之案，皆於國計民生有至大之關係。以次第言，初注重於長江以南以及東南一帶，嗣以抗戰形勢轉變，急於西南國際路線與後方路線推之進，近年則頗注重於西北幹線之籌畫，與將來復員與復興之準備，將開今後路政之新紀元。以築路工款言，則中央每年均有鉅額建設專款之支配，凡鐵路之建築經費，皆事前有所核定，無往昔零星舉債及集股之煩，以組織言，則新築各路中有與地方關係頗為密切者，如浙贛、如川黔、如湘桂、如川滇皆由中央與有關各省組織鐵路公司，加入省方理事共同管理，開中央與地方合作築路之新頁。以技術言，則以西南西北各省地形困難，物力人力亦較艱困，築路標準已隨時代與環境而有所改進，此皆為此十餘年中較為特異之點。

綜觀我國之有鐵路，自同治五年淞滬鐵路創始起，達八十年，計距英美始有鐵路不過四十餘年，距法比德俄荷奧之有鐵路約在三十年左右，距西班牙不足二十年，瑞典十年，義大利六年，日本乃距淞滬設軌後四年而始有鐵路，是吾國鐵路之產生在與各國比較之下，原不為過遲；而自開平煤礦鐵路發軔之時起，至民國十六年止，此四十八年間，總計完成路線僅八千三百五十公里，平均每年建築一百七十四公里，則較之歐西諸國瞠乎後矣。自民十七國府特設鐵道部之後，截至民二十九年止，此十三年間完成通車之路綫，共增長五千九百八十公里，平均每年建築四百四十五公里，視首四十八年間，其速率已超過兩倍。近四年來，以海疆封鎖，外料未能輸入，築路計畫自難積極推行，惟抗戰勝利已在目前， 蔣委員長於其所著中國之命運一書已揭櫫戰後十年內必須建築鐵路二萬公里，良以鐵路交通為一國生存命脈所繫，前此八十年間已在艱難困苦中稍具基礎，今後鐵路之復興與建設，定為整個國家經濟建設之中心工作，自無疑義；而我唐先生及門諸君子所以壽先生者，益各致力於所學所司以應時代之要求，庶可使先生對於我國鐵路建設初期之經營擘畫，益顯著於今後，爰不揣愚昧，於寶天鐵路趕工之頃，將八十年來之中國鐵路就所知者拉雜叙述，深期及門諸君子有以教之，更願與諸君子共勉之。

我國的鐵路

袁夢鴻

一 過去鐵路之發展史略

我國鐵路，萌芽於紀元前四十六年，（清同治五年，西曆一八六六年），迄今已達七十餘載。即自正式修築唐胥鐵路以來，（清光緒七年，西曆一八八一年），亦距今有六十餘年。在此期間，歐美各國深知鐵路之利，積極興修，數十年間鐵路網佈密全國，交通稱便。而我國則以種種牽制，未能步趨，遂致落後，良可慨嘆！茲將我國鐵路過去發展概況，分三個時期略述如次：

甲 第一時期

自民國紀元前四十六年起，至紀元前一年底止，（清同治五年至宣統三年，西曆一八六六年至一九一一年），爲第一時期。此時適當遜清末葉，政治腐敗，民匪財乏，復經甲午戰役及拳匪之亂，我國衰微，具象暴露無遺。於是列強環伺，爭相投資築路，藉鐵路之勢力範圍，爲攫取經濟權利之基地，遂啟帝國主義國家侵略之野心。此時無一路不賴外債修築，即無一路不受外力之支配。嗣後雖有在野士紳謀集資商辦，爭回路權，乃以款項難籌，都歸失敗。計自唐胥鐵路開工時起，凡三十一年，建築完成通車路線共長五千八百四十九公里，每年平均建築一百八十九公里弱。更分三個階段述之。

（1）自民國紀元前四十六年至紀元前十八年，（清同治五年至光緒二十年，西曆一八六六年至一八九四年），凡二十九年，爲排斥築路之階段。清同治五年，英商在北京宣武門外試造小鐵路里許，行駛火車，見者詫駭，謠言四起；旋經步軍統領命其撤毀。其後同治十三年，又有英商創造淞滬鐵路，長九英里，已開車營業，經由政府贖回毀棄於台灣。迨光緒七年，開平礦務局奏准興修唐山胥格莊運煤鐵路十八華里，同年竣工，實爲我國建築鐵路之嚆矢。當時人民狃於舊習，迷信風水，不願拆移田舍；復以火車易傷人畜爲口實，羣起反對。政府亦恐外人勢力藉此侵入，或與民間衝突，滋生事端，不予提倡。幸劉銘傳李鴻章左宗棠張之洞等獨具遠見，力排衆議，朝野論調始爲一變。

（2）自民國紀元前十七年至紀元前九年，（清光緒二十九年至三十年，西曆一九五年至一九〇三年），凡九年，爲借債築路之階段。光緒二十二年，清廷爲修築蘆漢鐵路，設立鐵路總公司，由盛宣懷主其事，嗣即招致東南紳商入股，遂築辦淞滬、滬蘇、蘇寧等鐵路，與外人訂有最苛刻條件之合同，遂開後此借款之惡例。盛氏所辦蘆漢，正太、滬寧、道清、汴洛等鐵路合同，與蘇杭甬、浦信、廣九之草約均於其時成立。而關內外、粵漢，津浦以及龍州、東清、膠濟，赤安、滇緬、滇越之約亦隨之而起，各路多屬英、法、德、比諸國，借款條約紛歧，而工程設計制度、規章又係各自爲政，對於整理統一籌劃改進，極感困難。

（3）自民國紀元前八年至紀元前一年（清光緒三十年至宣統三年，西曆一九〇四年至一九一一年）凡八年，爲籌款贖路之階段。清光緒三十年以後，各省士紳憤列強攘奪路權，政府接收苛刻條件之合同，羣起反對，力主廢約，收回商辦。維時各省創立商辦公司者，倡於粵，和於湘、蘇、浙兩省相繼而起，旋轉遍及粵、川、湘、贛、閩、浙、皖、蘇、滇、晉、豫、鄂、黑等十三省，惟各商辦鐵路公司規畫路綫，希望過奢，終於集股不易，虧耗甚鉅。雖經建築完成數段鐵路，但除新寧潮汕民營鐵路公司外，餘均逐漸收歸國有。

乙　第二時期

自民國元年起至民國十六年止爲第二時期，此時民國肇興，政體丕變，先　總理手訂十萬英里鐵路計劃，指示周詳，而全國人民對於國有借款政策，咸願贊助，惜乎執政非人，假築路爲名，濫借日債，以充軍費，繼後內戰頻仍，軍閥割據，鐵路事業摧殘特甚。迨民十五年，北伐軍克復武漢後，國民政府設置交通部，始漸謀路政之整理。凡此十六年間，建築完成通車路線，共增長三千七百二十三公里，每年平均建築二百三十三公里弱。仍分三個階段敘述之：

（1）自民國元年至二年，凡二年，爲籌施新政之階段。民國成立，先　總理以籌劃鐵路全權，設立中國鐵路總公司於上海，並設調查處於北京，劃全國鐵路爲三大幹線，訂定三項辦法，預計十年間以六十萬萬元資金，築成十萬英里鐵路。旋復繼續研究，著成建國方略一書，關於鐵路建築，分爲六個系統，以北方、東方、南方各大港及海岸碼頭爲起點，分向內地鋪設，其目的一面在移民內地，建設實業；一面開發資源，充實國防，並謀國際交通之聯絡。此外另有創立機車，客貨車製造廠之計劃，當時如能逐步實施，成績定有可觀。各路行政亦逐漸集權，中央商路以次收買，南北幹線已經決定，東西幹線亦借款成立。整理業務則以鐵路會計統一爲入手，而民業鐵路條例亦於其時公佈。

（2）自民國三年至七年，凡五年，爲濫借日債之階段。歐戰爆發，各國不遑東顧，致項材料來源斷絶，工程停頓，營業衰疲，二次革命之後，袁世凱假築路爲名，大借日債以充軍費，而日本即於是時提出二十一條要挾，段祺瑞討逆之後，步其覆轍，利用墊款，而有吉、會、滿、蒙四路高徐順濟之借款，且訂立膠濟新約，以保障二十一條之要求，日本侵略野心，遂藉此益彰矣。

（3）自民國八年至十六年，凡九年，爲路政衰微之階級。民國八年以後，革命政府雖在廣州成立，但未能統一全國，北政府軍閥當權，中原戰事連年不息，大都以鐵路沿線爲戰場，各路名義雖屬中央，實則分由軍閥割據，既因兵燹而破壞，復以路收被剝削，而失正常之修養，種種設置，殘毀殆盡。北伐軍克復武漢後，國民政府設置交通部，內設鐵路處，公佈整理鐵路十大政策，十六年着手整理京漢、湘鄂、南潯各路，并將株萍併路湘鄂路局，餘則因破壞之後整理維艱，且路帑支絀，雖有計劃，成效甚鮮。

丙 第三時期

自民國十七年起至現在爲止，爲第三時期。此時國府奠都南京，鐵道部成立，集權中央，積極整頓，以期實現與發展總理計劃。惟政本甫定，國內資金匱乏，國外信用未著，举借維艱，迨民二十年鐵路事業漸趨好轉，而「九一八」瀋陽事變突起，繼以「一二八」上海之戰，影響建設事匪鮮。二十三四年間，鐵路整理已具胚胎，然只限於局部之規劃改革。二十五年蔣委員長掌管行政，飭由鐵道部訂定八千公里鐵路之五年計劃，同時努力於整個鐵路風氣之振刷，及整頓財政債務之整理，均極著成效。因是國內外對於鐵路之債務，均表深信；普同外資之政策，於焉樹立。乃日人懼我新建設之完成，遂先發制人，策動七七事變。抗戰五年以來，一面維持正常交通，一面加緊建設，計此十五年間，連同抗戰期間，建設完成通車路線，共增長六千〇六十六公里，每年平均建築四百〇四公里強，仍分三個階段述明之：

（1）自民國十七年至二十四年，爲開始整理之階段。十七年秋，國府爲貫徹總理鐵路政策，明令設立鐵道部，於十一月一日組織成立。當時各路經營凋敝，收支不能相抵，負債欠薪，信用日喪。鐵路路軌橋梁失修，機車車輛缺乏，而管理不得其法，弊端百出，歷任鐵路當局，雖有整頓之決心，無如路帑空乏，僅能作局部之措施而已。民二十年以後，中樞政府已臻穩固，社會情形漸趨安定，鐵路事業正在積極整飭之際，突有「九一八」之瀋陽事變，東北各鐵路及北甯路關外段，共長三千〇二十一公里，全告淪陷。「一二八」上海戰事起，京滬鐵路自青陽港以東，亦被敵人佔據，嗣雖次第收復，損失甚鉅。敵人佔據東北四省後，一面積極建築新路，擴張舊路；一面圖修滄石鐵路，并控制華北各鐵路，以爲進攻華北之發軔點。

（2）自民國二十五年至二十六年六月，凡一年半，爲籌劃建設之階段。二十五年，政府鑒於外患日亟，國難嚴重，乃急謀建築新路，以期發展國防交通，遂決定五年間展築八千五百公里鐵路之計劃，需款十萬萬元，其中求之國外者約四萬萬元，國內者爲六萬萬元，當時各舊路經整理後，路收較增，國外債票價格飛漲，各國咸願踴躍投資，協助我國建設。乃不幸於二十六年七月七日，盧溝橋事變爆發，各路建築進行，頓受打擊。

（3）自民國二十六年七月迄至現在，爲抗戰建國之階段。七七事變後，敵人戰略始爲爭線政策，凡能破壞我交通聯絡線者，無所不用其極。我國政策則以在鐵路路線作戰，軍隊未撤退前，鐵路員工隨毀隨修，不使中斷，以應軍運。於軍隊將撤退時，則將鐵路設備儘量拆除與破壞，免資敵用。并同時在後方積極興修新路，爭取國際交通，以粉碎敵封鎖政策。在此五年半中，由我自動撤毀於戰事進行期間之鐵路，達一萬〇八十三公里。現存殘餘路線，僅有二千三百四十四公里。舊路之維持交通，新路之晝夜趲趕，均無日不在堅苦卓絕環境奮鬥也。

綜觀上述，我國鐵路事業，雖以受政事及外患影響，進步至緩，但將第三時期建築完成之鐵路里程數，與第一時期者相較，則已增加兩倍以上。他日抗戰勝利後，先總理十萬英里鐵路計劃，以將逐步實施，方興未艾，尚有待於鐵路同業員工之努力也。

二　現在鐵路概況

溯自盧溝橋事變爆發以來，敵人作戰陰謀以爭奪及破壞我交通路線爲其政策，凡能破壞切斷我交通聯絡路線者，無所不用其極。故在抗戰五年期間，所有在前線之鐵路，多隨軍事之演變，逐漸淪陷，現存者僅二千餘公里。吾國當局爲應付計，早在後方西南、西北另行趕築國防及國際交通路線。茲將現時通車營業鐵路，及抗戰期間建築新路概況，分述如下：

甲　現時通車營業鐵路概況

戰前修築各鐵路，多在東北及東部附近沿海各省，地勢平坦，無甚險要，故自抗戰軍興，多隨軍事之演變，或相繼淪陷，或由我自動拆除與澈底破壞，截至目前為止，祇存粵漢隴海兩鐵路仍就殘餘路段，維持通車營業。此外湘桂、黔桂、川滇各鐵路，均係為適應抗戰建國之需要，於抗戰以後新築之路。各鐵路處此非常時期，一本軍事第一主義，全力辦理軍運，搶運物資，並設法兼顧後方工業建設器材及民生日用必需品之運輸，任務至為繁重。而物價飛漲，路收短絀，支出浩繁，處境亦極艱困。幸各鐵路上下員工均能仰體時艱，淬勵奮發，盡忠職守，戰時鐵路運輸得以維持不墜。茲先將營業各路現狀，略述於下：

（1）隴海鐵路　本路除鄭州以東早經淪陷，鄭州以西至洛陽間亦已經拆除破壞外，餘存幹線由洛陽至寶雞，計長五百四十二公里，及最近新築之咸陽至同官支線，長一百三十八公里。潼關至會興鎮一段，因瀕近黃河，終年受隔河對岸敵炮轟擊，該段路線時有中斷及傷害列車員工旅客情事，但均經鐵路員工奮勇搶修，或設法維護，該段交通始終未斷。本路為溝通西北唯一幹線，并因鄰近第一二兩戰區，軍商運輸甚為繁忙，但以潼關至興鎮一段，祇能晚間行車，每夜僅開行列車四列，每列運量二百七十公噸，致全綫運輸能力極受限制。

（2）粵漢鐵路，　本路南北兩端均已淪陷，現在通車路段由曲江至湘潭，計長四百八十一公里。緊連第四九兩戰區，並與湘桂黔桂各路辦理聯運，為戰時交通路線之一。任務至為繁重。其由淥口至湘潭一段，路軌橋梁，及各站設備因湘北三次會戰屢拆屢修，其營業路綫今仍其舊，運輸量每日單程可達五千公噸，而目前貨運每天僅約有一千公噸，運輸極為清閒也。

（3）湘桂鐵路　本路由衡陽至來賓共長六百〇五公里，業已正式通車，辦理客貨運輸業務，并與粵漢黔桂等鐵路辦理三路聯運，軍運繁忙，運輸量每日單程可達四千餘公噸，而現在貨運每日為一千餘公噸，僅及其運量四分之一。

（4）黔桂鐵路　本路由柳州至拔貢，計長二百〇五公里。其由柳州至金城江，早已正式開辦客貨運輸業務，由金城江至拔貢，因在工程期，祇辦客票包裹業務、附帶營業本路與湘桂粵漢辦理三路聯運。拔貢以西工程現仍繼續展築，預計三十二年六月可通車至獨山。卅三年春，通車都勻，其運輸業務亦將隨工程進展加以擴充。現在運量柳州至六甲一段，每日可對開貨車六列，每列六百公噸，計每日單程爲三千六百公噸。六甲至都勻一段因坡度關係，每日僅能對開二百四十公噸之貨車三列，計每日單程爲七百二十公噸。

（5）川滇鐵路　川滇鐵路公司修築之叙昆鐵路，已由昆明築至霑益，計長一百七十四公里。交由川滇鐵路公司管理營業，并將滇緬鐵路完成之昆明至安寧一段。計長三十四公里，一併經管營業。此兩段路線雖短，因接通國際路線，搶運物資，至爲緊重。現在運輸量每日僅能對開一百公噸之貨車一列，然於軍運繁忙之際，將客車一律停駛，其運量自可增加。

以上五路，爲現時後方之營業鐵路，此外尚有浙贛鐵路，在三十一年二月間，仍可由諸暨通至鄧家埠，長四百三十七公里，聯絡東南各地，極爲重要，并對於抗戰已有極大貢獻；祗因敵人在去年四月在浙贛境內發動攻勢，本路兩段受難，遂於六月全路淪陷。嗣於八月間敵人撤退後，沿線各站逐次收復，局勢穩定，上饒至江山一段，現已修復，再行通車。

乙　抗戰期間建築新路概況

民國二十五年，政府決定建設國防交通，五年完成八千五百公里鐵路計劃。甫經着手進行，即遭七七事變，而大部停頓，如京贛、湘黔、成渝等鐵路，或以國防及軍事關係發生問題，或以材料來源不能供給，不得不暫時停工。但自武漢淪陷以後，大量民衆及政府機關，工商企業，轉向西北西南後方移動，向之交通閉塞人煙稀少之區，遂一轉而爲全國政治、軍事、經濟、文化之重心，一切建設，自非迎頭趕上不足以應付需要，故在西南西北大後方積極趕築新路。茲將抗戰期間業已完成及正在興修或籌劃建築各鐵路之犖犖大者，略述於下：

（1）成渝鐵路　本路屬於川黔鐵路公司，自重慶至成都計長五百二十九公里，又爲聯絡叙昆鐵路起見，擬自內江至宜賓修築支線一段，計長一百三十三公里。在抗戰以前即着手興工，但開工未久，抗戰軍興，長江被敵封鎖，材料不能內運，數年以來，只作土石及隧道橋基等工程。重慶內江一段，大致完成，現在料款不繼，業經停工。

（2）湘桂鐵路　本路由衡陽至鎮南關外四公里法屬越南鐵路同登車站，總長一千零二十九公里，計分四段進行：

（子）衡桂段　自衡陽至桂林計長三百六十一公里。於抗戰開始後三個月，即二六年十月興工，加緊趕築，以每天一公里之速度於二十七年十月一日正式通車。維時正值廣州武漢同時撤退，所有軍事及工商物資，器材，傷兵，難胞之運輸，深有賴於本段之完成也。

(丑)桂柳段　自桂林至柳州，計長一百七十四公里。於二十七年八月開工，二十八年十二月十七日全段完成通車，對於桂南戰事協助甚大

(寅)柳南段　自柳州至南寧，計長二百六十公里。於二十七年興工，嗣以敵人南侵，工程緩進。復因南寧之變，乃於二十八年十二月完全停工。後以本段遷江煤礦甚豐，故自柳州展築至來賓七十公里現已通車，正築與西江水運聯絡。另在鳳凰車站修一支線通至大灣，俾煤運得以暢通，該支線長約二十公里，預計明年春季可以通車。

(卯)南鎮段　自南寧至鎮南關之同登，計長二百三十四公里。二十七年自鎮南關起開工，二十八年十二月同登至寧明六十七公里已鋪軌通車，嗣以南寧失陷，此段無法利用，遂行停工，并將鋪軌道拆除運回。

(3)滇緬鐵路　本路自雲南昆明，經楚雄，祥雲至緬甸邊界之蘇達，全線計長八百八十公里，為國際交通孔道。二十七年十一月興工，原定二十九年底完成，乃以英國態度游移，滇緬公路運輸封鎖三個月，西段遂無法進行；東段亦受[illegible]影響，工程不得進展。僅將昆明至安寧三十四公里一段鋪軌通車，現移交川滇鐵路公司管理營業。迨太平洋戰事發生，緬甸失守，本路失其價值，遂告停頓。

(4)敘昆鐵路　本路屬於川滇鐵路公司，自昆明經宣威威甯以達四川敘府，全長八百五十九公里。二十七年十一月開工，本路與滇越鐵路[illegible]，所有需用材料本擬向法國商借，乃以歐戰突起，法國材料合同未能履行，迨敵人侵佔安南，材料不能輸入，工程亦受停頓，致原有計劃未能完全實現。目下係就昆明至曲靖一段一百六十二公里，先行鋪軌通車，交由川滇鐵路公司管理營業。

(5)黔桂鐵路　本路自柳州至貴陽，計長六百二十公里，為銜接湘桂鐵路深入黔桂後方之重要幹綫。於二十八年四月籌備勘測，黔桂兩省素多崇山峻嶺，工程鉅大，幸經工程人員之努力克服天然困難，鐵路路線仍可通過，建築材料均自戰區拆運而來。自柳州至金城江一段一百六十公里，已於三十年一月通車開始營業，現已展築至都勻。

(6)咸同支線　隴海鐵路支線自咸陽至同官，計長一百三十八公里，專為同官煤礦運輸，供給鐵路用煤而設，現已完成通車營業。

（7）寶天鐵路 本路自寶雞至天水，為隴海鐵路之延長線，亦為西北交通之主要幹線，計長一百六十公里。路線沿渭河兩岸進行，懸崖絶壁，隧道甚多，工程艱鉅，二十八年開工，期於三十四年春間全路通車。

（8）綦江鐵路 本路自長江上游江津縣屬江口之貓兒沱至綦江縣屬之三溪，共長八十五公里。現就江口至五岔一段先行開工，長約四十公里，此路係應重慶附近工業之需要，運輸綦江附近煤礦而修築。三十年五月設處着手進行，現已將路基修通。

丙、抗戰以來軍運情形

（一）軍運機構

戰前鐵路軍事運輸，大多為剿匪警耗換防之部隊與軍用補給，其數量遠不及戰時之繁重。上項運輸由請運之軍事機關或部隊，報由軍政部核准後，函知前鐵道部轉飭鐵路局備運，並無專設軍運機構辦理之。自抗戰軍興，軍事委員會為統制管理後方軍事運輸，特設立鐵道運輸司令部，秉承 軍事委員會委員長之命，并受軍政部軍令部後方勤務部各部部長及軍事運輸總監之指揮，綜理下列各項事項：

子、指揮各鐵路辦理軍運事項。

丑、籌劃增進各鐵路軍事運輸之效能。

寅、鐵路軍運業務之管理組織及普通公私運輸業務之統制。

卯、維持鐵路運輸之安寧秩序及紀律。

各項軍運法，係按軍事委員會頒布之戰時鐵路軍運條例，及戰時軍事運輸實施規則辦理。鐵道運輸司令部為管理指揮便利起見，於各鐵路設置線區司令部及車站辦公處，又組織調度所，分設於長江南北，統籌支配各鐵路軍用車輛。

凡由軍事委員會，軍政部，後方勤務部核准運行飭運，或核轉交通部專案飭運之軍運，統由各鐵路線區司令部查核撥車運送，現有各鐵路之線區司令部番號如下：

粵漢鐵路線區司令部

湘桂鐵路線區司令部

隴海鐵路線區司令部

黔桂鐵路線區司令部

滇越川滇鐵路線區司令部

鐵道運輸司令部於民國二十八年間曾一度改組為運輸總司令部，綜理各項運輸機關辦理軍運事宜，其管理範圍由鐵路推廣至於公路與航政部份，至二十九年又恢復原來名稱。計運輸總司令部成立經過約有一年之歷史，最近又復改組爲鐵道運輸處，自三十二年二月一日起直屬於後方勤務部，仍辦理鐵路運輸事宜。

(二)軍運手續

戰時鐵路軍事運輸，關係作戰極爲重要。交通部特將鐵道軍運定爲重要中心工作，本軍事第一之義，一切運輸均以軍運爲先，督飭各鐵路集中全力以赴。溯自七七事變以後部隊調動及軍需供給，輸送頻繁，爲適應事實上需要，各鐵路曾抽撥大部份機車車輛，編組軍運專用列車，以備運送部隊與軍需之用，並集中調度，以發揮戰時鐵路最大之能力。在各鐵路於軍運最繁忙之際，客貨列列路均車均暫行停駛，抗戰六年餘，鐵路在艱苦環境中奮鬥，對於軍運尚無貽誤，實堪慶幸。粤北桂南之役，湘桂鐵路於新路甫成行車設備不完之狀況下，辦理軍運，迅速達成任務，助成軍事勝利，尤深得軍事當局之贊許。現各鐵路仍不斷努力以求軍運之改進，關於部隊及軍用品之運送，按照鐵道運輸條例規定，均應分別憑持軍運甲乙種車照或運照赴車站換票起運，其使用辦法區分如下：

甲種車照　即軍人乘車付半價現款購票之車照，單行軍人乘車適用之。

乙種車照　即軍人乘車按半價記賬購票之五十人以上之部隊乘車適用之。

甲種運照　即軍用品運輸付半價現款裝運之運照。

乙種運照　即軍用品運輸按半價記賬裝運之運照。

抗戰之初，前鐵道部爲協助軍運，立即通令各鐵路對於軍運條例所列之軍用品，不分種類與整車或非整車一律暫行適用軍運乙種運照，將運費按半價記賬，甲種運照即暫停使用，便利軍運殊多。嗣又以現代戰爭，軍用範圍日廣，各種新式軍械及兵工物資多爲軍運條例所未列載，交通部復與後方勤務部，軍政部及鐵道運輸司令部會商，擬定戰時鐵路運輸軍運物資暫行辦法，以補軍運條例之不足。凡未經軍運條例規定按軍運辦理，而確係與軍用直接有關之軍用物資，由軍事委員會，軍政部或後方勤務部核轉交通部專案飭運，自此以後軍用物資之運送更形便利。此外與軍用間接有關之物資，如製造服裝之布疋紗線等原料，以非普通商品可比，而又限於定章，未便按軍運辦理，交通部特飭各鐵路減收半價現款撥運。

運送部隊手續，係凡經軍政部核准撥運之官兵，其人數在五十人以上，持有軍政部核發之軍運乙種車照者，得向鐵路報運，經鐵路線區司令部查核，填發部隊輸送准運通知書，交起運站憑以起票收照，撥車運送，其運費卻按半價記賬。單行軍人乘車，須持用甲種車照，向鐵路車站繳付半價現款，換票乘車。戰時各鐵路於普通客運列車加挂軍人乘坐車，凡單行軍人及少數部隊乘車，均免收運費。至運送軍用品則凡經軍政部核准運送，並經軍運條例規定、按軍運辦理，持有軍政部核發之軍運乙種運照，經鐵道線區司令部查核填發軍需品准運通知單，交起運站憑以起票，收照撥車，運費按半價記賬。運送軍運條例未列載與軍用直接有關之軍用品，則事先應由軍委會，軍政部或後方勤務部核轉交通部專案核定收費辦法飭運。緊急軍運不及呈准軍政部核准發給軍運照，及報由軍政部核轉交通部飭運者，由鐵路線區司令部呈明，先行飭站撥運，隨後補辦手續。所有半價記賬及經軍事委員會核准按全價記賬之軍用運費，在三十一年以前均係於年終結算，經軍政部簽認後，辦理轉賬手續。在交通部方面作為解繳政府之款項，在軍政部方面作為領到政府撥款。近以各鐵路處境艱難，收不敷支，自三十一年度起，半價記賬及全價記賬軍運運費，一律改由軍政部撥付半價現款，以資助。

（三）軍運情形

各鐵路自七七事變已後，均隨戰事之演變而逐漸淪陷，現存各路亦不完整，此次戰爭動員如是之衆，軍需給養如是之繁，各鐵路均在材料缺乏，設備不全及時遭敵人襲擊之下，奮勇搶修，并組織敢死隊冒險行車，六年以來，鐵路軍運得始終維持，未使中斷，此為我國戰時交通可引以自慰者。茲將二十六年七月起至三十一年十二月止，運輸部隊人數及軍用品噸數列下：（另附表）

薛主任安抵紐約

薛次華主任奉派赴美考察，已於七月十一日由九龍坡首途飛印，二十九日安抵紐約，不日即可轉赴各地考察交通及工程建設，並擬返其母校麻省理工大學觀光云。

戰時各鐵路軍運數量表

項目	路別	隴海	平漢	津浦	京滬滬杭甬	南潯浙贛	粵漢廣九	同蒲正太	膠濟	湘桂	川滇	黔桂	共計	附註
二十六年下半年	人數 噸數	822,180 525,245	1,255,887 248,251	199,906 111,733	615,712 57,728	308,760 60,863	697.813 126,380	457.103 80,499	110,525 25,930	未通車	未通車	未通車	4,467,886 1,236,629	
二十七年份	人數 噸數	1,942,475 413,068	1,607,956 357,086	157,905 21.405	淪陷	1,476,789 188,915	1,670,719 583,317	65,075 13,031	淪陷	64,439 56,339	未通車	未通車	6,985,378 1,633,161	津浦南潯係一月至六月湘桂係七月至十二月之數
二十八年份	人數 噸數	1,012,933 129,680	淪陷	淪陷	淪陷	527,193 25,647	862,265 71,593	淪陷	淪陷	421,481 105.583	未通車	未通車	2,823,872 332,503	廣九南潯兩路淪陷
二十九年份	人數 噸數	1,027,245 108,588	淪陷	淪陷	淪陷	504,833 73,659	717,843 113,971	淪陷	淪陷	665,799 179,166	未通車	未通車	2,915,720 475,924	
三十年份	人數 噸數	988,795 123,505½	淪陷	淪陷	淪陷	1,1[illegible]9,893 71,186	533,591 45,490	淪陷	淪陷	443,522 87,461	8,015 1,137	199,661 84,59[illegible]	3,182,477 413,374½	
三十一年份	人數 噸數	701.805 127,269	淪陷	淪陷	淪陷	147.259 36,467	420,456 66,721	淪陷	淪陷	556,350 62,870	59,167 11,589	142,762 54,772	2,027,799 359,688	浙贛係一月至五月二十日之數

現在國營鐵路僅存粵漢湘桂隴海黔桂川滇五路，其情形已略如前述。茲更將各鐵路營業里程，起訖站點及機車車輛數目列下：

路別	營業里程	起訖站點	機車車輛數目	
粵漢	四八一	曲江至湘潭	機	七一
			客車	一二四
			貨	七七〇
湘桂	六〇五	衡陽至來賓	機	九八
			客車	二九〇
			貨	八六六
隴海	六七五	洛陽至寶鷄及咸同支綫	機	五七
			客車	二八四
			貨	一五〇八
黔桂	二七八	柳州至南丹	機	十五
			客車	七〇
			貨	六九五
川滇	一九六	安寧至曲靖	機	二七
			客車	[illegible]八
			貨	[illegible]二四

現在抗戰已臨最後階段，軍運或將更加繁劇，交通部已電飭各鐵路局長，時應懍危慮患，督飭員工加緊準備，以應急需，並將各項準備限期完成具報。以各鐵路現有設備之估計，如他日軍運繁忙將一切客貨列車停駛，則其最大軍運能力約計如下：

粵漢　每日開行八對往返各四千噸

湘桂　同　上

隴海　潼關以西每日往返各四千噸潼關以東，每日往返各五百噸

黔桂　六甲以東每日往返各四千噸六甲以西每日往返各一千噸

川滇　每日開行三對往返各三百噸

軍運之迅速準確，在關係作戰勝負之決定，現在各鐵路在抗戰期內，處於極端艱難困苦之處境中掙扎在奮鬥，十數萬之鐵路員工，均能淬勵奮發，不避艱危，盡忠職守英勇殉難者有之，勞瘁損軀者有之，際此抗戰之最後階段，各員工當能以更堅毅之意志，克服更困難之環境，竭力辦理軍運，以期最後勝利之早臨也。

丁、敵偽操縱下之東北及淪陷區鐵路情形

一、新路建築

（子）「九一八」後東北之新建鐵路（截止二十九年十一月止）

省別	路線名稱	起訖地點	共計公里	已成公里	附註
熱河	錦承路	由金廟寺接修至承德	三〇〇	三〇〇	錦縣北票間原有不計
	承平路	由承德至北平東雙橋	一〇五	一〇五	
	葉峯路	由葉柏壽至赤峯	二〇〇	二〇〇	
	峯多路	由赤峯至多倫	三〇〇	三〇〇	曾否施工未詳
	多張路	由多倫至張家口	三〇〇	三〇〇	同右
	新義路	由新立屯至義縣	一五〇	一五〇	
遼甯	白温路	由王爺廟接修至温泉	二五〇	二五〇	即洮赤路展修由洮南至王爺廟原有者不計
	四西路	由四平街至西安縣	一〇〇	一〇〇	
	開海路	由西豐至海龍	一五〇	一五〇	開原至西豐原有者不計
	梅圖路	由梅河口至圖門江	二五〇	二五〇	曾否施工未詳
吉林	長洮路	由長春至洮南	四五〇	四五〇	僞名京白線
	吉會路	由敦化展修至會寧	二五〇	二五〇	由吉林至敦化原有者不計
	圖江路	由圖門江至佳木斯	六〇〇	六〇〇	
	林虎路	由林口至虎林	三五〇	三五〇	
	拉濱路	由拉法至濱江	三〇〇	三〇〇	
	圖綏路	由圖門江至綏芬江	三〇〇	三〇〇	曾否施工未詳
黑龍江	北黑路	由北安鎮至黑河	四五〇	四五〇	
	呼南路	由呼蘭至通江口	五〇〇	五〇〇	曾否施工未詳
	寧黑路	由寧年至嫩江	二五〇	二五〇	
	寧北路	由寧年至北安鎮	二〇〇	二〇〇	

以上共廿線，計長五千九百公里，除未詳者外均已完成。此外各線支線不及百公里者尚未列入，至關國防重要交通如鴨圖兩江鐵橋，於民國二十三年六月完成，可由安奉吉會兩路直達釜山清津二港，敵又擬由琿春起沿烏黑兩江至滿州里接洮索路，修一大弧

形國防鐵路，以防蘇聯，長約四千餘公里，計劃五年完成。

以上各路之主要作用，軍事重於經濟，係兩年前所完成者。近來增建情形以無詳確報告，無從臆測。自「九一八」後至二十九年底止，九年間敵人建築新路卻如斯之鉅，配合我原有之北甯關外段，瀋海、吉海、吉長、吉敦、呼海、齊克，四洮、洮昂等路（共六〇四二公里）竟達一萬二千公里，敵人前举行「滿州鐵路突破一萬公里」之大慶祝，國人聞之應有警惕。

丑「七七」後內地新建之鐵路

路別	起訖地	公里數	附註
通古線	通縣至古北口	一四五	
石德線	石家莊至德縣	二〇〇	
門大線	門頭溝至大尤	五〇	
邯濟線	邯鄲至濟南	三一五	曾否施工未詳

（三四十公里之支綫均從略）

敵偽建築之通古線係二十七年四月一日通車，北通承德與朝承路銜接，可輔助北寧路運輸，並可與平漢，津浦聯運，極有侵略之意義。石德線係二十九年十一月十五日通車，該線橫貫河北腹地，東接津浦，西聯正太溝通津浦平漢，除便利敵寇軍運外，並為掠奪我冀中物資之用。此外於原有之平綏路，從包頭至十拐子溝建一鐵路，專為運煤之用。又擬由十拐子溝至百靈廟修一鐵路，便利內蒙之統治．又自該路宣化至煙筒山及宣化至龍關新建兩支線，屬於龍煙鐵礦公司管理。由懷來縣沙城鎮經齊堂至門頭溝之鐵路亦己修竣，其由沙城鎮經蔚縣渾源至大同增築鐵路，預計十四年內完成，專為奪取我晉北煤礦之用。敵人為消除我淪陷區同胞之愛國觀念起見，將北寧易名「京山」，平綏易名「京包」，平漢易名「京漢」，京滬易名「海南」，滬杭甬易名「海杭」，江南易名「南寧」。綜觀上述，敵人之經營我淪陷區鐵路，似側重於華北各省，至華中華南各地，因受我方軍力牽制等關係，未聞有積極新路建設，僅將平漢路自新鄉起改線繞經開封，并建一臨時木棧橋跨越黃河，以接南段，於廿八年間通車。粵漢路由武昌至蒲圻間，於廿八年通車。隴海東段徐州連雲港間於廿八年十月恢復通車。南潯於廿八年一月廿一日修復通車，淮南線於廿八年冬通車，廣九（大沙至石灘六十一公里）廣三（石圍至三水）及黃諸支線均已先後通車。

（二）行政系統

子、東北各鐵路之組織方式

偽滿鐵路之發展，實以南滿鐵路爲骨幹。所有偽滿鐵路，均須委託南滿鐵道株式會社（簡稱滿鐵會社）經營，名之曰鐵道一元化」。（現在華北各鐵路亦委託滿鐵經營）滿鐵會社仍獨立存在，直屬於關東廳，其所轄各線——瀋陽至安東，長春至大連——稱爲「社線」，滿洲國有各鐵路稱爲「國線」，設滿洲鐵道總局管轄之。該局實際即等於滿鐵支社，設於瀋陽，其下設六個支局，即（1）奉天鐵道局（2）錦州鐵道局（3）吉林鐵道局（4）牡丹江鐵道局（5）哈爾濱鐵道局（6）齊齊哈爾鐵道局。每局管轄若干線，不采我國一線一局之制。敵人此種經營方式，不惟在鐵路管理上免去分歧之弊，且可節省開支，調劑各線盈虧，甚爲合理化自不諱言，光復之後大可參酌沿用。

丑、內地各鐵路之組織方式

A. 北支（華北）鐵道事務局所轄各路系統

（1）北京路局計分八線：（一）正陽門至黃土坡（二）正陽門至通縣（三）正陽門至[illegible]（四）通縣至古北口（五）石家莊至太原（六）西直門至南口（七）西直門至門頭溝（八）北平環城鐵路

（2）天津路局計分三線：（一）黃土坡至山海關（二）天津至德州（三）北[illegible]河至海濱

（3）張家口路局計分二線（一）南口至張家口（二）張家口至包頭

（4）濟南路局計分二線（一）德州至徐州（二）濟南至青島

B. 他處之鐵道事務局組織未詳

C. 各路局之組織，偽鐵路各設局長及副局長，其下分設人事、事務、厚生、資產、業務等五科，此外并分設下列各處：

（1）保健處——轄業務等二科（2）調查處——轄主計、調查、倉庫等六科（3）營業處——轄貨物旅客二科（4）運輸處——轄客貨車等四科（5）自動車處——轄運轉設備等二科（6）水運處——轄碼頭築港及水三科（天津及濟南兩局有水運處其他各局在營業處內設水運科）（7）工作處——轄工務機械兩科（8）工務處——轄保守、改良、土木、建築四科（9）電氣處——轄電力通信兩科 10 警務處——轄警備、[illegible]愛路三科。[illegible]

D. 敵軍在華鐵道運輸組織及其駐在地

1.華北軍輸送指揮部　駐北平

名稱	駐在地	管轄區域
中央路線鐵道司令部	石家莊	平漢正太兩鐵路
東部路線鐵道司令部	濟南	津浦膠濟兩鐵路
西部路線鐵道司令部	太原	同蒲鐵路南北段
南部路線鐵道司令部	新鄉	隴海道清兩鐵路
北部路線鐵道司令部	北平	平綏北寧通古等鐵路

註：各鐵道司令部在各鐵路局設有調度班，各軍用列車設司令車長，與各車站停車場司令取得聯絡。

2.華中軍鐵道司令部

名第	駐在地
第一野戰鐵道司令官	上海
第二仝上	蘇州
第三仝上	杭州
第四仝上	南京
第五仝上	蕪湖
第六仝上	蚌埠
第七仝上	廣州
第八仝上	徐州
第九仝上	九江

註：各野戰鐵道司令部附有汽車隊、駱駝隊、騾馬隊、輸卒隊、野戰建築隊、海船隊等。

（三）管理辦法

子、東北方面

僞滿鐵路員工：日人約佔百分之廿，多爲高級管理人員，技術人員，及大站站長；華人佔百分之八十，多爲中下級職員，如小站站長，副站長等，均在敵人嚴格管理下工作，賞罰極嚴。嗣各路局，以日籍職員薪水過高，乃逐漸易以華人代之，因工作能力不低於日人也。

訓練中下級幹部，則設有偽「中央鐵道學院」，三年畢業，分發各路任用，多係廿五歲左右之青年，業經畢業三期，約一千五百餘人，用以補充日人之不足，並代替華員。

對於鐵路之保護：利用人民利用力量，沿綫分段組織「鐵道愛護村」，村設「愛護隊」，選農村青年任之，保護鐵路上一切設施，並於鐵路兩旁嚴禁種植高粱等農物，以消除我義勇軍活動之堡壘，設有我義勇軍襲擊，應盡全力防守，並報告日本警備隊，否則對全村嚴懲，或燒殺，此種威脅，力行之頗見成效。

丑、內地方面

「鐵道愛護村」等組織，亦在內地各路普遍實行，「鐵路學院」亦已在北平成立，一切管理辦法完全仿照偽滿。

附：敵在朝鮮偽滿華北鐵路綫車輛總數調查表：

用途	綫別 ＼ 車種	機車	客車	貨車
軍用（大型）	朝鮮	119	1,013	5,290
	偽滿	936	1,783	21,297
	華北	330	545	7,977
	小計	1,465	3,341	34,564
	百分比	66％	86％	83％
交通用（中型）	朝鮮	169	35	1,456
	偽滿	353	348	2,227
	華北	228	176	3,376
	小計	750	559	7,059
	百分比	34％	14％	17％
	總計	2,215	39,00	4',623

附記：

1. 本表根據敵件調製而成。

2. 本表車輛數字係敵一九三九年(昭和十四年)調查所得。

3. 軍用大型車輛貨車爲客車之十倍客貨車爲機車之廿六倍每列車以廿八輛計可編成一千三百五十四列車。

4. 交通用中型車輛貨車爲客車之十三倍客貨車爲機車之十倍每列車以廿八輛計算可編成二百七十二列車。

5. 總計(軍用交通用)貨車爲客車之十一倍客貨車爲機車之廿一倍共計可編成一千六百二十七列車。

(三)將來鐵路之展望

甲、總理鐵路計劃之研究

總理十萬英里鐵路計劃，係將全國鐵路畫分爲六大系統：(一)中央鐵路系統(二)東南鐵路系統(三)東北鐵路系統(四)西北鐵路系統(包括西北鐵路系統)(五)西南鐵路系統(六)高原鐵路系統。凡曾讀建國方略一書者多能道之，蓋我國幅員廣大，政治、軍事、文化、經濟、工商業等中心每不能集於一處，建設鐵路遂不能如蛛網式之發展，必須畫區自成系統，而於各系統間予以相當聯繫，如是方能獲得鐵路運輸最大之效果 先總理是項計劃，曾殫思竭慮，對於海港之興築，人民之移殖，資源之開發，經濟建設之促進，國內主要城市之聯絡，國防交通之鞏固，國際運輸之溝通，在在均考審週詳。今後建築新路，原則上自當奉爲圭臬，逐步實施發展，以期完成。

詳察六大系統之鐵路路線 係以北方大港、東方大港、南方大港爲三個重要出發點，分別向內地伸展，我國交通經濟事業一向落伍，瀕海各省則以海運商埠等關係，一切新文化較內地稍形前進，故鐵路之建築由沿海以達內地，易於推動成功，且當時原擬計劃，係欲利用第一次世界大戰歐美各國剩餘之鋼鐵出產，爲運輸便利起見，新築各路自必須由海口起逐漸內移，惟時過境遷，國內與國際間情形，與三十年前變化頗多 先總理鐵路計劃之實施，其先後步驟似有研討之必要，姑試言之：

1.一國之建立，必求自力更生，而重工業之發展，乃爲自力更生之要圖。我國今日重工業落後，無庸諱言，他日抗戰勝利後，自當急起直進，亟謀發展，以圖富強。惟重工業之重心，須在腹地，較爲安全，地帶更須視國內資源產地爲轉移，就目前情形而論，資源開發如煤鐵、石油、銅等礦產，多在西北西南腹地，爲運輸便利，成本輕微計，我國最近將來之重工業之重心必將聚於西北西南各省，新路建築似亦必隨工業重心而向其他區域發展。

2.經此次抗戰，深知我國海軍力量脆弱，一旦國際交惡，沿海各地最易受襲擊，而遭淪陷，然建設海軍需時費工，決非短期內所能完全者，在海防未臻鞏固前，鐵路重心似不宜置於沿海各地，應由內部逐漸向外推進，以防萬一之損失。

3.國防交通路線每即為國際交通聯絡路線，此項鐵路之建築，必同時有強大之軍備為其後盾，方能得其效益，否則反受其害，蓋國際風雲變化莫測，今日為友者明日或可為敵，反之亦然。設不幸國際間發生齟齬，友我者自可由國際路線供我所需，而敵我者則必假國際路線為侵入之捷徑，如無自恃之軍備，則國防路線有時反足資敵。故在計劃建築新路時，必須事先審查國內軍事配備，國際形勢及地方情況，然後擇其有利者先行動工，隨軍事強化再行推進其他各國防路線，方為妥善。

綜上所述，今後築路實施，雖依照 先總理之原擬計劃，而所採步驟則應適合目前環境，先完成核心腹地之鐵路，再由內向外推展及於沿海暨邊區，方能策國防之安全也。

乙、戰後新路之展望

抗戰勝利後，舊有各鐵路之遭受破壞者，必須積極修復，以利交通。同時並須選擇重要路線，盡力趕修築新路 藉期建國之早成。蓋交通建設每為國防經濟等建設之先驅，而鐵路建設又為交通建設之主幹也。 總裁在「中國之命運」中亦曾指示在今後十年中，必須趕修二萬公里鐵路，關於新路建築目標，自當以 總理十萬英里鐵路計劃為準，惟我國物力財力均極匱乏，十萬英里鐵路決非短時期內可能完成，何者應先建築，何者可以從緩，是須有精密通盤之籌劃方易措施，茲將戰後建築新路之步驟，分別言之：

1，各省省會亦即軍事政治重心，在戰後十年內必須有鐵路相互聯繫之。是項工作除邊區較為困難外，餘尚易為，蓋東北東南中央西南諸省省會，大部份已有鐵路接通，不必另築新路也。

2.為軍事政治統一指揮便利起見，新疆、蒙、藏等邊區必須建有鐵路，使與內部各重要地點相聯絡，而邊區各地間彼此暫可不必有鐵路相聯繫，俾工作範圍較小，問題較為單純化。

3.完成東西向及南北向井字形幹綫，南北幹線有三：一自瀋陽起經津浦路南下以達廣州，一自北平起沿平漢粵漢路南下以達廣州（已完成），一自天水經成都南下以達昆明。東西幹線有二：一自東方大港沿隴海路西上以達迪化，一自上海西上以達昆明，東西向因有長江水運爲輔，故幹線可以較少。

4.凡在軍事經濟上均有重要價值之路線，應於此十年內分別增舖雙軌，以利運輸，是項工作或全線同時實施，或分段先後辦理，要視各路情形而定。

戰後十年冬建築新路之最低目標，爲完成　總裁指示之二萬公里，但戰後各地開發同時進行，二萬公里鐵路尚難敷全國之需求，倘物力財力人力有富餘時，應以完成　總裁希望之雙倍數量（十年完成四萬公里）爲吾人努力之最大目標，方足以應付將來建國之需要也。

丙、未來鐵路管理之探討

鐵路管理制度，通常分爲三種：(一)線制：即每一鐵路綫不論其里程之長短，業務之繁簡，設一主管機構管理之。(二)幹綫制：主管機構除管理一較長或較重要之路綫外，幷管鄰近之支線或次要路線。(三)分區制：即將各鐵路按營業運輸狀況及地理環境畫爲若干區，每區設一主管機構，管理鐵路若干線，乃由綫的管理進而爲面的管理。各制之採用　係隨鐵路建築之發展爲轉移，初期鐵路線路甚少，各綫間距離亦當頗遠，爲管理便利起見自須採用綫制；漸次因環境上之需要幹綫鄰近陸續有次要路綫或支綫之增修，管理制度必進而爲幹綫制；迨乎鐵路大量發展，至成爲一鐵路網，則應實行分區制管理之。

我國目前鐵路管理方法，大致係採用綫制，是因現有鐵路爲數不多，分散四處，不得不採用初期辦法，幷非故步自封，不求改進也。然亦有一部份轉入幹綫制之階級，如平漢路之有道清綫，粵漢路有廣九綫是。敵人在華北各省經營鐵路改用分區制，蓋其地鐵路綫路較多，已呈網形，故能實施較前進之方法。今日抗戰勝利，國土收復，逐步實現先總理十萬英里鐵路計劃，則鐵路管理必將採取分區制無疑，惟在過渡時期或有幹綫制與分區制幷存之可能也。

以往各路機車車輛之調度除在特別緊急軍運時期　概係囿各路營業範圍以內，甲路之機車車輛非因聯運或租借，每難行駛施乙路，於是發生不平勻之現象。鐵路之運輸在一年內恆有忙月淡月之別。而各路「忙」「淡」情形，每因地域人事種種關係，而未能盡同。有時甲路以運輸特殊繁忙機車車輛不敷應用，而乙路恰值淡月，大部份機車車輛竟予閒置，妨害運輸，曠廢物力，無待贅言。故今後全國各路機車車輛，必須由一中樞機構集中調度，隨時視各路運輸情形，予以合理之支配，俾能充分利用物力，使發生最大效能，遇有特種運輸發生時，亦可應付裕如。我國鐵路均係國營，（其有民營者多係實業支綫，範圍極小）。本不應存爾我之見，鐵路從業員亟須捐棄以往積習，在新的制度下共謀鐵路事業之發展與繁榮。

新橋新路新燃料

▲「巴雷橋」係一種輕便易裝之鐵橋，因發明者巴雷氏得名，為最近重大發明之一。橋為分把另成，每段約長十呎，重二十噸，裝配時無需鉚釘或銲接，可謂極其簡單而巧妙，六人即可處理。接合數段即成一長橋，足以負荷最重之坦克車，如配裝以浮橋，載重力更可增大數倍。聞義大利儘利格諾河之役，盟軍即在卅六小時內築成三百呎長之鐵路跨越彼岸，被譽為卓越驚異之成就。他如西西里及突尼西亞等戰場中亦備受蒙哥馬利將軍之讚譽云。

▲「蔴路」在芝加哥城，為全球首先用麻布鋪成之公路，可分畫為同時平排並駛八輛汽車，業於今年完工。行車。

▲「柴油火車」將在西北鐵路上首先行駛。按柴油車較使用蒸汽機者力量更大，路面坡度可稍大施工較易，修築時間亦可縮短。西北油源豐足，用途上果得此出路，對後方建設當有重大裨益。唯改用柴油火車時，鐵路建築之計畫路線須再度測繪，作技術上之修正云。

近三十年來我國鐵路橋樑工程之概況

三十三年六月八日交通部橋樑處處長

顧懋勋先生在本會演講

周增發記錄

本人本日所講之題目爲「近三十年來我國鐵路橋樑工程之概況」因所包括之題材過廣，今日僅能就大概情形報告一二，其目的僅在闡我國鐵路橋樑事業之過去情況及今後動向，藉以指出其前途爲光明抑爲黑暗，爲寬廣抑爲窄狹。師說句曰：「聞道有先後，習業有專攻」，本人習業早於諸位二十餘年，願將此二十餘年經驗報告諸君，以爲參考

爲權宜計，今將此三十年分爲三期，每期爲十年，此種分法雖欠正確，但用以說明演變之序已足，此三期即：

第一時期　創始時期

第二時期　守成時期

第三時期　新興時期

第一時期之前我國並無正式之鐵路，故本期爲開始接受鐵路建設之動議，而大規模從事實施之創始期，促成之原因，因清季國勢阽危，國人以爲外國之富強在其物質建設，而鐵路尤爲重要，故積極提倡造路，在濱海諸省完成重要幹綫數條。惜因當時我國適承積弱之餘、，人材欵項器材，莫不仰求國外。橋樑工程比較專門，當然更非假外籍工程師不可。各路因借欵關係，大抵即由債權國承造，我國既無統一之標準，因之各工程師即各依其本國規範，形成各路標準之參差。該時期完成之平漢，津浦、隴海、膠濟、北寧諸路，其標準至爲紛岐。尤於橋樑方面，出人特多，甚至同一路上，因借欵不同，亦不一致，例如平漢南段用法比制，北段用美制，津浦南段爲英制，北段爲德制，均以借款來源不同，承造者不同，以致標準迥異。

再如德人築膠濟路時，因急於通車，在短期內趕築完成，全線橋樑均極草率，故有十二年之靈河橋事件。該路於接收後，當局深知橋樑之危殆，列車通行向係限制速率辦

法，以策安全。肇事之日，因值舊曆大除夕，司機違章逕駛上橋，以致橋身中斷，釀成覆車慘劇，同類事件他路亦有不免，固非絕無僅有也。

今將舊有各路重要橋梁略述一二：

（一）津浦路黃河濼口鐵橋——此橋係德國M.A.N.公司設計承造，為十二孔永久式鋼橋，自北起八孔均為單支桁梁橋(Simple Truss)，每孔跨徑91.5公尺，第九與第十一兩孔為128.1公尺之錨臂（Anchor Arm），第十孔為164.7公尺，此164.7公尺一孔，係由懸臂(Cantilever)各27.45公尺及中段109.8公尺之懸樑(Suspended span)所構成，橋寬9.4公尺，預計將來如改成雙軌，僅將兩側主梁增設為二，加以聯繫即可應用。美工程師華德爾氏以為本橋之缺點在1.比例不稱 2.加設主樑改作雙軌用之設計係襲其個人之創作。濼口橋之建築費共計一千二百萬馬克，於民國二年完成通車，其載重量經計算約合E40，橋墩之建築，多處均用汽壓沉箱。

（二）平漢路黃河鐵橋——比國工程師所設計建造，共一百零二孔，後因河床變遷，在北段減去二孔，故存百孔，其結構設計僅足供臨時性橋用，桁架所用材料多T形截面，兩端各二十四孔為桁梁，中間五十二孔為鈑梁，基礎用30公分直徑之鋼管作樁中填混凝土。其實際能載之荷重，計算僅及E25，戰前我國通用機車均在E40左右，故危險異常，過橋亦用速率限制辦法，同時該段黃河冲刷甚烈，基礎特處傾危，每年須填入一萬至二萬方之蠻石以維護之。

（三）津浦路淮河大橋——為九孔之鋼架橋，跨徑200呎，設計型式陳舊，桁架為Pratt式，值一提者，為該橋因貫跨漕運要道，初築時地方紳民堅請用活動式橋，後經政府決定仍用定式，但在上下游設置上下船桅之特種設備，以利船隻過橋。

本時期完成之大橋頗夥，今不一一多贅而將橋長四百公尺以上者列表於下：

總長在400公尺以上之大橋表

23年鐵道部工務司彙編

路名	橋名	說明	載重量	橋礅材料
平	永定河橋	15孔 80.60M T.T. 1孔 8.75M T.T.	E－30	混凝土
	沙河橋	7孔 30. 0M T.T. 16孔 18.28M D.P.G.	E－20 E－40	磚石 混凝土
	滹沱河橋	18孔 30.70M T.T.	E－25	鐵樁

漢	黃河橋	24孔 30.00M T.T. 52孔 21.01M D.P.G. 24孔 30.00M T.T.	E—25	
	淮河橋	14孔 30.00M T.T.	E—25	
津浦	黃河橋	8孔 91.5 M T.T. 1孔 128.1 M 1孔 164.7 M T.T. 1孔 128.1 M 1孔 91.5 M T.T.	E—40	石 混凝土，石
	淝河橋	62孔 9.14M(30') D.P.G.	E—35	混凝土
	淮河橋	9孔 60.96M(200') T.T.	E—27.4	混凝土，石
隴海	灞河橋	16孔 25.00M D.P.G.	E—50	混凝土
北寧	六股河橋	16孔 30.48M (100') 1孔 18.29M (60') D.T.	E—5	石
	大凌河橋	26孔 30.48M (100') Warren	E—35	混凝土，石
	遼河橋	2孔 30.48M T.P.G. 18孔 30.48M Warren	E—35	混凝土
	錦票支線	16孔 30.48M T.T.	E—50	混凝土
平綏	大洋河橋	16孔 30.48M D.T.	E—35	混凝土
	王河橋	18孔 30.48M D.T.	E—35	混凝土

第一時期適當國內革命初成，內戰頻仍，鐵路橋樑新建甚少，而反待多破壞，謂之守成猶恐不逮。本時期較足一敘者為黃河橋之修復及華特爾氏領導之全國橋樑考察，與鐵路鋼橋規範之釐訂。津浦路黃河橋於民國十六年北伐軍將至濟南前為北軍所破壞，係將懸臂橋北錨臂之北橋墩施以爆炸，毀去錨臂之橋座及下桿橫樑等部，錨臂降落，懸臂上翹，全橋失其平衡與繩直之狀態，交通中斷，當時鐵道主管當局，頗擬委託原造者M.A.N.公司代為修理，但因該公司開價過高，遂決定由津浦工務處自行修理，經向美國購得必要工具，其主要者為100噸之千斤頂十餘枚，用以頂起降落之錨臂，恢復原有之繩直與平衡，並設置輥軸，留備溫度之漲縮，交通遂以恢復。至民國十七年又自M.A.N.公司購得必要桿件，徹底修復，此次修理工程之成功，在中國鐵路橋樑史中實為有聲有色之一頁，因此事表示中國工程師已有勝任獨立工作之能力矣，再由北橋審知原設計圖與實際多處不符，頗為驚異，何德國素重準確之工業先進國，亦有此種情形。

鐵道部鑒於各路運輸頻繁而橋樑薄弱，時虞不勝，特請美籍橋樑專家華特爾氏作實地之考察，從事設計改進，並就便視察各路橋樑情形，渠對我國工程師建設粵漢路橋樑之卓越成就，頗驚羨其能力足與美國工程師相頡頏。此行本人亦隨同考察，歸後並將各路橋樑載重重加核算，發現其中有僅及E—12者，相當於E20者則比比皆是，我國通用機車為E—40左右，此等橋樑實已無日無時不可出事，然仍徼倖得免者，其原因不外二端，一為安全係數之保障，二為設計時所計入之衝擊力一般似均較實際者為大。此次視察之結果，華氏供獻之補救辦法有二，一為速率限制，一為加設托架於結點，以減輕梁上之荷重，但當時因種種困難，離能實行，幸直迄戰前，均未失事，然此行險徼倖之舉，實不可為吾輩工程師訓。

關於鐵路鋼橋規範，過去各路所依據之標準不一，極為紛歧，我國路政既有相當規模，亟宜有所制定，北京鐵道部經由民國十一年集合專家（當時尚多外籍工程師）訂定中華國有鐵路鋼橋規範，大抵均以1910 A.R.E.A.規範為藍本，惟對鋼中含燐之成分規定不得超過0.05一點，殊為不倫，蓋當時外籍工程師均為顧及本國鋼料之銷路而力爭（按美國標準開爐鋼Acid為0.06 Basic為0.04，在陸國家則一律為0.06），故結果折中為0.05也。

最後一時期之十年間，我國鐵路建設事業復脫離停滯而趨於積極，本期完成之新路有粵漢南段，隴海西段綫，江南、湘桂、浙贛等線及因戰事停築之湘黔，成渝、滇緬、川滇諸綫，計劃及進行中者亦多，完成之橋樑亦多，唯材料向國外採購時，每感紛擾，甚不一致。昔有之規範既已陳舊，而當時所依A.R.E.A.1935年訂定之規範，亦未必盡能適合國情，鐵道部工務司為應各方之需要，曾按E50級活重訂定鋼橋標準圖一套，粵漢隴海諸橋均按此建造在國外購料以作根據外人亦均遵循，其後錢昌淦先生更以應用古柏式活重對中國通用機車情形略有不符，改擬中華荷重，制其C—20級，約相當於E—50級，C—16級約相當於E—35級。

民二十七年交通部橋樑設計處更完成C—16鋼橋標準圖一套，因戰事影響，未及公佈施行，現因國內鐵路失陷頗多，工作稍閒，更擬進而將全國各種橋樑增進標準化，以期泯異為同，彼此可以互換，不受路別與畛域之限制，在適合經濟條件下，經擬定七公尺為唯一之鈑樑標準幅長，例如有四幅則長二十八公尺、五幅則長三十五公尺，以次類推，有時為適合特殊情形，則可改變末端之幅長以調劑之。

本期完成之大橋值得講述者有茅以昇先生主持在戰前完成通車之錢塘江大橋，其正橋爲十六孔，各長220呎之固定鋼桁樑，其下層設計係按E－50專供鐵路，上層按H－15設計通行汽車，潼關黄河鐵橋因戰事停築，預定計劃爲十五孔之60公尺跨徑上承鋼梁橋，荷重按E－35設計，關於鋼筋混凝土橋方面完成者如粤漢路之五大拱橋，京赣路之25公尺拱橋，成渝路亦有甚多之鋼筋混凝土拱橋，重要之大橋的如附表（二）。

材料方面我國現用者爲含炭鋼，錢塘江大橋所用則爲英國之Chromador Steel，其安全應力可達二萬四千磅每平方吋，而通常所用者率爲一萬八千磅每平方吋。

電銲方法，我國各橋亦多有應用者。例如粤漢路株韶段因比工程師建築時所用樑上鉚釘過稀，即利用電銲方法以加強之，他如津浦路亦曾利用電銲加固若干通弱之橋樑，該項電銲機戰時用於浙赣路尤着功效。

其他橋樑方面所需努力之處尚多，例如我國所有橋樑既已不少，至今猶無一橋樑廠，戰後必須設法建立之，我國鐵路橋樑事業，戰後之任務甚重，其基礎則在一方面與一般重工業建設配合，一方面培植人材以發展充實之。

新修各路大橋表

路名	橋名	說明	載重	附註
浙赣	梁家渡橋	14@35M D.P.G.	E－35	鋼橋
,, ,,	赣江橋	3@35M D.P.G. 9@60M T.T.	E－35	,, ,,
粤漢	淥河橋	4@60M T.T. 8@18M D.P.G.	E－50	,, ,,
,, ,,	淥河橋	7@18M D.P.G. 4@45M T.T.	E－50	,, ,,
,, ,,	洣河橋	1@18M D.P.G. 2@45M T.T. 13@18M D.P.G.	E－50	,, ,,
成渝	沱江橋	7@50 T.T.	E－50	鋼橋
滬杭及浙赣	錢塘江橋	1@164呎 (arch) 16@220呎 D.T. 3@164呎 (arch)	E－50 H－15	鋼橋
	潼關	15@60M D.T.	E－35	鋼橋
粤漢	五大拱橋			
	新岩下	4@30M 2@15M	E－50	鋼筋混凝土橋

	礁碰沖及省界	1@ 6M 2@ 10M		E–50	鋼筋混凝土層
	風吹口	1@ 30 M 2@ 10 M		E–50	鋼筋混凝土層
	燕塘	1@ 40 M 1@ 10 M		E–50	鋼筋混凝土橋
川滇	馬過橋	1–20 M 2–12 M		C–16	鋼筋混凝土及石拱橋

本系添設雙班

近年各項土木人才，需要孔急，而本系自在渝恢復以來，成績日著，乃奉部令自下學期起改設雙班，俾大量儲才，以爲建國之用，故今夏錄取新同學即已增至七十三名之多。

首都鐵路輪渡工程

卅三年五月十三日汪菊潛先生在本會演講

袁森泉記

首都鐵路輪渡起議頗早，至民國十九年冬始正式興工。鐵路輪渡與諸位所常見之公路輪渡相似，但以其載荷較重，車列較長，故兩岸之坡度較小，所用之渡船亦較大；火車自岸分節上船，由船載至對岸再上車道。南京浦口間在未建鐵路輪渡之前，機車車輛亦可用臨時木架及渡船過江，然以其過於費時費事，僅在戰時及特殊情形之下用此辦法。為便利兩岸過江客貨運輸起見，爰建築首都鐵路輪渡，以供長期之用。

首都鐵路輪渡工程之情形約可分下列四端說明之：

（甲）引橋　輪渡為永久建築，必須經常不受江水之影響；南京長江江水，最高洪水位與最低枯水位相差達二十四呎，欲輪渡適合上項條件，必須使其建築具有二十四呎之調節。乃利用活動引橋與兩岸相接，猶如跳板然，以中水位為其水平位置，夏季水漲可以上升十二呎，冬季水枯，復能下降十二呎。引橋一端固定於岸，另一端可以活動。鐵路坡度普通為不超過百分之二，故引橋至少須有六百呎長；然六百呎之引橋架於船上，船之負荷重過，故另需一跳板以搭之，以使引橋一端由直接支於船上變為由橋墩支架，而以跳板與船相連，則橋之重量可不需渡船載負，而船之升降仍得由跳板調整。世界各國之輪渡其高低水位相差罕有如此之大而可資參考者，乃於施工之前在浦口岸上依照計劃坡度之最劣情形築路試驗，以引橋與跳板連接處，並不能若固定鐵路之利用豎曲線，故結果普通貨車尚可應付，而客車尤其藍鋼車車廂較長，極易脫鈎，原定坡度計劃遂不得不加以修改。乃將引橋接跳板一孔一百五十呎放平，他端四百五十呎之坡度增加為百分之二點七五，分三孔(Span)每孔一百五十呎，如此則減少引橋與跳板接連處之坡度差而可應用矣！

橋之本身與普通橋梁無異，乃豎柱華倫式桁梁 (Warren Truss with Verticals)，所不同者，即橋身必須活動，能上下，故橋墩上建有縱柱，上架一橫梁，橋身則用眼桿

(Eye Bar) 懸掛於大螺絲帽上。螺絲懸於轉盤在橫梁上，當其旋轉時，可調節橋之升降。旋轉有兩法：一為轉螺絲，一為轉螺絲帽，今採用後者，因其不致使螺絲向上伸出。另在橫梁下弦之外面設鋼板一塊箍住柱面，固定橋之位置，以免左右擺動，此種動作，全以電動機轉動之。鐵橋上下雖由電動機之速度等配合或仍不易成一直線，故另用角差限制開關(Angle Limit Switch)以調整之，裝於兩孔孔端之間，其角度過大過小時，停止過速之電動機，使其自動調整，則橋面可保持一直線。最外一孔，必須保持水平，其法係在桁梁上裝擺度限制開關(Pendulum Switch)，兩端電動機受其控制而保持桁梁之水平；整個引橋即如此掛住。

跳板原計劃長四十五呎，後嫌略短，遂用五十四呎；一端接橋，他端置船上，隨船上下，輪船開行時用鋼纜滑車(Pulley Block)控制其上下。行車坡度限為百分之四。船空時向上，火車上船後漸平或向下。

基礎與普通橋墩相同，惟係承受兩柱之力，最末之橋台與普通者略異，普通之橋台均用輥軸式擺座(Rollers Rockers)以應付漲縮，此處因四孔均用鋼樞相連接且橋身在向上及向下時縱方向產生一相當大之拉力或壓力，必須由最末橋台承受，故其橋座(End Shoe)與普通不同。在縱向亦須用橋墊及錨固螺栓，係平面及豎面混合結構。此外縱梁與橫梁皆位於下弦之下方，亦與普通之橋異。

（乙）渡船 渡船全長三百餘呎，上鋪三股軌道，以跳板與引橋連接。引橋軌道亦分三股，近岸之三孔合而為一，呈喇叭狀；船尾裝機車換軌台(Transfer Table)，以便機車換軌，軌道與引橋上軌道之銜接，係用鑄鋼梢插入槽內。船之兩邊有兩極大之水櫃及抽水機，用以調節火車上船時船之傾側，務使船身平穩，至多在二三分鐘內可使水櫃裝滿或抽空。機車特備真空、空氣及蒸汽三套制動器，以求其安全。

（丙）安全問題 可分數方面來講：

（一）橋頭有一門，以電流控制與跳板兩端之接軌處成自動連鎖，須跳板軌道完全吻合後，此門始能開放。

（二）因水流關係，引橋斜向下游，渡船靠岸之處，設木樁三排成架狀(Frame Work)，船衝擊其上，方向藉以固定，然後以絞盤拉抵引橋。

（三）引橋升降之際，機車不能行動，橋上裝紅綠燈，為控制之標誌。

（丁）管理 渡船之容量，每次可載車廂二十一輛，每一股軌道載七輛，第一批七車先上近木架之軌道，次上遠木架之軌道，末上中軌；每上一車列，即隨須抽動兩水櫃中之水，使船身保持平衡，以免危險。

此工程於民十九年十二月開工，廿一年春基礎完成，廿一年冬開始安裝鋼柱及引橋，廿二年十月正式通車。渡船自英國訂購。本人曾參加全部工程，故得悉其詳。今日因時間關係，僅能言其大概，諸位如對此更有興趣，當願於來日作更進一步之討論。

康老教授蒞渝

滬校老教授康時清先生，以校友資格爲本系盡瘁者已歷有年所，自上海完全陷敵後，不甘附逆，決心內來，雖長途跋涉，備嘗艱辛，然全家均已安抵實湯，現康老教授已應本系之聘，回母校服務，本系師生，聞訊後，至爲興奮，衆信「老當益壯」之康教授，對本系將必多有所貢獻矣

談航空測量事業

三十三年五月廿五日王之卓博士在本會演講

俞受穀摘要筆記

航空測量術乃二十世紀測量術中一重大之進步，其法係利用飛機举行空中攝影，然後根據與地攝影之紀錄，直接用以製圖。諸君在校曾習三角測量，地形測量，水準測量等學科，此等均為測量之基本學科，但此等測量方法，雖有百餘年之歷史，而在方法本身，自始至終，不外乎下列二原則：

（一）所有測量作業均不外由長度與角度測量組合而成——長度丈量由最原始式之繩索，鐵鏈等，漸進步而為鋼尺，鋼絲；而在角度觀測方面，亦漸由粗大笨重之儀器，日益改良，成為輕巧玲瓏者，同時更使讀數簡單而精確。但在測量方法本身，則仍不出長度與角度二者之範圍。

（二）所有測量成果均以點之測量為基礎——不問其地形起伏若何，欲測求一幅地圖，測量者必須在整個區域中，逐點測量，然後用內插法，將各點連成線，由線並組成輿圖。

迨航空測量興起，遂能擺脫此二原則之束縛，測量方法不復限於長度與角度單純之組合，而點之測量亦可進而為線之測量，甚至在某種特殊地形中，可演進為面之測量，但此非謂航空測量術一出，其他三角測量等即趨於淘汰，反之陸地上之各種測量，仍為測量的基本作業，航空測量乃基本學術之輔助工具，特所以增進其功用及效能耳。

至航空測量之原理在此作一粗淺之介紹：

設吾人能停留太空，以兩眼俯視地面之山脈河流，則必能繪出等高綫之大概地形。此種工作實可由攝影機在空中攝影，以達到吾人之理想。茲試以飛機在甲乙兩點先後攝影，以代替空中觀測者之兩眼。更為測求精確計，使兩攝影站間距離增長至千百公尺，蓋誠如在平板儀測量中之原理，基線加長，即可以得比較準確之交會也。底片洗出後，利用透鏡，三稜鏡，顯微鏡及望遠鏡等儀器之巧妙裝置，即可將二幀空中像片，反射入觀測者之二眼，形成一立體印象，據此即可測繪地形。較之吾人留停太空，以兩眼俯視地形而畫繪地物者，準確數千倍以上。

如上所言，則利用航空攝影以測繪地圖，其可能性極易爲一般人之所瞭解矣，但航空測量在原理方面，雖已早有發展，而在實用方面所以遲遲未能早日實現者，殆受其他科學牽連之故。當其他有關科學未能有進步之時，則航空測量之理想亦迄不能實現。譬如攝影必須有鏡頭與底片，航空測量所要求鏡頭光學與底片化學之標準甚高，二者無有顯著之進步時，則航空攝影所得之結果，即不能供用於測圖工作；又如航空攝影，必須飛機，而飛機爲近三十年之產物，故航空測量之進步，亦主要在近二三十年間，以前所發展者，祇限於地面攝影測量，間以汽球作空中攝影，但因空中攝站無法自由控制，亦只爲試驗階段而已。

我國之有航空測量事業，肇始於民國二十年，其時參謀本部陸地測量總局首先成立航空測量隊，聘德籍專家爲顧問，儀器百分之九十採自德國，並於是時擇陸地測量局中之優秀人員組織航測研究班，其後五六年間，逐漸發展，由創始時代進而達於全盛時代。其間比較特殊之工作舉例如下：

民國二十一年黃河決口成災，各方紛紛救濟，時航測隊初立，聞訊後立即飛赴災區上空攝影，攝後日夜趕製輿圖，故在其他調查人員尚未抵達災區之前，圖即製就，使一切其他工作，均能提早順利進行，此實爲中國歷史上之創舉。雖當時所製之圖，係草率性質，非一般地圖可比，但航空測量在中國社會間遂引起相當之注意矣。其後江西舉行土地測量，亦試用航空測量，成效卓著；工程界方面，先後有水利航測隊，從事黃河之測量，鐵路航測隊任川湘天成等鐵路之踏勘工作，成績快捷準確，且費用低廉，因此博得各界一致之期許，而航測在中國之發展，頗有蒸蒸日上之勢矣。

迨抗戰軍興，此種新興之事業，竟致一落千丈，飛機及攝影器材之供應日益困難，航測事業遂漸趨衰落，終至停頓，但航空測量究爲測量工作之最新工具，當此抗戰勝利在望之際，戰後地圖之需要至爲急迫，最近又有大規模航測作業之準備，正在動員人力物力籌劃進行之中，而衰落期中之航測事業，遂又漸呈活躍矣。

爲適應需要起見，吾人現在面臨二大問題：一即人才，二即技術是也。我國幅員遼闊，五萬分一標準地圖共需數萬幅之多。諸君在學校所練習者多爲數千分一大比例尺測量，一幅五千分一地圖縮爲五萬分一時，其圖面面積只當前者百分之一。吾人或可想像此數萬幅五萬分一地圖完成工作之艱鉅矣。依照往昔我國出圖之速率，非百數十年不辦，加速之法惟有一方面採用新式技術，同時加緊培植人材，諸君學習土木工程與測量最有關係，希能隨時注意航空測量之發展，必要時并希儘量參加工作，共襄盛舉也。

根據航攝底片測製成圖，能顧及觀測者之便利幷成果之精度，使完成最完善之測圖儀者，首爲德國蔡司工廠製造之精密測圖儀。我國曾購備二架。該儀可以供用於任何種類之測圖工作，但其價値過昂，不能多加設置，使多組平行工作，故應用此種儀器測圖，在理論上固已獲得理想之解決，但實際上仍不能得大規模發揮之效力。因要有比較簡單儀器之設計，或則犧牲其觀測之精度，或則犧牲其理論方面一部分之正確性，應用之時，率須由不同組合之方法輔助之。

按前所述者，係於測圖室內，由重建空中攝影時之情形着手，繪製成圖。如此則必先假定攝影時之各種情形均爲已知，或用航空測量之術語表示之，即攝影之外方位須爲已知也。事實上在攝影之剎那間，攝影機擺動不定，其傾斜之角値無法精密記載，測求之法，惟有賴地面已知點之關係反求。此等地面已知之點，稱之爲控制點。控制點須由大地測量作業測求，依成圖不同精度之要求，應用不同測算之方法。其最簡單之形式爲天文點之應用，因天文點之觀測，各各相互獨立，工作比較便捷也。但因鍾線偏差關係，有時必須應用三角測量，則工作較爲繁重，因而減低航測應用之效力。殆技術研究日益進步，遂有空中三角測量及輻綫三角測量方法，用以代替一部分地面測算之工作，此則所以說明航空測量與地面測量相互之關連也。

按一般之了解，迅速，準確，經濟乃航空測量應用之三大優點，尤以我國各地，交通不便，陸地測量諸多困難，因而航空測量更顯其卓然之處。但航空測量之應用，尚有數點特異之處，爲常人所忽略者：

（一）底片可以永久保存，隨時可供製圖參考之用，不受時間之限制。尤以與時間有關係之變遷，極易由比較不同時間之攝影，求得其變遷之進度情形。

（二）底片可攜至任何地點繪圖，不受地域之限制，例如我國之地圖可在美國繪製，南美之圖，可在德國繪製等等。

（三）同一底片，除軍事及測量上之應用外，地理學者可自底片中研究地形之構造等問題，森林學家可利用以研究森林分佈之面積及木材之高度等，其他若考古學家，生物學家俱有利賴之處，其應用至爲廣泛也。

航空測量之優點及其重要性既如上述，將來必能廣事應用無疑，希望諸位土木工程師多多參加爲此新興之事業服務，作者實有厚望焉。

續偏光彈性學之概念

王達時

本刊第一期偏光彈性學之概念一文，作者介紹光與應力之關係，本文續述應力之求值。

（1）最大剪應力之求值

前文所論：說明利用圓偏極光，是假色倘而顯示模型中(P—Q)應力之分布，每一種色彩代表模型內一定之最大剪應力，或 P—Q)／2。然此尚不能得(P—Q) 線或等色線之數值，本節所論，乃適用於最大剪應力之解求。

彎曲比較法：彎曲比較法解求 (P—Q) 之值，用一簡單樸樑，其兩端各有一骨樑，並於中線作用兩外力（圖一），則兩支點間之彎曲力矩爲一常數，其應力與離中線之距離成正比例。圖(一)代表受外力F之横樑，及其彎曲力矩圖。支點A爲滾軸，支點B爲定點，而均切線於中和綫，此因載重必須作用於中和線也。

支點間之彎曲力矩：M=FL吋磅。

截面係數：$Z=I/\left(\frac{h}{2}\right)$ 吋^3 。

慣性力矩：$I= th^3/12$ 吋^4。

樑邊之單位彎曲應力：$f=M/E$ 磅/吋^2。

圖（二）所示正應力之分佈，係用此式計算所得。

因R=C(P—Q)t，『比較樑』之材料，必須與模型之材料相同，兩者之厚度亦應一樣，則偏光彈性學公式中之光學常數c及厚度t得以消去。

已知『比較樑』之外力，並預備10，20 30磅所生之應力圖，可於幕上得應力之色彩比例尺。

根據承載模型及『比較樑』之影像，任何複雜結構物或機械部份之應力，均極易求得。因模型與『比較樑』係用等厚及同一材料製成，由同一種光源所生之色彩，不難比較也。

彎曲樑比下述之桿拉為優；此因前者之零應力處；由中和軸明示之，且同可得較大之應力範圍。電木之雙折射率甚大，故判斷色彩時之差誤甚小。在應力變號處有一黑線，圍以狹小之黑灰條紋而帶有棕黃色彩。若應力遞增，則色彩之次序為：棕、棕黃、黃、黃橙、橙、紅橙、紅、棕褐、綠。以後自黃色起重複。在重複第四次以外之色彩，不甚明晰，惟色彩繫於所用之光源，此可用濾色器改進之。

比較市上之樟腦賽璐珞及電木 在『比較限』以內：前者祇能得一級色譜；後者可得六級或七級色譜。雖在色彩級數為一定之電木『比較樑』，其應力範圍不大者，然色級重複之次數較多，故照圖(三)圖(四)所示：雙折射率較大之材料中，判斷色彩時之差誤較小。

拉力比較法：與上節類似之比較法，為應用受拉力之模型。知『比較桿』之荷重F，及截面A，則單位拉力應力：

$f=F/A$。

此法之最大缺點，在同時祇能得一種應力，且因桿內之拉應力繫於拉力作用點之情況，此不易得均等分佈之應力，桿端溶劑之急速蒸發；及製造模型時所生之邊緣影響，均為缺點。圖(五)示『比較拉桿之裝接法』。

補償法：幕影中之黑色條紋，代表該處之主應力差$(P-Q)$為零，或$P=Q$，此種試驗須用圓偏極光因如是可消滅指示主應力方向之點，且可不顧模型對起偏極鏡與檢偏極鏡之角位。

本法需用與模型同材料及等厚度之補償條片，此條片承受單軸拉力。若疊補償條片於模型之影，則有少數黑色條紋呈現於光亮之色彩條紋。此種現象證明模型與補償條片之組合作用，切合兩者所組合之$(P-Q)$為零。

圖(六)示P及Q為主應力，若P及Q為壓力，正號乃改為負號，欲滿足$P-Q=0$或$P=Q$之條件，則兩P應力之代數和必須等於Q，以算式示之如下：

$$+P_c \pm P=\pm Q \quad 或 \quad P_c=\mp(P-Q)$$

其中P_c為補償片之拉應力，P及Q為試驗模型之主應力。

兩疊加模型之各種承載情形，示於圖(七)、(八)、(九)、(一〇)及(一一)。補償條片之應力為4磅／吋^2。圖(一二)說明應力P_c增至6磅／吋^{2}之情形。P及Q為承載模型

內一定之應力，使模型內某點發生黑色時，此項增加可謂必要，從方程式

$$(Pc\pm P)-(\pm Q)=0$$

即可明瞭。

上圖說明已知Pc後，如何可解求(P—Q)之值。繼續加拉力於補償條片達所擇之點呈黑暗而止。已知截面A，則單位應力$P_c = F/A$ 磅/吋^2，$\pm(P-Q)=P_c$，故得等色綫之數值。

(P—Q)應力之紀錄：應力分布之紀錄，概有下列三法：其最簡單者包括將幕上放大之影，於紙上繪成等色線，第二種方法爲拍攝有色照片，第三種方法爲拍攝普通照片，最後者不過作翻印之目的而已。

若用比較彎曲樑，可繪任何適当荷重之直線圖，類似圖(二)者，並採用適當之比例尺疊加於幕上彎曲樑片之影。

模型內所生等色線之級數，極易從增加荷重自零至所需之應力，並數同色發現之次數得之。所有色彩均連續發現，故不難定色紋之級次也。

(P—Q)應力之意義：二分之一(P—Q)等於最大剪應力，乃解求滑動應力之重要因素；此種滑動應力存在於各種展性物質內，如鋼、銅、鉛、等，因最大剪應力＝(P—Q)/2，或(P—Q)＝2×(最大剪應力)，故於此類物質，以等色線解求(P—Q)之值已足應用。

於剛脆之物質，如石、磚、混凝土等，必須設法，分開P及Q之值，此可用下文之數解法或圖解法完成之。

晶體補償法：取兩塊厚度相等之晶體片A及B(圖一三)，使其軸互相正交，而置於兩塊正交泥科爾稜晶之間，因A、B偏極面正交，幕上不能發生光亮。

照圖(一四)所示者切開晶體片，則射至幕布之光線，將在abcd面上消滅，其影爲平行於ab之黑線，(假定am=md)。

於截面efgh，其厚度ei及ih不等，射出之光線乃發生與厚差成正比例之相差。若採用白色光源，可呈現平行於ab線之有色干涉條紋。

疊加補償器於受拉力之模型(圖一五)而置於正交之泥科爾稜晶間，則此應力所生之減速，

$$R=c(P-Q)t。$$

假定補償器之截面efgh所生相差$R_c=-R$，則光綫將射過補償器及模型，而此時之總

相差：

$$Rc+R=O。$$

故幕布呈現切合於 jk 之一直綫，及 an，eb 之兩直綫。

兩黑綫間之距離 ae 與『R』成比例，故可假主應力差(P—Q)校準之。

若模型承受任何應力，直綫 jk 乃變爲黑色曲綫N，距離MN可用以度量N點之(P—Q)應力。

(II)主應力之數學分解

模型各點最大剪應力 (P—Q) ／2 之解法已詳見前文，本節所論，爲用數學方法分解P與Q之數值。

(甲)剪力綫之說明：剪應力或切綫應力之數值，可從材料力學得

$$Txy = \frac{P-q}{2}\sin 2\phi \quad \cdots\cdots\cdots (1)$$

其中

P，Q爲主應力，

ϕ 爲主應力P與X軸正向之交角。

Txy 爲平行於 ox及oy軸之截面內之切綫應力。

因 (p—q) 及角 ϕ 可分別自等色線及等傾線（假定起偏極鏡與檢偏極鏡互相正交，當兩者之設想槽與模型上某點者相合時，則檢偏極鏡以後，無電子活動，故此點不能在幕布發光。因光綫射過承載模型之大部份凡主應力方向與前者相同各處；均將在模型之亮影內呈黑暗，根據是項理論，乃得等傾綫），如上各所示：切綫應力乃繫於可由偏光彈性學解求之數值。

用式(1)可得剪應力之值，圖(一六)說明根據前式所繪臂樑之相等切線應力或剪應力綫。

P及Q兩應力，可用圖解積分法分開得之。其法包括繪製平行於X與y軸之直線網(圖一六)，然後沿『切線應力線』，pty，之 ox及oy 軸完成圖解積分之工作。

現導出關於正應力及切綫應力之微分方程式，於本題採用扁平模型，先行檢察各點正應力Tx，Ty 與切綫應力Txy 之變化。

想像自平面模型鑿出之一塊矩形(圖一十)，作用於邊緣及均等分布於對邊之應力，均示於圖。

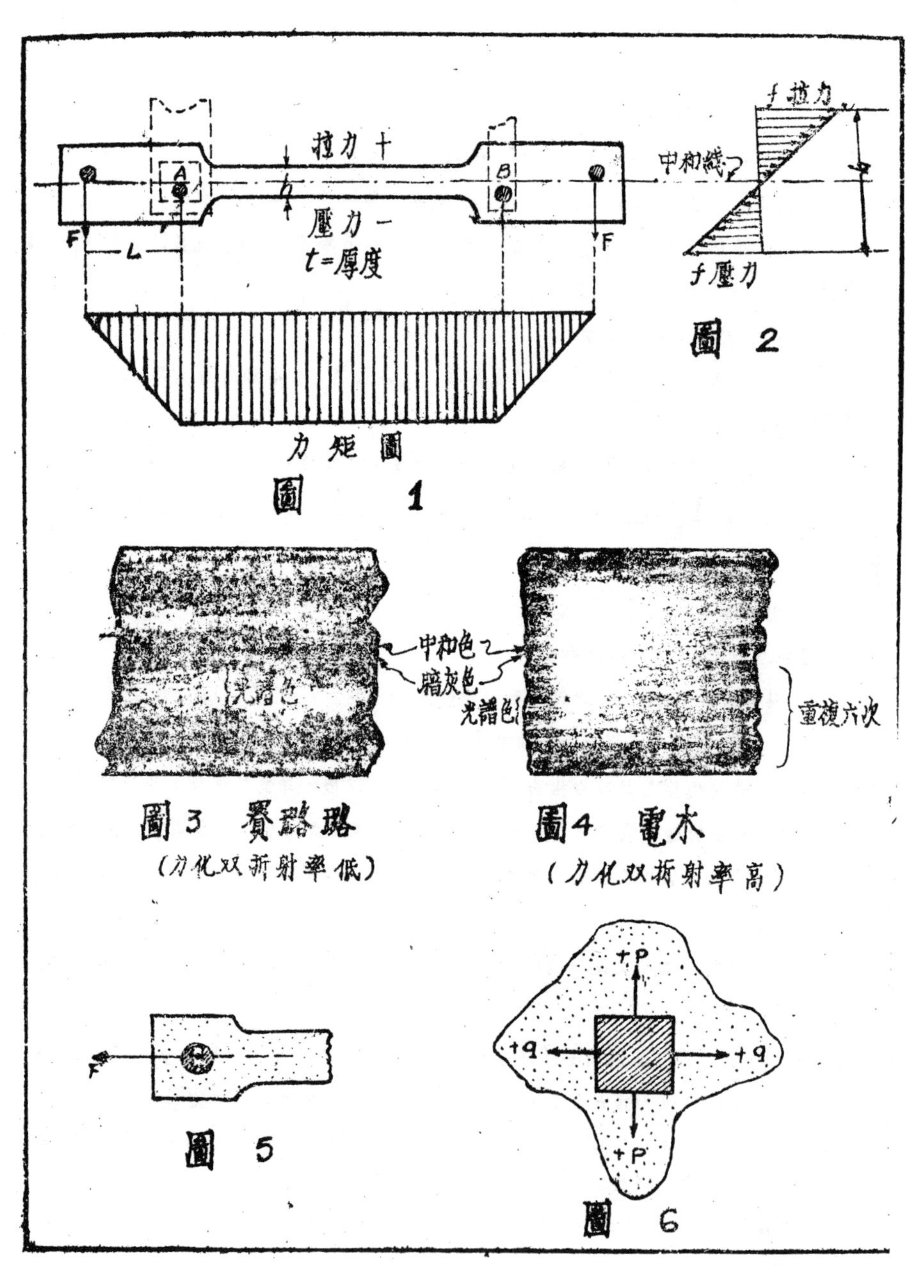

圖 1

圖 2

圖3 賽璐珞
（力化双折射率低）

圖4 電木
（力化双折射率高）

圖 5

圖 6

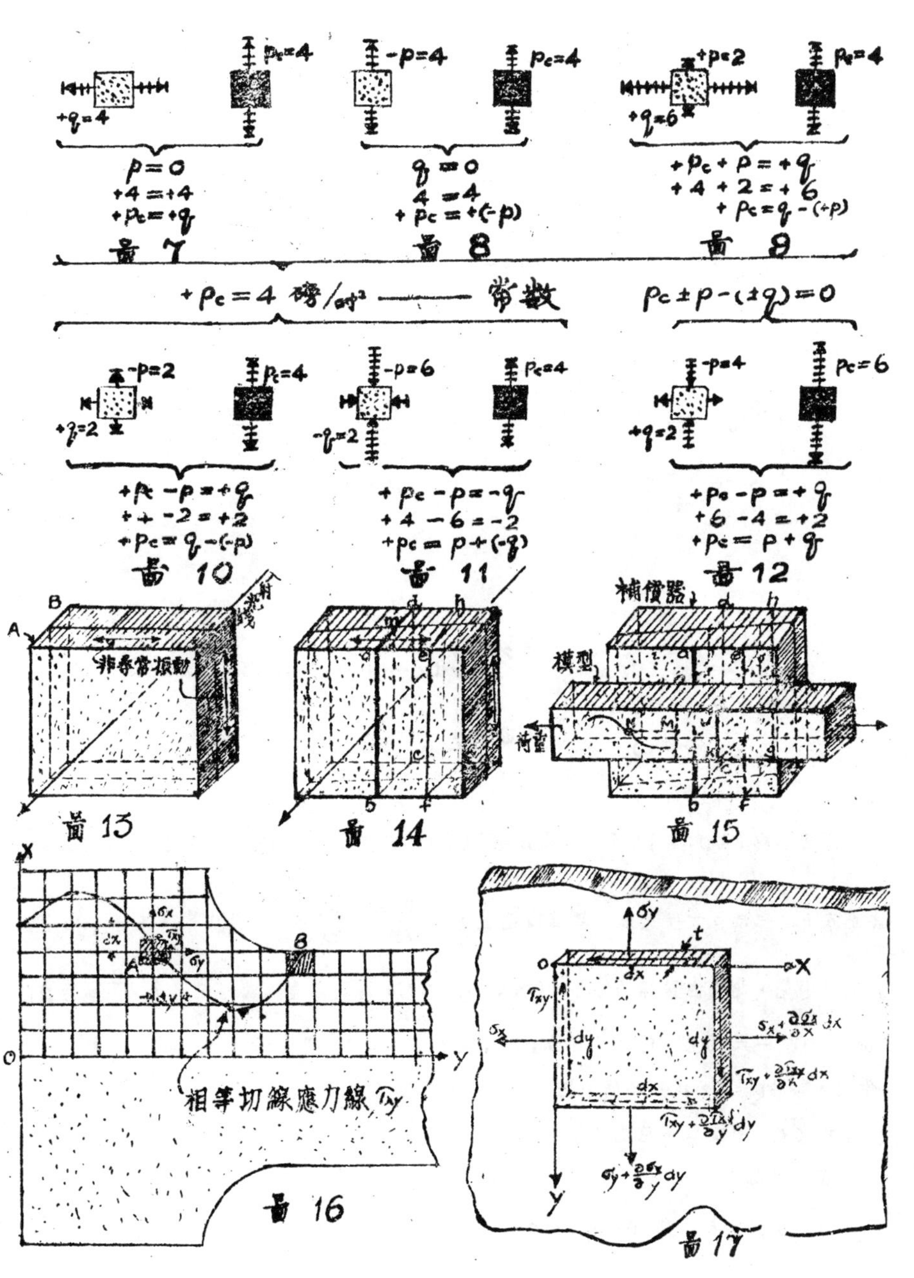

圖 7
圖 8
圖 9
+Pc=4 磅/吋² —— 常數
Pc±P−(±q)=0
圖 10
圖 11
圖 12
非尋常振動
圖 13
圖 14
補償器
模型
荷重
圖 15
相等切線應力線 Txy
圖 16
圖 17

相加作用於x及y方向各力，乃得平衡方程式，並假定無[illegible]力作用於此，刪去矩[illegible]重量，及互消厚度t，得：

$$\begin{cases}(\sigma_x+\frac{\partial \sigma_x}{\partial x}dx)dy-\sigma_x dy+(T_{xy}+\frac{\partial T_{xy}}{\partial y}dy)dx-T_{xy}dx=0\\(\sigma_y+\frac{\partial \sigma_y}{\partial y}dy)dx-\sigma_y dx+(T_{xy}+\frac{\partial T_{xy}}{\partial x}dx)dy-T_{xy}dy=0\end{cases}$$

簡化之得：—

$$\begin{cases}\frac{\partial \sigma_x}{\partial x}+\frac{\partial T_{xy}}{\partial y}=0\\\frac{\partial \sigma_y}{\partial x}+\frac{\partial T_{xy}}{\partial x}=0\end{cases}\quad 或\quad\begin{cases}\frac{\partial \sigma_x}{\partial x}=-\frac{\partial T_{xy}}{\partial y}\\\frac{\partial \sigma_y}{\partial y}=-\frac{\partial T_{xy}}{\partial x}\end{cases}$$

積分得、

$$\begin{cases}\sigma_x=(\sigma_x)_o-\int_o^x\frac{\partial T_{xy}}{\partial y}dx\cdots\cdots\cdots(2)\\\sigma_y=(\sigma_y)_o-\int_o^y\frac{\partial T_{xy}}{\partial x}dy\cdots\cdots\cdots(3)\end{cases}$$

若邊界處之$(\sigma x)_o$，$(\sigma_y)_o$及剪應力(T_{xy})之變化為已知，方程式(2)及(3)代表正應力之解法。方程式內之偏導微函數，$\frac{\partial T_{xy}}{\partial y}$，$\frac{\partial T_{xy}}{\partial x}$，乃剪應力曲線對於x，y軸之變化，此可由圖解法得之。$(\sigma x)_o$及$(\sigma y)_o$為[illegible]由邊界處之正應力，通常為已知。如圖(一六)說明B點之正應力p或q等於零，若將B點取出，(圖一八)，因無外力作用，苟非p=O，B點不能平衡，故祇q須加顧慮。因等色線圖中各點之(p−q)為已知q之數值可直接自等色線得之。

在邊界處：

$p_o=0$，則$(p-q_o)_o=-q=(\sigma_y)_o$

若

$q_0=0$，則$(p-q)_0=+p_0=(\sigma x)_0$

在$(\sigma_y)_0$及$(\sigma x)_0$爲已知之邊界處，乃積分之適當起點，dx及dy之數值，由網狀決定，此可取爲0.1吋或0.2吋，積分計算可仿下表完成之。

σ_x之計算

點 號	每吋之變化$\frac{\partial \tau xy}{\partial y}$	增量dx吋	積$\frac{\partial \tau xy}{\partial x}dx$	和M$\frac{\partial \tau xy}{\partial x}dx$
	假定邊界處之$(\sigma)_0=0$			

同樣之表格可用於σ_y之計算。知σx，σ_y之值，並已知τxy（方程式1），則從材料力學得：

$$p=\frac{\sigma_x+\sigma_y}{2}+\sqrt{(\tau xy)^2+\frac{(\sigma x-\sigma_y)^2}{4}} \cdots\cdots(4)$$

$$q=\frac{\sigma_x+\sigma_y}{2}-\sqrt{(\tau xy)^2+\frac{(\sigma x-\sigma_y)^2}{4}} \cdots\cdots(5)$$

完成上表之總和時，應顧及向號之變化。

要略：摘要上述方法，包括下列程序：

(1)選擇一適宜之坐標。

(2)繪(p—q)曲線……等色綫。

(3)從等傾綫得角φ。

(4)用方程式(1)計算點上之τxy

(5)繪τxy曲綫。

(6)用圖解法從τxy曲線決定導微函數$\frac{\partial \tau xy}{\partial y}$，$\frac{\partial \tau xy}{\partial x}$。

(7)沿x，y軸用圖解積分計算σx，σ_y（方程式2及3）。

(8)從方程式(4)，(5)計算p及q。

（乙）沿主應力方向之積分分解：分解主應力差（p—q）之第二法：包括繪畫線紋，而其切線所以代表主應力之方向者，然後沿主應力線用圖解積分完成之。

此法假定等傾線及等色線均已決定而繪於模型之影上。

設想自平面模型內之兩鄰近主應力綫S_1及S_2間，鑿出一小塊ABCD（圖一九）。根據主應力之定義：（一）彼垂直作用於小塊周邊S_1及S_2；（二）祗有正應力p及q，而無切綫應力。

作用於鄰邊之主應力爲：

$$p+\frac{\partial q}{\partial S_1}dS_1$$

$$q+\frac{\partial q}{\partial S_2}dS_2$$

繼求主應力p方向內所作用於小塊ABCD上各力之總和。假定小塊之厚度爲一，並採用下列符號：

R_1，R_2各爲S_1及S_2兩曲綫之半徑。

(R_1-dS_2)及(R_2+dS_1)各爲鄰邊之半徑，則平衡之條件爲$\Sigma p=0$。

$$pdS_2-(p+\frac{\partial p}{\partial S_1}dS_1)dS_2'\cos\alpha+(q+\frac{\partial q}{\partial S_2}dS_2)dS_1'\sin\beta=0 \cdots\cdots(6a)$$

半徑與其所繪之弧成比例：

$$\frac{dS_2'}{dS_2}=\frac{R_2+dS_1}{R_2}$$

$$dS_2'=(1+\frac{dS_1}{R_2})dS_2 \cdots\cdots(6b)$$

$$\frac{dS_1'}{dS_1}=\frac{R_1+dS_2}{R_1}$$

$$dS_1'=(1+\frac{dS_2}{R_1})dS_1 \cdots\cdots(6c)$$

角α及β甚小，故

$\cos\alpha=1$ ……………………………………………………(6d)

$\sin\beta=\beta=\frac{dS_2}{R_2}$ (弧度)……………………………………………………(6e)

將式(6b)，(6c)，(6d)，(6e)代入式(6a)得：

$$PdS_2-(p+\frac{\partial p}{\partial S_1}dS_1)(1+\frac{dS_1}{R_2})dS_2+(q+\frac{\partial q}{\partial S_2}dS_2)(1-\frac{dS_2}{R_1})dS_1(\frac{dS_2}{R_1})=0$$

$$pdS_2-pdS_2-\frac{\partial p}{\partial S_1}dS_1dS_2-p(\frac{dS_1}{R_2})dS_2-\frac{\partial p}{\partial S_1}\frac{(dS_1)^2}{R_2}dS_2+q(\frac{dS_1}{R_2})dS_1$$

$$+\frac{\partial q}{\partial S_2}\frac{(dS)^2}{R_2}dS_1-q\frac{(dS_2)^2dS_1}{\beta_1 R_2}-\frac{\partial q}{\partial S_2}\frac{(dS_1)^3}{R_2}\frac{ds_1}{R_2}=0$$

略去高級小數，得：

$$-\frac{\partial p}{\partial s_1}ds_1dsR-p\frac{\partial S_2}{\sigma_2}ds2+q\frac{dS_2}{R_2}ds_1=0$$

消去ds_1及ds_1得：

$\frac{\partial p}{\partial s_1}+\frac{p-q}{R_2}=0$ ……………………………………………………(6f)

用同樣程序於主應力q方向之力得：

$\frac{\partial q}{\partial s_2}+\frac{p-q}{R_1}=0$ ……………………………………………………(6g)

以p_0及q_0代表邊界處之主應力，積分式(6f)及(6g)，得：

$$\left.\begin{aligned}p&=p_0-\int_0^{S_1}\frac{p-q}{R_2}dS_1\\ q&=q_0-\int_0^{S_2}\frac{p-q}{R_1}dS_2\end{aligned}\right\}$$ ……………………………………………………(6h)

因須解求半徑R_1及R_2，方程式(6h)中之積分，不適於計算，此積分可化爲比較適於應用之式樣。

繪等傾綫ϕ及$(\phi+d\phi)$，如S綫上A_1B及S_2線上A_1D處切綫之交角爲$d\phi$，主線應力之彎度可得之如下：

$$\left.\begin{array}{l} d\phi=\frac{dS_1}{R_1},\ 或\ \frac{1}{R_1}=\frac{d\phi}{dS_1} \\ d\phi=\frac{dS_2}{R_2},\ 或\ \frac{1}{R_1}=\frac{d\phi}{dS_2} \end{array}\right\}\cdots\cdots(6i)$$

已知等傾線ϕ及主應力p間之反時針向角ψ_1，並假定ϕ線係平行於經過B,D點之（$\phi+d\phi$）線，從小三角形ABD得下列關係：

$$\frac{dS_1}{dS_1}=\tan(\psi_1-\frac{\pi}{2})=-\mathrm{Cot}\psi_1\cdots\cdots(6j)$$

以ψ_2示等傾線ϕ及主應力q間之角度，得：

$$\frac{dS_2}{dS_1}=\mathrm{Co}\ \psi_2\cdots\cdots(6k)$$

將式(6i)代入式(6h)，得

$$\left.\begin{array}{l} p=p_0-\int_0^{S_1}(p-q)\frac{d\phi}{dS_2}dS_1 \\ q=q_0-\int_0^{S_2}(p-q)\frac{d\phi}{dS_1}dS_1 \end{array}\right\}\cdots\cdots(6l)$$

再將式(6j)(6k)代入式(6e)，得

$$\left.\begin{array}{l} p=p_0+\int^{\phi_2}(p-q)\mathrm{Cot}\psi_1 d\phi \\ q=q_0-\int^{\phi_1}(p-q)\mathrm{Cot}\psi_2 d\phi \end{array}\right\}\cdots\cdots(6)$$

已知邊界處之應力q$_0$及q$_0$式（6）代表主應力p及q之最後形式，上項解法與前節相似(圖一八)。

若已知等傾線之主應力線及等色線………等剪力線………，可從邊界處之一點開始積分，而續沿主應力線進行。

下表可用作主應力線p及q之計算。

p及q之計算

點號	ψ	(1) $Co\psi$	(2) $d\psi$	(3) $p-q$	積 (1)(2)(3)	總和

實際上用尋常光所得等傾線為寬大條紋，故應用上法之困難，在角ψ_1及ψ_2之求值。外加繪等色線時須要觀察者之極大技巧。若角ψ甚小，角ϕ極小之差誤，能使Cot ψ發生大差誤。

此法可稍加改進如後：不量角ψ_1，ψ_2而量周邊，dS_1及dS_2，以$\triangle S_1$示dS_1，以$\triangle\phi$示$d\phi$並取一定之增量$d\phi$，式60乃變為：

$$\left.\begin{aligned} p &= p_0 - \triangle\phi\int_0^{S_1}\frac{p-q}{\triangle S_2}ds_1 \\ q &= q_0 - \triangle\phi\int_0^{S_2}\frac{p-q}{\triangle S_1}dS_2 \end{aligned}\right\} \cdots\cdots\cdots\cdots(7)$$

然後照下列程序計算之。

(1)從圖得$(p-q)$及$\triangle S_1$，$\triangle S_2$之數值。

(2)計算所選各點之$\frac{p-q}{\triangle S_2}$，$\frac{p-q}{\triangle S_1}$。

(3)在矩形坐標內繪出以$\frac{p-q}{\triangle S_2}$，$\frac{p-q}{\triangle S_1}$為縱坐標之新曲線。

(4)用圖解法求式(7)內之積分。

(5)用式(7)計算p及q。

(III)主應力之應變度量分解

(甲)扁平模型面內之應變度量：

(1)小圓圈法：此法包括用顯微鏡度量劃於扁平模型上小圓圈之形變，圖(二〇)，當模型承載後，小圓圈變為橢圓形，橢圓形之方位，指示主應力之方向。

已知主應力方向之單位伸長，其導出計算主應力之公式，假定桿拉長以後之截面仍為平面，並仍垂直於桿軸，因各縱向纖維之伸長相同，應力乃均等分佈於截面，而可用下式計算之。

$$p_x = F/A_x \quad \cdots\cdots(8a)$$

其中 F＝以磅爲單位之拉力。

Ax＝以平方吋爲單位之截面面積。

根據虎克定律，桿在彈性限以內之伸長，

$$\delta = \frac{F}{A_x}\frac{L}{E} \quad \cdots\cdots(8b)$$

式中 δ＝以吋爲單位之伸長。

L＝以吋爲單位之桿長。

E＝以磅／吋²爲單位之彈性係數。

從式(8_a)及(8_b)得X軸方向之單位伸長，

$$e_x = \frac{\delta}{L} \quad \cdots\cdots(8_e)$$

$$e_x = \frac{F}{A_x E} = \frac{P_x}{E} \quad \cdots\cdots(8_d)$$

根據試驗之結果，縱向伸長常伴有橫向之收縮，在oy軸方向之收縮可示如下式：

$$e_y = -\frac{1}{m} e_x \quad \cdots\cdots(8_e)$$

其中 e_x＝x 軸方向之單位伸長，

e_y＝y 軸方向之單位伸長，(收縮)

$\frac{1}{m}$＝帕松比，此乃繫於材料彈性之常數，式中之負號所以代表形變之收縮也，

在ox及oy軸方向之單位應力

$$P_x = F_x/A_x,\quad P_y = F_y/A_y。$$

其中　F_x，F_y 爲作用於 x，y 軸方向之拉力。

A_x 爲垂直於 x 軸之截面面積。

A_y 爲垂直於 y 軸之截面面積。

x 與 y 軸方向之組合單位伸長，可從分別研究 F_x 及 F_y 兩力之作用得之，若擇方位軸 x及y 於主應力之方向，故組合單位伸長 e_x 及 e_y 將以主應力方向度量之。用 e_p 及 e_q 代替 e_x 及 e_y；並以p及q代替 p_x 及 q_y，得單位伸長，

$$\left.\begin{aligned} e_p &= \frac{p}{E} - \frac{1}{m}\frac{q}{E} \\ e_q &= \frac{q}{E} - \frac{1}{m}\frac{p}{E} \end{aligned}\right\} \cdots\cdots\cdots\cdots (8)$$

解方程式(3)，可得p與q，並示怕松比以通常之符號，

$$N = \frac{1}{m}$$

則

$$\left.\begin{aligned} p &= (e_p + N e_q)\frac{E}{1-N^2} \\ q &= (e_q + N e_p)\frac{E}{1-N^2} \end{aligned}\right\} \cdots\cdots\cdots\cdots (9)$$

單位伸長可由量橢圓形之大軸『a』及小軸『b』得之，

$$\left.\begin{aligned} ep &= \frac{\text{大軸之變化}}{\text{圓之直徑}} = \frac{a-d}{d} \\ eq &= \frac{\text{小軸之變化}}{\text{圓之直徑}} = \frac{d-b}{d} \end{aligned}\right\} \cdots\cdots\cdots\cdots (10)$$

知方程式(10)中之材料性質E，N，主應力p與q可分別計算得之。

上述之法，可聯合偏光彈性學之方法，而適宜於校核(p−q)應力之解求。

(2)小四方形法：第二種方法包括劃小四方形於模型上，而用顯微鏡量其形變。

繪四方形於扁平模型上，各邊平行於所擇ox，及oy軸，當模型承載後，此四方形即變爲平行四邊形，此種變化包括下列兩個設想之程序。

(1)四方形變爲矩形：假定矩形之四邊與x，y軸平行且對稱。在此設想之程序中：由此項變形所生之正應力爲主應力，是以式(9)，(10)可供本節之應用，即橢圓形之大軸『a』爲矩形較長邊『a』，小軸『b』爲矩形較短邊『b』(圖二一)，同時 e_p 及 e_q 爲 ox 及 oy 軸方向之單位應變。

以副符號 x，y代替方程式(10)內之p及q，得：

$$\left.\begin{aligned} e_x &= \frac{q-d}{d} \\ e_y &= \frac{d-b}{d} \end{aligned}\right\} \cdots\cdots\cdots\cdots (11)$$

其中 a，b，及 d 爲設想矩形與四方形之邊長(圖二一)。

在方程式(9)中，以新符號 σ_x 及 σ_y 代表主應力p及q，並用新符號 e_x，e_y，則：

$$\left.\begin{aligned} \sigma_x &= (e_x + N e_y)\frac{E}{1-N^2} \\ \sigma_y &= (e_y + N e_x)\frac{E}{1-N^2} \end{aligned}\right\} \cdots\cdots\cdots\cdots (12)$$

根據方程式(12)計算 σ_x 及 σ_y，必先求單位伸長 e_x 及 e_y，此項程序見下文說明之。

(II)矩形變化爲平行四邊形：角度變化β決定設想矩形之畸變(圖二二)爲平行四邊形AB'C'D'，此角可量剪應力之大小。

根據虎克定律：

$$\beta = \frac{T}{G}\ (\text{弧度})$$

$$T = \beta G \cdots\cdots\cdots\cdots (13)$$

T＝剪應力。

G＝剛性係數，可從下式得之

$$G=\frac{E}{2\left(1+\frac{1}{m}\right)}\cdots\cdots\cdots\cdots\cdots\cdots\cdots\cdots(14)$$

$\frac{1}{m}$＝怕松比。

關於主應力之計算問題，包括下列程序：

（1）量a，b，d（圖二一，二二），及角β

（2）從方程式(11)求e_x與e_y。

（3）從方程式(12)求σ_{ex}及σ_y。

（4）從方程式(13)，(14)計算G及T。

（5）應用方程式（4），（5）計算主應力p及Q。

（2）橫向應變之度量：上述主應力分解法，無論用圖解積分或應變度量均甚複雜。

若用上述各法求主應力p及q之準確數值，則須解(p－Q)值之點數，將超出一般工程目的所需者。故費時太久，頗欠妥當，外加扁平模型內之應變度量，必須準確，而此程精細工作，然費目光及時間。為免此種困難，乃有橫向應變度量法之發明。

橫向應變度量法分解應力，需要下列兩種獨立試驗：

（1）應用偏光彈性學解求(p－Q)應力線，亦稱等色線。

（2）用橫向伸長計，直接度量模型上各選點之橫向應變。

若有橫向伸長計之設備，可得另一方程式代表主應力p與q之和。

簡言之：下列方程式將應用於扁平模型之各點：

$$\left.\begin{array}{l}p-q=\text{自等色綫所得之數值}\\p+q=\text{自橫向應變計算所得之數值}\end{array}\right\}\cdots\cdots\cdots\cdots(15)$$

解此方程式，可得p及q。

茲導出用以解求本題之公式如下：

設想一均勻彈性之長方平行六邊形（圖二三），各邊平行於方位軸，兩對邊受均佈正應力σ_x 。作用於平行六邊形之切線應力示如圖（二三）。

從虎克定律所得x軸方向之單位伸長爲：

$$\sigma_x = e_x E$$

或 $$e_x = \sigma_x / E \quad \cdots\cdots (16a)$$

其中：e_x ＝（長度之變化）／（原長），或x軸方向之單位伸長。

E＝彈性係數。

平行六邊形在x軸方向伸長，同時在Y，Z軸方向發生横向之收縮。此種横向收縮可示若縱向伸長之一部。

$$\left.\begin{aligned} e_y &= -\frac{1}{m} e_x = -N e_x = -N\frac{\sigma_x}{E} \\ e_z &= -\frac{1}{m} e_x = -N e_x = -N\frac{\sigma_x}{E} \end{aligned}\right\} \cdots\cdots (16b)$$

假定平行六邊形之X，Y，Z軸各方向，同時受均佈正應力σ_x，σ_y，σ_z 之作用，疊加三正應力所生之應變分量，得下列方程式

$$e_x = \frac{1}{E}\left[\sigma_x - N(\sigma_y + \sigma_z)\right] \cdots\cdots (17)$$

$$e_y = \frac{1}{E}\left[\sigma_y - N(\sigma_x + \sigma_z)\right] \cdots\cdots (18)$$

$$e_z = \frac{1}{E}\left[\sigma_y - N(\sigma_x + \sigma_z)\right] \cdots\cdots (19)$$

式(17)(18)(19)代表虎克定律應用於均匀彈性材料時之普通公式。證明伸長繫於正應力及材料之彈性，後者包括彈性係數E及柏松比$\frac{1}{m}$。

本篇所論，無力作用於Z軸之方向，或$\sigma_z = 0$，同時σ_x，σ_z爲主應力p及q，變方程式(19)得：

$$e_z = -\frac{1}{E} N(p+q) \cdots\cdots (20)$$

解(p+q)，並消去副符號得：

$$p+q=-\frac{eE}{N} \cdots\cdots\cdots\cdots (21)$$

其中：　$\epsilon=\Delta t/t$ =(厚度之變化)/(模型之厚度)＝單位橫向伸長。

量各點之橫向應變，可得相等之橫向應變曲線與相等(p+q)應力線，最後得包括未知數p及q之兩個聯立方程式：

$$\left.\begin{array}{l} p-q=A \cdots\cdots(\text{從等色線}) \\ p+q=B \cdots\cdots(\text{從橫向應變}) \end{array}\right\} \cdots\cdots\cdots (22)$$

解式(22)乃得主應力p及q。

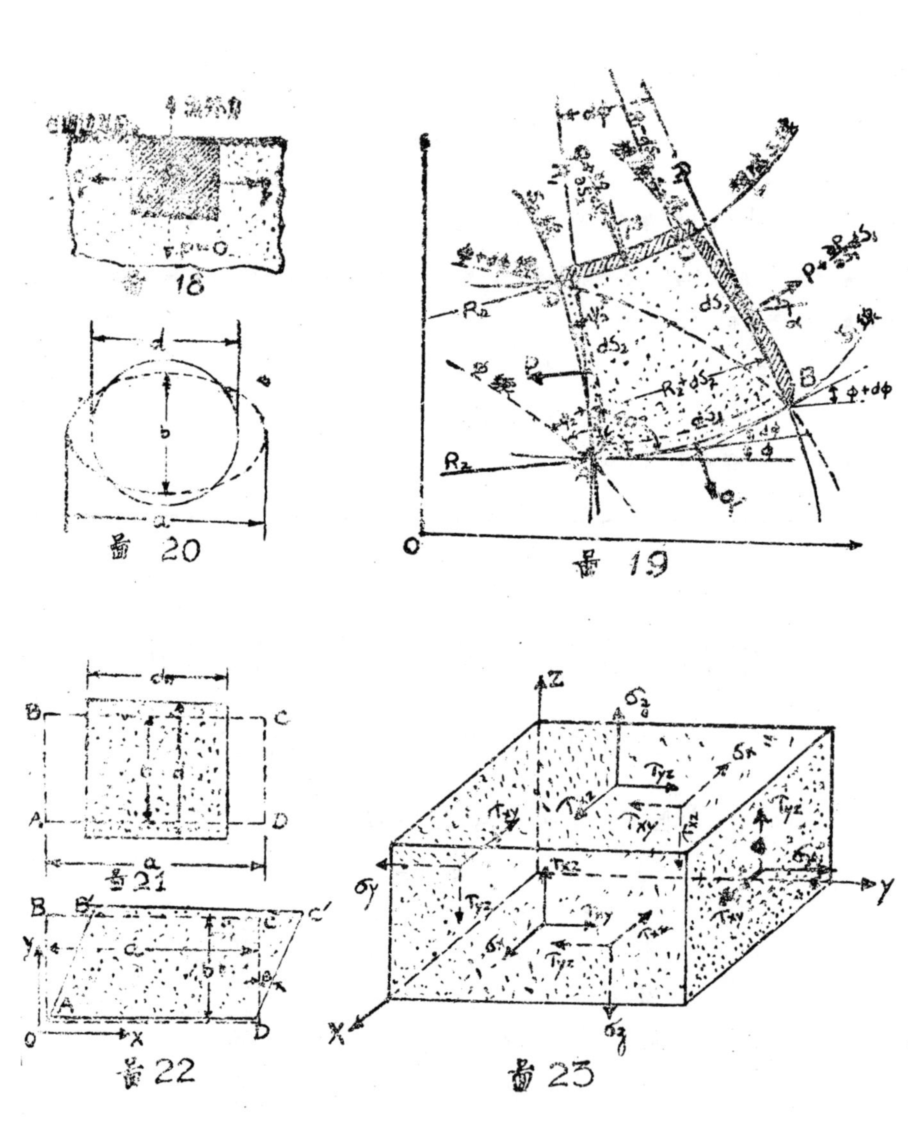
圖 18
圖 20
圖 19
圖 21
圖 22
圖 23

戰後東方大港建設問題之商榷

徐人壽

本文原係中國工程師學會十二屆年會論文，茲整理舊稿，登載本刊。　作者註

一、緒論

港埠爲水陸交通貨物轉運之樞，爲交通綫之重心所在。尤以沿海港埠爲國際交通運輸之關鍵，亦爲內地交通線之終點，鐵道公路及水道之建設，恆從此處出發，港埠地位未定，其餘交通路線，無從規劃。沿海港埠，且爲一國對外貿易之咽喉，輸出輸入之貨物集於此，其影響一國之國計民生，艮非淺鮮。國父實業計畫亦以築港開始，且視築港爲發展實業計劃之策源地，其重要性可見一般。戰後我國各種建設同時並辦，應以交通爲第一，而築港闢埠，又爲一切交通之首，蓋各種建設所需之材料機器自國外輸入，轉運內地，均賴港埠之完成在先也。

我國將來應建設何處港埠，實業計劃中已詳加昭示，自當遵照實施。國父擬在我國北部中部南部沿海各建大港一，爲築港計劃中最重要之工作，亟應早爲規劃。尤以東方大港，在我國中部，將爲對外貿易之中心，在全國港埠中，佔領導地位。本文即就建設東方大港之種種問題討論之。

二、以上海爲東方大港

建設東方大港，應先研究其地位。遵照實業計劃，應建於浙江杭州灣之乍浦澉浦間，或即以上海爲東方大港。上海爲已成之港埠，有一廣大富庶之腹地，揚子江流域二百萬方公里，幾全爲上海商埠貨物供求之區域。且有揚子江及已成之鐵道公路網，貫通各地，交通便捷，其早成爲我國第一大埠，本非偶然。昔以揚子江口淤積日淺，黃浦江航道深度有限，且以戰前各國租界情形特殊；故國父擬在乍浦澉浦間另築新港，該處距深海頗近，適合大港之條件。惟國父同時亦指出，如仍以上海爲東方大港，應在浦東從楊樹浦及龍華間另闢運河，而將該兩點間之現在黃浦航道填塞之，旨在使工商熱鬧區域，移出租界，繁榮我國市區，港道爲我國管轄，苦心孤詣，事非得已。但自去年中英中美平等互惠條約簽訂後，將來抗戰勝利，租界收回，上海全部主權，重歸我國，則上

海港即就抗戰前之規模與佈置改良擴充之，必能遠勝乍浦之計劃港，玆述其理由如下；

1，上海以揚子江流域，爲其腹地，面積之大，幾等於中國本部之半，揚子江航道優越，巨輪終年通航，爲世界有數之極佳水道，鐵道公路網早已完成，交通稱便。如在乍浦築港，雖亦可築運河，與揚子江接通，究不如大江本身之便於航行，欲使深度與大江相等，所費甚鉅，亦需時日，鐵道公路亦尚需趕築也。

2，上海工商業繁盛，經濟基礎大定，對於港務發展，均屬有利。新築港埠，在十數年內，難與競爭。

3，上海以黃浦江爲其港道，不受風暴侵擾，乍浦之計劃港，欲防風浪之侵入，尚須建造艱難耗費之工程，乃得停泊船隻之安全。

4，上海有已成之碼頭倉庫等設備，雖尚須改進擴充，所費恐尚不及新闢港埠之半數。

5，新築之港，戰後尚須徵集資料，測量設計，方可施工，恐非短時期可以開工，開工後亦非三五年可使其具相當規模者，戰後一切建設，均刻不容緩，港埠之需用甚急，能利用上海爲東方大港，較能適合實際情形。

6，乍浦澉浦間，距深海（深及四十呎以上）雖近，惟有日漸淤淺之趨勢，且該處水流湍急，據海道測量局測得流速在每小時四浬以上，航行是否方便，尚需準確之測量及研究也。

根據上述諸點，戰後應以上海爲東方大港，可無異議。且戰後上海舊有設備大部被毀，改進時阻力較少，敵產沒收，友邦之產業，亦可設法收購，正可大爲擴充。惟乍浦地位優越，港道深奥，亦有建築之必要，似可列爲二等港之一。且上海港深度有限，欲使世界最大郵船駛入，尚有困難之處，下節中當再詳述。如乍浦之港建築一部份，供最大郵船使用，旅客貨物從陸路運至上海或直接至內地，則與上海港互相合作，可與英之倫敦及南安普頓相媲美，蓋倫敦雖爲英國第一大港，而較大郵船仍泊於後者也。

三、上海港以往建設成績及戰前擴充計劃，戰後應如何建設。

上海以黃浦江爲其港道，爲河港之一例，黃浦在揚子江口之右岸，受潮汎之影響。當民國紀元前七年時，黃浦各段暗沙潛伏，最淺處在最低潮下不過十尺，航道分岐，亦不整齊。經卅年來之浚浦工作，至戰前非常低潮時航道至少有廿六呎之深度，岐道亦分別堵塞，河道日趨整齊。治理之成績，頗可稱道。惟揚子江之淺灘，仍使巨輪不能駛入港內：港內之設備，頗多不能滿意之處。碼頭雖不少，但供巨輪停靠者，尚付缺如，巨輪均停江中，頗不方便。其餘裝卸貨物之機械設備，殊感缺乏，蓋戰前人工低廉也。港內交通，如鐵道街道橋樑隧道等設備，亦未臻完善。港務管理，更覺混亂。以上種種，均有改進之必要。

關於上海港改進擴充計劃，戰前曾經數次研究討論。民國十四年由上海浚浦顧問局各顧問推薦港務專家，組成上海港口技術委員會，開會討論後，曾提出報告書，但事後鮮有實行。至民國二十一年上海市政府有發展船務之議，請國聯工程專家考察，亦擬有報告書。兩次報告之範圍，大概包括下列諸點：

1，揚子江口神灘之疏濬，及黃浦江深度之增加，使小潮漲潮時，吃水卅三呎輪船，出入上海港無阻。

2，港內應在適當地點建築郵船及其他商輪之公共碼頭，并在浦江之左岸或右岸建造一鉅大深水船港。

3，浦江右岸（即浦東），須建適當之鐵路及道路，并在龍華附近跨江建橋。

4，保留一切適當地面，以供將來港埠建設之擴充。

又以經費關係，擬儘先完成急需之工程。其中神灘之疏濬及在浦江左岸虬江附近建築鉅輪碼頭（市中心區附近），均在戰前開始實施，前者已見成績，後者且於戰事發生前竣工。

建何戰後如設，應先有較以前更為完備之計劃，以改善擴充整理上海港埠為目標。以前濬浦工程戰後應即繼續實施，其他設備交通之改進，管理之統一，均應計及，俾上海港得與世界頭等港埠并駕齊驅。茲將各種重要問題逐一討論之。

四、揚子江口及黃浦江濬深問題

上海港海輪進出，必經揚子江口，而該處水道分歧，經研究結果，認為南水道最易改良。惟有淺灘一處（俗稱神灘），寬逾三公里，其妨礙深水船舶航行之處，長約卅公里，最淺之處在低潮時僅及十七呎，最高潮可增十六呎，小汛漲潮時僅可增十呎，則深度不過廿七呎，吃水廿五呎以上之船隻，即難駛入。黃浦江為上海之港道，戰前已挖深至最低水位下廿六呎，小汛漲潮可增六呎，則深度反達卅二呎，可駛吃水卅呎之輪隻。但揚子江口深度如不設法增加，浦江雖深，仍無大用，是以疏濬揚子江為最急需之工作。

目前世界頭等港之航道，均維持四十呎以上之深度，因巨型郵船之吃水已接近四十呎也，如欲以標準以改進上海港之深度，即以每日兩次之漲潮時爲度，揚子江口尙須增深十三呎，浦江須深增八呎，恐非易事。

惟查航行遠東之巨輪，吃水鮮有超出卅呎者，因遠東各港深度頗不一致。戰後航輪或有加大之可能，假定吃水卅三呎爲其限度，似較合宜，民十年上海港口技術委員會亦認此爲行駛太平洋最經濟容積之船舶。將來或有世界雄大郵船吃水超出此數，此種巨輪，究屬少數，則在乍浦築以容納之，已在前節中述及。

以卅三呎吃水之船舶爲準，航道深度應超出吃水三呎，則至少在小汎漲潮時應有卅六呎之深度，神灘深度須在低潮下廿六呎，浦江深度在低潮下卅呎。

揚子江口之濬深問題，似以利用巨型挖泥船，常川挖浚爲最宜。雖有若干河口，建築導堤，藉水力冲刷，以增深度，已收成效；但如此大河如揚子江者，每年水流挾沙而下，爲數可驚，又有潮汎影響，情形複雜，用導堤治理，極少把握。現巨型挖泥船之機力挖濬，日漸進步，已被治河專家公認爲治理河口之最可靠方法。戰前上海濬江局建造巨型挖泥船兩艘——建設與復興——，專供疏濬神灘之用。前者早已工作，後者在德建造，未及駛滬，戰事發生。欲在神灘上，開闢航道，底寬六百呎，底平在灘頂下最大者爲九呎（即低水位下廿六呎）航道擇最深之綫，但其處隨挖隨淤，假定百分之五十重淤率(Reacretion)（大半由於兩旁泥沙之滑入也，前浚浦局總工程師查德利氏(H.Chatley稱每年重淤量當爲二百萬至三百萬立方碼），則有年挖共一千萬立方碼之兩巨型挖泥船，常川工作，當可維持需要之深度。惟關於航道線之選擇，對於重淤之影響甚大，因淤積與潮汎水流等方向有關也。戰前所選之綫，是否經濟，尙爲問題，戰後應先建模型，試驗重淤最少之航道，須顧及潮汎水流等作用；雖試驗結果不足表示重淤之眞實數量，但可比較各航道重淤量，以決定最佳之線。

至於黃浦江之深度問題，戰前已有低水位下廿六呎之航道，仍賴濬浦局常年維護，挖濬重淤泥沙。如欲增加深度四五呎，以達低水位下卅呎之標準，非不可能，惟重淤泥沙必增加不少，維護工作當必更爲艱難。蓋依治河原理，河道之增深，必使寬度束狹，而束狹之百分率必遠超出增深之百分率，於是河道剖面減小矣。然潮汎河道之妥善，應使流入之潮水量增多，則退潮時收冲刷之效；如河道剖面減小，又使潮量減而淤積量大增，致挖濬工作十分繁重。倘以航輪吃水需要，不得不要求增加深度，爲工程經濟計，似可先挖濬黃浦之下游一段，至低水下三十呎，自吳淞而上，或至虬江爲止，此段可指定爲巨輪停泊處。上游仍維持已有之二十六呎深度，待十年後，視挖浚之成績，與當時之需要，再考慮上游濬深問題。

五、港內碼頭及船港之建設問題

上海港內之碼頭，向採用順河流式。有爲固定之建築，供大船停靠；有爲浮碼頭，以浮橋與岸接通，供較小船隻停靠，隨潮之漲落，裝卸貨物，上下旅客，可較方便也。戰後擴充港內碼頭建築時，仍可採用以前式樣，惟設計及材料等，尚有研究之處。因黃浦江不宜束狹，已如前述，則與河流垂直之碼頭，如美國各港普遍採用者，伸入河道，頗不相宜。黃浦挾沙太多，此種碼頭間淤積必多，維護不易也。

關於港埠設備之數量，如碼頭長度，貨棧容量，港之面積等，應按照進出該港之船隻數量及噸位而估計之。普通以每年進出港口之一切船舶淨噸位總數，以代表此項數量，名曰吞吐量。港內裝卸貨物之數量，恆與此吞吐量成一比率，可預爲估計。例如此次戰爭前，英之利物浦港，每年吞吐量約爲四千一百萬噸，每年港內裝卸貨物約爲一千三百萬噸，約合上數之三分之一弱。有若干港埠，此比率較大，視該港之地位是否航綫之終點，抑係中點而定。如以二分之一比率，估計貨物裝卸數量，必較寬裕。

上海港在戰前之吞吐量，無確實之數字，約在四千萬噸至五千萬噸間。戰前香港之吞吐量爲四千二百萬噸，倫敦爲六千二百萬噸。上海將爲世界最大港之一，其吞吐量當可達倫敦之數字，姑以六千萬噸爲估計之根據，則裝卸貨物不致超出三千萬噸。港內所需之碼頭長度，可以上數及每呎碼頭每年裝卸噸數相除而求得之。歐洲若干港效率較高，每呎碼頭年可裝卸五百噸，美之紐約港，管理較差，每呎僅裝卸一百噸，我國青島港，民二十二年進出口貨物共計二百四十萬噸，當時碼頭長度爲一萬〇五百呎，計每呎可裝卸二三〇噸。管理較佳之港內，平均每呎碼頭每年裝卸二五〇噸，當屬可能，如以此數字用於戰後之上海港，則需要碼頭長度當爲十二萬呎 $\left(\frac{30,000,000}{250}=120,000\right)$。

上海港範圍內，黃浦江長約卅九公里，則兩岸可利用之岸綫約爲七十八公里，（廿五萬尺以上）戰前已有碼頭之岸綫祇七四九〇〇呎，爲前數之三分之一，頗有發展之餘地。雖若干處在江之彎道凸出部分，淤積太甚，不宜建築碼頭，但所需之十二萬尺碼頭綫，總可設法選得也。以前黃浦兩岸，工廠及其他用途，佔據不少線，戰後應規定，除公用事業如給水供電等用途外，距江岸若干尺以內留作碼頭貨棧之用地。戰後上海港重心，應儘量移至下游，改建楊樹浦以下之兩岸碼頭。尤注重虬江附近及其他適當地段之深水碼頭，即在吳淞之深水區域建築碼頭，亦無不可，使巨型輪十艘，可同時停靠，蓋戰後上海市中心在江灣，虬江即在其附近，距吳淞亦尚不遠也。

碼頭線佔河道之兩岸，長達卅公里，使港埠設備，不能集中較小之面積內，爲頗不經濟之佈置。故極早有人提議在港內開闢船港，使若干船隻，可集中停泊一處，爲歐洲各港所常見者，頗有討論之價值。有建議在黃浦左岸，緊接薀藻濱之上，建造一鉅大深水船港，亦有擬在前公共租界對江浦東半島建築船港之計劃。經民廿一年國聯專家商討之結果，認爲黃浦平潮時短，船舶航駛擁擠，河身與船港間航行，既不安全，又不便利。且船港內靜水面積，淤沙必多，維持深度所費甚鉅；雖可建船閘，使船港成爲封閉水面，但於航行增多障礙，上海港內駁船來往頻仍，最感困難，而在黃浦之惡劣基礎情形下，建閘費用勢必驚人。是以各專家以爲建造船港，必須待一切適宜與可用之沿河地面都已充分利用後，頗有見地。黃浦兩岸戰前尚未能充分利用於碼頭建設，即已建有碼頭，因各有業主，各處無統一管理，未能每日充分利用供船舶停靠，有幾處船隻擁擠不堪，有幾處一月中停船一二次。此等情形在管理不統一之港內，常可見到，如紐約港碼頭商有者居多數，無統一之管理，致與歐洲各大港比較，紐約港之碼頭總長度，雖較世界任何港超出數倍，而每年停泊之噸位，未必超過其他大港。上海港內碼頭管理改良後，即已成之設備，儘量供船隻利用，已屬可觀，況尚有擴充之餘地耶。但沿江適宜建築船港之地段，應預爲保留，待將來適當之岸線都已利用無法擴展時，再作船港之計劃。

上海港狹長之碼頭區，一切不能集中一處，爲其最大缺點，惟將來所有碼頭，都收歸公有後，可依照停泊船隻之大小性質——江輪或海輪，郵船或貨船；貨物之種類——普通或油煤等特殊貨物；轉口或供本地銷用等等，劃分區域，同時改良港口水陸交通，可不致感過分之不便利矣。

六、港內交通及設備改進問題

港內交通，恆藉鐵路道路及水道，互相聯絡，並與腹地相通。上海雖爲京滬及滬杭甬兩鐵路之終點，但港內除鐵路局幾處碼頭外，並無鐵路相連之碼頭，貨物旅客，均賴其他市內交通工具，與鐵路銜接，可謂不方便之至。上海道路，尚稱完善，租界華界各處均通大道，碼頭旁即有道路，浦東路政較差，抗戰前亦曾建浦東大道，貫通浦東各地，尚有擴充之必要。黃浦兩岸，藉輪渡及駁船，互相聯絡，即江之同一邊，亦常利用水運，以其價廉也。停泊江中之輪船，更不得不用駁船，以裝運貨物旅客。上海港內交通，不能稱為滿意，亟須改進，而最重要者為鐵道聯絡與渡江設備。

佈置適當之港內，必有一鐵道帶線(Belt Line)，可通港內各處，成一帶形，並與腹地之鐵路綫聯絡。上海港之黃浦兩岸，沿碼頭綫，應各建一鐵路綫，並在龍華附近建浦江大橋，接通兩岸鐵路綫。浦東鐵道選線較易，因浦東地面空曠也。在浦江左岸，尤以前租界之外灘一帶，為商業銀行區域，不宜建築鐵路。任滬杭甬鐵路，在新龍華分為二線，分達南市閘北二區域，乃一帶形，可為上海港鐵道帶線之一部份，將來可改鋪雙軌。南市沿碼頭之外馬路可鋪鐵軌，自南車站引長至法租界附近。閘北可自北站引長，至沿江碼頭，沿碼頭線而下，至吳淞為止。

黃浦渡江問題，曾有跨江建橋之議，惟因浦江船舶擁擠，建橋位置，應在上游之龍華附近，兼通鐵路公路。該處船隻較小，可不必用開孔式。龍華以下，渡江方法，除大量擴充輪渡外，應待將來審察情形，採用水底隧道。惟隧道建成後，仍賴輪渡輔助，因後者地點可不必限於一二處也。隧道建築需費過鉅，且兩旁引道，影響已成建築，儘可緩議，對渡江設備改善，可運車輛，如管理適當，未始非渡江之易佳方法也。

上海港內裝卸貨物之機械甚少，因人工低廉之故，但戰後工資必高，各大輪碼頭，應備相當之举重機，固不必如歐洲各港之多，如有若干設置，可輔助船上之举重機，減少裝卸所需之時間。特種貨物，如油煤五穀等之裝卸，用特殊之機械，效率可增加不少。關於上下旅客之碼頭，以前設備太覺簡陋，應設法改進，如候船室行李房餐室等不可缺少。

修船設備，戰前已具相當規模，船廠有大小數十家，除江南造船所外，均為商有，大者屬之外人。乾船塢亦有十處，但都太小，巨輪常至遠東其他港修理。戰後應即建千呎之船塢二處或擴充已成者。

貨棧有通貨棧(Transit—Shed)及長期堆棧兩種，前者堆貨期不過一二週，以趕速出清為原則，此種貨棧應在碼頭旁，建築可較簡單。長期貨棧，可距碼頭較遠，大都為幾層之建築。上海港內對於此種劃分不甚清晰，且有以露天空地或馬路為暫時堆貨之用，對於貨物，既屬不利，且妨交通，不無阻礙。戰後應有整個計劃，使長時期之堆棧移至較遠地段，碼頭旁之房屋，改作通貨棧之用，且嚴格規定其限期，使貨物不致擁擠。新建之碼頭，更應有合理之佈置，使有適当地位，建築通貨棧，其大小及層數，應與停靠之輪船噸位及停靠間隔日期等有關。其與鐵路道路之相互位置，亦應妥爲規劃。

通貨棧之容量，對於該處碼頭裝卸貨物之效率，影響極大。其容量似可以下法估計之。如每尺碼頭每年裝卸貨物二五〇噸，假定貨物留存貨棧平均爲期旬日，每年出清卅六次，則每尺碼頭卽需七噸容量之通貨棧。上海港估計每年裝卸三千萬噸，碼頭長度將爲十二萬尺，已如前述，則通貨棧之總容量應爲八十四萬噸。

七、港之管理及建築經費問題

港之管理方式不一，最不能滿意者，爲𠎝種管理。上海港道之疏濬，屬之濬浦局；碼頭貨棧及一切設備，屬之私人政府或外人；標誌及收費，由海關管理；港內治安驗疫引水等又由不同機構主管。如此不統一之組織，對於港務之進行，至爲不利。英國各大港，常以各業代表組織之機構管理港務；但在中國，尤以上海，一切恐須賴政府力量，方得順利進行也。將來上海港之管理，應設港務局主持之，一切港內設備及交通，均應收歸公有，由港務局統一管理。港務局或屬中央之交通部，或屬上海市政府，兩者各有優點。中央管理，組織較大，力量較宏，對於經費之籌措，產業之收購及敵產之處置等，較易辦理。地方管理，則可與其他各市府局處，易取聯絡，較能合作；但以全港業務，包括工程營業交通徵費等，歸一局主持，規模甚大，恐非市府下一局力量所能及也。將來全國港埠建設，恐均歸交通部管轄，因港埠乃交通事業重要部門之一，與鐵道公路水道等交通建設，應取得連繫也。只我國第一大港之上海，港務之管理，似以由交通部設上海港務局主持爲最宜；較小港埠之業務，由地方政府設局處管理，交通部管轄，亦無不可。上海港區可與市區劃分，與市府職掌不致衝突。港務局內部如何組織，不擬詳爲討論。

戰後我國築港經費，可不必在國家預算內支付，因依照一般經驗，港埠經營之收入，爲任何其他交通事業所不及。如用借款或公債方式籌得經費，短期內必能歸還。至於購置私人產業所需之經費，爲數甚鉅，可用分期付款法，以港務經營收入之淨餘，逐年歸還。

戰前船隻進上海港，須納下列各費，(1)噸位稅，照船隻噸位數計算，(2)濬浦稅，(3)港捐稅，兩者依照進出口之貨物價值計算，以上均由海關徵收。其餘停靠私人碼頭，使用私人貨棧，或停泊浮筒，應付各項租費，引港應付引港費，各種租稅，名目繁多，手續複雜，諸多不便，既納碼頭稅，而停靠碼頭，仍應繳租，甚不合理。徵費之方法，世界各港頗不一致，最普通者，一爲噸位費，徵之船舶，一爲碼頭費，徵之貨物。戰後上海港似亦應以上列兩項爲主要徵費，稅率可以酌加，其餘雜項徵費，以儘量删免爲是。港務經營之收入，除償還債務外，應全部用於本港之擴充及建設，不得移作政府其他經費。

八、自由商埠問題

世界各大港，均劃出若干面積，作爲自由商埠區域（Free Port），在此區域內，貨物可卸至陸上，存貯製造或改裝後，運往其他港口，不徵收關稅，此可使出口貨成本減低，在國外市場易與他人競爭。此在我國尤爲重要，因人工低廉，製成工業品後出口，當較原料出口爲合算。而上海又爲工業城市，原料自國外或我國各地運入，如在上海港劃出自由商埠區域，既可使上海工業更爲繁盛，又可鼓勵工業品之出口。上海港又爲我國最重要之轉口港，如設立自由商埠區域，貨物轉運，可減去轉口稅之繳納矣。在上海港最適宜之地位，設爲自由商埠區域，爲吳淞附近一帶，與港之其他面積，可完全隔絕，易於控制及管理也。

九、結論

上海港在技術條件下，雖不旨築爲頭等港，但其經濟條件，最稱滿意，有廣大富庶之腹地，且已具相當規模，改善擴充較新建者，當可便捷不少。是以戰後應以上海爲東方大港，並努力建設，使成爲世界大港之一。欲達到此目的，若干問題勢所難免，尚須經各方之研究商討，謀合理之解決，將來之建設，即以此爲根據，上述之諸問題，爲最重要者，本文討論所及，不過提供各方之研究參考，尚祈交通當局早爲注意及之。

機械築路概論　李崇德撰　薛傳道譯

一 序言

美國公路運輸之突飛猛進，乃由於汽車容量之日增，及行旅迅速舒適與安全之改進，凡此進步，實為生產方法改善，製造成本低減，而能迎合大衆之需要有以致之。其高速度公路建造之經費，大都取自政府所抽之油稅；美國油價低廉，與他國比較時尤為顯著，故其人民從未有節省汽油之傾向；於此大量消耗之下，油稅殊屬可觀，遂使新公路年增不已。

至於美國之所以能建築高級公路，則完全因能利用最新式之築路機械，此種機械之製造商不斷研究改進，日求公路品質能益趨上乘，而築路時間能日形減短。晚近築路機械之進步，係傾向於容量之加大，能力之儘量利用及能自動工作，集中管理，以增加其使用之靈活與經濟，對於個別工程上之特殊需要，則更有特殊機械之製造，因能善用此種優良新式之築路機械，乃使高級公路得滿佈全國。

在中國既不能製造車輛，又不生產必需之燃料，在在均仰賴於國外之輸入，而且經濟落後，購買力薄弱，輸入復又有限；油稅所入，殊不足供應公路迅速大量建築之用；然以吾國人口之衆，幅員之廣，運輸設備之急切需要，乃絕對不可否認之事實，目前國內各種高級公路，較之美國，僅可言為雛型而已，近年中國對於利用本國勞工，與外來機械，孰為經濟一問題，未能決定，對於公路之發展，頗受影響。此問題爭辯頗烈，有提倡利用國內勞工者，有主張採用機械築路者，紛紛莫衷一是。主張前者之理由，為吾國有大量低廉之勞工可資利用，從而將能解決民生失業問題。且內地運輸簡陋，搬運外來機器，不但費用浩大，且困難諸多，復加吾國無熟練之技工能運用機械，而外匯高漲，購買外洋機械勢非國家財力所能勝任。後者提議採用機械之理由，為節省有用之人力提高公路之品質，加速完成公路建設計劃，以促進其他經濟建設之發展，將來可使耗用之經費能於短期內恢復。兩者固各有其理，然完成優良公路當為其共同之標的，其所分歧者乃築路方式之差異也。今日我國缺乏完美之公路，事極明顯，在戰前難以溝通各地交通，戰時不能暢達軍運，貽誤戎機甚大，故公路不但為發展經濟所必需，於軍事尤為重要。築路機械之輸入，將促使技工迅速培植，從而專家研究與模仿製造，必應運而生，將來必使中國能自造自用築路機械，以達自給之經濟原則，庶不再依賴於外洋之輸入，不僅杜塞漏卮，且可加強我國工業化之基礎。

爲欲使國人對築路機械之式樣及用途得一概括觀念，本文特將各種築路機械作一簡單之介紹。此項機械大都爲現代最新式而易實用者，包括有養路、平路、挖泥、開山、軋石以及建造馬克達路之各種機械工具。

二 養路工程之機械

公路工程，有養路及築路二種；築路工作，又可分爲路面與路基二種：

路基工程有：

1. 土方
2. 石方
3. 淤泥之搬除
4. 路基形式之築成
5. 輾壓

路面工程則有：

1. 礫石路面
2. 馬克達路面
3. 柏油路面
4. 混凝土路面
5. 磚塊或石塊路面等

特種有效之機械，常係應特殊需要而發明，非本於所將討論。下列各節所述乃爲最通用於一般之築路機械也，茲先就養路方面應用者述之：

一、土路保養 土路保養最有效之時間，乃當土中含適量之水份是也，此種情況僅在細雨之后，或大雨後而經過若干時間待過分潮濕蒸發之時，故此有效時間甚短，如何使此寶貴時間能盡量而迅速利用，實爲其中最重要之問題，有數種機械專爲達成此項目的而製造者，如亞當八號養路機(Adams No. 8 Maintainer)，此非自動開駛之機器。須由卡車爲之拖動，每小時平均速度爲十五英里；第二種爲摩托平路機(Motor Grader)

此保養能之機器。不但可作平路之用，且能清理疏通側溝，爲自動進行之機器，但也有用牽引車拖拉而自身不能行動者，舊式之平路機，係用馬匹拖拉，過去二十年中曾採用頗廣，今雖仍有應用者然摩托平路機已有完全代替之趨勢，吾國西北各省，馬匹衆多，故應用馬力拖拉機器依然適用，四匹或六匹馬之二輪平路車，每天可完成十五至二十英里之路面，並非難事。如此對於寶貴時間之利用 較僅用人工煤鍬者，收效多矣。

二、礫石路面之保養 礫石路甚易形成凹凸及波紋狀之路面，即一般所謂之「板刷」(Wash Boards)狀者，保養時卽將路面上突脊處剷除，低窪處填平；用剷除機(Scr-aper)或平路機(Grader)卽可完成此項工作。

三、馬克達路之保養 馬克達路，特別是水結馬克達路，每當高速度載重卡車通過時，其路面損壞甚烈，故保養時乃採隨壞隨修制，因此各項修補材料，須隨時準備，其手續包括路面之爬鬆，舊材料之搬除，然後篩去泥土將舊石子混和於新石子內而重鋪之路再散以細小之石屑，加水，而壓實之，此種機械係由帶齒爬及剷刀之平路機，與三輪壓路機聯合應用，亦有用帶齒爬之壓路機者。

四、柏油路之保養 柏油路之修補方法，首爲掃除鬆土，清潔路面，次乃補以已混合之材料，再壓成所需高度，在小規模工作中 Galion Portable Roller 最爲合用，因其可以附於卡車之後，以高速度遷移也。當大規模保養工作進行時，則可用雙輪壓路機(Tandem Roller)

五、混凝土路之保養 混凝土路面之損壞，大都由於路基支承力之失敗，其最通常之現象，爲在膨脹時之龜裂，修理工作，須視損壞之形狀而定，當受損之里程極長，以柏油拌和石子鋪於混凝土上較爲經濟，受損路面甚小時，（如在接縫或邊緣處）則可用汽鑽，將其鑿破，將廢料除去而另補以已調和之混凝土，使其仍與原路面相平，此項已調和之混凝土，係在裝置於汽車上之混和器中和成，此種混合器，當混凝土運送時，乃經常旋轉不停，此乃一種特製之機械。設混凝路面，隨路基沉落而低落時，普通多用扛泥手續(Process of mud Jocking)使其恢復原來之高度，此手續係在混凝土路面上鑽適當數量之小孔，達於路基，然後將泥水混合物或泥，洋灰，水泥合物壓至路面之下，以使路面恢復原來之高度爲止，扛泥工具，係安放於汽車上，包括有裝水，泥混合物之櫃，此櫃連有一唧機，並有帆布帶，工作時將帆布帶之噴嘴插於混凝土路面之鑽孔中，施壓力後可將水泥混合物經帆布帶而壓入路面以下。

三 路基工程之機械

一、土方 在平地上，修築路基之最普通之方法乃掘起路面二旁之泥土造成排水溝，並將泥土漸漸集於路中使成拱形。一架重摩托平路機，(Heavy motor grader) 即可完成此種築路工作，若地勢甚低，則路基勢必用土填高，所掘側溝深度須較大，因欲利用掘出之土作填高路基之用也。此種工作最適用之機械為举高平路機 (Elevating grader) 惟仍需以摩托平路機，同時進行以築成路拱形式。

在邱陵之築路時，必有填土，挖土，借方等工作 其運土所用之工具常視運程之長短而決定，普通在二百呎距離之內 則多用推土機 (Bulldozer) 二百呎以上，一千五百呎以內，以拖式刮土機 (Havling Scraper) 最為經濟，一千五百呎以外，則大都用卡車及機器鏟 (Power Shovels) 築路工程中，工程師莫不力求土方運程縮至最小度，故拖式刮土機最見常用也。

二、石方 當路線經過山地時，勢必遭遇大量笨重之石方，處理此種石方，乃一特殊問題，所謂石方者包括各種堅石，鬆石及卵石等是也。

鬆散或風化之石層，用機器鏟 (Pewer Shovel) 即可處理。堅石則於應用機器鏟以前，須先施以轟炸，炸堅石方最佳之炸藥為 Du Pont Gelatm （由 E.I. Du Pont det Nemours 所製造），此種炸藥不畏潮濕。如炸鬆石，普通用 Da Pont Red Cross Exra：使用此炸藥者須注意炮眼(Charging Holes)必須乾燥，最多祇能帶一點潮濕。

三、淤土之消除 當公路經過沼澤，充滿連泥帶水之淤土時，須將此種淤土挖除盡淨，而另填以選定之材料，路基方得堅實。普通所用之機械，為拖線式之機器鏟(Dragline)或貝殼形之挖泥機 (Clan Shell)，亦可用卡車將實土加於淤之上，使淤泥擠向兩側，直至不再有沉陷為止，亦有在淤泥中裝以黃炸藥(Dynamite)使其爆炸時，將淤泥驅散於四周，而另填新土，此種手續最為迅速。

四 路面工程之機械

一、礫石路 礫石路面之鋪設，係用混合之礫石，砂及黏土築成，此種混合料若得之於礫石場不經篩過者，稱為岸邊礫石 Bank Run Gravel 若係依照比例而將各種石料混合者，則稱之為穩定礫石(Stabilized Gravel)，二者均可用散播機 Spreader) 掛於能自動翻起之卡車(Dumping Truck) 之後，而分層鋪設，每層厚度約三吋至四吋普通用三輪壓路機，或讓載重卡車行駛壓緊，如係利用車輛壓實者，在鋪設第二層之前，應先讓車輛行駛數月。6吋—8吋厚之碎石路面，一般應分三層鋪設，路面上因車輛造成之崎嶇窪槽，當不斷用平路機剷平之。

二、馬克達路： 馬克達路之鋪設，係用軋碎石灰石，石屑及水所構成，後二者乃充當結合料之用，建築馬克達常分二層鋪建，第一層用5吋至6吋之石塊，第二層則用$1\frac{1}{2}$吋—2吋石子，其上更須鋪以小石子及石屑，各種石料均可由撒佈機 (Spreader)或人散佈之，石料鋪至所需之厚度後，即加水輾壓，洒水應以均勻速度行駛，輾壓則至少用十噸重之三輪壓路機。馬克達路，必須用生鐵輪盤之三輪機，方能壓實也。

三、柏油路面 柏油路面有下列數類：

1. 澆柏油(Surface Treatment)

2. 路拌柏油(Road mix)

a灌柏油(Penetration)

b流動拌柏油機拌和(Travelling Plant mix)

3. 廠拌柏油(Plant mix)

a熱拌柏油(Hot mix)

b冷拌柏油(Cold mix)

1. 澆柏油：先用柏油壓佈機(Asphalt Pressure Distributor) ，將溶成水狀之柏油鋪設於路面上，再用人工或石屑散佈機撒以石屑，然後均勻輾壓之。散佈機(Chips Spreader)約有數種(a)旋轉圓盤式(b)滾動式(c)重力式等。

2. 路拌柏油

(a)灌柏油：將熱柏油或cut back Asphalt灌於鬆動之路面上，其數量以灌入2吋—3吋為度，然後再撒以$\frac{3}{4}$吋至$\frac{1}{2}$吋之碎石而用重壓路機壓實之（普通多用十噸重三輪壓路機，），其所用築路機械大致與澆柏油相同。

(b)流動拌柏油機工作，係預將粗細石料，堆置於路基中間，由拌油機之起重部分鏟起混合後，再以撒播部分散於路面上，俾得適當之厚度及適當之形狀，此項機器，普通均製成能同時作三種工作，即起重，混合，及散佈，但亦有將其分為各個分開之獨立單位者。

3.廠拌柏油：係將細石料及柏油在一固定之拌和廠內拌和。

a熱拌柏油廠：其主要單位為(a)粗石料乾燥器，(b)粗石料起重機，(c)搖動篩(d)貯藏所(e)磅秤(f)柏油盛放器及柏油秤重吊桶(g 混合室。若係用以混合柏油砂(Sheet Asphalt)之用者，則應另加一盛放石屑之吊桶。

b.冷拌柏油廠：與上述熱拌和廠相似，其唯一不同，乃在熱氣僅用作乾燥粗細石料，在混合之前，此項石料仍須令其冷却至大氣溫度，然後與柏油拌和。普通冷拌柏油工廠之建造，均使其能迅速變成熱拌工廠，而熱拌工廠亦極易變成冷拌工廠。

四、混凝土路：混凝土為公路建築中極重要之材料，美國高級公路大都採用此種鋪築，混凝土路極為耐久而經濟，其迅速發展僅需近二十年之者，為謀建築之優良，下列數項重要因素，必須注意，即路基之整齊劃一，所用材料之符合規定，石子、砂、水泥配合比例之適當，用水量之絕對控制，混合時間之充足，模殼之準確，鋼筋及膨脹接縫之安放，混凝土之適當攤佈及水泥硬化時之適當保護等是也。

鋪建混凝土路而所需工具，種類甚多，茲姑簡要叙述如次：

1.路基準備：路基之準確齊一有關經濟問題，欲得齊一之路基，應用路基刮平機(tubgrader)路基鉋平機(Subgrade Planer)路基檢驗機(Svbgrade Tester 等工具，當混凝土鋪撒於路面以前，路基之平直形狀等均須詳為校對。

2.材料選擇：所有粗細石料及石砂務使清潔，砂中之有機物雲母等不應超過1 %之重量，碎石務求堅硬，各種材料須先試驗，以視其是否合於標準。

3.比例及配合：粗細石料必須精確秤量 ，以確保其配合比例之正確 。材料先用起重機(Clamshell or Granes)放入貯藏器 Storage bin)內，貯藏器(Bin)內可分數格以貯各種粗細石料，Bin下裝有自動式或半自動式或人工控制之開關更有備有衡鈕(Push Button)以控制材料之瀉出者，則起閉更為方便。Bin之出口下即連於磅秤待達所需之重量後即自動關斷，將材料卸於車上而卡車上常分成數格，每格恰為照規定配好之材料一份，以便分批倒入水泥拌和機(Concrete Mixer)內，如此辦理則工作既迅速而又精確。

4.水泥拌和：建築水泥路之拌和工作，乃由特種之鋪路拌和機(Concrete Paver)為之，此項機器之容量，通常為27至34立方呎，新式混合機，有控制水量之裝置，故工作進行時不虞水量太多或不足 ， 此種鋪路機，普通安放於曳引機之座上，用汽油機或柴油機開動，裝料，混合，卸料等步驟皆有自動控制設備，一切均能按規定之時間完成，重量則在十七噸至二十噸間，移動速度可達每小時 $1\frac{1}{2}$ 英里，水泥拌和時間普通定爲一分鐘，因就經驗所得，一分鐘時間之拌和，即已充分，其效力並不因長期混合而增大，混合時所用水量普通比例爲水泥一袋不超過6加侖，在正常情況下應爲5至 $5\frac{1}{2}$ 加侖。

5.給水：築水泥路時，需用水量包括拌和及養護已鋪之水泥路面，每方碼約爲25至30加侖，普通均係臨時安裝水管置於路旁，水之來源或連接於城市內之自來水管上或用抽水機自清潔之水流中抽水應用。輸水管之直徑不得小於 $2\frac{1}{2}$ 吋—3吋，管線每隔300—500呎即需裝一接頭，以便修理、操作或移動，在每隔200呎處須安置T字接頭以便裝置出水口，以聯接於拌和機或供保養路面之用，並當裝保險活門，以減除當抽水機在工作而用水甚少時之過剩壓力，開關活門則須每800—1000呎裝置一個，以備修理時關閉之用，排水龍頭應裝於抽水機之下部及管綫之最低處，以便不用水時，將管內之水放清，以防冰凍。

建築混凝土路時，所用抽水機，其供給量，須每分鐘能出水80至125加侖，並須能承受300至600磅之水頭，在巨大工程進行時，往往不止一隻抽水機工作，以防損壞，而致停止。

6.模殼：建築混凝土路面，必須用模殼以支持竣工機器(Finishing Machine)俾造成路面形狀，並使能築成堅固路邊(Strong Edge)；模殼爲鋼質，長10呎，高8吋至9吋，依路面厚度而定，模殼安置不僅需平直堅實，且須支持竣工機器工作時，而無絲毫變形。

7.撒布及竣工：混凝土自拌和機傾出後，必須立即撒布於路面，至一定厚度，此即撒佈機(Spreader)之工作，撒佈機可爲螺旋式，或槳板式，竣工機緊隨於撒佈機之後，有各種不同之方式，或爲磨括，或爲震動，機械工作完畢後，尚不能達預期之平面，須再用人工磨光，此時所需之設備爲浮橋及帆布磨光帶。

8.路面處治：處治之目的，乃使混凝土能達全部強度，在鋪好後，最初數小時中，使路面保有水份，實爲重要之工作。普通方法，係不時洒水，或洒以化學藥品。如保洒水則在已鋪妥之路面上，覆以麻袋，時常洒水，使24小時内均能保持潮濕。過此即將麻袋取去，蓋以2至3吋厚潮濕之土壤，或覆以5－6吋厚之稻草，以阻止水泥面上潮氣之蒸發，亦有用其他物料以保持潮濕，約兩星期後，可以開放交通。

9. 膨脹與收縮接縫及鋼筋：(Expansion and Contraction Joints and Reinforcement)膨脹接縫，每隔30呎或40呎安放一個，使每100呎有$\frac{3}{4}$吋之膨脹空隙。收縮接縫，每隔10呎或15呎留有一道，係用鋼板或他種材料在路面上壓出一縫，使路面預留一弱點，深約1吋左右，故當收縮時即有較薄而直之裂痕發生，此種裂痕使路面分成有規則之板塊(Slabs)，伸縮縫中之填料，黑柏油，毛氈、軟木或橡皮等均可，為使載重由一板塊傳至另一板塊，伸縮縫中應更有接合鋼筋(Dowel bars)，普通用三分圓條鋼筋，縱向安放，中距約6吋。鋼筋則長約12吋，放於路面下2吋。

五 結 論

機械築路之大略情形已如上述，當茲勝利即將來臨，建國必須加緊進行之際，發展公路，便利交通，勢為迫切之要求，但公路工程，日新月異，進步極速，吾人設不能於機械築路方面迎頭趕上，則手推肩拖，豈堪想像，從事公路工程者實宜有所取捨而知所努力也。

（譯者按：李教授原文中附有不少精美圖表，照片，但因印刷困難，祇得割愛刪略）

高樓架應力分析

金稼軒

高樓架負載豎向靜重活重，並抵抗平向風荷重。樓架風應力分析，用靜力學不能解出，須用靜力無定解法 Statically Indeterminate Stress Analysis 作準確分析，工作繁雜，不合實際設計之用。比如用傾度變位法 Slope Deflection Method 分析三間十層不對稱屋架 要解五十個聯立方程式，方程式上的係數，又要長到五位六位，計算麻煩，不易複核。為減少設計時間，節省設計費用，所以有風應力近似分析。

近似分析

近似分析根據兩項臆定：

一、梁柱接合是剛節，(Rigid Connection)

二、設想鉸點在各梁柱的中點，

根據這兩項臆定，高樓架風應力可以完全用靜力學算出。只是所得結果不能和屋架受風力後實際變位情形相符合。故近似分析法的應用，只限於下面三種情形：(1)極有規則的屋架(2)初步設計(3)風力矩比較不重要的屋架，要求準確和省時的方法，仍須從靜力無定學研求簡捷方法。這一個問題，經結構工程師多年努力終於得到他的解答。

傾度變位法的器械分析

靜力無定結構的準確分析，到傾度變位法發明，在學理上已算光明燦爛，只在實用時候還嫌麻煩。但是傾度變位可以用器械度量，一九一五年威氏和曼氏(W. M. Wilson and G. A. Maney)發表『鋼架辦公高樓架的風應力』一文，述說用器械觀測賽璐珞模型樓架之傾度和變位。與傾度變位法方程式計算的結果相同。但工作簡單時間經濟，茲分模型製造，器械設備，觀測方法，公式導出，說明於後：

製造模型所用的材料是賽璐珞或者黃銅，賽璐珞一經負重，不能再恢復原有性能，按卸發生爬行(Creep)繼續示數，難以準確，所以宜用黃銅。模型是比照實際樓架，按一定比例，由 $\frac{1}{32}$ 吋厚黃銅板剪出。整個模型厚度一致，只要模型上各桿的深度

(Depth)與實際樓架梁柱截面底惰性矩(Moment of Inertia)的立方根成正比就可使用。

模型剪出之後，平放在桌面玻璃版上，(見圖一)把模型柱脚夾固在桌面上，並在模型各梁柱之下玻璃版上，各放一排 1/8 直徑的鋼珠。使模型變位時，可以隨意走動，不受阻力。加力量的方法是在模型桿上的承重點，繫一細繩，上繫彈簧磅秤和螺絲扣(Turn Bnckle)繩的另端，繫在桌子那邊加重到柱的時候，繩與柱垂直。加減荷重，只須微轉螺絲扣上的螺絲，彈簧磅秤準確至2英兩，黃銅模型沒有爬行的弊病，但易扭曲，因此宜在模型上加上輕微的重量。

梁柱中心線交點上作一小夾，夾上附鋁針一枚，長6吋。鋁針平向並與梁中心線平行。梁中心線轉動的時候，鋁針針端隨之轉動，用測微計顯微鏡(Micrometer—Microscope)對好針端，在測微計上看針端移動的示數。例如針端移動 0.00906 吋傾度當是 0.00151，約合5秒的轉動，設梁AB兩端的傾度和變位都已測出，梁AB兩端固端力矩，就可以用傾度變位法公式算得：

$$Mab = \frac{2EIab}{lab}\left[2\phi_A+\phi_B-3\frac{\triangle ab}{lab}\right]-\frac{Aab}{Iab}\cdots\cdots(1)$$

$$Mab = \frac{2EIab}{lab}\left[\phi_A+2\phi_B-3\frac{\triangle ab}{lab}\right]+\frac{Aab}{Iab}\cdots\cdots(2)$$

公式裏E是是黃銅的彈性係數，

IAB是梁AB的惰性矩，

ϕA和ϕB是A點和B點處的傾度，

△AB是AB兩端的比較變位，

B如各梁分別荷重，梁AB的固端力矩用下列公式表明：

$$M = a_1\frac{A11}{I11}+b\frac{A21}{I21}+\cdots\cdots$$

$$+a2\frac{A12}{I12}+b2\frac{A22}{I22}+\cdots\cdots$$

$$+\cdots\cdots$$

$$+a_r\frac{A_{1r}}{l_{1r}}+b_r\frac{A_{2r}}{l_{2r}}+\cdots\cdots$$

$$+\cdots\cdots\cdots\cdots\cdots\cdots\cdots\cdots(3)$$

公式裏 $a_1, b_1 \cdots\cdots a_r, b_r$ 是常數

A_{11}是第一間第一層梁的面矩(Moment Area)

A_{21}是第二間第一層梁的面矩，

A_{1r}是第一間第r層梁的面矩餘類推，

l是梁的長度，

當一側柱荷風應力時，第三式變爲

$$M=a_1\frac{A_1}{l_1}+a_2\frac{A_2}{l_2}+a_3\frac{A_3}{l_3}+\cdots\cdots a_r\frac{A_r}{l_r}\cdots\cdots\cdots(4)$$

公式裏 $a_1, a_1 \cdots\cdots a_r$ 是常數，

A_1 是第一層側柱的面矩(Moment Area)

A_2 是第二層側柱的面矩，

A_r 是第r層側柱的面矩，

l_1 是第一層上柱長，L_1 是第二層上柱長，

樓架模型荷重後，觀測模型各桿端點傾度和變位，將觀測的結果代入公式(1)(2)即得模型各桿的固端力矩，用這些固端力矩，再算出荷重產生的面矩，代入公式(3)或者公式(4)求出各桿上固端力矩公式內常數值列出各桿的公式(3)或者公式(4)。

模型不能負載與實際樓架相等的荷重顯然易見。模型能負載重量大的數磅，雖不等實際荷重，然第(3)或第(4)公式列出後，(換卽各常數求出後)，就可用實際樓架荷重，與實際桿件長度，算面矩代入第(3)或第(4)式而得樓架各桿實際的端點力矩了。所以在公式(3)或(4)建立之後，工作可以很快的進行，所有各桿件端點力矩幾等於一氣寫出。

在用(1)(2)兩公式之前，應先求出公式上EI的數值。方法是用同樣截面的黃銅作成一長10吋的臂梁，(Cantilever Beam) 端點負重後(荷重由半磅至七磅)觀測端點傾度和變位。固端力矩可以先求出來，然後只剩EI值是未知數，立卽可以算出。

此外，向號規定如下：

（1）順時針方向的轉動是正，反時針方向的轉動是負，（2）如桿一端對另一端發生順時針方向移動，桿兩端的比較變位，是正變位，（3）使桿端發生順時針方向的轉動的固端力矩是正力矩。

現代簡捷法分析

研究估定風荷重時所含各種不定因數，就知道高樓架準確分析，大可化簡。實際設計上的需要，也只求達到一個合理的精確程度，自從美國克洛氏教授創用平衡固端力矩法（亦稱力矩分配法 Moment Distribution Method）高樓架風應力的簡捷分析，也就有了解答。

簡捷法離不開這幾點簡單道理（1）在任意一層樓架上各柱剪力之和等於該層上風剪力。（2）節點處相交各桿的端點力矩相平衡，即$\Sigma M=0$（3）在任意一層樓架上，沒有扭力、Torsion的時候，各柱變位相等，（4）相交在一個節點的各桿端點轉動相等。

節點轉動使交在節點上各桿（梁和柱）發生固端力矩。力矩大小，和桿的$\frac{K}{C}$值成正比。K是桿的倔強率，等於$\frac{I}{L}$，I是桿截面惰性矩，L是長度，C是桿端轉動常數。

樓架傾側時，如束縛各節點不使轉動，柱端力矩端專因傾關係，乃等於柱剪力乘二分之一的柱長度，柱剪力和柱的$\frac{K}{L^2}$值成正比。各柱長度相等的時候，柱剪力就和K值和I成正比。梁力矩由於節點轉動，柱力矩乃由於由於節點轉動，和屋架傾側兩項原因。

開始分析本可以假定樓架在抵抗風荷重時，節點側傾，但受束縛，不能轉動。所以柱上有固端力矩，梁上沒有。本此假定，標明每層上柱的固端力矩等於按柱的K值分配該層上風力矩（風剪乘柱長之半），梁固端力矩等於零。就此按克氏法分配各節點固端力矩，使節點達到平衡狀態。節端力矩平衡後，柱固端力矩，不復相当於該層上風力矩，須另加固端力矩抵當。另加後，再度分配各節點上固端力矩，再使節點達到平衡狀態。這樣接續下去，直到達到合理的準確程度爲止。

但是這種作法，仍可進一步化簡，而完成現代簡捷法分析。就是假定樓架節點傾側時，節點同時轉動。在每一層樓各柱端標明固端力矩等於按K值分配該層上風力矩約數值，同時在梁端給以與梁的K值成正比的任何數值的力矩。分配各節點固端力矩，使節點達到平衡狀態。然後校正柱的固端力矩，以抵當原有風力矩。另再選一合宜的任何數值作梁端校正力矩，並再分配各節點固端力矩使達平衡狀態。

第二圖是一座四間十層樓架，地窨層高10呎，第一層高18呎，自第二層起每層均高12呎，屋頂並有四呎高的矮牆（Parapet wall）。風荷重每平方呎是20磅。作者用現代簡捷法分析二三兩層上風應力，用以解釋所用的計算方法。第二圖的分析可以分項說明：

（1）計算並標明每層樓板綫處風荷重，求第二層樓架上風剪力就等於由第三層起以上各樓板綫處風荷重相加之和，第二層上風力矩等於同層風剪力乘該層柱長的一半其餘風剪力和風力矩類此推算。

（2）在各梁柱上標明個強率K等於 I/L 值，並在靠近節點梁柱端點上標明分配因數 Distribution Factor 等於 $\frac{K}{\Sigma K}$ 如在節點X處分配因數等於0'420，0'105，0'475，等。

（3）將每層上風力矩按該層上各柱K值比例分配到各柱之上，就成為柱固端力矩，如第三層樓架上風力矩是78.6而各柱k值相等，於是各柱固端力矩全是15.7，梁的固端力矩，只要和梁的K值成正比，並沒有一定的限定。此處為適宜起見定為等於K值的5倍。

（4）分配各節點上固端力矩，信為方便起見只標明傳遞力矩（Carry Over Moment）如傳遞到節點X處的傳遞力矩由於第二層上節端A的轉動第四層上節端A的轉動和第三層上節點B的轉動，傳遞因數 Carry Over Factor 等於轉動梁的分配因數的一半。節端X處第二層柱上的傳遞力矩 $-8.5=\frac{0.500}{2}(30.9+17.9-15.0)$。

（5）校正柱端力矩以抵當原有風剪力，每層上（柱上下端校正力矩不同）的校正力矩等於該層各柱上傳遞力矩和分配力矩的總合例如 $+13.7=\frac{1}{5}\left[11.2+5.8+5.8+5.8+11.2+8.5+4+4+4+8.5\right]$ 因各柱K值相等，所以每柱各得五分之一。

（6）校正梁端力矩，須和梁的K值成正比，可以為一任意值，此處仍舊用梁K值的五倍，恰巧合適。

（7）將固端力矩傳遞力矩校正力矩相加。

式8）以度分配第七項加得的固端力矩，使節點達到平衡狀態。

結論

結構的接合，大致分鉸節(Pin Connection)剛節(Rigid Connection)兩種，其實普遍鉚釘結構的結合，既不是鉸節，也不完全是剛節，乃以半剛節(Semi-Rigid Connection)估多數。鉚釘接合的高樓架很多是這樣的，如接合是半剛節，近似分析與現代簡捷分析因假定不同，無法使用。但是傾度變位法为器械分析可以使用，這是一個特點，現今電桿接合的結構一天多似一天，接合全是剛節，就都可以用現代簡捷法分析。這是指鋼架結構而言，至於鋼筋混凝土多層的樓架，可以用現代簡捷法分析更不待言。

控制碳酸鈣平衡之給水防蝕處理

楊　欽

引　言

鋼鐵管在給水工程中爲主要之部份，但日受水之侵蝕管壁厚積氧化物銹疤，年深月久後，乃致洞穿。更以所積之銹疤爲含水之氧化物(Hydrous Oxide, $Fe_2O_3.NH_2O$)，可能膨脹至原來鐵體積之三至十倍，管徑遂爲之減小，其減至原徑三分之一或二分之一者，數見不鮮。曾聞有一四哩長十二吋徑之鐵管，於十二年內，磨擦損失，增大三倍之鉅云。

因之以增加之電力消耗，固尙遠較修理管線之損失爲大也。近年鑒於問題之重大，致力研究者頗不乏人。銹之成因，殆已洞悉無遺，而補救之策，日新月異，不一而足。本文所述，僅其中之一耳。

銹蝕之原理

銹蝕之作用，可別爲二類：卽直接化學作用與電化作用是也。

在大氣中乾氣或硫化氣之作用於乾金屬，可目爲直接化學作用，其作用之順序與程度，視所成產物之物理性而定。若所成者爲氣體或液體則作用將繼續不斷，迄作用劑用罄而止，但若爲固體，則將附於金屬表面，成一薄膜，如該膜緊密而不透水，則不啻成一護衣，銹蝕可以終止進行。

1903年威得奈氏(Whitney)首先以電化學說解釋金屬之銹蝕。嗣於1907年華克氏(Walker)，又加以補充，銹蝕作用遂得一滿意之解釋。電化作用，可別爲三類：(一)自蝕(Selfcorrosion)；(二)電池作用(Galvanicaction)；(三)盲電流電解作用(Stray Currentelectrolysis)。

自蝕　銹蝕最初之反應如次：

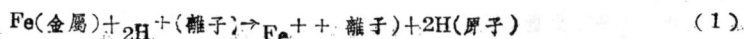

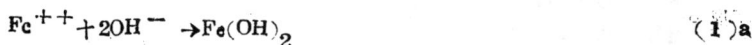

$$Fe(金屬)+2H^{+}(離子)\rightarrow Fe^{++}(離子)+2H(原子) \qquad (1)$$

$$Fe^{++}+2OH^{-}\rightarrow Fe(OH)_2 \qquad (1)a$$

戚氏對此作用曾云： Daniell

「氫之作用，一似金屬。設有一譚納爾電池(Daniell cell)焉，以鐵代鋅極，氫代銅極，連以導線，亦可得電流，鐵遂逐漸溶解。故鐵浸於氫離子液中，鐵乃溶解，而氫被釋出，一似譚納爾電池之硫酸銅也」。

嗣後華氏又增補第二步之反應如次：

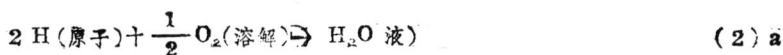

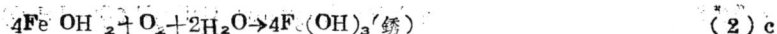

$2H(原子)+\frac{1}{2}O_2(溶解)\rightarrow H_2O(液)$ (2) a

$2H(原子)\rightarrow H_2(分子)$ (2) b

$4Fe(OH)_2+O_2+2H_2O\rightarrow 4Fe(OH)_3(銹)$ (2) c

由上式可知水中溶氧與銹蝕之進行，有莫大之關係，若無溶氧，金屬表面積以極化之氫，其作用勢必遲滯。

$Fe(OH)_3$可能積於鐵之表面，而使銹蝕停頓，惟是項覆衣，頗不穩定，其平衡易為氫離子打破，故鐵源源溶解，銹蝕將無止境。

泰半天然水中，都含二氧化炭，與水起作用成炭酸

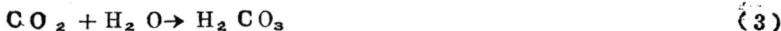

$CO_2+H_2O\rightarrow H_2CO_3$ (3)

并由炭酸之游離，得氫離子。

$H_2CO_3\rightarrow H^++HCO_3^-$ (4)

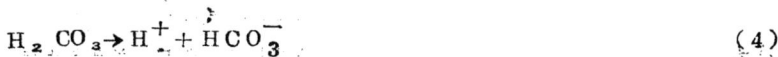

水中氫離子增加積聚原子氫之傾向，隨之而增，銹蝕乃轉劇。更有進者，炭酸本身，亦有溶解鐵之作用，例如：

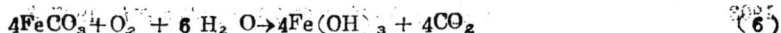

$Fe+H_2CO_3\rightarrow FeCO_3+H_2$ (5)

$4FeCO_3+O_2+6H_2O\rightarrow 4Fe(OH)_3+4CO_2$ (6)

此間又以水中之溶氧而釋出CO2，於是銹蝕作用，殆無止境矣。

反應(2)a與(2)b，自可單獨或同時發生，但據美國麻省理工學院之試驗，在中和或鹼性水中，氣體狀態之氫遠較被氧化者爲少，故鐵之銹蝕，純爲(2)a所操縱。在強酸中，則以(2)b之作用較重要焉。

電池作用 是項作用有二：(一)兩相異金屬在電解液中相觸，(二)同一金屬上，電解液之濃度不同。茲分別述之如次：

兩不同電勢之金屬，浸於電解液中卽生電壓，連以導線，乃得電流。第一圖示一電偶，鋅浸於稀硫酸得負電荷，正鋅離子入液中，同時銅得正電荷。外連導線，卽獲電流，可於所接電表見之。其電壓可由一高電阻電壓表測之，在瞬息間可測得兩極之勢差，惟不旋踵，卽行下降，電流亦然，蓋以極化氫故耳。若有一氧化劑存在，例如二鉻酸鉀或過錳酸鉀之類，則氫被氧化，電流得以維持 迄全部金屬密蝕而止。

任何金屬(如鐵 在電勢列中位在氫之前，而同時不立生一層不透水之護衣者，在電解液中能使與其接觸之另一較陰性之金屬，積聚新生氫。電流由積氫之一極流向被液解之一極，在液中之流向則適相反。

第二圖示一銅塊嵌於鋅中，而浸於稀硫酸。因液中電阻大於金屬，電流當取最短之途，而集於銅鋅交接部份，故在此附近作用最烈。

同一金屬，因所觸溶液濃度之不同，金屬電勢遂異，可發生與上述相似之作用。

史各菲氏與史丹白氏(Scofield and Stenger) 於一九一四年，由實驗證明，飽含鹽份而性質不同之土壤，接觸於同一金屬 可得甚大之電勢差，蓋以不同之電解質故耳。

麥克開氏 Mck q 謂：是項作用爲金屬在酸中銹蝕之主因，可以釋金屬上銹蝕所以不均勻之原由，渠稱：

「銹蝕可能由炭酸液濃度之差別，溶氧或氫之濃度不同，或溶解氧化劑或還原劑之不均一，例如一部爲亞鐵鹽，另一部爲高鐵鹽是。……」

鋼鐵管質料之不勻淨與夫所載水質之不均一 每爲局部銹蝕而致洞穿之主因也。

盲電流電解 都市內鋼鐵管埋於土中，而接近未絕緣之電車鋼軌時，每發生盲電流電解作用。是項作用，常致金屬之局部銹蝕，若金管導電度遠較附近之土壤爲佳，則金屬無甚損失。但若潤於鹽土或管線接頭處電阻過大而使電流離去時，金屬管卽遭侵蝕。地下鋼鐵管與土壤間之電勢，僅示電流之傾向，銹蝕之強弱，須決之於電流，此視電路中電阻而定焉。根據法拉特氏(Faraday)之定律，每96550庫倫，可耗蝕27.92克之鐵云 。

鹼性與防蝕

鋼鐵管之防蝕不外二途：其一，管壁塗以瀝青，水泥之類等材料，使金屬與水絕緣銹蝕無由發生。此法僅能收效一時，蓋經相當時日後，所塗護料剝落，銹蝕仍能進行。其二，將水加以處理，例如去氧去二氧化炭，注以鹼劑，或石灰，調整PH 等等。本文所述者，乃控制水中炭酸鈣使達飽和點，俾管壁積成一層極薄之炭酸鈣護衣 以阻止銹蝕之進行。

銹之作用，已約略叙述。就中最重要者首推自蝕，故二氧化碳與溶氧殆爲最主要之因素也。

由於水中之二氧化炭，氫離子濃度以增，若加以鹼劑，炭酸氣自爲之吸收，例如，注以石灰：

$$Ca(OH)_2 + 2H_2CO_3 \rightarrow Ca(HCO_3)_2 + 2H_2O \quad (7)$$

$$Ca(HCO_3)_2 \rightarrow CaCO_3 + H_2O + CO_2 \quad (8)$$

水蝕金屬之速率，視所含鹽類之濃度與性質而定。氫氧化物與炭酸物鹼度有別，前者遠較後者爲有效。氫氧化物曝諸空氣，漸成炭酸物或酸性炭酸物，以空氣中二氧化炭故耳。故氫氧化物鹼度與炭酸鹼度之比例，隨環境而異，有效鹼度隨時遞減，故須先決定水中何類鹼度，而後設法保護氫氧化物鹼度，使不與空氣相接觸。

水中含鹽類，防蝕功效大率減低，溶解鹽類增多，則防蝕所需鹼度，亦隨之遞增云。

炭酸平衡之防蝕處理

由化學方程式(7)(8)，可知注以鹼劑去除CO_2同時沉澱$CaCO_3$，此物積諸管壁，成一護衣，有防蝕之功。欲收防蝕之效，蓋必須使水中$CaCO_3$達飽和而澱出，然超出平衡點過多，亦非所宜，蓋鈣垢愈積愈厚，管徑日見其小，其弊固不亞於水蝕也。是以宜使水中之炭酸鈣恰在平衡點，此時已積之鈣垢，既不會溶解，又不致加厚。

1912年鐵爾門氏（Tillman）開始研究（8）式之反應，渠測定在蒸溜水中各化合物平衡時之含量，見第一表。根據該表，鐵氏用『侵略炭酸氣』一名詞，以指超過溶解炭酸鈣所需之炭酸氣。

第一表 蒸溜水飽和$CaCO_3$溶液中HCO_3自由CO_2 P.P.m.及PH

HCO3	自由CO2	PH	HCO3	自由CO2	PH
14–17	0–17	8.3–8.1	263.0	20.75	7.48
125	2.4	8.1	277.0	25.0	7.43
139	3.0	8.05	291.0	29.5	7.38
152	3.9	7.46	305.0	36.0	7.31

166	4.8	7.92	319.0	40.75	7.28
180	6.0	7.85	333.0	47.0	7.23
194	7.5	7.80	347.0	54.0	7.19
208	9.25	7.75	360.0	61.0	7.16
222	11.5	7.76	374.0	68.5	7.13
236	14.1	7.60	388.0	76.4	7.09
249.5	17.2	7.54	407.0	85.0	7.04

設酸性炭酸物濃度與自由炭酸氣已經測定，則由表可決定有無『侵略炭酸氣』之存在。若水之 PH 高於上表所示（由相對之酸性炭酸物查得），則無『侵略炭酸氣』，反之，則水具酸性勢將有更多之$CaCO_3$被溶解。

裴立斯氏(Boylis)曾試驗中和鹽類對平衡之影響，所獲之結果見第三圖。大半天然水中，同時有炭酸鎂之存在，如含量過多，亦足以影響平衡，見第四圖。第五圖示溫度對平衡之影響，是故每一水樣各有一平衡綫也。

炭酸鈣之溶解度甚低，僅達 13 P.P.m. 但如有CO_2時，可能高達 1000 P.P.m.。水中有甚高之炭酸硬度者，管壁護衣極易積成。在美國飽爾鐵牙城(Baltimore)之水中，據裴立斯氏之報告云：「除非管內已有$CaCO_3$之積垢，炭酸鹼度在 30 P.P.m.或以下者，無法使之自成護衣」。是以炭酸鹼度低於 25－30P.P.m.之水中，宜注以石灰，惟須謹愼爲之，勿使水呈苛爲爲要。

按學理管壁一經積鈣垢，以後祇須維持在平衡點，即有防蝕之效。但在極軟之水中，欲維持此理想之平衡，殊非易事，爲保證產生管壁護衣，計須間或使之在飽和點以上。

水中含炭酸鈣鹼度大於30PP.m.以者，較易處理，是項水與鐵接觸後，鐵能溶入液中，取去自由CO_2與半自由CO_2。第二表示PH因鐵銹而逐漸增加，迨PH達 8.1時，已無自由CO_2之存在，蓋盡與鐵銹化合矣。

第　二　表

鹼　度ppm	與鐵接觸時間（分鐘）	PH
30	0	7.2

	1	7.3
	2	7.4
	3	7.7
	5	8.2
	10	9.2
	15	9.4
35	20	9.6

在管上任何一點開始銹蝕時鐵，有入液吸取自由與半自理CO_2之趨勢，使該點附近發生碳酸鈣之過度飽和，此举足助成護衣，蓋由於鐵化合物與碳酸鈣兩者之澱出耳。此現象在高鹼度之水中，尤爲顯著。

控制碳酸鈣飽和之鹼剤，常爲石灰，氫氧化鈉，或氫氧化鉀，以價廉而論，自以石灰$Ca(OH)_2$爲佳，但以其增加水之硬度，有時不宜應用。

石灰之用量，自視水質而異，普通每百萬加侖水中注以8—10磅，足以吸收1 P.P.m之自由CO_2云。加石灰之地點，殊無一定，有與泥凝劑同時注入者，有於砂濾池出水道加入者，亦有用所謂分裂處理(Split Treatment)者。若與泥凝劑合用，砂粒有積碳酸鈣之趨勢，一部鹼度爲之吸收，故須注意濾出水中之銹蝕性能，是否確已消除也。致加石灰於濾出水者，濾池以前各部仍有被蝕之弊。分裂處理，固較麻煩，但爲最安全之法耳。

所需鹼剤之多寡，須視水中碳酸鈣含量離平衡點遠近而定，故在處理之先務必研究水樣中碳酸鈣是否在平衡點以下也。測定碳酸平衡之方法年有改進，玆將最舊以迄最新之方法，一一述之如次：

海氏大理石試驗

海氏(VOn Heyer)之大理石試驗，當推爲最舊而最粗率之方法，其試驗之步驟如次：

將水樣盛於半公升之玻瓶，約與其頸相齊，此須就地施行，并須注意勿爲污染。注入幾克冲洗潔淨之大理石粉，瓶口以軟木緊塞，劇搖數次後，擱置一至三日。再就地取100公撮水樣，用酸滴定其酸性炭酸鹽之含量，同法取已注大理石粉之水樣滴定之。經加大理石粉後，酸性炭酸物如有增加，則該水有『侵略炭酸氣』之存在，此示在飽和使以下。在軟水中『侵略炭酸氣』約與自由炭酸氣相等，而在炭酸硬水中，則前者小於後者。

麥氏炭酸鈣平衡測定法

1936年麥克勞林氏(Mc Laughlin)建議一實驗室中測定炭酸平衡之方法，其基本概念為：在一定之鹼度與POH下，水中炭酸鈣飽和程度，可由加入純淨炭酸鈣後，水中所獲鹼度增減推得之，此實為海氏大理石試驗之變相此。其測驗步驟如次：

水樣之PH與鹼度先行測定，然後分貯於一排有軟木塞之玻試管中，每管含250公撮。每管注以市上所售之水灰(Hydrated Lime)懸游液，每公升含一克，其量以次遞增自零（即第一管空白）以迄若干公撮，記下每管所注之石灰量。經適當之混和後，按次測定各管之PH與鹼度。既竣，每管（包括第一管空白）注以五克純淨之炭酸鈣粉經攪匀後，擱置廿四小時，在此期間宜不時以手搖之。然後急過濾之，並一一測定其鹼度。

注炭酸鈣前後鹼度之差，名之曰『鹼度差』，此差可正可負，視在平衡點之上抑下而異焉。第三表示一實例，鹼度差對PH經畫成曲線如第六圖鹼度差若為零，則恰在平衡點，飽此可於圖上得之，此例為PH=7.94意即原水樣之PH調整至此值時，水中炭酸恰達和，此7.94亦即梁氏式中之PHs見下文。

第 三 表

石灰ppm	pH	鹼度ppm 加CaCO3之前	鹼度ppm 加CaCO3之後	鹼度差
0	7.5	93	99	十6
2	7.8	95	98	十3
4	7.9	97	98	十1
6	8.1	101	96	－5
8	8.3	103	91	－12
12	8.6	105	90	－15

梁氏指數(Langeliers, Index)

1936年梁格里氏得一化學公式，以示水中炭酸鈣在平衡點以上或以下：

梁氏指數＝PH（實際）－PH_s（算得）……………………………………………（9）

式中 $PH_2^s = (PK_s - PK1) + PC_a + PAlk$ ………………………………(10)

此指數如爲零，則恰爲飽和，如爲正，則爲過度飽和，如爲負則尚未飽和也。各式之由來與各項之意義謹述之如次。

由化學中幾個基本定律(Law of Mass Action And Stoichiometric equation)得：

$[Ca^{++}] \times [CO_3^{--}] = K_s'$ ………………………………(11)

$\frac{[H^+] \times [CO_3^{--}]}{[HCO_3^{-}]} = K_2'$ ………………………………(12)

$[H^+] \times [OH^-] = K_W$ ………………………………(13)

$[Alk] + [H^+] = 2[CO_3^{--}] + [HCO_3^-] + [OH^-]$ ………………………………(14)

所有化學記號，統指各該離子濃度，所有濃度概指分子濃度(Molal Conc.)，惟鹼度(Alk)則爲根據滴定之當量濃度(Equivalent Conc. Titrable Equivalents of Base Per Liter) K_s' K_2' 可視作常數，其計算法見後文，在同溫與含同量礦物質之水中，此值爲一常數。

由(12)與(14)得，

$$[HCO_3^-] = \frac{[H^+] \times [CO_3^{--}]}{K_2'}$$

$$[HCO_3^-] = [Alk] + [H^+] - 2[CO_3^{--}] - [OH^-]$$

相減得，

$$\frac{[H^+] \times [CO_3^{--}]}{K_2'} = [Alk] + [H^+] - 2[CO_3^{--}] - [OH^-]$$

或，$[CO_3^{--}] = \frac{K_2'\{[Alk] + [H^+] - [OH^-]\}}{[H^+] + 2K_2'}$ ………………………………(15)

將(15)代入(11)得，

$$[Ca^{++}]\times\frac{K'_2\{[Alk]+[H^+]-[OH^-]\}}{[H^+]+2K'_2}=K'_s \cdots\cdots\cdots\cdots(16)$$

$$[Ca^{++}]\times\frac{K'_2}{[H^+]}\times\frac{\{[Alk]+[H^+]-[OH^-]\}}{1+\dfrac{2K'_2}{[H^+]}}=K'_2 \cdots\cdots\cdots\cdots(17)$$

以(13)式之$[OH^-]=\frac{Kw}{[H^+]}$代入(17)

$$[Ca^{++}]\times\frac{K'_2}{[H^+]}\times\frac{[Alk]+H^+-\dfrac{Kw}{[H^+]}}{1+\dfrac{2K'_2}{[H^+]}}=K'_s \cdots\cdots\cdots\cdots(18)$$

$$\log_{10}[Ca^{++}]+\log_{10}K'_2-\log_{10}[H^+]+\log_{10}\left\{[Alk]+[H^+]+\frac{Hw}{[H^+]}\right\}-\log_{10}\left\{1+\frac{2K'_2}{[K^+]}\right\}=\log_{10}K'_s \cdots\cdots\cdots\cdots(19)$$

$$\text{或} -\log_{10}[H^+]=-\log_{10}[Ca^{++}]-\log_{10}K'_2-\log_{10}\left\{[Alk]+[H^+]-\frac{Kw}{[H^+]}\right\}+\log_{10}\left\{1+\frac{2K'_2}{[H^+]}\right\}+\log_{10}K'_S \cdots\cdots\cdots\cdots(20)$$

設用 Px 記號代 $-\log_{10}X$，

$$PH=PCa+(PK'_2-PK'_s)+p\left\{Alk+H^+-\frac{Kw}{H^+}\right\}+\log_{10}\left\{1+\frac{2K'_2}{[H^+]}\right\}$$

在天然水中，PH約自4.5——10.5，(14)式中之$[H^+]$及$[OH^-]$甚小，可以不計，故

$$PH = (PK'_2 - PK'_S) + PCa + PAlk + \log_{10}\left(1 + \frac{2K'_2}{[H^+]}\right) \cdots\cdots\cdots (21)$$

上式中$\log_{10}\left(1 + \frac{2K'_2}{[H^+]}\right)$平常甚小，在PH=6.5——9.5間，可以從略，因得(10)式

$$PH_s = (PK'_2 - PK'_s) + PCa + PAlk \cdots\cdots\cdots (10)$$

用PH_s以示炭酸鈣飽和時，水中應具之PH。

設由(10)式算得之PH_s大於9.5則$\log_{10}\left(1 + \frac{2K'_2}{[H^+]}\right)$未便略去，此時可用(10)式先求得近似之PH，次以第四表所列之改正數加入，乃得較精確之數值。

第 四 表

$PK'_s - PHs$	0.0	.1	.2	.3	.4	.5	.6	.7	.8	.9	1.0	1.1	1.2
$\log_{10}\left(1 + \frac{2K'_2}{(H^+)}\right)$	.48	.41	.35	.30	.25	.21	.18	.15	.12	.10	.08	.06	.05

水樣之PH與按(10)式算得之PHs之差，謂之梁氏指數，因得(9)式：

$$梁氏指數 = PH(實際) - PHs(算得) = \log 10\frac{1}{H^+} - \log 10\frac{1}{H_s^+} = \log 10\frac{H_s^+}{H^+} \quad (9)$$

是故梁氏指數乃水樣在炭酸鈣飽和時應有之氫離子濃度與實際氫離子濃度之比之對數也。

在炭酸鈣平衡之防蝕處理一節中曾述及水中含鹽類溶液，足以影響炭酸飽和點，(10)式之有$Pk'_2 - PK'_s$一項者，蓋卽以此。K'_2與K'_s兩常數，可由熱力常數(Thermodynamic Corstant)K_2與K_s（此爲已知）與活躍係數(Activity Coefficient)算得。所謂活躍係數，由Debye-huckel氏公式推得如此：

$$-\log f = 0.5V^2\sqrt{u} \cdots\cdots\cdots (22)$$

式中f爲活躍係數，u爲原子價，U爲離之曰游離度（Ionic Strength），可由下式算得：

$$u = \frac{1}{2}\left[C_1V_1^2 + C_2V_2^2 + \cdots\cdots\right] \cdots\cdots\cdots (23)$$

式中C_1,C_2……爲分子濃度(Molulity)，V同上爲原子價。

爰舉一例以示K_3'之算法，設有一水樣，分析之結果如次：

Na^{+}=18P.S.M.　　Ca^{++}=39P.P.M.

Cl^{-}=28P.P.M.　　$SO_4^{=}$ 42P.P.M.

HCO_3^{-}=116P.P.M.　　溶解固體總量=220P.P.M.

Mg^{++}=10ppm

Na之分子濃度計算如次：

吾人知每ppm相當於每公升一毫克今Na爲18ppm，故相當於每公升0.018克，茲以Na之分子量爲22.997，故分子濃度爲$\frac{0.018}{22.997}$=00078餘類推詳第五表。

第　五　表

一價離子 P.P.m.	分子濃度	二價離子 ppcm	分子濃度
Na^{+}=18	0.00078	Mg^{++}=10	0.0004
Cl^{-}=28	.00079	Ca^{++}=20	.0010
HCO_3^{-} = 116	.00[illegible]90	SO_4=42	.0004
ΣC_1	.00347	ΣC_2	.0018
$\Sigma (C_1V_1^2)$	.60347	$\Sigma (c_2V_2^2)$	.0072

游離度$u = \frac{1}{2}(.000347 + .00072) = .0054$

由第五表可知一價離子之當量濃度(Eguivalent Conc)之和約與二價者相等。一般天然水中一價二價離子之比例，大抵亦如是。此間總溶解固體爲220P.P.m.故每40P.P.m.之溶解固體，約合.001之單位之於離度。曾經分析多種水樣，此値大抵可以應用，故吾人可由既知之溶解固體，即能求得u矣。

K_s' K_s與 f 間之關係如次：

$$fCa\left[Ca^{++}\right]\times fco_3\left[CO_3^{=}\right]=K_s$$

再由(11)式

$$\left[Ca^{++}\right]\times\left[CO_3^{=}\right]=K_s^1 \quad \cdots\cdots(24)$$

故 $$K_s'=\frac{K_s}{fca\times fco_3} \quad \cdots\cdots(25)$$

茲以 Ca 與 $CO_3^{=}$ 原子價相同，故 $fca = fco_3$

固得， $$K_s'=\frac{K_s}{(fca)2} \quad \cdots\cdots(26)$$

或 $$-\log K_s'=-\log K_s+2\log fca \quad \cdots\cdots(27)$$

$$PK_s^1=PK_s+2\log fca=Pk_s-2\times.05\times2^2\sqrt{u}=Pk_s$$

$$-4\sqrt{u} \quad \cdots\cdots(28)$$

k_s 根據 Frear 與 Tohnston 兩氏爲 48×10^{-9} $25^{\circ}C$

若設 u=.001 則，

$$Pk_s'=Pk_s-4\sqrt{u}=\log\frac{1}{4.8\times109}-4\sqrt{.001}$$

$$=8.32-4\times.0316=8.19$$

第六表即按此法算得，Pk_2' 値則根據 MacInnes 與 Belcher 兩氏，所得。

第 六 表

游 離 度	總溶解固體 P.P.m.	25° C		
		PK'_2	PK'_s	$PK'_2-PK'_s$
.0000	0	10.26	8.32	1.94
.0005	20	10.26	8.23	2.03
.001	40	10.26	8.19	2.07
.002	80	10.25	8.14	2.11
.003	120	10.25	8.10	2.15
.004	160	10.24	8.07	2.17
.005	200	10.24	8.04	2.20
.006	240	10.24	8.01	2.23
.007	280	10.23	7.98	2.25
.008	320	10.23	7.96	2.27
.009	360	10.22	7.94	2.28
.010	400	10.22	7.92	2.30
.011	440	10.22	7.90	2.32
.012	480	10.21	7.88	2.33
.013	520	10.21	7.86	2.35
.014	560	10.21	7.85	2.36
.015	600	10.20	7.83	2.37
.016	640	10.20	7.81	2.39
.017	680	10.19	7.80	2.40
.018	720	10.19	7.78	2.41
.019	760	10.18	7.71	2.41
.020	800	10.18	7.76	2.42

再舉一例以示(10)式之用法，設有一水樣，分析之結果如次，試求梁氏指數。

Ca=55P.P.m.　　　　PH=7.75

A'k=178P.P.m. 總溶解固體=410P.P.m.

水温=25°C

由第六表根據溶解固體410p.p.m.與温度25°C得 $PK'_2 - PK'_s = 2.301$

Ca=55p.p.m.相当於.055克每公升之溶液，又以分子量爲40.8，故分子濃度（mole per liter）$= \frac{.055}{40.8} = .001345$ 因之，$PCa = \log_{10}\frac{1}{.001345} = \log_{10}744 = 2.872$

Alk=178p.p.m.相當於0.178克之Ca CO_3 每公升溶液，其分子量爲100，故根據滴定之當量濃度（即每公升中有幾個當量）$= \frac{0.178}{50} = .00354$，因之，$PAlk = \log_{10}\frac{1}{.00354} = \log_{10}282 = 2.45$。

應用(10)式，

$$PH_s = (PK'_2 - PK'_s) + PCa + PAlk$$

$$= 2.301 + 2.872 + 2.45 = 7.623$$

梁氏指數=7.75−7.623=+0.127（該水樣之炭酸鈣已飽和）

(10)式近由李爾氏(M.L.Riehl)製成圖表，其應用甚爲便利，見第七圖。設用該圖解上例，其步驟如次：

由温度25°C與總溶解固體=410P.P.m.在第一線上得 $Pk'_2 - PK'_s = 2.32$。由此點與第三綫Ca=55P.P.m.，連一直線，遂在第二綫上，得一交點。經此交點與第五綫上Alk=178P.P.m.，連一直線，在第四線上得PHs=7.62。

恩氏平衡指示器

1939年恩史勞氏（Enslow）創製一平衡指示器，俾可隨時指示水中之梁氏指數，應用甚稱便利，見第八圖，其詳細圖說如次。

A——金屬或玻管，內裝粉筆灰(Chalk Powder)。

B——與A相似之管，內裝大理石屑，或石灰石屑或甚粗之砂砂，其功用爲防止A管中粉末之被沖去。

C——結實之玻璃絨塞，或其他有支持與隔濾功用之材料。

D——活門以司啟閉與調節水流。

E——玻瓶，飽和炭酸鈣之水在此瓶中徐徐溢出，就中取一小部水樣與進水比較PH或總鹼度。

進出此器之樣中，滴定其鹼度，即可知該水樣是否能銹蝕金屬，若測定進出水樣之PH，則梁氏指數，即可算得。例如進水之PH=8.0，出水之PH=8.4則 8.0－8.4=－4 0(此示水中炭酸鈣尚未飽和)。

若進出水之PH不變，則示恰在飽和點；反之，出水之SH=8.8，進水之PH=8.4則，8.8－8.4=＋0.4（此示該水樣有積厚鈣垢之傾向。）

結　論

若論防蝕處理，年來所用之方法殊多實不勝枚举。例如：使用矽酸鹽，石炭接觸池(Lime Stoneocontact—beds)去氧法(Deactiration)，退氣法(Deaeratvion)，陰極保護)Cathodic Potection)等等。但總未能大規模應用，或以價格過昂，僅宜於工廠，或以僅防止某種銹蝕，故至今未用諸一般之給水處理也。

其能適用水廠而價格低廉者，當推控制炭酸鈣平衡之石灰處理為最合乎理想。雖然，此法之效用，實際亦未能盡善，蓋經常無間之維持平衡點，豈是易事，且測定平衡點，亦頗費時間，而於軟水之處理，更多困難，其弊之最大者，厥為防蝕功效之未能一律，應用此法處理後，每見水廠附近之管內厚積鈣垢而配水網遠端，則仍銹蝕如故。管內厚積鈣垢與銹疤累累，其弊固無甚軒輊耳。

1938年勞森泰氏(Rosenstein)試用六間位磷酸鈉(Sodium Hexametaphosphate,(NaPO$_3$)6於給水防蝕處理，卒著大效，若與石灰合用，上述之弊立釋，其功效能阻止炭酸鈣原子核之長大，故管壁僅能積成甚薄之護衣，不論炭酸如何之過度飽和也。自經此物問世炭酸平衡之重要性減低石炭處理方法，因之簡捷而其功效將更著矣。

參考文

(1)Treating Water to Prevent Corrosion
By J. R. Baylis 1940 data section, P100, W.W.OndS.

(2)Continuous Stability and Corrosivity indicator
By L. H. Enslow 1940 data section P102 W.W.andS.

(3)Corrosi n Cortrol by E.W. Moore J.N.W.W.A. June 1941

(4)Sodium H xamata Phosphate as an Aid in the Control of Corrsion

By O. Rice J.N.E.W.W.A. Mar. 1940

(5)Milford Water Company Considers Cathodic Protectio By M. H. Goff

J.N.E.W.W.A. Mar 1941

(6)Lime stone Contact—beds for Corrosion Control by I.M. Glace

W.W. andS Jan. 1937

(7)Corrosion Control by Deacration

By S.T. Powell and H.E. Bacon W.W. andS. April 1937

(8)Water Treatment

A.W.W.A. P242—256 1941 Edition

(9)The Analytical Control of Anti Corrosion Watr Treatment By W.F. Langelier Journolof the Americ n Water Works Assoc. oct 1936

(10)Corrosion Causes and Prevention By F. N. Speller 1926 edition

(11)Protection Films on Metals By E.S. Hedges 1932 edition

(12)Water Supply Engineering

By H. E Babbitt P631—635 1939 edition

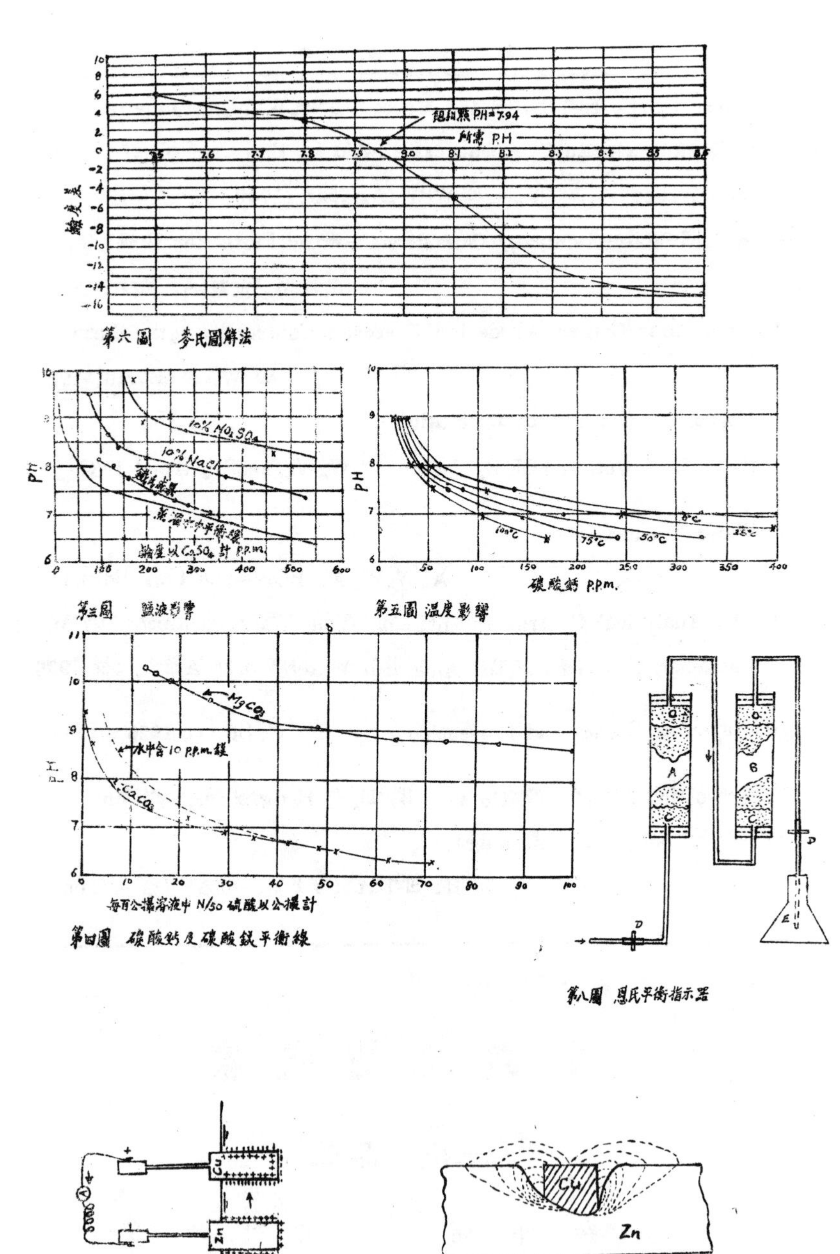

第六圖 麥氏圖解法

第三圖 鹽液影響

第五圖 溫度影響

第四圖 碳酸鈣及碳酸鎂平衡線

第八圖 恩氏平衡指示器

第二圖

圖一

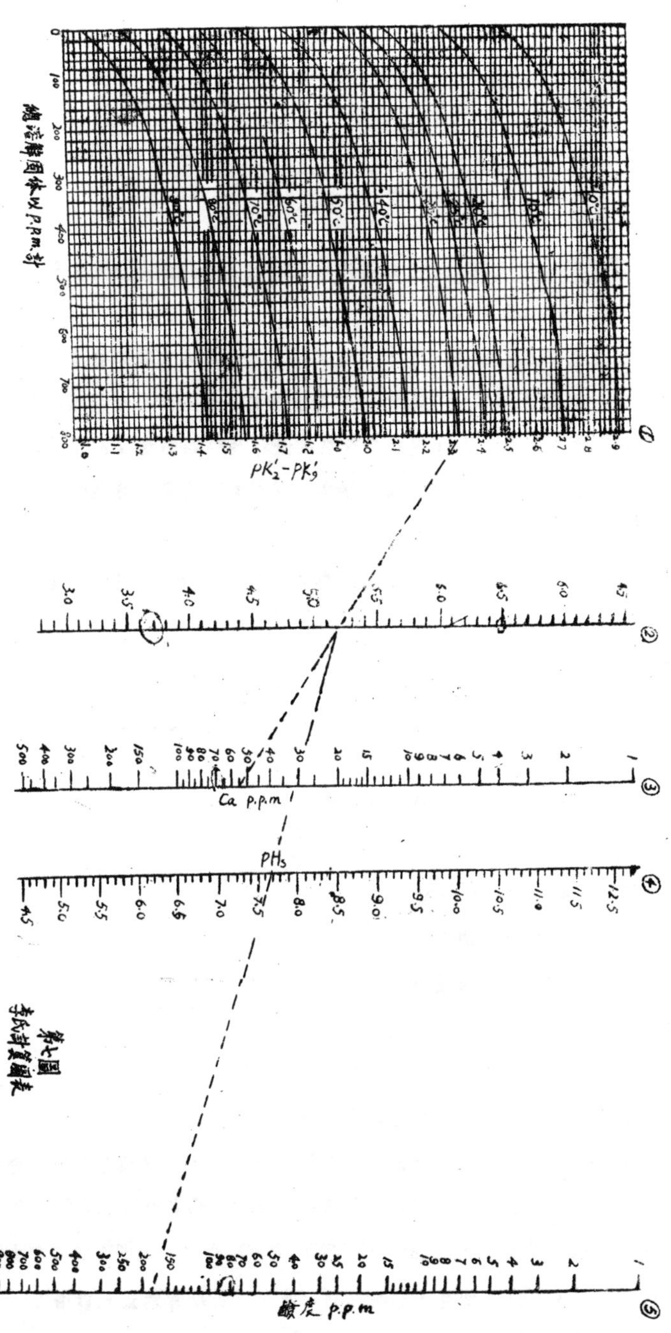

第七圖
李氏計算圖表

本會一年來工作記略

三十二年十月十日　第一期交大土木原定本日出刊，臨時因印刷局未能履約，致告脫期。

十月三十日，系會舉行幹事會，檢討以往工作，擬訂土木工程學會會章。

十一月十七日，系會正式擴大改組爲土木工程學會，於本日下午假座本校大禮堂舉行成立大會，到會員來賓八十餘人，吳校長李教務長等均蒞臨指導；當場通過會章，幷選舉前任系會主席薛傳道同學爲首任會長，李邦平同學爲副會長，會後幷有餘興，節目精彩，會員均興高彩烈，至天暮始閉會。

十二月三日，首屆理事產生，舉行首次理事會，討論工作計劃幷決定各部負責人員

名譽會長	薛次莘
會　長	薛傳道
副會長	李邦平
總　務	蔡聽濤　錢家順　劉　克
學　術	沈乃莘　程鴻壽
出　版	陳　邁　周以勤
康　樂	張廣恩　張有昌
交　際	李沅蕙　康瑞林

三十三年十一月一日　第一期「交大土木」印竣問世。

三月四日　全系同學參觀資源委員會主辦之工礦展覽會。

三月二十四日全系同學參觀交通部主辦之公路展覽會。

四月四日　假座三〇四教室舉行會員大會暨歡送薛次莘主任出國考察茶話會，到會者除全體會員外，吳校長李教務長李訓導長范總務長等均蒞臨指導；由薛傳道同學主席，報告半年會務幷代表全體會員對薛主任出國考察深致歡送之忱，嗣由校長等訓話後，即請系主任作行前訓示，末改選會長，結果蔡聽濤陳邁二同學當選爲正副會長。

四月八日　本校四十八週年校慶紀念，請俞受穀同學担任本會招待幷分贈全體校友『交大土木』各一冊，另請同學數人招待本系一年級同學來九龍坡參加慶祝盛典。

四月十四日　第二屆理事產生，舉行首次理事會當推定負責人選如次：

名譽會長	薛次莘
會　長	蔡聽濤
副會長	陳　邁
總　務	薛傳道　門啟明　李邦平
學　術	馮傳炯　沈乃莘
出　版	周增發　李青岳
康　樂	胡世平　張有昌
交　際	劉　兗　夏世櫆

幷確定工作方案如下：

一舉辦學術演講：聘請土木工程界權威主講各項專門問題。

二『交大土木』第二期定暑假後出刊，編輯及出版事宜另組編輯委員會負責辦理。

四月十七日　新舊理事移交完竣，第二屆理事會開始工作。

四月二十日　就本屆理事會中推定七人組織交大土木編輯委員會另聘王傳堯袁森泉薛楠時周世政諸同學為××委員。

四月二十七日。舉行第二期交大土木編輯委員會第一次會議分配職務如次：

主任委員：蔡聽濤　副主任委員：薛傳道　總編輯：陳　邁　編輯：馮傳炯　周增發　總務：王傳堯　周世政　廣告：薛楠時　夏世櫆　出版：袁森泉　李青岳

並決議工作計劃及出刊日期等項。

五月十三日　本會敦請中國橋樑公司副總工程師汪菊潛校友來校主講『首都鐵路輪渡工程』，汪氏對輪渡工程中引橋渡輪各部之設計試驗施工及管理，均有詳細說明。

五月二十五日　全國陸地測量總局測量監兼技術室主任王之卓博士應本會之請來校講演，題為『我國之航空測量事業』，除介紹航空測量之原理及測法外，對我國航空測量事業之過去成績未來發展更有詳盡講述。

六月八日　本會敦請交通部橋樑設計處處長顧懋勛校友來會演講；題為『三十年來中國鐵路橋樑工程』，顧氏從事鐵路橋樑事業垂二十年，學識經驗均極豐富，闡述詳明較雜。

六月十九日　交通部路政司帮助辦袁夢鴻先生應本會之請來校主講「中國的鐵路」，回顧過去，檢討現在，展望將來，并就政治，軍事、經濟、交通、工程各方面提出戰後十年內應行修築各路之原則，聽者極衆。

八月三十日　第二期「交大土木」截止收稿。

九月十日　第二期「交大土木」編輯竣事。

九月十二日　第二期「交大土木」付梓。

會 員 錄

(甲)在校師長

職別	姓名	性別	年齡	籍貫	履歷
系主任	薛次莘	男	四十八	江蘇武進	美國麻省理工大學畢業曾任上海工務局技正經濟委員會技正資源委員會專門委員西南公路處處長等職
代理系主任	王達時	男	三十三	江蘇宜興	美國米歇根大學土木工程碩士曾任中山大學重慶大學復旦大學教授
特聘教授	茅以昇	男		江蘇	美國康乃爾大學加利基工業學院土木碩士工程博士曾歷任唐山北洋東南河海等院校之教授系主任院長校長以及交通部技正，工商部工業司長江蘇水利局長，錢江大橋工程處長等職現任交通部橋樑工程處處長暨中國橋樑公司總經理等要職。
教授	康時清	男	五十四	江蘇南滙	本校民前一年土木科畢業民四年畢業於英國伯明罕大學礦科爲中英美礦冶工程學會正會員倫敦皇家藝術學會會員曾任漢冶萍公司萍鄉煤礦代理總工程師等職民十六至卅一年任滬校土木系教授兼研究所職務曾獲教育部二等服務獎狀
教授	徐人壽	男	三十三	浙江	美國麻省理工大學碩士曾任國立廈門大學教授福建省建設廳技正兼科長等職
教授	楊欽	男		上海市	美國米歇根大學碩士並曾在伊利諾大學研究曾任廣州市自來水廠工程師浙江大學副教授復旦大學教授衛生署技師等職務

教授	金恒敦	男		河北	本校唐山工程學院畢業英國B aithwaite工廠實習特許工程師曾任叙昆鐵路中印公路工程師及戰車工廠工務所主任。
教授	譚議	男	三十六	江蘇泰縣	本校上海土木工程學院畢業美國康乃爾大學土木工程碩士曾任粵漢鐵名株韶段工程局實習生工程助理員鐵道部交通部技佐滇緬鐵路帮工程司兼分段長叙昆鐵路副工程司綦江鐵路正工程司兼設計股主任代理工務課長等職。
兼任教授	李崇德	男		江蘇	河海工科大學畢業後任上海工務局滬南路工程管理處主任凡十年旋即留學美國愛我華大學研究院先後在 Interna'jonat H rvester C.， Iowa Manufactory Co.等築路機械公司及華盛頓公路局實習，返國後任滇緬公路工務局副總工程師現任中央水利實驗處簡任技正並在本校兼授公路工程等課程
兼任教授	汪菊潛	男	三十八	上海市	本校唐山工程學院土木學士美國康奈爾大學土木工程碩士曾任交通部技士技正工務科長美國橋樑公司設計工程師首都輪渡副工程司粵漢鐵路株韶段工程局副工程司分段工程司滇緬鐵路正工程司兼工務課長叙昆鐵路副總工程司兼工務課長綦江鐵路副處長副總工程司等職現任中國橋樑公司副總工程司
講師	林振國	男	三十二	福建思明	國立同濟大學畢業曾任經濟部地質調查所技士
助教	馮[illegible]邦	男	二十七	廣東鶴山	私立嶺南大學畢業曾任香港域多利亞電器

					製造廠技士
助 教	李道倫	男	三十二	河南信陽	重慶大學土木系畢業
助 教	詹道江	男	二十七	湖北黃安	國立中央大學水利系畢業
助 教	陳世柏	男		廣 東	××嶺南大學畢業
助 教	姚佐周	男		江 蘇	西南聯合大學畢業
助 教	徐莘英	女		江 蘇	西南聯合大學畢業

(乙)同學

——民三四級補遺(轉學或復學)——

姓 名	性別	年齡	籍 貫	姓 名	性別	年齡	籍 貫
張 嘉	男	廿四	江蘇武進	周以寧	男	廿三	湖南零陵
胡 定	男	廿二	雲南昆明				

——民三五級補遺(轉學或復學)——

姓 名	性別	年齡	籍 貫	姓 名	性別	年齡	籍 貫
李青岳	男	廿三	山東德縣	陳我軍	男	廿一	福建閩候
夏世模	男	廿四	江蘇青浦	陳光曦	男	廿三	四川榮昌
曾昭謨	男	廿二	湖南新化	龐 逖	男	廿二	江蘇吳江
顏振培	男	廿三	浙江吳興	龔鴻麒	男	廿四	江蘇崇明
余道勝	男	廿一	廣東番禺	陳本錡	男	廿一	湖南湘鄉
黃校寅	男	廿三	江蘇泰興	沙起鍾	男	廿二	江蘇海門
徐忠猷	男	廿四	江蘇江都				

——民三六級——

姓 名	性別	年齡	籍 貫	姓 名	性別	年齡	籍 貫
鍾啟壽	男	廿二	湖南乾城	胡功業	男	廿二	安徽蕪湖
蕭永釗	男	二十	湖北漢陽	徐秀嵐	男	廿一	江蘇鹽城
張永銘	男	廿一	湖南岳陽	葉 中	男	二十	江蘇吳縣
萬正達	男	廿二	四川梁山	何誠志	男	二十	浙江杭州
胡崇俊	男	廿一	四川墊江	李培德	男	十九	四川峨嵋
張光鈞	男	廿二	湖北恩施	范廣居	男	廿一	江蘇靖江

胡傳滐	男	廿一	湖北武昌	吳松鶴	男	廿二	安徽太和
楊運生	男	廿二	山東肥城	談松曦	男	廿一	江蘇宜興
王慶壽	男	廿一	湖北漢陽	甯國鈞	男	廿二	湖南邵陽
范誠	男	廿二	江蘇海門	康顯陽	男	廿一	廣東順德
陳錫奇	男	廿二	廣東台山	吳松如	男	二十	湖南常德
俞乃新	男	廿一	浙江新昌	陳景初	男	廿一	浙江吳興
曾繁和	男	廿三	四川渠縣	廖正樅	男	廿三	四川蒲江
宋瀚	男	廿一	河南林縣	吳騎	男	十九	江蘇江都
程濟凡	男	廿二	安徽懷甯	朱慧風	男	廿二	浙江鄞縣
盧蔚炯	男	廿一	河北宛平	李震熹	男	廿一	江蘇嘉定
李德基	男	二十	上海市	呂紹謨	男	廿三	安徽繁和
胡多聞	男	廿三	江蘇銅山		男		

附　本屆錄取新同學（民三七級）

姚應時	趙之華	沈崇勳	湯明如	湯洪增	梁益華	李久昌
張秋	許夢安	胡樹傑	倪志琦	高言潔	高興詩	李廣明
羅裕	侯日俊	袁福音	葛如亮	李毓璋	吳丕凱	林雄超
傅家濟	朱咸熙	朱榮名	胡連文	柴錫賢	鄭筠	鄭昌虎
李峻量	程鎔時	倪修蓮	馮叔瑜	汪熊祥	王渚	楊鶴生
萬體道	王榮麟	王鐵生	馬國華	盧廣才	蘇慶芳	徐民基
婁源澤	周啟太	余正林	叶祖 [illegible]	楊琪	鄭銓	戴行孝
張泉[illegible]	鄭曾遠	吳劫	張國軍	李寅賓	耿毓義	俞良正
黃篤欽	鄭朝碧	吳承禎	蔡維元	李寶林	歐儒剛	徐祖森
吳漢南	陳升暘	王敏之	王蔭槐	趙永清	嚴克剛	李樹濤
紀可任	陳以日	葉嘯虎				

系　聞

智識青年從軍運動之熱潮泛濫至本校以後，本系同學薛傳道、宋瀚、吳國凱三君熱情澎湃報國志切未及正式報名開始之日隨即爭先簽名投軍全校師生大為感動紛紛響應截至十一月十二日報名即有八十餘人聞本系同學尚有多人將於日內繼起參加此種神聖偉大之從軍運動云。

本校土木工程系課程

年級	科目	第一學期 每週時數	第一學期 學分	第二學期 每週時數	第二學期 學分
一年級	國文	三	二	三	二
	英文	三	二	三	二
	微積分	四	四	四	四
	物理	四	三	四	三
	化學	三	三	三	三
	物理試驗	三	一	三	一
	化學試驗	三	一	三	一
	工廠實習	三	一	三	一
	圖法幾何	六	二		
	工程圖			六	二
	三民主義	二		二	
	體育	二		二	
	軍訓	二		二	
	共計	三八	一九	三八	一九
二	應用力學	四	四		
	微分方程	三	三		
	地質學	二	二		
	機動學	二	二		
	經濟學	三	二		
	物理	四	三	四	三
	平面測量	二	二	二	二
	平面測量實習	六	二	六	二

年級	科目					
年	材料力學			四	四	
	最小二乘方			二	二	
	熱機學			三	三	
	路綫測量			二	二	
	路線測量實習			三	一	
級	水力學			四	三	
	水力試驗			三	一	
	體育			二		
	共計	二八	二〇	三五	二三	

年級	科目	第一學期		第二學期		附註
		每週時數	學分	每週時數	學分	
三	應用天文	三	二			
	道路工程	三	三			
	工程材料	三	二			
	電工學	三	三			
	水文學	三	二			
	河工學	三	三			
	鋼筋混凝土	三	三			
	機械試驗	三	一			
	結構學	三	三	三	三	
	結構計劃（上）			六	二	
年	鋼筋混凝土計劃			六	二	
	鐵路工學			三	三	
	土壤力學			三	三	
	給水工程			三	三	
	運河工學			三	二	水利組必修

年級	科目	第一學期每週時數	第一學期學分	第二學期每週時數	第二學期學分	備註
級	房屋建築			三	二	路工及結構組必修
	大地測量			三	二	
	大地測量實習				一	暑假實verified習
	材料試驗			三	一	
	電工試驗			三	一	
	體育	二		二		
	共計	二九	二二	三八	二三	

年級		科目	第一學期						第二學期					
			每週時數			學分			每週時數			學分		
			結構	路工	水利	結構	路工	水利	結構	路工	水利	結構	路工	水利
四	必修科	結構計劃	六	六	六	二	二	二						
		圬工及基礎	三	三	三	三	三	三						
		污水工程	三	三	三	二	二	二						
		鋼橋計劃	六	六		二	二							
		鐵路計劃		三			一							
		養路工學		三			二							
		高等結構學	四			四								
		築港工程			三			三						
		高等水力學			三			三						
		鋼筋混凝土拱橋							六			二		
		道路計劃								三			一	
		水工試驗									三			一
		契約及規範							二	二	二	二	二	二
		公文程式							一	一	一	一	一	一
		專題討論							一	一	一	一	一	一
		畢業論文										二	二	二

年級													
	體育	二	二	二				二	二	二			
	共計	二四	二五	二〇	一三	一二	一三	一二	九	九	八	七	七

選修科				
市政工程			二	二
高等材料力學	三	三		
橋樑工程			二	二
彈性力學			三	三
高等道路工程			三	三
鐵道管理	三	二		
車站及車場			二	二
鐵路號誌	二	二		
隧道工程	二	二		
航空測量			三	二
道路材料試驗			三	一
鐵路定線	二	二		
水力機	二	二		
港埠設備			二	二
水力發電工程	三	三		
水利計劃	六	二	六	二
農田水利			三	二
選科說明	結構組最少選8學分路工組至少選10學分水利組至少選9學分得系主任之同意後並得選習他組之必修科			

編　後

一、本刊創刊號問世後，頗得一般人士之愛護贊助，因使本期亦得於印刷日益艱困之際如期出版，實爲本刊之大幸焉。

二、本期對於過去鐵路建設之回憶檢討計有四文，其中凌鴻勛先生手撰一文係爲唐蔚芝先生祝壽而作，本刊得先爲刊登，實感榮幸。袁夢鴻先生一文對東省鐵路闡述頗詳於將來之展望亦有所討論，且附有詳細統計數字，洵爲難得之作。此外各稿多偏於學術之研討亦均精心撰作，讀者當能細加領略無庸逐一介紹。

三、本刊第三期定定明年十月十日出版，尙祈諸長輩校友頻賜鴻稿，以光篇幅；如於本系校友動態有所報導，尤所歡迎。

四、本期荷蒙　薛次莘、茅以昇、葉昌鑄、周祖武、趙祖康、徐承燏諸先生贊助，印刷費並　陳振鐵、王會泉先生熱心介紹廣告，襄助印刷，隆情高誼，敬此深致謝忱。

五、本刊對各校友均爲贈送，奈以通訊地址不明遺漏必所難免，諸校友請賜知通訊處當即奉寄。

中國企業協合股份有限公司

地址

駐柳辦事處 柳州東大路二十四號 電話四八七 電報掛號六七九九

桂林辦事處 桂林五美路十五號 電話二四一五 電報掛號九〇六一

總公司 重慶機房街寧郵一號 電話四一〇四七 電報掛號 英文 MOCSUDNIC 中文九〇六〇

業務

協助產品運銷……桂林辦事處服務部 桂林 重慶

代辦工業原料……桂林辦事處服務部 桂林 重慶

承接水電工程……協中水電工程公司 重慶

製造標準牙膏……百利化工廠 重慶

機製超等麻袋……長壽蘇紡織廠 長壽

重煉廢舊機油……南洋化工廠 重慶

歐製化學藥品……南洋化工廠 重慶

製造動力酒精……柳城酒精廠 柳州

精煉蔗糖精糖……柳城蔗糖廠 柳州

宗旨

改進工業技術 協助物產運銷

聯合生產事業 融通實業資金

迎歡誠竭 洽惠蒙如

鳴　謝

本刊本期付印承蒙

薛文華先生	捐助印刷費五千
徐汞瀛先生	捐助印刷費壹千元
茅以昇先生	捐助印刷費五百元
葉昌鋳先生	捐助印刷費五百元
周祖武先生	捐助印刷費肆百元
趙祖康先生	捐助印刷費肆百元

敬此致謝

國立交通大學土木工程學會

「交大土木」第二期編輯委員會

委員錄

主任委員　蔡聽濤　　副主任委員　薛傳道

總務　王偶尭　周世政　　出版　李青岳　袁森泉　　廣告　韓楠時　夏世模

總編輯

陳邁

編輯

馮傳炯　周增茂

會址：重慶九龍坡交通大學

大川實業公司

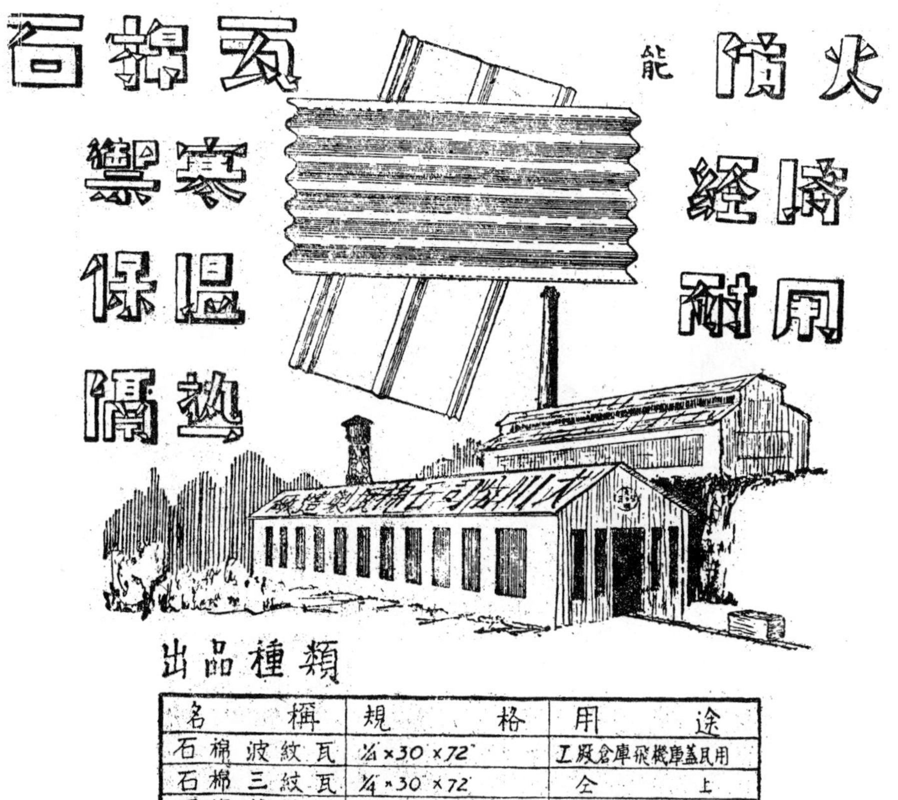

出品種類

名稱	規格	用途
石棉波紋瓦	1/4×30″×72″	工廠倉庫飛機庫蓋瓦用
石棉三紋瓦	1/4×30″×72″	仝上
石棉護壁板	1/4×30″×72″	裝修簷牆用
石棉凹凸護壁板	1/4×30×40″	仝上
石棉三角脊瓦	1/4×6×40″	房屋頂脊瓦
石棉半圓水溜瓦	1/4×7″半圓×40	
其他各種裝修瓦種類繁多不及備載		

總公司及製造廠 重慶黃沙溪平安街37號

業務處 重慶民族路3號 電報掛號 6859 電話號碼 41108

交大土木

吴前恒题

歡送民三四級畢業同學

第三期　目錄

錢塘江橋設計及籌備記略	茅以昇
錢江大橋一年來施工之經過	茅以昇
防止黃河水患新法芻議	鄭　華
靜不定結構分析法之抉擇	王達時
中國西北水土保持問題	李崇德
田納西河管理總局之概況	馮傳炯 錢家順 蔡定一 施先校
軍事爆破概況	薛傳道
鋼筋混凝土施工概略	楊鶴生
介紹本系	馮傳炯 陳先職
會員錄	
一年來工作記略	
土木系課程綱要	
編後	

國立交通大學土木工程學會編印

中華民國三十四年八月一日出版

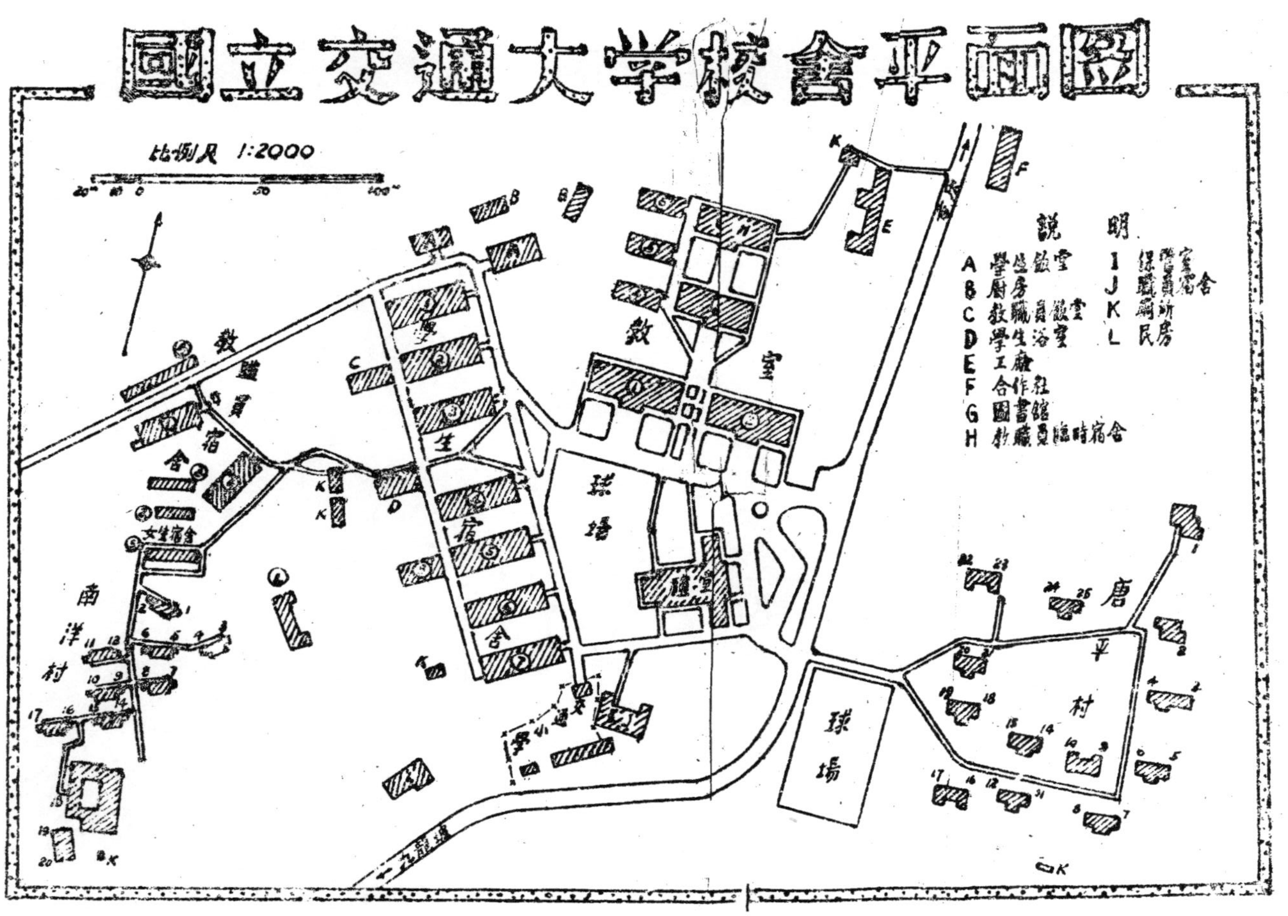
國立交通大學校舍平面圖
比例尺 1:2000
說明
A 學生飯堂
B 廚房
C 教職員飯堂
D 學生浴室
E 工廠
F 合作社
G 圖書館
H 教職員臨時宿舍
I 保管室
J 職員宿舍
K 廁所
L 民房
教室
球場
禮堂
學生宿舍
教職員宿舍
女生宿舍
南洋村
唐平村

錢塘江橋設計及籌備紀略

茅以昇

緣 起

錢塘江橫亘浙中，素爲交通之障礙。其下遊經杭市，江面遼闊，波潮洶湧，行旅往來，固已久感不便；滬杭甬鐵路建造以後，阻於大江，全綫割裂，造橋乃漸成需要。近年浙省建設，突飛猛晉，鐵路公路，日有進展，杭江鐵路已通玉山，公路完成且達兩千餘公里；復以錢江阻隔，致杭江鐵路止於西興，四通之公路亦多中斷，所有往來客貨，胥賴舟楫渡江，轉運頻繁，耗時增費，而杭江鐵路不能直通海口，沿線產物，無法暢運，所受影響尤大。兩浙人民，似存畛域；鐵路公路之效用，未能充分發展，已可惋惜；而農工各業，進行濡滯，尤爲經濟上莫大之損失。故爲浙省之實業文化及公安計；錢江交通，殆成今日迫切之需要；其爲鐵路公路之最急問題，更無疑義矣。

抑從全國之交通言之：以鐵路論，則玉萍線興造以後，杭江鐵路，西接粵漢，東達首都；將成東系統之幹綫；以公路論：則滬杭京杭國道，業經通車，杭廣杭福兩線，正在修築；將來西達江西，南通福建，又爲七省公路之幹綫。然皆阻於錢江，不能連貫，其影響於全國國防經濟，何可限量。是錢江跨渡，於滬杭甬鐵路，則可進接甯波，於鐵路幹綫，則可溝通京粵；於七省公路，更可完成系統；利害所關，固非僅一省一路已也。

浙省自民六以來，對於錢江交通，即屢有建橋計劃；皆以事艱工鉅，旋議旋輟。自曾養甫先生任建設廳長以來，以發展交通及改良農業爲全責；鑒於此橋關係重大，決意積極進行。因先組織專門委員會，從事研究及鑽探工作；經多次之討論，認爲建造橋梁，爲錢江交通最經濟之方法，因搜羅材料，特請鐵部顧問美國橋梁專家華德爾博士代爲設計；於二十二年八月造竣。及復組織錢塘江橋工委員會，爲進一步之工作，擬成建橋計劃書，以徵有關各方之意見。經費籌措，既已就緒。遂於二十三年四月，成立錢塘江橋工程處，現已着手招標，預定七八月間動工，約兩年內完成。茲將設計經過分述如后

(一)建橋理由

通過錢江方法，不外輪渡，隧道及橋梁三種，而各有利弊：

（一）輪渡　用輪船載運車輛渡江，本爲最省之辦法，江面遼闊之處，尤爲合宜；但錢江水淺，沙灘變遷無常，兩岸之工程亦鉅。以南星橋西興而論，則兩端碼頭共長一公里以上，火車經其上，必須建造引橋。且輪船不能過小，所費亦屬不貲。將來往返通航，尚須經常費用。在巨潮暴風之時，更須禁輪停渡，有失便利交通之本意。

（二）隧道　在普通情形之下，隧道需費最鉅。錢江水面不通巨舶，底層細泥極深，不適開鑿隧道之條件。但從軍事觀之，隧道除洞口外，深藏水底，不易轟炸，亦有其

特殊之價值。

（三）橋梁　橋梁需費在輪渡與隧道之間，而通行較便，維持保養亦最經濟。（1）以與輪渡相較，則兩岸沙灘，二者均須引橋，所費已屬相等，中間河流寬度，本與引橋之長，相差無幾，與其採用輪渡，長久開支，何如直接建橋，一勞永逸。況載運火車之渡輪，長大者則需費不貲，較橋梁所省有限，短小者則分批轉運，時間又不經濟，淺水時期，通航固已困難，若遇颶風高潮，更不及橋梁之安穩，故按錢江情形而論，輪渡決不勝於橋梁。（2）以與隧道相較，則錢江江底，泥沙極深；橋梁基礎，不妨深入，而隧道過低，則兩端進道必長，所費大鉅。況隧道必需通氣及電燈設備。以同一運輸能力，隧道之經費，必遠在橋梁之上。且工程期間，既無把握，將來洞中發生障礙，修理尤為困難。至於軍事關係，橋梁亦不乏防護之方法。故經縝密研究，權衡利害，按照錢江情形，深信維持最可信賴之交通，仍以建造橋梁為最經濟之方法。

(二)橋址選擇

杭州為鐵路公路集中之處，建橋地點，自應在其附近，以便銜接滬杭甬鐵路，杭江鐵路，及兩岸之各公路，雖地處錢江下游，水面寬闊，但若求其狹窄，繞至上游，則橋工固省，而路綫延長，不僅築路費欵，將來長期繞越，財力時間，亦不經濟。就杭州地形而論，南星橋距城市最近，且為渡江碼頭，若可建橋，自屬更利；惜兩岸相距甚遠，江流無定，且潮水影響較鉅，建築經費，恐嫌過鉅。其他各處，經多次勘驗，似以閘口之滬杭鐵路終點為最宜。其地江面較狹（僅一公里），河身穩定，北岸沙灘亦少，且正對虎跑山谷，於聯絡各項路線，比較便利；從經濟上觀察，實非他處可及。故本計劃以閘口為錢江北岸之建橋地址，橫越河身，以達南岸。

(三)橋基鑽探

錢塘江底，泥沙極厚，往年屢有造橋提議，皆以基礎困難，引為顧慮。民國二十一年建設廳動議建橋，即先從事鑽探工作，以為設計之根據。此項工作由水利局負責進行，自二十一年十二月九日開工起，至翌年五月十一日止，計於選定橋址，鑽探五口，計河身三口，兩岸各一。最深之口，達「黃浦零點」下四十八公尺；最淺之口，亦至27公尺。所有五口各層土樣，均儲瓶封存，留作參考。其土質分配情形，為三十餘公尺細砂與泥互叠層，至三十五公尺以下方為石層，石層自北至南，傾斜甚驟，且在最北之口已達25公尺以下欲建橋基於堅固之石層上，勢不可能，惟有加足基礎深度，利用四周泥沙之阻力，以減少底層之載重，經愼重考慮，認為鑽探結果，於橋基設計尚無特異之障礙，自成立工程處後，復於主要橋墩，各鑽一口，以期周妥。

(四)錢江水文

錢江自浙省西南，奔赴東北入海，流經杭市，漸入海灣，故兩岸寬闊，江潮洶湧，據閘口站水文紀載，自民國四年以來，錢塘江最高水位達「黃浦零點」上9.45公尺，最低水位3.79公尺，通常在5公尺至7公尺之間。除每年六月至九月水位較高外，終年無鉅大變化，此殆因河身廣闊，地近海口之故。每日潮汐漲落，通常爲一公尺，有時達一公尺，最盛時曾達2.65公尺，但在橋址附近，錢江潮特具之潮頭已漸形消滅，水流速度據最近兩年紀錄，最大每秒1.58公尺，最小每秒0.03公尺，流量最大每秒14626 立方公尺，最小每秒164 立方公尺。含沙比重最大82／100,000，最小5 ／100,000。以上江流情形，於橋樑設計，尚無顯著困難，所當注意者，厥爲水流冲刷斷面變遷問題，據六和塔流量站記載江底刷深，在五個月以內，最深之處可達5.5公尺，（南岸西興挑水壩附近曾達8公尺之多）足徵泥沙淤厚仍易冲刷，影響於橋基之設計良非淺鮮，所幸河身在橋址一帶，緊接彎道之後。北岸連山，中引穩定，於橋樑規劃尚稱便利。（水利局已在兩岸建築挑水壩，以期控制河流）。

(五)運輸需要

據杭州錢江義渡最近統計，每日渡江人數最少爲一萬一千餘人，多至一萬七千餘人，其中有滬杭甬鐵路，杭江鐵路及各公路之搭客；有赴浙東西之過客，有往來蕭山杭州之行人，杭江鐵路通至玉山後，更有江西福建之行旅，運輸不胥不繁，至於渡江貨物，現時尚難確實統計，但從閘口及南星橋兩站之運輸推算，將來每年渡江貨物，當在四十萬噸以上故通過橋樑之運輸，計有火車汽車及行人三種；而每種皆甚繁密，本計劃內，特備鐵路公路及行人道三種路面，各不相犯，一切車輛行人均可同時通過，無須號誌控制，以期便利而保安全。（杭江路現已爲浙贛路之一部）

(六)綫路聯絡

錢江建橋之主要目的爲(一)使杭江鐵路直達杭州，並通上海爲出口；(二)使滬杭甬鐵路自杭州展至百官完成線路；（三）使浙東浙西公路綫，連接貫通，故各路線如何過橋，及彼此如何聯絡，均應預爲籌劃，以期妥善，查橋之南坭，一片平原，本無阻礙，各路銜接，自可不生問題，惟北岸近山，人煙稠密，且滬杭甬路早有軌道，勢須遷就，除公路過橋，即接杭富線，無待研究外，鐵道登岸後，計有兩綫：可通滬甬杭路；一自虎跑山谷圍繞西湖外山，在艮山門附近接軌；一自虎跑山谷，經烏芝嶺後，繞閘江干，在閘口南星橋之間接軌，兩法需費大異各有利弊，玆爲目前經濟計，與鐵道部及杭州市政府商定烏芝嶺路線，爲聯絡鐵路之用。

(七)設計標準

以上所述皆爲橋樑設計應行考量之事項，玆以此爲根據並參照實地需要情形，擬定設計標準如后：

（甲）橋長 江面正橋在錢江控制線之間，計長一公里（3280尺）北岸引橋計長220公尺（720呎），南岸沙灘引橋計長500 公尺（1640呎）共長1720公尺（5640呎）。

（乙）橋寬 橋面應供鐵道公路及行人之用， 計單綫鐵道淨寬4.88公尺，公路淨寬6公尺，人行道淨寬三公尺，共需淨寬13,88公尺 ，（45呎）

（丙）橋高 北岸附近江流中泓之處。橋身距平時水面淨空9—10.5公尺。

（丁）墩距　橋墩距離，在江流深水處，最少50公尺，以便行船之用。

（戊）載重　橋樑載重鐵道按鐵道部規定之標準，相當於古柏氏五十級（Coopers E—50），公路須能行駛十五噸之汽車，行人道須顧及人羣擁擠之重。

（己）坡度　橋兩坡度鐵道最大0.6%公路最大4％

（庚）橋式　爲顧慮國防關係，及節省建築費起見，橋樑應取簡單式樣，活橋固不必需，所有連貫橋，翅臂橋，懸橋，拱橋及其他長徑之間複雜形式，均當避免。

（辛）材料　鋼鐵及洋灰材料均須遵照鐵道部之規範書，木料及砂石等依照普通標準。各料以儘量在國內採辦爲原則。

(八)第一計劃概要

二十二年春間，建設廳根據上述情形，函請美國橋樑專家華德爾博士，代擬全橋之計劃，歷時三月竣事，復經略加補充，是爲第一計劃。茲將其設計內容擇要分述於後：

（甲）全橋概觀

全橋以四種架樑組成，（一）江流中泓處，因航運關係，設置下承式桁樑橋一座，徑間，89.30公尺（293呎），下距平均水面，淨空10.5公尺。（尺）此橋南北兩段在錢江控制線內，各設上托式之桁樑橋，計北段六孔，南段二十四孔，徑間各30.50公尺（100呎），合計915公尺（3000呎）。（三）北岸引橋，設置上托式之板樑十四孔，每孔15.25公尺（五十呎），合計213公尺（700呎），（四）南岸引橋設置鋼骨混凝土之鐵路楷架橋八十二孔，公路楷架橋二十四孔，每孔六公尺（二十呎），合計鐵路橋500公尺（1640呎），公路橋147公尺（480呎）。

（乙）橋身構造

橋面供鐵道公路及行人同時通過，取平層並列式，鐵道之東爲公路，再東爲人行道。上托式橋面，寬度14.4公尺（47呎3吋）下承式橋面，寬度十六公尺（52呎6吋）。由北至南之路面，自引橋至下承橋，均與水平；下承式橋以南，直達南岸，則有6%之坡度，（但楷架上公路之坡度，則係4%）橋樑承托路面之處，在鐵道係逕舖枕木，上釘鋼軌；公路及人行道，則用鋼骨混凝土之鋪板。橋樑本身，採用鉚釘桁架之結構，上托式樑爲華倫式，每孔三架，下承托式爲怡克式，每孔兩架；爲求經濟起見，下承式桁架，並採用精鋼，以期減輕重量。至引橋橋身，在北岸係採用鋇樑式，每孔三架，南岸則用鋼骨混凝土之平板。

（丙）橋基築法

後鑽探結果，可知橋基方程，異常艱鉅。本計劃所採用者，係於橋墩之下，打入極長木樁，最深處需達2.70公尺（140呎），務使樁頭能入堅實土層，以增載力。樁上橋墩用混凝土築成，中爲矩形，兩端圓收，其高度係就河底情形規定，總使深入江底，不受水溜淘空。橋墩四週，另舖護墩軟蓆，緊貼水底，以防冲刷。所有全墩施工程序如下：（1）用竹柳鋼絲，編成護墩軟蓆，以重石墜沉於橋基地點，長約33.05公尺(110呎)，寬約21.40公尺（七〇呎），中留一孔，備橋墩穿過。（2）環繞橋墩之處，打818.30公尺（六〇呎）深度之鋼製板樁，成作圍堰，以便工作。（3）在圍堰內，挖掘江底，至相當深度。（4）用汽錘及水冲法，將長樁逐一打入。（5）淘盡樁頭四週之浮土。(6)在樁頭處，平鋪混凝土一層，（水中澆作），作爲圍堰之底。亦卽橋墩之下部。（7）將圍堰內積水全部抽去，並用木架支撑板樁。（8）將樁頭切平，鋪放鋼骨，築做橋墩，漸達所需之高度。（9）橋墩完畢，將鋼板樁拔出。另築他處之圍堰。

(九)第一計劃工款預算

（甲）正橋

橋架梁	1003公尺	計國幣約	1,926,000元
橋墩	32座	計國幣約	2,280,000元

（乙）北岸引橋

鋼橋梁	214公尺	計國幣約	207,000元
橋墩	14座	計國幣約	297,000元

（丙）南岸引橋

鐵路樁架引橋	497公尺	計國幣約	342,000元
公路樁架引橋	146公尺	計國幣約	67,000元

（丁）全路共計國幣約　5119,000元

(十)計劃研究

華德爾博士之設計，按照原送章本，自屬最經濟之結果。惟自二十二年八月浙江建設廳成立錢塘江橋工程委員會後，對於最初決定之建橋條件，重加研究，認爲其中尚有應行修正之處　（甲）墩距　在江流深水處，原定至少八十五公尺，故華德爾博士之設計，採用鐵路公路平列式，以致橋墩過長，徒增重量，但錢江水淺，不通巨船，而橋址又在杭州之上游，將來通過橋下之舟楫，未必需要甚寬之墩距，八十五公尺之限度，似可變更，雖縮至一半，亦無多大妨礙，最後改定爲五〇公尺。（乙）淨空　橋身距平時水面原定淨空10.50公尺，依同一理由，經改定爲九公尺。（丙）橋式　錢江冲刷之力甚鉅，而底層細泥極深。爲適應河床變遷起見，橋墩距離似以相等爲宜，橋樑構造，因此趨於一致，不但減少經費，且可增進美觀，而遇橋樑受損之時，搬移替代，亦爲較便利，從各方關係言之，均屬妥善。以上三者爲建橋重要條件，如有變更，則華德爾博士之設計，失其精采。故委員會決定另擬各種設計，從事比較，並用一單價及標準詳加估算，共計成六種，各有利弊，茲分述如下：

（一）120呎之上托桁樑　共29孔，計長8480呎，樑高14呎，其優點在佈置之經濟。上爲鐵路，下爲行人道，兩旁翅臂爲公路，所有桁樑隙地，均充分利用，而橋墩尺寸，亦大爲縮小。所有正橋之經費，估計僅需三百七十餘萬元。此種鐵路公路聯合橋之設計，在橋樑史上尚屬創舉，堪稱新穎。惜徑間120呎，較少於規定，且公路來去單行，

無避車之餘地，恐有阻礙交通之慮，（此點倘可在橋墩上設避車所解決之）。

（二）153呎之下承橋樑　共23孔，計長3519呎，橋身係雙層建築，樑高25呎，下爲鐵路，上爲公路及人行道，計需經費約三百九十一萬餘元。此種式樣，於鐵路及公路之交通，最爲便利，且各不相犯，無須信號控制，惟兩端引橋之建築所費略鉅。

（三）164呎之下承橋樑　共計孔，計長3444呎，橋高27呎。中爲鐵路，二旁爲公路及人行道，用超臂樑支持，與鐵路同層並列。正橋需費約三百九十一萬餘元。此式兩樑受力不勻，公路交通亦受阻礙，惟引橋較省。

（四）184呎之下承橋樑　共19孔，計長3496呎，樑高28呎，其佈置與第二種相同。計正橋需費約三百八十九萬餘元。

（五）220呎之下承桁樑　共16孔，計長3520呎。
樑高35呎。其佈置與第二種相同。

（六）310呎之下承桁樑　共11孔，計長3410呎。因徑間甚長，兩樑相距較闊，故採用鐵路公路平層並列式，桁樑構造亦改爲彎弦，藉減重量。但究以橋身過重之故，正橋需費至五百十二萬餘元之鉅。在各種設計中，最不經濟。

以上連同華德爾博士之設計（正橋需費四百二十萬餘元），共爲七種。抉擇取捨，頗費研究。蓋橋樑理論，工程界已趨一致，以同一條件，同一市價而論，如爲合理之設計，其經費決不能相差太遠。以上雖僅列七種設計，但若廣事推求，再及其他種種式樣，所得結果亦未能懸殊過甚。大抵每種設計，皆有其優異之處，而不能各方俱顧，十全十美；惟有以堅固適用經濟美觀之基本條件爲標準，斟酌取捨，權衡輕重，求其適合環境，比較完善者採用而已。上列七種設計中，經委員會之慎重考慮，認爲220呎孔之設計，最爲妥當，因決定以此招標，並繪具各部詳圖，以便估價，並以滬杭甬路接軌關係，將橋址中心線略向西移，是爲本橋之第二計劃。

（十一）第二計劃概要

（甲）正橋　在錢塘江[illegible]綫一公里以內，設置雙層鋼橋樑16孔，每孔220呎，共長3520呎。上層中爲公路，兩旁人行道，下層爲單綫鐵道，橋身高35呎，兩樑相距20呎，採用華倫式之構造，接節處悉用鉚釘。上層公路橋面係用鋼筋混凝土建築，計厚七吋，承托於縱橫鋼樑之上，與花樑之上弦相接。下層鐵路橋面由鋼軌，木枕，及縱橫樑組成，聯結於花樑之直桿，上下兩弦皆有禦風樑架，採用鉚釘聯結式，所有橋樑設計悉按規範書計算，惟鋼質係採用普通炭鋼，若改用特鋼，則應力加大，橋身可減輕。又於計算應力時，若假定鐵路公路同時負荷最大之重量，連同最大之衝擊力，則單位應力可增加八分之一，如同時更有最大之風力，及火車牽引力，則可增加四分之一；此皆不悖習慣，且具有充分理由也。橋端壓力每樑440噸，於活動墩座下，用鋼滾7枚，直徑7吋，俾作橋身伸縮之需。

全橋橋墩15座，悉用鋼骨混凝土建築，墩內留置空穴，以便減輕重量，上承橋座之處，墩蓋長33.5呎，寬10呎，厚1.5呎，兩端圓收，墩身自頂部長32呎寬8.5呎起，四圖用1：2之傾斜，向外鋪展，直至墩座為止（高度為零下四十呎）。因鐵道坡度關係，最大墩座長87呎7吋。寬14呎1吋，最小墩座長36呎6吋，寬13呎。墩座中部鋪鋼筋網一層，下為木樁，每墩220根，每根最大載重35噸（連風力，江流之傾覆率在內），木樁長度60呎至80呎，視江底地質臨時酌定。打入時之方法，與第一計劃略同，採用鋼板樁之水堰，惟入土較深耳。

以上橋基計劃，係根據初次鑽探結果，現實為慎重起見，已於橋址中心綫，另行鑽探，每墩一穴，若發現其他情形，足以影響設計時，自當酌量修正。

橋樑高度35呎，論者或疑其高，但若改為30呎，則每孔橋重增加2噸，所費反多。且公路引橋降低5呎，須將混凝土之設計修正，以免影響鐵路淨空，所省亦復有限。至因高度所生之各種傾覆率，則均已計算驗明無虞矣。

（乙）兩岸引橋 本橋橋墩之佈置，因公路鐵路高度參差不一，須用特殊建築，方能與原有路面銜接：（1）鐵路引橋，係用兩孔上托式之鋼板樑，一長64.5呎，一長63呎，緊接正橋之花樑，下承以鋼筋混凝土之橋墩，板樑盡頭改用墊土鋼軌，外加護石，直至鐵路正綫。（2）公路引橋，在緊接正橋處，用上托式花樑二孔，支持路面，一長62呎6吋 一長57呎11吋，越過花樑改用結架式混凝土樑5孔，每孔30呎7½吋，逾此仍用護石墊土，承托路面，與原有公路相接。（3）正橋盡頭，各設橋塔一座，掩護引橋兩孔，藉壯觀瞻，並將公路路面放寬，成一梯形平台，俾作瞭望休息之所，平台建築仍用混凝土樑，支持於上托花樑及橋塔護牆之上。（4）以上引橋及橋塔，兩岸一式，惟南岸墊土較長，且因坡度關係，有時或半浸水中，惟時間甚短，並有石塊保護，當可無虞也。

（十二）橋樑收入

錢江大橋落成之後，所有通行客貨，均可酌量收費，以償工款。茲擬規定除行人（表一）免費外，其客貨之經火車或公共汽車運輸者均照南京浦口間之輪渡成例，分別收費，估計橋成之後，各種運輸收入，每年可達六七十萬元（表二）

（表一）錢江橋每日渡人數表（民國二十二年）

月份	一月	二月	三月	四月	五月	六月	七月	八月	九月
人數	528,683	453,254	472,163	487,736	491,074	462,718	475,805	449,670	466,673
每日平均	17,000	16,200	15,200	16,200	15,800	15,300	15,400	14,500	15,500

（表二）錢江橋收入估計表

年度	杭江鐵路				滬杭甬鐵路				公共汽車		車輛	總額
	客運每人二角		貨運每噸七角五分		客運每人二角		貨運每噸七角五分		每人二角		汽車人力車	
	每日人數	金額	每日噸數	金額	每日人數	金額	每日噸數	金額	每日人數	金額		
1	1,600	國幣圓 117,000	800	國幣圓 219,000	1,000	國幣圓 73,000	500	國幣圓 137,000	500	國幣元 76,500	2,000	國幣元 584,500
2	1,680	122,800	810	230,000	1,050	76,000	525	14[illegible],000	525	38,400	2,000	613,800
3	1,760	128,500	800	241,000	1,100	80,400	550	151,000	550	40,100	2,000	643,000
4	1,840	131,900	920	252,000	1,150	84,000	575	157,000	575	42,000	3,000	672,800
5	1,920	140,200	960	263,000	1,200	87,600	600	164,500	600	43,800	3,000	702,[illegible]00
6	2,000	146,000	1,000	274,000	1,250	91,300	625	171,500	625	45,600	3,000	731,400

註：第六年後，假定歲無增益，每年係國幣731,400元

（十三）籌款計劃

本橋既有收入，且屬確實可靠，籌款本非難事；惟工程需數五百萬元之多，費時兩三載之久，衡之國內經濟情形，豈能咄嗟立辦，祗能擬定籌款原則，保障投資安全庶得社會信用。一年以來，經建設廳長曾養甫先生之努力奔走，及各界之熱心贊助，所有建橋經費悉已籌足。在國家多事之秋，籌備如此偉大建築，凡我工程界同人，皆當引爲慶幸也。

（十四）招標進行

本橋規模宏大，縱觀國內已建各橋，除平漢鐵路黃河橋外，殆無其匹。益以江潮洶湧，地質不佳，橋基困難，尤所逆料。此後實地建造，自非妥慎規劃不可。本橋經費足後，建設廳即於四月一日成立錢塘江橋工程處，主持一切工程。先辦招標手續，將全工程，別爲數項，分合取捨，悉聽投標者之選擇。復恐本橋設計，尚非盡善，於招標時聲明，歡迎其他設計，以便集思廣益，凡投標均可自擬設計，連同標價投遞，藉資比較。計自二十三年四月十五日招標起，至五月底爲至，領標者已有三十餘家。預定七月僅十二日開標，八月下旬開工。倘無意外阻礙，民國二十五年底，當可全部竣事。屆時我第一鐵路公路聯合橋，將於錢塘江頭出現，而東南鐵路公路之系統，賴以完成，豈二浙江一省之幸而已哉！

時屆各工業復興期，人才孔亟，各方紛紛來函，聘請本屆畢業同學，如黔桂，隴海，叙昆鐵路，川康川湘，中印，西南各公路，油管工程處，資委會，水電總處等，惟同學少而職位多，致各同學均作愼密考慮，力求得益較多之職位，目前己洽妥者爲王傳堯張嘉去油管工程處，蔡定一丶錢家順，施光校去水電總處，陳才良去黔桂鐵路，袁森泉去隴海鐵路，胡定去叙昆鐵路，其他同學仍在權選尚未決定云。

錢塘江橋一年來施工之經過

茅以昇

本橋設計及籌備經過，已詳本刊前文，現所進行工程，卽其中第二計劃之實施。正橋橋墩由康益洋行承包，正橋鋼梁由道門朗公司承包，北岸引門及公路由東亞工程公司承包，南岸引橋由新亨營造廠承包，原定工費五百萬元，工期兩年半。自去歲四月間，材料工具開始到工積極進行以來，迄今一載有奇，所經工程上設備上及人事上之種種困難，無從罄述。所當自幸者，卽所定計劃，既可實施，而工費工期，亦不致超出預算，尚足告慰關心人士耳。

(一)施工研究

本橋施工方法，下列各篇有說明，玆先將研究經過，披露如次：

(甲)沉箱

本橋工程以正橋橋墩爲最艱巨。設計伊始，材料不甚充分，施工方法，覺以鋼板圍堰爲最經濟，故卽以此法招標。其後屢經研究，並參證去歲圍堰冲陷之經驗，乃悉改用氣壓沉箱浮運法，幸告成功。所經階段，有所陳述者：

（一）圍堰與沉箱　橋墩入土甚深，如用鋼板圍堰，其長度須達26公尺（85呎），方能穩妥。此項長樁，訂購需時，打土不易，且江底土質附着力甚大，拔起尤爲困難，倘竟不克拔起，則每墩需板一套，旣不經濟、且阻過江流過甚，增劇冲刷；蓋以圍堰支撑（Bracing）之不易（因受風力水力之面積較大），堰內打樁之困難（因樁須穿過支撑），封底前樁頂情形無由察看（祇憑潛水夫之報告），封底抽水後，水浮力之危險（因冲刷關係水深可達20公尺），種種情形，皆不逮氣壓沉箱之適用。

（二）開口沉箱與氣壓沉箱　北岸石層，坡度甚陡，開口沉箱不易奠基。南岸石層甚低，若悉用開沉箱，則需費過鉅，若參用木樁，則打工困難，較氣壓沉箱爲尤甚。

（三）鋼板沉箱與混凝土沉箱　鋼板沉箱，在浮運時爲一船，就位後卽混凝土之模殼；且質輕料堅，便於工作，自可採用。惟（1）須與木樁同向外洋定購，沉箱一切工作，爲之延誤。（2）錢江山水潮汎，俱甚汹湧，沉箱浮游時，最易冲走，而鋼箱全部，係於浮游中澆築，占時旣久，勢難安全。（3）在有基樁之橋墩處，須先將木樁打竣、鋼箱就位後，方能澆築箱內之混凝土，故打樁與澆箱，不易同時進行。（4）鋼板沉箱工料，均較混凝土沉箱昂貴。

（四）混凝土沉箱就地澆築與澆築後浮運　江中就地澆築，須用鋼板圍堰。本橋之第一第十四及第十五三號橋墩，本擬用此方法。惟第十四十五兩墩處，水流甚急，冲刷極劇，致將圍堰冲陷；而用極長之鋼板，需欵又屬不貲，故不若岸上澆築之經濟。益以前述打拔板樁之困難，工期上恐亦不免延誤。

（五）岸上澆築之船塢法滑道法及吊運法　船塢法利用水力築箱之處，須在深塢；而本橋兩岸，皆有流沙，開塢時，隨挖隨淤，永無寧日，故無從採用。滑道法亦須開挖，且沉箱甚多，一線排列，滑道坡度甚大（至少1：18），則較遠沉箱，距地必高，其建築及滑送方法，均頗不易。至吊運法則在塢中之土木建築較少，大部工款，耗於吊車設備，而吊車則他處可用；且搬運沉箱時，則進退因可如意，即降落水中後，亦尚可吊起檢驗，或加修理，爲前兩法所萬不能辦到者。

（六）沉箱施工法

（子）起吊　起吊沉箱，可從箱底用樑鋼數根，承托全重，或在箱之邊牆內，預置鋼條若扇骨，將全箱懸起。前法於起運前，須將各樑一一插入箱底，再聯結於吊車；沉箱出塢（即浮出吊車）後，又須將各樑撈起，一一鬆解，手續甚繁。後法則於扇骨交接處，安置一鉤，起吊放落，均極便利。惟托樑法着力在箱底，不影響內部之應用，比較安全，故予採用。

（丑）轉運　沉箱吊起後，因吊車之推動，徐徐轉運。吊車設計關鍵，在車架之剛勁（Rigidity），及架脚之着力點。因沉箱重量着力處，在吊車上樑之兩點，而此兩點與車輪着力處，不成直綫；故上樑彎成弓狀，而在車旁三稜架接筍處，引起甚大之撓率（Moment）。此撓力足使整個吊車走形，發生危險；應付之法，或在接筍處加入斜撑（Knee Brace），或將上樑切面之惰率（Moment of Inertia）加大；因後法便於工作，故經採用。至架脚之着力點從理論言，應以車輪與軌道相切處爲最妥，但事實上不易辦到。故在架脚置一橫木，橫木下置車輪，即以此橫木中心點，爲沉箱重量着力點。車輪下本可用單軌，因軌之切面積過鉅，不易置辦，故爲每輪雙軌。第一座沉箱轉運時，頗見安全，至第二座時，則發現兩軌略有高低，因之吊車兩旁之三稜架亦可斜傾；或同向內，或各向外，或共倒一邊；而以第三現象爲最危險。因於架脚，特用三角形鋼撑加固，使一脚雙軌不平之影響，爲此鋼撑所抵禦，嗣後遂無問題。故吊車單軌雙軌之利害，頗堪研究。

（寅）入水　沉箱駛至便橋盡頭，降落入水，其動作賴托樑懸桿上之螺旋機。此套設備，前在津浦黃河橋應用時，人力即可推動，並無困難。本橋沉箱較重，照其能力過計，而臨時竟生阻礙，不得不改用電力，故廠家出品之宣傳有時不可盡信也。

（卯）出塢　沉箱入水浮起後，拖出吊車時之工作，悉賴錨，纜，絞車等之操縱；其要點在保護吊車及便橋之安全，不使沉箱因水流或風力而與之衝擊。沉箱降落後，位於兩便橋之間，每邊所留隙地，僅合6公分，故立錨宜遠，收放纜索，務需迅速，使箱之出塢途徑，幾成直線。

（辰）浮運　沉箱出塢後，浮運至橋墩地點，因係方形，水之阻力甚大，拖挽不易，故應利用江潮，順流而下，拖船從旁相助，僅爲導入路綫而已。在潮大時，箱之鐵錨，並不卸去，使在泥中拖帶，以便減少速度。

（巳）就位　至橋墩地點後，沉箱需錨碇於準確位置，方可沉底。而錨碇方法，殊費研究。高箱六錨，稍一移動，六纜均須收放。此六錨前後兩錨，應在箱之上下游，固無問題；其餘四錨，則可於箱之兩旁，各置兩錨，與橋之中心綫平行；或在箱之四角，每斜向一錨，使成交义；各有利弊，以用第一法較妥。

（午）沉底　沉箱就位後，須從速沉至江底，免爲急流冲動；或用水壓法，或僅憑續澆混凝土之重量，或兩法兼用。因橋墩之澆築，須在沉箱填築以後，如用水壓法，則沉箱內須備儲水隔間，體重必須大增，駛運不甚經濟，但悉賴混凝之重（須500噸才能沉底），則因澆築關係，（如橋樑填築後須經三日方續澆墩柱）需時又不免較久。現雖能用澆築法，但於必要時，可於木堰內放水加重，使箱暫沉江底，俟水小時，再抽水續澆，一面改用加大之混凝土錨（每個重十噸內有水冲管），以免水冲移走之危險。

（未）入土 沉箱既至江底，即可安放氣櫃，折卸箱上圍堰，開始入土下沉。此時因柴排障礙及土軟關係，箱位極亦移動，須多次施測，方可進行。如相差不多，在2公寸左右者，可俟入水後，先儘一邊開挖，則沉箱下降，自可矯正。又以軟土水浸，氣室易為填塞，開挖工作，需經相當時間，方能正常進行。

（乙）打樁

木橋南部九墩，石層甚深，其上澱泥沙礫，綜錯相間，達二十一層之多，四十餘公尺之厚。原計劃採用百呎木樁，上載橋墩，自係經濟辦法。惟開工伊始，因沙礫層關係，打樁極為困難，錘重不足則樁不下，過重則樁裂，幾於束手。因念泥沙阻力既大，其安全壓力及阻際力，必有可觀。倘竟廢樁不用，將橋墩沉降至氣壓法所許深度，或亦一法。從鑽探結果， 在此深度（－20公尺）各墩地質，大部係澱泥帶泥（Silt With Sand）尚屬硬層，至泥沙之比，則不一致，究能勝任若干壓力，非經精細試驗，難有把握（因含水關係，普通試驗不能適定） 惟知沙泥如此之厚，而無甚黏土（Clay），其透水性及靜抗力（Passive Resistance）必大，倘以普通土樣壓力，則每平方呎如加以平均兩噸之壓力，或不為多，斷全墩載重，即可勝任；因是有兩種主張：（一）仍照原議將木樁設法打下，（二）不用木樁，但將各墩（第七至十五號）沉至－20公尺之硬層（加深8公尺）。為取決起見，曾有將「天然土樣」（Samplein Natural State）寄往歐美「土質試驗室」研究之意。惟時不我待，且照第二法，即墩底土質不惡，而其下軟層透水，倘受他處影響，整個橋墩或竟有傷陷之危險。故一面採取土樣備用，一面仍研究打樁方法。最後賴水冲法之改善，打樁幸告成功，此問題始告一結束。然土樣現仍送往試驗，用備將來參考。打樁既經成功，則照此法能否達到設計之載重，亦當研究。木橋每墩160樁，樁距1.15公尺 墩底寬12公尺，長13公尺，故樁之承量，端賴樁底之頂力。但僅以樁尖之面積論，每樁自難勝任其所分担之重，惟水冲法不影響樁之下部，（二公尺係汽錘打下）從土力學立場，應將160樁，連同樁間原土，視作團集一體之基礎，

所有載重，由樁身經此集團，而達基礎之全面積 俟全墩工竣，自行校正，臻於墩築基，其實際上之壓力綫，當可如電燈泡狀，層遞分佈於基底及四週，隨時保持其均衡之狀穩態，應不致有悖於設計時之原意也。

水中打樁法有二，一為建築臨時棧台（Stage），上鋪軌道，使樁架能縱橫移動，以便依行列進行，一為置樁架於浮船，浮船移動，則隨地皆可打樁。兩法皆有利弊，嗣以機船打樁較速，且用途較廣，因決用此法。並以工期短促，擬三墩同時打樁，特定製機船兩艘，船頭立活動鋼臂（Boom），長37公尺，上懸導樁架（Lead），長30公尺，內置樁錘等，共重25噸，樁架可伸至江底，其重量足保樁之垂直；船前豎立臨時平台，

上記排樁之相互位置，以便測定各樁地點。

打樁次序，因鋼樁拔出後，中留一孔，鄰樁易於傾斜，因有兩種提議一為先將各樁打完，然後用送樁一一頂下，但此則固樁架活動區域，較大於兩樁間離，頂樁次序，斜向兩行，均須時離一樁，分四次進行，方能將全部頂竣；一法打樁時即行頂下，惟隔一二行，再打他樁，使鋼樁空隙，有機填滿；本已決用第一法，嗣以水冲法成功，孔隙不成問題，仍改依縱橫方向，依序進行。

有木樁之橋墩，根據以往記載，原定沉至—12公尺，但經繼續測驗，並以圍堰冲刷之經驗，頗慮中心三墩（第七，八，九號）之深度，仍有變數，但欲深沉墩底，則以設備關係，樁頭打至—12公尺後，不能繼續再打，如墩底沉至此深度後，仍須下沉，則所有遺留之樁頭，均需在沉箱氣室中，片段截去，或用電鋸，或用電焚，或用炸藥，均非易事。每墩 160樁，應如何截去，沉箱速率方不致大減，經多時研究，始決採電鋸法。

正橋鋼樑安裝，原用翅臂法（Cantilevering），雖鋼重因此增加，但省去安裝所需之臨時建築，仍較經濟。嗣因橋墩工期短促，各墩同時進行，完成次序，先後不一，翅臂法無從採用，祇得改用浮運法，每隣接兩墩完竣，即安一孔；錢江有潮汐關係，應無甚困難，惟施工時，仍遇不少問題。

（1）鋼樑全部運到時，尚無鄰近兩墩完全竣工者；故鋼樑拼鉸後，須有臨時安置之所，以待浮運。按照施工程序，各墩完成之期，甚為密近，故待運鋼樑，必不止一座，勢須先將各樑一一拼鉸完竣，方免誤期，而如何處置若干待運之鋼樑，則頗費研究。每座鋼樑長66公尺，重266 噸，橫排佔地太多，直排搬運不易；幸錢江北岸冲刷影響尚小，因用木樁棧道兩行，相距66公尺，另造鋼樑托車，長8 公尺，將已拼鋼樑托起，一一送出，平列於棧道之上，似此則七八座鋼樑，均可拼齊待運，一座浮出，再運他座，各樑之拼鉸工作，不致稍有停頓。

（2）浮運時當然用船，但兩船或三船；鐵船或木船，深船或淺船，各有利弊，經研究結果，決用木質淺船兩艘，均為特製，每船可載重600 噸。

（3）近岸兩孔，因水過淺，如用船則需挖泥，如搭臨時木架，則所費太鉅，現決仍用浮運法：

（4）浮運賴潮，而一月之中，高潮不過數日，若汛期只按一孔，未免遲緩，故須多備頂樑工具，庶可在同一汛期，安裝兩孔。

（5）工地油漆三道，每次油漆何時最妥，曾經考量，現定裝配後一道，安裝後一道，公路路面完成後一道。

（丁）引橋

兩岸引橋，以瀕江橋墩之工程較鉅；北岸之墩，係用開頂沉箱法，下沉時不免歪斜，校正為難。設計時對於「分室沉箱」及「井筒沉箱」，各加考量，最後以井筒較小，易於控制，且所費較廉，故經採用。南岸工墩，係用圍堰木樁法，對於鋼板（長15公尺）應否拔出，木樁（長30公尺）應打深度，封底時積水處置（因有流沙）均經多時研究，始定最後辦法。

北岸各墩，雖較簡單，但以石層坡度甚大，上覆土質內夾流沙，開挖橋基時，既須切石，又防流沙，工作不易，又打樁時，所遇困難，亦與正橋無殊。南岸數墩，亦因流沙關係，開挖時曾遇極大困難，嗣用木質圍堰禦水，堰內日夜開挖，所遇泥水，不斷抽乾，封底時並用富於洋灰之混凝土，方告成功。

引橋盡頭須有現成之鐵路公路聯絡，其整個建築，並須爲天然風景之陪襯，故橋頭平台之設計，橋欄燈桿之佈置，及路口進道之式樣，均經再三審愼，期其簡單美觀，無悖於經濟之原則。

(二)施工憑藉

本橋施工，以運用大自然力，爲第一要義，所籌工具及設備皆因地因時，控制輔導此偉大之自然力，供我驅使而已。

（一）水 （子）橋墩沉箱，因賴水之浮運，所需工作階段，得於陸上完成大半，較諸全部水中工作，不但工費時間，兩具經濟，且在浮運之前，水中不生阻礙，於江流及交通，俱有莫大裨益；所難困難者：

（1）錢江水位因潮汛關係，每月潮落兩次，變動甚鉅，若以江水論，最高時約在三月下旬，達八公尺以上，最低者，在七月中，約四公尺餘，沉箱吃水五公尺，故常感水位不足。

（2）江底變遷無常，或淤至或刷，冬季水小流緩，江底淤漲，沉箱不易出塢，夏季山洪暴發，冲刷過甚，沉箱又難於就位。

（3）沉箱形如方船，龐然大物，水壓及風力具強，浮運時如值流急風緊，則易生危險。

（4）沉箱就位後加重下沉時，箱底遇水漸急，倘兩端冲刷不一，箱身便易傾斜，甚或傾倒。

以上（1）（2）兩點，可利用潮水之助力，（3）點須審選天時，（4）點則賴柴排（沉箱就位前沉底）及石枕（沉箱就位後臨時塡塞）掩護，幸能一一解決。

（丑）正橋基樁，因賴水冲法之助，得深入泥層，而無折裂，或傾斜之弊。前華德爾博士爲此橋設計時，因用37公尺之樁，曾引爲顧慮，經分函美國各大建築公司徵詢意見；均以如此長樁，非藉水力冲射不可，但應如何實施，則主張不一，大都讚成每樁兩管，分縛樁頭。本處打樁時，初亦擬用兩管，但如何縛置，因樁與接樁共長50公尺，大是問題，若置於樁外，則拔起不易，每樁废兩管，殊不經濟。若於樁旁，各抽一槽，安置水管，則不僅樁之面積減小，且亦費工太多。經多方試驗並改良設備，始決用「一管先冲」之法，其概要如下：

管長43公尺 管徑3 吋 管尖1 半吋

水壓每平方吋250磅 水量每分500加侖

將水管先冲至相當深度時拔起，再將木樁插入，只憑重量，壓至水冲深度，再行錘下，結果異常圓滿。

（寅）鋼樑安裝，因賴水之浮運，已可縮短工期，且樑上公路係混凝土建築，如將木模及鐵筋工作，先於鋼樑上完成，一俟浮運安裝後，即行澆灌混凝土，則公路通車時期，亦可大爲提早。

（卯）柴排掩護江底 爲減免冲刷最有效之辦法。編成後賴水之浮運，得達橋墩地點，其中蘆柴功用，初爲增加浮力，沉底經壓碎，浮力消失，轉爲牽攏柴蓆之工具。

（辰）他如鋼板圍堰因水壓力而擠緊，打木樁時因水之上流而引起油滑作用等，更屬意外收獲。

（二）潮 錢江潮素負盛名（流速最大每秒1.60公尺），橋工爲之受阻，同時亦蒙其益。

（1）沉箱浮起時，賴漲潮之水（每日潮水漲落在夏季達3公尺）浮運時賴退潮之溜。

（2）鋼樑船運時賴潮漲，安裝時賴潮落。

（3）山水大發時，江流湍急，無時或定，賴漲潮時逆流之抵禦，得稍舒喘息，加緊工作；

（4）潮汛有定期，工作程序，賴以天然督促，以補人事之不足。

（三）空氣 氣壓沉箱法，利空氣之壓縮性，與水力抵抗，不僅使江底基礎得以如意佈置，且可親目察看，增進信心，洵爲他方所不及。又沉箱開挖時，遇無甚黏性之土質，可藉吹氣法（Blow out Process）利用氣壓，將沙泥排出較之人工挖土，省費省時，最爲經濟。惟吹氣管內時生障碍，如何能使其久用不停，仍在研究改良中。

（四）重力 沉箱陸運時，因重而穩，不虞風力；到橋頭時，因重降落，入水浮運；就位後澆築墩牆，因重下沉（橋墩最重者8000噸，最輕者6600噸）；防禦冲刷之柴排，因重沉底隨刷隨緊，打樁用之水冲管，因重入孔，愈冲愈深，混凝土澆灌時，因重下墜，分佈各處等，皆利用力之例。

（三）施工驗證

任何工程因天時地利關係，僅憑一紙設計，決難實施順利，若其環境特殊，工作困巨，則初步實施，更無異於嘗試。本橋施工方法，如600噸沉箱之平軌陸運，30公尺木樁之打埋江底，橋墩挖土同時用氣壓法進行者達七座之多，不但在國內爲創見，即國外亦鮮比擬。能否準時告成，在開工伊始，雖有極強之信心，究不敢謂確有把握。故一面積極進行，一面仍籌失敗善後之策，歷經種種困難如：

（1）沉箱便橋木樁，排比甚密，原冀樁間淤塞，不意冲刷特甚，適得其反，及將冲刷防止，又轉爲過份淤塞，阻礙浮運。

（2）浮箱吊車轉運時，因雙軌不平，引起欹斜危險；

（3）沉箱在吊身降落時，因螺旋機人工失效，工作停頓；

（4）沉箱就位後，因水急常致走錨；

（5）打樁時，初賴錘擊，偷樁身歪斜，即須拔出重打，異常遲緩；

（6）打樁機船兩艘，一艘於來杭途中沉沒；

（7）氣壓挖土前，須先清理江底之障礙，如過江電纜、柴排，軟泥等，而下沉時，仍須保持其校正之位置。以及各種工具不斷發生之障礙，在最嚴重時期，若不持以毅力，幾有考慮更張之必要。嗣經潛心研究，逐步進展，一切問題，幸告解決，所有方法屢經試用，時至今日，可云完全驗證，無論如何，技術上之成功，業是事實，此同人數載辛勤，所最堪自慰者。

所謂驗證，非徒本橋工程，得以實施而滿足；蓋一切困難之解決，不外利用科學原理，加以人事設備；此種設備，因地制宜，不必一成不變，所可寶貴者，仍在[illegible]用此原理之經驗，甚或推及其他問題，亦得意外收穫，則本橋不僅有助於交通，抑足爲工程上之一小小貢獻矣。

本橋工作需用特殊工具及方法，且大部在水中或江底進行，其初本人未經訓練，工具日在改良，時作時息，效率低微，殆方法純熟，遂日見進步，茲將各重要工作之成績，截至執筆時止，列表於後：

工作種類	最低	最高
水中打樁（30公尺）	22小時內14人打1根	24小時內14人打30根
澆灌混凝土	每28小時內106人打21英方	13小時內64人打35英方
轉運沉箱（吊車速度）	3小時47分內30人推行19呎5吋	8小時內34人推行187呎
降落沉箱（螺旋機速度）	5小時內16人降落6吋	5小時半18人降落6呎6吋
浮運沉箱（自出塢至就位）	72小時16人	3小時16人
氣壓挖土	8小時內20人平均$2\frac{1}{2}$英方	8小時內20人平均3.6英方
打鋼板樁	8小時內15工共打下7吋	11小時內15工共打下435呎
鑲配鋼樑	20人24天	20人16天
鉚釘	11小時內6人鉚9釘	5小時內18人鉚610釘
沉氣井箱	20小時14人2吋	6小時12人18吋

天壇工程股份有限公司

營業要目

礦冶工程　機械工程　土木工程

採鍊生鐵

專製各項機件

承包各項房屋橋樑工程

迅速　正確　精細

總公司：重慶市戴家巷三號

電報掛號：一〇八六號

分公司：成都　漢中　梁山

經濟部登記設字一〇四九號

防止黃河水患新法芻議

鄭　華

黃河水患為吾國數千年來無法解決之問題，古代大禹治水以導河成功。其法「北播為九河，同為逆河入海。」係將黃水分散個別解決之。（逆河係九河之總名，即現代所謂洩水河也，水不流入正河，而自正河分出，故曰逆河。「入於海」三字，解釋九河不入大河而直接入於海，此說比較舊說合理，）當時上游多樹木，下游多湖澤，與現代之黃河情形迥不相同，大禹治河之法，自不適用於今日，治理黃河不能泥於古法，理至明顯。

黃河為全球特殊之大河，洪水漲落之迅速，大小流量之懸殊，以及所含泥沙量之多，河道變遷範圍之廣；世界各大河流無與倫比。歐美之治水專家無此種特殊經驗，故其擬議辦法，恐未必適用於吾國之黃河。

今日談治黃河者多主張：（一）造林護壤。（二）束水攻沙。（三）築攔水壩。此三種辦法似均無消除水患把握，請申論之：

（一）造林護壤為農林專家所主張，自有相當價值。惟其影響下游水患究能達到若何程度，殊無確實把握。縱有成效，亦當在若干年後，渺茫難期，土木工程司似不應將治水職責，委諸農林專家也。

（二）束水攻沙為明代潘季馴所提倡，其法將河道改狹，並使河幅劃一，水流湍急則泥沙隨流入海，不使中途沉澱，明清以來，多即以此法治理黃河之新途徑，德籍工程司且曾將黃河所挾帶之泥沙，在試驗室研究，但小規模上之實驗及短距離之經驗是否能適合長達數百公里之河道，不無疑問。

據黃河水利委員會水文站報告，黃河在陝縣之最大流量較在濟南附近之最大流量約多一倍，蓋陝縣濟南間之河幅不劃一，沿途有蓄水之效，今欲束水攻沙，必須將河道改狹，並劃一河幅寬度。如是則在濟南附近之最大流量，將與在陝縣者相同。換言之，即驟然增加一倍，查黃河河道容納現在之最大流量尚多困難，今流量加倍，速率增快，漫隄決隄之危險，必隨之而至，未見其利，先受其害　竊以為就現在情形而論，束水攻沙之法，如果實施，恐反增黃河水患也。

（三）攔水壩之辦法，歐美已有先例。其法係築一攔水壩，以擋洪水，下設涵洞以洩之，但洪水為涵洞之宣洩量所限，不能暢洩，一部份遂暫存積於上游，俟流量減低，再行自涵洞洩出，如是則最大流量可因涵洞之尺度而受節制矣。此法，工難費鉅，自不待言，然倘能一勞永逸，亦無所惜，奈黃河挾帶淤泥太多，流速稍緩即行沉澱。攔水壩上游河槽內之淤積，於水退時自可冲刷而去，但兩岸寬地用以暫積洪水之處，必致愈淤愈高，河身容量逐漸減少。數年之後，兩岸均成為土巖，河槽形成深溝，容量微小攔水壩遂完全失去效用，縱令別擇地點，再耗巨資，壽命亦僅數年，故攔水壩之辦法，竊以為殊不適用於吾國之黃河。

黃河為吾國數千年來之大患，以其性質特殊，故迄無妥善治法。考其為害之要素，即前述之特殊性質：（一）洪水漲落太驟，（二）大小流量相差過巨，（三）挾帶泥沙太多，沿途沉澱，以言治水則倘能除去洪水之最高峯，即無漫隄之虞，倘能除去泥沙，不使河床逐年淤高即無決隄之虞。不漫不決，防水患之能事盡矣。

茲為解決上列二點設想，建議辦法如左：

（一）以溢止溢　以溢止溢之法，係引去餘水，於未溢之先，在平漢鐵路橋附近之黃河北岸，建最新式之鋼筋水泥大滾水壩一座，將黃河最大流量溢去三分之一，下游即無泛溢之虞。

滾水壩上溢去之餘水，應儲陂澤以容蓄之，以免另成水災，茲擬在滾水壩附近劃出縱橫六十里之地，為蓄水庫，圍以土埝，以蓄餘水，貯存十數日後，將預設之水門開放，徐徐宣洩，如是則流清停滀，餘水不致為患。

宣洩蓄水庫之水，可仿大禹開漯川渠辦法，以徒駭河為陪河，容納黃河餘水入海。茲擬將徒駭河延長至平漢鐵路附近，平地築堤，引水入海，河槽不必太寬，因蓄水庫有節制流量能力。滾水壩數日所溢之水，可分數十日徐徐宣洩於陪河也，陪河未完成之前，可暫用衛河。

（二）以淤治淤　以淤治淤之法，係將堤外之地勢大量放淤填高，現在堤外之地勢比河床低窪數丈，本計劃擬將此窪地放淤增高，於五年內使之超過河床，高度。如是則水行地中，無潰決之虞矣，河身淤積，則將堤外之地勢淤高以抵消之，似此以淤治淤，雖淤無害，千百年後河身淤高至相當高度時，兩岸地勢淤成高原，水流加速，淤刷得其平衡，即成理想之黃河矣。

本計劃之放淤，與王景治水十里立一水門，放淤之辦法不同，王景放淤之辦法，須另築月堤或夾堤，與縷堤等高，濁水放進月堤內，淤澱清水仍回故道。互相迴注，將兩堤間數十丈之地淤高。王景之時，工程條件未備，水門既不堅固，啟閉難期靈便，必靠堅固之月堤防水，方可開放水門。月堤內之水亦忌向外宣洩也。其放淤之規模雖小，而維持流遺一千餘年，固足多焉，本計劃之放淤範圍廣大，將堤外數十里之地勢盡行淤高，清水不回故道而向外宣洩入陪河及淮河，因現代有堅固之鋼管，靈便之水門，均可利用濁水向外宣洩，放淤絕不影響河堤之安全也。

茲擬於南岸中牟東阿間，離河堤十里之處，築埝長約六百里，高盈丈，（須逐年加高）每二十里建一格埝，作為初步放淤區域，夏秋兩季，居民暫行遷避，冬季可還回種麥，河堤上，每三里設一鋼管，附帶水門，管徑五尺，長數十丈，春季麥收後，可開放水門，大量放淤，清水則由預設之埝上水門流入淮河，期於五年之內將此放淤區域淤高至與河堤之高度約略相等，如是則南岸河堤厚若山陵，黃河與淮河永訣矣。

再於黃河北岸建埝，設管大量放淤，清水流入陪河，五年之內將北岸堤外之地勢淤高，則黃河北岸，河堤亦無潰決之虞，黃河河道可以永久不變遷矣。

此外復建議引水灌田：（一）利用黃河兩岸放淤之水管，引水灌田，藉免旱災。（二）引五原附近之黃河入瀚海，冀能灌溉荒地二萬萬畝，惟此舉工艱費巨，如何實施，尚待勘測後始能決定也。

上列各項辦法，其目的在與利除害，使黃河流域可無旱潦之苦，惟事屬創作，無例可循，掛一漏萬，知所不免，拋磚引玉，有志治河者幸教正焉。

靜不定結購分橋法之抉擇

王達時

（並介紹聯立方程式復演法）

分析靜不定結構之方法至多，實際上大都問題可用任意一法解之，然無一法爲解求一切問題之最適宜者。欲求迅速演算，提高工作效率，於多習方法之外更應具備選擇方法之能力，否則反不若習一二法而熟練之。

拙作「高等結構」一書，討論靜不定結構分析法多種，依結構之種類，分別陳列於各章，蓋結構物均各有其最簡捷之分析法，是固論靜不定結構時，不能不顧及之。本文所論，選擇之要點，乃基於贅餘值之多寡。

靜不定結構之分析法，可別爲兩大類：曰準確分析法，亦稱古典法。三力矩定理（Clap yr.a,1857），最小功法（Castigliano,1879），靜不定結構基本法（Maxwell,1864），虛功法（Poisson,18?3），傾度變位法（Maney,1925）等屬之；曰簡捷分析法，亦稱近代法，固端力矩平衡法（Cvaeo,1?30）剛節結構接續校正法（Grinter,1931），桁架結構接續校正法，（Southwell,1931）等均屬之。

古典法分析之程序，先割裂結構之贅餘桿（移去結構之贅餘值），而使變爲靜定結構，然後解求閉合裂口再使發生連續性時所需之力或力矩，常包括聯立方程式之解演，分析三個贅餘值之結構，直指解三元聯立方程式，其工作尙简，如結構之贅餘值在十個以上，則須解十元以上之聯立方程式，工作極端麻煩，易生錯誤，而實際上幾不可能，其最感不便者，尤在解聯立方程式時，需要計算之精細度，爲計算尺所不及，於是近代結構學者，創造简捷法以代之。

用近代簡捷法分析剛架或桁架結構，先束縛結構於固定之狀態，以簡化結構物之作用，以便解求暫時之應力關係，然後接續移去是項束縛，而允予變位，使結構達於自然之狀態，乃得眞正之力矩或應力，是法免去古典法中解演聯立方程式之煩瑣工作，實爲省時之分析工具。此項優點，於贅餘值衆多之結構，益稱顯著，如用接續校正法解十個以上贅餘值之桁架可解決古典法幾在實際上所不能解之問題，其優點可知，惟如用以解三個贅餘值之結構，工作乃數倍於三元聯立方程式之解演，既有學理，仍待改進，是以結構學之創造園地，依然遼闊。

總之：近代簡捷法，適於分析贅餘值衆多之結構，而用古典法分析贅餘值較少之結構；較稱便利。若解三個以上六個以下贅餘值衆之結構，採用聯立方程式復演法，在一般情形之下，尤勝於前二法，玆介紹於次。蓋一般結構書本均忽略之，而一般結構問題中之聯立方程式，在對角綫上各未知數之係數，均大於其他係數，此時應用復解法，確具可貴之價值也。

設用復演法（Stethn Meavees,Gand Sfeteld）演下列三元聯立方程式。

$$a_1x+b_1y+c_1z=d_1 \quad (1)$$

$$a_2x+b_2y+c_2z=d_2 \quad (2)$$

$$a_3x+b_3y+c_3z=d_3 \quad (3)$$

依上列次序，演解如下。

(1a)以$y=0$，$z=0$代入(1)得$x=x_1$
(2a)以$z=0$，$x=x_1$代入(2)得$y=y_1$
(3a)以$x=x_1$，$y=y_1$代入(3)得$z=z_1$
(1b)以$y=y_1$，$z=z_1$代入(1)得$x=x_2$
(2b)以$z=z_1$，$x=x_2$代入(2)得$y=y_2$
(3b)以$x=x_2$，$y=y_2$代入(3)得$z=z_2$
(1n)以$y=y_{n-1}$，$z=z_{n-1}$代入(1)得$x=x_n$
(2n)以$z=z_{n-1}$，$x=x_n$代入(2)得$y=y_n$
(3n)以$x=x_n$，$y=y_n$代入(3)得$Z=Z_n$

直至x_n，y_n，z_n，與x_{n-1}，y_{n-1}，Z_{n-1}之值甚接近，乃得x，y，Z之值。

題例試解聯立方程式

$10x+2y+2.5Z=120.425$……………………(4)
$2x+20y+Z=224.01$……………………(5)
$25x+y+15Z=35.35$……………………(6)

次數	Xn	Yn	Zn	得自方程式
1	12.043	0	0	(4)
2	12.043	9.996	0	(5)
3	12.043	9.996	−0.317	(6)
4	10.122	9.996	−0.317	(4)
5	0.122	10.204	−0.317	(5)
6	10.122	10.204	−0.011	(6)
7	10.004	10.204	−0.011	(4)
8	10.004	10.201	−0.011	(5)
9	10.004	10.201	0.009	(6
10	10.000	10.201	0.009	(4)
11	10.000	10.200	0.009	(5)
12	10.000	10.200	0.010	(6)
註解	(1)數字下無橫綫者示每次代入數 (2)數字下有乙條橫線者示每次所得數 (3)數字下有兩條橫線者示最後答數			

作者註。——本文爲歡送民國二十四年土木系畢業同學而作

中國西北水土保持問題

李崇德教授講 蔡定一 王傳堯記

一 引言

三十二年夏本人奉命陪同水利委員會顧問巴里特先生視察研究西北水利及黃河問題，適行政院顧問水土保持專家羅德民博士，亦正由農林部及水利委員會各有關部門之專家，陪同前往西北，考察研究黃河流域水土保持問題，曾先後相遇於蘭州西安等處，並隨道視察河西一帶，當以水土保持，對於西北各種建設，俱有密切關係，曾與羅氏作多次之商討，茲特分別介紹其所見如次，俾諸同學對於水土保持之意義，及我國西北一帶水土保持事業之重要，得一概念。

二 羅氏在我國研究水土保持之歷史及此次視察之經過

二十餘年前，羅氏任南京金陵大學教授時，為研究雨水之逕流對於土壤冲刷之影響及其防止方法，曾於民國十二年往黃河流域中之河南山西陝西等省黃土區域測驗研究，於民國十四十五兩年，復往陝西，十五年雨季時往山東作冲刷與逕流之研究，同年又往淮河流域作同一問題之研究，羅氏每至一處，均係親身攜帶帳棚，住於野外，測驗雨量，逕流量，及土壤冲刷量等，其各項測驗研究結果，均已出版為單行小冊，凡對此問題有興趣者，均可購閱參攷。

羅氏自經上列測驗研究後，乃深感水土流失問題之嚴重返美後除將中國水平梯田耕作方式，介紹於彼邦農民外，並繼續努力研究，著作頗多，民國二十四年，美國水土保持局成立，羅氏被任為該局副局長，遂得將其研究所得，付諸實施，彼時美國大總統羅斯福氏為遂行其新農業政策，及救濟失業，復以政府力量，努力推行水土保持事業，水土保持分局，遍及全國，以是成效卓著，朝野人士，對此已有深刻之認識，民國二十九年，我國黃河水利委員會，以黃河中上游之水土保持問題，乃黃河治本工作中之最重要部份，當即計劃設立水土保持實驗區，以為推廣實施之準備，同時並擬請羅氏來華指導，此次視察，即該項計劃之實現也。

我國西北黃河流域，為著名之黃土區域，土質疏鬆，極易為水冲走，在陝西甘肅一帶，雨量雖稀，但降雨強度極烈，因雨季均在夏末秋初，大雨時坡地不及吸收，乃成為逕流，挾走土壤，造成水土流失之災害，西北因雨水之不均，非旱即潦，故農諺有曰「三種三年收一季」，農業之損失固極顯然，而泥沙隨水流入河中，又造成河流含沙問題，黃河為我國歷代大患，且為世界著名難治河流，其主因即在於此，以公路而言，個人此次旅行經驗，見路面被水冲毀之處甚多，曾有一次自蘭州以西四十公里處返回蘭州，忽途遇暴雨，行至中途，路已冲毀，不能前進，越日始經修復，水土冲刷為摧殘西北之嚴重因素，而水土保持，適為針對此因素而發之良劑，凡有土之地，均有被雨水冲刷現象，即水土保持工作，固不僅西北一隅而已，惟在黃土區域，現象特著，需要最切耳。

羅氏此次視察，包括甘肅青海陝西三省，於三十二年五月，由渝乘汽車出發，先至天水，因該處有農林部及黃河水利委員會所設之水土保持實驗區各一所，請羅氏前往視察並指導其工作，後赴西安視察黃河水利委員會之關中水土保持實驗區，該區包括荊門溝之全流域，面積約一百二十平方公里，又視察黃龍山墾區，均隨時予以指導，然後轉往青海，循湟水西上，經西寧　至湟源縣而止，復轉往甘肅河西，然後仍返天水，視察其指導之工作，於十一月返抵重慶。

羅氏在途視察時，無論乘車或騎馬，均當時停留，觀測探詢土地使用情形，冲刷狀況，及其對於農作物及農民生活之影響，同時用藥品測驗土壤性質，搜集植物標本，並隨時攝影，以助筆記之不足遇有機會，即向農民或政府當局解釋土地合理使用及保持水土之重要，苟遇田中已有水土保持之工事，則必更加注意研究，其筆記用複寫紙寫作兩份，以便分別保管整理，以免遺失凡此種種頗足為吾輩效法

三　視察區域之概況

西北為一大區域，在河西走廊，有高及一萬九千尺之高山及其冲積之平地，在青海有盛長牧草之高原，為遊牧人民之新居，在陝甘等省有為風所吹集之黃壤區，其肥沃程度，可為世界各種土壤之冠西北昔為亞洲繁盛之區，以後逐漸衰敗，其衰敗之原因，或謂氣候改變所致，實則據考察所得，一千餘年來氣候變化有限，不足以使其衰敗至此，而土地為水侵蝕，日趨貧瘠，民生凋敝，社會不安因此便無人注意控制天然之損害，循環往復，貧瘠日甚，乃造成今日之現象，若能作適當之規劃，而保持水土，則該區當有恢復繁榮之一日。

茲就見聞所及，將西北分為草原區及黃土高原區說明於後：

甲　草原區

所謂草原區即指青海高原而言，該區地勢在九千英尺高度以上，農作物不易成長，而草原茂盛，故名之為草原區，此次視察僅及於青海省之東部，其中部及西部面積尚大，惟視察目的，乃在土地冲刷情形，該地黃河水流甚清，可證並無冲刷現象，草原具有保持水土之功能，亦甚顯然，青海以可可淖爾得名，水面在一萬零五百英尺以上，其四周山地，牧草繁盛，為標準之草原，遊牧人民，散居其中，實為國家重要富源之一部，惟地勢過高，夏季清涼，極適於牲畜之成長，然冬季苦寒，草木枯萎，即不堪停留，在昔農業未盛時期，湟水區域，經西寧而至蘭州一帶低窪平原，想必為遊牧人民冬季畜牧之區，今則農墾既盛，牧民僅能避於狹隘之山谷中，度其嚴冬，因此肥碩之牛羊，每至冬季，即變羸弱，甚至死亡，其死亡率達百分之五十，亦屬常有之事，此不僅牧民之損失，亦整個國家資源之損失。

嘗考該區農產，因地勢過高，僅能生長少量之燕麥與[illegible]麥，殊不經濟，而苜蓿則隨地可以生長，如再施以灌溉，則若干萬畝之苜蓿田，不難造成，每年可收割數次，備牛乾料，以供嚴冬飼養之用，而收割後之苜蓿田，猶可供深秋牧之場，農民以乾草交易為牛羊雖遇嚴冬可肥碩如故，以備市場出售之用，有無相通農人牧民兩獲其利，不僅可以

增加國家之財富，而亦可以調和該區農人與牧民之經濟及感情，據聞數十年前，該區域中有所謂回亂者，其肇因即在於此，惟草地管理，如何使其得到最大之收獲，而與畜牧事業得適宜之配合，乃農業中之專門技術，應延聘專家設計進行，同時更應注意於保持雨水雪水，使儲入地下，以滋生草木，勿使化爲逕流，挾走土壤，變肥沃爲枯瘠，此乃草原區之重大問題，如能積極進行，預料十年以內，其成效必大有可觀。

乙　黃土高原區

我國黃土高原，除黃河下游三角洲外，其面積約三十萬平方公里，人口約四千萬，惟該區域內除少數地畝可行灌溉外其餘全恃天然雨水爲其食糧生產之來源，至於黃土之成因，性質，及該區內降雨強度，冲刷情形等，曾經Von Richthofen氏研究，後Cressey氏又研究中國黃土之分佈情形，黃土初爲風積，後經雨水冲刷，挾帶散佈爲第二級黃土，起初黃土係從乾燥地方吹來。富於鈣質及肥料，爲肥美之土壤，黃土層最厚者達一百五十公尺，自陝西北部起，愈向西南方向愈薄，愈向高處亦愈少，在三千公尺以上之高度，即少有黃土之存在，黃土有壁立之特性，可以直立達五十公尺，又易溶化於水，猶蔗糖之溶於水中者然，黃土區內河流兩岸，往往陡壁削立。其下部一二公尺爲水淘刷，勢成懸崖，一旦失其粘力，即崩塌而下，溶於水中，順流而下，黃河流域，各河道含沙量特富，其成因即緣於此，而支流含沙又轉嫁於黃河，遂使黃河含沙量最富之名，聞於天下。

但黃土並非西北之害，反之實爲大利之所在，甘肅省之地面，原爲紅土或褐色礫岩及灰色頁岩所構成，均難生長草木，上覆黃土一層，乃變爲沃壤，故黃土實爲甘肅省天賦之寶源，惜以水土保持未加講求，沃壤又變爲瘠土者，比比皆是，殊爲可惜，又黃土雖易溶解於水，但亦頗具吸水能力，如在陝西渭河下游，黃土高原，地勢較爲平坦，曾見渭河南岸有幾處掘土所遺之坑潭中，大雨之後，均經滲漏，毫無積聚，此乃顯示黃土有吸水能力，如黃土深度有三公尺，即可吸收全年之雨量，惟如何保持坡地上之雨水，尤其深溝兩旁之陡坡，勿使繼續侵蝕，乃爲該區中之重要問題。

大部分之黃土高原爲邱陵地，其厚度自七十公尺至一百餘公尺不等，坡度自25%至75%天水附近，即屬如此，地面冲成深溝，以致坎坷不平，不適耕種，凡黃土無草不被覆之處均易遭冲刷，如流入溝中，更易將溝底刷深，兩壁隨之坍塌，大塊泥土隨之而下，在此次視察中甚感黃土冲刷情形之嚴重，大量良田，爲所破壞，農民因土地日瘠，肥料日竭，生活日就貧乏，該區內至少已有三分之一地面被冲毀，而受其影響者，實當全區百分之九十以上，所幸黃土本身，即含有養料，故表土冲去，底土尚可耕種，否則該區久已變爲荒棄之地矣。

四　水土保持應做工作

關於水土保持應做之工作，在羅氏意見中，約分三類，第一爲增加地面吸收雨水能力，第二爲控制溪溝之急流，第三爲減少河中之含沙。

甲 增加地面吸收雨水之方法

為謀增加地面吸收雨水之方法，可自三方面求之，一為從農民習用之方法中求之，二為從國外所得之經驗中求之，三為從實驗研究中求之，搜求農民所習用之方法，固為此次視察之目的，然為時過短，範圍不廣，尚繼續派人至各地考察，因農民積千百年之經驗，其所用方法，必有相當之價值，其全部方法或非盡合理想，然其中之一部，或有絕大之價值因勢利導，收效必大。

羅氏視察中歸納農民用於水土保持之方法，著為報告，並附其意見，以為改進之南針，彌足珍貴，茲列舉如下：

一、農民用梯田法耕種，實為最好方法之一，尤以梯田種稻，功效尤大，惟在坡度變化之地形上，往往不能依真正等高線耕作，應加矯正。

二、用梯田種植，無論其依照等高線耕作與否，宜輪植若干苜蓿或牧草於田邊，以其所具保持水土之效用甚大，惟應栽植寬度如何，須待實驗結果而定。

三、在山上寬闊而連續之斜坡階田，為黃土高原中特有之現象，無論其為偶然發現，或經研究而得之辦法，均屬極有價值，其最要者乃在其寬闊階田所用之坡度，必須在一適當範圍以內。

四、於西安附近發現一種階田，在每階之內緣，設一深溝，以存儲雨水，此法至佳，應予推廣，惟應注意非常大雨時之蓄水與排水方法。

五、在陝西韓城附近，見一菜園，於階田之內緣，栽植菓樹，樹根伸入上級之階內，此法誠妙，吾等可將以上二者合併推廣，即屬旱年，亦有收獲，如柿、杏、桃及栗子之類，該區內收獲之鉅，可供全國銷售之需。

六、西北各地於收獲豆麥時，多連根拔起，此與美國耕植方法不同，在美國如收割小麥，僅將其穗取下，而遺其禾桿及根鬚於地下，因禾桿等為有機物，任其返還土中，可以增加肥料，後詢之農民因燃料飼料無着，故一併拔起，故此種錯誤之改正，須俟燃料及飼料問題解決後，方能辦理，然此應視為重要事業之一。

七、三十二年在瓦窰溝水土保持實驗區，作一坡形地寬條階地之試驗，在每階之上下，各做一約五呎寬之水平階地，以資保護，試驗結果，經夏季大雨，地面毫無冲刷現象，該地坡度達百分之二十四，預料該區地面坡度，在百分之三十以下而遍長草木，可全部免於冲刷。

八、種草於黃土地面之上，極具保持水土之發力，其表面可以阻止土壤被水溶解，其根鬚又可幫助雨水之滲漏，於黃土高原之陡坡地方，尤當普遍種植，並予以適當之保護，免為牛羊連根吃盡，散佈草籽方法，可以適當種類之草籽與粘土及肥料和成小球，趁大雨之後，用飛機散佈於應種之區，因西北荒原，面積甚大，人口又極稀，以飛機佈種，最為迅速，且節省人工，在溝底或多水之區，宜植柳樹或白楊，俾能多吸水分，勿使成為溪澗，而成禍患。

乙 控制小溝間急流冲刷之辦法

九、建築谷坊，Check dam小溝中集水甚多，不能用前法以免其冲刷者，卽宜擇適宜地點，節節建築谷坊，其效用不在蓄水與蓄沙，而在造成平緩之坡度，使水流不至淘刷兩邊，而至坍塌，谷坊之建築，宜用永久材料，臨時建築，徒耗人力，殊不經濟。

十、建築低堰，其高度不超過一英尺，在溝道比較平緩地方，可以節節建築低堰，因此溝底可以生長青草及灌木，可具滯緩流速，及減少冲刷之功效。

十一、建築保土壩Soil Saving dam此法在美國各處應用甚多，其法爲選擇適宜地點，建築土壩若干道，壩下設涵洞，分洩一部水量，其餘仍停蓄壩上，緩緩流下，因此水中含沙沉澱，涵洞入口亦漸淤塞，故建築時在涵洞上口，準備可以加高，直至達於與壩頂齊平爲止，如附圖所示：

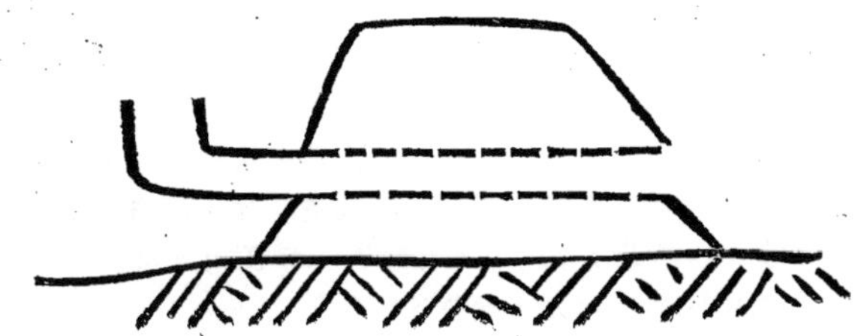

十二、關於控制溪溝中之急流，應於坡地上種草，溝底建築谷坊低堰堡壩等，均以平緩水流減低冲刷能力爲目的，建築谷坊堰壩，其設計及建築，均須有工程上之特殊研究，方免失敗。

丙 減少河流含沙辦法

爲保護陡壁，免被河流淘刷，此種工程，需要高深之研究與試驗，卽設計成功，亦應先在小河中試辦，然後再實施於大河，欲達到完全控制河中含沙，必須得到各有關部份之合作推行，因黃土面積甚大，而關係複雜，關於開始時應辦之事特建議如下：

1.吾人首應認識水土冲失，爲一種水土之浪費，破壞農田，使肥料走失，膏腴變爲瘠壤，農民痛苦日深，同時又增加河流之含沙量，使治理爲難，於是控制冲刷卽所以保持土壤，保存肥料，增加農田價值，亦卽保持國家之富源，必當求種種有效之方法以謀推進。

2.推行水土保持工作，應第一步驟，尤當注意於土地之合理使用，例如宜作草原者卽應禁止耕種，因耕地易遭冲刷也，土地使用大約可分爲耕地，牧場，樹林三種，應各得其所宜。

3.推行步驟應分爲兩時期，一爲在戰爭時期，一則爲戰後時期。

4.在戰爭時期中，爲準備戰後大規模推行之工作，及保護已有之森林草地使勿繼續破壞，應採之步驟如下．A、繼續現有之天水，高璿兩水土保持實驗區，並另建一洮河流域之新實驗區。B、決定適宜之草類灌木及樹林等種類，以爲在荒坡上栽植之用。C、設育種場，培植大量之種籽，以爲戰後用飛機將播種如之種籽與肥料及泥土等散佈於無草區域，所用數量將以千萬相計，D、列舉農民之經驗，在所謂有問題之區域中，如洛河，涇河，渭河之中游及上游，洮河，湟水及蘭州段之黃河，E、在實驗區內試驗農民習用之方法，以視其成效，F、準備訓練航空測量之人員，以備戰後應用：G、在實驗範圍內擇中等大小之溝溪施以分水及防沙壩等設備，並植草於兩面之陡坡，以控制溝溪之冲刷，H、試驗經濟之材料，以爲建築保土壩下之涵洞及其入口之用，I、試驗建築各式丁壩，以防止兩岸之淘刷，J、插柳或白楊於河中心之沙洲及兩岸，用以護岸，並爲準備材料，以爲將來築壩之用，K、搜集水文資料，如雨之強度、逕流係數等，大流域及小流域應均顧到，以爲戰後設計之依據，尤其「問題區域」如渭河，涇河，洛河，渭河及洮河等流域應特加注意，L、準備土地至少須有五處，每處面積約爲五千畝至一萬畝，內包括農村，牧場，樹林等類，應注意每區應設於一個流域以內，M、建議美國政府訓練中國有爲青年十人，能使將來負責辦理此五個大規模之實驗區，N、青海草原地應聘專家研究牧民與農民經濟合作辦法。

5.戰後應有步驟：A、土壤冲刷及土地使用情形應繼續調查，實行時可先由西北着手，次及全黃河流域，最後再推及於全國，此種調查工作，以最可靠之航空測量圖爲依據，B、政府應立即準備建設五個水土保持實驗區，每區均可代表某一地域之情形，先在黃河流域設立，次及中國其他地方，擬設地點如下：

1.山東山嶽地帶　　2.淮河上游
3.河南省之山嶽地帶　　4.山西省之東部
5.汾河流域　　6.山陝交界之黃河
7.洛河流域　　8.涇河下游域
9.渭河下游　　10.渭河上游
11.黃土高原　　12.蘭州寧夏間之黃河流域
13.湟水流域　　14.洮水流域
15.青海共和草原區　　16.河西區域

特別建議

羅氏並特別建議，在每個實驗區中，應設一模範農場，此農場應有充分之土地，除種植外尚應有草地以備放牧，樹林以備燃料，使每一農戶有相當之購買力，以爲工業化之基礎，此種農場每戶應用約當現在三倍之土地，而必須用農民自行處理，由此種農場實驗之結果，乃爲將來中國農業政策發展之根據。

羅氏對於水土保持之理論及實施方法，俱有極詳盡之解釋，但特別注意於行動，謂水土保持乃一行動之工作Action Program力行方能有效乃其用意之所在也。

田納西河管理總局之概況

馮傳炯

概　論

美國田納西河管理總局原文爲Tennessee Valley Authority簡稱爲T.V.A.中文簡稱爲田河總局。田河位於美國南部，發源於阿白拉欽山，西流注入密西西比河。於密西西比河以東區域，包括佛吉尼亞州西南與北卡羅林納西之一小部，經過喬治亞州西北角，流入坦尼西全州，繞過亞拉巴馬州北部一圈後，迴經密西西比州即貫坎托基州一部，流入密西西比河，海拔均超出六千六百呎以上，山勢自東北向西南傾斜，田河爲其上游諸支流合於諾克斯維爾而成，其較大支流計有霍爾斯登河經却勞壩與法來布勞河經道格拉斯壩會於諾城，下流經過福脫勞登壩，則有鮑威爾河與克林許河經馬立斯壩而流入。

諾城河床拔山二〇〇呎，是爲田河之始，至巴圖加折西再北經俄亥俄州而入密河。田河長約九百哩，幹支各流遍達七省，流域面積廣四萬四千方哩，居民約三百萬以上。一九三二年前，田河水道河床未受約束，旱荒泛濫之災耗時聞，民生凋敝，田地荒涼，數十里區中不見居民，爲全美經濟最低落之區域，及羅斯福一九三三年初任總統，時值美國商業不景氣，失業問題極度嚴重，殃及全國。四月三日，總統咨照國會，成立T.V.A.議案之計劃，於五月十八日國會通過T.V.A.之組織法，六月中田納西河管理總局遂正式成立。

治水原則，爲建水庫以防洪水，雨季之泛濫，於是興築水壩以防水涸之乾旱，調節水量之結果，則水災旱荒均能消於無形，對農則灌溉便利，促進農村電器化，保全農村財產，節省人力，保障居民安全，提高居民生活標準。對商爲航運暢通，減低貨物運輸成本，增加巨輪噸位，保持固定水深。對工爲水力發電，利用天然原動力。

自田河工程成功後，其長達九百哩之河岸線，禾稼豐登，水旱無憂。一九四四年之雨量爲五十餘年鮮有。自諾城以下，共六百五十哩之航路，均能常持九呎之水深，田河電力至今已能發出二百萬基羅瓦特（等於二百七十萬匹馬力），每年發電總量達一百二十萬萬基羅瓦特小時，全河道共有壩閘二十四處，各部設備均冠全球，戰時賴其龐大電力製造大量鋁及硝酸鹽，舉爲美國最大兵工廠，田河工程之設計初爲大部人士之反對，及一旦成功，七省民管實業，大小企業，蓬勃興起，輿論翕然稱頌，世界人士極誠重視，更爲吾土木工程界歌頌爲模範工程，其普惠人羣，服務精神均可誌也。

田河工程發展後之利益，極爲世人稱道。洪水之控制，援救無數無辜生命財產，居民安居樂業。整理河道，使航運不受天時影響，水土保持與種植森林，爲節省消耗以用於生產，爲將來立一富國益民之基礎。低廉之電費促進居民生活標準，農村電氣化非僅使農村享有電燈或電器設備，亦使其有廣泛之想像與新生活之實現。如以無線電音，可使農民從單獨與無智之生活中，進入有文化與教育之智慧集體中。綜言之，田河計劃之成功，足示人類利用科學智識之才能，控制天然，此爲害無窮之天然力，轉爲廣益民生之工程矣。

往觀世界各大工程事業成功之因素，實爲其組織之健全，開明，思想精神均以服務爲目的，田河總局之成功亦賴於此也。其制度爲隸屬美國國會，局長由董事之一兼任之，任期九年後另選聘任，決定局長之最高權力爲總統，其政策與職務均有條文規定，而其組織之特點爲政府機關採用公司組織法，如此組織之優點爲俱有公私企業之伸縮性，其工程進行係採取用地方政府合作互助方針，如斯既能鼓勵當地居民自動負責之精神，亦無機構龐雜而患尾大不掉之流弊。自工程師以次均能自尊人格，絕無政治活動，黨派背景以及貪污等事，工作人員之生活亦以服務人類爲光榮，爲宗旨。是故日常會談之中心問題即爲如何促進農民生活，如何教以增加收穫，如何導以應用肥料，如何設計簡單而價廉之農田機器，如何教以貯藏食物等等之問題，每位工作人員都以服務爲歡樂，故田河總局之成功，僅一簡單因素即以服務人類爲目的」。

返視吾國黃河長江兩大天然水道；黃河流域之泛濫，殃及農田，居民。其週期性之洪水使千百萬人民陷於飢荒流娘，其禍害之迫切急待解決實首於戰後經濟復興之一切重要難題。長江爲世界第四水道，其水力極大，尤以三峽爲最。設計美國大苦力電廠與波多壩電廠之薩凡奇博士，於一九四[illegible]年視察長江流域之報告，以爲大渡河能發電二百萬基羅瓦特，麻溪能發電五十萬基羅瓦特，而三峽之水力工程則爲世界唯一之工程，其計劃爲建揚子江水電工程於宜昌峽口，高出最低基礎爲二百二十五公尺，可提高水位一百六十公尺，壩長達七百六十公尺，上有[illegible]製鼓形門，吸水管備有一百四十孔，能容楊子江一萬年一次之全部洪水量，岸旁洩水隧洞共二十五道，每道直經爲五十呎，可宣洩頻率一百年之洪水，其發生電力達一千零五十[illegible]萬基羅瓦特，較田河發電量大五倍，能供給直徑一千哩區域中之二萬萬居民，而各種輕工業將因三峽電力之成功而勃興。楊子江管理總局（Y.v.A）如能成立，再獲工程之成功，則造福人類，國富民強，本田河總局組織與服務之精神，爲我國戰後工業化闢一光明大道。而水利工程百分之八十爲土木工程我人幸得獻身於此偉大工程，爲國爲民，能不欣慰，特以介紹T.V.A，願共勉之。

田河總局之組織及管理

馮傳炯

田河總局成立於1933年五月十八日，由美國國會法案通過，其形式爲政府有限公司，羅斯福總統在致國會之咨文中論爲「具政府的權力但保有私人企業的韌性與創辦性」，由三人組成之董事會管理之，其中一人任主席皆爲總統所任命而經參院通過者。董事之年俸爲美金一萬元，必須以全部時間從事管理，不能經營其他企業。董事會任命一總經理爲公司行政當局之最高職員。董事會之職責爲決定總局之一般政策，監督執行此一政策及解決所遭遇之困難。總經理之職責爲調整各部間之工作趨向同一目標及使其系統化之，其任命又如一中間人。董事會之決議經總經理傳至每一部門，各部之意見亦經其手到達董事會備考。田河總局之管理政策爲各部分權工作集中於各部，總經理爲主要之聯絡員。蓋特殊訓練之需要與所遇困難時之需要爲高度專門技術及工作之複雜，使集中權力於總經理一身則非常不合實際，斯點即田河總局與普通企業之異點也。

爲便於解釋各部職責及相互間之關係起見，田河總局最近組織圖詳示如下：

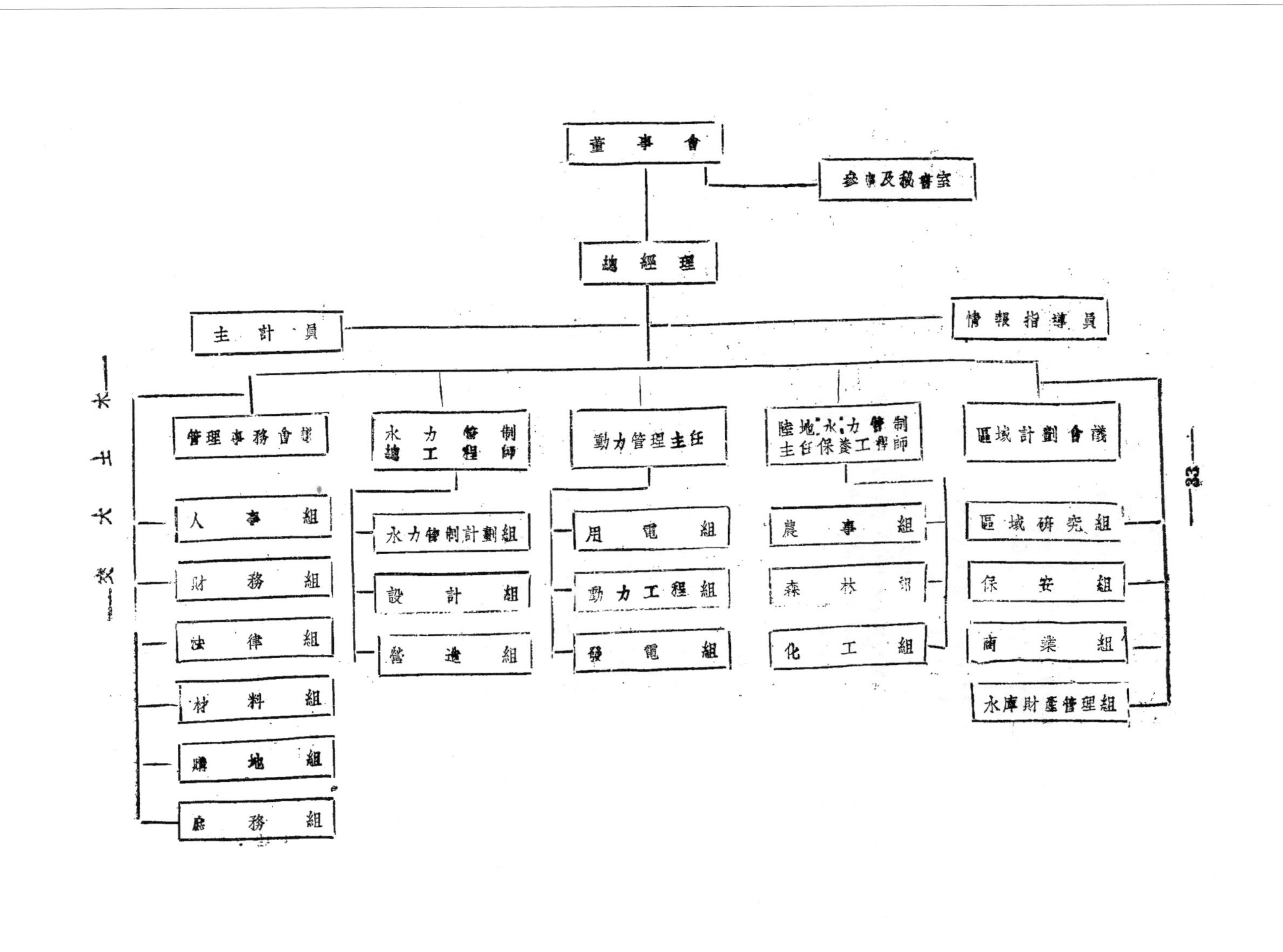
董事會
參事及秘書室
總經理
主計員
情報指導員
管理事務會議
水力管制總工程師
動力管理主任
陸地水力管制主任保養工程師
區域計劃會議
人事組
財務組
法律組
材料組
購地組
庶務組
水力管制計劃組
設計組
營造組
用電組
動力工程組
發電組
農事組
森林組
化工組
區域研究組
保安組
商業組
水庫財產管理組

如上所示，田河總局佔十九部門，於總經理監督下，依職責分析如下列各組。

A、河床水力管制部：一主任工程師專任指導河床之水力管制，如築壩建閘，選擇水庫位置等，其工作分配如下：

1.水力管制計劃組　於築水壩前，務先調查水道之深度，流域範圍，沉澱數量，河床及鄰近小峯之組合，暨若干水力方面與地理上之資料，如缺乏該方面之確實智識，即不能決定水壩之正確地位，大小及結構，並可利用水力之範圍，用廣泛之測量，記錄及澈底之研究求得之，其工作即爲分析如許資料。水力管制時，謹愼爲計劃成功之必需條件，建築水壩不僅爲一費錢極大之事，從百萬以至數萬萬美元，且爲一精神之工作。如於地位或建築時有何錯誤，不但減低水閘管制水力與發電之功效，再由於水流受干擾之關係可能引起上下流區域之嚴重損害，由此可知惟富有經驗學識合格之工程師始能勝任。

（2）設計組　當計劃組決定水壩之必需條件後，設計建造此水壩附合計劃上之必需條件爲該組之責任。包括監察及試驗股，其職責爲在各建築地位監察工作是否按照計劃進行，及在特別設備之實驗實室中，試驗該組之設計是否適合實際應用之需要，該組同時設計圍繞水庫之鐵路及公路建築。

（3）營造組　其職責爲依照設計組所設計者担任建築工作。建築水壩常被列爲計劃之一，該計劃之主任被指定爲監察建築工作及相關事宜，尤如船長能管制水壩附近之權利及管理該一計劃與所雇用之全部職工。其輔助者有建築工程師，建築監督員，人事組之職員，會計組之會計員，及其他管理部門之職員。建造臨時營帳與房屋以容納數千工人，成立團體中心，餐廳娛樂所與醫院，及道路與運輸設備。建築水壩歷時常爲數年，不僅需裝置建築機械，且亦需日常管理此一孤立山顚之小鎭。

B、陸地水力管制部，管制水力不僅限於河床，沿岸土壤之保存，易言之即防止土壤之侵蝕及沉澱，亦構成水流區域之一重要部門。應付陸地水流管制之困難問題爲主任保養工程師，其指揮部門如下：

（1）農事組　田河總局並不經籌本身之農業計劃，但與聯邦與省方農業機構通力合作，增進收穫，以保護表層土壤及肥沃土壤之適當肥料。表層土壤受適當農作物之保護後，淤泥沉澱即遞減，而水庫容量可完整無缺，因此減少水旱災之危險。對土壤施以適當之肥料，以增加田地之生產率及增加農夫之收益。

（2）林業組　植林爲防止土壤受侵蝕之基本方法，該部之責任爲與其他機構合作，鼓勵造林。組中築起多量實驗用之養苗圃，於水庫區域內植樹及分派幼苗及種籽予農民。

（3）化工組　附屬之一組化學工廠於承平時製造磷：磷質，酸質，肥田粉。戰爭時純磷化物與硝酸酸以供軍事用途，此等肥田粉以成本售與農夫或免費贈送以供試驗。化工組並附有頗多之實驗室與工場以發展製造肥料之新法。

（4）動力管理部　動力主任指揮下列各組工作。

（1）用電組　担任服務地區之測量及繪圖工作，測量成立動力制度，規定售電費用及日期，用零售或躉售方法，增進電之用途及參加一切與售電有關之事業。此組爲田河總局產生利潤之最重要機會。

（2）發電組　直屬該組管理者有水力及蒸氣動力廠，擁有20水力發電廠及7汽力廠，其發電量約二百萬瓩，並負責此若干動力單位之有效運用，調節發電量，適應電力消費，及自發電站至消費中心最經濟之輸電方法。

（3）動力工程及建築組　該組責任為建築動力廠房，裝置動力機械及極綫，與其他有關發電，輸電等之建築及修理，至於水力發廠則該組與管制水力及建築組合作。

（D）有關區域發展各組　如總統所示，田河總局對田河排水量及鄰域之自然富源之用途，保存及發展有附加之責任，且在其區域內增進社會，經濟利益以提高生活水準亦為其職責，為實施區域經濟及社會發展計劃，成立一區域計劃會議，由總經理担任主席，其管轄各組如下：

（1）區域研究組　此組之責任為探查與測量田河谷之經濟及社會情形，無論何時，此經濟與社會計劃之工作務避免地方機關與管理總局間阻礙之理想者，此工作即為對地方政府及組織以可能之幫助而至臻善。其並為設制該區域設計及活動之計劃之執行者，此種區域為田河總局之特轄區域與財產，其目的在使之成為地方組織利益之模範計劃。

（2）保健及安全組　其最重要事即防止該河谷中之瘧疾及傳染病。水壩之建築使上流氾溢而下流水面降低，如斯形成若干濕地與水澤，以致產生無數瘧蚊。故應用大量殺蟲劑佈置於濕地與水澤中以滅絕瘧蚊之生長，及指導居民如何預防瘧疾，均為此組之重要工作。田河總局為達其目的，故而僱用大量技術人員，於沿河設立預防瘧病站，有時以飛機將殺蟲劑散佈於寬大之區域上。經如此鉅大努力達十年後，患瘧疾者數字已盡能減少至最有效度。該組同時協助當地居民作健康調查與調查安全，並對無醫院設備處，建立醫院為職員居民服務。

（3　商務組　此組為對谷內出產品質料及市場之改進，研究及推廣工作，亦負責改善河道運輸設備。其另一重要任務為是項農部區域內冷藏及乾化設備之建立與應用，如此能使易腐之出產品，常時供應得估善價。建造於駁船上之浮式冷藏及乾化法，為適用於沿河農民保存生產物之現代法。在組下並設立若干具有食物保存工具之合作事業機關。同時籌供給多量專用於此河谷之農業工具及耕田機器，並備各種文化工作，以指導農民於田中使用電力。此組更附有研究改進河道設備之責任。田河總局擁有能容納重大駁船之水閘及建造大量與鐵路連接便利之棧房與碼頭，經如此不斷努力之改進，致使河道運輸近年來激增。

（4）水庫區域管理組　水庫之興建，使上流務須建造水庫始能容納流水，田河總局政策為收買臨水庫附近之田地，此區域即歸於該組管理。保健組之清除濕地，林業組管理森林，農事組負責農田，工人宿舍與工房建築置於營造組，發電組管理發電所，為關等於斯等工作，水庫區域管理組由是成立，具有管理此區域發展之責任。田河總局佔有數座不侵美之水庫區域如馬立斯城及威爾遜邨，此等區域事實上均由荒蕪之山嶺與無居民之森林演變而成。

（E）有關事務各組　管理委員會以總經理為主席之組合，指導下列各組工作。

（1）人事組　此組為執行業務之訓令，以調動，訓練田河總局之職員，至今總局有三萬四千僱員，其中三分之二爲工人，分佈於建造水壩及化學與電力廠中。由於田河總局所造成此特異工作，故需於每區域有人事之組合，自專家如工程師與農業專家至普通工人如鑛工，營造工人等分佈於各處大城小鎮間，確爲一複雜事件。如此人事管理之艱難實與其重要性相等。若干年來田河總局之政策爲謹愼選擇與優越處理，不作任何私人活動或政治背景，以近十年來田河總局高度工作效率與鞏固工作相互組織之紀錄，爲其人事管理成功之最好証明。爲適宜於實行分權制，人事處於用人區域立一人事室，此人事室爲人事組與駐在地之消息聯絡員。人事組設有職業股，爲審查將受僱用之工人之資格；派職股爲致力於職業之究研，使每被僱者有其本職之智識，即能準確開始工作；訓練股爲計劃團體職員之訓練。當田河總局之部份工人不隸屬於美國政府之土木工程服務團下時，此人事組足可視爲尤大於政府所組之龐大組織，因其工作爲分權制，由人事室之陳述可行使一切職權。

（2）經濟組　此組爲由主管下設立有關經濟各股，如現金股，總會計股，稽核股，電力會計股，化學會計股，營造會計股及其他。由於其運用趨勢，田河總局亦有難感與趣之極繁雜之會計問題如三用水壩與他種水壩之建造費用分配問題，訂定整售及零賣之電率法，折舊法等等。組中再聘請大量會計師對各下屬部門，調查會計賬目，經濟事件，並爲經濟組與各工作機關傳遞消息。

（3）法律組　其爲調定田河總局由工作而生之全部法律事件與衝突，如購買用築水壩之民田，公路之興築，電線之裝置，及電力服務區之劃定，抑總局中各部門亦不免發生業務需仰求法律解決或開導之各種問題，此種問題均由組中善於判斷之律師解決之。

（4）材料組　總局各部門之材料如電力機，水透平，化學工具，建築材料，辦公室用具，及日常供應品，均由此組經辦，賬目公開爲促進供應商之明坦競爭。

（5）田產購買組　負責購買築水壩，造水庫，開路，建工舍及各種用途之土地權，因此其工作難以避免與地主之利害衝突，故田河總局採用當設計購置地產時，聘請地主參加而商討之。

（6）庶務組　負責服務辦公室，業務，辦公室用具，日常用品及各種有關服務機關之聯絡。

田納西河水量控制　　　　蔡定一

田納西河流域及其問題——田納西河管理總局之成立，爲助控制整個田河流域之河渠中及土地上水源保藏及利用以開發民生經濟。按田河流域之排水面積計有四萬零九百十平方哩，此等多山地域包括佛幾尼亞北加洛林納，田納西，喬治亞，肯托基，阿拉巴馬及密西西北等州之一部份，均係森林，山坡草原，果園及小農田等，人口計有四百五十萬。

田河幹流長達六百五十哩，發源於田州東部喬州北部及佛幾尼亞北加洛林納西部之大烟山及藍嶺山。在諾克斯維因霍爾斯頓河與法蘭布勞河之滙合，成爲田河主流，由此流向西南經田州，根肱斯維爾，阿州向西流經北阿拉巴馬成爲密西西比州東北邊界之一部，再往北流經田州及堪州西部，在堪州之帕圖卡注入俄亥俄河。

田河流域一帶，蘊藏無數天然富源，幾有一半之面積爲森林地帶，盛產各種可銷售之木材，此外尚有數量極大之煤炭與其他種種鑛產。河水自六千呎高之山谷流下，向東至田河出口（注入俄河）處，高出海面三百呎，加之每年雨量約四十吋至八十吋，乃可發生極大之水力以資利用。

田河流域每年平均雨量計五十二吋，亦即每年每畝之田地可有六千噸之水量，傾瀉於地面，是故沿河地方經濟，居民福利，甚且俄河密河下游居民之安全，無不直接關繫於此巨大水量之降落。

溯洪水之來也，原因初時不習于利用土地，彼等隨意毀壞草物；伐刈樹木，結果原來水之流經地下者代之以流過地面，然彼等實未能預卜於無意中已種下洪水爲災之因矣。時至今日，此種洪水累積之影響更爲顯著。在昔原爲富饒之地，今則滿布荒蕪之墟，牛山殘壁及傾毀之住屋，千百里地，若無人烟，其故安在？

然則在此地土上五十二吋雨量之影響，僅占未控制水量過程之半而已。此種降水，不因地上植物之障礙而阻其流入河道，沉下其所挾帶之沙土成爲淤泥，以致妨害河渠之航行。其烈者房屋衝毀，田園蕩然，死亡毀滅相繼而至。

此長達五千七百哩之河流，能控制而常年保持九呎之深度，使成爲內陸水道之一系。至若水庫之建造，于防洪方面可有極大之貯水量，同時可產生鉅大數量之水力，此等水力，可以配合透平及發電機，成爲廉價之電力。過剩之能量，更可利用使農業與工業互相配合，保持平衡，減輕家庭與農業工作，增加家庭收入，以及使都市之享受能達遙遠之地域。鄉村電化更有助於公共衛生，生活標準，人口分佈，水土保持，農家收入以及在此流域中普遍之經濟及社會上之改進。

計劃系統之需要——田河總局因國會之決議而成立，爲欲完成治河目標，對於田河幹支流作多方面之開發，於其整個流域則作統一之籌劃。此以整個河流視爲一機構，而作多方面設置之系統，成爲統一之發展，遠較以往零星之開展爲智，誠無庸贅言。蓋以一河分隸各機關，事權不一，利害相犯，長此以往，甚不經濟，結果發展極難，無所成就。

田河總局在此統一發展，詳細各項籌劃之前，已集甚多之情報。局方製就之地圖，主要用途爲決定閘壩與水庫之位置，估計水庫面積對於地土價值與開發之影響，以及規劃水庫附近公路鐵道之重行定綫。由地質學家之研究，可知建築水庫時基礎狀況及礦產之影響，河流挾沙量之多寡及其於水庫容量之影響。至各地所設之水文站，從事於記錄雨量，泛水及蒸發等數字，收集各種詳細之情報。由此工程師等乃可決定各種構造之位置及主要之特性，俾能發展河流至廣至大。彼等選擇各壩可能之位置，研究其相互間之關係，鑽探至于基礎石層，查驗每一規劃之可否實行，最後乃得一最合意最經濟之位置。然後可定出貯水庫之容量以便利航運，防止洪水及於洪流之影響。河流之記錄用以規劃最大洪水及防洪所需水庫之數與容量。研究水庫面積以定欲購地土之畝數，及調整已有之公路鐵道電報綫等。如此研究結果，則可估出每一規劃之費用及實行時應採取之程

—交 大 土 木—

序。

田河之航運——田河總局主要工作之一乃使田河自田州西南至密西西比河谷之間可能通航，此亦即美國國會所已特別計劃者。自河口帕圖卡城上溯至諾克斯維六百五十哩，如常年保持九呎之深度，則可使幹支流成爲整個水道系統，水深均爲九呎，全長五千七百哩之航道。更因水運運價之低廉，多數下乘之商品亦可藉之暢銷各地，不復因道路運價之昂而犧牲矣。

田河總局成立之初，因水深過淺，即甚鼓勵對於航運事業之投資。按田河水深之淺者，在阿拉巴馬之犀飛利以下者四呎，在威爾遜壩前水頭與卡頓諾加間有三呎，而在卡頓諾加至諾克斯維之間僅有一呎而已。

關於田河幹流之渠化計劃，美國陸軍軍部工程團會有二不同之計劃，其設計所需壩之數量性質純然不同（一爲三十二個低壩，一爲七個高壩）其目的則一，均欲維持九呎深度，以利航運。

雖則建造低壩較高壩爲省，但低壩河道之航行船隻逗留於船閘內之時間三倍於高壩河道；狹曲之河流航行遲緩而困難；在洪水期間內，更不能阻止船閘附近之位之急劇變化。田河上游一段，水位高低之差卽有二十呎之多，因此河港之建造與動作費用甚鉅，且貨物運輸亦較遲緩而費鉅。採用低壩既不能防洪，亦無補於俄密二河下游航行深度之整治，更不能利用水力發電，故不甚經濟。另一方面，沿河一帶地質及地形上之條件，頗利於高壩之建造，且因河流比降之大，若無高壩勢需更多之船閘。田河兩岸因無連續之鐵路及公路系統，故建造高壩亦無關乎經濟之限制。不止此也，高壩更可提高支流之水位，是則可增加通航河道百餘哩。由此數點，田河幹流之渠化工程乃採用高壩之計劃。

洪水問題——田河總局對於防洪之程序基始於卡頓諾加，蓋卡城地產價值最大，而泛流之危險性也較多。卡城之防工並藉下游水庫之助，然使全河之防洪工作順利完成，由田河之固防，更可減少密河下游之洪水水位。由觀察統計結果，卡城最高之泛流量有七十三萬秒立方呎（或每平方哩三十四[illegible]立方呎）此估計之值，應用於設計上極爲安全，蓋較一八六七年三月間最大洪水之記錄尚大百分之六十也。

防洪水原則有四：（一）改進河道以增加河流本身之水容量，（二）加寬一部分河道使減少流速，（三）利用岸、牆、堤、溝、渠等以攔阻洪水，（四）利用水庫以貯一部分洪水。此四法之應用，必須先行研究計劃及比較各法利弊，經濟成效及工作之難易，審慎透視，然後決定取捨。

在卡城一地，對於支流之整治，實無影響於最大洪水位，同時欲免除開挖引渠以導轉溢流，該處又無天然之地位，故需築水庫以貯全部過剩之洪水，或以堤岸攔阻最洪水。由工程及經濟觀點而言，此兩法每同時採用之，即以水庫貯洪水之一部分，其餘由岸堤之約束，流往下游。

堤岸既爲攔阻洪水期間最高水位之用，若建築過高，超過安全限度，甚不合用。實之上未建堤岸時，水位之增高甚漸緩而預先警告；若建有堤岸而被水淹沒，洪水突然而至，水位升至同一高度。卡城之地，亦如一般情形，低矮堤岸防護較小之洪水似不過費，但若建築某一高度之後，費用即突然增高，是故同時應用水庫及堤岸以防洪水乃為最合經濟原則之方法。

河流中水量控制——田河總局統一制度之組織，包含兩種計劃，即幹流閘壩及支流攔水壩。幹流中之壩造成一組靜水池，然支流之計劃乃控制其流域間之泛流，以便減少洪水期內幹流之水，且供額外之水以利旱季之航運。幹流之壩留有適當之溢水量以防洪；先建船閘一座，並預留第二座船閘之地位以供未來之發展；動力廠須有利用河水發電力之種種設備，並設施供未來控制上游及支流之發展計劃。支流中計劃攔水壩之位置，須極有效防止洪水與增加深度，以利航運及產生電力。

藉閘壩及水庫之應用，幹州之航運得以發展。田河中最淺之水深亦有十一呎，適足通航吃水九呎之船隻，河身之寬至狹為三百呎（建造橋樑之地除外）。貨物運量于一九三三年約為三千二百萬哩噸，至一九四二年增為一億六千一百萬哩噸。預計至一九六〇年可達十億哩噸。此外田河總局尚須比較研究鐵路與水路貨運，運量估計，與各航綫之航貿，以及注意公共事業之應用與增進人類福利。

由前所述，貯水庫可減少卡城最高洪水位（約百分之六十較大於一八六七年之洪水）至六十呎之高度，故一切局部保護工作均按此設計。田河中主要貯水庫之一乃在堪托基，該水庫可減輕密河最大洪水達二呎之多。全部之水庫計劃乃欲增加此減少量至二呎半或三呎，然須視產生洪水之位置而定。然則此二呎之減少已極利於密河下游流域一帶，彼等研究此利益可分列九項：（一）城市（二）鐵路（三）公路，（四）未保護之邊域（五）反漾面積（六）洪水水流（七）減輕之堤岸保養工作（八）減輕之地下水影響及（九）保護之農田面積。總其利潤之值不下三億八千萬美元。

田河總局規劃開發整個流域之水庫系統，以便航運及防洪，至今已成美國最大水力之源，其發生之電量足供戰時工業之需要。一九三九年波蘭被侵時，其電力不過七十五萬瓩，至日本偷襲珍珠港已有一百零五萬瓩，一九四三年六月更超過一百六十萬瓩，另有費於建築工程時所需四十五萬瓩，亦有半數加入供應；至今每年能發之電力，已達十億瓩時，其中百分之七十五瓩用于戰時生產事業。然此等水力僅為所控制水量之一部，即此一部已足夠清償建築時工程之費用以及日常保養之費。田河總局之事業于平時有利民生經濟，于戰時則強固國防。對于地方政府採用統盤籌劃與合作互助之方針，此種方針之引用，各級用戶電費負擔大為銳減。此等技術上之發展，不僅供應電力於農家及未曾電化之家庭，使農家得用價廉之電氣設備，更可有助於農家之收入。

計劃中整個支流流域計有八百萬畝呎，閘壩透平用過之水可再用之於下游各地，集十數電力廠之水頭，可達八百呎至一千四百呎，然幹流之洪流貯量，仍未動絲毫。

制度之引用——由全部水庫之使用，可維護航運防洪水力與防瘧等事業以及其他次要之工作。中尤重航運與防洪二種，務使彼等適合需要，各不相犯。雨季時間，雨水之泛流可貯於高地帶之附屬水庫，在幹流中除供航行需要外，洪水之貯存亦可減少其下游之水位。夏秋之季，恰正相反。此時附屬水庫中貯水之傾溢，可保持下游通航之深度，與應產生之水力發電，同時水庫內之下抑，可留有空間以貯下次雨季時之洪水。簡言之，即循環調整也。

如前所述，負責治河人士，於行使彼等工作之前，須有雨量水流重要之數字以及水庫，提壩河谷等水利性質之情報。彼等每日由水文站供給之記錄，製成報告，由此報告不僅可知該河系之水位流量，且可測之日後之情形若何。控制水量之主要目標，爲確定水庫水量進出情形。舉例言之，預定之防洪，附屬水庫可放溢水以使卡城有最高洪水位；另一例乃不令任何水庫放水以保持密河下游開羅（屬伊利諾州）之水位超過五十二呎以上。至若航行目標，淺水時水庫須放水以維持通航，洪水時幹流中過量之水，擬定大部由壩負荷，餘者發于附屬水庫。因此水力發電廠所用之水爲最大洪水時之一部。旱季時適得其反，蓋附屬水電廠放出大量之水，既負有高載重因數。然幹流中之水電廠，雖其全部容積可用於最高洪水，仍負有低載重因數。包括田河總局及近時建築所需河水所發之力量，可表示其出產量可完全控制，以利用貯水達到有利階段。

防瘧亦可聯帶完成，蓋水庫中水位之變化，對於減滅瘧蚊極有效果。依照此種變化之表格，每一水庫成功，防瘧工作亦爲河水控制中之主要目標

當河水流量須有調整時，一切水利因素及其他適當數字立須校核，藉以決定工作之進行。及其一切清理完畢，可由電話訓令每一壩上人員，以便工作進行。

田地之水量控制——一切工程使用於管制河流，已極有效，然對於陸地上貯積水量仍未解决。吾人須知欲保持土地極佳，不應擾動自然狀况，蓋樹木枝葉，細小草木，密鋪草地及其他植物等，均可防護雨力對於土地之冲刷。腐敗之植物可吸收數倍於其重之水分，植物之根莖，更可使河水滲入土中。但如妨害自然成長之物，如農家之收刈或任意殘損樹木等，土地爲之赤裸，結果必爲雨水流水所冲刷侵蝕而至毀壞。是故田地之水量控制，其意純爲人民之如何多用降水。再植樹林，防火，永久之牧草，輪替收刈與夫改進之耕種法，均須應用於土壤，坡度，大小，深度等情形及其可能之出產力。雨水降于地面，流入河中，可用攔水壩或其他建築貯存之，使成爲經濟有效及持久地域性之保持。控制水量之可能情形有五：

（一）土壤內最大貯水量與受地下水浸潤後之載容量。

（二）阻緩地面泛流以減洪水危險。

（三）防止土壤之浸蝕以免河道與水庫之淤積。

（四）減少表土之損耗。

（五）全年河道水流平均。

通常最瘦瘠之土，首被浸蝕挾帶於流水淤積之，卒妨礙河道毀損水庫，故保持工作之第一步乃爲恢復土之肥沃。如田河威爾遜壩之水電廠卽重於膏沃地土之產生。此等問題，已離河流範圍而至流域兩旁遙遠之私人地土。故不祗爲純粹工程方面，且爲經濟與民主思想方面之問題，諸如自願之共同享用與地方性之開發。故田河總局之次一程序卽針對於此，在數農業代表之前，對於實際使用情形下之產品，作各種指導。經過以往實驗指導工作之結果，農民與發展部產生若干具有地方農業知識之商業團體。該指導員，均由一區內人民選出，得州省當局之助，調整彼等農事並獲大量主要之產品。其他農民因之亦咨詢其眞實者，予以施行之。

TvA磷酸肥料之供于指導員，使刈去草之水土得產大量豆荚。彼指導員並付于選費

，洽商其他調整工費及記錄之，以供發展部與他人之研究。除去單獨實驗指導農場以外，即無指導員。所有指導之地域，包括農民組成之地方或社會，以改進羣衆爲基本。磷酸肥料之用於一切指導員，參如單獨之指導員，人民洽商一切，發現源流，分析問題與決定進行各種農業社會之改進工作。

田河總局已始創再植樹林，以防止過去十年中河谷之侵蝕。此爲與州省發展部合作之一種，與地主密切往返，與森林防蝕工作合作以發達農業。此須每一農民認保這要，而分工合作。一九四三年六月間之調查，田河流域已有森林十一萬八千畝，種植之樹苗達一億五千二百萬株。其中三分之二植於私人土地，三分之一植於田河兩岸。此外完成三千二百個水土保持工程之計劃，內中包括無數之溝壑與梯田之建立。全流域中計有十七萬八千畝地已整治完成，不復有侵蝕之害。此等實際指導之功效，實鼓勵多數農民作種種防水保土之工作。

田納西河管理局之攔河壩及水庫　錢家頓施光校

攔河壩之計劃設計及建造以控制並利用田納西河及其支流之水流，爲田納西河管理局（T.V.A.）之主要工程。該局所建之攔河壩或全爲混凝土，或爲泥土及石塊填實之壩台段及混凝土之洩水段配合而成者。洪水之控制，水道之給養及電能之生產皆須一具有洩水道排水渠，船閘及電廠等設備之攔河壩。在田納西管理局之計劃中，僅主要河流之建築中有船閘之設備，排水閘門祇建于各支流之攔河壩中。茲爲使讀者明瞭此爲多種目的之河道控制而建立之攔河壩，水庫之大概情形及其用途起見，特舉主河上之一攔河壩爲例以說明之。

根脫司維爾壩（Guntersville Dam）

根脫司維爾壩爲該局九個主河之攔河壩中之一，位于亞拉巴馬州（Alabama）之馬歇爾郡（Marshall County），距河口約三百四十九哩，其水庫自該壩至韓爾巴壩（Haebar Dam）形成82.1哩長之水池，在根脫司維爾壩之上游，田納西河之排水面積爲24.450方哩，約佔全流域百分之六十。壩位上游之主要年雨量約爲51吋，年平均之逕流每平方哩每秒爲1.78立方呎或深二十三吋。據精密之研究，預測用已成之攔河壩或正在建築中之計劃所能調節水流之最大流量每秒約爲625.000立方呎。攔河壩及洩水道之設計及建造均基于此最大之流量。根脫司維爾壩之位置因航行上之需要而建于近威勒（Wheeler）水池之上游。在此地若將攔河壩築至計劃中之高度，可將威勒池之上游，及韓爾巴爾壩間之一段河流大爲改善。此計劃更可增加282.000美畝英尺之防洪蓄水，並可用以保護田納西河之下游，俄亥俄河之下游及密士西必河。此計劃更可增加47.500瓩之電量。

壩位

該壩係位于田納西河在帶彎曲之部分，該處之河道寬約1150呎，右面（北部）洪水池區寬約600呎，高出低水位爲29至32呎。左面（南部）洪水地區寬約4800呎，高于低水位二一至三七呎，兩端台皆建于高出河流500呎之高山上。

全部鑽探工作于一九三六年五月完成，共鑽洞一百八十六個，深度自三十呎至七十十五呎不等，大部孔洞均自一水櫃施以每平方吋六十磅之水壓試驗之，故每分鐘所滲漏之數量即可直接獲得。除鑽孔外，另用九個試驗坑直至石層以探驗填土位置下林料之性質。

基礎石層除約三呎之一層頁岩及頁狀石灰岩外，幾全爲均匀硬度之大塊深灰色石灰岩。自壓縮試驗中知石灰岩之壓縮強度每平方吋爲11.200至35.790磅。頁狀石灰岩之強度爲每平方吋2.750磅。風化頁岩之強度每平方吋僅15磅。自右壩台之鑽孔中證得雨季時之地下水面可至僅低于上游水位十呎之高度，左壩台巨大而廣闊，石層均極堅硬而無空隙存在。

壩

根脫司維爾壩爲船閘混凝土重力式之洩水段及電氣等所組成者。南北兩岸均爲滾壓之填土。壩之總長爲3.939呎，最高壩身爲94呎。因洪水地區之石層極深，故需使混凝土之建築儘量緊縮于主河河道之中，兩旁用填土與高山相連接。

河流兩旁之填土係用滾壓法所築成，頂部寬20呎。南部填土伸展遠至900呎，北部填土長695呎。高于水池平面之上游斜坡及低于高度590之下游斜坡上均鋪以碎石。每一填土下爲一鋼質板樁之阻水牆，此板樁自高于填土之基底五呎起直伸入堅硬之石層中。在每一壩台處有一混凝土之阻水牆以連接板樁及高丘。

永久建築中所需之混凝土共297.684立方碼，填土中之土方約須836.516立方碼，各建築之基礎需挖掘之土石方達631.000立方碼之巨。

船閘

根脫司維爾壩之船閘位于近河之右岸，在此部填土與洩水道之間。閘室之寬爲60呎，長360呎，最大之舉高爲45呎。北岸所以選爲船閘位置者，蓋此處之河道爲凸部，船隻之進出者較凹部爲便捷也。

船閘之設計基于具有下列之各水力設備：

2.各水道需使閘室中儲水在一適合之時間中充滿或放出，且對船隻之擾動爲最小。

1.控制水流之活門及其動作之機械，及修理或檢驗活門時所用之臨時駁岸。

3.閘門及其動作之機械。

4,檢驗閘門，閘牆或閘室時將閘室中之水放出所用之臨時壩，閘室中灌水與放水之水力設備，包括在每一牆中之排水洞，並有邊門通至閘室及上下兩游。排水洞之水流爲四個鋼質弧形活門所控制。閘門爲建築鋼所造，上游閘門爲水平梁所構成，下游閘門爲拱形者。閘門及弧形活門皆爲電力所操縱。

填土

河道中混凝土建築之兩旁皆爲滾壓之填土。填土建造之方法係先散佈薄層之泥土而後以羊脚滾筒壓實之。堆置填土前，須將基礎挖去十二吋深以棄除有機物質及鬆軟之部份。土壩下材料之含水量須與壩土之含水量相等，如此則基礎與壩土間方有良好之結合。故于鋪設壩土材料之前，須先灑水于基礎之上。

欲使壩土經久，壩土之上游部分須爲透水性甚小之土壤，而下游部分須爲較透水之材料，且其基礎須足能承受壩土之重量而無顯著之下陷。

壩土下之基礎包括三呎至二十三呎深之壤土與粘土及二呎至十八呎之一層砂土與砂礫。石層頂上有極多罅隙，鑽孔中之水含位因河面之高低而變化，故須灌漿及打鋼質板樁之阻水牆至基礎上以防透水。沿板樁兩旁約五呎之深溝，塡以滾壓之材料使阻水牆之頂部有一有效之封合。南部壩土于板樁旁之深溝挖掘後作一低矮之混凝土牆與石層結合。阻水牆皆踩入閘牆上之混凝土翼牆內。南北兩壩台之石層溝中，築有混凝土之短阻水牆使板樁與兩旁之高山相連接。

洩水道

洩水道之爲用，乃在洪水時期部份洪水由此排出，使水位不致超越不溢水之部分，整個結構之穩固乃基于洩水道作用之成功，故安全係數必須較大也。洩水道之高度大致與所設計之水庫最大容量之高度相等。式樣最普通者爲直洩式，旁洩式及虹吸洩水道亦兼有採用者。洩水道可爲壩中之一部分，尤以混凝土壩爲然，但亦可與壩分離建造者，如土壩是。洩水道之形式及其建造地點爲經濟條件，地形及安全等所決定。洩水道之具有頂門者，高于頂部之控制積水可加利用也。

根脫司維爾壩之混凝土重力式洩水段自船閘之牆至電廠之引水道共長856呎，爲十八室所組成。渠門之寬及高均爲四十呎，而皆爲滾轆式。每門爲兩段所組成，以適合水流多寡之變動，由裝置於洩水道甲板上兩八十噸之起重機所操縱。渠頂高出原來石層約20呎，渠墩高于渠頂60呎，而墩腳築以護牆以防河床之冲蝕。

壩之高度及運用水頭之程度，主要係根據韓爾巴爾閘壩設計之情形而定。其最低水頭之水位在591呎之高度，以使去韓爾巴爾壩長達八十二哩之航運河道內得有九呎之深度，而最高水頭之水位則在595.44呎，以減少根脫司維爾壩水災之危險及避免淹沒大部之農田。除極大之洪水外，水庫中水位之變化極小。洩水道之設計中須使排出最大水量每秒約625,000立方呎時，不危及壩之安全。相當於此洪水時之水位高爲605呎，在下降水位591呎及渠門頂高595.44呎間可得控制蓄水量282,000英畝一英尺。在最大之設計水頭高度605呎，可增加780,000英畝一英尺之蓄水量。

因水流之變化自每秒數千立方呎至625,000立方呎，故水門之開閉亦須應時變動。水門開啟之大小，可任意調節，以適合當時之流量。

各水門之寬與高各爲40呎，而四十呎寬者爲渠墩間之淨距，欲縮短間距及尺寸並減低起重機之容量，則水門可分爲等高之兩部分而予開操縱之。攔污柵之底部與洩水道渠門之底部相同，但其頂部則有相同之三段，每段高六呎九吋。

每一渠門之開口處有兩槽，渠門通常在下游槽中動作，上游槽僅供修理時應用之。下游槽中有一百七十五磅之軌道，渠門上之車輪卽於其上轉動，上游槽中之鋼軌僅49.7磅。調節進水渠及水渠門之開口及搬渠門自一槽中調至他槽中之工作，需一具有與壩軸相垂直及平行動作之起重機及輸送渠門之其他設備。

建造

根脫司維爾壩之建造始於一九三五年十二月四日，於一九四〇年七月一日完成。該壩建造之程序係與田納西河管理局之工程進行計劃相配合，如此可使從該局別個計劃中獲得人工與器具之最大利用。選擇建築場最大之問題即爲建築程序表之決定，轉移河道之計劃及選擇施工352,000立方碼之土方與136,000立方碼之石方，堆置837,000立方碼之填土及拌和297,000立方碼之混凝土等所需用之器具及其施用之方法。最後決定之建築場係位於壩下游河流之北岸，以軌道及渡船等設備，可使材料之運輸極爲便捷也。

建造攔河壩最經濟之方法在於處理河道之優良計劃。航行上之需要，洪水期及季節上之需要最後決定轉換河道分三期進行。初期之圍堰包圍建造北岸船閘之面積，二期之圍堰包圍一十五閘洩水道之面積，三期之圍堰包括洩水道之其餘部分及電廠。二期及三期圍堰大小之決定基於在二期建築中使二期圍堰之末部及南岸有一足夠之距離以減小速度，使河岸之冲刷減爲最小，同時，在應用三期圍堰時俾有足夠之洪水量流經業已完成之洩水道，以顧及三年一次之洪水。

本校貴州分校爲本校唐山工學院及北平鐵道管理學院合組而成，去歲黔桂吃緊，轉輾來渝，沿途備歷艱辛，全校師生竭誠招待，累擬遷湄州，後經與當局商榷，決暫於璧山復課，業已一學期矣。

本校溉瀾溪分校已於去夏撤來，九龍坡上頓增無限熱鬧，各種課外活動愈見活躍矣。

軍事爆破概述

薛偉道

為吾班畢業紀念特刊撰

一 簡序

大時代，大風浪中，熱血鼓勵我們披起了戎裝！為祖國的勝利，為民族的復興，我們忍痛地犧牲了大學最後半年的功課；更忍心地暫別了朝夕相處的班中諸同學。五個月來，承諸同學時刻關懷着我們營中的生活，使我們感到無限的溫暖和無限的欣慰。其實，我們雖身在軍中，又何嘗不時刻懷念着同窗諸君呢？漫長人生的道路上，我們永遠是携手奮鬥的伴侶；暫離斷不了彼此心靈的呼應，遠隔反更增加了彼此深摯的友情。

記得：我們分離的時候還是隆冬。現在轉眼已經又是仲夏，吾班畢業，倏忽已在眼前，遙懷九龍坡上，泱泱諸士，就要振翅騰飛，真是不勝依依！近從定一兄來示，乃知交大土木第三期將作吾班畢業紀念特刊，囑弟撰從軍心影錄以報道營中情況，千言萬語，確不知從何說起！憶入伍迄今，匆匆將近半年。眼見耳聞身受，實在百感交加。由於從軍，讓我們知道了軍隊腐敗的真相；由於從軍，讓我們親切了士兵痛苦的程度，由於從軍，讓我們更透視了社會黑暗的內幕……從軍：讓我們警覺祖國需要改進的殷切，明白民族復興的艱遠；清楚光明燦爛的明天尚待着我們這一輩青年用「血」「汗」去爭取！多少「啼笑皆非」的事情可以告訴你們呀！多少「觸目驚心」的醜態可以細述呢！但空言無補實際，牢騷鼓不動時代的巨輪的，唯有沉潛堅忍的行動，才是革命青年救國濟世最現實的態度。那些營中的觀感，留着等待勝利回來再在月白風清的黃浦江上慢慢細話吧。這裏附於諸宏論之後，姑且寫一點有關爆破的常識。一方面也算是自己在軍中所學的一斑。一方面就權作畢業紀念的留爪。更願藉此短篇，祝頌班中諸君康樂愉快，前程無量！

二 總說

三十年秋，余曾康書赴滇西參加滇緬鐵路趕工工作。同行有一路工，折左臂，詢之，知因翌年趕工西祥公路在某處開石方放炸藥所以致也。時西祥公路尚在修築期間，値此兩行，猶時聞轟轟開山之聲，不禁使余等初出學校者深具戒心。至滇緬，雖自己服務之段，石方極少，但每見鄰段煙冲石飛，隆隆聲中山崩地裂，真既懼既奇，欲近而不敢近之，曾請教於石工，彼等除告其經驗所積之簡單方法外，根本未能說出所以然；查之教科書，亦未能得此項詳細之材料。搜諸工務卷宗，雖有一、二訓令，述及使用爆藥之注意點，然無頭無尾，無從深切瞭解以致段上領到雷管後，竟祇敢望而不敢動之。心中極為之愧歉；每一憶及始終引以為憾！此次響應 領袖號召，投筆從戎，入伍後，乃會己所學係土木工程，乃加入工兵營；嗣奉調至軍委會幹訓團工兵隊受訓，舉破測量交通，架橋、坑道、築城，無一非吾土木之範疇。匆匆三月，幾如實習土木工程，誠屬意外收獲，尤其久懸心頭爆破一事，竟於軍中獲得學習機會，更覺喜出望外！雖云軍事爆破與工業爆破不盡相同，軍中所用除黑色藥外大部份爲茶褐藥（T.N.T.）。而工業所用除黑色藥外，大部份爲第奈美特（Dynomite）；軍事爆破多爲過量裝藥及尋常裝藥，工業爆破則多爲微量裝藥及尋常裝藥，然舉一反三，由此當能知彼也，爰述所學軍事爆破概梗如次，試談從軍之紀念，並聊供同窗諸兄之參考耳。

三　火藥及火具

供軍用之火藥，爲黃色藥、茶褐藥（T.N.T.）及黑色藥；黃色藥和茶褐藥通稱爲爆藥。此外因時宜亦有用鹽斗藥、第奈美特、硝銨爆藥、棉藥、拉喀洛克及卡里特者。

黃色藥爲壓搾石炭酸之硝化生成物，爆發威力甚大；有毒，觸着皮膚須立刻將其洗淨；有吸濕性、對衝擊摩擦安定，但對金屬（除錫及鉛），樹脂及黃色藥均易起變化。其分子式爲$C_6H_2(No_2)_3OH$。故亦有人稱作「三尼托羅夫耶諾爾」或「皮克林酸」或「苦味酸」。

茶褐藥係由枕焓之硝化生成物壓搾而成，又名三硝基甲苯。（Tri— Nitro Toluol. T.N.T.）。分子式爲$C_6H_2(NO_2)_3$。色淡黃，攝氏八十度即熔融，加熱至一百八十度至三百度放黑煙而燃燒，三百度以上始爆發。不溶解於水，有毒，但不與皮膚起作用，吸濕性小，對金屬樹脂、黑色藥不起變化，對衝擊、摩擦比黃色藥更安定，威力則較黃色藥稍劣，故藥量計算時須用黃色藥之1.1倍。

黑色藥乃硝石木炭及硫黃之混合物，通常爲不整齊之粒狀物，每立方公尺可容八百五十公斤，吸濕性甚大，水量超過15%即不能爆發，故防濕方法特須嚴密注意，對衝擊、摩擦、火星、火焰均易起燃；威力比黃色藥約小十倍。

鹽斗藥乃枕焓之硝化生成物加鹽酸鉀而成，對衝擊、摩擦上較敏感，故不可用小刀等截斷；有毒，處理後須洗淨手指；與金屬、樹脂、黑色藥之接觸，不起化學變化；吸濕性雖少，然有溶解性，以火炎點火，即燃燒，其量大時，遂起爆發，若陡然以攝氏二百度以上之熱使之接觸或受激烈打擊，或摩擦時亦起爆發。

第奈美特爲將硝化甘油吸收於有吸收性之物質，或混合於爆藥，或可燃物質，所成固形爆藥之總稱，因其質性物及混合物之種類。分硅土第奈美特，膠質第奈美特及不凍第奈美特數種。硅土第奈美特乃將硝化甘油吸收於硅藻土而成，有一、二、三號之分，日本製鶴印，龜印屬之。通常爲赤褐色，呈脂肪之觸感，受摩擦、衝擊、熱、直射光線及光等起化學作用；在攝氏五十度左右即徐徐分解，至一百八十度至二百二十度則爆發，在四度至七度時發生凍結；有毒，與之接觸會引起頭痛。膠質第奈美特乃混和棉藥與硝化甘油，或再混和硝石木粉捏和而壞成，其色在淡黃、淡褐之間，似膠而有彈性，其質始爲完全之耐水性，雖久浸水中，亦不變其爆發力，不凍第奈美特乃爲耐寒起見，混和以冰結點低下的配合物，使不易凍結者。

硝銨爆藥乃以硝酸銨爲基劑之混合藥；對於衝擊、摩擦及鎚打等之感應不鋭敏，拔於火中亦不過徐徐燃燒[illegible]，應[illegible]及[illegible]均[illegible]全。

棉藥乃浸棉花於硝酸及硫酸[illegible]混合液[illegible]硝化精製[illegible]成；供[illegible]者有濕棉藥及礦山用棉藥兩種，前者含水百分之二十，對衝擊、摩擦[illegible]全。然乾燥後則其感應銳敏，容易爆發，後者對於摩擦，衝擊，捶打比較不銳敏，遇寒氣亦不凍結。

拉喀洛克（Raek reok）係於鹽酸鉀及氧化鐵之混合粉藥（謂之拉喀洛克粉藥）加配以石油或礦油而成。此[illegible]以摩擦及衝擊而爆發，故處理時須周密注意，點火卻不起爆發，僅揚炎燃燒，其火光極鮮明，得用之爲照明劑。

卡里特（Carlit）乃以過鹽素酸鋇爲主要成分，混合以硅酸鐵、木粉、重油等之粉藥，收容於藥盒或藥筒內而使用之，每立方公尺重一〇五〇公斤，對衝擊及摩擦均安全，對寒暑爲不感性，用火炎點火，雖起強烈火勢燃燒，然不爆發，其爆發力略同黑斗藥。

所謂火具包括雷管，白金線信管，緩燃導火索，速燃導火索，爆炸導火索，導火管及點火管。雷管及信管分很多號數，其尺寸及裝藥量以下表所示：

雷管號數（信管同）	1	2	3	4	5	6	7	8	9	10
裝藥量（公分）	0.3	0.4	0.51	0.65	0.80	1.00	1.50	2.00	2.50	3.00
管之內徑（公厘）	5.5	5.5	5.5	5.5	6.0	6.0	6.0	6.2	6.2	6.7
管之外徑（公厘）	6.0	6.0	6.0	6.0	6.5	6.5	6.5	7.5	7.0	7.5
管長（公厘）	16	22	26	28	30	35	40	45	50	50

附註 茶褐藥用8號，黃色藥用6號，第[illegible]未特可用3號雷管。

如用雷管時，則接以緩燃導火索或接以接有緩燃導火索之爆炸導火索之爆炸導火索，若用白金線信管時則接以導電線；前者使用點火管，火繩，火柴等向緩燃導火索點火，稱之爲「導火索點火」，後者使用電氣點火機或乾電池點火，謂之「電氣點火」。

各種導火索之性能，約如下表所列。

名稱 區分	緩燃導火索	爆炸導火索	速燃導火索	導火管
外徑（公厘）	5.5	4.6	5.5	5.5
導火速度（m／sec）	0.01	7500	100	5300
耐水時間（小時）	30	若接續部及端末嚴密封閉，雖經長時間亦可用。	30	若接續部及端末嚴密封閉，雖經長時間亦可用。
備考	規定爲白色，但尚有灰色及黑色二種。	規定爲綠色但尚有醬色及花皮（紅白色）二種。	規定爲紅色，現已不製造，英製者爲橙黃色。	日製者係鉛皮管，英製者爲銀灰色之膠皮管。

四 爆破實施

爆破之實施，須先將準備之裝藥攜至預定位置，妥為裝置，然後適時點火爆發之。裝藥裝置分「外部裝置」及「內部裝置」兩種。前者係將裝藥之全部裝置於物體之外部，比較迅速，但須藥量多，且不確實，後者乃將裝藥之一部或全部裝置於物體之內部，用藥可少，且確實，但需較長之時間，點火亦分二種，一曰「導火索點火，」方法簡單，應用較多，即將緩燃導火索謹慎插入雷管，再將雷管裝入裝藥中，然後用火柴等點燃導火索，導火索促雷管起爆，即使整個裝藥爆發，如欲縮短點火至爆發之時間，可先接以爆炸導火索再接緩燃導火索，又不用雷管，僅以爆炸導火索多纏數匝於裝藥上亦可使之爆發也。一曰「電氣點火」，設備較繁，但可在遠隔之位置施行點火，先敷設往返二條導電線，用導通試驗器檢查其是否導通，然後將信管及電氣點火機接通，當電氣點火機發電後，信管即起爆，使裝藥整個爆發，若無電氣點火機，可用乾電池代替之，其所須電池個數，得用下式計算：

$$N=\frac{(0.01L+0.6X)\times 2.7}{V}$$

式中N為所需電池個數（直列連續），L為導電線往復之長（公尺），X為信管個數（每個附連有約30公尺之短導電線），V為每個乾電池之電壓（若小於一伏特之電池不能應用）。

五 木材爆破

木材爆破通常用黃色藥或茶褐藥之直列裝藥。依外部及內部裝置而爆破之，其需用藥量，可以下式計算之：

外部裝置：$L=CD^2$；內部裝置：$L=\frac{CD^2}{7}$ 式中L為黃色藥藥量（公分），C為木材之抗力係數（見後表），D為圓木之中徑或方木之最長邊（公分）。

木材抗力係數表

木材之性質	中徑（最長邊）	C	附註
普通之木材	約30公分以下	1.0	水中爆破不論其材料及徑如何，C均為1
	約30公分以上	1.3	
新材，韌強之木材與節之木材	約30公分以下	1.3	
	約30公分以上	1.7	

美軍所用木材爆破之公式則為：

外部裝置：$N=\frac{D^2}{20}$；內部裝置：$N=\frac{D^2}{125}$

式中N乃以半磅（227·29公分）重為單位之方形T.N.T.藥包個數，D為木材中徑或最

長邊（吋）

（註：若遇濕潮，多節，新質之木材，藥量宜加倍之）

六 鐵材爆破

鐵材爆破多用黃色藥或苯褐藥，依外部裝置而爆破之，其所需藥量可以下式計算之：

$$L=25F \quad \text{或} \quad =\frac{F}{8}\text{—個方形黃色藥藥包}$$

其中L為黃色藥藥量（公分），F為鐵材之截面積（平方公分）

註：1.若爆破鐵棒可直接用下式計算：

$$L=\frac{D^2}{10} \qquad [\ D=\text{鐵棒中徑（公分）}$$

2.爆破鐵軌一根，至少需用爆藥一公斤

3.一般單軌鐵路之構桁橋，其一個爆破點所需之藥量約為五十五至六十五公斤。美軍所用鐵材爆破公式則為：

$$\text{普通截面：}\ N=\frac{3}{4}A,\quad \text{鐵棒：}\ N=2A$$

其中N為以半磅量為單位之方形T.N.T.藥包個數，A為鐵材截面積（平方吋）

七 圬堵岩石土壤之爆破

圬堵，岩石，土壤之爆破理論，為爆破學中最複雜之一部份，亦為與土木工程最有關係之一種爆破；在平時修路，採石，開礦，築機場等為節約時間，便利作業起見，多須利用是項爆破；戰時則於敵方或敵佔領區及我將被敵佔領區之重要建築及一切與軍事有關之設施須破壞者，均須用此爆破手段達成之，如道路，橋樑，隧道，碼頭，堤堰，要塞，重要工事及重要建築物等之破壞。尤以時間短少，情況急迫時愈能發揮其價值，顯示其重要也。

圬堵，岩石，土壤之爆破，爆藥及黑色藥均可使用。爆藥普通多用集團裝藥，有時亦可用直列裝藥。圬堵爆破一般以內部裝置為宜，然外部裝亦有應用之時機；岩石及土壤爆破則以內部裝置為通則，若用黑色藥者單獨使用，不可與黃色藥等混合用之；黑色藥概為內部裝藥，須特別注意填塞。

在等質物體中裝藥破壞威力分佈之範圍，四周均等，成一圓狀，稱之為威力圈，圬堵，岩石，或土壤因爆破飛散於一側或兩側後所成孔之形狀為漏斗狀，此孔稱為漏斗孔，威力圈及漏斗孔為研究圬堵，岩石，土壤爆破理論之重要名詞：凡漏斗孔成直角，威力圈與物體表面相接者，為「尋常裝藥」；漏斗孔成鈍角，威力圈與物體表面相截者，為「過量裝藥」；漏斗孔成銳角，威力圈不與物體表面接觸者。為「微量裝藥」微量裝藥文稱「震盪裝藥」，蓋其作用僅在震盪而已。

用黃色用爆破圬堵，岩石，土壤之藥量計算公式為：

集團裝用：$L=Cdw^3$；每公尺直列裝藥：$L=Cdw^2$

式中L為用量（公斤），C為物料抗力係數（見後），D為塡塞係數（依裝用位置及塡塞程度而決定，最良好之內部裝藥為1，外部裝藥不塡塞為4,5一般均在1至2,25之間（，W為威力圈半徑爆公尺）。

附註：（1）物料抗力係數C之值

強固之圬堵構築物	W(公尺)	C（無鐵筋）	C（有鐵筋）
（三合土）或岩石	2.00以上	3.0	9.0
	1.50—2.00	3.5	10.5
	0.90—1.50	4.0	12.0
	0.90以下	5.0	15.0

普通之圬堵構築物，脆弱之岩石，硬粘土，凍結地之C為3.0其他土質之C為0.7

附記：荷重最大之圬堵構築物（橋脚，拱等）依上表之數再乘1.3

（2）過量裝藥其藥量計算時所取之威力圈半徑最大限度不得超過最小抵抗線之二倍。

（3）只震盪圬堵構築物、岩石、土壤、單以弛解為目的時，可使用震盪裝藥，若威力圈相同，則震盪裝藥之藥量為尋常裝藥之三分之一（最大震盪裝藥）至八分之一（最小震盪裝藥）；若藥量相同，則震盪威力圈為尋常裝藥威力圈之1.5至2.0倍。

（4）充分爆破圬堵構築物通常用尋常裝藥，而相鄰兩威力圈使其相接，即藥室間隔為2 W

用黑色藥爆破圬堵，岩石及土壤之藥量計算公式與前述黃色藥爆破之式同，即為$L=CdW^2$

附記：（1）

物料抗力係數	C之值
土（應其硬度）	1.5—2.0
硬粘土及被覆壁	3.0
普通之圬堵構築物	3.5—5.0
荷重大之圬堵構築物	4.0—6.0
岩石（應其硬度）	4.0—7.0

（2）塡塞係數 d之值

甲表（尋常裝藥或減小之過量裝藥時使用之）

填塞之長（V）

砂土	0.30W	6.0W	0.9 W	1.20W	1.50W
硬土	0.?5W	0.7W	1.05W	1.40W	1.75W
岩石	0.40W	0.8W	1.20W	1.60W	2.00W
填塞係數 d	2.00	1.50	1.20	1.10	1.00

乙表（過量裝藥時使用之）　　A＝最小抵抗線

填塞之長（V）

砂土	0.40 A	0.70 A	0.90 A	1.30 A	1.60 A
硬土	0.40 A	0.80 A	1.20 A	1.60 A	2.00 A
岩石	0.50 A	1.00 A	1.50 A	2.00 A	2.00 A
填塞係數 d	2.00	1.50	1.20	1.10	1.00

（3） 過量裝藥其藥量計算時所取之威力圈半徑，不得超過最小抵抗線之三倍。

（4） 威力圈相同時，露邊裝藥之藥量為尋常裝藥之$\frac{1}{5}$至$\frac{1}{6}$；若藥量相同，則露邊威力圈約爲尋常裝藥威力圈之1.75倍。

（5） 使用黑色藥之穿孔裝藥（岩石穿孔中徑爲3.0—4.5分），通常勿須計算，可裝入穿孔之$\frac{1}{4}$或$\frac{1}{3}$，將其餘之穿孔長填塞之。

土壤爆破噴火孔之深度可用下式計算之。

$$\text{過量裝藥：}\qquad \text{噴火孔之深}=\frac{A}{3}(2n-1)$$

式中A爲最小抵抗線，　$n=\frac{r}{A}$　［r爲噴火孔之半徑］尋常裝藥噴火孔之深約爲最小抵抗線之$\frac{1}{3}$。

美軍所用坑道，岩石、土壤爆破之公式爲　　$N=KR^3C(1+n)$

式中N爲半磅重方形TNT之個數，R爲威力圈半徑（呎），K爲物料抗力係數（見後），C爲填塞係數，按裝藥位置及填塞程度而定，內部裝藥填塞良好時爲1.0外部裝藥（不填塞）時爲4.5；n爲由計算所求得之個數後所增加之百分數，在100個以下者加25%，100個以上者加10%

物料抗力係數K之值

物　　料	R	K
普通土質	任何半徑	0.09
硬粘土、不良圬堵構築物。	任何半徑	0.33
良好圬堵構築物，不良三合土、岩石	三呎以下	0.62
	三——五呎	0.50
	五——七呎	0.44
	七呎以上	0.38
堅固三合土	三呎以下	0.81
	三——五呎	0.65
	五——七呎	0.57
	七呎以上	0.49
鋼骨三合土（鋼筋不斷），爆時先爆三合土次用N=ZV公式求得藥量爆未斷之鋼筋，否則，用20 40倍爆藥一次爆斷之。	三呎以下	1.25
	三——五呎	1.00
	五——七呎	0.88
	七呎以上	0.75

美軍所用爆破坑穴藥量計算公式為：$N=L^3Z(1+n)$
式中N為半磅重方形TNT之個數；L為地面至裝藥位置之深度（呎），Z為依土質及爆坑之大小而決定之變數（見後）；n為由計算所得個數後所加之百分數：50個以下100%，50－200加50%，200－500個加25%，500個以上加10%。

Z之變數表：——

土質	坑口直徑與由裝藥至地面深（L）之比：1	$1\frac{1}{2}$（微量裝藥）	2（尋常裝藥）	3（過量裝藥）	4	5	6
鬆土	0.010	0.024	0.054	0.162	0.36	0.70	1.23
普通土	0.012	0.030	0.066	0.188	0.44	0.86	1.51
砂土	0.014	0.038	0.084	0.252	0.56	1.10	1.93
硬粘土	0.016	0.046	0.100	0.300	0.67	1.30	2.29

（八）尾　言

美軍對爆破之範圍相當複雜，除述其大要如上外，詳細不及充分討論；他如地雷、水雷等，亦因限於篇幅，不復提及矣。本文之作，僅「拋磚引玉」，祈能引起軍、工兩界賢達之注意耳。今勝利已在目前，建國即將開始，如何謀永久之和平，如何防第三次大戰之重演，吾輩皆不應忽責任之重大，前途之艱難。唯有堅強之國防始為和平真正之保證，唯有高度之工業，始足言國防之建立，軍事科學化，工業國防化當為今後復興不移之指標，如何熔工業、科學、國防於一爐，諸君其共勉之！

——三十四年六月草於璧山軍次。

鋼筋混凝土施工概略

楊鶴生

鋼筋混凝土工程，在戰前由江浙之出產水泥，與國外運入之鋼筋，形成發達與普遍之應用；惟抗戰軍興以還，水泥製造廠之淪陷及海外交通之阻塞，一切均無戰前之優良條件而呈停滯狀態，但對於城塞工事及主要動力等建築，則仍不可缺少，蓋其實具建築材料之最佳條件也，故戰後之發展，實未可限量。混凝土工程、亦如其他建築，分設計與營造，普通所謂之建築師，屬設計部份，一般營造廠商，屬營造部份；負設計責任者，以不負營造責任爲最佳，蓋雖熟悉而實多弊端也，今所論及者，僅限於施工實際情形，惟因時間及其他種種困難，僅述其概略，一切統計圖說與理論，一概從略，俾能切實注意實際問題，得供先進參考與研討，則幸甚焉。

當工程圖樣完全領到時，將每部份之工作情形，詳細審查並計算之，按序訂定施工進展表，施工注意之事項，工地工人之運用與材料運送之配備，最初第一週完成工棚，同時運料，清掃工地，俟工程處完成後，會同工程師直工地之基本中線與水平高度，繼之木工目放地盤綫，搭車台車架與模板之豎立，同時紮鐵工將經工程師驗過無誤之鋼筋成品，按樣紮鐵，廠方長工於紮鐵完成後，開始搭跳銅匠（即機匠）安裝馬達間拌車筒及吊斗滑輪，俟一切安竣，經工程師覆驗模板鋼筋之後，開始落搗混凝土，依次由下而上，逐次完成，至於詳細施工情形，茲分述於後：

（一）場地之選擇：在工地附近搭造臨時工棚與工程處，工棚材料用楠竹捆綁，草頂與竹蓆工程處較美觀與耐久，可能用瓦頂，洋灰工棚與紮鐵工棚，應位距工地最近，且較高燥，洋灰工棚尚須注及運力，木工工棚必須在工程處監視之下，以免走漏材料，小工工棚可較遠，約半公里幅圍內皆可，惟清潔問題，務切實注意，往往於工作緊張中而遺忘此事，實若不加管理，工人之疾病而致隋工，實由此而生也。

（二）清掃工地：工地之清掃，爲混凝土工程重要工作之一，若設備齊全，除小工掃盡渣滓後，用水管整個冲洗，直至露出原來之石面爲止，不然亦須用人工挑水冲之，冲洗時注意鋼筋之旁側及模板附近，往往工人偷賴，不願於密紮鋼筋而容積不大之模板中，做清掃工作，但絕不可忽略而任其怠工，最好僱年齡較小，身體較靈活之工人，規定其範圍與時間，則較省監督之消費。

（三）定中線與平水：中綫平水係由工程師擔定，與普通測量同，茲不重述。

（四）立模壳：木工之大部份工作，皆屬此項，普通分兩種，一爲清水模壳，即模板內部面須鉋光者，此種多用於較薄較精細之處，重要之工作地點，亦多採用之，如鍋爐座電機座之樓面，必須用此，以免影響位置。一爲毛面模壳，內面不鉋光，爲普通墻柱所用，二種統稱「草場工作」，蓋言其較門窗爲粗毛也，模壳須注意之處有；（一）模板必須平直密縫，不容有大灣曲或大漏縫存在，以免漏出洋灰漿而造成蜂洞式之混凝土表面。（二）模板尺寸須較圖示略小二公分，俾供粉刷之用，但不能大於五公分，因五公分之處，無數將使鋼筋之存在也，即模板須絕對避免與鋼筋接觸。（三）模壳之撑頭木，必須切實堅固，支撐於不移動之地面及岩石上，若事實不容許時，則須用打樁，木樁以能打至石層爲最佳，樁上再輔平板，承支撐，若過高無法支撐，則採懸吊式用鐵絲或三分圓鋼筋，向內模板及左右後方用絞機絞緊，使模壳向內傾斜若干，以防外膨脹。（四）樑柱之支撐，以直落地面爲主，再加鐵鏈箍緊，以防萬一，落地撐之着地與模板兩頭，應用三角木對楔緊，以免其下挫而變形，若柱樑甚大或樓面時，須另加斜角對撐，以免受剪刀而變形，撐木之大小，視受力大小而決定，通常四五公尺直徑之拱圈，一公尺之拱厚多用6吋直徑杉木爲直撐，對開爲斜撐，拱圈模板架須用柏木板，橫樑用4吋直徑之杉木，至於其他尺寸，應另行詳細計算規定之。（五）模板材料，若混凝土在一公尺以內者，多用松板，其他除拱頂外模板用松板及樓面用松板外，餘均用跳板，（六）板墻筋（即模板之橫木）須用三四寸口徑之杉桿，適合二公尺高之模板，通常較模板爲長，俾便與下部之模板相連接也，板墻筋爲平直模板之基礎，故應注意釘模板面之平直。（七）模板之嵌縫，模板雖製造時甚精確，日久亦必生縫，故俟其安置停妥後，由小工嵌其空縫於模板外面，先用紙筋填緊，再用石灰膏糊住，有時僅用紙筋亦可，尤對拱圈模板，應加注意。

（五）曲紮鋼筋：以用長料爲原則，不得已始截成短料，支撐紮好之鋼筋，應另立脚手，不與其他影響，有時用洋釘紮支於模板旁亦可，高度至少紮至高出應搗混凝土一公尺，總以不必要之灣曲或折鬆情形，若事實需接鋼筋，則連接處至少須三十公分多至一公尺，視鋼筋之大小與用途而定，鐵銹須用鋼絲刷刷去，若物質條件不許可，以粗麻亦可代之，或用短截鋼筋括之亦可，絕不能任其搗入混凝土中，鋼筋之樣板，用松板墨綫彈成，不能有差誤，由工程師校驗畢，須再實地檢查已灣好之鋼筋，是否合規定，然後移至工地，按圖紮好，紮時注意其直徑與曲鐵之錯誤，以及尺寸之高低，初立鋼筋，離地須墊五立方公分之洋灰磚，係一比三之水泥膠沙，若爲1吋直徑之鋼筋，則改用十立方公分之洋灰磚，俾避免鋼筋與地面接觸，除長料外，短料每次紮以超出應落搗混凝土之高一公尺半即夠，不必多紮，因落搗混凝土時，常將其打鬆或損壞，且過高影響跳板而不利落搗混凝土也，鋼筋係貴重之建築材料，應用時須避免裁成一公尺之短料，實爲施宜注意之事項。

（六）搭車台吊車架：落搗混凝土之方法有二，一爲人工手拌，一爲機器攪拌，前者純人工之手藝，茲從略，後者利用機器拌和，其主體爲拌筒，係一直徑二公尺厚半公尺之中空筒，內裝螺旋葉，數約二十，中部有四十公分直徑之圓孔，一面裝有鐵卷板一塊，如舌狀，可自由伸入筒中接取混凝土，另一面連接車台上之漏斗，俾倒入河沙石子洋灰及水，拌筒用皮帶連馬達而轉動，每分鐘轉約三十次，通常一、三、六之混凝土約轉一分鐘，即可搖出，一、二、四則須一分鐘半方可，拌筒之上建一約五十平方公尺之平台，此台之主要部份即爲連拌筒之漏斗，係用跳板做成，內包鉛皮，混凝土材料由工人抬至漏斗旁，按洋灰河沙石子之先後，倒入拌筒加水以和匀之，故車台容人甚衆，建築時宜注意及之，若在可能範圍內，關洋灰亦可安於車台上，蓋防雨天及損失也。吊車架如通常之四方木架，惟較堅固，柱用四方直柏木，厚四寸，內有兩滑板，承吊斗之兩輪，吊斗位拌筒之舌口前，為一半圓式之漏斗，用鐵繩（俗名鋼絲繩）吊於吊車架頂之滑輪，可使吊斗自由上下，兩輪沿滑板至相當高度，即在一面去其架，用另一横木在斗緣擋住使其後部上升，而將混凝土倒入該高度處之平台漏槽中，再轉入小車，推至落搗混凝土處，故吊車架之承力甚大，四面必須用鐵絲繩拉緊，以免發生危險，吊車架有時高至五十英尺以上者，故不可不慎重其事。

（七）落搗混凝土脚手之支架：混凝土由吊車吊至適當高度，由小車載往落搗之處，必須搭一輕便小道，通常所謂搭脚手，即此之謂．跳板多用杉墩，支架用衫木捆綁，搭跳以安全與效率為重要因素，因其屬臨時性質，有時僅應用一二小時，即須折去，故搭架時往往因陋就簡，而忽略安全，實堪密切注意，同時路徑之選擇，必須使小車人行互不妨礙，並使車行距離為最短，捆綁用竹繩小木棒，繞好扭緊，再用洋釘釘住，捆綁之方法甚多，通常以瓶口結應用最廣，搭架應設法獨立，不與模壳相涉，並能隨時升高或降低，實實地應密切注意之要項也。

（八）落搗混凝土：工作之分配；分配工人為效率與損耗之重要因素，通常拌車一開，務使每一工人皆無空閒，且必須隨之而推進，期達迅速確實之境，普通分配工人，當視工地之大小而定，茲以開一部拌車，落搗一：三：六混凝土為例，其所需工人工作分配如下：開洋灰二人，抬洋灰二人，篩洋灰一人，抬石子六人，抓石子三人，洗石子二人，篩河沙一人抬河沙四人，挑水二人，倒石子河沙二人，澆水一人，搖車一人，加油一人，管車一人，插鍬（管吊車上部漏槽）一人，推小車四人，管跳二人，拿鍬（管小車落搗混凝土者）一人，榰錘三人，平混凝土一一人，撥鋼筋一人，此外木工及紮鐵工各一人，然管模板及鋼筋之臨時修理，另視情形派請掃工二人，夏天加澆水工一工至二人，至於搬運工，以包工為佳，上述工人之職務派定後，非重大事故，絕不變更，惟重力之工作，如推小車，抬石子沙沙洋灰等，應注意工人體力，不可令其連續工作一週以上，宜常調動，務達經濟適宜為度。開拌之前後：模壳鋼筋於落搗前一日，必須經工程師檢驗認可，以免臨時糾紛，前夜即招工目告以工作分配情形，次日清晨，領取工具令工人按工作地點就其崗位，先和洋鍬漿水數壺，澆於應搗之處，若為混凝土面者，則須另由拌車拌和一比三洋灰沙漿二盤，平均傾倒於落搗處之混凝土上，然後始正式落搗混凝土，先將拌筒滾動，名開車，倒若干清水及石子洗筒後倒去，乃正式倒洋灰，再倒河沙，加水若干，再倒石子，由前舌處看可出其稀濃，再定加水多寡，拌和充分後，由前舌捲入吊斗，此一立方英尺洋灰，三立方英尺河沙，六立方英尺石子，名一盤，由馬達運吊斗上升，至需要高度，落於漏槽中，槽傾斜成十五度，前方有一孔，大小適合一洋鍬之面積，用洋鍬節制，平均分配至各小車中，再推至落搗處，由拿鍬工人將其傾於應落搗之處，並括淨之，混凝土落搗時，因石子受離心力及鋼筋之阻礙，常四處分散或漸堆集於低窪之處，此時必須用榰錘將灰漿及石子榰和均勻，尤在拱頂之外模壳部份，更應注意，低錘係分用四分圓鋼筋做成，長短不一，視需要而定，通常約三公尺長，一端有圓圈，便於手拿，他端打成板狀，板面有與桿長垂直或同向者，同向者應用較多，垂直者多用於粗大之部份，有時無法榰插時，則用小鎚，輕擊模板亦可，務達灰漿充分飽和石子與鋼筋之空隙為止。俟搗至一層，普通自四十公分至七十五分，應用洋鍬搶平其表面，不可任其零亂存在，落搗應平均前進，不可一半較他半向前二公尺以上，表面之水平，亦不可太差遠，新落搗之處，最好用竹蓆遮蓋，以資保護，若爲樓面則更宜，注意水平，及其表面之光滑，拱頂則注意其弧度，外模板至拱外圈之四分之一處即不再用，再上全靠工人手技及監工之督促，拱頂之平水俟落搗至適當時，加以檢查，俾爲準則，每日落搗收口處，必須用木板截斷，板與地面成直角，必並須與前一日之斷口錯參錯分離，約距二公尺，切不可成一直線或任其傾塌成斜坡，臨遇陣雨，亦必須冒雨完成此種斷口，至於橫樑及拱頂之合口處，須一氣完工，樓面與門窗之斷口，樓面在其中縫，門窗在底或頂平處，模板應常澆水，保持濕度，以免吸取混凝土中之水份，至於材料之選擇，石子必須用篩篩去泥滓，用水洗淨，盛於二立方英尺之木斗中，以青沙石爲最佳，黃土石最壞，至多只能用於地面，其他部份皆不應用，蛾石太貴，不合經濟條件，但若當地不出青砂石，則應權衡用途與經濟，酌決定之，河沙即普通河邊之沙即可，洋灰因運輸保管之不慎，常有變硬之現象，故應用時必須重篩一次，篩孔之大小，普通一：三：六以每平方英寸有一百五十孔至二百孔即夠應用，惟篩子之質料宜注意，勿使過劣，俾免損壞，若壞洋灰過多，則在大樑拱部份，不可應用，僅宜用於牆部，洋灰裝斗，必須使其平足，不可過鬆而呈虛浮現象，倒洋灰入漏斗時，應注意其是否完全倒淨，勿讓斗中留有殘滓，拌合次數，前已約及，惟主要條件須達均勻，有時因材料之影响，常需多拌數次，至於水份之多寡由落搗處平鏟後最爲顯著，若過多則水浮於表面，不足則不易搭和，普通一比三比六每盤需水約二立方英尺之容積，落搗進行中，若遇模壳爆裂或撐木脫落等情事，切勿強之還原，應依其破壞情形維持之，俟其乾後，再打去之，停拌時，必須將各處皆收拾清淨，小車及吊斗必須洗淨，跳板及落搗混土處之鋼筋，必須擦淨，工具亦應檢點清楚，勿使散失，洋灰若未用完，宜再裝桶，並派守夜，在工地看守，以防材料之失竊，

（九）其他事項：折模壳必須俟氣候混凝土之部份而定，普通在六十度華氏右左，約五日即可折比三惟大板及拱圈，至少須半月始可折去，折壳較危險，應由木工負責，先去撐木，然後儘使模壳為板牆筋一齊折下爲最佳，不然只好零星折去，折去若發現混凝土有空隙，應立即用一比三洋灰漿補之，若遇夜工，則電燈裝置之安全與人工之增加，應詳加考慮，普通一部車至少裝燈二十盞左右，工人應增五十人，俾較安全也，於跳板及搭鍾處，應特加注意。

總之一項工之程建成，絕非空口理論或妄自工作所可獲得，時有輕而易舉，人人皆曉之事情，往往於緊張煩雜之工場生活中而被遺忘，但時間與事實實皆不容許絲毫，躊躇或補遺，故吾人必忠正直，明察敏審，果敢勇毅之精神，始能使任何困難，皆得迎刃而解矣。

介紹本系

馮傳炯
陳光曦

本校誕生於二十九年夏小龍坎，是爲交大重慶分校。初設僅機械，電機兩系，經徐名材先生長校後之艱困擘劃，分校基礎得奠矣。「一二、八」後上海總校被摧，師生紛紛內遷，致小龍坎原址不敷，三十年夏遂遷九龍坡，由吳保豐先生長校，李熙謀先生長教務，幷改爲總校。土木系始由凌鴻勛先生籌劃，許元華先生長系後得獲再生，繼交大優越傳統，本教育服務精神，斯是本系復課較遲，實已後來居上矣。及許主任奉派出國，王達時先生代理長系後，更多方羅致教授，至吾系得有今日之欣榮，皆爲各師長熱忱愛護後起之功也。

本系於上海時，內分鐵路，公路，結構，市政四組，學術精神之豐厚，儀器設備之完善，如木工廠，材料試驗室，水力試驗室，衛生工程試驗室等足冠全國大學，畢業校友多服務於交通部路政界，建設國家交通事業，歷盡艱辛，功績不朽，使方路政建設，得有目前情形，可謂本系校友之功績也。

本系教授，茅以昇先生，每週末來校講授土壤力學專題，茅先生學識經歷早名工程各界，本系同學得蒙摘授，至感幸榮。王達時金恆敦兩先生主結構組，徐人壽楊欽兩先生主水利組，康時清譚識兩先生主路工組。下學期又經王代主任聘請陳本端先生等來校執教，各先生和藹可親，循循善誘，發揚道德學識，同學等亦侍如親長，師生樂淘然，尤似大家庭中之融和也。所訂課程，幾經慎重修改，已趨臻善，第一二學年授以基本學理，並完成初步測量之訓練，第三學年後授以專門學識幷重實驗，第四學年分設路工，水利，結構三組，本校本隸交通部，故於路工方面，更具悠久歷史，此次康老教授來渝執教，路工組前途更卜無量，此亦同學之幸也。本系測量儀器，經多方捐助，足敷應用，土壤力學儀器，亦早製成，已開始實習，木工實習工場，水工試驗室及材料試驗室均爲籌劃中，水工實習尚暫借沙坪壩中央水利實驗處土工及水工試驗室，去歲暑期測量目標爲九龍坡長江沿區或北碚或歌樂山，後因長江沿區較爲重要故爲先測工作，今歲暑期測量計劃擬派至各鐵路實習也。

自中英中美新約締結以後，航權收恢，發展海洋交通亟需建築良好港口，交通部爲造就是項專才，曾函請教育部於本系內添設海港工程組，一俟經費籌備，即可招生。更鑑國內興建工程多採發包制度，而一般營造廠商，徒有土法而不事改進，故擬添設營造組，除本課外，更重建築方法及工料管理。昔滬校市政組亦將恢復，衛生組亦經衛生工程當局洽辦，如能順利，不日亦能開班矣。

本系同學達一五八位，較去年增倍，雖皆來自各地，而感情融洽，尤如手足，同學之樸實勤學，時受各師長稱誇。內遷三年，第一屆同學於本夏畢業服務社會矣，同學等憶勉三四級畢業同學效力國家，致力工程，爲國家爲母校爲吾同學模範，篤實力行，始不負國家之栽植，師長之訓導，吾同學之期望也。

會員錄

(甲)師長

職別	姓名	性別	年齡	籍貫	履歷
系主任	薛次莘	男	四十九	江蘇武進	美國麻省理工大學畢業曾任上海工務局技正經濟委員會技正資源委員會專門委員西南公路處處長等職
代理系主任	王達時	男	三十四	江蘇宜興	美國米歇根大學土木工程碩士曾任中山大學重慶大學復旦大學教授
部聘教授	茅以昇	男		江蘇	美國康乃爾大學加利基工業學院土木碩士工程博士曾歷任唐山北洋東南河海等院校之教授系主任院長校長以及交通部技正，工商部工業司長江蘇水利局長，錢江大橋工程處處長等職現任交通部橋樑工程處處長暨中國橋樑公司總經理等要職。
教授	康時清	男	五十五	江蘇南匯	本校民前一年土木科畢業民四年畢業於英國伯明罕大學礦科為中英美礦冶工程學會正會員倫敦皇家藝術學會會員曾任漢冶萍公司萍鄉煤礦代理總工程師等職民十六至卅一年任滬校土木系教授兼研究所職務曾獲教育部二等服務獎狀
教授	徐人壽	男	三十四	浙江	美國麻省理工大學碩士曾任國立廈門大學教授福建省建設廳技正兼科長等職
教授	楊欽	男		上海市	美國米歇根大學碩士並曾在伊利諾大學研究曾任廣州新自來水廠工程師浙江大學副教授復旦大學教授衛生署技師等職務
教授	戴翊賓	男	四十	福建	美國康乃爾大學土木工程師及土木工程碩士，曾任美國橋樑公司繪圖師福建龍溪縣建設局長，鐵道部設計科任事平漢鐵路幫工程師京贛湘桂滇緬各鐵路副工程師及段長交通部鐵路技術標準委員會及中國橋樑公司正工程師重慶市工務局技術室主任
教授	譚[illegible]	男	三十七	江蘇泰縣	本校上海土木工程學院畢業美國康乃爾大學土木工程碩士曾任粵漢鐵路株韶段工程局實習生工程助理員鐵道部交通部技佐滇緬鐵路幫工程司兼分段長敘昆鐵路副工程司綦江鐵路正工程司兼設計股主任代理工

					務課長等職。
教授	金恒敦	男	三十	河北	本校唐山工程學院畢業英國 Baithwaite工廠實習特許工程師曾任叙昆鐵路中印公路工程師及製車工廠工務所主任。
教授	薛桂輪	男		江蘇	曾任重慶三才生煤礦公司經理三十一年離校現任軍委會外事局第二科科長
教授	董大塤	男		江蘇	庚款留英倫敦大學土木工程碩士曾任中央設計局校正二三年離校任中印油管工程處副處長
兼任教授	李棻德	男		江蘇	河海工科大學畢業後任上海工務局滬南路工程管理處主任凡十年旋即留學美國愛我華大學 研究院先後在 InternaLJonat Hrvester C. , lowe Manufact orv Co. 等築路機械公司及華盛頓公路局實習，返國後任滇緬公路工務局副總工程師現任中央水利實驗處簡任技正並在本校兼授公路工程等課程三四年離校任水利委會技正
兼任教授	汪菊潛	男	三十九	上海市	本校唐山工程學院土木學士美國康奈爾大學土木工程碩士曾任交通部技士技正工務科長美國橋樑公司設計工程師首都輪渡副工程司粵漢鐵路株韶段工程局副工程司分段工程司滇緬鐵路正工程司兼工務課長叙昆鐵路副總工程司兼工務課長綦江鐵路副處長副總工程司等職現任中國橋樑公司副總工程司三四年奉派赴美考察
講師	宋家治	男	三十四	江蘇	交通大學畢業曾任西京市政建設委員會工程師南京首都電廠副工程司三二年離校現任川湘公路總局工務科長
講師	林振國	男	三十三	福建思明	國立同濟大學畢業曾任經濟部地質調查所技士
助教	李道倫	男	三十二	河南信陽	國立重慶大學土木系畢業
助教	詹道江	男	二十七	湖北黃安	國立中央大學水利系畢業
助教	陳世柏	男		廣東	私立嶺南大學畢業
助教	姚佐周	男		江蘇	國立西南聯合大學畢業
助教	徐萃英	女		江蘇	國立西南聯合大學畢業
助教	馮漢邦	男	二十七	廣東鶴山	私立嶺南大學畢業曾任香港域多利亞電器製造廠技士

(乙)同 學

——本居畢業同學——

姓名	性別	年齡	籍貫	地址
王偉堯	男	二十五	浙江吳興	上海麥根路二三三弄二十號
門啟明	男	二十三	遼寧撫順	遼寧新賓下夾河
何開潘	男	二十四	浙江杭縣	杭州頭髮巷一號
胡定	男	二十四	雲南昆明	昆明護國路一二三號
胡世平	男	二十五	浙江吳興	北平安定門內寬街二號
鮑光校	男	二十五	浙江紹興	紹興下方橋
俞受穀	男	二十三	浙江慈谿	上海麥根路三八一號
張嘉	男	二十五	江蘇武進	常州西門外南河沿八五號
陳才良	男	二十五	湖北荊門	湖北沙洋正街五號
袁森泉	男	二十四	浙江新登	浙江新登松溪鎮
馮傳炯	男	二十四	江蘇無錫	上海新閘路一六五八號
劉克	男	二十五	河南商邱	湖北鄖縣西街東和記
鄒元方	男	二十四	上海市	上海文廟路二五七號
蔡定一	男	二十四	江蘇金山	金山龍淵街二四九號
蔡聽濤	男	二十六	浙江蕭山	上海白利南路兆豐別墅九三號
錢家順	男	二十三	浙江吳興	上海慕爾鳴路昇平街福益里二十三號
薛傳道	男	二十四	上海市	上海東漕河涇六十號
韓昌晉	男	二十五	浙江富陽	浙江富陽里山鎮

——民三五級——

姓名	性別	年齡	籍貫	姓名	性別	年齡	籍貫
張賡恩	男	二十四	河北安平	張有昌	男	二十二	四川涪陵
周以勤	男	二十二	浙江吳興	羅其斌	男	二十二	湖北宜昌
徐永	男	二十四	江蘇武進	李澤坤	男	二十三	安徽阜陽
袁定菴	男	二十六	江蘇東台	馮啟德	男	二十	廣東番禺
江春昌	男	二十一	四川內江	薛楠時	男	二十三	江蘇武進
李邦平	男	二十二	河南汜水	章德孟	男	二十三	安徽桐城
姓名	性別	年齡	籍貫	姓名	性別	年齡	籍貫
周世歐	男	二十三	浙江吳興	左勵修	男	二十四	四川合川
王哲章	男	二十一	福建南安	周增麥	男	二十五	江蘇吳縣
鄒鑑昌	男	二十二	四川江津	陳邁	男	二十二	浙江慈谿
程鴻壽	男	二十四	四川江津	王兆熊	男	二十四	浙江吳興
孟慶源	男	二十二	安徽阜陽	顧瑞林	男	二十五	江蘇南匯

—交大土木—

沈乃莘	男	二十	江蘇青浦	宋湉歐	男	二十五	四川仁壽
李曾岳	男	二十四	山東德縣	陳義畢	男	二十二	福建閩侯
夏晉樸	男	二十五	江蘇青浦	陳光曦	男	二十四	四川榮昌
曾昭蔵	男	二十三	湖南新化	龐 遴	男	二十三	江蘇吳江
余道勝	男	二十二	廣東番禺	龔鴻麒	男	二十五	江蘇崇明
黃校寅	男	二十四	江蘇泰興	沙鲍鍾	男	二十三	江蘇海門
徐忠猷	男	二十五	江蘇江都	汪樹德	男	二十三	安徽桐城

——民三六級——

姓名	性別	年齡	籍貫	姓名	性別	年齡	籍貫
宋 澂	男	二十二	河南林縣	胡功業	男	二十三	安徽蕪湖
蕭承釗	男	二十一	湖北漢陽	徐秀嵐	男	二十二	江蘇鹽城
李德基	男	二十一	上海市	葉 中	男	二十一	江蘇吳縣
萬邱達	男	二十三	四川梁山	何誠恩	男	二十一	浙江杭州
吳[illegible]鈞	男	二十	江蘇江都	李培德	男	二十	四川峨嵋
朱慧凰	男	二十	浙江鄞縣	范廣居	男	二十二	江蘇靖江
胡傳聲	男	二十二	湖北武昌	吳松鶴	男	二十三	安徽太和
楊建生	男	二十三	山東肥城	戴松齡	男	二十二	江蘇宜興
王慶壽	男	二十二	湖北漢陽	甯國鈞	男	二十三	湖南邵陽
李震嘉	男	二十二	江蘇嘉定	倪尹蘅	男	二十三	浙江吳興
呂郁謀	男	二十四	安徽太和	朱寶庸	男	二十三	南京市
俞乃新	男	二十二	浙江新昌	黃德恒	男	二十三	江蘇海門
曾繁和	男	二十四	四川渠縣	桂華才	男	二十三	廣東
祝慈高	男	二十二	浙江海甯	呂崇周	男	二十三	浙江奉化

——民三七級——

姓名	性別	年齡	籍貫	姓名	性別	年齡	籍貫
張 秋	男	二十[illegible]	江蘇江陰	胡樹傑	男	二十一	湖北麻城
羅 裕	男	二十[illegible]	湖南長沙	袁福音	男	二十一	安徽合肥
傅家濟	男	二十七	福建閩侯	朱榮名	男	二十六	四川江北
李竣量	男	十九	湖南湘鄉	倪修蓮	男	二十二	江蘇句容
吳漢南	男	二十三	江蘇武進	王嶽生	男	十九	湖南衡陽
趙之驊	男	二十四	四川雲陽	余亞林	男	二十一	四川酆都
許夢寶	男	二十三	河南林縣	吳永楨	男	二十四	四川綦江
侯日俊	男	二十三	河南林縣	王敏之	男	二十	浙江杭縣
朱咸熙	男	二十二	江蘇金山	葉甯虎	男	二十二	安徽桐城
王榮麟	男	二十	安徽懷遠	湯明儒	男	二十三	安徽繁昌
周啟太	男	二十	湖北鄖城	倪志琦	男	二十二	江蘇南通

鄭朝銘	男	十九	福建閩侯
陳升暢	男	二十一	湖南湘潭
陳以日	男	二十一	廣東大埔
高興詩	男	二十三	湖南乾城
吳國凱	男		
鄭 鈞	男	二十	江蘇溧水
王 渚	男	二十四	山東萊陽
孫慶芳	男	二十二	浙江紹興
鄭 銓	男	二十	江蘇溧水
耿毓義	男	二十二	山東滋縣
歐儒剛	男	十九	四川廣安
嚴克剛	男	二十	江蘇無錫
楊鶴生	男	二十四	雲南大理
徐民基	男	十九	江蘇江陰
戴行孝	男	二十二	浙江鄞縣
徐祖森	男	二十二	浙江長興
李洵濤	男	二十二	河南開封
老瑞堅	男		
周紹繡	男	二十四	湖北枝江
李龍翥	男	二十	湖南長沙
曾餘印	男	二十六	浙江溫州
葉鹿瑜	男	二十二	浙江龍游
朱誦先	男	二十	浙江海寧
李廣明	男	二十	四川巴縣
鄭昌虎	男	十九	南京市
葛如亮	男	二十	浙江奉化
胡述文	男	二十二	安徽嘉山
馮叔瑜	男	二十一	四川鄰水
馬國華	男	二十	河南淅川
張國軍	男	二十一	安徽懷寧
蔡維亮	男	二十三	浙江吳興
王蔭槐	男	二十一	河南汝南
楊洪增	男	二十四	四川永川
高吉潔	男	二十	貴州貴陽
李毓璋	男	二十一	河南鞏縣
柴錫賢	男	十九	浙江鄞縣
[illegible]熊祥	男	二十一	江蘇吳縣
虞廣才	男	二十一	江蘇淮陰
楊 琪	女	二十	江蘇寶山
李寅賓	男	二十三	南京市
李寶林	男	二十一	四川[illegible]
趙丞清	男	十九	江蘇崑山
方 衍	男	二十一	安徽[illegible]
金新康	男	二十	江蘇嘉定
王 毅	男	二十四	安徽壽縣
胡甲年	男	二十一	浙江杭州
金雨時	男	十九	遼寧開源
田瑞庭	男	二十二	甘肅莊浪
徐雨齊	男	二十一	浙江鄞縣
林維超			

薛主任次莘在美洵留美本系校友，發起捐募本系儀器，承各校友之慨助，今得三千餘美金，已向美國各儀器公司預訂多種儀器，一俟勝利和平，運輸暢通，即能運華，屆時同學又多新儀器實習矣。

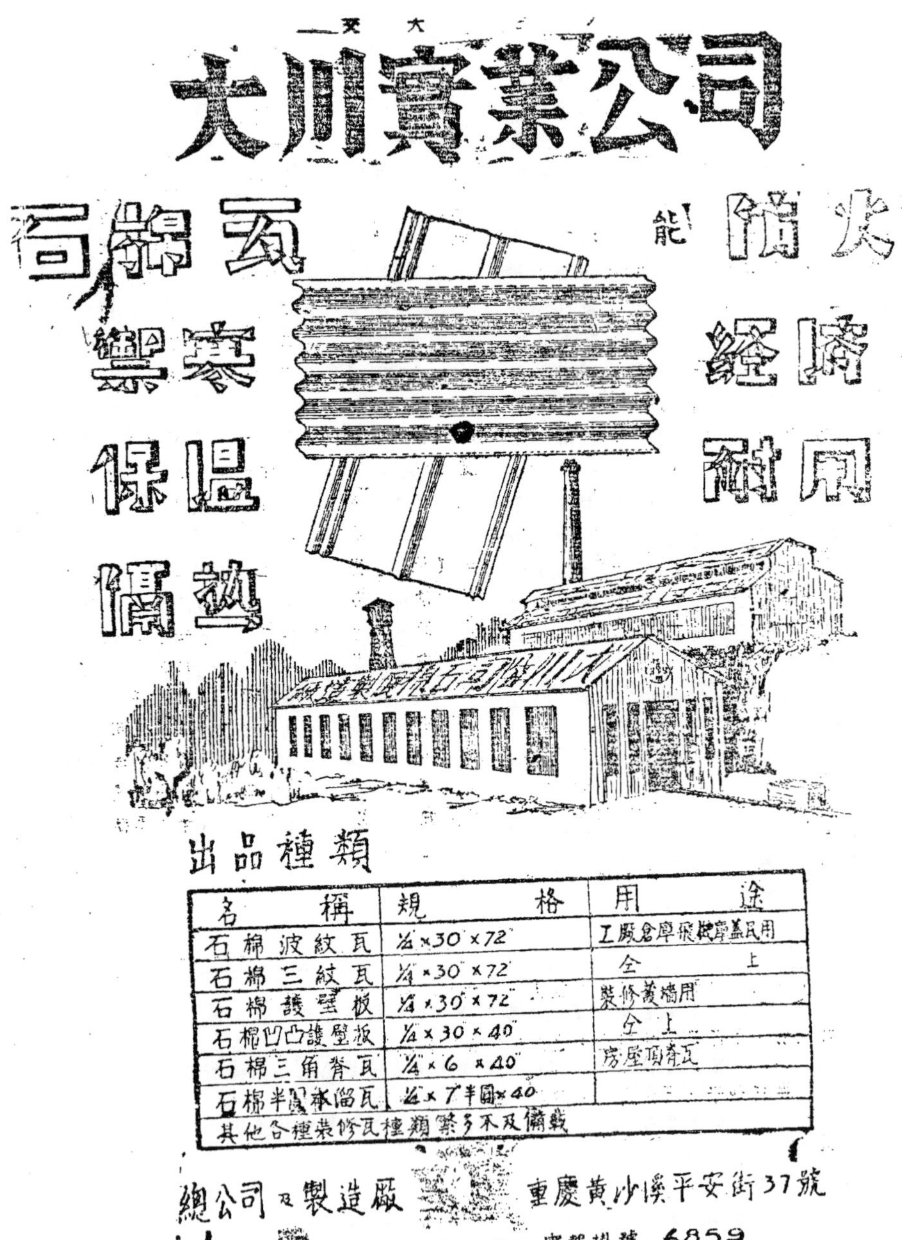

名稱	規格	用途
石棉波紋瓦	¼×30×72	工廠倉庫飛機庫蓋瓦用
石棉三紋瓦	¼×30×72	仝上
石棉護壁板	¼×30×72	裝修蓋牆用
石棉凹凸護壁板	¼×30×40	仝上
石棉三角脊瓦	¼×6×40	房屋頂脊瓦
石棉半圓水溜瓦	¼×7半圓×40	
其他各種裝修瓦種類繁多不及備載		

總公司及製造廠 重慶黄沙溪平安街37號
業務處 重慶民族路3號
電報掛號 6859
電話號碼 41108

本會一年來工作記略

三十三年十月一日　第二期「交大土木」印竣出版。

十一月三十日　本會假座本校大禮堂，举行迎新大會到會員來賓一百八十餘人。吳校長，李教務長等均蒞臨致訓，盛況熱烈。當場修正會章，并改選會長，徐永，楊琪兩同學選爲第三屆土木工程學會正副會長。

十二月五日　各級幹事選竣，名單如次：

四年級　錢家顧　俞受毅

三年級　袁定庵　陳光曦　龔鴻麒

二年級　李震熹　黃儉恆　胡傳犖

一年級　徐雨膏　金雨時　金新康

三十四年三月廿七日　鄭肇博士蒞校講演「黃河治理問題，闡述詳明，聽者極衆。

四月八日　本校四九週校慶，本會特請芳博士主講「錢塘江大橋施工情況」，并放映錢江大橋施工電影，聽衆達三百餘位，盛況空前。

五月十一日　第四屆土木工程學會理事產生，举行首次理事會議，討論工作計劃并決定全部負責人員

名譽會長　薛次莘

會　　長　沈乃華

副 會 長　李邦平

總　　務　祝慕高　金雨時　金新康

學 術 股　龔鴻麒　徐雨膏

康 樂 股　胡傳犖　李震熹

出 版 股　施光佼　袁森泉

并確定工作方案如下：

一、举辦學術演講，聘請土木工程界先進主講各項專門問題。

二、「交大土木」第三期定暑期中出刊，編輯及出版事宜另組編輯委員會負責辦理。

三、設法接洽參觀各大工程，如大工廠等以廣閱歷。

四、籌備歡送會欢送本屆畢業同學，并藉「交大土木」第三期爲歡送畢業同學留念。

五、決定三四年度第一學期開始，举行迎新大會，並同時出版迎新專刊，協助新同學。

五月十五日　新舊理事移交完竣，第四屆理事會開始工作。

五月二十二日　第三期「交大土木」編輯委員會成立，并決定全部負責人：

總編輯　馮鴻炯

編　輯　蔡定一　陳光曦　袁森泉

出　版　周增發　龔鴻麒

廣　告　胡世平　夏世模

總　務　何開校　施先校　王傳森

六月十五日　第三期「交大土木」截止收稿。

六月十六日　第三期「交大土木」編輯竣事。

六月十七日　第三期「交大土木」付梓。

土木系課程綱要

平面測量（上） 本科講述各種平面測量儀器之施用校正及原理；平面測量之方法結果之計算及製圖原理等

教科書 Breed and Hosmer, Surveying vol.I.

平面測量（下） 本科講述控制基本測量法，包括小三角測量，天文方向角測量，水準測量，氣候高程測量，地形測量，水文測量，製備原理，地圖投影及攝影測量之係要。

教本 Breed and Hosmer Higher Surveying

平面測量實習（上） 本科包括各種簡單測量儀器之應用及校正，角度測量，距離水平及方向測量法等；並測製一小區域之平面圖。

教本 Breed and Hosmer, Surveying vol.I.

平面測量實習（下） 本科包括小三角網觀測，精密水準測量，各種地形測量法，並測製一小區域地形圖。

教本 Breed and Hosmer Higher Surveying

最小二乘方 本科講述差誤分佈定律及最小二乘方原理，精度及差誤傳播定律，各種直接間接及條件觀測之平差；三角網平差問題以及物理實驗公式之推算等。

教本 Notes

應用天文及弧三角 本科講述天文學普通概念球面三角計算及球面點標關係時刻之測定，普通天文觀測儀器之應用及校對；經緯度及天文方向角之觀測及計算

教本 Hosmer: Practical Astronomy

路綫測量 本科講授鐵路道路渠道等之測量，各種曲綫之計算及測量，道岔側線之計算，土方計算及其累積曲綫之繪製等

教本 Pickels and wiley: Route Surveying

路綫測量實習 本科包括鐵路道路渠道等各種曲綫之施測以及縱斷面之測量等。

教本 Pickels and wiley: Route Surveying

大地測量 本科講授大三角測量，精密水準網測量，精密儀器之施用，天文觀測及大地位置計算，地球形狀，重力測量，地圖投影以及三角測量平差問題，並作簡單實習包括精密儀器之應用三角水平測量，以及天文平差等之計算。

教本 Hosmer: Geodesy

暑期測量實習 本科利用暑假作實地測量實習包括大地測量，路線測量及水文測量爲時約八星期。

教本

道路工程 本科講述道路之測量坡度彎度排水以及各種路面之建築與保養。

教本 Agg: Construction of Roads and Pavements

交大当本

鐵路工程　本科講述鐵路測量之程序及其實施之步驟並對各項建築方法以及器材設備等等作詳細之檢討。

教本　webb : Rai road Construction

道路計劃　本科包括路線之劃定，路基及路面之設計排水及各種設備之規劃，施工之程序以及估價等。

教本　Notes

養路工程　本科講述養路組織之制度，各項工程修養及改善之方法，以及器材之選用與支配之經濟問題等等其他與機務有關之各種問題亦在討論之列。

教本　Williard : Maintenance of way Structures

鐵路定線　本科教材包括鐵路定線之技術及經濟分別討論鐵路機務車務及財務各部門業務　定線經濟方面所生之影響此外各定線方面各項專題如坡度曲綫起伏等等亦一一提出研究

教本

鐵路號誌　本科講授路距制及各距制，各簡單手動制，控制手動制，自動制，以及電器等制，電動伸臂號誌聯鎖制機械構造及運用等

教本　Fraser : Lewiss Railwaysignal Engineering

鐵路計劃　為配合路線測量鐵路工程養路工程以及鐵路定線等學科之學理使致實用而設內容包括鐵路曲線涵渠土方軌道及路線等之設計以及機車載重之估計及軌道縱剖面圖之繪製等

教本　notes

車站及車場　本科講述各種車站及車場之佈置與配合之原理，並討論其細節與應用之設備　以及其運用之情形

教本　Droege : Freight Terminels and Tvaiu.

Droeze : Passengear Terminels and Train

隧道工程　本科講述隧道定位測量地質探險以及開挖建築及保養之方法等

教本　Lauchli : Tunneling

道路材料試驗　本科試驗與比較各種道路建築材料之性質。

教本　notes

高等道路工程　本科講解各式路基，路面排水方法及道路工程之新穎教材尤重於有關道路之土壤問題

教本　notes

水文學　本科講水之循環現象，包括降水，蒸發，滲漏等水文資料之搜集及補充，漸泛流量現象，洪流旱涸之起因及推測及蓄水庫之影響等。

教本　Meyer : Elements of Hydrology

水力學　本科講水之靜力學，觀望力流動黏滯性及阻力。水之流經孔口，嘴管堰等情況，管中及露面水流，水之動力，水輪機與抽水機之原理，本科注重基本理論於一般

流體之應用，略述因次分析討論并通合理之公式。

教本 Drangherty : Hydraulics

O.brien and Hickox : Appliad Fluidmechanics

水力試驗 本科包括水之流經孔口嘴管，堰欄凡氏表，管槽及水輪機之抽水試驗旨在使學生明瞭如何求得種種係數及普通之量水方法。

教本 notes

河工學 本科講授河性通論整流及挖濬工程，關於種種整流之方法及其理論，工程之設計及實施詳加討論，並略述河道渠化，蓄水庫人工運河及防潦工程之概念及河工模型之理論，供土木系學生以一般治河常識又討論吾國諸大河之治理。

教本 van Ornum : Regulalation of Rivers

Themas and watt : Improvement of Rivers

給水工程 本科講授水之消耗量估計，地面及地下水源，喞水站塲及蓄水庫進水及配水等工程，淨化工程包括沉澱池混和槽，慢性快性砂濾池之設計，並略述水之消毒，軟化，及防蝕處理。

教本 Babbitt and Doland water Supply Engneering

運河工程 本科講授河道渠化及人工運河等航道工程，詳述各種因素對於船塢之設計及建造，船閘及其他機械設備，關於運河剖面對於航行之影響，運河之規劃，水之消耗與供給等均予討論，至略述世界各大運河之情況。

教本 O.Franzus : waterway Ergineering

污水工程 本科講授污水量之估計，集水制度，污水管，雨水管暨附屬設備之設計，並略述污水處理之法等。

教本 Babbitt : Sewerage and Sewage Treatment

築港工程 本科講授港之種類，築港之條件，潮汎、波浪、水流及流沙對於築港之影響港內佈置，航道之挖濬，防波堤碼頭倉庫船塢等工程之設計及建造並討論我國將來築港之種種問題。

教本 cunninghn : Harbour Eugineering

高等水力學 本科演述較深之水力學理論，以及流體力學中有關水利工程之種種問題，包括因次分析，相似definitions法，黏性流動波浪力學，露面水流問題，地下水運動及水流運土問題。

教本 Rouse : Fluid mechaics for Hydraulic Engineering

水力發電工程 本科講述水力之估計，水力利用之經濟問題水力機之理論特性及選擇水力發電工程之佈置，壩閘渠，平水塔及發電廠房屋等工程之設計，實施及估價等。

教本 Barrows : water Fower Engineeng

水利計劃（上） 本科擇給水及污水工程之主要部門作簡單之設計。

教本

水利計劃（下） 本科擇壩，船閘、閘門、渠涵等若干主要部份作計算作簡單之設

—交 大 土 木—

計。

水工試驗　本科作一般水工模型試驗包括堰壩之洩水量，壩下之沖刷，及河底之變遷等。

教本　notes

港埠設備　本科講授港內各種設備之情形與裝卸貨物機械，航道標識碼頭區域之水陸交通設備，本修船設備等，並略述商港之經營管理等問題。

教本　Notes

農田水利　本科講授農作物之需水量，各種灌溉方法，灌溉工程之佈置設計及建築，各種排水方法，土壤之保養等。

教本　Notes

結構學（上）　本科講授普通結構原理，包括反力及應力之數解及圖解，以及屋架橋樑各部之應力分析。

教本　Frinter : Bheory of modern Steelstructures vol.I

結構學（下）　本科接結構學（上）講授橋樑高樓以及空間架之應力分析，旨在訓練學生應用力學原理及如何引用合理之穩定分析各式普通結構之應力，並略授靜不定結構之分析。

教本Grinter : Theoy of modern Steel Sructures vol.I

鋼筋混凝土學　本科講授鋼筋混凝土結構之基本原理，包括各式樑，柱，樓板，牆基及柱基之應力分析及設計。

教本　Peabody : Reinforced Concrete Structures

結構計劃（上）　本科設計木桁架及鈑樑橋各一座，旨在訓練學生應用結構學及材料力學作簡單之設計並繪製詳細圖樣及估價。

教本　Sutherland and Bowman : Srectural Design

結構計劃（下）　本科作鋼廠房之整個計劃，包括經濟比較，通風光線等之研究，屋面材料選擇，屋架，柱，支撐，起重機樑及基礎等並繪詳圖及估價。

教本　Sutherland and Bowman : Structural Design

鋼筋混凝土計劃　本科設計樑鈑式及平板式鋼筋混凝土樓房各一座，旨加訓練學生應用鋼筋混凝土原理及參照規範作有系統之設計並繪詳圖及估價

教本　Peabody : Renforcecl Concrete Sructuctures

土壤力學　本科講授土壤之分類，土與水之關係等土壤之應力及應變土坡之穩固性土壓力及擋土牆，土壤之承載量，基礎之沉陷及椿等基問題，重於基本學理及應用在旨使學生對土壤及基礎工程有新的認識

教本　Notes

房屋建築　本科講述各種房屋建築材料，房屋各部之建築方法以及經濟比較等。

教本　allen : Building Construction

圬工程基礎本科授各種磚石結構（各擋土牆，堤壩，橋座，橋墩，涵洞，庫倉，煙

閘，基礎）之設計，其未列入其他科目之鋼筋混凝土結構均在本講述基礎部份並包括椿基沉箱等。

教本 William：Design of Masonry Structures

鋼橋計劃 本科作鋼桁橋之整個計劃及估價。

教本 Sutherland and Bowman Structural Design

高等結構學 本科講授分析靜不定結構之基本理論，包括梁及橋架變位之解法以及各種古典的及近代法如最小功法，傾度變位法力矩分配法，彈心法似柱法，副應力等問題，並概述上列各法其分析各種靜不定結構之應用

教本 Grinter：Theory of modern steel structures Vol. I

高等材料力學 科講授比較複雜之梁彎曲問題，彎曲梁之變位及應力，薄板之彎曲，梁及板之穩定問題等。

教本 Timoshenko：Strength of material Vol. I. II.

彈性力學 本科講授彈性學之基本理論，包括各種兩向度問題之應力及應變各式軸之扭力，應力集中問題，旨在講解應用數學方法分析工程結構之局部應力問題。

教本 Timoshenko：Theory of Elasticity

鋼筋混凝土拱橋計劃 本科作鋼筋混凝土之整個設計包括拱徑大小之決定，拱軸式樣之轉擇，分析法之採用，設計之程序以及詳備之繪製等。

教本 Mc Cullough Thayer：Elastic arch Bridges

橋樑工程 本科講述橋樑之分類，地址之勘查，式樣及材料之選擇，經濟之比較，建築之，並略述世界各國之重要橋樑

教本 Dufour and schantz：Bridge Engineering

建築學 本科講授建築史之發展，建築美觀之基本理論並作建築製備練習

教本 Notes

地質學 本科講述有關工程之地質學理，包括石層之形成，石之性質及應用，石層結構與隧道工程，蓄水池基礎及坍坡等問題之關係，地質情形與地下水之影響；以及地質名詞之認識等。

教本 Ries and Watson：Engineering Geology

工程材料 本科講述各種工程材料如鐵，鋼合金，磚石水泥，石灰等之製造性質及用途

教本 Mills：Materials of Construction

材料試驗 本科作各種建築材料如木材磚石鋼水泥及混凝土等試驗研究其特性。

教本 Notes

契約及規範 本科講述各種工程之施工制度，如包工包工料判工工等，施工說明書之厘訂及契約之簽等。

教本 Notes

編後

一、本刊第一二兩期出版後，承各界先進人士熱忱贊助，紛紛函索，致第一期業已告罄，僅第二期稍有餘存，以後如蒙補索，當僅以第二期寄奉，特此致歉。

二、本期封面承吳稚暉先生題字。錢塘江大橋二文蒙茅唐臣先生允刊。李崇德先生手撰一文原為考察西北之報告，本刊得先刊登。諸此實感榮幸。本刊各文均有照相說明，奈因印刷困難故予略去，諸望各作者與讀者諒察。

三、本刊本定三四年十月十日出版，今於印刷日益艱難中，反得能提前問世，早曾讀者。蒙盧侯王代主任達時指助及各先生不吝賜教，得以成書，敬此致謝。

四、本刊由系會理事決定藉為民三四級畢業同學留念。

五、刊中校景全圖，係三四級同學暑期測量。報告之一部份，承陳世柏先生襄助，將全圖縮小，得告完成。

六、本刊對各校友及各大學均為贈送，奈以通訊地址不明，遺漏必所難免。諸校友請賜知通訊處當即奉寄。

鳴 謝

本刊本期付印承蒙

董培祜先生	捐助	伍萬元
孫清贇先生	捐助	伍仟捌伯元
張仁滔		叁仟貳百元
趙祖康		貳仟元
童大塤		壹仟元
全恒敦		壹仟元

國立交通大學土木工程學會

「交大土木」第三期編輯委員會

委 員 錄

總 編 輯

馮 傳 炯

編 輯

袁森泉 蔡定一 陳光炜

出 版		總 務		廣 告		
龔鴻麒	周增芝	何開瀋	施光校	王傳堯	胡世平	夏世熾

會址：重慶九龍坡交通大學

順泰機器鐵工廠

機器部

車床鑽床 刨床衝床 大小設備 無不俱全

軍需用品 交通器材 機器配件 五金用具

如蒙委製 新穎光緻 交貨迅速 價格低廉

鍛工部

電信器材 兵工用具 路鑛用品 消防器機

直脚穿釘 橫担撐脚 鍋鉗錘鏟 魚板弁鏊

尺寸準確 交貨迅捷 有所委託 不失信譽

冷作部

橋樑鐵塔 立式鍋爐 大小水石水 吞克油池

修船造倉 豎撐鋼工 一[illegible]承[illegible] 工精[illegible]細

[illegible][illegible]黑[illegible] 操外克己 開設[illegible]求 信[illegible]不[illegible]

辦事處 純陽洞二十號

廠址 [illegible]龍坎卓家園十號

四川榨油廠

各種植物油
各種精煉油
各種潤滑油
副產品菜餅

重慶廠　地址　江北紫雲宮
電話　江北九四〇〇六
電報掛號　重慶二八三四

重慶辦事處　地址　過街樓姚家巷三號
電話　四一四二四

合川辦事處　地址　合川下大南街
電報掛號　合川二八三四

遂寧辦事處　地址　遂寧松柏街
電報掛號　遂寧二八三四

萬縣辦事處　地址　萬縣三元街一六號
電報掛號　萬縣二八三四

江津辦事處　地址　江津張爺廟街三一號

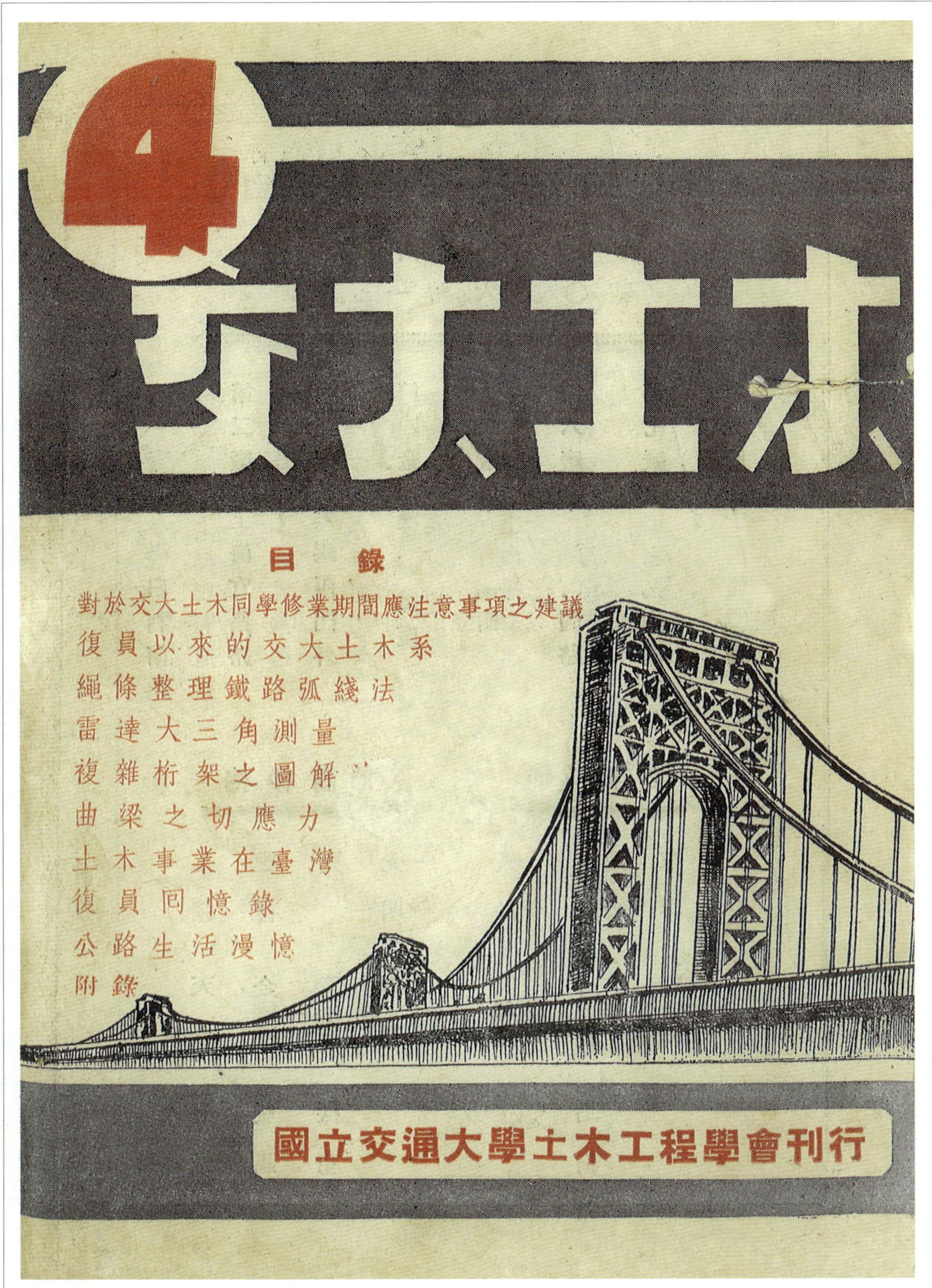
4
交大土木
目録
對於交大土木同學修業期間應注意事項之建議
復員以來的交大土木系
繩條整理鐵路弧綫法
雷達大三角測量
複雜桁架之圖解
曲梁之切應力
土木事業在臺灣
復員同憶録
公路生活漫憶
附録
國立交通大學土木工程學會刊行

申新紡織總公司

上海江西路四二一號

電話：一九六二〇號

第一廠　上海白利南路

第二廠　上海宜昌路

第三廠　無錫西門外

第四廠　漢口　重慶　寶雞

第五廠　上海楊樹浦

第六廠　上海河間路

第七廠　上海楊樹浦路

第九廠　上海澳門路

棉紗商標

人鐘	雙喜	寶塔	光明
天女	金雙雞	童子軍	得利
好做	雙馬	採花	

棉布商標

人鐘	招財	草牛
四耳蓮	富貴	雙喜
	馬狗	

對於交大土木同學修業期間應注意事項之建議

趙祖康

余自離母校，業二十餘載。然關念母校同學，無時或釋。今適逢交通大學土木工程學會續刊交大土木"徵文，得藉比機緣，與諸同學一敍所懷，深以爲幸。

余願對交大土木同學建議三事，深望君等皆能注意及之。余在工程界服務，同人中不乏交大校友。就一般而論，體格大都不能與歐美工程師比擬，究其原因，在校時過於注重功課，以致缺乏健身運動，實爲主因。普遍言之，土木工程師有時需在冰天雪地之下工作，有時需在酷熱烈日之下工作，有時需在狂風暴雨之下工作，有時需在高壓空氣之下工作；故須具備不避寒暑，不畏風雨，不辭辛勞，不懼奔波之條件。精神旣須充沛，體魄尤須堅強。由此觀之，諸位同學，在校修業，對於健康之保持，體格之鍛鍊，必須萬分注意。攻讀課餘，充份之休息，適當之運動，實屬必不可少。吾人之身體，卽爲吾人精神之泉源，工作之資本。此余所欲建議者一。

工科學生在校求學，研究學理之外，並應注重實驗工作。工程之學習應以理論爲基礎，而以技術爲依歸。工程建設，缺乏理論知識卽難獲得進步。但若缺乏技術，必失之空虛。是故能使理論與技術融會貫通之工程人員，方爲理想之工程師。茲者學校當局，甫經復員。實驗設施，容有未周。在校學生，亟應深體斯旨，盡量利用機會，求取實際經驗。除上課室，進圖書館之外，對於材料試驗，測量繪圖實習等實驗工作，尤須加意注重。課餘假日，如能至工地實地觀摩，實地操作，必能在技術方面更多體驗，更多增益。此余所欲建議者二。

修業期間勤讀之餘，宜有自由活動。例如座談會。演講會，學術討論會，音樂演奏會，藝術表演，遠足旅行，以及發行壁報刊物等是。各位同學，均可擇其所近，投其所好，組織參加。旣可收調劑精神促進友誼，啓達思想，增廣見聞之效，又可獲發揮合作精神，加強辦事能力之益，以此作對來投身社會之準備洵屬適合之舉。此余之所建議者三。

値茲抗戰勝利，建國開始之際，余深望各位同學皆能堅定志願，抱定決心奮勇前進，克竟全功。他日學成之後，服務社會，以一人之精神做數人之工作；以一日之時間，辦數日之業務；以應國家之需要，以擔當艱鉅之使命。

本系助教陳世柏先生，考取本屆留法公費；於自費留學考試，亦是名列前茅。本屆自費考試，土木一科，與考者全國在兩千人以上，居然能榮居魁首，壓倒羣英：且是兩元及第，實屬難得。陳先生本系嶺大學生，借讀復旦；爲達時主任之得意高足。來校執教，已將四年；然與同學研究學術上諸問題時，至今猶含羞答：若新嫁娘。

暑假本系民三十六級同學，由楊培琫、陳本端二教授率領，赴西湖作鐵道測量大地測量天文測量實習；在重慶時，因限於經費，及設備不全，兩年未舉行；今得重行恢復，同學等至感興奮，因之對工作極爲熱心，此在戰前須四十餘日之工作，今能以在重慶時之戰鬥精神，白天努力於野外工作，[illegible]，連續不懈，不到一月卽告完成。且測繪之準確度甚高洵非易事也。

復員以來的交大土木系 王達時

本校土木系自去年十月間復員遷滬以來迄已年餘，其間聘請教員，接收器材，釐訂計劃不無可紀述者，茲扼要臚陳之：

（一）復員經過：民國三十一年夏本校在滬因環境惡劣而停課乃於重慶復校，繼續上課，去秋抗戰勝利，我土木系師生隨校分批復員東下，第一批四年級同學於去年十月中旬，乘輪到滬先行上課；第二批三四年級任課教員三年級同學於十一月底離渝十二月中旬到滬上課；第三批一二年級師生於今年三月中旬出發至四月中旬全部抵滬，至於書籍儀器等則於今年九月初始行運到。

（二）教員：本系教授潘承梁，楊培琫，葉家俊，康時清四先生自敵僞接辦上海本校後，卽行離校他就，康時清先生且於翌年到達重慶本校繼續執教，去秋四年級同學到滬後，潘，楊，葉三先生卽復員回校授課。

達時及其他在渝教授陳本端，劉光文，楊欽三先生陪同三年級同學到滬籌備繼續上課，康時清先生則留渝主持一二年級同學復員工作今春始克抵滬，郝昭濂，譚議二教授則以另有高就，未能隨校來滬。

暑期後，上海臨大土木系學生經教部分發本校，學生人數激增各級必須分班上課，本系教授乃感不敷，經多方羅致，聘得王龍甫、張有齡、俞調梅、徐芝倫、謝光華、謝世澂、周文德、紀增爵、薛鴻達諸先生來本系執教。後王之卓先生來長本校工學院，並擔任本系航空測量等課程，本系教授均海內知名之士，茲再介紹如後，詳見附表一。

（三）學生：本系原有學生一九三人，今暑招收新生八十四人教部分發一六六人，共計四四〇人，茲將各級各組學生人數詳列成表於下：

年級	一年級	二年級	三年級	四年級					總計
				結構組	鐵路組	道路組	市政組	水利組	
學生人數	81	116	141	15	34	8	32	13	440

（四）課程：本系課程，素主嚴格，於實地研習及報告等工作亦至注重，戰前採學年制，各種課程幾均屬必修；迨三十一年復校重慶，始改學分制，課程逐漸加多，四年級課程中如土壤力學、航空測量學、建築學、高等材料力學、彈性力學、海港工程等均近年增設之課程也。

本系在渝時，四年級原分結構，路工，水利三組，本學年因學生增加，於是分路工組爲鐵路及道路二組，並恢復戰前之市政組，課程情形詳見附表二：

（五）實習儀器：本系各試驗室之儀器設備戰前尙稱完備，八一三戰事發生，重要儀器雖經大部搬出，惟亦多損壞，各試驗室零星設備散失甚多，茲將各部設備現狀及擴充計劃簡要述之：

（甲）測量室：最先接收運回徐家匯校中者爲測量室各種儀器，本系測量儀器向稱完備，搬出時亦無甚損失，但前在上海舊租界上課時以經濟困難無力添置，歷年應用，損耗甚多，尤以鋼尺、皮尺、水平尺等爲甚，幸經緯儀，水平儀等重要儀器經修理後，尙可應用。本系自渝運滬測量儀器，途中船遭沉沒，到滬時大部銹爛無法應用。本學期學生激增，更感不敷分配經擬具擴充計劃，呈校撥款添置，姑先購置鋼尺十四把，平板儀十四具，花桿，水平尺，視距尺等零星設備以應急用，茲校中經濟困難，未能儘照原計劃辦理，現有儀器及擴充部份詳見表三，四。

（甲）道路材料試驗室：本系道路材料試驗室各種設備，甚稱完備，國內無出其右者，戰時搬入租界時零件略有損失，惟堆存中華學藝社破木屋時，機器多已生銹，檯櫈書橱等所剩無幾，書籍亦散失甚多今春三月中搬回校中道路材料試驗室舊址，經整理後，已漸恢復舊觀，並已於上學期開始試驗，但本學期學生倍增，本室各部設備，尙感不敷，擴充計劃經已擬就，祗待實現，現有儀器及擴充部分詳見附表五，六。

（丙）衛生試驗室：本室儀器設備尙稱完備，今春接收遷回校中後亦經整理就緒可供試驗，並曾擬定擴充計劃，添置儀器藥品等設備詳見附表七，八。

（丁）普通材料試驗室：本室各種儀器等設備於今夏始全部搬回，以各部儀器久置不用（搬入舊法租界上課時借用震旦大學材料試驗室）不免銹損，經修理裝置後已可開始上課，惟以學生人數增加，原有設備亟待擴充，已經擬具計劃添置器材等項詳見附表九，十。

（戊）土壤力學試驗室：近年工程界對於土壤力學之研究至爲重視，本系在渝時業已加開土壤力學課程，並向中央水利試驗處定製全套試驗儀器，現已全部運滬，擬再擴充，積極時立土壤力學試驗室，所需各種器材，經已擬具計劃，詳見附表十一。

（己）水力試驗室：本系在渝復校後，增設水利組以應我國水利工程人材之需要，惟限於經濟，水利試驗向中央借水利實驗處上課，滬校水利試驗設備素甚簡陋，幾等於無，復員以來急待增設，經已擬就計劃，一俟經費有着，卽可實現，詳見附表十二。

（庚）模型室：本室原有鋼製橋梁模型數座計鉚接鋼橋一座，樞接鋼橋一座，鈑梁橋大小三座。今夏運到印度鐵路公司所贈鐵路號誌大模型一套，均已裝置整就緒有俾教課非淺也。

（六）暑期測量：我土木系二三年級學生歷來利用暑期赴各地作測量實習，今暑亦早經計劃赴杭州實習，惟因校方經濟及接洽住處等困難，延至九月十日始克出發爲時一月，習畢路線測量及大地測量之預定課程，經過順利於十月八日結束返校。

本系自去秋復員至今各方面多力求恢復舊觀，並事擴充改進，惟因限於經濟，雖已擬就各部充實改進之計劃，而全部之實施，則尙有待於愛護本系者之指示及協助焉。

本系同學素極沉默，對各項課外活動，常採不聞不問主義，自遷滬以還，因環境改善，大改以前沉靜作風，而日趨活躍，對校內各項活動，前往參加者甚衆；得奬者亦不少，玆錄於左：

林君炳華，原籍廣東，生長於北方；國語流利，能說善辯；此次參加本校國語演講比賽，榮居第二名。周君世政，前以愛國心切，應召從軍，後任通譯；英語流利，發音正確淸晰；已於上學期返校復學，此次參加英語演講比賽，榮居第三名。張君有昌，精於網球，嘗參加上海市網球賽，雖未獲選，亦曾有過精彩表演，獲得觀衆好評，視爲前途極有希望之網球健將；此次參加本校網球賽，雖鹿死誰手，尙在未定之天，然以張君球藝之精，冠軍實可預卜。李君德基與李君震熹，亦參加此次網球賽，球藝雖稍遜，然精神極佳，打來不慌不忙，頭頭是道，前途實不可限量也。記者以過去本系同學專門埋首書本，忽略課外活動，出而應世，常爲人目爲書獃子；所以不憚其煩，詳敍本系各同學之課外活動情形，以示提倡之意也。

繩條整理鐵路弧線法 楊培琫

緒言：是法適用於整理鐵路弧線，未審創自何人，然其理與法，早於民五載在美任賜君所著之“簡明弧線及轉轍工作”註一一書，惜其所用之法，難於推算，故不為鐵路工程家所喜用，嗣是以還，英美工程雜誌屢有論及之者，至民十七美之巴烈君註二乃以其改良之法，著文登於“鐵道工程及修養”雜誌註三巴氏之法，已臻上乘，但其文係為一般讀者而作，故對於推算之法，解釋綦詳，而於理論則反簡略。民二十美教授阿崙所著之“鐵路弧線及土方學”註四第七次修增出版，復將是法加入，法中有用一“對消”表者，自謂為創作，然以愚意觀之，究不若巴法之簡便，但其對於理論，則較詳明。今取阿氏之理論再加以說明，復取巴氏之法，稍事更張，使其合於理，而草成是篇。

步驟：在一完善所設之鐵路圓弧線，倘用同一之長弧而求其中垂距及 Eb Cc 及 Gd，但一經列車通行，日受推移震動，此種“中垂相等”情形，不復存在，故經過若干時間後弧線必須整理，使此種情形繼續存在，然後行車方得安全，當然，整理後，弧線之中垂距未必與原始之值相同，倘兩軌開合移動太多，祇能近似而已，整理之法，或用測量儀器，依據測量圓弧線定理而整理之。或以每段道伕監工之目力率工人整理之，由前之法，則須工程師或工務員之曉用測量儀器者臨場，始能舉行，整理雖較準確，但費時必多，如此種整理工作甚多，工程師或工務員有疲於奔命之苦，由後之說，既以目力為工具，則監工必須富有經驗及才能始克濟事，然毫無根據，一任目力，將軌移動，使其合於既定之弧線，其非科學化也。故二法均不若繩條整理之佳，所謂繩條整理者，以一柔韌不易拉長之繩條作為長弦，在其中心，量取各中垂距，然後根據理論推算而得一完善之弧線，推算妥當，即實地將軌道移動，使合於推算所得之弧線，由上所云，可知整理之步驟有三：一曰實地測量，即實地量取弧線，各中垂距是也。二曰推算，即根據量得之中垂距，由定理推算一適宜及完善之弧線是也。此步工作，又可名為紙上整理，蓋與第三步驟相對而言者也。三曰實地整理，即依據推算所得之移動將兩軌移動之是也。今將三步驟分別言之如次：

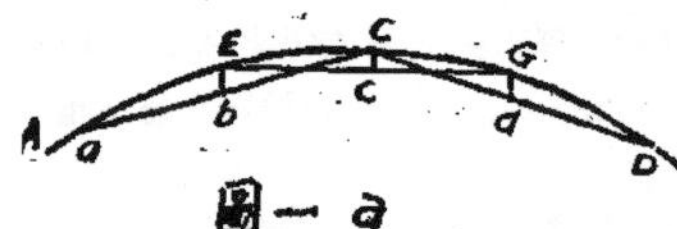

圖一 a

實地測量：未測量之前，有先決條件二，即(一)所用以作長弦之繩條，其長度應該多少，(二)中垂距應量至如何準確是也，查民廿六美國鐵路工程協會年册（manual of A. R. EA. 1937 Edition）主張以英尺62呎，為一長弦，其理由則因62長弦之中垂距之‘吋數’弧等於弧線之“度數”故吾人如以“吋數”量取中垂，則所量得者，即為弧線度數(D)殊為利便。何以62呎長弦之中垂之吋數即為弧線之度數(D)，可證明如下：

因 $M=\frac{C^2}{8R}$ 此式之 C, M, R 俱以呎數計，如M改用吋數計（以M″代表之）則 $\frac{M''}{12}=\frac{C^2}{8R}=\frac{C^2 D^\circ}{8\times 5730}$；因 $M''=D^\circ$，結果得 $C^2=\frac{8\times 5730}{12}$ $\therefore C=\sqrt{3820}=61.6$ 呎，通常都作62呎，我國既採公尺制，今如欲中垂距之“公分數 等於弧線之“度數 則得

$$\frac{M^{cm}}{100}=\frac{C^2 D^\circ}{8\times 1146} \quad 但\ M^{cm}=D^\circ \quad \therefore C=\sqrt{\frac{8\times 1146}{100}}=9.58$$ 公尺故大約

可作爲 9.6 公尺。然用9.58公尺。，則半弧長度＝4.79 公尺，以之作爲一站，如圖 1 之 AE，EC 等等亦未見其不便也。

至於中垂應量度至如何準確，則全視工人能將鋼軌移動至若何準確而定，美鐵工協會主張量準至 10 分之 1 吋，吾人可無異議，但在我國如量準至一公分則失之太粗，如量準至 10 分之一公分則雖甚準確，但推算時間有三位數目，計算不便，故筆者之意，以量準至市尺 10 分之一寸，最爲相宜蓋市寸與英寸相差無幾，計算較便，但量得之中垂，如以 9.58 公尺爲長弦，須以 3 乘之（因 1 公分＝3 市分）方是弧線度數。

量取中垂距，及各站，可用三人爲之，其一爲工務員或工程師，餘二人可用道伕或測伕，未着手之先，用目力決定弧線之始點及終點，始點決定後，再向始點前量取一二站，如其中垂距皆等於零，則知始點前一站確在直線上可作爲－1 站如圖 1 (b) 所示，乃開始以鋼帶尺量取各站，每站爲長弦長度之半數，例如用 9.58 公尺爲長弦，則每站爲 4.79 公尺，各站站數可用紅鉛筆書在軌底邊，此站數即爲將來移動軌條之根據，必須保留，至弦線終點亦須向前量取一二站藉知確在直線上以上云云參閱圖 1 (b) 便明瞭。

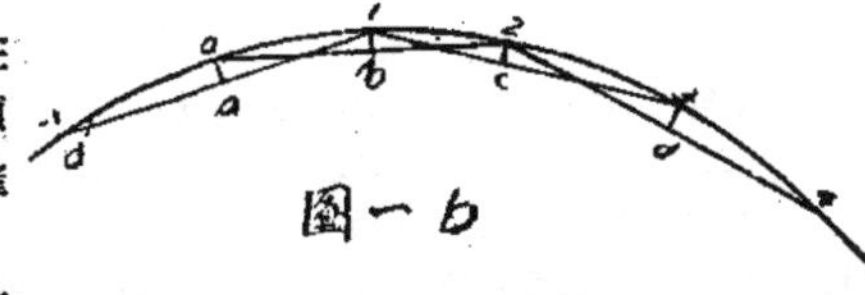

次則量取中垂距，一人將繩一端放在－1站之軌距線，一人將繩拉緊亦置其端於站 1 之軌距線參閱圖1（d），然後由工務員量取 0 站之中垂距 oa 繼以繩端置 0 站及站 2 之軌距線，量取站 1 之中垂距 1b，如是繼續量取 2c，3d……等等之中垂（參閱圖 1 (b)）量準至 10 分之 1 吋即記錄於特製之手記簿，如量得爲 2.1 吋書作 21 蓋以 10 分之 1 吋爲一單位故也（如用市尺亦然，）但如用八分英尺，則如量得 $2\frac{1}{8}$ 吋即書作 17 蓋以 $\frac{1}{8}$ 爲一單位也，所用繩條，以柔韌不易伸長者爲佳，工人試用一二次，即可知用力若干便可使其拉緊，（或用試驗定之）繩宜比長弧稍長，兩端各繫以短木棒，不獨用時甚覺便當，即不用時，亦可將其繞在棒上，所有各中垂距須在外軌（即較高之軌）量取，務必準確，因推算時俱以各中垂距爲根據故也。量取時，當地情形如何亦須注意；蓋軌道之近建築物如房屋，橋梁，轉轍道者間或不能移動或能移動而不能超出若干寸數，凡此種種，須一一記在手記簿，以便紙上整理之張本，在弧線之軌，軌頭上每有損蝕，量取中垂距以在軌距線較下爲宜，如以兩鋼軌長度爲長弦，則每三個接頭即爲一站，而各中垂距則在接頭處，故工作頗便而不易錯誤，但弧線之鋼軌其長短多數不是一律故以兩條軌長爲長弧（此爲巴烈君所主張）殊少人採用。

紙上整理：各中垂距量得後，可將手記簿紀錄謄歸，從容推算，在未說明推算法以前，爲以後敘述利便起見，有幾個名稱的意義，說明如下：

(a) 所量得之中垂距，以後簡稱爲原垂，以符號 O_o 代表之

(b) 用以整理弧線之中垂距以後簡稱爲擬垂，以符號 O_p 代表之

(c) 擬垂較原垂有長短，如以擬垂減原垂，其餘以後簡稱爲較差以符號 D 代表之

(d) 每站鋼軌移動之多寡，以後簡稱爲本移，以符號T代表之，本移有內外之分，所謂外移者即將軌離弦中心點移，因外移使中垂距增加，故以加號（＋）置其前；內移者，即將擬向弧中心點移動，因使中垂距減小故以減號（－）置其前

(e) 某站本移之增減（亦即其中垂距之增減）其前後站之中垂距亦連帶受其影響或縮小或增

長，其縮小或增長度以後簡稱爲連移或稱爲半移（理由見後）前半移以符號 L 代表之後半移以符號 R 代表之

推算之法，步步按理，今將各理先列於下，而後說明之。

（一）〔原理〕半移＝本移之半數，以符號代表之卽 L 或 $R=\frac{1}{2}T$。

（二）〔理一〕擬垂總數＝原垂總數以符號代表之卽 $\Sigma O_p=\Sigma O$。

（三）〔理二〕較差之代數和必須等於零，以符號代表之卽 $\Sigma D=0$

（四）〔理四〕（本移）＋（前半移）＋（後半移）＝（本站之較差）以式表之爲 $T_n+L_{n+1}+R_{n+1}=D_n$

（五）〔理四〕（前站半移）＋（本站之較差代數和）＝（本站之半移），以式表之爲 $L_{n-1}+\Sigma D_n+L_n=\frac{1}{2}T_n$ 上兩式之 $\overset{n}{o}$ 代表本站，故 $_{n-1}$ 爲前站，$_{n+1}$ 爲後站。

（六）〔理五A〕倘吾人將某站 A 之擬垂增 1（卽予以較差 +1）又將數站以後某站 B 之擬垂減 1（卽予以較差 −1）則 B 站及以後各站之半移＝−（B 站之站數－A 站之站數）

（七）〔理五B〕倘吾人將 A 站之擬垂減 1 而將B站之擬垂加 1，則B站及以後各站之半移＝＋（B 站之站數－A 站之站數）

（八）〔理五C〕倘吾人將某站之擬垂增 1 或減 1 則該站及該站以後各站之半移之增減與站點減該站站數成正比例

（九）〔理六〕弧線之始終點之移動必等於零。

原理之說明：如圖二所示，DD_1，CC_1，FF_1，爲CE，BD，DF，之中垂距，倘將軌外移，使中垂距 DD_1 增長，變爲 D_1D_2 則按圖中垂距 CC_2 及 EE_2 均減小，變爲 CC_2 及 EE_2 因C，E，俱爲相等長弦之中點，依據幾何學 $C_1C_2=E_1E_2=\frac{1}{2}DD_2$ 此係根據 CC_1，DD_1 及 EE_1 皆互相平行，但實際上則否，故小有差誤但於準確無礙依上述，DD_2 謂之本移，（此處爲外移）C_1C_2 及 E_1E_2 謂之連移，故連移適得本移之半數，所以稱爲半移者以此也。將軌內移，則中垂距 DD_1 縮小，而中垂距 CC_1 及 EE_1 則反增長，但連移仍等於本移之半數

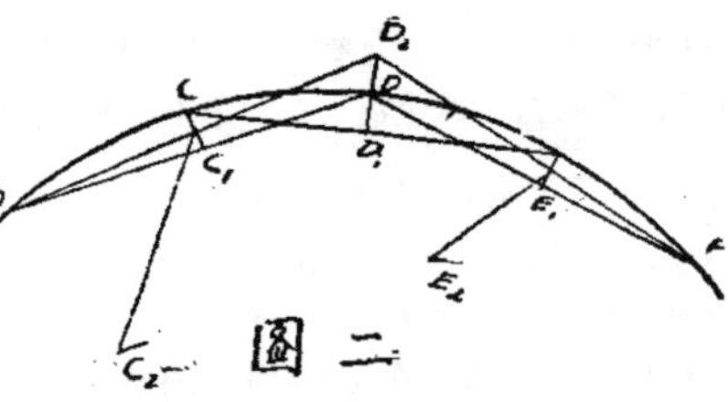

圖二

所以 L 或 $R=\frac{1}{2}T$

理一，二之說明：由 L 或 $R=\frac{1}{2}T$ 之關係推想，可知無論吾人將量得之中垂距如何更改；其總數並不變更，何以言之，因譬如吾人將點（參閱圖二）外移二寸卽將量得之中垂距 DD_1 加長二寸，則其前後站之中垂距如 CC_1 及 EE_1 各縮短一寸，一加兩減，完全取消，所以中垂距雖各有增減，但其總數並無增減，換言之，卽

$$\Sigma O_p=\Sigma O$$。

倘吾人再作更進一步之推想則知因原垂總數須等於擬垂總數則其相減之餘數必等於零，換言之卽

$$\Sigma D=0$$

理三，四之說明：按圖二，D 站共有三個移動即，

(1) 本身之移動（即本移，將D站直按外移或內移得來）

(2) 將 C 站移動則 D 站得由 C 站傳來之半移

(3) 將 E 站移動，D 站亦得 E 站傳來之半移

然此三個移動，必須等於 D 站之較差，此理顯而易見故理三得以成立，今以 S 代表站數，D L，R，T，代表如前述所有各符號脚下之數碼代表站數，則可製表如下：

第 一 表

站數 S	較差 D	前半移 L	本移 T	後半移 R
0	0	0	0	0
1	D_1	D	0	0
2	D_2	$2D_1+D_2$	$-2D_1$	D_1
3	D_3	$3D_1+D_2+D_3$	$-4D-2D_2$	$2D_1+D_2$
4	D_4	$4D_1+3D_2+2D_3+D_4$	$-6D_1-4D_2-2D_3$	$3D_1+2D_2+D_3$
5	D_5	$5D_1+4D_2+3D_3+2D_4+D_5$	$-8D_1-6D_2-4D_3-2D_4$	

第一表之塡列法說明如下：

(a)依照〔理六〕 O 站之本移必須等於零，故前後半移亦等於零。

(b)卽 1 有較差＝D，初學者必以爲如吾人將站 1 移動 D，站可妥當，殊不知此與〔理三〕抵觸故欲站 1 有本移 D，祇有將站 2 移本－$2D_1$則可由站 2 傳半移 D_1於站 1，乃以 D_1塡在站 1 之"前半移"柱內，以－2 D，塡寫在站 2 之"本移"柱內又因 O 站之本移＝0 前後半移亦＝0，所以以 O 塡寫在站 1 之"本移"及"後半移"柱內，如是站 1 之本移及前後半移相加等於較差，然後始與〔理三〕不衝突，學者所宜注意者爲各移之正負符號，例如站 2 之移動爲$-2D_1$，則其發生之前後半移爲＋D，蓋移動爲內移（減號），故前後站之中垂距必增加，故半移得正號。

(c)因站 1 之本移＝0，故站 2 之後半移亦＝0，乃以 O 塡 2"後半移"柱內"理三"亦可寫如下列：

前半移＝（本身之較差）－（本移）－（後半移）卽$L_{n-1}=D_n-T_n-R_{n+1}$，如是

站 2 之前半移＝$D_2-(-2D_1)-0=2D_1+D_2$，乃以之塡寫在站 2 之"前半移"柱內，站 2 之計算工作完成。

(b)由站 2 吾人得站 3 之本移＝$-2(2D_1+D_2)=-4D_1-2D_2$以之塡寫於站3之"本移"柱內，且由站 2 吾人亦得後半移 D_1，乃以之塡於站 3 之"後半移"柱內，依"理三"得站 3 之前半移＝$D_3-(-4D_1-2D_2)-D_1=3D_1+2D_2+D_3$，乃以之塡於站 3 之"前半移"柱內而計算完成。

(e)如是繼續塡算，則可得站 4，站 5 等等各移但吾人如將"前半移"一柱細心觀察，則知各値之變更，極有規則，列如：

站 2 之前半移，吾人可寫作 $D_1+(D_1+D_2)$

站 3 " " " " " " " " $(2D_1+D_2)+(D_1+D_2+D_3)$

站 4 " " " " " " " " $(3D_1+2D_2+D_3)+(D_1+D_2+D_3+D_4)$

但 $D_1(2D+D_2)$，及 $(3D+2D+D_3)$ 等等爲前站之半移，而 (D_1+D_2)，$(D_1+D_2+D_3)$ 及 $(D_1+D_2+D_3+D_4)$ 等等俱爲各該站較差之代數和，此"理四"得以成立也，故根據"理四"，可作表如下：

站數 S	較差 D	較差之代數和 ΣD	前半移 L
0	0	D	0
1	D_1	$D_1=$	D_1
2	D_2	$D_1+D_2=$	$2D_1+D_2$
3	D_3	$D_1+D_2+D_3=$	$3D_1+D_2+D_3$
4	D_4	$D_1+D_2+D_3+D_4=$	$4D_1+D_2+D_3+D_5$
5	D_5	$D_1+D_2+D_3+D_4+D_5=$	等等
6		等等	

由上表觀之。可知第二表所得之前半移與第一表所得者並無不同，但計算則利便不少，以後吾人俱以第二表之法推算。

理五之說明："理五"實由"理四"得來，可用第三表說明之按表倘吾人予站3（可暫稱爲站A以示區別）以＋1之較差，（換言之卽將站3之擬垂增1）又予站8（可暫稱爲站B）以－1之較差（換言之卽將站8之擬垂減1）

則依據"理四"吾人可得各站之半移如表所列，但站A之站數爲3。而站B之站數爲8故依〔理五A〕

B站及B站以後各站之半移$=+(8-3)=5$

但觀所列站B（卽站8）及站B以後各站俱爲＋5可知〔理五A〕不謬，倘予站4以－1之較差，亦可證明〔理5B〕不再贅。

又由第四表觀察可知自站3起至站10止各半移俱以1遞加。卽1,2,3,4,等等，按表所列，站數雖爲10但站點連O點在的者有11，以11減3得8，故站10之前半移爲8，第四表內其站3以＋1之較差爲例倘予以＋2，則站10之前半移當$=2\times 8=16$，此足證〔理五C〕之不謬，當然，倘吾人予站3以－1之較差，則所得各半移俱有負號矣。

第 三 表

站數 S	較差 D	較差之和 ΣD	前半移 L
0	0	0	0
1	0	0	0
2	0	0	0
3	+1	+1	+1
4	0	+1	+2
5	0	+1	+3
6	0	+1	+4
7	0	+1	+5
8	−1	0	+5
9	0	0	+5
10	0	0	+5

第 四 表

站數 S	較差 D	較差和 ΣD	前半移 L
0	0	0	0
1	0	0	0
2	0	0	0
3	+1	+1	+1
4	0	+1	+2
5	0	+1	+3
6	0	+1	+4
7	0	+1	+5
8	0	+1	+6
9	0	+1	+7
10	0	+1	+8

理六之說明：因始終點俱在直線上，並無中垂弧，故距線無論實地或在紙上整理後，其移動須等於零，此理甚顯無待多言，所以塡作第一表時已先將其應用矣。

以上六理除〔理六〕是由事實及理論得來者外，餘皆由〔原理〕輾轉變化出來，〔原理〕是否確立不移，抑或有所假定，吾人應予注意，以理想論D點（參閱圖二）之移動甚小而長弦比較甚長，如徐徐將其移動，C,E,兩點有不受D點移動之影響之可能，卽受其影響，其移動亦甚微，以事實論，是法美兩各鐵路用之者概衆且久，其結果俱甚滿意，故 $L=\frac{1}{2}T$ 之關係可作爲成立，但吾人須知C，C_1，C_2三點本不在同一直線上，然作爲同在一線上，所差甚微，並無大謬C_1C_2亦不與D_1D_2平行故依理"不能謂爲等於$\frac{1}{2}T$，但所差亦微，參閱圖三便可瞭。

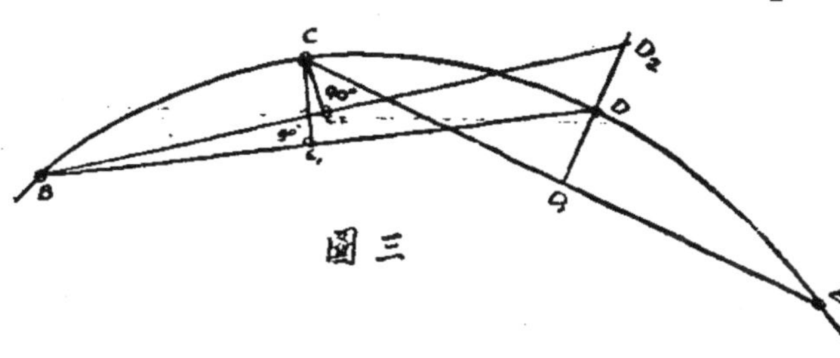

圖三

根據以上六理，卽可作紙上整理，但在未舉實例以前，吾人尙有一二事，理宜說明者：

（一）各弧線之兩端段，俱設有螺形弧線者註五，按螺形線之半徑與其長度成反比例，故其中垂弦，如由等長之長距中點量度，必不相等，其各値若何，頗難計算，據阿崙教授之意註六可用沿螺形線各站之半徑作爲圓距線之半徑而以各該圓距線之中垂弧作爲螺形線之中垂弧此雖非準確，然亦無大謬，是亦解決此難題之一道也今以戴爾勃氏註七螺形線爲例：

該螺形線之半徑（以R代表之）$=R=\frac{5730}{KL}$ 此處K爲一個常數L爲沿螺形線之長（以呎數計）而距圓弧線之中垂距（以M代表之）$=M$

$$M=\frac{C^2}{8R}$$

該式之C爲長弦長，度R爲圓弧線之半徑（均以呎數計）如照上所云則

螺形線之中垂距 $=L=\frac{C^2}{8}\times\frac{KL}{5730}$ 但 $\frac{K}{8\times5730}$ 爲一個不變數以A代表之則 $M=C^2LA$

但在站O時 $L=0$ 在站1時 $L=C$，在站2時 $L=2C$，在站3時 $L=3C$ 等等

∴在站0時 $M_0=O_1$　　在站1時 $M_1=AC^3$　　在站2時 $M_2=A_2C^3$

在站3時 $M_3=A_3C^3$　　在站4時 $M_4=A_4C^3$　　等等

上列之 C^3 亦爲一個常數，因吾人係以同一繩條量取各中垂距故 AC^3 可稱爲螺形線因數以F代表之則得

$M_0=0$，　$M_1=1F$，　$M_2=2F$，　$M_3=3F$，　$M_4=4F$，　等等由此觀之，可知如吾人已決定採用某螺形因數後，則螺形線各中垂距之長短 $=0,1,2,3,4,5,\cdots\cdots$ 因數

因數顧可由理論推求，但實際上亦頗易決定。蓋螺形線長度有限，最多不過六七站，至其末站，其中垂距須等於圓弧線之中垂距例如吾人決定螺形線長度爲5站，而圓弧線之中垂距爲20註八則因數必爲3，因以1，2，3，4，5，乘4則得螺形線各中垂距等於0，4，8，12，16，20，適爲5站而末站中垂距，不能恰得於圓弧線之中垂距，則相差一二，亦不礙事。

（二）在雙軌道上，兩端之螺形線長度，大都不相等進弧線之螺形線比離弧線之螺形線較長，然在單軌道上，兩端段之螺形線長度宜相等，因列車在軌道有來往，不若雙軌道列車祇有來而無往或有往而無來也，但作紙上整理時恐或未能辦到，則祇有兩端不相等爾。

（三）將螺形各中垂擬除外，可將圓擬線各原垂相加，而求其平均數，作爲求弧垂之張本，各垂可隨意擬定，但不能與平均數相差太遠，本移以最小爲原則，如算出之本移太大，可將擬垂增減

一二，卽可將本移減小也。

說明：第一柱爲站數，本題係以 66 呎爲長弧者，第二柱爲實地量得之中垂距以 10 分之一吋爲一單位，例如 16 卽爲1.6 吋餘類推

由各值觀之，可知弧線情形太壞，因各原垂或大或小，幾無一相等者，由實地及各原垂觀察決定自站 0 至站 6 及自站 39 至站 43 爲螺形線；餘皆爲圓弧線將自站 7 至站 38 之原垂相加得 649 以 32 站除之得 20 有奇，卽以 20 爲圓弧線之擬垂，以之塡寫在站 7 至站 36 之"擬垂"柱內。

次先定進圓弧線之螺形線各擬垂，今螺形線長度共有 6 站，而圓弧線之擬垂爲 20，如

$3\frac{1}{2}$ 爲螺形線因數，則得 O，$1\times3\frac{1}{2}$，$2\times3\frac{1}{2}$，$3\times3\frac{1}{2}$，$4\times3\frac{1}{2}$，$5\times3\frac{1}{2}$，

如小數皆四捨五進（或五捨六進亦可）則得 O，7，11，14，18，如再加 $3\frac{1}{2}$ 於 18，則得 $21\frac{1}{2}$ 此雖與站 7之擬垂 20 不相等，然亦甚近，姑作爲妥當，乃以 0，4，……等值塡在站 1至站 7 之擬垂柱內。再定離圓螺線之螺形線各擬垂，該線長度共爲 16 站，如以 5 爲弧形數因數則得 0，5，10，15，再加 5 於 15 得 20，與站 38 之擬垂 20 適相符，卽以各值塡寫在自站 42 至站 39 的"擬垂"柱內。

各擬垂現已卽定擬將原垂及擬垂之總數計出，得如表脚所示，二者比較，相差祇 1，但依'理一"二者必須相等。然後"理二"始能實現，所以吾人必須將擬垂修改，至於修改何站之擬垂，則可由算者自由擬定，今將站 38（弧圓卽線之末站）之決垂 20 改爲 21 註九 如表所示則"理一""理二"均可實現。

繼將"較差"及"較差和"（ΣD）一一算出，各值之正負號，每易錯誤，必須留神，結果得如表所列計算"較差和"（前站較差和）+（本站之較差）卽得（本站之較差和）；例如站 5 之較差和爲+6 加下站（卽站 6）之較差+2 卽+6 + 2 = 8 此卽爲站 6 之"較差和"參閱第五表各箭嘴所示便明白不贅。

計得"較差和"後，則可依"理四"計算各站之前半移例如：

站 5 之前半移=（站 4 之前半移）+（站 5 之較差和）卽－1 +（+6）＝+ 5）餘可類推，參閱表箭嘴所示更覺明瞭。

由結果知站 43 之前半移爲+ 10，但依照"理六"始動與終點之移動必須等於零，如是半移亦須等於零。今旣得+ 10，有修改之必要，修改之法，可根據"理五 A 或 B"爲之但結果之半移爲+ 10，應用"理五 B"方合，今於站 29 擬垂減 1 卽 20 改爲 19，又於站 39 之擬垂加 1 卽由 15 改爲 16 如是依"理五B"得 (39－29)＝+10.

站 29 及 39 之擬垂旣已更改，則自站 29 以後各值，皆有變更，須重算如第六表所列。

推算工作現已完成，所有上述各理，亦悉遵照無違，統觀擬垂各值，除螺形線各值不計外，祇有站 29 爲 19，餘皆爲 20，與完善之理想弧線符合，可作爲計算妥當，本移 (T) 可由前半移 (L) 計出，所宜注意者各 T 值須塡低一格列如站 2 之 L 爲－1，則須以 2 乘之塡現站 3 之 T 柱且須爲正 (+)號其理由可於第一表得之不復贅。

各擬垂雖可隨便增減，但由推算結果觀之，如某站之擬垂增 1 或減 1，則該站以後之半移俱受影響，例如吾人在站 38 將擬垂加 1（卽將 20 改爲 21）則以後各站之半移，俱有增加，其增加與距離站 38 之遠近成正比例，此可於第三表見及，故吾人如欲更改而不於別站着想者，卽以此也苟原垂總數與擬垂總數相差甚大，或初次計算結果，末站之前半移甚大，如何改更擬垂使其適合

第五表

站數	原垂	擬垂	較差	較差和	前半移	本移
3	Oo	Oa	D	ΣO	L	T
0	0	0	0	0	0	0
1	0	0	0	0	0	0
2	5	4	−1	−1	−1	0
3	7	7	0	−1	−2	+2
4	9	11	+2	+1	−1	+4
5	9	14	+5	+6	+5	+2
6	16	18	+2	+8	+13	−10
7	34	20	−14	−6	+7	−16
8	23	20	−3	−9	−2	−14
9	12	20	+8	−1	−3	+4
10	15	20	+5	+4	+1	+6
11	25	20	−5	−1	0	−2
12	20	20	0	−1	−1	0
13	13	20	+7	+6	+5	+2
14	19	20	+1	+7	+12	−10
15	28	20	−8	−1	+11	−24
16	25	20	−5	−6	+5	−22
17	28	20	−8	−14	−9	−10
18	24	20	−4	−18	−27	+18
19	16	20	+4	−14	−41	+54
20	8	20	+12	−2	−43	+82
21	13	20	+7	+5	−38	+86
22	17	20	+3	+8	−30	+76
23	17	20	+3	+11	−19	+60
24	34	20	−14	−6	−22	+38
25	18	20	+2	−6	−23	+44
26	13	20	+7	+6	−17	+46
27	10	20	+10	+6	−1	+34
28	32	20	−12	+4	+3	+2
29	18	20	+2	+6	+9	−6
30	20	20	0	+16	+15	−18
31	20	20	0	−6	+21	−30
32	33	20	−13	+7	+14	−42
33	13	20	+7	+0	+14	−28
34	14	20	+6	+6	+20	−28
35	31	20	−11	−5	+15	−40
36	22	20	+2	−7	+8	−10
37	17	20	+3	−4	+4	−16
38	17	21	+4	0	+4	−8
39	16	15	−1	−1	+3	−8
40	4	10	+6	+5	+8	−6
41	8	5	−3	+2	+10	−16
42	2	0	−2	0	+10	−20
43	0	0	0	0	+10	−20
	725	724				

第六表

站數	原垂	擬垂	較差	較差和	前半移	本移
S	O。	D R	D	ΣD	L	T
29	18	19	+1	+5	+8	−6
30	20	20	0	+5	+13	−16
31	20	20	0	+5	+18	−26
32	33	20	−13	−8	+10	−36
33	13	20	+7	−1	+9	−20
34	14	20	+6	+5	+14	−18
35	31	20	−11	−6	+8	−25
36	22	20	−2	−8	0	−16
37	17	20	+3	−5	−5	0
38	17	21	+4	−1	−6	+10
39	16	16	0	−1	−7	+12
40	4	10	+6	+5	−2	+14
41	8	5	−3	+2	0	+4
42	2	0	−2	0	0	0
43	0	0	0	0	0	0

上云各理，是在計算者之隨機應變，不能盡言，本題之原垂與擬垂總數相差祗1而末站之前半移爲+10，故嘗試一次便得。

統觀第五；第六表，最大之本移爲+86卽8.6吋，但本移愈小移不得超出±3吋，（卽±30）則擬垂又須更大，推算較爲複雜，今作推算如下：

第七表填法之說明：(a) 第一次之嘗試悉由第五表照抄藉醒眉目但到第18站前半移已近限定之値(30)至19,20站則已超出，故須將擬垂更改，方能使半移復歸限內更改之法，可根據"理五C"爲之，如吾人連續將第14,15站之擬垂由20改爲21，換言之予第14,15站各以+1之較差，則第19,20兩站之前半移可由−41，−43減低至−30，其計算法如下：

站19連0點在內共有20點，依"理五C"　20−14=6，　20−15=5，　所以−41+(+1)6+(+1)5=−30

又站20連0點在內共有21點，依"理五C"　21−14=7，　21−15=6

所以−43+(+1)7+(+1)6=−30　乃得第二次嘗試如第七表所示，

(b)在第二次嘗試，推算至第28站，則又超出定限(±30)，故擬垂又須更改，如將第24,25,26,27,四站之擬垂由20改爲19換言之，卽予各該站以−1之較差，則依"理五C"可將第28站及站28以後各站之前半移減至+30以下詳記如下：

站28連0點在內共有29點，　29−24=5，　29−25=4，　29−26=3，　29−27=2，

所以站28之半移(+32)變爲 +32+(−1)5+(−1)4+(−1)3+(−1)2=+18

站29連0在內共有30點，　30−24=6，　30−25=5，　30−26=4，　30−27=3

所以站28之半移(+40)變爲 40−6−5−4−3=22

餘可類推，不多贅，乃作第三次嘗試，計算至31站適得+30，仍可算不超出限外，如是繼續工作，至第42站得半移等於0與"理六"適符合，推算可作爲妥當，而本移(+)亦可算出，讀者細閱第七表，第三次嘗試，便可明瞭，尙有一事，吾人宜注意者，卽當吾人將擬垂隨便加減時切勿忘記"原垂總數"須等於"擬垂總數"是也。

(c)統觀以上計算，可知本移(T)有一定限度，則計算乃趨複雜，然如能明白"理五A,B,C,"則計算並不煩難。第七表之弧線，不若第五表所示之佳，蓋有兩站（14,15）之擬垂爲21 而第24,25,26,27，站之擬垂則爲19，表示弧線，不是一條單弧線（即祇有一半徑之弧線）而爲一條複弧線，共有三個半徑，然此些微之半徑變更於行車安全，並不妨礙。

(d)將擬垂加1或減1對於弧線半徑變更，可計算如下：

因 $M=\dfrac{C^2}{8R}$ 普通因半徑(R)不便於用，每將其化爲弧度（以(D)代表之）即 $R=\dfrac{5730}{D}$，如是

$M=\dfrac{C^2D}{8\times5730}$ 今假定 C=66 英尺，按巴氏主張以兩條鋼軌長度爲長弦，鋼軌長度在美國十年前大都爲33呎，故兩條即爲66呎，此爲巴氏用以量取中垂之長弦長度上例題取諸巴作故 C=66呎，但如 M=1 即 $\frac{1}{10}$ 吋 $=\frac{1}{120}$ 呎則得

$$\frac{1}{120}=\frac{66\times66D}{8\times5730}\;;D=\frac{8\times5730}{66\times66\times120}=5\text{分}15.7\text{秒}$$

換言之，如將擬垂加1或減1，即等於將弧線之弧度加增或減少5分15秒，如此小弧度，如用經緯儀測量，頗覺費事，但如用繩條，則無不便之處且將弧線整理後，目力不能看出弧線之弧度有兩樣也，如吾人以20公尺爲長弦，而中垂量至10分之1市寸，則 C=20M，而 $M=\frac{1}{100}$ 市尺 $=\frac{1}{300}$ 公尺且 R=1146M，如是得 $\frac{1}{300}=\frac{(20)^2O}{8\times1146}$；$O=\frac{8\times1146}{300+400}=4\text{分}35\text{秒}$

較用英尺量度爲小，故用市尺量取中垂，以20公尺爲長弦，較用英尺爲標準，不必用9.58公尺爲長弦，但計算弧度時，不如用9.58公尺之便耳，第八表爲交大三年級生實地測量計算之結果。長弦係用20公尺，中垂以市尺量取，讀者細閱，便知所量之弧線狀況甚佳，故推算亦便。

實地整理：紙上整理既畢，即可實地整理，整理之法，論者紛紜，有主張以軌底邊距離，特置木樁之釘點某千尺者，例如某站軌底邊外移6吋，可置木樁，距底邊6吋，則整理軌底邊適與木樁距離1呎如圖四所示，倘6吋爲內移則木樁應距軌底邊1呎6吋，則整理後，由樁至軌底亦爲1呎，餘可類推，此一法也，能美工協會則主張以軌道中線爲根據而量至軌距線，按標準軌距爲4呎 $8\frac{1}{2}$ 吋，故中線至軌距線爲2呎 $4\frac{1}{4}$ 吋，（此假定道弧軌距並未加寬者）因2呎 $4\frac{1}{4}$ 吋即28.25吋加外移或減內移，則爲中線，釘點至軌距線距離，如第七表末柱所列，此又一法也，但何論用何法須先安設木樁，如用第一法，樁宜與軌底平，用第二法則樁宜與軌距綫等高，樁之確定點，可用小釘在樁頭誌之木樁安設後，則各道伕可依紙上整理之結果，按站將軌移動，移動妥當後，外軌之升高度，亦須重新整理站路。

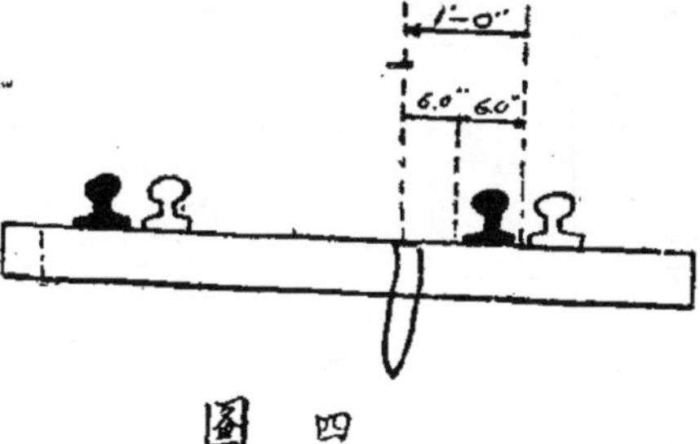

圖 四

第　七　表

站數	原垂	第一次嘗試 擬垂	較差	較差和	前半移	第二次嘗試 擬垂	較差	較差和	前半移	第三次嘗試 擬垂	較差	較差和	前半移	本移	打點至軌距綫之距離
S	O_0	O_R	D	ΣD	L	O_R	D	ΣD	L	O_R	D	ΣD	L	T	
0	0	0	0	0	0									0	28.25
1	0	0	0	0	0									0	28.25
2	5	4	−1	−1	−1									0	28.25
3	7	7	0	−1	−2									+2	28.45
4	9	11	+2	+1	−1									+4	28.65
5	9	14	+5	+6	+5									+2	28.45
6	16	18	+2	+8	+13									−10	27.25
7	34	20	−14	−6	+7									−26	25.65
8	23	20	−3	−9	−2									−14	26.85
9	12	20	+8	−1	−3									+4	28.65
10	15	20	+5	+4	+1									+6	28.85
11	25	20	−5	−1	0									−2	28.05
12	20	20	0	−1	−1									0	28.25
13	13	20	+7	+6	+5	20	+7	+6	+5					+3	28.45
14	19	20	+1	+7	+12	21	+2	+8	+13					−10	27.25
15	28	20	−8	−1	+11	21	−7	+1	+14					−26	25.65
16	25	20	−5	−6	+5	20	−5	−4	+10					−28	25.45
17	28	20	−8	−14	−9	20	−8	−12	−2					−20	26.25
18	24	20	−4	−18	−27	20	−4	−16	−18					+4	28.65
19	16	20	+4	−14	−41	20	+4	−12	−30					+36	31.85
20	8	20	+12	−2	−43	20	+12	0	−30					+60	34.25
21	13	20	+7	−5	−38	20	−7	+7	−23					+60	34.25
22	17					20	−3	+10	−13					+48	32.85
23	17					20	+3	+13	0	20	+3	+13	0	+20	30.85
24	34					20	−14	−1	−1	19	−15	−2	−2	0	28.25
25	18					20	+2	+1	0	11	+6	−1	−3	+4	28.65
26	13					20	+7	+8	+8	9	+6	+5	+2	+6	28.85
27	10					20	+10	+18	+26	19	+9	+14	+16	−4	27.85
28	32					20	−12	+6	+32	20	−12	+2	+18	−32	25.05
29	18					20	+2	+8	+40	20	+2	+4	+22	−36	24.65
30	20									20	0	+4	+26	−44	23.85
31	20									20	0	+4	+30	−52	23.05
32	33									20	−13	−9	+21	−60	22.25
33	13									20	+7	−2	+19	−42	24.05
34	14									20	+6	+4	+23	−38	24.45
35	31									20	−11	−7	+16	−46	23.65
36	22									20	−2	−9	+7	−32	25.05
37	17									20	+3	−6	+1	−14	26.85
38	17									21	+4	−2	−1	−2	28.05
39	16									16	0	−2	−3	+2	28.45
40	4									11	+7	−5	+2	+6	28.85
41	8									5	−3	+2	0	−4	27.85
42	2									0	−2	0	0	0	23.25
43	0									0	0	0	0	0	28.25
	725.									725					

繩條測量弧綫之計算

第 八 表

站號	O。	OR 第一	D 次 嘗	ΣD 試	L	O_R	D 第二	ΣD 次 嘗	L 試	T	備 考
0	0	0	0	0	0	0	0	0	0	0	
1	5	4	−1	−1	−1	5	0	0	0	0	
2	3	7	+4	+3	+2	7	+4	+4	+4	0	已近轍軌尖
3	13	12	−1	+2	+4	12	−1	+3	+7	−8	
4	16	15	−1	+1	+5	16	0	+3	+10	−14	
5	20	17	−3	−2	+3	11	−3	0	+10	−20	
6	22	17	−5	−7	−4	17	−5	−5	+5	−20	
7	16	17	+1	−6	−10	17	+7	−4	+1	−10	
8	16	17	+1	−5	−15	17	+1	−3	−2	−2	
9	15	17	+2	−3	−18	17	+2	−1	−3	+4	
10	16	17	+1	−2	−20	17	+1	0	−3	+6	
11	17	17	0	−2	−22	17	0	0	−3	+6	
12	16	17	+1	−1	−23	18	+1	+1	−2	+6	
13	17	17	0	−1	−24	17	0	+1	−1	+4	
14	16	17	+1	0	−24	17	+1	+2	+1	+2	
15	19	17	−2	−2	−26	17	−2	0	+1	−2	
16	19	17	−2	−4	−30	17	−2	−2	−1	−2	
17	16	17	+1	−3	−33	16	0	−2	−3	+2	
18	12	15	+3	0	−33	15	+3	+1	−2	+6	
19	11	11	0	0	−33	11	0	+1	+1	+4	
20	7	7	0	0	−33	7	0	+1	0	+2	
21	4	4	0	0	−33	3	−1	0	0	0	
22	0	0	0	0	−33	0	0	0	0	0	近虹橋路

量度單位. 1市分　　日期　民,二五,十二,二十,　　地點　徐家匯車站附近

天氣　冷,陰.　　測量用具　市尺一枝　繩一條(長20公尺)

測量及計算者:　陳啓源　陶壽炤等.

(註一) Simplified Curve and Switch Woch by W.F.Rencd 爲美國 Railway Educational Press Inc, Chicago, Ill, 所出版，查任君之書，民二十四年增修，改由美之The Simmons–Boardman Publisbing Company（地址見註二）出版,所用之法,雖有改良,然仍與原法大同小異。

(註二) The String of Curves Made Easy, By Charles H. Bartlett登載在美國 Railway Engineering And Maintenance 雜誌，凡六期，自民七一月至七月，查現已有單行本，爲美國之 The Simmons-Boardman Publishing Company, 105w Adam Street, Chicago 所發行。

(註三) Rai road Curves And Earth Work, by C, Frank Allen 7th Edition, Published by McGraw—Hill Book Company New York U.S A.

(註四) Gage line 普通以軌頭最高點,向下量取八分之五(5/8)吋處爲點聯各點則得所軌距綫;

(註五) 緩舒弧綫 (Eas ment Curve) 又名漸度弧綫 (Transitional Curve) 有數種,如螺形綫 (spiral) 立方拋物綫 (Cubic parabola) 等等,但普通稱爲螺形綫交通部之規定名稱爲介曲綫。

(註六) 戴爾勃教授 (Prof A.N.Talbot) 亦有是意。

(註七) Talbots Spiral

(註八) 以十分之一爲單位,實際爲二寸。

(註九) 此處相差祇 —1 故可自此做法;如相差過多,修改之範圍必多宜重新列表,庶計算時不易差誤。

(註十) Degree of Curve。

雷達大三角測量

王之卓

(一)方法

雷達係無線電電波之一種，戰爭時用以作轟炸定位之用。利用雷達電波，可以量測距離；因雷達電波之周率相當穩定，可以量其電波行經之時間，藉以計算其距離。但雷達電波之速率，幾可與光速率相比擬。量其時間之法，可利用一陰極光管，使放射傳播之電波與另外一指標相比較，則其電波傳播所經過之時間可以精確測定，此種測量距離之精度，受各種不同環境之影響，其最大誤差約爲士 150 呎。但由近半年來之進步，其求距離之精度，已超過上列數字。

大三角測量時，可利用雷達電波測距方法，測量其邊長，邊長距離可使達數百英里。此意創始於 1944 年，在1945 年八月間，由美空軍開始試驗，其法如下：欲測量某一邊長時，則在該邊端兩三角點各設地面雷達收發站，飛機在邊長之中心點附近，垂直於邊長方向飛過，同時自飛機放射雷達電波。經兩地面雷達站分別收到以後，立卽由地面點分別反射於飛機之收報機。在飛機上由陰極光管之設備，可以知道雷達電波經過之時間，亦卽得其電波所經過之距離。其電池傳播過程，示如圖一：

當飛機飛近三角形時，卽依一定時間間隔收發雷達電波，以求其邊長兩端地面三角站點之距離。當兩端距離之和爲最小時，卽知其爲飛機正在邊長上空之時矣。普通當飛機距邊四哩左右時開始記錄距離，共約得讀數三十餘，用平差方法求其經果。此種距離係空間傾斜距離，必須加以各種改正，以得其眞正之邊長。

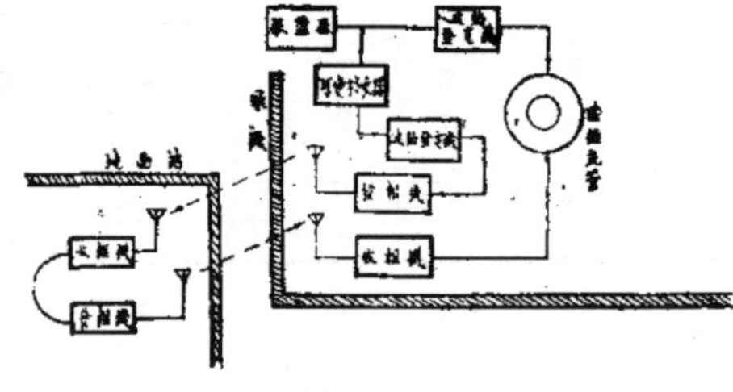

圖 一

(二)各項改正

由雷達測量所直接測得之距離，必須加以各項更正，使歸化成爲地面大地線之距離。雷達電波路線可視爲圓弧，其半徑約爲 15,000 哩，其改正爲大地線長之公式爲：

$$S-M=\frac{2.391}{10^8}M(H+K)+\frac{1.794}{10^9}\frac{(H-K)^2}{M}-\frac{0.2483}{10^8}M^3-V \cdots\cdots(1)$$

其中 S 爲雷達距離(以哩爲單位)：M爲大地線距離(哩)；H 爲飛機高程(以呎爲單位) K 爲地面三角站點之高程(呎) V 爲速率改正(哩)。

式(1)前三項爲自雷達圓弧距改正爲地面距離之各項，推廣公式(1)時，所假定雷達電波路線上之曲線半徑 S 與地球半徑R之關係爲

$$S=3.91R \cdots\cdots(2)$$

事實上自試驗結果，知雷達電波路線之曲線半徑，隨高程不同而變遷，其關係應爲：

$$S=R\,(2+1.9h) \cdots\cdots(3)$$

其中h爲電波路線中某點之高程。因S與h爲直線之變遷關係，可取電波路線各點h之平均值代入上式(3)以得其平均之e值。今稱 M_1 爲某點距地面站點之大地線距離，則其點之h爲：

$$h=K+\frac{M_1}{M}(H-K)-\frac{M_1(M-M_1)}{2}\left(\frac{1}{R}-\frac{1}{e}\right)\cdots\cdots(4)$$

稱h爲平方值，則經簡化之結果，得：

$$\bar{h}=\frac{1}{M}\int_0^M hM_1=K+\frac{1}{2}(H-K)-\frac{M^2}{12}\left(\frac{1}{R}-\frac{1}{e}\right)\doteq\frac{H+K}{2}-\frac{S^2}{12}\left(\frac{1}{R}-\frac{1}{e}\right)$$

更假定 $e=4R$

$$\bar{h}=\frac{H+K}{2}-\frac{S^2}{12}\cdot\frac{3}{4R}=\frac{H+K}{2}-\frac{S^2}{16R}\cdots\cdots(5)$$

以式(5)之 $(\bar{h})$ 代入式(3)，可得更確實之e，憑之以重演式(1)，可得更精確之公式。

公式(1)內之V項，係速率改正，因嚴格言之，雷達電波在不同氣層環境之內，有不同之速率。忽略其由於氣象變遷所生之更易，Rice 氏曾推廣得下列改正公式爲：

$$V=\Big\{-3.254+0.5567(K+H)-\frac{4.017}{10^3}\left[(K+H)^2-KH\right]\Big\}\frac{M}{100}-\left[1.048-1.135\left(\frac{K+H}{100}\right)\right]\left(\frac{M}{100}\right)^3-0.013\left(\frac{M}{100}\right)$$

其中H與K之單位爲千呎，M之單位爲 $\frac{1}{1000}$ 哩。

(三)高度之測求

在雷達距離歸算之時，需要知飛機之高程H。利用氣壓機原理構造之高程儀，欲得精確之結果，必須有周密之氣象報告網，以求其大氣氣壓層之傾度。另有無線電測深之方法，亦可加以輔助。後者方法測高之精度，可達高程0.3%，但只用普通之航行工具協助無線電測深方法時，則誤差有時大高程之2%。即當航高爲二萬呎時，誤差約爲300呎。此種誤差可使100哩距離之歸算誤差大至15呎左右，已嫌過鉅。無線電測深與氣壓求高計合用時，必須有一片已知高程之平原地面，在此地帶飛行可由無線電測深器測得飛機精確之航高，同時觀測求高氣壓計，以得其改正數字。以後根據氣象報告：再改正氣壓求高記之讀數，方可得合用之高程結果。

(四)試驗

邊	長度(哩)	觀測次數	誤差(哩) 觀測值一真值	比例差	偶然誤差(哩)
Pike's Peak—La Junta	98.7538	15	+0.015	1—6,584	+0.001
Gardon City—La Junta	148.5395	2	+0.003	1—49,513	—0.011
Pike's Peak—Cheyenne	161.9228	10	+0.015	1—10,795	+0.001
Imperial—Cheyenne	173.7471	22	+0.018	1—9,653	+0.004
Imperial—Garden City	181.3694	6	+0.001	1—181,370	—0.013
Imperial—La Junta	198.6962	10	+0.017	1—11,688	+0.003
Imperial—Pike's Peak	215.5635	11	+0.019	1—11,345	+0.005
Cheyenne—La Junta	227.2846	23	+0.006	1—37,881	—0.008
Pike's Peak—Garden City	237.4932	17	+0.021	1—11,309	+0.007
Cheyenne—Garden City	308.5278	10	+0.001	1—308,000	—0.013
		共 126	平均 +0.014		

1945年秋季，曾由美國空軍第311大隊第七基側中隊首次在 Denvev 附近試驗，得結果如上：

參考第四行之結果，可以判其觀測顯然有系統之誤差存在。今依其各邊之觀測數目爲其測之權（Weight）則得其權平均值爲0.014哩，此值可視之爲系統誤差之或是值。今更將此項系統誤差部份剔除，則得第六行之結果。精度可與二等三角測量相衡。經過此次試驗之後，更檢查雷達收放儀器更改其線路並校正其電流計，再經試驗，精度復有增加，最大之長度比例誤差，不致超過二萬分之一。

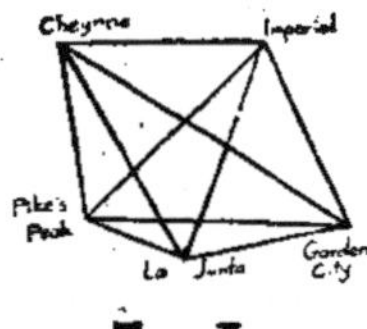

圖 二

美國空軍仍在繼續該項試驗，主要在利用雷達直接量測長距方法，連絡各分散之島嶼。目前試驗者，在美國 Florida 州，設法連絡該州與古巴島之三角點。將來應用此法，在計劃中者，將使太平洋小島自東經 180° 向西連至新幾內亞，北波羅州，菲律賓，安南及台灣，福建、日本、朝鮮、渤海灣。並由日本向北至北海道與庫頁島相連。由千島羣島與蘇聯之西伯利亞相連；美國之 Alaska 與蘇聯之西伯利亞相連，美國東岸之三角與加拿大本已相接，茲更可達及紐芬蘭及加拿大北部以至冰島而與歐洲之挪威及英國三角網相連。

（五）研究

此文對雷達之用於大三角測量只作概括之介紹，當作者於 1945 年冬季在 Denvev 考察之時，此項研究報告尚屬軍事密件，抄錄摘要，殊欠詳盡。但由美軍試驗之結果，固可判斷，應用此法可以幫助我國解決大三角測量問題無疑。在未能引用此法於中國之前，吾人亦可由上述種種情形，研究下列諸問題：

(1)雷達大三角測量之平差（Adjustment）方法：

雷達大三角測量係直接測量長度，一反角度測量之慣例，是以所有根據角度測量之平差計算公式均不適用。應如何根據長度量測之誤差構成圖形平差之各項條件方程式，或間接觀測方程式，頗有研究之價值

吾人可以建議之方法，計有下列數種：

(1)應用圖形中面積相等之條件：今試以有對角線之四邊形爲例，則四邊形中任一三角形如 △abg 之面積爲

圖 三

$$A_{abg}=\frac{1}{4}\sqrt{(a+b+g)(-a+b+g)(a-b+g)(a+b-g)}$$

四邊形之面積條件方程式爲

$$A_{abg}+A_{cdg}-A_{bcf}-A_{afd}=0$$

由此可得邊長誤差方程式。

(ii)由角與邊之關係公式，如 △abg 應用餘弦定律，得

$$\cos\angle ab=\frac{a^2+b^2-f^2}{2ab}$$

可由而推演其角度與邊長微變關係公式。然後依通常方法，將三角形三頂角之微變相加，應爲其三角形之閉塞誤差，由而演得其條件方程式。

(iii)應用座標平差方法，係間接觀測平差法，首先推演其邊長微變與座標微變之關係以得其

誤差方程式。

(2)雷達三角之分佈

雷達三角測量之特徵爲邊長特長，在中國施測之時，應如何設計其圖形？應以鎖狀或網狀爲主？應如何使其分佈適合於航空測量之用等等，均爲極有價值之研究問題。

(3)氣象網之分佈

由雷達觀測之改化公式，知空中雷達站之高程亦必須能測求至相當之精度。迄今空中高程之測量，仍不能擺脫氣壓計原理，故爲配合此項要求應如何建立氣象網亦須預爲籌劃。

有以上三項研究，卽可在我國實施大三角測量，依此法進行，預期在二年之內，應可解決我國全部之大三角測量。惟精密水準測量尙不易有簡捷方法，恐將相當遲緩落後也。

複雜桁架之圖解法

王達時

圖一，二，三示三種靜定且穩定之桁架，其桿數與反力數之和適等於節點數之兩倍，依其組織之方法：圖一所示者爲簡單桁架，以三桿 A—B，B—C 及 A—C 接合成爲一三角形爲起首，以後依字母之次序，每次增加二桿與一節點，分析此種桁架，常可應用節點數解法或節點圖解法，在求

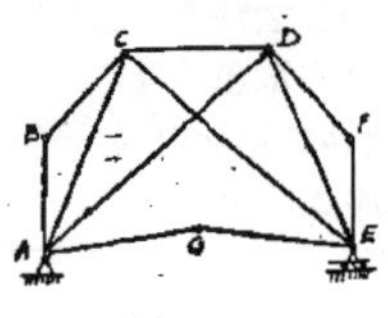

圖一

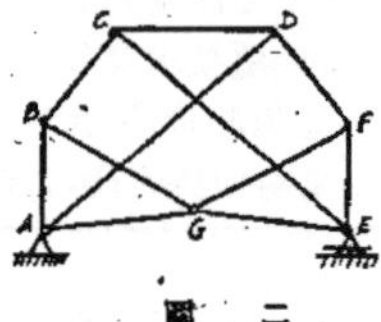

圖二

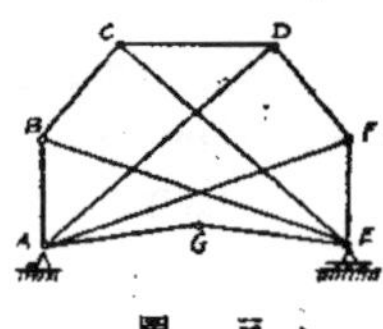

圖三

反力後，接續應力系平衡之定理於節點 G，F，E，D，C，B，A 卽可直接得各桿之應力。圖二所示者爲聯合桁架，中 A—B—C—D—F—E 包括兩個簡單桁架 B—C—E 及 A—D—F，藉三根不平行及不相交之桿 A—B，C—D 及 E—F 聯合而成，至 A—G 及 E—G 二桿，則係最後增加者。其解法除 A—G 及 E—G 之應力可從節點 G 之平衡得之外，其餘各節點均尙有三桿之應力未知，節點法不能直接得其結果，常可隔離每個簡單桁架，先解求三聯合桿之應力，然後再用節點法求各桿之應力。圖三所示之桁架，其組成與前二者完全不同，稱爲複雜桁架，節點法及隔離法均無法直接求得其應力，通常用亨氏（L. Henneberg）之代替法，彌氏（Muller—Breslau）之機動法或蒲氏（Poisson）之虛功法分析之，本文所述之圖解法，一者機動法之由虛功法蛻變而得。

用虛功法求桁架中任何一桿之應力先移去此桿，而以一對等量及反向之應力代替此桿之作用，是以得一不穩定之桁架，包括一次自由移動，然後應虛功原理，可得此桿之應力。應用此項原理分析任何桁架，必先求各力作用點之相對位移，此一純粹幾何學問題，常不甚簡便，下開述法適於解求任何桁架之位移，此種桁架爲包括一次自由移動者。

包括一次移動之桁架，其形狀常可由一種坐標確定之。例如圖四所示之桁架，穩定於一平面中，若移去桿 A—B，而代以力 S 作用於節點 A 及 B 以平衡之，乃得一包括一次自由移動之桁架，如圖五，其形狀完全由坐標 θ 確定之，求各節點之相對虛位移，先臆定角，θ，有極小之變 $\delta\theta$ 而後用幾何學解之。若桿 AC 依順時針，相轉一小角 $\delta\theta$ 則節 C 移至 C'，C' 在一以 A 爲圓心及 $\overline{AC'}$ 爲半徑之圓弧上，角 CAC' 等於臆定之角 $\delta\theta$ 節點 B 乃在水平線上向右移動至 B' 點，B' 在以 C' 爲圓心及 $\overline{CBC'}$ 爲半徑之圓弧上，同時亦在經過 B 點之水平線上。然分別以 B' 爲圓心 $\overline{BD}$ 爲半徑，及以 C' 爲圓心，$\overline{CD}$ 爲半徑，各畫圓弧，則兩圓弧之交點，必爲節點 D 移動後之位置，於是得 $\overline{CC'}$，$\overline{BB'}$ 及 $\overline{DD'}$ 各爲節點 C，B，及 D 之位移。應用虛功方程式時，所需要者爲直線虛位移，設 $\overline{CC'}=\delta c$，$\overline{BB'}=\delta b$，$\overline{DD'}=\delta d$

極小角，$\delta\theta$，之圓弧，常可用垂直於各桿之直線代替之。如是則上述虛位移之解法，大爲簡化。如圖六所示，節點 C 之移動必需垂直於桿AC，節點 B 必需在水平線上移動，此兩節點之移動，混合成桿 AB 或 δc 及 δd 對 O 點爲轉心之轉動，O 點爲經過節點，B 之垂直線及延長 AC 之交點（圖六），此點稱爲瞬心（Instantaneous center of rotation）。因 δc 及 δb 之相對值必與

OC 及 OB 之長度成正比例，或

$$\delta c = \overline{AC}\,\delta\theta$$

$$\delta b = \frac{\overline{OB}}{OC}\delta c = \frac{\overline{CB}}{OC}OA\delta\theta$$

節點 C 及 B 之位置確定後，節點 D 之新位置，不難得之。如圖五中之弧線，可用垂直線代之(圖六)則因 B 移至 B'，桿 BD 則將移至 B'D$_b$，B'D$_b$ 平行於 BD 而兩者之長度相等，節點 D 之新位置，必在 B'D$_b$ 上 D$_b$ 點之垂直線 DbDb' 上；桿 CD 將移至 C'Dc，C'Dc 平行於 CD，而兩者之長度相等，節點 D 之新位置亦在 C'Dc 上 Dc 點之垂直線 DcDc' 上，故 DbDb' 及 DcDc' 兩線之交點必為 D 點之新位置 D'，於是得 DD' 為 D 點之位移。

圖六所示之移位圖，其中桁桿之用途，祇供給垂直線 CC'，DbDb'，DcDc' 等之方向，而藉以得各節點之位移者也。故竟可將桁架圖與位移圖分開繪成，則反為便利與清楚也。如圖七所示移位圖，實際上與圖六相似，所不同者祇圖七中中桁桿之長度均等於零，即原桁架之各節點，均集於 A' 點。C 節之位移為 C—C' 或 A'—C'，B 節之位移為 B—B，或 A'—B'，D 節之位置為 D—D' 或 A'—D'。

於圖七中，若以直線聯 B' 及 C' 兩點，則三角形 A'B'C' 及 OBC 中，兩邊各相垂直，而其長度互成比例，乃成為二相似三角形，其第三邊 B'C' 必亦垂直於桿 BC 根據上述幾何上之相似，從 C 點臆定之位移 δc，求 B 點之位移時 毋須求瞬心 O 之位置。故圖上所示移位圖之繪成，祇先臆定 A'C' 之長度，因 A'C' 必為平線，自 C' 繪一直線垂直於 CB，與經過 A' 之平線交於 B' 點，D 點之位移 δb 於是決定。然後自 B' 繪一直線垂直於 BD，自 C' 繪一線垂直於 CD，兩者之交點即為 D'. 設立虛功方程式所需之相對位移，均可自此移位圖得之。設(Pi, Si)為力 Pi 及其作用點位移 Si 間之角度，則虛功方程式為：Pccos(Pc, Sc)Sc+Pdcos(Pd, Sd)Sd−Sbs=O 式中第一項，代表 Pc 在虛位移 SC 向之虛功若將 Pc 向順時針向轉 00 度，而作用於圖七之 C' 點，則上式之第一項，亦可釋為 Pc 對 A" 之力矩，其他兩項則可分別釋為力 Pd 及 S 對 A'，及一定向支座 S，受各力作用而達於平衡狀態，S 及各力於 A' 之力矩總和為零。若用圖解力學之概念釋之，可設 S 及各力之合力作用線，必須經過 A' 如是則應用圖解力學中之三力矩定理或索線多邊形，可得應力 S 之值。圖七，八說明 S 之解法。

分析複雜桁架時，用此法解得一桿或數桿之應力 S 後，其他各桿之應力，可用節點圖解法(應力圖)得之。圖九所示複雜桁架中，桁桿 AD 之應力 S，其解法說明於圖一〇及圖一一。

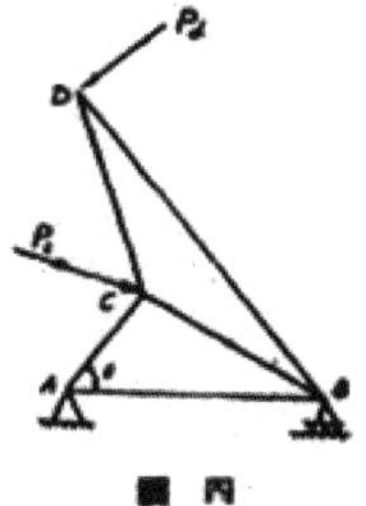

圖四

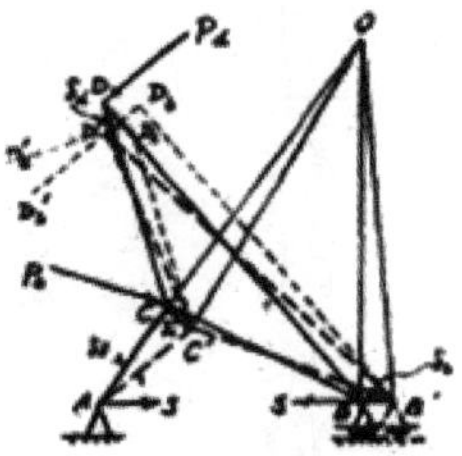

圖五

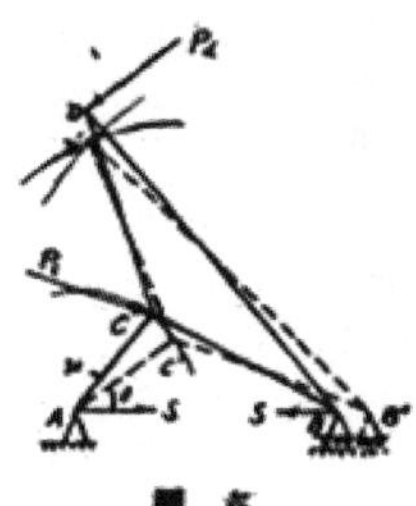

圖六

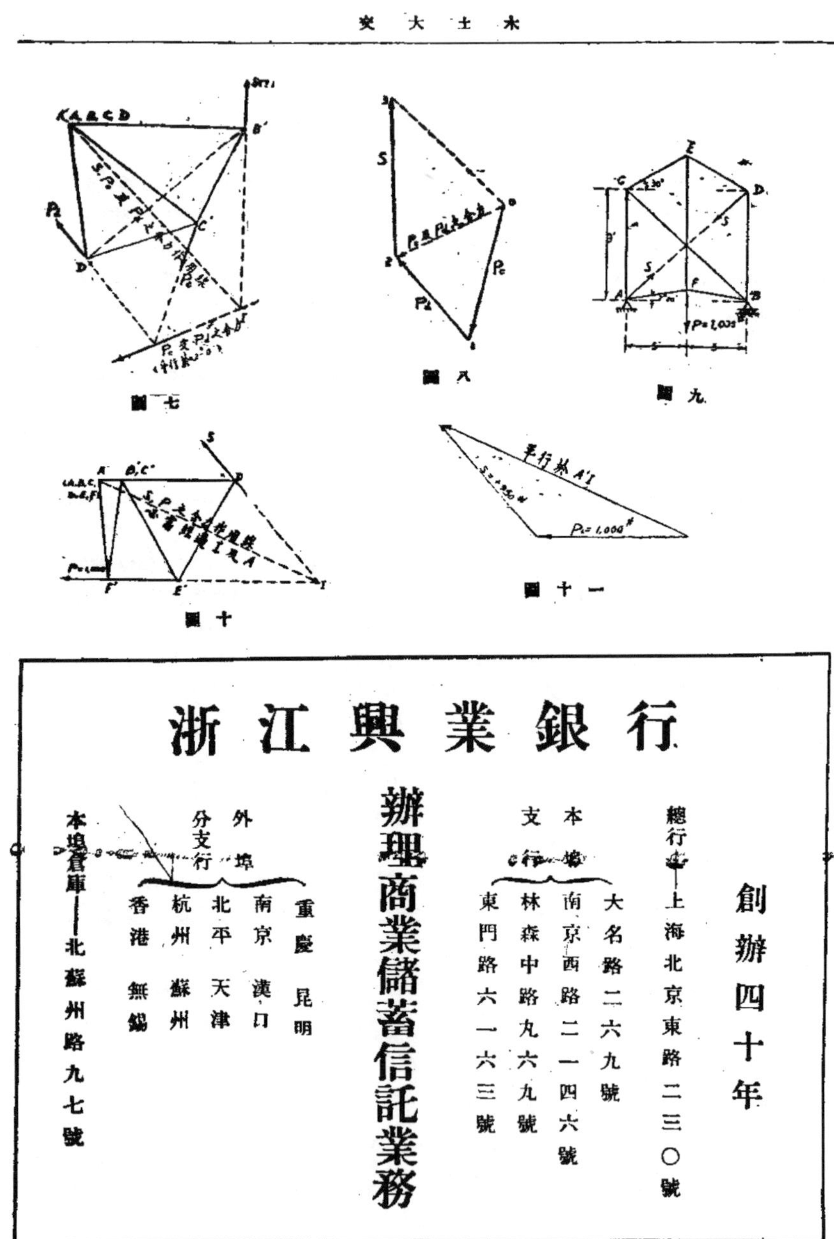

圖七

圖八

圖九

圖十

圖十一

曲梁之切應力

俞調梅

提要

曲梁可分二種：其彎度半徑甚大者，則可逕用直梁公式以求其纖維應力；否則須用曲梁公式，如材料力學上通用之文白(Winkler—Bach)二氏公式是也。本文所論，屬於後者。

就作者見聞所及，曲梁之切應力公式尙未見諸任何材料力學書籍。玆以文白二氏公式爲據創一公式，並以彈性力學上之準確公式校之。此公式可應用於任何形狀截面之曲梁，不若彈性力學上之公式其應用僅限於矩形截面者也。普通之曲梁，設計時只須顧及最大纖維應力而不必用新公式計算最大切應力。但曲梁之截面爲工字形者，或雖非工字形而爲不均等者，則宜以新公式求其最大切應力。

(一) 引 論

曲梁可分爲二類：若彎度半徑與梁深之比數甚大，則應力之分析可逕用直梁公式，若拱橋是也；反之，若此項比數甚小，則須用曲梁公式，如鈎與鍊是也。本文所論屬於後者。

曲梁之纖維應力(Fiber stress)彈性力學書中謂之切線應力 tangential stress)，計算方法散見於材料力學及彈性力學書中。曲梁之切應力，雖經彈性力學家研究，但其應用之範圍殊屬有限；而就作者所知，材料力學書中尙未有論及之者。故不揣鄙陋，以通行之文白二氏公式 (Winkler—Bach Formula)爲依據，爲曲梁創一普遍應用之切應力公式。

凡欲於工程學上創一新公式者，必須顧及二項問題：一爲新公式之精確程度，一爲其實用價值。

前者當於實驗室中求其解答，但爲目下情形所不許，故就可能範圍之內，以彈性力學上之準確公式校之，知訛舛甚微也。

後者殊不易解答。大約通用之圓形(或矩形)均等截面之鈎(或環或鍊)其設計受最大纖維應力之限制，而不受最大切應力之限制。若曲梁之截面爲工字形，或爲不均等之截面，則切應力自應顧及。

(二) 彈性力學之曲梁公式

彈性力學之曲梁公式可分爲下列三種。

圖一(a)示一矩形截面之曲梁，承受純粹彎矩(Pure bending)。

圖一(b)示一圓形截面之曲梁，承受純粹彎矩。

圖一(c)示一矩形截面之曲梁，承受彎矩，拉力(或壓力)，及切力。

其公式均載鐵氏彈性力學(5)*，玆從略。

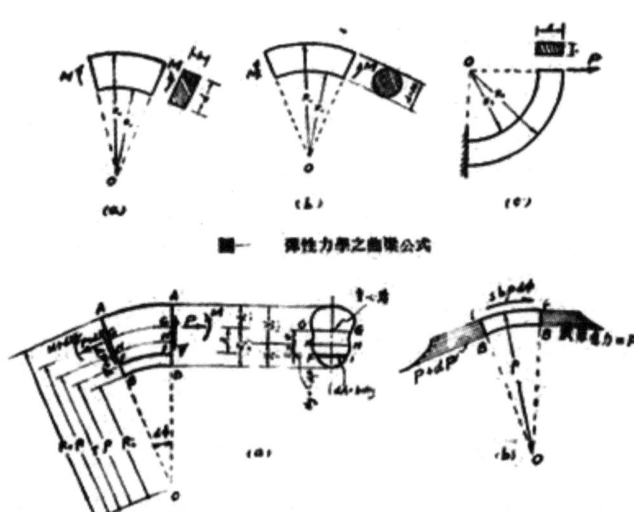

圖一　彈性力學之曲樑公式

圖二　材料力學之曲樑公式

* 括弧中之數字，爲篇末參考文獻之數，後並同。

材料力學上通用之曲樑公式，爲文白二氏公式，專爲計算纖維應力之用。其應用於矩形截面之曲樑（如圖一之(a)及(c)），所得之最大纖維應力，較之彈性力學準確理論，相差甚微(3.4.5)。至於圓形截面之曲樑（如圖一(b)），作者曾加計算，茲列表如後。表中K之值爲 $m^2/4M$。

	R_o/R	1.3	2.0	3.0
最大纖維應力	直樑公式	k	k	k
	文白二氏公式	1.09[illegible]k	1.372k	1.667k
	彈性力學公式	1.126k	1.45ck	1.750k
	博氏比數 Poisson's Ratio=0.3			

文白二氏公式之準確程度，於此可見一般。

材料力學書中尚有安皮二公式（Andrews, Pearson Formula）亦爲計算曲樑之纖維應力(1, 2, 3)之公式然式既繁冗，且亦不見精確，故近日已無復用之者

（三）曲樑之切應力公式

圖二(a)示曲樑一段，承受彎矩，切力，及拉力（或壓力）。其中

GG 爲重心軸，

NN 爲中性軸；若曲樑祇承受純粹彎矩，則 NN 上之纖維應力爲零。

FF 爲任何纖維，其寬度爲 b。

AA, BB, GG, NN, FF, 之彎度半徑各爲 R_o, R_i, R, r, ρ,

若以 NN 爲坐標中心，則得 $y_o=r-R_o$, $y_i=r-R_i$, $y=r-\rho$。

若以 GG 爲坐標中心，則得 $Z_o=R-R_o$, $Z_i=R-R_i$, $Z=R-\rho$。

NN 及 GG 間之距爲 e。

曲樑之截面面積爲 A，其微面積爲 $dA=bdy$。

則曲樑之纖維應力爲 $$P=\frac{M(r-\rho)}{Ae\rho}+\frac{P}{A} \tag{1}$$

其中 $$e=R-r=R-\frac{A}{\int\frac{dA}{A\rho}} \tag{2}$$

此卽文白二氏公式也(2, 3, 4)。

• • • •

設曲樑所承受之彎矩爲 M，拉力爲 P，切力爲 V，如圖二(a)所示，則可從靜力學上平衡之條件求得下列方程式。

$$P+dP=P\cos d\phi+V\sin d\phi$$
$$V+dV=V\cos d\phi-P\sin d\phi$$
$$M+dM=M+VR\sin d\phi-PR(1-\cos d\phi)。$$

由此可得

$$\left.\begin{aligned}\frac{dP}{d\phi}&=V\\\frac{dV}{d\phi}&=-P\\\frac{dM}{d\phi}&=VR\end{aligned}\right\}\cdots\cdots(3)$$

• • • •

試以圖二(a)中之 BB FF 爲自由體，如圖二(b)所示，而○點爲矩心，則 FF 纖維之切應力 S 如下式所示：

$$S\,b\,\rho^2\,d\phi=\int_{R_i}^{\rho}(P+dp)b\,\rho\,d\rho-\int_{R_i}^{\rho}P\,b\,\rho\,d\rho$$
$$=\int_{R_i}^{\rho}(dp)\,b\,\rho\,d\rho\cdots\cdots(4)$$

以公式(3)代入(1)則得

$$\frac{dP}{d\phi}=\frac{VR(r-\rho)}{Ae\rho}+\frac{V}{A}$$
$$=\frac{V}{A}\left[\frac{Rr}{e\rho}-\frac{R}{e}+1\right]$$
$$=\frac{V}{A}\left[\frac{Rr}{e\rho}-\frac{r}{e}\right]$$
$$=\frac{Vr}{Ae\rho}(-\rho)\cdot$$

$$= \frac{Vrz}{Ae\rho}$$

代入(4)則得

$$S = \frac{V}{Ae} \times \frac{r}{b\rho^2} \int_z^{zi} bz\ dz, \quad \cdots\cdots (5)$$

卽

$$S = \frac{V}{Ae} \times \frac{r}{b\rho^2} A'\bar{z} \quad \cdots\cdots (5')$$

式中 A′ 爲 BBFF 之截面面積，$\bar{z}$ 爲 A′ 之重心點至 GG 之距。

* * *

若曲梁之彎度半徑爲無窮大，則 $R=\infty$，$e=o$，則公式(5)或(5′)所示之切應力當與直梁公式相合：

$$S = \frac{V}{bI} \int_z^{zi} bzdz = \frac{V}{bI} A'\bar{z} \quad \cdots\cdots (6)$$

此可證明之如後。

$$\frac{1}{\rho^2} = \frac{1}{(R-z)^2} = \frac{1}{R^2} \frac{1}{\left(1-\frac{z}{R}\right)^2} = \frac{1}{R^2}\left[1+\left(\frac{2z}{R}\right)+\cdots\cdots\right] \doteq \frac{1}{R^2},$$

$$r = R - e \doteq R$$

故得

$$S = \frac{V}{A} \frac{1}{eRb} A'\bar{z}$$

但

$$Re = R(R-r)$$

$$= R^2 - \frac{RA}{\int_{Ri}^{R_o} \frac{bd\rho}{\rho}}$$

$$= R^2\left[1 - \frac{A}{\int_{z_o}^{zi} \frac{bdz}{1-\frac{z}{R}}}\right]$$

$$= R^2\left[1 - \frac{A}{\int_{z_o}^{zi} bdz\left(1+\frac{z}{R}+\frac{Z^2}{R^2}+\cdots\right)}\right]$$

$$= R^2\left[1 - \frac{A}{A+O+\frac{1}{R^2}\int_A bz^2dz+\cdots\cdots}\right]$$

$$\doteq \frac{1}{A}$$

若以上列各式代入(5)或(5′)，卽得直梁之切應力公式(6)矣。

* * *

關於公式(5)或(5′)有三點宜加注意者。

曲梁之切應力不特因 M 之改變而發生且受 P 之影響。若將後者略去，卽不能得合理之公式 此其一。

公式(5)或(5′)之應用，具有普遍性。若曲梁之截面不適宜於積分，則文白二氏公式中之 r 及 e，以及公式(5′)中之 $A'\bar{z}$ 均可以圖解法得之。此其二。

曲梁中切應力最大之點不在重心軸，亦不在中性軸，通常在中性軸以內，(即 $\rho<r$)，然亦須視截面情形而定，未可一概論也。此點之所在，有時可以數學方法决之，(如矩形截面)有時以計算點之切應力而作一曲線爲便(如圓形截面)。此其三，

(四) 曲梁切應力計算舉例

例一：矩形截面。梁寬 b 爲常數，如圖一(c)所示。公式(5)可寫作：

$$S=\frac{Vr}{Ae(R-z)^2}\quad\frac{Zi^2-Z^2}{2}$$

令 $\frac{ds}{Az}=0$，則得

$$Z=\frac{Zi^2}{R}=\frac{d^2}{4R}\cdots\cdots\cdots\cdots(7)$$

用公式(5)及(7)所求得矩形截面曲梁之最大切應力，及最大切應力之地位，列表如下，並以彈性力學之準確公式(5)比較之，可知其準確程度甚高也。

$\frac{R_o}{Ri}$	彈性力學		公式(5)及(7)	
	$S\frac{bd}{P}$	$\frac{z}{d}$	$S\frac{db}{P}$	$\frac{z}{d}$
1.0	1.500	0.000	1.500	0.000
1.3	1.506	0.065	1.508	0.065
2.0	1.566	0.169	1.565	0.167
3.0	1.674	0.256	1.689	0.259

例二：圓形截面。茲以圖三表之。

莫氏嘗以直梁之切應力公式估計曲梁之切應力，見所著材料力學，(3)第405－406頁；並證明圓形截面之環，其許可拉力，不受最大切應力之限制。據圖三所示，並參閱莫氏書中所論，可知莫氏所估計之切應力，雖失之過小；然其許可拉力，仍當以最大纖維應力爲準，因最大纖維應力，常高出最大切應力遠甚也。此外若練，若鈎，莫不彷此。

但曲梁之截面不爲均等者如圖四所示之鈎，則最大切應力自宜以公式(5)估計之。

圖四 鈎

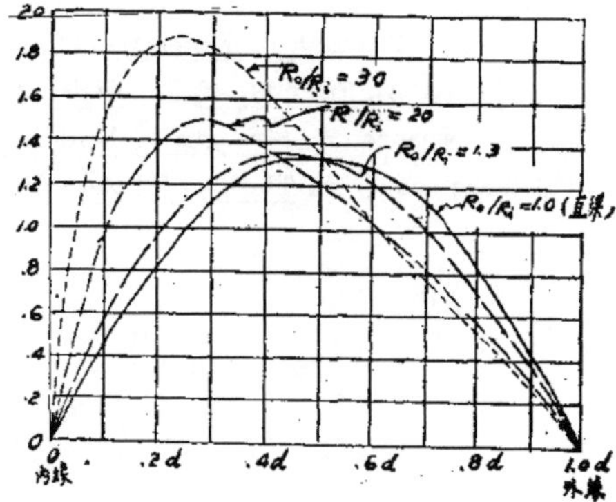

圖三 圓形截面曲梁之切應力

例三：工字形截面。設有工字形截面之曲梁如圖五。其中性軸之彎度半徑爲

$$r=\frac{b_1f_1+b_2f_2+b_3f_3}{b_1\log_e\frac{c}{a}+b_2\log_e\frac{d}{c}+b_3\log_e\frac{e}{d}},$$

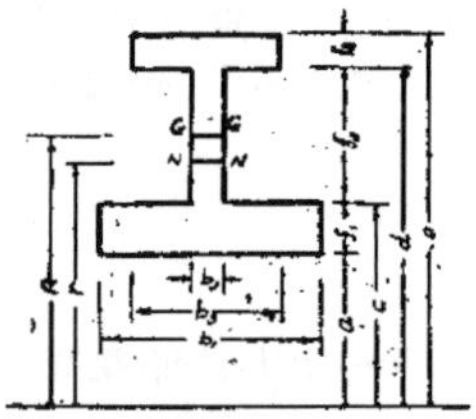

如 f_1 及 f_3 不大，則

$$r=\frac{b_1f_1+b_2f_2+b_3f_3}{\frac{b_1f_1}{a'}+b_2\log_e\frac{d}{c}+\frac{b_3f_3}{d'}}$$

式中

$$a'=a+\tfrac{1}{2}f_1,$$

$$d'=d+\tfrac{1}{2}f_3。$$

圖 五

茲假定截面如圖六，則 r=22.187″，e=1.813″。最大切應力在腰板之內緣；由公式(5′)得

$$S=\frac{V}{Ae}\frac{r}{b(R-z)^2}$$

$$=\frac{V}{76\times1.18_2}\quad=\frac{22.187}{1.18_2}=.1097V$$

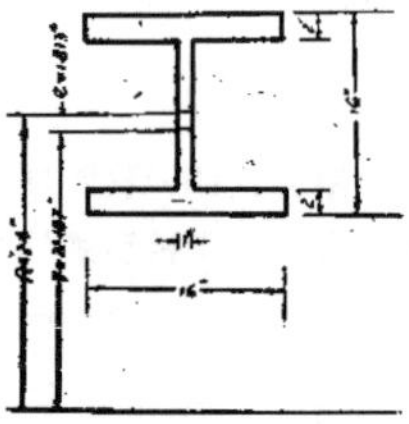

如用直梁公式，

$$S=\frac{V}{bI}A'\bar{z}=0.0753V$$

如用簡約公式

$$S=\frac{V}{1\times16}=.0625V$$

圖 六

可見工字形截面之曲梁，其切應力宜用新公式計算之也。

參考文獻

(1) Andrews and Pearson, "On a Theory of the Stresses in Crane and Coupling Hooks," Drapers Co. Research Mem., Tech. Series, No 1, London 1904

(2) Case, J., Strength of Materials, 1925.

(3) Morley, A., Strength of Materials, 1932.

(4) Timoshenko, S., Strength of Materials Vol. II, 1930.

(5) Timoshenko, S., Theory of Elasticity, 1934.

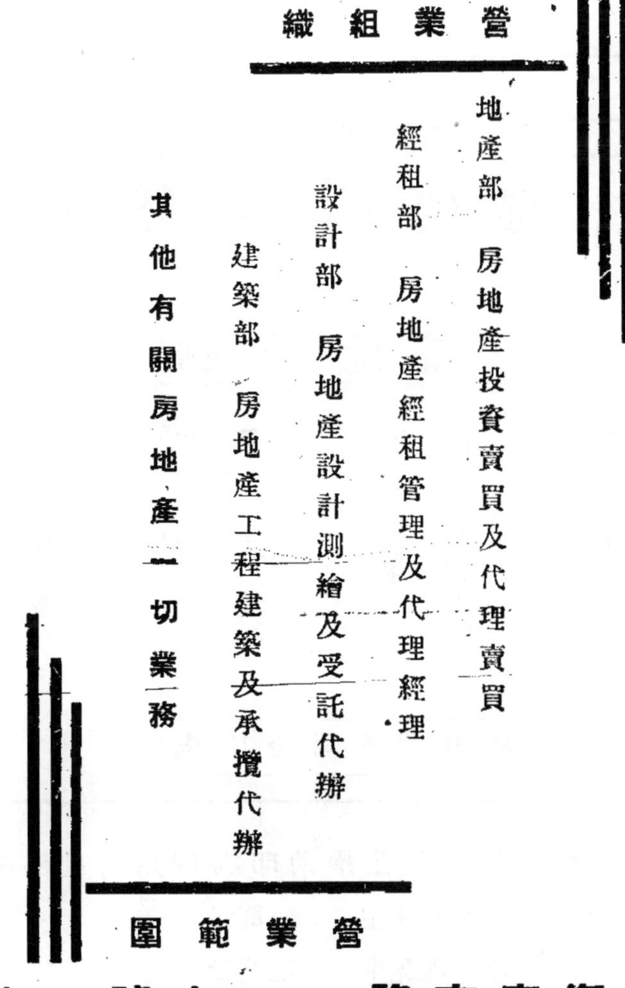
同發房地產股份有限公司
營業組織
地產部 房地產投資賣買及代理賣買
經租部 房地產經租管理及代理經理
設計部 房地產設計測繪及受託代辦
建築部 房地產工程建築及承攬代辦
其他有關房地產一切業務
營業範圍
上海南京路一一九號一樓
電話 經理室 一一九九三
業務室 一〇六八七

本刊承下列諸先生捐助印刷費用特此鳴謝

薛次華先生　　伍萬元

李　鏗先生　　伍萬元

土木事業在台灣

周文德

(一) 引言

台灣重光以後，作者曾遊其地，從事於台省土木工程建設事業，爲時半載有餘，並乘環遊全島之機會，得目睹其已成土木事業之概況，深知其建設水準甚高，實堪爲我人所效法者也。日前曾選"重歸我國懷抱的台灣"一文刊於"科學畫報"十二卷七期，略陳台省建設之梗概，今復承本刊主編者之囑，介紹台省土木事業以供同學之參攷，惜限于篇幅，囿於時間，僅能略舉其犖犖大者，以饗讀者。

(二) 台灣土木事業之概況

台島孤懸我國東南，形似鯉魚，北回歸線橫過中央，使其氣候適於農耕，中央山脈縱走南北，使得豐富之礦藏及水力資源，此實開拓台島時之天賦條件也。最初，荷蘭人卜居其地，築紅毛城，開安平港，乃植土木事業之基礎。迨至鄭成功氏率軍民渡台，興學校，置郡縣，開疆闢土，導水灌地，土木事業之規模初具，其後劉銘傳督治台灣時，興築基隆至台北之鐵道，即開台省鐵道事業之先河；鳳山縣知縣曹瑾氏初創碑圳，即爲台省水利事業之濫觴。嗣後日人時代，利用近代工程技術，從事建設，於是築鐵路，開道路，治河川，建都市，土木事業蒸蒸日上矣。

台島現代土木事業之演進，可分五個時期說明之：

第一時期爲自 1895 年至 1912 年。在此時期中，最先開發之木土事業爲港灣，其次爲鐵道，再次爲給水及污水之衛生土木事業。基隆至台北之鐵道，即于 1899 年開築，1908 年竣工。台北市之給水工程計劃，完成于 1904 年，遠較日本國內爲早，係由日本東京帝國大學教授兼內務省技師 Dr. Burton 氏所督造。

台南市之給水工程，於 1912 年興工，1922 年竣工，爲著名之迷濾淨水工程(Rapid filtration system)。

第二時期乃自 1913 年至 1926 年，該時期中之主要土木事業有河川之防洪及農地之灌漑。舉世聞名之嘉南大圳，灌漑面積達 370,000 畝，即爲此時期中興建之最大灌漑工程也。

第三時期乃自 1927 年至 1936 年，此時期中之土木事業，主要者爲水力發電及道路興建。供給全省電力之明潭發電所即於 1931 年開始興建。環島公路之計劃亦於斯時確立。

第四時期乃自 1936 年至 1945 年，此時期爲戰爭時期，除有關軍事之空軍基地建設，戰時生產建設及防禦工程以外，其餘土木事業大部份均在停頓之中。

第五時期乃自1945年至現在，可謂復興時期，各項土木事業之受災害者，均在復舊重建之中。

(三) 水利事業

(甲) 埤圳

埤者低垣也，圳者水溝也，埤圳者即相當於現代設堤與開渠之水利工程也。埤圳係清代道光年間高雄、鳳山縣知縣曹瑾氏所首創。1878 年以前 此種埤圳，大都屬於民營事業，卽由地方富豪，獨資經營，或由農民間協助完成之，其最大目的，在乎開鑿水路，灌漑脊土，以利農作物之栽培，加以台灣之氣候及風土均甚優厚，可使荒地化爲良田，使五穀一熟而再熟，並改良品種以達到增加產額之利。1878 年以後埤圳之成效頗著，遂得官方之注意，於是在官方積極領導及獎助之下，擴充規模，訂定規律，並使埤圳除能供給農田灌漑及排水之外，更利用以取溪流之水頭，建設水力發電工程。

台灣之埤圳事業在日人時代，可分三種，卽所謂公共埤圳，官設埤圳，及私營埤圳是也。公共埤圳者爲有關公共利害關係之民營埤圳，包括田地灌漑所設之堤堰水溝及附屬設施，但一經認定後，在管理上須受官方之保護與監督。此種埤圳在 1922 年時約達 115 處，灌漑面積 227,292 甲。(每甲約等於 1000 平方公尺) 至 1937 年，灌漑面積減至 139,570 甲，因其一部分絡續加入水利組合故也。官設埤圳者除由官方對於灌漑事業實行保護及監督之外，並由政府獨占經營。台灣現有官設埤圳之概况，可如下表所示：

埤　　圳	興　工	竣　工	工　　費	灌漑圳水甲數或發電馬力數
莿仔埤圳	1910	1911	42,628.34	3,922 甲
獅子埤圳	1908	1911	743,905.51	4,332 甲
后里圳	1909	1913	995,962.81	3,246 甲
曹公圳	1911	1913	703,265.18	——
桃園埤圳	1916	1925	7,744,221.00	22,000 甲
獅子頭水電工程	1908	1913	981,465.93	2,000 馬力
大甲水電工程	1910	1912	379,512.54	1,200 馬力
二層行溪水電工程	1912	1918	3,204,920.56	4,000 馬力
嘉南大圳	1920	1930	65,540,000.00	150,000 馬力

其除規模較小，屬於私人經營之埤圳，謂之私營埤圳。此種私營埤圳在 1907 年時，有 11,677 處，1912 年時有 12,347 處，以後逐年減少，至 1936 年時僅有 7,294 處。1921 年 12 月曾公布台灣水利組合法令，卽將各埤圳逐一歸由水利公會或合作社性質之團體謂之水利組合者所經營，於是埤圳之管理始趨統一。至於全台灣之埤圳在 1936 年度統計 7,402 處，灌漑排水面積達 500,673 甲。

（乙） 嘉南大圳

嘉南大圳者爲台灣最大之水利事業，卽以全世界而論，其規模之大，除印度之恆河以外，罕有能與比擬者。嘉南大圳之工程，乃經烏山嶺開鑿隧道，導引曾文溪上游之水入台南縣曾文區之官佃溪，並在該處築一高 56 公尺，長 1270 公尺之大土壩，捨蓄河雨水，構成一烏山頭貯水池，名珊瑚潭，由此貯水池及直接引自濁水溪流之水以行灌漑，並設排水設備，使舊嘉義台南二廳所屬向患旱水二災之田地十五萬甲，化爲適於農事之良田美地。給水之方法以三年輪作之方式，供給水稻，甘蔗及雜作之灌漑。嘉南大圳完成後，其直接之效果爲增收米 460,000 石，甘蔗240,000,000 斤，雜作 1,100,000 元，土地價格增加 95,000,000 元。

（四） 水力事業

（甲） 白 煤

台灣之雨量極豐，爲世界上其他各地所罕見，又島內中央山脈，縱走南北，高峯峻嶺，隨處可見，卽可積聚水量，復能獲得落差，故台灣之有價廉之白煤——水力電，實由於天賦。據最近之統計，全島約蘊藏三百三十餘萬仟瓦特之水力，西部較東部爲多，約佔總量之 67.5%。

日人時代，全島之電力事業悉爲台灣電力株式會社所營經，各地除水力發電外，更配以火力發電之設備，以防水源枯竭時，補充水力電之不足。全島總計水力發電廠二十六所，發電量 267,150,000 瓦特，火力發電廠八所，發電量 54,220,000 瓦特。島內南北向裝設之送電線路，計 150,000 伏特之幹線，總長 368.4 公里；66,000 伏特者，總長 161.5 公里；33,000 伏特者，長 960公里，其他低壓電線，不計其數，分佈於各地構成一完美之送電網。

台灣水力發電之現況

○空襲時受損者 △風災水災受損害者 ×電氣故障

系統	發電所名	電力設備 k.w	1945 年 9 月電力 k.w. 平均	可能
日月潭水系	○日月潭第一	160,000	—	18,000
	○明月潭第二	43,500	—	—
	萬大	15,200	1,600	6,000
	小計	157,700	1,600	24,000
北中部系	△田山	16,300	530	—
	△天送牌	8,600	2,100	—
	新龜山	13,000	6,300	13,000
	×小粗坑	4,400	28,00	3,500
	×后里	950	380	450
	△社寮角	900	—	—
	△北山坑	1,800	1,750	500
	×軟橋	200	—	—
	南莊	10	5	10
	小計	46,160	13,860	17,460
南部系	濁水	1,500	930	600
	竹子門	1,950	760	1,400
	土瀧灣	3,100	1,400	2,400
	小計	6,550	3,090	4,400
合計		211,410	18,555	45,860

花蓮港地區	清水第一	7,000	——	5,000
	清水第二	5,000	——	——
	立霧第一	15,000	——	——
	銅門	24,000	——	——
	初音	1,770	——	——
	○溪口	1,800	——	——
	△薩巴托第一	200	——	——
	△薩巴托第二	400	——	——
	小計	55,270	——	5,000
單獨系	關山	35	——	35
	△大南	250	——	——
	大巴六九	200	——	150
	小計	485	——	185
合計		55,755	——	5,185

（乙） 日月潭水力發電廠

日月潭爲台灣第一大湖，位於拔海 730 公尺之處，風景優美，爲游覽著名勝地。潭側建築擋水壩，使水位提高至十八公尺，溪水匯入，成一巨大之蓄水池，再開鑿隧道，引水下流，可得一千數百公尺之落差。以發生電力。日月潭水力發電工程，開始於 1919 年，後因受金融變動之影響，曾一度停頓。嗣後第一發電廠於 1931 年開始建築，1934 年完成。第二發電廠於 1935 年開始興建，1937 年完成，於是日月潭之水電，遂成台灣主要之電源矣。

（五） 交通事業

（甲） 環島公路

台島之公路事業，因受其他各項重要工程之影響，致經費不敷，故其發展較爲遲緩；時至最近，雖有環島公路之計劃，迄未完成。目前已成者有數段路面之建築，標準稍低，且受風災，水災及戰時空襲之破壞，至今尙難維持其交通，又有橋樑多處亦未架立，今台灣光復後，當局有鑒於公路運輸交通之重要！已着手進行環島公路計劃之完成焉。

環島公路之西部幹線，除濁水溪大橋尙未完成外，其餘已能通車東部幹線爲蘇花線，花蓮、台東線及台東大武線，所連而成，其中花蓮、台東線中尙有大橋十餘座，尙未築成，又北部新店、礁溪線及南部楓港、大武線均於最近修築完成，可以通車。全省公路之敷設混凝土或土瀝青之高級路面者僅占西部幹線之一部分，玆表示之如次。

縣名	起　迄	長度(公里)	寬度(公尺)	路面種類	路面厚度(公分)
臺北	基隆至臺北	29,000	14{6	高速車道，混凝土路面	18
			2@2	低速車道土瀝青路面	5
			2@2	側走道，土瀝青碎石路面	3
	臺北至新竹	8,270	6	混凝土路面 （一部分尙未完成）	15

臺	臺中至烏日	6,900	6	土瀝青碎石路面	4or5
	屏東至高雄	21,300	6	土瀝青片	2
				混凝土路基	12
	高雄至橋仔頭	14,031	6	混凝土	15
	橋仔頭至岡山	4,025	6	土瀝青混凝土	7
中	岡山至臺南縣界	15,774	6	混凝土	15

台灣公路工程中之最偉大者當推蘇花公路，該路自蘇澳至花蓮港全長百餘公里，其中自塔基里花蓮港一段，長 60 公里，係在石灰岩之臨海懸壁上開鑿而成，尤爲險峻。全部工程歷時八載始成，死傷四百餘工人，堪稱工程中之奇蹟。

（乙）鐵　　道

台灣已成鐵道之密度遠較我國本土爲大，但以輕便方式者居多，通常分官營及私營兩種。官營鐵道專爲客貨交通運輸之用，其概況如下表所示：

名　稱	起　迄	公里數
縱貫線	基隆——高雄	405.9
宜蘭線	基隆——蘇澳	98.8
平溪線	三貂嶺——青桐坑	12.9
淡水線	臺北——淡水	22.4
臺中線	竹南——玉田	91.2
集集線	二水——外車埕	79.7
潮州線	高雄——坊寮	71.2
臺東線	里瓏——臺東 花蓮港——玉里	17.9
阿里山	嘉義——新高口	82.6
太平山鐵道	羅東——土場	37.4
八仙台鐵道	土牛——佳保臺	39.0
合計		1,116.9

縱貫線爲南北交通之主要幹線，大部分已鋪設雙軌，軌寬三呎半。台東線運輸較稀，軌寬僅二呎半。其餘私營鐵路，大都爲製糖公司運輸原料而經營，並以運輸旅客及一般貨物爲其副業，故屬軌寬二呎之輕便鐵道。據 1945 年 9 月間之統計，全省已成鐵道，除因戰事而損害者約佔五分之二外 所餘營業線爲 6,739 公里，專用線爲 2351.5 公里，總計約 9000 公里。

阿里山線鐵道，由嘉義直達阿里山，更入新高山口。該線自嘉義起至 29 公里處之獨立山，軌道即呈螺旋形，向前盤升，一躍而登二百餘公尺之山顛，同時且須經過山洞四十餘座，穿山越林，風景佳絕，構成台灣鐵道建築之奇觀，堪與瑞士 Simplon 螺旋隧道鐵道相互媲美。

（六）築港事業

台灣係一大島嶼，故港灣甚多，其中規模稍大，設備較全者當推基隆，高雄及花蓮三港，茲列表示其大概：

	基隆	高雄	花蓮
同時繫船能力(隻)	25	34	3
每年標準起重能力(萬噸)	284	292	45
繫船岸壁(公尺)	2,756	2,387	410
棧橋(公尺)	97	153	——
繫船浮標(個)	9	13	——
起卸場(公尺)	4,844	3,810	660
倉庫(平方公尺)	81,755	40,867	4,320
起重機(座)	14	9	——
船渠(所)	3	1	——
運河(公尺)	2,848	4,866	500
船溜(平方公尺)	287,651	328,925	——
臨港鐵道(公尺)	4,213	29,022	4,000
防波堤(公尺)	1,018	938	1,530

(七) 交大同學在台灣從事於土木事業之動態一瞥

交大同學在台灣服務者極多，其中從事於技術工作者尤多。在土木事業方面，除各分散工作於縣市之建設機關以外，當以公共工程局，工程公司及基隆港務局爲交大同學之大本營。公共工程局局長費驊，主任秘書顧儉德，副總工程師張金鎔，水道組組長劉永懋，水利組組長薛履坦，材料組組長張源焜，會計組組長高振華，各地工程處主任侯海昌，唐民、方亞偉李清華、張韶初；工程公司總經理吳文熹，主任工程師陳鍊鋒；基隆港務局局長徐人壽，副局長章紹周等諸氏均係交大前輩，又台灣電力公司土木課課長裘燮鈞更爲民國六年畢業之老前輩。

公共工程局係昔日台灣總督府時代之土木課及道路課，兩者併合而成者也。其主要工作有全省土木事業之計劃，縣市建設之督導，風水空襲災害之復舊，已成工程之保養，未完成工程之繼續興建等等，目前已成之工程有大甲溪、頭前溪、濁水溪、下淡水溪等之堤防工事，楓港、台東道之修復，新店碓溪線公路之完工，卑南大圳之修復，知本溪鋼筋混凝土連續拱橋之築成，公路標誌之設立，大基隆市之規劃等重要工作。最近卽擬進行之工程有新莊、桃園公路混凝土路面之敷設，濁水溪大橋之架設等。該局自成立以來，未及一載，而成績舉著，實有賴乎諸同學本於交大之苦幹精神，協力工作之結果也。

公程公司係併合昔日日人在台所辦之諸大營造商而成之官辦營造公司也。其規模宏大，器材豐厚，堪稱我國唯一之大營造公司。該公司自正式成立以來，未經匝月，因主持者之努力，已興建工程多處，如基隆港船塢，肥料廠廠屋，基隆、台北市街道之修復；最近聞將承受新莊、桃園混凝土路面工程，蘇花路吊橋重建工程，大甲溪水力隧道工程等。故該公司之營經，日有進展，將來擴充於國之內外，可操左劵。

總之，臺灣之土木事業已具有相當規模之基礎，但昔日從事於此項工作之日籍技術人員，絡續離臺歸國，而今後臺省之土木建設正方興未艾，故同學中之有志於土木事業者，宜速往焉！

復員回憶錄

李震熹

民國三十四年的暑假盡頭，正是我們土木系二年級同學在沙坪壩中央水利研究所作水力實驗的時候，想不到在這短短的二個星期實習的期間，竟會突然的結束了這拖延了長長八年鐵，淚和血的賭博。我們的勝利卻是建築在一顆瘋狂，殘暴，吸血的炸彈上，這或許是應用中國古老的以毒攻毒底原理吧！快樂，熱淚，遊行，火炬，勝利曲的廣播，軍委會的命令充滿了八月十日的一宵。普天同慶，最後勝利必竟是我們的！"還鄉"這兩個多麼甜密多麼迷人的字，是勝利後大後方流離異鄉的人們的惟一追求目標。這實在是急迫需要的；在這動盪的大時代告一段落後，誰不願意趕先回到故鄉，看看他的出生地方，經過了戰爭的摧殘，究竟剩餘多少？會會他的生身父母，親戚朋友，說說這八年來在死亡線上奮鬬的掙扎，尤其是我們離開家鄉遠走的學生，跟着政府的內遷，一向靠着政府微薄的接濟，渡着窮學生的生活。在他們或她們極需加以教養滋潤的青春幼苗時期，不幸受到這偉大神聖時代的磨鍊和摧折，幼小的生理和心理所受到的教訓，是以前成年人所未遭遇過的煎熬。終日所見到的是殺人放火，是怎樣去運用武器，用最有效的方法，去製造地獄寃鬼！然而這一切爲了是什麼？就是爲了要抵抗敵人的侵略國土，就是爲了要保衛家園。試問勝利既然得到，倭寇既然打走，那麼宇宙中還有什麼力量，能够阻止還鄉的實踐。神聖抗戰的目的，就是要使百姓能够歸於故土。故鄉的一撮泥土是我們生長的泉源，也是我們百年後的骸骨温暖之地，眞是人同此心，心同此理。有什麼理由可以阻止這般赤子歸鄉的念頭！因而在全體同學的督促努力和教授校長的幫助，終於是分批陸續的搬遷離重慶，在上海復校。起先是四年級同學和造船系同學，得到交通部的協助，輪船公司的幫忙，先後搭船東下。接着我們三年級同學的搭法庫兵艦回申。以後因爲長江水位低落，皆由西北走公路，上鐵道回滬。這樣的經過半年，剛始全部安抵上海。我是當時三年級（民卅六級）的一員，又是遷校服務團中負責出納經濟的一員，而時光易逝，日曆又一頁頁的翻到了去年抵申之日。乃自渝始至徐家匯止，爰述交涉經過，途中見聞，以誌不忘云耳。

組服務團 井井有條

暑假是過去了，一天晚上吳校長以慶祝勝利的姿態，向同學隨便談談，歸納起來有三條路可以給我們到久別的老校址。第一條路最快的，但決非偌大學校遷家所能行得通的，是空運，不到五點鐘可達。第二條是水路，只要能包得大船一條，一千多學生一起裝上，順流東下，快一點一星期亦可抵申，第三條是陸路，從重慶經成都，寶雞走公路，再搭火車，大約三星期也能到滬。差不多在長江水位沒有低落以前，有三批同學皆由水路而歸，我們民卅六級是倖僥的最後一批，究竟坐船不像搭公路車的費勁和麻煩。

四年級和造船系是陸續離開重慶，他們到達漢口的電報亦已經收到，而報紙上發表的各大學復員計劃，卻把交通大學放在很後；似乎教育部知道對於交通，遷家，交大是有辦法的，不必教部再予考慮。於是三年級是不能再靜候學校交涉的消息了，遷校服務團由自治會胡鼎煒會長主持下成立。由各級級長爲幹事，分別進行工作。胡同學主持交通工具的接洽，樓潔彬張禮鎮擔任聯絡，每晚召開幹事會檢討當日收穫。並組織住宿組，行李組，膳食組，總務組，管理組，各組由祝慕高，劉繼明、汪紹祖、顧堯臣、曾坦，分別担任。會計由鄭季華同學主持，出納由我負責。各依各組需要人數，請其他同學幫忙協助。每人預先交費用二萬元，以備一有船隻就可動身，以免臨事慌張。可是卻苦壞了做出納的我，差不多一千萬元的鉅款，不知放在何處好；存在學校中，恐突然需要，支取不便，假使放在小皮箱中，恐人多複雜，難免眼紅。竟然異想天開，把當日未及包紮的鈔票用被窠做保險庫，幸得同室同學謹愼放置祕密，得以安全無事，回想當初局促情形，可笑之極。而各同學到上海去的熱誠，辦事非常有秩序，有效力有組織，這是從後來的行動中很明顯的表現出來的。

交涉經過 越關斬將

由於空運搭飛機是夢想，趁工路車是路遙山高，一時亦無法有許多卡車，最後決議趁尙未至十二月長江枯水時期。積極想法走水路，又省時又省力。當時因爲各政府機關亦在復員中，可用的船隻皆被復員委員會所徵調。祝百英教授介紹的三北公司四貨輪鴻享，鴻列，鴻元，鴻貞卽爲其例之一。三輿，捷輿租金須二千萬元，大學校中苦教授窮學生那裏出得起。後來由航海科主任郭懋來教授，在海軍部中得知有名法庫者，一法國贈於我國的砲艦，預備赴上海江南造船所修理機件，同學可以借用。於是由郭主任的介紹，胡會長與陳嘉猷船長商量之下，承陳艦長一口答應把船上艙位除艦上需用之外，其他空餘地位皆讓給同學。胡會長回校報告之後，皆大歡喜。卽刻同學等進城告辭親友者有之，進城攜取川貨者有之。九龍坡上一掃過去十幾日人心散漫的現象，甚致有搭不到汽車徒步十幾公里進城，一時九渝道上同學紛紛，這是十月底的情形。

然而有了船，卻沒有發動機，仍舊是無用。於是再得與有關當局接妥拖輪。照理想似乎很簡單，只要有輪船下去，商得輪船公司的同意，一拖就拖了下去，不是挺方便的事。但是事實卻答復你，沒有這麼容易。輪船方面所着眼的第一是金錢。第二仍舊是金錢，第三仍舊是金錢他們與其來拖你學校中一隻裝滿了學生的船，曉得就是出錢也是有限了；還不是爽爽快快拖幾條川江上的大白木船，照樣可以裝他幾百個黃魚，而收入是可以使你不能想像的大。招商局的安華輪與安寧輪就是因了這個原因給溜走了。當在局裏交涉時，二船長滿口答應，結果安華輪隔了二天，偸偸的拖了一隻三北輪船跑了，而安寧則在交涉的次日，卽拖了二條白木船，滿載黃魚順流東下；托言法庫船身太長，艦橋過高，假使用拖船拖，危險性太大，川江上游暗灘太多，裝了這許多國家有爲青年，假使一旦出事，責任太大負不了。雖然明知有意不肯，但理由是怪圓滑漂亮，只得另找別路。又要馬兒跑，又要馬兒不吃草，這實在是不可能的。雖然交涉幾經挫折，必竟艙位已有，找拖輪還是比較容易。不到十日民生公司盛復臣先生的介紹，直接由永昌輪船公司用輪拖下，惟一切離渝手續皆須交大負責打通。並且須付七百萬元之燃料費，及保留法庫上五十個客位給永昌爲交換條件。於是合同簽訂，言明在十一月廿三日上午永昌須派火輪至唐家沱拖法庫離渝，若遲一日，則賠伍拾萬元與交大，二日爲伍拾萬元加倍；以此類推。合同已定，卽由吳校長親自出馬。赴復員委員會及船舶管理處辦離渝手續，並通知教育部及交通部，因爲各機關中校友的衆多，得到許多的幫助，很順利的把一切應辦的手續都辦妥。去了一關又一卡，賽若過關斬將，一月來的辛苦得到了酬報。同學皆紛紛又進城趕辦私事，卻苦了我也，背了借大一袋鈔票往那裏跑，結果城也未進，適廬沒去，沙坪壩也沒去成，眞是坐鎭九龍坡！

紙上談兵 付諸實現

由是各組工作人員，依照預先計劃，分頭工作。住宿組很早已經設法把法庫兵艦，的長寬尺寸依照比例尺繪下圖樣，規定每人所占地位；因人多船狹，差不多凡是船上之空隙地位，皆須睡人，乃無論甲板，船頂，房艙和機艙了。而且爲經濟空間起見，用課桌數十隻，分別置船甲板之穩固處，排列成行，如是則課桌上可睡人，課桌下亦可睡人，豈非一極大的雙人床乎！？膳食組，行李組，總務組，管理組各盡厥責。若伙食公費之領取，船上廚房之建築；行李重量之規定，收取行李之手續；船上一切之雜務；而檢查行李船票，防止歹徒，徹夜巡邏；莫不各展所長，井井有條。上船前夕還有醫藥組，康樂組及出版組之加入。至若象棋圍棋，雜誌小說，應有盡有，並由九龍坡素負盛名的邁社出版船上精神食糧“歸去來”，每三日來出刊一次；描述沿途風景名勝古蹟，寫實同舟人日常生活趣聞，佳人佳事，妙趣橫生，祇因這數十日船上生活之優哉遊哉。

別九龍坡 二年如昨

各組負責人及組員除行李組外，皆先二日赴唐家沱，佈置一切事宜。這次東下人數男同學二百五十人。女同學十九人，教授二十五人，教授家眷五十人，合計共三百四十四人。三十四年十一月的廿二日是這大夥兒在九龍坡最後的一個上午。大家都是隔夜未曾熟睡，一聽雞啼，不管天尚未明，反正是電燈通宵未滅，都起來整頓行李，預備出發了。二年來在溉瀾溪畔，九龍坡上，弦誦終日的我們，終於忍心的離開了那裏恬美的山水，農村的風光。是日早晨十時，已有專輪來接我們。忙碌的是行李組，又要把各組行李過磅，貼行李票，又要叫挑夫運至江邊。雖然各組有各組同學自已揮運——同學共二百六十九人分成廿七組，以十人爲一組——，已經鬧得行李組辦事員精疲力盡，又加上教授們的雜物衆多，辦事員口中已經不能再容忍心中所想說的話了。雖然如此，尊師是學生們的美德，苦幹又是交大同學們的信條，只要船上裝得下，又有什麽關係呢！自飛機場碼頭出發已是下午一點鐘了，在二年級同學的珍重惜別聲中，船頭慢慢順着江水離開岸邊。遠望着白雲深處，隱於天際的校舍，黃沙灘畔，舉手高呼的同學，情不自禁的說一聲，別矣九龍坡！回味着過去二年住在溉瀾溪九龍坡的經歷，眼都望着前面，一幅家鄉的畫面，隱隱約約的朦朧着出現，二年前的事，似乎只隔了一夜；在黃浦江畔，高樓大厦的陰影下，父親母親，姑丈孃孃正在送我上寧波輪離開上海的一幕景象，慢慢的呈現在我的腦海中——那可以說是天黑，現在是天亮！

重慶（四川省）—廿三日→李沱—廿四日→忠縣—廿五日→萬縣

—廿六日→夔州—廿七日→巴東（湖北省）

民國三十四年的十一月二十二日晚上，大夥兒都睡在法庫上了。當大夜裏胡鼎煒同學剛從城中趕回，一切派司，離渝手續，已經打通。明天上午準定開船，這是二年來在重慶的最後一夜了。唐家沱是防衛陪都的軍港，前面兩山夾峙，江至此拐一大灣，就向東流，爲一天然良港，可駐萬噸左右艦隻，形勢很好，可稱重慶的門戶。海軍部在此派有軍艦數艘，以拱衛抗戰聖地。永昌輪午夜已來，與法庫並連，用鋼索綑在法庫左側。

二十三日　淸晨八時大鳴汽笛，八時十分汽笛再鳴，船已離唐首途順流而下。想想在抗戰期間，一聽到這樣尖尖的汽笛亂叫的聲音，早已戰戰兢兢躱向防空洞去，何其慘也！不意在我軍指日反攻的前夕，敵人卻已高扯白旗。今天聞此高入雲霄的笛聲，正足以壯行色，世事滄桑，豈不快哉！重慶四郊多農田，四郊以外多柑林，白雲深處高山上，叢叢綠中萬顆紅。遙望兩岸，宛如山水圖；俯視舟身，恰在畫中央。行無幾，民康輪觸焦處到了。船有三千噸左右，在川江中可算大船，半埋水中，半擱沙灘，旁傍一救護輪。起重機，鐵柱子皆用以拖住民康輪殘殼，以免被湍急江水衝去。中午十二時十分過長壽。就食號吹矣，同學與教授皆分組排隊到廚房取菜，用面盆裝飯。船狹人多，採取定量分配，由管理組喝組名，各小組隨聲進船尾廚房搬取，魚貫而入，秩序井然。飯一臉盆，菜四碗，二葷二素，又熱又燙。吃慣學校中羅羅菜八寶飯的我們，莫不滿臉笑容，每人肚子裝他四大碗香噴噴的白米飯，自比叫化子吃死蟹。讚之曰隻隻好！ 身爲大教授的各位賢明老師，也親自出馬，挨號領取，洗碗滌筷。民主的風度，在我們小小的幾百人的團體中，一隻幾百噸的輪船上，不勉強不裝作，純自然的流露着！船上最勞苦的莫若管理組組員，自清晨吹起聲號起，直到吹翌晨的起聲號，沒有一刻不是不站在他們艱苦的崗位上，爲大家服務，做他們份內應做的事。下午三時十五分停涪陵縣李沱。李沱是沿江的一個小地方，茅屋數十椽，其中橘行占其半。一百元可買十幾個橘子或四個廣柑，比重慶相應，廉一半。沿岸多毛坑，不下數十個是其特點；大概此地是一歇船過夜碼頭，來往過客很多，地方人士乃掘洞作坑，便客而亦得小惠，可算得一聲生財有道。今夜十二時至清晨四時，充財務大臣的我卻輪值守夜崗；每晚船上除由法庫水兵值夜外，再由營裏組就各小組中輪流派人幫同值夜以防歹人。當我睡朦朦預備起來替崗的時候，聽見有伊呀伊呀小船靠近的聲音。那一個！那一個！守夜緊張的發問着；這是離開重慶的第一夜，就出了事，則前途茫茫正長何堪歸。殼脫喀嚓，似乎是水兵拔匣子砲的聲音，接着是小船上的電光與輪上的電光互相對照着，對方的回音是傳到了我傾聽着的耳膜；採買！採買！原來是膳食組的採買。在辛苦！辛苦！彼此！彼此！的熱情交流下，衝淡了這緊張的一幕。這是第一夜，離開聖地的第一夜，由於是這個理由嚒？或者還是因爲天下總是沒有十全十美的事；這是十一點五十分，今天的最後十分鐘，接着剛才虛驚的一幕，老天又在開我們的玩笑——在這沒有完好防雨設備的輪船上，又是躺在甲板上，差不多露天睏覺的我們，是最惡作劇的玩笑——原來是在下雨！不用說，就是不守夜的人，也是睡不成了。衣被沒有完全浸溼已經是幸事，對坐待旦，對於這羣經歷戰爭磨練的野孩子又有什麼關係呐？

二十四日　早上天有轉晴的希望，雨甚小，二旁山岸，似有天光自後來，別有風味。這是巧合，還是事出有因；中午經過了酆都城，天似乎又漸入昏暗，下雨頻頻。這地方大有鬼氣！同學將於下雨的不快心情，卻移恨到這偌大的城鎮，廟宅與菩薩尤其是十殿閻羅是這裏的特點。下午三時許抵忠縣，陰雨綿綿，上甲板同學大罵總務不負責。由宿務組的交涉，向縣商會的接妥，同學可借商會房屋暫住一夜。屋甚大有三層樓，竟可容納三百餘人。昨夜沒有好睡，睏在商會的大禮堂的地板上，已經覺得很夠幸福了。甜蜜的一夜，溫暖着游子回家的戀愛。

二十五日　二日來未見一面的陽光，在我們到萬縣停泊的時候，已經穿過了白雲，普照着大地。這還是上午十一時半呢！與同組同仁先赴石灘旁洗浴，雖然是十一月的末期，在四川的太陽光下，浸在水裏，不也算太冷。青山黃沙爭豔色，白鳥怪石相依戀，蒼鷹老頭舞於上，長江流水東去了，斯時斯景，塵俗頓滌。萬縣的確大得很，搭人力車趕城中鬧市去，無一定目標，根本就不認識路。西山公園有標準鐘一座，頗莊觀。在土灣子買了幾只風燈，夜晚在船上用——輪上本預備用馬達發電，裝電燈，但是發動機太舊，只能作罷論。城中有竹製烟斗，樣子別緻得很，尤以彎曲得很好看，一時風行於同學中，女同學購者亦很多，大概是預備送人的吧?！尚有竹製水烟筒，又廉又實用，同學中有烟癮者，大思一嘗異味。晚上在考奇(George)吃飯，大開其魚味。在四川能舒舒服服嘗到魚味的，三年來還是在這裏算第一次。但是蝦蟹是仍舊看不到的，雖然故鄉正是蟹肥菊黃時。

二十六日　然萬縣經雲陽在奉節（夔州）過夜。到夔州剛在下午一時半左右。今天的路程已經漸漸的增加困難了。船剛自萬縣開出，卻連過三個險灘，雖然不見巨大怪石矗立河中，但波浪洶濤，勢如萬馬奔騰，而水流湍急，旋渦頻頻，領江在船上指揮，一臉的緊張面色，同學卻依舊故我，談笑如常。在一個奇偉的山壁上刻有"江上風清"白底藍字的四個大字，據領江說上面有張飛廟，內藏張飛頭顱。半途與江源輪競行於江上，本艦陳艦長大呼(Full Speed)，然而永昌輪祇一中型的重慶渡江輪，又拖一較本身還長的法庫，當然是遠遠的落在江源後面。夔州木梳出名，柚子亦佳。晚上回船時，聽得管理組同學云，有一船滿裝同學的渡船，因上法庫時過於性急，以致重心不能平衡，竟告翻船。幸同學機警，都搭住鋼索，未有大禍，虛驚一場，滿身濕透，想當時身歷其難的同學，一定要自詡大難不死必有後福吧？晚上十時左右，竟又下細雨，幸船頂上已鋪雨布，睡在機槍裝甲板内的我，是比較好得多多。

二十七日　由西而東，夔州的夔門是有名的長江三峽的起點。過白帝城過灩澦堆，爲長江最著名險惡處，來往船隻在此遇險者最多。有"闢國南功，天都津逮"八字。一路江面狹處，祇能行一舟，兩旁高峯插矗，皆爲削壁。每至一拐彎處，必有高桿，有舟經過則掛一三角形號誌。有二條船懸二個；三角形向下爲下水，向上爲上水船。

在白帝城西有諸葛所佈之八陣圖，當峽水大發時，傾湧奔騰，江邊茅屋，河底巨石，莫不隨波塞川，順流以下，一待水平，萬物皆失去了本來面目，然而八陣圖中之小石堆，卻絲毫不動，依然聚列如故，至今猶存，的確增加了不少長江天險中的傳奇意味。中午經過巫山十二峯，皆在北岸，峯不高，賽若十二圓錐體，整整齊齊，排列於江濱，中以神女峯爲主峯。峯巒隙處，透出一縷天光，映出那七曲山九曲山，疊疊重重十二峯；巫山的雲雨風光，在這裏更顯出她的令人賞愛處。長江卽由此飛入湖北。下午一時抵巴東，則已出四川抵湖北省了。巴東只有一條獨街，房屋有以長木樁托住，沿江而築者，地形險惡。在抗戰時，駐有重兵，在沿江山腰處，掘洞以設大砲，哨兵則高立山頂，遙望近盼，巨細無遺。加以流速特急，船行緩慢，實爲天然要害，一夫當關，萬夫莫入。在敵騎至宜昌大肆殘踏以後，頗想趁勢入川，全賴長江三峽形勢天險，得以瓦全，而巴東實爲當時之砥柱中流，可與西北潼關比美，其時於抗戰功勳，非可磨滅。

由於兩隻老爺船並排的行着，一隻是空有船殼而無動力，一隻是心有餘而力不足。加以領江的只有一班，一大領江二副手；普通都是二班，輪流替換休息的。所幸大領江雖爲一七十八歲的老翁，髮鬚全白，但精神卻閃爍異常，然持久力到底差一點，所以每天總是在上午六七點鐘開船，下午二三點鐘停船，不能全日開行，正是舟行如黃牛，五天纔出四川。反正對於時間，當局知道路運艱難，工具不全，所以沒有加以限制，而且爲安全起見，這樣穩紮穩打，倒也未必無益。這實在可算是同學們的福氣。每至一埠，卽能有充分時間上岸觀光，散散步，吃吃東西，看看市容，問問民俗，這是不可多得的寶貴機會，吳校長所說的勝利旅行，竟然實現。

巴東（湖北省）—廿八日→宜　昌—廿九日→古老背—三十日→沙　市

—十二月一日→賈家湖—二日→尺八口—三日→簰　州

—四日→漢　口—六日→石灰窰—七日→九　江（江西省）

二十八日　清晨五點，被值夜叫醒；因爲五點至十點我已經答應代同學黃君守崗。自巴東出發，今日可達宜昌，這一段重岩疊嶂，怪石磷磷，河床狹隘，險灘特多。故上甲板同學在船開駛時，已移到下層；以穩定重心，俾免危險。瞿塘峽已過，自巫山十二峯巫峽到西陵峽，一路風景新奇，雖然身經如許山川的我，也不禁發一聲歎爲觀止。俄而仰首長嘯，但見隱隱約約的青天，似乎是天外有天。側首旁觀，只見迷迷濛濛的紫山，呈現着山中有山。或平首凝視，一片白浪滔滔 滾滾東流，隨了山勢，折曲轉拐，看見了前面的去路，卻失去了後面的來處。或俯首思念家鄉，眼前的一片黃水湧躍，忘了在長江險峽中，只以爲是在外灘公園觀黃浦江潮呢！江翠瑤屏，重重封鎖，峯迴路轉，不能直下。一陣軋軋的馬達聲相雜着江水的逐波聲，空谷的風音參加了山上的松濤，一個能夠隨着環境欣賞大自然的人纔是世間幸福人。我們的輪船好像是一條偌大水怪，我們的領江好像是水怪的銅鈴巨眼，搖着身體，指揮着尾舵，看明了風雲氣色，窺透了莫測的水性，自由自在，曲曲折折的向前邁進着！經石門灘，秭歸，新灘；穿牛肝馬肺峽，兵書寶劍峽；過黃牛峽，青灘到宜昌始出西陵峽。長江三峽至此方盡，共長七百餘華里。其中以灩澦堆爲最危險，兵書寶劍峽最宏偉，巫山十二峯爲最動人魂魄。而水流的湍旋，天時的變幻，山色的秀麗，過灘時的緊張，不是身歷其境是想像不到的。但是人定勝天，用了新式的輪船，有經驗的領江，三峽是不難行走的當然行川江的輪船所裝的馬達是強過普通行長江下游的輪船，而且吃水是不能過深。下午二點鐘安抵宜昌，自重慶到上海的難關是過去了。假使搭的是老式的大白木船，到了這兒，舟子一定要把酒和慶，所以宜昌又名平善壩。宜昌以下是平地，宜昌以上是峻嶺；江水自上而下急湍萬分，澎湃有力，勢若鈞雷，不愧爲 Y. V. A. 之基地。此地本是很熱鬧的都市，在抗戰期間的兩次拉鋸戰，好多的巨廈被毀滅，好多的街道被毀滅，戰爭是值得使人回憶的！在岸上發了個電報到重慶親友家去，報告已出險境，以後是一路平安，無足掛念了。

二十九日　因永昌輪洗鍋爐，上午不開船。川江的領江到宜昌爲止，換宜漢段領江來船領導。重宜段三人需二百萬元，而宜漢段二人只需三十萬元，由此亦可見重宜段的吃重了。中午吃紅燒魚，這是船上吃魚的第一次。下午三點十分開船，宜昌以下江面寬得多多，流水沉靜無聲。同學中有念"兩岸猿聲啼不住，輕舟已過萬重山"的古詩，也有誦"朝發黃牛，暮發黃牛，三朝三暮，黃牛如故"的古詩，大概見了這水平浪靜，回念三峽的風光吧！三峽江流像一個叱咤風雲的勇士，不可一世；宜昌以下流水好似一個脈脈含情的少女，風度純淑。一路平地多山峯少，到古老背歇夜，停江心中，晚上加了雙崗。

三十日　這領江賣力，自早晨五時到下午五時不停地開駛，趕！趕！趕！預備趕到沙市過夜。太陽很大，西北風更大，同學都向南方遷移，一面曬太陽，一面避風頭。行無何，船漸向一面傾側，同學高談闊論，自說自話的全不覺得；這一下可嚇了領江，急亂了艦長，請團長親自勸告，乃歸原處，一場風波告結束。沙市本有小漢口之稱，街道頗寬，市面不錯，菜館高閣，似乎未曾受到戰爭的波及。因爲以後自沙市到漢口都經過小地方，爲未來計，膳食組的採買出動大批人馬，上岸購辦米菜，臨時拉夫，拖了我往岸上就跑。因爲要迅速一列起見，交通組的同學是第一個上擺渡船，講好了渡費，再讓同學上船。在沙市鯉魚特多，二百五十元一斤；活的鯽魚二百六十元一斤；死的二百四十一斤。但是蝦仍舊沒有看到，街上有甲魚是滷菜的一種，俗稱野鴨子，有三百元一隻，也有五百元的；切成一塊一塊，加了醬油和蔴油，味道別具。

十二月一日——四日　趕了一天的路，在一僻地名賈家湖宿夜。晚上突聲鎗聲數響，大驚！過後方知道剛纔有一木船划近本艦，給水兵開了幾鎗箱子炮，被嚇跑了。同學中有喜放馬後礮者，大發議論；假使盜賊光臨，同學是光棍兒一條，無所謂，所可慮者是教職員眷屬與女同學云云。二日經尺八口三日過簰州，四日晨十二時許抵漢口。沿途皆爲平原，一望無際，江南風光好。在離漢口不遠的武昌，已經看到許多國防宣傳部的標語。"復員不是復原"，"擁護蔣主席完成復員建國的使命"等斗大的白底黑字映入我們的眼簾；用工程師的眼光看起來，這幾個字是多餘的，而在淪陷區受了八年敵人壓迫的人們一定覺得精神興奮的吧！同學中有許多是湖北人，更有許多是從小生長在漢口的，從她或他隱隱約約的含淚的眼睛，興奮的臉上，我知道她或他正在默默地接受着故土溫柔熱烈的歡迎！對着漢口的江海關大鐘我們是拋錨了！在船上用過午餐，赴夏世模家寓所，搭卡車環遊漢口一周。城區很大，戰前有英，法，日租界。其中日租界被盟機轟炸殆盡，而隔一條馬路，房屋不在前日租界的，竟然矗立如故。新式轟炸描準術之精確，有如是者。最後赴市郊中山公園參觀。中西兼雜，有茅亭樓閣，亦有溜冰場游泳池，有池塘曲徑，也有廣大茵綿草地。其旁舊有雙龍橋，式樣別緻，作雙龍橫臥狀，惜已爲日人所毁。晚上理髮洗澡，七日風塵一掃光。一上漢口岸，最引人注意的是大量的日本俘虜。雖然是戰敗國，但是倭胖強壯，挺胸凸肚，似乎個個是營養佳，精神好。街道上有很多的日本皇軍在掃地，有的在清除轟炸的剩殘物，旁邊有國軍或警察督押着。

五日 今天是全體同學休息日，讓同學們在武漢三鎮暢遊一天。遷校服務團爲慰勞工作人員起見，特借座黄陂路吟雪酒家聚餐聯歡。早上趁空赴武昌，漢陽參觀蛇山公園，黄鶴樓，龜山古琴台諸名勝。拍了幾張照片，買了幾百張風景古蹟相片。古黄鶴樓在廿年前已經倒垮，只剩空殼，爲紀念名勝，另建了一鋼筋水泥樓。臨江有孔明白石燈塔；古老相傳，諸葛亮在此借東風，破曹兵百萬雄師！在蛇山頂遙望武漢大學。在碧綠的沙湖邊建立着紅瓦高厦，這靜寂的草野，被這巍巍學府添加了不少光榮。中午在夏家午飯。晚上雇人力車赴宴，一時黄陂路熱鬧萬分，猜拳飲酒，加以啦啦隊助威。面紅耳赤，引吭高歌，聲震全樓。因爲沒有教授，也沒有女同學，這一羣野孩子是眞的完全解放了。

六日 海軍部特派金山丸（一隻接收的日本捕魚船）來做生力軍，替代永昌的位子，用鋼索搭住法庫，並排的行着。這個畫面是似乎太過滑稽了；堂堂的戰勝國的兵艦，都是頂上滿掛着油布，艙中塞滿了雜亂的勝利難民，鍋爐間是停了火，給一艘敵人捉捉魚的船背着跑。當然金山丸是由我們的陳少校艦長指揮着的。金山船長是一個日本少尉，有中國副官一人，日本水手十人和二個領港。它有六百匹馬力，比永昌輪的一百八十強得多。永昌輪是被遺棄似的跟在後面，因爲三隻船排在一起是不容易行動的。就這樣一聯中的浩浩蕩蕩地向前進發。引港是二個朝鮮人，有沿途詳細地圖，不像我們的引港祇靠經驗。當夜是停泊在石灰窰。夜航的標誌尙未完備，所以漢口到上海，還是只能日航。

七日 從石灰窰到九江，須經過匪徒區域，艙外邊的同學都移到金山，而金山上重機關槍和高射機槍都去了外套，上了子彈。哨兵，引港和艦長拿了望遠鏡，東張西望。預計到七點半過警戒區。時候已經過去了，平靜無事，只有多天燦爛的太陽吐出它温暖的光芒，受着人羣熱烈的歡迎。下午二點鐘到了九江，停在海軍碼頭。江面中外著名的出產品磁器是沿岸都有地攤放着，任人購買。磁器店更是隨街多是，三步一小店，五步一大店。據店老闆說，因爲景德鎮被鬼子擾毁，好的磁器是一時無法出貨，所僅有的只是比較不精細的了。但是在我們吃慣粗陶土做茶杯飯碗的同學眼光中，就已經够好的了。我在街上蹓躂一周，買了八個磁杯，四只飯碗，四只茶壺，一套文具和一尊觀世音菩薩。一共化了一萬六千五百元。觀音送給母親，文具送給父親。用了一個大竹籃，剛把全部東西容納下。

九江（江西省）$\xrightarrow{\text{五日}}$安慶（安徽）

八日 船離九江不遠，就看見了在南邊呈現着一個葫蘆形的凹口。這是鄱陽湖水入江的地方朵朵白雲，片片布帆，乘着風，順着水，流向東去。落霞與孤鶩齊飛，秋水共長天一色；觸景寫情，是不可多得的佳句。漢口以下江面更寬，兩岸時見時隱。有的地方，江面中央稍稍的露出黄澄澄的河沙，這是在航行中難得見的岸。過了湖口，著名的江西小孤山beautiful然呈在眼前。據本地人的傳說，小孤山的位置每年在向東移着；或許是她的生身處在海澤，那末歷年來向東移動的目的，卻明明的應合着我們回上海的目的！故鄉是可愛的 尤其是分別了好久！晚在安慶攏岸。一抵碼頭就看見岸上的大塔，內中暗成八掛式，曲折奥妙；同學中有的走到三層，就找不到去第四層的路，有的走到六層，也有走到七層的；進城有一條很長的石板路。因爲永昌輪的沈經理請陳艦長吃飯，拉了幾個教授同胡團長及我做陪客。在座的除祝百英教授點酒不飲外，王達時、曹鶴蓀、季文美諸教授只吃了一杯，胡與我卻飲了十多杯。安慶的蝦子乳腐是出名的特產，各位教授受太太的密令，酒酣耳熱之餘，在安慶的有數幾條街上，盡力兌購，以期不辱使命，爲太太服務是教授們的光榮！做學生的只能望而興嘆！

安慶（安徽省）$\xrightarrow{\text{九日}}$魯港$\xrightarrow{\text{十日}}$南京（江蘇省）

九日　安慶本來是第×戰區司令駐節所在地，所以城中是比較熱鬧。領袖的肖像和各式各樣的標語隨處可以見到，顯出安慶是不平凡的！當我回想到昨天教授們找不到蝦子乳腐的窘狀，不覺要失聲而笑；雖然後來是買到的。陽光溫柔惹人熱愛，當在春天的時候；同樣的覺得有點刺人，當在初夏的時候。到魯港天已黑暗，晚上風很大，吃了晚飯，鋪開了被，去找溫柔之鄉了。

十日　含着一個興奮的心的我，很早就起來了。首都南京，今天午前可以趕到！差不多一半的同學和全部的教授都在這兒搭火車赴上海，因爲假使搭船的說話，還要四天纔能與久別了的上海會面。遷校服務團已派幹員赴上海替同學辦理住校宿舍，包飯和在四天後在高昌廟接我們。南京是我第一次到，城門是偉大的，中山路是寬大平直的，然而因爲地區太寬廣了，露着一種荒涼的景象。於由要欣賞首都勝利後的風光，搭了馬車，穿過中山路，沿着石子街走。用着現實的眼光，注視着一切。不，這不像一個蓬勃的都市，好像是一個經過了不可計數的磨折，所留下的餘蹟。從前的秦淮河或許是曾經暄赫一時的聲色之區，然而它是不能適合着現實。由我們一代青年人看，它不够清潔，不够活潑。它的水源似乎已經斷絕，從前的陸舫歌舟一排排的橫列着，破舊陳腐。沿河的街道胡同又狹又小，房屋鱗櫛，搖搖欲墜。國府的宏莊，中山陵墓的偉大，都不能蓋沒這南京另一角落的退伍，假使宏莊偉大必須要與另一角陳舊腐敗的景象比較，才能顯出的話，那麼這宏莊偉大是太可憐了。但是話也得說回頭，不論在世界的那一地，要使市容的簡潔一致是一件事實上的困難，除非這是有計劃的新造的都市。宵禁當時在南京是仍舊嚴格實行，於是一批晚回的同學，受了一夜的虛驚。法庫因加燃料，移泊煤炭崗和記碼頭。因此而使一批在黑暗中摸索回睡船上的同學撲了一個空，靠了交通大學的註册證，通過了許多崗位，仍舊是找不到船。在一個海軍部水雷營的廚房中的火爐旁蹲了一夜。據身歷其境者的統計，此次有一個女同學和卅一個男同學飽受風寒一夜。到十一日清晨，方始找到法庫。

南京（江蘇省）$\xrightarrow{\text{十一日}}$鎮江$\xrightarrow{\text{十二日}}$江陰

$\xrightarrow{\text{十三日}}$瀏河$\xrightarrow{\text{十四日}}$高昌廟（上海）

十一日　在十一時法庫開始她最後一段旅途。金山丸的任務是把我們拖到南京，還有一段路程是交給福鼎了——它也是一艘日本船，有四百廿匹馬力，每小時走七哩。在江蘇省的省會鎮江拋錨。因爲天已經黑了，鎮江的本來面目沒有看清楚，買了幾瓶鎮江醋，就回船上。

十二日　福鼎像知道我們的心理一樣，跑得很有節奏趕到江陰，太陽又漸漸的在山頂上不見了。江陰的江面更寬，港中停了很多的兵船，時而的田雞砲台更顯出這要塞的神氣，假使要到江陰城去參觀，實在是離岸太遠，同學們都放棄了這個機會。

十三日　預定在十四日的早晨十時到高昌廟，所以今天是停在長江口內的瀏河。這是勝利的發祥地，防衞大上海的前哨。晚上水兵又突然鬧槍了。因　是最後的一夜，水兵們是更加地小心，以防功虧一簣吧！反正聽慣了槍聲的我們是不會再像第一次那樣地驚慌了。

十四日　自從船由江陰開出後，江面更寬。似乎是在洋洋大海中航行，前後左右都看不到一點東西，除去了江鷗與海鳥；永昌在我們的後面跟着，船上的老大們是第一次看見這樣大的長江。

不辨東西與南北，完全與長江上游的情形兩樣。這一幅畫深深地印在他們的腦海中了。你看他們是這樣地天真在向前看着！紅黃綠的三夾水是過去了，吳淞鎮在望。穿過了許許多多的美國軍艦，行到了渴念已久的外灘。高樓大廈，是在中國的其他各都市所難得看見的。偸眼看看幾個沒有到過上海的同學；他們的表情是深刻的使我不能忘記。就是生養在上海的我也覺得外灘一帶的摩天樓的確雄偉。我住在上海，一點不覺得上海的偉大。這許多的柏油馬路；如許多的機動車；如許多的高樓；如許多的人羣，在能够使得經歷過差不多半個中國的我，發出贊賞的羨慕。真的在我所走過的都市中，沒有一個比得上上海，或許我跑的地方還不够多吧！在黃浦江停泊的輪船中穿梭般的過去。終於遙遠的看見了岸上搖旗吶喊歡迎我們的同學，接着我們船上的旗子也招呼起來了。雙方興奮的情感，從雙方亂搖的旗子上，互相的傳遞着。高升，鞭砲不斷的響；人形也漸漸的清楚。船一點點的靠近高昌廟的海軍碼頭。歡迎我們的有四年級的同學，有三年級的同學，有同學的父親、母親弟弟妹妹，有同學的親戚朋友：我的母親與孃孃也是其中之一。坐了預備好的卡車，一直駛到我們渴慕已久的徐家匯老學堂。

這是一篇拉拉雜雜的東西，裏面有回憶，有記事，有寫景，有感想；假使您已經讀過一遍，我得感謝您的賞光，並且爲了浪費您寶貴的光陰，我向您致萬分的歉意！李召之記於勝利後復員一周紀念日。

公路生活漫憶

蔡維元

五年不算長的公路工程生活，自從去重慶交大就讀後，已告一段落，早想把它追述一下，可是不善寫作的我，一提起了筆，就感到畏縮與恐懼，也有幾次斷續的寫過幾段，結果還是以生活過度的緊張，甚或太平凡無記錄必要而中斷，現在想來都是無可原恕的，爲了補償這種缺陷，就利用農曆的假期，作片斷的回憶，筆調是够拙劣的，但自信還保留固有的眞情與言行的途徑，所以忠實無羈束的留下了痕跡，聊以紀念以往的遭遇，或作個人日後重踏社會抉擇應世對策的參考，獻示在親友師長之前也可指示我們更準確的大道，這樣危險的嘗試，我想不會是徒勞的。

二十八年夏，敵艦機不斷環伺浙閩沿海，寧波連遭轟擊，市民已惶惶不可終日，當我要跨出培養公路工程智識的搖籃寧波高工時，滿擬來滬獲機投考自幼卽已崇敬的交大，但是剛在舉行畢業典禮的時候，傳來了港口業已封鎖，一切輪船悉已出口的噩耗，不得不重決對策，因此就希望工作一短時間後，稍獲實益，再行設法續學，這樣就接受了校方的介紹去公路局工作，卻不知這一決定，使升學交大的志願歷盡五年的艱辛，和遠涉萬里關山，始得實現，不過這究是恨事或是幸事，卻永遠無法辨明的。

寧波四周的公路爲防日軍的進攻，均已自動破壞，校長是時晉省，我乃同行，通宵乘轎，涉水越嶺，數度轉搭汽車，二日後始抵麗水，公路局築在這山城北，郊的白雲山上，背山臨水，俯視城廂，飽嘗秀麗景色且少空襲奔跑之苦而得交通車接送之便，服務於此，頗以爲樂，校長陪我去見局長，他們交誼至深，經了一番言談，次日就被按排在掌握全省公路工程樞紐的工程科，成爲我獲取經歷的基礎，設計主任謝佐殷先生——現任江西公路處總工程師——是那樣的剛直，富有研究精神，不斷思考着公項問題，由於他的博學多才，無不迎刃而解，初踏進社會的我，承他時加指導，獲益頗多，該可多麼慶幸。

春秋二季，天高氣爽，是攜侶郊遊的良好時機，那時出外測量也是再適宜沒有了，冬日那就大爲遜色了，不過由於戰爭的需要，卻在這年冬天，承曹隊長的加愛，參功新組織的江常路測量隊去江山施測，事先已知道測量工伕的不易對付，憑他們一副老態，滿腹的公路歷史和掌政，要是多受一點教育，怕早擠入工程師之流了，那時初出茅廬的我，戰戰兢兢，經了一番努力，公餘的推誠友善相處，獲得了密切合作，工作才得順利的進行。

測量結果是否精確，足以影響工程經費的多寡，施測的時候應當如何的審愼，而須不惜測量經費，加測比較線，研討工程及日後營業之概況等，但官署對經費的審核權，往往委請絕無工程常識的政務人員，時作無理的削減，測量隊無法應用足够的員工從事工作，大大影響成果，他們不明瞭多化測量經費適可減少工程經費的道理，官署用這種短視的人來掌握，國家就遭受了莫明的損失，他們實在需要再教育一下，假使能虛心就近請教於工程師的話，爲了工程前途，國家前途，我想工程師們一定願詳爲剖述的。

橫斷面測量，是一樁比較枯燥而費力的工作，在初測中卻認爲是次要的，但是我才開始測量，充沛工作熱忱，極願全力以赴，爲了工作簡捷及增進工作效率，向隊長提出了數項建議，經幾得了允准，大大增加了工作效率，首先加派小工，由一二測工率領先導，將樁站二旁障礙淸除，以免測量至某站時須臨時淸除，空費時間，影響測量進展，繼卽改善水平尺的刻度，也算我初度的獲益，我用的手水準桿，長度爲一公尺五，就將水平尺上一公尺五之處刻劃爲零，以與手水準桿高相等；零點處則刻爲正一公尺五，示測量時測站較中心站高一公尺五，五公尺處則刻爲負三公尺五，示測量時測站較中心站低三公尺五，餘類推，如此可避免野外記載時過多計算易滋錯誤的弊病，至在崇山峻嶺處，四十度以上的山坡，行走不易，每須用緊細方式上下攀登，施測其間，危險可知，應用手水準自亦困難，在此種情形下，就定出了用竹質製成的尺桿來施測的方法，將勿過粗之竹，約長五公尺，精爲刮光，塗以油漆，刻以尺度，每五十公分及一公尺處縛以顯明色澤的布條，卽代替較笨重的木質水準尺，每一測工，人手二桿，分層連續進行，其方向及二桿置放是否平直，由測重者在稍遠處用經驗校準之，所得結果雖稍遜於精測，但其成果已够應用，因此距樁站稍遠不甚量要之點，均採用是法，大助測量進展，每追蹤中線組進行，因此獲有休息良機，是時承隊長的指導，擇暇參與選線工作，這是重要而富興趣的工作，在有豐富識見的隊長教誨下，居然茫茫不知所措的選擇樁站情况下，獲得了進步，一再注意到坡度，橋位，控制點等要處，擴展了眼界，增加選線的經驗，這是深引爲快慰的。

江常路測量完成以後，繼續着野外工作，在周工程師瑞麟領導之下，興築了一條有關軍事補給線的遂湖路，我自始至終參加了這條新工的路線，測量設計監造無不在周工程師督導教誨之下，獲得了前所未有的識見，他是一位忠誠富於毅力的工程界老前輩，浙江公路的技術員工，無不致以崇高的景仰，因此遂湖路歷經年半的時間，要不是他的領導，輔以足智多謀的傅工程師學化，再受到經費，工人，食米諸嚴重問題，會半途而廢的，而我們竟走畢了全程，雖然爲適應軍事，造成的，路並不以國道爲標準。但已很可値得驕傲的了，至於詳情擬待日後專文記錄。

這是在卅一年的初夏，我軍展開反攻的樂觀論調，傳遍各處，尤其置身交通工程的我們，見各路段橋梁涵洞的加固，卽向所忽視僅關軍用路線的整修，在在表示配合反攻的實際動作，因此對這傳說，大家深信不疑，急切期待着佳音的降臨，五月半，敵寇開始蠢動，開啓了浙贛戰事的序幕，他們分五路進犯金華、衢州，這是衆所傳頌"開出口袋捉老鼠"軍事策略的初步，誘敵大量深入以後，袋口一收，敵寇會全部就擒的，因此一看國軍在遭受猛攻逾旬以後，倘虛城清野以待，更深信當局高瞻遠矚的策略，卽將施展，我們雖奉令準備行裝，作策略上的後退，這是深合老子哲學的含笑暫別，那知不識相的老鼠，卻咬破了糖衣的袋底，還淸了江西的夥伴，在整個浙、贛倉庫內高歌狂舞起來，主人寢食不安，竟被這羣凶狠的老鼠苦迫遠離，眞正踏上了流亡的大道。

到處充滿了哭喊聲，車船都扣留在強有力的槍刺下，裝載公物嗎！不，一車一船，只是私人的財物，沙發桌櫈居然也作長途的旅行，國防物質彈藥汽油鹽米，旣笨且重，不易播運，棄之又有什麼關係呢！轟轟自動破壞聲響遍各處，雖感到傷心，到還不失爲正義的哀淚，大批的政府物資卻默默無聲，也許被好事之 徒奮勇搶運私藏在深山奧處，不然就供奉給敵寇，那就太可痛惜了。

公路局，也是國人的集合體，脫不了有藉職務上的便利，作非法的勾當，平時他們還以少報多，以舊易新，甚或虛無飄渺的報銷一筆，戰爭緊張關頭，更是混水摸魚的好機會，只要裏應外合，上下齊手，無不皆大歡喜，但是公家就在這般惡徒手中，遭遇了無法彌補的損失，車輛安眠在廠中，嬌弱得要她起來舒一口氣，散一下步，也不可能，而在過渡的地方，擠滿了外來的車輛，管理者忠心盡力晝夜維護，還遭到無理槍刺的威脅，甚有爲保全私產，藉勢頒發優先過渡的假借命令。

連續的雨天，各工務段電報着橋梁涵洞的水毁，到處的坍方，阻礙了行車。在這種緊急情形之下，卽或稍假時日及經費卽可修復通車的簡單工程，也還得在等因奉此的公文手續上兜圈子，眼見停駐着的身軀，在一聲破壞令下，爲了一河之隔，立刻變成了廢物，這種惡果的產生，不難尋出其癥結，但是迷於聲色名利之輩，卻永遠無法使他覺醒的。

我們幾個年青的同伴，就在這種混亂局面下，受着主管平時所不曾有的勸勉，喝負重命，辦理浙閩公路、江山至浦城間一百六十餘公里的緊急加固工程，備軍事上的需要。

僞善者流，在緊張關頭立刻泛起了兇狠無恥的真形，收拾起不義的財物，服膺"大亂到頭各自飛"的俗諺，攜眷遠走內地，我們也許被認爲呆子吧，在人家逃難保命聲中，卻向前線挺進，在兵荒馬亂的情況下，死難的機會是太多了，要是爲公犧牲，也許連死屍也無法運回的，我們就畏縮嗎？不，我們還年青，不需要講爲國的高調宏論，能薄盡棉力，究是倏取識見的良機，不在患難中，無法獲識人們的眞情，兇狠之徒，在平時戴上了一副漂亮的假面具，你也許會深深的愛上了她 甚或永矢不渝，卻不知他正藏着要刺你的利劍呢？

經了一度的折衝，議定一部分工作的計劃，等不到天亮，我們偕二工程師及二工程員的一羣，搭上了載滿搶修必需工具材料的工程專車，星夜出發赴前線，心境是够緊張和興奮的，我們早一分鐘的努力，就可多撤退一輛載有物資的車輛，替國家多保存一點元氣，是理所應當的，四百公里的旅行，是那麼的熟悉，一丘一壑，一橋一溝，由於不時的關懷，已成密友，心心相印着，我想她若有靈，尤其在這混亂時間，得到我們溫存與保護，定會感激的。

次日晚到達距最後目的地江山前線四十公里的廿八都，傳來了江山失守的惡耗，獲見負責監督東南戰區的戴笠先生，囑卽修理淤頭至峽口段公路，以便搶運東南空軍基地衢州的彈藥及民生必需品的食鹽，至經費人力及材料，均允予以協助，這是一針興奮劑，我等乃再前進，整頓前線殘敗潰退的原有工務段人員，妥加佈置，卽展開了工作。

於此不得不讚歎福建省政的進步，戰區長官部的一道電報，飭在沿線橋梁涵洞附近妥備木料，我們到達的第二天，成堆的大小木料已安放在橋旁，木料雖參雜着各類不適應用的樹木，但在軍事緊急時期推行政令的努力和迅速，足可爲他處效法，事後因此轉請福建省府嘉獎浦城縣政當局的協助。當時縣府爲了應付緊急關頭，卽在深夜，我們進了縣府，汽燈驕傲的照耀着，縣長及其屬員，仍努力工作，完成我們民工隊的組織，參加搶修路基路面的工程，徵船全縣木工充作橋工隊，來加固各橋梁涵洞，支持這罕見的慘痛撤退行列。

沿線居民已陸續逃往深山遠處，他們不需要達官貴人樣的扣船雇車來載運細輭，一挑在身，衣被另雜，捲括一空，留下的房舍，這是比金窩還好的家園，只好揮淚暫別，太平後是不難回來重聚的，但是他們那裏知道戰爭的兇狠，敗退中的軍風紀，像扯破了臉的淫婦，橫起了心，作不法的舉動，居民離去不久，在夜色迷濛中，降臨了先頭撤退部隊，屋宇獲得名義上的保護，客氣得很，他們沒有要保護費，那末茶飯總要供給一點吧，但是居民太不識相了，臨走的時候連柴炭也不留一點，給這批寶貝，砍門窗桌椅來替代燃料，那只怪百姓自己的太小量了，不過他們旣奉命撤退，不能久留，用衝鋒的精神來後退情況下，次日續有貴客的光臨，居民旣已遠走，不好好的來招待一下，三數日後僅留殘垣斷壁，是理所當然的了，究竟比敵人的一顆炸彈，立刻化爲灰燼，要仁慈得多吧？

這一段路，一向被當局所輕視，少量的經費，復被東移西補，更顯得寒傖了，如今逢到了亂時，一日通過的車輛，幾達平時一年中所通過的數量，脆弱的橋梁經，過這種暴風雨的襲擊，立刻陷入絕境，新報修建的橋梁，詳加檢查後，撬起了橋面，竟也呈現了窳劣腐朽的大梁，這無異揭開了祕密，雖然是公開的祕密，如今是目睹的了，這也是小醜們所認爲獲得快樂的泉源，這就是苦樂的分野，難道是眞的快樂嗎？當然不，一再兒的貪污，只增強揮霍的慾願，永遠無法獲得眞正的幸福，卻帶來了毀滅，反觀堅苦的奮鬪者，還不有力的活下去嗎？

砲車是國寶，在全路粗具規模中，竟毫無預留的前閘，三噸半的限制載重牌豎立在每橋的二端，如今賴我們數枝雜木和鐵釘，經晝夜的努力，竟然能平安通過十四噸以上的砲車，心頭如釋重負，幾有飄飄欲仙的感覺，這不得不感謝上蒼的佑護了！

我們繼續着工作，敵機不斷的轟擊，仍未稍踐，但是在工程進行中，須善爲應付停滯橋梁二端的軍車，他們惡劣的心緒，更增加了蠻橫，每有槍刺相加的無理舉動，但究亦不無可理喻之處，他們也會幫助着我們工作，加速工程的完成，秀才遇着兵有理講不清的時代是已過去了。

在萬難中，不辱我們的使命，竟意外的安返了。雖經遭遇了病魔的襲擊，很快的就復原了。

寫到這裏，由於今年是復員後首度的農曆歲首，況已近十年不回家的我，不得不應付着種種習俗，短短的假期，對養路考核等工作不及詳述，這是遺憾，又何妨留待日後，就此擱筆了。

表一（甲）　**土木系教員一覽表**　三十五年十月

姓名	籍貫	職別	擔任課程	經歷	到校年月	備註
王之卓	河北豐潤	教授兼工學院院長	航空測量，最小二乘方，等	上海交通大學畢業，倫敦大學帝國學院工程師文憑，柏林工科大學博士，國立中山大學教授，國立同濟大學教授，中國地理研究所測量組研究員，國防部測量局第二處處長。	三十五年八月	
王達時	江蘇宜興	教授兼系主任	結構學，專題討論，等	上海交通大學畢業，美國米歇根大學土木工程碩士，曾任中山大學教授，復旦大學教授。	三十二年二月	
王龍甫	江蘇青浦	教授	高等結構學，高等結構計劃，鋼橋計劃，圬工及基礎，等	國立交通大學土木工程學院畢業，美國康乃爾大學土木工程碩士，博士，上海大昌建築公司工程師，國立湖南大學，中山大學西南聯大，清華大學教授。	三十五年八月	
張有齡	浙江吳興	教授	高等材料力學，彈性力學，高等水力學，水利計劃，水力學，等	國立清華大學工學士，英國曼徹斯特大學碩士，博士，貴州省政府技正，經濟部中央水工試驗所技正，國立西南聯大工學院教授，國立重慶大學工學院教授，國立四川大學教授兼土木水利工程系主任。	三十五年八月	
俞調梅	浙江吳興	教授	應用力學，材料力學，土壤力學，等	上海交通大學土木工程學士，英國倫敦帝國理工學院研究院畢業，英國倫敦大學碩士，上海東吳大學副教授，上海四維建築工程司總工程師，國立中正大學中英庚款講座教授兼土木系主任。	三十五年八月	
陳本端	江西黎川	教授	應用天文，大地測量，高等道路工程，道路材料試驗，平面測量，等	唐山交通大學土木系畢業，美國米歇根大學土木工程碩士，全國經委會公路處工程司，國立中山大學工學院教授，交通部技正，公路總局工程總處副處長，重慶工務局主任秘書。	三十四年八月	
康時清	江蘇南匯	教授	地質學，材料試驗，平面測量，等	本校民前一年土木科畢業，民四畢業於英國伯明罕大學礦科，中英礦冶工程學會正會員，倫敦皇家藝術學會會員，漢冶萍公司萍鄉煤礦代理總工程師。	十六年八月	三十一年離滬校三十二年到達渝校

表一（乙） 士木系教員一覽表 三十五年十月

姓名	籍貫	職別	擔任課程	經歷	到校年月	備註
楊培琫	廣東順德	教授	路線測量 隧道工程 工程合同等	本校七木工科學士，美國奥海奥省立大學理科碩士，曾任廣西建設廳技正，廣西平梧公路總局總工程師北洋大學工學院七木系教授。		三十一年離滬校三十四年十月復員到校
潘承梁	江蘇吳縣	教授	鐵路工程 鐵路定線 鐵路號誌 鐵路養護等	本校唐院土木工程學士，美國意利諾大學鐵路工程碩士機械工程學士曾任光華大學教授唐山交通大學教授東北大學教授河北省立工業學院教授	十九年八月	三十一年離滬校三十四年十月復員到校
葉家俊	廣東南海	教授	道路工程， 都市計劃， 道路管理， 行車觀測及管制等	本校土木科學士，美國康乃爾大學土木科碩士，密歇根大學道路工程科道路運輸科碩士，曾任鐵道部總務司長簡任技正，江蘇省建設廳技正，公路局長廣九鐵路局長	二十二年八月	三十一年離滬校三十四年復員到校
楊欽	上海市	教授	污水工程， 衛生工程計劃， 給水工程，等	國立浙江大學工學士，美國米歇根大學碩士，並曾在伊利諾大學研究曾任廣州新自來水廠工程師，浙江大學副教授，復旦大學教授，衛生署技師。	三十三年一月	
徐芝倫	江蘇江都	教授	應用力學， 材料力學， 結構計劃， 水力發電，等	國立清華大學工學士，美國哈佛大學土本工程碩士，麻省理工大學水力工程碩士，國立浙江大學教授，國立中央大學教授兼土木研究部導師資委會水力勘測總隊工程師兼設計課長	三十五年八月	
劉光文	浙江杭州市	教授	河工學， 運河工程， 水文學，等	國立清華大學工學士，美國奥海奥大學水利工程碩士，德國柏林工業大學研究院研究，揚子江水利委員會工程師，廣西大學，中央大學，復旦大學，重慶大學等校教授中央工校教授兼土木科主任	三十四年八月	
謝光華	福建閩候	教授	給水處理， 污水處理， 海港工程，等	國立清華大學工學士，美國康乃爾大學碩士，國立西北工學院教授，美國伊利諾大學區自來水廠實習工程師。	三十五年八月	
謝世澂	湖南醴陵	副教授	鋼筋混凝土學， 鋼筋混凝土計劃， 結構計劃， 房屋建築，等	國立唐山交通大學土木工程學士，美國米歇根大學土木工程碩士，暹羅 Chiristiani S Nielsen(Siam)Ltd 土木工程師，暹羅國家米業公司顧問工程師。	三十五年八月	

表一（丙）　　**土木系教員一覽表**　　三十五年十月

姓名	籍貫	職別	擔任課程	經歷	到校年月	備註
周文德	浙江杭縣	副教授	工程材料，材料力學試驗，等	國立交通大學工學士，斐陶斐勵學會榮譽會員，大夏大學高級中學科主任，大同大學教授，中國農紡學院教授，中國工程師手册編輯，臺灣公共工程局工程司兼工程幹部隊副隊長，臺灣省黨部顧問工程司	三十五年八月	
紀增爵	江蘇泰縣	講師	平面測量等，	國立同濟大學工學士，國立同濟大學助教全國水利委員會中央水利實體處技正兼水工儀器廠長，公路總局工程儀器廠總工程師	三十五年八月	
薛鴻達	江蘇江陰	講師	水力學，等	國立交通大學土木工程學士上海南洋中學數理教員，常州輔華中學數理教員。	三十五年八月	
徐同生	江蘇武進	助教	路線測量實習，結構設計報告，助理系務 等	國立交通大學土木工程學士南洋上海中學數理教員，常州輔華中學數理教員	三十五年八月	
周永源	浙江餘姚	助教	道路材料試驗實習報告，平面測量實習道路計劃報告等	國立交通大學土木工程學士光中工程公司設計員	三十五年三月	
陳世柏	廣東新會	助教	結構學習題，結構設計報告，等	嶺南大學土木工程學士	三十二年八月	
龔雨雷	浙江鄞縣	助教	路線測量實習，平面測量實習，鐵路計劃報告，等	國立交通大學土木系畢業，上海南洋中學數理教員上海市工務局技士	三十五年八月	
姚佐周	江蘇崇明	助教	高等結構學習題土壤力學習題高等結構計劃報告	國立西南聯合大學工學士	三十二年八月	
徐萃英	江蘇崐山	助教	鋼橋計劃報告，應用力學習題，材料力學習題，等	國立西南聯合大學工學士	三十二年八月	
詹道江	湖北黃安	助教	水力學習題，衞生工程計劃報告，汚水工程習題，等	國立中央大學水利系畢業	三十二年八月	
趙則儼	江蘇興化	助教	高等水力學習題，水利計劃報告，水力試驗報告，水力學習題，等	國立西南聯合大學工學士	三十五年八月	
李青岳	山東德縣	助教	應用天文習題，平面測量實習，等	國立交通大學土木系畢業	三十五年八月	
陳我軍	福建林森	助教	平面測量實習，材料試驗報告，等	國立交通大學土木系畢業	三十五年八月	

薛楠詩	江蘇武進	助 教	國立交通大學土木系畢業	鋼筋混凝土習題，鋼筋混凝土計劃報告，等	三十五年八月

表二（甲）　　土木系課程一覽表　　三十五年十月

科目	一年級				二年級				三年級				備註
	第一學期		第二學期		第一學期		第二學期		第一學期		第二學期		
	時數	學分	時數	學分	時數	學分	時數	學分	時數	學分	時數	學分	
國文	3	2	3	2									
英文	3	3	3	3									
微積分	4	4	4	4									
物理	4	3	4	3	4	3	4	3					
化學	3	3	3	3									
物理試驗	3	1	3	1	3	1	3	1					
化學試驗	3	1	3	1									
工廠實習	3	1	3	1									
畫法幾何	3	1	3	1									
工程畫	3	1	3	1									
三民主義	2		2										
體育	2		2		2		2		2		2		
軍訓	2		2										
應用力學					5	5							
微分方程					3	3							
地質學					3	3							
機動學					3	2							
經濟學					3	2							
平面測量					2	2	2	2					
平面測量實習					6	2	6	2					
材料力學							5	5					
最小二乘方							2	2					
熱機學							3	3					
水文學							3	2					
水力學							4	3					
水力試驗							3	1					
應用天文									3	2			
道路工程									3	3			
工程材料									3	2			
電工學									3	3			
路線測量實習									3	1			
河工學									3	3			
鋼筋混凝土學									3	3			
機械試驗									3	1			
結構學									3	3	3	3	
結構計劃（上）											6	2	
鋼筋混凝土計劃											6	2	
鐵路工程											3	3	
給水工程											3	3	
房屋建築											3	2	
大地測量											3	2	
大地測量實習												1	
材料試驗											3	1	
電工試驗											3	1	
路線測量									3	3			
共計	38	20	38	20	34	23	37	24	32	24	35	20	

表二（乙）　　土木系課程一覽表　　三十五年十月

科目	四年級																				備註
	第一學期										第二學期										
	結構		鐵路		道路		市政		水利		結構		鐵路		道路		市政		水利		
	時數	學分	時數	學分	時數	學分	時數	學分	時數	學分	時數	學分	時數	學分	時數	學分	時數	學分	時數	學分	
結構計劃（下）	6	2	6	2	6	2	6	2	6	2											
圬工及基礎	3	3	3	3	3	3	3	3	3	3											
污水工程	3	2	3	2	3	2	3	2	3	2											
土壤力學	4	4	4	4	4	4	4	4	3	4											選修科
航空測量	2	2	2	2	2	2	2	2	2	2											選修科
建築學	3	2	3	2	3	2	3	2	3	2											選修科
公文程式											1	1	1	1	1	1	1	1	1	1	
契約規範及估價											2	2	2	2	2	2	2	2	2	2	
高等結構學	3	3									3	3									
高等結構計劃											6	2									
高等材料力學	3	3																			
彈性力學											3	3									
橋梁工程											2	2									
鋼橋計劃	6	2	6	2	6	2															
鐵路定線			4	4																	
鐵路建築			3	3																	
養路工程			2	2																	
鐵路運輸													2	2							
鐵路計劃													3	1							
隧道工程													2	2							
車站及車場													2	2							
高等道路工程					2	2	2	2							2	2	2	2			
道路計劃															3	1					
道路材料試驗					3	1	3	1							3	1	3	1			
道路管理															3	2					
行車觀察及管理															3	3					
都市計劃					3	2	3	2													
給水處理							2	2													
衛生工程計劃							6	2									3	2			
污水及給水分析																	6	3			
污水處理																	3	2			
運河工程									3	2											
高等水力學									3	3											
海港工程																			3	3	
水工試驗																			3	1	
水力發電工程									3	3											
水利計劃									3	1											
專題討論	2	2	2	2	2	2	2	2	2	2											
論文												2		2		2		2		2	
共計	35	25	37	28	37	24	39	26	35	26	17	15	12	12	17	14	20	14	9	9	

表三　　**测量室现有仪器一览表**　　三十五年十月

(a) Transit.

Quantity	Article	Maker's Named No.	Remarks
T—1	Transit read to 1 min.	K. E. Co. No. 56151	
T—2	do	K. E. Co. No. 56152	
T—3	do	K. E. Co. No. 56316	
T—4	do	K. E. Co. No. 56318	
T—5	do	K. E. Co. No. 28122	
T—6	do	W. & L. E. Gurley No. 15491	
T—7	do	K. E. Co. No. 56227	
T—8	Transit read to 2 sec.	E. R. Watts & Son Co.	
T—9	do	Sartorius Work Co. No. 4010	
T—10	Transit read to 1 min.	K. E. Co. No 26977	
T—11	Transit read to 2 sec.	T. Haldan Co.	Broken
T—12	do	Negrett Zambra Co. No. 2243	
T—13	do	Negrett Zambra Co. No. 2314	
T—14	do	Negrett Zambra Co. No. 2304	
T—15	do	K. E. Co. No. 17398	No verticle circle
T—16	do	W. & L E. Gurley	
T—17	Transit read to 1 min.	Techanical Supply Co.	
T—18	do	~~Techanical Supply Co.~~	
T—19	Theodolite with Optical Telemeter	Zeiss No. II	
T—20	Direct Reading Tachometer	F. W. Brethaupt & Son No. 54526	
T—21	Direct Theodolite	E. R. Watts & Son No.16654	
T—22	Transit read to 1 min.	日本經緯儀株式會社 No. 3122	
T—23	Transit	Negrett & Zambra London No. 2407	
T—24	do	August Lingke Co. No.72592	Broken
T—25	do	Hapvey Main Co. No. 14833	Broken
T—26	do	K. E. Co. No. 23595	Broken
T—27	do	K. E. Co. No. 28140	Broken
T—28	do	Thomas B. Harvey Co. No. 33	Broken

(b) Level.

Quantity	Article	Maker's Named No.	Remarks
L—1	Wye Level	K. E. Co. No. 53976	
L—2	do	K. E. Co. No. 53971	

L—3	Dumpy Level	K. E. Co. No. 56214	
L—4	do	K. E. Co. No. 56220	
L—5	Dumpy Level with Compass	K. E. Co. No. 36841	
L—6	do	K. E. Co. No. 36773	
L—7	Precise Level	Sartarius Work Co. No. 1908	
L—8	Dumy Level with Compass	Sartarius Work Co. No. 2852	
L—9	do	Wahn Cassel Co. No. 54296	
L—10	Wye Level	No mark and no number	
L—11	Precise Level	Zeiss Co. No. 28615	
L—12	Dumpy Level	E. R. Watts & Son No. 14034	
L—13	Dumpy Level with Compass	K. E. Co. No. 58746	
L—14	Dumpy Level with Compass	K. E. Co. No. 83569	
L—15	Wye Level	C. L. Berger Son. No. 3348	
L—16	do	T. & S. Co.	
L—17	do	K. E. Co. No. 39433	
L—18	Dumpy Level	N. & Z. Co. No. 2822	No tripod
L—19	do	N. & Z. Co. No. 2182	
L—20	do	N. & Z. Co. No. 2261	
L—21	do	K. E. Co. No. 24198	Cross-hair Broken
L—22	Precise Level II	Zeiss Co. No. 35862	
L—23	Precise Level II(B)	Zeiss Co. No. 53986	
L—24	Wye Level	No mark No. 1159	
L—25	Level	E. R. Watt Co. No. 7852	Broken
L—26	do	Stanley Co. No. 113282	Broken
L—27	do	K. E. Co No. 27812	Broken
L—28	do	Davis White & Co. No. 8602	Broken
L—29	do	E. R. W. & Son Co. No. 15690	Broken

(c) Plane Table

P. L.—1	Plane Table with Alidade	K. E. Co. No. 54943
P. L.—2	ditto	K. E. Co. No. 54970
P. L.—3	do	K. E. Co. No. 54960
P. L.—4	do	K. E. Co.
P. L.—5	do	K. E. Co.
P. L.—6	do	K. E. Co.
P. L.—7	do	Zeiss Co.
P. L.—8	do	E. R. Watts & Son Co. No. 16662

P. L.—9	Plane table with Alidade	The A. Lietz Co.	Broken
P. 1.—1	小平板儀	上海保權工藝廠	
P. 1.—2	,,	,,	
P. 1.—3	,,	,,	
P. 1.—4	,,	,,	
P. 1.—5	,,	,,	
P. 1.—6	,,	,,	
P. 1.—7	,,	,,	
P. 1.—8	,,	,,	
P. 1.—9	,,	,,	
P. 1.—10	,,	,,	
P. 1.—11	,,	,,	
P. 1.—12	,,	,,	
P. 1.—13	,,	中國儀器廠	
P. 1.—14	,,	,,	
P. 1.—15	,,	上海四達尺廠 No. 503	
P. 1.—16	,,	,,	
P. 1.—17	,,	,,	
P. 1.—18	,,	The A. Lietz Co.	

(d) Sextant.

S—1	Sextant	K. E. Co. No. 58072
S—2	do	Thomas & Son Co.
S—3	do	Thomas & Son Co.
S—4	do	
S—5	do.	E. H. Hughes & Son Co No. 19208
S—6	do	Heath & Co. No. 888
S—7	do	Heath & Co. No. 570

(e) Current Meter

Cm—1	Current Meter	W. & L.E. Gurley No. 29566
Cm—2	do	K. E. Co. No. 5020
Cm—3	do	E. R. Watts & Son Co.
Cm—4	do	
Cm—5	do	中央水工儀器廠 No. 108

(f) Tape & Chain

1	50m Invar Tape	K. E. Co. No. 1764	
4	Standard Steel Tape	K. E. Co. Nos. 5155 5156 13785 13786	
10	50m Steel Tape	K. E. Co.	Broken
14	100ft Steel Tape	K. E. Co.	Broken
1	100ft Steel Tape	K. E. Co.	
3	50ft Steel Tape	K. E. Co.	Broken
3	25m Steel Tape		
4	50ft Woven Tape	K. E. Co.	Broken
5	50ft Woven Tape	K. E. Co.	Broken
6	100ft Steel Chain	K. E. Co.	
4	66ft Steel Tape	K. E. Co.	
14	30m Steel Tape with pocket	K. E. Co.	
4	20m Steel Tape		
5	30m Woven Tape		

(g) Leveling & Stadia Rod

4	Precise Invar Leveling Staff	
2	Leveling Rod for "grama" No. 36	
4	Tacheometer Rod	
10	Leveling Rod	6 K. E. Co.
10	12ft Leveling Rod	
8	Stadia Rod	
16	2m Range Pole	
20	2m Range Pole	
5	4m Leveling Rod	
5	3m Stadia Rod	
24	3m Rang Pole	

(h) Miscellaneous Instruments.

3	Rail Road Curve	(one 17 pieces only)
6	Planimeter	K. E. Co. Nos. 15496 1575 1590 1594 1609 7399
2	Altimeter (Paulin System Barometer)	
2	Aneroid Barometer	
3	Pocket Transit	
1	Zeiss Zenith Telescope	

5	Telescope	Broken
10	Hand Level	3 Broken
1	Hand Level with Compass	
1	Beam Compass	
1	Beam Campass (No Beam)	
4	Compass	
1	Pedometer	
1	Tallying Machine	
1	Map Measure No. 1092	
6	Cox's Stadia Computer	
3	Spring Balance	Broken
6	Color Glass & Prism for eyepiece	
1	Solar Attachment (for T-1)	
2	Angle Mirror No. 5750	
2	Handle	
1	Zeiss Short Distance Measuring Microscope	
2	Brass Protractor	
1	Field Glass	Broken
1	Tape Mending	
5	Plumb Bob	
1	Pantograph	
395	Pin	
8	三角網架（連頂）	
10	3m pole	
6	手電筒	
3	鋸子	
5	斧頭	
13	小木錘	
7	帆布袋	
4	馬燈	
5	儀器用油布傘（連鐵脚）	
4	鏟草刀	
40	行軍床	

十二月二十六日大公報載，"本系教授陣容極爲充實；除原有康時清、楊培琫、潘承梁三老，及王達時、陳本端、楊欽、劉光文諸教授外，新聘有張有齡、蔡方蔭、俞調梅、葉家俊、徐芝倫、王龍甫等教授，皆國內土木界權威。聞將有土木工程研究所之設"。據記者探詢有關當局云，此事極有可能，如然，則吾土木系將展開更光榮之一頁矣。（三十五年）

表四　　测量室拟添置仪器一览表　　三十五年十月

(KEUFFL & ESSER CO.)

Quantity	Articles	Description
8	Engineering Transit	Read to 1 min.
4	Engineering Transit	Read to 30 sec.
4	Transit	Read to 20 sec.
4	Transit	Read to 10 sec.
4	Theodolite	Read to 1 sec. with solar attachment and lifhting device
8	Engineering Level	
4	Precise Level	With striding level
20	Hand Level	
10	Plane Table	
15	Peep Sight Plane Table	Traverse table
15	Metric Steel Tape	50 meters
15	Metric Cloth Tape	30 meters
8	Current Meter	
16	Telescope	
12	Drawing Instrument	
2	Sample of Route Curve: (a)Metric System (b)English System	
2	Sample of Road Crown: (a)Metric System (b)English System	
8	Sextant	
6	Aneroid Barometer	
16	Stadia Slide Rule	
18	Pedometer	
18	Odometer	
10	Civil Engineering Slide Rule	
16	Protracture	with vernier
10	General Engineering Slide Rule	
6	Log. Log. Duplex Slide Rule	
6	Sounding Apparatus	rod type
2	Drawing Machine	
8	Precise Leveling Rod	
12	Stadia Rod	metric system
2	7590cm Lo-Var Tape	50 meters, with suitable spring balance
2	Base Bar	with accessories
2	7409 Tape Mending Outfit	
2	7410 Tape Mending Tool	

表五　道路材料試驗室現有儀器表　三十五年十月

Quantity	Articles
1	Deval Abrasion Machine with motor
1	Diamond Core Drill Press with motor
1	Diamond Saw and Grinding Lap with motor
2	Darry Hardness Testing Ma hine with motor
1	Impact Machine for Toughness Test with motor
1	Ball Grinding Mill with motor
1	Briquette-forming Machine
1	Impact Machine for Cementation Test with motor
1	Standard Rattler for Paving Brick with motor
1	Ro- Tap Testing Sieve Shaker with motor
1	Platform Scale with scoop
1	Anvil, length 19"
1	Freas Electric oven equipped with revolving shelf
1	Smith Ductility Machine with motor
1	Vacuum Pump with motor
1	Ratarex-Seperator with motor
1	Jolly Balance, complete with light and heavy springs and stops, and aluminum and glass pans
1	Set of Hydrometers
11	Hubberd Pycuometer
1	Sprengel Tube
2	Nicol Tube
2	Cleveland Open Cup Tester
1	Tag Closed Tester
2	Ring and Ball Apparatus
2	Distillation Apparatus(A. S. T M.)consiting of distillation flask, condenser tube and matel shield with asbestos covers.
17	Thermometer
1	Float Test Apparatus, consiting of 2 aluminum floats and 8 brass collars.
1	Cubic Brass Mould
1	Analytical Balance with set of analytical weight
1	Dessicatior
54	Porcelain Gooch Crucible
19	Porcelain Evaporating Dishes

8	Graduated Cylinder 1000 c.c.
2	Gradu. ted Cylinder 500 c.e.
1	Graduated Cylinder 200 c.c.
2	Graduated Cylinder 100 c.c.
2	Graduatsd Cylinder 50 c.c.
6	Graduated Cylinder 25 c.c.
1	Graduated Cylinder 10 c.c.
11	Distilation Flask
9	Flask
4	Erlenmyer Flask
10	Glass Beaker
2	Burettle 50 c.c.
1	Burettle 20 c.c.
11	Aluminum Beaker
8	Test Tube
7	La Chatelier Apparatus
10	Bunsen Burner
29	Iron Rings
23	Ring-Stand
6	Iron Tripod Stand
1	Gas Oven for general drying purpose
1	10" evaporating dish
1	Balance, capacity 3 kg.
1	Balance for sand
1	Drying Oven for soi
1	Balance
1	Drill
19	Aluminum Beaker with wooden handle
1	Sieve Brush
40	Dish
4	Aluminum Dish
3	Clamp
11	Knife
1	Imuersion Heater
4	Hydrometer
1	Ramer
1	Set of Ductility mould 10 pieces
3	Iron Plate

10 Brass Plate
4 Bath
7 Seive
1 Set of U. S. Standard Sieves Diam. 8"
1 Set of Sieves Diam. 5"
1 Centrifuge
5 Spatula
7 Pipettes-Dropping
5 Square Glass Plates
3 Burette 100 c.c.
25 Watch Glass
40 Porcelain Dish
35 Aluminum Evaporating Dishes with Cover
26 Glass Dish
2 Stop Watch
1 Liquid Limit Testing Machine
1 Portable Stirrer Apparatus
1 Soit Stirrer Apparatus
1 Sample Splitter
1 Hbbbard-Field Asphalt Stability Testing Machine
1 Liquid Specific Gravity Apparatus
1 Brass Hot Water Bath
11 Glass Funnel
1 Copper Still

第六屆土木工程學會

會　長　李霞熹
副會長　王兆熊
總　務　周[illegible]　陳道[illegible]
學　術　[illegible]　[illegible]之[illegible]
康　樂　[illegible]　何孝[illegible]
會　計　[illegible]
出　納　黃德恆

表六　**道路材料試驗室擬添置儀器表**　三十五年十月

Quantity	Articlesa & Description
4	"Atmos" Vacuum Pump with motor, Type E13, Volts, 220
10	Penetromter, E. S. & Howard Manufactured
10	Engler, Viscosimeter Aimer & Amend Co.
10	Sybolt-Fnrol Viscosimeter, Standard Type
6	Jolly Balance, Completed with light and heavy springs and stops and aluminum and glass pans A. H. Thomas Co.
10	Ring and Ball Apparatus (for Bituminous Materials) Consiting of an 800 c.c. beaker with metal cover, two stand steel balls and two standard brass rings. Eimer Amend
10	Distillation Apparatus (for Bituminous Material)
10	Float Test Apparatus (for Bituminous Materials) Aimer & Amend
2	Analytical Balance, Chainomatic Type, Christian Beckereng Inc. N. y.
10	Dessicator
2	Drying Oven (for Bituminous Materials) Volts: 220 Watts: 660 Sargents' Electric Drying Oven
2	Drying Oven (for Soils) Volts:220 Amp. 7.5 "Freas"
2	Refrigirator, Any type.
10	Set of U. S. Standard Sieves. Diam. 8", Height 2", Nos. 10, 20, 30, 40, 50, 80, 100, 200, with Cover and Reciever. Sargent
16	La Chatelier Flask, E. & A.
16	Stopestch, E. & A.
10	Spatula, Stainless steel blade, flexible, length of blade 75mm., width.¾" Sargent
10	Cleveland Open Cup Tester, Aimer & Amend Co.
10	Tag Closed Tester, Aimer & Amend Co.
50	Graduated Cylinder 1000 c.c.
50	Graduated Cylinder 500 c.c.
50	Graduated Cylinder 250 c.c.
50	Graduated Cylinder 100 c.c.
20	Distillation Flask
20	Erlenmyer Flask
50	Bunson Burner
20	10" Evaporating Dish, Thomas.
1	Mechanical Parts for a Circular Track for Testing Highway Surface Materials Teat Laboratory of Bureau of Public Roads, Artington, Verginia, U. S. A.

表七　　**衛生試驗室儀器一覽表**　　三十五年十月

Quantity	Articles & Description
9	Microscope
2	Colorimeter, U. S. Geological Survey Standard
1	Autoclave
1	Analytical Balance
1	Electric Incubator
1	Incubator
1	Sterilizer
1	Jackson Turbidimeter's Frame
1	Jackson Turbidimeter's Metal Extension Tube
1	Jackson Turbidimeter's Short tnbe
1	Electric Refrigerator
1	Set of Refrigerators accessories
6	Abb's Drawing Apparatus
7	Occular Micrometer
1	Micro-photographic drawing apparatus
5	Vertical Condenser
1	Alcohol Lamp
1	Setof Hellige Comparison with 2 pH disks
20	Pipette, Different sizes
5	Meker's Burner
9	Aspirator
7	Mohr's Burette
2	Sets of Funnels (3 for one set)
2	Rafter's Filter
10	Boiling Flask
10	Erlenmyer Flask
4	Volumetric Flak 100 c.c. Cap.
5	Volumetric Flask 250 c.c. Cap.
4	Volumetric Flask 500 c.c. Cap.
2	Distilled Water Flask
1	Box of Flask, small size
5	Automatic Burette
3	Dropping Bottle
10	Wide mouth Bottle 1000 c.c.

2	Reagant bottle 100 c.c.
40	Reagant bottle 300 c.c.
20	Reagant bottle 500 c.c.
4	Sets of Pyrex beaker
2	Boxes of Durham's Fermentation Tube
24	Fermentation Tube, Inverted Vial
60	Nesseler Tube
8	Wooden Frames for Nesseler Tube
6	Graduated Cylinder 25 c.c.
1	Graduated Cylinder 1000 c.c.

表八 衛生試驗室擬添置儀器表 三十五年十月

(1) Patterson Mixing Unit (to be attached to ceiling)
Patterson Foundry & Machine Co.

(2) Gravimetric Feeder
Syntron Co. 300N. Lexington Ave. Pittsburgh, Pa.

(3) pH Controlled Dry Chemical Feeder
Syntron Co.

(4) Proportional Chlor-o-Feeder for Variable Flow Rates
Proportioneers Inc. 91 Cpdding Street, Providence R. I.

(5) Phipps & Birb Solutson Feeder
Phipps & Bird Inc. 915 East Cary St. Richmond, Va.

(6) Rate of Flow Controller
International Filter Oo. 59 East Van Buren St. Chicago, III.

(7) Aerators, (various types, one for each type)
International Filter Co.

(8) Water Level Controller
International Filter Co.

(9) Recarbonator
International Filter Co.

(10) Venturi Tubes & Meter
International Filter Co.

(11) Gramercy B. O. D. Incubator
Eimer & Amond Inc. Third Ave., 18th. to 19th St. New York

(12) Hellige Comparator (for pH & Chlorine Control)
Hellige Inc. 3702 Northern Blod. Long Island City, N. Y.

(13) Hellige Turbidimeter
Helling Inc.

(14) Friez Weighing Recording Rain and Snow Gauge
Inlien P. Friez & Sons, Inc. Bathmore St. & Central Ave. Bathmore, Maryland.

Note: All the apparatus or appertenances listed above will be used for illustrative purposes and therefore the smallest sizes available are to be preferable.

表九 普通材料試驗室儀器一覽表 三十五年十月

Quantity	Articles & Description
1	100,000-lb. Universal Testing Machine, complete with accessories. (Screw gear type, motor driven)
1	20,000-lb. Universal Testing Machine, complete with accesories.
1	30,000-lb. Universal Tesing Machine, complete with accessories.
1	30 mkg. L. O. S Impact Machine
1	10,000 inch-pound Riehle Torsion Machine
1	30 mkg. Amsler Impact Machine.
1	"Brio" Hardness Testing Machine.
3	Riehle Briquette Testing Machine.
1	"Riehle" Briquette Testing Machine. (motor driven)
1	Beaum Hammer
1	Electric Oven
1	65,000-lb. Compression Machine (hydraulic type)
2	Sets of Standard Sieves
1	Marten's Reflection Extensometer.
2	8-inch. Extensometers with micrometers.
1	2-inch. Extensometer.
1	Amsler Standard Caliberation Box.
1	Beam Deflectometer.
3	Deflectometers
1	Shearing Tool.
1	Amsler Hardness Testing Apparatus (Depth imprint type)
9	Vicat needles
6	Spatula
2	Gilmore Spatula
2	5-kg. Balance
6	2-kg. Scop balance
1	Cement Test balance
4	Le Chatelier bottles for Cement test
1	Autorecording apparatus
1	Compressometer for testing concrete cylinder.
1	Set of Brass moulds for Briquitte-making
1	Set of O. I. moulds for Cylinders
1	Set of O. I. moulds for Cubes.
1	Electric Lantern for showing slids
200	Rock Specimens
2	Boxes of Ottawa Standard Sand
1	Box of British Standard Sand
1	Cold Bend Machine
1	Set of Frames for concrete tests.

表十　　普通材料試驗室擬添置儀器表　　三十五年十月

Quantity	Articles & Description
1	Amsler Universal Testing Machine, hydraulic type. Capacity 100 metric tons, complete with accessories including pendulum dynamometer, oil pumps, grippingtools, etc., etc.
1	Amsler Universal Testing Machine, hydaaulic type. Capacity 30 metric tons, complete with accessories.
1	Amsler Compression Machine, hydraulic type, with spring gage as measuring device;-the machine is provided with a spherical bearing plate and the same machine can be use to test beams resting on supports on floor of the laboratory. An extra supply of oils for the above machines sufficent to last one year at least.
1	Amsler Torsion machine capable of conducting torsion and tension tests together, capacity 1200 kg.
1	Amsler Pendulum Impact Testing Machine, capacity 30 kg.
3	Briquette Testing Machines made by Riehle or Olsen Co. with sufficient quantity of lead shots.
2	Prove Rings for caliberation of testing machines up to 100 metric tons capacity.
2	Olsen 2-inch gage Extensometers read to thousandth of an anch.
2	Sets of 8-inch dia. U. S. Standard sieves.
3	Sets of Standand Sieves with cover and bottom for Making cement fineness test according to British Standard.
1	Electric operating sieve shaker with clock.
6	Vicat needles with hard rubber rings to hold mortar.
1	Hardness Testing Machsne (Amsler type)
1	Gage marking tool for marking 8 inch gage marks at one inch intervals.
1	Riehle Torsion meter for 300 ft-lb machine.
1	Olsen cement curing box made of Soapstone, complete with glass slabs.
1	5-kg. balance with flat pans complete with set of scale.
1	Electric Lantern for illustrating photo slides.
200	Pieces of important mineral specimens.
200	Pieces of common rock samples for class illustration.
1	High power microscope for petrological study, preferably with Zeiss lens, complete with accessories including 300 pieces slides for common minerals & rocks.
1	Balance read to 1/10 of a mg,complete with a box of fractional weights.

表十一 土壤力學試驗室擬置儀器表 三十五年十月

Quantity	Articles & Description
4	Soil Sampler, Proctor type, 3"inside dia.with 2 sets of extra brass tube and cup
4	Soil Sampler, M. I. T. type, 5" inside dia.
4	Soil Sampler, Spoon-type, for disturbed samples, 3" inside diameter
4	Auger & Extension, A. S. T. M. designation D420 Auger 36" from end of blade to handle, dia. 1.5 in. Extension 36" long
2	Sample Splitter, Riffle type, A. S. T. M. designations C41 C77, C78, C136, D421.
1	Analytical Balance, Capacity, 200g., Sensitiveness, 1/20mg., Set of weights of 20g. to 1g.
2	Metric Solution Balance in Carrying Case, Capacity, 5kgs. Sensitivenness, 500mg., including set of weights.
4	Torsion Balance, for quick weighing. Capacity, 4.5kg.
4	Set of weights, 500g. to 1g.
4	Sieving Machine, for 3" sieve
2	Set of four 3" sieves, Nos. 4, 10, 40, and 200 (U.S. Std.) with pan and cover
2	Set of five 2.5" sieves, 1mm., 0.5mm., Nos.60, 140 and 300-mesh, with pan and cover
4	Soil Dispersion Cup & Stirrer, for use with Bouyoucos Hydrometer. For 220 volts, 60 cycles A. C. Complete with cup and Stainless steel propeller. Also with a replacement propeller, and 4 replacement baffles
2	Constant Temperature (67°F) Hydrometer jar Bath, for 220 volts 60 cycle A. C. 8" x 38" x 15" deep
20	Hydrometer, graduated in grams of soil per liter at 67°F.
20	Hydrometer, graduated in sp. gr. at 67°F. from 1.000 to 1.050 in steps of 0.001
4	Dispersion Stirrer for use with pipette analysis, for 220 volts, 60 cycles A. C. with 1 extra stirring blade
4	Shaw pipette rack, for 25 ml. pipette
4	Shaw pipette rack, for 10 ml. pipette
8	Liquid Limit Deveice, A. S. T. M. D423 without grooving tool
8	Grooving tool, A. S. T. M.
8	Grooving tool, Casagrande
4	Shrinkang Factor Apparatus
2	Sticky Point Tester, Olmstead
1	Moisture Equivalent Centrifuge, for 220 volts, 60 cycles A. S. T. M. D425
1	Percolation & Settlement Testing Apparatus, U. S. Bureau of Reclamation design complement with 6 springs & dial gages. 2 sets of 5 percolation tubes (20, 30, 40, 50, 60mm)
2	Replacement Porous Stone for percolation & Settlement Apparatus
1	Triaxial Soil Compression Apparatus

Quntity	Art'cles & Description
1	Amico-Hveem Stabilometer
10	Soil pressure cell and indicator
1	Soil Resistivity Meter, for sub-surface earth expration by electrical method
4	proctor Cylinder Tamper and Soil Plasticity Needle, with 7 interchangeable stain'ess steel points, complete with brass compacting compacting cylinder, Proctor tamper steel straight edge 12" long and wrenches, with case
1	Permeameter for Compacted Soil
8	Soil Compression Device, Terzaghi design, Complete with loading frame and two micrometer dials, 2.75" inside dia.
8	Replacement Porous Stones for Terzaghi Soil Compression Device
8	Soil Compression Device, Casagrande Design, complete with micrometer dial and loading device 2.530" inside dia.
8	Replacement Porous Stone for Casagrande Soil Compression Device
8	Shear Test Machine, 2.5" square specimens, complete with mounting table and dials
1	Set of Plastograph, seepaper by Rhodes A. S. T. M. Paoc., 1936
4	La Motte Soil Testing Outfit
1	Drying Oven, for 220 volts, 60 cycles A. C. 24" x 14" x 14"high, 3-Heat Switch Control
1	Los Angles Brasion Machine ,for 220 volts, 60 cycles A. C.
1	Drying Oven, for 220 volts, 60 cycles A. C. 24" x 14" x 14" high, 3-Heat Switch & bimetal thermo-regulator control
1	Refrigirators, for 220 volts, 60 cycles A. C.
15	Stop Watches, seven-jewels
20	Pycnqmeter (sp. gr. bottle), 50 c.c., with perforated stopper, Pyrex
30	Beaker, 250 ml., Pyrex
30	Beaker, 400 ml., Pryex
20	Graduated Cylinder, 25 ml. by 0.2 ml., soft glass
20	Graduated Cylinder, 1000 ml by 10 ml., soft glass
10	Dessicator, 10" dia. accomostx 200 ml., beakers
10	Hydrometer Jar, 18" tall, graduated at 1000 ml., soft glass
100	Watch Glass Clamp
100	Watch Glass, Matched, 3" dia.
50	Porcelain Crucible, 25 ml
20	Evaporating Dish, 120 ml., dia
40	Evaporating Dish, 80 ml. dia.
10	Motar and Pestle (coverd with rubber), Porcelain, 130mm. dia. by 80mm. deep
20	Thermometers, 100 C.
20	Thermometers, 250 C.
20	Diales for Spare use' suitable for shear, compression and stabilometer tests
50	Spatulas

表十二　　水力試驗室擬添置儀器表　　三十五年十月

Quant'ty	Articles & Description
6	Pitot Tubes, Single opening, with stuffing box, scale for radial position of impact opening and pointer
2	Self-reading pitometer, connect to differential pressure gage
1	Water meter, low pressure meter---Parkinson's Low pressure meter
1	Water meter, Inferential metea—Tylor's Inferential water meter
1	Water meter, Positive meter– Kent "Uniform meter"
1	Water Meter for waste detection "Deacon" meter
4	Automatic gaging devices
2	Venturi meter, with dials or Self-reeording device Integrating mechanism
2	Venturi meter, with dials or Self-recording device, Drum with clock driving mechanism
1	Bourdon gages, with or without Self-recording device
1	Micro-differential gages, Range: 50 1b./sq. in.
1	Micro-differential gages, Range: 100 1b/sq. in.
2	Automatic water weighing apparatus, Tip cup or syphon type
1	Automatic water weighing apparatus, Lever type
2	Current meter, "Price" type---with automstic reading
2	Current meter, "Ott" type---with electric device
8	Hook gage, with micrometer reading
12	Point gage, with micrometer readings
1	Crifice meter with dial
1	Contour-mapping device used on hydraulic models
4	Standard nozzles, Various types
1	Viscosimeters, Engler type
1	Viscosimeters, Sybolt univ. type
2	Centrifugal pumps: inlet pipe dia.=3 in. outlet pipe dia.=2 in. head pumped against=25ft. to 30ft. Single & multi Stage
2	Centrifugal pumps: inlet pipe dia.=3 in. outlet pipe dia.=2 in. head pumped against=25ft. to 30ft. Single & multi-Stage
2	Propellor pump, single & multi-stage
1	Rotary pump
1	Reciprocating pump: 12" Duplex plunger and ri g or piston pump 1 " section; 8"delivery, 12" stroke for pressure up to 100 lb./sq. in.

1	Pump, deep well-turbine
1	Hydraulic rams
1	Impulse turbine (about 2 H.P. under 15ft.head)
1	Francis turbine (about 40 H. P. under 15ft. head)
1	Kaplan turbine

同學錄

民三十六級

姓名	別號	性別	年齡	籍貫	通訊處
胡傳聲	名揚	男	二三	湖北武昌	湖北武昌青山鎮郵局
徐秀嵐	工穆	男	二二	江蘇鹽城	江蘇泰州沙溝徐莊
李培德		男	二一	南京市	南京北平路三十六號
曾繁和		男	二四	四川渠縣	四川達縣正街可儀
楊興芳		男	二四	四川達縣	四川達縣南趙家場
萬正達	揚煌	男	二四	四川梁山	四川梁山屏錦鎮
朱慧風		男	二一	浙江鄞縣	漢口江漢路鴻祥綢緞局
王兆熊		男	二五	浙江吳興	上海林森中路 1273 弄 20 號王紫霜轉
黃德恆		男	二五	江蘇海門	江蘇海門縣虹橋鎮
寧國鈞	博銘	男	二五	湖南邵陽	湖南邵陽儒林街萬義油坊
陳邁		男	二三	浙江慈谿	浙江慈谿西鄉官橋
李德基		男	二二	上海市	上海建國西路四九六弄四四號
李震熹	召之	男	二三	江蘇嘉定	上海永福路五一號
呂崇周		男	二四	浙江奉化	南京中山東路三三號
祝慕高	去疾	男	二二	浙江海寧	浙江海寧袁花鎮習坎街
范廣居	一隅	男	二三	江蘇靖江	江蘇靖江西門外恆豐昌號轉
范迪信	君實	男	二四	安徽懷縣	安徽懷遠老城門內范家
何誠志		男	二二	浙江杭州	上海思南路四七號
吳璹		男	二一	江蘇江都	揚州甘泉街一九四號
俞乃新		男	二三	浙江新昌	浙江新昌澄潭鎮
談松曦	立鈞	男	二三	江蘇宜興	江蘇宜興徐舍鎮鶴灘
王慶壽		男	二三	湖北漢陽	四川巴縣銅罐驛寧和分號
陳森	子鑫	男	二一	安徽廣德	安徽廣德狀元坊
葉中		男	二二	江蘇吳縣	上海紹興路愛麥新邨二三四號
林炳華		男	二二	廣東中山	南京軍委會戰地服務團
朱寶庸		男	二四	南京市	上海南昌路美樂坊二四號徐宅轉
倪尹明		男	二四	浙江吳興	南京絨莊街一七號
尹祖翼		男	二五	江蘇武進	常州北門外小新橋
馮啓德		男	二二	廣東番禺	上海愚園路六六八弄三一五號
楊運生	鼎新	男	二四	山東肥城	濟南劉家莊地字二九號
田恕高	心如	男	二四	浙江紹興	浙江紹興塔山下辛街伽藍殿前五號

姓名	別號	性別	年齡	籍貫	通訊處
曹健人		男	二四	陝西三原	陝西城固西城巷二八號
胡功業	進修	男	二四	安徽蕪湖	蕪湖倉前鋪河沿三三號
吳松鶴		男	二四	安徽太和	太和原牆集交泰利號
周世政	大保	男	二四	浙江吳興	上海麥根路世德里二三號

民三十七級

姓名	別號	性別	年齡	籍貫	通訊處
方　衎		男	二二	安徽桐城	安徽桐城北門方老屋
王志銳		男	二一	浙江嘉善	浙江嘉善中和弄九號
王學藝		男	二一	廣東中山	上海威海衞路六八八號
王燊麟		男	二一	安徽懷遠	本校
王敏之		男	二一	浙江杭州	上海重慶南路三德坊五號
王蔭槐		男	二三	河南汝南	河南汝南般店
王一渚		男	二六	山東萊陽	山東萊陽沐浴店郵局
王　毅		男	二四	安徽壽縣	安徽合肥下塘集
王鐵生		男	二一	湖南衡陽	上海大夏大學轉
王必火		男	二四	浙江吳興	本校
白瑞庭		男	二三	甘肅莊浪	甘肅莊浪縣白雲鄉
朱懋麟	龜年	男	二四	江蘇江都	揚州地官第八號
朱　書		男	二二	廣東茂名	廣東茂名白土郵局轉
朱咸熙		男	二三	江蘇金山	江蘇金山下塘街一六號
朱浩柏		男	二四	湖南長沙	湖南長沙河西鄉馬頭壩郵局轉
朱燊名		男	二二	四川巴縣	四川巴縣蔡家鄉
李峻量		男	二〇	湖南寧鄉	南京漢府街桃源邨一號之四
李龍翥		男	二一	湖南長沙	湖南長沙東鄉大賢鎮北山
李寶林		男	二二	四川長壽	四川長壽縣萬順鄉
李寅賓		男	二四	南京	本校
李肇楚		男	二五	湖北安陸	湖北安陸西正街交
李毓璋		男	二二	河南鞏縣	河南鞏縣迴郭鎮
李珣濤		男	二四	河南郟縣	河南郟縣構林鎮
李廣明		男	二二	四川巴縣	四川重慶中正路四四〇號
吳澂南		男	二四	江蘇武進	武進西門外嘉澤鎮
吳永禎		男	二五	四川綦江	四川綦江三角鎮
金新康		男	二一	江蘇嘉定	蘇州古吳路七八號
宋　瀚		男	二三	河南林縣	開封平等街七一號
周成懋		男	二二	廣西鬱林	廣西鬱林北街巨盛棧轉

姓名	別號	性別	年齡	籍貫	通訊處
周啓太		男	二一	湖北鄂城	本校
周石安		男	三一	江蘇武進	無錫漕橋
周紹鏞		男	二四	湖北枝江	湖北枝江董市萬源義轉
呂紹謨		男	二五	安徽繁昌	安徽繁昌中街
胡連文		男	二三	安徽嘉山	安徽津浦明光南市大街胡祥泰後進
胡樹傑		男	二三	湖北麻城	湖北沙市三民街三四街
胡甲年		男	二二	浙江杭州	本校
高言潔		男	二一	貴州貴陽	貴陽文筆街五號
高興詩		男	二三	湖南乾城	湖南乾城胡家塘
汪熊祥		男	二二	江蘇吳縣	本校
徐民基		男	二一	江蘇江陰	南京單碑樓四號
徐祖森		男	二四	浙江長興	本校
倪志琦		男	二三	江蘇南通	鎮江新西門橋
倪修蓮		男	二三	江蘇句容	南京大板巷八九號
倪敏夫		男	二三	浙江吳興	浙江吳興雙林虹橋弄一七號
柴錫賢		男	二一	浙江慈谿	寧波慈北柴家畈
馬國華		男	二二	河南淅川	本校
袁福晉		男	二二	安徽合肥	安徽合肥四牌樓東五〇號
邵延寬		男	二三	浙江吳興	浙江吳興眠佛寺街三九號
耿毓義		男	二四	山東滋陽	山東滋陽西橋南街一一號
柳克鑄		男	二八	湖南長沙	上海遼陽路三七七號
屈義坎		男	二四	四川瀘縣	四川榮昌清江場
許賢武		男	二一	北平市	上海復興中路一一九五號
曾餘印		男	二五	浙江平陽	浙江平陽北港山門馬路
程濟凡		男	二二	安徽懷寧	安慶北門外懷甯源潭鋪
傅家濟		男	二七	福建福州	福州西洪路一〇四號
馮叔瑜		男	二二	四川鄰水	四川鄰水九龍鎮郵轉
張秋		男	二一	江蘇江寧	西安合作管理處轉
張國軍		男	二三	安徽安慶	安徽懷寧桊市街三六號
湯明儒		男	二三	安徽繁昌	本校
陳以日		男	二二	廣東大埔	廣東大埔三河梓里信箱交
陳升暘		男	二二	湖南湘潭	湖南湘潭吟江
葛如亮		男	二一	浙江奉化	奉化泰橋
楊琪		女	二一	江蘇寶山	上海金神父路花園坊六二號
楊鶴生		男	二五	雲南大理	杭州里仁坊巷二四號
黃蔭洲		男	二三	湖北孝感	孝感三汊埠
蔡維元		男	二四	浙江吳興	上海山海關路會興邨一五號

姓名	別號	性別	年齡	籍貫	通訊處
葉嘯虎		男	二二	安徽桐城	桐城操口巷二〇號
趙永清		男	二一	江蘇崑山	本校
趙之華		男	二五	四川雲陽	四川雲陽瓦琢溪
盧廣才		男	二三	江蘇淮陰	江蘇淮陰漁溝鎮
歐儒剛		男	二二	四川廣安	四川廣安代市鎮
鄭筠		男	二二	江蘇溧水	上海巨福路永康新邨七三號
鄭朝磐		男	一九	福建福州	南京中山北路二三五號
鄭昌虎		男	二一	南京	南京柳葉街二五號
鄭銓		男	二二	江蘇溧水	上海巨福路永康新邨七三號
戴行孝		男	二三	浙江鄞縣	本校
羅裕		男	二一	湖南長沙	上海狄思威路天同路壽蔭坊甲一號
蘇慶芳		男	二三	浙江紹興	浙江百官章鎮中興號
顧以敬					
嚴克剛		男	二一	江蘇無錫	江蘇無錫陸區橋
蕭永鈞		男	二三	湖北漢陽	漢陽蔡甸官塘角

民三十八級

姓名	別號	性別	年齡	籍貫	通訊處
牛克夷		男	二一	河南滑縣	河南滑縣南申寨
王玉華		男	二一	山東濰縣	山東濰縣南張氏莊
王少祂		男	二一	湖北宜昌	湖北宜昌樂善堂街六七號
王守憲		男	二二	安徽潁上縣	安徽潁上縣南巷子老財委會對門王宅
王振歷		男	二一	河南西平	河南西平書院街九號
王繼唐		男	二二	河南新鄉	河南新鄉北花園村
方璜		男	二五	山西陽高	平綏路羅文皂車站于成泉轉
向傳壁		男	二〇	四川萬縣	四川萬縣三馬路九一轉
朱俊賢		男	二〇	河南南陽	河南南陽界中
杜璉		男	二三	河南輝縣	河南輝縣城內朱氏胡同
宋迺聰		男	二二	山西文水	山西文水北徐村
何授生		男	二三	湖北武昌	
何孝俅		男	二三	福建福州	福州北後街七三號
吳天生		男	一九	浙江義烏	浙江義烏大元
吳兆桐		男	二〇	浙江諸暨	浙江諸暨楓橋吳家村九號
李毓珽		男	二一	山西霍縣	山西霍縣李家莊
李昂		男	二一	山西崞縣	山西崞縣郜莊
李蔚思		男	二一	湖南寧遠	湖南寧遠花橋禮仕灣

姓名	別號	性別	年齡	籍貫	通訊處
汪文清		男	二一	浙江於潛	浙江於潛太陽
范正宇		男	二〇	湖北漢口	漢口漢正街武聖三巷五號
胡志明		男	二〇	甘肅天水	甘肅天水北鄉新陽鎮
段　堅		男	二三	山西陽高	上海交通大學
班一騏		男	二一	安徽巢縣	上海交通大學
常士驄		男	二一	山西榆次縣	山西榆次縣輞村
徐作斌		男	二〇	四川萬縣	萬縣偏石板橫街一三號
徐銘祖		男	二一	浙江鎮海	鎮海東碶外河塘
陳　帛		男	二〇	湖北漢口	漢口郵政局尹定治轉
陳[illegible]民		男	二三	江蘇高郵	江蘇高郵社稷壇
陳　庠		男	二三	湖北蘄春	蘄春檀林河
唐祖緒		男	二二	甘肅鎮原	甘肅涇川縣黨原鎮同興堂
馬鑑先		男	二一	河南內鄉	河南內鄉王店雙盛昶
馬品倘		男	二三	江蘇沛縣	沛縣馬家寺
章奉明		男	二二	湖北	湖北漢川三汊潭
曹典瓛		男	二一	湖南長沙	長沙小吳門外瑞豐米廠
崔　寬		男	二一	湖北江陵	湖北江陵縣城內朝南巷一號田宅轉
郭宛芬		女	二〇	廣東南海	廣東南海大同鄉
程學志		男	二〇	四川江津	四川巴縣界石文化街五號
賈駿祥		男	二一	江蘇寶應	寶應唐志巷
盛禮法		男	二三	浙江吳興	浙江吳興埭溪
孫潤生		男	二二	河南偃師	河南偃師大口鎮
孫海寧		男	二一	江蘇阜寧	阜寧益林大孫鄉
焦仕民		男	二二	山西忻縣	上海交通大學
張鍾祺		男	二一	浙江杭縣	上海交通大學
張正彝		男	二一	浙江鄞縣	上海交通大學
張祖蔭		男	一九	江蘇武進	武進東直街一〇號
張培性		男	二一	河南唐河	河南唐河興隆鎮
張　琳		男	一九	甘肅臨洮	臨洮北街光武巷一八號
張光俊		男	二〇	湖北武昌	武昌牙厘局街二八號
賀彌堅		男	二二	湖南湘鄉	湖南湘鄉永豐太平市兆佳堂
舒家驊		男	二一	安徽宿松	安徽宿松縣正街舒宅
黃希楨		男	一九	四川資中	四川資中歸德鄉郵轉
黃起鴻		男	二四	湖南醴陵	湖南醴陵黃桶嘴
黃世鏞		男	二一	廣東清遠	廣東清遠龍頸興隆街一號
趙元博		男	二〇	廣東南海	南京碑亭巷華報館
趙振民		男	二一	山東蓬萊	青島天津路八號

姓名	別號	性別	年齡	籍籍	通訊處
趙成憲		男	二二	綏遠五原	五原邬家地與農堂
趙國藩		男	二二	山西汾陽	山西汾陽蕭家莊
趙孝山		男	二三	江蘇宿遷	宿遷洋河鎮
虞倍聲		男	二〇	江蘇無錫	無錫黃士塘
湯煥章		男	二二	江蘇江都	江都北柳巷四一號
楊永森		男	二二	安徽合肥	合肥北門
楊挺生		男	二〇	江蘇鎮江	南昌郵政管理局楊孝達轉
楊武陵		男	二〇	湖南醴陵	湖南岳陽粵漢路工務第二總段楊善鳳轉
厲良輔		男	二〇	浙江東陽	上海交通大學
董策華		男	二三	湖北松滋	湖北松滋街河市
葉平子		男	二一	河北任邱	河北任邱北小征村
葉景鋼		男	二一	廣東南海	廣州廣三鐵路邵邊站橫江北村葉十宅
羅克強		男	二二	四川江北	四川江北縣復興場
劉威		男	二一	湖北武昌	武昌東鄉油坊嶺
齊士銑		男	二四	北平	北平東四二條三號
顧昌海		男	二〇	江蘇無錫	無錫藥皇廟弄一號
顧圭章		男	二〇	上海	上海中正中路四二四弄一八號
顧嘉典		男	二〇	湖南常德	常德北門外正街九如齋轉
竇其山		男	二一	安徽合肥	合肥北鄉三十頭春社廟
嚴可法		男	二〇	江蘇泰興	江蘇泰興黃橋嚴徐莊
譚虎門		男	二一	江蘇高郵	

勘　誤　表

頁次	行次	字次	誤	正
1	2	9	比	此
1	20	22	空	立
3	14	34	時	成
4	16	37	其	甚
5	17	26	(d)	(b)
5	22	14	弧	弦
5	28	10	弧	弦
5	35	4	弦	弧
6	7	3	【理四】	【理三】
6	9	9	n°	n
7	28	1	(b)	(d)
8	22	3	4	3
8	34	2	弧	距
9	12	1	弦	距
9	12	8	距	弦
9	13	11,21	距	弦
9	13	26,35	弦	距
9	13	8	L	M
9	28	5	3	4
10	2	18	弧	弦
11	11	27	弧	螺
12	2	3	DR	OR
13	14	20,21	O	D
15	38	23	度	渡
16	17	11	經	結
17	3	13	,、	—
17	3,5,6,8,各項內		e	ρ
20	21	7	CBC′	CB
21	12	20	B—B	B—B
21	19	29	δi	Si
21	20		Pccos(PcSc)Sc+Pdcos(PdSd)Sd−Sbs=0	Pccos(Pcδc)δc+Pdcos(Pdδd)δd−sδb=0
21	21	9	Sc	δ^c
24	表		R_o/R	R_o/Ri
25	末行		$(-\rho)$	$(R-\rho)$

土木工程學會歷屆會長錄

第一屆	會　長	薛傳道
第二屆	會　長	蔡驄濤
	副會長	李邦平
第三屆	會　長	徐　永
	副會長	楊　琪
第四屆	會　長	沈乃萃
	副會長	李邦平
第五屆	會　長	沈乃萃
	副會長	李邦平
第六屆	會　長	李震熹
	副會長	王兆熊

費新記營造廠

上海康平路一五四弄二二號
電話七八八七〇

南京中山路一〇一之三號

總經理 費新嘉

本廠承造
一切大小
建築鋼骨
水泥工程
經驗豐富
工作迅速
如蒙承造
無任歡迎

FEI SIN KEE

GENERAL BUILDING CONTRACTOR
No. 22/154 KANG PING ROAD
SHANGHAI. TEL. 78870

No. 3/101 CHUNG SEI ROAD NANKING
MANEGER FEI SING KIA

《交大工程》简介

《交大工程》(*Chiao Tung Engineering*)于1947年4月在上海创刊,系综合性工程类期刊,刊期不详。由交通大学工学院编印,中文刊名为校长凌鸿勋题写。仅出版1期即停刊。

1945年抗战胜利后,交通大学由重庆迁回至上海原址复学,综合渝校时期工程方面六个系三个专修科,即土木工程、机械工程、电机工程、航空工程、造船工程、工业管理六系,电信、轮机、航海三个专修科,组成工学院。该刊由工学院编印发行。

创刊号包括论著、译述、报告、消息四个栏目。论著栏目共有8篇文章,涉及结构学中的四力矩定理、新材料应用后轴在设计上的新变化、静磁电子透镜理论、空气动力学中的约束型风洞、“经济分批产量”公式的应用问题、人造纤维的发展、国内船舶性能的检讨、海上安全标准问题,均为严肃的专题学术论文。译述栏目有2篇文章,介绍英国航空研究院超音速风洞设计和德国高速风洞的研究成果。报告栏目则登载了有关热敏电阻器的特性与应用。消息栏目发布了王之卓考察美国测量制图事业的感悟,还有工学院概况。

该刊较为知名的撰稿人有空气动力学家曹鹤荪,航空摄影测量与遥感专家王之卓,造船学家辛一心,华裔美国水文学家周文德,电机专家杨锦山等。

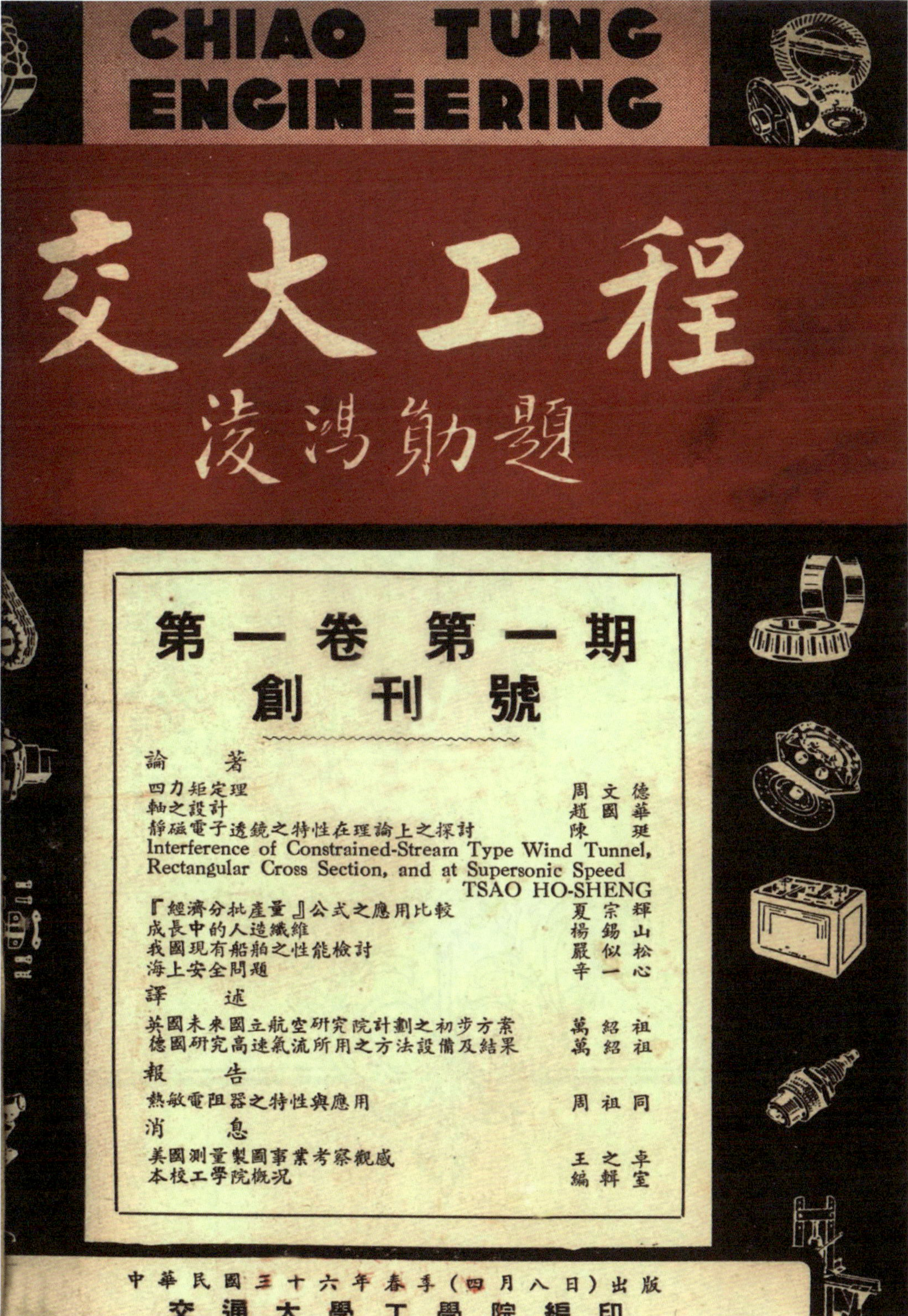

CHIAO TUNG ENGINEERING

交大工程

淩鴻勛題

第一卷 第一期
創刊號

論著

四力矩定理 周文德
軸之設計 趙國華
靜磁電子透鏡之特性在理論上之探討 陳珽
Interference of Constrained-Stream Type Wind Tunnel, Rectangular Cross Section, and at Supersonic Speed TSAO HO-SHENG
『經濟分批產量』公式之應用比較 夏宗輝
成長中的人造纖維 楊錫山
我國現有船舶之性能檢討 嚴似松
海上安全問題 辛一心

譯述

英國未來國立航空研究院計劃之初步方案 萬紹祖
德國研究高速氣流所用之方法設備及結果 萬紹祖

報告

熱敏電阻器之特性與應用 周祖同

消息

美國測量製圖事業考察觀感 王之卓
本校工學院概況 編輯室

中華民國三十六年春季（四月八日）出版
交通大學工學院編印

四力矩定理

周文德

(Viermomentensatz)

(一)概 說

靜力不定式剛構之數學解法，種類繁多。據美國 Cross 教授之意見(註1)，乃將各種解法大別為二大類，即「架構之內功法」及「連續性幾何法」是也。前者包括最早之 Maxwell氏基本「工作法」，Mohr 氏之「虛功法」及 Castigliano 氏之「最小工作法」；後者則更可分劃為「節點位移法」及「連續性法」二種。節點位移法者取節點之位移為未知値而解出之方法也，如Maney 氏之「坡度變位法」屬之；連續性法者乃取肢端之力矩，角度，等為分配物，利用剛構之連續性而分布於各構肢之方法也，主要者如Cross氏之「力矩分配法」，Grinter氏之「角度分配法」，Zuter 之「定點法」，Russel 及Evans氏之「約束法」等等及將連續構肢端之力矩用方程以表達其連續性之 Bleich 氏「四力矩法」。

前述各種方法大都通用於各國，惟其中有一頗饒興趣之事實，即為四力矩法在以往常僅限用於歐洲諸國，正如力矩分配法盛行於美國之情形相同。由是歐洲學者固不善於力矩分配法之應用而美國學者亦不常注意及四力矩法之重要。今我國大學中之結構學課本，普通以美國版居多，所述者常忽及四力矩法之應用，玆特簡略介紹四力矩法及其定理之要義，俾供學子課餘之參攷。

Bleich 氏之四力矩定理實與 Clapeyron 氏之三力矩定理可相互稱為姊妹定理，蓋均取肢端之力矩為直接未知値並以聯列方程式表示其間之關係也，但後者僅限用於連續梁及具有連續梁性之剛構，而前者更可廣及一切連續剛構。

用四力矩定理解連續剛構，即將連接肢端之力矩能由一普遍方程式曰「四力矩方程式」者以表達之，因而不問其剛構之組織如何複雜，其靜力不定之程度如何大小，均得適用。故結構學中常認為最困難之 Lohseträger，Vierendeelträger 及 Vierendeel 拱等複雜剛構無不可藉之迎刃而解也。

(二)基本方程式

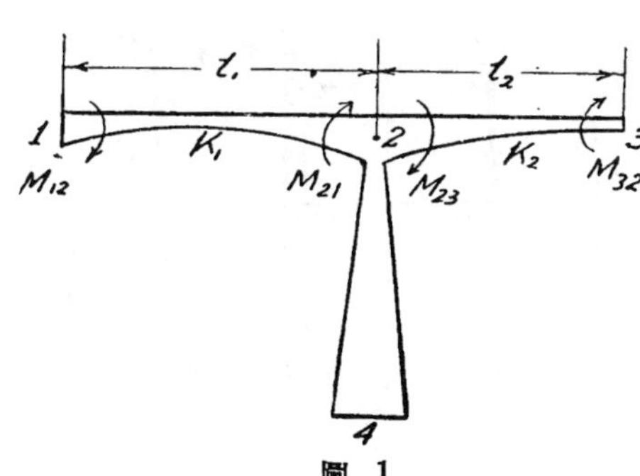

圖 1

取任意剛構中一節點2及其相連之構肢21，23，24 等如圖 1 所示。應用坡度變位法之基本公式(註2)可得

$$M_{12}=2EK_1[C_{21}\theta_1+\theta_2-(1+C_{21})R_1]-F_{12} \quad\cdots\cdots(1)$$

$$M_{21}=2EK_1[C_{12}\theta_2+\theta_1-(1+C_{12})R_1]-F_{21} \quad\cdots\cdots(2)$$

$$M_{23}=2EK_2[C_{32}\theta_2+\theta_3-(1+C_{32})R_2]-F_{23} \quad\cdots\cdots(3)$$

$$M_{32}=2EK_2[C_{23}\theta_3+\theta_2-(1+C_{23})R_2]-F_{32} \quad\cdots\cdots(4)$$

式中之 F_{12}，F_{21}，F_{23}，F_{32} 為載重所生之固定端力矩；C_{21}，C_{12}，C_{32}，C_{23} 為遞過因數（Carry-over

Factor)之倒數；K_1K_2爲反剛度係數(Coefficient of antistiffness)。

由(1)式解得θ_1而代入(2)式，得

$$C_{21}M_{21}-M_{12}=2EN_1\theta_2+H_{21}-2EN_1R_1 \quad\cdots\cdots(5)$$

式中 $H_{21}=F_{12}-F_{21}C_{21}$，$N_1=K_1(C_{12}C_{21}-1)$.

次由(3)式解得θ_3而代入4式，得

$$M_{32}-C_{23}M_{23}=2EN_2\theta_2+H_{23}-2EN_2R_2 \quad\cdots\cdots(6)$$

式中$H_{23}=C_{23}F_{23}-F_{32}$，$N_2=K_2(1-C_{23}C_{32})$.

消去(5)(6)二式中之θ_2，化簡得

$$N_2M_{12}-N_2C_{21}M_{21}-N_1C_{23}M_{23}+N_1M_{32}=N_1H_{23}-N_2H_{21}+2EN_1N_2(R_1-R_2)=(7)$$

此卽爲四力矩方程式之普遍基本形式。式中$N_1H_{23}-N_2H_{21}$謂之「載重項」，須視構肢上載重情定而確定其數值。

若構肢之斷面大小均各自一律，卽均爲角柱構肢(註3)(Prismatic member)時，則

$$C_{12}=C_{21}=C_{23}=C_{32}=2,$$

$$N_1=3K_1,\quad N_2=-3K_2,\quad H_{21}=F_{12}-2F_{21},\quad H_{23}=2F_{23}-F_{32}.$$

又設 $K_1=\frac{I_2}{l_2}$，$K_2=\frac{I_2}{l_2}$

$$M_1=M_{12},\quad M_2=-M_{21},\quad M_3=-M_{23},\quad M_4=M_{32}.$$

M_1，M_2，M_3，M_4等之正負均採用「梁之符號」(Beam convention)。則(7)式變爲四力矩方程式之通用形式如下：

$$M_1\frac{l_1}{I_1}+2M_2\frac{l_1}{I_1}+2M_3\frac{l_2}{I_2}+M_4\frac{l_2}{I_2}=H_{21}\frac{l_1}{I_1}+H_{23}\frac{l_2}{I_2}+6E(R_1-R_2)\quad\cdots\cdots(8)$$

又設各構肢之斷面形式一律相等，或$I_1=I_2$。於是，得

$$M_1l_1+2M_2l_1+2M_3l_2+M_4l_2=H_{21}l_1+H_2+{}_3l_26E(R_1-R_2)\quad\cdots\cdots(9)$$

又若取消構肢24，使成一連續梁之一部分 1-2-3，則$M_2=M_3$，而(9)式變爲

$$M_1l_2+2(l_1+l_2)M_2+M_4l_2=H_{21}l_1+H_{23}l_2+6E(R_1-R_2)\quad\cdots\cdots(10)$$

此卽材料力學中常遇之三力矩方程式也。

(三)四力矩定理之應用

今舉例以說明四力矩定理之應用。

〔例〕 試解圖2(a)所示之剛構。

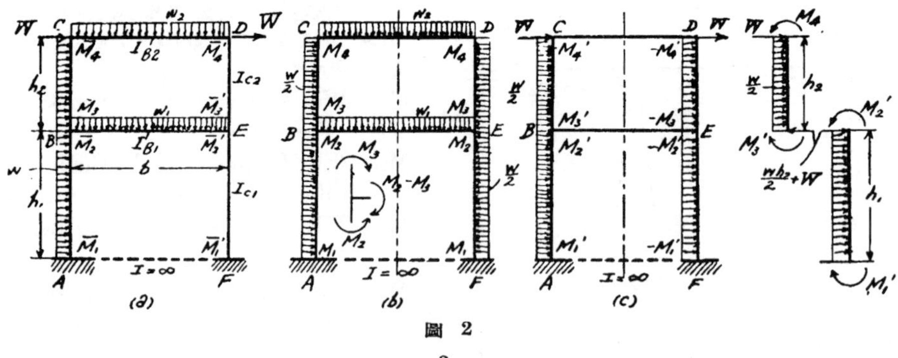

圖 2

條件： $b=10m.$ $h_1=8m.$ $h_2=6m.$

$w_1=4t./m.$ $w_2=3t./m.$ $w=0.6t./m.$ $W=1t.$

$I_{B1}=2I_{B2}=\frac{1}{4}I_{C1}=\frac{5}{6}I_{C2}$

〔解〕 本剛構中有肢端力矩8個及柱之變位2個，合計未知値共10個，故屬10次靜力不定度之靜力不定式剛構。

又本題中僅有均布載重，故四力矩方程式中之載重項須先求得之。按均布載重之定端力矩爲

$$F_{12}=-F_{21}=-\frac{1}{12}wl^2$$

故 $$H_{21}=F_{12}-2F_{21}=-\frac{1}{4}wl^2.$$

今將原剛構分爲二種剛構如圖2(b)及(c)所示，則

在(b)圖中： 未知量有 M_1,M_2,M_3,M_4四個，應用四力矩方程式(8)如下，聯列解之卽得四者之值。

F—A—B: $2M_1\frac{h_1}{I_{C1}}+M_2\frac{h_1}{I_{C1}}=-\frac{1}{4}(\frac{w}{2})h_1^2(\frac{h_1}{I_{C1}})$

A—B—E: $M_1(\frac{h_1}{I_{C1}})+M_2(2\frac{h_1}{I_{C1}}+3\frac{b}{I_{B1}})-3M_3(\frac{b}{I_{B1}})=-\frac{1}{4}(\frac{w}{2})h_1^2(\frac{h_1}{I_{C1}})^2-\frac{1}{4}w_1b^2(\frac{b}{I_{B1}})$

E—B—C:(註4) $-3M_2(\frac{b}{I_{B1}})+M_3(3\frac{b}{I_{B1}}+2\frac{h_2}{I_{C2}})+M_4(\frac{h_2}{I_{C2}})=\frac{1}{4}w_1b^2(\frac{b}{I_{B1}})-\frac{w}{2}\cdot\frac{h_2^2}{4}\cdot(\frac{h_2}{I_{C2}})$

B—C—D: $M_3(\frac{h_2}{I_{C2}})+M_4(2\frac{h_2}{I_{C2}}+3\frac{b}{I_{B2}})=-\frac{w}{2}\cdot\frac{h_2^2}{4}(\frac{h_2}{I_{C2}})-\frac{1}{4}w_2b^2(\frac{b}{I_{B2}})$

將所給數值代入上列各式，得

$$4M_1+2M_2=-9.6$$
$$2M_1+34M_2-30M_3=-1009.6$$
$$-30M_2-40M_3+5M_4=+986.5$$
$$5M_3+70M_4=-1513.5$$

解上列各式，得

$M_1=+5.98t.m.$

$M_2=-16.76t\ m.$

$M_3=+14.48t.m.$

$M_4=-22.65t.m.$

$M_2-M_3=-31.8t.m.$

在(c)圖中： 未知量有M_1',M_2',M_3',M_4'及R_1,R_2等6個。今用四力矩方程式解M_1'並用平衡方程式以確定R。

F—A—B: $2(\frac{h_1}{I_{C1}})M_1'+M_2'(\frac{h_1}{I_{C1}})+6ER_1=-\frac{w}{2}\cdot\frac{h_1^2}{4}(\frac{h_1}{I_{C1}})$

A—B—E: $(\frac{h_1}{I_{C1}})M_1'+M_2'(2\frac{h_1}{I_{C1}}+\frac{b}{I_{C1}})-M_3'(\frac{b}{I_{C1}})-6ER_1=-\frac{w}{2}\cdot\frac{h_1^2}{4}(\frac{h_1}{I_{C1}})$

E—B—C: $-M_2'(\frac{b}{I_{C1}})+M_3'(\frac{2h_2}{I_{C2}}+\frac{b}{I_{C1}})+M_4'(\frac{h_2}{I_{C2}})+6ER_2=-\frac{w}{2}\cdot\frac{h_2^2}{4}(\frac{h_2}{I_{C2}})$

B—C—D: $M_3'(\frac{h_2}{I_{C2}})+M_4'(2\frac{h_2}{I_{C2}}+\frac{b}{I_{B2}})-6ER_2=-\frac{w}{2}\cdot\frac{h_2^2}{4}(\frac{h_2}{I_{C2}})$

將前後二式各自相加以消去R，得

$$3\left(\frac{h_1}{I_{C1}}\right)M_1'+M_2'\left(3\frac{h_1}{I_{C1}}+\frac{b}{I_{B1}}\right)-M_3'\left(\frac{b}{I_{B1}}\right)=-\frac{w}{4}h_1^2\left(\frac{h_1}{I_{C1}}\right)$$

$$-\left(\frac{b}{I_{C1}}\right)M_2'+M_3'\left(3\frac{h_2}{I_{C2}}+\frac{b}{I_{B1}}\right)+M_4'\left(3\frac{h_2}{I_{C2}}+\frac{b}{I_{B2}}\right)=-\frac{w}{4}h_2^2\left(\frac{h_2}{I_{C2}}\right)$$

又取出 AB 及 BC，作二個平衡方程式如下，並將數值代入：

$$M_3'=M_4'-Wh_2-\frac{w}{2}\cdot\frac{h_2^2}{2}=M_4'-11.4$$

$$M_1'=M_2'-Wh_1-\frac{w}{2}\cdot\frac{h_1^2}{2}-\frac{w}{2}h_1h_2=M_2'-320.$$

將M_3'及M_1'代入消去R後之二式中，並將數值代入，得

$$22M_2'-10M_4'=+58.8$$

$$-10M_2'+60M_4'=+258$$

解以上各式，得

$M_1'=-27$t.m.　　　　$M_4'=+5.13$t.m.

$M_2'=+5$t.m.　　　　$(M_2'-M_3')=11.27$t.m.

$M_3'=-6.27$t.m.

合併(b)及(c)圖之結果，得

$$\overline{M}_1=+5.98-27.0=-21.02\text{t.m.}$$

$$\overline{M}_2=-16.76+5.0=-11.76\text{t.m.}$$

$$\overline{M}_3=+14.48-6.27=+8.21\text{t.m.}$$

$$\overline{M}_4=-22.65+5.13=-1.752\text{t.m.}$$

$$\overline{M}_2-\overline{M}_3=-31.8+11.27=-20.53\text{t.m.}$$

$$\overline{M}_1'=+5.98+27.0=+32.98\text{t.m.}$$

$$\overline{M}_2'=-16.76-5.0=-21.76\text{t.m.}$$

$$\overline{M}_3'=+14.48+6.27=+20.75\text{t.m.}$$

$$\overline{M}_4'=-22.65-5.13=-27.78\text{t.m.}$$

$$\overline{M}_2'-\overline{M}_3'=-31.8-11.27=-43.07\text{t.m.}$$

（四）角方程式（Die Winkelgleichungen）

斜構肢之剛構中，常因構肢長度之變化及構肢間角度之變更而不易直接察得各構肢之R 值者可用「角方程式」求得R 值間之相互關係。然後再用四力矩定理解決之。

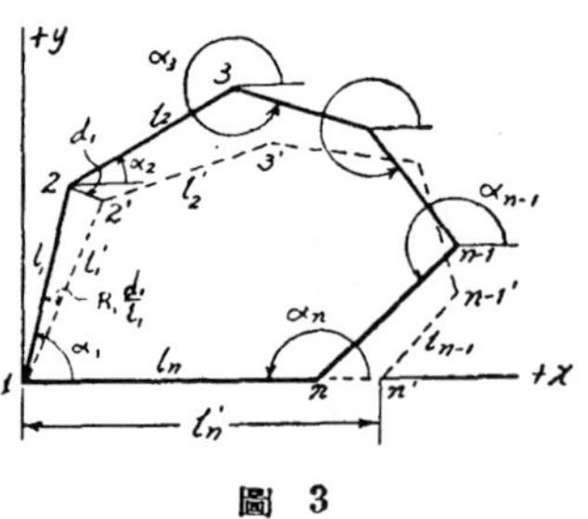

圖　3

如圖 3 所示之閉鎖多邊形在變形後仍爲一閉鎖形，故

$\Sigma l\cos\alpha=0$，　　　　$\Sigma l\sin\alpha=0$

$\Sigma l'\cos\alpha'=0$　　　　$\Sigma l'\sin\alpha'=0$

今設構肢伸長Δl而角減少R，即

$l'=l+\Delta l$　　　　$\alpha'=\alpha-R$

此處$+\Delta l$表示構肢伸長之意，+ R 表示順時針向旋轉之意，於是

$$l'\cos\alpha' = (l+\Delta l)\cos(\alpha - R) = (l+\Delta l)(\cos\alpha + R\sin\alpha)$$

其中之R值極小，故 $\cos R=1$, $\sin R=R$.

上式或作 $l'\cos\alpha' = l\cos\alpha + \Delta l\cos\alpha + R\cdot l\sin\alpha$

但因 $\Delta l\cdot R\sin\alpha$ 甚小，故可相去不計。

同理，得 $l'\sin\alpha' = l\sin\alpha + \Delta l\sin\alpha - R\cdot l\cos\alpha$

因 $\Sigma l'\cos\alpha' = 0$ $\Sigma l'\sin\alpha' = 0$

故 $\Sigma l\cdot\cos\alpha + \Sigma\Delta l\cos\alpha + \Sigma R\cdot l\sin\alpha = 0$

$\Sigma l\sin\alpha + \Sigma\Delta l\sin\alpha - \Sigma R\cdot l\cos\alpha = 0$

又因 $\Sigma l\cos\alpha = 0$ $\Sigma l\sin\alpha = 0$、

故得

$$\left.\begin{aligned}&\Sigma\Delta l\cos\alpha + \Sigma R\cdot l\sin\alpha = 0\\ &\Sigma\Delta l\sin\alpha - \Sigma R\cdot l\cos\alpha = 0\end{aligned}\right\}\cdots\cdots\cdots\cdots\cdots\cdots(11)$$

上式謂之角方程式，係表示變位 R 及肢長變更 Δl 間之關係之公式。普通屬於直線型之構肢，其 Δl 值十分渺小，可不加計及，但對於拱型構肢則 Δl 值較鉅，必須列入式內。

〔例〕 試在圖 4 所示之剛構中，求得各構肢之變位 R 及變長 Δl 間之關係。

〔解〕 應用(11)式如圖中所示箭頭方向進行之。

ABCD: $\Delta_2 l\cos\alpha + h_1R_1 + (h_2-h_1)R_2 - h_2R_3 = 0$

$\Delta_1 l + \Delta_2 l\sin\alpha - \Delta_3 l - l_1R_2 = 0$

DEFH: $\Delta_5 l + h_2R_3 + h_3R_4 - h_3R_4' - h_2R_3' = 0$

$\Delta_3 l + \Delta_4 l - \Delta_4' l - \Delta_3' l - l_2R_5 = 0$

HGIJ: $\Delta_2' l\cos\alpha + h_2R_3' - (h_2-h_1)R_2' - h_1R_1' = 0$

$\Delta_3' l - \Delta_2' l\sin\alpha - \Delta_1' l - l_1R_2' = 0$

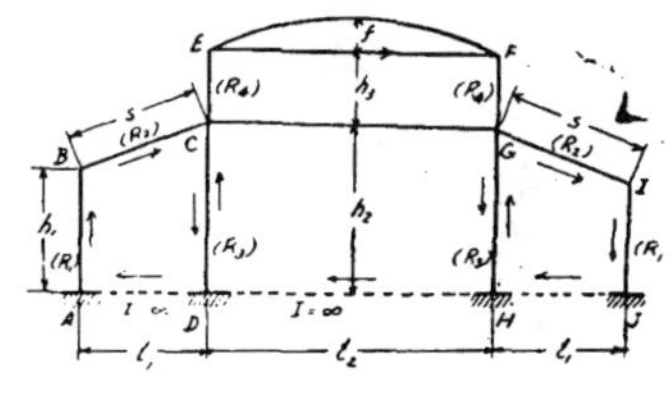

圖 4

上式中拱型構肢 EF 之跨長變化 Δ_5 應須計及，其餘變長 Δl 值可以省去。則得

$h_1R_1 + (h_2-h_1)R_2 - h_2R_3 = 0$

$l_1R_2 = 0$

$\Delta_5 l + h_2R_3 + h_3R_4 - h_3R'_4 - h_2R'_3 = 0$

$l_2R_5 = 0$

$h_2R_3' - (h_2-h_1)R_2' - h_1R_1 = 0$

$l_1R_2' = 0$

解以上各式，得

$$R_2 = R_2' = R_5 = 0,\quad R_1 = \frac{h_2}{h_1}R_3,\quad R_1' = \frac{h_2}{h_1}R_{2'}$$

$$(R_4' - R_4) = \frac{\Delta_5 l}{h_3} - \frac{h_2}{h_1}(R_3' - R_3)$$

註1. 參閱 Hardy Cross 著 "The Column Analogy", p. 71. § 26.

註2. 參閱拙著 "Analysis of Continuous Frames" Eg. (10) 及 (11)

註3. 參閱拙著"結構學原理" p. 291.

註4. M之符號應須注意，起初取A-B-E時，假定B點之力矩爲↺，C點爲↻，然後取 E-B-C 時，須使B點之力矩爲↻，C點爲↺。

軸之設計

趙 國 華

概 論

關於軸之設計，迄乎今日，咸根據軸料之抗剪强度（Sheoring Strength）。惟近來研究受合成應力（Combined Stresses）之材料之性質，頗多新的發現，有助於軸之設計者良多。今根據實驗結果，建立設計之公式，並爲便於應用起見，製成設計圖表，藉以選取任何載荷（Loading）情形時所需之軸徑。

軸之一般設計

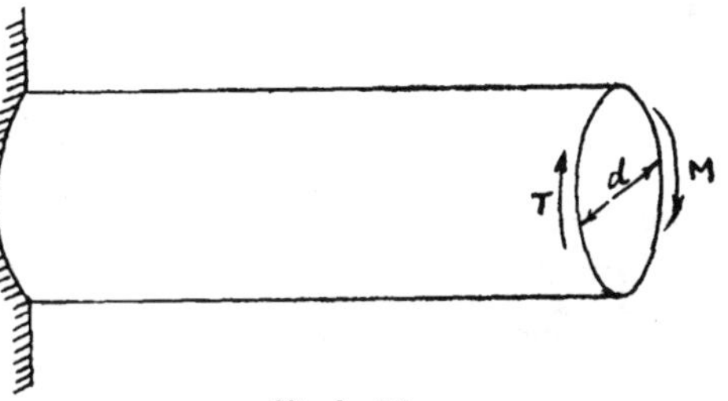

設有圓軸受扭轉矩(Twirting Moment) T 及彎曲矩（Bending Moment）M 作用，如第1圖所示，在此情形受力最重之部分莫如頂部及底部之纖維(Fiber)，其所受彎曲應力及扭轉應力均最大，即

$$\sigma = \frac{32M}{\pi d^3}, \quad \tau = \frac{16T}{\pi d^3}, \qquad (1)$$

第 1 圖

其 d 爲軸之直徑，由此求得主應力（Principal Stress）爲

$$\sigma_1 = \frac{\sigma}{2} + \sqrt{\left(\frac{\sigma}{2}\right)^2 + \tau^2} = \frac{16M}{\pi d^3} + \sqrt{\left(\frac{16M}{\pi d^3}\right)^2 + \left(\frac{16T}{\pi d^3}\right)^2}$$
$$\sigma_2 = \frac{\sigma}{2} - \sqrt{\left(\frac{\sigma}{2}\right)^2 + \tau^2} = \frac{16M}{\pi d^3} - \sqrt{\left(\frac{16M}{\pi d^3}\right)^2 + \left(\frac{16T}{\pi d^3}\right)^2} \qquad (2)$$

最大抗剪應力（Shearing Stress）爲此兩主應力之差之半，即

$$\tau_{max} = \frac{\sigma_1 - \sigma_2}{2} = \sqrt{\left(\frac{16M}{\pi d^3}\right)^2 + \left(\frac{16T}{\pi d^3}\right)^2} \qquad (3)$$

以往軸之設計咸根據最大剪力說(Maximum Shear Theory)，即 (3) 之最大抗剪應力不得超過簡單張力（Simple Tension）中可能發生之最大抗剪應力，後者之值爲 $\frac{\sigma_{y.p}}{2}$，其 $\sigma_{y.p}$ 爲簡單張力之屈服點（Yield Point）故根據上說，軸徑可由次式定之：

$$\sqrt{\left(\frac{16M}{\pi d^3}\right)^2 + \left(\frac{16T}{\pi d^3}\right)^2} = \frac{\sigma_{y.p}}{2} \qquad (4)$$

設計時，上式中屈服應力 $\sigma_{y.p}$ 須代以工作應力(Working Stress) σ_w，而得

$$\sqrt{\left(\frac{16M}{\pi d^3}\right)^2 + \left(\frac{16T}{\pi d^3}\right)^2} = \frac{\sigma_w}{2} \qquad (5)$$

即 $d = 2.17\left(\frac{T}{\sigma_w}\right)^{\frac{1}{3}}\left(\sqrt{R^2+1}\right)^{\frac{1}{3}}$

或 $d = 2.17\left(\frac{M}{\sigma_w}\right)^{\frac{1}{3}}\left(\sqrt{R'^2+1}\right)^{\frac{1}{3}}$ (6)

其 R=載荷比（Loading Ratio）$\frac{M}{T}$，又 R'=載荷比 $\frac{T}{M}$

傳遞動力(Power)之軸所受彎曲應力每當迴轉半週張壓必交變一次。軸料抵抗交變應力(Alternating Stresses)之强度低於得自靜力試驗中之極限强度(Ultimate Strength)，且因應力循環(Stress Cycle)之增而益低。此即所謂疲乏(Fatigue)也。目下設計此項軸時採用一安全因數(Factor of Safety)，即取實際載荷之k倍，亦即設計時所用之彎曲矩相當於靜力矩之k倍。對於受漸加(Gradually Applied)及恆定(Steady)載荷之迴轉軸，取因數k=1.5。如載荷足以產生震動(Shock)者，k值可高至3.0。今設第1圖之軸爲受漸加載荷之迴轉軸，取k=1.5，則(5)式中其M應代以1.5M，由此得軸徑之值爲

$$d = 2.17\left(\frac{T}{\sigma_w}\right)^{\frac{1}{3}}\left(\sqrt{2.25R^2+1}\right)^{\frac{1}{3}}$$

或

$$d = 2.17\left(\frac{M}{\sigma_w}\right)^{\frac{1}{3}}\left(\sqrt{2.25+R'^2}\right)^{\frac{1}{3}} \tag{7}$$

近來由研究疲乏中材料之機械性質(Mechanical Property)而知採用前法之設計，其結果頗有差誤，是須依據實驗結果另創一說。茲先說明金屬抵抗交變應力之强度。

金屬抵抗交變應力之强度

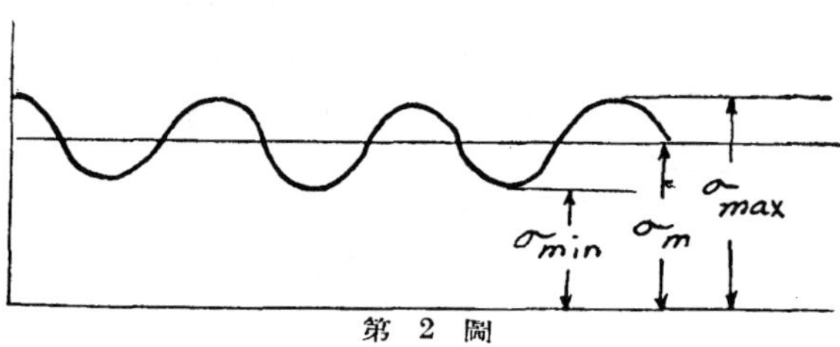

第 2 圖

交變應力之一般情形中其應力由最小値 σ_{min} 變至最高値 σ_{max}，如第2圖所示，其平均値爲 σ_m。故此項應力相當於一靜應力(Static Stress) σ_m 加上一變應力(Variable Stress) σ_r。此兩應力之値爲

$$\sigma_m = \frac{\sigma_{max}+\sigma_{min}}{2}, \qquad \sigma_r = \frac{\sigma_{max}-\sigma_{min}}{2}, \tag{8}$$

倘應力 σ_{max}，在理論上可維持無限次循環之變化，則此應力可表示疲乏强度(Fatigue Strength)。由 σ_{max} 所定疲乏强度爲靜應力 σ_m 及變應力 σ_r 所左右。將軸向應力疲乏機(Axial Stress Fatigue Machine)之實驗結果繪於坐標軸上，如第3圖所示，其橫坐標表示 σ_m，縱坐標表示 σ_r，則C點表示靜張力($\sigma_{y.p}$ 爲靜張力之極限强度)，A點表示完全交變(Completely Reversed)之應力(σ_e 爲完全交變中之疲乏强度，亦稱耐抗極限 Endurance Limit)，對於此類應力其平均値爲零。平均應力與變應力之其餘配合可以A、C兩點之連線上之點之坐標表示之。實驗證得此直線關係處於實驗結果之安全一側(Safe Side)。直線AC之方程式爲

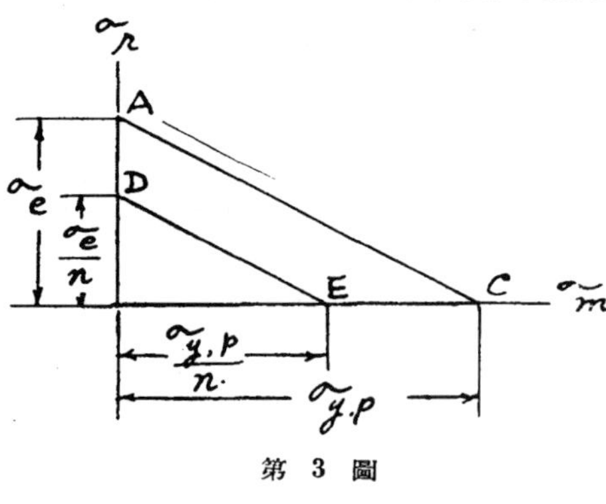

第 3 圖

$$\sigma_r = \sigma_e - p\sigma_m, \tag{9}$$

其 $P = \frac{\sigma_e'}{\sigma_{y.p}}$ 。

設 σ_w 爲簡單張力中之工作應力，則

$$\sigma_w = \frac{\sigma_{y.p}}{n} = \frac{\sigma_e}{pn}, \tag{10}$$

其 n 爲安全因數。再以 $\frac{\sigma_e}{n}$ 爲安全耐抗强度，則於第3圖上得D與E各點。直線 DE 之式爲

$$\sigma_r = \frac{\sigma_e}{n} - p\sigma_m 。 \tag{11}$$

今以 $\sigma_{max} - \sigma_m = \sigma_r$ （第8式）及 $p\sigma_w = \frac{\sigma_e}{n}$ （第10式）代入上式，則得軸向交變應力中之工作應力爲

$$\sigma_w = \frac{1}{p}[\sigma_{max} - \sigma_m(1-p)] \tag{12}$$

此工作應力乃以最大及平均應力示之。

新的設計公式之建議

此處所建議之設計公式乃根據畸變能說(Distorsion Energy Theory)而建立，近來由研究展性材料(Ductile Material)受合成應力時之損壞情形，而證實單作容積之材料所能貯蓄因形狀改變而起之一部分變形能(Strain Fnergy)亦卽畸變能(Distorsion Energy)有其一定限量，逾此則材料失却彈性或竟折裂，由材料力學知畸變能說在二因次問題中得以次式示之：

$$\sigma_1^2 + \sigma_2^2 - \sigma_1\sigma_2 = \sigma_{y.p}^2 \tag{13}$$

其 σ_1 及 σ_2 爲兩主應力。就軸而言， σ_1 及 σ_2 之値如第(2)所示，今以此代入(13)式，並以工作應力 σ_w 代 $\sigma_{y.p}$，則得

$$\left[\frac{\sigma}{2} + \sqrt{\left(\frac{\sigma}{2}\right)^2 + \tau^2}\right]^2 + \left[\frac{\sigma}{2} - \sqrt{\left(\frac{\sigma}{2}\right)^2 + \tau^2}\right]^2 - \left[\frac{\sigma}{2} + \sqrt{\left(\frac{\sigma}{2}\right)^2 + \tau^2}\right]\left[\frac{\sigma}{2} - \sqrt{\left(\frac{\sigma}{2}\right)^2 + \tau^2}\right] = \sigma_w^2$$

卽 $$\sigma^2 + 3\tau^2 = \sigma_w^2 \tag{14}$$

或 $$\left(\frac{32M}{\pi d^3}\right)^2 + 3\left(\frac{16T}{\pi d^3}\right)^2 = \sigma_w^2$$

或 $$d = 2.17\left(\frac{T}{\sigma_w}\right)^{\frac{1}{3}}\left(\sqrt{R^2+0.75}\right)^{\frac{1}{3}}$$

或 $$d = 2.17\left(\frac{M}{\sigma_w}\right)^{\frac{1}{3}}\left(\sqrt{1+0.75R'^2}\right)^{\frac{1}{3}} \tag{15}$$

其 $R = \frac{M}{T}$ 及 $R' = \frac{T}{M}$ 。

根據畸變能說之設計，結果與得自剪力說者，頗有差異。

爲便於設計起見，將第(15)式繪於第4圖，則對於各種載荷比所需軸徑，逕由圖上選取之。

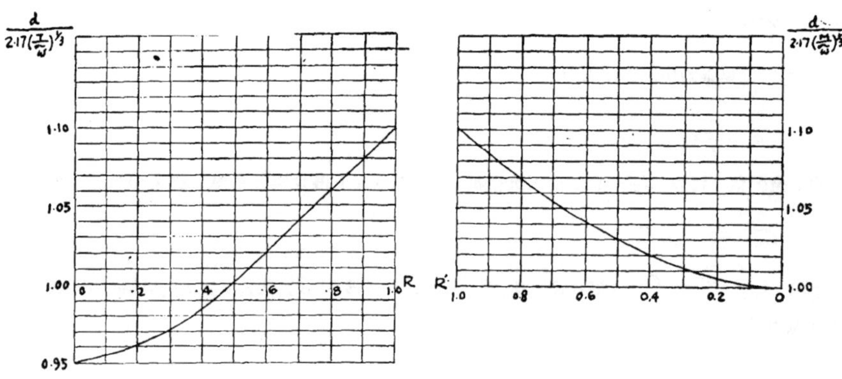

第 4 圖

前此所求之軸徑乃根據第(14)式所定之工作應力 σ_w 計算而得，對於迴轉軸此工作應力因彎曲應力 σ 之交變而其值變定。在此

$$\sigma_{max}=\frac{32M}{\pi d^3} \qquad \sigma_m=0$$

$$\tau_{max}=\frac{16T}{\pi d^3} \qquad \tau_m=\frac{16T}{\pi d^3}$$

以此代入第(14)式得

$$(\sigma_w)_{max}=\sqrt{\left(\frac{32M}{\pi d^3}\right)^2+3\left(\frac{16T}{\pi d^3}\right)^2}$$

$$(\sigma_w)_m=\sqrt{3\left(\frac{16T}{\pi d^3}\right)^2} \qquad (16)$$

工作應力既時大時小，究取何值，應照前述軸向應力情形爲之。即以 $(\sigma_w)_{max}$ 及 $(\sigma_w)_m$ 代第(12)式之 σ_{max} 及 σ_m，而得

$$\sigma_w=\frac{1}{p}\left[\sqrt{\left(\frac{32M}{\pi d^3}\right)^2+3\left(\frac{16T}{\pi d^3}\right)^2}+(1-p)\sqrt{3\left(\frac{16T}{\pi d^3}\right)^2}\right],$$

即 $$d=2.17\left(\frac{T}{\sigma_w}\right)^{\frac{1}{3}}\left[\frac{\sqrt{4R^2+3}-(1-p)\sqrt{3}}{2p}\right]^{\frac{1}{3}},$$

或 $$d=2.17\left(\frac{M}{\sigma_w}\right)^{\frac{1}{3}}\left[\frac{\sqrt{4+3R'^2}-(1-p)\sqrt{3}R'}{2p}\right]^{\frac{1}{3}} \qquad (17)$$

其 $R=\frac{1}{R'}=\frac{\ }{T}$。

取 R 與 R' 之值在 0 與 1 之間，則所有載荷比全包括在內，對於諸載荷比之軸徑變化情形以第 5 圖示之，在此設計圖上，取 $p=\frac{\sigma_e}{\sigma_{yp}}=0.8$。就中碳鋼(Medium Carbon Steel)言確如此值。

如就每種情形作一設計圖表，則可省却計算上之麻煩。

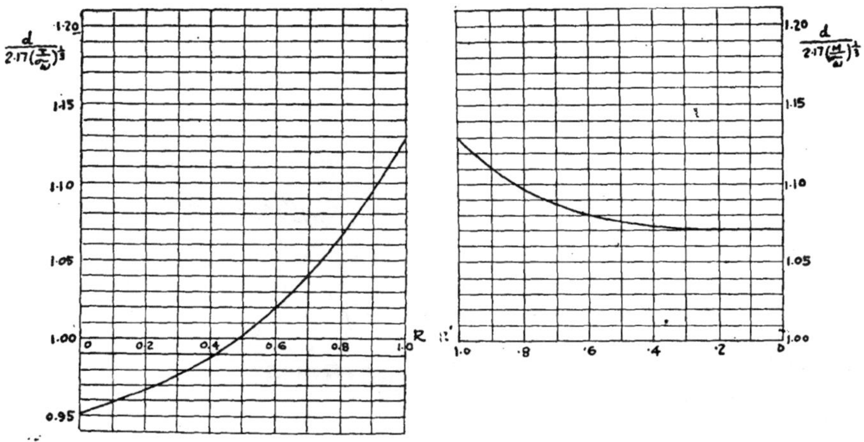

第 5 圖

設計軸時，尚有其他因素亦得顧及，其中首當考慮者爲斷面 (Section) 大小不齊而起之應力集中 (Stress Concentration)現象，又鍵槽(Keyway)亦甚影響於軸之强度，此時最大應力陡增 k 倍，此 k 值稱爲應力集中因數，視軸之尺寸而定，因應力集中在恆定應力情形時無甚影響於展性材料製品之强度，故應力集中只於計算總應力中之變應力部分時才顧及之，設以 k 代表應力集中因數，則於第(8)式中以 $k\sigma_\sim$ 代 $\sigma_\sim$ 而得

$$\sigma'_{max}=\frac{1}{2}\{\sigma_{max}(1+k)+\sigma_{min}(1-k)\},$$

$$\sigma'_m=\frac{1}{2}\{\sigma_{max}+\sigma_{min}\}\text{。} \tag{18}$$

再根據此 σ_{max}' 及 σ_m' 之值，依前法設計軸徑。茲舉例明之。

設有鋼軸，其材料之屈服點 $\sigma_{y.p}=42,000$ 磅/方吋，耐抗强度 $\sigma_e=30,000$ 磅/方吋，此軸受彎曲矩 M 及扭轉矩 T 作用，其彎曲矩 M 係完全交變，Mmax = 20,000 磅吋。扭轉矩則依公式 T = Tm(1+0.1)而升降(Fluctuate)，設平均扭轉矩爲 Tm = 32,000 磅吋，又設軸上腋角(Fillet)之尺寸比例使彎曲及扭轉各應力集中因數爲k = 1.7，求軸之直徑。

取安全因數 n=2，則簡單張力中工作應力爲 $\sigma_w=\frac{\sigma_{y.p}}{2}=21,000$磅/方吋，耐抗强度與屈服點之比爲 $p=\frac{\sigma_e}{\sigma_{y.p}}=0.7$。

$$\sigma'_{max}=1.7\frac{32M_{max}}{\pi d^3},\qquad \sigma'_m=0,$$

$$\tau'_{max}=1.17\frac{16T_m}{\pi d^3},\qquad \tau'_m=\frac{16T_m}{\pi d^3}\text{。}$$

故由第(14)式得

$$(\sigma_w)_{max}=\sqrt{\left(1.7\frac{32M_{max}}{\pi d^3}\right)^2+3\left(1.17\frac{16T_m}{\pi d^3}\right)^2},$$

$$(\sigma_w)_m=\sqrt{3\left(\frac{16T_m}{\pi d^3}\right)^2}$$

再應用第(12)式得

$$\sigma_w=\frac{1}{p}\left\{\sqrt{\left(1.7\frac{32M_{max}}{\pi d^3}\right)^2+3\left(1.17\frac{16T_m}{\pi d^3}\right)^2}-(1-p)\sqrt{3\left(\frac{16T_m}{\pi d^3}\right)^2}\right\}$$

由此導得

$$d=\left(\frac{16T_m}{\pi p\sigma_w}\right)^{\frac{1}{3}}\left\{\sqrt{11.56R^2+4.11}+1.73(1-p)\right\}^{\frac{1}{3}},$$

其 $R=\frac{M_{max}}{T_m}$，以 P， σ_w ，Tm 及 R 之已知值代入上式，得軸徑爲

d=3.37 吋，取 3⅜ 吋

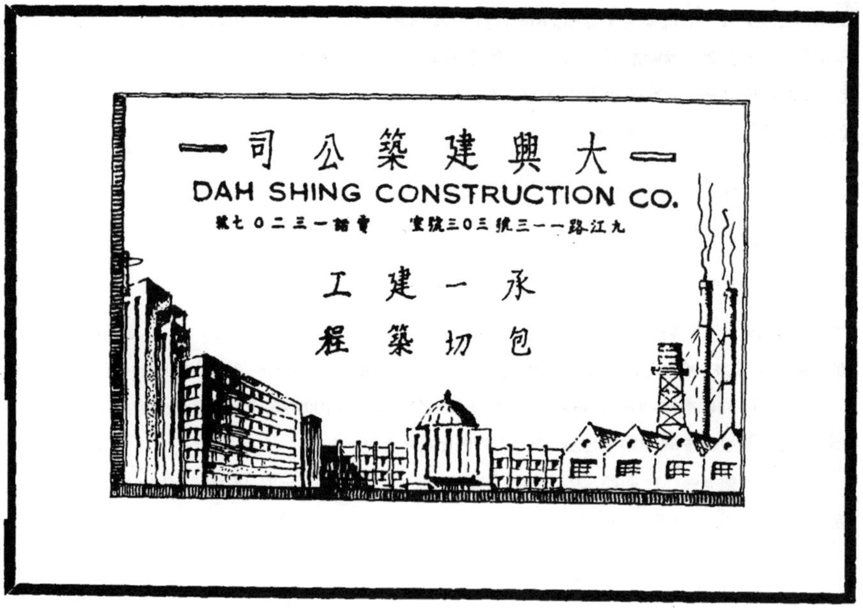

靜磁電子透鏡之特性在理論上之探討

陳 珽

導 言

布舒氏(Bush)在1926—1827年間發表論文，據稱任一改變之靜電或靜磁場，如係對圓柱主標之中心軸對稱者，均足以造成或眞或幻之第一級影像於場之另一端，嗣後在1931－1932年間 Davioon Calbick 及 Brüche 與 Johansson 諸氏均續有論述，此種理論在純粹科學之領域內雖發現甚早，但直，到晚近其在工程方面之應用，始見顯著。

電子透鏡首先係應用於陰極射線示波器之電子鎗方面，其後卽應用於電子顯微鏡，與電視中之影像管，近年來電子學在此一新領域內之發展至足驚人，今日陰極射綫示波器應用之廣，及電視之可能成爲商業用途者，均不能不歸功於電子光學之進步也。

電子光學之理論迄今已發展完全，今後之工作乃在簡化其方法以求得一精確之結果，尤自設計者之立場觀之，以前之方法並不能盡滿人意，本文乃以此意爲立場對電子透鏡之理論作一新的探討，在設計程序中，吾人通常均先假定一已知靜電或靜磁場在空間之分佈，然後自此以決定電子通過此場時所循之途徑，以定透鏡之特性，定此電子所循途徑之方程式卽稱爲射線方程式。

本文共分三部，第一部爲射線方程式之演導，第二部爲射線方程式之解答，第三部爲靜磁電子透鏡特性之分析，玆爲篇幅所限，第一部從略，第二部與第三部中各組曲線，亦僅選擇登載，略示其一般結果而已。

第一部：靜磁電子透鏡射線方程式之解答

吾人已知靜磁電子透鏡之射線方程式應爲：

$$\frac{d^2r}{dz^2}=-\frac{eH^2}{8m\varphi_0}r \tag{1}$$

式中 r 爲射線經過透鏡時在某點其距中心軸之距離，H 爲磁場沿中心軸分佈之函數，而$\varnothing$。則爲在透鏡中(亦卽磁場中)之電位，e/m 爲電子之電荷與質量比，此一方程式初視雖甚簡單，但因 $H^2(z)$爲一較複雜之函數，其精確之解答乃不易求得，倫伯格(Ramberg)氏有一近似之解法，其法見 Zworykin: Television pp. 119—120 倫法雖可用以解得方程式之值，但有以下數缺點：(a)如磁場强度與曲線斜度，在某數處較急，欲使計算誤差減小，則階段之劃分必須較小，卽計算之次數須增加，而工作勞力與時間均須增加。(b)每一點之計算須計算二值，一爲射線距軸之距離。而另一則爲其相當之斜度，對於設計者而論斜度旣不須要，故計算時所耗之勞力與時間均爲浪費。(c)計算中包括三角函數使計算增加麻煩與錯誤之機會。(d) 每一階段計算之起始值旣係前階段之末尾值，故如前一階段設有錯誤，則必影響本階段計算所得結果，往往經過若干計算後始發現以前之錯誤必使前功盡棄，有此數缺點，實足影響倫法在設計上應用時之價值。

本文中使用之方法，其原理係根據泰勒原理(Taylor's Theorem),如--函數爲已知則函數中一點之值及函數各次導微在此一點之值，卽足用以決定其隣近一點之值，用數學表示如下：

$$F(x+h)=F(x)+hF'(x)+\frac{h^2}{2!}F''(x)+\frac{h^3}{3!}F'''(x)+\cdots\cdots+\frac{h^n}{n!}F^n(x)+\cdots \tag{2}$$

$F^n(x)$ 爲函數 F(x)之 n 次導微，h 則爲x點與其隣近一點 x+h 間之距離，由式可知：

$$F(x-h)=F(x)-hF'(x)+\frac{h^2}{2!}F''(x)-\frac{h^3}{3!}F'''(x)+\cdots-\frac{h^n}{n!}F^n(x)+\cdots\cdots \tag{3}$$

(2)式與(3)式相加，則得：

$$F(x+h)+F(x-h)=2F(x)+h^2F''(x)+2\frac{h^4}{4!}F^{Iv}(x)+\cdots\cdots \quad (4)$$

如h 所取之值甚小，$2\frac{h^4}{4!}F^{Iv}(x)$ 之值小至可以不計，則(4)式可化爲：

$$F(x+h)+F(x-h)\ 2F(x)+h^2F''(x) \quad (5)$$

由射線方程式已知 $\frac{d^2r}{dz^2}=-\frac{e}{8m\Phi_0}H^2(z)r$ (1)

如今（1）式中 $r=F(x)$, $\frac{e}{8m\Phi_0}$ $H^2(Z)=A(Z)$, 則射線方程式可寫爲 (6)

$$F''(Z)=-A(Z)F(Z)$$

將（6）式中之值代入（5）式中，則得：

$$F(x+h)+F(x-h)=2F(x)-h^2A(x)F(x) \quad (7)$$

$$\therefore \quad F(x+h)=F(x)[2-h^2A(x)]-F(x-h) \quad (8)$$

由(8)式可知如F(x)與F(x−h)之值爲已知，即可求得F(x+h)之值，依此則F(x+2h),……F(x+nh)……之值均可依次求得，而射線經過透鏡所取之途徑乃能全部測知，當x=h時，

$$F(2h)=F(h)[2-h^2A(h)]-F(o) \quad (9)$$

F(o)與F'(o)爲方程式已知之二起始條件，當h甚小時，

$$F'(o)=\frac{F(h)-F(o)}{h} \quad (10)$$

以此，

$$F(h)=F(o)+hF'(o) \quad (11)$$

本法之誤差乃發生於泰勒級數中所略去之第四項，及其他高次項，其中以第四項影響最大，由射線方程式可知：

$$F''(x)=-A(x)F(x)$$

以此，

$$F'''(x)=-F(x)A'(x)-A(x)F'(x)$$

$$F^{Iv}(x)=-F(x)[A''(x)-A^2(x)]-2A'(x)F'(x)$$

以此第四項應可寫爲

$$-2\frac{h^4}{4!}[2A'(x)F'(x)+F(x)(A''(x)-A^2(x))] \quad (12)$$

A(x)函數中如無斷點，則A''(x)之值不致過大，他值亦然，如h選擇適當，則此項可小至不計，本法之誤差乃在設計者允許範圍之中。

茲舉一例，以比較用倫法與用本法所得之結果，如$\sqrt{A(Z)}$函數之曲線如下圖，（本圖係採自

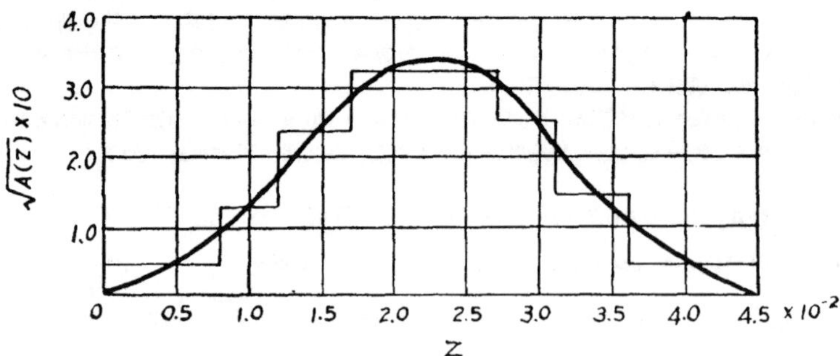

第一圖：$\sqrt{A(Z)}$曲綫及階段之劃分

Zworykin: Television, Fig. 4.22) 依本法每隔 0.5×10^{-2} 距離取一點，則共得九值，每點 $\sqrt{A(Z)}$ 與 A(Z) 之值列於第一表（從略），玆有一電子，其源在中心軸上，距透鏡左側距離爲 12×10^{-2}，在未進入透鏡前其移動時之斜度爲 0.10 則在進入透鏡時電子距中心軸之距離爲 1.2×10^{-2}，依本法：

$$F(h)=F(o)+hF'(o)=1.20\times10^{-2}+0.5\times10^{-2}\times0.10=1.25\times10^{-2}$$

$$F(2h)=F(h)[2-h^2A(h)]-(o)$$

$$=1.25\times10^{-2}[2-0.25\times10^{-4}\times18]-1.20\times10^{-2}=1.30\times10^{-2}$$

依次計算所得結果列於第二表（從略）。

依倫法，本曲線可劃分爲七階段，每階段 Z 之距離不同，須視曲線之斜度而定，斜度較急之處分劃較短，其值列於第三表（從略），今已知 $r_0=1.20\times10^{-2}$，$r'_0=0.10$，故依倫法：

$$r_1=r_0\cos\sqrt{A(z)}(z-z_0)+\left(\frac{dr}{dz}\right)_0\frac{\sin\sqrt{A(z)}(z-z_0)}{\sqrt{A(z)}}$$

$$=1.20\times10^{-2}\times0.999+0.10\times0.8\times10^{-2}=1.279\times10^{-2}$$

$$\left(\frac{dr}{dz}\right)_1=-r_0\sqrt{A(z)}\sin\sqrt{A(z)}(z_1-z_0)+\left(\frac{dr}{dz}\right)_0\cos\sqrt{A(z)}(z_1-z_0)$$

$$=-1.20\times10^{-2}\times0.127+0.10\times0.999=0.0984$$

玆將兩表所得各值均繪於下圖以作一比較：

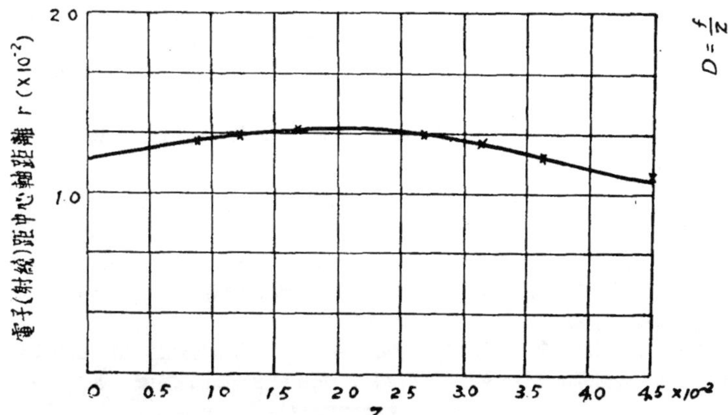

第二圖 一在透鏡內電子運動時之軌跡，用倫法及本人方法計算所得結果之比較

圖中曲線爲依本法計算所得之結果，而有×之點則爲依倫法計算所得之點。從圖可知，兩法計算所得結果在本例內非常符合。

第二部：靜磁電子透鏡一般特性之分析

一電子透鏡亦如光學透鏡，其一般特性係由四量所決定，此四量乃包括二焦距與二主面之位置，而此四點（二焦點與二主點）之位置又係由二主射線 (Principal ray) 之途徑所決定，故分析電子透鏡特性之問題仍爲一解射線方程式之問題，吾人在前章內所列舉之解法，雖足以求一特例至較精確之值，然仍不能藉此以得一一般之解法。

近世特出之數學家。E. picard 氏曾有一解微分方程式之方法，此法通常稱爲 Picard's method of integrating succesive approximation, 其法乃用連續之積分，以求得一微分方程式之根，Picard's method 之運用在理論上既不受限制，自可用以解射線方程式，惟一須攷慮之點，則在實際積分時是否將遭遇不可克服之困難，吾人目前之問題乃在如何假定一磁場分佈之曲線，一方面此種假定須具有充分之理由與實際情况相去不遠，而另一方面基於此一假定連續之積分乃得易於進行而不受阻礙，基於此兩點理由，作者乃假定A(Z)（即磁場二次方分佈曲綫）爲一正弦曲線，（其極限在O與π之間），磁場二次方曲綫之可以假定爲一正弦曲綫實具有兩點理由：(1)磁場二次方曲綫極近於一正弦基本波形僅含有較弱之三次諧波及更弱之高次諧波。(2)磁場分佈之情形係由其線圈排列之情形而定，如排列適當，則磁場之波形必可至吾人理想之波形，有此二點理由故吾人之假定與由此假定所作之分析均有其存在之價值，本文下半段係討論如 A(Z)曲綫含有三次諧波時之情形。

由連續積分所得結果，射線在任一點距中心軸之距離及其相當之斜度用下式表示：

$$r = r_1 + r_2 + r_3 + r_4 + r_5 + r_6 + \cdots\cdots$$

$$y = y_1 + y_2 + y_3 + y_4 + y_5 + y_6 + \cdots\cdots$$

式中 r_1, r_2,…… 與 y_1, y_2,…… 等各量均爲Z之函數，由此二式射線經過透鏡時之軌跡應可全部測知，然吾人之興趣仍不在此，吾人所欲知者，原非若干射綫之途徑，吾人之所欲知者係僅足以决定透鏡一切特性之二主射綫之途徑，且亦非二主射綫經過透鏡時之軌跡，當如能得知射綫在進入與離開透鏡時之位置及其相當之斜度，即足以决定二焦距之長與主面之位置也。因之吾人之興趣乃在當 $Z = Z\pi$ 時，$r = r\pi$ 與 $y = y\pi$ 之值，$r\pi$ 與 $y\pi$ 分别爲射綫離開透鏡時，其距軸之距離及其相當之斜度，當 $Z = Z\pi$ 時。

$$y_\pi = y_0\left(1+\frac{a\pi}{n^2}+1.53\frac{a^2}{n^4}+0.30\frac{a^3}{n^6}\right)+x_0\left(Z\pi+\frac{4a}{n^3}+1.34\frac{a^2}{n^5}\right)=A_1y_0+A_2x_0 \tag{15}$$

$$x_\pi = x_0\left(1+\frac{a\pi}{n^2}+1.53\frac{a^2}{n^4}+0.30\frac{a^3}{n^6}\right)+y_0\left(\frac{2a}{n}+\frac{a^2\pi}{2n^3}+0.40\frac{a^3}{n^5}\right)=B_1y_0+B_2x_0 \tag{16}$$

式中之 a 爲磁場之最大值，$n = \frac{\pi}{Z\pi}$，π即與透鏡厚度之比，此係當假定透鏡磁場度之分佈曲線正弦曲綫，由以上二式吾人乃得如下之結論：

(1)以上二式之使用實受有限制，因(15)式及(16)式僅爲一級數之近似值而略去其高次項，僅當 a 較一爲少，而 n 較一爲大時公式乃達到高度之準確性，然透鏡有一甚合理想之特性，即透鏡較厚時，其焦聚之特性亦較顯著，而達到同一値之焦距與透鏡厚度比，所需之磁場强度乃較薄者爲弱。

(2)在上式中有兩項之係數相等，此則由於磁場爲一對稱之場之結果，依理言，如磁場爲一對稱之場，透鏡一切之特性均應對稱。

吾人既由以上二式得以完全决定射綫在離開透鏡時距軸之位置及其斜度，進而欲討論者則爲四主點之位置，由下圖中幾何關係可知，第一焦距 f 與第一焦點至中心面間之距離 F 應由第一主射綫之途

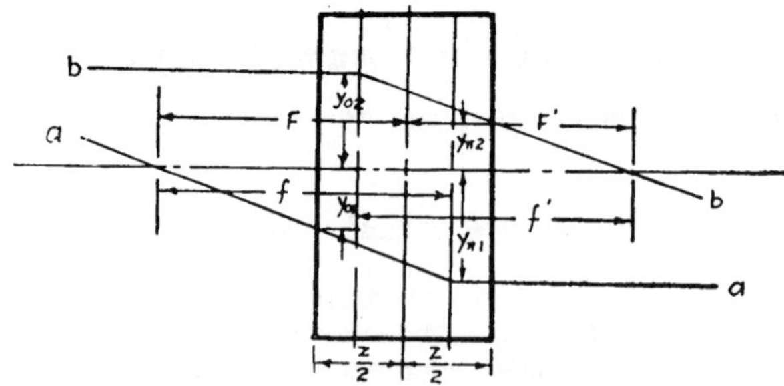

第三圖：四主點與主射綫之關係圖

徑aa所決定此時射綫離開透鏡時之斜度爲零，因此：

$$y_{\pi} = A_1 y_{01} + A_2 x_{01} \tag{17}$$

$$0 = B_1 y_{01} + B_2 x_{01} \tag{18}$$

由圖中幾何關係可知

$$f = \frac{y_{\pi 1}}{x_{01}} = A_2 - \frac{A_1 ^2}{B_1} \tag{19}$$

$$F = \frac{z}{2} + \frac{y_{01}}{x_{01}} = \frac{z}{2} - \frac{B_2}{B_1} \tag{20}$$

同理第二焦距f'與第二焦點至中心面間之距離F'應由第二主射線bb之途徑所決定，此時射綫進入透鏡時之斜度爲零，因此：

$$y_{\pi 2} = y_{02} A_1 \tag{21}$$

$$x_{\pi 2} = y_{02} B_1 \tag{22}$$

由圖中幾何關係可知：

$$f' = \frac{y_{02}}{x_{\pi 2}} = \frac{1}{B_1} \tag{23}$$

$$F' = -\frac{z}{2} + \frac{y_{\pi 2}}{x_{\pi 2}} = -\frac{z}{2} + \frac{A_1}{B_1} \tag{24}$$

由以上公式吾人乃得如下之結論：

（1）透鏡四主點在透鏡中之位置絕不受射綫進入磁場時之位置及其斜度之影響，而由電子透鏡本身之性質所決定，此即磁場之强弱與透鏡之厚薄。

（2）如磁場之分佈係對透鏡之中心面對稱者，則透鏡兩側焦距之長度必相等，即 $|f|=|f'|$.

（3）如磁場之分佈係對透鏡之中心面對稱者，則透鏡兩側焦距至中心面間之距離必完全相等。

（4）如磁場分佈係對透鏡中心面對稱者，在一般情形下可視爲一薄透鏡，即二主面之位置幾乎與中心面相重合，僅當磁場强度漸增與透鏡厚度漸加時，主面與中心面間之距離始漸顯著。

$$\frac{|F|}{|f|} = \left|1 - 0.94\frac{a^2}{n^4} - 0.33\frac{a^3}{n^6}\right| \tag{25}$$

(25)式可稱爲修正公式，因焦距計算得綫即可依此以修正焦點至中心面間之距離 $|F|$ 也，因式中無 $\frac{a}{n^2}$ 項故在本文討論範圍內幾均近於一，即主面與中心面幾乎重合之原因。

（5）當磁場强度漸增與透鏡之厚度漸加時，主面之位置漸向中心面左右兩側移動，其移動之結果乃第一主面處於中心面之左側，而第二主面則於其右側，此即二主面乃互相交錯。

依(19)式與(23)式，可繪一組曲綫，以示當透鏡厚度爲一定時，進距等於磁場間之關係，其結果可見於第四圖。由圖中之曲綫可知：(1)當透鏡之厚度一定時。增加磁場之强度乃使 $D(=\frac{f}{z})$ 減小，但當磁場逐漸加强時，此種改變率乃減小，此一曲綫在a甚小時，極近於一等邊雙曲綫，以原點爲中心，而以坐標軸爲其漸近綫，故當a近於零，焦距近於無限大，此則極弱之磁場又不復嚮有透鏡之特性。(2)當透鏡之磁場强度爲一定時， 增加磁場之厚度乃使ロ減小，吾人雖未繪一組曲綫以示其間之關係，但自圖上可知此種改變率極大，當Z漸大時，改變率乃漸減小；(3)縱軸上之值，雖爲$\frac{f}{z}$但亦可視爲$\frac{F}{Z}$之比，因 f 與 F之差異極微，在圖上實不易看出也。

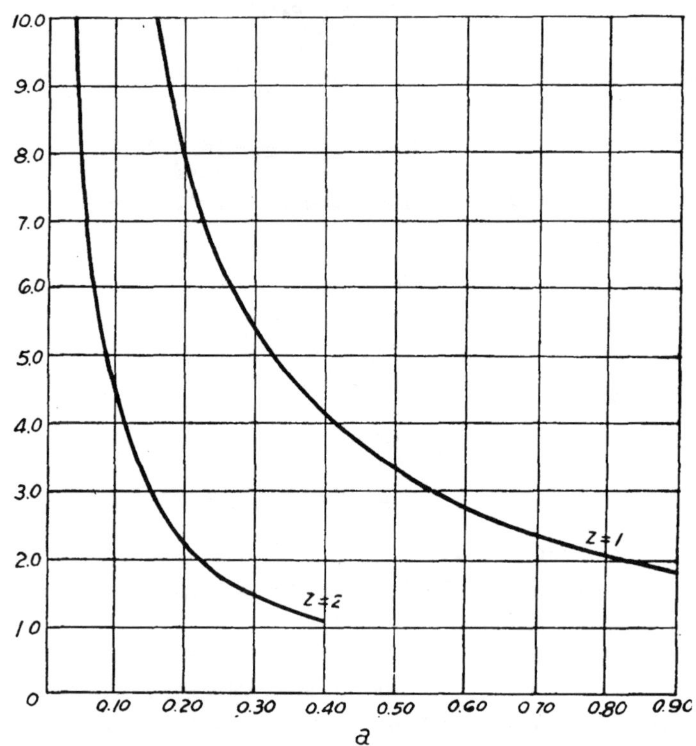

第四圖：當磁場改變時，透鏡焦距改變之情形

由以上之討論，吾人已知當磁場甚弱時，與透鏡甚窄時，靜磁透鏡乃極近於一薄透鏡，但當磁場漸强與透鏡漸寬時，此種說法漸與事實不符，前所得修正公式即可用以修改此差誤，由(25)式可知當 a 增加與 n 減小時，此比漸近於一，即主面之位置漸向中心面兩側移動，第五圖示 a 與 n 改變時，$\frac{F}{f}$比改變之情形。由圖可知，在對稱庫標軸上，爲一組直綫，而直綫之斜度又不受透鏡厚度之影響極近於一恆值，就一般而論此類之透鏡幾均可視爲一薄透鏡，由圖中之值可以證實此語。

由第四圖至第五圖，透鏡四主點之位置可以完全决定，但吾人所欲知者則仍不在此，吾人之所欲知者，乃當實物(Object)距透鏡之距離爲已知時，應選擇何種透鏡，始能使影像之位置與大小均恰合吾人所還期者，但以上各組曲綫並不能給吾人此一答案，應另求一組曲綫以示當透鏡厚度爲一定時，實物距離影像距離，磁場强度與放大倍數(magnification)間之關係，由第三圖中幾何關係可知：

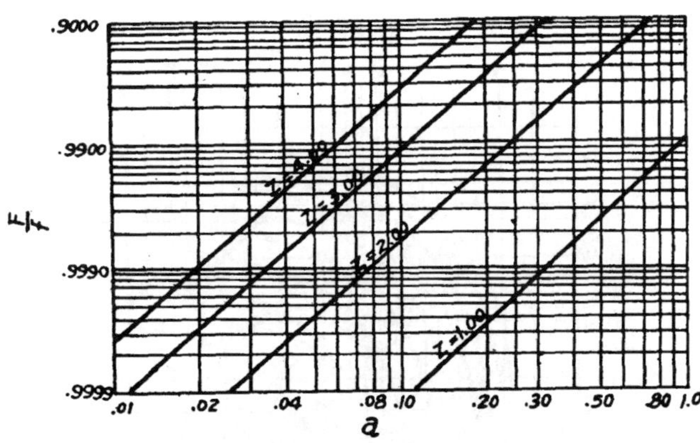

第五圖：當磁場逐漸增強時，$\frac{F}{f}$比之改變

$$\frac{f}{p+P}+\frac{f'}{q+Q}=1 \tag{26}$$

而

$$m=\frac{y'}{y}=\frac{q+Q}{p+P}\left(\frac{f}{f'}\right) \tag{27}$$

式中： f＝第一焦距。

f'＝第二焦距。

p＝實物與中心面間之距離。

q＝影像與中心面間之距離。

p＝第一主面與中心面間之距離。

Q＝第二主面與中心面間之距離。

m＝放大倍數。

在吾人所討論之範圍內 $f=f'$　$p=Q\cong O$，故(26)式與(27)式乃化簡爲：

$$\frac{f}{p}+\frac{f'}{q}=1 \tag{28}$$

$$m=\frac{y'}{y}=\frac{q}{p} \tag{29}$$

由第四圖至第五圖及(28)式與(29)式，吾人乃得一組曲綫，載於第六圖此種曲綫通常稱爲，"實物一影像距離曲綫"（Object-Image distance curve)。由此一組曲綫，吾人乃對實物與影像間之關係得一極清晰之概念，當實物距透鏡之距離爲已知時，其影像之位置及大小由圖一索即知。

由第六圖，吾人乃得如下之討論：(1)此四組曲綫均極有規律，當磁場增强時，曲綫漸向圖之左下角移動，但各曲綫之曲度(Curvature)似無顯著之改變。(2)透鏡之寬窄並不致影響曲綫之形式。(3)放大倍數之等位綫在圖中極近於一直綫其斜度爲一。(4)當透鏡厚度爲一定時，如增加磁場之强度將使放大倍數減小。(5)當磁場强度爲一定時，如增加透鏡厚度亦將使放大倍數減小，在設計方面有下

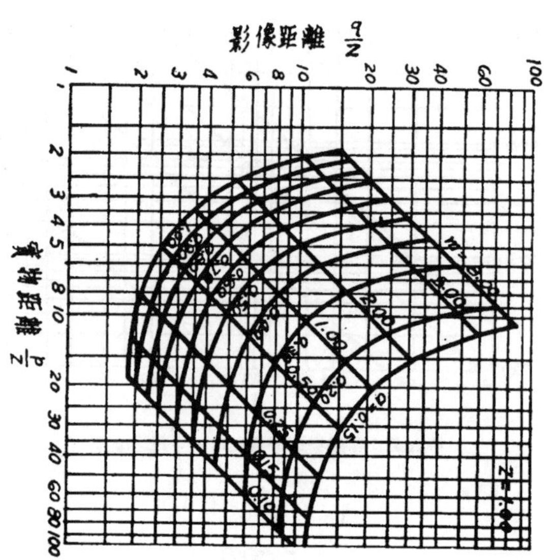

第六圖：靜磁電子透鏡之影像一實物距離曲綫

列數點足資參考：(1)當磁場強度與透鏡厚度爲一定時，實物距離之增加，將使其相當之影像距離減小，放大倍數亦然。(2)實物距離爲一定時，磁場强度與透鏡厚度之增加亦將使影像距離減小。(3)任一透鏡必有一相當之最小實物距離，實物在此距離時其影像之構成將在距透鏡無限遠處，由圖可知最小實物距離將因磁場强度與透鏡厚度之增加而減小，此一距離乃决定於各曲綫之垂直漸近綫(vertical asynptote) (4)任一透鏡必有一相當之最小影像距離，當實物置於距透鏡無限遠處時，影像乃構成於該處，最小影像距離，亦因磁場强度與透鏡厚度之增加而減小，最小影像距離乃决定於曲綫之縱橫漸近綫。(boriyental asymptote).

本文所討論如磁場中含有三次諧波時，透鏡之特性，茲因篇幅所限從略。

誌　　謝

本文承張鍾俊博士朱物華博士之指正，謹此誌謝。

參考文獻

(1) V. K. Zworykin and G. A. Maton: Television the Electronics of Image Transmission Tolm wiley and Sons, newyork 1940.

(2) I. G. maloff and D. W. Epstein: Electrin Optics in Television, McGraw-Hill newyork 1938.

(3) D. W. Epstein: Electrin Optical System of two Cylinders Proe. I.R.E. Vol. 24pp. 1095—1139, 1936.

(4) F. Gray: Electorstatie Electrin Optics, B. S. T. J. Vol. 18, pp. 1—31, 1939.

莊秉權
俞調梅

顧問工程師

承辦各項土木工程之下列業務

（一）工程計劃之研究及建議
（二）設計及監造
（三）測繪地圖
（四）估價

事務所 上海中山東二路九號六八室
電話 八八七八三
八八七八四

Interference of Constrained-Stream Type Wind Tunnel. Rectangular Cross Section, and at Supersonic Speed.

TSAO HO-SHENG
曹鹤荪

I. Introduction

It is assumed that the fluid is non-viscous and isentropic moving at a velocity higher than that of the sound. It is also assumed that the motion is steady, with a free stream velocity U in the direction of x-axis. The local velocity components along x,-y,-x-axis are represented respectively by u', v', and w'.

$$\begin{cases} u' = U + u \\ v' = v \\ w' = w \end{cases} \qquad \begin{cases} u = \frac{\partial \varphi}{\partial x} \\ v = \frac{\partial \varphi}{\partial y} \\ w = \frac{\partial \varphi}{\partial z} \end{cases}$$

Where u, v, w donote the components of perturbation velocity which is assumed to be small compared with U.

The portion of the tunnel wall on the upstream side of the model to be tested is assumed to be very smooth and of cylindrical shape. So no perturbation is present in the air stream except that due to the model itself.

II. General Equation of Motion

The equation for the velocity potential φ of the perturbation velocity is given by

$$(1-M^2)\frac{\partial^2 \varphi}{\partial x^2} + \frac{\partial^2 \varphi}{\partial y^2} + \frac{\partial^2 \varphi}{\partial z^2} = 0$$

Where $M=\frac{U}{a}$ is the Mach number of the free stream, and a is the speed of sound in the free stream.

The solution of (2) is given by

$$\varphi(x, y, z) = -\frac{C}{\sqrt{(x-\xi)^2-\beta^2[(y-\eta)^2+(z-\zeta)^2]}}$$

Where $\beta=\sqrt{M^2-1}$

If can be shown that φ represents the potential at (x, y, z), of single source at (ξ, η, ζ), of strength proportional to C. If M approaches zero, it represents the potential of a source in incompressible fluid.

From (3), it is evident that Υ becomes imaginary for points (x, y, z) outside the Mach cone, (fig. 1)

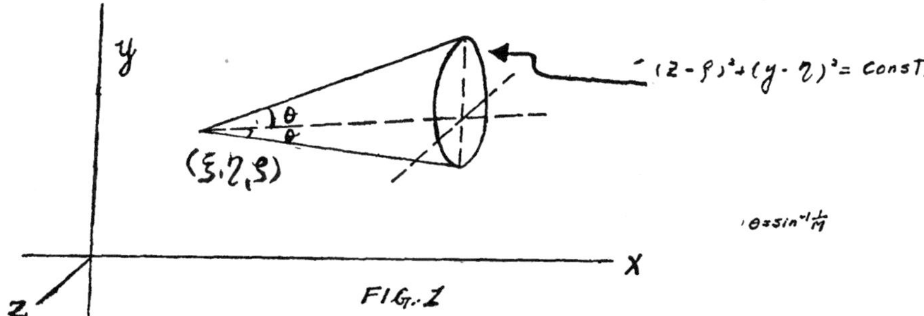

FIG. 1

Physically this can be interpreted that the perturbation never has been propagated outside this cone.

III. Point-form Model.—Boundary Condition

Suppose that the model is of very small size compared with that of the tunnel and is approximately represented by a point (fig. 2)

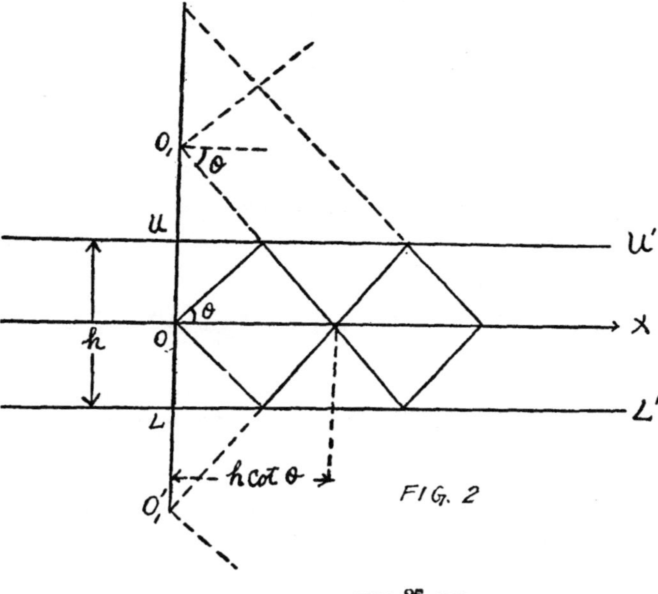

FIG. 2

LL', and UU' represent the lower and the upper sides of the tunnel wall. The Mach wave is reflected by these walls and their effects can be taken into account by the conventional methods of images. Suice UU', LL' are rigid boundaries, the boundary condition is that the normal component of velocity must vanish, and the single infinity of images along the y-axis satisfies this condition.

If the tunnel wall is of rectungular cross section, the images are double infinity in number, and the reflected wave will cross the x-axis at interval

$$\begin{cases} x = n\ h \cot \theta \\ x = m\ b \cot \theta \end{cases} \qquad (n,\ m,\ = 1, 2, 3. \ldots)$$

where b=width of the tunnel.

So for a model in the form of a slender rod placed along x-axis, no effect of interference will be felt on the model if its length is less than h cot θ for h < b, and less than b cot θ for b < h.

IV. Wing of infinite aspect ratio

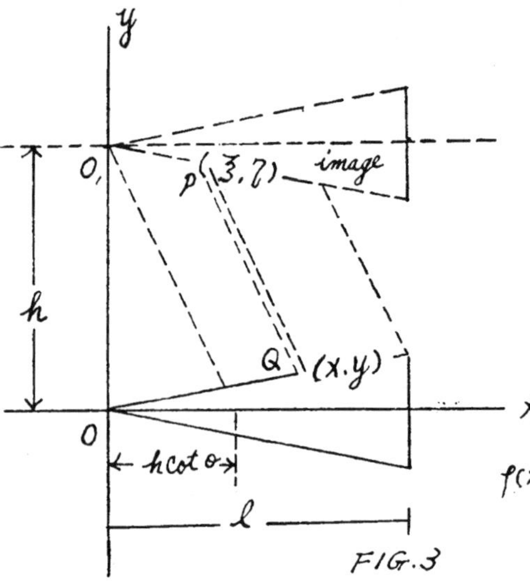

FIG.3

Let us consider a two dimensional problem, i.e. the wing model is supposed to be of infinite aspect ratio. Let q be the strength of the source at $(\xi\ \eta,\zeta)$ per unit area then the potential at Q due to distribution of sources on the image is given by

$$\phi(x.y.z) = -\iint \frac{q\,dA}{\sqrt{(x-\xi)^2-\beta^2[(y-\eta)^2+(z-\zeta)^2]}}$$

It was found by Puckett that q on the airfoil is equal to

$$q = \frac{v}{\pi}$$

where V denotes the vertical component of velocity along the airfoil, so if we put λ=the slope of the airfoil

$$\lambda = \frac{v}{u}$$

hence $$q=\frac{\lambda U}{\pi}$$

which is constant if λ is cons'ant. The same value of q can be used for the image. Thus

$$\varphi(x,y,z)=-\frac{\lambda U}{\pi}\iint\frac{dA}{\sqrt{(x-\xi)^2-\beta^2[(y-\eta)^2+(z-\zeta)^2]}}$$

In case of two dimensional flow, the above equation is reduced to

$$\varphi(x,y)=-\frac{\lambda U}{\pi}\int_0^{l-h\cot\theta}\frac{d\xi\,(1+\lambda^2)}{\sqrt{(x-\xi)^2-\beta^2(y-\eta)^2}}=-\frac{\lambda(1+\lambda^2)U}{\pi}\int_0^{l-h\cot\theta}\frac{d\xi}{\sqrt{(x-\xi)^2-\beta^2(y-\eta)^2}}$$

$$\phi_x=\frac{\partial\varphi}{\partial x}=-\frac{\lambda(1+\lambda^2)U}{\pi}\int_0^{l-h\cot\theta}\frac{\partial}{\partial x}\left\{[(x-\xi)^2-\beta^2(y-\eta)^2]^{-\frac{1}{2}}\right\}d\xi$$

$$\cong\frac{\lambda(1+\lambda^2)U}{\pi}\left[\frac{1}{\sqrt{(x-l+h\cot\theta)^2-\beta^2(y-h)^2}}-\frac{1}{\sqrt{x^2-\beta^2(y-h)^2}}\right]$$

From Bernoulli's equation in the linearized form

$$p-p_0=-\rho_0\phi_x U$$

$$=-\rho_0U^2\frac{\lambda(1+\lambda^2)}{\pi}\left[\frac{1}{\sqrt{(x-l+h\cot\theta)^2-\beta^2(y-h)^2}}-\frac{1}{\sqrt{x^2-\beta^2(y-h)^2}}\right]$$

$$D=2\int_0^A(p-p_0)\,dA\sin\theta$$

$$=2\int_0^{y=l\lambda}(p-p_0)\,dy$$

$$=-\frac{2\rho_0U^2\lambda(1+\lambda^2)}{\pi}\int_0^{l\lambda}\left[\frac{1}{\sqrt{(\frac{y}{\lambda}-l+h\cot\theta)^2-\beta^2(y-h)^2}}-\frac{1}{\sqrt{(\frac{y}{\lambda})^2-\beta^2(y-h)^2}}\right]dy$$

$$C_D=\frac{D}{\frac{1}{2}\rho_0U^2l}=\frac{4\lambda(1+\lambda^2)}{l\pi}\int_0^{l\lambda}\left[-\frac{1}{\sqrt{(\frac{y}{\lambda}-l+h\cot\theta)^2-\beta^2(y-h)^2}}+\frac{1}{\sqrt{(\frac{y}{\lambda})^2-\beta^2(y-h)^2}}\right]dy$$

$$=\frac{4\lambda(1+\lambda^2)}{l\pi\sqrt{\frac{1}{\lambda^2}-\beta^2}}\left\{\cosh^{-1}\frac{\sqrt{\frac{1}{\lambda^2}-\beta^2}\,[h-(l-h\cot\theta)\lambda]-\frac{1}{\lambda}(-l+h\cot\theta)+\beta h}{\frac{\beta h}{\lambda}-\beta(-l+h\cot\theta)}\right.$$

$$-\cosh^{-1}\frac{\sqrt{\frac{1}{\lambda^2}-\beta^2}\,(h-l\lambda)-\frac{1}{\lambda}(-l+h\cot\theta)+\beta h}{\frac{\beta h}{\lambda}-\beta(-l+h\cot\theta)}$$

$$\left.+\cosh^{-1}\frac{\lambda}{\beta h}\left[\sqrt{\frac{1}{\lambda^2}-\beta^2}\,(h-l\lambda)+\beta h\right]-\cosh^{-1}\frac{\lambda}{\beta h}\left[\sqrt{\frac{1}{\lambda^2}-\beta^2}\,\{h-(l-h\cot\theta)\lambda\}+\beta h\right]\right\}$$

$$=\frac{4\lambda^2(1+\lambda^2)}{l\pi\sqrt{1-\beta^2\lambda^2}}F(h)$$

In equation (10), it is assumed that the model is within reach of the first pair of images i.e. images at O, and O,' in fig 2. If the length l of the model be such that

$$3h\cot\theta > l > 2h\cot\theta$$

so the model is within the reach of the first and the second pair of images, so

$$C_D = \frac{4\lambda^2(1+\lambda^2)}{\ell\pi\sqrt{1-\beta^2\lambda^2}}\left[F(h)+F(2h)\right]$$

In general, we find

$$C_D = \frac{4\lambda^2(1+\lambda^2)}{\ell\pi\sqrt{1-\beta^2\lambda^2}}\sum_{n=1}^{m} F(nh) \qquad \text{for } (m+1)\,h\cot\theta > l > m\,h\cot\theta$$

Conclusion

For symmetric airfoil of infinite aspect ratio, the drag coefficient due to interference is found to be a power series of λ, starting with the term containing λ^2 So the effect of the wall is exceedingly small for symmetric thin airfoil. λ is assumed to be constant from the leading edge to its trailing edge. In general, the case with variable slope can also be treated with greater complication.

References

曹鹤荪:風洞干涉(正中書局 1942)

H. Glanert: The Effect of Compressibility on Lift of Airfoil. Proc. Royal Society Vol 118. 1927.

L. Prandtl: Theory of the Lifting Wing in a Compressible Medium. Luft-fahrt-forschung Vol 13 1936.

A. E. Puckett: Supersonic Wave Drag of Thin Airfoil. J.A.S. Vol 13 No. 9 1946

復興建設期中

工程界之福音

歷史最久

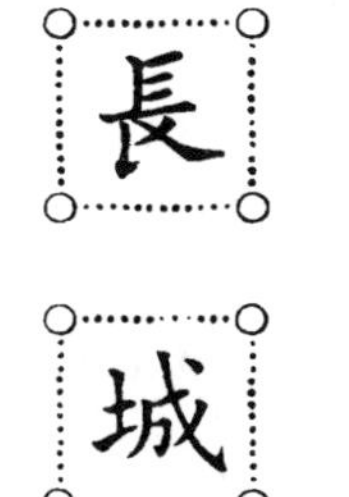

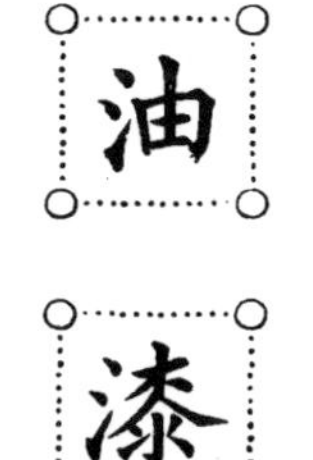

品質最優

又可無限制大量供應

出品一斑

水門汀漆　魚油　磁漆　乾牆粉　凡立水　調合漆　平光漆　紅丹漆　船底漆　工業噴漆

改良廣漆　厚漆　紅丹　銀粉漆　調薄劑　防銹漆　縐紋漆　路線漆　號誌漆　汽車噴漆

營業所：河南中路三七〇號　電話：一三九七三

製造廠：長壽路七十號　電話：三六六六二

『經濟分批產量』公式之應用比較

夏 宗 輝

工業勃興，製造日繁；市場攫奪，競爭日烈。工業經濟原理之探求與應用之實施已為工業界學術界所多方矚目，況待社會經濟一趨安定，物價有常，供求有定，工廠之利益獲得勢難再以資產增值，存貨升價一途為之，製造商惟有千方百計，策劃深思以冀減低其生產成本為能事，更莫不以既定之生產成本而獲得其生產最大效果焉。

在間歇製造工業（Intermittent Type）中，以工廠之生產能率及全年行銷數量為已知，則探求該項製品一年中應有若干製造次數及每次應有若干之生產數量始為經濟之圖者適為當務之要。本文所及「經濟分批產量」（Economic Lot Size）公式之產生即由足以影響生產成本諸因素為出發而演成使代之而得相應之經濟製造數量也。

通常因素致影響分批產量者凡十：

（一）投資資本總值

（二）機器裝置及準備費用

（三）棧租費用

（四）原料或成品之耗損減值

（五）全部製造費用

（六）全年生產數量

（七）銷售需要數量

（八）利息計算

（九）準備存棧存貨

（十）其他因素

製造次數與成本之關係——各種因素之消長足使製造成本因而受其影響者既如上述，茲以下舉數字引為實例，計算所得，列之於表：—

廠中常年生產數量	125,000件
實際需要數量	20,000件
裝置及準備成本	\$ 605
每件原料成本	\$ 2
製成品每件成本	\$ 10

每件人工成本，（包括製造間接成本，然不包括原料間接成本）以因數T表之。

若生產品一千件之製造在製造開始後一氣完成，則其總成本將為：

\$605＋20,000 T＋完工後一年中餘留期間全部原料之應付利息。

緣一年中產品賡續銷售則上項之利息僅取平均半數之值為用已可。其計算方式如下：

$$\text{需用數量所佔生產數量之百分數}=\frac{\text{常年需用數量}}{\text{常年生產數量}}=\frac{20000}{125000}=16\%$$

換言之，即以一次傾力生產則完工全部需用數量僅須0.16年之時間已可達成。是待製造完成之後所關利息負擔之時間當為 1－0.16年或為0.84年，設利率之規定為年利六釐，則直接原料部份應負之利息當為

$$20000\times\$2\times0.84\times.06=\$2016$$

$$\frac{\$2016}{2}=\$1008$$

又原料之間接費用為 \$10—\$2＝\$8，依上值比例計算即得 \$4032。

是以如2000件出品一次製造則其總成本當為

$$\$605+20000T+\$1008+\$4032=\$5645+20000T$$

其次若上述製品分二次出之，每次製造1000件，則原料之直接間接成本所負擔之利息費用自可減半計算，但裝置及準備成本却須倍徒其值，計之得：

$$2\times\$605+20000T+\$504+\$2016=\$3730+20000T$$

依法求得三次至六次製造成本并為列表圖解如下：—

一年中製造次數	成　本　總　數
1	\$ 5645+20000 T
2	\$ 3730+20000 T
3	\$ 3495+20000 T
4	\$ 3680+20000 T
5	\$ 4033+20000 T
6	\$ 4470+20000 T

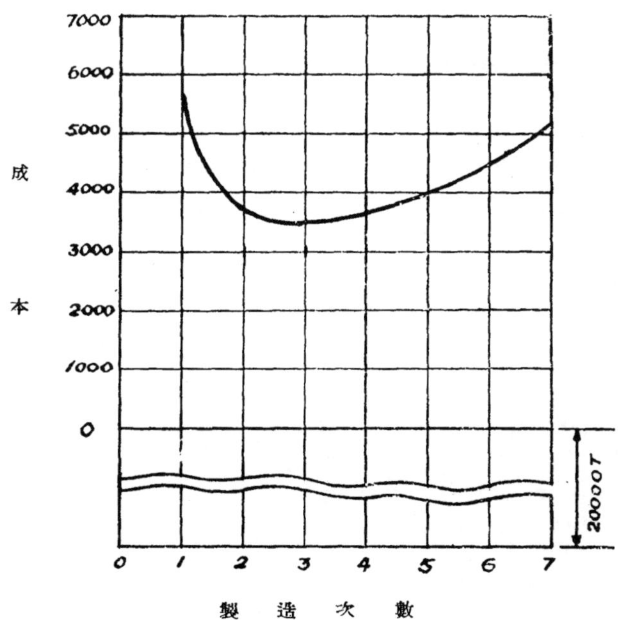

試觀圖表，當知製造分批之數以三次厥為最善。

$$每次製造之數量=\frac{20000}{3}=7666件$$

假定一年工作日數300天則每日生產足額可得$\frac{125,000}{300}=416$件，繼續生產，$\frac{7666}{416}=18.5$或十九日即可完工。

計算公式：一因分批製造次數與製造數量顯有關係，爲求利便恆假數學之應用演算以直接求得製造數量爲工作之繩準也。第以所本之因素不同，對演算步驟各家隨之迴異。茲彙集羣論略述梗概，並以 同題爲例，探其差異。

（一）愛特曼（F. L. Eidmann）計算法

x=最低成本分批製造數量

M=平均每月需用量

C=原料，人工間接製造成本

A=裝置成本加事務費用

I=常年利息，折舊，保險費用之百分數

S=安全因數，乃貨棧中於開始製造另批物品時之存棧數量，此數當依在製工作之所需之時間不同而定，通常每以半月所需量爲決定之根據

T=棧租費用，以每件每年計之。

y=出品一月間供應量之總成本。

則每件製造成本包括機器裝置費用爲：

$$C+\frac{A}{x}$$

貨棧中之存貨數量之消長變化當在S與 $x+S$ 之間，平均之得 $S+\frac{x}{2}$

成品之平均投資數值爲 $(S+\frac{x}{2})(C+\frac{A}{x})$ ，平均利息，折舊，保險費用爲 $(S+\frac{x}{2})(C+\frac{A}{x})I$.

故

$$y=M\left(C+\frac{A}{x}\right)+\left(S+\frac{x}{2}\right)\left(C+\frac{A}{x}\right)\frac{I}{12}+\left(\frac{T}{12}\right)\left(S+\frac{x}{2}\right)\cdots\cdots\cdots\cdots(1)$$

當 $\frac{dy}{dx}=0$，y爲最小數。

自第一式

$$y=MC+\frac{MA}{x}+\frac{SCI}{12}+\frac{CIx}{24}+\frac{ASI}{12x}+\frac{AI}{24}+\frac{Tx}{24}+\frac{TS}{12}$$

$$\frac{dy}{dx}=-\frac{MA}{x^2}+\frac{CI}{24}+\frac{ASI}{12x^2}+\frac{T}{24}$$

$$\frac{12MA+ASI}{12x^2}=\frac{CI+T}{24}$$

$$x^2=\frac{24MA+2ASI}{CI+T}$$

$$x=\sqrt{\frac{24MA+2ASI}{CI+T}}\cdots\cdots\cdots\cdots\cdots\cdots\cdots\cdots\cdots(2)$$

式中棧租費用一項，僅於產品量夥時應用之，一般計算T之數值可摒棄勿用，又若產品之製造立候應用不爲儲存之圖者則S之值爲O上項公式可以(3)式表之

$$x=\sqrt{\frac{24MA}{GI}}\cdots\cdots\cdots\cdots\cdots\cdots\cdots\cdots\cdots(3)$$

例一

$M = 1500 \times 30 = 45000$

$C = .04$

$A = 415$

$I = 0.25$

$S = \frac{1}{2}$

$T = \frac{.25}{100} \times 0.10 = .00025$

以(2)式解之：—

$$x = \sqrt{\frac{24MA + 2ASI}{CI + T}}$$

$$= \sqrt{\frac{(24 \times 45000 \times 415) + (2 \times 415 \times .5 \times .25)}{(.04 \times .25) + .00025}}$$

$$= \sqrt{\frac{448200103.75}{.01025}}$$

$$= \sqrt{43,600,000,000}$$

$$= 207,000$$

（$\frac{207,000}{2000} = 103.5$ 或104天生產數量）

以(3)式解之：—

$$x = \sqrt{\frac{24MA}{CI}}$$

$$= \sqrt{\frac{448200000}{.01}}$$

$$= \sqrt{44,820,000,000}$$

$$= 211,500$$

（$\frac{211500}{2000} = 105.8 = 106$天生產數量）

（二）李霍士基（Lehoczky）計算法：—

使 L＝每年分批製造次數

R＝一年購買一次原料所生之利息費用

A＝裝置成本

$J = \frac{\text{生產數量}}{\text{生產全量}}$

$F = \frac{\text{成品成本}}{\text{原料成本}}$

則公式為 $L = \sqrt{\frac{R}{A}\left[\frac{F + J - FJ}{2}\right]}$

$$= \sqrt{\frac{.06 \times 1500 \times 300 \times .005}{30}\left[\frac{\frac{.04}{.005} + \frac{1500}{2000} - \frac{.04}{.005} \times \frac{1500}{2000}}{2}\right]}$$

L＝每年2.48次或$\frac{380}{2.48}$＝121天之生產數量，則生產數量當爲121×2000＝242,000

（三）雷蒙（Raymond）計算法：—

使　P＝生產率，爲每日2000件

Ya＝平均需用數量，每日1500件

F＝D＋G＋O＋T＋S＝繪圖費用＋計劃費用＋定貨費用＋工具費用＋機器裝置費用＝$100＋$25＋$10＋$250＋$30＝$415.

c'＝製造成本單位，m＋l＋o＝原料＋人工＋間接製造費用＝$.005＋$.02＋$0.15＝$0.4

i＝資本投資應獲之利息＝25%（300天計之）＝每元每日$.02/300.

k＝½＝存貨係數

n＝10＝同次一併工作件數

c''＝同次一併工作物件之平均單位價值＝m＋½（l＋o）＝.005＋½（$.02＋$.015）＝$.0225

Kp＝c''/c'＝$.0225/$.04＝$.563

v＝單位存儲費用每年每立方呎$.10＝每天$.10/300.

B＝每件所佔立方呎數（假定物件100只，裝於1呎×6吋×6吋箱匣中）＝（1×½×½）/100＝.25/100立方呎

a'＝同次一併工作生產時之時間因素＝(1＋a_1n－a_1)使a_1＝t_1/t'＝0.20，t'＝同次一併工作時第一件物品製造所需時間，t_1＝同次一併工作每件第一部動作所需之時間故a'＝(1＋.20×10—.20)＝2.80

$$Q=\sqrt{\frac{FPYa}{c'i\left[KP-Ya\left(\frac{1-\frac{1}{n}}{2}\right)\right]+c'iYa\frac{Kp}{a'}+vB\left[P-Ya\left(1-\frac{1}{n}\right)\right]}}$$

$$=\sqrt{\frac{415\times2000\times1500}{.04\times\frac{.25}{300}\left[\frac{2000}{2}-1500\left(\frac{1-\frac{1}{10}}{2}\right)\right]+.04\times\frac{.25}{300}\times1500\times\frac{.563}{2.8}+\frac{.10}{300}\times\frac{.25}{100}\left[2000-1500\left(1-\frac{1}{10}\right)\right]}}$$

$$=\sqrt{\frac{1,245,000,000\times100}{.0033[325]+.0033[302]+.000083[650]}}=\sqrt{58,650,000,000}$$

＝242,300只，此係經濟生產數量，或$\frac{242,300}{2,000}$＝121.2天之生產量（取122天爲用）

（四）諾登（Norton）計算法：—

使　Q＝經濟分批產量

S＝置備成本之總值，＝$415

P＝每日製造數量＝2000

U＝每日需用數量＝1500

N＝每年工作日數＝300

C＝每件原料，人工，及間接費用＝.04

A＝每件每年存儲費成本＝ $\frac{.25}{100}$ ×0.10（元）＝$.00025

B＝每年存貨之捐稅及保險成數＝3%

I＝每年希望獲得之投資利益成數＝25%

$$K=\left[\frac{(B+I)C+2A\left(1-\frac{U}{P}\right)}{2NU}\right]$$

$$Q=\sqrt{\frac{S}{K}}$$

$$=\left[\frac{(.03+.25)\times.04+2(.00025)\left(1-\frac{1500}{2000}\right)}{2\ (300)\ (1500)}\right]$$

$$=\frac{.011325}{900000}=0.1258\times10^{-7}=0.00000001258$$

$$Q=\sqrt{\frac{S}{K}}=\sqrt{\frac{415}{.00000001258}}$$

$$=\sqrt{32,989,600,000}=182,000$$

（或卽 $\frac{182000}{2000}$ ＝91天之生產量）

（五）台維斯（Davis）計算法：—

Q＝經濟分批產量

A＝置備成本總值＝$415

M＝生產率以每年件數計算，＝2000×300＝600000

S＝消耗率以每年銷售數量計算，＝1500×300＝450000

c' 每件單位成本＝.04

I＝利率＝.25

R_1＝分批製造需用原料數量＝½

R＝訂購新原料時原料存棧數量＝1

R_2＝爲緊急應用之準備原料＝½

$$F=\frac{R}{R_1}$$

$$Q=\sqrt{\frac{A}{K}}$$

式中K之數值因F數值之不同而異，便於計算，從下表查用卽得。

F	K	F	K
0.25	$\left(\frac{M-0.5S}{2MS}\right)C'I$	1.25	$\left(\frac{M^2+1.5MS+0.5S^2}{2M^2S}\right)C'I$
0.50	$\frac{C'I}{2S}$	1.50	$\left(\frac{(M+S)^2}{2M^2S}\right)C'I$
0.75	$\left(\frac{M+0.5S}{2MS}\right)C'I$	2.00	$\left[\frac{(M+S)(M+2S)}{2M^2S}\right]C'I$
1.00	$\left(\frac{M+S}{2MS}\right)C'I$	3.00	$\left[\frac{(M+S)(M+4S)}{2M^2S}\right]C'I$

爰依前例 $F=\frac{R}{R_1}=\frac{1}{½}=2$

自表得 $K=\left[\frac{(M+S)(M+2S)}{2M^2S}\right]C'I$

$$=\left[\frac{(600{,}000+450\,000)\ (600000+900000)}{2\times 360000000000\times 450000}\right].04\times.25$$

$$=\left[\frac{1575000000000}{324000000000000000}\right].01\ =0.0000000486$$

故 $Q=\sqrt{\frac{415}{0.0000000486}}=\sqrt{85{,}300{,}000{,}000}=292{,}000$

即 $\frac{292000}{2000}=146$ 天之生產量

差異比較：各公式所採因素不同，所得製造數量之結果，久有差異，試列於表，以資比較：

	引用公式	經濟分批產量	生產所需時間
（一）	愛特曼 (2)	207,000	104
	愛特曼 (3)	211,500	106
（二）	李霍士基	242,000	121
（三）	雷蒙	242,300	122
（四）	諾登	182,000	91
（五）	台維斯	292,000	146

綜觀上表，足資比較。引用公式，雖屬各有所本，計算結果，尚稱異途同歸，至於擇式應用，隨境而安，見仁見智，尙待自取。

匆促成稿，謬陋良多，匡斧指正，待諸識者。

（民國三十六年三月十日脫稿交大工程館）

成長中的人造纖維

楊錫山

一、

用人力來製造纖維的觀念，始自一六六五年荷克(Hooke)。這種空洞的觀念，到一八八四年霞蕩納(Chardonnet)眞正製造出絲狀的纖維後，纔算實現。此後許多科學家，循着這偉大的發明，繼續研究，發掘，希望人類自已能創造一種和蠶絲一般無二的物質。可是都失敗了。

在失敗的另一方面，他們獲得了意外的成功，一種比他們原旨更有意義的成功。人類創造蠶絲不成，可是發現了一種新的物質，這種物質有些像蠶絲，有些像羊毛，有些像棉花，有些像苧蔴，但是並不隸屬於任何一類；牠有牠獨立的性格，獨立存在的價值。這就是本文所講的"人造纖維"。

十九世紀以來，工業中最無特殊進步的，要算紡織業；僅有的，也不過一些支離瑣屑的小改革。直等到最近人造纖維事業的積極開展，科學家纔爲人類的衣着工業，開闢了一個新的紀元。將一個依附於農業的工業，和化學工業密切地聯繫起來。最近二三十年中，人造纖維的進步，實在驚人的。下面是一些簡略的介紹。

二、

從來源和種類方面看，今天的人造纖維，確已有顯著的進步。牠的原料除木漿、棉籽短毛外，遍及牛奶、豆汁、玻璃、煤、水、空氣和其他有機化合物。科學家從具有纖維質的天然物質中提鍊人造纖維外，進而用化學的方法，將不同的物質綜合成纖維。因爲原料的取材不同，人造纖維的種類也天天在增加，從討人厭的"人造絲"(Artificial Silk)時代發展到現在，人造纖維，從細軟美觀的絲襪原料尼龍(Nylon)到做婦女大衣材料的牛奶羊毛(Aralac)不下二十種，下面我們轉錄曼納巴格(Herbert R. Manerberger)的人造纖維分類表，因爲表內的名稱大多尙無一定的譯名，所以直接轉錄原文。表列各種纖維中目前銷路最廣，產量最多的首推縲縈(Rayon)，縲縈在今日人造纖維中的地位頗似棉花之與天然纖維。

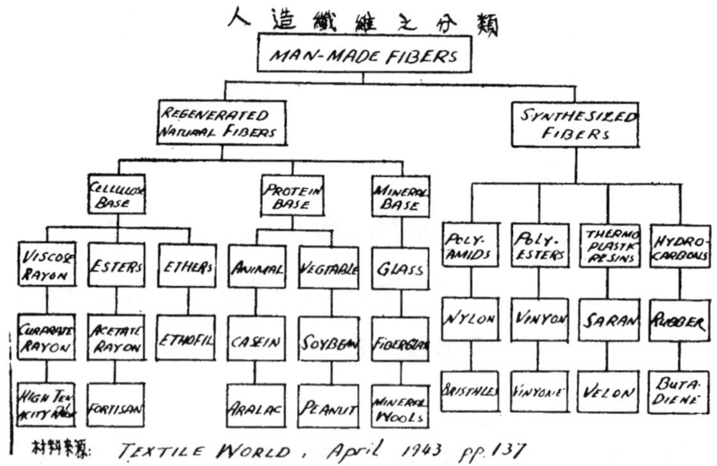

三、

從數量方面，也可看到近年來人造纖維突飛猛進的成績，下面是幾個主要生產人造纖維國家製造縲縈纖維和縲縈"斷切纖維"(Rayon Staple Fiber) 的統計，縲縈纖維製成時是連綿不斷的，因爲便利與其他天然纖維攙合應用起見，大量的縲縈纖維常照天然纖維的長度切斷後再行出售。

歷年各國縲縈纖維產量

1925－1942（百萬磅）

年份	德	義	日	英	美	其他	合計
1925	63.9	30.8	3.2	29.8	51.0	6.6	158.3
1926	71.7	36.8	5.0	25.5	62.7	10.0	211.7
1927	103.3	53.8	10.5	38.8	75.6	13.1	275.1
1928	121.5	57.3	16.6	52.0	97.2	16.0	360.6
1929	145.3	71.3	26.0	52.8	121.4	17.4	434.2
1930	157.8	67.0	36.6	47.8	127.7	20.5	457.4
1931	153.6	75.6	48.3	53.5	151.8	24.8	507.6
1932	156.7	71.7	70.3	71.1	135.8	29.0	534.6
1933	176.6	84.4	99.3	82.5	215.6	32.9	691.3
1934	215.2	107.4	157.8	91.3	210.5	42.2	824.4
1935	257.7	153.4	238.0	121.5	262.2	47.8	1,080.6
1936	316.2	196.1	320.8	143.0	289.9	55.9	1,321.9
1937	493.6	262.9	508.6	152.4	341.9	59.8	1,819.2
1938	606.1	268.3	584.6	138.2	287.5	61.2	1,945.9
1939	735.4	310.0	5 8.8	180.0	379.9	73.4	2,227.5
1940	825.0	325.0	525.0	150.0	471.2	84.6	2,380.8
1941					573.2		2,780.0
1942	1,385.8	462.0	700.0	135.0	632.6	157.5	3,472.9

自一九二五至一九四二年間全世界的縲縈產量激增二十倍；一九四二年的產量，相當於棉花8,171,500 包的價值。其中德日意等極權國家之產量，幾佔世界之半數。

在美國縲縈產量之增加，趨勢更著。自一九一三至一九四四年間產量自363,000磅增至723,957,000磅，約爲二千倍。就消費數量言，一九二〇年美國的縲縈消費量相當與全部纖維0.3%，一九四四年增爲11.5%。（見下圖）縲縈消費量的逐漸增加，最受影響的，當推蠶絲，可是慢慢地羊毛和棉花也已受到威脅。

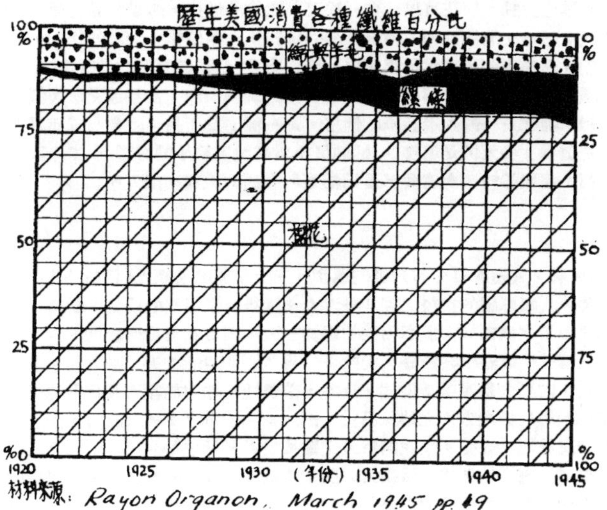

材料來源: *Rayon Organon, March 1945 pp.49*

四、

從格價方面看，人造纖維也有長足進展的特徵。下圖是一九二四年至一九四四年美國縲縈和棉花價格的比較。我們可從兩方面來看圖示曲線的趨勢：

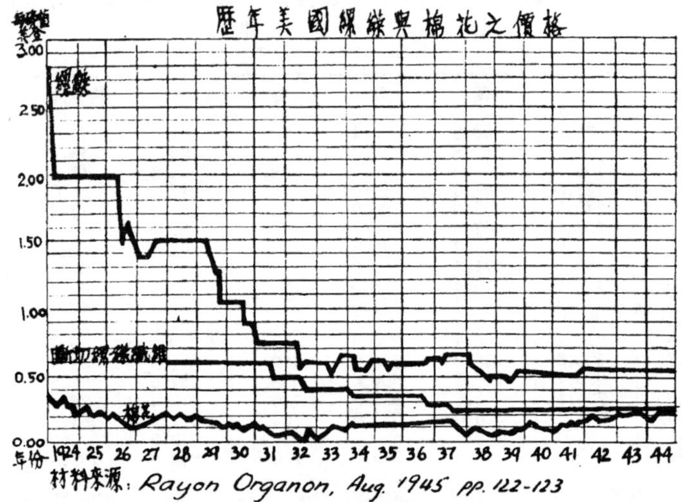

第一是價格的長期波動，最近二十年來每磅棉花的價格盤旋於美金四角和一角之間；而縲縈的價格則自二元八角逐年下降至二角五分；人造纖維的製造技術，方興未艾，今後成本繼續減低，價格繼續下降，久爲意中事。

第二是價格的季節波動。棉花可以代表一般天然纖維的性格。產量和品質受着氣候、土壤、溫度的影響，或增或減；同時又有播種和收穫等季節的限制，一年四季，供求的比例，隨時在變遷；結果價格亦隨時在波動；這在上圖中顯示得很明白。紡織廠家，顧慮原料的供應中斷，不得不在收穫季節，大量購存；這裏面包括大筆的儲藏費，利息，保險費………，並且還受着因價格變動而發生的損失。反過來看縲縈，牠代表一般人造纖維的性格，是一種工業產品；產量品質都可在工場裏無爽毫厘地控制着，春天是這樣，冬天還是這樣。牠的價格就超脫了節季的影響。工廠家可以斟酌自身的需要，隨時購買原料，邊出邊補，永遠受不着棉紡廠所遭遇的浪費和損失。

五、

從品質方面看，人造纖維更有飛越的進步。三十年前的所謂"人造絲"是一種粗陋、脆弱、生硬、脫色、光閃閃使人起惡感的衣料。可是今天人造纖維有了極高的成就：耐穿、勻淨、細潔的尼龍已將蠶絲無遺地逐出了女襪領域；價廉物美的縲縈一天一天地爲社會所歡迎。

從品質上研究構成紡織纖維的條件，大概可分爲"主要"和"次要"兩方面。主要條件，指構成紡織纖維必備的品質；約可分爲四項：型式，拉力，柔韌性，和對於物理及化學的反應穩定性。次要的條件，指一種纖維適用於紡織方面之特殊品質，例如：勻度彈性，吸水能力，保溫能力，染色性，光澤，切面型式，和表層組織等等。現在試將人造纖維的品質簡述如次：

（一）型式　纖維的型式，係指其長度和粗細度而言。纖維之長度和粗細的差別愈大者，表示適合各種不同紡織用途的能力愈强，而認爲愈可貴。在這點上，人造纖維比任何天然纖維來得優越。牠的長度，隨心所欲，不受任何限制。粗細度也幾乎可以任意支配，最優良的海島棉，其纖維的圓周直徑爲 15 Microns（百萬分之一公分），而最細的縲縈其直徑僅爲 5 Microns；最細的尼龍，一千英里長的纖維，僅有一磅的重量。

（二）拉力 通常可作爲衣料的纖維，每纖維度（Denier＝每長450公尺，重.05公分）的拉力不能低於 1.2 gram，在潤濕時不能低於 0.7 gram（一般纖維除棉花外，在潤濕時多少會失去一部份拉力的）在市上的人造纖維在强度上還未臻盡善，特別在入水以後，這說明爲什麽縲縈衣服經不起洗滌。可是一種特製的 Acetate 縲縈的拉力，高達 7.0 gram，超過任何天然纖維的强度。

（三）柔軟性 纖維的柔軟性取决於牠的原子結構和纖維細度。人造纖維的細度，直接增加了牠的柔軟性。

（四）物理和化學的反應 人造纖維和天然纖維一般地不受日常生活中所遭遇的物理和化學的反應，尤能不受蟲蛀黴蝕等侵害。

（五）勻度 人造纖維的勻淨和純潔，爲被紡織界所歡迎的重要條件。牠不像天然纖維中有不可避免的雜質，更不會因氣候地域的不同而發生巨大的變異，使紡織技術上減少了若干困難和浪費。

（六）染色性 人造纖維在染色上，不但有極大的吸收染料能力，染色後永持不變；並且因爲本身的品質勻淨整齊，使染色容易均勻調和。同時將不同性質的人造纖維交織一起，因爲牠們的化學反應互異，經過一次染色的處理，可得到一種錯綜複雜的美麗圖案。

（七）其他 天然纖維，富有彈性者，僅有羊毛，今天的 Acetate 縲縈，也具有這種優良性能，久穿不皺。關於保溫方面，多少年來，人造纖維被人視爲僅能充作暑天的衣料，但是人造羊毛的發明，已打破了這種觀念。其他關於光澤，切面型式，表層結構等品質，人造纖維也比天然纖維有更廣大的變化可能。

六、

人造纖維到今天雖然已有輝煌的成就，可是牠决不至此爲止；新的發現，新的改良，時刻在試驗室報告出來。三十年以後的科學家，或許會把今天的成就看得幼稚和渺小。有一天人造纖維，可能會代替了整個的天然纖維。這不是憑空的臆測。爲什麽？

（一）研究人類文化的發展，至少可分爲"採集""順應"和"創造"三個階段。利用天然纖維，是一種"順應"的象徵，一種靠天吃飯的手段。人造纖維是進入創造境地的明證，人類拿到了創造的鑰匙，祇會勇往邁進，决不會再留戀於他們的故地。

（二）天然纖維和人造纖維在製造的基本原理上是相同的。不過前者以青草、桑葉、肥料、陽光、水和空氣爲原料，經過一個長時期的動植物生理反應而形成纖維。後者以木材、煤、水、空氣等等爲原料，在一定的溫度，濕度下經過機械和化學的程序，在一刹那間而製成纖維。由於這種生產過程的差別，天然纖維在成本上和人造纖維是無法競爭的。成本表示勞力，人類决不會姑息享受少而勞力多的東西。有一天，人造纖維淘汰天然纖維會像士敏土淘汰石頭一樣。

（三）天然纖維的被人利用，根本是一種假借的手段。棉，爲着傳播種籽而開花；蠶，爲着保護蛹而縛繭。人類自私地把牠們借過來，變更了牠們的原旨，引爲己用。因爲原來的目的不同，多少發生一種牽强附會的結果，一種不可避免的浪費。數千年來人類的服裝，受着天然纖維本身條件的限制，傳統地蘊藏着一種錯覺，天冷一定要穿笨重的大衣，天雨一定要備雨衣，毛衣一定怕蟲蛀……。因爲人造纖維的日新月異，我們漸漸發現這種觀念的謬誤。人類爲什麽不能照着自己的理想，發明一件不畏風雨，四季咸宜的衣服？當這件衣服問世的時候，天然纖維，將永遠被人收藏起來了。

我國現有船舶之性能檢討

嚴似松

溯自抗戰勝利新約成立以來，沿海及內河航權相繼收回，水運事業遂有積極開展之趨勢；然而我國原有船隻在戰爭期內被奪被毀所剩無幾，是以勝利初期船舶奇缺，運輸困難，影響於復員工作良非淺鮮。政府有鑒於此，乃向美國購買船隻，以濟國內復員運輸之急，統交國營招商局營運，佔現有國籍船舶噸位十分之六。其他民營航業公司亦紛紛向國外訂購船舶。以大戰甫息，友邦剩餘船隻，型式繁多，經我官商購買並已在我國參加航行者不下十餘種。玆就管見所及，分述其性能於後，以為關心航運者作參考焉。

一、自由輪——原名(Liberty Ship)——長四四一呎六吋，寬五十七呎，深三十七呎四吋，吃水二十七呎八吋。當第二次世界大戰軍運緊急之際，兩洋間運輸頻繁，美國深感船隻不敷應用，遂有設計定型船舶大量建造之舉，該輪即其中一種，故多完成於一九四二年至一九四四年間，係鐵質船殼，有甲板二層，貨艙五個，載貨可容萬餘噸。內部裝有往復蒸氣機(Reciprocating engine "Triple expansion")一部，其指示馬力(indicated horse power)為二五〇〇匹，另有 Babcock & Wilcox 式鍋爐兩部，每日耗油量約二五噸，每小時速率約十一海里。經我國接收以後，船上原有戰時設備多已拆除，加以改裝，於載貨外兼營客運；惟該輪吃水甚大，沿海深水港不多，除香港、廈門、秦皇島、葫蘆島、青島與上海外，其他港口均不易停泊，且各港口貨運不豐，即以上海而論，欲滿載萬噸貨物勢非停泊等待，則無形中蒙受損失不少，故於我國沿海並不相宜，近聞或有航行南洋與印度加爾各答等地，對該區華僑與祖國間之溝通，可有相當之貢獻，惟不足以與外商相競爭。

二、大湖輪——原名(Laker)——長二六一呎六吋，寬四三呎六吋，深二八呎四吋，吃水二四呎六吋，內裝往復蒸氣機(Reciprocating engine "Triple expansion")一部，其指示馬力為一五〇〇匹。另有 Scotch 式鍋爐兩部，每日耗油量約二〇噸，每小時速率約八·五海里。全船有甲板二層，貨艙六個，載重可容四〇〇〇噸左右，該輪船舶年齡已逾二十，多數船殼腐蝕甚重，修理改裝耗費極大，機器亦過陳舊，故速率慢而耗油大，且隔艙僅有前後各一，如一艙遇意外而浸水，則其安全性極成問題，況吃水亦深，沿海港口多數不能駛入，於航行之經濟利益殊不合算也。

三、Grey Type——長三二八呎，寬四六呎，深二五呎，吃水二〇呎一一吋，內裝往復蒸氣機(Reciprocating engine "Triple expansion")，其指示馬力為一一七六匹，另有 Scotch 式鍋爐兩部，每日耗煤量約廿八噸，每小時速率一〇海里，前後貨艙共有三個，載重約在四六二四噸，甲板僅有一層，無中間甲板(Tween deck)設備，故該輪適於裝載散艙貨物；然我國沿海多包裝貨物，碼頭上缺乏散裝裝卸之設備，且船上煤艙須用(Coal conveyor)直接將煤裝入，今我國碼頭鮮有該項設備者，船旁又未開 Port door，故裝煤頗覺費事。船上一切設備大多新造，為一九四五年加拿大完成之運貨船，以其吃水較淺，在我國沿海運貨較自由輪及大湖輪為佳。

四、N-3 Type——長二五八呎九吋，寬四一呎八吋，深一八呎二吋，吃水一七呎一一吋，內裝(Ajax uniflow steam engine)一部，其指示馬力為一三〇〇匹，另有"A" Type 鍋爐二部，每日耗油量約一八噸，每小時速率為一一海里，船上有甲板一層，貨艙四個，可容載重二七五〇噸，該輪機器較普遍往復蒸氣機之 Initial Condensation 為優，效力較高亦少弊病；惟重量較大，航行於沿海各港口頗為適宜，即天津福州諸港均可深入無阻，其建造時期多在一九四四年間，堪稱新船，為目前沿海諸貨船中性能最佳者。

五、B-Type——長二二七呎二吋，寬三六呎六吋，深二一呎八吋，吃水一六呎六吋，內裝往復蒸氣機一部，其指示馬力爲九〇〇匹，另有 Scotch 式鍋爐兩部，每日耗油量約一一噸，每小時速率一〇海里，船上有甲板二層，貨艙二個分設於前中兩部，鍋爐機艙器艙均設後部，其載重可容一六八四噸。該輪爲加拿大船廠所造，原爲怡和公司設計之沿海船隻，以航權收回，外輪不能在沿海航行，故轉售於招商局，全部共七艘，完成於一九四六年，故一切均呈新穎，除載貨並可容約六十二等客位，於今客船奇缺之際，實大有裨益於南北水運，其吃水較淺，故沿海小港與內河均可航行，爲現階段最具航行價值之船隻，與 N 了式貨輪同爲性能最佳之海輪。

六、坦克登陸船——原名(Landing Ship Tank)——通常縮稱 L. S. T. 長三二八呎，寬五十呎一吋，深一七呎四吋，吃水一一呎二吋，內裝柴油機 (Diesel engine) 兩部，其指示馬力爲一八〇〇匹，另有 Donkey boiler 一部，每日耗油量約七噸，每小時速率一〇海里，船上有甲板三層，可容載重二二八六噸，該船原爲戰時設計，專供輸送坦克等戰爭工具登陸之用，於船首部份裝有兩門，能左右張開，另有一活動跳板位於兩門之後，航行中兩門緊閉，有水密設備，於登陸前，兩門張開跳板放平，坦克汽車卽可進出自如，其吃水較淺，於敵前之海灘登陸戰功用甚大，我國接收後加以改裝，已可載貨容客，惟該船構造不堅，航行海中遇有大風浪振盪頗劇，且船身易變形，故 American Bureau of Shipping 認爲不能登入等級(Classify)，並無法獲得國際載重綫證書。

七、中型登陸船——原名(Landing Ship Medium)——通常縮稱 L. S. M. 長二〇三呎六吋，寬三三呎六吋，深一一呎一一吋，吃水五呎九吋，內裝 Diesel engine 兩部，其指示馬力爲三六〇〇匹，另有 Donkey boiler 一部，每日耗油量約一三噸，每小時速率一四海里，有甲板二層，可容載重四九一噸，該船亦爲戰時建造者，能駛入較淺海灘供登陸作戰之用，以其馬力大吃水淺，航行於我國長江上游之川江，較諸其他船舶尙稱相宜，緣該段江面乍狹，曲折多灘險石橫生水流湍急，普通船隻因轉舵不靈常易滋事，惟該船尾舵兩隻，雖經改裝加大面積約 0.5 %，但轉彎靈性仍不如理想，故航行川江並非完全適宜，且容量有限，燃料消耗殊大，備用以維持川江交通，運輸糧食桐油等，固不可以言經濟矣。

八、坦克登陸艇——原名(Landing Craft Tank)——通常縮稱 L. C. T. 長一〇七呎，寬三六呎，深五呎，吃水四呎六吋，內裝柴油機一部，其指示馬力爲六七五匹，每小時速率爲八海里，有甲板一層，可容載重百餘噸，船首爲平板，亦具登陸功用，惟開航時因船型過於豐滿，不免減低速率，其容量約百噸，僅適於短程運輸，如轉駁碼頭貨物或供汽車渡江之用。

九、加拿大護航艇——原名 (Canadian Castle Class Corvette)——長二五二呎五吋，寬三六呎六吋，深一八呎三吋，吃水一三呎三吋，內裝往復蒸氣機一部，其指示馬力爲二八七八匹，另有 Yarrow 式鍋爐二部，每日耗油量約三二噸，每小時速率爲一五·五海里，上下有甲板二層。該船原爲軍用船隻，作護航之用，故其設備並不適宜於載貨，一部份經在加拿大改裝，則可爲沿海或內河之客船，惟容量亦殊有限，僅能容客二百餘人，貨百餘噸，且船身瘦小速率較快，航行時之擺盪恐必甚劇。

十、大型運油輪(Great oil tanker)——長四八一呎二吋，寬六〇呎，深三六呎三吋，吃水二六呎七吋，內裝 Reciprocating engine "Triple expansion" or "Quadriple expansion" 一部，其指示馬力爲三一五〇匹，另有 Scotch boiler 三部，每日耗油量約三八噸，每小時速率爲八海里，有甲板二層，正油艙左右各九個，可容載重一一九〇〇〇噸，除裝運油料外不載普通貨物，該船殼及機器多已陳舊，修理費用甚大；以其中最佳之永洪輪爲例，修理迄今僅完成一半工程，而耗費已有國幣三十六萬萬元，若修理完竣所費必將數倍於此數，其他諸輪損壞之情形更可想見，現除作躉存油料之用外，將來修理完工可開赴外洋運油，以我國油料缺乏，油輪之需要固不次於他種船隻，最近成立油輪公司專司其事。

十一、小型運油輪(Small oil tanker)長二二〇呎一一吋，寬三七呎一吋，深一四呎二吋，吃水一二呎一〇吋，內裝柴油機一部，其指示馬力爲八六〇匹，另有自動開關之熱汽鍋爐一部，每日耗油量約三噸，每小時速率約八海里。船內有正油艙左右各六個，可容載重一三三九噸，其機器艙鍋爐艙均在後部，前面分布油艙，可節省空間增加載重量，其機器易生障礙，修理既多，管理極爲不易，該輪可於沿海及內河轉運油料，與大型運油輪可以配合應用。

綜上所述，船型十餘種，如非逾齡舊船卽屬戰時剩餘船舶，或年久失修損蝕甚大，或吃水過深，燃油量大，除 N3 及 B 式外多不相宜，然值此船舶缺乏之際，珍惜應用原爲不得已之舉，但若力求經濟並與外商相競爭，船舶性能之優劣影響綦大。爲建國之久遠計，實須早圖自力更生之道，決定建造優秀商船之政策，則吾國造船工業之應如何培育滋長使配合時代之需要，實有賴於政治之安定及夫政府與社會賢達之提倡。

海上安全問題

辛一心

第一、安全會議

最近我國外交部接到英大使館的照會，準備在今年召開國際海上安全會議（International Convention for the Safety of Life at Sea），並請我國於事先提出建議，以便其他國家得有充分考慮的時間。談到此項會議的緣起，尚遠在一九一四年，其時各國政府對於保障商船海上安全之規定，互有異同；因而甲國商船根據其本國規定之配備，駛至乙國港口，若有不合乙國之規定者，必需加以更改。若再駛至丙國港口，則其配備又須更改。為避免是項國際間對於船舶配備規定之不同，使商船之構造配備與其海上之安全有一共同公認之標準起見，遂有一九一四年國際海上安全會議之召開。可是會議甫定，歐戰隨起，致一九一四年會議結果，未能付之實現。歐戰結束，從戰事的過程中獲得許多經驗，覺得一九一四年會議的規定，有修正的必要。幾經研討，至一九二九年，復在倫敦召開第二次國際海上安全會議。此次參加的國家，有德、澳、比、加、丹、西班牙、愛爾蘭、美、芬蘭、法、英、印、意、日、挪、荷、瑞典、蘇聯等十八國。會議的結果：是訂定各國公認的海上安全的標準，凡合於是項標準之船舶，得由各參加國政府發給相當的證書，即可駛至他國商港，無需再受他國的檢定。會議結束後各國紛紛參加，我國於一九三三年（民國廿二年）亦同意參加，從那時起直至現在，是項公認的海上安全標準，迄未更改。

第二、會議內容

一九二九年安全會議的內容，最重要的一部份，是規定船舶分段防水構造的標準。所謂分段防水構造，即每一船舶，必須用幾個防水隔艙，將該船分成數段，或數防水艙。萬一於遇險時，任何段或任何艙進水，其鄰艙不致進水，船亦不致下沉。這裏，更明白確定了貨船與客船分段的標準。客船載旅客，其生命的安全，應較貨船為更重要；故客船的安全標準，應較貨船為高。又大船的價值比小船高，故大船的安全標準亦比小船高。會議的結果，是確定了四百三十呎淨貨船的分段標準應用一艙制。至七百九十呎淨貨船則用二艙制，二百六十呎淨客船用一艙制，九百呎淨客船用三艙制。其他大小船隻的分段結構標準，依照其長度變更。所謂一艙，二艙，三艙制，即有一艙或二艙或三艙損壞進水，船尚不致下沉。此地所謂淨貨船，即該船全部裝貨，客位不超過十二人；淨客船則不裝貨而僅載客，如有客貨船，則視其船中載客及裝貨地位之多寡，從會議所規定之公式，可計算其業務率(Criterion of Service)，該項業務率，淨貨船為二三，淨客船為一二三。任何客貨船之業務率在二三與一二三之間。其分段標準，亦將介於淨客船與淨貨船之間，與其業務率成比例，如此則各種船舶之分段構造，得有一公平合理的標準，各國造船工程師於設計新船時，亦得到了一個確定的方針。

會議中更規定了任何客船或客貨船，必須在船邊劃有分段載重綫(Subdivision Load Waterline)。這種分段載重綫與普通淨貨船的乾舷載重綫不同。假使客船載重超過其分段載重綫，則該船就不能適合會議所規定之分段標準。例如某客船應為二艙制，其分段載重綫應為吃水十五呎；若該船載重吃水至十六呎，則該船有二艙破損進水時，船將下沉。除非該船吃水不超過十五呎，則雖有二艙進水，船仍能安全浮於水面。又若某船在其二層艙或可裝貨，或可載客，則於載客情形下，計算其業務率以及其分段構造標準，然後再算出其分段載重綫位置。若該船主台格下有幾個位置可以客貨兩用，則每一位置載客時，有其相當的分段載重綫。因此，一船可能有幾個分段載重綫。與普通乾舷載重綫同樣用白綫劃在船邊。

此外，會議復對於各船之救生設備，無綫電設備，及航海安全措置等，均分別予以規定。例如各種船舶應備救生艇及救生筏之大小數量與其中必要設備，各級客船與一千六百噸以上之貨船必須裝設無綫電收發報機及報務員值班時刻之規定，五千噸以上客船必須裝無綫電測向儀，各國政府共同負担多季測勘洋面漂冰區域，制定國際避碰章程及國際求助呼號，各國及各船互報險境及氣象等。

各國客船如合於會議之規定，即可由各該國政府於發給乘客證書時一起發給安全證書（Safety Certificate），該船即可通行至任何公約國而不受其他約束。若僅有乘客證書而無安全證書，則船必須受第二國之檢驗，核定後方准行駛其港口，至於各國貨船亦須由各該國政府發給無綫電安全證書（Safety Radiotelegraphy Certificate）。此外，沿海行駛之船舶，其航綫離海岸始終不超過廿浬者，可由各國政府酌量情形，毋需合於會議之規定，並發給免驗證書（Exemption Certificate）以資證明。

第三、國際載重綫會議

一九二九年會議之後，國際間有了一個公認的海上安全標準。可是對於載重綫的規定，僅考慮到客船的分段載重綫，而沒有談及貨船的乾舷載重綫，是項乾舷載重綫高度的確定，當然亦是海上安全的重大關鍵，各國均各有規定，可是頗多出入。爲求國際間有一公認之載重綫標準，俾與其他安全會議所決定的各點共同遵守起見，於是一九三〇年七月又在倫敦召開了一個國際載重綫會議（International Load Line Conference）。參加的國家，有德、澳、比、加、智利、古巴、丹麥，但澤自由市，西班牙、愛爾蘭、美、芬蘭、法、英、希臘、印、冰島、義、日、拉脫維亞、墨西哥、挪威、新西蘭、巴拉圭、荷蘭、祕魯、波蘭、葡萄牙、瑞典、蘇聯等卅國。會議的結果，是除了戰艦，漁船及一百五十總噸以下之船隻外，一切行駛至國外港口之船隻必須根據會議規定的辦法，在船邊劃有載重綫，並由各該國政府發給國際載重綫證書。當時也規定了世界各海洋應用多季夏季及熱帶載重綫的地區。如中國海從香港以北包括渤海黃海東海及台灣全部，全年適用夏季載重綫。香港西南直至越南西貢海面，包括南海大部，從每年一月二十日至四月三十日可適用熱帶載重綫，其餘時日應用夏季載重綫。西貢以南澳州以北，包括馬來半島及東印度羣島之海面，全年適用熱帶載重綫。熱帶載重綫較夏季載重綫爲高，多季載重綫則較夏季載重綫爲低，即表示同一船隻，在熱帶區可較夏季及多季區載重爲多，亦即表示船隻在熱帶區可較安全。任何船舶之載重，决不能超過載重綫，俾能安全在海上航行。

凡取得載重綫證書的船舶，其結構之强度，必須與其載重相配合。船壳各部艙口及舷窗之關蓋，與海上安全有關，故載重綫條例中，均有詳細之規定。載重綫證書有效期爲五年，但每年均須經檢驗，並由檢驗員簽字，方爲有效。是項證書，與上述之安全證書，或無綫電安全證書，或免驗證書，爲船舶開赴國外時必需的證件，也就是說凡船舶獲有載重綫證及安全證書，則國際間公認爲在海上航行可以安全，可以通行到任何國家港口。

第四、我國對於船舶安全的措置

我國雖在黃帝時即發明舟，歷史上造船的記載，如漢武用樓船伐粵，鄭和下南洋抵波斯灣等，雖均輝煌一時，但對於船舶安全的法律和條例，與其他各國相比，差得太遠。從世界造船發達史來看，各國對於保障船舶安全最早的法律，多半是載重綫的制定。如意大利在一〇〇〇年即公佈了保障船舶安全的法律，規定了船邊漆一圓圈，其中心於任何載重情形下不應沒入水面。即確定了今日各國共認爲合理的載重綫表示的途徑。英國最早的載重綫規定，在一四二二年。以後再逐漸修改及增訂，到了一八八五年國會通過的載重綫條例，已是很完備，可說現在國際載重綫條例，大半是步英國的成規的。我國在軍閥時代，當然是無暇及此。國府成立後，應用的航政法規，也不過是很簡單的幾條，連最起碼的載重綫，都無規定。尤以那時我國航權未立，外輪任意在我國沿海內河行駛，我國政治力量以及一切法規，都無從控制他們。至於國籍船舶，大多逾齡已久，早已不够標準；或是外籍輪船公司所不要的破爛舊船，買了下來，勉强使用，根本上就談不到如何安全，或是合於何種規定。航商們受着外商競爭以及政治和經濟壓迫的影響，能够苟延殘命，勉强度日，已是不易。假使政府再要頒布嚴格的法規，那更是無從立足了。

自從一九二九年及一九三〇年兩種關於海上安全的國際會議開過以後，當時我國並未參加，一方面是因爲航權的喪失，一方面也是因爲我國航政法規太不健全，外輪駛抵我國港口時，除了海關上有一起手續外，我國航政法規無從管束他們，人民既不注意，政府也就不管。而我國船舶，要是到了外國港口，就要受到很大的麻煩。遠的地方不談，船舶到了香港，就要依着國際間或是英國的規定去辦。手續上若稍有欠缺，或是證書稍有不全，往往有扣留船舶，處以罰金等事，船期的損失，尙屬小事。於是我國被迫，亦不得不參加國際安全會議及國際載重綫會議的公約。所以在民國廿二年二月十四日正式宣布加入，於同年五月十四日起生效。公約雖是參加了，政府發安全證書及載重綫證書卽成問題。載重綫證書比較容易解决，可以委託外商理船會代辦，如 Lloyd's Register, British Corporation, American Bureau of Shipping 等。可是頒發安全證書較爲困難，外商理船會是不辦的。其他國家都是政府直接發的。同時證書上必須要載明分段載重綫的位置，該項分段載重綫的算法，安全會議中並未確定，僅說明可由各國自行規定，而我國則迄無是項規定；其次，安全證書或無綫電安全證書中都有關於無綫電的規定。而我國航政當局，素來不管無綫電台，船上電台證書一向由交通部電政司頒發，而電政司又不管安全證書。由於以上困難，我國雖加入公約，安全證書却未曾頒發過。假使我國船舶要載客到香港的話，沒有第二個辦法，祇好將船駛到香港，讓香港政府檢查，或許還要改裝或加裝設備，然後可以發給英國政府的乘客證書，以及安全證書。這種國權的喪失，恐怕還很少人注意的。

廿六年抗戰開始之後，政府西遷，航政的重心，移到宜昌以上，敍府以下的一段川江中。因爲屢次發生翻船的慘劇，航政當局在社會輿論的督促下，於卅三年秋季頒佈了川江輪船必須要做傾斜試驗的條例。同時規定將每隻輪船的船型綫圖，佈置總圖，中截面圖及靜水力曲綫等四種圖樣，繪製後繳航政局審核。這可說是在我國航政史上最合科學最前進的一種規定。可是做傾斜試驗的目的，在確定船舶重心的高度，亦是在確定船舶初期的穩定性，對於船舶安全，當然有關係，但並不是僅靠傾斜試驗，就可决定船舶的安全。且當時川江翻船慘劇的發生，大多是因爲過量的載重，所以著者當時曾極力主張應在船邊劃載重綫，使各船載重後仍保持相當高度的乾舷，絕對不使載重綫沒入水中，就可以維持相當的安全程度。以我國一向沒有載重綫的規定，國際載重綫條例僅適用於海船，對於江船，不能抄襲應用。那時交通部中有航業技術標準委員會，曾考慮到這個問題，但終於因要費相當時日的研討，未能有所確定。而航業標準委員會，不久也就取消了。直至現在爲止，我國對於船舶，是沒有載重綫的規定。

抗戰勝利後，航權收回。我國航界旗鼓大振，國營民營的輪船公司，都在國外訂購了大批船隻，這些船隻，除了登陸艇外，大多是已有載重綫證書，可是安全證書及無綫電安全證書是沒有的。卽使有，也都已失時效。因爲安全證書的有效期限，公約規定是不得超過一年的。在我國沿海沿江行駛，有沒有這項證書，既無人注意，也無人干涉。可是到了香港，就發生了很多問題，每次都要經過很大的麻煩。貨船必須要有無綫電安全證書，客船必須要有安全證書，僅有電台執照與乘客證書是沒用的。這當然不能說香港政府有意爲難，這是我們自身的不健全。招商局海夏輪要走南洋綫，不能不去香港修理，受檢驗，費了九十幾萬港幣的代價，方獲到了英政府的乘客證書與安全證書。中聯輪載客至澳洲，僅持航政局的乘客證書而無安全證書，無疑的到了澳洲要發生麻煩了。

第五、結論

本年又要召開國際海上安全會議了。以前兩次會議，我國未派代表出席，現在是五强之一，擁有六十萬噸商船的國家，航業界也正在向海外航綫找出路的時候，想政府早已成竹在胸，一定派代表出席了。此次召開的會議，無疑的因爲在戰爭中獲得多種經驗，對於一九二九年的規定，有重行檢討和補充的必要。如分段防水構造和分段防火構造，艙內進水後船舶穩定性之規定，救火設備，危險性貨物之裝載及其預防，重訂避碰章程，重行分配各國對於漂冰區域巡邏之負担，以及裝設雷達等，恐均將爲此次會議之議題。大部均爲造船與航海專門技術問題，根據以往記錄，各國代表團均包括造船與航海極專門的技術人才，我想政府也應及早準備，多多與造船界及航海界接觸，交換意見，一面提出具體的建議，一面準備研究其他國家的建議，檢討其對我國的利害。同時，希望全國人士，尤其航業界，明瞭海上安全問題的重要性，以及我國航政法規之殘缺不全。應督促政府從速延攬專門技術人才，釐訂載重綫，分段載重綫，以及其他有關之一切水上安全條例，使成爲我國法律的一部分，建立我國航政之基礎，保障人民在水上的安全，這是現代國家一個應備的條件，無論如何再也不應遷延不辦了。

呂立記砂石運輸號

自闢山場採辦沙石
泥屑專備車船包運
各項材料憑四十年
歷史信譽卓著兼辦
公司機關公路材料

總經理 呂子鴻
事務所 上海泰興路六二五弄十五號
電話 六二三一七
廠址 蘇州楓橋

啓新洋灰股份有限公司

出品 馬牌 洋灰

歷史悠久　出品精良
凝結迅速　勁力高強

總事務所：天津第一區海大道
工廠：河北省唐山市
上海辦事處：上海江西路406號319,321,322室
電話 18644 17978

譯述

英國未來國立航空研究院計劃之初步方案

萬紹祖

（着重於超音速風洞設計）

英國供應部航空科學研究所本洛克斯派沙將軍，最近曾發表新航空研究院之偉大計劃，以最新式之設備充實之，該研究院將建於杜雷(Tiwrle'gh)地方，位於白德和特(Bedford)附近，預算將需收三千萬磅。

最近噴气式推進機及高速飛機之進步，試驗儀器需要之精細程度亦日增，往時精細之小模型可在較低風速之風洞中試驗，能得滿意之結果；今日則必須置於高速風洞中，且有時試驗時之風速尚須更高於實際飛行時之速度，冀得攷察該速度時可能發生種種現象，以供更進一步研究之參考。

此研究院據云將備有各式不同之風洞，以爲各種不同之研究目的之用，有用以蒐集普通低速飛機設計之各項數字者；有用以研究空氣之壓縮效應者；有用於音速及超音速研究者；有用於試驗各種新式及未來之飛機之旋衝(Spin)性能者。

風洞試驗獲得正確之結果後，最後則須經過一實際之飛行試驗，令試驗飛行員操縱此飛機於跑道上空飛行五哩之遙，當時飛行員如發現該新機操縱時有任何不快之感覺，可立即降落於跑道之上，此跑道將築於杜雷機場與其東面之小道斯頓(Little Stanghton)之間，而另一機場則建於杜雷南面之吐溫武特(Twinwood)處，此機場則純爲飛機降落之用，兩機場之間連以汽車道。

此研究院附近之環境極佳，其地皆爲一望無際之鄉村，無高山，距白德和特甚近，勞役徵用及員工娛樂之問題，皆可便利解决，其最後必須達到之各項設備如下：

超音速風洞一具，工作截面積三平方呎，可利用一部分德國機械，能試驗之範圍可達相當於海平面每小時一五〇〇哩之速度。

另一風洞則供給一垂直氣流，以模型裝置其中，研究其旋衝趨勢，其中空氣壓縮至四倍大氣壓力，其氣流柱之直徑爲十五呎，風洞之馬力爲一五〇〇匹，與此風洞相連者則爲一高速氣流實驗室，其中有數具小型之超音速風洞，備爲風洞設計或其他特殊問題研究之需用。

主要機場之外，有一特殊之長跑道，原定爲三哩長，可能延長至五哩，全道寬皆六〇〇碼，並有一較寬之舖道直通機場中心。

另一風洞名"翼振(Flutter)"，用以研究機翼及其他操縱面可能發生之危險振動(Viteration)。

有一座或兩座大型超音速風洞，每座的馬力是十二萬匹，相當於海面上之風速爲每小時一五〇〇。

一特殊風洞，使其產生一極低擾流(Turbulonce Flow)，以爲試驗機翼截面之用。

結構實驗室包括一大型試驗架，一千噸及三百噸之試驗機，降落試驗及其他裝置。

第二結構實驗室主要爲基本結構研究之用。

一轉動塔，用以試驗螺旋槳，此等螺旋槳皆爲相當於六千馬力之引擎所備者。

冶金及化學實驗室

估計最後需用之人員將至五千名，其中一千四百名將需受過特殊訓練之科學家及技術人才，職工之生活皆能獲得適當之調劑，因其他將備有體育場，宿舍及各項文化活動之便利。

德國研究高速氣流所用之方法·設備及結果

萬紹祖

德國對高速研究有重大貢獻者爲 D. V. L. 及 A. V. A. 之聯合機構，第三中心則爲 L. F. A. ，此中心因開辦較遲，貢獻不大，當時皆受德國之陸軍部所指揮。

德國重要之高速風洞，其特徵下表中皆曾載及，其中二·八公尺之風洞，在高馬氏數(Mach No.)之下，可達瑞氏數(Reynolds No.)至七百萬左右，而英國目前最多不過一二百萬而已，但當時之研究只限於其大規模飛行研究中之極小部分，由於接近音速時風洞壁之改正常數之不確定，以及風洞擾動形成震盪(Shock)之效果，使其不得不須與自由飛行之性能結果常加校正。

概括而論，德國之超音速風洞效率甚高，此蓋由於其風洞工作截面至第一轉灣之間有極長之膨脹部分之故，此種風洞較一般之風洞爲長，耗資亦巨，格脫地博士(Dr. Gothert)曾於 D. V. L. 之第九號風洞，對於瑞氏數與其繞機翼之震盪效應，得一有趣之結論，彼發現機翼上之震盪波 (Shock Wave) 區域內之壓力分佈情形隨瑞氏數而變動甚大，此震盪波附近之壓力梯度(Pressure Gredient) 當瑞氏數升高時變爲較大，但隨卽停止於某一極陡梯度之下，當瑞氏數在五百或六百萬之處則毫無變化。

德國之超音速風洞皆爲間歇式，其方法爲抽去一容器內之空氣，此容器通常爲一球形，工作時，空氣由工作截面吸入，此抽氣之馬力須足以在數分鐘之內將容器內之空氣抽洩殆盡，其最有趣之革新爲裝置一第二緊縮部於工作截面之後，藉一串裝於洞壁上之螺旋之轉動可調節其截面之大小。

其高速風洞設備中之最有價值之特點，爲裝有一馬氏干涉儀 (Mach Interferometer)，可用測量模型近旁之速率場 。德國諸學者對應用此項干涉儀之意見各異 ，但利用其作高速氣流經過模型時之研究，則頗獲成功，並可利用求橫過一邊層(Boundary Layer)之速率分佈情形。

德國各種高速風洞之性能表

所在地	始用日期	大小	開啓式或封閉式	最大馬氏數	工作截面靜點之壓力(氣壓)(近似值)	可用馬力	備註
D. V. L.柏林	1939	圓形，直徑9呎	封閉	1.0	1.0	17,500	詳(圖1)
A. V. A.哥庭根	1941	方形，2.6×2.6呎	封閉	1.0	1.0	注射器	使用蒸氣注射器帶動
	1939	圓形，直徑8.5吋	開啓	1.0	1.0	間歇作用	
	戰前	長方形，4.3×5.1吋	開啓	3.0	1.0	間歇作用	
	1945	方形，8.5×8.5吋	開啓	3.0	1.0	間歇作用	
L. F. A.渥根若	1942	圓形，直徑9吋	封閉	1.0	1.0	16,000	
(Volkenrode)	1940	方形，16×16吋	封閉	3	1.0	間歇作用	空氣入內無乾燥器(圖3)
	1940	方形，10×10吋	封閉	4	0.08至1.0	1,350	(圖3)
	1943	圓形，直徑40吋	開啓	1.05	0.1至1.0	16,000	使用離心壓縮機帶動(圖4,5)
	1945	方形，37×37吋	封閉	1.8	0.1至1.0	16,000	
慕尼黑	建造中	方形，每邊9呎角部圓形	封閉	1.0	0.1至1.0	16,000	柔軟洞壁
聖阿次脫 (St. Otztal)	建造中 (1942開工)	圓形，直徑26呎	封閉	1.0	1.0	100,000	對飛機及動力試驗可變換其工作截面利用水透平操縱
科歇耳 (Kochel)	1940	方形，16×16吋	開啓	4.4	1.0	間歇作用	其中二具已應用(圖6,7)
	1940	方形，7×7吋	半開啓	3.3	1.0	1,100	
	構架已動工	方形40×40吋	開啓	10	——	80,000	

報告

熱敏電阻器之特性與應用

周祖同

本文旨在介紹熱敏電阻器（Thermistor）之一般特性，舉西電公司（Western Electric Co.）所製數類為例，闡述其高負電阻溫度係數與時滯效應諸端，並指出其在電子工程及其他方面之用途。

近數年來，各國因戰爭之需要，對於科學積極研究，不遺餘力，其所得之成果，幾可與承平之世需時十載者相埒。電子工程方面，若干新電路零件之發明，使電子工程師於設計時能另出心裁，別闢途徑，因而繁複之電路與設備均告簡化，機件之效率亦以增加。熱敏電阻器者，即屬此類發明之一，此器戰前本已有人採用，大致用於調整，量度，控制諸方面。Thermistor 一字，係由 Thermally Sensitive Resistor 三字簡縮而得，為具非直線特性之固質導電物稱為 Varistor 者之一種。Varistor 即變值電阻器之謂，一般均為半導體，其電阻因所處之電路情形不同而有一定之改變，此種變值電阻器復可分為三類，一為整流器，例如塗有氧化銅之銅片，具單方向之導電性，另兩類則均為對稱之變值電阻器，其電阻並不因電流方向改變而不同，一為其導電性為所施電壓之函數者，如疊合之碳化矽，一為其導電性為溫度之定函數者，即熱敏電阻器，亦三類中最不為人所習知者；具此特殊性質之物質，實早經發現，惟大量製成特性穩定之零件，則屬近年間事，研究製造熱敏電阻器之廠家現頗衆多，製成品之特性，外形，裝置方法等亦有差異，本文僅就培爾電話試驗室(Bell Telephone Labs.)研究設計，西電公司(Western Electric Co.)製造者加以敍述，戰時此項電阻器業已廣用於軍事設備中，此後自亦可供一般電子工業之應用。

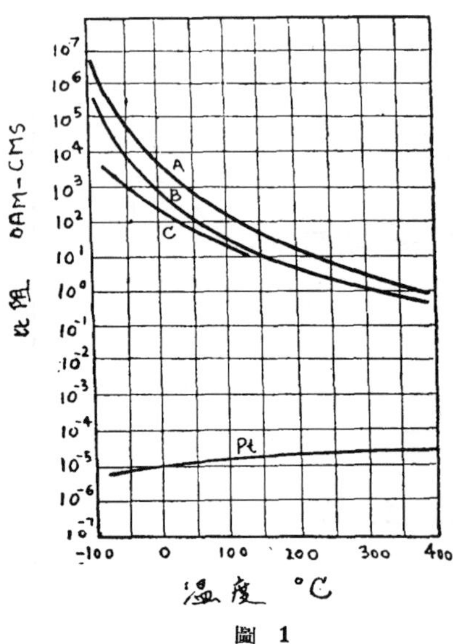

圖 1

一般之金屬導體，除少數特例外，其電阻固恆因溫度之升降而變化，惟變化之程度不大，且恆隨溫度之升而高，隨溫度之降而減，至熱敏電阻器之電阻則不然，其因溫度或功率變化所生之改變甚大，電阻之溫度係數且為負值。製成熱敏電阻器之原料為數種金屬氧化物，均係具高負電阻溫度係數之半導體，製法先壓成片狀，或桿狀，或製成成串之珠粒，於加熱後即變硬而固定，其電阻之溫度係數有高至溫度增減1°C，電阻減增其原值之百分之五者，圖1所示即數熱敏電阻器之電阻——溫度特性曲線。

製成之熱敏電阻器，其靜態電阻有小至數歐者，亦有大至幾百萬歐者，在電子電路中，多為高阻抗零件，故電阻較高者之用處自亦較多，熱敏電阻器於有溫度變化存在，或可能產生溫度變化之處，均可應用，至溫度之變化，概言之，可由下述之各種情形發生：一、環境溫度之變更。二、經過熱敏電阻器本身之電流使之發熱。三、使受控制電流經熱敏電阻器附近之小發熱器(Heater)，以變更其溫度。

熱敏電阻器之用途，可分為兩方面，其在第一方面之應用，本身之溫度恆與環境溫度相同，如溫度計，溫度控制，溫度抵償（即中和由於其他電路零件，電表，導線等因溫度改變而生之電阻變化）等。以熱敏電阻器製成之阻力溫度計，其精確度較用熱偶絲者爲優，至於溫度抵償作用，通常用以中和電表因溫度變化而生之讀數誤差，例如飛機所用儀表，其所處溫度之變化範圍甚大，若無抵償設置，在冷熱懸殊之環境下所得讀數必不相同，足以易引起錯誤判斷而致發生危險。熱敏電阻器第二方面之用途範圍較廣，門類繁多，然所利用之原理則不外非直線電壓電流關係（即非直線電阻特性），電阻因功率之變化，冷却增熱之時間效應等。在流速表，測風計，眞空計等儀器中，係藉熱敏電阻器以量度因氣體或液體流動所產生之熱量，在替續器或其他電路中，每用熱敏電阻器作延緩啟動器，他如過載保護設置，限時機件等亦多利用熱敏電阻器者。如利用其功率散逸量與電阻之關係，可以之量度微小之功率，亦可用於長途電話傳送之自動調整，如K式載波之終端機與幫電機中現均普遍採用熱敏電阻器，使其電阻因訊號强弱所生之變化，影響放大器之負回輸電路，從而達到自動調整傳送之目的，此種類似之用途亦見於話音限制器，展縮器，擴展器，振蕩器之振幅穩定器，電壓調整器等中。

西電公司所出之熱敏電阻器，有直熱式與傍熱式兩類，玆舉例分述於次：

1A 式爲直熱式熱敏電阻器之一，其本身爲一氧化鈾小珠，附着於兩細小之引出綫，置抽成眞空之玻璃管內，接頭用兩導線聯出，此玻璃管再封入一絕緣管，兩端裝以金屬之接頭片，一如熔絲之外形。數種直熱式熱敏電阻器之標稱特性如表 1，表中所列之冷電阻值，係以極小之電流量度而得，因

式類	冷電阻（歐）			25°C 時之溫度係數	最大連續電流(毫安)		功率靈敏度（毫瓦） 25°C	
	0°C	25°C	40°C		交流	直流	至Ro/3	至Ro/100
1A	140,000	60,000	38,000	0.030	15	1	15	75
1B	850,000	380,000	230,000	0.031	3	0.2	10	65
1C	155,000	50,000	26,000	0.044	25	25	18	100
1D	310,000	100,000	52,000	0.044	20	20	14	90

表 1

此弱小電流而生之熱至微，故不致使熱敏電阻器之溫度有顯著之變化，惟在不同環境溫度下量得之冷電阻並不相同，故述及冷電阻時應同時指明量度時之環境溫度。至表中之功率靈敏度，係在所註明之環境溫度下，電阻值由冷電阻降低至標明

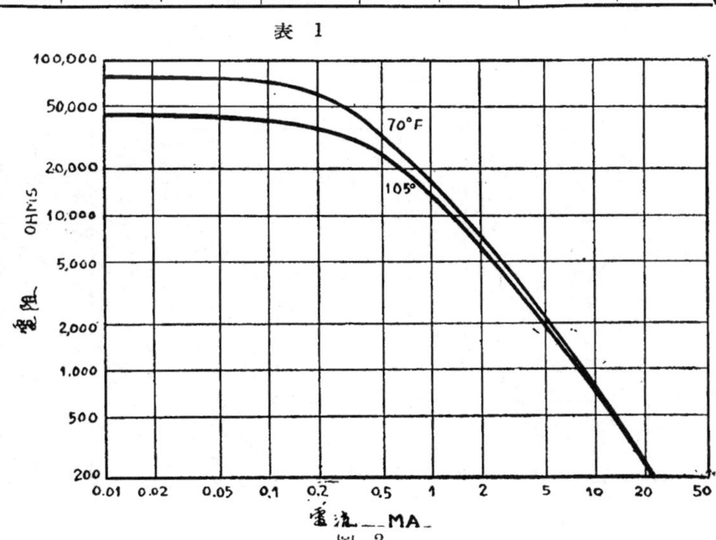

圖 2

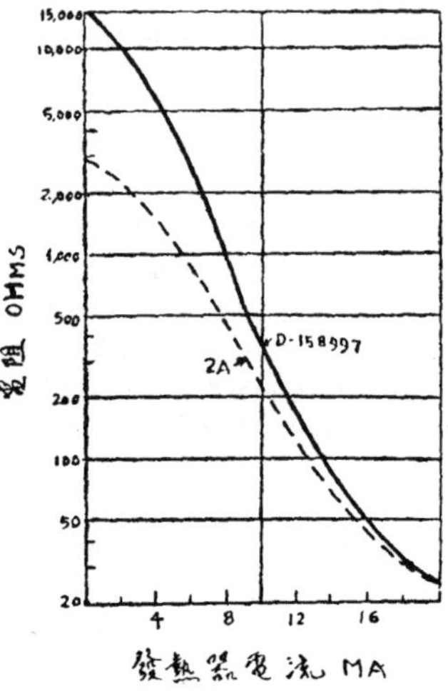

圖 3

之比例所散逸之靜態功率，此值足以表示欲使熱敏電阻器之電阻產生一可供利用之變化所需功率之大小。

圖2示1A式熱敏電阻器之靜態特性，爲兩不同溫度下之電阻——電流曲線，試觀察環境溫度爲70°F之曲線，若有充分之電流經過熱敏電阻器之珠狀氧化物，使其中散逸之功率達15毫瓦，則其電阻將由66,000歐降至22,000歐，如電流繼續增加使散逸之功率增至75毫瓦，則其電阻將減至650歐。此種電阻因電流大小而變化之特性，極爲穩定，雖經長久使用，仍如圖2所示，不稍改變。

若控制電路與被控制電路需要分開，則可採用傍熱式之熱敏電阻器，其溫度之變化，間接受制於發熱器電流之大小。表2所列，爲西電公司所製之兩種傍熱式熱敏電阻器之標稱特性，其電阻因發熱器電流不同而生之變化，可於圖3之曲綫見之。圖4之曲線示當發熱器之電流不同時，熱敏電阻器之功率，電壓，電流，電阻間相互之關係，此組曲線，係繪於對數坐標，故包括之數值範圍甚廣。任何電阻值在圖中均以自左下角至右上角，斜度爲45°之直綫表示，電阻器之有負電阻溫度係數者。溫度變化時所得電壓——電流關係曲線其斜度應小於

式類	發熱器特性		熱敏電阻器特性				
	電阻（歐）	最大連續電流（毫安）直流或交流	未加發熱器時電阻（歐）			最小連續電阻（歐）	最大連續電流（毫安）直流或交流
			0°C	25°C	50°C		
2A	100	25	7,200	2,800	1,250	10	75
D-158997	200	20	45,000	15,000	6,000	19	50

表 2

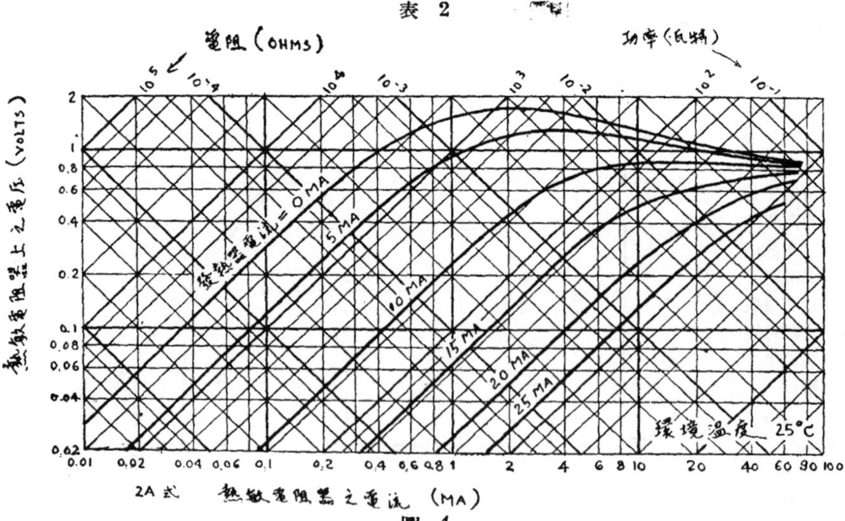

圖 4

45°。反言之，電阻器之具正電阻溫度係數者，其電壓——電流關係曲線之斜度當較45°爲大。於圖 4 中，若經過熱敏電阻器之電流甚小，其溫度無顯著之變化時，則電壓與電流仍成歐姆定律之關係，故相當此種情形之特性曲線部分爲斜度成 45° 之直線，如電流增大，溫度增高，電阻乃漸減小，特性曲線之斜度亦漸小於 45°，熱敏電阻器上電壓降之值，於特性曲綫之斜度爲0°時最大，此時之電阻值約爲冷電阻之三分之一，在應用中，若工作電流超過相當此最大電壓之值，電路中必須串聯一限制電阻，否則，電流將無止境增大而致燒毁熱敏電阻器。

熱敏電阻器之主要性質爲具負溫度係數，其值較相當金屬之正溫度係數大至十倍，此於圖 1 可見一斑。圖中鉑之比阻——溫度曲綫，與三種熱敏電阻材料之比阻——溫度曲綫並繪，以供比較。

另一基本性質吾人尚未提及，即時滯效應，或熱慣性。任何物體皆不能於瞬時內變熱或冷却，熱敏電阻器之電阻既隨其溫度變化，然其溫度則不能隨電流瞬時改變，故電阻之改變並不能隨功率之不同而瞬時發生，於各種延時設備中，均可利用此一現象，然在若干電路中，吾人亦有設計使此現象減小之需要。

如熱敏電阻器中無電功率散逸，而其溫度較所處之環境溫度爲高，則此器將漸變冷，其冷却率與當時之溫度差成比例，至兩溫度相等後即不再減冷，冷却率亦與另外兩因素有關，其一爲熱容量，即質量與比熱之乘積，其二爲散逸常數，即溫度變化攝氏 1 度所需功率之瓦數，以散逸常數除熱容量所得之總稱爲時間常數，爲變更熱敏電阻器溫度與其周圍溫度之差之63%所需時間之秒數。

熱慣性之利用，可以圖 5 表示，此電路包含一直熱式熱敏電阻器與電源 E，電鑰及負載電阻 Z 串聯，電鑰初關時，電流增加緩慢，因開始時之電流，爲熱敏電阻器之冷電阻所決定，漸熱後，電阻減小，電流方迅速增大，達一穩定值，在此電路中，時間之延緩約爲 1.5 秒，如電源電壓減小，則延緩之時間將更長。

圖 6 所示爲穩定狀態下，圖 5 中熱敏電阻器之電壓——電流特性，設此電路初工作於A'，當情況變化時，工作點移至 C'，在此變化途中，電阻之變化率係經 AA' 與 CC' 兩綫間曲綫上各點之斜度之值。此種變化之緩速，全視熱敏電阻器中所蓄積之熱量而定。（完）

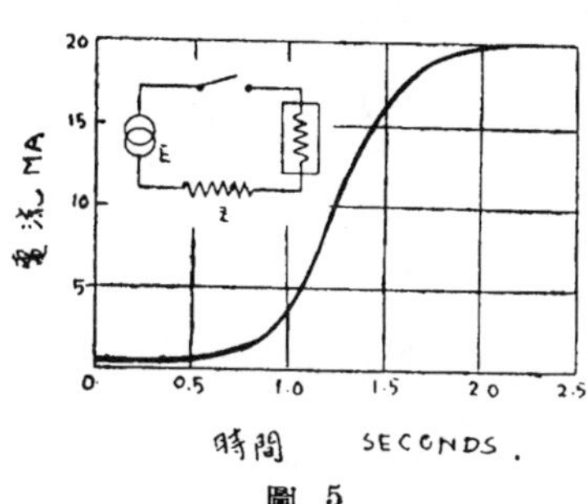

圖 5

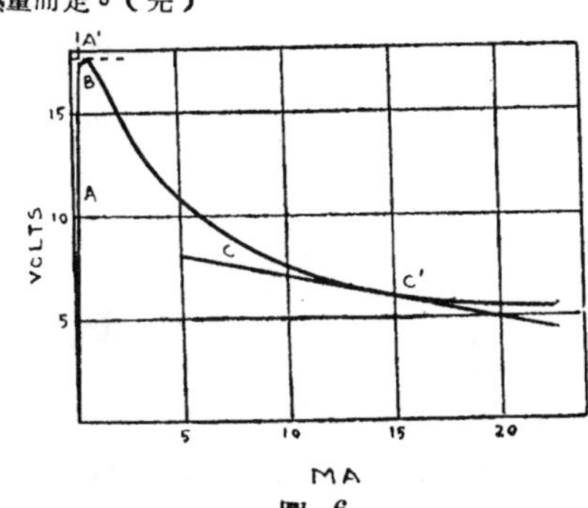

圖 6

申新紡織公司

第二・五廠

營業種類　紡製紗線

出品　各支高等紗線

商標　天女　童子軍　寶塔

管理處　上海江西路四二一號　電話一九六二〇號

第二廠　上海宜昌路五二號　電話三四二三四　三四二三五號

第五廠　上海長陽路一三一六號　電話五〇三四九　五一九二六號

船期準確
服務週到
泰康航業有限公司
地址 四川路七十號
電話 一六九九九
電報掛號 一一六〇
福州代理處 偉豐貿易行
福州泛船浦太平街壹號

消　息

美國測量製圖事業考察觀感

王 之 卓

美國測量製圖的機關很多，規模比較大的大多數都是由官方辦理，所以十之八九集中在華盛頓，美國大地測量的基礎打得很好，但是地形測量的工作並不算十分緊張。到現在爲止，比較精確的中等比例尺地圖，完成美國全面積三分之二，而其中眞正合於標準，不必再測的，只有三分之一。又因爲各機關各自爲政，所以在地圖的比例尺方面零亂不堪。譬如五萬分一附近的比列尺，就有三種：一種是五萬分一，是美國陸軍部採用的；一種是六萬三千三百六十分一，取其適爲一吋等於一哩；第三種是六萬二千五百分一，取其是由一百萬分一用二連續分下來所得的數值。三者並列，也不想加以統一。有一個美國人告訴我：『某機關用圖者慣用某一種比例尺，就製成該種比例尺，種類多一點，沒有什麼關係，只不過比例尺略加變換一點，多印幾次而已。』這完全是物質豐富的美國人的論調，當然不適用於中國。

美國初期測繪工作始於一八一二年成立的土地局，其後於一八〇七年成立海岸測量局，一八七九年成立地質調查所。後者在一八八九年承辦全國地形測量事宜。迄一九三八年時工作測量製圖的機構一共有廿八個之多。各爲其自己的需要而產生，相互之間，缺乏連繫。一九三九年至一九四〇年之間，在美國國府預算局裏，成立了一個單獨機構，專司統籌管理測繪事宜。牠的任務有兩種，其一就是根據各方面的需要，擬具全國測繪計劃，使符合於中央以及地方的各種要求，由每個用圖的機構指派代表一人，將他所代表機構的需要及計劃，提出來供大家研究，並共同協助預算局擬定下年度全國性的計劃。其二就是由預算局協助各測繪機構研究如何增高作業效率的方法。由每個測圖的機構，指派代表一人，共同協助預算局研究，並設計一種劃一的估價辦法，其目的在使各測圖機構的作業，都有一種劃一的基礎，以便使國家對於各機構作業的效率容易加以判斷，兼可使各機構間易於互相比較，觀摩與倣效。

美國的測量機構，大體的分起來，可以分爲屬於軍事機構的與屬於文職機構的兩種。屬於軍事機構的，在空軍有航空圖測繪局（Aeronautical Chart Service）；在陸軍的有陸軍測繪局（Army Map Service）；在海軍的有海軍測繪局（Hydrographic Office），都是在第二次大戰時加以擴充的，規模非常龐大，各軍事機構測圖的着重點，都是全世界性的，至於美國國內的測繪作業，則多半由文職機關承辦，其中以地質調查所爲最主要的機構，各主要測繪機構的情形，可以表列如下：

機關名稱	出圖種類	組織概況	其他
航空圖測繪局 Aeronautical Chart Service	(1)計劃圖 1:5,000,000用於航程計劃及戰術行動之控制，採用蘭孛正形圓錐投影 (2)氣象圖 1:5,000,000顯示氣象情況之統計資料投影同上 (3)長程航行地圖 1:3,000,000梅卡托正形投影 (4)領航圖 1:500,000 及 1:1,000,000圓錐正形投影。 (5)趨近圖 1:250,000或較大比例尺 (6)目標圖 約1:125.000左右供轟炸之用	(1)總務處 (2)研究處 (3)航行指導處 (4)航測處 (5)生產供應處 (6)圖庫 每處約分四至六科	工作人員共約1500人，另由外商承包參加者約4500人

陸軍測繪局 Army Map Service	(1)戰略圖 1:500,000至1:2,000,000 (2)戰術圖 1:50,000至1:250,000 (3)盲目射擊圖，小於1:20,000者	(1)航測處 (2)基測處 (3)編圖處 (4)總務處 (5)發圖處 (6)製印處	
河海測繪局 Hydrographic Office	(1)戰鬥圖 (i)海軍趨近圖 1:72,000 (ii)海軍轟擊圖 1:36,000 (iii)軍用圖 1:50,000 1:25,000 (iv)空軍助戰用圖 1:50,000 (2)航空圖 (i)長程航行圖 1吋=70浬 (ii)航行圖 1吋=30浬 (iii)大陸航空圖 1吋=14浬 (iv)路線圖 (v)趨近圖，目標圖，降落圖 (3)航海圖 (i)趨近及海港圖 (ii)航行圖 (iii)海軍領航圖 (iv)磁力分佈圖 (v)大圈圖	(1)總務處 (2)研究處 (3)航空飛行處 (4)製印處 (5)編圖處 (6)航海安全處 (7)發圖處	
海岸大地測量局 Coast and Geodetic Survey	(1)海圖 (i) 航海圖 1:600,000至1:4,500,000 (ii) 遠海岸圖 1:180,000至1:400,000 (iii)近海岸圖 1:80,000至1:100,000 (iv)海港圖 1:5,000至1:40,000 (2)航空圖 (i) 區間圖 1:500,000 (ii) 區域圖 1:1,000,000 (iii)無線電指向圖 1:2,000,000 (iv)航空計劃圖 1:5,000,000 (3)其他	(1)海岸測量處 (2)大地測量處 (3)航海航空地圖處 (4)人事經理處 (5)儀器處	
地質調査所 Geological Survey	(1)基本圖 1:62,500等高綫距爲50或100呎 (2)工程圖 1:31,680	地質測量處 大西洋組 中央區域組 太平洋組	
土壤保養局 Soil Conservation Service	標準圖 1:15,840 1:31,680 （以平面圖爲主）	設有編製地圖處掌管測繪事宜	
森林局 Forest Service	(1)森林管理圖 1/4"=1哩平面圖 1/2"=1哩平面圖 間或1"=1哩平面圖 (2)水文圖 (3)森林利用圖	設有工程處掌管測繪事宜	
田尼西河水閘工程處 Tennessee Valley Authority	(1)地藉圖 1:6,000 1:1,200 (2)地形圖 1:24,000	設有地圖及測繪處 內分工程測量科 地圖測繪科 工程儀器科	

地政局 General Land Office	以1吋＝40鍊之比例尺圖爲主，間或測1吋＝20鍊及1吋＝10鍊等比例尺		

在測量製圖的方法方面，可以大體分為編圖與測圖兩種。編圖的工作在有豐富的資料，美國海陸空軍各測圖機構，對於搜集編圖資料的工作，一向都很注意。譬如美國陸軍測圖局在一九四一年時，存圖有七萬餘種，目前則已增至三十八萬餘種，再加以空中照片的協助，對於世界各種小比例尺地圖，隨時都在修編中。

在測圖方面十之八九都是利用航空測量方法，其餘的一部份雖然用平板儀作業，事實上也是要用空中照片，加以輔助的。航空測量在小比例尺測圖方面以三物鏡航測製圖方法應用的最廣。三物鏡航測方法，是美國地質調查所與美國空軍共同的供獻，初時應用於阿拉斯加的測量，此次作戰時曾經有極廣汎的應用。

三物鏡航測製圖方法極其迅速，美國空軍曾經在收到航攝底片一個星期之內製成了八萬平方哩的小比例尺地圖，這種速率記錄，眞是驚人。可惜高程的測求不算太準，只能算是介乎編圖與測圖中間的一種重要工具。

在中等比例尺或大比例尺測圖方面，主要的方法還是用多倍投影測圖儀（Multiplex），多倍測圖儀發源於德國，傳入美國之後，地質調查所及美國陸軍分別加以倣造。其中田尼西水閘工程處，地質調查所及美國陸軍是應用多倍投影測圖儀的三個最主要的機關，所用的雖是同一個方法，可是採用三種不同的多倍測圖儀。每處只用其自己習用的一種，不想更易。田尼西水閘工程處用的是德國的出品，地質調查所及美國陸軍用的是美國自己倣造改良的，其中美國倣造的也有兩種，都是由Bausch & Lomb 儀器公司承造，一個公司製造同一種儀器而出兩種不同的出品，並行應用，也是美國的特徵。

應用雷達施測大三角測量，正在試驗階段中，是美國在測量方面，比較重要的供獻。利用雷達電波測量距離，在作戰的時候是用作轟炸定位之用的，因為雷達電波的週率相當穩定，可以量電波經行的時間，藉以計算其所經過的距離。用這種方法來測量大三角邊長時，係由飛機橫穿邊長飛過，當飛機飛近三角邊的時候，就依一定時間間隔放收雷達電波，以測求從飛機至邊長兩端地面三角站點的距離，當兩距離之和爲最小值的時候，就是飛機正在邊長上空的時候，由這種方法所測得的邊長精度，可以達到二等三角所需求的精度。

在地圖製版印刷方面，近來進步的特點，在應用大量的「玻璃」紙(Plastic Sheeting Material)，用於多色印刷的套色工作以及編圖工作，取其透明而伸縮性極小。所謂「玻璃」紙，主要包括兩種：一種名 Vinylite；另一種名 Acetate。但兩種是性質絕然不同的產品。Acetate 紙得自纖維質有機鹽(Cellulose esters) 製成膠漿之後，用一種大而複雜的機器，使之流佈在極光滑的金屬圓柱面上，得紙的寬度爲 40 及 42 吋，長可達一百至二百五十呎。Vinylite乃係一種綜合樹膠，製造方法係用一種碾光法(Calendering)。其法先將樹膠質加熱，使流經一組熱冷相間的圓滾夾縫，由此所獲得的成果紙面都很粗糙，不能夠直接使用，必須再切成單片，置於兩個熱金屬板中間夾壓之，這層步驟足以限制 Vinylite 紙產品的尺碼。目前所能供應最大的張幅爲 20½ × 50 吋，這點對於其應用的範圍，影響頗大。最近據說有可以製成36×36吋者，可使應用的範圍增廣。事實上爲合乎製圖用的要求，應以能使達到40吋之寬度較佳。

Vinylite 同 Acetate 紙表面看起來並不容易區分，在編圖以及製版印刷工作中，都佔非常重要的位置。由於這兩種紙的應用，在製圖的技術方面同時發生很多的改良。現在把兩種紙主要的特徵寫在下面，作一個比較：

紙　類	濕度膨脹75°F（每相對濕度10%之變遷）		溫度膨脹係數
	長 向	寬 向	
Vinylite	.007%	.007%	3.9×10^{-5}
Acetate	.073%	.093%	8.3×10^{-5}

Vinylite 紙的各種特徵自然遠勝於 Acetate 紙，但是價值比較昂貴，而且不能得到够大的張幅，是牠的缺點。

總之，美國在測量與製圖方面，除去試用雷達於大三角測量而外，在技術本身，並不算有特異的進步，不過美國大量生產的能力是十分驚人的。美國因爲物質豐富，所以有許多浪費物質的方法，不見得都可以供其他國家的倣效，尤其是一個國家各有牠特殊的環境，借鑒他人，尤貴乎在能够加以適當的判斷，這也可以說是我國各種事業推動所共同必須注意的一點。

本校工學院概況

民國卅四年間，抗戰勝利，本校復員於上海原址，遂綜合渝校時期工程方面六系三專修科組成工學院。其中六系爲：土木工程，機械工程，電機工程，航空工程，造船工程，及工業管理；三專修科爲：電信，輪機及航海，此外擬增設化學工程，水利工程，紡織工程三系，列在本校擴充計劃中，暫時由化學，土木工程及機械工程三系分別兼辦。回溯往史，則各系科各有其單獨之發展過程，玆略述其經過於后：

清光緒三十二年秋，本校創辦鐵路專科，實即設立土木工程學科之開始，其後於清光緒三十四年秋，復設電機專科，均定三年畢業，實爲本校工學院之濫觴。民國元年以後本校歸交通部直轄，鐵路專科及電機專科乃分別改稱爲土木科及電氣機械科。民國六年始改爲四年制。民國十年秋季，大學改組成立機械科，而電氣機械科改稱爲電機科；土木科歸併於唐山分校，於是土木科中輟者八年。十七年時部准恢復土木科，次年改稱土木工程學院，初由孫謀代理院長，繼由李謙若任院長。電機科亦改稱電機工程學院，由張廷金任院長，機械科改稱爲機械工程學院，由王繩善任院長。

民國廿六年秋，抗戰軍興，本校遷入舊法租界上課，其後滬市環境惡劣，乃由於校友奔走，於民國卅一年在渝復校，本院工程方面原有各學院，改稱學系。土木工程系先後由薛次莘王達時主持；機械工程系先後由柴志明陳大燮主持，電機工程系先後由倪俊許乃波主持。

民國三十一年本校鑒於我國航空事業之發展，需材孔殷，乃成立航空工程系，系主任爲曹鶴蓀。其間曹主任曾派赴美考察一年，在出國期間，系務由季文美担任。民國卅二年本校復奉令接辦國立重慶商船專科學校，遂將商船學校原設之造船科，改設爲造船工程系，系主任爲葉在馥。次年卽有首屆造船系畢業生，爲國內各大學設立造船系之最早者。同年更成立工業管理系，由本校教務長兼任系主任，本校於戰前固設有實業管理一門，惟考其內容，大致爲一般工商管理或商業性質，念我國工業尙待發達，其有需於專門工業管理之訓練，固不減於工業技術方面之訓練，美人納爾遜氏於來華考察返美後表示，謂中國工業一般技術水準尙佳，惟管理之劣，幾將全部技術功效喪失殆盡，此足見工業管理之重要矣。

同年本校接辦重慶商船專科學校時，組成輪機及航海兩專修科，所有該校未畢業之學生，均併入本校，科主任由王超郭懋來分別擔任。

民國卅四年，因交通部電信總局需用大批電信技術人員，委託本校辦理電信專修科，以造就中級技術人材，是年春季，呈准教育部添設該科，科務由教務長李熙謀兼理，由電信總局津貼一部份開辦費用，遂於是年暑假中開始招生。

民國三十四年抗戰勝利，師生先後返滬復校，卅五年遂將工程方面各系合組爲工學院，院長爲王之卓，土木工程系主任爲王達時，機械系主任爲陳大燮，三十五年冬，陳主任請辭，由黃叔培繼任；電機系主任爲鍾兆琳，航空系主任爲曹鶴蓀，造船系主任爲葉在馥，工業管理系主任爲祝百英，電信專修科主任爲陳湖，輪機專修科主任爲王超，航海專修科主任爲黃慕宗，其中輪機與航海兩專修科，奉部令以後由吳淞商船專科學校辦理，故本校只續辦現有各級至畢業爲止，其中卅五年度本校所招該兩專修科之一年級新生，則已併入吳淞商船專科學校。在本校擴充計劃中，擬添設化學工程，水利工程及紡織工程三系並已招有一年級新生，總共工學院現有學生共二千二百八十四人，詳列於附表(一)內，玆更將各系情況分別臚述於下：

(一)土木工程系

土木工程系四年級在渝校時原分結構，路工，水利三門，返滬後學生人數增加，於是更分路工門爲鐵道及道路二門，並恢復戰前之市政門，課程詳情見附表(二)內。

該系教授自渝校前來者有王達時康時清陳本端劉光文楊欽等人，在上海仍返本校任教者有潘承梁楊培琫葉家俊等，返滬復校後新聘者，計有王之卓王龍甫俞調梅張有齡徐芝倫謝光華謝世徵周文德紀增爵及薛鴻達等人。

茲更將土木工程系各種實習設備現狀略述於后。

(1)測量儀器室： 測量儀器向稱完備，惟以抗戰期間歷年應用損耗甚多，其中復經自渝運滬時沉船之損失，對於小件儀器如鋼尺皮尺水平尺等，尤感缺乏，所幸各種經緯儀水平儀各二十餘架等重要儀器，經修理之後，尙可應用，惟儀器數目，則因學生人數驟增，極待擴充。

(2)道路材料試驗室： 該系道路材料試驗室各種設施之完備，國內無出其右者，戰時搬入租界時，零件略有損失，機器堆存亦多已生銹，去春搬回學校，加以整理，已漸漸恢復舊觀。

(3)衛生試驗室： 現已整理就緒，開辦試驗工作，但仍須添置若干儀器藥品，加以充實。

(4)普通材料試驗室： 已裝置就緒開始試驗課程。

(5)土壤力學試驗室： 近年工程界對於土壤力學之研究，至爲重視，該系在渝時業已加開土壤力學課程，並向中央水利試驗處訂置全套試驗儀器，現已全部運滬，擬再擴充，積極成立土壤力學試驗室。

(6)水利試驗室： 該系在渝復校後增設水利門，以應我國水利工程人材之需要，惟以限於經濟，水利試驗向借中央水利實驗處上課，滬校水利試驗設備素甚簡陋，急待擴充。

(7)模型室： 該室原有鋼製橋樑模型數座，計鉚接鋼橋一座，樞接鋼橋一座，鈑樑橋大小三座，去夏運到印度鐵路公司所贈鐵路號誌大模型一套均已裝置陳列。

(二)機械工程系

機械工程系四年級現分工業門，機車門及自動車門等三種，該系課程情形詳見附表(二)。因機械工程爲工學院各系之基本課程故代開課程最多，教員現有陳石英，黃叔培，陳大燮，柴志明，陳熹，胡嵩岱，梁士超，金 愨，蔡有常，沈三多，殷文友，錢乃楨，李泰雲，楊尙灼，周修齊，張有生，吳金堤，吳良弼，賈存鑑，姚祖訓，樓鴻棣，江仲仁，劉 昉，張寰鏡，張 燁，瞿珏等諸人。

機械工程首重試驗，惜因該系各種試驗室損失過鉅，現正在着手補充整理中，茲將各試驗室情形略述於后：

(1)機械工程試驗室 該室內大部份設備在八一三前四個月，曾經着手拆卸，以備萬一。惜以當時計劃不定，僅搬出精密輕便儀器及內燃製冰機，發電機等至震旦大學及中華學藝社暫存，至於鍋爐，汽輪，發電機等，以及其他設備，俱被敵人攫取或破壞，去春復員以來，即將上述儀器及內燃機等運回，勉强上課。目前急待加以充實者爲各種蒸汽鍋爐，各式蒸汽機(10--100HP)各式汽輪機，汽輪發電機(25—100KW)壓氣機(80—150磅/平方英寸)煤氣機(15—60HP)發生爐煤氣機，輕油機(5—50HP)提士機(10—100HP)製冰機，水輪機(20—50HP)提士發電機(20—100KW)等，隨時均在推動徵募之中。

(2)自動車工程試驗室 本室所有機件儀器於戰時大部轉移保藏，除配件工具外，損失尙少，主要設備計有：電力測力機，水力測力機，電動發電機，C.F.R.燃料試驗機，威氏電氣試驗抬，福特試驗器及引擎附件試驗設備十餘種等，頃尙在裝置添補之中，目前計劃增設者有平衡試驗機及新式汽車附件等數種，自動車實驗課程已經開始，包括動力試驗，電系試驗，燃料系試驗，修理實習及駕駛實習等項。

(3)機車試驗室 該系雖久有機車門，但機車工程試驗設備則尙付缺如，近得京滬路局捐贈機車一輛，不日即可到校，以後機車門同學，有機車實習之機會，殊堪慶幸。此外擬於最近期內添置打氣機一套，空氣分配閥一套，空氣制動器一套，亞丁式液體測力機一套，機車拖力試驗機一套，溫度測定器一套，以供有志服務鐵道機車工程同學之實習，至於各項設備，擬暫裝置於機械工程試驗室及自動機試驗室內，一俟本校經濟寬裕，當再籌建一獨立之機車試驗室。

(4)金工廠 金工廠設備於廿六年淪陷時，曾遷至舊法租界，初借中法工學院工廠上課，繼因中法停頓，乃租賃威海衛路廠房，利用遷出設備，佈置實習。後太平洋戰事突發，敵寇佔領舊公共租界，於卅一年一月遂派憲兵查封，廠內機器及小工具，全遭抄沒，損失鉅重。復校後除一面檢點存置舊租界之機件外，復購入敵產原時鐵工廠，拆回其機器設備。渝校設備於遷滬途中又遭沉舟之難，損失頗重，歷時逾半載，最近始有一小部抵校，金工廠目前設備只包括車床十八部，鑽床四部，牛頭鉋床二部及銑床，磨床鉋床等項。

金工實習爲工學院全部各系科之必修課程，現合計目前應修及應補修之學生將近千人，原有廠址及設備，殊不足以應付，又格於學校經濟，致一切改進計劃難於實現，即僅小規模之裝置工作，進行亦極爲遲緩，現經極度之設法，大部份已有之工作機及排作抬，已裝置就緒可即開班上課，惟各種機床數量既少，式樣又大都陳舊，加以擴充，急不及待，正在向各方面設法中。

（5）鑄、鍛、木三工廠　該系鑄工鍛工及木工三廠之設備向稱完善，自民廿六年上海淪陷後，廠內之機件，除少數易搬動者移往舊法租界，幸得存留而外，餘皆蕩然無存。去年本校復員，瘡痍甫定，百廢待興，而格於人力物力，故該三廠迄未能積極恢復，以致無法上課。但以鑄、鍛、木等工作固機械工程學生所必須熟習者，今機械，自動車暨金工等試驗室，皆次第恢復，鑄鍛木工廠之修復，自亦不容再緩，擬先於木工廠中設置鉗工棹，俾使學生開始用手工實習製造木模工作，至於鋸木機，鉋木機及車床等當於本學期中，加以修配裝置，鍛工廠中之冶爐，砧鎚及其他工具，正在設法捐募之中，本學期亦擬先備手拉風爐數具，開始實習。至於鼓風冶爐及抽烟諸設備之裝置，亦刻不容緩。鑄工廠之沙坑，經日寇用水泥填平，應重新鑿開，補充新沙，添置沙箱木模，以供本學期之實習，熔鐵爐則擬暫用一小號三節爐，以應急需，將來大熔鐵爐及排鍋爐修竣，當可向外界承製鑄鐵鑄銅等件，以增加學生之經驗，而謀該工廠之發展。

（三）電機工程系

電機工程系在四年級時分電力電信二門，基本課程悉照規定進行，此外則尚設有水力發電廠，電氣鐵道鐵路號誌，電視學，超短波濾波器，載波電話，電信網絡等選科，課程詳列於附表（二）內，該系教員有鍾兆琳陳湖朱物華張鍾俊陳季丹林海明沈尚賢曹鳳山毛啓爽魏詩壩嚴唆張思侯居岷施彬夏少非程文鑫高懷蓉毛鈞業等人。茲將各種試驗室之情況，略述於下：

（1）電機試驗室　備有各式交直流電機及各式電表，電閘板則於淪陷期內完全損毀，後經多方設法，試驗得以照常進行，但在短期之內必須加以重建，其他新式機件亦必須設法添置，使漸臻完備。

（2）電信試驗室　室內主要儀器計有傳影機，陰極管，電波顯示器，無線電話報機，自動電話交換機，精密波長表，成音振盪器等，近又由各機關撥贈多種如陰極管，無線電話對講機，擴音機等等機件，該室設備極稱充實，惟在測驗儀器方面，乃須多加添置，俾能使各種實驗同時分組進行。

（四）航空工程系

航空工程系專門課程開始於三年級，四年級時分爲飛機結構，飛機發動機及空氣動力三門，課程情形詳見附表（二）內。該系教授有曹鶴蓀季文美許玉贊王宏基姜長英楊彭基馬明德等人。

該系在渝校成立之時，曾由航空委員會，滑翔委員會，及中國航空建設協會等機關之協助成立試驗室，內有飛機，滑翔機，發動機及飛行儀表等機件，尤堪珍貴者爲第二飛機製造廠捐送之煙風洞一座，惜在復員返滬時，除一小部儀表及零件而外，均因過於笨重，未能啓運，後經在上海空軍總司令部方面設法，捐得大批器材，而發動機試驗室儀器試驗室及航空氣象試驗室等，復得略具規模，試車架尚未加以裝設，但可暫時利用所撥到之完善飛機兩架開車，各試驗室中尤以航空氣象試驗室內容充實，再稍加添配之後，可以成立一二等測候所，擬在最近期間完成。

在計劃之中者尚有（1）風洞試驗室；擬設口徑1.2公尺開露迴轉式風洞一座，用六分力的自動天秤，動力方面則裝置一架75HP之換流機，帶動一架50KW之直流電機，附帶尚須成立一小型模型廠，專製試驗用種種模型；（2）噴射式發動機試驗室：噴射式發動機爲此次大戰之產物，本校對於該項設施尚付缺如，擬在此方面漸漸樹立研究之基礎；（3）高空氣象觀測設備：由於此項設備對於航空關係之密切，將來計劃發放探測氣球及測風氣球等試驗。

(五)造船工程系

造船系因係新辦，一切設備正在設法購置中，現有者爲船圖繪製設備如壓鐵，船圖曲線板，船線木條等，全套船模乙隻，參考船圖千餘張，參考書籍雜誌百餘冊，現有教授爲葉在馥辛一心楊仁傑陳宗惠趙國華王公衡等人。從三年級起分船舶及輪機兩門。造船系課程在培養造船及造機兩項專門人材，故除普通基本功課外，船舶門主要課程爲造船原理，船體結構，船體計算及製圖，造船設計，實用造船學，流體動力學，特種船艦及彈性理論等；輪機門主要課程爲機械設計，輪機設計，船用蒸氣機，船用汽旋機，船用內燃機，船用汽鍋學，船用副機，機艙管理，機動力學，通風及暖汽工程，兵器及彈道學等，各級課程詳於附表(二)內。

最近期間計劃完成之試驗設備爲(1)船模試驗池：各國均有船模試驗池，作爲船型及鏍旋槳性能試驗及研討之最要工具，我國尙付缺如，本校造船系爲國內唯一研討造船高深學理之機構，擬連絡交通部海軍部等有關造船機關，在本校成立造船試驗池。(2)輪機試驗室：國內對於輪機性能之研究與試驗向無機關經辦，本校擬連絡有關機關設立輪機試驗室，一面爲學生實習之用，一面爲試驗及研究之用。

(六)工業管理系

工業管理系之課程係參考美國麻省理工大學之 Industrial and Business Management Department 爲標準，在我國尙爲初創。初在重慶時，偏處內地，師資與書籍設備俱缺，自遷滬以後，竭力物色教授，擴充對外關係，使該系內容，得以略具雛形，日後稍見擴充之後，擬在四年級分門，並多設選科，現時所聘教授計有祝百英周省言楊錫山李瑞麟沈立人李兆萱姚慶三夏宗輝周贊明等人。

(七)電信專修科

該科之成立係配合電信業務機關之需要而設，是以釐訂課程之時，曾由電信總局上海電信局會同本校會商決定，專修科課程內容趨重實際，目前設備之一部份係向電機系借用，大部份則係由電信總局撥贈或借用，該科教授除陳湖及周祖同二人外，其餘均由電機工程系教員兼理。

該科將來計劃，除請電信總局繼續協助增添設備及圖書而外，並擬請校方專撥房屋一所，以便上課與實習同在一處，使機器與課本隨時互相引證，以養成將來手腦並用之習慣。此外擬成立修理室一所，側重於精細機件之修配，因電信機械之構造大都極爲精緻也。學生每年暑假，應規定赴國內各大電信局台及工廠輪流實習，以便將來畢業後就業時，對於電信機械早得實際之經驗。再電信技術進步之速，爲一切科學之冠，爲使學有專長起見，擬依學生之志願分爲有線電信及無線電信二組，使其所學更爲專門化，而能精益求精，此爲該科將來之實施計劃，尙望電信當局及同人予以協助及指教，俾能早日實現者也。

(八)輪機專修科

輪機專修科規定學科爲三年，實習爲一年。現有學生除一年級三十四人已送吳淞商船學校續辦，四年級二人分別在輪船及船廠實習外，在校二三年級生有廿四人，課程方面則一年級與工學院各系相同，二三年級較重實用，但機械及電機工程方面之基本課程則仍排入，是以課程相當繁重。畢業之後根據成績呈請交通部發給船員證書，現任教員有王超，張令法，陳藤耕，何瑞龍等人。

輪機專修科今後奉部令由吳淞商船專科學校續辦，但本校倣美國麻省理工大學先例於造船系內成立輪機門，蓋造船與輪機猶如人身之軀殼與內臟，兩者俱不可缺也。

(九)航海專修科

航海專修科規定學科爲二年半，實習爲一年半，現有二三年級學生共五十五人，四年級學生三人派在船上實習，課程方面，原應學科與試驗並重，惜以學校限於經費，對於該科應用之圖表儀器設備，多未能具備，引爲憾事，現任教員有黃慕宗郭懋來盛建勳呂厚平李向剛等人。

今按航業之建設，首在儲育人才。戰前商船，約可五十六萬噸，彼時高級船員，由外人充當者，幾及半數，勝利以來商船噸位已增至七十萬噸，幸賴戰前及抗戰期間各地培植之人才，得以勉强應付，終以船多人少，時感棘手，按照國策，最近十年之內，擬擴充三百萬噸。平均以五千噸爲一艘，每艘四人計算，共需要二千四百人，假定三年之內增至一百五十萬噸，需要人數爲一千二百人，在最近之將來，實際人材之供應與所缺員額相較不足遠甚。至於人才素質方面尤應密切注意，今後訓練航海人才之中心，應以遠洋航海人才爲目標，對於基本課程如國文，英文，數學等，應行特別提高，其他與航海有關之學識如國際公法，海商法等，亦應加以灌輸，本校固已注意及此，今後擴展，則更有望於吳淞商船專科學校者也。

附表(一) 工學院學生人數表

系科	一年級		二年級		三年級		四年級		合計
	男	女	男	女	男	女	男	女	
土木工程系	80	1	116	0	140	1	102	0	440
機械工程系	62	0	133	0	158	0	105	0	458
電機工程系	96	2	163	4	190	3	81	0	539
航空工程系	55	0	77	0	51	0	20	0	203
造船工程系	48	0	33	0	67	0	29	1	178
工業管理系	46	3	63	11	80	10	31	4	248
化學工程系	26	3	—	—	—	—	—	—	29
水利工程系	34	0	—	—	—	—	—	—	34
紡織工程系	30	0	—	—	—	—	—	—	30
電信專修科	27	1	11	2	—	—	—	—	41
輪機專修科	—	—	14	0	10	0	2	0	26
航海專修科	—	—	32	0	23	0	3	0	58
合計	504	10	642	17	719	14	373	5	2284

附表(二) 工學院各系科課程表

(一)土木工程系

年級	科目	第一學期		第二學期	
		每週時數	學分	每週時數	學分
一年級	國文	3	2	3	2
	英文	3	2	3	2
	微積分	4	4	4	4
	物理	4	4	4	4
	化學	3	3	3	3
	物理實驗	3	1	3	1
	化學實驗	3	1	3	1
	工廠實習	3	1	3	1
	畫法幾何	6	2		
	機械畫			6	2
	三民主義	2		2	—
	體育	2	—	2	—
	軍訓	2	—	2	—

年級	課程				
二年級	應用力學	5	5		
	微分方程	3	3		
	地質學	2	2		
	經濟學	3	2		
	物理	2	2	2	2
	物理實驗	1½	½	1½	½
	平面測量	2	2	2	2
	平面測量實習	6	2	6	2
	材料力學			5	5
	最小二乘方			2	2
	熱工學			3	3
	機構學	3	3		
	水力學			4	3
	水力試驗			3	1
三年級	應用天文學	3	2		
	道路工程	3	3		
	工程材料	3	2		
	電工學	3	3		
	水文學	3	2		
	河工學	3	3		
	鋼筋混凝土	3	3		
	機工試驗	3	1		
	結構學	3	3	3	3
	結構計劃			6	2
	鋼筋混凝土計劃			6	2
	鐵路工程			3	3
	給水工程			3	3
	房屋建築			3	2
	大地測量			3	2
	大地測量實習				1
	材料試驗			3	1
	電工試驗			3	1
四年級共同課程	結構計劃(下)	6	2		
	圬工及基礎	4	4		
	污水工程	3	2		
	土壤力學	3	3	3	3
	航空測量(選科)	3	3		
	公文程式			1	1
	契約範圍及估價			2	2
四年級結構門	高等結構學	3	3	3	3
	高等結構計劃			6	2
	高等材料力學	3	3		
	彈性力學			3	3
	橋樑工程			2	2
	建築學(選科)	3	3		
	鋼橋計劃	6	2		
	專題討論	2	2		
	論文				2
四年級鐵路門	鋼橋計劃	6	2		
	鐵路定線	4	4		
	鐵路號誌	3	3		
	養路工程	2	2		
	鐵路運輸			2	2
	鐵路計劃			3	1
	隧道工程			2	2
	車場及車站			2	2
	專題討論	2	2		
	論文				2

	科目	第一學期每週時數	第一學期學分	第二學期每週時數	第二學期學分
道	鋼橋計劃	6	2		
	高等道路工程	2	2		
	道路計劃			3	1
路	道路材料試驗	6	2		
	道路管理			3	2
	行車觀察及管制			3	3
門	都市計劃	3	2		
	專題討論	2	2		
	論文				2
水	運河工程	3	2		
	高等水力學	3	3		
	海港工程			3	3
利	水工試驗			3	1

	科目	第一學期每週時數	第一學期學分	第二學期每週時數	第二學期學分
	水力發電工程	3	3		
門	水利計劃	3	1		
	專題討論	2	2		
	論文				2
	給水處理	2	2		
市	衛生工程計劃	6	2	6	2
	都市計劃	3	2		
	污水及給水分析			6	2
政	高等道路工程	2	2	2	2
	道路材料試驗	6	2		
	污水處理			3	2
門	專題討論	2	2		
	論文				2

（二）機械工程系

年級	科目	第一學期每週時數	第一學期學分	第二學期每週時數	第二學期學分
一年級	國文	3	2	3	2
	英文	3	2	3	2
	微積分	4	4	4	4
	物理	4	4	4	4
	化學	3	3	3	3
	物理實驗	3	1	3	1
	化學實驗	3	1	3	1
	工廠實習	3	1	3	1
	畫法幾何	3	1	3	1
	機械畫	3	1	3	1
	三民主義	2	—	2	—
	體育	2	—	2	—
	軍訓	2	—	2	—
	微分方程	3	3		

年級	科目	第一學期每週時數	第一學期學分	第二學期每週時數	第二學期學分
二年	高等數學			3	3
	物理	2	2	2	2
	物理實驗	$1\frac{1}{2}$	$\frac{1}{2}$	$1\frac{1}{2}$	$\frac{1}{2}$
	應用力學	5	5		
	材料力學			5	5
	機構學	4	3		
	機構製圖			3	1
	動力機械設備			2	2
	經驗設計			3	1
	電工大意			2	2
	經濟學	3	2		
	測量學	1	1		
	測量實習	3	1		
	木工實習	6	2		

	金工實習			6	2
	工程化學	1	1	1	1
級	化學分析	3	1		
	高等機械畫	3	1		
	德文（選科）	3	2	3	2
	熱力工程	4	4	4	4
	機械設計	3	3	3	3
三	機械設計製圖	6	2	6	2
	內燃機			3	3
	工具機	3	2	3	2
	工程材料	3	2		
年	電工學	3	3	3	3
	水力學	3	2		
	機工試驗	3	2	3	2
	電工試驗	3	2	3	2
級	材料試驗			3	1
	金工實習	3	1	3	1
	德文（選科）	3	2	3	2
	公文程式	1	1		
	鐵路機械工程	3	3	3	3
機	機車及車輛設計	6	2	6	2
	鐵路號誌			3	2
	運輸管理			3	2
四	機械製造	3	2		
	冶金學	3	3		
	機工試驗	3	2	3	2
車	動力廠	3	3		
	成本會計	3	2		
	工業管理			3	2
	論文	1	1	1	1

	金相學（選科）			3	2
門	提士機（選科）	3	2		
	自動車工程（選科）			3	2
	公文程式	1	1		
	自動車引擎	3	3	3	3
	自動車電學	2	2		
自	自動車保養			2	2
	自動車保養實習			3	1
	自動車設計	6	2	6	2
動	車輌	2	2	2	2
年	動力廠	3	3		
	自動車實習	3	2	3	2
車	機械工程試驗	3	2	3	2
	成本會計	3	2		
	工業管理			3	2
	論文	1	1	1	1
門	車身設計（選科）			3	1
	機械製造（選科）	3	3		
	機車工程（選科）			3	2
	公文程式	1	1	1	1
	動力廠	3	3	3	3
	動力廠設計	6	2	6	2
工	機械製造	3	3		
級	冶金學	3	3		
	機械製造	3	3		
	冶金學	3	3		
	機工試驗	3	2	3	2
業	工具製造			3	3
	電力廠	3	3		
	成本會計	3	2		

	科目	第一學期 每週時數	第一學期 學分	第二學期 每週時數	第二學期 學分
門	工業管理			3	2
	論文	1	1	1	1
	汽輪機(選科)			3	2
	提士機(選科)	3	2		
	自動車工程(選科)			3	2
	機車工程(選科)			3	2
	金相學(選科)			3	2

（三）電機工程系

年級	科目	第一學期		第二學期	
		每週時數	學分	每週時數	學分
一年級	國文	3	2	3	2
	英文	3	2	3	2
	微積分	4	4	4	4
	物理	4	4	4	4
	化學	3	3	3	3
	物理實驗	3	1	3	1
	化學實驗	3	1	3	1
	工廠實習	3	1	3	1
	畫法幾何	3	1	3	1
	機械圖畫	3	1	3	1
	三民主義	2	—	2	—
	體育	2	—	2	—
	軍訓	2	—	2	—
二年級	物理	2	2	2	2
	物理實驗	1½	½	1½	½
	經驗設計	6	2	6	2
	微分方程	3	3		
	機構學	3	3		
	工業化學	2	2		
	電工原理	2	2	3	3
	應用力學	5	5		
	經濟學			3	3
	金工實習	3	1	3	1
	材料力學			5	5
	熱力工程			4	4
	平面測量	1	1		
	高等數學			3	3
	高等機械畫			3	1
	機構學製圖			3	1
	平面測量實習			3	1

年級	科目	第一學期				第二學期			
		電信門		電力門		電信門		電力門	
		每週時數	學分	每週時數	學分	每週時數	學分	每週時數	學分
三年級	直流電機	4	4	4	4			2	2
	直流電機試驗	3	1	3	1	3	1	3	1
	交流電路	4	4	4	4				
	工程材料	3	3	3	3				
	熱工學	4	4	4	4	4	4	4	4
	熱工試驗			3	1	3	1	3	1
	工業管理					3	3	3	3
	電池學	1	1	1	1				
	電磁測量	2	2	2	2	2	2	2	2
	電子學	2	2			2	2		
	電話工程	3	3			3	3		
	電報學	2	2						
	交流電機					4	4		
	無線電					3	3		

年級	科目								
	水力學			3	3				
	熱工試驗			3	1			3	1
	電訊工程			3	3			3	3
	機械設計			3	2			3	2
	德文(選科)	3	2	3	2	3	2	3	2
	交流電訊	4	4	4	4	2	2	2	2
	實驗指導	2	2	2	2	2	2	2	2
四	交流電機試驗	3	1	3	2	3	1	3	2
	電話傳遞	4	4						
	電話試驗	3	1			3	1		
年	無綫電工程	4	4			4	4		
	電信網路（選科）					3	3		
	無綫電試驗	3	1			3	1		
級	無綫電工程	4	4			4	4		
	電信網路（選科）					3	3		
	無綫電試驗	3	1			3	1		
	超短波(選科)	3	3						
	電路解析（選科）					4	3		

年級	科目								
	電視學(選科)					3	3		
	濾波器(選科)					2	2		
	載波電話（選科）					3	3		
	電磁波 選科)	3	3			3	3		
	德文(選科)	3	2	3	2	3	2	3	2
	電機設計			5	3			5	3
	電訊工程			3	3				
	運算微積分（選科）			2	2				
	電力傳送			4	4				
	熱力試驗			3	2				
	電訊試驗							3	2
	電炤學(選科)			3	3				
	電力鐵路（選科）							3	2
	水力發電廠（選科）			3	3				
	電路解析（選科）							4	3
	蒸汽動力廠（選科）			3	3			3	3
	電力網(選科)							3	3
	電力廠設備			2	2			4	4

（四）航空工程系

年級	科目	第一學期		第二學期	
		每週時數	學分	每週時數	學分
	國文	3	2	3	2
一	英文	3	2	3	2
	微積分	4	4	4	4
	物理	4	4	4	4
	化學	3	3	3	3
	物理實驗	3	1	3	1
年	化學實驗	3	1	3	1
	工廠實習	3	1	3	1
	畫法幾何	3	1	3	1

年級	科目	第一學期		第二學期	
		每週時數	學分	每週時數	學分
	機械畫	3	1	3	1
級	三民主義	2	—	2	—
	體育	2	—	2	—
	軍訓	2	—	2	—
	物理實驗	$1\frac{1}{2}$	$\frac{1}{2}$	$1\frac{1}{2}$	$\frac{1}{2}$
	應用力學	5	5		
二	材料力學			5	5
	微分方程	3	3		
	高等微積分			3	3

年級	工業化學	2	2		
	工業化學實驗	3	1		
	機構學	3	3		
	機構學製圖			3	1
	經濟學	3	2		
	熱力工程			4	4
	航空工程			4	3
	高等機械畫	3	1		
	工廠實習（木工）	3	1		
三年級	飛機材料	3	3		
	材料試驗	3	1		
	機械設計	3	3		
	機械設計製圖	3	1		
	電工學	3	3	3	3
	電工試驗	3	1	3	1
	內燃機	4	4		
	應用空氣動力學	3	3	3	3
	飛機修護學			3	3
	飛機結構學			3	3
	飛機發動機學			3	3
	飛機實習			3	1
	發動機實習			3	1
	流體力學	4	4		
	工廠實習（金工）	3	1		
	機工試驗			3	1
	飛機性能設計			6	4
四年必修學程	航空儀器	2	2		
	飛機結構學	3	3		
	飛機發動機學	3	3		
	工業管理			3	3
	航空儀器實習			3	1
	風洞實習	3	1	3	1
	飛機實習	3	1		
	發動機實習	3	1		
	論文			0	2

四年級選科學程

科目	說明	第一學期		第二學期	
		每週時數	學分	每週時數	學分
飛機結構設計	結構門必修	6	4		
飛機發動機設計	發動機門必修	6	4		
理論空氣動力學	空氣動力門必修	3	3	3	3
高等結構學	結構門必修	3	3		
彈性力學	結構門必修			3	3
機動力學	發動機門必修	3	3		
航空法				2	2
航站工程		2	2		
外彈道學				3	3
航行學		2	2		
航空無線電		3	3		
無線電實習		3	1		
飛行力學	空氣動力門必修	3	3		
氣象學		2	2		
金相學	發動機門必修	3	3		
螺旋槳	空氣動力門必修			2	2
螺旋槳設計				3	1

（五）造船工程系

年級	科目	第一學期 每週時數	第一學期 學分	第二學期 每週時數	第二學期 學分
一年級	國文	3	2	3	2
	英文	3	2	3	2
	微積分	4	4	4	4
	物理	4	4	4	4
	化學	3	3	3	3
	物理實驗	3	1	3	1
	化學實驗	3	1	3	1
	工廠實習	3	1	3	1
	畫法幾何	3	1	3	1
	機械畫	3	1	3	1
	三民主義	2	—	2	—
	體育	2	—	2	—
	軍訓	2	—	2	—
二年級	物理	2	2	2	2
	微分方程	3	3		
	應用力學	5	4		
	機構學	3	2		
	船體結構	3	2		
	經濟學	3	2		
	高等機械畫	3	1		
	工廠實習	3	1	3	1
	物理實驗	$1\frac{1}{2}$	$\frac{1}{2}$	$1\frac{1}{2}$	$\frac{1}{2}$
	材料力學			5	4
	熱力學			4	4
	造船原理			3	3
	船體計算及製圖（一）			6	2

年級	科目	第一學期 船舶門 每週時數	第一學期 船舶門 學分	第一學期 輪機門 每週時數	第一學期 輪機門 學分	第二學期 船舶門 每週時數	第二學期 船舶門 學分	第二學期 輪機門 每週時數	第二學期 輪機門 學分
三年級	船體計算及製圖（二）	6	2						
	高等材料力學	3	3	3	3				
	材料試驗	3	1	3	1				
	機械設計	3	3	3	3				
	船用汽鍋學	3	2	3	2				
	電工學	3	3	3	3	3	1	3	1
	電工試驗	3	1	3	1	3	1	3	1
	造船原理	3	3			3	1		
	造船設計					6	2		
	實用造船學					3	2		
	船用汽旋機					3	3	3	3
	工程材料					3	2	3	2
	水力試驗					3	1	3	1
	船用內燃機					3	3	3	3
	機械試驗	3	1	3	1	3	1	3	1
	造船工程			4	3	4	3	4	3
	機械設計製圖			6	2			6	2
	船用蒸氣機	3	3	3	3	3	3		
四年級 必修科目	船用副機	3	3	3	3				
	機動力學	3	3	3	3			2	2
	造船原理	3	3						
	實用造船學	3	3						
	造船設計	6	2			6	2		
	流體動力學					4	3		
	特種船艦					4	3		
	船藝及駕駛大意					3	2	3	2
	工業管理					3	2	3	2
	金相學	3	2						

年級	科目								
級 科	燃料及潤滑油	3	2	3	2				
	機艙管理	3	2	3	2	3	2	3	2
	輪機設計			6	2			6	2
	輪機實驗			3	1			3	1
	論文			—	2			—	2

年級	科目	第一學期		第二學期	
		每週時數	學分	每週時數	學分
四年級選修科	航政法政				
	兵器及彈道學				
	彈性理論				
	通風及冷煖氣工程				
	工具學				
	海港設備				
	水運管理				
	船舶檢文				
	海商法				
	實用空氣動力學				
	船用電機				
	無線電學				
	專題討論				
	結構原理				

（六）工業管理系

年級	科目	第一學期		第二學期	
		每週時數	學分	每週時數	學分
一年級	國文	3	2	3	2
	英文	3	2	3	2
	微積分	4	4	4	4
	物理	4	4	4	4
	化學	3	3	3	3
	物理實驗	3	1	3	1
	化學實驗	3	1	3	1
	工廠實習	3	1	3	1
	畫法幾何	3	1	3	1
	機械畫	3	3	3	3
	經濟學（包括財政學）	3	3	3	3
	三民主義	2		2	
	體育	2		2	
	軍訓	2		2	
二年級	微分方程	3	3		
	應用力學	5	5		
	材料力學			5	5
	水力學			3	2
	工程材料	3	3		
	機構學	3	3		
	工業管理	3	3	3	3
	統計學	2	2	2	2
	會計學	3	3	3	3
	資源分配			3	2
	業務公文	3	2	3	2
	採購學			3	3
	工廠實習	3	1	3	1
	物理	2	2	2	2
	物理實驗	1½	1/2	1½	1/2
	熱力機	3	2		
	電工原理	3	3	3	3
	電工實驗	3	1	3	1

三	機械設計	2	2	2	2
	生產效率	3	3		
	工廠設計			3	3
	計劃與管理	3	3		
年	貨幣金融	3	3	3	3
	成本會計	3	3	3	3
	企業組織			2	2
級	工程經濟			3	3
	人事管理			3	3
	企業管理	3	3		

四	行政管理			3	3
	公司理財	3	3		
	法規契約			3	3
	會計制度	3	3		
年	財務管理			3	3
	銷售學	2	2	2	2
	工廠運輸	2	2		
	論文	2	1	2	1
級	專題研究	3	3	3	3

（七）電信專修科

年級	科目	第一學期		第二學期	
		每週時數	學分	每週時數	學分
一	國文	3	3	3	3
	英文	3	3	3	3
	實用物理	4	4		
	工程數學	4	4	3	3
	電工原理	4	4	4	4
	電話學			4	4
	製圖	3	1		
年	工廠實習	6	2	3	1
	物理試驗	3	1		
	無線電收發			3	1
	電機實習			3	1
級	電話電報實習			3	1
	三民主義	2	0	2	0
	體育	2	0	2	0
	軍訓	2	0	2	0
	英文	2	2		
	電信工程概要	2	2	2	2

年級	科目	第一學期		第二學期	
		每週時數	學分	每週時數	學分
二	電報學	3	3		
	無線電學	3	3	3	3
	內燃機	3	3		
	電源供給	3	3		
	材料管理	2	2		
	長途電話			4	4
	電信機線裝置與維護			3	3
年	電信制度行政與業務管理			3	3
	公文程式			2	2
	無線電收發	3	1		
	電機實習	3	1		
級	無線電實習	3	1	6	2
	電話電報實習	3	1		
	機線裝置修理實習			3	1
	內燃機實習			3	1

（八）輪機專修科

年級	科目	第一學期		第二學期	
		每週時數	學分	每週時數	學分
一年級	國文	3	2	3	2
	英文	3	2	3	2
	數學（解析幾何微積分）	5	4	5	4
	物理	4	3	4	3
	化學	3	2	3	2
	工廠實習	3	1	3	1
	畫法幾何	3	1	3	1
	機械畫	3	1	3	1
	三民主義	2	—	2	—
	體育	2	—	2	—
	軍訓	2	—	2	—
二年級	微分方程	4	4		
	應用力學	4	3		
	熱力機學	3	2	3	2
	船舶汽鍋學	3	3	3	3
	輪機學（往復機）	4	4	4	4
	經驗設計			3	2
	機構學	3	2		
	電機學	3	2	3	2
	工場實習	3	1	3	1
	造船工程學	3	2	3	2
	材料力學			4	3
三年級	船舶汽旋機	3	3	3	3
	船舶內燃機	3	3	3	3
	輔機	3	3	—	—
	船舶汽鍋設計及製圖	3	2	—	—
	機艙管理	3	2	6	3
	水力學	4	3	—	—
	駕駛學大意	3	2	—	—
	船藝學大意	—	—	3	2
	工場實習	3	1	3	1
	船政法規	—	—	2	1
	船舶輪機汽鍋檢査章程	—	—	—	—

（九）航海專修科

年級	科目	第一學期		第二學期	
		每週時數	學分	每週時數	學分
一年級	國文	3	2	3	2
	英文	3	2	3	2
	物理	3	2	3	2
	微積分	3	2	3	2
	畫法幾何	3	1	3	1
	機械畫	2	1	2	1
	球面三角	2	2	2	2
	海洋運輸	3	2	3	2
	船藝	2	2	2	2
	航海術	2	2	2	2
	三民主義	2		2	
	體育	2		2	
	軍訓	2		2	
	英文	3	2	3	2

二年級	航海天文學	3	2	3	2
	船藝	2	2	2	2
	磁羅經	2	2	2	2
	引港	2	2	2	2
	水道測量			3	2
	信號	1	1	1	1
	帆纜	1	1	1	1
	天象測算	2	1	2	1
	應用力學	2	1	2	1
	無線電學			3	2
	輪機大意	2	1	2	1
	造船大意	2	1	2	1
	海圖	2	2	2	2
	氣象學	2	2	2	2
	海商法	2	1		
	國際法	1	1		

三年級	英文	2	2		
	航海天文學	3	3		
	船藝	3	2		
	水道測量	3	2		
	貨物裝運	3	2		
	信號	2	1		
	帆纜	1	1		
	船員職務	2	2		
	天象測算	2	1		
	無線電	3	2		
	海軍常識	2	1		
	海上保險	2	1		
	操艇	2	1		
	電羅經	3	2		
	說明：各系二年級物理實驗每兩週一次每次三小時				

《交大电机》简介

《交大电机》于 1947 年 4 月在上海创刊，系电机工程类期刊，年刊。由中国电机工程师学会交通大学学生分会编印。《发刊辞》为校长吴保丰所作。该刊仅刊行创刊号。

1908 年，南洋公学成立国内高校中第一个电机工程系，“中国电机工程师之养成，实以交大为最早而贡献最大”[①]，有“电机工程师摇篮”的美誉。1943 年 4 月 8 日，在中国电机工程师学会的协助下，国立交通大学率先成立学生分会，朱其清为第一届名誉会长。第三届名誉会长为钟兆琳，会长为汪绪祖，副会长为张安铭，下设学术股、出版股、康乐股、会计、文书、交际六个部门。其中，分会学术股主要致力于邀请名人来校演讲，接洽各大电厂电台参观事宜；出版股则负责编印《交大电机》，宗旨为“以科学之理论而配合工程之实际需求，当有以促进电机学系之发展”。[②]

创刊号刊载文章共计 17 篇，可分为学术研讨与介绍性文章。学术研讨型文章主要探讨无线电技术的发展、上海电话事业的回顾与展望、大小数名称等问题。介绍性文章中有爱迪生（原文使用“安迪生”）百年诞辰纪念文章，乔其 · 西屋人物传，电机系、电信研究所、电信专修科的概况，电机工程系教员履历，交大从重庆九龙坡回迁上海的历程等。其中，在中国电机工程师学会交通大学学生分会会员录中有 1947 年电机系毕业生江泽民的相关信息。

该刊知名撰稿人有萨本栋、赵曾珏、严晙、陈湖、钟兆琳、李熙谋、张钟俊、裘维裕等。

---

① 钟兆琳:《电机系概况》,《交大电机》1947 年第 1 期，第 40 页。

② 吴保丰:《发刊辞》,《交大电机》1947 年第 1 期，第 1 页。

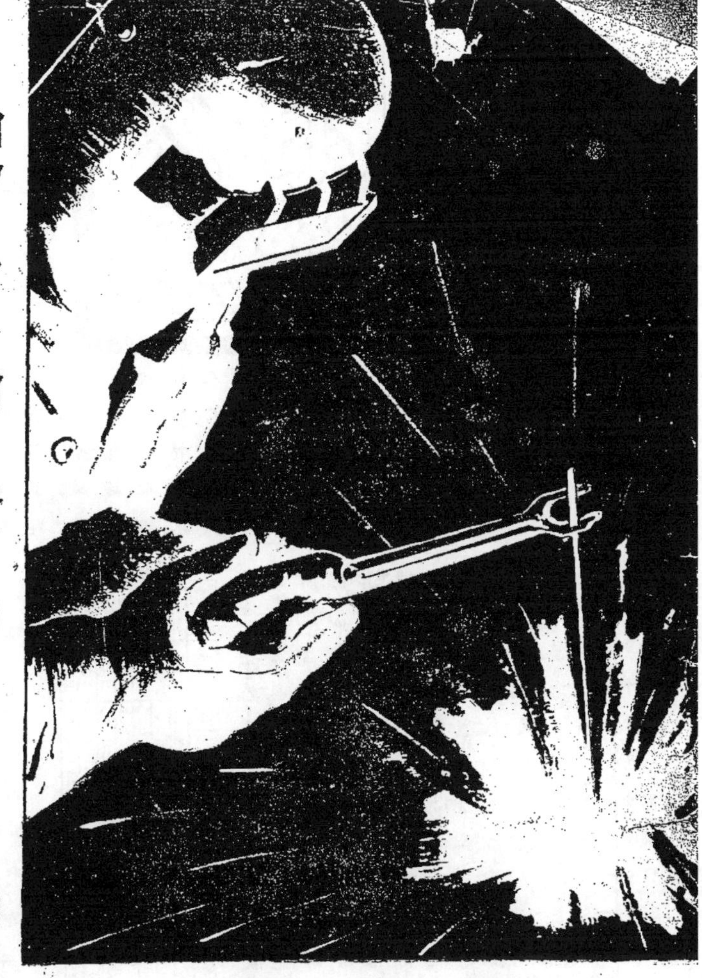

年刊

創刊號

中華民國三十六年四月八日出版

中國電機工程師學會
國立交通大學學生分會 編印

POPULAR  ELECTRIC

公用感應馬達

之構造堅固，形態整潔
之效率高超，特性優秀
有特殊籠型，起動力大
用軸向通風，溫度均勻
用人造樹脂，絕緣特高

	1月	2月	3月	4月	5月	6月	7月	8月	9月	10月	11月	12月
45年	日 12/19 大	叁 12/20 大	肆 1/19	日 2/21 大	貳 3/21	伍 4/23 大	日 5/23	叁 6/25	陸 7/26 大	壹 8/27	肆 9/27 大	陸 10/24
44年	陸 12/8 大	貳 1/9	貳 2/8 大	伍 3/9	日 3/10 大	叁 4/11	伍 5/12	壹 6/14 大	肆 7/15	陸 8/16 大	貳 9/17	肆 10/18 大
43年	伍 11/27 大	壹 12/28	壹 1/27 大	肆 2/27	陸 3/29 大	貳 5/1	肆 6/2 大	日 7/3	叁 8/5 大	伍 9/5 大	壹 10/6	叁 11/7 大
42年	肆 11/16	日 12/18 大	日 1/16	叁 2/18 大	伍 3/18	壹 4/20	叁 5/21 大	陸 6/22	貳 7/24 大	肆 8/24 大	日 9/25 大	貳 10/25
41年	貳 12/5 大	伍 1/6	陸 2/6 大	貳 3/7	肆 4/8 大	日 5/9	貳 5/10 大	伍 6/11	壹 7/13 大	叁 8/13 大	陸 9/14	壹 10/15 大
40年	壹 11/24 大	肆 12/25	肆 1/24 大	日 2/25	貳 3/26 大	伍 4/27 大	日 5/27	叁 6/29 大	陸 8/1 大	壹 9/1	肆 10/3 大	陸 11/3
39年	日 11/13	叁 12/15 大	叁 1/13	陸 2/15 大	壹 3/15 大	肆 4/16	陸 5/17 大	貳 6/18 大	伍 7/19	日 8/20	叁 9/22 大	伍 10/22
38年	陸 12/2 大	貳 1/4 大	貳 2/2	伍 3/4 大	日 4/4 大	叁 5/5	伍 6/6 大	壹 7/7	肆 7/9	陸 8/10 大	貳 9/11	肆 10/12 大
37年	肆 11/21 大	日 12/22 大	壹 1/21 大	肆 2/22	陸 3/23 大	貳 4/24	肆 5/25 大	日 6/26	叁 7/25	伍 8/29 大	壹 10/1 大	叁 11/1
36年	叁 12/10 大	陸 1/11 大	陸 2/9 大	貳 2/10	肆 3/11	日 4/13 大	貳 5/13	伍 6/15	壹 7/17 大	叁 8/17	陸 9/19 大	壹 10/19
35年	貳 11/29 大	伍 12/29	伍 1/28 大	壹 2/29	叁 4/1 大	陸 5/2	壹 6/3	肆 7/5 大	日 8/4	貳 9/7 大	伍 10/18 大	日 12/8

（用法說明）

在上表所註明之中華民國年份及月份上，先查該年該月第一日為星期幾（上表中以大寫數字註明），按所查得之大寫數字，即可從右列各月曆選用之。大寫數字下所註之數字為該月第一日之農曆月日（月與日以/符號劃分）。例如：35年10月，在上表中查得10月1日為星期貳，故用右列有貳字之月曆作為35年10月之月曆。上表貳字下之9大/7即10月1日農曆為9月大初7。

	日	壹	貳	叁	肆	伍	陸
日	1 8 15 22 29	2 9 16 23 30	3 10 17 24 31	4 11 18 25	5 12 19 26	6 13 20 27	7 14 21 28
壹	7 14 21 28	1 8 15 22 29	2 9 16 23 30	3 10 17 24 31	4 11 18 25	5 12 19 26	6 13 20 27
貳	6 13 20 27	7 14 21 28	1 8 15 22 29	2 9 16 23 30	3 10 17 24 31	4 11 18 25	5 12 19 26
叁	5 12 19 26	6 13 20 27	7 14 21 28	1 8 15 22 29	2 9 16 23 30	3 10 17 24 31	4 11 18 25
肆	4 11 18 25	5 12 19 26	6 13 20 27	7 14 21 28	1 8 15 22 29	2 9 16 23 30	3 10 17 24 31
伍	3 10 17 24 31	4 11 18 25	5 12 19 26	6 13 20 27	7 14 21 28	1 8 15 22 29	2 9 16 23 30
陸	2 9 16 23 30	3 10 17 24 31	4 11 18 25	5 12 19 26	6 13 20 27	7 14 21 28	1 8 15 22 29

公用電機

品質本位出品之標記

公用感應馬達
公用布機馬達
公用快慢馬達
公用變壓器
公用同期發電機
公用進相機
公用樹脂絕緣漆

拾壹年曆

公用電機製造股份有限公司
敬贈
上海·江西路406
電話14919　電報POPLETRIC

公用電機製造股份有限公司
上海江西路四〇六號
電話：14919　電報：POPLETRIC

建業銀行

經營一切商業銀行業務

上海分行 電話

上海天津路二〇一號

電報掛號九七三八

九七一五〇九二七七四

九二八二一九四五九三

總管理處

上海東體育會路模範村廿一號

電報掛號七三八七

電話（〇二）六二〇五七

重慶分行

重慶民族路一一七號

電報掛號六二二八

成都分行

成都湖廣館街四八號

電報掛號一〇八三

長沙分行

長沙中正路一四號

電報掛號七二三〇

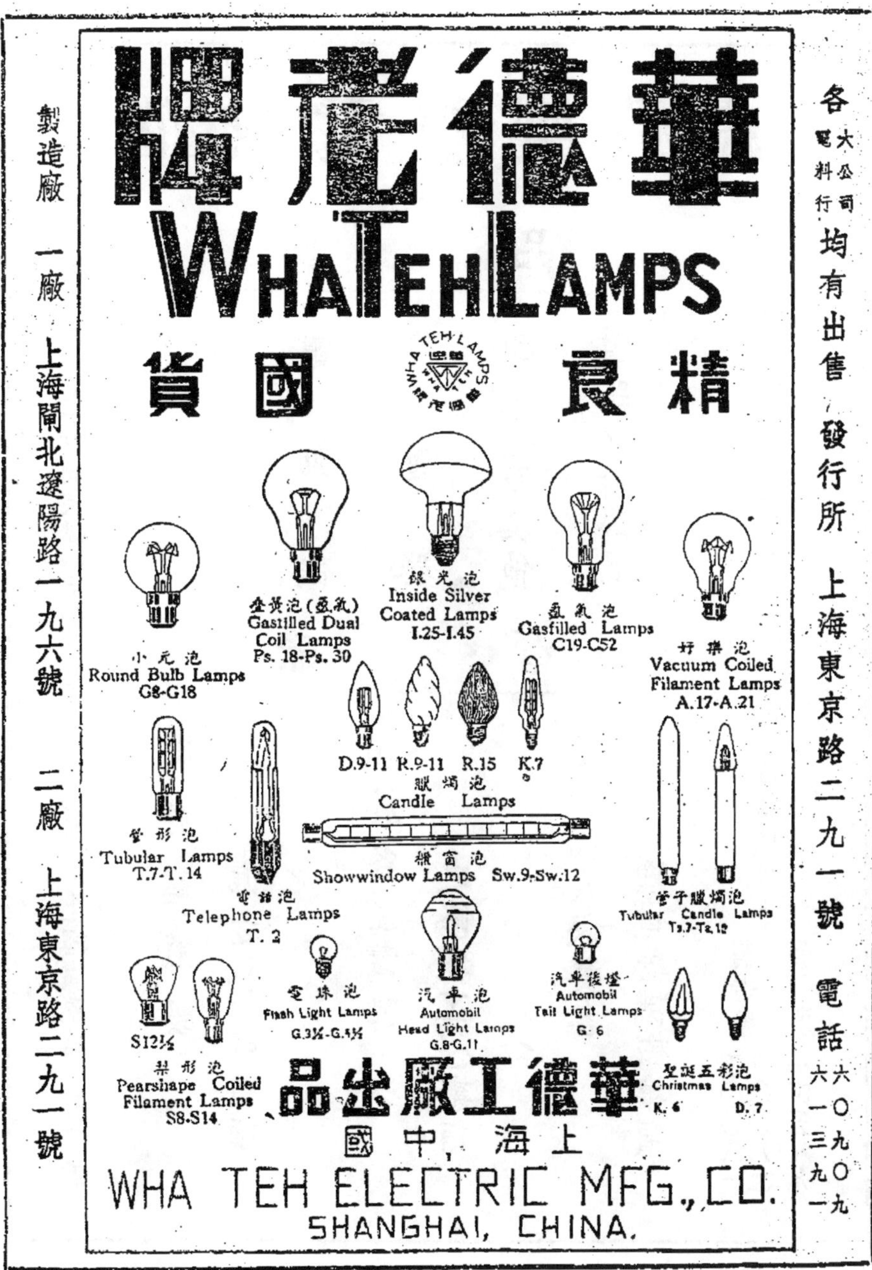
華德光牌
WHA TEH LAMPS
精良國貨
WHA TEH LAMPS
製造廠 一廠 上海閘北遼陽路一九六號 二廠 上海東京路二九一號
各大公司電料行均有出售
發行所 上海東京路二九一號
電話 六〇九〇九 六一三九一
小元泡
Round Bulb Lamps
G8-G18
Gasfilled Dual Coil Lamps
Ps. 18-Ps. 30
銀光泡
Inside Silver Coated Lamps
I.25-I.45
氬氣泡
Gasfilled Lamps
C19-C52
Vacuum Coiled Filament Lamps
A.17-A.21
D.9-11 R.9-11 R.15 K.7
蠟燭泡
Candle Lamps
管形泡
Tubular Lamps
T.7-T.14
櫥窗泡
Showwindow Lamps Sw.9-Sw.12
電話泡
Telephone Lamps
T. 2
管子蠟燭泡
Tubular Candle Lamps
Ts.7-Ts.12
S12½
電珠泡
Flash Light Lamps
G.3½-G.5½
汽車泡
Automobil Head Light Lamps
G.8-G.11
汽車後燈
Automobil Tail Light Lamps
G 6
梨形泡
Pearshape Coiled Filament Lamps
S8-S14
華德工廠出品
聖誕五彩泡
Christmas Lamps
K. 6 D. 7
上海，中國
WHA TEH ELECTRIC MFG., CO.
SHANGHAI, CHINA.

交 大 電 機

創 刊 號

目 錄

		頁數
發刊辭	吳保豐	1
唐前校長蔚芝與電機工程系	李熙謀	2
伺服機件 (Servo-mechanism)	薩本棟	3
今日之無綫電	趙曾玨	15
上海電話事業之回顧與前瞻	郁秉堅	18
大小數名稱意見書	裘維裕	20
安迪生誕生百年誌念	王天一	21
無綫電操縱飛機原理之猜度	張鍾俊 魏凌雲	23
喬其西屋氏傳略	毛啓爽	25
交流電機差異漏磁電抗之計算	嚴 晙	32
機工振動與電振動之相彷情形	趙富鑫	38
電機系概況	鍾兆琳	40
電信研究所概況	張鍾俊	42
電信專修科	陳 湖	43
從大江歸來	陳殿楹	44
霧・黃沙・到暮春的江南	孫 如	49
交大電機工程系教員履歷表		52
會員錄		54
編後	編 者	59

發刊辭

吳保豐

我交通大學電機工程一科歷史悠久人材輩出是以奠定我國電機事業之基礎而增進國人之福利今在校諸生慕其先進之所爲而欲有以繼之乃徵求在校諸教授分別撰文彙而刊印名曰交大電機一則作學術之研討一則介紹我校電機學系於社會而希有以慰其殷殷之望焉

我交大電機之刊行一以科學之見解與實地之心得爲歸執筆諸子或爲國內名人或爲後起之秀以純粹科學之理論而配合工程之實際需求當有以促進電機學系之發展也惟以倉卒付梓舛誤之處在所難免尚望海內鴻達不吝賜教俾能逐漸改革幸甚幸甚

唐前校長蔚芝與電機工程系

李 熙 謀

本校電機工程系第一屆畢業生，遠在前清宣統三年。時校長爲唐蔚芝先生；唐先生以經學大師出長交大，（當時校名爲郵傳部高等實業學堂，一般社會人士都稱之爲南洋公學。）而竭力提倡新學；旣創辦鐵路工程系，（當時稱科）復設立電機工程系，爲國家建設，作育多士，亦可見唐先生識見之遠大。時國內尙少工程專門學者，故工程專門學科教師都爲西人；如謝爾頓(Sheridon)，湯姆生(Thompson)皆電機系創辦時之名敎授也。

電機工程系自開辦到現在，已有四十年之歷史，在全國各大學中亦以本校電機系之歷史最爲悠久。在南洋公學及郵傳部高等實業學堂時代，本校經常費用，向由上海電報局及京滬路局按月撥給；畢業學生，亦由部分發各路局及電報局等機關實習，成績優異者並派遣出洋留學；交通部（當時爲郵傳部）之對交大，自前清末年到現在，維持愛護，可謂特殊優厚；而交大畢業校友在學術上之造詣與事業上之成就，亦未辜負交通部之善意。在抗戰八年中，後方交通公路鐵路之建設維持，電信事業之發展，以及化工，鋼鐵，採礦，電力，機械製造等，直接與軍事運輸物資供應有密切之關係者，我交大校友均站在崗位上盡了最大之努力，本校在九龍坡時，一日，資源委員會錢昌照先生來校講演，他說：「資委會電力及電器製造事業之主管人員與工程技術之負責者，交大畢業校友佔百分之七十以上。」交通部之電信事業，我交大校友所居之地位亦復如是。勝利復員以來，建國事業開始；我交大校友所能貢獻者，其重要性必更大。語云：「百年樹人」唐先生在四十年前創立電機工程系之時，豈料想到四十年後，校友在抗戰建國中之成就；而社會國家，亦祇稱道交大校友在抗戰建國之貢獻，未必飲水思源，歸功予唐先生創立時之苦心。老子云：「功成不居」，唐先生有焉！

社會在不斷前進，學術無止境地在發揚；我交大有已往光輝歷史，然子孫好托庇祖宗餘蔭，往往足以敗家喪業。瞻望前程，最高學府應具何種氣象與規模，方可當之無愧。今日交大最可慮者，爲缺少學術研究空氣，與循循善誘風度。所謂大學者，決不以訓練千數百畢業學生爲滿足；必須思想上與實驗科學上有不斷研究成就與發現；然後足以領導羣倫，萬流景仰，成爲一國學術思想之中心！今後交大必須以此爲目標，長步邁進！方足以繼唐先生之志，亦所以體念國家作育人才之意而無愧焉。

伺服機件 (SERVO-MECHANISM)

薩 本 棟

中國電機工程師學會九屆年會講詞

摘要：伺服機件這個名詞包括以小量功能管制大量功能的機件．所用管制的方式大都是電子式的。伺服機件是一種電工的問題，不是機工的問題。本篇演辭包括下列各部：

(1) 引言 (2) 管制方法
(3) 伺服機件的數理定義 (4) 一個簡單的伺服機件
(5) 在穩態下伺服機件的基本方程式 (6) 穩度
(7) 不穩的矯正法 (8) 伺服機件的工作狀況
(9) 結語

I. 引言

在這次世界大戰中，我們都感覺到原子彈的威力，和雷達的靈巧；但對於其他幫助攻擊與防禦的各種機件，一般人多不知道或不注意。只有原子彈與雷達，而沒有其他的輔助武器——包括機械的，化學的，與電的設備——原子彈與雷達就不能發揮他的全部性能；這就是說，一個人只有腦而沒有手足，他的工作効能最少也會失去一半。好大喜功是人們的天性，對於驚奇眩目的東西，大家容易欣賞，而對於精細的機件，除了有過相當訓練，受過相當教育，或者曾花許多血汗去研究過的人，他人多半不會了解這種機件的重要。

像原子彈或雷達類的大題目，已有很多人的講述過，今天我所要與大家談的，是一個小一些的題目。但是據我的觀察，他的重要性也是屬於頭一等。這個題目就是"伺服機件"，英文叫做 Servo-mechanism。我暫時譯為伺服機件；更適合的譯名，還要等待大家的貢獻，交給本會審查之後，才能決定。

II. 管制方法

伺服機件這個名詞，在大多數人的腦子中，恐怕是很生梗的。要明瞭他的功用，請先討論管制方法。因為現在所謂伺服機件就是很精細的自動管制設備。十多年以前，伺服機件這個名詞還未使用的時候，所用的管制方法，大致有兩種：一種是要某一個數量在某一條件之下，達到某一規定的價值。例如，在每天早上我們希望在起床以前，房子裏的溫度已達到某一度數，一起身就有一個暖和的房子，那末我們可以用鐘表管制的機件，使在起身半小時之前，爐火卽自動的燒了，或暖氣卽自動的生了。這種管制叫做開週的（Open Cycle）管制方法。第二種管制方法，叫作閉週的（Closed Cycle）。它是要維持一個數量使在某一限度之內不超過某一範圍。如此數量超過此範圍，則超過的價值，卽推動管制的機件，使被管制的數量，恢復至指定的範圍之內。瓦特所發明調節蒸汽機速度的設備，就是此類設備當中全用機械的聯結之一；發電機上所裝的電壓調節器也屬於此類，但他用電磁的原理。至於在夏天有些地方所用的冷氣設備，就可以代表使用機械，化學，及電磁原理的較繁複的機件了。

此次大戰對於管制的方法之研究與發展給了很大的推動力，因為在戰時，一個軍隊比另一軍隊强的因素之一就在於他的技術高人一籌。所謂技術高明就是說他以小的力量管制大的力量的本事超入一等。現代武器上所需的管制方法較之以前更需要滿足三個條件：第一是管制的數量變化可能很快，而被管制的數量必須能跟隨這個變化而變化。第二，管制機件的工作情況必須有高强的準度與穩度。第三，管制所需的功率必要很小，而被管制的東西可能產生很大的功率。換言之，卽是以小制大，以微小的能量控制很大的能量；也就是說這種機件要有很高的功率放大的本領。

現代武器上所用的管制方法有三：第一是用有功率放大的本領之機件。例如礮手坐在礮架旁邊搬動橫桿卽可使笨重的大礮指向一定的方向。礮手一舉手之勞，被移動的卽有千鈞之重，在這種工作中剛才所說的三個條件必須同時滿足。卽是礮位的變更要跟得上橫桿的變更；第二，變化要準確而穩當；第三，所需的功率雖小，但所產生的功率則大。此處功率變大並不違背能量不滅的定律，因為機件中包括有產生能量的泉源。這種機件是屬於開週的機件，不是伺服機件。如要把他算作伺服機件，我們要把礮手視為機件之一部。礮手成為機件之一環，礮位錯了，礮手改正，機件不能自動改正。但包括人的因素在內的機件，它的準度不能很高；這是他的缺點。

軍事上所需的第二種管制機件是利用誤差及誤差的微分或積分來推動的力量。一個被變動的東西，必須要能跟隨管制的力量而變化，但是因為慣性作用，他的變化有時不免要落後，有時也會過份。如果要減少過份與不及就要用第二類管制法。第二類的管制方法是利用管制數量與規定的價值之誤差以作管制的力量之一部，使管制的數量迅速的達到規定的價值。上例中的礮位在任何時間離開規定的方向所作的角度，我們叫他作誤差，那麼在我們移動礮位使之達到規定的方向的時候不但要利用橫桿的位置來決定，同時還要利用此誤差來幫助，使礮位迅速並準確的達到規定的方向。這類管制的動作不一定要用人來指揮，也可用機件來操縱。

在第三類管制中，我們要使某一數量的價值得維持於零。這種機件我們可叫他作零差機件以別於以上所要的跟隨機件。零差機件在計算機上極有用處，他可以計算任何一個隱函數的關係。這種機件是最新的計算機上所常用的，現在他已發展到一個地步可以使以後數學的理論與計算的技術大受影響。以前無法解答的微分方程式或積分方程式，現在利用零差的機件全可以算出。例如有兩個隱函數方程，包含兩變數 x 與 y，第一函數爲F_1，第二函數爲 F_2，普通的計算欲將此兩方程式聯解起來事實上不大可能。所謂聯解即是要找到一對 x 與 y 的價值，能同時滿足這兩個方程式。除了簡單的代數方程以外，要聯解他們，就很困難。但是我們可能製造兩個機件分別名爲 M_1 與 M_2，用 M_1 機件時，x 的價值一決定，y 的價值即隨 F_1 函數所指定的關係呈現出來，而在第二機件 M_2 上規定了 y 的價值之後，x 的價值即隨 F_2 函數所指定的關係呈現出來。現在把這兩個機件聯結起來。用第一機件上 y 的價值，來控制第二機件上的 y 的運動情況。那麼第二機件上所呈現的 x 之價值可能與第一機件所呈現的 x 之價值不同。現在如果我們再用一方法或一機件强迫使此兩機件上的 x 之價值相等，在此情形下，這整個的機件遂變成含兩個變數的兩個方程式的答案了。這種機件的實際價值可由下面實例中看出。如一尊礮在打中一物時，礮位必須取一定方向，這個方向取得準確與否，需要發了礮以後才能查覺。我們要打得準確必須要在發礮之前能先將礮位校準，因此要解決這問題就遇着循環性的困難，如用一適當的伺服機件，此題的答案的尋求與數學上所用的漸近法很相似。先假定 x 的價值，再來算 y 的價值，用此 y 再來求 x 的更近值，然後以此 x 的更近值再算 y 的更近值，直至最準確的價值得出爲止。零差伺服機件的工作情況與此相似，不過計算所需的時間很短，差不多立刻即能得出結果，

由以上所討論，我們可以理會用誤差來管制可以發生兩種情形：一種是管制不夠，就是校正不夠，要校正之項比管制所產生的校正變得更快。明顯的，這種機件動作太慢，不能迎頭趕上。第二種情形是管制所產生的校正比要校正的數量變得更快，則呈矯枉過甚的毛病。此時機件太靈活，而遂於不穩當狀態。所以一個好的伺服機件要靈活，但不要太靈活而至於不穩。

由上所述我們可知要分析及設計一個伺服機件必要使他滿足三個基本條件：就是有夠大的功率放大的本領；適當的穩定；準確而又夠靈活。同時滿足這三個條件不是一件容

易的事。上面的簡單敘述表示一個伺服機件的工作情況與近來叫作"反哺放大器"一樣，雖則反哺放大器完全是電的，而伺服機件更有機械的部分在內。這十幾年來反哺放大器的理論大有進步，伺服機件亦大受其益。下面要和大家談談伺服機件的幾個重要問題。

III. 伺服機件的數理定義

由以上所述，我們知道伺服機件有一個主要的功用，卽是這種機件應使輸出的信號與輸入的信號有一定的關係，最簡單的關係是這兩個成正比例。此外輸出的信號所需要的能量須由另外的泉源供給，應與輸入信號無關。比如我們叫輸入的信號爲 $x(t)$，輸出的信號爲 $y(t)$，則此主要的功用爲：

$$y(t)=Cx(t)$$

在此公式中 C 是一個預先規定的常數。事實上我們不能夠造成一個伺服機件使他能絕對正確的適合上面的公式，我們只能做出一個差不多能適合這個公式的機件。至於差不多的程度是什麼，在以後討論中就會明瞭，我們說輸出信號 y 所需的能量由另一泉源供給，他的理由有二：第一這個能量的價值也許是非常之大，根本不能由輸入信號 $x(t)$ 來供給。第二個理由是：卽使輸出信號 x 可供能量，但供給能量以後 x 的情況會受很大的不好的影響。所以我們不願 x 有這種負担。這裏我們可以就伺服機件的功用作一個結論：一個伺服機件必需是一個放大器，雖則這個放大器不一定完全是電的機件，其中亦可有機械式的連接。但一個尋常的放大器仍非伺服機件，對於簡單的伺服機件，我們可以下一定義。就是：一個伺服機件除了具備以上所述的主要功用之外，他的構造要使推動他的力量等於以下所定的差值：

$$\varepsilon(t)=x(t)-Ky(t)$$

由此定義看來，一個伺服機件的理論與一個反哺的放大器完全相同。

IV. 一個簡單的伺服機件

假定我們有一個直流放大器，他的輸出兩端同一個直流電動機連接，如圖(1)

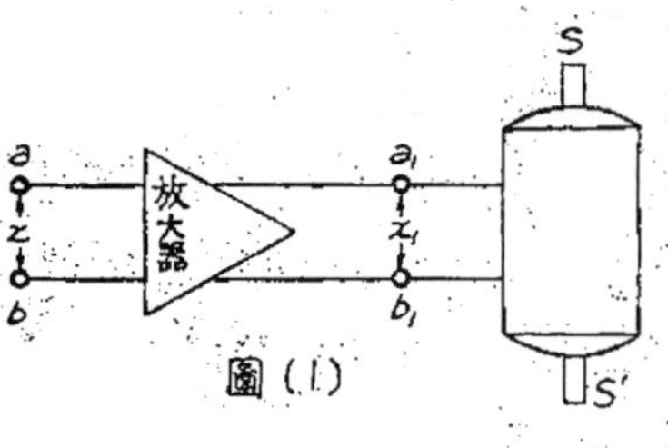

圖(1)

當然放大器中包含有供給能量的電池，我們暫不管放大器的構造如何，只須說當加於放大器兩端的電位差爲 x 的時候，放大器的輸出的電位差爲 x_1，x 與 x_1 有以下的關係

$$x_1=Y_1x \qquad (1)$$

Y_1 是一常數。現在讓 y 代表電動機的軸在任何時

刻所轉動的位置，那麽他的角速度

$$\frac{dy}{dt}=Y_2x_1 \tag{2}$$

因爲電動機的角速度與外加電壓成正比例。合併此二方程式卽得

$$\frac{dy}{dt}=Y_1Y_2x \tag{3}$$

由此說來因爲我們加了電位差 x，我們所得到的輸出信號（卽角速度）與 x 成正比例。而我們所需的能量是由放大器供給，不是由 x 來担負，所以這個機件具備我們所說的伺服機件所必具的功用（雖然輸出的信號是角速度 $\frac{dy}{dt}$ 而非角 y）。但是圖（1）的設備還不是一個伺服機件，他不過是一個開過的管制設備而已。現在如果要把他變爲伺服機件，我們只需在電動機軸線上加上一個分位計（Potentiometer）如圖（2）使分位計的活動接觸 P_1 接到原來的 b 點，而固定中點 P_0 接到 b'，同時我們在分位計兩端外加一組電池，使出現於 a b 兩端的電位差等於 $x-ky$，現在這個設備就是一個簡單的伺服機件了。我們現在來分析他的工作情況。假定電動機與放大器的特性與第一圖所說的完全一樣，那末，

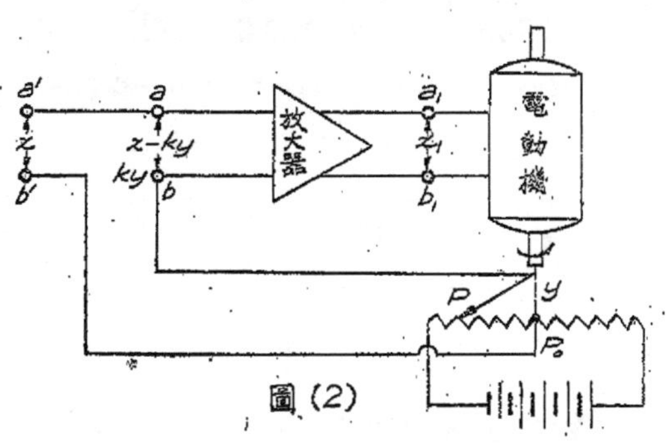

圖（2）

$$x_1=Y_1(x-ky) \tag{4}$$

同時
$$\frac{dy}{dt}=Y_2x_1=Y_1Y_2(x-ky) \tag{5}$$

這個微分方程式可寫作

$$\frac{dy}{dt}+Y_1Y_2ky=Y_1Y_2x \tag{6}$$

如 x 是一常數，這個簡單方程式的答案是

$$y=k^{-1}x+Ae^{-kY_1Y_2t} \tag{7}$$

此中 A 是一個積分常數。如果在各時刻 y 的價值都等於 $k^{-1}x$（一個太理想的而不可能的假定），那麽 A 的價值卽等於零。否則 A 的價值不等於 0，而我們卽需要考慮兩個情況：第一是 Y_1Y_2 之值爲正（卽指數爲負），在此情況下，當時間 t 相當大的時候，y 終久要等於

$k^{-1}x$的。如果反過來，Y_1Y_2的價值是負的（卽指數爲正），那麼時間愈長，y的價值愈變愈大，而這種設備終久是不穩的。穩與不穩是一個重要的問題，以後我們再說。現在我們可以說這個設備滿足了上節所下的簡單伺服機件的定義了。雖然以上討論還有幾個不大切乎實用的假定，如Y_1及Y_2都爲常數之類。爲使這個設備更加切實起見，我們不應假定Y_1與Y_2是兩個常數。現在請重新討論這個簡單伺服機件的普通分析方法。

V. 在穩態下伺服機件的基本方程式

分析伺服機件的方法可根據他的微分方程式而求其暫時(transient)的響應。此法比較直接。但一起始就遇到繁複的計算使我們對於機件的工作情况不能得到一挈要的印象，第二法是根據他的穩態的響應來斷定他的工作情况。後一法可借用已經發展良好的"反哺放大器"的理論且與現代設計與考究伺服機件的方法有密切的聯繫，所以現在我們也採用此法以討論伺服機件的三問題，(1)穩度，(2)放大器的線路的設計與(3)工作特性。爲具體起見，我們仍用圖(2)所示的簡單設備爲例。

假設外加的力爲指數型如e^{pt}，p爲一複數，那末在圖(2)中的各量將均爲p的函數

令　$$x_1=\xi_1 e^{pt};\qquad Y_1=Y_1(p),\qquad Y_2=Y_2(p);$$

$$y=\eta e^{pt};\qquad \frac{dy}{dt}=p\eta e^{pt};\qquad x=\xi e^{pt}。\tag{8}$$

由放大器論，因$X_1=Y_1(X-ky)$，故

$$\xi_1=Y_1(p)(\xi-k\eta)\tag{9}$$

又因電動機之角速度與電壓之關係，卽$\frac{dy}{dt}=Y_2x_1$，故

$$p\eta=Y_2(p)\xi_1\tag{10}$$

或　$$\eta=Y_3(p)\xi_1,\qquad Y_3(p)=\frac{Y_2(p)}{p}\tag{11}$$

$$\eta=Y_3(p)Y_1(p)(\xi-k\eta)\tag{12a}$$

卽　$$[1+kY_1(p)Y_3(p)]\eta=kY_1(p)Y_3(p)k^{-1}\xi\tag{12b}$$

再以　$$Y_0(p)=kY_1(p)Y_3(p)\tag{13}$$

代入，以上之基本方程式變爲

$$\eta=\frac{Y_0(p)}{1+Y_0(p)}k^{-1}\xi\tag{14}$$

注意$Y_0(p)$等於k乘以圖(1)中開通管制設備之輸出與輸入信號之穩態響應。由(14)我

們也可以看到，不論 p 爲何值，若 $Y_0(p)$ 的價值，與 1 相比大了好些，理想的情況，卽輸出 η 與輸入 ξ 成正比一事就差不多可以成立。此理想的情況與實在情況差多少，全看 $Y_0(p)$ 的價值而定，差值與 $Y_0(p)$ 的絕對值成反比。由此卽知我們對於 $Y_0(p)$ 的實際的價值和他隨着 p 的變化情形都不必細計，只須他的絕對值夠大卽可得到與理想情況相近的機件。在實用上我們因此常可用較簡單的設計。其次，η 與 $k^{-1}\xi$ 比值不跟着 $Y_0(p)$ 的價值而劇變。在實用上，此點很重要，因爲放大器的作用常常跟着電源與眞空管之衰老而改變。這兩優點都是開迴的管制設備所沒有。

基本方程(14)實可用於普通的設備，他的結構有如圖(3)所示的，不必限定于圖(2)的機件。若以圖(2)的機件爲例，那末 $Y_3(p)$ 的形式們依據力學原則寫出。因電動機的微分方程爲

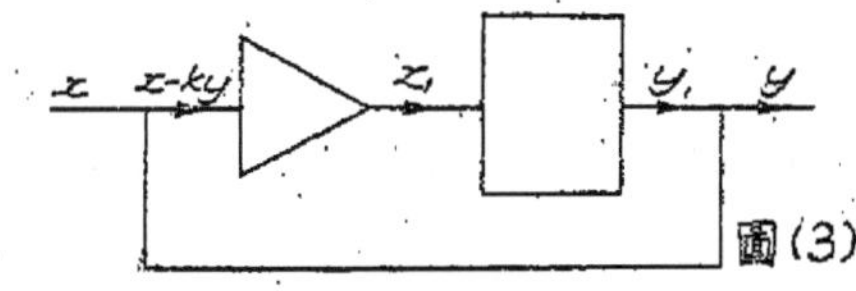

圖(3)

$$J\frac{d^2y}{dt^2}+R\frac{dy}{dt}=Gx_1(t) \qquad (15a)$$

J 表動子(rotor)的轉動慣量，R 表電動機中一切消耗量的阻力，G 表加於機端單位電壓所生的轉力矩。在穩態下，(15a)變爲

$$(Jp^2+Rp)\eta=G\xi_1 \qquad (15b)$$

或

$$Y_3(p)=\frac{\eta}{\xi_1}=\frac{G}{Jp^2+Rp}=\frac{B}{p(p+w_0)} \qquad (15c)$$

此中 $w_0=R/J$； $B=G/J$ 爲兩個常數，而

$$Y_0(p)=\frac{kBY_1(p)}{p(p+w_0)} \qquad (15d)$$

VI. 穩 度

伺服機件包含有放大器，所以可以較靈活。過份靈活就會有不穩情形。試看圖 (2)，放大器的輸出，是由輸入放大而來，同時並可增大功率。此放大的輸出與功率既可經過機件的機械的連結再被送到輸入兩端，在輸入處遂有一個新的力量加於放大器。此新力再放大後，可有更大的功率出現於放大器的輸出兩端，於是經過機械的連結，輸入處再來一批新力。如是往返的作用，除非爲機件上其他構造所限，一切的量都可以無限的增大，這就是所謂不穩情形。

由方程(14)說，不穩部形很容易說明，若令分母

$$f(p)=1+Y_0(p)=0。 \tag{16}$$

而此方程的根若有正值，或實部爲正值的複數，那末這機件就不穩。此與我們起首時候說 $(-Y_1Y_2)$ 的價值不得爲正是同一道理。方程(16)有沒有這種根，非等到把他們算出來不能知道。計算的手續並不太易，且依所用的常數如 B 及 w_0 等等而變。卽使可以算出，改正此不穩情況，復須再算，手續實在太繁，另一較簡單方法是利用複函數的理論來解決此事。

爲簡單起見，假定 $f(p)=1+Y_0(p)=0$ 的根除 0 外無純虛數，且 $f(p)$ 的價值除 0 外。無論 p 的價值爲何，都不變成無限大，我們任 p 自無限大純虛數的值(卽 $+j\infty$)經 0 變至負方($-j\infty$)，再任 p 沿着半徑爲無限大圓周自 $-j\infty$ 返回 $+j\infty$，此時 $f(p)$ 在複數平面 z 上所作的曲綫不難大體的描出。若自原點至此曲綫上的向徑依反時針方向圍繞原點的周數爲 N，那末 $f(p)=0$ 的根就有 N 個實部爲正值的。注意，依反時針方向繞一周其效果與依順時針方向繞一周是相反的，圖(4)表示兩種可能的情形。

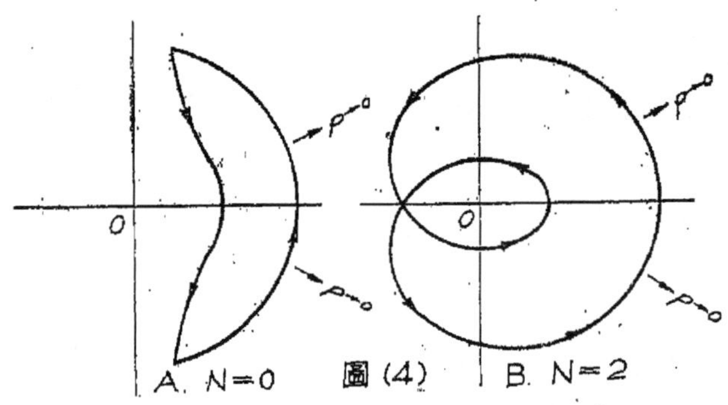

圖(4)

在圖(4A)中，$N=0$，而在圖(4B)中，$N=2$。若就 $Y_0(p)=0$ 而論，不用 $f(p)=1+Y_0(p)$，我們只須自 $z=-1$ 點作動徑於曲線而計其繞 -1 點之周數。周數爲 0，機件就不至於不穩定。

請以圖(3)的
$$Y_0(p)=\frac{kBY_1(p)}{p(p+w_0)} \tag{17a}$$

爲例。爲簡單起見，假定 $Y_1(p)$ 是一個很大的正常數，此假定卽等於說放大器對於一切頻率的信號可以同量的放大。令 $p=jw$，則(17a)變爲

$$Y_0(jw)=\frac{w'^2}{jw(jw+w_0)}=\frac{w'^2}{w\sqrt{w^2+w_0^2}}\angle\left(-\frac{\pi}{2}-\tan^{-1}\frac{w}{w_0}\right) \tag{17b}$$

此中 ω'^2 代表(17a)中分子之常數。當 w 自 $+\infty$ 變至 0 時，$Y_0(jw)$ 將自 0 依圖(5)之曲

綫變至∞。因 $Y_0(p)$ 是一個包含實係數的多項式，故自 $p=0$ 至 $p=-jw$ 的情形，可將圖(5A)曲綫反射於實軸而得如圖(5B)。此曲綫之閉合部份可以在右方之無限大之圖示之，

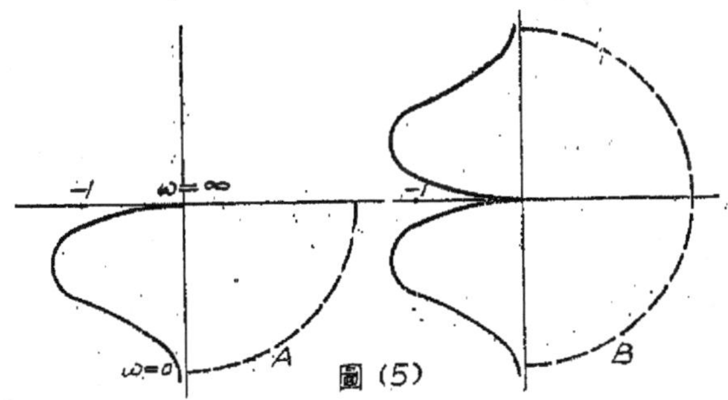

圖(5)

因當 p 爲 $+0$ 時，$Y_0(p)$ 爲 $+\infty$ 也。顯然的，自 -1 至曲綫的動徑未曾圍繞 -1 點，故此機件不至於不穩。

機件雖非不穩，但若當 w 爲甚大之値時，$Y_1(p)$ 稍有變化（即非一常數）曲綫之情形可能圍繞 -1 一周如圖(6)，而機件則爲不穩。不穩固然不佳，穩而容易不穩亦非計，所以在本題中我們要考究如何可以得到一個較穩的機件。

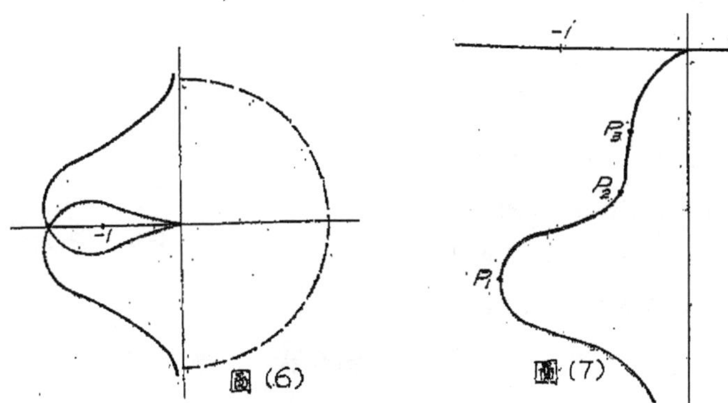

圖(6)　圖(7)

VII. 不穩的矯正法

仍用上例，若 $Y_1(p)$ 的價值，可以使 $Y_0(p)$ 曲綫離 -1 點遠些，如圖(7)，則穩度可以增加。欲分析此曲綫的意義，可將他的向徑的長的對數 $\log|Y_0|$ 與向徑角 $\angle Y_0$ 分別繪作 w 的對數的函數如圖(8B)。同時我們也把圖(5A)曲綫情形用同法繪成圖(8A)，以資對

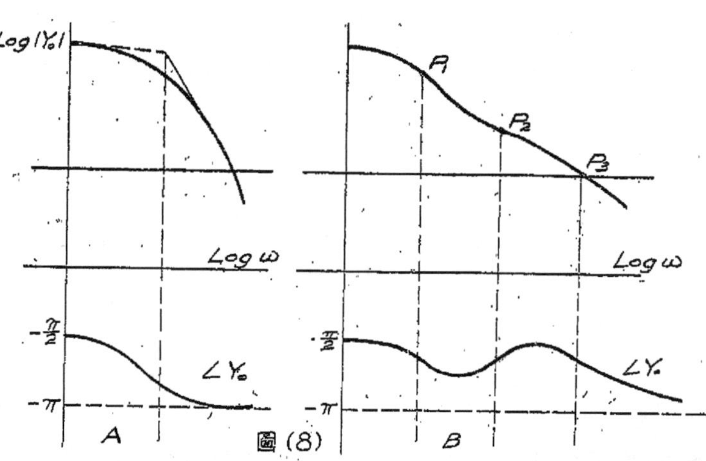

圖(8)

照。我們可以注意，在圖 (8B) 曲綫 P_1 至 P_2 段落內，$\log|Y_0|$ 變得快而 Y_0 的角則差不多沒有大變，而在 P_2 至 P_3 段落內，$\log|Y_0|$ 沒有變多少（已經與 0 很接近），而角則很快的變爲 $-\pi$。總而言之，我們如果有方法把 $Y_1(p)$ 的價值設計得使 $Y_0(p)$ 的絕對值爲 1 之時，$Y_0(p)$ 的角比 $-\pi$ 小得多，穩度就可增加。

可以矯正圖 (2) 機件的 $Y_1(p)$ 值有多種。我們試用以下較簡的一種

$$Y_1(p)=\frac{w_c w_2(p+w_1)}{kB(p+w_2)} \tag{18}$$

於是

$$Y_0(p)=\frac{w_c w_2(p+w_1)}{p(p+w_0)(p+w_2)} \tag{19}$$

此中 w_1, w_2, w_c 爲常數，其數值大小有如

$$w_0<w_1<w_c<w_2$$

若用此 $Y_1(p)$，則大致的我們可知，當

$0<w<w_0$，　$Y_0(jw)\cong\frac{w_1 w_c}{jww_0}$；$\log|Y_0|$ 大，　$\angle Y_0\cong-\frac{\pi}{2}$

$w_0<w<w_1$，　$Y_0(jw)\cong\frac{w_1 w_c}{-w^2}$；$\log|Y_0|$ 仍大，　$\angle Y_0\cong-\pi$

$w_1<w<w_2$，　$Y_0(jw)\cong\frac{w_c}{jw}$；$\log|Y_0|$ 近於0，　$\angle Y_0\cong-\frac{\pi}{2}$

$w>w_2$，　$Y_0(jw)\cong\frac{w_c w_2}{-w^2}$；$\log|Y_0|$ 爲負，　$\angle Y_0\cong-\pi$

注意 $\log|Y_0|=0$ 時 $w=w_{c0}$ 此卽所謂開斷點(cutoff)。滿足方程(18)之電路不難設計。例如將圖(9A)所示者加入於放大器兩級之間如圖(9B)卽可。

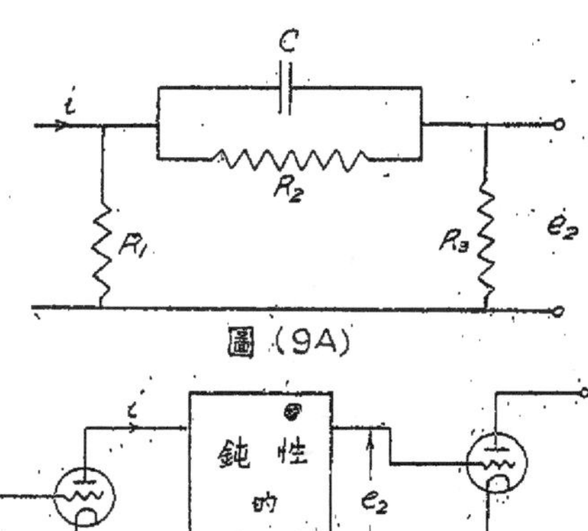

圖 (9A)

因 $$Z(p)=\frac{e_2}{i}$$

$$=R_1R_3\frac{R_2Cp+1}{(R_1+R_3)R_2Cp+(R_1+R_2+R_3)}$$

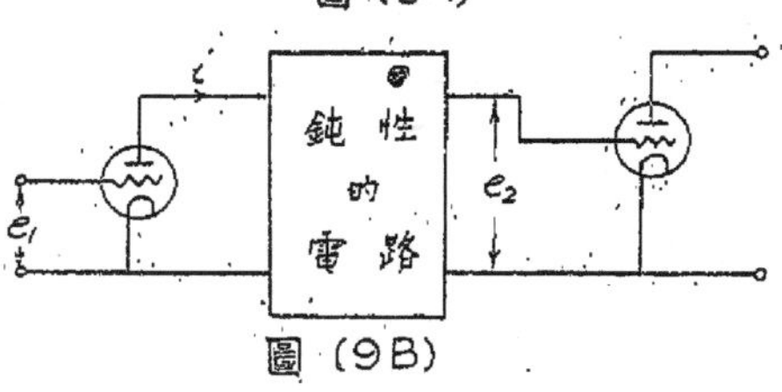

圖 (9B)

VIII. 伺服機件的工作狀況

欲知伺服機件的工作情況，可假設各種不同的推動力而求其響應。此種計算異常繁複。現今多用計算儀來担任。不過有關於機件之工作情況之名詞有數項可以簡單的說明。

由上述可知伺服機件可以看作一低通的濾波器(Low pass filter)，其開斷頻率 f_{c0} 之值，其定義常定爲足使 $\left|\frac{Y_0}{1+Y_0}\right|$ 的價值爲 $f=0$ 時的價值之一半。

機件之建起時間 T_{bu} 將大約的滿足以下方程

$$2f_{c0}T_{bu}=1$$

在普通情況下，伺服機件的基本算式可發展爲一級數如

$$\frac{Y_0(p)}{1+Y_0(p)}=p^{-n}(a_0+a_1p+a_2p^2+\cdots\cdots\cdots\cdots) \tag{20}$$

此中 n 爲正值整數。若所 用之信號爲突波卽如圖(10A)的形式，則其響應將爲

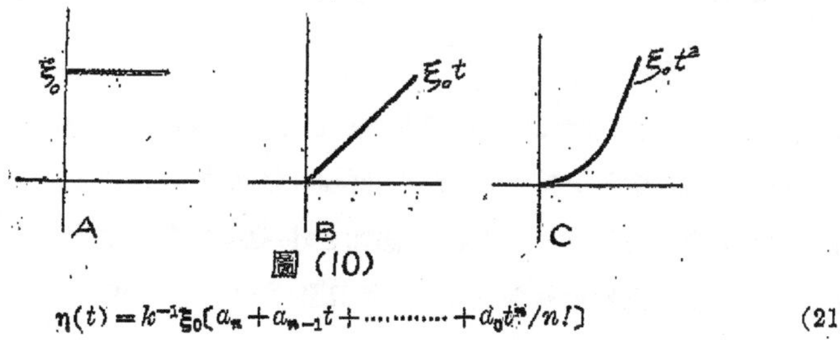

圖 (10)

$$\eta(t)=k^{-1}\xi_0[a_n+a_{n-1}t+\cdots\cdots\cdots\cdots+a_0t^n/n!] \tag{21}$$

故如欲使 $\eta(t)$ 等於一常數 $(k^{-1}\xi_0)$，則 $n=0$，而 $a_0=1$，卽(20)應取以下之形式

$$\frac{Y_0(p)}{1+Y_0(p)}=1+a_1p+a_2p^2+\cdots\cdots\cdots\tag{22}$$

凡滿足此種情形之伺服機件，常稱其爲無靜止誤差(Static error)。

若所用之信號爲圖(10B)之式，則所得之輸出將爲

$$\eta(t)=k^{-1}\xi_0(t+a_1)\tag{23}$$

表示輸出與輸入未能完全成正比。此中之 a_1(其值通常爲負)遂名爲機件之落後值(lag)。最後，若所用之信號爲圖(10C)所示者，則其響應爲

$$\eta(t)=k^{-1}\xi_0[(t+a_1)^2+(2a_2-a_1^2)]\tag{24}$$

由(23)及(24)卽知在優良的機件中，a_1 與 a_2 均須爲小值。欲使 a_1 與 a_2 兩值均甚小，$Y_0(0)$ 之值則須甚大。

例如用圖(2)之機件

$$Y_1(p)=\frac{Y_0(p)}{kY_s(p)}=-\frac{1}{kG}\;\frac{1+a_1p+\cdots}{a_1+a_2p+\cdots}(p+w_0)$$

$$Y_1(0)=-\frac{w_0}{kBa_1}\qquad 或\qquad a_1=-\frac{w_0}{kBY_1(0)}$$

圖(2)的機件加以穩度矯正之後，對於突波的響應之情況，隨着 w_2, w_1, w_c, w_0 各量的大小而變。大致的情況可能是如圖(11)所示，有些機件的響應則如圖(12)。

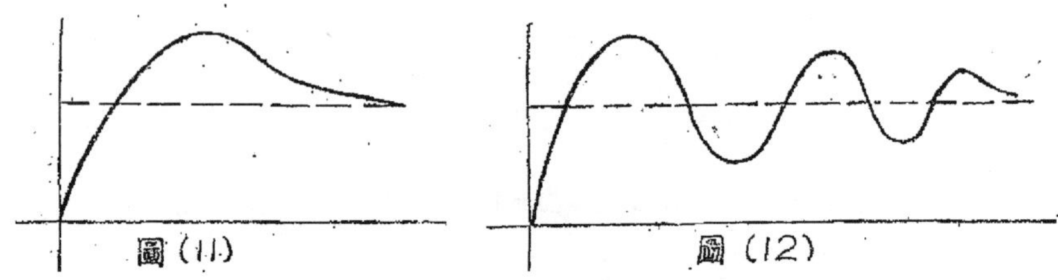

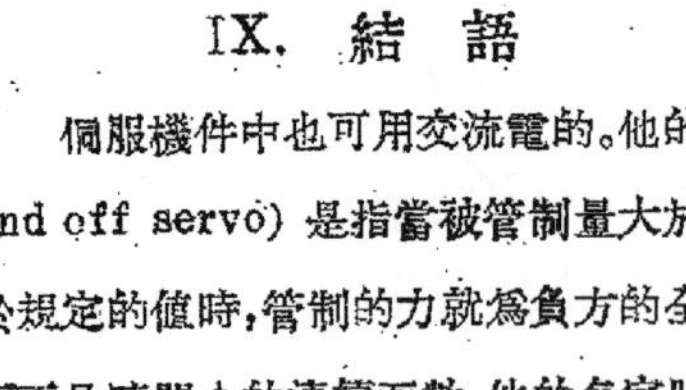

圖(11) 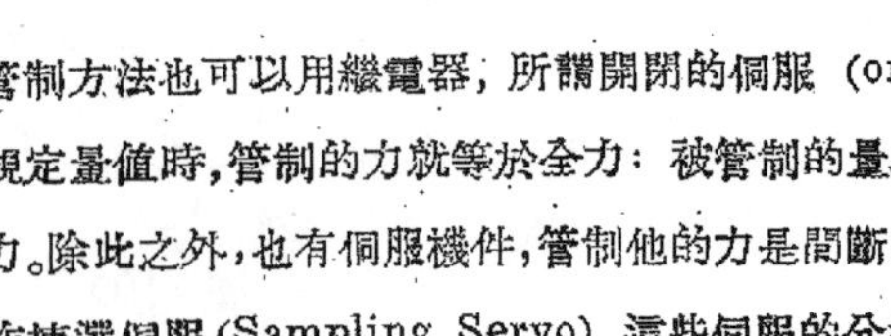　　圖(12)

IX. 結 語

伺服機件中也可用交流電的。他的管制方法也可以用繼電器，所謂開閉的伺服(on and off servo)是指當被管制量大於規定量值時，管制的力就等於全力：被管制的量小於規定的值時，管制的力就爲負方的全力。除此之外，也有伺服機件，管制他的力是間斷的而不是時間 t 的連續函數，他的名字叫作揀選伺服(Sampling Servo)。這些伺服的分析當然比今天所說的更難。

今日之無線電

趙 曾 玨

三十六年三月八日在亞美電台廣播演講辭

諸位無線電聽衆，今天是中國電機工程師學會上海分會和亞美麟記電台合作舉辦的電學講座第一次講演。中國電機工程師學會是中國電機工程師的一個學術團體，以發揚電工技術及協助中國電工的發展爲宗旨，成立到現在已經十五年，現有會員二千餘人，都是國內電工界知名之士。上海分會是勝利後於去年復會的，復會後的工作，就着重在普及電工智識和促進社會對於電工研究的興趣，已辦有通俗刊物電世界月刊一種。亞美電台是國內成立最早的電台，歷年對於灌輸科學智識也是不遺餘力。今年經上海分會和亞美電台的協商，由電台撥出一部份時間，由上海分會每週派人担任演講，藉空中的電波，推廣電學的智識，而達到爲社會大衆服務的目的，這就是我們開辦電學講座的動機。

今日第一次講座，由本人來担任。諸位都是無線電聽衆，對於無線電有特殊的愛好和興趣，所以本人今天就以無線電爲題，取名『今日之無線電』。

無線電技術自發明以來，到現在纔不過四十年，因爲科學家不斷地努力改進，再加兩次世界大戰迫切的需要，進步非常之迅速，眞是日新月異，今日之無線電，眞不是當初草創時代無線電所可比擬的。不過無線電技術的進步，並不是偶然的或者是突然的，乃從昔日之無線電循序漸進，逐步發展的成果。今日無線電所採用的器械，所應用的範圍，雖然和昔日之無線電不同，然而所根據的基本原理是一貫的。一方面因爲技術之改進，而應用範圍日廣，一方面因爲用途之日漸擴展，在技術方面不得不力求改進以期適合特殊的需要。所以在這兩重原因互爲因果之下，今日之無線電就突飛而猛進了。

要明瞭今日無線電發展的情形。讓我們先迴溯昔日無線電發明的過程。遠在1873年（七十四年以前）maxwell 發表他的著名的電磁波的理論，並且推斷在高頻率時，電磁能量(energy)會脫離電路而放射到空中去，並且推算出波行的速度却與光的速度相合。電磁能量既能放射到空中去，爲什麼不用來傳送電能進而傳遞消息呢？電磁波既和光波的性質相近，爲什麼不能將無線電波的傳佈弄得和光的傳佈相像呢？有了這點理論的根據，於是無線電就成爲用電通信技術的一種，而時至今日確已做到光所能做的事情了。

無線電的理論既已知道了，但是用什麼方法去產生一種高頻率的電流，達到將電能放射到空中去的目的呢？這就是40年來許多科學家業餘家工程師所共同努力的目標，也就是今日無線電所不同於昔日無線電的關鍵了，在未講到頻率的進步以前，我們先將各種無線電頻率來一個介紹和分類。交流電是正負變化的，每一次正負完全變化叫做一週(cycle)，每秒完全變化的週數叫做頻率(frequency)，電燈或電力用的頻率是50週，可聞的聲音變做電流是從10週到10千週。無線電所用的頻率總在幾十千週以上。100千週以下的叫低頻，100到1500千週的是中頻，1560到6000千週是中高頻，百萬到三千萬週是高頻，3千萬到3萬萬週是超高頻，現在所發展到的3萬萬週以上的是極高頻，也叫做微波。

在馬氏發表論文以後1981年的時候，赫茲(Hertz)利用火花隙發生高頻率的電波，證實馬氏的理論。由此都用火花隙爲無線電波的發生器，所發的電波都在低頻，即長波範圍以內。第一個人將無線電通訊置諸商用的是馬可尼(Marconi)時間在1891年，所以一般人認爲馬可尼是無線電的發明人，其實他祗是無線電通訊的創始人而已。利用長波通訊，所達的距離旣不遠，所花的電功率反很大，而接收的方法也異常簡陋，所以第一期改進的趨勢是傾向於稍高頻率之產生與檢察。

到1904年有佛萊敏(Fleming)氏二極眞空管之問世，解決檢波方面的一部份問題，三年後德福雷斯特(DeForest)加一個電極，首創三極眞空管，獲得放大的作用，對於接收微弱的電波，得到最大的幫助。以後利用眞空管的振盪，也可產生高頻率的電流，於是無線電第二期的改進，已有低頻進中頻，更進而中高頻了。目前無線電廣播所用的頻率是550至1500仟週之間，這在中頻範圍以內。國際廣播及通訊，長程通訊用到幾千萬週，在中高頻和高頻的範內以內。倘若沒有眞空管之發明，無線電之發明是達不到這樣高頻境界的。

可是人類對於現實是不能滿足的，第三期的改進由高頻而超高頻。還在高頻應用的時期，人們又研究超高頻的產生。在這種超高頻情形時，通用的眞空管都不能應用了，於是有超高頻的眞空管，如(Magnetron)磁控電子管，(lighthouse tube)燈塔式眞空管，(klystron)空筒諧振管，應運而生，將今日頻率送到超高頻境界。現在可以產生波長祗有幾公分(centimeter)的微波，頻率幾十萬萬週。眞空管附屬的線路，在高頻範圍可以用實質的線圈和容電器，在超高頻以上也不應能用了。於是有傳輸線佈置，諧振腔(resonant cavity)的發明。要傳送這樣電流，也不能用普通的兩根電線，或一根電線和一頭通地，於是有同軸電纜(coaxial cable)又有導波管(wave-guide)電波沿着一根管子將電能輸送出去。在低頻的範圍要用龐大的天線，高頻時代已經縮小到幾公尺了。因爲天線較小，可以將若干天線排成行列，將電能集中一個方向射出去就有了定向天線(directional antenna)。到超高頻時，天線祗有幾吋長短，不但定向天線行列容易製成，而且可以利用拋物線形反射鏡來集聚電波和光的集聚一樣了。

在低頻的時代，電波祗沿地面進行，衰減得很快，不能達到很遠。到高頻範圍時，電波的傳遞靠天空中游離層的反射，可以達到很遠，不過常受天空中電磁的擾亂及影響，如晝夜之分，夏冬之別，太陽黑點，磁性風暴之類。到了超高頻境界，電波傳遞，地面不能達遠，但是也不沿地球曲面，可沿視線所及的範圍而集中直射。利用半途中若干替續站(relay station)的轉遞，達到點與點間通訊的目的。不受天空靜電的擾亂，也不受天文變化的影響。同時導電體與絕緣體都可將其反射，反射程度各有不同，確和光的反射和擴散相做，於是產生今日的雷達技術。同時這種極高頻電波，不被天空游離層所反射，可直射到浩渺的太空中，作爲地球和月球或行星通訊的工具。

要使得無線波能傳遞我們電報或電話的信息，我們必須將電報或電話的訊號將無線電波加以調制(modulation)。通用的方法，是將無線電波的振幅加以調制，產生調幅波。就是說無線電波的振幅隨着電話或電報訊號的强弱而變化。在今日超高頻的範圍，這種調幅方法已不適用，今後的發展是趨向於調頻，用訊號電流變更無線電的頻率，其傳遞訊號的效果大加改進，尤其不受天電或雜聲的擾亂，對於電視的傳遞尤爲有效。目前正在發展中的一種脈調制(pulse-time modulation)，可以一路無線電波同時傳送幾路的訊號，一個電台用一個波長同時廣播八個不同的節目，24個人可以用一頻率和遠地另外24個人談話，互不相擾，這種技術的成功，將更擴大無線電的應用，是毫無疑義的。

至於拿應用的範圍來講，早期的無線電祗用於電報。自從有了調幅方法，可以傳遞言語音樂，於是有無線電話和廣播。今日之無線電，因調幅制度之日趨完善，加以調頻制度的應用，可以傳遞靜止的圖片，和活動的景象，這就是電傳真蹟和電視了。有了電傳眞蹟，不但手書的文件，印刷品，繪圖照片可以傳送他方，美國已在試行電傳報紙。你坐在收音機旁，撥動機鈕，不到兩分鐘，已經有一張報紙遞送出來了。有了電視，不必要身臨其境，你可看到熱鬧的球賽，精彩的演出，原子彈的爆炸奇觀，現在已由黑白電視進而至於彩色電視了。

上面所說的，祇是無線電通訊正統的應用，其旁支的應用更是舉不勝舉的。今日無線電效用最廣大的莫過於雷達。雷達祇是一種應用無線電的技術，並不是一種無線電波。在這種技術裏，應用超高頻或極高頻波被物體所反射的作用，得到檢察遠地物體及測量距離的目的。在戰時檢察敵機敵艦的來襲，並確定其地位和距離或高度，從而控制砲火，加以反擊。在平時轉變爲航空導向，航海測進，而能够盲目航行，和盲目降陸，這就是勞蘭（Loran 長程航行測向）紹蘭（Shoran 短程航行測向）和德利蘭（Teleran，雷達和電視的聯合應用）等技術的根據。利用雷達還可預測將要來臨的暴風雨，利用雷達，也可指示飛機以地面機場和跑道的方位，協助飛機盲目着陸。有了雷達，在戰時有自己瞄準目標的砲彈，在平時就有在飛行火箭上的自動通訊。有了這種和光波接近的超高頻無線電波，更加擴展人類的視覺和聽覺範圍，千里眼和順風耳不再是一種荒謬的神話了。

無線電之在今日，由通話，檢察，測量，漸漸應用到工業的製造和安全保障，如無線電加熱法，機器之電子控制等。同時農業，醫學各方面也莫不有無線電頻率電流之應用的。

我們要追逐今日之無線電，我們不能將我們的研究對象僅僅着重中頻或中高頻的範圍內，我們也要追求着微波的超高頻，研究它的眞理和應用。在這日新月異的科學世界裏，明日之無線電又不知達到一種什麼境界了。愛好無線電的同志們，希望不要祇以能做一架五燈機，一具放大器爲滿足，時時接受新的觀念，實驗新的技術。人家雷達追逐着月球，我們還能停留在中頻範圍裏徘徊嗎？

上海電話事業之回顧與前瞻

本校郁秉堅教授演講詞　　萍　錄

我國自前清光緒七年上海英商瑞記洋行在前英租界內創設華洋德律風公司，勸各商戶裝用電話，概不收費，三個月後，祇月收銀元一圓，其後用戶日衆，價亦日增，由一圓而三圓而五圓，商人無異言，且稱便焉，不及數年，漢口廈門洋商皆踵爲之，我電話之權利，遂握於外人之手，是時我國方創辦電報，規設正勤，尚無暇及此也。

光緒二十五年十一月督辦電政事宜盛宣懷以辦理電報已具有規模，電話亦未可置之緩圖，致爲外人所覬覦，遂奏歸報局兼辦，以電報餘利爲推廣電話之需，二十六年，拳匪作亂，計劃未定而擱置，是年八月江蘇省於南京設立電話，爲當時督撫各衙署之用，是爲我國自辦電話之始。而同年八國聯軍入北京，德軍設電話由天津至塘沽大沽，以與其所設之塘沽北京電機及濟南天津電線聯絡，同時丹麥人濮爾生乘亂在天津租界架設電話，以達北塘及塘沽，一面創設電氣工程公司，經營電話電報無線電各業務，至光緒二十七年其電話線竟延長至北京，政府即向之交涉，是時盛宣懷方擬由電報局兼辦，寧滬兩處電話，遂議將京津電話線及電氣工程公司所存材料全數收歸我有，給予價銀五萬元，由濮爾生自向當時駐京各國公使及天津工務局說明，再由電局派人接收，於光緒三十年春間交割完竣，並於是月起聘濮爾生爲顧問，月給薪水八百元，訂約三年，時武昌漢口漢陽三處電話已於光緒二十八年由鄂省興辦，廣州電話已於光緒二十九年由粵電局兼辦，光緒三十一年七月電政大臣袁世凱以外人尚有擅自私設電話者，因墾行奏准將全國電話定爲電政應辦範圍，除通商各口岸已設之電話外，無論何人何地，凡未經中國允准者，概不准擅行設立，光緒三十二年滬報局兼辦當時上海華界電話，光緒三十三年廈門商人創辦電話，自是各處官商電話相繼設立。

上海前租界區域電話，初係華洋德律風公司所辦，已如上述，先後以磁石式及共電式機件使用，惟時有越界設線之舉，前清督辦電政大臣於光緒三十二年自行設立上海電話局於南京，以保全主權，光緒三十三年成立採用磁石式話機，宣統元年增設閘北分局，民國七年籌備建設滬寧長途電話，分設南市閘北浦東三處，八年購買基地，選定中國電氣公司承辦各種機件，南市改設共電式交換機容量二千號，閘北分局磁石式交換機容量七百號，浦東分局磁石式交換機二百八十號，九年選定上海久記營造廠承造房屋，十年二月設立女話生養成所，練習接線事務，六個月畢業，同時開辦內外工程，十一年開始通話，十四年與華洋德律風公司會訂接線合同，十五年二月開始接線，十九年間該公司出售與今之美商上海電話公司，改用旋轉式自動話機同時國民政府爲發展上海電話起見，向美國自動電器公司訂購步進式自動機四千八百號，於南市局設三千號，改組閘北分局設一千五百號添設市中心分局設三百號，於二十二年間竣通話，並先後與上海電話公司簽定臨時合約及長途合同，至抗戰期間，敵偽將南市閘北等局機件遷移及損壞外，在虹口添設步進式自動電話局址一所，現均由交通部上海電信局盡力恢復中。

上海市目前之電話機構，一爲國營，一爲外商經營，既如上述，兩者組織分歧，制度各異，不特於管理上發生困難，且於經濟原則復多未合，致全市電話效率，難臻盡善，市民不能享受滿意之服務，爲補救上項缺憾，增進電話效率暨謀全市電話制度之合理化起見，似須有一統一管理之機構，俾較妥善，此項機構之成立，不外下列四種辦法：(一)上海市外商經營之電話機構，由中國政府出資收回國營，(二)上海全市電話，統由外商經營，(三)中美雙方合資，遵照中國法律，組織特種有限公司，(四)中美雙方分工合作，各在其規定之營業區域內分別經營改進。

其間除第一種辦法，值茲國家電款支絀時期，恐難於短期內實現，又第二種辦法，事關我國主權，未便置議外，至第三種辦法，中美雙方合資遵照中國法律合組特種有限公司，其要點計有：(甲)股本，中國國民政府交通部及中國人民佔百分之若干，美商國際電話電報公司(即由上海電話公司代表)及盟國人民佔百分之若干，(乙)組織，新公司董事會及各部份人事支配，由中美雙方比例派充之，(丙)期限，有效時期可定爲若干年，惟中國政府應保留於期滿後給價收回獨立經營之權，並規定如於期限未滿以前，倘交通部欲給價收歸國營時，公司應於接到通知後二年內善意照辦，(丁)機件程式，上海全市電話，於一定期內，全部改爲自動旋轉式機料，維持最優良之狀態，(戊)立案，新公司應在中國經濟部交通部立案，並在上海市政府登記，關於商事行爲，受經濟部之監督指導，關於業務行爲，受交通部之監督指導，關於道路上進行工程等事項，受上海市政府之監督指導。

此項辦法之優點有：(甲)機構統一，機件程式劃一，可解除管理及技術上種種困難，(乙)中國政府得有監督取締及隨時收歸國營之權，(丙)擴充計劃易於實行，可使市民得滿意之服務，(丁)全市用戶納費辦法，得以劃一公允，(戊)現有雙方互通話費問題可取銷。

惟全市採用劃一之旋轉式制，未必能與我國擬定之標準吻合，此則爲其缺點，又第四種中美合作辦法之要點亦有，(甲)方式，中美雙方分工合作，各在其規定之營業區域內分別經營，(乙)營業權，中國政府特許美商上海電話公司於依照中國法律改組後，在前公共租界及前法租界區域內，繼續經營市內電話若干年，並應按交通部所頒民營市內電話設置規則，另行發給執照，(丙)臨時合約，民國二十三年四月十九日交通部上海電信局與上海電話公司三方面訂立之臨時合約，應於本辦法訂定後取銷之，公司應即將該合約內所指之前越界築路各區域，移交交通部方面，改作該部所屬上海電信局營業區域之一部份，(丁)機件程式，交通部爲謀上海全市電話機器程式之統一，並表示合作起見，似可將電信局現時之步進式自動電話機鍵及接收越界築路區域內之共電式人工電話機器，遷往他處應用，本市區內，一律改用旋轉式自動機，(戊)互通電話，上海電信局用戶與美商上海電話公司用戶互通市內電話時，應完全採用自動直接叫號辦法，雙方並以不另向用戶加收話費爲原則，(己)長途電話接線費，公司對於其用戶之長途電話費，可由用戶直接向電信局繳納，或由公司照電信局按月所送之去話帳單義務代收話費全數轉付電信局，(庚)立案，公司應在中國交通部經濟部立案，並在上海市政府登記，關於商事行爲，受經濟部監督指導，關於業務行爲，受交通部監督指導，關於道路進行工程等事項，受上海市政府監督指道，(辛)營業期限，公司營業期限，及交通部對於公司之監督及收歸國營之辦法，悉依交通部所頒民營市內電話設置規則及今後修正者之規定辦理。

此項辦法之優點有：(甲)機件程式統一，可以減少技術上之困難，(乙)中國政府得有監督取締及收回國營之權，(丙)全市電話收費制度一律，用戶得有同一負担。缺點有：(甲 全市採用劃一旋轉式制，未必能與我國擬定標準吻合，(乙)電信局現用之步進式自動電話機鍵，須由交通部單獨出資更換，(丙)組織各異，管理上不無牽制，綜觀上列四種辦法，如第一種辦法暫時不克實現，則第三種辦法優點較多，第四種辦法次之，至應如何擷長捨短，以期改善上海之電話事業，仍有望於有關當局暨海內賢達之宏敎也。

大小數名稱意見書

裘維裕

大小數之名稱對於學術之研究，及工程之應用，頗爲重要。近代科學之進展，一日千里，所用之數值，大者如天體星辰之距離，小者如原子核之尺度，均非普通數値名稱所能標示，自應審定大小數之名稱，庶幾用者有所遵循。茲就吾國古書所載之名稱，更改其界說，俾適於近代之用。

吾國所用之京垓……及纖沙……等字，本無一定界說，或以十進，或以千進或以八進，或以自乘法進。今擬一律改爲六進。六進與歐美各國所用之*meg*,*meg mag*, *micro* 及 *micromicro* 等計算方法相合。換算之時亦較便利。六位各予以固定之名稱，大數則爲十，百，千，萬，億，兆；小數則爲分，釐，毫，絲，忽，微。兆，微之後，則每六位予以一名稱，大數如兆兆爲京，兆京爲垓，小數如微微爲纖，微纖爲沙。

億之一字近來大都用作萬萬之意，實則體疏算法億之數有大小二法小法以十萬爲億，十億爲兆。大法以萬萬爲億。本文採用小法，故以十萬爲億。京之定義本爲千萬，然用者甚少，不妨另爲界說以兆兆爲京。其他垓秭等字，其界說亦均經另定。

大小數之命稱旣定，則長度，質量，容積等之大小，僅需於其單位名稱之上，加一大小數之名稱。吾國採用米制，長度之單位爲米，則十倍米長爲十米，百倍米長爲百米，千倍米長爲千米。十分之一米爲分米，百分之一米爲釐米，千分之一米爲毫米。質量以克爲單位，故可有十克，百克，千克，分克，釐克，毫克等。由此而知，電學上之單位如歐，安，伏，法，亨等亦可加以十百千萬兆，或分釐毫絲忽微等字，以別其大小。

大小數之名稱應爲不命名數，長度，質量，容積之單位名稱，則爲命名。以不命名數加於單位命名之上，則規定此一物理量之大小。運用至易，其理亦通。今有人以米爲公尺，厘米爲公分，不命名數與命名混合，於理未合。又以千克爲公斤，克爲公分，長度之中有公分，質量之中亦有公分，依此而推，故面積有公分。同一名稱，忽而長度，忽而質量，忽而面積，使讀者莫知所指。大小數之名稱，若經規定，則「公」字之單位名稱，亟應取消。

茲將大小數之名稱列表如下：

(一)大數名稱

10^0	10^1	10^2	10^3	10^4	10^5	10^6	10^{12}	10^{18}	10^{24}	10^{30}	10^{36}	10^{42}	10^{48}	10^{54}	10^{60}
個	十	百	千	萬	億	兆	京(兆兆)	垓(兆京)	秭(兆垓)	穰(兆秭)	溝(兆穰)	澗(兆溝)	正(兆澗)	載(兆正)	極(兆載)

(二)小數名稱

10^0	10^{-1}	10^{-2}	10^{-3}	10^{-4}	10^{-5}	10^{-6}	10^{-12}	10^{-18}	10^{-24}	10^{-30}	10^{-36}	10^{-42}	10^{-48}	10^{-54}	10^{-60}
個	分	釐(簡作厘)	毫	絲	忽	微	纖(微微)	沙(微纖)	塵(微沙)	埃(微塵)	渺(微埃)	漠(微渺)	模糊(微漠)	逡巡(微模糊)	須臾(微逡巡)

上列兩表大小數均以六位進可至$10^{\pm 45}$，於計算方面已數應用。如嫌名稱之有兩字者不便，可以删去，小數亦可至10^{-47}。

安迪生誕生百年誌念

王天一

湯馬斯・埃而佛・安迪生（Thomas Alva Edison）氏，生於一八四七年二月十一日，逝於一九三一年十月十八日。十五年來，每逢氏的誕日，美國人都舉行盛大的慶祝紀念；今年適當氏的誕生百年，情緒尤見熱烈。在氏的故鄉奧亥俄州米蘭鎮，特於是日發行刊有氏的肖像的紀念郵票，即爲慶祝的一種。中國電機工程師學會亦於本年二月廿日在上海舉行慶祝會。二次大戰結束，世界進入原子時代，今年紀念安迪生頗與往年多許多新的意義，特撰文提出，以貢獻并就正於母校的師長校友，和同學。

當安氏的生時，直到他的逝世，人們談到安氏的功勳都第一提出他的白熾燈發明（一八七九年），是他『點亮了世界』。其次是他的留聲機，三十歲時候就發明了的。再其次大家會想到電影，想到他最初發明的證券印報機，以及他在多工電報，蓄電池等的貢獻，但是很少會想到他的一樣發現。

一八八三年，安氏以一塊冷金屬片放入一隻電燈泡當中，燈絲的對面。燈絲通過電流散熱以後，有電從上面逸出，到達片上，形成板極和絲極之間的電流。安氏並且證明這電流的方向是單一的，這個現象就稱作『安迪生效應』。他之發現這個現象，是由於他的電燈的研究，他的燈泡燈絲燃亮了一會兒，便燒毀了，波泡上蒙着一層稀黑。他要去除這個弊病，這個效應雖然讓他發現了，對於他的電燈只是視如一種麻煩，他後來更未曾加以利用。

然而廿一年以後，英國的物理學家佛來銘（J. Ambrose Fleming）氏，受了安迪生效應的啓示。他利用這個現象，製成第一隻的二極管，將交流變爲直流，并達成無綫電接收的檢波作用。到一九〇七年，福萊斯德（Lee de Forest）博士，加入了一個柵極，控制板極與絲極間的電流，將微弱的無綫電波放大爲可以聽聞的聲音。從此聽筒也用不着了，而電子管與現代的電子學跨開大步，突飛猛進，到今日的階段。

從三極管的發明到二次世界大戰，四十年來，電子學的應用，在工業與技術上，在科學與研究上，與時俱增。我們可以列舉的像X射線管，陰極射線管，光電管，各式的真空管，電視電子顯微鏡，電子計算器，日新月異。雷達的發明，促致了戰爭的勝利，并爲人類的和平生活，奠下一塊重要的基石。所以儘管安氏雖未親自提供任何電子學的發明，而在明日的歷史上寫起來，安迪生現象，可以超過白熾燈，而列爲安氏對人類貢獻的第一種。

人們對於安迪生的注意，往往集中在他的發明方面。他自已也謙遜地稱自己的職業爲發明家。誠然安氏的發明是可觀的，試思我們的現在世界，如若沒有電力供給，沒有光，沒有冰箱，沒有電灶，沒有無綫電，以及其他的用電設備，人類的享受將減低到若何程度？如若我們的現代都市，沒有電車，沒有電話，沒有電影，都市的發展能有幾何？均是疑問。但是安氏的偉大，卻還不止於此。他的貢獻，及於學術研究，和工業生產各個方面。

在學術研究上，一八八〇年他使著名的科學週刊Science出版。一八七〇年，開始在紐瓦克（Newark, N.J.）開創工業，在當其時，研究，設計和製造這生產三階段是不像現在這樣分析得清楚的。然而安氏不久就把握了這個現象，他知道發展思想和製造事物是不可能在同樣的環境下實現的，於是毅然把他的工廠移交給一個幹練的管理員，自己移居到曼祿公園，集中思慮於發明的工作。後來他又感覺自已新的意念太多，來不及從事，初是他又集合了大批的青年人在他的周圍，依照他的指示，向未開墾的土地發掘。今天的技術進步，并不全憑天才的靈感，而是有組織的有系統的研究工作促成的。原子彈的發明足為一個代表的例子。這個路線，也該歸功於安迪生的先知先覺。

在工業生產上，今天，由安迪生的腦與手引導出來的工業，總值估計在美金二百萬萬元以上，員工總數約四百萬人。譬如銅工業，當一八七九年十月，在安迪生完成第一盞商用的白熾燈的時候，還祗是很平凡地進行着。待等紐約城珍珠街第一個中央發電站建成，用電的街燈發光以後，於是銅工業膨脹了，發電機中的線卷，換向器，各式的開關，無數哩的輸電線，都出來了。銅的生產量從每年的五萬噸到現在的一百萬噸。在職業上，又多了許多製造業，服務業和販賣業。電燈的發明和電力的供應更導致了許多其他的用電設備，無線電，電灶，真空清潔器，電冰箱。近世的電影工業更是一個充分的例子。一個人的努力，使多少人享得福利，多少人得到職業，這在歷史上是要大書特書的。

發明和專利原是兩件事。發明是研究的結晶，專利是生產的要素。第一盞白熾燈是用的鉑絲。最初商用的燈絲却是炭化的棉紗線。之後他再改進，用過竹絲，試過鉭絲，鐵絲，最後將脆弱的鎢煉成硬勁的絲，這其間經過無數次的失敗和努力。安迪生所以能如此偉大，就在於他兼是一個理論的和一個實用的人，這是很難能的。安迪生的奮鬥生涯許多人都知道。科學家往往是孤獨的，當他們在粗陋的實驗設備下工作的時候，世人是很少知其重要的，待等發明成功，榮譽紛至，其實科學家何嘗是貪圖這一襲虛榮的袍褂呢？

我因此回想，安迪生誕生迄今，已經一百年了，無疑的他的發明對於改造現代文明的功勳，尚無人堪與比儗。在我們中國，我們的母校，也有了半個世紀以上的歷史了。教育原是有組織的有系統的傳播學術，促進文明方式的一種。我們的電機科，被稱作中國電機工程的搖籃。在這個搖籃裏面和外面，我們也應該有中國的安迪生。中國不是沒有安迪生，但是沒有培養安迪生的空氣，從事科學的人得不到鼓勵，得不到幫助。國家對於教育研究不肯化錢，社會只知享受別國的成就。這個風氣不轉移，中國的科學，中國的工業永遠不得獨立。

中國需要安迪生，是安迪生的發明天才，安迪生的工業貢獻，我們都需要。正對這個現實，我以為中國的科學工作者，尤其是從事或者學習科學的青年朋友，不至於忘記安迪生的奮鬥和努力，他原也未曾得到多大的鼓勵和幫助。不想做科學工作者則已，既做了，便應當堅定起來，向這個方向走，儘管我們此後努力的途徑或與安迪生不同，而安迪生的精神却無疑地需要培養，需要擴大。

謹以此文紀念安迪生的誕生百年，并慶祝母校的校慶。

無綫電操縱飛機原理之猜度

張鍾俊　魏凌雲

以無綫電駕駛的飛機，在這次美國比基尼珊瑚島原子彈試驗時，第一次正式的出現了，牠的誕生，便世界增加了恐怖，人類更沒有安寧的日子，譬如說，假如讓這種飛機帶幾枚原子彈飛到世界各地，然後在指揮室裏，祇需將電鈕一掀，原子彈隨即落地，頃刻間，世界就大半毀滅了。

用無綫電怎樣來操縱飛機呢，這是一個謎，十年來，許多科學家一直在秘密地研究着，直到今年二月底，美國陸軍航空部技術人員才試驗成功，然而究竟用甚麼方法，美國並未公佈，所以至今仍是一個謎。

作者也曾經研究這個問題，覺得以今日無綫電技術的進步，解決此項問題，並無多大困難，謹就個人的愚見，貢獻於讀者，並望加以指正。

我們知道飛機的行動，係由四部份來控制：螺旋槳的旋轉，使飛機向前推進，水平舵使飛機升降，垂直舵使飛機轉向，輔翼(Ailerons)使飛機傾側，螺旋槳在引擎發動後，就經常定速地旋轉，無需控制，所以要操縱者，僅僅是兩舵及輔翼而已，無綫電駕駛飛機，就是要以無綫電遙控這兩舵及輔翼，使飛機發生預期的行動。

遙控的電波，應爲那種電波，才能發生作用？作者認爲宜用變頻波(Variable Frequency Waves)。變頻波就是頻率作有規率地，或使任意地變化的電波，假如由地面發出變頻電波，在飛機上裝一收訊機，使收進的訊號與某固定頻率相拍差，此拍差頻率的電流，經過一特殊綫路後，可使某種機械發生轉動，若使頻率發生變化，這機械就產生相應的動作，如以此機械操縱舵或輔翼，那麽，飛機的行動，可完全由地面電波頻率的變化來决定，這就是以無綫電遙控飛機道理。

由電波頻率的變化，轉交爲機械的動作，有賴於一種特殊綫路，作者認爲 Morrison 氏綫路，恰合這種要求，Morrison 氏爲 Western Electric Co. 的工程師，這綫路原爲用在調頻發射機中穩定中間頻率(Stablizing Mean Frequency)牠的原理，可用下圖來說明，

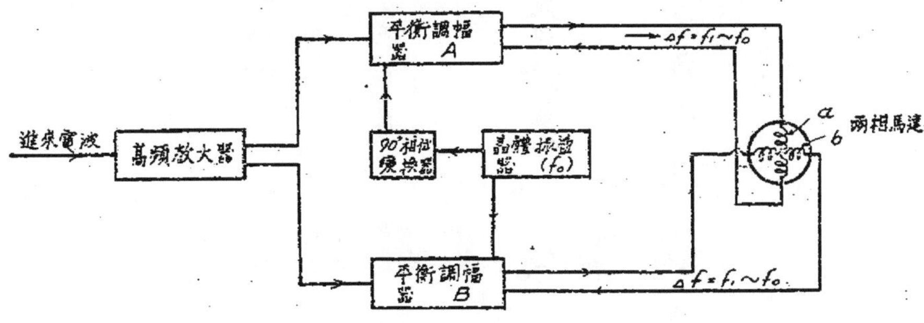

進來的高頻訊號(頻率爲 f_1)，經高頻放大器後，分兩路到平衡調幅器(Balanced Modulators) A 及 B 另有一晶體振盪器產生的訊號(頻率爲 f_0)一路直接至 B，另一路經90°相位變換器(Phase Shifter)至 A.A 及 B 的輸出送到一兩相馬達的兩綫圈 a,b.

由 A,B,輸出的電流，頻率爲 $\Delta f = f_1 \sim f_0$. 兩者相位差90°送至綫圈 a,b 後，就使馬達發生轉動，如果 $f_1 > f_0$，a 中電流較 b 中導前90°，馬達朝一方向轉，若 $f_1 < f_0$，a 較 b 中電流滯後90°，馬達朝反方向轉，當 $f_1 = f_0$，輸入電流爲直流，馬達不動，馬達的轉速及轉矩均與 Δf 成比例，因此，馬達的轉動，完全由 Δf 的變化而定，因 f_0 爲固定值，所以馬達全由輸入訊號的頻率 f_1 來控制。

上述的馬達，因力量小不足以轉舵，須另設計「轉舵器」以放大其轉矩如能設計成功再配以各種機械動作則以變頻波爲遙控的媒介，以 Morrison 綫路爲由電波頻率變化轉變爲機械動作的橋樑，以轉舵器爲舵手，此三者聯貫作用能使地面發出的電波可以駕駛天上飛機的兩航及轉翼了。

喬治西屋氏傳略

毛啓爽

——倘若有一天他們提起我，認為我的工作對於國計民生有點供獻，我也就滿意了——西屋氏語

在南北戰爭和第一次世界大戰間的半世紀裏，美國的工業界有長足的進步，奠定現代工業的基礎。要發展工業，先要能產生動力並傳送動力，對於動力的解決供獻最偉大的，首推喬治西屋(George Westing-house)。西屋氏以1846年十月十六日生，1914年三月十二日卒，總其生得到361件發明的專利權。第一件專利的獲得在1865年十九歲的時候，最後一件在他死後四年方纔公佈。他的發明大都是有革命性的，他發明了氣軔，創造鐵路訊號制，以促進鐵路運輸之發展。當美國需要動力時，他發明傳送及利用天然煤氣的制度。他的不朽的功績，要推交流發電，輸電和用電之創議與實行，和愛迪生氏作艱苦的『電流之爭』而卒獲勝利。他又改進蒸汽渦輪機，用於發電及推進船舶；他創製了第一只電動車頭使鐵路電力化起來。他不獨是一位發明家，也是一位實行家，綜其一生，組織並指導六十個以上的企業，從事工業的革命。

圖一　偉大的電機工程師喬治西屋氏。

一　少年生活

喬治西屋氏以1846年十月十六日生於美國之紐約州，從小就喜歡玩弄工具，材料和機器。少年的光陰，很平淡地在他父親的農具廠裏渡過了。也正因為耳濡目染，他得到很豐富的機械智識，很濃厚的機工興趣。他一直在設計這樣，製造那樣，隨時因接觸到新的事物，而修改他的觀念。

圖二　西屋氏在十九歲時的發明，旋轉蒸汽機，實是他在半世紀內若干有價值的貢獻的一個開端。

在十四歲那一年，美國的南北之戰爆發了，他雖有志從軍，結果仍為父親所阻。等到十七歲時才投入騎兵隊裏當一名小兵，兩年後經選拔為海軍的代理第三助理工程師，當他回到故鄉斯堪納克塔第城(Schenectady)時，他已是一個成人了。在1865年九月，他在聯合學院(Union College)的二年級裏註冊，可是三個月以後，他認為學校裏課程對於像他那樣愛好機械的人不很適宜，在那年聖誕節就跨出校門，從此和學校脫離關係了。當他在校中攻讀的時候，他得到第一個專利權，那是關於旋轉式蒸汽機，日期是1865年十月卅一日，却是剛渡過他的十九歲的生日。

脫離學校後第二年，因幫助他的父親作商業的接洽，時常乘坐火車旅行，種下他對鐵路機械發生興趣的根，他對鐵路的第一個貢獻是創製一種吊車器(ear replacer)，能很快也將出軌車輛納入軌道，並且和朋友合作製造，生意相當發達。

二　氣軔的發明

有一次在斯城和屈羅(Troy)城間的軌道間，兩列貨車相撞，後面開向屈羅的一列客

車，也祇好急速停車，在一批下車察看出事情形的客人中，有一位高高身材，體魄結壯，廿歲左右的青年，也隨過來找司機員探詢究竟。司機告訴他說：「照規矩在一哩以前，先放警告汽管，司機關掉汽門，煞車員推動車軔，車子慢慢地走一段路才停下來。無論你如何熟練，合作如何嚴密，你總不能叫火車立刻停下來的。」在1866年，這種情形是千眞萬確的。可是這一段話深深打動這青年的心，他在想爲什麼不發明一種軔立刻將車煞住呢？

這個思想，一直縈迴在西屋氏的腦際，他在各地看到其他發明家的設計，他自己也在不斷地思考和修正，例如用長的鏈條，用蒸汽等等推動車軔的方法，但都不能認爲滿意。可是機會之來往往是出乎意料的，有一天西屋氏正在工廠裏午餐，一位雜誌推銷員向他推銷生活時代(Living Age)，他不預備訂閱，經不起再三的叨嘮，他終於被說服了。打開雜誌一看，有一篇在孫立斯山隧道裏(In the Mount Cenis Tunnel) 文章裏，他看到有三位義大利工程師發明用壓縮空氣去推動鑽子鑿開山石的新聞。他在想壓縮空氣旣能鑿山，爲什麼不能用來煞車？

這一個偶然的念頭，就奠定了他發明氣軔(Air brake) 的基礎。於是他忙着設計氣軔設備，利用機車的蒸汽去推動空氣壓縮機，利用活門放出空氣去推動軔盤，創製連接氣管的方法。萬事俱備，就是缺少資本。却巧他的吊車器事業江河日下。合作的伙伴預備退出，他不得不找到西茲堡(Pittsburgh) 城一家鐵廠去接洽代爲製造。

誰會料到這當時對於他一個陌生的城市——西茲堡城，日後會變成他事業的根據地呢？他跨出車站，茫然不知東南西北，向一位身材高大衣着入時的青年問路，兩個人談得非常之投機。誰又會料到這一見如故的青年——巴格萊氏 (Ralph Baggaley)，日後就是他企業中唯一的左右手呢？

經巴氏的伴送，西屋氏和安徒生柯克公司(Anderson & Cook Co.) 簽訂製造吊車器合同，由西屋氏代爲推銷。從此他認識許多鐵路人員，儘力宣傳他的氣軔制度，可是聞者都驚爲怪誕。你會相信『一陣風可以將火車停住』嗎？他回到西茲堡又和巴氏談起，巴氏決定在他自已的翻砂廠裏先製造一套試用設備。

可是第二個問題又來了，那一家鐵路肯讓他們來做這種危險的試驗呢？有一天總算機會又來了，潘韓德鐵路(Parhandle railroad)監督卡德(W.W. Card) 氏參觀他們的模型，深爲贊許，就決定借給他們一列客車，冒險試驗一次。在1869年四月裏一個早晨，這列車由潘韓德車站出發，越過蒙河大橋，穿過格蘭特山隧道，以每小時35哩的速度在平原上前進，全車乘客正在靜靜地欣賞風景。突然一聲汽笛，接着一個劇烈的震動，車子停下來了。他也不管全車乘客是否被震離座位，趕忙下車察看，在車前不足四呎距離，一輛裝貨馬車正擬穿過軌道，人馬都在驚魂未定。若不是氣軔應用的有效，行將又見一次慘禍。

因爲這次試驗的成功，他就脫離安徒生公司，專心從事氣軔的製造。他們造成一列試驗列車，向東部及中西部作表演旅行。在1869年四月十三日，得到氣軔的專利權，在同年七月裏西屋氣軔公司正式組織成立。經過不斷的改進，各鐵路的定貨信雪片也似的飛來了，五年以內已賣掉一萬只，十年以後全國已經有36000輛車子都裝有西屋氣軔。在1888年並經製車協會 (Master Car Builder Association) 採用爲貨車的標準軔制。

三 鐵路號誌之創制

在這許多年間，除掉處理日見發展的營業外，常到英國和大陸去旅行，推廣他的發明，於是一個一個的西屋工廠和公司，都在歐洲的地圖上出現

圖三 西屋氏在1881中年創設聯合號誌公司，是對於複雜的車務管制中若干自動號誌制度的發祥地。

了。

他在英國的時候，對於鐵路號誌感覺興趣。1881年回到美國，創設聯合號誌公司（Union Switch & Signalling Co.），將他發明的天才應用到複雜的車務管理制度上去。在早年鐵尖和號誌都是用手扳動的，西屋氏預料到將來車務日趨繁重，車場裏調配車輛日趨複雜，就設法將電和壓縮空氣聯合起來，創製自動控制號誌及互相聯鎖設備。他在這方面的工作興趣異常濃厚，終其一生都一直在領導着車務管制革新的工作。在他逝世後五年方才發表的最後一次專利權，也還是新的號誌設備，就是不要司機的動作而將車輛自動緩慢而停下來的制度。

四 煤氣和煤氣機

今天我們毫不費力地使用動力，開關一開，燈就亮了，機器就運轉了。可是在1888年時期，用電還剛在開始。工業原動力都賴蒸汽，由蒸汽機發生的動力經過皮帶的傳送，分配到各部的機器去。西屋氏認爲動力的傳送，要是沒有便捷而經濟的方法，工業的發展斷難實現。他見到當時有利用天然煤氣，經管子的輸送供給家庭和工廠的，而傳送的設備十分簡陋，常因使用不慎發生爆炸。於是在他自己後園裏鑿井開出煤氣，並進行研究『傳送及利用煤氣的制度』，而得到專利。在1884至1885年的一年間，得到關於這一方面的發明專利有28件之多。他設法改良鑿井的方法，測量氣體的儀器，防止及檢查氣管之漏氣，又發明一種自動控制法，當煤氣壓力下降時自動將各處活門關閉。

當時他組織一個費納達斐亞公司（Philadelphia Co.），自任總理直到1899年爲止。這個公司所供給廉價的燃料，興起西茲堡城許多工業，包括大規模鋼鐵廠在內。要使得煤氣的利用更爲有效，他又發明煤氣機（Gas engine）和當時的蒸汽機並駕齊驅。在1885年他還創設一個煤氣及電力公司（Gas & Electric Engineering Co.），自製人造煤氣以補天然煤氣的不足。

他在煤氣方面的最高的成就，是如何將高壓力的煤氣，迅速由管子傳送出來，在接受一端降爲低壓，適於用戶之用。這一個『以高壓輸送，以低壓利用』的原則，也就是輸送電能所應具的最高原則。煤氣輸送之成功，也就奠定電能輸送的基石了。

五 交流電之創議

當美國工業勃興，動力感覺缺乏的時期。西屋氏也見到用電的可能。他曾在鐵路號誌制度裏用過電，在聯合號誌工廠裏添設一個電照部。1884年提拔了一位年青有爲的工程師司坦來（William Stanley後來在電工界裏佔着重要的地位），開始製造直流設備。不過他們以直流傳輸之不能遠達，效率過低爲憾。他認爲要傳送大量電能到遠方去，電壓必須很高。祇是因爲直流電不能自由地變更電壓，發電方面祇能供給和用電處相做的低電壓，以致祇能在一哩範圍以內應用，路程較遠就不經濟了。

聯合訊號公司有一位義大利籍工程師潘泰龍尼（Guids Pantalioni）氏，在返籍省親時，看到一位法國青年古拉德（Lucien Gaulard）和一位英國工程師吉布（John Dixon Gibbs）所創製交流佈電制度中，利用一只他們叫做『二次發電機』（Secondary generator）的，能够將電壓自由地昇高或降低。潘氏立刻將這個消息通知西屋氏，經他費了許多周折將這只現在叫做變壓器的二次發電機購回美國。在那年秋天，聯合號誌公司就緊張起來去改良該件機器的構造和運用。在改良的過程中，西屋氏認爲有絕對成功的把握，所以不待正式試用，便在1886年正月裏組織成立了西屋電業公司。同年三月，麻省的大壩疲吞鎮成了第一個用交流電燃燈的城市。年方卅九歲已經譽滿寰宇

圖四 西屋氏正在和他的年青的助手們討論變壓器的改造，這才拿到推行交流制度的一把鑰匙。

的西屋氏，又踏上他一生中最有價値而永垂不朽的新事業了。

在1886年下半年，由西兹堡可以傳送交流電能到四哩之外的勞倫維爾(Laurenville)鎮去，燃點500盞電燈。這對於交流的傳輸和應用，已經有初步的解決，所缺少的是如何量度和如何付諸動力應用。直到1888年四月裏，一位工程師夏能布格兒(Oliver B. Schallonberger)氏正在作交流電弧的試驗，不當心將一只彈簧落到一只磁性線卷裏去，因爲撿拾彈簧時看到彈簧在線卷裏的運轉。他立刻悟到如何製造交流電表的原理。由這一個發現，也聯帶地解決交流電動機製造的可能。同時揭露交流電動機的原理的，還有一位得到多相交流制專利權的的台斯拉(Nikola Tesla)氏。

西屋氏立刻看到台斯拉氏發明的重要性，聘請台氏加入西屋電業公司，從事交流電動機的改進。不過直到四年後，(1892年)現在所常用的交流感應電動機，纔全部製成見諸實用。其進展所以遲滯的原因，一則因爲這種電動機需要多相的電源；二則當時的交流是133週不合感應電動機之用。經多次研究，決定用60週做交流的標準頻率以後，感應電動機也改良到十分美滿，應用到市場上去。自此以後，工業方面又起了一次劃時代的變化，由蒸汽時代轉變到多相交流電時代了。

六 電流戰爭的初步勝利

世界博覽會場照明和展覽之成功

儘管西屋氏在興高彩烈推進他的交流制度，社會上却起了嚴重的反響；當然反對最烈的是當時已見通行的直流制度的中心人物一愛迪生氏。這一場『電流戰爭』一直延續好多年，經西屋氏不斷地奮鬬，才得到最後的勝利。

用架空線路輸電難保沒有觸電的意外，自從西屋氏引用高壓交流以後，更感到問題的嚴重。每發生一次意外，報紙上都用觸目的標題，登載在顯著的地位上。甚至在許多報紙專闢一欄，詳載交流殺人的新聞，予以渲染。西屋氏雖倡用地下電纜以策安全，而愛迪生氏以爲沒有一種絕緣能够控制西屋氏的高壓，將這危險的東西埋在地下，其危險性更是不堪設想。有一位電匠布朗氏(Harold P. Brown)曾用交流殺死一只狗，後來又創製行刑的電椅，於是一般人心目中的『西屋電流』，祇是殺人而不能諳人的可怕的東西，大有談虎色變之概。

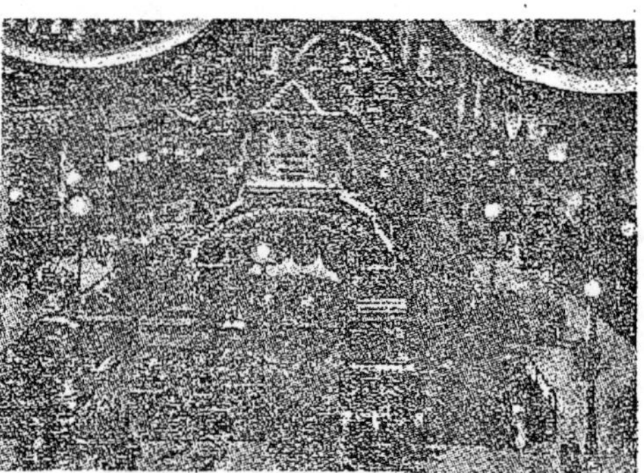

圖五 審治西屋氏得到電流之爭最後勝利的一個戰場，支加哥博覽會場中西屋公司的陳列室和其照明設備。

在四面楚歌聲中，西屋氏還在不斷地努力着，等候機會的來臨。在1892年這種機會終於來臨了！在支加哥將要舉行的世界博覽會，正在投標進行會場照明的工程。當時最有得標可能的，是握有愛迪生系大部權益，而擁護直流最烈的奇異公司(General Electric Co.)。他們情願以每盞燈12.68元至18.51元的代價承攬這項工程。可是西屋氏爲要推廣他的交流制，情願以每盞5.25元的代價來爭取，結果是得標了。

西屋公司的同伴都覺得過分冒險，尤其是要向奇異公司去購買燈泡，無疑地將要被大大敲一筆竹槓的。但是西屋氏認爲我們爲什麼不製造自己的燈泡?我們若錯過這次機會，什麼時候才能爭得交流電的勝利? 西屋氏在1880年曾有雙套瓶塞式燈泡(stopper lamp)的專利，他就根據這個發明自己改良製造，不到一年間，已製好25萬只燈泡以備博覽會應用。同時置備12只75噸的多相交流機，供給12600匹馬力的電功率，專供燃燈及推動西屋展覽品之用。在展覽品裏，有變壓器，輸電線路，交流感應電動機，同步電動機和同步變流機的陳列和運轉。由變流機輸出的直流，再去推動電車用的電動機。

在1893年五月一日博覽會開幕的一天，祇有西屋氏展覽品是最完備而引人入勝的部門。這次照明和展覽成績之佳，予參觀人士印象之深，已經繫始了電流戰爭勝利之端。

七 電流戰爭的最後勝利

尼格拉大瀑布水力發電廠之裝置

在展覽會進行的六個月中，西屋氏又贏得了第二次的勝利。當時卡托納克特建設公司（Cataract Construction Co.）爲開發尼格拉大瀑布（Niagara Falls）天然的水力，決不定用何種方式。他們考察歐洲各地，看到瑞士直接傳送水力，看到德國用直流輸送，都不過達到一哩。他們組織一個技術委員會由湯姆生爵士（Sir J.J. Thompson）領導研究，結果是主張用電，而決不定用直流或是交流。

在1893年五月博覽會場裏，他們看到西屋氏交流多相制運用之靈活，同步變流機變流之經濟，他們就決定用交流制度。在同年十月裏和西屋公司簽訂定製三座5000匹馬力水動發電機的合同。

西屋氏對於水力發電雖曾在奧里岡（Oregon）和柯羅拉多（Colorado）有過小規模裝置的經驗，但是對於這種大規模的工程還須從頭設計起。在十八個月的功夫裏，西屋公司完成第一部大型水力發電機的製造，到1895年十一月裏三部機器全部裝成。在1896年十月十六日的午夜，在尼格拉電廠裏的工程師們一按電鈕，20哩外的水牛城（Buffals City）裏城開不夜，大瀑布的天賦動力，開始爲人類服務了。因這種大規模動力的供給，於是紐約州西部工業逐漸創立起來，尤以電化和製鋁工業的勃興爲最。

尤其重要的成就，在顯示交流輸電制度之價值，使得西屋氏確實把這電流之爭的最後勝利，建立下永垂不朽的功績。今日我們享受廉價電力的賜予，怎能不感謝西屋氏當初一番的努力。

八 蒸汽渦輪機—發電與船舶推進

在1885年到1895年這十個年頭中，西屋氏得到150個專利權，尤以1885到1888這四年中的71件最爲重要。在這個時期，他創立了費拉達斐亞公司，組織西屋電器公司輔助早年聯合號誌公司的發展。他席不暇暖地從事研究和發明，就是開過董事會到午餐會中的休息時間，他還穿着大禮服到試驗室裏研究一番，他有一列私人的火車，在事務接洽時往來各地，車上也有辦公室，在旅途中照常處理和洽談事務。

正當電流之爭勝利以後，他的興趣又被一件新聞引動到另一方面去了。他聽到英國有一艘輪船透平尼亞（Turbinia）號，開始用蒸汽渦輪機。他的一生都是爲新的和更好的機器而工作的，而且他的第一個發明旋轉蒸汽機就是向這方面努力的，不過因爲其他的發明分去研究的興趣，無暇及此。現在聽到這種新機器和他早年的發明不謀而合，怎不鼓舞他舊事重提的興趣呢？於是西屋氏和他的工程師們，改進渦輪機（steam turbine 俗稱透平機）的構造，使適於交流發電機的推動。在1899年第一部渦輪發電機在他的氣軔工廠裏裝置起來，翌年正式爲哈特福德電力公司（Hartford Electric Co.）裝設這新式發電設備，爲大型電廠開一新紀元。

不數年間，渦輪機風行一世，舊日的蒸汽機和他所發明的柴氣機都歸於落伍了。西屋氏又考慮到用渦輪機推進船舶的問題，如何設法將渦輪機的高速率，逐漸變低使合於船舶推進之用。在這一方面得到梅維爾氏（George W. Melville）之助，研究成功，在1912年渦輪機正式裝在20000噸軍艦海王號（Neptune）上得到空前的成功，完成他晚年的另一輝煌的成就。

圖六 用蒸汽渦輪機駕駛的美國軍艦海王號，在1911年一月廿一日行下水典禮，開闢航海工程中的新紀元。

九 鐵道電力化

西屋氏又感到鐵道電力化的重要，如果幹綫

和支綫發展得很快，用直流電必致受有限制。雖然電車用的電動機以直流爲適宜，但是他總覺得作長距離輸送時，仍舊以交流爲經濟。當時在紐約城內曼漢坦區高架鐵道（現在已擴展成紐約市的地下鐵道）雖用交流發電，應用的是經變流機轉變出來的直流，他所需要的是全部用交流的電車制度。他創製第一部用交流的電車用電動機，在1905年第一只單相交流電動車頭，於五月十六日在西茲堡車場裏作公開表演。他備了專車邀請當時在華盛頓開國際鐵道會議的代表們，到西茲堡來參觀，他深知道一次表演是勝過十百次的宣傳的。這電動車頭能拖動59節鋼皮貨車，能力駕乎蒸汽車頭之上。在這次表演以後，他就負起紐約—紐海芬—哈特福特鐵道電力化的任務，在1907年予以完成，開闢美國電車鐵道的先河。

十 晚年生活

在1910年他見到汽車業的發達，他發明了一種壓縮空氣的彈簧，吸收汽車行駛時的震動。他正要再做一番事業時，可是已年近古稀，垂老的身軀已不允許他這樣做了。他心臟衰弱症已微露其端，不得不接受醫生的勸告，到麻省的里洛克斯（Lenox）去從事休養。

但是西屋氏的字典上似乎沒有休息這兩個字的，他的身體在休息，他的腦筋還是毫不休息地在運用着，他要將每一分鐘的光陰用到發明和爲人類求幸福的功業上面去。

有一個早晨，他到湖邊釣魚，却巧他的一只游艇已送去修理，他失足跨入另一只沒有龍骨的小艇裏去，險遭滅頂之禍。水淹到胸際，他不願意驚擾他的姪女，自己爬上岸來，背着一身濕衣服，繞道回到屋子裏去。即至晚間，這老人的秘密被他嚴重的咳嗽所揭穿了。他病倒幾個禮拜，大大地影響他的康健。即至旅行一趟回來以後，健康全失，不得不在手搖椅子內渡他的殘年。

處在這衰老的境地，他的腦筋仍在轉着念頭，他要設計一只用電來升降和推動的搖椅。然而壽不我予，在1914年三月十二日一個早晨，他靜靜地躺在手搖椅內，在椅子旁邊的是一幅未完成的草圖，從此這電工界一代偉人，就與世長辭了。

十一 生平之榮譽

在他的一生中，得到的榮譽莫可數計。聯合學校贈送他哲學博士的學位，他得到富蘭克林學院的司考特奬章，他是美國科學前進社兩個榮譽會員之一。意大利國王頒給他皇冠章，比利時國王頒給他里奧波爾特章，德國贈送他格拉旭夫章。在1912年因他創議交流電的功績，而得到愛迪生奬章。

這許多榮譽雖是偉大，可是仍不能衡量他功績的偉大於萬一。在工業史中最燦爛的十九世紀裏，喬治西屋氏終歸是一位前鋒的鬥士。他的發明的智慧，遠大的眼光，堅毅的毅力和敏銳的領導，將人類引導到一個新的而更幸福的世界裏去。生活雜誌在慶賀他 1888 年的生日時寫過這一句『莎士比亞的工作在文字上，你的工作在鋼鐵上。』他對於整個文明社會的貢獻，就是他永垂不朽的紀念碑。

喬治西屋氏簡略年表

1846年十月十六日　生於美國紐約州斯堪納克塔第城

1862年（十七歲）　入騎兵隊服役

1864年　考取海軍代理第三助理工程師

1865年九月　入聯合學院二年級攻讀

1865年十月卅一日　得第一個專利證——旋轉蒸汽機

1865年聖誕節　脫離學校生活

1866年　發明吊車機，將出軌車輛納入軌道

1867年　赴西茲堡城，結識巴格萊氏，訂爲終身之交

1868年　與巴格萊氏合作製造氣軔

1869年四月　在潘韓德鐵道上正式試驗氣軔成功，同月十三日得氣軔之專利權

1869年七月　正式組成西屋氣軔公司

1872年　創製新式自動氣軔制

（1868年至1879年十一年間得關於煞車制度之專利一百餘件）

1880年　發明一種自動電話交換制，及雙套玻璃燈泡。

1881年　創設聯合號誌公司，進行車務控制及車場調度之改良

1882年　在西茲堡寓所後園鑿井掘得天然煤氣，並設法控制之

1883年　得『輸送及利用煤氣制度』之專利權。正式組成費納達斐亞公司供給天然煤氣。

1884年　聘用司坦來氏爲電機工程師。發明煤氣機

1885年　覺直流輸送之缺點，購得古拉德與吉柏斯交流配電制中之『第二次發電機』（今稱變壓器），在聯合訊號公司內進行改良工作。

1884—1885年兩年間有關於煤氣之專利權28件

1886年　製車協會設計製造適合貨車之軔制

1886年二月八日　製成第一只變壓器，作公開表演，創設西屋電器公司

1886年三月十日　司坦來氏試驗交流照明制度於麻省之大堡凌吞。

1886年秋季　用交流電傳輸4哩，由匹茲堡至勞倫維爾。

1886年　聯合號誌公司遷出，全部工廠讓予西屋電器公司

1887年　改進氣軔，合於特重貨車之用，在柏林吞公開表演。組織煤氣及電機工程公司

1888年　製車協會採用西屋氏氣軔爲貨車之標準軔制

1888年四月　戴能格爾發現交流電表及交流電動機之原理

1888年五月　台斯拉得多相制專利權七月加入西屋電器公司

（1885—1888年四年間共得專利權七十一件）

1892年　交流電動機正式製造成功

1892年五月廿三日　得支加哥世界博覽會場照明工程之投標

1893年　製成25萬只雙塞瓶塞式燈泡爲會場照明之用，製成旋轉變流機

1893年五月一日　世界博覽會開幕，西屋氏照明裝置及交流制度展覽品備受歡迎

1893年五月　卡塔納克特建設公司決意在尼格拉大瀑布採用交流制。

1893年十月　與卡塔納克特建設公司簽訂裝置三只5000馬力水動發電機之合同

1893年　受經濟打擊，改組西屋電器公司，遷新廠至東匹茲堡

1895年四月　完成第一部5000馬力水力發電機裝置於尼格拉電廠

1895年十一月　完成三部5000馬力水力發電機之裝置

（1885年至1895年十年間共得專利權150件）

1896年十一月十六日　尼拉格瀑布水力發電廠開始供電

1899年　裝置第一部蒸汽渦輪發電機於西屋氣軔工廠

1900年　正式爲哈特福德電力公司裝置渦輪發電機，爲大型電廠闢一新紀元

1905年　創製第一只單相交流電車用電動機

1905年五月十六日　在匹茲堡車場作交流電動機車之表演

1907年　完成紐約—紐海芬—哈特福德鐵道之電力化工程

1910年　研究壓縮空氣彈簧以吸收汽車行駛時之震動

1912年　完成20000噸『海王號』軍艦上用蒸汽渦輪機推進之裝置

1912年　心臟日衰，遷地休養

1914年三月十二日　逝世於麻省之里洛克斯

交流電機差異漏磁電抗之計算

嚴　　晙

交流電機中漏磁電抗包括三部份，(一)槽漏電抗(Slot leakage reactance)，(二)端接漏磁電抗(end connection leakage reactance)，(三)差異漏磁電抗(differential leakage reactance)，其中以第三種電抗比較複雜而不易計算，今借本校同學發行電工分會刊物之機會，將 Agler 氏之計算法，闡述於下，以供同學選習電機設計時之參考。

交流電機之負荷一定時，其電樞磁波之基波，與其主極之關係即固定不變，故 Alger 氏將其視爲電樞作用(armature reaction)，其諧波所發生之作用，即名之爲差異電抗，根據此種定義，則將總磁波產生之電抗減去基波所產生者，即得差異電抗之值。差異電抗又可分成(一)鋸狀電抗(zigzag leakage reactance)(二)帶狀電抗(belt beakage reatance)兩種，第一種係磁線圍繞每個齒槽所發生者，第二種係發生基波電壓之諧波所發生者。茲先求其差異漏磁電抗，然後再將其分成鋸狀及帶狀漏磁電抗。

設 S 爲每極之槽數；q 爲相數；b 爲圈距少於極距之槽數；空隙爲均勻者；每極每相之導體集中於兩個相距180度之槽內，其發生之電感爲一單位；由圖所示，夾於相帶 A 間 $\left[\frac{S}{q}(q-1)-b+1\right]$ 個齒中之磁線，爲 A 相之總磁勢所發生，而與整個 A 相線捲環連，所以 A 相之自感爲：

$$\frac{1}{S}\left[\frac{S}{q}(q-1)-b+1\right]\times 1\times 1。$$

3 及 3′ 齒中之磁線，爲 A 相磁勢之 $\left(1-\frac{1}{\frac{S}{q}}\right)$ 部份所發生，而與 A 相線捲之 $\left(1-\frac{1}{\frac{S}{q}}\right)$ 部份環連，其導磁爲每極之 $\frac{2}{S}$，所以因此產生之自感爲，

$$\frac{2}{S}\left(1-\frac{1}{\frac{S}{q}}\right)^2,$$

同樣可到第 b 齒爲止。又 1 及 1′ 齒中之磁線，爲 A 相磁勢之 $\left(1-\frac{2}{\frac{S}{q}}-\frac{b}{\frac{S}{q}}\right)$ 部份所發生，而與 A 相線捲之 $\left(1-\frac{2}{\frac{S}{q}}-\frac{b}{\frac{S}{q}}\right)$ 部份環連，其導磁爲每極之 $\frac{2}{S}$，因此產生之自感爲

$$\frac{2}{S}\left(1-\frac{2}{\frac{S}{q}}-\frac{b}{\frac{S}{q}}\right)^2,$$

同樣可到一個極距爲止。以上三部份自感之和爲

$$L_{AA}=\frac{1}{S}\left[\frac{S(q-1)}{q}-b+1\right]+\frac{2}{S}\left[\left(\frac{S-q}{S}\right)^2+\left(\frac{S-2q}{S}\right)^2+\left(\frac{S-3q}{S}\right)^2+\cdots\cdots\left(\frac{S-bq}{S}\right)^2\right]$$

$$+\frac{2}{S}\left[\left(\frac{S-2q-bq}{S}\right)^2+\left(\frac{S-2q-bq-2q}{S}\right)^2+\cdots\cdots 0\right]$$

$$=\frac{q^2}{S^3}\left\{\left[\frac{S^3(q-1)}{q^3}+\frac{S^2(1-b)}{q^2}\right]+\left[2\left(\frac{S}{q}-1\right)^2+2\left(\frac{S}{q}-2\right)^2+\cdots\cdots 0\right]\right.$$

$$-\left[2\left(\frac{S}{q}-b-1\right)^2+2\left(\frac{S}{q}-b-2\right)^2+\cdots\cdots 0\right]$$

$$\left.+\left[2\left(\frac{S}{q}-2-b\right)^2+2\left(\frac{S}{q}-2-b-2\right)^2+\cdots\cdots 0\right]\right\}$$

$$=\frac{q^2}{S^3}\left[\frac{S^2\{S(q-1)+q(1-b)\}}{q^3}+\frac{2(\frac{S}{q}-1)\frac{S}{q}(\frac{2S}{q}-1)}{6}\right.$$

$$\left.-\frac{2(\frac{S}{q}-b-1)(\frac{S}{q}-b)(\frac{2S}{q}-2b-1)}{6}+\frac{2(\frac{S}{q}-2-b)(\frac{S}{q}-1-b)(\frac{S}{q}-b)}{6}\right]$$

$$=1-\frac{2}{3q}+\frac{q}{3S^3}\left[2S-3b^2S-bq+b^3q\right]\cdots\cdots\cdots\cdots(1)$$

$$n^2+(n-1)^2+(n-2)^2+\cdots\cdots 1 \text{ or } 0=\frac{n(n+1)(2n+1)}{6};$$

$$n^2+(n-2)^2+(n-4)^2+\cdots\cdots 1 \text{ or } 0=\frac{n(n+1)(n+2)}{6}$$

A 相線捲與 B 相之互感，可由 A 相電流所生之磁線與 B 相環連求之，但 B 相亦與 C 相之磁線環連，其線捲係對稱排列，所以 A 相之電流必須乘以 $\cos\frac{\pi}{q}$，由圖所示，夾於 A 相及 B 相間 $(S-2\frac{S}{q}-b+1)$ 齒中之磁線，爲 A 相之總磁勢發生，而與整個 B 相環連，所以其互感爲

$$\frac{1}{S}(S-2\frac{S}{q}-b+1)\cos\frac{\pi}{q}\times 1\times I。$$

$(b-1)$ 諸齒中之磁線，均爲 A 相之總磁勢發生，惟不與整個 B 相環連，因此產生之互感爲

$$\frac{1}{S}\left[(1-\frac{1}{\frac{S}{q}})+(1-\frac{2}{\frac{S}{q}})+\cdots\cdots(1-\frac{b-1}{\frac{S}{q}})\right]\times 1 。$$

$(b-1)$ 諸對齒中之磁線相等而相反，不過與 B 相環連不同，如 $3'$ 齒中之磁線，爲 A 相之 $(1-\frac{1}{\frac{S}{q}})$ 磁勢所發生，而與整個 B 相環連，$3''$ 之磁線與 $3'$ 中者相等，不過祇與 B 相之 $(1-\frac{b-1}{\frac{S}{q}})$ 線捲環連，所以因此所生之互感爲

$$\frac{1}{S}(1-\frac{1}{\frac{S}{q}})\times 1\times\cos\frac{\pi}{q}-\frac{1}{S}(1-\frac{1}{\frac{S}{q}})(1-\frac{b-1}{\frac{S}{q}})\cos\frac{\pi}{q}=\frac{1}{S^3}(S-q)(b-1)q\cos\frac{\pi}{q},$$

其第二對齒磁線所生之互感爲

$$\frac{1}{S}\left(1-\frac{2}{\frac{S}{q}}\right)\cos\frac{\pi}{q}-\frac{1}{S}\left(1-\frac{2}{\frac{S}{q}}\right)\left(1-\frac{b-2}{\frac{S}{q}}\right)\cos\frac{\pi}{q}=\frac{1}{S^3}(S-2q)(b-2)q\cos\frac{\pi}{q},$$

同樣可至第$(b-1)$對齒爲止。其餘各齒如 $6\,7\,2'\,1'$ 所生之互感，適與 $5''\,4''\,2''\,1''$ 等齒所生者相等而相反，所以不必計算。以上三部份之和爲

$$L_{AB}=\frac{1}{S}\left(S-\frac{2S}{q}-b+1\right)\cos\frac{\pi}{q}+\frac{1}{S}\left[\frac{S-q}{S}+\frac{S-2q}{S}+\cdots\cdots\frac{S-(b-1)q}{S}\right]\cos\frac{\pi}{q}$$

$$+\frac{1}{S^3}\Big[(S-q)(b-1)q+(S-2q)(b-2)q+\cdots\cdots(S-(b-1)q)q\Big]\cos\frac{\pi}{q}$$

$$=\cos\frac{\pi}{q}\left[\frac{q-2}{q}-\frac{b-1}{S}+\frac{1}{S^2}\{(S-q)+(S-2q)+\cdots\cdots S-(b-1)q\}\right.$$

$$\left.+\frac{q}{S^3}\Big(\{S(b-1)+S(b-2)+\cdots\cdots S_0\}-\{q(b-1)+2q(b-2)+\cdots\cdots(b-1)q\}\Big)\right]$$

$$=\cos\frac{\pi}{q}\left[\frac{q-2}{q}-\frac{bq^2}{6S^3}(b^2-1)\right]\cdots\cdots\cdots(2)$$

所以 A 相之總電感爲

$$L=L_{AA}+L_{AB}+L_{BC}=1-\frac{2}{3q}+\frac{q}{3S^3}(2S-3b^2S-bq+b^3q)+2\cos\frac{\pi}{q}\left(\frac{q-2}{q}-\frac{bq^2}{6S^3}(b^2-1)\right)$$

$$\cdots\cdots\cdots(3)$$

如三相電機，則$\cos\frac{\pi}{q}=\frac{1}{2}$， $q=3$。

$$\therefore\quad L_{60}=\frac{10}{9}+\frac{1}{2S^3}(4S-6b^2S-3b+3b^3)\cdots\cdots\cdots(4)$$

上式祗能應用於 $b\angle\frac{S}{q}$， 如果$\frac{S}{3}\gtreqless b\gtreqless\frac{2S}{3}$，則其電感可用同樣方法求之。

如 $S=q$， $b=0$， 則爲鼠籠式線捲，其電感爲

$$L_K=1+\frac{S-2}{S}\cos\frac{\pi}{S}+\frac{S-4}{S}\cos\left(\frac{\pi}{S}\times2\right)+\cdots\cdots\frac{S-2(S-1)}{S}\cos\frac{\pi}{S}(S-1)$$

$$=1+\left[\cos\frac{\pi}{S}+\cos\frac{2\pi}{S}+\cdots\cdots\cos\frac{(S-1)\pi}{S}\right]-\frac{2}{S}\left[\cos\frac{\pi}{2}+2\cos\frac{2\pi}{S}+\cdots\cdots(S-1)\cos\frac{(S-1)\pi}{2}\right]$$

$$=1-\frac{2}{S}\left[\frac{S}{2}+\frac{2}{2\left(\cos\frac{\pi}{S}-1\right)}\right]=\frac{1}{S}\operatorname{cosec}^2\frac{\pi}{2S}\cdots\cdots\cdots(5)$$

基波所生之電抗名爲磁化電抗，或謂電樞電抗，設每極每相之導體集中於兩個相距 180 度槽內所生方形磁波之值爲1，則基波之最大値爲$\frac{4}{\pi}$其磁線數與波形之面積成比，所以

$$\frac{\text{基波磁線}}{\text{方形波磁線}}=\frac{4}{\pi}\times\frac{2}{\pi}=\frac{8}{\pi^2},$$

分佈而短距線捲產生磁波，其有效匝數(turns)爲其實有匝數乘以圈距因數及相帶因數，即 K_pK_b，又對

稱之多相線捲所生之磁勢，爲每相線捲所生者之$\frac{q}{2}$倍，所以基波所生之電感爲

$$L_M=\frac{8}{\pi^2}\ \frac{q}{2}K_p{}^2K_b{}^2=\frac{4q}{\pi^2}\sin^2\frac{\pi(1-\frac{b}{S})}{2}\ \frac{\sin^2\frac{\pi}{2q}}{(\frac{S}{q})^2\sin^2\frac{\pi}{2S}}$$

$$=\frac{4q^3}{\pi^2}\ \frac{\sin^2\frac{\pi}{2}(1-\frac{b}{S})\sin^2\frac{\pi}{2q}}{S^2\sin^2\frac{\pi}{2S}}\quad\cdots\cdots(6)$$

三相電機每相之差異漏磁電抗，與其磁化電抗之比爲

$$\frac{X_{D60}}{X_M}=\frac{(4)-(6)}{(6)}=\frac{\pi^2\{20S^3+36S-54b^2S-27b+27b^3\}\sin^2\frac{\pi}{2S}}{486\,S\sin^2\frac{\pi}{2}(1-\frac{b}{S})}-1\quad\cdots\cdots(7)$$

如 S 甚大而 $b=0$，則

$$\frac{X_{D60}}{X_M}=\frac{\pi^2(20S^3+36S)\sin^2\frac{\pi}{2S}}{486\,S}-1=\frac{2\pi^2(5S^2+9)}{243}\left[2\frac{\left(\frac{\pi}{2S}\right)^2}{\lfloor 2}-8\frac{\left(\frac{\pi}{2S}\right)^2}{\lfloor 4}+\cdots\cdots\right]-1$$

$$=\frac{5\pi^4}{486}+\frac{\pi^4}{54S^2}(.55+\cdots\cdots)-1\quad\cdots\cdots(8)$$

鼠籠式線捲之差異漏磁電抗與其磁化電抗之比，爲

$$\frac{X_{DK}}{X_M}=\frac{(5)-(6)}{(5)}=\frac{1}{S}\operatorname{cosec}^2\frac{\pi}{2S}\Big/\frac{4S^3}{\pi^2S^2}-1=\frac{\pi^2}{4S^2}\operatorname{cosec}^2\frac{\pi}{2S}-1\quad\cdots\cdots(9)$$

如 S 甚大則

$$\frac{X_{DK}}{X_M}=\frac{\pi^2}{4S^2}\operatorname{cosec}^2\frac{\pi}{2S}-1=\frac{\pi^2}{12S^2}\left[1+\frac{\pi^2}{20S^2}+\frac{\pi^4}{504S^3}+\cdots\cdots\right]\quad\cdots\cdots(10)$$

(8)(10)兩式，係差異漏磁電抗與磁化電抗之比，如 $S=q$，則所有之差異漏磁電抗，即爲鋸狀漏磁電抗，而無帶狀漏磁電抗存在，如$S=\infty$，則其電抗純爲帶狀電抗，而無鋸狀電抗存在，如 $S>q$，則差異電抗中既有帶狀電抗，亦有鋸狀電抗，今將二者分述如下：

(1)鋸狀漏磁電抗：鼠籠式線捲之差異漏磁電抗，即爲鋸狀電抗，所以由(10)式得

$$X_b\cong\frac{\pi^2}{12}\ \frac{1}{S^2}X_m\cong\frac{5}{6}\ \frac{1}{S_2}X_m\quad\cdots\cdots(11)$$

(2)帶狀漏磁電抗：所有諧波發生之基波電壓除以電流，則得帶狀電抗，設

$V=$電壓

$I_{mn}=n$次諧波之磁化電流

$I_{mf}=$基波之磁化電流

$X_m=\frac{V}{I_{mf}}$此係基波發生之電抗

$V=2.22fZK_{p1}K_{b1}\varphi_1\times10^{-8}$

$$\therefore \quad \varphi_n=\varphi_1=\frac{K_{p1}K_{b1}}{K_{pn}K_{bn}}$$

因 n 次諧波每極之面積 $=\frac{1}{n}\times$基波每極之面積

$$\therefore \quad B_n=B_1\frac{K_{p1}K_{b1}}{K_{pn}K_{bn}}\times n$$

又因諧波之極數爲基波極數之 n 倍其有效匝數爲基波匝數之 $\frac{1}{n}\ \frac{K_{pn}K_{bn}}{K_{pn}K_{bn}}$ 倍所以

$$I_{mn}=I_{mf}\left(\frac{K_{p1}K_{b1}}{K_{pn}K_{bn}}\right)^2n^2$$

$$\frac{X_{mp}}{X_m}=\frac{I_{mf}}{I_{mn}}=\frac{1}{n^2}\left(\frac{K_{pn}K_{bn}}{K_{p1}K_{b1}}\right)^2 \qquad (12)$$

q 相線捲祇能發生 $2Kq\pm1$ 次諧波，其餘均不能存在，如 $q=3$，則 $6K\pm1$ 次諧波可以存在，K 爲一任何之整數。因 S 近於無窮大，所以

$$\frac{K_{bn}}{K_b1}=\frac{\sin\frac{n\pi}{2q}}{\frac{n\pi}{2q}}\Bigg/\frac{\sin\frac{\pi}{2q}}{\frac{\pi}{2q}}=\frac{\sin(2Kq\pm1)\frac{\pi}{2q}}{\frac{n\pi}{2q}}\Bigg/\frac{\sin\frac{\pi}{2q}}{\frac{\pi}{2q}}=\pm\frac{1}{n},$$

由(12)式，相帶漏磁電抗爲

$$X_b=\Sigma X_{mn}=X_m\Sigma\frac{1}{n^2}\left(\frac{K_{pn}K_{bn}}{K_{p1}K_{b1}}\right)^2=X_m\Sigma\frac{1}{n^4}\left(\frac{K_{pn}}{K_{bn}}\right)^2=X_mK_B \qquad (13)$$

如 $q=3,\quad b=0,$

$$X_b=X_m\left(\frac{1}{5^4}+\frac{1}{7^4}+\frac{1}{11^4}+\cdots\cdots\right)=.00214X_m$$

將 $S=\infty$ 代入(8)式，亦可得同樣結果，$X_{D60}=\left(\frac{5\pi^4}{486}-1\right)X_m=.00214X_m,$

如極面有鼠籠線捲，則 $X_b=0$，因諧波均爲極面上鼠籠線捲中感應電流所消除；如係分數槽線捲，則屬於一相之槽在各極下之地位不同，其帶狀漏磁電抗與鋸狀漏磁電抗相似，

所以　$X_b=\frac{5}{6}\ \frac{1}{S^2}X_m,$

以上各式中之 X_m，以基波所生之電壓除以電流，即得其值，

$$X_m=\frac{\pi}{\sqrt{2}}fK_pK_bZ\varphi10^{-8}\ \frac{1}{I}$$

式中之 Z 爲導線，φ 爲每極之磁線，

$$\varphi=\frac{4\pi}{10}A\frac{PD}{\delta P}\ l\times\frac{2}{\pi}=\frac{8\pi}{10}\cdot\frac{AD}{P\delta}l$$

P 爲極數，D 爲電樞之直徑，l 爲電樞之長，δ 爲空隙，

$A=\frac{4}{\pi}\ \frac{q}{2}\ \frac{Z}{2P}K_pK_b\sqrt{2}\ I$ 爲基波安倍匝之最大值

$$\therefore \quad X_m = \frac{8\pi fqDlZ^2K_p{}^2K_b{}^2}{P^2\delta 10^9} = \frac{.79flqZ^2}{10^7S_{\text{槽}}}\left[\frac{.319K_p{}^2K_b{}^2DS_{\text{槽}}}{P^2\delta^{m}_{s}}\right] \cdots\cdots (13)$$

如用英寸為單位則

$$X_m = \frac{2flqZ^2}{10^7S_{\text{槽}}}\left[\frac{.319K_p{}^2K_b{}^2DS_{\text{槽}}}{P^2\delta}\right]$$

$S_{\text{槽}}$＝電樞上所有之總槽數

以上各式，均根據均勻空隙者，如係凸極電機，則其空隙不等，所用電抗必須以直軸(direct axis)為準此非本篇所述，從略。

A.I.E.E. Trans. Vol. 47, April, 1928, P. 493

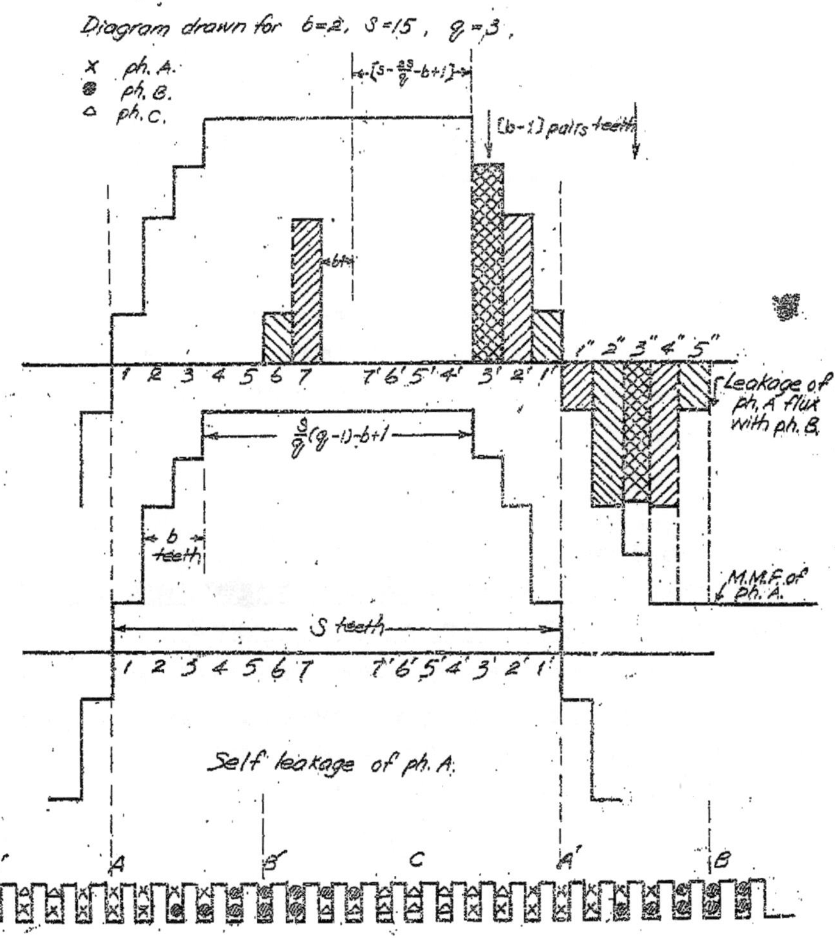

機工振動與電振動之相彷情形

趙 富 鑫

一含有電阻，電感，及電容之電路內之振動現象，可視為與一有質量，而受有彈力，及阻力之物體之振動現像相彷。是以機工上之振動，亦可視以為一振動電路而解之，反之亦然，此種解法，於研究各種電工機工耦合裝置，如各種受話器(Telephone Receiver)等作用，頗為便利，茲略述此二種振動現像之相彷情形於下：

圖一為電阻 R，電感 L，電容 C 之串聯電路。若兩端所加之電動勢為 e，則此電動勢 e 與電流 i 之關係，可以下一微分方程式表示之，

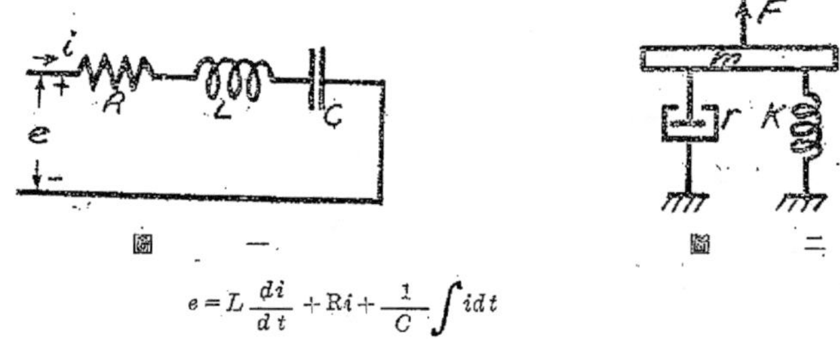

圖 一　　　　圖 二

$$e=L\frac{di}{dt}+Ri+\frac{1}{C}\int idt$$

圖二中一質量為 m 之物體，振動於一滑性物質中，其所受之阻力與其速率成正比，可以 rv 表示之。此物體又繫於一彈簧上，彈簧之彈力與物體之位移 x 或 $\int vdt$ 成正比，可以 $k\int vdt$ 表示之，物體上加一 F，則此力 F 可視為由於三部份合成一以克服阻力，即 $F_1=Rv$. 一以克服彈力，即 $F_2=k\int vdt$; 一以發生加速率，即 $F_3=ma=m\frac{dv}{dt}$. 故

$$F=m\frac{dv}{dt}+Rv+k\int vdt$$

此式即表示速率 v 與力 F 之關係也。

上二式之形狀相彷，故質量 m 相當於電感，L，彈性系數 k 相當於電容 C 之倒數；阻力係數 r 相當於電阻 R，速率 v 相當於電流 i；電動勢 e 相當於力 F，而位移 x 則相當於電量 q 即 $\int idt$,

不僅此也，在任一瞬間，此電路內之電磁能為 $\frac{1}{2}Li^2$，而靜電能為 $\frac{1}{2}\frac{q^2}{C}$，而因電阻而耗費之電功率為 i^2R；同樣圖二內物體之動能為 $\frac{1}{2}mv^2$，勢能為 $\frac{1}{2}kx^2$，而因阻力而耗費之機械功率為 Rv^2，故動能相當於電磁能，而勢能相當於靜電能，圖一之電路可代以電阻 R，電感 L，電容 C 之并聯電路，如圖三，若 R，L，C 代以適當之數值，則 e 與 i 之關係，可與圖一內相同；此時

$$i=C\frac{de}{dt}+\frac{e}{R}+\frac{1}{L}\int edt$$

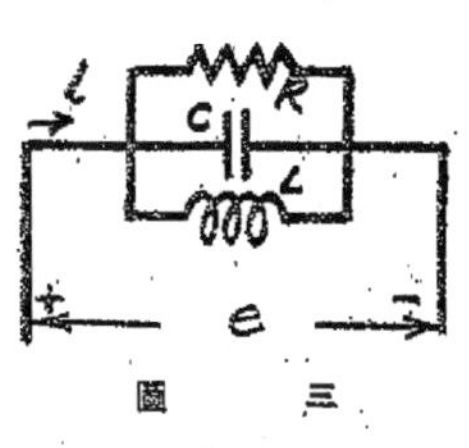

圖 三

圖 四

此式內之$\int edt$等於L內之磁通串λ(flux-linkage)。同樣圖二之振動裝置亦可以圖四所示之裝置代之，圖四中力F加於滯性物質之一端，其另一端接於一彈簧而至一物體則施力點之速度爲物體之速度V_1，彈簧兩端之相對速度V_2與滯性物質兩端之相對速度V_3之和，而阻力，彈力及加於物體之力皆爲F.

即

$$V=\frac{1}{k}\frac{dF}{dt}+\frac{F}{r}+\frac{1}{m}\int Fdt$$

上列四式所示之關係相同，故若以圖一之串聯電路與圖四之串聯機工裝置視爲相彷，或圖三之并聯電路與圖二之并聯裝置視爲相彷，則質量相當於電容，彈性係數之倒數相當於電感，阻力系數相當於電導，速度相當於電動勢，所加力相當於電流而動能相當於靜電能，勢能相當於電磁能。

在各種電工機工耦合裝置內，電路之振動與機工上之振動大都以一電磁場耦合之，例如普通之受話器，揚聲器及各種電流計；有時亦可以一靜電場耦合之，例如電容式微音器。在前一類之耦合裝置內，恒有一導體在一磁場內運動，因而發生之感應電動勢與導體之速率爲正比。故可利用第二種相彷關係，即速率相當於電動勢，以機工振動裝置化爲一振動電路。在後一類之耦合裝置內則一電容器之一面作機工振動，因而電場內之位移電流(Displacement current)與振動速率成正比，故可利用第一種相彷關係，(即速率相當於電流)以機工振動裝置化爲一振動電路。

以上所述僅爲利用兩種振動之相彷情形以研究電工機工耦合裝置之簡要原理至於各種耦合裝置之詳細解法，則不贅於此。讀者可參閱 Electrical Circuit by M. I. T. E. E. Staff, Chapter XII, 或 Communication Engineering, by W.L. Everett. Chapter XX 二書。

電機系概況

鍾兆琳

國內大學之有電機工程系，以交通大學爲最早，該系初創之時，尚在遜清光緒三十四年(西曆1907年)，實開風氣之先。該系創辦迄今(已有三十九年)因歷年之改革與擴充，課程與儀器兩方面均相當完備，所以人才輩出，蜚聲寰宇。歷屆畢業生千餘人，服務於國內電工界各部門，担任各階層的工作。中國電機工程師之養成，實以交大爲最早而貢獻最大，對於中國電機工程師的搖籃之稱謂，可當之而無愧。

一 沿革

在光緒三十四年創辦的電機系，彼時稱爲電機專科，四年畢業，第一屆畢業生有孫世燊氏等十名，在宣統三年(1911)畢業。民國元年(1912)，改名電氣機械科，定三年修業期，直至民國四年(1915)又改爲四年制。民國十年(1921)又將北京學校之郵電班移併，改稱電機科，分爲電力工程，有線電信，無線電信三門，民國十三年(1924)將後二門合併爲電信門。民國十七年改稱電機工程學院，廿七年依教育部編制改爲電機工程系，隸屬於工學院。抗戰軍興，徐家滙校址爲敵所佔，即遷入租界上課，直至太平洋爆發時爲止。

在民國廿九年，教育部因須培植大批機電人材，增設建訓班。交大之電機及機械可設雙班。同時後方校友鑒於滬上環境之惡劣，乃請教育部將應撥加班費在重慶設立分校。於是借重慶小龍坎無線電製造廠宿舍二幢，設立重慶分校之電機及機械兩系。當時一無設備，在極困難之情形下，電機系由張鍾俊氏的苦心策劃，而如期成立。至民國三十一年，因滬校淪陷，渝校遷入九龍坡新校舍，改稱交通大學，電機系亦有相當之基礎。當時利用交通部技術人員訓練所之電信設備，電信組試驗應付裕如，電機，電測則利用暑假期間借中央大學試驗室舉行。該系在渝，自廿九年至三十四年，先後畢業三屆，二百餘人，前年抗戰勝利，來滬復員，電機工程系，四年級生於十一月初即在滬復課。

因本校電信設備及師資，在後方較他校優越，三十二年與交通部電信總局，中央廣播事業管理處，中央電工器材廠，中央無線電製造廠合作，創設電信研究所，招收大學電信組畢業生，研讀二年後給予碩士學位，這是交通大學首先成立之研究院學部，亦即電機工程系之縱的發展。

民國三十四年更受交通部電信總局之委託，添辦電信管理系及電信專修科，一以造就電信管理人材，一以培植電信工程之中級幹部。此實開交大電機教育與國家電政機關合作之先河，亦即電機工程系之橫的發展。

二 課程及師生

交大電機系的學程，旨在養成各項電工建設人才，尤着重於基本訓練。在一二年級的學科都是工程及數理基本科目及工廠實習，祗有一個電工原理學程。到三四年級則着重在電機工程的基本學科，三年級課程大部份是公共必修，至四年級電信電力兩組方有顯著之劃分。在這最後二年內公共修讀的有直流電機，交流電路，交流電機，交直流實驗，電測，熱工學，電機設計及機械設計。電力組專修的有電力廠設備，原動廠設計，輸電及配電，電信工程等學科，電信組專修的有電報電話，電話傳輸，無線電工程，超短波等。電力組選修的有水力發電廠電力鐵道蒸氣動力廠等。電信組選修的有電信網路，電磁波，電視學，載波電話，濾波器，鐵路號誌等。担任教務的現有李熙謀，朱物華，曾鳳山，陳秋平，林海明，陳季丹，毛啓爽，張鍾俊，嚴晙，魏詩塘，沈尚賢，程文鑫。夏少非，施彬諸教授。今歲並由上海電力公司贈予講座，由該公司中外工程師來校講學，教授陣容愈益堅强。

因我國戰前及戰時建設之需要，在電機系攻讀的學子，與年俱增，每年投考電機系的新生，也是日趨踴躍。戰前每班不過三四十人，全系不過一百餘人，今年在校電工系新舊學生共在五百餘人，打破歷年紀錄，每級都有兩三班的設置。在今年投考的一千數百人中，以限於設備，祇能錄取八十餘人，深抱遺珠之憾。

三 設 備

電機工程實驗室，向在交大上院之北，有六間廠房一所。至民國二十一年遷入工程館樓下西部。本校電力分站，也附設在內，設有標準室，量度試驗室，直流電機試驗室，交流電機試驗室，及電力鐵道電動機試驗室等。試驗室電力，均由上海電力公司裝設之三相變壓器供給。樓上有電光試驗室，課堂及電機設計教室。試驗室各項設備，經歷年擴充，漸趨完備，計有直流電機大小廿餘座，交流電機十餘座，各式變壓器廿八具，旋轉變流機一具，整流器一具。其他安培計，伏特計，速度計，同期指示器，變流器，變位器，週率計，感應器，電容器，電阻器，標準儀器等，足資應用。電信工程試驗室，舊設工程館後，現加闢哲生館三樓全部，內分無線電試驗室，有線電試驗室，電傳圖影試驗室，電子試驗室，修理工場等。設備方面有100瓦特短波試驗電台一座，200W R C A無線電報話兩用機一座，小型磁石式及共電式交換機各一具，六十門交換機一套，50門自動電話交換機一座，西門子電傳圖影機器兩座，及美國剩餘物資中之空軍及海軍方面電信設備。其他各式波長表，電橋，電容橋，真空管振盪器，陰極射線示波器，自動電報機器，以及各式儀器零件標準設備等，無不具備。

自從抗戰後的第二年，本校即爲敵人佔據。各種機件儀器，雖經員工奮勇搶救，整夜遷移，而笨重的機器及固定的設備，如大電動機，電鈴板等，都不及運出。若干零星小件，也散亂遺失，損少不在少數。尤其兩個試驗室裏的牆內及地下暗線，電源裝置，都蕩然無存。去夏祗擇其急切需要的設備儀器，先行修繕，以便學生試驗之用。現在積極整理之下，已漸恢復戰前的規模。而復員以來，學生人數增加至戰前四倍，亟待有以擴充。至於電信示範儀器，因有剩餘物資之補助，相當完備。現在整装之中，不久可以陳列試驗。

値茲浩刧之後，瘡痍未復，損傷甚巨。深盼我校友先賢，同心協力，修補此電機工程師之搖籃，以期其發揚光大。兆琳當本十餘年來服務之精神，追隨於諸先生之後。國家建設，實利賴之。

電信研究所概況

張鍾俊

一 沿革

自本校在重慶建校後，因鑒於電信工程之突飛猛進，大學訓練不能窺其全豹，爰與交通部電信總局，中央廣播事業管理處，中央電工器材廠，中央無線電器材廠合作呈請 教育部成立電信研究所，經於三十二年七月二十日得教育部指令准予成立，聘請張鍾俊教授爲主任，第一年爲籌備時期。未曾招收研究生，第二年招收十名，第三年招收十名，第四年二名，現在所之研究生共有十四名，按照教育部規定在學兩年中如所修習之各項學科考試及格，提出之畢業論文經校外專家審查，並口試及格後，即可授予碩士學位，迄今畢業之研究生已有六名。均由校方分送各合作機關優予任用，其敍級與國外研究院畢業生同。

二 課程及設備

凡國內外大學電機系畢業生，經研究生入學考試錄取者，得按照考試成績，遞補各合作機關給予之獎學金（比照本校助教待遇），凡領受獎學金之研究生，畢業後須有回各合作機關工作之義務，在學二年除論文專題討論外。至少須修滿卅學分（七十分爲及格成績），刻下功課共有必修科七門，共廿七學分，選修科五門共十二學分，必修科計有朱物華教授之電視學，高等電信實驗。張鍾俊教授之電信網路，高等電工數學，陳季丹教授之超短波，黃席棠教授之電磁波，任朗教授之天線與波導，選修科計有朱物華教授之濾波器設計，裘維裕教授之電磁測定，周同慶教授之近代物理（及實驗），陳湖教授之載波電話，沈尙賢教授之眞空技術（及實驗），圖書方面在重慶時曾向交通部請求撥借前交通部技術人員訓練所之電工書籍及雜誌一千餘册，現已運滬，最近與中國電機工程師學會上海分會合作在哲生館所址設立電工圖書館，另向美國訂購最新出版之電信書籍二百餘種，關於研究需要之參考文獻，大致可以應付，設備方面除利用電機系及物理系之各種試驗設備外，本年度起成立電傳眞及電子工程兩試驗室，分別由朱物華及沈尙賢兩教授籌劃之，最近領到美軍剩餘電信器材不少，故該二試驗室設備尙稱豐富，惟儀器方面則尙不敷應用，將來計劃再添設微波電驛及載波電話三試驗室，務使理論與實驗同時並重，如經費有着期以三年完成，按電信研究所之成立，全恃合作機關資助，最近始得略具規模，將來尙祈各合作機關惠予財力上之大量贊助與夫技術研究之指正，庶幾推挽着力日進無疆也。

電信專修科

陳 湖

一 現 況

電信專修科成立於三十四年，係受電信總局之委托而設立者，其目的在培植電信工程界之中級幹部，以應建國期間之急需。開辦迄今，已近兩年，雖歷史甚短，但賴電信總局及上海電信局對於精神及物質方面予以鼓勵及幫助，又本校電機系對於教務方面多所協助，致科務進展甚速，此應衷心表示感謝者也。

本科旣係配合電信業務機關之需要而設，故課程之釐訂，曾經電信總局上海電信局國際電台會同本校會商決定。內容趨重實際，故各種實習至爲繁重，學科方面力避重複，同時對於工具教育課程，如英文數學物理等仍極重視，以養成學生自修之能力。

本科成立之初，科主任一職由李教務長兼任，還滬後因李教務長公務過煩，改聘電機系教授陳湖先生担任，去年暑期中又聘周祖同先生任副教授，周先生係前交通部技術人員訓練所高級班畢業，後服務交通部電信機關，旋取租借法案，赴美實習，學識經驗，兩俱豐富，去夏回國，即來本科担任重要電信功課。學生人數計一年級廿六人，二年級十五人，過去以設備關係未能大量招收，以後當增多名額，以免遺珠之憾。

設備方面，除工廠實習與工學院其他各系相同外，另有電信機械試驗室，內分電話，（包括長途）電報，無線電各部份，又電信線路試驗室，內分電纜，明線，及電線測試各部份。所有實驗器材，一部份借自電機系，大部份係向電信總局借用，或其他方面捐贈而來。

二 將來計劃

關於器材方面，仍請電信總局及其他電信機關繼續協助，另請校方專撥房屋一所，以便上課與實習同在一處，使機器與課本隨時相互引證，養成將來手腦並用之習慣。此外擬成立修理室一所，側重於精細機件之修配，因電信機械之構造，大都頗爲精緻。又學生每年暑假須規定赴國內各大電信局，台，及工廠，輪流實習，以便將來畢業後就業時，對於電信機械，早得實際之經驗。電信技術進步之速，爲一切科學之冠，爲使學有專長起見，擬依學生志願，分爲有綫電信及無線電信二組，使其所學更爲專門化，而得精益求精，此爲本科將來實施計劃，尙望電信當局及同人，予以協助及指教，俾能早日實現者也。

從大江歸來

陳殿楹

離別九龍坡

中年人常說年青的氣情，也不無理由，只要看，勝利的爆竹才响了沒有幾天，大家就嚷着要遷校了，由宿舍往文治堂的碎石路的兩旁，豎滿了佈告牌，貼滿了各色各樣的情報，有主張的人貢獻出意見，自治會主席一天到晚在外奔走，佈告牌前經常圍着人在候好消息，謠言特別多，一張毫無根據的小佈告，也可以流傳全校，贏得全體同學的熱烈的談論，晚上，熄燈之後，睡不着的人在談論如何交涉船隻，睡得着的人在做家鄉的好夢。大家恨不得一下就飛到下江來。然而，對於居住了一年多的九龍坡，誰又表露了一點留戀之情。大家無心上課，教室被冷落了，江邊仍三三兩兩有着散步的人，這與往常讀了一天書，在傍晚時分到這裏來爲了散散心的散步不一樣，也不是爲了知道不久行將離去，到江邊來與夏天當作游泳池的江灘惜別，更不是依戀那江邊的兩家小茶店，而是爲了交涉不到船隻，到這裏來散散焦急的心，將長江當作黃浦江，將曲折不平的公路權充柏油馬路，預溫上海的繁華夢。一旦船隻有了着落，更不惜拆下教室頂上的竹蓆移裝在船上，讓昔日孜孜不倦的讀書之地，整個的開着天窗。

十一月二十一日（卅四年），我們與九龍坡道別。那時四年級同學已先走了，一二年級的還走不了。走的人向不走的人說：「到上海再會。」嘴角上掛着笑絲。送行的說：「你們先走，我們就來。」眼光裏露出羨意。我押了二挑行李，回頭看了看一排六七幢的宿舍，看了看文治堂，跟着担子跑了，才走出黃角坪看見每當夏天擠滿了人洗衣洗身的池子，如今冷清得一個人也沒有。在飛機場碼頭忍心等候來船，下午二時來了永利輪，裝行李，上人，四時啓行。船開了，送行的人將長紙圈的一端握在將要遠行的手裏，船漸漸離開岸，紙條漸漸放長，江面晚風吹來，紙條隨風飄蕩，確是好看。船愈走愈遠，紙條愈放愈長，最後終於斷了。這時，我彷彿才開始覺悟到我們是眞的要走了。什麼時候再來呢，自己也不知道。對於生活過一年多的山坡，頓時生出了留戀，我後悔昨晚未曾再去吃一碗肉片麵，一年多的生活中，飯菜不好，肉片麵是唯一爲窮學生們增加營養的補品。我站起來，想再看看校舍景緻，但給山頭遮住了，看不到。只好對自己說：「將來畢業之後，什麼地方都得去，還怕沒機會到這裏來？」

上　船

永利輪載了我們在天黑之前到達唐家沱。一路，倚在船欄上透過江面上浮起的薄霧，最後一次遠眺黃家沙零亂的破街道，鵝公岩兵工廠和供給我們用電的發電廠還有海棠溪的輪渡，望龍門的纜車，古老的朝天門，秀麗的嘉陵江，以及居住一年的溉瀾溪。經過水泥公司時，我記得附近有湯潔同學的坟墓，可是再也找不出是在那一個方向。唐家沱在戰時，長江中的船隻大都集中在這裏，敵人曾嘲笑說這是中國的珍珠港。長江在這裏要轉一個九十度的灣。轉灣之後的江面並不寬，兩旁夾着高山，從永利輪上望過去，彷彿前面已無路可通，然而這却就是我們水路東下必經的大江。

我們在唐家沱住了二晚，焦急地等候開船。二十三日上午八時，果然啓行了，船手起了錨，船頭對準狹口緩緩駛去的時候，每個人方才放了心，這下是眞的走成功了。許多人高興得唱了起來。

我們坐的是法庫艦，上船之後才知道這就是停在重慶法國領事館面前的那只白色軍艦，做一年級生在瀏灡溪上課時，每次坐輪渡進城，總要看見它，那時又何曾想得到就是它將在勝利後帶我們返來。法庫的發動機壞了，不能行駛，另由一隻永昌輪拖，永昌有一百六十餘匹馬力，有人躭心馬力太小，過三峽時險灘太多，恐有危險。然而誰會再有耐心等下去，走吧，管他的危險擋不住渴望東下的心。

船　　上

法庫艦上，同學連同敎職員和家眷共約四百人。同學分成八人一小組，在一起吃飯睡覺。艦上共分二層每一個可以利用的地方都給佔據了。將長課桌搭成床舖，桌上睡了人，桌子底也睡滿了人。讀工程和管理的人總忘不了功效(Efficiency)。排不到位舖的同學，鑽在船頂上睡覺，那裏固然站不起，連坐也別想坐從敎室上拆來用作遮蓋風雨的竹席可以低得碰到被子。然而只要有回家，大家還是開心的。船上，有伙食組，管理組，伙食負責一船飲食，一天兩餐，開飯時間，每組依次領餐。管理組負責一般的安全，白天行航時，爲了不使重心太高，上層的同學，輪流坐到下層去。晚間，輪流做警衛，防小偷和土匪。天災固無法防止，人災總可以小心來避免。

唐家沱啓行後，沉長的旅程開始了。兩岸全是一片單調的枯黃，不知名的小樹禿着頂緩緩地往後移過去，偶然一二個拾柴人無聲無響地在山徑上走過，山腳邊間或孤零零地坐落着一二座廟宇，這廟宇增添了旅人無數的幻想。初冬的野風帶刺，棉衣加上回鄉的熱情也擋不住，寒冷的侵蝕，許多人縮在被窩裏，沉入了旅人的白日的夢境。

途　　中

第一日過長壽，停在離涪陵卅里的李沱。第二日過涪陵，酆都，到忠縣，第三日中午到川東大商埠萬縣。酆都城坐落在江邊，位置極低，有人估計，ＹＶＡ築起時這兒全城將淹沒。經過酆都時，永昌輪上一個外客過來大談其鬼。忠縣以出豆腐乳著名，停船後同學大都上街搶購，一罐罐帶回船上來，誰不想帶點四川的土產回去送人。萬縣有重慶那樣繁華，這兒始終未曾受到戰爭的摧殘，房屋完整，最鬧熱在萬通橋二馬路一帶。

由敎室屋頂拆下來的竹席，並不能擋雨。停船在李沱的晚上可巧下起雨來了。雨滲過了竹席，滴在被子上，滴在正在睡覺的頭上，大家給吵醒了。趕忙起來搶堵，把睡席油布蓋在上面，也仍無效。最後只好張着雨傘坐在行李捲上等天亮。反正第二天又不上課，趁着雨夜，借着異鄉江中的詩情閑談一晚，何樂不爲?

未曾生過病的人，不會知道健康的可貴。未曾在船上久住過的人，也不會知道陸地寬敞的可愛。旅行是快樂的，何況是在回鄉?然而整天蜷伏在船上，到處是人，走一步路也得說聲：「對不起，請讓一讓，」上層的人潑水，老害怕灑在下層的人身上，喝水，吃飯之前先得擠出一身汗，大小便更感到莫大不便，兩岸是走不完的山，千遍一律的枯黃。何況更加上冷峻刺骨的野風，把最初登船時的熱情和興緻全吹走了，剩下的是疲勞和厭煩。每天只盼望早點停船，早點上岸去鬆口氣，跳躍跳躍，活動活動。

在船上，只有家眷帶着的小孩子最活躍，他們也是受歡迎的目標，那裏有了孩子，那裏就有笑聲。遊社在這時候發刊了「歸去來」，報導着船上小新聞，這也解除了船上不少的寂寞。

過三峽

萬縣的次日，下午三時抵夔州（又名奉節），城頭上寫着Slow Speed二個字，不知是何用意。今天過了幾個險灘，我們也不懂險在那裏。只看見每過一灘，艦長，領港兩手不停地指揮，嘴裏不停止的叫喚。夔州以出產木梳著名，上岸之後，許多女同學都在買。此地柚子也很好，據說最好的出在大場園，可是買不到眞貨。翌晨起行，我們進入了有名的三峽。

三峽自夔州開始，直到宜昌。第一峽名瞿塘峽，才進峽口，山頭上幾座白房子就是昔日劉備逝世之地的白帝城，這位英雄，死也選中了這樣一個不平凡的地方。附近有幾塊亂石，據說就是諸葛亮擺設的八陣圖。同學均慕名欣賞。兩壁陡立，陽光射不進來，氣候突然變得陰沉了。江中水從底裏湧出來，面上一個一個大水花，水變得更泥黃了。然而與其稱這為浩浩蕩蕩雄偉的水流，無寧說這裏是捉摸不定險險多端的怪漩渦。誰也不敢想像水裏藏着點什麼秘密，你能說，那裏起來了一個大水花，不是因爲底下正有一塊大礁石嗎？誰也不敢想像，一旦觸到暗礁怎麼辦？一切只好聽天由命。原先想欣賞一下名地，如今心却變得沉重了。午前過巫山縣即進入巫峽，巫峽較瞿塘更險陡，曲曲折折，足足走了四五個小時抵巴東。巫峽產猴，但我們竟找不到一只猴子的影子。只是發現在這樣的荒山野地，山坡上仍有三三兩兩的茅舍，這兒的人的生活眞是不可想像的了。

巴東已屬湖北省，上岸之後，我們發現「要得要得」的四川話在這裏已失去了原有的作用。巴東的廣柑是酸的，價錢也高了，我好得在萬縣購下一些，預備回去送人。這裏有通往恩施的公路，招待所門前停着不少汽車。昨天在夔州，一隻小船擺渡時翻了，許多人墮在水裏，幸好全救起了，沒有慘禍。有一個外客，墮水之後，不慌不忙騎在一根木頭上，隨水漂下去，也給小船救起了，而他兩手還仍提着二袋剛從街上買回來的東西，竟一點也沒有損失。誰也不知道他是嚇呆了還是有着驚人的鎮靜。有了昨天的警戒，今天起擺渡小船每次乘客人數有了限制。

次日，上午過了無數險灘，最有名的稱新灘，據說灘上灘下，水頭相差一二丈，永昌輪却以一百六十匹小馬力帶我們安全地渡過了一切難關，中午過西陵峽，這裏已不似巫峽峻險了。我們慕着三峽的大名，驚嘆水力的雄偉，深信中國一定能强盛，設計中的世界第一的ＹＶＡ一定能建築成功。就是在這樣感激和自信的空氣裏，在天爲我們建築的未來蓄水道內，整整航行二天，平安到達宜昌。

第一個收復區的印象

宜昌是我們東下時遇到的第一個收復區，船剛停舶，正下着雨，但多數同學仍冒雨上岸，爭先一覩收復區的現象。

我們撐着傘，在泥濘的街上觀光。宜昌街面極寬敞，以前原是個大商埠。房屋殘缺不全，到處斷垣破瓦，告訴我們戰爭究竟是個什麼東西，許多縣閉着的店屋上面仍留着某某株式會社，某某洋行字跡。就在這同一條街上，當初，日本人是在耀武揚威的呀。現在我們是像主人一樣地回來了。這是光榮。然而，看了這些敗落景象，我們實在沒有時間來「光榮。」放在眼前的迫切問題是怎樣使破落的都市重臻繁榮？怎樣使流落在外的人民早歸家鄉？怎樣使歸來的居民從瓦礫堆上重建他們的家？怎樣使人民足衣足食安居樂業？我和一個買花生米的小販談天，他說才從三斗坪（在西陵峽之前，未曾淪陷過）回來沒有數月，生活極苦，希望得到救濟。在飯店內，堂官也說是由三斗坪歸來的，每天生意清淡，開消不够。從這些談吐中，我更覺得前面所提問題的重要性。

大 領 港

長江在宜昌之上，水流湍急，險灘衆多，船行速度高，却是危險大。宜昌之下，江面放寬，水流緩和，灘是沒有了，船行雖慢，可是安全。由唐家沱起行時，以一百六十四馬力的永昌輪做拖船誰也不放心，一看領港七八十歲的老頭子，乾癟了的臉上，凹進去二只炯炯老眼，誰也有點提心吊胆。生怕過灘時老眼一花，指揮稍遲，將船身碰到灘石上去。然而，如今是安全了。是這個瘦削的老人，以他在水面上五十多年的經驗，一面吸着烟草，一面用顫抖的手指揮舵手，將我們四百多人平安地帶到這裏的。如今他的任務完了。早晨，我們還睡在被子裏時，他在向我們告別：

「各位，回頭再見，祝你們發財，」

「謝謝，大領港！謝謝大領港！」被窩裏發出一片歡送聲。

開始了江南風味

宜昌之下，船行速度慢了，白天坐在船上，越加顯得煩悶。然而，兩岸開始了江南風味，這又似打了針興奮劑，這兒顯著的不同是兩邊可以一望無際了，八九年的山地生活，眼光總給東西阻礙了看不遠，如今解放了的眼睛特別舒適。『來，讓我們比賽一下眼光，你說，在那遠處，陽光照耀着的墻脚邊，有幾個農人在取暖？』深秋，初冬季節，岸上的草還有帶點青，白色石灰砌過的磚屋三三兩兩排在江邊，有時連接數十里的蘆葦，小鳥在裏面跳躍。一二個漁夫用網在江邊撈魚，陽光照在船上，空氣也溫暖了，第一晚住古老碑，有一個同學的家就在這兒附近，但找不到輪船，竟未能歸去。第二晚到沙市，這裏距荆州三十里比宜昌繁榮，上岸之後，大家進館子吃魚。沙市墻上還有「擁護汪主席」的標語。第三晚停在監利附近，此後在湖南岳陽境內的熊家寨停一晚，次晨經過滿目帆船的洞庭湖湖口，當晚到達簰州，第二日午後，我們到了武漢。

武漢的日僑

武漢果然不平凡，距武漢尚有二小時航程時，就看見了一排密密集集的房屋，大家歡呼漢口到了，心急的人整理行裝，等着下去。有家在漢口的人更是心急。進了武漢之後，老資格介紹着，這是鸚鵡洲，黃鶴樓，漢陽兵工廠，龜山，蛇山，漢水。我們在江海關附近拋錨。船身還未曾停妥，同學已蜂擁跳上從四面駛過來招攬生意的渡船上岸去了。我們十二月四日下午到達武漢，六日離開。我們特地跑到了昔日的日本租界，如今湖北境內各地的日軍日僑全集中在這兒。小街上住家門口，擺設着各色各樣小攤頭，日本婦人穿着和服滿臉堆笑接待着做生意。一個攤上，放着一枝太陽牌計算尺，我們上前觀看，一個日本男人連忙用生强的中國話說：「中國先生，要買什麼？」街上，日本軍人仍穿着黃色呢軍服，驕傲地成羣走着，我在他們面上找不出我想像中的頹唐氣色，他們是麻木？是毫不在乎？還是別有用意？遇見我們自已的士兵，他們也卑順地敬禮了。但是，我總覺得這些動作做得不很順眼。

五日，我們過江至武昌，騎車遊覽珞家山武漢大學，明潔湛靜的東湖和宮殿式的校舍，相形競美。途中，一隊日本兵正在修路。中國人講起來，修橋築路是積德。然而日本人在中國所犯的罪，是不是靠着這些修德，就所以彌補起來呢？

米先生（Mr. Rice）

在永昌輪外客罷中，有一位穿着西服的中年人米先生，大家稱之 Mr. Rice.

米先生的被人注目，起始於停船嵩縣的晚上。那天夜晚，正在熟睡間給吵醒了。聽見一種像跑江湖口吻式的漫罵。原來是有三個人想偷偷跑上永昌輪搭船，給米先生發覺了，拿出了手槍，威脅那三個人下去。三個人乖乖地下去了，米先生勝利了，用漫罵以示餘威。他又馬上抓住了這個機會，和同學攀談起來，他說：「我是二十年前航政局長，現在的局長在那時還是小嘍囉，算得什麼希奇。」但是米先生是太聰明了，他又想和交大做朋友，於是又自稱是十六年前唐山交大的畢業生。第二天，笑話流遍全船，十六年前唐山交大的畢業生和二十年前的航政局長被注目了。

米先生一直和我們保持着極好的友誼，像他那樣處世經驗，還有什麼可以說的。皮球也比不上他的圓。常常伸出了大姆指說「交大至上，你們要得。」但是六日上午武漢起航的事件卻大大降落了米先生的聲譽，而且犧牲了二枝常常用來威脅別人的手槍。

因爲想早點到家，在武漢，我們又加了一條拖船，名叫金山，爲了駕駛和指揮上的方便，需要將原來永昌輪從法庫右邊調到左邊去。正在解索的時候，米先生忽然心血來潮，拿出手槍說「誰也不准解，誰解打死誰」。這種無禮笨拙的舉動，結果是不難想像的。在羣情公憤時候，手槍繳下來了，永昌仍掛到了左邊去。後來聽說米先生還有一枝手槍，爲了不准他以後再用它作威或者甚至其他更不法的事，在九江岸上，給二個廣東同學也繳去了。後來聽說二枝手槍都拋在江中了。米先生以後就變得沉寂了。

十二月六日離武漢後，六晚抵石灰窰。七日抵九江，大家上岸買磁器。八日過鄱陽湖，仍是滿目白帆，下午抵安慶。九日在離蕪湖四十里江心過夜，十日下午二時安抵南京。

我再也來不及跟着船再化三天的時光去到上海。當晚由京滬路火車回家了。

霧·黃沙·到暮春的江南

孫　　如

陸行回憶

有誰不嚮往一個暮春的江南？和風舒體，煦陽耀目，草長鶯飛，加上那時有一種不可描寫的「明媚」，誰不心蕩神移呢？我們這迤邐的一行，是怎樣的逃出了巴山的雲霧，怎樣的經過了黃沙的西北平原，抗衡着天時，和惡劣的交通情況，行旅設備等，踏上暮春的江南大地，回憶，彷彿是一束輕紗，在朦朧中閃灼着幾點生命的火花。

記得我們是穿着薄棉襖，在黎明的朝霧裏和山城揮別的，當時我很難說出有何感受，不過知道那兒曾經蘊釀過我八年的生命，我曾經被江水送上那兒，做了個這麼長的「夢」，幸而不是一個惡夢，我仍懷了一顆輕鬆，瀾漫的心情，離開了它。車子是從牛角沱開出的，過了青木關，才吐了一口氣，好像一隻剛從籠裏飛出來的小鳥，盡情的想飛遠一點。

第一夜宿遂寧，睡在一個招待所裏的地板上，可恨夜裏牆壁縫裏爬出『形如琵琶』的東西，大家都不能安睡，即使睡着，也將夢到在車上時的震顛而驚醒。

天還沒有亮，就被車長的集合號叫起，猶如賽跑時的鳴槍起砲，大家立刻整好行裝，誰也不甘落人後的提上卡車，於是，嗽口杯，牙刷等物也都隨着在包裹裏的臉盆裏跳起舞來，開車了，兩三分鐘內，大家以煮雞子，麵包，狼吞虎嚥地充實了自己的肚皮。

一天，兩天，車子盡是蠕行在驚險的山道上，往下一看，是亂石砌的深淵，怎叫人不胆寒？黃沙的路，車子一過，灰石飛揚，只有全付武裝，頭戴厚帽，口套厚罩，再加上一付防沙眼鏡，才能克服自然，活像一個防毒兵士。

沿途僻鄉，地多貧瘠，居民生活甚苦，尤其痛心的，就是年輕女子，尚裹着小脚，迷信於偶像，可見發展交通，普及文化，已是刻不容緩的事了。

第三天到廣元，地當三路交衝，尚稱熱鬧，做了三天的『灰菩薩』，下車來第一件事便是去『清潔』，廣元的衛生場所，一時均有『人滿之患』。

在廣元換了十輪大卡車，一車上連人帶行李滿滿的裝了一百來件，每人規定的行李是兩件，於是，行李鋪底，人坐行李上，『小傢伙』又坐在『肥佬』身上，堆積得差點『重心』超出了『穩定中心』。幸而我們是自己組織的一羣，鬧得挺開心，我還在車架上表演翻筋斗。

過廣元，車趾漸低，漸漸已爬出盆地山圍；次日過寧羌，已入陝境，不幸車子抛錨，到天黑才修復，可憐車子又是『獨眼龍』，和重慶的電燈一樣地多災多難，打着擺子。秉燭爬至武定關，又告抛錨，車停亂山中，渺無人烟，寒風凄人，偶有燈火明滅，人人冷汗遍身。

翻秦嶺，嶺上積雪皚皚，擋不住的四面八方的風吹來，一個個幾凍成『木乃伊』；因時值春令，我們的冬衣，不是已經賣掉吃到肚裏去，便是因重量的限制而留在重慶，七八年沒有領教朔風的凛冽，我們這批輕敵的戰士失敗了，有的鑽在被窩裏，要不然就㨿綣成一堆『擺龍門』，勇敢的從被包裏伸出一隻眼睛出來看雪景，車從山上盤旋而下，鑽出了雄偉的劍門，才到了五丈原下，定軍山傍的漢中平原。五丈原是諸葛亮葬身之地，昔日重鎮，而今古廟一落，殘垣二三堆，枯樹顫鍾，唯留孤鴉啼，弔古城，念古人，眼下心頭，滄海興亡，一幕幕的揭開，亦感悽悽。

自過秦嶺，便領略了嶺北的味道，的確和嶺南迥異，居民講着道地的北方話，個個高大強悍，使人想起了齊晏辯橘枳之分，水土關係也。

劍門左側山巔，便是著名的七十二峯，形勢傾峻，峯峯奇特，大家爭數着，談鋒大健，風趣橫生，仰望高峯，有的說是昔日張飛一峯殺一人，葬塚壘起而成峯，有的見了一塊大石頭，就信口胡說是諸葛武侯擺的八卦陣……總之，車上單調，車上無聊，除了胡拆胡拉，說說笑笑外，也太沉悶了。

次日到寶雞，已近傍晚，天微雨，車站上人擠得水洩不通，好奇的同學，都以驚奇的神情去拜訪久違了的『火車』，我在車站月台上守着大批行李，燈光昏暗，夜風逼骨，嗓子也啞了，人生地疏，又怕『不肖之徒』伸出第三隻手來搶東西，連個雞也保不了實在叫人眼剎不得，我還記得小時候經過安徽太平縣，結果夜夜聽見偷竊，睡覺都要提心弔胆，如今真有同感。

火車到底比汽車穩定多了，而且這一節車廂內，都是自己同學，故車上稍有空隙，埋頭便入夢鄉，在汽車上，別說是吃飯睡覺，連大小便都一樣地不容易。

中午到了西安，大家都進城散心，雖然乍看起來，一車上的人口，對於一個一等大市是滄海一粟的，但是，在西山公園裏，還是到處碰到熟悉的同車乘客，西山公園建築在城西，範圍相當大，春景春色，比重慶重些，槐樹的葉子已經綠了，微風帶來了陣陣清香，瀰漫在太空中，園中有古蹟，有台榭亦壯麗，亦玲瓏，在內地的公園裏還不可多得，比重慶的中山公園當然强多了。

夜裏的西安有點像上海，凱旋路上中間的一排電燈雪亮，那裏也有咖啡館，大菜間，我們在各店把魚蝦酒肴大啖大嚼地掃蕩了一番，面泛微熱，又回到了那難以插足的車廂裏，接着換車，等車，給了我們一個機會去遊昔日楊貴妃的浴地華清池。

火車從西安到潼關，山洞特多，行不數武，便入黑暗世界，長者約歷五六分鐘，如入地穴，幸而此途產雞，每人一隻大雞，乘黑暗乃大嚥之，頗合心意。

一過陝豫邊界，便是平坦大道，要想看到一座小山，那簡直就和想在山叢裏尋一塊平坦的泥地一樣地難，現在是地闊天空，一望無際，可惜是一片黃土，沒有一點綠色，黃沙『迷』人，連窗戶縫裏都會飛進來，使人又作了幾天的『土地爺』，現在我們的目光看遠了，白色的蘆葦，一江鱗波，和東風的躱綏同顫簸，共舞蹈，窮目大江盡頭，反射超過了臨界角，所以黃河的濁波闊浪，却變成了晶瑩的湖水，朔風過處，白鷗不知寒，時而高翔，時而掠水，河南的味道，又與陝西不同。

河南氣候是標準『大陸性』，可以『早穿棉襖午穿紗』形容之，從陝州到洛陽，為了泥濘，汽車難行，不得不坐幾世紀前的騾馬大車，四天早晚的趕路，差點頭上晒出泡來，晚上睡在騾馬隔壁的潮濕地上，旅途一天奔波後，睡上去也同樣的香甜。

到洛陽已是「日上三竿」時分，次日清早特訪龍門，龍門距洛陽十五里，橫貫伊水，兩岸峭壁千仞，色現灰褐，薄霧繚繞着，若斷若續，欲鎖石門。巍峨峯樹，矗立龍門之上，其勢也，能怯人胆，能寒人心，龍門天險，自黃河縱波東海，無可挽其狂瀾者。無怪乎血戰龍門，歷數月耳，至今尚有國軍守駐。龍門石頭人，皆唐朝佛像彫刻，大小約數萬，可惜大半已毀，給日人偷去不少，甚爲遺憾，龍門附近有關公神龕，據說關公葬頭於斯，三國古蹟亦有，不知是否眞正留自三國，然而懷念古人，撲擬古物，毀而復建，以求永垂的心却昭然不泯，本想多玩一會，無奈駐兵的強橫而折回，這個年頭，要想在自已祖先曾經踏過的地方觀光一下都不大容易，我只能再回去找姑母講些荆州的景物聽聽，聊解渴潮。

因爲洛陽開封間未通車，故必須先經黃河鐵橋到新鄉，再由平漢路到開封，新鄉說離『解放』不久，戒嚴甚緊，幸而我們一行中有穿『洋虎皮』的翻譯官，全身美軍裝備，上自鋼盔，下至皮靴，中國人一向有『媚外』和『懼兵』的心裏，在那天晚上，一路上倒佔了不少『痛心的』便宜。

開封的一夜，是睡在車廂裏，半夜裏起了大風沙，屑屑粒粒都吹進被窩，燭也點不着，摸索着去關窗子，吃了一鼻子灰，回到鋪位，被也吹跑了，只有靜靜地蜷在一角等天亮。天微明，車即啓行，再看自已的被褥，不好了，棉絮兒伸出頭來望天啦，棉絮裏夾滿了灰沙，鄰座的同學也是一樣的糟糕，時風沙已止，紅日初升，空氣亦甜蜜清新，不過想到自已的被窩，就是一肚子氣。

開封和洛陽。都毀得很凶，市容蕭條，原氣未復，一枝一草，都枯而未綠，市人談起日軍殘暴情形，雖不見得談虎色變，然而憤恨之情，却極少表現，對於這種絕世的殘暴，報之以仁的民族，非唯日本人沒有想到，連我們都認爲是奇蹟，其實「愛」和「恨」對於一個人都同樣需要，恨敵人愈深，才能愛友人愈眞，世界上唯有瘋子才見人亂咬，不知恨也不懂愛，我們這個久經戰鬥的古老民族，爭吵和粗暴日盛一日，人都說生活艱困，營養不够，有以使然。其實我覺得不只這樣簡單，我們需要眞正的恨和愛。

在徐州，聚集了好幾車同學，在戒嚴中找旅館，蹀踏上寬平的馬路，然夜闌人靜，燈影稀疏，三分詩意，却七分懼心。次晨特別快車，中午抵南京，當晚就到上海了，可巧那天正是校慶前夕——四月七日——也就是我今天回憶的日子

如於四月七日夜

交通大學電機工程系教員履歷表

鍾兆琳	教授 兼系主任，交通大學電機工程學士，美國康奈爾大學電機工程碩士交通大學電機工程教授。
李熙謀	教授 美國麻省理工大學哈佛大學電機碩士，浙江大學工學院院長，浙江省電話局局長。
張鍾俊	教授 交通大學學士，美國麻省理工大學碩士及科學博士，武漢大學，中央大學教授，重慶交通大學教授兼電機系主任。
陳 湖	教授 交通大學畢業，留學德國柏林高工及西門子電機廠。曾任交通部工程師，交通部技術人員訓練所電信系主任及教育組組長，國立湖南大學電機系教授代理電機系主任等職。現兼電信專修科主任。
朱物華	教授 美國麻省理工大學電機碩士，哈佛大學電機博士。廣州中山大學物理教授，唐山交通大學物理電工教授，北京大學物理教授。
陳季丹	教授 交通大學電機科畢業，英國孟却斯德電機工程碩士。曾任交通部國際電台工程師，湖南大學工學院教授，武漢大學工學院教授兼電機系主任等職。
林海明	教授 浙江省電話局總工程師，交通部郵電技術標準委員會線路組長，交通部正工程師，國立廣西大學教授，英士大學教授，金陵大學教授。
魏詩墉	教授 英商久勝洋行工程師，建設委員會廈門無線電台台長兼工程師，德商西門子電機廠工程師，教育部特設上海臨時大學補習班工科專任教授。
沈尙賢	教授 國立浙江大學電機系畢業，德國柏林工科大學電機工程系畢業，德國西門子公司得力風根公司實習，國立浙江大學電機工程系教授，歐亞航空公司無線電工程師，中央無線電器材廠昆明廠工程師兼工務課長。
曹鳳山	教授 交通大學電機系學士，美國麻省理工大學碩士哈佛大學碩士，浙江大學電機系教授兼主任，暨南大學教授。
毛啓爽	教授 上海電話公司工程師，國立浙江大學教授，交通部交通技術人員訓練所教授，私立滬江大學教授，私立滬江醫院教授。
夏少非	教授 比國盧文大學電機科畢業曾任浙江大學教授。
嚴 晙	副教授 國立中央大學畢業，國立中央大學，清華大學助教，講師。
程文鑫	副教授 大同大學電機教授兼電機試驗室主任，資源委員會中央電工器材廠工程師，京滬區鐵路管理局電信主任工程司。
居 崐	副教授 本校電機系畢業，本校講師。
施 彬	副教授 國立交通大學電機工程學院電信門畢業，交通部國際電台技術員，工程師，建華無線電校教務主任，交通部派赴菲列濱長途電話公司實習，交通部敘昆鐵路工程局無線電工程師，中央軍校第五分校交通教官，交通部川滇鐵路公司及滇越鐵路主任電訊工程師，

美國依利諾中央鐵路公司電務處及通用電氣號誌公司實習，行政院善後救濟總署無線電總台秘書。

劉 侃 講師 交通大學電機系學士交通部吳淞無線電報局工程員，大夏大學無線電講師，私立南洋無線電傳習所所長。

高懷蓉 講師 交通大學電機系畢業曾充交通大學助教。

毛鈞業 講師 心聲無線電廠技師，兩路管理局南京電務主任。

王紹先 助教 國立浙江大學電機工程系畢業，國立浙江大學電機系助教，兵工署二十兵工廠發電所技術員。

曹敬仁 助教 交通大學電機工程系學士，曾任職上海合利工具機械廠。

吳文華 助教 交通大學電機系畢業。

劉耀南 助教 交通大學電機系畢業。

徐明鎮 助教 國立浙江大學電機系畢業，曾服務於資源委員會貴陽電廠。

于怡元 助教 交通大學電機系畢業。

蔣大宗 助教 國立西南聯大電機系畢業，陸軍新一軍少校通訊技術官，美陸軍軍醫院特種X-ray 訓練班畢業。

朱 正 助教 交通大學電機系畢業。

王 適 助教 交通大學電機系畢業。

喬石瓊 助教 交通大學電機系畢業。

屠善澄 助教 大同大學電機工程學士，上海工專教員。

林勁先 助教 交通大學電機系畢業。

朱大㮊 助教 交通大學電機系畢業。

何金茂 助教 交通大學電機系畢業。

中國電機工程師學會

國立交通大學學生分會

第三屆幹事會

名譽會長	鍾兆琳	
會長	汪緒祖	
副會長	張安銘	
學術股	范果健	何永瑞
出版股	唐宗炎	楊福生
康樂股	許紹剛	趙永亭
會計	陳興	
文書	吳欽煒	
交際	張振東	

會員錄

民卅六級(四年級)

一　電力組

王步雲	男	二十七	江西吉安	江西吉安西衙怡昌祥轉畛塘
王毅燕	男	二十六	廣東惠陽	廣州市越華路一二五號三樓
唐宗炎	男	二十五	上海市	
謝懷祖	男	二十五	湖南益陽	
沈昌華	男	二十二	湖北武昌	漢口輔堂里六十號
于懷元	男	二十五	河南正陽	河南正陽岳城鎮
楊自雄	男	二十五	安徽桐城	鐵鎖楊宅
周均	男	二十六	浙江吳興	
陳天民	男	二十三	浙江諸暨	浙江諸暨牌口鎮
涂鉅達	男	二十四	四川巴縣	四川巴縣福壽鄉
章燕翼	男	二十五	江蘇武進	
羅懷忠	男	二十四	四川南川	四川南川東城外二九號
陳壽樑	男	二十三	廣東南海	廣州市龍津路河神坊懷榮里一二號
雷天岳				

唐傳貴	男	二十二	四川江北縣	石坪鎮郵局轉
張瑞敬	男	二十六	山東城武	城東北張油坊
趙永寧	男	二十三	安徽無爲縣	皖無爲縣南門聚興隆轉
周仲威	男	二十二	福建福州	
陳學構	男	二十四	湖北蘄春縣	湖北蘄春檀林河郵局
陳 煦	男	二十三	江蘇靖江	江蘇靖江西門外恒泰繭行西首
陳 與	男	二十五	山西浩源	山西太原崇善寺街一四號
蔣漢才	男	二十三	江蘇豐縣	
沈增榮	男	二十四	浙江吳興	上海愚園路雲壽坊一九號轉
余廣年	男	二十四	四川富順	四川富順西街意先堂
陳賦禮	男	二十五	江蘇無錫	
錢翰元	男	二十五	河北天津	
陳宗超	男	二十七	廣東汕頭	汕頭明惠巷怡昌行
許萃羣	男	二十八	江蘇武進	武進西門外同豐米廠轉
陸壽康	男	二十七	江蘇無錫	無錫留芳聲巷一六號
朱士炯	男	二十八	浙江餘姚	餘姚南城朝界址一號
林天龍	男	二十五	廣東新會	上海南京西路一五二二弄六十號
錢炳樾	男	二十六	江蘇泰縣	泰縣姜堰顧高鎮
趙甚湘	男	二十六	浙江鄞縣	鄞縣江東王隘
樂愈曾	男	二十一	江蘇無錫	無錫前西溪五號
胡恩康	男	二十二	浙江紹興	上海衡山路
顧季和	男	二十二	上 海	上海陝西南路二二二弄三十五號
錢易倩	男	二十一	浙江慈谿縣	上海泰興路三六二弄六四號
莊國柱	男	二十二	浙江鎮海	上海合肥路五六八號
陳鬱棠	男	二十一	浙江吳興	上海永年路一四九弄二五號
王慧炯	男	二十三	江蘇吳縣	蘇州對門外周莊鎮西柵
陳 健	男	二十三	江蘇江陰	無錫顧家弄二號
趙祝三	男	二十六	江蘇松江	松江中山路二六〇號
王鳴周	男	二十二	浙江鎮海	上海成都路四八三弄六號
趙榮潛	男	二 十	安徽太湖	上海膠州路趙家橋九九弄十號
沈祥麟	男	二十三	浙江吳興	上海斜橋弄五八弄二一號
凌永年	男	二十三	浙江慈谿	上海武勝路四二九弄五八號
洪慶盈	男	二十二	浙江慈谿	上海紹興路七六弄四三號
嚴伯成	男	二十三	江蘇句容	江蘇句容街二十號
黃惟智	男	二十三	上 海 市	上海安亭路八十弄三七號

史穠陶	男	二十三	江蘇宜興	蘇州同仁街三五號
申宗銓	男	二十二	江蘇吳縣	上海崇德路二〇一弄七號
郭元濬	男	二十四	江蘇江陰	無錫揚舍
葉從濤	男	二十六	江蘇江陰	無錫揚舍
溫鴻慶	男	二十四	廣東新會	上海白克路一〇〇弄E二三號二樓
童宗海	男	二十三	浙江慈谿	南京中華路二六四號
龔祖烈	男	二十三	江蘇無錫	無錫新街巷十九號
楊世琦	男	二十四	江蘇江都	揚州南河下三一號
江澤民	男	二十四	江蘇江都	揚州螺絲結頂九號
譚希達	男	二十五	江蘇常熟	無錫欄杆橋
王　霓	男	二十三	浙江杭州	杭州花牌樓四十號

二　電訊組

徐俊榮	男	二十六	江蘇南匯	江蘇南匯三知堂
范果繼	男	二十五	湖南湘陰	上海霞飛路一七八八號
陳啓桂	男	二十二	廣東梅縣	
陳鑑恒	男	二十二	廣東新會	香港德輔道中四九號二樓均昌號
方　熊	男	二十四	浙江杭州	上海泰興路一一四弄一號
姚欣茂	男	二十三	廣東潮陽	廣東潮陽淳化南鄉棠埠
秦鼎新	男	二十三	河北灤縣	天津第十區林森路二二八號
劉季夔	男	二十四	北平市	北平錦什坊東養馬營二號
汪緒祖	男	二十四	浙江杭縣	杭州太平坊浙江省銀行汪稼蓀轉
趙崇仁	男	二十五	安徽全椒	安徽全椒西門余復興號轉
郭常識	男	二十六	南京	南京中華路錦繡坊二三號馬成驥轉
歐陽琨	男	二十六	湖南衡陽	衡陽南鄉靈光鄉
張安銘	男	二十八	河北保定	北平宣內浸水河一號
樓海日	男	二十四	浙江杭縣	南京大行宮中央飯店樓復民轉
周敦巖	男	二十三	南京	
胡善知	男	二十八	浙江餘姚	南京秦狀元巷一五號
鮑昭慶	男	二十四	安徽蕪湖	
張澤瑜	男	二十二	上海	重慶南岸黃桷椏中央電工器材廠張澤璜轉
曾　炎	男	二十五		
朱永濤	男	二十四		
徐家璿	男	二十三	江蘇松江	松江西門外小倉橋東四一號
王樹楷	男	二十三	江蘇常熟	上海常德路一〇二四弄九號

江淑華	女	二十三	江蘇無錫	上海梵王渡路二五弄一九號
張徵元	男	二十三	江蘇松江	上海襄元路二三三弄二二號
林蔚青	男	二十三	福建廈門	上海亞爾培路五一五號，廈門鼓浪嶼林屋
瀛鼎勳	男	二十一	江蘇無錫	無錫新生路一一七號
張世權	男	二十四	浙江鄞縣	上海派克路承興里K二三號
張世佩	男	二十二	浙江鄞縣	上海派克路承興里K二三號
顏瑞璘	男	二十二	廣東龍縣	上海林森中路一二七三弄一一號

民三十七(三年級)

(一) 電力組

王濟時　張師聖　黃仲讓　梁肇舉　張漢揚　陳祖勛　張　麟　陳敏行　汪積威

王麟珣　李傳清　高　綸　王願德　蔣恩鄒　沈瑞章　羅玉森　趙宗人　馬植儀

徐廣利　范崇儉　鄭汝勤　儲振寰　張文模　黃世鑫　陳秩體　歐陽綏　周韻梅

張之乾　徐壽曾　蘇祖訓　汪儒章　楊福生　沈嘉隆　鍾允若　沈乙孫　唐祥崙

王梅義　陳　立　金雨時　程文釗　吳裕賢　陳企明　馬明豫　陳禮謨　文汝甯

蕭宗何　翁世功　盧國維　紀德焜　吳欽煒　王元凱　張德煥　陳爾臧　顧秋心

程履中　張策翊　賈志友　馬胡鑾　張正合　梅國修　孫元龍　周渠良　張和康

丁成瀚　歐乃成　朱承藩　黃　煦　顧慶祖　榮德興　張良志　杜德由　任大鏘

鄭佐卿　陳汝性　謝楚民　張振祿　陸維勛　陳章德　黃智隆　王麗東　劉維允

王裕濂　陳貽蘊　虞承光　陳　豫　鍾光濟　陳餘德　江培基　盛樹基　詹令士

呂維松　包　一　蘇彥威　李儒美　張漢强　周大浩　汪原麟　蔣秉文　張全林

常春馨　黃振國　胡永鈁　李松林　周于邦　王克明　舒潤達　章民泰　黃惟毅

金　墉　盧參時　吳　同　魏巡章　申宗銓　薛南行　林振邦　唐恒治　馮雍明

程傳輝　徐叔梅　裴繼濤　史繼藩　魏柏平　吳增亮　郭元濬　丁德劭　張厚傳

陳　光　莊惠昌　張世履　韓禮鏞

(二) 電信組

凃季衡　王朝舉　張永焜　沈美年　蔣　通　張仲良　潘佩琳　楊國元　王同煦

陳懋釗　朱德明　倪兆京　胡鳴波　何永瑞　龔敬承　范　炎　吳錫蕃　郭嘉毅

熊繼褒　劉　謙　鄭繼慶　馬桂生　曹秉琳　宋濱達　韓寬慶　王家寧　許紹剛

張念村　譚西爽　劉永鮻　李鼎甚　王　彰　任在根　蕭篤塤　陳尚勤　曾英摯

莊　由　陳以鴻　查其恒　徐　偉　甘維垣　徐世鑫　黃惟和　陳乃炘　王傳善

孫廣川　王積禔　范崇瀏　鄒德純　張有綱　盧成俊　王百福　張鵬飛　嚴懷愚

梅英俊　唐堯千　郁青田　李道均　趙國南　張伯安　潘維楨　楊永中　孫　如

陳國興　鈕家鼎　管維祥　胡在藻

民卅八級(二年級)

王友茨　梁定偉　郭第漸　馬驥平　劉泉祺　梅仲力　王理珊　崔德昌　楊吉璇
陳曾符　婁有安　張希戴　錢　煒　馬昭彥　陳元嘉　吳振東　李培楷　蔡起翔
劉行健　李松森　雷秉鈞　雷有德　周曰鑾　邊金榜　陳德方　瞿瑞虎　張振東
李茂楨　華渭年　徐萬鈞　朱正立　李基昌　王建勳　陳仲喬　盧任章　黃冠英
陸志元　李溯生　陳　乾　袁學和　張文勝　戴中立　章景翰　賴國欄　楊　朝
蔡心畛　陳盤蕃　陸培光　曹美琪　鄧偉縣　羅治周　諸錦麟　許國華　蔡孟博
楊秀賢　吳大同　耿長庚　黃緒纘　魏光貴　陳樹清　黃　安　倪從銓　劉功振
歐陽道庭　黃虎先　彊元桴　張承鑾　柯愈熊　孫世輝　石允初　徐亞洲　潘造珣
曾習如　陳明鏡　金仲白　孟兆富　劉士中　魏一邦　周宗大　羅　友　區紹偉
王祖耆　文周翰　王希槐　尹　宓　張以長　劉子玉　李　敢　徐金興　郁繼燊
吳汝榕　賀名琛　陳博若　李毅達　司徒秉勳　崔　弘　文心府　王　霞　鄭守淇
陳世坤　羅　仲　許有方　萬百五　郭紹生　邱敬業　黃涵文　李以鈞　胡同光
陳志浩　李人增　沈乃萬　石競飛　劉琥章　周秋森　孫葆正　奚祖楨　沈俊泉
張爲傑　崔學祖　呂新華　尤齊忠　何偉然　馮國鈞　蔣碧霞　葉雅鋼　薛念祖
阮家豐　徐漢培　孫宗元　陳景祺　畢家東　樊　虎　陳贊鼎　楊旭初　王德雋
劉思銘　王樹棠　吳文虎　王逸飛　陳馨祥　范懋本　張志誠　王傳璧　王厚餘
金鍾駿　錢振蒙　何鴻培　蔣鈞成　黃鵬九　徐承亮　婁爾修　錢如瑛　費修蓴
王思梅　胡文燦　陳鴻彬　惲　錦　董維熊　姚駿發　楊大成

民卅九級(一年級)

吳冠華　陳懷瑾　俞祖馨　曹會文　王潔澄　朱文達　裘維強　鄒兆年　夏克同
沈逢吉　吳士治　陳壽山　唐德光　程國維　童天爵　陳　橋　蔡均一　黃　俊
沈慶誠　陳輔倫　許錫振　蒙定中　葉隆駿　何友爵　羅慶生　黃秀銘　鄒一鳴
鍾承謨　黃天麒　劉　篪　程宗賢　張澤琦　盧光敘　柴之清　董不朽　顧旭庭
王柏李　石松年　欽方平　李龍孫　張直平　李會善　張　磐　叢鑫泉　蔣卡林
陳國文　喬雲台　唐富奎　陳思舜　沙玉鈞　潘爵濤　樊元武　郭立人　蔡元宇
戴詩正　周思文　蕭光椿　徐林之　徐德培　計燕華　唐安琪　李學郛　張廷葢
沈餘吾　朱鑒石　王鼎銓　王振畝　劉振璧　印家騮　陸仁鏡　鍾天鐸　趙志輝
王蔭槐　孫祥麟　金根洪　朱建銘　史濟民　李家海　陳祥源　周伯金　把　舜
盧家疇　丁鴻惠　柳曉昂　張倚得　應庇東　夏祖治　王正性　曹光祖　李本惠
王炳達　方　復　袁啓書　高秀成　戴中山　劉友蘭　朱鏡湖

編　　後

中國電機工程師學會，鑒於各大學裏攻讀電機工程的同學日多，認爲需要有課餘研究的機會；於是協助各大學成立學生分會。民國三十二年四月八日校慶節時，本校首先成立第一個學生分會；并請朱其清先生爲本會第一屆名譽會長。該時學生會員共二百餘人。學生分會既成立，對外活動愈見活躍。

每屆校慶節，也是本分會重要活動之一；各地前輩校友，歡聚一堂，對於本分會會務之進行，更盡心盡力的指示與幫助。我們對於老校友們的助力是衷心的感激。

勝利後學校遷返上海，學生分會第三屆幹事會亦隨之在上海產生。經常我們由學術股請名人來校對會員舉行學術演講，及接洽各大電廠電台參觀事宜。由出版股刊印『交大電機』壁報一種。又成立『交大電機』年刊創刊號編輯委員會，負責刊物之編印。

此次承各先進校友及教授熱忱贊助，并爲撰稿，又承俞雲煥同學繪封面。實感榮幸。本刊於印刷業務日益繁忙之中得按期問世，全得鍾兆琳毛啓爽兩先生指助，夏宗輝毛鈞業先生范果健溫鼎勳同學等代爲介紹廣告及各先生不吝賜教，敬此致謝

本刊對各校友及各大學均爲贈送，奈以通訊地址不明，遺漏在所難免，如蒙補索請賜知通訊處當即寄奉。

中國電機工程師學會

國立交通大學學生分會

交大電機創刊號編輯委員會

總編輯

汪　緒　祖

編輯

查其恒　陳世坤　陳景祺　趙永亭　李以鈞

總務

王續禔　甘維垣

廣告

范果健　唐恒治　程傳輝　莊惠昌　何永瑞

出版

張安銘　沈嘉隆

《交大造船》简介

《交大造船》于 1947 年 8 月在上海创刊，系造船工程类期刊，年刊。刊名由校长吴保丰题写。由交通大学造船工程学会编辑、发行，主编为刘荫启，编辑为杨焕生、朱发稼、尤子平，共发行两期。本卷收录 1947 年 1 期和 1948 年第 2 期。

交通大学造船工程系成立于 1943 年，是在重庆商船专科学系并入交通大学后，在其造船科基础上创建的，隶属工学院。该刊为造船工程学会所办刊物，旨在推介学术研究新成果、扩大造船工程系的影响，"以纯粹科学之理论，配合工程之需求，当有以促进造船工程之发展"[①]。

1947 年第 1 期共刊载 14 篇文章，未分栏目。关于交通大学造船系相关介绍的文章共 3 篇，阐述造船工程系使命，建议政府将日本船模试验池拨归工程系供教学之用，以及介绍造船工程系概况。学术研究性文章有 11 篇，其中 2 篇为英文论文，其一为辛一心教授关于船舶耐波性的数学分析，其二为王世铨教授关于战时美国船舶制造业的发展。

1948 年第 2 期共刊载 8 篇学术研究性文章，1 篇附录。学术研究性文章主要探讨了轴的回转、船模试验的原理、船用汽涡轮的介绍、造船名词辑译等。其中，《造船名词》系叶在馥教授为配合工程及学术需求，辑译的日常所见造船专业名词，以期造船工程专业名词规范化。附录为造船工程系教员名录及历届系友名录。

该刊知名撰稿人有工学院院长王之卓、造船系主任叶在馥、轮机系主任王超，另有造船系教授辛一心、王世铨、杨仁杰、赵国华等。

---

① 吴保丰：《发刊词》，《交大造船》1947 年第 1 期，第 1 页。

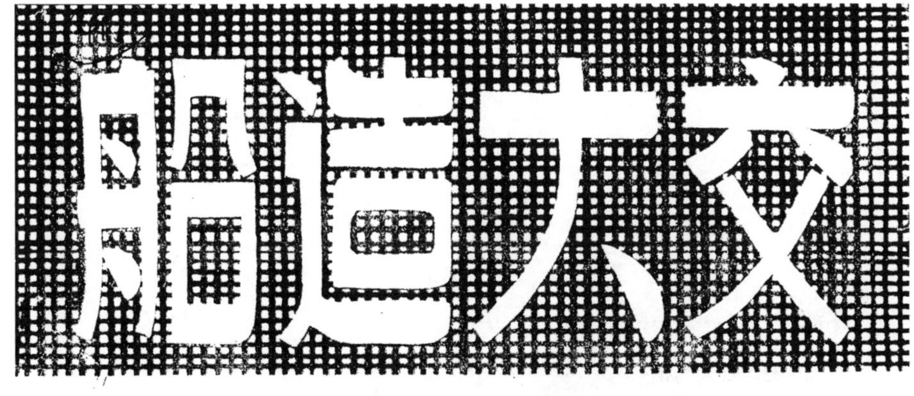

創刊號

一九四七

交大造船工程學會

目　　錄

發刊詞……吳保豐（1）
本校造船工程系的使命……王之卓（2）
爲建議校方向各有關機構請求以日敵船模試驗池撥償我校進一言…王　超（3）
利用LSM登陸艇的主機一艘新型客貨江輪的設計……葉在馥（4）
Mathematical Analysis of Wave Resistance of Ships……辛一心（6）
Wartime Shipbuilding in the U.S.A.……王世銓（15）
船體線圖設計……楊仁傑（34）
説川江輪……葉在馥（43）
佈置總圖上所用之簡略字表……嚴似松（46）
决定舵之轉矩……龔茂恆（47）
操舵器……孫　寬（51）
輕巡洋艦改裝成快速客船之設計……章光堅（56）
對於安定性之檢討……劉蔭棨（59）
原子戰爭中的潛艇……宮　明（61）
本校造船工程系概況……本刊資料室（63）

發刊詞

吳保豐

國內大學之有造船工程系，我交大實開先河。五十年來，校友之從事造船工程斐聲士林者，實繁有徒。蓋建國首重交通，造船爲交通主要業務之一，人材之陶鑄誠不可緩。故𠞞辦以來，延聘專家碩儒，權威學者，設帳敷教，浸饋鑽研，希有以應建國之需而慰國人殷殷之望焉。

今在校諸生慕其先進之所爲欲有以繼之乃編輯論文，彙爲年刊。作學術上之研介，冀攻錯於他山，而介紹我造船學系於社會。執筆諸子或爲造船名流，或爲後起俊彥，以純粹科學之理論，配合工程之需求，當有以促進造船工程之發展也。惟倉卒付梓，難免紕誤，倘祈海內鴻達，不吝賜教，俾匡於正幸甚幸甚。

本校造船工程系的使命

王之卓

我國工業落後是一件無可諱言的事實。在這抗戰勝利後的階段當中，各種工業都在漸漸的萌芽滋長，在很有限的基礎條件之下，某一種工業比較被人重視，或者有人去提倡，就可以多得到一點發展。造船工業在中國是很晚才被國人加以注意的，依照交通建設的各方面來講：我國在鐵路公路方面，已經有比較深厚的認識；在航空方面，雖然是一樁新興的事業，可是在這航空時代，我國確曾做到了許多提倡的工作，所以對於航空人材的培植以及飛機的修造工程等等，都有相當的推動；惟有造船工程，在我國古代，雖然曾經有過輝煌的記載，可是其後中國的航權，旁落在外人的手裏，連主要的船員都是由外國人充當，可以說一直到最近很少聽見有人提倡過造船工業的。

在第二次世界大戰期間，世界各國在造船方面有着驚人的產量。美國在平時，就已經很注意到航業方面的扶植，訂有各種補助與貸款的方法，可是在戰時，還是不能夠配合緊急的要求。這次戰爭，美國用於商船和軍輪的費用，約各有一百六十億美元之鉅，因此美國論者，認爲他們平時對於航業的扶植還感不足。美國尙且如此，反觀我國，則更相差遠甚。

現在我們只就接收別國船隻問題一項而論，覺得我們現有的一點造船的基礎與人材，已經非常不足。譬如美國近來計議着把戰時的產品，如自由式輪、勝利式輪、中型登陸艇、坦克登陸艇等等，撥給中國，這些船隻是否適合於我國的需求？如果撥給我國之後，應該加以如何的利用？還有在日本賠償的物資中，我國要求至少限度包括商船五十至一百萬噸，而我國現有的只約有六十萬噸，噸數加倍起來，我們至少須要加倍的人材。這些還都是目前應急的問題，至於想從根本解決中國的造船問題，使得中國的造船工業能夠追隨外國的進展，在質與量兩方面來講，都差得更遠了！

本校的造船工程系是國內各學校中稀有的一系。看看我國造船工業遙遠的前途，同時反觀我國國內造船工程訓練機構的稀少，眞是覺得使命重大。我們這一系歷史很短，設備缺乏，但是已經盡我們的努力，把國內僅有的少數造船專家羅致殆盡，以後更希望本系能同造船的事業機關密切連繫起來，一方面由造船事業機關的資助，我們可以得到設備方面的充實，另方面使得訓練出來的學生，可以更能配合實際的需要。

為建議校方向各有關機構請求以日敵船模試驗池撥償我校進一言

王　超

歐美各國造船學者，能設計船舶達到預期速率者，端賴船模試驗池。蓋同一噸位之船舶，因其長寬喫水等比例之不同，船體型式之各異，其航行阻力，即顯有大小之別，而所需馬力以及航行速率，因之亦有等差。故在製造新船之前，必須製一小型船模，在試驗池中求得其準確阻力及適用之鏍旋槳式樣後，始可決定所需馬力之大小而達到預期之速率。歐美各國此種設備，爲數甚夥，其最著稱者，在英則有泰丁登國家物理實驗所(National Phisical Laboratory Teddington) 與海軍部設立之船模試驗池 (Admiralty Testing Tank)。在美則有華盛頓船模試驗池 (Washington Model Basin)。與戴勞氏之船模試驗池(Taylor's Tank)。在德則有漢堡船模試驗池。其設於大學中者則有英之利物浦大學美之密西根大學德之柏林工大，對於造船技術之改進，皆有不朽之偉績。其他法意挪瑞希西荷奧諸國，均有是項設備。日本造船工業雖屬後進，而郵遞省與高等工業學校之造船科及其他工業大學之有造船科者，亦均有船模試驗池之設置，故其造船工業，能與歐美各國爭衡，稱雄海上。我國造船工業，原極幼稚，復員後以航權收回，航運及造船事業均有逐漸發展之必要，現江南造船所，青島海軍造船所等，均已規模粗具，且正籌設大規模之中央造船廠，至培植高級技術人才之造船學系，本校於民國卅二年首先創立，迄今肆載，學科已漸臻完備，惟限於經費，迄無力設置船模試驗池，以資研求，不僅爲本校遺憾，抑爲我國造船界一大缺陷。此次日本賠償物資中，郵遞省之船模試驗池亦在其列，英美兩國，已有優良完善之設備，當不需此，倘能償付我國，則裨益非淺，擬請校方呈請教育交通國防經濟諸部，即日轉函我國駐日代表團商請盟邦，將日本郵遞省或其他船模試驗池設備撥交本校應用，以資研求而專責成，則對於我國將來造船工業之發展，必有長足之貢獻，且於國家航運亦當有莫大之收穫也。

利用LSM登陸艇的主機 一艘新型客貨江輪的設計

葉在馥

現在我國的造船能力，雖然十分微薄，但除了若干機械方面不能完全自行製造外，其他配件及船殼一切建造工程，都可說勝任愉快。一般來想，在這個時候，國內造船業應該十分活躍，她應該爲恢復戰時所損失噸位而忙碌，爲忙於設計，建造適合我國河港的新船。而事實上並不如此，此中原因，由於技術上不能的問題少，而由於整個經濟計劃者多，而一般航業同人，沒有一個共同計劃，未始不是一個重要因素。

一般人以爲，有一隻船，就一定能够生利，祇要用廉價來購進一艘船，就以爲這艘船一定可能發生作用，而不肯作縝密的思考。固然，別人剩餘的船隻是便宜的，但這些船，有幾隻能合乎我國河港的要求，和一般的情形？堆滿了這不合實用的船，除在數字有表示外，毫無實際意義，或可說，浪費了國家的財力和淤塞了整個交通。

從事於造船事業的，他若希望造船工業能有發展，必先希望他的合作者有良好的發展，發展的條件，固基礎於整個國家經濟政策，同時，也决定於管理和一些適合於某些條件的船。

目前航業，已經蒙着阨運，但一艘合乎用途的船，在這所謂阨運裏是有其必然存在的價值的。我們不必列舉事實來證明，祇要想，那些因爲不合用，過大浪費，消耗而將成本增高三數倍的船，還可勉强存在，喘息，我們就知，一艘優秀的船必會代替這些近乎廢物的了。尤其航業漸漸地恢復到平常狀態，誰擁有優秀的船舶，誰才有資格生存和競爭。

LSM登陸艇的檢討

現在購入或接收的中型登陸艇 LSM，她是長二〇三呎，寬三四呎，艙深一一·九呎，滿儎吃水前四呎五吋，後八呎。馬力各一八〇〇匹主機二部，速度十四海浬。這船還有用處，就在她能有十三至十四海浬的速度和相當淺的吃水，這對行駛長江是適合的。而缺點則在耗油量太大儎量太少（三五〇噸）。且這種登陸艇，本爲戰爭特殊用途而設計的，用普通客貨船眼光來判斷，缺點當然相當多，如阻力太大，隔艙太少，裝貨露天等等。因此，這種船，雖在目前畸形時期還有其用途，但其期間必不長久可知。

新擬的設計

我們想，國內要製造和 LSM 用的主機——內燃機，是困難的，但製造一個新船殼却並不困難。因此，若利用這種船的主機來建造一艘客貨船，她的條件，要保持原來的速率，在船型方面矯正她在LSM的缺點，根據我們的設計，將她與LSM登陸艇作一比較：

	新船	LSM登陸艇
長	235呎0吋	203呎6吋
寬	34呎0吋	34呎0吋
艙深	11呎6吋	11呎9吋
吃水	9呎0吋	前4呎5吋 後8呎0吋
馬力	2880——3600	2880——3600
平常速度	13浬	13浬
最大速度	14浬	14浬
總噸	約1500噸	——
乾貨容量	50,000立方呎	約30,000立方呎
液體容量	12,000立方呎	——
純儎貨量(重量)	700噸	350噸
客頭等	16	客無
二等	80	
三等	190	
共有舖位	288	

從這表來看，可知同一速度，同一馬力，却有不同的排水量，新船的排水量是增加了，她的儎貨量「重量」增加一倍，同時還增加近三百舖位。這對現在和將來却非常重要。而且貨艙是分乾貨和液體兩種，這新船設有相當大的油艙，更有容積頗大的冷藏間，在運輸上是有不少便利的。

在吃水方面，我們將她增加至九尺，這個吃水，除了在最枯水時，是可直航至陪都的。當然全年都可航行於上海和宜昌之間。長度的增加，是對船型有重大關係，太長了，在航行川江時，比較不方便，增長三十一呎六吋，是我們幾經考慮才決定的。

新船的概況

這船共有四層甲板，最高的一層，是駕駛台，船員室，無線電台，和裝置救生艇；下面的一層，前部是頭等客艙，餐廳，休憩室，衛生設備等；後部是二等客艙和餐廳；除了這些之外，一條相當寬大的走廊，可以供散步之用。再下一層就是上甲板，上甲板分爲兩部，三等A在前部，三等B在後部。鑒於國內現在所有的船，對衞生設備多不完備，因此特別加以注意，沐浴室，和廁所都經縝密的思考和安排的。同時更注意空氣的調節，使在船艙裏不致因空氣不流通以至悶。上甲板下面，就是主甲板，這層除了一些船員室和洗衣室之外，還有一直通到船底的冷藏室。此外，就是準備裝乾貨的貨艙了。主甲板上下，共用六道水密隔艙分成七大部分。第一部分是前水艙，錨鍊艙等。第二部份，一部作爲乾貨艙，另一部份用二道油密隔艙分爲二個液體艙。第三部份和前面的一樣。第四部份先是一小型鍋爐，它供給蒸汽和部份暖氣，另一是油泵室，之後則是機器艙了。機器艙之後是一冷藏室。第五部份，和第六部份都和第二第三部不相上下。最末一部則爲後水艙和貯藏室。此外，在船的前部裝備有五噸的吊桿兩具，作爲裝貨與卸貨之用。駕駛方面，則儘量採取合乎現況的設備，並設計有二個流線型的舵。其他方面自然都按照應有的規定。

餘意

這個時候高談發展工業，似乎不合實際。但我們總不能袖手旁觀，讓所有的工業都這樣窒息下去，應該將一切可能利用的時機都應加以利用。在美國對我國船舶貸款高唱入雲的時候，我們不應該希望一切都交給外國人去幹，利用這行將淘汰的登陸艇的機器，也可以做成一些對我們極其有用的東西，除了資金和材料之後，爲着暢通我國主要命脈——長江的交通，造船界和航業界是應該提供他們所最需要的船型和船隻，同時也可讓這些在等待救濟的造船業得一個喘息和表現能力的機會。

我們供獻新船設計，希望她能引起航業界的興趣，進而提出討論，一些對我國最適合的沿海輪和江輪的合適船型，和提出我們現在所最缺乏的船型和種類。爲討論這個船我們曾費了一些時間去收集一些材料，和想像中某類的施工方法，對現在的工廠是比較適合。其中一些圖表，和計劃等，我們並不打算敝帚自珍，而願供之於對這方面有興趣的同道。

Mathematical Analysis of Wave Resistance of Ships

辛 一 心

(I) INTRODUCTION

Although vast amount of work has been done by H.T. Havelock, and other prominant authors in past twenty years, none of the text books or even reference books on naval architecture discussed the mathematical analysis of wave resistance of ships. Indeed, the problem is highly classical. But recent experimentors such as W.C.S. Wigley and Hogner proved the correctness of results of the analysis and G. Weinblum devised mathematical lines which give best form for minimum resistance and lead to a comparatively easy and solid way of calculating wave resistance without model experiment. Therefore, it is interesting for practical naval architects to visualize the ways of attacking the problem and the limitation of application of the results. The following is a rough summary of different methods of analysis. Detail calculations and method of application are to be referred to respective papers of various volumes of proceedings of Royal Society Philosophical Magazine and Jahrbuch der Schiffbau.

(II) MICHELL'S INTEGRAL

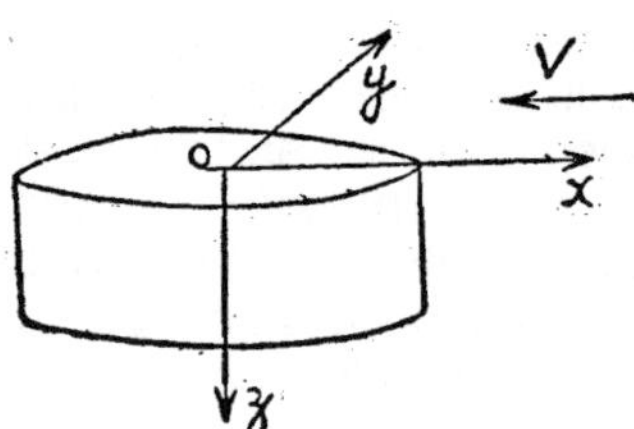

Consider a ship shaped body with its plane of symmetry xoz and center at origin. Let the free surface of water when at rest be the plane xoy. The axis of z is drawn downwards.

Instead of considering the ship is moving, we consider a stream with velocity v at inifinity past the ship in negative direction of ox. This gives the same dynamical effect as if the ship is moving through the water which is otherwise at rest.

The velocity potential of the uniform stream is clearly vx. If the velocity potential of the fluid motion due to the disturbance caused by the presence of ship is ϕ, then the total velocity potential is

$$\Phi = cx + \phi \qquad (1)$$

Now, the main problem is to find the expression of ϕ.

The conditions which ϕ is to satisfy are as follows:

(a). Pressure condition on wave surface:

pressure equation of wave surface is $-g\zeta - \frac{\partial\Phi}{\partial t} = 0$ where ζ is depression of surface (negative sign before ζ because ζ is depression). From which we can deduce

$$-g\zeta - \frac{\partial\Phi}{\partial x}\cdot\frac{\partial x}{\partial t} = 0, \quad \text{but} \quad \frac{\partial x}{\partial t} = -v$$

$$\therefore -g\zeta + \frac{\partial\phi}{\partial x}v + v^2 = 0$$

Differentiating, $$-g\frac{\partial\zeta}{\partial x} + v\frac{\partial^2\phi}{\partial x^2} = 0 \qquad (2)$$

But the vertical velocity of fluid is $\frac{\partial\zeta}{\partial t}$ (downward) and $\frac{\partial\zeta}{\partial t} = \frac{\partial\zeta}{\partial x}\cdot\frac{\partial x}{\partial t} = -v\frac{\partial\zeta}{\partial x}$

also vertical downward velocity $= -\frac{\partial\Phi}{\partial z} = -\frac{\partial\phi}{\partial z}$

Therefore, we have $$\frac{\partial\zeta}{\partial x} = \frac{1}{v}\cdot\frac{\partial\phi}{\partial z} \qquad (3)$$

and substituting in (2), we have

$$g\frac{\partial \phi}{\partial z} - v^2\frac{\partial^2 \phi}{\partial x^2} = 0 \quad \cdots\cdots\cdots (4)$$

when $z=0$ i.e. on surface. Equation (4) represents the surface condition which ϕ must satisfy.

(b). Bottom condition: At bottom, the fluid should not have any vertical component of velocity, or in other words, for infinite depth of water

$$\frac{\partial \phi}{\partial z} = 0 \quad \text{when } z = \infty \quad \cdots\cdots\cdots (5)$$

(c). Boundary condition: There should be no component of the fluid normal to ship's surface, or, mathematically

$$\frac{\partial \Phi}{\partial N} = 0 \quad \cdots\cdots\cdots (6)$$

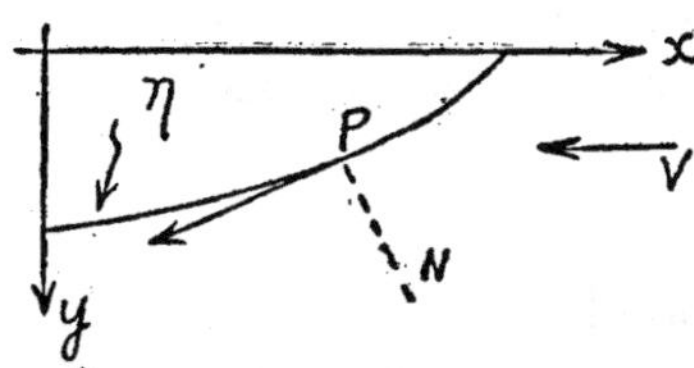

where N denotes the normal to the ship's surface. Let the equation of the ship's surface be

$$y=f(x, z)$$

and this be denoted by η, or $\eta=f(x, z)$

In equation (6), we observe that in order to form an exact equation for boundary condition, the direction of normal N should be determined. But this will lead to great complications in mathematical analysis and as a matter of fact, it will be practically impossible to make further mathematical investigations. Here, we can assume that the surface of ship makes only a very small angle with xoz plane or in other words, N is nearly parallel with y—axis. It should be noted that this assumption does not happen in practical cases, and, therefore, it represents the most series handicap of the theory of wave resistance.

With this assumption we may restate our boundary condition as follows:

$-\frac{\partial \phi}{\partial y}$ must equal to the component velocity in the direction of y—axis as a particle moves along the ship surface, now what we are considering is the y—component of velocity instead of the velocity component, normal to ship's surface.

The y—component of velocity moving along the ship's surface is

$$\frac{\partial \eta}{\partial t} = -v\frac{\partial \eta}{\partial x}$$

$$\therefore \frac{\partial \phi}{\partial y} = v\frac{\partial \eta}{\partial x} = v f'(x, z) \quad \cdots\cdots\cdots (7)$$

where $f'(x, z) = \frac{\partial \eta}{\partial x}$, or the slope of the ship's surface. Because the inclination of ship's surface to zox plane is assumed to be small, we can say that the boundary condition equation (7) holds with $y \doteq 0$.

In order to satisty these conditions represented by equations (4), (5) and (7), Michell found the velocity potential ϕ given below by means of expansion of the boundary conditions in Fourier's Series.

$$\phi = -\frac{2v}{\pi^2}\int_0^\infty\int_0^\infty\int_0^\infty\int_{-\infty}^\infty f'(x_1, z_1)\frac{\cos(nz-\epsilon)\cos(nz_1-\epsilon)}{(m^2+n^2)^{1/2}}\cos\left\{m(x_1-x)\right\}e^{-y(m^2+n^2)^{1/2}}dx_1dz_1\,dm\,dn$$

$$+\frac{2v^3}{\pi g}\int_{\frac{g}{v^2}}^\infty\int_0^\infty\int_{-\infty}^\infty f'(x_1, z_1)\frac{me^{-\frac{m^2v^2}{g}(z+z_1)}}{\left(\frac{m^2v^4}{g^2}-1\right)^{\frac{1}{2}}}\,\mathrm{Sin}\left\{m(x-x_1)+my\left(m^2\frac{v^4}{g^2}-1\right)^{\frac{1}{2}}\right\}dx_1\,dz_1\,dm$$

$$-\frac{2v^3}{\pi g}\int_0^{\frac{g}{v^2}}\int_0^{\infty}\int_{-\infty}^{\infty} f'(x_1, z_1)\frac{m e^{-\frac{m^2v^2}{g}(z+z_1)}}{\left(1-\frac{m^2v^4}{g^2}\right)^{\frac{1}{2}}}\text{Cos}\left\{m(x-x_1)\right\}e^{-my\left(1-\frac{m^2v^4}{g^2}\right)^{\frac{1}{2}}}dx_1\,dz_1\,dm \qquad \text{(8)}$$

where $\tan\epsilon = -\frac{v^2m^2}{g\,n}$ .... (9)

Now, let us verify the conditions which ϕ is to satisfy. We observe that the second and third terms of ϕ satisfy equation (4) separately. With regard to the first term, let us differentiate it with respect to z, we get

$$-\frac{2v}{\pi^2}\int_0^{\infty}\int_0^{\infty}\int_0^{\infty}\int_{-\infty}^{\infty} f'(x_1, z_1)\frac{-n\,\text{Sin}\,(nz-\epsilon)\,\text{Cos}\,(nz_1-\epsilon)}{(m^2+n^2)^{1/2}}\text{Cos}\left\{m(x_1-x)\right\}e^{-y(m^2+n^2)^{1/2}}dx_1\,dz_1\,dm\,dn$$

Differentiate with respect to x twice, we get

$$-\frac{2v}{\pi^2}\int_0^{\infty}\int_0^{\infty}\int_0^{\infty}\int_{-\infty}^{\infty} f'(x_1, z_1)\frac{-m^2\,\text{Cos}\,(nz-\epsilon)\,\text{Cos}\,(nz_1-\epsilon)}{(m^2+n^2)^{1/2}}\text{Cos}\left\{m(x_1-x)\right\}e^{-y(m^2+n^2)^{1/2}}dx_1\,dz_1\,dm\,dn$$

The difference of these two expressions is $m^2\,\text{Cos}\,(nz-\epsilon)$ in second expression instead of $n\,\text{Sin}\,(nz-\epsilon)$ in the first. But from equation (9), $-n=\frac{v^2m^2}{g}\text{Cot}\,\epsilon$

$$\therefore\quad -n\,\text{Sin}\,(nz-\epsilon)=\frac{v^2m^2}{g}\frac{\text{Cos}\,\epsilon}{\text{Sin}\,\epsilon}(\text{Sin}\,nz\,\text{Cos}\,\epsilon-\text{Sin}\,\epsilon\,\text{Cos}\,nz)$$

$$=\frac{v^2}{g}m^2\left[\frac{\text{Sin}\,nz\,(1-\text{Sin}^2\,\epsilon)}{\text{Sin}\,\epsilon}-\text{Cos}\,\epsilon\,\text{Cos}\,nz\right]$$

$$=\frac{v^2}{g}m^2\left[\frac{\text{Sin}\,nz}{\text{Sin}\,\epsilon}-\text{Cos}\,(nz-\epsilon)\right]$$

Now, on the surface, $z=0$,

$$\therefore\quad n\,\text{Sin}\,(nz-\epsilon)=-\frac{v^2}{g}m^2\,\text{Cos}\,(nz-\epsilon)$$

Therefore the first term of ϕ also satisfies the equation (4).

With regard to the equation (5), second and third terms of (8) satisfy as we put $z=\infty$. The first term, after differentiation, will comprise the factor Sin $(nz-\epsilon)$. As z is infinity, we can arbitrary make it to be $\left[\frac{\infty}{n}\cdot\frac{\pi}{2}+\frac{\epsilon}{n}\right]$ which is still infinity but will render the expression $\frac{\partial\phi}{\partial z}$ to vanish.

With regard to the equation (7), we first observe that the function $f'(x, z)$ can be expanded by means of Fourier's Series in the following manner:

$$f'(x, z)=\frac{2}{\pi^2}\int_0^{\infty}\int_0^{\infty}\int_0^{\infty}\int_{-\infty}^{\infty} f'(x_1, z_1)\,\text{Cos}\,(nz-\epsilon)\,\text{Cos}\,(nz_1-\epsilon)\,\text{Cos}\,m\,(x_1-x)\,dx_1\,dz_1\,dm\,dn$$

$$+\frac{2v^2}{\pi g}\int_0^{\infty}\int_0^{\infty}\int_{-\infty}^{\infty} f'(x_1, z_1)m^2e^{-\frac{m^2v^2}{g}(z+z_1)}\,\text{Cos}\,m\,(x_1-x)\,dx_1\,dz_1\,dm \qquad \text{(10)}$$

Now

$$\frac{\partial\phi}{\partial y}=\frac{2v}{\pi^2}\int_0^{\infty}\int_0^{\infty}\int_0^{\infty}\int_{-\infty}^{\infty} f'(x_1, z_1)\,\text{Cos}\,(nz-\epsilon)\,\text{Cos}\,(nz_1-\epsilon)\,\text{Cos}\left\{m\,(x_1-x)\right\}e^{-y(m^2+n^2)^{1/2}}dx_1\,dz_1\,dm\,dn$$

$$+\frac{2v^3}{\pi g}\int_{g/v^2}^{\infty}\int_0^{\infty}\int_{-\infty}^{\infty} f'(x_1, z_1)\,m^2e^{-\frac{m^2v^2}{g}(z+z_1)}\,\text{Sin}\left\{m(x-x_1)+my\left(m^2\frac{v^4}{g^2}-1\right)^{\frac{1}{2}}\right\}dx_1\,dz_1\,dm$$

$$+\frac{2v^3}{\pi g}\int_{g/v^2}^{\infty}\int_0^{\infty}\int_{-\infty}^{\infty} f'(x_1, z_1)\,m^2e^{-\frac{m^2v^2}{g}(z+z_1)}\,\text{Cos}\left\{m(x_1-x)\right\}e^{-my\left(1-\frac{m^2v^4}{g^2}\right)^{\frac{1}{2}}}dx_1\,dz_1\,dm$$

$$=\frac{2v}{\pi^2}\int_0^{\infty}\int_0^{\infty}\int_0^{\infty}\int_{-\infty}^{\infty} f'(x_1, z_1)\,\text{Cos}\,(nz-\epsilon)\,\text{Cos}\,(nz_1-\epsilon)\,\text{Cos}\,m\,(x_1-x)\,dx_1\,dz_1\,dm\,dn$$

$$+\frac{2v^3}{\pi g}\int_0^{\infty}\int_0^{\infty}\int_{-\infty}^{\infty} f'(x_1, z_1)m^2e^{-\frac{m^2v^2}{g}(z+z_1)} \text{Cos}\, m\,(x_1-x)\, dx_1\, dz_1\, dm$$

$$\therefore \frac{\partial \phi}{\partial y}=v\, f'(x, z)$$

Therefore, the expression ϕ satisfies all the conditions.

Having know the velocity potential, let us consider the wave resistance, which may be regarded as the resultant pressure in the direction of negative of ox due to the velocity potential.

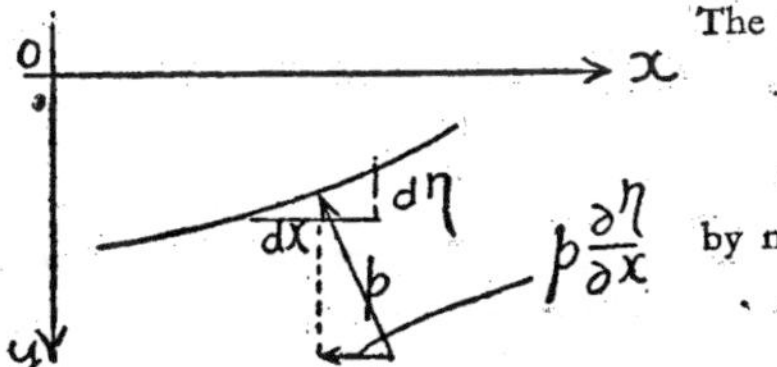

The pressure equation is

$$\frac{p}{\rho}+\frac{1}{2}q^2-\frac{\partial \phi}{\partial t}=\text{Constant}$$

$$\text{or } \frac{p}{\rho}=\text{Const.}+\frac{\partial \phi}{\partial t}$$

by neglecting q^2 as usually do in wave problems.

$$\therefore \frac{p}{\rho}=\text{Const.}+\frac{\partial \phi}{\partial x}\cdot\frac{\partial x}{\partial t}=\text{Const.}-v\frac{\partial \phi}{\partial x}\ldots \quad (11)$$

In performing the integration around the ship's surface, the constant term will result zero. Therefore, the resultant pressure in the direction ox is

$$R=-2\int\int p\frac{\partial \eta}{\partial x}dx\, dz=2\int\int \rho\, v\frac{\partial \phi}{\partial x}\frac{\partial \eta}{\partial x}dx\, dz$$

$$=2\, v\, \rho\int\int f'(x_1\, z)\frac{\partial \phi}{\partial x}dx\, dz \ldots\ldots\ldots \quad (12)$$

The integration extending over the vertical median plane of the ship, i.e. on the plane $y=o$, within the limit of longitudinal section of the ship up to the water line by this plane. But if we reckon that the resistance must be a real number, and $f'(x, z)$ will be imaginary outside the stated limit, therefore, we can take the limits of integral from $-\infty$ to ∞ and from o to ∞ for z in case of deep water. Therefore, we can write

$$R=2\, v\, \rho\int_0^{\infty}\int_{-\infty}^{\infty} f'(x_1\, z)\frac{\partial \phi}{\partial x}dx\, dz$$

Substituding $\frac{\partial \phi}{\partial x}$ and we get (by putting $y=o$)

$$R=-\frac{4v^2\rho}{\pi^2}\int_0^{\infty}\int_0^{\infty}\int_0^{\infty}\int_{-\infty}^{\infty}\int_0^{\infty}\int_{-\infty}^{\infty} f'(x,z)f'(x_1,z_1)\frac{m\cos(nz-\epsilon)\cos(nz_1-\epsilon)}{(m^2+n^2)^{1/2}}\sin\left\{m(x_1-x)\right\}dx_1dz_1dxdzdmdn$$

$$+\frac{4v^4\rho}{\pi g}\int_{g/v^2}^{\infty}\int_0^{\infty}\int_{-\infty}^{\infty}\int_0^{\infty}\int_{-\infty}^{\infty} f'(x,z)f'(x_1,z_1)\frac{m^2e^{-\frac{m^2v^2(z+z_1)}{g}}}{\left(\frac{m^2v^4}{g}-1\right)^{\frac{1}{2}}}\text{Cos}\left\{m\,(x-x_1)\right\}dx_1\, dz_1\, dx\, dz\, dm$$

$$-\frac{4v^4\rho}{\pi g}\int_0^{g/v^2}\int_0^{\infty}\int_{-\infty}^{\infty}\int_0^{\infty}\int_{-\infty}^{\infty} f'(x,z)f'(x_1,z_1)\frac{m^2e^{-\frac{m^2v^2(z+z_1)}{g}}}{\left(1-\frac{m^2v^4}{g}\right)^{\frac{1}{2}}}\text{Sin}\left\{m\,(x_1-x)\right\}dx_1\, dz_1\, dx\, dz\, dm$$

In the above expression, we observe that x and x_1, z and z_1 occur in similar manner in each term and are integrated over the same limit. Therefore we can now replace x_1 by x and z_1 by z. But before doing this, we have to expand $\text{Sin}\left\{m\,(x_1-x)\right\}$ and $\text{Cos}\left\{m\,(x-x_1)\right\}$. The expansions are

$$\text{Sin}\left\{m\,(x_1-x)\right\}=\text{Sin}\, mx_1\, \text{Cos}\, m\, x-\text{Sin}\, m\, x\, \text{Cos}\, m\, x_1$$

$$\text{Cos}\left\{m\,(x-x_1)\right\}=\text{Cos}\, m\, x\, \text{Cos}\, m\, x_1+\text{Sin}\, m\, x\, \text{Sin}\, m\, x_1$$

By putting $x_1=x$, we get $\text{Sin}\left\{m\,(x_1-x)\right\}=o$, while $\text{Cos}\left\{m\,(x-x_1)\right\}=\text{Cos}^2\, m\, x+\text{Sin}^2\, mx$. Therefore, the first and third terms in R vanishes and what left is the second term. So we get

$$R=\frac{4\rho v^4}{\pi g}\int_{g/v^2}^{\infty}\int_{0}^{\infty}\int_{0}^{\infty}\int_{-\infty}^{\infty}\int_{-\infty}^{\infty}[f'(x,z)]^2\frac{m^2 e^{-\frac{2m^2v^2z}{g}}}{\left(\frac{m^2v^4}{g}-1\right)^{\frac{1}{2}}}(\mathrm{Cos}^2 mx+\mathrm{Sin}^2 mx)(dx)^2(dz)^2\,dm$$

$$\left.\begin{aligned} &\text{or } R=\frac{4\rho v^4}{\pi g}\int_{g/v^2}^{\infty}(P^2+Q^2)\frac{m^2\,d\,m}{\left(\frac{m^2v^4}{g^2}-1\right)^{\frac{1}{2}}}\\ &\text{where } P=\int_0^{\infty}\int_{-\infty}^{\infty}f'(x,z)\,e^{-\frac{m^2v^2z}{g}}\,\mathrm{Cos}\,mx\,dx\,dz\\ &Q=\int_0^{\infty}\int_{-\infty}^{\infty}f'(x,z)\,e^{-\frac{m^2v^2z}{g}}\,\mathrm{Sin}\,mx\,dx\,dz \end{aligned}\right\}\quad\cdots\cdots\cdots\cdots (13)$$

Equations (13) are generally referred to as Michell's integral of wave resistance. The integrating limits of P and Q are from o to ∞ for z and from -∞ to ∞ for x as above. But in usual case, these are taken over the area of the longitudinal section of the ship on its median plane.

If the ship is symmetrical with respect to yz—planc, it is clear that both $f'(x_1 z)$ and Cos mx are symmetrical with respect to yz-plane and the result of the integration will be zero. ∴ P=o. Thus for ships symmetrical fore and aft, P=o, and we have only Q. Furthermore, if we consider only two dimensional flow, i.e., consider a post of infinite draught, z will not come into the question and we have

$$Q=\int_{-\infty}^{\infty}f'(x)\ \mathrm{Sin}\ mx\ dx\quad\cdots\cdots\cdots\cdots (14)$$

Expressions of P and Q in (13) can be rewritten in one equation by means of complex number, i.e.

$$P+iQ=\iint f'(x_1 z)\,e^{-\frac{m^2v^2z}{g}+imx}\,dx\ dz\quad\cdots\cdots\cdots\cdots (15)$$

Let us take an example to illustrate the use of Michell's Integral.

Take a submerged spheroid $\frac{x^2}{a^2}+\frac{y^2}{b^2}+\frac{(z-f)^2}{b^2}=1.$ where f is the immersion from the water surface.

$$\frac{\partial y}{\partial x}=\frac{\partial \eta}{\partial x}=f'(x,z)=\frac{-b^2x}{a\left\{b^2(a^2-x^2)-a^2(z-f)^2\right\}^{\frac{1}{2}}}$$

putting $\zeta=z-f$ we have

$$Q=-\frac{b^2}{a}e^{-\frac{m^2v^2f}{g}}\iint\frac{x\,e^{\frac{m^2v^2\zeta}{g}}}{\left[b^2(a^2-x^2)-a^2\zeta^2\right]^{1/2}}\mathrm{Sin}\ mx\ dx\ d\zeta$$

The integration is taken over the ellipse $\frac{x^2}{a^2}+\frac{\zeta^2}{b^2}=1$ Integrating with respect to x first, we have

$$\int_{-a\left(1-\frac{\zeta^2}{b^2}\right)^{\frac{1}{2}}}^{a\left(1-\frac{\zeta^2}{b^2}\right)^{\frac{1}{2}}}\frac{x\,\mathrm{Sin}\,m\,x\,d\,x}{\left[a^2(b^2-\zeta^2)-b^2x^2\right]^{1/2}}=\frac{\pi a}{b^2}\left(b^2-\zeta^2\right)^{\frac{1}{2}}\ J_1\left(\frac{ma}{b}\sqrt{b^2-\zeta^2}\right)$$

where J_1 is the Bessel function of first order

$$\therefore Q=-\pi b^2 e^{-\frac{m^2v^2f}{g}}\int_0^{\pi}e^{\frac{m^2v^2b}{g}\mathrm{Cos}\,\theta}\ J_1\ (m\,a\,\mathrm{Sin}\,\theta)\,\mathrm{Sin}^2\theta\,d\,\theta$$

$$= -2\pi b^2 e^{-\frac{m^2 v^2 f}{g}} \sum_{0}^{\infty} \frac{2^{n-\frac{1}{2}}}{(ma)^{n+\frac{1}{2}}} \frac{\Gamma(n+\frac{1}{2})}{(2n)!} \left(\frac{m^2 v^2 b}{g}\right)^{2n} J_{n+3/2}(ma)$$

$$= -2\pi b^2 e^{-\frac{m^2 v^2 f}{g}} \Big[\int_0^{\pi/2} J_1 (m a \operatorname{Sin}\theta) \operatorname{Sin}^2\theta \, d\theta$$

$$+ \frac{1}{2!} \int_0^{\pi/2} \left(\frac{m^2 v^2 b}{g}\right)^2 \operatorname{Cos}^2\theta \; J_1 (ma \operatorname{Sin}\theta) \operatorname{Sin}^2\theta \, d\theta$$

$$+ \text{ terms involving higher power of } b \Big]$$

$$= \frac{\sqrt{2}}{\sqrt{ma}} \pi^{3/2} b^2 e^{-\frac{m^2 v^2 f}{g}} \left[J_{3/2}(ma) + \frac{b^2 m^2 v^4}{g^2} \cdot J_{5/2}(ma) + \ldots\ldots \right]$$

Let $m = \frac{g}{v^2} \operatorname{Sec}\theta$, then

$$R = \frac{4\rho g^2}{\pi v^2} \int_0^{\pi/2} Q^2 \operatorname{Sec}^3\theta \, d\theta$$

$$= 8\rho g a^2 (1-e^2)^2 \Big[\int_0^{\pi/2} \operatorname{Sec}^2\theta \cdot e^{-2\frac{g}{v^2} f \operatorname{Sec}^2\theta} \left\{ J_3 \left(\frac{g}{v^2} a \operatorname{Sec}\theta\right) \right\}^2 d\theta$$

$$+ \int_0^{\pi/2} \frac{g b^2}{v^2 a} \operatorname{Sec}^5\theta \cdot e^{-2\frac{g}{v^2} f \operatorname{Sec}^2\theta} \left\{ J_{3/2}\left(\frac{g}{v^2} a \operatorname{Sec}\theta\right) \right\} \left\{ J_{5/2}\left(\frac{g}{v^2} a \operatorname{Sec}\theta\right) \right\} d\theta \Big]$$

Where e is eccentricity, $b^2 = a^2 (1-e^2)$, and the terms with b having power higher than 2 are neglected.

Due to the restrictions of Michell's integral, the above result will not apply to the bruff shaped spheroid.

If should be noted that equations (13) can be rewritten in the following form by putting $m = \frac{g}{v^2} \operatorname{Sec}\theta = K \operatorname{Sec}\theta$

$$R = \frac{4\rho g}{\pi v^2} \int_0^{\pi/2} \left(P^2 + Q^2\right) \operatorname{Sec}^3\theta \, d\theta$$

where $P = \iint f'(x, z)\, e^{-Kz \operatorname{Sec}^2\theta} \operatorname{Cos}(Kx \operatorname{Sec}\theta)\, dx\, dz$

$$Q = \iint f'(x, z)\, e^{-Kz \operatorname{Sec}^2\theta} \operatorname{Sin}(Kx \operatorname{Sec}\theta)\, dx\, dz$$

(III) HAVELOCK'S EQUIVALENT DOUBLET DISTRIBUTION

Havelock successfully expressed wave resistance by finding the doublet distribution to satisfy the boundary conditions. Take z-axis upward, x-axis on free surface in the direction of motion. Let the distribution of horizontal doublets be in the vertical plane y=o, and if M (h, f) is the moment per unit area at the point (h, o,-f), Havelock found that the wave resistance can be expressed as

$$R = 16\pi\rho K^4 \int_0^{\infty} df \int_0^{\infty} df' \int_{-\infty}^{\infty} dh \int_{-\infty}^{\infty} dh' \int_0^{\pi/2} M(h,f)\, M(h',f')$$

$$\cdot e^{-K(f+f')\operatorname{Sec}^2\theta} \operatorname{Cos}\left\{K(h-h')\operatorname{Sec}\theta\right\} \operatorname{Sec}^5\theta \, d\theta \quad \ldots\ldots \quad (2\text{-}1)$$

where $K = \frac{g}{v^2}$, This can be written as

$$
\left.\begin{aligned}
R &= 16\pi\rho K^4 \int_0^{\pi/2} (P^2+Q^2) \operatorname{Sec}^5\theta \, d\theta \\
\text{where } P &= \int_0^{\infty}\int_{-\infty}^{\infty} M(h,f)\, e^{-Kf \operatorname{Sec}^2\theta} \operatorname{Cos}(Kh \sec\theta)\, dh\, df \\
Q &= \int_0^{\infty}\int_{-\infty}^{\infty} M'(h,f)\, e^{-Kf \operatorname{Sec}^2\theta} \operatorname{Sin}(Kh \operatorname{Sec}\theta)\, dh\, df
\end{aligned}\right\} \quad (2\text{-}2)
$$

It can be shown that if we integrate (2-1) by parts with respect to h and h′, the above equation can be transformed into

$$
\left.\begin{aligned}
R &= 16\pi\rho K^3 \int_0^{\pi/2} (P^2+Q^2) \operatorname{Sec}^3\theta \, d\theta \\
\text{where } P &= \int_0^{\infty}\int_{-\infty}^{\infty} M'(h,f)\, e^{-Kf \operatorname{Sec}^2\theta} \operatorname{Cos}\left\{Kh \operatorname{Sec}\theta\right\} dh\, df \\
Q &= \int_0^{\infty}\int_{-\infty}^{\infty} M'(h,f)\, e^{-Kf \operatorname{Sec}^2\theta} \operatorname{Sin}\left\{Kh \operatorname{Sec}\theta\right\} dh\, df
\end{aligned}\right\} \quad (2\text{-}3)
$$

where $M'(h,f)=\frac{\partial}{\partial h}M(h,f)$

Comparing (2-3) with Michell's formula, it is clear that they are of exact same form except the factor which depends on M (h, f).

Let us apply the above method to calculate the wave resistance of an infinite long circular cylinder. Here we have only 2—dimensional motion. The cylinaer is moving with its axis horizontal and in the direction perpendicular to axis.

Now P and Q in (2-2) can be rewritten as

$$P+iQ=\int_0^{\infty} df \int_{-\infty}^{\infty} dh \cdot M(h,f)\, e^{-Kf \operatorname{Sec}^2\theta + i Kh \operatorname{Sec}\theta}$$

where the distribution is in the plane parallel to the direction of motion. If this distribution is in the plane x=o, then

$$P+iQ=\int_0^{\infty} df \int_{-\infty}^{\infty} dk\, M(k,f)\, e^{-Kf \operatorname{Sec}^2\theta + i Kk \operatorname{Sin}\theta \operatorname{Sec}^2\theta}$$

If the distribution is along a line from −l to +l with total strength 2Ml, i.e. $M(k.f)=\frac{2Ml}{2l}=M$, then

$$P+iQ=\int_{-l}^{l} M\cdot e^{-Kf \operatorname{Sec}^2\theta + iK k \operatorname{Sin}\theta \operatorname{Sec}^2\theta} dk$$

$$\text{and } R=64\pi\rho K_o^2 M^2 \int_0^{\pi/2} \frac{\operatorname{Sin}^2(Kl \operatorname{Sin}\theta \operatorname{Sec}^2\theta)}{\operatorname{Sin}^2\theta \operatorname{Cos}\theta} e^{-2Kf \operatorname{Sec}^2\theta} d\theta$$

For a cylinder, this doublet distribution is actually at a point, i.e. $l\to\infty$ Therefore, for unit length of the cylinder, we have the wave resistance

$$R=\lim_{l\to\infty} 32\pi\rho K_o^2 M^2 e^{-2Kf} \int_0^{\infty} \left(\frac{Ku\sqrt{1+u^2}}{l^2}\right) e^{-2K_o f \frac{u^2}{l^2}} u^{-2} \frac{\sqrt{1+u^2}}{l^2} du$$

$$=16\pi^2\rho K^3 M^2 e^{-2Kf}$$

We know that M for a cylinder is $\frac{va^2}{2}$

$$\therefore R=4\pi^2\rho \frac{g^3}{v^6} v^2 a^4 e^{-2f\frac{g}{v^2}}=\frac{4\pi^2\rho g^3 a^4}{v^4} e^{-2f\frac{g}{v^2}}$$

where f is the depth of center of cylinder below the water surface.

(IV) HOGNER'S INTERPOLATION FORMULA

We have seen that the ship or moving surface can be replaced by an equivalent doublet distribution and thus the wave resistance can be calculated by (2-2). It is also possible that the moving surface can be replaced by an equivalent pressure system moving on the surface of the water with velocity v or the velocity of moving surface. If this pressure distribution is given by p, then the wave resistance can be expressed in the following equations:

$$\left.\begin{aligned} R &= \frac{1}{2\pi v^2 \rho}\int_{\pi-/2}^{\pi/2} (P^2+Q^2)\,\mathrm{Sec}^3\theta\, d\theta \\ P &= \int \frac{\partial p}{\partial x}\,\mathrm{Cos}\left\{K(x\,\mathrm{Cos}\,\theta+y\,\mathrm{Sin}\,\theta)\,\mathrm{Sec}^2\theta\right\} d\,Sz \\ Q &= \int \frac{\partial p}{\partial x}\,\mathrm{Sin}\left\{K(x\,\mathrm{Cos}\,\theta+y\,\mathrm{Sin}\,\theta)\,\mathrm{Sec}^2\theta\right\} d\,Sz \end{aligned}\right\} \quad (3\text{-}1)$$

The integral is taken on the free surface over the given surface of distribution of pressure. It is interesting to compare this with the Michell's integral.

$$\left.\begin{aligned} R &= \frac{2\rho g}{\pi v^2}\int_{-\pi/2}^{\pi/2} (P^2+Q^2)\,\mathrm{Sec}^3\theta\, d\theta \\ P &= \int \frac{dy}{dx}\, e^{Kz\,\mathrm{Sec}^2\theta}\,\mathrm{Sin}\,(Kx\,\mathrm{Sec}\,\theta)\, d\,Sy \\ Q &= \int \frac{dy}{dx}\, e^{Kz\,\mathrm{Sec}^2\theta}\,\mathrm{Sin}\,(Kx\,\mathrm{Sec}\,\theta)\, d\,Sy \end{aligned}\right\} \quad (3\text{-}2)$$

where z-axis is taken as vertically upward and the integral is performed on dSy or on the plane y=o.

Now, let us investigate the difference of condition between these two. In (3-1), the pressure system is assumed at water surface or z=o while there is no limitation to the form of pressure distribution or in otherwords, no limitation to the form of shape of the moving surface. In (3-2), however, the moving surface can be placed anywhere no matter whether it is on the surface of water or submerged to any depth, but the form of surface must be such that making small inclination with the median plane or the plane y=o. Therefore, these two equations represent the two extremities of wave resistances of cases usually happen, i.e. the surface is not confined to the water level and the surface inclination to y=o is not necessarily small. Dr. Hogner, a Swedish, therefore endeavors to establish an equation for wave resistance to hold these two extremities together, or what is known as Hogner's Interpolation formula which is a follows:—

$$\left.\begin{aligned} R &= \frac{2g^2\rho}{\pi v^2}\int_{-\pi/2}^{\pi/2} (P^2+Q^2)\,\mathrm{Sec}^3\theta\, d\theta \\ P &= \int \frac{\partial z}{\partial x}\, e^{Kz\,\mathrm{Sec}^2\theta}\,\mathrm{Cos}\left\{K(x\,\mathrm{Cos}\,\theta+y\,\mathrm{Sin}\,\theta)\,\mathrm{Sec}^2\theta\right\} d\,Sz \\ Q &= \int \frac{\partial z}{\partial x}\, e^{Kz\,\mathrm{Sec}^2\theta}\,\mathrm{Sin}\left\{K(x\,\mathrm{Cos}\,\theta+y\,\mathrm{Sin}\,\theta)\,\mathrm{Sec}^2\theta\right\} d\,Sz \end{aligned}\right\} \quad (3\text{-}3)$$

The integral is taken over the section of ship by the water surface, and the surface of the ship is given by the equation

$$z=F\,(x,\,y)$$

It may be noted that dSy and dSz are projections of an element of the surface upon zx-plane and xy-plane respectively, we have $\frac{\partial z}{\partial x}\,d\,Sz=\frac{\partial y}{\partial x}\,d\,Sy$ .... (3-4)

We can easily verify that (3-3) covers the two extremities represented by (3-1) and (3-2).

Let y=o, and aid of (3-4), it is clear that (3-3) becomes the same form as (3-2). If z=o, then (3-3) same as (3-1), if

$$\frac{\partial z}{\partial x}\left(\frac{2g^2\rho}{v^2\,\pi}\right)^{\frac{1}{2}}=\frac{\partial p}{\partial x}\left(\frac{1}{2\pi\cdot v^2\rho}\right)^{\frac{1}{2}}$$

$$\text{or}\quad \frac{\partial \rho}{\partial x}=2\rho g\,\frac{\partial z}{\partial x}$$

although Hogner's interpolation formula is semi-empirical, it fits to the experimental results better than any other method of calculation.

(V) HAVELOCK'S FREE WAVE PATTERN

Havelock said that every kind of wave system produced by any kind of disturbance will resemble a free wave pattern at great distance behind the disturbance with the different height of wave for different disturbances. A free wave pattern can be made up by a great number of plane waves advancing in all directions, so that the pattern itself moves steadily with velocity v in direction of ox. A plane wave advancing in direction making angle θ with ox is given by

$$\zeta = a \operatorname{Sin}\left\{K \operatorname{Sec}^2\theta\,(x \operatorname{Cos}\theta + y \operatorname{Sin}\theta - Vt \operatorname{Cos}\theta)\right\} \qquad \text{(4-1)}$$

Where $K=\frac{g}{v^2}$. This wave advancing with v $\operatorname{Cos}\theta$ in the direction perpendicular to its line of crest. The free wave pattern will be

$$\zeta = \int_{-\pi/2}^{\pi/2} f(\theta) \operatorname{Sin}\left\{K \operatorname{Sec}^2\theta\,(x \operatorname{Cos}\theta + y \operatorname{Sin}\theta - Vt \operatorname{Cos}\theta)\right\} d\theta \qquad \text{(4-2)}$$

where $f(\theta)$ is the amplitude, assumed to be a function of θ. Incidently, it should be noted that this free wave pattern given by (4-2) is same as that examined by Kelvin produced by a pressure point moving with velocity v and consists of a divergent system and a transverse system.

(4-2) can be rewritten as

$$\zeta = 2\int_{0}^{\pi/2} f(\theta) \operatorname{Sin}(Kx' \operatorname{Sec}\theta) \operatorname{Cos}(Ky \operatorname{Sin}\theta \operatorname{Sec}^2\theta)\, d\theta \qquad \text{(4-3)}$$

with $x' = x - ct$. By the surface condition, i.e.

$$\zeta = -\frac{1}{g}\frac{\partial \phi}{\partial t} \quad \text{at } z = 0$$

we can get ϕ as

$$\phi = 2v\int_{0}^{\pi/2} f(\theta)\, e^{Kz \operatorname{Sec}^2\theta} \operatorname{Cos}(Kx' \operatorname{Sec}\theta) \operatorname{Cos}(Ky \operatorname{Sin}\theta \operatorname{Sec}^2\theta) \operatorname{Cos}\theta\, d\theta \qquad \text{(4-3a)}$$

Consider a fixed vertical plane x=const., the rate of flow of the total energy across this plane is given by

$$\tfrac{1}{2}\rho v \int_{-\infty}^{0} dz \int_{-\infty}^{\infty}\left\{\left(\frac{\partial \phi}{\partial x}\right)^2 + \left(\frac{\partial \phi}{\partial y}\right)^2 + \left(\frac{\partial \phi}{\partial z}\right)^2\right\} dy + \tfrac{1}{2}g\rho v\int_{-\infty}^{\infty} \zeta^2\, dy \qquad \text{(4-4)}$$

and the rate at which work is being done across the same plane is

$$\rho v \int_{-\infty}^{0} dz \int_{-\infty}^{\infty}\left(\frac{\partial \phi}{\partial x}\right)^2 dy \qquad \text{(4-5)}$$

The difference of (4-4) and (4-5) is $R \times V$

From (4-3) and (4-3a), (4-5) becomes

$$\rho \cdot 2\pi v^3 \int_{0}^{\pi/2}\left\{f(\theta)\right\}^2 \operatorname{Sin}^2(Kx' \operatorname{Sec}\theta)\frac{\operatorname{Cos}^5\theta\, d\theta}{1+\operatorname{Sin}^2\theta}$$

and (4-4) is

$$\pi\rho v^3 \int_{0}^{\pi/2}\left\{f(\theta)\right\}^2\left\{(3-\operatorname{Sin}^2\theta)\operatorname{Sin}^2(Kx' \operatorname{Sec}\theta) + (1+\operatorname{Sin}^2\theta)\operatorname{Cos}^2(Kx' \operatorname{Sec}\theta)\right\}\frac{\operatorname{Cos}^3\theta\, d\theta}{1+\operatorname{Sin}^2\theta}$$

The difference of these is $\pi\rho v^3 \int_{0}^{\pi/2}\left\{f(\theta)\right\}^2 \operatorname{Cos}^3\theta\, d\theta$

$$\therefore\ Rv = \pi\rho v^3 \int_{0}^{\pi/2}\left\{f(\theta)\right\}^2 \operatorname{Cos}^3\theta\, d\theta$$

$$\text{or}\quad R = \pi\rho v^2 \int_{0}^{\pi/2}\left\{f(\theta)\right\}^2 \operatorname{Cos}^3\theta\, d\theta \qquad \text{(4-6)}$$

This is the formula for wave resistance if the wave profile at great distance behind the ship is given in the form (4-3). The difficulty of application of this equation is to find the amplitude of free wave pattern of respective disturbance.

WARTIME SHIPBUILDING IN THE U.S.A.

王 世 銓

This is intended to serve a bird's-eyes view about the kinds of ships built in the U.S.A. during the War period, how many and by whom and where they were built, particularly vessels of the commercial types.

(1) PRELUDE

In reviewing the ship building activities of any major maritime nation one would at once notice that a boom in the shipbuilding industry was inevitably associated with a period of hostility; this was particulary true in the case of the United States. At the end of the First World War 1914-1918, there was a huge surplus of dry-cargo ship, as a result, for years after that shipbuilding in the U.S. was almost at astandstill and her merchant marine consisted mainly of those wartime built vessels which gradually became obsolate. The U.S. government time and again made efforts to encourage the replacement of out-of-date tonnage by means of loans or subsidies as provided by the various merchant marine acts, but these were to no avial on account of the high operation cost of American ships in a time of keen world competition.

It was only when the world situation deterioted and the threatening of another war became evident that the U.S. government decided to take more drastic actions to rebuild her merchant fleet. Besides pure commercial motives, the need for national defence played an important part in the passing of the Merchant Marine Act of 1936 as indicated in its declaration of policy by such clauses as "... the United States shall have a merchant marine ... capable of serving as naval and military auxiliary in time of war or national emergency ......" The United States Maritime Commission was then created and its survey of the American merchant marine revealed and weakness of her merchant fleet in the advanced obsolescence and the slowness in speed of the existing vessels. In the middle of 1937, out of the 8,407,000 gross tons of ocean-going vessels registered under the American flag nearly 2,000,000 gross tons had already passed the 20-years limit of usefulness; in another five years, i.e. by 1942, a total of 7,402,000 gross tons would be 20 years old or more. Great part of the cargo vessels were between 10 and 11 knots in speed; this put the American shipping in a very unfavourable position as compared with other maritime nations. It was estimated that she still got the necessary tonnage in case the U.S.A. be at war with a major power, but the majority of these ships were old and slow and some would not meet technical requirements with regard to size.

The Maritime Commission inaugurated its "long-range construction program" proceeding with the objective of building 500 vessels in 10 years. Designs of ships were prepared in collaboration with technicians of Navy Department, the Bureau of Marine Inspection and Navigation, the American Bureau of Shipping as well as private ship builders and ship operators. The cargo and combined passenger-cargo ships were designed with moderately high speeds as essential for transport service in time of war. Tankers were also designed with speeds exceeding commercial requirements and to include certain defence features to enable them of serving as naval auxiliaries in fleet operations.

Some of the ships were built in conjunction with private ship operators and others were financed by the Maritime Commission and were to be sold or chartered to private operators or turned over to the navy or the army.

A number of the C-class vessels and some tankers were the first ones to be built. These high-grade vessels were designed to be capable of meeting peacetime commercial competition but these naturely took longer time to build. The fall of France in 1940 brought the war in Europe closer to the American continent and the Maritime Commission had to readjust its building program especially in the rapid production of general cargo carriers more simple in structure and powered with simpler propelling machinery. The British Government had ordered some emergency cargo ships from American ship yards and a modification of this design evolved the Liberty Ships which were adapted for mass production. A number of new ship yards were established and additional facilities in existing yards installed for the building of this type of vessels. When it appeared that the tonnage out put in the American shipyards was capable of meeting all demands, a new design, the Victory ship, was introduced for mass production and the building of Liberty ships was gradually curtailed. There were also a large number of other merchant type vessels built under the Maritime Commission programs and these included cargo ships, passenger ships, troopships, tankers, tugs and barges of various sizes.

The building of naval type vessels in the United States underwent similar intense and slack periods as those of merchant ship constructions. The Naval Treaty of Washington 1922 called for a truce in the building of warships by putting a limit to the total displacement of capital ships and aircraft carriers for each of the major naval powers. The truce was continued until 1936 by agreement between the same signatory nations at the London conference of 1930. During this period, the building of naval vessels in the United States was confined to heavy cruisers and other small crafts. The London Naval Treaty of 1936 was failure, and competition in naval armament resumed. The United States launched a sizable building program. After the fall of France, she adopted the policy of a "two ocean navy" which further augmented the building program, and as a result, when the recent World War ended the United States not only held the largest merchant fleet of the World but also became by far the greatest naval power.

(2) MERCHANT SHIP TYPES

The nature of this paper does not allow detailed descriptions of the numerous designs developed during the war and the years immediately before it. But as these vessels were built under the supervision of the U.S. Maritime Commission and they came under few general classes, it seems desirable to record here the principal features of each of the representative types as well as some remarks which may be of general interest. It must be noted that these standard designs have been modified from time to time to meet different requirements, so vessels of the same general hull form may differ in details from one another depending on the services in which they were operated and the shipyard in which they were built. Hence the outline particulars given here can only be regarded as representative and departures from them would be found in individual ships.

Liberty Ships

The ordinary Liberty ship is the EC2-type, or more specifically the EC2-S-C1 type dry cargoships.

A number of these vessels have been converted or adopted for other special uses and are therefore designated by modified symbols. This design was chosen for mass production chiefly for its characterists of minimun cost, rapidity of construction and simplicity of operation.

EC2-S-C1, Liberty dry cargo ship. 2,580 of this type were built.

Length o. a.	441′-6″	Gross tonnage	7,176
Length b. p.	416′-0″	Machinary	trip. exp. steam.
Beam Mld.	56′-10¾″	Horse power	2,500 IHP
Depth u. d.	37′-4″		

Draft Load	27'-8"	Speed	11 knots.
Dead weight	10,800 tons		

EC2-S-AW1, Liberty collier, 11,000 deadweight tons, 11 knots, 24 vessels built.
ZEC2-S-C2, Liberty tank carrier, 9,475 deadweight tons, 11 knots, 8 vessel built.
ZEC2-S-C5, Liberty aircraft transport, 9,664 deadweight tons, 11 knots, 36 vessels built.
ZET1-S-C3, Liberty tanker, 10,665 deadweight tons, $11\frac{1}{2}$ knots. 62 vessels built.

The Liberty ships are well known for their rapidity in production. When this type was first built, it took an average of eight months from keel-laying to delivery; later the building time was greatly reduced with a general average time of 61.9 days. The longest time taken from keel-laying to delivery was 333 days and the shortest only 8 days; this of course not include the time spent in the work-shops for fabrication etc. Besides the high degree of standardazition, accurate planing and extensive prefabrication, the elimination of change of design was also attributed as a major factor to the saving of time. 18 war-emergency-built ship yards created at more than U.S. $300,000,000 were engaged in the building of this ships. The man-hour per ship taken in different yards for its completion varied from 300,000 to 1,000,000. The average cost of all Liberty ships amounts to nearly 2 million dollars per ship; or about 1.3 million dollars per ship if defense features were excluded.

These 2,710 Liberty ships represent 19,467, 441 gross tons or 28,764,361 deadweight tons with 6,775,000 H.P. for propelling machinery, and a total construction cost of more than 5.4 billion U.S. dollars.

The British Emergency Ships built in American ship yards are the prototype of the Liberty design. 60 of these were built each has 10,560 deadweight tons 7,174 gross tons and 2,500 horsepowers.

Victory Ships

The Victory ship or VC2-type is a full scantling vessel, larger, faster and more adequately subdivided than the Liberty class. There are two principal types of Victory cargo ships. They are the same in dimensions and practically the same in deadweight tonnage, except that one has 6,000 shaft horsepowers where as the other has 8,500 horsepowers and a higher speed. Mass production methods were adopted in the construction of these vessels and they were built mostly in the yards which previously built the Liberty ships. There were 209 vessels of this class built in 1944 and 322 vessels in 1945. some of these were completed in less than 60 days.

VC2-S-AP2, 6,000 H.P. Victory cargo ship, 272 of this were built.

Length o. a.	455'-3"	Dead weight	10,730 tons
Length b. p.	436'-6"	Gross tonnage	7,607
Beam mld.	62'-0"	Machinery	Turbine
Depth m. d.	38'-0"	Horsepower	6,000 S. H. P.
Draft load	28'-6"	Speed	$15\frac{1}{2}$ knots.

VC2-S-AP3, 8,500 h. p. Victory cargo ship. turbine driven with a speed of 17 knots. Dimensions are the same as the VC2-S-AP2 type, 141 vessels built.

VC2-M-AP4, is a type of Victory cargo ship driven by 6,000 h.p. direct-connected Diesel engine at 160 rpm. only one ship, the Emory Victory, was built.

VC2-S-AP5, are ships similar to VC2-S-AP3 type, turbine driven and have the same speed of 17 knots except that they will finished as troop transports, 117 vessels were built.

Dry Cargo & Combined Passenger-Cargo Ships

Under this category we may include various classes of vessels such as the C1, C2, C3, C4, C5, N3 etc. and some great Lake are carriess. Most of these were designed for the replacement of obsolate ships at a time long before the out break of the war. Their construction was continued through the war period and after the war. The number built given in this paper do not include those vessels commenced on after the cease of hostilities.

The "long range program" C-class ships were disigned to buit different commercial requirements of the various trade routes and there are sub-types for each type so that particulars of individual ships may differ more or less from those given in these paper.

C1-class—The C1 cargo ships comprise of four general types: the C1-A turbine-driven type; the C1-A Diesel-driven type; the C1-B turbine-driven type; and the C1-B Diesel-driven type. The C1-A are shelter-deckers while the C1-B are of later design and are slightly larger full-scantling vessels capable of being used for deadweight trade. The following number of standard C1 cargo ships have been built.

C1-A	turbine-driven	19	C1-B	turbine-driven	85
C1-B	Diesel-driven	46	C1-B	Diesel-driven	10

	C1-A		*C1-B*	
	Turbine	*Diesel*	*Turbine*	*Diesel*
Length o. a.	412'-3"		417'-9"	
Length b. p.	390'-0"		395'-0"	
Beam mld.	60'-0"		60'-0"	
Depth shetter deck	27'-0"		37'-6"	
Draught load	23'-0"		27'-6"	
Deadweight tons	7,343	7,312	9,047	9,140
Gross tonnage	5,124	5,156	6,711	6,755
Machinery	Geared Turbine	2 Diesels to single shaft.	Geared Turbine	2 Diesel to single shaft.
Horse power	4,000		4,000	
Speed	14 knots		14 knots	

Besides these standard cargo ships there are other entirely different types of vessels also designated under the "C1" cotegory, but they are not, as a rule, considered as "C-class" ships.

C1-S-AY1 turbine driven troopship of 2,587 deadweight tons and 7,080 gross tons. It has 4,400 shaft horsepowers and a speed of 15 knots. 13 vessels were built.

C1-M-AV1 are Diesel-driven cargo ships, 208 vessels of these type were built. Another vessel built and known as

C1-M-AV8 type is similar to the C1-M-AV1.

Length o. a.	338'-8½"	Deadweight	5,010 tons
Length b. p.	320'-0"	Gross tonnage	3,805
Beam mld.	50'-0"	Diesel aft.	
Depth	29'-0"	1,700 at 180 rpm	
Draft	21'-0"	11 knots	

C1- E-AV8 has the same dimensions as the C1-M-AV1 but is fitted as a lumber cargo ship and propelled by 2,200 h. p. Diesel-electric machinery. one ship was built.

C1-M-AV3 are the same as the C1-M-AV1 type execpt that they are fitted as refrigerated cargo ships and each has a dead weight of 4,287 tons. 17 vessels of this type were built.

C1-MT-MU1 is a twin-screw Diesel-driven lumber cargo ship 301'-0" length b. p., 48'-0" beam, 26'-0" depth 21'-7" draught. 3,757 tons deadweight, 3130 gross tons, 2,400 horsepowers and a speed of 12 knots. one vessel was built.

C2-Class—These are cargo ships of varied detail arrangements but mostly for general cargo service. There were 217 turbine-driven and 22 Diesel-driven ships built while 6 other vessels of the same design were finished as refrigerated cargo ships.

	C2 Turbine Driven		*C2 Diesel Driven*
Length overall		459'-0"	
Length between perps.		435'-0"	
Beam moulded		63'-0"	
Depth shelter deck		40'-6"	
Draught load		25'-10$\frac{1}{2}$"	
Deadweight average	9,722		8,656
Gross tonnage average		6,200	
Machinery	Geared turbine		2 Diesels to one shaft
Horsepower normal		6,600	
Speed designed		15$\frac{1}{2}$ knots	

The various types of the general C2 class cargo ships include:

Designation	*Service*	*Deadweight tons*	*Machinery*
C2-F	Cargo	9,133	Turbine
C2-G	Cargo	9,036	Turbine
C2-S	Cargo	10,048	Turbine
C2-T	Cargo	9,274	Diesel
C2-SU	Cargo	9,613	Diesel
C2-S-A1	Cargo	8,160	Turbine
C2-S-B1	Cargo	7,400	Turbine
C2-S-E1	Cargo	9,581	Turbine
C2-S-AJ1	Cargo	10,360	Turbine
C2-S-AJ2	Cargo	10,231	Turbine
C2-S-AJ3	Combat Cargo	7,705	Turbine
C2-S-AJ4	Refrig. Cargo-Passenger	1,000	Turbine
C2-S-AJ5	Cargo	10,600	Turbine
R2-S-BV1	Refrigerate Cargo	7,037	Turbine

C2-S1-A1 are combined cargo-passenger ships each of 6,500 deadweight tons. 7,487 gross tons driven by 9,350 horsepower turbine at a speed of 17 knots.

C3-Class—Most of these ships have accommodations for 12 passengers, some are modified to carry anything up to more than 200 passengers while others are fitted as troopships or for other military purposes. The designed speed is 16$\frac{1}{2}$ knots but in actual service they can maintain a speed of 17 to 17$\frac{1}{2}$ knots. They are mostly propelled by geared steam turbines but a few are each installed four Diesel engines geared to a single shaft. 135 turbine-driven and 8 Diesel driven ships were built.

C3-Cargo Ships Turbine Driven

Length o. a.	492'-0"	Deadweight	12,562 tons
Length b. p.	465'-0"	Gross tonnage	7,900
Beam mld.	69'-0"	Machinery	steam turbines
Depth shelter dk	42'-6"	Horsepower	9,350
Draught	28'-6"	Speed designed	16$\frac{1}{2}$ knots

The various types of C3 class vessels may include:

Designation	*Service*	*Deadweight tons*	*Machinery*
C3	Cargo	11,967	Diesel
C3	Cargo-Passenger	9,021	Turbine
C3	Cargo-Passenger	9,937	Turbine
C3	Cargo-Passenger	9,000	Diesel
C3-M	Cargo	12,120	Turbine
C3-S-A1	Cargo	12,525	Turbine
C3-S-A2	Cargo	12,515	Turbine
C3-S-A3 (*C3-E*)	Cargo	9,902	Turbine
C3-S1-A3	Troop ship	7,529	Turbine
C3-S1-B1	Aircraft Tender	7,272	Tubrine
C3-S1-N2	Destroyer Tender	6,659	Turbine
C3-S-BH1	Cargo	12,630	Turbine
C3-IN	Cargo-Passenger	9,000	Turbine
C3-P	Cargo-Passenger	9,916	Turbine

C4-Class—This was originally designed for the American Hawaiian Ship Company. The earlier vessels built were mostly troop ships but later some cargo ships were built to this design. 59 troop transports and 6 cargo carriers have been built, all turbine driven.

C4-S-A1 Troop Trnsport.

Length o. a.	522'-11"	Deadweight	14,600
Length b. p.	496'-0"	Gross tonnage	10,700
Beam mld	71'-6"	Machinery	Turbine
Depth	43'-6"	Horsepower	9,000 SHP
Draught	32'-0"	Speed designed	17 knots

C4-S-A3 troop transport, 5,500 tons deadweight.
C4-S-A4 cargo ship, 14,500 tons deadweight.
C4-S-B1 tank carrier, 8,369 tons deadweight.
C4-S-B2 troop transport, 5,379 tons deadweight.
C4-S-B3 cargo ship, 14,000 tons deadweight.

C5-Class—One vessel was finished when wartime program was completed.

C5-S-AX1 Bulk Cargo Ship.

Length o. a.	583'-0"	Deadweight	24,251 tons
Length b. p.	560'-0"	Gross tonnage	8,561
Beam mld	78'-0"	Machinery	Turbine aft
Depth u. d.	43'-9"	Horsepower	11,000
Draught load	34'-2$\frac{3}{4}$"	Speed designed	16 knots

N3-Class—These are coastal cargo ships. 36 coal-firing N3-S-A1 ships were built and loaned to the British Government under Lend-Lease; 59 oil-firing N3-S-A2 ships were built, of these 10 vessels were sold to the Chinese Government in January 1946.

N3-S-A1, Coastal Cargo Ships.

Length o. a.	258'-9"	Deadweight	2,843 tons
Length b. p.	250'-0"	Gross tonnage	1,791
Beam mld.	42'-1"	Machinery	Triple expansion
Depth	20'-5"	Horsepower	1,300 IHP
Draught	17'-11$\frac{3}{4}$"	Speed	11.6 knots

N3-S-A2, Coastal cargo ship having the same principal dimensions as the N3-S-A1 type except that it has 2,800 tons deadweight, 1,885 gross tons and is propelled by Ajax Compound Uniflow Steam engine.

L6-Class—These are Great Lake bulk Cargo Carriers. The *L6-S-A1* and *L6-S-A2*. Lake Ore Carriers similar vessels of 620′ length overall, 60′ beam, 24′ draught each propelled by 2,500 h.p. reciprocating engine with a speed of $10\frac{1}{2}$ knots. The former type has a deadweight of 15,580 tons and the latter 15,690 tons.

Passenger Ship—including certain Troop ships.

Before the U.S.A. entered the war some modern passenger ships were built by the U.S. Maritime Commission. The S.S. America is the largest passenger ship built. During the years of hostilities, any passenger type ships built were finished as troop transports but some of them may eventually re-fitted for peace-time passenger service.

S.S. America (U.S. Navy Transport "West Point" during the war).

Length o. a.	723′-0″	Deadweight	14,331 tons
Length b. p.	660′-$6\frac{3}{4}$″	Gross tonnage	26,454
Beam mld.	93′-9″	Machinery	Turbines, twin screw
Depth main deck	55′-$5\frac{1}{2}$″	Horsepower	34,000 SHP
Draught load	32′-6″	Speed designed	22 knots

P-Class—These are pre-war designs for passenger ship but fitted as troop carriers when war broke out. P1-S2-L2 are turbine driven troopships 414′-4″ length overall, 56′ beam, 18′ draught, 2,149 tons deadweight, 8,700 gross tons, 8,000 shaft h.p. and 19 knots in speed.

P2-SE2-R1 Troopships & *P2-SE2-R3* Passenger ships. 8 vessels built.

Length o. a.	608′-11″	Deadweight	10,000 tons
Length b. p.	573′-0″	Gross tons	15,450
Beam	75′-6″	Machinery	Turbo-Electric, twin screw
Depth	43′-6″	Horsepower	20,500
Draught	29′-0″	Speed	$19\frac{1}{2}$ knots.

P2-S2-R2 Troopships & *P2-S2-R4* Passenger Ships.

These are double-reduction turbine-driven twin-screw ships of about 10,500 tons dead weight, 18,700 shaft h.p. and a speed of 19 knots. 11 vessels built.

S4-Class—These are fitted as naval auxiliaries. The *S4-SE2-BD1* Attack Troop Transport has a length of 384′-9″, beam 58′ depth 28′-6″ deadweight 2,775 tons, propelled by 6,600 h.p. turbo-electric machinery, twin screws. 32 ships were built. The *S4-SE2-BE1* Attack Cargo Transports are similar vessels of 3,000 d.w. tons. 32 ships built.

Tankers

T1-M-A1 Coastal tankers & T1-M-A2 Fleet oilers each has a deadweight of 1,483 tons and 1,448 tons respectively. They have a load draught of 12′-10″ and are propelled by 800 h.p. Diesel engines with a designed speed of 10 Knots.

T1-M-Bt1 & *T1-M-Bt2* are coastal Tankers of 19′-4″ draught, 4,000 tons deadweight, 3,200 gross tons and propelled by 1,400 b.h.p. Diesel engines aft. 24 vessels have been built.

T2-Se-A1 Tankers, 481 vessels built.

Length o. a.	523′-6″	Deadweight	16,655 tons
Length b. p.	503′-0″	Gross tons	10,449

Beam	68′-0″	Machinery	Turbo-Electric, aft
Depth	33′-0″	Horsepower	7,240 SHP
Draught	30′-2″	Speed designed	14½ knots.

T2-SE-A2 & *T2-SE-A3* Turbo-Electric Tankers. 16,433 deadweight tons, 10,400 gross tons, 10,000 horsepowers & 15½ knots in speed. 44 vessels built.

T3-S-A1 Turbine Driven Tankers. 487′-6″ Length b.p., 68′-0″ beam, 37′-0″ depth, 16,200 deadweight tons, 9,800 gross tons, 7,000 shaft horsepowers and a speed of 15½ knots. 21 vessels built.

T3-S-BF1 Turbine Driven Tankers. 18,500 deadweight tons, 9,350 s.h.p. and 16 knots. 3 vessels built.

T3-S-BZ1 Turbine Driven Tankers 23,444 deadweight tons, and 13,350 s.h.p. 4 vessels built.

T3-S2-A1 & *T3-S2-A3* Twin-Screw Turbine Driven Tankers. 525′-0″ Length b.p., 75′ beam, 39′ depth, 18,300 deadweight tons, 12,100 gross tons, 15,200 horsepowers and a speed of 18 knots. 30 vessels built.

T3-M-AZ1 Diesel Driven Tankers. 17,910 tons deadweight, 7,500 horsepowers and 15 knots. one ship built.

Z-ET1-S-C3 Liberty Type Tankers. See previous notes.

There are numerous other types of merchant ships built but not described here. However the above are considered to be sufficient to give a general idea of the kinds of vessels built in the U.S.

A number of the above ship types were continued to be constructed after the wartime programs have been completed and new designs came out since the end of the war. These are regarded as outside the scope of this paper and no attempt is make to record them here.

(3) *Shipbuilding Facilities and Personnel*

During the slack years between the two wars there were hardly any new installation of shipways or other shipbuilding facilities added to the American Shipyards. In 1936, when the United States Maritime Commision were planning to rebuild the American merchant fleet, representatives were sent to every yard to inspect the ways and other facilities to determine the probable capacity and to appraise the labor supply. The survey covered 26 yards with a total of 106 ways of an estimated investment of about U.S.$200,000,000.

Of these building ways, 64 were either occupied or needed reconditioning or had to be lengthened if intended to build vessels of any considerable size; 27 ways would be available in a few months; while only 15 ways were available for immediate use. These were considered as adequate to meet any peacetime requirement.

As to shipbuilding personnels, there appeared to have sufficient skilled workmen for the re-building projects, but there was a general shortage of loftsmen, shipfitters and draftsmen.

The outbreak of war in Europe in 1939 demands tremendous expansion of shipbuilding and ship repairing capacities not only to assist her potential allies but also to provide for the possibility of being involved in the war herself. The U.S. Government established a number of shipyards known as "War Emergency Yards" which were entirely financed and owned by the government; some facilities were added to existing yards by joint government and private interests, or provided by the government on a five-year amertization basis; some other investment was also made by private interests.

The expansion of shipbuilding facilities during the war may be represented by the number of shipyards and the number of building ways at the outbreak of the war in Europe and those in 1944 when ship production war at its peak.

Table 1.—*Shipbuilding Facilities in 1939 & 1944.*

Disrict	Number of Shipyards		Number of Building Ways 300 ft long & over	
	1939	1944	1939	1944
Atlantic Coast	14	24	68	233
Mexican Gulf Coast	4	11	10	90
Pacific Coast	8	24	18	153
Great Lakes	6	12	17	44
Total	32	71	113	520

At end of the war the ownership of American Shipbuilding yards and building ways capable of building sea-going vessels of 2,000 tons deadweight or over and their distribution are as follows:

Table 2.—*Shipbuilding Facilities in 1945.*
(Total 78 Yards; 563 Ways)

District	No. of Yards	Private Shipyards private owned ways	government owned ways	Government Shipyards No. of Yards	No. of Ways
Atlantic Coast	16	94	41	11	105
Mexican Gulf Coast	14	31	22	13	108
Pacific Coast	5	24	19	5	47
Great Lakes & Rivers	14	38	34	—	—
Total	49	187	116	29	260

In the above table government yards include those owned by the Maritime Commission and Navy Department but exclude regular navy yards and ship repairing yards. The Maritime Commission alone spent $588,223,000 on shipways and other facilifies and these facilities were entrusted to private companies for their operations.

In will be interesting to note that these were no ocean going vessel built for ten years between 1930 and 1939 on the entire Pacific Coast, but during the years 1942 to 1944 there was actually more tonnage produced on the Pacific Coast than that on the Atlantic Coast, where had, at least by number, more shipyards and building ways. This was due to the fact that some of the Pacific yards were equipped with special facilities in the building of those comparatively simpler types of standard Liberty and Victory ships by "production method," which would naturally produce more tonnage relative to the number of ways available.

Another point to note is that in previous years all sea-going vessels built on the Great Lakes had to go through the St. Lawrance River in order to get to the open sea. This limited the beam of vessels to about 43 feet and the light draft to about 14 feet. During the war it was made possible for ships built on the Great Lakes to go by way of ship canals and the Mississippi River to the Mexican Gulf thus larger sea-going vessels, such as the C1-M-AV1 type and various landing crafts, Could be built inland although some of the superstructures had to be left out and finally fitted at some coastal port due to the limit of overhead clearances of some bridges.

The shipbuilding activities on the different sea coasts and inland waters of the United States during the period including the two great wars will help to illustrate the relative output of tonnage in these districts and incidently the tremendous fluctuation of the shipbuilding industry during different periods.

Table 3:—Production of Merchant Ship Tonnage Delivered in Different Regions of the United States in Years 1914 to 1943.

(Only vessels of 2,000 gross tons and over are included.)

Year	*Total U.S.*	*Atlantic Coast*	*Great Lakes and Rivers*	*Mexican Gulf Coast*	*Pacific Coast*
1914	130,459	83,495	38,833	—	12,131
1915	120,894	101,443	4,614	—	14,837
1916	349,488	194,248	82,656	—	72,584
1917	629,295	272,422	178,919	—	177,955
1918	1,671,692	531,396	316,422	—	824,144
1919	3,190,288	1,686,236	445,442	32,760	1,025,850
1920	2,312,658	1,287,524	139,674	165,084	720,374
1921	1,037,697	590,470	2,677	90,550	354,000
1922	163,808	115,107	22,600	7,953	18,148
1923	124,984	44,802	67,235	—	12,947
1924	83,602	26,892	49,424	—	7,286
1925	81,012	25,647	55,365	—	—
1926	54,043	37,741	16,302	—	—
1927	154,943	81,764	73,179	—	—
1928	64,820	61,728	—	—	3,092
1929	57,395	38,444	15,863	—	3,088
1930	151,208	143,244	7,964	—	—
1931	150,949	150,949	—	—	—
1932	145,460	145,470	—	—	—
1933	49,527	49,527	—	—	—
1934	9,544	9,544	—	—	—
1935	19,022	19,022	—	—	—
1936	63,428	63,428	—	—	—
1937	151,852	116,409	5,443	—	—
1938	185,658	148,294	37,364	—	—
1939	241,052	241,052	—	—	—
1940	444,727	398,957	2,345	27,879	15,546
1941	749,105	519,279	7,416	42,320	180,090
1942	5,392,593	2,024,189	51,470	689,004	2,024,189
1943	12,499,873	4,448,969	166,925	1,718,102	6,165,877
	30,451,716	13,657,692	1,784,131	2,773,652	12,236,241

Expansion of an industry will naturally call for an increase of personnel. In the period between the two wars the ship repairing industry employed a fairly steady number of men so that the variation of the total shipbuilding and ship-repairing employment would account for the fluctuation of new construction activities.

In 1933 the lowest figure of 56,500 employees in the whole shipbuilding and repairing industries was recorded. Since the U.S. Maritime Commission proceeded with its long-range rebuilding program and about the same time the U.S. Government started naval re-armament, there was a steady increase of shipyard workers. The number increased more rapidly when the United States entered the war and by the middle of 1943 a peak of more than 1,700,000 employment was reached. If the manufacture of marine engines and ship accessories is included, the total number of employment who contributed to the production of ships would amount to about

4,000,000. Most of increase of employment was naturally due to the tremendous output of new tonnages, but it should be remembered that the ship repairing industry also expanded many fold and large numbers of shipyard workers were engaged in minor repairs, general overhauls, dry docking and conversion of all types of ships. Between the beginning of 1942 to the middle of 1944 there were no less than 42,000 sea-going vessels worked upon in the various ship repairing yards. In 1945, especially after the cession of hostilities in the Pacific, a number of shipyards closed down or had little work to do and the number of shipyards employees dropped rapidly.

Table 4.—Total Employment in American Shipyards in Construction and Repair of Naval and Merchant Ships.

Year	*Total Number Employed*	*In Private Yards*	*In Naval Yards*
1927	81,300	60,300	21,000
1928	68,800	47,300	21,500
1929	84,100	60,300	23,800
1930	85,200	63,900	21,300
1931	70,700	49,400	21,300
1932	60,800	39,700	21,100
1933	56,500	33,800	22,700
1934	65,300	44,400	20,900
1935	68,500	48,700	19,800
1936	92,400	62,300	30,100
1937	101,700	67,700	34,000
1938	94,600	59,200	35,400
1939	119,600	73,600	46,000
1940	177,300	102,500	74,800
1941	380,000	233,900	146,100
1942	1,038,600	792,600	246,000
1943	1,721,500	1,388,400	333,100
1944	1,561,200	1,235,000	326,200

From 1933 to 1944 there had been almost a thirty fold increase in the number of shipyard workers. Of course there were the men who had previous shipbuilding of ship repairing experiences but were unemployed during the slack years but these amount to a very small percentage. Large number were workers from other industries and took up shipbuilding works along lines which were similar to their original trades. Still more are men and women of entirely different professions and they became shipyard workers after only a few weeks or even only a few days vocational training. The last source of labours was made possible by the fact that the building of large numbers of standard vessels had made shipbuilding a more or less "production-line" work and the extensive division of labour needed only limited skill for the individual employees. A good many of the workers were women especially among the electric welders, sheet metal workers, store keepers, office workers and unskilled labours.

The large inroad of men and women to the shipbuilding industry, besides patriotic motives, may partly be accounted for by the better earnings they could get as compared with workers of other industries. This is a result of higher hourly rate in combination with long weekly working hours. For instance, in the middle of 1943, an average shipbuilder worked 47.9 hours per week at an hourly rate of $1.264 and thus would have a weekly earning of $60.55, while an average general manufacture worker worked 44.4 hours per week at an hourly rate of $0.963 with a weekly earning of $42.76.

The following table shows that the hourly rate for shipyard workers has doubled during the last ten years and this naturely reflects on the costs of ships built.

Table 5.—Average Working Hours and Wages of American Shipbuilding Workers in Recent Years.

Year	*Hours per Week*	*Hourly Rate*	*Weekly Earning*
1933	33.6	$0.564	$18.95
1934	31.6	0.741	23.42
1935	32.6	0.733	23.90
1936	35.9	0.761	27.55
1937	36.9	0.816	30.22
1938	37.0	0.831	30.90
1939	37.6	0.832	31.71
1940	39.3	0.862	34.03
1941	44.8	1.013	45.54
1942	48.5	1.133	55.19
1943	47.9	1.624	60.55
1944	47.3	1.330	62.90

During the War all shipyards worked seven days a week and 24 hours a day in three shifts. By the middle of 1945, two eight-hour shifts became general practice with no Sunday work. Soon after the war ended, large number of shipbuilding contracts were cancelled and the number of shipyard workers dropped to about one-third of its war-time peak. In late autumn of 1945, shipyards adopted the five-day week.

(4) NUMBER AND TONNAGE OF SHIPS BUILT IN THE UNITED STATES.

It has been previously mentioned that during the two great wars the United States built tremendous numbers of ships of various kinds while in the years between there was very little new tonnage added.

Wartime shipbuilding is, as a rule, aimed entirely for war purposes which call for an extraordinary amount of certain standard types of ships for the transportation of troops, supplies, fuels and the necessary materials for essential industries in addition to the construction of various combat ships and naval auxiliary vessels. Certain ship types which are essential for peace-time uses are usually neglected in war-time ship constructions such as passenger liners etc. and these deficiencies have to be made up after the pressing military requirements have been fulfilled or after the cease of hostilities. It is therefore not enough just to study the out put of tonnages in the different years, but one has to analyze the building of each type of vessels during the various periods. These data, when compared with normal trade requirements, will then serve as a guide to determine as to what types of ships are already in excess and what types will be construction for some years to come.

During the four years from 1942 to 1945, the American shipyards built 4,889 merchant type ships of over 2,000 gross tons each, with an aggregate deadweight of 52,875,603 tons. This is an all time world record. In comparison to these figures, the five years from 1917 to 1921 when the American shipbuilding was at its previous peak, the total production was 1,910 ships with 14,142,178 deadweight tons; while in the twenty years from 1922 to 1941, only 380 ships of a total 4,214,005 tons deadweight were built in the United States. In other words, America built in the last four years almost thirteen times, in number as well as in tonnage, the amount of merchant ships as she did in the twenty years immediately before when she was at peace.

In table 6, it gives the number and the tonnages of merchant ships built in the United States shipyards each year from 1914 to 1945 which includes the years of the two World Wars.

There is a remarkable difference between the merchant ship productions in the two war periods besides the relative tonnages produced. In the case of the first war, the full production was not attaimed until 1919, i.e. one year after war ended; while in the second war, the peak of production was reached in 1943, i.e. two years before the cease of hostilities. To explain the difference, one would naturely attribute to the modern methods of ship construction which very much speeded up the output of tonnage. But there is another vital factor which made this possible and the credit must be given to the planning and preparation works persuaded, in the years before as well as during the war, by the U.S. Maritime Commission which not only met the wartime demands in a very short time, but had the types of ships and their orders of construction well scheduled so that the building program tapered off more gradually and thus resulted in less building contracts cancelled and less partly finished vessels scrapped at the sudden ending of war.

Table 6.—*Number and Tonnages of steel Self-Propelled Merchant Vessels Each Over 2,000 Cross Tons Built in U.S. Shipyarks Each Year From 1914 to 1945.*

	Cargo Ship		*Passenger-Transport*		*Tanker*		*Total*		
		Deadweight		Deadweight		Deadweight		Deadweight	Gross
Year	No.	tons	No.	tons	No.	tons	No.	tons	Tonnage
1914	16	127,276	1	800	8	67,222	25	195,300	130,459
1915	17	131,388	3	12,600	4	29,862	24	173,850	120,894
1916	45	275,823	1	7,480	24	246,953	70	530,256	349,488
1917	89	606,545	—	—	34	332,068	123	938,613	629,295
1918	376	2,287,910	4	18,972	34	339,368	414	2,646,250	1,671,962
1919	679	4,680,321	2	10,650	42	394,713	723	5,085,684	3,190,288
1920	375	2,695,753	12	111,000	80	778,027	467	3,584,780	2,312,658
1921	57	485,418	22	243,380	140	1,158,053	183	1,886,851	1,037,697
1922	10	155,680	3	34,384	6	70,653	19	260,717	163,808
1923	9	110,410	7	26,110	2	23,420	18	159,940	124,984
1924	5	56,190	6	13,759	1	10,544	12	80,492	83,602
1925	8	90,700	3	11,470	—	—	11	102,170	81,012
1926	2	25,625	5	15,880	1	15,262	8	56,767	54,043
1927	9	104,300	7	27,459	3	49,752	19	181,511	154,943
1928	—	—	3	37,400	4	44,086	7	81,486	64,820
1929	5	49,200	2	19,800	1	15,180	8	84,180	57,395
1930	2	24,000	5	39,269	11	161,219	18	224,488	151,208
1931	—	—	9	85,413	5	69,528	14	154,941	150,949
1932	2	21,800	13	82,572	—	—	15	104,372	145,470
1933	—	—	4	32,367	—	—	4	32,367	49,527
1934	2	15,180	—	—	—	—	2	15,180	9,544
1935	—	—	—	—	2	29,760	2	29,760	19,022
1936	—	—	—	—	8	104,860	8	104,860	63,428
1937	—	—	—	—	15	191,929	15	191,929	121,852
1938	6	56,100	—	—	18	227,982	24	284,082	185,658
1939	14	128,484	3	20,435	11	193,112	28	342,032	241,052
1940	31	334,660	6	61,222	16	238,352	53	634,234	444,727
1941	61	597,943	6	56,515	28	434,039	95	1,088,497	749,105
1942	652	6,842,689	11	81,290	61	982,381	724	7,906,360	5,392,953
1943	1410	14,921,082	20	180,047	231	3,420,405	1661	18,521,534	12,499,873
1944	1175	11,857,797	48	330,311	240	3,954,957	1463	16,143,065	11,403,163
1945	807	7,206,201	46	311,046	188	2,787,397	1041	10,304,644	7,614,898

Note that the number of ships built each year differ slightly in according to different records. As the gross tonnages in Table 6 are taken from a sourse different from the rest of the table, they may not all correspond exactly to the number of ships listed.

The 5,065 ships, each over 2,00 gross tons, built from 1939 to 1945 mainly cover the U.S. Maritime Commission "long range program" and wartime emergency buildings as well as a number of vessels built for private interests. These include 60 British Emergency Cargo Ships, 2,710 Liberty Ships, 513 Victory Ships, 875 C-class ships, 21 P-class ships, 64 S-class ships, 608 T-class tankers and various other types of vessels. The propelling machineries amount to nearly 23,000,000 horse-powers consisting of about 10,500,000 h.p. turbine, 4,500,000 h.p. turbo-electric, 7,000,000 h.p. steam reciprocating and almost 1,000,000 h.p. Diesel.

The table also shows that there has been a distinct increase in the size of ships built in recent years. The average deadweight tonnage of ships built from 1942 to 1945 is about 10,800 tons where as the figure for the 1917 to 1921 period vessels is 7,400 tons.

There are large number of smaller merchant type ships, each less than 2,000 gross tons, not included in the above table, but some of them may be of special interest on account of their shallow drafts such as the wartime built N3-class cargo ships and certain coastal tankers; the particulars of some of these are found in previous notes.

So far paper confined almost entirely to commercial type vessels. In studying the tonnage output in the American shipyards, the building of warships and various other types of vessels should also be included in order to have a more full and accurate picture of the total capacity of the shipbuilding industry in the United States. In fact, most shipyards usually can undertake to build either type of vessels when they are required to do so. During the time of hostility many commercial type vessels, with adequate armament installed, were actually employed as naval auxiliaries or in amphibious assault operations, while on the other hand, a number of the ships built especially for military purposes can also be convert commercial uses without undue alternations.

Naval vessels are here listed according their principal functions under three general headings, namely, combatant naval ships, auxiliary naval vessels, petrol and mine crafts, landing crafts and district crafts.

Combatant naval ships, according to U.S. practice, include all types of vessels adequately armed for offensive or defensive naval warfares. Under this category are battleships, aircraft carriers, large, aircraft carriers, aircraft carriers, small, aircraft carriers, escort, battle cruisers or large cruisers, heavy cruisers, light cruisers, destroyers, destroyer escorts, and submarines.

For a number of years between the two great wars there had been very little warship tonnage built in U.S.A. The failure of the various naval disarmament conferences and the wars in Asia and Europe insinuated the Americans the necessity of naval rearmament. In July 1940, when the United States adopted the policy of a "two-ocean navy" her sea power consisted of 1,099 vessels of total 1.9 million displacement tons, including 383 combatant ships of 1,313,390 tons. This fleet then consisted of 15 battleships, 6 aircraft carriers, 18 heavy cruisers, 19 light cruisers, 225 destroyers and 100 submarines.

During the war period, there was an unprecedented quick expansion in her sea power and by the middle of 1945, U.S. Navy has increased to a force of 50,759 vessels of total 13.5 million tons, including 1,171 combatant ships of 4,433,418 tons. These figures do not include the war losses or the vessels transfered to Allied nations under Lend-Lease up to that time. The war loss then was 2,022 vessels of 849,000 tons including 148 combatant ships of 493,000 tons; and the amount transfered to other governments was 5,426 vessels of 1,052,000 tons including 129 combatant ships of 500,000 tons.

From the middle of 1940 to the middle of 1945, the United States built more than 90,000 new naval vessels of all sizes of a total tonnage well over 8 millions (standard displacement tons for combatant ships and light displacement tons for all other vessels). Of these, about 84,000 vessels totaling 84,000 tons were landing crafts. In addition to these, the U.S. Navy acquired about 2,800 vessels of nearly 6 million tons from vessels built in or transfered from other countries, converted aircrafts, escort, and from vessels built by the Maritime Commission for the navy.

The combatant ships built in this period were 1,322 vessels of about 4.4 million tons at a cost of about $10\frac{1}{2}$ billion U.S. dollars for their construction and machinery only (i.e. excluding the more than 3 billion dollars for armour, armament and ammunition). The building of these fighting vessels were undertaken by 8 naval yards and 28 private yards.

Table 7.—*Combatant Naval Ships Built in the U.S.A. from July 1, 1940 to July 1, 1945.*

Type of Ship	Number built in Naval Yards	Number built in Private Yards	Total
Battleship	7	3	10
Aircraft Carrier	5	22	27
Aircraft Carrier, Escort	7	105	112*
Battle Cruisers	—	2	2
Heavy Cruiser	1	9	10
Light Cruiser	—	33	33
Destroyer	58	312	270
Destroyer Escort	155	393	548
Submarine	98	112	210
Total	331	991	1,322

* This number includes 77 aircraft carriers, escort of 790,360 tons total.

The next table gives the number and tonnages of combatant ships built each year from 1914 to 1945 in the United States in both government naval yards and private yards. About three-quarters in number, and more than that ratio in total tonnage, was put out by private ship yards.

Table 8.—*Number and Displacement Tonnage of Naval Combatant Ships Built Each Year in the United States from 1914 to 1945.**

Year of Delivery	Number	Tons Displacement
1914	18	64,279
1915	7	8,135
1916	20	131,805
1917	11	40,191
1918	81	104,754
1919	127	177,459
1920	90	144,107
1921	35	105,799
1922	11	11,480
1923	27	122,240
1924	11	28,750
1925	6	12,250
1926	1	2,000
1927	2	66,000
1928	1	2,710
1929	1	10,000
1930	6	45,460
1931	3	30,000
1932	2	11,540
1933	2	11,110
1934	9	67,900
1935	8	11,360
1936	22	44,350
1937	27	76,350
1938	20	100,150
1939	27	65,610

1940	27	54,395
1941	33	150,214
1942	141	525,295
1943	568	1,582,004
1944	420	1,313,497
1945	152	801,944

* Note that before and include year 1940 in the above table, gunboats and frigates are included as combatant ships while aircraft carriers, escorts are excluded. From 1941 to 1945 in the table, the categories of combatant ships are as defined in previous notes.

Among the largest fighting ships built in recent years are the four Iowa Class battleships each displacing 45,000 tons and two of the Midway Class aircraft carriers of the same displacement.

It will be interesting to note that the "Two-Ocean Navy Program" of July 19, 1940 called for the construction of 1,325,000 tons of combatant ships, where as the actual tonnage built in the last few years exceeded four times that figure.

Naval auxiliary vessels cover a great variety of types and sizes of ships which render the numerous services to combatant vessels or serve in other special functions in naval operations to maintain the efficiency of a fleet. They include all the destroyer tenders, submarine tenders, motor torpedo boat tenders, sea-plane tenders oliers, ammunition ships, provision and store ships, distilling ships, hospital ships, salvage ships, all kinds of repair ships, barrack ships, net layers, transports, cargo ships, ocean tugs, etc. Some of these are specially built vessels, but a large number of them are ordinary commercial type ships, with or without conversion, operated by the navy for military purposes.

As a rule, a navy does not maintain a large number of auxiliary vessels in pease time. In fact, there were very few new constructions of this category in the U.S.A. for nearly twenty years between the two great wars.

The "Two-Ocean Navy Program" of July 19, 1940 authorized the building of 100,000 tons of auxiliary vessels. In the last few years the United States built more than 600 naval auxiliaries of nearly 800,000 tons in both naval and private yards at a total cost of about 1.5 billion dollars. In addition to these, about 1,000 vessels were added to the naval auxiliaries by acquisition, which include a considerable number of ships built by the Maritime Commission and delivered to the U.S. Navy. Naturely in the following table there will be certain overlapping with the number of merchant type ships built as given in Table 6.

The wartime built naval auxiliary vessels amount to a total of about 5.5 million tons. It is too big a tonnage to be maintained in a peace time and no doubt a large portion of them will be transfered to civil use or be laid up as reserve.

Table 9.—*Auxiliary Naval Vessels Built in the U.S.A. Each Year from 1941 to 1945.*

Year	*Number Built*	*Tons Light Displacement*
1941	83	528,105
1942	184	579,097
1943	303	714,911
1944	630	2,213,861
1945	462	1,397,170

Note: Naval auxiliaries built by the Maritime Commission are included in the above table. The number and tonnages are taken from different records published at different times and they may be not of the same degree of accuracy.

Naval auxiliaries used to include all vessels operated by the navy other than the combatant ships. The present day practice in the United States is to treat mine layers and mine sweepers as a separate category of *Mine Crafts*. Certain small fighting vessels whose functions are mainly concerned in the petroling of coasts and harbours against the attack of enemy vessels, especially submarines, are now separated from the other combatant ships and regarded as *Petrol Crafts* and these include tug frigates, corvettes, gunboats, submarine chasers, submarine chaser escorts, motor torpedo boats, etc.

Since the middle of 1940, there had been nearly 900 mine crafts of more than 300,000 built at a cost of more than one billion dollars. The building of petrol crafts consists of more than 1,700 vessels of about 240,000 tons at a cost of one billion dollars. In addition, some 100 mine crafts of about 36,000 tons and 200 petrol crafts of about 161,000 tons were added to the U.S. Navy by acquisition. A number of these were built in Britain and her dominions.

The building of *Landing Crafts* in recent years is of special interest. These vessels, as the name implies, are primarily for the landing of troops and materials form transports onto enemy-held beaches, but some of them are of ocean-going types and were employed for transportation purposes over moderate distanced in many occasions and had proved invaluable especially in places where no proper port facilities were available. The larger ocean-going types are classed as ships; the very small ones are only good for short runs and they have to be carried overseas by other vessels; and various tracked and wheeled amphibious crafts are designated as landing vehicles.

Landing crafts cover a wide range of sizes from the 457′-9″ LSD's and 453′-10″ LSV's to the seven-men rubber assault crafts. A total of 84,433 vessels of more than 3 million light displacement tons were built in the last five years at a total cost of over 5 billion dollars. More than 18,000 of these are rubber boats.

Practically all landing crafts were built in private shipyards. Some of them were built as far inland as Pittsburg and went by way of the Ohio and Mississippi Rivers to the sea.

Table 10.—*Landing Crafts Built in the U.S.A. Each Year from 1941 to 1945.*

Year	*Number Built*	*Light Displacement Tons*
1941	1,035	7,790
1942	9,488	230,386
1943	21,525	793,531
1944	37,724	1,519,894
1945	14,538	502,151

District Crafts are service and utility crafts used at naval bases and dockyards. These include the district petrol vessels, ferry boats and launches, habour tugs, various types of lighters and barges, dredges, floating drydocks, floating workshops, floating derricks, car floats, diving tenders, floating pile drivers, salvage pontoons, etc.

In the five years from 1941 to 1945, there were 2,942 units, total 742,306 light displacement tons, of various kinds of district crafts built.

Besides the merchant ships of each over 2,000 gross tons and the various categories of naval vessels, there had been built in the wartime period thousands of smaller vessels for the U.S. Army, Coast Guard, Defence Plant Corporation and for private interests, also smaller merchant ships of under 2,000 gross tons operated by the War Shipping Administration.

(5) CONCLUSION

The end of War in 1945 found the United States possessing more than 56 million deadweight tons of merchant vessels, each of 2,000 gross tons or over, against a total world tonnage of over 90 million tons. In 1939, the U.S. had less than 12 million deadweight tons out of the world's total of nearly 72 million tons. One would remenber that in the pre-war period less than one-fourth of the U.S. sea-going tonnage was actively engaged in foreign trade, and now that she has more ship bottoms than all the rest of the world put together so it is evident that in the post-war years she could not and would not attempt to maintain such a gigantic merchant fleet.

As soon as the war terminated in August 1945, the U.S. Maritime Commission proceeded to cancel some of the then existing shipbuilding contracts. The wartime ship production had long passed its peak in 1943, and at the end of the war the Maritime Commission "emergency program" was near its finishing and the "long range program" had already been tons was by no means so drastic as what happened after the First Great War when the construction of 963 Shipping Board vessels of 4,803,365 deadweight tons was called off.

After almost two years discussion, the U.S. Congress finally passed the "Merchant Ship Act of 1946" in February 1946 for the disposal of "war built" vessels. By this act, priority is given to United States citizens in the purchasing of vessel of any type, and that passenger ships, Liberty colliers and Liberty tankers can only be sold to American buyers. Restriction was also imposed on the sale of C-Class to foreign applications. Any vessel not sold or chartered by the end of 1947, but still of sufficient value for commercial or for national defense purposes, will be placed in a "national defense reserve fleet." One can see that the U.S. Government had learned her lessons in the two great wars and was taking no risk of ship bottom shortage in any future national emergency.

If we compare only the pre-war and post-war tonnages, it would appear that the United States, and world as a whole be necessary. This is of course only partly true. Some types of vessels are indeed in abundant but many of these wartime built ships will not meet peacetime needs. The some 2,500 Liberty ships are not considered as economical for commercial operation according to modern standard, and other vessels which had undergone extensive conversions for military uses may be found too expensive for reconversion. American shipping companies started to plan their peacetime fleets even before the cease of hostilities and they lost no time in placing orders for new ships needed as soon as conditions permitted. In 1946, the American Shipyards completed 83 vessels, each of 2,000 gross tons or over, aggregating 933,787 deadweight tons or 645,706 gross tons.

The world is badly in need of passenger ships, a type of vessels always neglected in times of war. The National Federation of American Shipping had announced that eleven leading Steamship companies planned to build 89 new passenger ships at a total cost of about 500 million U.S. dollars, and in the coming years, one can expect that there will be more passenger liners for American ship-owners. As to the building of new ships in American yards for foreign market, this will depend much on the financial relations between the U.S.A. and the other maritime nations. Asia and Europe have been both hard hit by the war and every maritime nation is striving to revive her own shipbuilding industry, so that unless in the U.S. yards, the high cost of American built tonnage is anything but attractive to foreign operators. The following table gives the estimated pre-war building costs in U.S. and the average wartime costs of some standard Maritime Commission ships. With increased material costs and labour wages, the post-war costs of similar ships would naturely be even higher.

Table 11.—*Costs of Standard Maritime Commission Vessels.*

Ship Type	*Estimated Pre-war Cost*	*Average Wartime Cost*
N3-S-A1, N3-S-A2	$ 760,000	$1,339,477
C1-M-AV1	1,280,000	1,982,464
C1	1,940,000	2,608,168
C2	2,100,000	2,736,624

C3	2,460,000	3,659,228
C4	3,300,000	4,420,965
EC2-S-C1	1,278,000	1,728,000
VC2-S-AP2	1,958,000	2,511,877
VC2-S-AP3	2,130,000	2,872,659
T1-M-BT	994,000	1,774,083
T2-SE-A1	2,136,000	3,010,703
T3-S-A1	2,175,000	2,970,029

When we review the wonderful contribution the American Shipbuilding industry made to the final victory of the Allied Nations and the all-time record set in the history of shibuilding, we will notice certain underlying causes that had made such an achievement possible.

The richness in natural resources, high degree of development in all lines of engineering and efficiency in transportation systems are primary conditions for production of ships in quantity. Electric arc welding and pre-fabrication are not novelties to the shipbuilding industry, but new tools, improves working methods and better lifting facilities had enabled these to be applied to a greater scale. Scientific lay-out of shipyard, the construction of standard vessels in number and extensive division of labour made possible the application of production-line principle to shipbuilding and the employment of less skilled labour. It should be mentioned here that mass-production method was only used in a number of yards on certain types of vessels while others were actually built more or less in the conventional ways, and one doubt that mass production method will ever be repeated except in case of emergency.

Last but not least is the centralization of control and co-operation between the various government agents. Steel and other materials were strictly controlled by the War Production Board and adequately alloted to the various government agents, of those, the Maritime Commission was one unit. The Maritime Commission in turn was decide the proper quantities of materials to be distributed to the works and to have them delivered in due time. The U.S. Maritime Commission as builder of ships and the War shipping Administration as user of ships were headed concurrently by the same person and that made the demand and supply of ships to fit in most efficiently and smoothly than was otherwise possible. Ship designers and draughtsmen who could not be trained overnight were mobilized and concentrated to a few government agents and naval architect offices whereat all plans were prepared, and issued thus technical skills were utilized to their best economy and efficiency.

In preparing this paper, the writer found that numeral data from different sources do not agree exactly with one another and consequently omissions or repetitions of figures in different tables seem inevitable. Any information concerning inaccuracies if the figures found in this paper will be welcome to the writer.

船體線圖設計

楊仁傑

船體線圖爲建造船舶成功與否之最基本工作。舉凡已成船舶之重要性能，悉賴於是，故設計時應不憚繁瑣深加研究。完成以後尤宜按圖成模。於試驗池內。儘量測驗改進。以臻完善。則所費有限，而收效無窮也。本篇旨在說明其重要及一般設計方法之要點。與可能之改進匆匆草成。諸多簡陋。幸賜敎也。

(甲) 先決問題

依天然及人爲限制。經濟條件。就航線。貨儎重量容積。船員客位等級佈置。主機類別燃料與位置。予以研究估計。同時對於總淨噸位。船體强弱力。微傾。縱傾。强度傾側。區隔等問題加以初步計擬。從而確定以下各點。

1. 海航速率 V 海浬/小時。
2. 推進器隻數及旋速，舵之隻數式樣與面積。
3. 船身長度 L 。寬度 B 。及高度 D 。呎。
4. 乾舷 F 及滿儎吃水 d 。呎。
5. 滿儎排水量 △ 。噸。
6. 船體係數 C_b 。柱形係數 C_p 。滿儎水線係數 C_a 。及中長截面係數 C_m 。
7. B/d 。 $V/\sqrt{L}$ 。 $\triangle/(L/100)^3$ 。 Ⓟ$=0.746V/\sqrt{C_p L}$。
8. 船尾側形。包括橧甲豎弧。首尾形式等。
9. 各層橧甲外形及曲度。
10. 主要截面。一在前。一在後。一在中部。
11. 滿儎重心位置。
12. 滿儎時之縱傾等。

(乙) 通用之嘗試方法。

對以上各宜加以更進一步之硏討以決定有無必要之更動。

I. 一般之檢討。

$\frac{B}{d}$ 不可過大或過小。如過大則剩餘阻力較大。浸水面積亦較大。GM 常大至使船搖動過快。而洪水安全率減少頗不爲乘客所喜。過小則剩餘阻力雖較小而浸水面積亦甚大。且 GM 常太小。以致損害安全率。其選擇時應以安全率爲主要目標。在無礙安全範圍內乃進而求其剩餘阻力及浸水面積之減少。

$\frac{V}{\sqrt{L}}$ 在約等於 0.68,0.80,1.05，或 1.50 。及Ⓟ在約等於 0.565,0.667 及 0.894 時。常爲剩餘阻力之高峯宜加以避免。尤其在較高之速率時。如無法避免時線圖應加倍探究。且 C_p 及 $\triangle/(L/100)^3$ 宜力求其小。

在 $V/\sqrt{L}$ 大於 1.2 時。$\triangle/(L/100)^3$ 對阻力影響較大。在 $V/\sqrt{L}$ 小於 1.2 時則 C_p 對阻力影響大。但二者又互相牽涉。總之 C_p 如果比較大則$\triangle/(L/100)^3$ 應採較小者。尤其在高$V/\sqrt{L}$時。否則必有不良結果。至 $V/\sqrt{L}$ 小於 0.60 時阻力中之大部份爲黏阻。故宜力求浸水面積之減少。C_p 及 $\triangle/(L/(100)^3$ 可任令較大無礙一般商船之$V/\sqrt{L}$ 常不超越 1.0 故宜注意 C_p 之選擇。

II. 中長或最大截面。

C_m 之變動可影響浸水面積剩餘阻力但一般而言。其效果不大。在 $V/\sqrt{L}$ 小於 1.1 時。C_m 以大者爲宜。一般商船屬之。而 $V/\sqrt{L}$ 超過1.1時C_m 宜選較小者。如快速艦艇等。前述適宜之 C_p 。每可以相當之 C_m 獲之。如不可能時，則 C_b 或亦需改動。C_m 旣經決定則船底線坡起。龍骨平面闊度。底旁彎勢半

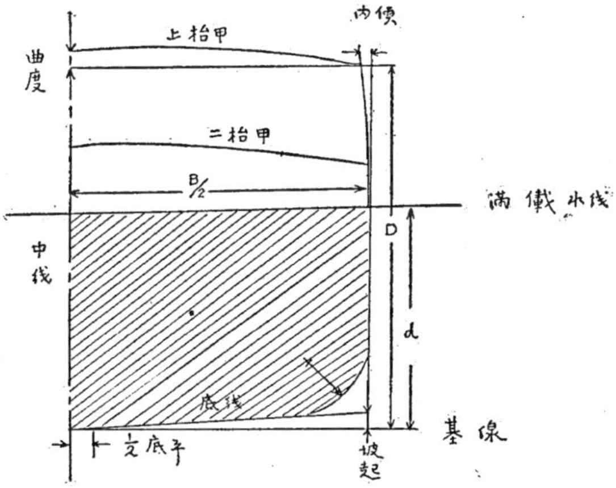

徑。均可從而決擇。在一般性之商船。C_m 極大而底彎半徑又不宜太小。故拔起每極微小。如其他前後截面底線能注意令其緩緩升起。此於阻力無甚害損假如艙甲層數。高度。曲度。及內傾程度均已擬就。則中長或最大截面即可決定。如圖。其線影面積恰為 $C_m \cdot \frac{1}{2}B.d$。而艙甲皆成圓弧形。

III 截面曲線

此係線圖之基礎必需具備下列條件。

1. 面積÷$lm=C_p$ 。

2. 面積集中點 B 與船之滿儎浮心居同一垂直線上其浮心位置。宜按滿儎重心與適當之縱傾而決定。如縱傾為零則浮心重心同居一垂直線上。

3. l=滿儎水線之長。而m=最大截面積之半。

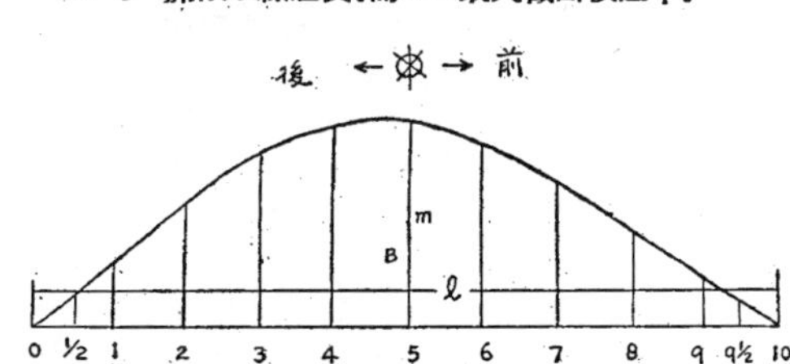

4. 船速不高者 C_p 每較大為使排力量集向中部。使兩端不致過肥起見常需維持最大截面至某一長度。是謂平行中段。速率較高 C_p 較小則平行中段可稍短且向後移。在 $V/\sqrt{L}$ 大於 0.9 C_p 小於 0.68 時。即不宜再有平行中段。而祇餘一最大截面。此最大截面常居船長之中心故名中長截面。但高速度船隻。前端務求瘦削。則最大截面常移至中長之後。

5. 平行中段與最大截面之位置。及第二項所述之面積集中點互為因果。必須同時考慮。兼籌並顧。除平行中段外。其後部之長度不可短於 $4.08\sqrt{2m}$ 而前部長度不可使 V 接隣 $1.09\sqrt{\text{前部長度}}$。所用單位長為呎。面積為方尺。V 為海浬 / 小時。

6. 曲線前段後段宜注意其變勢，必須力求婉順漸變。尤當留心其於平行中段連接處。在一般及高速情形前段較為重要。以免波浪阻力消耗太大。而於速率低而肥滿之船形。則後段每顯重要宜力避旋渦阻力之增加。此與推進器效率亦有關係。

截面曲線。通常皆取材於性能良好相似船舶之曲線。加以改造而成如無所根據可先作成等面積之梯形。然後再配成曲線。或於前後兩端採用正弦線之一部份位於傾斜基線之上其斜度依 C_p 大小而定而於中部連以橢圓線。

IV 滿儎水線

其面積應使 C_a 大於 C_p 若干。使有適度之復原力。以策安全。但究當如何宜參酌所取前後各截面形態而定。約略言之。水線前部比較重要。宜略瘦。俾排水量不過於積向上部。且可獲較小之船首切角。以減小波浪阻力。此每與前段之 U 形截面相配合在 $V/\sqrt{L}=0.90$ 至 1.10 間前部水線曲線之近船首處。可略凹。但較此為低之速率每用微凸或平直曲線。而高速率亦用平直。在 $V/\sqrt{L}=0.90$ 至 1.00 間。有時採用球形船首，水線後部儘可稍肥。俾排力量向上集中。使下部水線凹瘦。而截面作 V形如此可獲良好之水流流向推進器。而船尾下傾亦可節制。但亦勿宜過滿以免發生旋渦。橢圓尾如不使推進器小至不適於用。總以採用爲宜。可令水線加長而結尾亦能緩和。此外水線全部宜避免彎勢有何急驟變動及凹凸不勻之處。而對已定之二三主要截面亦當顧及。

V 前後截面

III 及 IV 二項曲線決定後線圖大局已定。可採用馬立西氏方法以求前後各截面。設吾人現擬將第二站截面着手決定。可從截面曲線上將該站之縱線長度讀出使稱 a_2。乃代表該站截面浸水部份半部面積。復從滿儎水線曲線將第二站之縱線長度亦量出。使稱 b_2 而在船身側形從滿儎水線至底線垂直距離爲 d_2。然後先用 $\frac{a_2}{b_2}$ 及 $\frac{a_2}{d_2}$ 求出 B 點。再畫 AB 及 BC 二直線。則 ABCD $=a_2$ 依 ABC，截面“2”之形。即可約略定出。但宜注意隣近截面之變動情形。并令在 ABC 外曲線內之面積。適等於曲線外 ABC 內之面積。如圖中所示。依此方法。將 0 至 10 站所有截面全數定出。

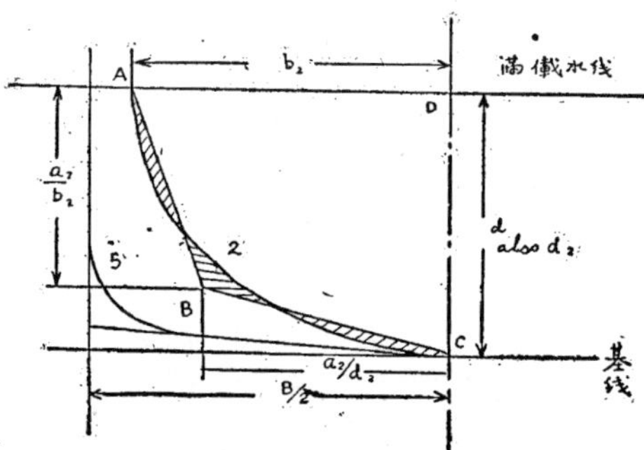

VI 勻配工作

工作至現在階段線圖卽可開始。尺度宜大。紙質必需擇耐擦而漲縮微者。圖分三種視向。側視圖在上。平視圖在下。截面圖在側視圖之左端或中部，船身左右對稱，故平視圖祇顯半側，而截面圖則畫後段之半截面於左側。前段之半截面於右側。至水線與截面之分佈總以便於爲準確之計算爲主，近底部及近兩端處。宜再細分因彎勢變動較甚也。先畫側視圖外形。包括水線及截面分站，底線，檣甲線，船首，船尾，船舵等。次從事平面圖。將各檣甲及儎重水線畫上，然後從前擬各截面。量出各水線之寬度。將此各水線外形加置之平面圖中。如不滑順。不妨略加調配之後。係據平面圖。將截面圖繪出。如此側面平面截面各圖。相互一再調配。以迄完全配合爲止。同時將船體縱截線及斜截線繪出。察其是否滑順合理。在船首當注視縱截線是否緩和滑妥。在船尾於單推進器船舶，其縱線以配合推進器爲主。而後端橫截面下部不妨略肥於雙推進器船舶。則在推進器附近截面。下部宜瘦并與推進器葉共有適當距離而主軸柱尤宜與該段水流方向順遂。前段截面宜有較大之外傾尤以速度大及近船首處爲甚以防水浪衝上檣甲。

丙、以截面爲主之數學方法

I 滿儎水線及截面曲線之基本算式

五次拋物線方程式與一般水線及截面曲線相近。故天樂氏採用是項方程式如下：

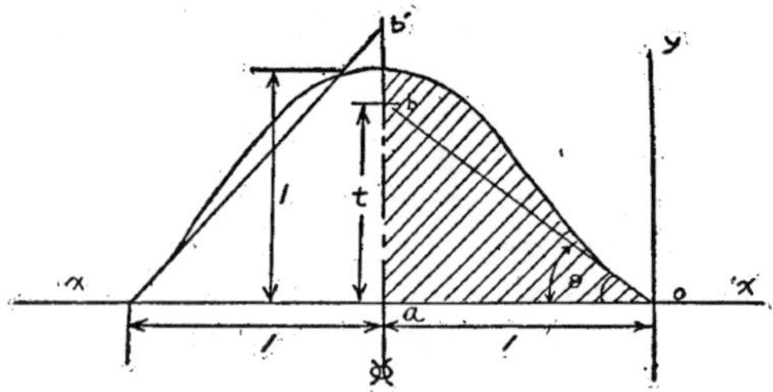

$$y=tx+ax^2+bx^3+cx^4+dx^5\cdots\cdots\cdots(A)$$

$$y=\frac{\text{任何截面浸水面積之半}}{\text{最大截面浸水面積之半}}\quad\text{或}$$

$$y=\frac{\text{滿儎水線任何站寬度之半}}{\text{滿儎水線最大寬度之半}}$$

$$t=\tan\theta=ab$$

$$(\text{或}=\tan\theta'=ab')$$

$$x=\frac{\text{自任何截面站至船首（或船尾）之長}}{\text{自最大截面站至船首（或船尾）之長}}$$

因 $y=1$ 當 $x=1$ 時 (A) 式成 $1=t+a+b+c+d\cdots\cdots\cdots\cdots\cdots\cdots\cdots\cdots\cdots\cdots(B)$

再面積 $=\int_0^1 ydx=p$（＝船之前段或後段之 C_a 或 C_p ）

故 $\frac{t}{2}+\frac{a}{3}+\frac{b}{4}+\frac{c}{5}+\frac{d}{6}=p$ ……………………………………(C)

又 $\frac{dy}{dx}=0$ 當 $x=1$ 時故 $t+2a+3b+4c+5d=0$ ……………………………………(D)

而 $\frac{d^2y}{dx^2}=\alpha_1$ 當 $x=1$ 時故 $2a+6b+12c+20d=\alpha_1$ ……………………………………(E)

從 (B),(C),(D) 及 (E) 四聯立方程式可求得

$$\left.\begin{aligned} a&=60p-6t-\tfrac{1}{2}\alpha_1-30 \\ b&=-180p+12t+2\alpha_1+100 \\ c&=180p-10t-\frac{5}{2}\alpha_1-105 \\ d&=-60p+3t+\alpha_1+36 \end{aligned}\right\} \cdots\cdots\cdots\cdots (F)$$

代入(A)式則

$$y=(-30x^2+100x^3-105x^4+36x^5)+p(60x^2-180x^3+180x^4-60x^5)$$
$$+t(x-6x+12x^3-10x^4+3x^5)+\alpha_1\left(-\frac{x^2}{2}+2x^3-\frac{5}{2}x^4+x^5\right)$$

卽 $y=F_y+PF_p+tF_t+\alpha_1F_\alpha$

所有 F_y,F_p,F_t 及 F_α 皆屬 x 之函數可預爲算出。列表如下。

✓ 站數	x	F_x	F_α	F_p	F_t
10—0	0	0	0	0	0
$9\frac{3}{4}-\frac{1}{4}$	0.05	-0.0631	-0.00102	0.12856	0.03644
$9\frac{1}{2}-\frac{1}{2}$	0.10	-0.2101	-0.00324	0.4374	0.05103
9—1	0.20	-6.5565	-0.00768	1.2288	0.04096
$8\frac{1}{2}-1\frac{1}{2}$	0.30	-0.7360	-0.00882	1.8522	0.01029
8—2	0.40	-0.7194	-0.00576	2.0736	-0.01728
$7\frac{1}{2}-2\frac{1}{2}$	0.50	-0.4375	0.00000	1.8750	-0.03125
7—3	0.60	-0.0086	0.00576	1.3824	-0.03072
$6\frac{1}{2}-3\frac{1}{2}$	0.70	0.4400	0.00882	0.7938	-0.02079
6—4	0.80	0.7885	0.00768	0.3072	-0.00896
$5\frac{1}{2}-4\frac{1}{2}$	0.90	0.9671	0.00324	0.0486	-0.00153
5	1.00	1.0000	0.00000	0	0

✓指最大截面（或最寬處）適居長度之中時而言。

II ' 應用方法

先決定 C_m 及C_p，並選妥船首船尾之適當 t 值。但此 C_p 係指整個船身而言。必需按照此 C_p 之值與相宜浮心位置。從而求得船身前半段及後半段之各別 C_p 值使等於 p

F_α 自 x= 至 x=0.5。及自 x=0.5 至 x=1.0。適相對稱。且皆小於 0.009 而 α_1 復非等於零卽爲微

小之負數故 $\alpha_1 F^a$ 之值極微。儘可略而不計。且略去之結果僅曲線在 $x=0$ 至 $x=0.5$ 間略向內移。$x=0.5$ 至 $x=1.0$ 間略向外移。其外移與內移之面積適相等。故 P 值並不變動。故在一般情形下可用。

$$y=F_y+PF_p+tF_t \cdots\cdots(H)$$

先求出各截面站相當之 x 值。次就每一 x 值將其 F_y, F_p 及 F_t 尋出。則連同 p 及 t 代入(H)後。卽可得該站之 y 值。而每一y值，被最大截面面積乘後，其乘積乃各該站之截面積。而截面曲線定矣。

滿儎水線亦用相似之方法求之，惟 C_p 及 t 應易爲 C_a 及水線之相當 t 值。而 y 與水線最大寬度之半之乘積。則爲水線各站寬度之半而已。

III 截面外形

(1)當截面係數 m 小於 0.72 時可用四次拋物線。

$$y=lz+az^2+bz^3+cz^4 \cdots\cdots(I)$$

$$z=\frac{\text{任何水線離基線之垂直距離}}{\text{滿儎水線離基線之垂直距離}}$$

$$y=\frac{\text{任何水線在該站之寬度之半}}{\text{滿儎水線在該站之寬度之半}}$$

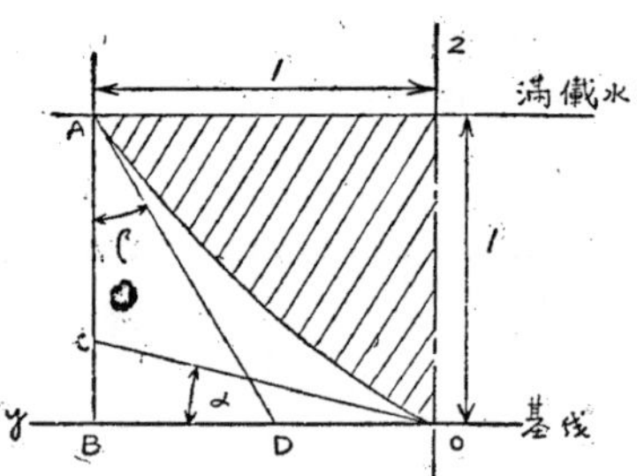

$$l=\cot\alpha=\frac{oB}{BC}=\frac{1}{BC}=\frac{1}{\text{底線拔升}}$$

$$f=\tan\beta=\frac{BD}{AB}=BD=\text{外傾}$$

因 y=1 z 亦 =1

故 $1=l+a+b+c \cdots\cdots(J)$

又 $\int_0^1 ydz=$ 截面係數 m

故 $\frac{l}{2}+\frac{a}{3}+\frac{b}{4}+\frac{c}{5}=m \cdots\cdots(K)$

再 $\frac{dy}{dz}$ 在 $z=1$ 時爲 f

故 $l+2a+3b+4c=f \cdots\cdots(L)$

從 (J) (K) (L) 三聯立方程式可得

$$\left.\begin{aligned} a&=\frac{3}{2}f-\frac{9}{2}l+30m-12 \\ b&=-4f+6l-60m+28 \\ c&=\frac{5}{2}f-\frac{5}{2}l+30m-15 \end{aligned}\right\} \cdots\cdots(M)$$

代入 (I) 則 $y=(-12z^2+28z^2-15z^4)+m(30z^2-60z^3+30z^4)$

$$+f\left(\frac{3}{2}z^2-4z^3+\frac{5}{2}z^4\right)+l\left(z-\frac{9}{2}z^2+6z^3-\frac{5}{2}z^4\right)$$

卽 $y=G_y+mG_m+fG_f+lG_l \cdots\cdots(N)$

所有 G_y,G_m,G_f 及 G_l 皆屬 z 之函數可算出列表如下：

假定水線	z	G_y	G_m	G_f	G_l
0.W.L.	0	0	0	0	0
	0.01	-0.0012	0.00294	0.00015	0.00956

	0.03	-0.0101	0.02540	0.00124	0.02611
	0.05	-0.0266	0.06769	0.00327	0.03948
	0.07	-0.0496	0.12174	0.00604	0.04995
$\frac{1}{2}$W.L.	0.10	-0.0935	0.24300	0.01125	0.06075
	0.15	-0.1831	0.4877	0.02152	0.06773
1W.L.	0.20	-0.2800	0.7680	0.03200	0.06400
	0.30	-0.4455	1.3230	0.04725	0.03675
2W.L.	0.40	-0.5120	1.7280	0.04800	0
	0.50	-0.4375	1.8750	0.03125	-0.03125
3W.L.	0.60	-0.2160	1.7280	0	-0.04800
	0.70	0.1225	1.3230	-0.03675	-0.04725
4W.L.	0.80	0.5120	0.7680	-0.06400	-0.03200
	0.90	0.8505	0.2430	-0.06750	-0.01125
滿儎水線	1.00	1.0000	0	0	0
AW.L.	1.20	0	1.7280	0.42300	-0.09600

假定現擬求某一站之截面外形。可先從截面曲線及滿儎水線量出該站截面面積。滿儎水線寬度。及滿儎水線離基線之垂直距離。前者被後二者之乘積相除。等於 m。再依一般情形。擬定 l 及 f 之值。從相當於各水線之 z 值。於上表尋出相當之 G_y,G_m,G_f 與 G_l 代入 (N) 式。以求 y 值。則各 y 值與滿儎水線寬度之半之乘積。即爲該站截面各水線寬度之半，而外形因以確定。

(2)當截面係數大於 0.72 時可用雙曲線方程式以求之。

$$y=az+b-\frac{d}{z+c}\cdots\cdots\cdots\cdots(O)$$

$$y=\frac{\text{任何水線在該站寬度之半}}{\text{滿儎水線在該站寬度之半}}$$

$$z=\frac{\text{任何水線離基線之垂直距}}{\text{滿儎水線離基線之垂直距}}$$

b= y 軸與斜漸近線交點離原點o之距離

c= y 軸與平漸近線間之距離。

f= 曲線在滿儎水線之外傾斜度。

因 z=1 時 y=1 故 $1=a+b-\frac{d}{(1+c)}\cdots$ (P)

又 z=o 則 y=0 故 $0=b-\frac{d}{c}\cdots\cdots$(Q)

而在 z=1 時 $\frac{dy}{dz}=f$ 故 $f=a+\frac{d}{(1+c)^2}$ (R)

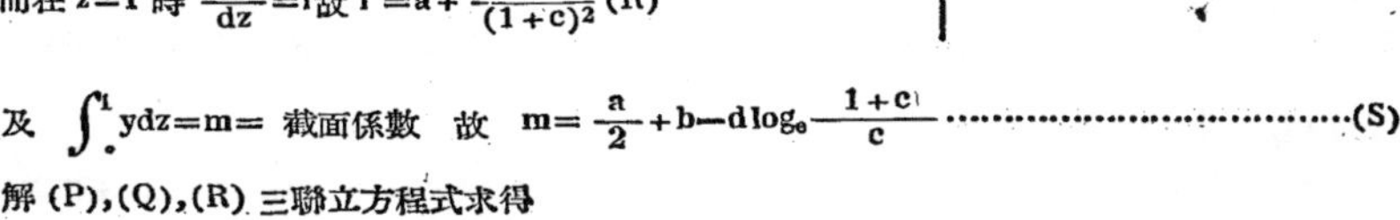

及 $\int_0^1 ydz=m=$ 截面係數 故 $m=\frac{a}{2}+b-d\log_e\frac{1+c}{c}\cdots\cdots\cdots\cdots$(S)

解 (P),(Q),(R) 三聯立方程式求得

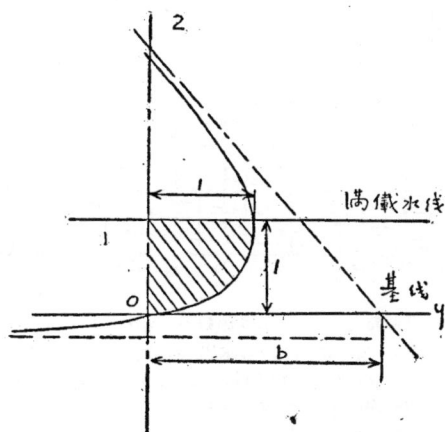

$$\left.\begin{aligned} a &= f-c(1-f) \\ b &= (1-f)(1+c)^2 \\ d &= (1-f)(1+c)^2c \end{aligned}\right\} \cdots\cdots\cdots\cdots (T)$$

將 (T) 式代入 (O) 及 (S) 式可得

$$y=f\cdot z+(1-f)(1+c)^2\left[1-\frac{cz}{(1+c)^2}-\frac{c}{z+c}\right]=fz+(1-f)\phi(z)\cdots\cdots\cdots\cdots(U)$$

$$\text{及 } m=\frac{f}{2}+(1-f)(1+c)^2\left[1-\frac{c}{2(1+c)^2}-c\log_e\frac{1+c}{c}\right]\cdots\cdots\cdots\cdots(V)$$

使 f=o 時 m 值爲 m_o 則從 (V) 式

$$m_o=(1+c)^2\left[1-\frac{c}{2(1+c)^2}-c\log_e\frac{1+c}{c}\right]\cdots\cdots\cdots\cdots(X)$$

$$\text{而 (U) 式中之 } \phi(Z)=(1+c)^2\left[1-\frac{cz}{(1+c)^2}-\frac{c}{z+c}\right]\cdots\cdots\cdots\cdots(Y)$$

先用 0 到 1 各種大小 z 值。代入(Y)式。復假定大小各種之 $\phi(x)$ 值以求取 c 值。此求得之 c 值代入 (w) 式。以求取相當之 m。然後將相當之中 $\phi(z)$ m_o 及 z 繪成曲線如圖。以便利應用如下。

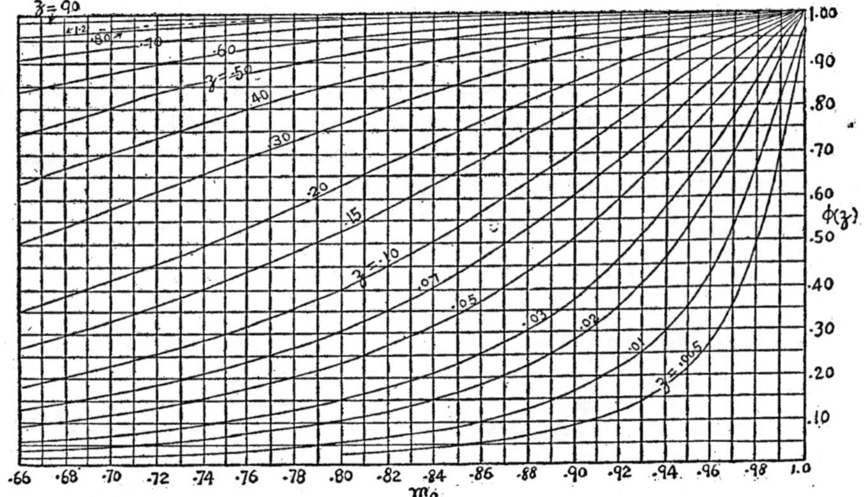

先選截面之外傾度 f，及係數 m，然後代入 (x) 式。求取 m_o 之值。

從上圖按求得之 m_o 值。求出各 z 值之中 $\phi(z)$ 值。

再將 $\phi(z)$ 及 z 值代入(U)式以求取各 z 值之相當 y 值。則各y與滿儎水線寬度之半之乘積。卽係所求各水線在該截面之寬度之半矣。

(3)按截面曲線滿儎水線及各截面依次算出後。卽可從事全部線圖。如所擇相宜則略加調配卽可勻順矣，

（丁）以水線爲主之數學方法

在（丙）法將全部截面求出。而此法則將全部水線算出。係本生氏對於前法加以變通而已。船之前

後段宜分別計算。

(1)先決定相當之最大截面。再將該截面各水線之寬度量出。

試稱 $b=\dfrac{\text{最大截面任何水線寬度之半}}{\text{最大截面滿儎水線寬度之半}}$

使滿儎水線最大寬度之半爲 1，則其他水線最大寬度之半應爲 b 。

(2)所有水線均可用（丙）項水拋物綫(H) 式 $y=F_y+PF_p+tF_t$ 求之但各水線之寬度不一。爲求上下一致起見。該式宜改作。

$$y=b(F_y+\frac{p}{b}F_p+\frac{t}{b}F_t)=bF_y+PF_p+tF_t\cdots\cdots\cdots\cdots(a)$$

其中p爲該水線之面積係數。而 t 爲該水線之前端或後段切角線。且 p 與 t 均指 $x=1$ 則$y=b$而言。

再每一水線之前段後端均自兩端至最大截面必需分別計算而 F_y,F_p 及 F_t 以具（丙）法第二項表內各值。

(3)可用（丙）法內第 III (2) 項變曲線方法 $y=fz+(1-f)\phi(z)\cdots\cdots(b)$ 以求自船底基線至滿儎水線之水線面積係數 P 之曲線。

$f=$ 該曲線在滿儎水線之外傾斜度

$y=\dfrac{\text{任何水線面積係數卽 p}}{\text{滿儎水線面積係數卽}C_a}$

$z=\dfrac{\text{任何水線至船底基線之垂直距離}}{\text{滿儎水線至船底基線之垂直距離}}$

$$C_b=C_a\int_0^1 ydz$$

$$p=C_ay$$

決定 C_b,C_a 及f 後 p 之各值卽可求出，而 p 之曲線可以繪就。

(4)用（丙）法內第III(1) 項拋物線方法。(N) 式 $y=G_y+mG_m+fG_f+lG_l\cdots(d)$ 以擬定一代表截面。（計算前段時宜採用近船首截面而後段時則擇近船尾截面）。

(5)計算步驟

假定先算者。爲船體之前半段。

用 (H) 式 $y=F_y+PF_p+tF_t$ 求出船之截面曲線。及滿儎水線。而另以(a)式 $y=bF_y+PF_p+tF_t$ 求取其他各水線。其中 F_y,F_p,F_t 皆爲 x 之函數。故不論 (H) 或 (a) 式祇需 x 一定。其值亦定。可由前列表內查出。但其中 b p t 之值則因水線而異必另下下法求取之。

稱各線爲 1WL,2WL,3WL 等。

選定一代表截面。假定係第 $8\frac{1}{2}$ 站截面。卽 $x=0.3$。用 (d) 式求其各水線之寬度之半 $y=(G_y+mG_m+fG_f+lG_l)k$ 。其中 k= 滿儎水線第 $8\frac{1}{2}$站寬度之半/滿儎水線最大截面寬度之半。卽等於(H)求出滿儎水線在 $x=0.3$ 時之 y 值。

從最大截面求出各水線之 b 值名之爲 b_1,b_2,b_3 等用 (b) 式 $y=fz+(1-f)\phi(z)$。求出各水線之 p 值。$=C_a[fz+(1-f)\phi(z)]$ 使稱爲 p_1,p_2,p_3 等其中 C_a 爲滿儎水線之 p 值。在求該水線時。早經決定矣，而 $\phi(z)$則按x及m。值。從以上曲線中求出。惟 f 則依經驗決定。而m。從m及 f 求得$m=C_b+C_a$

在第 $8\frac{1}{2}$ 站 $x=0.3$ 故 $F_y=-0.763$。$F_p=1.8522$。$F_t=0.01029$ 卽 (a) 式爲

$y=-0.7636+1.8522p+0.01029t$，因爲 $8\frac{1}{2}$ 站代表截面內所有各水線之 y 值。已經求得。故上列之公式內。y 值，b 值，p 值，在各水線皆屬已知數而各水線 t 值可以求出。而所有其他各截面。卽各水線全部皆可用 $y=bF_y+PF_p+tF_t$ 求得矣。但 y 值與最大截面水線寬度之乘積。始爲各水線實際寬度。船體後半段亦可用同一方法求出。

（戊）結論

已往實際造船工程所用。皆爲（乙）項嘗試方法。此在經驗豐足者手。及與參考船舶相去不遠時。亦極易完成。但有時常需持久之耐性。且過於依賴個人之技術。未免太欠科學化。而所有船之性能。不得不從事繁複之計算方法求出。（丙）及（丁）項之數學計算方法，初用時每感若干困難。因其中所有若干變數。不易擬定。但常用之後或對已成良好船隻比較之後，對各型船隻之變數備有甚多之參考材料時。則殊感方便異常而（丁）項方法比較(丙)項爲便利。因所用各水線之算式。極易將LCB，VCB，BM，C_b和△等皆用算式求出也。

說川江輪

葉在馥

四十年以前，宜昌以上，尙無輪船行駛。假使我們不健忘的話，在抗戰期間，我們在重慶曾看到了巨大的江輪，如江安、江順、長興等輪，停泊在朝天門江面。當然此種輪船對行駛川江的條件是不够的，因爲避敵才冒險入川的，能够抵達目的，實在可說是一個奇蹟了。因爲有此奇蹟，不久的將來，便有更大的川江輪出現了。讀者請拭目而待之。

目前川江輪大約可分爲兩類型：卽(1)拖輪式，(2)單行式。

目前能通航輪船的河流，在四川境內由宜昌至重慶爲一段，在重慶分爲二支流，其一由重慶沿長江直達嘉定敍府，又一支流沿嘉陵江達合川，但主要航綫則僅由宜昌至重慶一段。在汽輪未通前，年有柏木船萬艘，往來宜渝間，下水需時約一週至十二日，上水則需三閱月。因此有許多船戶，將川產運到宜昌後，便連船帶貨一并出售，甯可起旱由棧道返川。因爲宜渝兩地間相距雖然僅約四百英里，而這兩地間的水平綫却相差到四百七十六英尺。平均每一英里相差十四英寸，在這短短路程中，有險灘，急湍，礁石林立，河道又迂迴屈折，忽寬忽狹，大小灘險共有三十五處，每上一灘，柏木船全賴人力曳上，大號的柏木船船伕多至百人，然在急灘處，力量尙感不足。就在灘下等待，然後集數船的人力，共曳一船上灘。這樣各個曳至灘上後，再各自前進。

在一九〇九年，英人伯闌氏建議開闢川江輪船航綫，在英國固敏船廠訂造川江第一艘輪船，命名蜀通。因爲鑑於川江水道的困難重重，作試驗性質之舉，所以採用拖輪方式。蜀通本身長一百十五英尺，寬十五英尺，艙深六英尺六寸，吃水五英尺，另外拖一客貨駁子，其長度與拖船相同。蜀通船配有雙聯雙漲式蒸汽機兩部共有指示馬力五百五十匹水管鍋爐一座，試車成績每小時速率爲十一海里，拖船本身不載客和貨，在駁子上層大約可以載乘二三十人，艙內可以載運貨物約百噸。蜀通載運客貨抵達重慶後，川江水運爲之改變。因爲蜀通獲利甚豐，又在一九一四年，更訂造蜀亨號汽船，經過蜀通數年來的航行經驗，蜀亨輪船之度、量、能、各方面均有進步。該船長一百九十英尺，寬三十英尺，比蜀通增加一倍，艙深增至八英尺，配有三聯三漲式蒸汽機兩部，指示馬力增至兩千匹，比蜀通增加三倍半以上。速率試航時達十三海里，載量增至四百噸。此船到達重慶，川省人士都認爲是川江輪船的典型，歎爲觀止。

在這期間，川幫中人紛紛來滬訂造輪船，所造船舶如鴻福、鴻江、夔門、字水、皮、托謙、宜安等輪，多加入航行，可謂盛極一時。可惜承造者多屬小廠家，對設計配備等，都未臻妥善，所以後來都告失敗。外商油行亦造運油專船，如美孚之美灘、亞細亞之揚北，安瀾等輪，亦多在此期間完成。美灘揚北仿效蜀通辦法，採取拖帶方式。

玆將美灘拖輪之主要度量性能開列如下；

船長一百四十英尺，寬十七英尺六寸，深九英尺，配有千匹馬力三漲三聯式蒸汽機兩部水管鍋爐兩座，試航速率十三海里，拖帶油駁子一艘，儎重一百七十五噸，亦能航行達十一海里。

依照以上美灘之試航記錄，已經是比蜀通進步了。

民國七年，江南造船所代隆茂洋行設計並建造第一艘川江洪水輪，命名隆茂。該船之主要度量性能概略如下：

船長二百〇二英尺，寬三十一英尺，艙深十英尺，吃水八英尺六寸，配有三聯三漲式蒸汽機兩部水管鍋爐兩座。指示馬力共三千匹，儎貨量五百噸，試航速率每小時爲十四海里又半。

該輪所有之條件，較以往川江各輪改進的地方很多因爲馬力充足，設備完妥，爲川江一切輪船之冠，又因船之體型優秀，雖然在大洪水期間，逆着急流上灘，也不需要絞灘。試航成功，且打破以前一切記錄。所以各航業公司紛紛向江南造船所訂造同式的輪船，共計十艘。

筆者於民國七年適在江南造船所服務，擔任設計工作，親見這十姊妹在搖籃裏一一長成。她們後來的成就和遭遇，均甚關懷，玆將這同型十輪的後來結果和最近的情況開列如下。

（一）隆茂——後曾與英商太古洋行，改名萬流，在重慶下沉沒，由民生公司購進，打撈起來加以修復，並且接長十四英尺，成爲現在的民權輪。

（二）江慶——後改名峨嵋，觸礁沉沒，機器鍋鑪改裝在新船錦江號，錦江號是和民本、民元同型，不是原來的面目了。

（三）新蜀通——觸礁沉沒，機器鍋鑪改造成民元號。

（四）大來喜——改名萬通，抗戰後情况不詳。

（五）福源——現在改名華源，是十姊妹中最幸運的一個，幾十年來沒有遭遇損壞，所以至今還能够保持原來的狀態。

（六）海洋社的聽天——後歸日清汽船會社，改名宜陽丸，戰後情况不明。

（七）海洋社的行地——後歸日清汽船會社，改名長陽丸，戰後情况不明。

（八）日清汽船會社的雲陽丸——戰後情况不明。

（九）護法——改名德勝，成爲海軍運輸艦，抗戰開始，被用作封鎖江陰水道。

（十）宜慈——改名威勝，成爲海軍運輸艦，抗戰開始，被用作封鎖江陰水道。

以上十船，都是洪水船，在川江行駛，每年僅約八閱月，因爲川江水位漲落相差甚巨，最高記錄達一百十八英尺，最低記錄至零下三英尺。因爲水位的高低，河道也因之改變。在洪水時的灘險，在中水時或且可以無灘。在枯水時有灘的地方，在洪水時也可能無灘。玆將數年來川江在各種水位中各灘上的流速略誌如下：

川江嘉陵江揚子江平均流速　枯水1$\frac{1}{2}$至3海里，洪水4至8海里。

川江各灘最大流速

(1)洪水：宜昌水位30英涎，酆都水位60英涎，觀音灘十三海里。

(2)中水：宜昌水位18英涎，洩灘十一海里。

萬縣水位50英涎，狐灘十一海里。

(3)枯水：宜昌水位倒退二尺，靑灘十三海里，興隆灘十一海里。

嘉陵江各灘流速

(1)洪水：觀音峽七海里。

(2)枯水：黑羊石、虹門、利灘、照鏡石、約五海里。

每年十一月杪至次年二月三月間，所有的洪水船僅能在宜昌以下行駛，爲貫徹全年川江航運着想，江南廠自動的設計並建造了一艘枯水川江輪船。到這船完工後，還無人過問，該廠便自行開駛入川，此船命名江南，其主要度量性能大略如下：

船長一百五十三英尺，寬二十六英尺六寸，艙深七英尺，吃水五英尺，配有三漲三聯式蒸汽機兩部，指示馬力共一千五百匹，儎重量二百十九噸，試航速率十四海里半。

筆者曾乘江南號入川的機會由廠方派遣入川實地考察川江情狀，以便改進川江船舶，及至江南號到達重慶後，各航業公司又向江南廠訂造同型船若干艘，即怡和洋行的慶和號，捷江公司的其平號，其川號，聚福公司的福來號，以上各輪的度量能大概和江南號相似。還有捷江公司的小型枯水輪三艘，其南，其來和其永，也是和江南號相似的船。

江南號不久便被日清會社購去，改名德陽丸，後來也觸礁沉沒了。根據江南號入川後所得的經驗，我們又將此型船舶加以改良，就成爲現在最典型式的枯水中水全年通航的川江船，在一九二五年建造㠶陵宜賓兩艘，後來又造福同、永安、定遠三艘，涪陵丸一艘，共計六艘姊妹船。

此外，江南廠還造有大略同等的船，如民生公司的民憲，軍政部的同心，同德兩艦，前者因爲所用推進機不同，後者因爲是軍用性質，影響到船的設計。雖然是姊妹船，但是已經是表姊妹，而不是同胞姊妹了。

洪水輪船的演進

繼隆茂等十艘輪船後，則有嘉和輪的建造，該輪較隆茂等輪加寬二英尺，長度也增加十英尺，馬力增加六百匹，該船完成後，成績甚佳，當時川人讚美她爲川江的曼麗皇后號。民國二十三四年間，籌備建造成渝鐵路，民生公司剛要建造民元，民本兩輪，故在設計時，就以能够載運鐵路橋樑路軌等一切材料爲主要條件，所以這兩輪的設計，推翻了過去的成規，所有船上的主要設備和船體的結構，都以新的姿態出現。她所改進的地方有如下列：

（一）船底下部建有雙層床。

（二）有足够的油艙容量。

（三）配有十五噸的起重吊桿兩具。

（四）有長八十英尺的貨艙。

（五）有妥善的分水隔艙制。

（六）有新式的流綫型的舵。

（七）所需要的馬力，和隆茂等差不多，試航速率民本達十六海里，民元達十五•五海里。

（八）儎量能够達到六百五十噸，而且客位佈置又富麗堂皇。這兩輪完成後，嘉和號便不能再專美了。

在抗戰期間，這兩輪協助搶運物資輸送軍人入川，有很大的功績。

（待續）

佈置總圖上所用之簡略字表

嚴似松

佈置總圖 General arrangement plan 上因限於圖幅地位有限，爲表明各部份名稱，所註各字，往往不能全部書以全文，僅以各名詞之首字或縮寫代表之。玆就工作之餘，收集所得，述其普通常用諸字於下，是否有當，倘祈有識之士，不吝賜敎也。

(1)A.Pk—After peak 後水艙
(2)F.Pk—Fore peak 前水艙
(3)L.W.L.—Load Water Line 載重水綫
(4)A.P.—After perpendicular 艉柱
(5)F.P.—Forward perpendicular 艏柱
(6)W.T.—Watertight 不漏水
(7)Ch.Lr—Chain Locker 錨鍊艙
(8)W.T.B.—Watertight Bulkhead 不漏水隔壁
(9)W.T.F.—Waterttight floor 不漏水隔水板
(10)R.D.F.-Radio Direction Finder無綫電定向儀
(11)Stbd —Starboard 右舷
(12)P.&S.—Port & Starboard 左右舷
(13)Do—Ditto 同上
(14)S.P.—Sounding PiPe 測量管
(15)S.B.—Side Board 碗櫃
(16)W.B.—Wash Basin 臉盆
(17)W.R—Wardrobe 衣櫃
(18)Lavay—Lavatory 廁所
(19)W.C.—Water Closet 廁所
(20)D.B.—Double Berth 雙舖
(21)Capsn—Capstan 絞盤
(22)Vent.—Ventilator 通風筒
(23)Tele.—Telegraph 報鐘
(24)StG Comp.—Steering Compass 司舵羅經
(25)2.B.—Double Bunk 雙舖
(26)1.B.—Single Bunk 單舖
(27)Soundg Platm—Sounding Platform 測水台
(28)G.N.airpipe—Goose neck air pipe 鵝頸式通風管
(29)F.S.—Flag Staff 旗桿
(30)D.K—Deck 甲板，䑽
(31)J.S.—Jack staff 艏旗桿
(32)Offr— Officer 駕駛員
(33)Engr—Engineer 輪機員
(34)℄—Centerline 中線
(35)⌀—Midship 船中
(36)D.W.Tank—Drink water tank 飲料水櫃
(37)F.W.Tank—Feed water tank 鍋爐用水櫃
(38)Side Lt—Side Lght 舷燈
(39)Anr Lt—Anchor Light 拋錨燈
(40)A.S.—Awning Stanchion 蓬柱
(41)S.N.V.—Swanneck ventilator 頷頸式通氣管
(42)S.R.—Stateroom 旅客寢室
(43)D.S.—Davit Stanchion 吊桿柱
(44)a.p.—air pipe 氣管
(45)Lr—Locker房間箱櫥
(46)Drs—Drawers 抽屜
(47)W.T.F.—Water-tight floor 水密隔板
(48)O.T.F.—Oil-tight floor 油密隔板

三十六年度國立交通大學造船工程學會

會長	劉蔭棨				
副會長	黃旭華				
總務	馬騹璞	王祖澤	蔡作儒		
學術	楊煥生	朱發稼	陳先霖	練淦	范崇濟
文書	程鏞文	周巖			
會計	陳孔嘉				
監察	孫寬	章光堅	陳伯詢		

決定舵之轉矩

Robert B. NeilSon 著
龔茂恆 譯

對舵機之計算，決定舵柱上轉矩之準確方法，常完成於未知之要素，在圖謀提出任何方法，以獲得舵上壓力及轉矩之先，必須考慮舵對船之作用。通常提供考慮之條目有三，卽：

（1）舵上產生之壓力如何，並如何管制使其有效轉動船身。

（2）舵上壓力，與舵柱上轉矩間之關係。

（3）由於舵上之壓力，對船之轉動效能。

當舵置於與船之中心線不平行時，由於船之運動，彼爲水流所衝擊。必須注意，除非船在運動，或除非水對船有相關運動，如船下碇於水流中，舵不能具有轉動效能。此等水流之運動，爲舵所阻止，及產生一反應於舵上之動量變化，並生出一垂直壓力於其表面。設若此等流線作等速運動且相互平行，舵卽可視爲一薄板，橫斜行經於水中。此非任何舵之情形也，蓋因船之形式及推進器之運動，水流速度改變，及因此等因素所作之許差（Allowance）耳。

已敍及在舵面上生出一垂直壓力，從圖 1，彼極顯然一轉動力偶等於 P×x 已作用於船上，P 爲垂直壓力。單位爲磅或噸，x 爲 P 之作用線離開船之重心之距離。除此垂直舵面之壓力外，在舵面上有一定量之摩擦阻力，雖其無助於但有礙於轉舵，然與垂直壓力比較，爲可略去之値也。次一點所考慮者，爲舵上壓力與舵柱上轉矩間之關係。

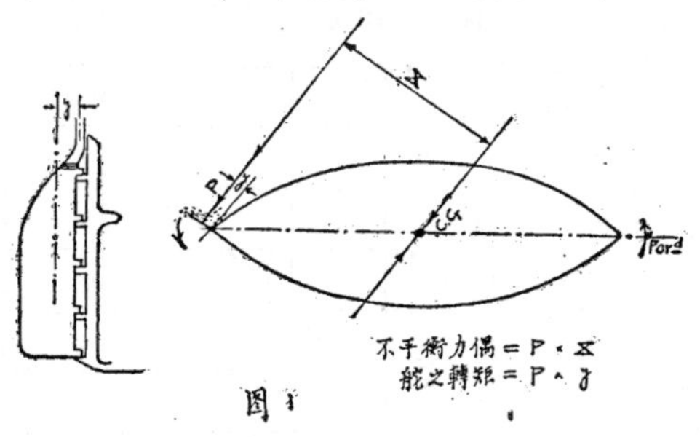

圖 1

由本身垂直運行之平面上阻力之實驗，確定本身垂直，完全浸漬，以每秒10呎之等速，行經海水中之平面，其等量之阻力爲每平方呎112磅，並阻力隨速度之平方而變化。彼亦尋出，對從0°到50°及60°之浸漬面之阻力，極度相同於偏斜角之變化。此乃可能說明一定律之情況也，卽：

$$P=KAV^2\ \mathrm{Sin}\theta$$

P 表磅數。

A 表舵之浸漬面積之平方呎數。

V 表船速每秒之尺數。

θ 表舵從中線所偏之度數

K 表一常數。

舊日海軍部之公式爲：

$$P=1.12AV^2\ \mathrm{Sin}\theta \cdots\cdots\cdots\cdots\cdots\cdots\cdots(A)$$

設 V_1 表船之速度爲海里，則：

$$P=3.24AV_1^2\ \mathrm{Sin}\theta \quad 磅（阿特伍德）$$

現在如 P 表噸數，V 表海里，及 θ 取 35 度角（平均數字），則公式(A)可寫爲：

$$P=\frac{0.82}{1000}AV^2$$

此公式不確切合於事實。因爲薄板之假定，不能認爲相同於舵在船之尾軸也。在此種觀點上及因實驗之結果，約塞爾（M.Joessel）提出下面之原始方程式：

$$P=2AV^2\ Sin\theta \quad 磅$$

再取速度爲海里，θ 爲 35° 及 P 表噸數，則：

$$P=\frac{1.46}{1000}AV^2$$

另外及晚近海軍部之公式爲：

$$P=\frac{2.09}{1000}AV^2$$

從所有之敍述中，可知對垂直壓力之正確公式，有不同之意見。海爾豪士（P. HilHouse）教授，用約塞爾之公式，作一略加修正形式，即：

$$P=\frac{1.5}{1000}AV^2$$

P 表噸數。

A 表平方呎。

V 表海里。

在所有已與之公式中，速度常取如海速加百分之十，此乃被認爲與趨近舵之水速，以優良之近似值也。35 度角（舵從中線所偏之角度）被用於各種情況，因其通常被認爲最有效能之偏斜角也。

認 P 所作用之點爲着力中心，在初，設着力中心與舵板之重心相重合。及由反作用所引起之壓力，平均分佈於舵上。對薄板斜置於運行線上及舵二者言，由研究證實此種說法，實爲謬誤。爵士那里忽（Lord Rayleigh）及約塞爾昔日所作實驗，在論點上，極度一致，其結果繪製成圖，如圖2所示。

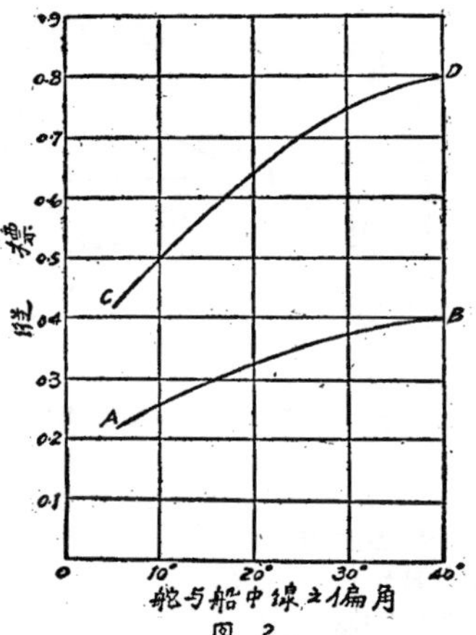

图 2.

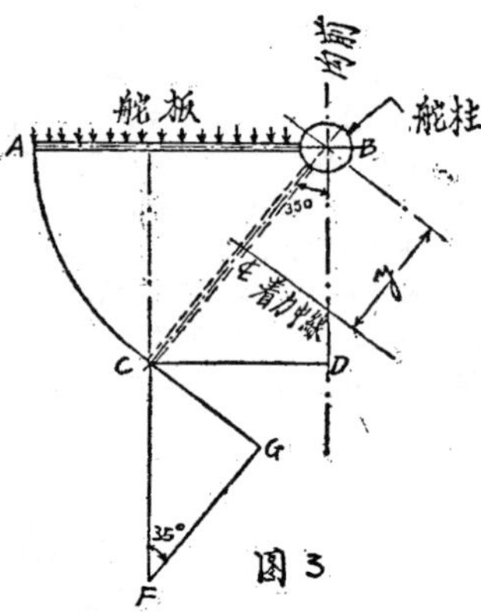

图 3

曲線 AB 予一設爲矩形舵，從舵之領緣量起之寬度比例。曲線 CD 予以從舵柱中心至重心點之矩離。二曲線實用於向前進行之運動。參看圖 3 設 y 爲從舵柱中心至着力中心之距離，則在舵柱上之轉動力勢爲 P×y. 由此可知，用平衡舵則大面積可實用於小轉矩矣。彼固可能實行之事也，調整舵之面積，以求無轉矩於舵柱之上。然而，在通常實際情形，着力中心，在舵柱稍後之處，以保證舵轉回中心線時，使其無負荷也。

現在考慮由於舵上之壓力，對船之轉動效能。取一船以等速度作直線方向運行，則以極小之擾動力量，即可改變其方向，其迅速若舵之開始轉過然。不平衡力偶 P×x發生作用，而船將獲得一角速。開始此種速度甚小，及因水之轉動而呈現之阻力幾乎隨角速之平方成比例，該阻力在轉動船之初期不甚重要。因此，角加速度之初值，主要依於所負荷之轉動力矩對通過重心之垂直軸之慣性力矩之比數。此乃關於轉動物體之基本原理也。現在，船之慣性力矩被決定於船之各部分重量，乘以到轉動軸距離之平方。由此以相同尺度及外形之兩船觀之，具轉動慣性最小之船，較之其他一船，將更快獲得角速。則在可能之最短時間內回應舵輪之船，具有優勢矣。

到現在對一實際在舵上之力與轉矩之例，吾人可用第一原則，及假設一大客船具如下之資料，以說明其特有之要點。

船之速度：　　　　　　　　$23\frac{1}{2}$　海里　　（最大值）

舵之浸漬面積：　　　　　　280　平方呎

重心離開舵柱之距離：　　　3　呎　　（平衡舵）

當舵輪之轉角爲偏左或偏右35度時，求其垂直力及轉矩，吾人進行如下：

$$23\frac{1}{2}=\frac{23.5\times6080}{60\times60}$$

$$=39.7\ \text{呎/秒}$$

$$=V$$

因舵之浸漬面積爲280平方呎，水爲所阻止之質量爲：

$$280\times39.7=11110\ \text{立方呎}$$

水之總重量：　$11110\times64=711400$　磅

因舵偏轉35度，水重將較小若 $\frac{CD}{AB}$ 之比數然，如圖 3 所示。但AB=CB；因此實際重量將較小若 $\frac{CD}{CB}=\text{Sin}35°=0.5736$ 之比數然。故實際被阻之水重爲：

$$W=711400\times0.5736$$

$$=408200\ \text{磅}$$

現在水所施出之力量：

$$F=\frac{w}{g}V$$

$$=408200\times39.7\div32.2$$

$$=503200\ \text{磅}$$

從圖 3.將察出此力作用於 CF 方向，但所要求之力作用於與舵成直角之方向 CG.

因　$\frac{CG}{CF}=\text{Sin}35°$

但　$CG=P$

但　$P=503200\times0.5733$

$=288700$　磅

平衡舵板之重心，離開舵柱中心之距離約爲3呎。從圖 2 所示，曲線 CD. 舵偏轉 35 度之縱標爲 0.78

故　$y=3\text{呎}0\text{吋}\times0.78$

$=2.34$　呎。

此乃着力線離開舵柱中心之距離，即y。

與舵上之轉矩 $=P\times y$

$$=\frac{288700\times2.34}{2240}$$

$$=301.6\ \text{呎—噸。}$$

圖 4 指出，在此情形舵之實際式樣。將察出完全不平衡之舵，必產生更高之轉矩。舵機常被確定爲使舵從極偏到極偏（hard over to hard over）之能力，通常在不超過 30 秒鐘內，經過 70°大之範圍，然亦有用實際情形以確定者，即有，亦甚少耳。

已知在若干船上，舵柄及大鍊鋼輪四分儀常牢緊於船柱上，四分儀爲正齒輪及蝸輪所牽動，同時控

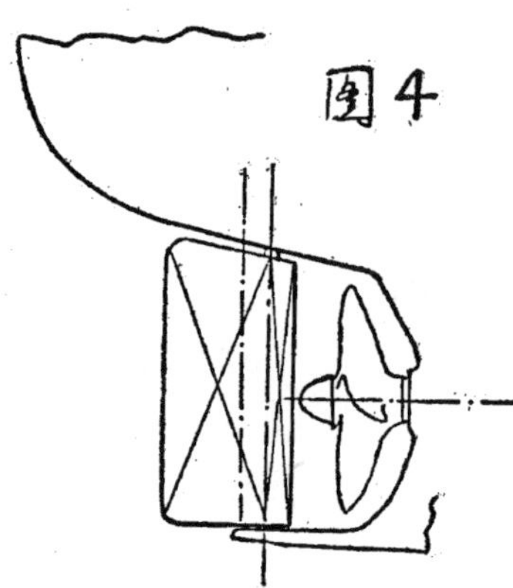

制舵之舵柄，通過極强之彈簧而動作，以此方法，一强力之紗衙作用，爲堅强之彈簧所支持。在他種形式，舵柄直接爲一對水力汽缸所控制，此種汽缸以之代替極大彈簧之應用也。

關於商船必需之舵面積，常在浸漬中面之 1.2% 到 1.6% 之範圍內。浸漬中面被認爲長與吃水之相乘積，然而對軍艦言問題爲迅速之迴避運動，一較大之舵面積百分數被採用矣。

約有三分之一面積在舵柱中心線前之平衡舵式，帶較小之阻力而轉動，以其爲水之作用所助也。其利益爲易於轉動，及對船之更大運動力量，但在高速時，更大之阻力爲其一害耳。

舵之設計，各有不同，卽在今日，許多權威，關於最好可用形式，仍具不同之意。例如有幾種形式，作成舵之平衡部分於舵柱之底，被論爲給予較佳之運動生爲。

操舵器

R.B.NEILSON作
孫寬譯

操舵器之原理——追逐機構之應用

一般機械利用方螺旋（Square threads）之處甚多，各式螺旋線中，以方螺旋線之摩阻最小，故用方螺旋製成之可逆機構，（Reversible mechanism）甚爲簡便。其法祇須將方螺線之導角（lead angle）增加，使其正切值大於摩擦係數即可。船用操舵器（Marine steering Gear）必須有完全能被正確控制之性能，故以方線螺絲桿與彈簧組成之追逐裝置（Hunting device）其運動可逆，構造簡單，多爲一般操舵器所採用。圖一即爲應用此種裝置之電動操舵器之外觀。圖二爲其內部之構造。吾人旋轉操舵器之手輪，即能控

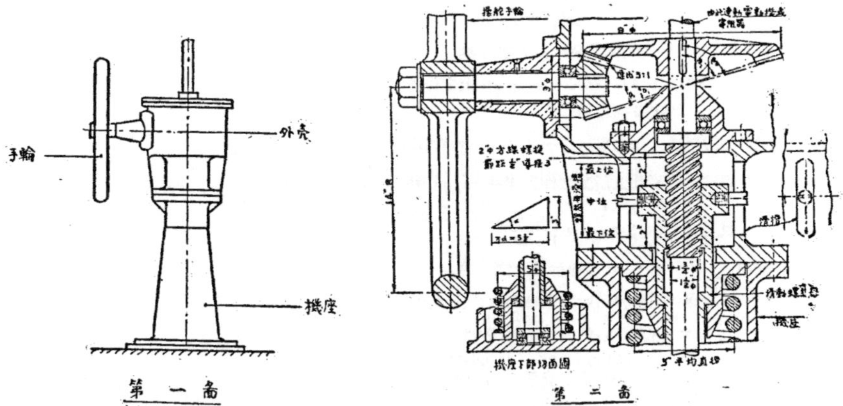

第一圖　　第二圖

制一架電動機（Telemotor）或一電阻器（Rheostat）以間接操縱尾部之船舵。當手輪向任何一方迴轉時，器內之斜齒輪（Bevel wheels）及固定於大斜齒輪上之螺絲桿即被連動，此連動使一嵌于槽內之螺絲母上下滑行，並壓縮其下端之彈簧。因螺絲桿方螺旋線之導角甚大，故運動可逆，如此時放鬆手輪，彈簧之反抗力即足以壓迫螺母使螺絲桿自動回轉，直至手輪恢復其原來之中位爲止。設計此種機構之時，首應顧及操舵者之體力，務使手輪之操縱自由運用輕便爲宜。施於手輪上所需之作力，乃隨彈簧之壓縮程度而異，壓縮愈甚，需力愈大。換言之，即作力之大小與手輪轉過之程度成比例之增加。故設計者每先假設一已知之作力，然後根據此計算螺絲桿內相當之負荷，再決定所需彈簧之強弱。設計時摩擦係數之數值乃由經驗酌定，操舵器之各部雖儘量應用球軸承（Ball bearings）惟爲順利克服摩阻，并預防潤滑不佳及不同之接觸速度（Rubbing velocity）起見，設計者仍宜假定較高之摩擦係數，或採用較大之導角。導角愈大，機械之效率愈高，所配之彈簧亦愈輕，而手輪自動回復原位所需之時間亦愈短。又有此種裝置之操舵器實爲一種安全之設備。因當手輪放鬆以後，器及其所連船舵之各部，均能自動回復其中位也。茲舉例說明此器各部主件之設計方法如下：

螺絲桿及彈簧之設計

依照公約規定，船舵由極左擺至極右，或極右擺至極左，其手輪之最大許可旋轉數爲四。即從中位起，向左右任何一方各最多兩轉。故第二圖中所示之滑動螺絲母，其升降之行程亦必予限制。即從中位起，上下行各最多二吋。圖中一對斜齒輪之速比爲3:1，螺絲桿爲$\frac{1}{2}$吋節距（Pitch）之6線方螺旋，因螺絲桿不但作爲傳動之用，且須承受若干重量，故其本身之應力尚須視同支柱設計，并採用較高之安全係數（Factor of safety) 圖中之螺絲桿其根圓直徑 (root diameter) 規定不小於$1\frac{1}{2}$吋其計算如下：

(1)螺絲桿方螺線導角之求法。

因 $\tan\alpha=\frac{np}{\pi d}$

式中 α=方螺旋線之導角。

n=方螺旋線之線数 (Number of threads)=6

p=方螺旋線之節距=$\frac{1}{2}$"

d=方螺旋線之平均直徑或節圓直徑 (Pitch circle diameter)

$=1\frac{1}{2}''+\frac{1}{4}''=1\frac{3}{4}''$

$$\tan\alpha=\frac{6\times\frac{1}{2}}{\pi\times1\frac{3}{4}}=0.5455$$

$$\alpha=28°37'$$

(2)螺絲桿內最大軸向負荷或推力之計算：

假設手輪之半徑14吋，操舵人施於輪緣上之作力最大可為$12\frac{1}{4}$磅。則

斜齒輪之速比=$\frac{3}{1}$

螺絲桿內所受之作力勢=$12\frac{1}{4}\times14\times\frac{3}{1}$=514.5 吋磅。

螺絲桿螺旋線節圓上所受之作力 $P=\frac{514.5}{a/2}=\frac{514.5}{0.875}=588$磅。

又速比=力比=$\frac{p}{w}=\frac{\tan\alpha+\mu}{1-\mu\tan\alpha}$

式中 P=施於方螺旋線節圓上之作力。

W=螺絲桿內所受之軸向負荷或推力。

μ=摩擦係數，此處暫定為 0.08

$$\frac{P}{w}=\frac{0.5455+0.08}{1-0.08\times0.5455}=\frac{0.6255}{0.9564}=0.654$$

$$W=\frac{P}{0.654}=\frac{588}{0.654}=900 \text{ 磅}$$

作力需最大之時，手輪在最左轉或最右轉之地位，若手輪在其他中間位置，作力必小於$12\frac{1}{4}$磅，又在計算時，吾人雖假定最大作力$12\frac{1}{4}$磅，但由於電動機或電阻器之內阻，實用之力尚略不止此數。

(3)螺旋之機械效率 (Mechanical efficiency)

設ϕ=摩擦角=$\tan^{-1}\mu$(angle of friction)。

則順動時之效率=$\frac{\tan\alpha}{\tan(\alpha+\phi)}=\frac{0.5455}{0.5455+0.08}=87\%$

回動時之效率 (Reversed efficiency)=$\frac{\tan(\alpha-\phi)}{\tan\alpha}=\frac{0.5455-0.08}{0.5455}=85\%$

(4)螺旋式彈簧 (helical spring) 之設計

參見第二圖。因機座空間之限制，彈簧之平均直徑不能超過 5 吋。再彈簧初裝入時，已有一原始之壓縮，設此壓縮為一吋，則加上前述螺母之行程二吋，得彈簧實際上將受之最大縮短δ=1+2=3吋。

規定彈簧之最大許可應力為35,000磅/平方吋，選用$\frac{3}{4}$吋直徑之簧鋼絲，試作計算。如結果顯示鋼絲過細或過粗，應予以適當之增減。

$\frac{D}{d}$之比值甚小，故可應用威氏因數 (Wakl's factor) 求彈簧之尺度。

彈簧受壓後縮短 $=\delta=\dfrac{8WnD^3}{Gd^4}\times\dfrac{2c^2+c-1}{2c^2}$

式中　W＝彈簧所受之軸向負荷或推力，（磅）

n＝彈簧之自由圈數(Number of free coils)

D＝彈簧圈之平均直徑（吋）

G＝剛性模數(Modulus of rigidity)＝11,500,000磅/平方吋。

d＝彈簧鋼絲之直徑（吋）

$c=\dfrac{D}{d}$ ＝彈簧指標(Spring scale)

代入公式　$c=\dfrac{D}{d}=\dfrac{5}{0.75}=6.67$

$$\frac{2c^2+c-1}{2c^2}=1.063$$

$$\delta=3=\frac{8\times900\times n\times5^3}{11,500,000\times0,75^4}\times1.063$$

$$n=11\tfrac{1}{2}$$

此爲彈簧之有效圈數 (effective number of coils) 若再加兩圈，作爲彈簧之兩端。

則　　$n=11\frac{1}{2}+2=13\frac{1}{2}$圈。

又設彈簧完全不受壓縮時，各相鄰圈間之空隙爲$\frac{1}{8}$吋。

則彈簧之自由長度(free length)＝$(13\frac{1}{2}\times\frac{3}{4})+3+(12\times\frac{1}{8})=14\frac{5}{8}$吋。（約）

最後校驗彈簧受最大負荷時之內應力。

$$f_s=\frac{8WD}{\pi d^3}\times\frac{4c-1}{4c-4}\times\frac{0.615}{c}$$

$$=\frac{8\times900\times5\times1.22}{\pi\times0.75^3}$$

$=33,100$磅/平方吋$<35,000$磅/平方吋

故此彈簧合用，玆將其詳細尺寸列表如下。

最大軸向負荷	900 磅
最大內應力	33,100磅/平方吋
彈簧壓縮率(Spring rate)	300磅/吋
線圈之平均直徑	5吋
鋼絲之直徑	$\frac{3}{4}$吋
有效圈數	$11\frac{1}{2}$
自由長度(約)	$14\frac{5}{8}$吋

(5)起動手輪時必需之作力：

彈簧壓縮率 $=\dfrac{900}{3}=300$磅/吋

手輪在中位時，彈簧之縮短爲一吋。

∴此時螺絲桿內所受之軸向負荷或推力＝W＝300磅。

螺絲桿螺線節圓上之相當作力＝P＝0.654w＝198磅。

螺絲桿之內抗力勢$=Q=198\times0.875=173.2$吋磅。

由力學平衡原理:

$Q=$起動手輪時必需之作力×手輪半徑×斜齒輪速比

$=$起動手輪時必需之作力$\times14\times3$

∴起動手輪時必需之作力 $=\frac{173.2}{14\times3}=4\frac{1}{8}$磅

此力隨手輪之進轉而加增,待轉至極限地位卽兩轉後,此作力卽需$12\frac{1}{4}$磅如上所述:

斜齒輪之設計

参照慣例,定小斜齒輪之節圓直徑爲3吋。速比3,故大斜齒輪之節圓直徑應爲9吋。又設齒輪之徑節(Diametral pitch)爲6。則小齒輪之齒數應爲18,大斜齒輪應爲54。

∵螺絲桿內所受之最大作力勢$=514.5$吋磅。

∴斜齒輪節圓上所受之切線方向最大作力應爲

$$E=\frac{514.5}{\text{大斜齒輪之節圓半徑}}=\frac{514.5}{4.5}=114.4\text{磅}$$

應用公式　$E=r^2ypdf_w$ (Modified Lewis formula for bevel gears)

式中　$E=$沿齒輪節圓切綫方向之負荷(磅)

$r=\frac{r_m}{r_p}=\frac{\text{小斜齒輪之平均節圓半徑(mean pitch radius)}}{\text{小斜齒輪之節圓半徑(pitch radius)}}$

$y=$L氏因數(Lewis form factor)可由一般齒輪設計書中查得

$p=$周節(吋)(Circular pitch)

$b=$齒寬(吋)(face width)

$f_w=$安全工作應力(磅/平方吋)(Safe working stress)

參見第三圖:　$\sin\theta_1=\frac{r_p}{l}=\frac{1.5}{4.74}=0.3162$

$r_m=r_p-(\frac{b}{2}\sin\theta_1)=1.5-(\frac{1.125}{2}\times0.3162)=1.322''$

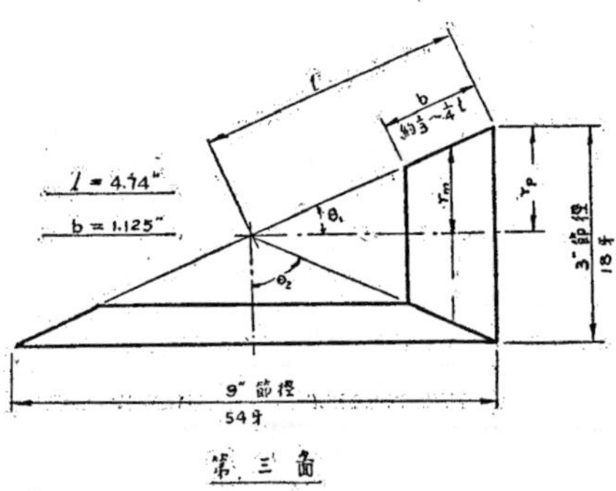

第三圖

$\therefore r=\frac{1.312}{1.5}=0.881''$

由製造斜齒輪之原理,知與此小斜齒相當之直齒輪(Equivalent spur wheel)之齒數

$$n_s=\frac{\text{小斜齒輪之齒數}}{\text{節錐角之餘弦(pitch cone angle)}}=\frac{18}{\cos18°26'}=19$$

設輪齒爲漸開線全深齒式,壓力角(pressure angle)爲$14\frac{1}{2}°$

則由一般齒輪設計書中之附表查出

$y=0.088$

周節$=p=\frac{\pi\times3}{18}=0.5236$

代入公式得　$E=114.4=(0.881)^2\times0.088\times0.5236\times1.125\times f_w$

$\therefore\ f_w=2850$磅/平方吋

因齒輪係由手輪帶動,故考驗其內應力時,速度之因素不必計及,根據上列計算,輪齒之內應力數值

甚小，故即如用生鐵製輪，當已有充分之强度，惟爲實際避免鐵器之磁性影響計，一般皆用砲銅（gun metal）製造。

斜齒輪尺寸表

名　稱	小斜齒輪	大斜齒輪	應用公式
節圓直徑(P.C.D.)	3"	9"	n_1/D.P. 及 n_2/D.P.
齒數 (n)	18=n_1	54=n_2	n_1=P.C.D.×D.P. n_2=P.C.D.×D.P.
徑節 (D.P.)	6	6	
周節 (p)	0.5236"	0.5236"	P=π/D.P.
節錐面長度(l)	4.74"	4.74"	l=P.C.D./2sinθ
節錐角 (θ)	18°26'	71°34'	$\tan\theta_1=\frac{n_1}{n_2}$, $\tan\theta_2=\frac{n_2}{n_1}$
齒寬 (b)	1.125"	1.125"	b= $\frac{1}{4}$(約)
齒頂 (a)	0.1667"	0.1667"	a= $\frac{1}{\text{D.P.}}$
齒	0.1928"	0.1928"	$\frac{1.157}{\text{D.P.}}$
面角 (β)	20°27'	73°35'	B=θ+tan-1 $\frac{a}{l}$
外圓直徑	3.32"	9.105"	P.C.D.+2acosθ

輕巡洋艦改裝成快速客船之設計

A.R.Anderson 作　　章光堅譯

一、概論

自第二次世界大戰結束，許多戰時合同突然廢止，因此對於處理剩餘物資就成很嚴重的問題，其中有許多修建中的艦艇停止建造。

下面是研究改裝輕巡洋艦——其中一些已成爲剩餘物資，使具有適當的價值，設想這些船隻能改爲商用，改裝成能容400至500旅客，每時26至28浬速率之快速客船，著者在技術方面究討其可能性。

可以指出的是，由於此類船殼外型的適宜，有幾隻已經很成功地改裝成航空母艦，這裏將顯示出她也能很成功地改裝成快速客船。

爲了分析的原故，僅設計同一等級艙位 (One-class ship)，容482位客人，300名海員，在這示例中此巡洋艦卸去全部的甲板上建築(Superstructure) 砲位裝甲及主機的一半，一個新的甲板上建築，包括連續上甲板 (Continuous upper deck) 裝在主甲板 (Maindeck) 之上。

改裝後之主要尺度

全長	612呎	輕載排水量	9375噸
垂線間長	600呎	重載排水量	15560噸
模型寬	65呎	輕載平均吃水	18呎8吋
模型深，至主甲板	42呎8吋	重載平均吃水	26呎3吋

二、重量及穩度

設計中改裝船重量及穩度之計算是首先算出在改裝過程中保留不動部份之重量及豎直力矩，此結果稱之爲「撤卸船」(Stripped Ship)之重量及力矩，加上使完成爲客船所添上各部之重量及豎直力矩，得出「輕載船」(Light Ship) 之載重爲9375噸，傾心高 (Metacentric height)爲1.2呎

設計之改裝船其排水量及穩度在離港及到埠之情形如下：

離港時重載之穩度

項　目	噸	豎直重心距，呎	豎直力矩，呎噸
輕載船重	9,375	29.8	279,750
燃料油重	4,000	14·0	56,000
淡水重	255	3.9	1,000
鍋爐水重	180	4.0	720
輪機中之液重	90	11.9	1,070
旅客及行李重	100	45.0	4,500
貨重	1,500	26.0	39,000
海員重	60	30.0	1,800
總計	15,560	24.7	383,840

重載　KM=29.4呎

重載　GM=4.7呎

到埠時之穩度

項　目	噸	豎直重心距，呎	豎直矩力，呎噸
輕載船重	9,375	29.8	279,750
鍋爐水重	180	4.0	720

輪機中之液重	90	11.9	1,070
旅客及行李重	100	45.0	4,500
貨重	1,500	26.0	39,000
海員重	60	30.0	1,800
總計	11,305	28.9	326,840

到埠 KM=30.3呎

到埠 GM=1.4呎

上面所得傾心高由『海上舒適』(Sea Kindliness) 觀點觀之很顯著地是極適合於客船的要求，著者曾算過此種輕巡洋艦空売之擺動週期 (Period of roll) 如下：

GM,呎	1	2	3	4	5
擺動週期，秒	28.2	20	16.3	14	12.6

在航行情况下，安全而又舒適船隻理想的平均擺動週期是16到18秒。

巡洋艦船身結構設計中有着高度的水密隔艙 (Watertight Subdivision) 設置，在水線下的大部此類隔艙在改裝時可予以保留，如此則增强此船之損傷穩度 (Damaged Stability)。

三、一般配置及客艙設備。

在此改裝的研究中，著者主要的是攷慮到技術上的狀况，因爲詳細的艙位佈置是要應船舶所有者的要求的，這裏全部同一等級艙位的佈置顯示出容納482位旅客的可能。

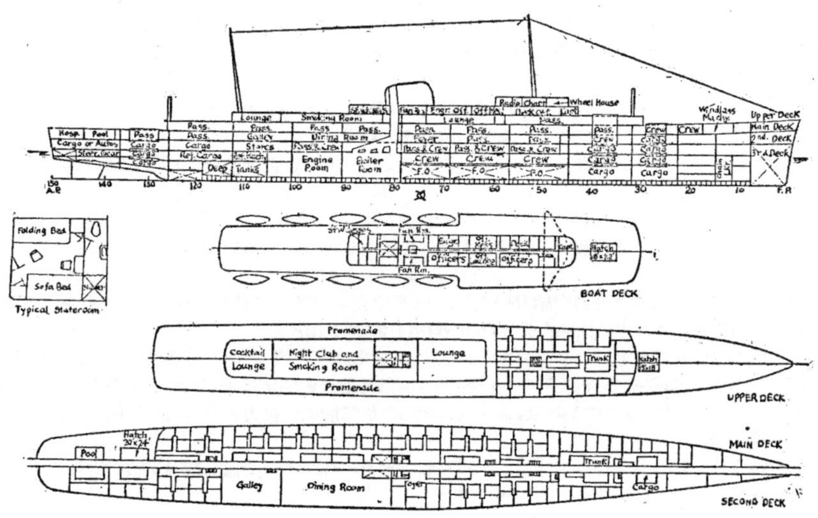

上圖表示出改裝後客船的一般配置情形，船壳結構自龍骨 (Keel) 至主甲板完全保留不改，四個砲台砲座及其基脚移去，這些空間改作客艙及貨艙，設計一新上甲板從船首(Bow)至第125肴骨(Frame)計長500呎。

上甲板之上爲端艇甲板 (Boat beck) 再上爲駕駛橋 (Navigating bridge)。

由於戰後航業之高度競爭，所設計之客艙是簡單但舒適的，這些客艙平均有140平方呎的地位，每房間兩位旅客。所以每旅客有70平方呎，這分配數值差不多在戰前頭等艙與旅行艙 (Tourist-Class)規定之間，由於摺疊沙發床及淋浴的設備，節省了很多的地位，使船艙有着甚大而且舒適的白晝活動地位。

在上甲板上有着足够的地位分設公共用室，有一游泳池，船後的上甲板有寬敞的面積供旅客休息遊樂之用。

此類巡洋艦是有四個推進機，25,000匹馬力，每軸由複級節制齒輪旋機 (Double reduction geared turbine)轉動，蒸汽由四汽鍋供給，其壓力為610磅，溫度為華氏850度，四個機艙間——兩汽鍋室，兩機器室，改作商用時一半的動力已經足够，用後機器室及後汽鍋室，兩內側軸共 50,000 匹軸馬力。

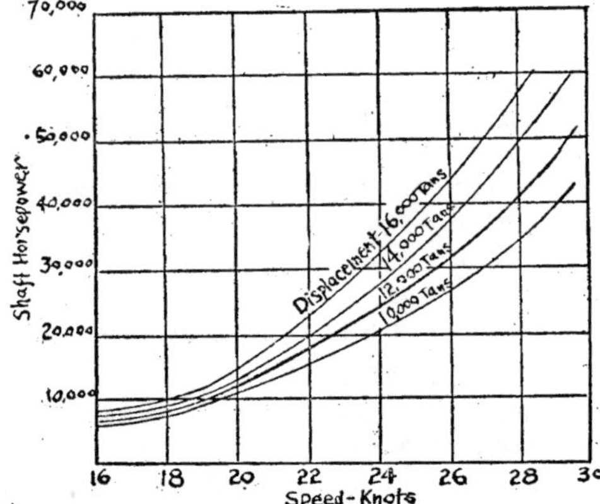

速率由每時 16 浬至 29 浬，排水量為 10000, 12000, 14000 及 16000 噸，速率與馬力的數據用泰羅氏標準系統 (Taylor's standard series)算出，速率馬力曲線表示出在平均排水量為 13,000 噸時可使速率保持在每時26到27浬之間。

電力由二部 600 瓩瓦交流發電機供給，此外并有二部 250 瓩瓦柴油發電機以應急需。

兩套蒸餾設備總容量為 40,000 加侖，此外有每日 8,000 加侖之應急設備，這些是巡洋艦原有的，改裝后均可留用。

輔機，例如轉舵盤，起錨機，各種喞筒，壓縮器等由軍艦改裝成商船均能足够應用。

四、航行半徑 (Steaming radius) 及燃料消耗率 (Fuel consumption)。

假設燃料消耗率為每日每軸馬力小時 0.65 磅，下表表示油艙總容量為 4,000 噸時之航行半徑。

速率，浬小時	20	22	24	26	28
半徑，浬	19,300	14,600	11,250	9,400	7,800

由上列速率計算航行半徑時已包括因海上風浪等情形所增加的百分之十五馬力。

五、船殼結構之强度。

輕巡洋艦之外殼板及脊骨與商船有些不同，海軍船隻之設計通常為縱向脊骨 (Longitudinally framed) 與通常商船設計中之橫向脊骨 (Transverse framed) 相反。

外殼板及脊骨較理船社 (Classification societies) 規定之 600 呎，商船應有之厚度稍薄，但是，由於加上設計之上甲板使成主力甲板 (Strength deck)，算得的結果與規定的需要比較有着够大的似梁係數 (Section modulus of hull girder) 并且，巡洋艦的大部殼板為能受强張力或有着特殊性能的，因此則更增加了强度的限界。

我們曉得此類巡洋艦在作軍用時，以 15,000 噸排水量在各種不同的海上情況下船殼均曾顯示其為適用者——較改裝設計後尚少一主力甲板。

六、結論

將尚未完工之輕巡洋艦改裝成快速客船，這裏已研究過并且發現其在技術方面的可能，由於其適宜的外型，船殼結構及推進機件，此船能很經濟地以高速航行，并且可重新設計使成一美觀堂皇的船隻，由於保留其基本的軍事部份，此船在國家發生事變時可以很卓越地作快速海軍運輸艦之用。

對於安定性之檢討

Edmund Kronberger著
劉蔭棨譯

關於安定性力矩曲線(Curve of Moment of Stability)及直立矩曲線(Curve of righting moment)皆可由計算,或藉積分儀及其他器械之助以求出之。吾人深知水平面(Waterplane)之寬度及繞通過浮心(Center of floatation)之縱軸之惰性矩,對於安定性矩,能發生重大之影響。此篇之目的即在研討各種力矩之關係,與乎闡明安定性曲線之通性。

今爲敍述簡明起見,玆應用下列之符號(參閱圖1及圖2):

V=排水體積,以立方公尺爲單位;

D=排水量,以噸爲單位。

θ=傾斜角;

B_o=在直立位置時之浮力中心;

B=在傾斜位置時之浮力中心;

G=船體之重心。

M_o=在直立位置時之横傾心(Metacenter);

M=在傾斜位置時之眞傾心(true metacenter);

J_o=在直立位置時,水平面之横惰性矩;

J=在傾斜位置時,水平面之横惰性矩;

j=J/35;

x,y=B點對於通過B_o點之水平及垂直軸而言之坐標;

r=BM=J/V;

S=浮力曲線上BB_o弧之長度;

m=安定性力矩,以噸呎爲單位。

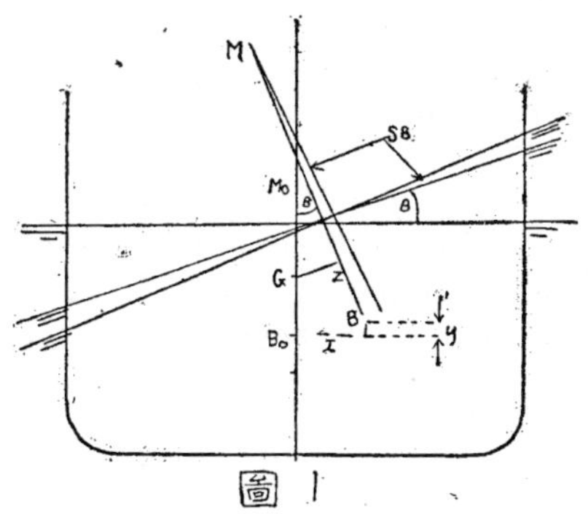

圖 1

自圖1及圖2,得到:

$$m=D(x\cos\theta+y\sin\theta-B_oG\sin\theta) \quad \cdots\cdots(1)$$

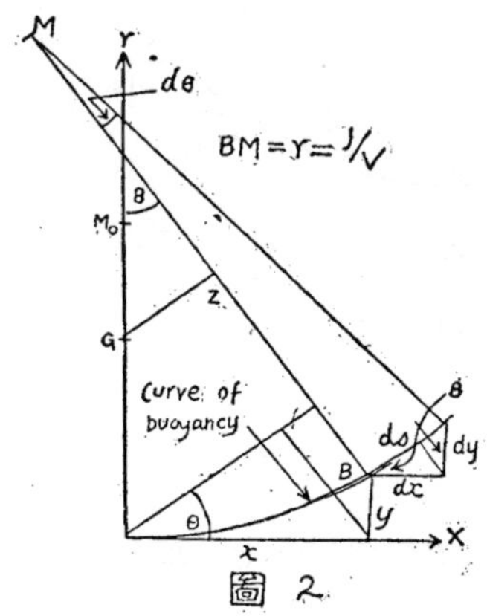

圖 2

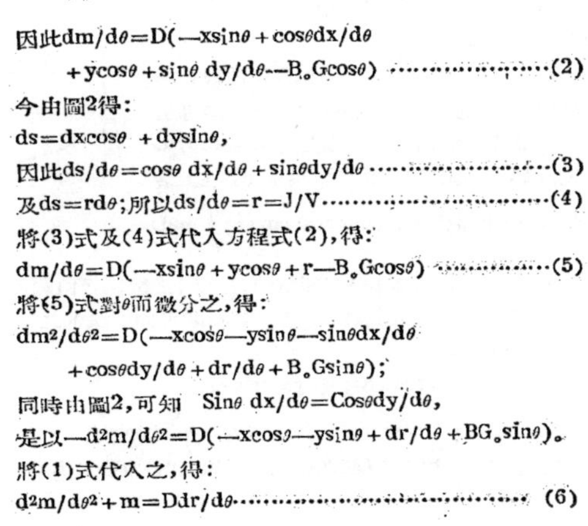

因此$dm/d\theta=D(-x\sin\theta+\cos\theta dx/d\theta$

$$+y\cos\theta+\sin\theta\, dy/d\theta-B_oG\cos\theta) \quad \cdots\cdots(2)$$

今由圖2得:

$ds=dx\cos\theta+dy\sin\theta$,

因此$ds/d\theta=\cos\theta\, dx/d\theta+\sin\theta dy/d\theta \quad \cdots\cdots(3)$

及$ds=rd\theta$;所以$ds/d\theta=r=J/V \quad \cdots\cdots(4)$

將(3)式及(4)式代入方程式(2),得:

$$dm/d\theta=D(-x\sin\theta+y\cos\theta+r-B_oG\cos\theta) \quad \cdots\cdots(5)$$

將(5)式對θ而微分之,得:

$dm^2/d\theta^2=D(-x\cos\theta-y\sin\theta-\sin\theta dx/d\theta$

$+\cos\theta dy/d\theta+dr/d\theta+B_oG\sin\theta)$;

同時由圖2,可知 $\sin\theta\, dx/d\theta=\cos\theta dy/d\theta$,

是以$-d^2m/d\theta^2=D(-x\cos\theta-y\sin\theta+dr/d\theta+BG_o\sin\theta)$。

將(1)式代入之,得:

$$d^2m/d\theta^2+m=Ddr/d\theta \quad \cdots\cdots(6)$$

因$V=35D$；所以

$$\frac{dr}{d\theta}=\frac{d}{d\theta}\left(\frac{J}{V}\right)=\frac{1}{V}\frac{dJ}{d\theta};$$

因此(6)式可寫成爲

$$d^2m/d\theta^2+m=\frac{1}{35}\frac{dJ}{d\theta};$$

或 $$d^2m/d\theta^2+m=dj/d\theta \quad\cdots\cdots(7)$$

由是可知方程式(7)之左邊僅視船體形狀及大小而定，蓋其值等於$dj/d\theta$也。如此值等於零（即是當j或J爲常數，例如船體之橫剖面爲圓形，而其圓心在縱軸上），得：

$$d^2m/d\theta^2+m=0,$$

此式之通解爲：— $m=B\cos\theta+C\sin\theta$，此式中之B及C爲常數。當$\theta$等於零時，則m應等於零，因而$B=0$，是以可知$C=D\cdot GM_{\circ}$

再者，當傾斜角稍變時，而j（或J）保持一定時，則$dj/d\theta=0$，即其值必爲最大或最小者。如聯接靜安定性曲線(curve of statical stability)之附近各點，即可得一正絃波形之曲線。例如當$\theta=0$時，j之值爲最小，而$m=D\cdot GM_{\circ}\sin\theta$。

自$\theta=0$至$\theta=\alpha$而積分第(7)式得：

$$(dm/d\theta)_\alpha-(dm/d\theta)_\circ+\int_\circ^\alpha m d\theta=j_\alpha-j_\circ$$

上式左邊第二項，甚易證明其幾等於$D\cdot GM_\circ$因$GM_\circ=B_\circ M_\circ-B_\circ G=J_\circ/V-B_\circ G$，所以$D\cdot GM_\circ=DJ_\circ/V-D\cdot B_\circ G=J_\circ-D\cdot B_\circ G$

故上式可寫成：

$$(dm/d\theta)_\alpha+\int_\circ^\alpha m d\theta=j_\alpha-D\cdot B_\circ G \quad\cdots\cdots(8)$$

當m爲常數時，（即當其值爲最大時）$dm/d\theta$之值應等於零；所以(8)式變成：

$$\int_\circ^\alpha m d\theta=j_\alpha-D\cdot B_\circ G \quad\cdots\cdots(9)$$

如G與$B_\circ$相重合時，得（當m之值等於最大時）：

$$\int_\circ^\alpha m d\theta=j_\alpha.$$

參閱(7)式，吾人可知，用幾何圖形以決定$dj/d\theta$，殊爲容易，而藉計算方法求此方程式之通解則甚困難。此種類似情形，亦可見之於和諧振動之理論。

方程式(8)可用圖3表示之，OAB曲線是一般之靜安定性曲線。CD在基線下之距離等於$D\cdot B_\circ G$之長度，如自CD下連續取下$-dm/d\theta$之值得PQR曲線（假設在下者爲正值，在上者爲負值）今由積分曲線(Integral curve)$\int md\theta$及PQR間之縱線，可求得j之相當值。是以j之數值可由圖中m曲線而決定之。

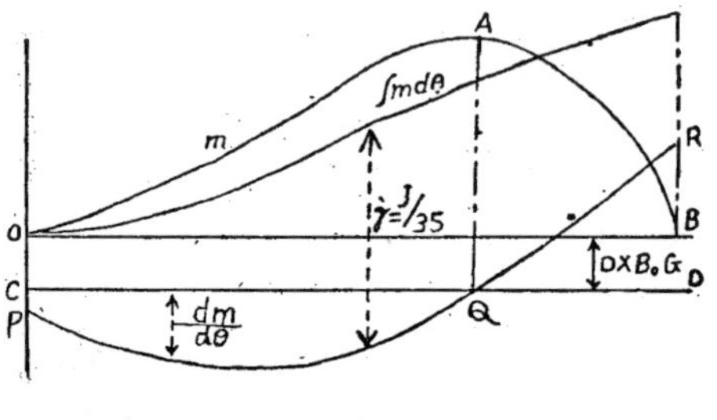

圖 3

反而言之，玆欲由j值以決定m線線，則可如下法求之：

由圖1及圖2可知：

$$dx=dx\cos\theta=r\cos\theta d\theta；及dy=r\sin\theta d\theta$$

$$所以x_\alpha=\int_\circ^\alpha r\cos\theta d\theta \quad 及 \quad y_\alpha=\int_\circ^\alpha r\sin\theta d\theta.$$

將x及y之值代入方程式(1)及(5)（以α代替θ）可求出m及$dm/d\alpha$之值。假如$\alpha=90$度$=\pi/2$

$$m=\int_\circ^{\pi/2} j\sin\theta d\theta-D\cdot B_\circ G \qquad (dm/d\theta)_{\pi/2}=j_{\pi/2}-\int_\circ^{\pi/2}\cos\theta d\theta$$

原子戰爭中的潛艇

Leon Shloss 著　　宮 明 譯

今年四月十一日，美國海軍當局爲其潛艇人員慶祝美國潛艇節，尤其是爲那些幫助贏得第二次大戰的五萬五千工作人員。即使美國在嘉獎她海底戰士過去的功績，同時海軍當局也正在研究他們將來的計劃——一個潛艇艦隊中，至少要有六種不同形式，能够擔負它們在原子時代戰爭的一切使命，而避免許多危難的船隻。

美海軍當局相信潛艇不會像目前海面上的船隻及飛機一樣能够被雷達偵知而緊緊跟隨着。這在美海軍上將尼米茲的文告中也確信除非電子波能够在水中有效。他們並且相信，潛艇在所有形式的船艦中是最不容易受原子彈攻擊的一種，這在比基尼試驗中已有證明。

正在美國海軍部中熱烈計劃美國海上自由的人們，確實感覺到，同時也承認在第一次大戰後，德日兩國的——尤其是德國的——潛艇發展已走在美國之前。這些設計者考慮到美國已經逃避了這種形勢的危機，而他們的海軍現在能够從新再建，並且省去許多可貴的裝備，因此他們說美國是幸運的。

尼米茲和他的一些參謀都相信新型潛艇將不致排棄海面艦隊，他們指出在末世紀內，海軍的建造已經被蒸汽、鋼、螺旋推進器、長來福槍、敷設水雷、潛艇以及飛機等所影響。他們知道它更會因原子能的應用而有很大的變更。但是他們公認在世界保持通商的時期，維護海上航綫，不同的船隻仍舊是需要的。

假若潛艇在最近的將來成爲主要的戰艦，美海軍當局也不會忽視這個賭注的，自然超級潛艇的長航程計劃正在進行。但海軍當局馬上關注到的並不是這些，而是所謂在第二次大戰中造成不同紀錄的“艦隊形式”。在這次大戰中，這些艦隻雖然在工藝上優越，但潛艇仍然已經：

（一）擊沉兩倍美國其他艦隻及飛機所擊沉的日本貨輪。

（二）擊沉二分之一美國其他艦隻及飛機所擊沉的日本戰鬥艦。

（三）遣送登陸部隊到敵島上；轟擊這些島嶼，並且撤回登陸部隊。

（四）從海上救回五百以上美國飛行員。

（五）敷設水雷；當海面船隻不能到達時，輸送燃料到被包圍的地方去，並完成未了的偵察任務。

（六）消滅二十七萬五千敵人（此數幾爲美國軍隊的全部損失）。

所有這些都需要海軍當局加以考慮，假如一隻特別船隻能和潛艇一樣，以偉大的成就完成上面這些不同的任務，而一個分成特殊形式以完成特殊任務的水底艦隊，又甚麼不可以做呢？

新式潛艇的大小與噸位也和第二次大戰時的一樣，它們可以迅速生產，仍然配合最近工藝上的進步。這種“明日”的潛艇，（不是“後日”的）仍舊和初次建造潛艇一樣，從龍骨開始，但是不僅像海面船隻一樣當需要潛航時才能潛下去，它們是盡可能地保持在水裏航行。

海面船隻是易受攻擊的，所有新型潛艇當潛航時也需要有高速率和長航程，速率僅受動力部門發展的限制。利用原子能是我們最終的目標，航程則幾乎完全受全體船員身體的限制。這個限制將依賴工程師們的努力，去繼續從事改良空氣再生方法。食物問題是藉濃縮食物的發展，長期保持食物的營養標準，而不使潛艇負載過重。

速率因素隨流線型的程度而變，愈流線型，速率愈高。不過縱使縮小魚雷的容量和內部負載，流線型也隨着要免除甲板上的武裝和外部的輜重。

現在設計組成原子時代艦隊的六種潛艇的說明與任務列在下面：——

（一）攻擊艇

速度：26海浬（潛），可以作迅速攻擊與撤退。

大小：目前潛艇的大小（1800噸，310呎長），或許因得高度的運用能力而稍小。

形狀：因速率及操縱能力的優越，極求流線型。

航程：將來因新式動力部門出現，航程僅受人體的限制（所以培養健全的國民體格是重要的），現在目標爲25,000哩。

武裝：所有頂部武裝都犧牲於速率因素下，另有十二個高速率，付有間歇歪輪（cam）的發射魚雷。

特點：艇後部無魚雷管藉以增加流線型，前部四個魚雷管，當潛航時有能昇降的雷達天綫。

任務：破壞敵人海上武力與交通。

註釋：魚雷上的歪輪使魚雷發出到一個適當的距離後，來囘巡邏，形成一個魚雷網以防禦敵艦。

（二）巡邏艇

速率：15海浬（潛）——稍大於攻擊艇的一半。

大小：1800噸，或稍小。

形狀：流線型而能適應特殊任務。

航程：同上。

武裝：無。

特點：有包括遠距離的，海面的及飛機的搜索用各種雷達室，有優良的潛望鏡攝影設備，電訊設備，所有天綫當潛航時是可以收縮的。

任務：偵察同時鑒識敵艦，用無綫電報告敵艦的性質與裝備，可以和攻擊艇，潛水母艦配合工作。

註釋：這種或其他種形式，所有天線在潛航時，必須是可以收縮的。以免當在海面時，被敵人雷達偵知的危險。因爲要容納一切必需的雷達及電訊設備，不免要損失它的流線型以至它的速率，但因主要的作用是在危險區報告重要的情報，速率的損失是無多大關係的。

（三）運輸艇

速率：15海浬（潛）。

大小：三倍現在潛艇，大約6000噸。

形狀：如同運輸機和軍用機相反一樣，因要容許增加容量，流線型被大大的削弱了。

航程：同上。

武裝：甲板上有大的火箭發射器和高射機槍，用以防禦空中及着陸前的攻擊。

任務：遣送斥候和增援部隊的登陸，以及全體人員的撤退。

註釋：可以運送600有配備的特種兵員，而在第二次大戰中每隻潛艇僅能輸送三百名。

（四）供應艇

這種形式僅在內部間隔及任務方面與運輸艇不同，它需要能够攜帶乾的或者是液體的軍需物資，把這些供應物資輸送到被包圍的陣地或盟國，可以和運輸艇配合工作。

（五）潛水母艦

速率：15海浬（潛），希望有較高的速率，但在負載的因素下是難達到的。

大小：6000噸。

形狀：不相稱的龐大。

航程：同上。

武裝：甲板上有高射機槍。

特點：有飛機庫，飛機修理設備，飛機發射器，雷達，優良無綫電設備，飛機用燃料的儲藏。

任務：飛機偵察的範圍可以超出巡邏艇上雷達的範圍，而用無綫電報告敵人海軍動態，第二個任務就是投擲原子彈。

註釋：在通常情勢外，即使除去潛艇飛機偵察陸上裝備的任務（通常陸上防禦力遠較海上防禦力强），這種飛機的轟炸價值隨着長射程而又準確的火箭的發展而降低了，同時，駕駛員的生存和復原的可能性也減低了。在這次大戰中，日本有數艘 I—14 級，3,000 噸，帶有兩架飛機的潛艇，和二艘 I—400 級 5,000噸，帶有四架飛機的潛艇。每架飛機僅能帶1,500磅炸彈。但美國的一些設計者同意在飛機上裝配一個有效的高空轟炸火力並不是經濟的辦法，（因爲要增加飛機的載重）並且認爲以這種低速的潛水母艦來代替海面上的航空母艦是一種失敗。

（六）火箭艇

速率：24海浬（潛），或用可能的高速率，得以逃避海岸攻擊。

大小：稍大於1800噸，但小於6000噸。

形狀：適宜的流線型。

武裝：無防禦武力。

航程：同上。

特點：有火箭施放器。

任務：完全摧毁敵人海上或海岸上的工業及軍事中心。

註釋：潛航或者是航行海面，至少可以發放長射程，電力控制的火箭兩萬磅到五百哩以外。潛在水中發放是設計者的願望，因爲當火箭在水中進行時，被偵覺而中途予以截擊的機會較小。

在設計新潛艇海軍中，美國的專家從納粹生產U形船隻（潛速爲26海浬，潛航程爲20,000哩的潛艇）的技術上獲得很大的幫助。尼米玆說德國1944年21型潛艇可能已經改變戰爭的趨勢，如果它兩年前在量的方面可以應用的話。由於通風管（Schnorkel）的應用，德國潛艇在世界上已居於領導地位，這種通風管是德人剽竊自荷蘭人的，該管爲由引擎伸展到水面與潛望鏡相齊的一個管子，供給空氣到動力部份，可以使潛艇巡航在潛望鏡的深度不需要蓄電池。美國潛艇無此種設備，其狄賽（Diessel）引擎在潛艇時不能應用，故必須用低壓永久性蓄電池。然而德國潛艇有此裝置，當潛航時，因要在短時間內激增速率，也用高壓暫時性蓄電池，因此可以幫助潛艇很快地逃出目標區而不致顯著地減少其潛航的深度。

此次大戰末了，德國建造一種較優良的26型，它有三個動力來源，同時有不易辨別的圓錐形塔。在通風管的深度（使通風管伸到水面的深度），用狄賽引擎巡邏，完全潛航時（通風管及潛望鏡均潛沒時），它完全用一種新型潛艇引擎，瓦色（Wather）氣體引擎；它的作用是：過氧化氫經過觸媒作用，分解成水與氧，因而放出熱量，燃料同時加入，生成的氣體於是發生澎漲，推動汽旋機（其內部結構仍視爲軍事祕密）。

美國的設計專家已經獲悉許多有關此類或其他的祕密，其目的就在得到高速率，長航程及使潛艇變爲海戰中高度靈便的武器的一些特性。現在他們正在埋頭進行許多關於改良潛艇的工作。

本校造船工程系概況

本刊資料室

歷史：本系成立於民國卅二年秋季，時當重慶商船專科學校歸併本校以後。緣該校於成立之初，即設有造船科。規定三年學科，一年實習。經本校接收後，遂整訂學程，詳加充實，成爲工學院中新與之一系。近復分設船舶與輪機兩組，課程益臻完善。在抗戰前同濟大學即設有造船組，惟僅屬機械系之一部份。功課旣多分散，師資又復缺乏，故選讀該組者人數寥寥，以是本系可謂國內首先成立者。惟本系成立之際，適當抗戰艱苦之日，一切均爲財力物力所限制，欲求完善，洵屬不易，現距理想條件爲遙，有待於吾人努力者尙多。

現況：本系辦理迄今已先後畢業五屆同學合計四十一人，全部成服務與航業有關之工廠或公司。擎勤任事，均能不負所學，爲各機關所重視。在校同學計四年級三十二人，三年級六十九人，二年級三十四人，一年級四十三人。（見附錄三）

課程：本系課程之編排，係參照國外各大學造船系水準，並兼顧國內今後之需要而定。學理實用均所重視，不稍偏廢，三四年級更分爲船舶輪機兩組，俾作專精之硏討。（見附錄一）。

敎授：本系所聘諸敎授均屬最精選者，或爲學理權威，或屬實際專家。系主任葉在馥先生係造船界先進，從事此道，垂四十年。敎授則有辛一心，楊人傑，王公衡，王宗惠，趙國華，龔應會等六先生。（見附錄二）。

擴展計劃：

本系圖書設備兩感缺乏，敎材多賴各敎授自編講義。實習方面除平時可以利用物理，化工，機械，土木，電機等系各項完善之設備與豐富之圖書外，猶可盡量利用寒暑假赴沿海各大船廠及輪船中實習，以收學理與實際相輔之效，更祈政府與各界給予本系以應有之重視與補助，支撥巨款，盡量擴充，以符時代所付之使命。玆述諸希望如次。

一、當玆大戰甫息，各國造船事業必有大量減縮，本系應利用此機會盡量充實師資。 二、與本系有關之圖書，雜誌，以及歷年各國造船學會之年刊，均望儘量購備。 三、大量購製各種有關船舶構造及配件之示範模型與實物。 四、配備設計製圖所用各項特種儀器。 五、設立船模試驗池及研究推進器泡蝕現象設備。 六、添置透視彈性測驗震動等設備。 七、設立輪機試驗室。 八、成立研究院。

附錄（一） 本校造船工程系課程表

年級	科目	第一學期		第二學期	
		每週時數	學分	每週時數	學分
一年級	國文	3	2	3	2
	英文	3	2	3	2
	微積分	4	4	4	4
	物理	4	4	4	4
	化學	3	3	3	3
	物理實驗	3	1	3	1
	化學實驗	3	1	3	1
	工廠實習	3	1	3	1
	畫法幾何	4	1	3	1
	機械畫	3	1	3	1
	三民主義	2	—	2	—
	體育	2	—	2	—
	軍訓	2	—	2	—
	共計	38	20 (handwritten: 19)	38	20
二年級	物理	2	2	2	2
	微分方程	3	3		
	應用力學	5	4		
	機構學	3	2		
	船體結構	3	2		
	經濟學	3	2		
	高等機械畫	3	1		
	工廠實習	3	1	3	1
	物理實驗	$1\frac{1}{2}$	$\frac{1}{2}$	$1\frac{1}{2}$	$\frac{1}{2}$
	材料力學			5	4
	熱力學			4	4

級	造船原理(一)			3	3
	船體計算及製圖(一)			6	2
	高等數學			3	3
	水力學			4	3
	共計	26½	17½	31½	22½

年級	科目	第一學期				第二學期			
		船舶門		輪機門		船舶門		輪機門	
		每週時數	學分	每週時數	學分	每週時數	學分	每週時數	學分
三年級	船體計算及製圖（二）	6	2						
	高等材料力學	3	3	3	3				
	材料試驗	3	1	3	1				
	機械試驗	3	1	3	1	3	1	3	1
	機械設計	3	3	3	3			3	3
	船用汽鍋學	3	2	3	2				
	電工學	3	3	3	3	3	3	3	3
	電工試驗	3	1	3	1	3	1	3	1
	造船原理（二） （三）	3	3			3	3		
	造船設計（一）					6	2		
	實用造船學（一）					3	2		
	船用汽旋機					3	3	3	3
	工程材料					3	2	3	2
	水力試驗					3	1	3	1
	船用內燃機					3	3	3	3
	造船工程			4	3			4	3
	機械設計製圖			6	2			6	2
	船用蒸汽機	3	3	3	3				
	共計	33	22	34	22	33	21	34	22

年級		科目								
四年級	必修科	船用副機	3	3	3	3				
		機動力學	3	3	3	3			2	2
		造船原理（四）	3	3						
		實用造船學（二）	3	2						
		造船設計（二）（三）	6	2			6	2		
		流體動力學					4	3		
		特種船艦					4	3		
		船藝及駕駛大意					3	2	3	2
		工業管理					3	2	3	2
		金相學			3	2				
		燃料及潤滑油			3	2				
		機艙管理			3	2			3	2
		輪機設計			6	2			6	2
		輪機實驗			3	1			3	1
		論文					—	2	—	2
			18	13	24	15	20	14	20	13

年級		科目	第一學期		第二學期	
			每週時數	學分	每週時數	學分
四年級	選修科	航政法規				
		兵器及彈道學				
		彈性理論				
		通風及冷暖氣工程				
		工具學				
		海港設備				
		水運管理				
		船舶檢[illegible]丈				
		海商法				
		實用空氣動力學				
		船用電機				
		無線電學				
		專題討論				
		結構原理				

附錄（二） 本校造船工程系教員一覽表 三十六年六月

姓名	職別	擔任課程	經歷
葉在馥	教授兼系主任	造船設計，實用造船學，船體結構，船體計算及製圖，論文。	廣東海軍學校航海科畢業，美國麻省理工大學造艦系學士，在上海江南造船廠任船舶設計課主任，約廿年，後至重慶任民生機器廠技術室主任兼總工程師，重慶商船學校造船科主任，同濟大學造船系主任，交通部造船處副處長兼總工程師，交通部造船督導委員會委員，現任民生公司總工程師。
辛一心	教授	造船原理，機動力學，工程材料，彈道學。	本校電機系畢業，英國特倫大學造船工程碩士，格林尼治皇家海軍學院造艦科畢業，曾任西北工學院教授兼機械系主任。招商局工程科長兼正工程司，招商局機廠廠長，船務處副處長。
楊仁傑	教授	造船設計，實用造船學，船體計算及製圖，機械設計及製圖，船體結構。	本校機械系畢業，英國特倫大學河姆斯脫學院造船工程碩士。曾任香港黃浦船廠正工程師，招商局正工程司等職。
王世銓	教授	材料力學，高等材料力學，造船原理，造船設計，造船工程，專題討論，特種船艦，電機試驗，機械試驗。	字公衡，本校唐山工學院鐵路工程系畢業，英國格拉斯哥大學造船系格林尼治皇家海軍學院造艦科畢業，曾任重慶民生機器廠正工程師，商船學校教授，交通部長江區航政局技術科科長，交通部派赴美國考察造船工程等職。
陳宗惠	教授	熱力學，輪機工程，輪機設計，船用內燃機，船體結構。	本校機械系畢業，英國利物浦大學造船工程碩士，曾任九龍船廠工程師，大明實業公司工程股主任，資源委員會內江酒精廠工程師，中山大學教授，民生機器廠考工科主任，輪機設計股主任，招商局正工程司，行政院善後救濟總署漁業物資管理處修造科科長等職，現任行總漁管處專門委員兼工程課課長。
趙國華	教授	應用力學，材料力學，高等材料力學，高等數學，熱力學，流體動力學，彈性理論，機械設計。	兵工學校畢業，曾於倫敦大學機械系研究，美國米西根大學專攻力學與數學得有博士學位，歷任兵工學校，中山大學，及西北工學院教授。
龔應曾	教授	船用蒸汽機，船用汽旋機，船用副機。	本校機械系畢業，交通部派赴美國實習輪機工程。曾任財政部中央造幣廠技士，軍政部特種車輛修造總廠代理所長，交通大學機械系副教授，國營招商局專門委員修理組組長等職。
嚴似松	助教	造船工程習題，機動力學習題。	本校造船系畢業 現任國營招商局幫工程司。
吳鎮	助教	熱力學，輪機工程，船用副機，船用蒸汽機，流體動力學等科習題。	本校造船系畢業，
盧孝棣	助教	應用力學，材料力學，高等材料力學等科習題。	本校唐山工學院土木系畢業。
林鏡清	助教	船體計算及製圖，造船設計等科習題。	本校造船系畢業。
龔茂恆	助教	機械設計等科習題。	本校造船系畢業。

附錄（三） 本校造船工程系系友錄 三十六年六月

姓名	籍貫	現在通訊處
		民三十四級 春季班
王也勃	江蘇海門	上海復興島行政院善後救濟總署漁業物資管理處修造課
汪應壽	湖北漢口	湖北武昌黃土坡海事職業學校
林怡生	廣東番禺	上海高昌廟海軍江南造船所造船課
馬珍獻	山東臨沂	上海廣東路二十號國營招商局船務處轉
康　振	湖北武昌	台灣基隆港務局二樓台灣航業有限公司
許岳宗	廣東廣州	南京考試院考選委員會許公武先生轉
黃文奎	遼寧鳳凰城	青島海軍造船所
黃德懷	江蘇海門	上海徐家匯國立交通大學黃德昭先生轉
楊傳琪	湖北雲夢	湖北漢口一德街九號長江區航政局
劉興懋	湖北武昌	湖北漢口軍政部船舶修造所
嚴似松	江蘇江陰	上海徐家匯國立交通大學
嚴筱休	四川合川	上海廣東路七十五號民生公司總工程師室
		民三十四級 夏季班
王　淮	南　京	上海高昌廟海軍江南造船所總工程師室
呂學訓	江西豐城	南京海軍總司令部
李桂芳	江蘇江陰	上海廣東路七十五號民生公司總工程師室
李國雄	湖北江陵	上海復興島行政院善後救濟總署漁業物資管理處修造課
吳　鎮	江蘇江陰	上海徐家匯國立交通大學
吳先暘	湖　北	上海廣東路七十五號民生公司總工程師室
邵仲漁	上　海	上海廣東路七十五號民生公司總工程師室
黃建國	廣西恭城	
章炎陽	江蘇江陰	上海廣東路二十號國營招商局船務處
陸　熹	江蘇常熟	上海廣東路二十號國營招商局船務處
張孝鏞	江蘇鎮江	上海復興島行政院善後救濟總署漁業物資管理處修造課
楊代盛	四川廣安	上海復興島行政院善後救濟總署漁業物資管理處修造課
裘純堅	浙江慈谿	上海高昌廟海軍江南造船所造船課
嚴敦貴	江蘇鎮江	上海復興島行政院善後救濟總署漁業物資管理處修造課
顧　鐸	四川廣元	上海復興島行政院善後救濟總署漁業物資管理處修造課
		民三十五年級 春季班
李嗣堯	四川巴縣	上海高昌廟海軍江南造船所造船課
林永增	福建仙遊	河北塘沽新港工程處
秦正清	四川巴縣	上海高昌廟海軍江南造船所造船課
秦增祥	上　海	上海楊樹浦底復興島中華機器造船廠
高智熹	廣東廣州	上海楊樹浦底復興島中華機器造船廠
孫嘉良	浙江定海	上海復興島行政院善後救濟總署漁業物資管理處
陳國清	重　慶	上海高昌廟海軍江南造船所材料庫
傅祥浩	湖北武昌	湖北漢口湖北省航業局

民三十五級夏季班

朱浩德	上　海	湖北漢口長怡里一號樓上
林鏡清	江蘇無錫	上海徐家匯國立交通大學
崔冠亞	河　北	台灣高雄高雄機器造船廠

民三十六級春季班

徐經方	安徽巢縣	南京交通部航政司
陳光玉	四川萬縣	上海復興島行政院善後救濟總署漁業物資管理處修造課
龔茂恆	四川岳池	上海徐家匯國立交通大學

民三十六級夏季班（本屆畢業同學）

王培炎	浙江餘姚	上海亞爾培路二二二弄廿五號
何志剛	江蘇武進	上海威海衛路四九七弄一號
佘炳森	江蘇江都	上海天潼路乍浦路口聯安里十號呂府轉交
沈峻先	浙江吳興	上海愚園路兆豐邨十八號
吳思莊	安徽合肥	上海康定路八八弄一〇二號李家成轉
邵和仰	安徽休寧	上海東長治路祥光里十六號
周幼松	湖南長沙	湖北武昌珞珈山國立武漢大學周鯁生轉
武達仁	浙江定海	湖北漢口沿江大道一二三號三北公司武書常轉
房代叔	四川廣安	上海其美路國立同濟大學理學院房代昕轉
凌　綸	江蘇泰縣	江蘇泰縣姜埝坑房巷五號
孫　寬	南　京	上海狄思威路天同路壽蔭坊廿三號
夏純彬	四川萬縣	四川萬縣瀼渡轉響水鄉
張則馥	浙江鄞縣	上海重慶路馬立斯新邨六六號
張新伯	重　慶	上海愚園路兆豐村十八號沈峻先轉
陳景堯	江蘇海門	江蘇海門大洪鎮
陳伯詢	福建閩侯	上海永嘉路和平邨二號
陳啓明	湖北棗陽	湖北武昌湖北省立醫院陳啓文醫師轉
陳嵘祖	四川宜賓	四川宜賓壘匠街十四號
郭可評	福建閩侯	上海徐家匯國立交通大學
章光堅	福建林森	上海愚園路兆豐村十八號沈峻先轉
莊和齋	福建晉江	488-492　Nueva st. Manila P.2.
舒瑞泰	四川自貢	四川自貢市大塩稱一〇〇號
傅鴻森	重　慶	上海徐家匯國立交通大學
葛荊門	湖南岳陽	湖南長沙局關祠十二號
樂俊譜	浙江鎮海	上海虹口乍浦路武昌路口順和里十一號
顧書成	四川新津	上海巨籟達路一二二號

民三十七級春季班

朱端甫	山東單縣	山東單縣北卅五里朱集
朱鳳翔	安徽休寧	安徽休寧石田
沈洪濤	江蘇南通	上海徐家匯國立交通大學
趙達珍	廣西陽翔	廣西陽翔興坪興昌號
劉經昌	山東單縣	上海徐家匯國立交通大學
望洪書	四川重慶	上海徐家匯國立交通大學

民三十七級夏季班

丁奇中　元聚山　王　逸　王本立　王覲民　方　胤　牛雪策　田之荊　朱起祥　朱發稼　朱譜智
余為江　吳秀恆　沈榮圻　杜天相　何立民　李世楨　李家駒　李維揚　林　圭　孟廷保　邵裕國
周　鼎　周　嶽　周丕欐　周柏泉　宮　明　馬鑾樸　祝源鈞　桂舉才　秦錫峯　高法宣　張乃兗
張義舉　張誦堯　梅琴生　梅慶奎　章菊人　陳　燦　陳友德　陳孔嘉　陳永孝　陳鴻壽　郭善德
許松生　許學彥　黃家珍　黃學湘　傅漁烈　程毓文　嵇訓煥　惠永炎　彭裔撕　楊在鑾　楊煥生
虞積藩　熊松明　廖成梅　劉世榜　劉咸鼎　劉蔭棨　蔡作儒　蔡繩武　潘介人　錢秀斌　謝有成
戴恩祉　魏道榮　蘿雋址

民三十八級

干畏言　王世清　甘永立　居平雄　江遠堯　李保泓　李舒平　李樹堯　沈玉麟　吳為瑛　胡惠民
范思翔　范滌源　徐乾清　孫榮生　張國櫄　陶定民　曹　岵　陳　璡　陳式亮　陳先霖　郭之笏
黃旭華　黃紀吾　黃達先　黃蔭梁　彭家銓　舒先遂　楊光昇　楊懷謙　蔡定邦　盧世璪　顏家騏
闞存德

民三十九級

王祖澤　王濮蒼　卞燮昌　尤子成　朱邦謨　朱祺瓏　朱深祥　吳天遺　吳如華　吳炯明　吳韶成
周　琪　周應洽　范崇濟　俞伯良　姚光晞　姜炎龍　徐禮典　夏建新　曹寶元　莊國屏　許大徵
張久齡　脫天祿　陸家訓　陳　鏷　陳江濤　陳阜生　陳旌鑅　郭英傑　黃筱農　黃鍾藩　楊子寧
楊沛棠　葉克健　趙鍾琪　劉恩第　樊慷咸　諸鼎文　鮑永勳　練　淦　嚴賡森　權義銘

國立交通大學造船工程學會鳴謝啓事

敬啓者，敝會前爲出版交大造船年刊，籌募基金，承辛一心，高功懋，嚴簡休，嚴似松，陳光裕諸先生暨楊家盛，劉恩第，處積藩，周獄，朱起祥，劉蔭棨諸同學鼎惠贊諾，廣爲承募，當蒙下列　諸先生慷慨解囊，迄八月十日止共得國幣伍百陸拾柒萬陸千元正（實收伍百肆拾柒萬陸千元），義粟仁漿，銘感無已。爰將　台銜列後，以伸謝悃，諸希
賜鑑。

伍拾萬元者	三北公司　中華造船廠
貳拾貳萬元者	辛一心先生
貳拾萬元者	楊俊生先生
拾伍萬元者	大達大通聯營處
拾萬元者	顧謙吉　陳順霖　戴自牧　殷紀宜　徐國懋　慎祥　顧榮發　鄧森齋　潘濟溪　國泰　裕昌號　鴻源　聯興諸先生
陸萬元者	嚴似松先生
伍萬元者	李老太太　顧老太太　袁丕烈　王必芳　王祖安　潘永祥　嚴敦貴　朱振祥　楊代盛　王也勃　李國雄　孫嘉良　李桂芳　趙家珍　林鏡清　陳光裕　恆興昌　盈豐　錳昌慎　華東　永固製漆廠　震昌　陳次平　朱小帆　宣代叔　諸先生
四萬六千元者	信通號
四萬元者	顧建世　李千里　包金章諸先生
三萬元者	陳文烈　朱浩德　章炎揚　張孝鏞　陸熹　諸先生
貳萬伍千元者	慶豐號　林俊庵　諸先生
貳萬元者	梅安邦　陳銘新　王之勤　宋先生　孟廣義　周嶽　楊家盛　黃義隆　利生　元順　王德文　楊荷生　許澤舜　王偉民　王公望　任祖武　龐永春　徐挹如　諸先生
一萬元者	顧璧正　張太太　黃蔭萱　周純　張梵龍　李瑞麗　李瑞麟　諸先生

劉恩第同學承募柒拾萬元（捐冊尚未交來台銜未能列入）

編後

一、本期封面爲陳先霖同學所設計，敬致謝忱。

二、本期原定六月底出版，不期六、七兩月，本市印刷業三度罷工，更因若干印刷技術上之困難，一延再擱，以至於今，特此誌歉。

三、若干希臘字母，本市缺乏鉛字；若干專有符號，細小不易雕刻，凡此技術上之困難，多有改用代字者。權宜之處，伏望作者讀者諸君見諒。

四、葉在馥先生「說川江輪」一文，後半詳述抗戰期間大後方對於川江輪船之建造情形。茲因各項材料尚待整理，而葉先生又復公忙，囑本刊先以前半付梓，後半待續，附此奉告。

交大造船
創刊號出版委員會

主編　劉蔭棨

編輯　楊煥生　朱發稼

印刷　孫寬　章光堅

廣告　王祖澤

會計　陳孔嘉

交大造船

創刊號

中華民國三十六年八月十日出版

編輯者　交通大學造船工程學會

發行者　交通大學造船工程學會

印刷者　中西印刷公司
上海鳳陽路七十四號 電話95301

發售者　徐家匯交通大學交大服務處
及全國書店

本期定價每冊壹萬元

交大造船
第二期

目 錄

軸之迴轉……辛一心
船殼板之撓曲與應力之近似解法……趙國華
船用重型柴油機生鐵曲柄軸鑄造之研究……蕭才勵
造船名詞……葉在馥
船模試驗之原理……何志剛
船用汽渦輪……夏純彬
關於新『船底用漆』……朱祺瓏摘譯
鋁合金和造船工程
附 錄
廣 告

軸之迴轉

辛 一 心

內容：（一）緒言，（二）軸之運動程式，（三）自然迴轉綜述，（四）無迴旋作用之自然迴轉，（五）轉子在軸中點時之自然迴轉，（六）轉子在軸中點而無旁偏時之自然迴轉，（七）當轉子在軸之中點由於動力不平衡而產生之强制迴轉，（八）軸之第一種自然迴轉，（九）由於靜力不平衡所產生之强制迴轉，（十）由於靜力不平衡且受止盪作用之强制迴轉，（十一）結論，（十二）附錄。

（一）緒言：自來研究軸之迴轉(Whirling of shaft)者。多注重於求軸之自由橫振盪數(Natural frequency of lateral vibration)，俾定軸之危速(Critical Speed)，而鮮有涉及軸於迴轉時之實情者，更未有研討迴轉時抵抗力之影響者。本文將不平衡(Unbalance)止盪(Damping)以及迴旋(Gyroscopic)諸作用，對於軸迴旋時之影響，作一綜括之研討；俾對於軸迴轉之情形，可得一明確之概觀。同時分別自然迴轉與强制迴轉，並導出軸之迴轉速度，軸之眞正危速，軸之自由橫振盪第二種振盪數，長柱形轉子(Rotor)之特種危速等等，爲通常研究軸之迴者所未言，而實均不容忽視者也。

（二）軸之運動程式：茲有一軸，上有轉子(Rotor)，其正面視形如圖一，圖中繪有 x 及 z 兩座軸，y 座軸則與紙相垂直而向下。設軸之重量甚微，可予忽視；轉子之質量爲 m，轉子之重心與軸心間不平衡之距離爲 e，同時轉子之兩角 A 及 B 各多之質量而形成動力不平衡(Dynamic unbalance)。當軸迴轉時，設該動力不平衡所發生之力矩爲 M。

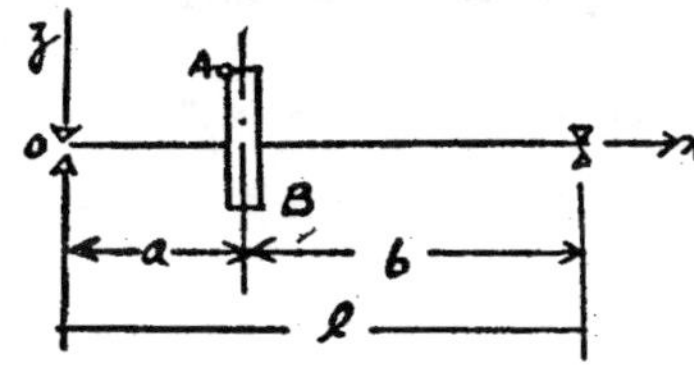

第 一 圖

設當軸於迴轉時轉子之位置如圖二所示，C 點代表轉子中點之軸心，G 爲轉子之重心，其座標爲 (x,y,z)。OCQ 爲軸之中綫於迴轉時所彎成之曲綫，CP 爲該曲綫在 C 點之切綫，Cx^1 與 Ox 相平行，CR 爲經 Cx^1 之水平面與經 CP 之垂直平面之交綫，CP 與 CR 間之角爲 γ，CR 與 Cx^1 間之角爲 β。

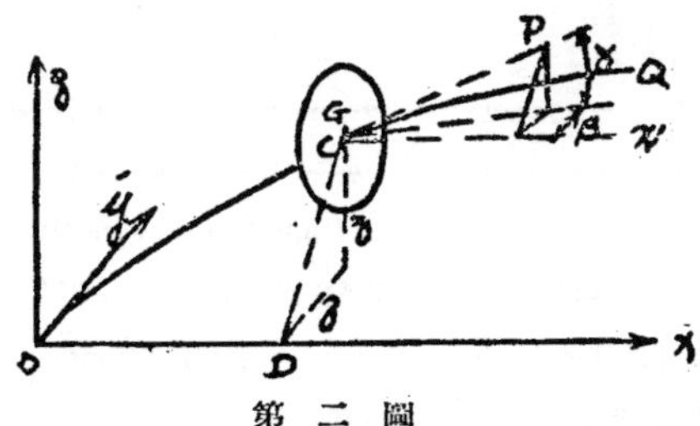

第 二 圖

茲先述 G 點之運動，G 點之座標爲 (x,y,z) 則其運動之速率爲 $\dot{y}$ 及 $\dot{z}$ 〔$\dot{y}$ 代表 $\frac{dy}{dt}$，$\dot{z}$ 代表 $\frac{dz}{dt}$；以後凡用一點以表明之，$\frac{d^2}{ta^2}$ 用兩點以表明之〕，加速將爲 $\ddot{y}$ 及 $\ddot{z}$，作用於 C 點有軸之彈性力 Py 及 Pz，設軸於迴轉時所遇之抵抗爲與其重心之速度成正比，且作用於重心時，則作用於 G 點之力爲 $C\dot{y}$ 及 $C\dot{z}$ 如圖三所示。ς 爲一常數。 C 點之坐標爲 (y_c, z_c)，$y_c = \cdot -s\cos\theta$，$z_c = z - s\sin\theta$

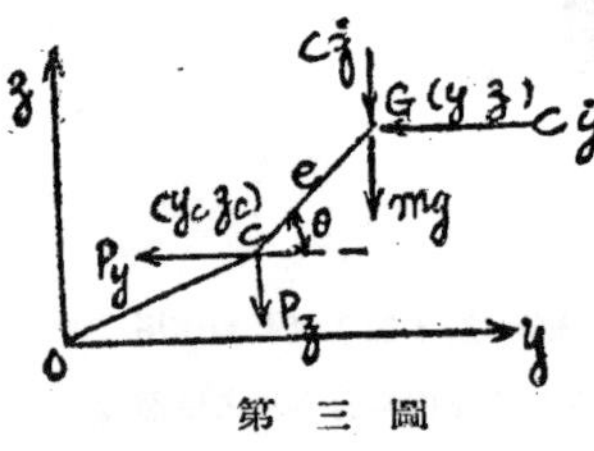

第三圖

彈性力 P_y 及 P_z 爲　$P_y=a_1y_c+a_2\beta$，$P_z=a_1z_c+a_2\gamma$　（參閱附錄一）

故　$m\ddot{y}=-P_y-c\dot{y}=-a_1y+a_1e\cos\theta-a_2\beta-c\dot{y}$

或　$m\ddot{y}+c\dot{y}+a_1y+a_2\beta=a_1e\cos\theta$ ……………………(2—1)

同樣可得　$m\ddot{z}+c\dot{z}+a_1z+a_2\gamma=a_1e\sin\theta-mg$ ….(2—2)

以上二式爲G點之運動程式。

設 T 爲任何外加對 G 點之力矩，I_G 爲轉子對於G點之惰性 (Moment of inertia)，則可得轉子旋轉運動之程式如下：

$$I_G\ddot{\theta}=-P_ye\sin\theta+P_ze\cos\theta+T$$

或　$I_G\ddot{\theta}+a_1ey\sin\theta-a_1ez\cos\theta+a_2\beta e\sin\theta-a_2\gamma e\cos\theta=T$ ………………………(2—3)

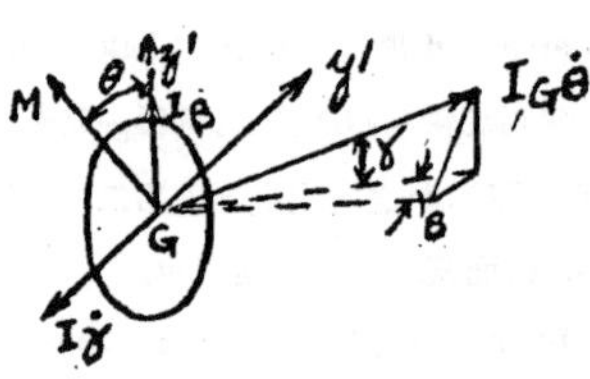

第四圖

再述轉子傾斜之影響，設 e 爲極短之距離，則在此可忽視 e 之影響。換言之，卽可視G及 c爲一點。同時設 r 及 β 爲極小之角度，則轉子之旋轉動量 (Angular momentum) 爲 $I_G\dot{\theta}$ 垂直於轉子平面以及 $I\dot{\beta}$ 與 $I\dot{r}$ 如圖示。I 爲轉子對於其中點截面之直徑之惰性率，因力矩等於變更旋轉動量之速度，故得

$$My=\frac{d}{dt}(-I\dot{r}+I_G\dot{\theta}\beta)\ \text{……………………}(2—4)$$

$$Mz=\frac{d}{dt}(I\dot{\beta}+I_G\dot{\theta}r)\ \text{……………………}(2—5)$$

My 及 Mz 爲作用於轉子力矩，設抵抗力之力矩極微而可予忽視，則 My 與 Mz 包括兩部份，一爲軸之彈性力矩，一爲動力不平衡所生之力矩，故

$$My=-b_1z+b_2r-M\sin\theta$$

$$Mz=b_1y-b_2\beta+M\cos\theta$$

代入(2—4)及(2—5)二式，卽得

$$I\ddot{\beta}+I_Gr\ddot{\theta}+I_G\dot{r}\dot{\theta}-b_1y+b_2z=M\cos\theta\ \text{……………………}(2—6)$$

$$-I\ddot{r}+I_G\beta\ddot{\theta}+I_G\dot{\theta}\dot{\beta}+b_1z-b_2r=-M\sin\theta\ \text{……………………}(2—7)$$

(2—1) (2—2) (2—3) (2—6) (2—7) 五式爲軸及轉子之運動程式 (Equations of motion)，以五式非完全爲直綫式微分方程 (Linear differential equation)，故其運動决非簡單的調和運動 (Simple harmonic motion)，但通常軸於運動時，其旋轉之速度爲一常數，卽 $\dot{\theta}=w=$ 常數，故 $\ddot{\theta}=o$，$\theta=wt+\alpha$，α 爲任何常數，以(2—3)式表明軸之旋轉加速者，至是已失其重要性，其他四式化成

$$m\ddot{y}+c\dot{z}+a_1y+a_2\beta=a_1e\cos(wt+\alpha)\ \text{……………………}(2—8)$$

$$m\ddot{z}+c\dot{z}+a_1z+a_2r=a_1e\sin(wt+\alpha)-mg\ \text{……………………}(2—9)$$

$$I\ddot{\beta}+I_Gw\dot{r}-b_1y+b_2\beta=M\cos(wt+\alpha)\ \text{……………………}(2—10)$$

$$-I\ddot{r}+I_G w\dot{\beta}+b_1 z-b_2 r=-M\sin(wt+\alpha) \quad\cdots\cdots(2-11)$$

諸式中之常数（參閱附錄一）爲

$$a_1=\frac{a^2-ab+b^2}{a^3 b^3}\cdot 3lEI,\quad b_1=\frac{b-a}{a^2b^2}\cdot 3lEI,\quad a_2=\frac{a-b}{a^2b^2}\cdot 3lEI,\quad b_2=\frac{1}{ab}3'EI \quad\cdots(2-12)$$

諸式等號之右各項爲因不平衡而發生者，其對於軸之影響，爲强制軸發生迴轉，故是項迴轉卽可稱爲强制迴轉，爲轉子完全平衡，且抵抗力極微而可予忽視時，則軸亦能發生迴轉，稱爲自然迴轉此二種迴轉與振盪問題中之自然振盪及强制振盪，實可相比擬。玆將各種迴轉之特性，分別究討如下：

（三）自然迴轉綜述，如 $c=o$，$d=o$，$M=o$，mg 之值甚小而可忽視時，則得。

$$m\ddot{y}+a_1 y+a_2\beta=o \quad\cdots\cdots(3-1)$$

$$m\ddot{z}+a_1 z+a_2 r=o \quad\cdots\cdots(3-2)$$

$$I\ddot{\beta}+I_G w\dot{r}-b_1 y+b_2\beta=o \quad\cdots\cdots(3-3)$$

$$-I\ddot{r}+I_G w\dot{\beta}+b_1 z-b_2 r=o \quad\cdots\cdots(3-4)$$

欲解是四微分方程，令 $y=A\sin(pt+e)$，　$z=B\cos(pt+e)$

$\beta=C\sin(pt+e)$，　$r=D\cos(pt+e)$

代入以上各式，得

$$(-mp^2+a_1)A+a_2C=o \quad\cdots\cdots(3-5)$$

$$(-mp^2+a_1)B+a_2D=o \quad\cdots\cdots(3-6)$$

$$b_1A+(Ip^2-b_2)C+I_G wp\,D=o \quad\cdots\cdots(3-7)$$

$$b_1B+I_G wPC+(Ip^2-b_2)\,D=o \quad\cdots\cdots(3-8)$$

故振盪數程式（Freguency. Equation）爲

$$\begin{vmatrix} (-mp^2+a_1) & o & a_2 & o \\ o & (-mp^2+a_1) & o & a_2 \\ b_1 & o & (Ip^2-b_2) & I_G wp \\ o & b_1 & I_G wp & (Ip^2-b_2) \end{vmatrix}=o \quad\cdots\cdots(3-9)$$

或 $[(-mp^2+a_1)(Ip^2-b_2)-a_2b_1+I_G wp(-mp^2+a_1)]$

$$[(-mp+a_1)(Ip^2-b^2)-a_2b_1-I_G wp(-mp^2+a_1)]=o \quad\cdots\cdots(3-10)$$

故可得 p^2 之四值，設爲 p_1^2，p_2^2，p_3^2，p_4^2，同時從(3—5)(3—6)得

$$C=-\frac{-mp^2+a_1}{a_2}A,\qquad D=-\frac{-mp^2+a_1}{a_2}B$$

代入 (3—7) 及 (3—8) 得

$$\left[b_1-\frac{(Ip^2-b_2)(-mp^2+a_1)}{a_2}\right]A=I_G wp\frac{-mp^2+a_1}{a_2}B$$

$$\left[b_1-\frac{(Ip^2-b_2)(-mp^2+a_1)}{a_2}\right]B=I_G wp\frac{-mp^2+a_1}{a_2}A$$

故得 $A=B$，諸微分方程式之解遂爲。

$$y=A_1\sin(p_1t+e_1)+A_2\sin(P_2t+e_2)+A_3\sin(p_3t+e_3)+A_4\sin(p_4t+e_4)$$

$$z=A_1\cos(p_1t+e_1)+A_2\cos(p_2t+e_2)+A_3\cos(p_3t+e_3)+A_4\cos(p_4t+e_4)$$

$$\beta=-\left(\frac{-mp^2+a_1}{a_2}\right)y=-\left(\frac{-mp^2+a_1}{a_2}\right)[A_1\sin(p_1t+e_1)+A_2\sin(p_2t+e_2)+A_3\sin(p_3t+e_3)+A_4\sin(p_4t+e_4)$$

$$r=-\left(\frac{-mp^2+a_1}{a_2}\right)z=-\left(\frac{-mp^2+a_1}{a_2}\right)[A_1\cos(p_1t+e)+A_2\cos(p_2t+e_2)+A_3\cos(p_3t+e_3)+A_4\cos(p_4t+e_4)$$

故軸之運動，共有四種迴轉，每種之迴轉速度各不同。所謂迴轉速度，實即 G 點繞 D 點（圖二）轉動之速度，卽上式中之 p 值也，如在第一種迴轉中，G 點繞 D 點而轉動，轉動之速度爲 p_1，GD 間之距離爲 A_1 同時因 $\beta/r=y/z$，p 點（圖二）因將繞 D 點而轉，其轉動速度亦爲 p_1，G,P,D，三點在一截面上之投影當在一直綫之上，該直綫亦卽代表通過彎曲中綫之平面之投影，故在此種迴轉情形之下，軸之中綫彎成一平面曲綫，且其彎度始終不變，其迴轉之速度，可以(3—11)式以求得之，軸之運動，爲四種是項迴轉所集合而成者。

（四）無迴旋作用(Gyrotcopic action)之自然迴轉：

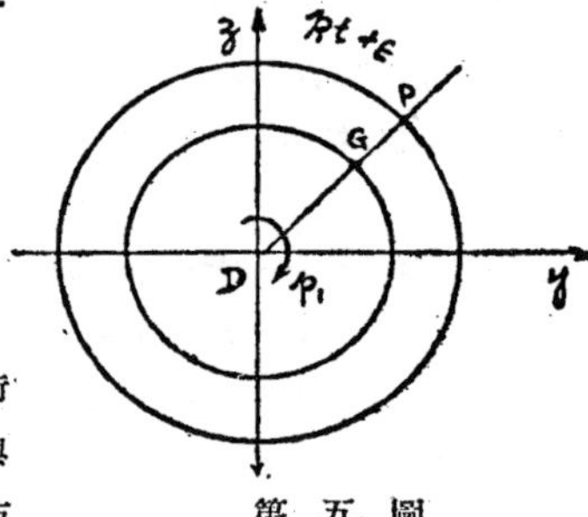

第五圖

如 $\dot{\beta}$ 及 $\dot{r}$ 值甚小而可忽視時，則得。

$$m\ddot{y}+a_1y+a_2\beta=o \cdots\cdots (4-1)$$

$$m\ddot{z}+a_1z+a_2r=o \cdots\cdots (4-2)$$

$$I\ddot{\beta}-b_1y+b_2\beta=o \cdots\cdots (4-3)$$

$$-I\ddot{r}+b_1z-b_2r=o \cdots\cdots (4-4)$$

(4—1)及(4—3)僅含變數 y 及 β，故爲表示軸與 xy 面平行之運動，(4—2) 及 (4—4) 僅含變數 z 及 r，故爲表示軸與 xz 面平行之運動，該二種運動，完全相似，以此二種微分方程相似故也，欲求與 xy 面平行之運動，令 $z=A\cos(pt+e)$，$\beta=C\cos(pt+e)$

代入 (4—1) 及 (4—3) 二式，得 $(-mp^2+a_1)A+a_2B=o$

$$-b_1A+(-Ip^2+b_2)B=o$$

其振盪程式爲 $(-mp^2+a_1)(-Ip^2+b_2)+b_1a_2=o$

故 p^2 有兩值，設爲 p_1^2 及 p_2^2 則

$$y=A_1\cos(p_1t+e_1)+A_2\cos(p_2t+e_2)$$

$$\beta=C_1\cos(p_1t+e_1)+C_2\cos(p_2t+e_2)$$

同樣可得 $z=B_1\cos(p_1t+e_1')+B_2\cos(p_2t+e_2')$

$$r=B_1\cos(p_1t+e_1')+D_2\cos(p_2t+e_2')$$

故在二種平面上之運動雖各不相涉，然其迴轉之速度則相同，緣 p 值相同故也。

（五）轉子在軸之中點時之自然迴轉：當轉子在軸之中點，則 $a=b=\frac{l}{2}$，$a_2=-b_1=o$ 故得

$$m\ddot{y}+a_1y=o \cdots\cdots (5-1)$$

$$m\ddot{z}+a_1z=o \cdots\cdots (5-2)$$

$$I\ddot{\beta}+I_Gw\dot{r}+b_2\beta=o \cdots\cdots (5-3)$$

$$-I\ddot{r}+I_Gw\dot{\beta}-b_2r=o \cdots\cdots (5-4)$$

(5—1) 及 (5—2)表示 G 點之曲綫運動 (Curvilinear motion) (5—3) 及 (5—4)表示軸彎度之變更，兩者各不相涉，玆先述 G 點之運動。

(5—1) (5—2) 2二微分方程之解為

$$y=A\cos\left(\sqrt{\frac{a_1}{m}}t+e_1\right) \cdots\cdots(5-5)$$

$$z=B\cos\left(\sqrt{\frac{a_1}{m}}t+e_2\right) \cdots\cdots(5-6)$$

此二式代表轉子重心之運動為橢圓調和運動(Elliptic Harmonic motion)如 $e_1=0,\ e_2=-\frac{\pi}{2}$ 則

$$y=A\cos\sqrt{\frac{a_1}{m}}t \qquad z=-B\sin\sqrt{\frac{a_1}{m}}t$$

或 $$\frac{y^2}{A^2}+\frac{z^2}{B^2}=1 \cdots\cdots(5-7)$$

故 G 點將沿一橢圓而運動，如 $A=B=R$，則 G 點將沿一半徑之值等於 R 之圓而運動，換言之，即 G 點將繞 D 點轉動，其轉動之速度，即為軸之迴轉速度等於 $\sqrt{\frac{a_1}{m}}$ 但

$$a_1=\frac{3lEI}{\left(\frac{l}{2}\right)^4}=\frac{48EI}{l^3}=\text{軸之彈性常數(Spring constant)}=K_0 \cdots\cdots(5-8)$$

故 $\sqrt{\frac{a_1}{m}}$ 亦為軸之橫振盪數是以知當軸於自然迴轉之際，軸之迴轉速度，等於軸之橫振盪數，而與軸之旋轉速度 w 不發生任何關係，以 (5—5) (5—6) 二式表示 G 點在水平綫與垂直綫上之調和振盪，故軸之自然迴轉，實為軸與水平面與垂直平面上之橫振盪集合而成，任何靜止軸於受任何擾力之後，即生橫振盪，同樣旋轉軸上如受任何擾力之後，即發生自然迴轉，當軸自然迴轉時以其迴轉之速度，與軸之旋速不同，故軸內之任何一部感受反復之彎應力 (Alternating bending stresses)，其應力反復變化之速度，為每秒鐘 $(p-w)/2\pi$ 次，故軸將感受疲勞 (Fatigue) 之作用，故於設計軸時，其材料之疲勞限度 (Fatigue limit) 應加以嚴密之注意。

玆再研討 (5—3) (5—4) 兩式，令

$$\beta=C\cos(pt+e), \qquad r=D\sin(pt+e)$$

代入該兩式，得 $$(-p^2I+h_2)C+I_GwpD=0 \cdots\cdots(5-9)$$

$$I_Gwpc+(-p^2I+h_2)D=0 \cdots\cdots(5-10)$$

其振盪數程式為 $$\begin{vmatrix} (-p^2I+h_2) & I_Gwp \\ I_Gwp & (-p^2I+h_2) \end{vmatrix}=0$$

或 $$(-p^2I+h_2)^2-(I_Gwp)^2=0$$

故 $$p^2=\left[\frac{I_Gw\pm\sqrt{I_G{}^2w^2+4Ih_2}}{2I}\right]^2 \cdots\cdots(5-11)$$

p 之兩值一大一小，大者為正號，小者為負號代入(5—9)或(5—10)二式，即得 $\frac{C}{D}=+1$ 故

$$\beta=C_1\cos(p_1t+e_1)+C_2\cos(p_2t+e_2) \cdots\cdots(5-12)$$

$$r=C_1' \sin(p_1 t+\epsilon_1)+C_2 \sin(p_2 t+\epsilon_2) \cdots\cdots (5-13)$$

如p之2值爲p_1及$-p_2$，府考慮一特殊情形，

$C_1=C_2=r$，　$\epsilon_1=\epsilon_2=o$，　同時 $p_2=\frac{p_1}{4}$，則得

$$\beta=r\cos p_1 t+r\cos\left(-\frac{p_1}{4}t\right)$$

$$\gamma=r\sin p_1 t+r\sin\left(\frac{p_1}{4}t\right)$$

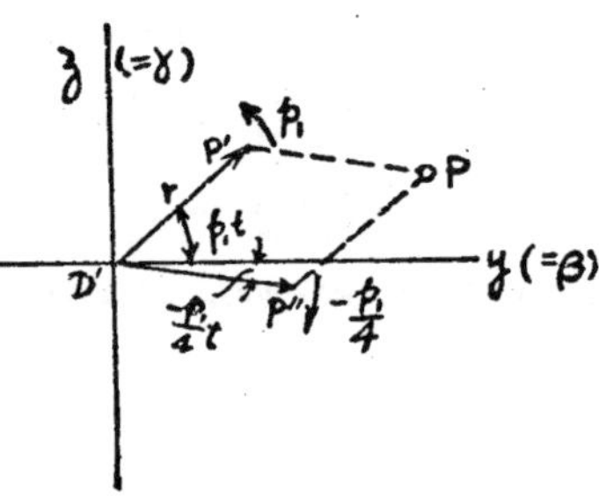

第六圖

如CP（圖二）之距離爲一，P則點之座標即等於β及γ，故p點之運動爲兩種動作相合而成，一爲p'之旋轉，其旋轉速度爲p_1，半徑爲r。一爲p''在反方向之旋轉，速度爲$-\frac{p_1}{4}$，其半徑亦爲r。故P點之位置由$D'P'$及$D'P''$兩矢量相加而得之，如是則可得P點之軌跡如圖七，圖中箭頭爲表示P點之動向，P點之軌跡成數小圈，其圈數等於P_1與P_2之比加一，惟圖七所繪P_2之軌跡，未涉及G點運動之影響，故當G點於靜止時，軸之運動情形，可由圖七P點之軌跡以推知之，是項運動，將名之曰軸之第二種自然迴轉。而G點之運動名之曰軸之第一種自然迴轉。

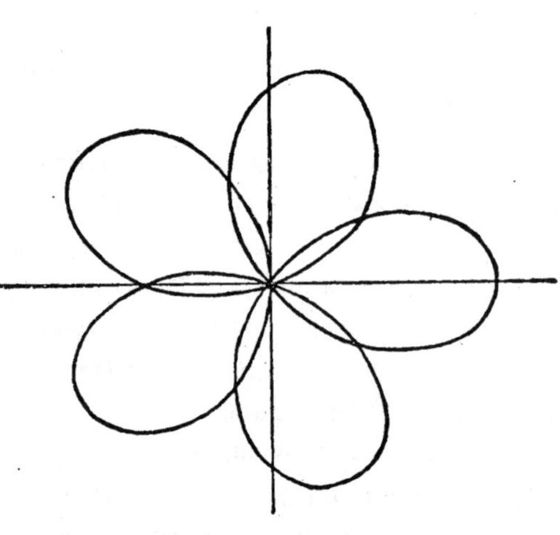

第七圖

如將兩種迴轉集合，可得。

$$y=r_1 \cos\sqrt{\frac{a_1}{m}}t,$$

$$z=r_1 \sin\sqrt{\frac{a_1}{m}}t$$

$$\beta=r\cos p_1 t+r\cos\left(-\frac{p_1}{4}t\right)$$

$$\gamma=r\sin p_1 t+r\sin\left(-\frac{p_1}{4}t\right)$$

若　$\frac{p_1}{4}=\sqrt{\frac{a_1}{m}}$，　$r_1=r$ 則P點之軌跡如圖八。

若　$\frac{p_1}{4}=\sqrt{\frac{a_1}{m}}$，　$r_1=r$ 則P點之軌跡以圖九。

若　$\frac{p_1}{4}=\sqrt{\frac{a_1}{m}}$，　$r_1=r$ 則P點之軌跡如圖十。

若　$\frac{p_1}{4}=\sqrt{\frac{a_1}{m}}$，　$r_1=r$ 則P點之軌跡如圖十一。

可見軸迴轉之情形，視 p_1 p_2 以及 $\sqrt{\dfrac{a_1}{m}}$, r_1 r_1 等值而定，上述四圖，不過略舉數例，以明軸迴轉情形之如何求得耳。

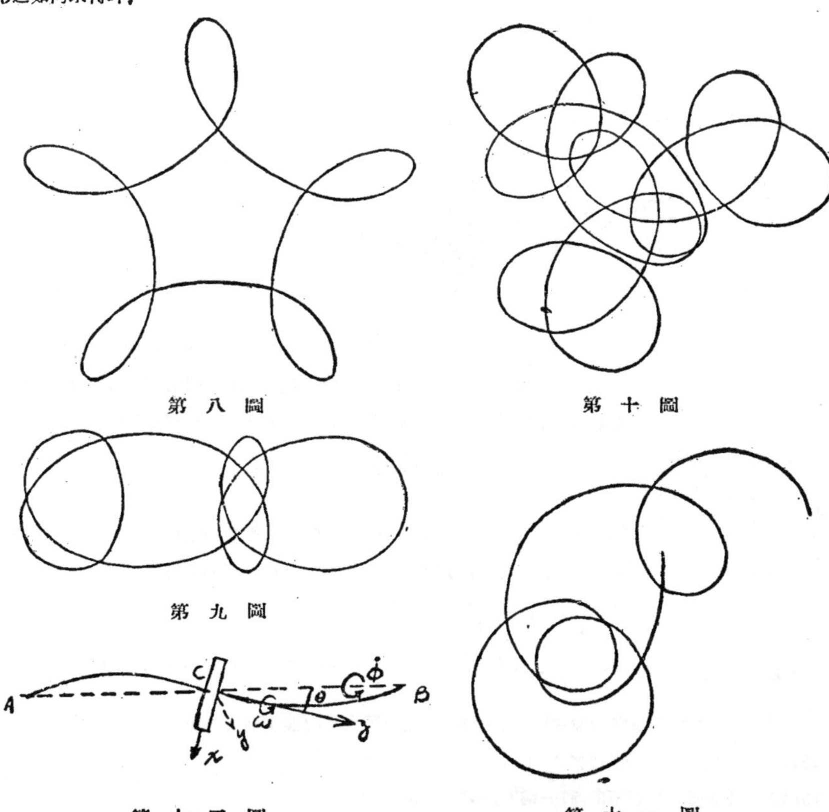

第八圖　　第十圖

第九圖

第十二圖　　第十一圖

（六）轉子在軸中點而無旁偏 (Lateral Deflection) 時之自然迴轉：玆用另一種座標軸，令 z—座軸經轉子之中心而垂直於轉子之面 x—座軸在紙面之上，y—座軸向下令 θ 爲 z—座軸與軸未迴轉時之中綫所成之角，$\dot{\phi}$則爲 Z—座軸繞 AB 綫旋轉之速度或亦可稱爲軸之第二種自然迴轉速度，因軸之彎曲而生之彈性力矩爲 $My=-k\theta$。k 爲彈性常數如轉子爲一薄片，則 $k=^{1}{}_{2}$ 利用旋轉器 (Gyroscope) 之運動式（附錄二）得轉子之運動程式如下：

$$I\ddot{\phi}\sin\theta+2I\dot{\phi}\dot{\theta}\cos\theta-I_G w\dot{\theta}=o \cdots\cdots (6-1)$$

$$I\ddot{\theta}-I\dot{\phi}^2\sin\theta\cos\theta+I_G w\dot{\phi}\sin\theta=-k\theta \cdots\cdots (6-2)$$

$$w=\text{常數} \cdots\cdots (6-3)$$

設運動穩定，則 $\ddot{\phi}=o$, $\dot{\theta}=o$, 同時 θ 爲微值故從(6－2)得

$$-I\dot{\phi}^2\theta+I_G w\dot{\phi}\theta+k\theta=0$$

或　$I\dot{\phi}^2-I_G w\dot{\phi}\theta-k=0$

故　$\dot{\phi}=\frac{I_G w\pm\sqrt{I_G^2w^2+4kI}}{2I}$ ……………………(6-4)

此式與(5-11)相同卽表示軸之單純的第二種迴轉，有兩種迴轉速度，方向相反，故z—座軸將繞成小圈，與通常旋轉器之轉圈運動(Nutation)相若，同時z—尙繞AB綫旋轉與旋轉器之繞行(Precession)相若。（參閱圖十三）故軸之第二種迴轉，實爲旋轉器之作用。

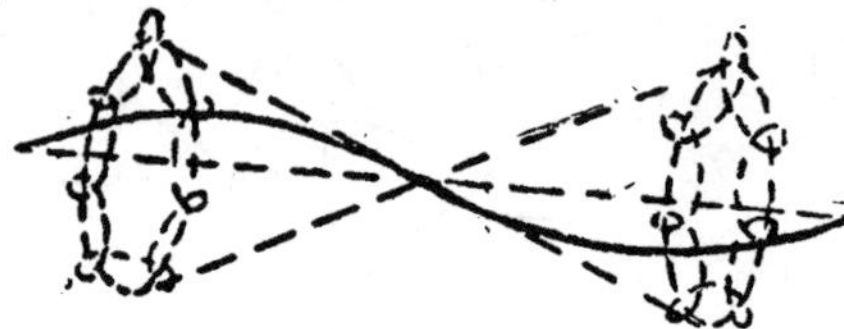

第十三圖

若 $w=0$，卽軸在者旋轉之狀態下

$$\dot{\phi}=\pm\sqrt{\frac{k}{I}}\text{ ……………(6-5)}$$

或 $\phi=\phi_2=\sqrt{\frac{k}{I}}$ · 如軸之兩種迴轉之半徑相等，則兩種迴轉相合成爲一直徑，如圖十四，卽示軸將在平面上發生振盪，由此可知軸之自然迴轉亦能產生橫振盪，是項橫振盪時軸之情形如圖十五所示其橫振盪數可於下式求之：

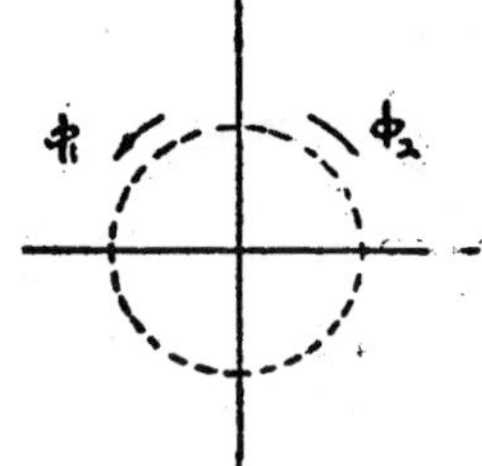

第十四圖

$$\dot{\phi}^2=\frac{k}{I}=\frac{k_o}{I}\left(\frac{l}{2}\right)^2=p'^2\text{ ……………(6-6)}$$

因 $k=k_o\left(\frac{l}{2}\right)^2$（附錄三）。$k_o$爲當軸實行普通橫振盪時之彈性常數，等於$\frac{48EI}{l^3}$因須別於普通橫振盪數，故名 p_o' 爲橫振盪之第二種振盪數。普通橫振盪數爲 $p_2{}^2=\frac{k_o}{m}$，若 $I=mkl^2$ 則

$$\frac{p_o^2}{p_o'^2}=\left(\frac{kl}{l/2}\right)^2\text{ ……………(6-7)}$$

普通 $\frac{l}{2}>kl$，故 $p_o'>p_o$ 是以當轉發生强制橫振盪時，通常將有兩處發生極大之振盪，一爲當擾力之振盪數等於 p_o，一爲擾力之振盪數等於 p'_o 是也。

如軸之兩種迴轉之半徑不同，設一爲 a，一爲 b，則

$$Y=a\sin wt-b\sin wt=(a-b)\sin wt$$

$$Z=a\cos wt-b\cos wt=(a+b)\cos wt$$

$$\frac{Y^2}{(a-b)^2}+\frac{Z}{(a+b)^2}=1\text{ ……………(6-8)}$$

故P點之軌跡爲之橢圓，而無純粹之橫振盪發生，是種迴轉，當軸於受不定方向之擾力之後，卽能發生。

第十五圖

設迴轉速度與軸之旋轉速度相等或 $w=\dot{\phi}$ 則

$$Iw^2-I_Gw^2-k=0$$

或　$w^2=\dot{\phi}^2=\frac{k}{I-I_G}$ ……………(6-9)

此種迴轉速度，須 $(I-I_G)>0$ 或 $I>I_G$ 方能產生，縱有 $I<I_G$ 則 w^2 爲負數，爲不可能之事實，而

$I>I_G$，僅在長柱形轉子爲可能，故此種迴轉，當轉子爲長柱形時，方能發生。

又設迴轉速度爲軸之旋轉速度之反量，或$\dot{\phi}=-w$，

則 $Iw^2+I_G w^2-k=0$

$$\therefore\quad w^2=\frac{k}{I+I_G}=\dot{\phi}^2 \cdots\cdots\cdots(6-10)$$

此爲另一迴轉之速度，無論轉子爲長柱形或薄片，均能發生。

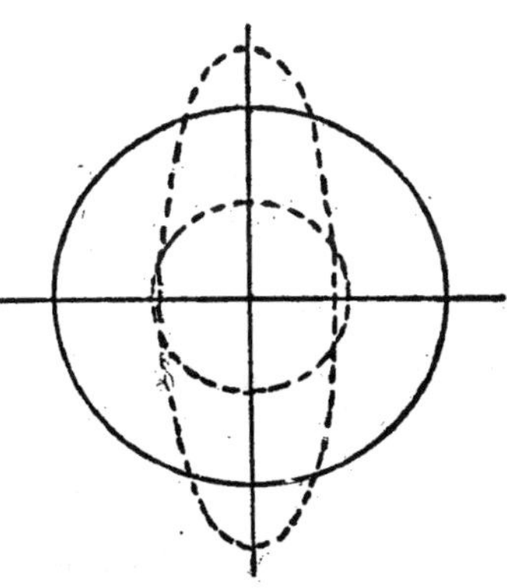

第 十 六 圖

（七）當轉子在軸之中點，由於動力不平衡而產生之强制迴轉：軸之迴轉方式如圖十八。

$y=0$，$z=0$，由 (2—6) (2—7) 而

$$I\ddot{\beta}+I_G w\dot{r}+b_2\beta=M\cos wt \cdots\cdots\cdots(7-1)$$

$$-I\ddot{r}+I_G w\dot{\beta}-b_2 r=-M\sin wt \cdots\cdots\cdots(7-2)$$

令 $\beta=C\cos wt$，$r=D\sin wt$

則 $(-w^2I+b_2)C+I_G w^2D=M$

$I_G w^2C+(-w^2I+b_2)D=M$

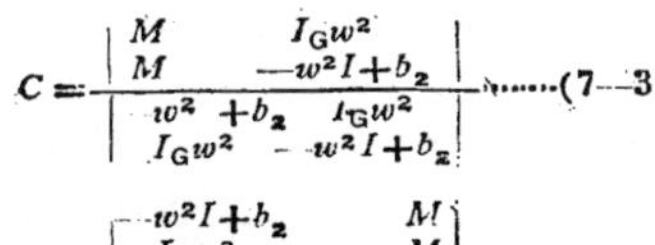

$$C=\frac{\begin{vmatrix} M & I_G w^2 \\ M & -w^2I+b_2 \end{vmatrix}}{\begin{vmatrix} -w^2I+b_2 & I_G w^2 \\ I_G w^2 & -w^2I+b_2 \end{vmatrix}} \cdots\cdots(7-3)$$

$$D=\frac{\begin{vmatrix} -w^2I+b_2 & M \\ I_G w^2 & M \end{vmatrix}}{\begin{vmatrix} -w^2I+b_2 & I_G w^2 \\ I_G w^2 & -w^2I+b_2 \end{vmatrix}} \cdots\cdots(7-4)$$

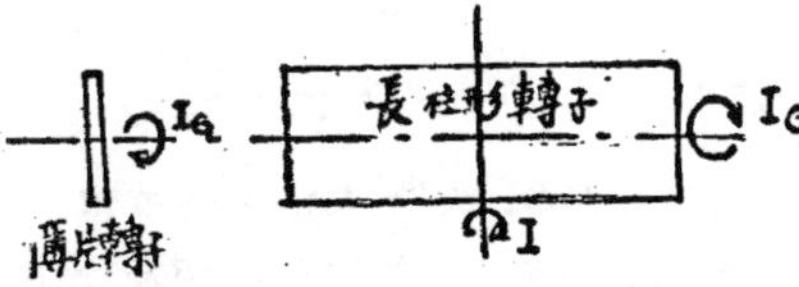

第 十 七 圖

若 (7—3) (7—4) 之分母等於零，則 C 及 D 將等於窮大。換言之，轉將受劇烈之迴轉，故軸之危速可由下式求得之：

$$(-w^2I+b_2)^2-I_G^2w^4=0$$

或 $(-w^2I+b_2+I_G w^2)(-w^2I+b_2-I_G w^2)=0$

故 $$w^2=\frac{b_2}{I-I_G}=w_1^2 \cdots\cdots\cdots(7-5)$$

或 $$w^2=\frac{b_2}{I+I_G}=w_2^2 \cdots\cdots\cdots(7-6)$$

上二式與 (6—9) (6—10) 相同，故軸因動力不平衡而生之危速，即等於軸在第二種迴轉時當旋轉速度等於迴轉速度之迴轉速度，此種危速在任何機械中必須避免，緣動力不平衡，通常爲不可免之事實，雖不平衡之量極微亦足以使軸發生極烈之迴轉而使軸破裂也。

若轉子爲一薄片，則 $I<I_G$ 故 w_1^2 爲負值，故 w_1 爲一虛數 (Imaginary number)，換言之，該種危速即不存在，但若轉子爲一長柱形，則 $I>I_G$，故 w_1 可以存在，故 w_1 即名爲長柱形轉子之特種危速，而 w_2 則無論長柱形或薄片之轉子均有之。

設長柱形轉子爲剛體 (Rigid body) 其每端距軸端之遠爲 b，

則　b_2＝彈性常數$=8K_0\frac{l^3}{b^3}$（參閱附錄三），　$K_0=\frac{48EI_a}{l^3}$

Ia爲軸截面之面積惰率，故　$b^2=\frac{4\times 48EIal^2}{b^3}$

$$w'^2=\frac{624EIa'^2}{(I_1-I)b^3}\cdots\cdots(7-7)$$

$$w_2'^2=\frac{624EIal^2}{(I_1+I)b^3}\cdots\cdots(7-8)$$

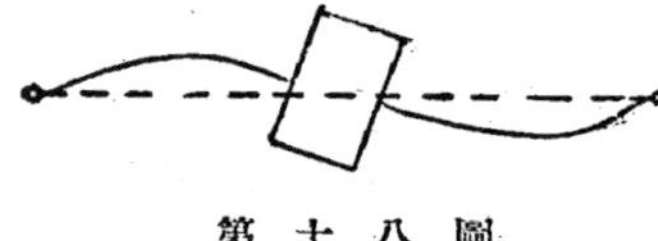

第十八圖

（八）軸之第一種自然迴轉：當轉子旁偏而不傾斜，無任何不平衡或抵抗力之作用時，軸之運動名爲第一種自然迴轉其運動程式如下：

$$m\ddot{y}+a_1y=o\cdots\cdots(8-1)$$

$$m\ddot{z}+a_1z=-mg\cdots\cdots(8-2)$$

該二式之解爲　$y=A\cos\left(\sqrt{\frac{a_1}{m}}t+\alpha\right)\cdots\cdots(8-3)$

$$z=B\cos\left(\sqrt{\frac{a_1}{m}}t+\beta\right)-\frac{mg}{a_1}\cdots\cdots(8-4)$$

若$\alpha=o$，$\beta=\frac{\pi}{2}$，消去t，得$\frac{y^2}{A^2}+\frac{\left(z+\frac{mg}{a_1}\right)^2}{B^2}=1\cdots\cdots(8-5)$

a_1爲軸之彈性係數，故$\frac{mg}{a_1}$爲軸靜止時在轉子中點之垂度 (Deflection) 故當軸在第一種迴轉時，其重心之軌跡爲一橢圓，或一正圓（當 $A=B$ 時）惟其迴轉之中心爲軸於靜止時轉子之中心 D 點如圖十九所示其迴轉之速度爲$\sqrt{\frac{a_1}{m}}$。

第十九圖

實則轉子之重量，對於迴轉之中心發生力矩，該力矩之值，隨轉子重心之位置而變更。故可推知轉子之迴轉速度，必隨力矩而變更。苟欲求迴轉之眞正速度，須作更進一步之研討如下：

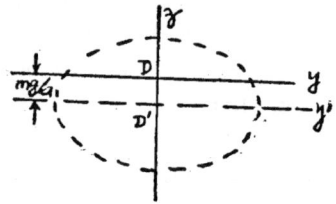

令 $D'G$ 之距離爲R，（圖廿）如迴轉運動尚未穩定，則G點之速度可分爲$\dot{R}$及$R\dot{\theta}$ 如圖示。轉子之動能 (Kinetic Energy) 爲

$$T=\frac{1}{2}m(\dot{R}^2+R^2\dot{\theta}^2)+\frac{1}{2}Iw^2\cdots\cdots(8-6)$$

同時轉子及軸之位能(Potential Energy)爲

$$V=\frac{1}{2}kR^2+mgR\sin\theta\cdots\cdots(8-7)$$

用來格蘭琪方程式 (Legrange's Equation) 即得

第二十圖

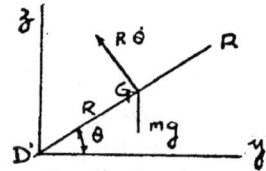

$$mK^2\ddot{\theta}+mgR\cos\theta=M=\text{使轉之轉動之力矩}\cdots\cdots(8-8)$$

$$m\ddot{R}-mR\dot{\theta}^2+kR+mg\sin\theta=\cdots\cdots(8-9)$$

此二式爲轉子之運動方程式，若運動穩定，則$\dot{R}=o$，$\ddot{R}=o$，$\dot{\theta}$＝常數故(8—8)變爲$M=mgR\cos\theta$，(8—9)化爲　$-mR\dot{\theta}^2+kR+mg\cdot\sin\theta=o$

或　$\dot{\theta}^2=\frac{k}{m}+\frac{g}{R}\sin\theta$ ……（8—10）

此式表示在任何 θ 時之迴轉速度。當軸迴轉一轉時，其平均迴轉速度之乘方爲

$$\frac{1}{2\pi}\int_0^{2\pi}\left(\frac{k}{m}+\frac{g}{k}\sin\theta\right)d\theta=\frac{k}{m} \quad\text{……（8—11）}$$

故平均迴轉速度爲 $\sqrt{\frac{k}{m}}$，因 $k=a_1$ 故即爲 $\sqrt{\frac{a_1}{m}}=p_0$。是以知當軸作第一種自然迴轉時，其平均迴轉速度等於軸之橫振邊數，亦卽軸之危速。

（九）由於靜力不平衡 (Static Unbalance) 所生之强制迴轉：所謂靜力不平衡，卽轉子重心偏於軸心之旁，如無抵抗力則得

$m\ddot{y}+a_1y=a_1e\cos(wt+\alpha)$ ……（9—1）

$m\ddot{z}+a_1z=a_1e\sin(wt+\alpha)-mg$ ……（9—2）

因 $\frac{a_1}{m}=p_0^2$，故

$\ddot{y}+p_0^2y=p_0^2e\cos(wt+\alpha)$ ……（9—3）

$\ddot{z}+p_0^2z=p_0^2e\sin(wt+\alpha)-g$ ……（9—4）

二式之解爲　$y=A\cos\left(\sqrt{\frac{a_1}{m}}\,t+e_1\right)+\frac{p_0^2e\cos(wt+\alpha)}{p_0^2-w^2}$ ……（9—5）

$z=B\sin\left(\sqrt{\frac{a_1}{m}}\,t+e_2\right)+\frac{p_0^2e\sin(wt+\alpha)}{p_0^2-w^2}-\frac{g}{p_0^2}$ ……（9—6）

二式之第一項實爲自然迴轉，其第二項爲純粹之强制迴轉。

當軸於實行純粹之强制迴轉時，G點將繞靜止時之軸心迴轉其軌跡爲

$$y^2+\left(z-\frac{g}{p_0^2}\right)^2=\left[\frac{p_0^2e}{p_0^2-w^2}\right]^2 \quad\text{……（9—7）}$$

或爲一半徑 $\frac{p_0^2e}{p_0^2-w^2}$ 之圓，其迴轉之速度，卽等於 w 或軸之旋轉速度此其別於自然迴轉者。

令　$R=\frac{p_0^2e}{p_0^2-w^2}=\frac{e}{1-\left(\frac{w}{p_0}\right)^2}$ ……（9—8）

同時，繪 $R-\frac{w}{p_0}$ 之曲綫，則可得圖廿一。當 $\frac{w}{p_0}$ 爲極小時，則 R 近於零，卽軸無迴轉。當 $\frac{w}{p_0}$ 漸大，則 R 亦漸增，軸遂迴轉，當 $\frac{w}{p_0}$ 等於 1.0 則 R 爲無窮大，故軸迴轉最烈，可能使軸斷裂，故於任何機械中，$\frac{w}{p_0}=1$ 必須避免。是項軸之旋轉速度，使軸發生最劇烈之迴轉者，通常稱爲危速。故軸之危速卽等於軸之自然橫振邊數，亦卽軸於自然迴轉時之迴轉速度也。

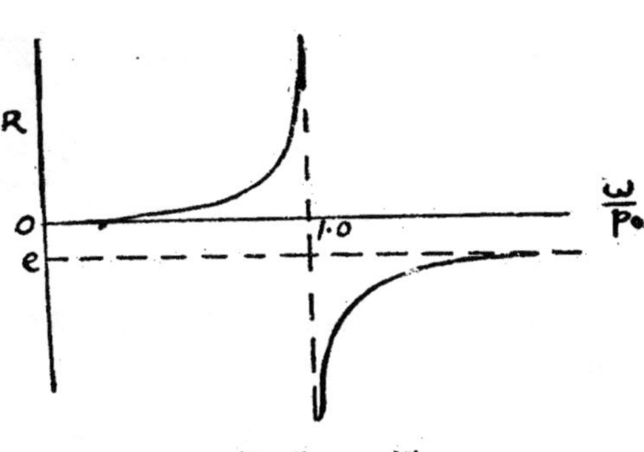

第 廿 一 圖

當 $\frac{w}{p_0}<1.0$ 時，R 爲一正數，轉子重

心之軌跡圓較軸心之軌跡圓爲大如圖廿二(a)。當$\frac{w}{p_0}>1.0$時，R爲負值，則轉子重心之軌跡圓爲小如圖廿二(b)。當$\frac{w}{p_0}$之值由1.0漸大，則R由無窮大而降，漸趨近於$-e$，亦卽G點漸趨近於D'點，故最後若w較p_0大一二倍時，則軸心之軌跡之半徑，極近於e，因e在普通完整之機械中，必爲一極小之值，故因軸之迴轉而生之旁偏亦極小，故在實際情形中卽可認爲軸無迴轉，是以有一部份機械，其旋轉速度w較p_0爲大，亦可避免迴轉，且可用直徑較小之軸，對於材料之應用，可較節省。而當該軸於停止或開始旋轉之時，其速度如經p_0值，以時間甚短，亦不致發生任何惡劣影響也，通常機械之速度，爲避免極大迴轉計必須較危速至少須大或小20%。

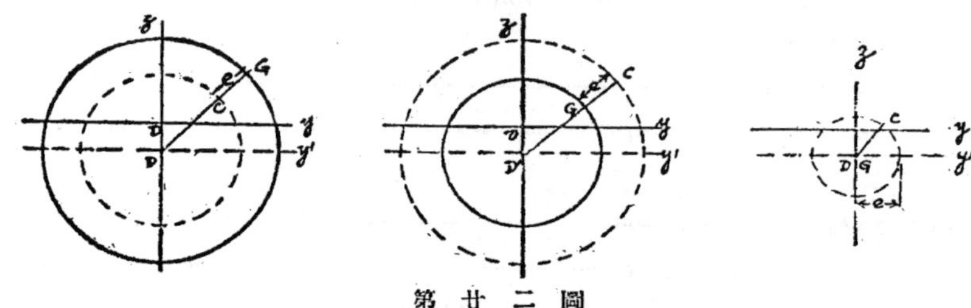

第廿二圖

（十）由於靜力不平衡且受止盪作用（Damping Effect）之強制迴轉：若因迴轉而發生之軸之旁偏愈大，則轉子所受之抵抗力亦愈大，因而產生止盪作用，設抵抗力與轉子重心之速度成正比，則其運動方程式如下：

$$m\ddot{y}+C\dot{y}+a_1y=a_1e\cos(wt+\alpha)\qquad(10-1)$$

$$m\ddot{z}+C\dot{z}+a_1z=a_1e\sin(wt+\alpha)-mg\qquad(10-2)$$

令$\frac{C}{m}=2kp_0$，　$\frac{a_1}{m}=p_0^2$　k爲止盪係數（Damping Coeffieint），則

$$\ddot{y}+2kp_0\dot{y}+p_0^2y=p_0^2e\cos(wt+\alpha)\qquad(10-3)$$

$$\ddot{z}+2kp_0\dot{z}+p_0^2z=p_0^2e\sin(wt+\alpha)-mg\qquad(10-4)$$

二式解爲

$$y=Ae^{-p_0kt}\cos\left[p_0\sqrt{1-k^2}\,t+\epsilon_1\right]+\frac{e\left[2k\frac{w}{p_0}\sin(wt+\alpha)+\left(1-\frac{w^2}{p_0^2}\right)\cos(wt+\alpha)\right]}{\left(1-\frac{w^2}{p_0^2}\right)^2+4k^2\frac{w^2}{p_0^2}}\qquad(10-5)$$

$$z=Be^{-p_0kt}\sin\left[p_0\sqrt{1-k^2}\,t+\epsilon_2\right]+\frac{e\left[-2k\frac{w}{p_0}\cos(wt+\alpha)+\left(1-\frac{w^2}{p_0^2}\right)\sin(wt+\alpha)\right]}{\left(1-\frac{w^2}{p_0^2}\right)^2+4k^2\frac{w^2}{p_0^2}}\qquad(10-6)$$

二式中前項爲止盪之自然迴轉，後項與強制迴轉，當t增加，卽經一時間，止盪之自然迴轉卽漸消滅，僅存強制迴轉。使

$$\frac{2ke\,w/p_0}{\left(1-\frac{w^2}{p_0^2}\right)^2+4k^2\frac{w^2}{p_0^2}}=M\qquad(10-7)$$

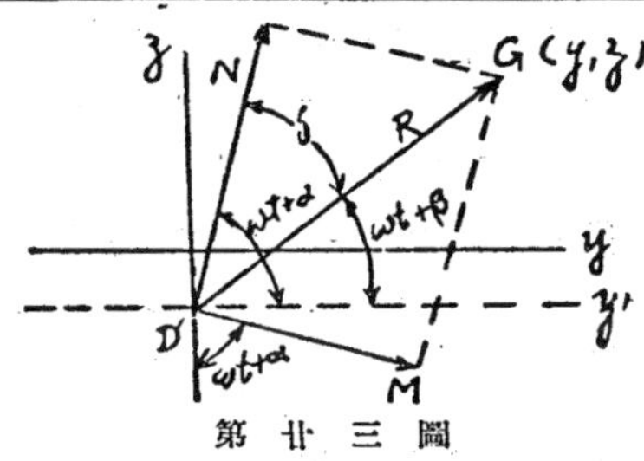

第 廿 三 圖

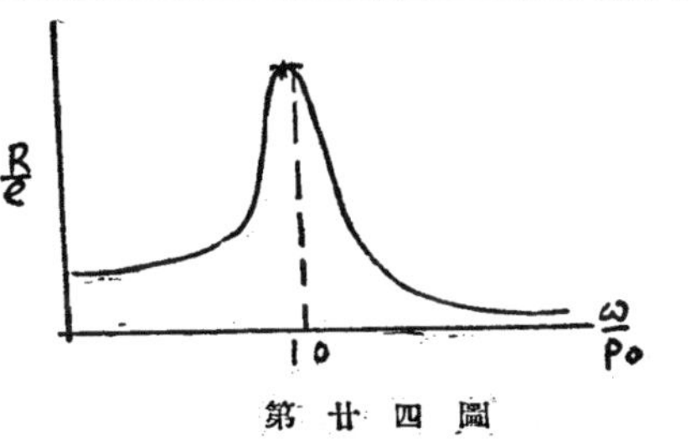

第 廿 四 圖

$$\frac{e\left(1-\frac{u^2}{p_0^2}\right)}{\left(1-\frac{u^2}{p_0^2}\right)^2+4k^2\frac{w^2}{p_0^2}}=N \qquad (10-8)$$

由圖廿三，可知 G 點可由 M 及 N 兩矢量相加而得，$D'G$ 爲軸於强制迴轉時之旁偏（設爲 R）則

$$R=\sqrt{M^2+N^2}=\frac{e}{\sqrt{\left(1-\frac{w^2}{p_0^2}\right)^2+4k^2\frac{w^2}{p_0^2}}} \qquad (10-9)$$

同時若僅就强制迴轉而言，則

$$y=R\cos(wt+\beta) \qquad (10-10)$$

$$\left(z+\frac{g}{p_0^2}\right)=R\sin(wt+\beta) \qquad (10-11)$$

$$\beta=90^\circ+\alpha-\delta \qquad (10-12)$$

$$\delta=\tan^{-1}\frac{2k\ w/p_0}{1-w^2/p_0^2} \qquad (10-13)$$

若繪 $\frac{R}{e}$ — $\frac{w}{p_0}$ 之曲綫，則得圖廿四曲綫之最高點，即表軸迴轉最劇烈之時，該點如當

$\left(\frac{w}{p_0}\right)^2=1-2k^2$ 之時故軸之眞正危速爲

$$w_c=p_0\sqrt{1-2k^2} \qquad (10-14)$$

而非 p_0。但若 k 爲一微值時（普通在 0,1 附近，則危速之約數爲 p_0 亦即軸之自然横振盪數。

當軸於是項强制迴轉時 G 點 C 點相互間之位置，以及軸承上所受之壓力，可求得如下：

取一垂直軸，俾可不問轉子之重量，命 C 爲迴轉時之軸心之位置。C' 爲靜止時軸心之位置，則軸之前視圖如圖廿五 (a)，上視形如圖廿五 (b)。當迴轉時 G 與 C 點之距離爲 R，故 G 點之速度爲 $Rw=v$。G 點所受之抵抗力爲 CV，C 點與 C' 點之距離爲 S，

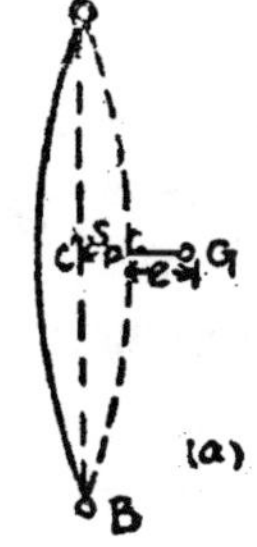

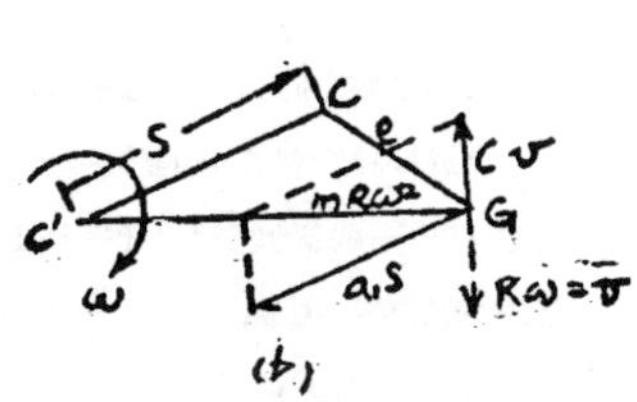

第 廿 五 圖

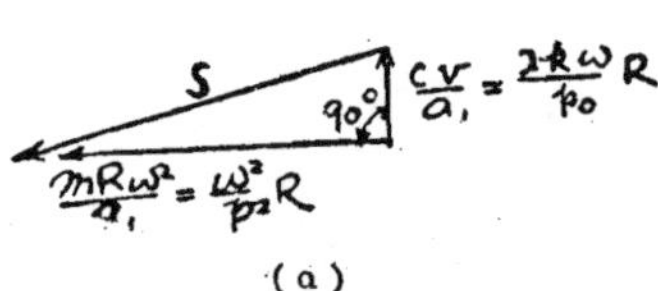

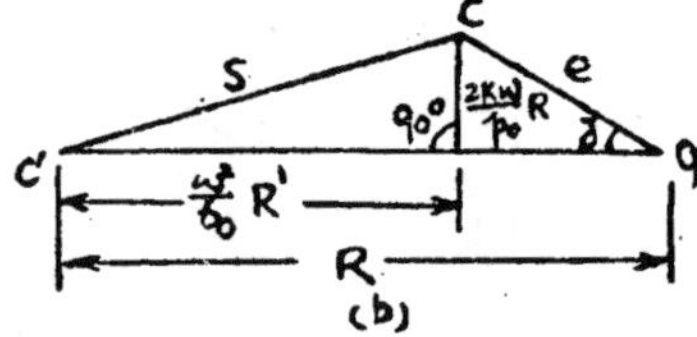

第 廿 六 圖

故S卽爲迴轉時軸之直正旁偏，因軸之旁偏而生之彈性力爲a_1S。該彈性力應作於C點並沿CC_1綫，但可分爲同値而平行之力作用於G點與一對於G點之力距。其對於G點之力距，如與軸承上之磨擦相平衡，則轉子可以保持其旋轉速度成一常數故作用於G點之力爲CV及a_1S如圖廿五(b)所示，因G點爲繞C'點迴轉，其迴轉速度爲w，故兩者之合併必等於mRw^2，m爲聚集合於G點之質量。

如將作用於G點之各力除以a_1則三角力圖廿六(a)同時將該力圖繪入三角$C'CR$中，卽得圖廿六(b)，其中δ角爲

$$\delta=tan^{-1}\frac{2k\frac{w}{p_o}}{1-\frac{w^2}{p_o^2}} \qquad (10-15)$$

同時$e^2=\left(R-R\frac{w^2}{p_o^2}\right)^2+\left(2kR\frac{w}{p_o}\right)^2$

或
$$R=\frac{e}{\sqrt{\left(1-\frac{w^2}{p_o^2}\right)^2+4k^2\frac{w^2}{p_o^2}}} \qquad (10-16)$$

該二式與(10—13)及(10—a)相同，故知GC'與GC並不在一直綫之上，其相差之角度爲δ如(10—15)式。軸之直正旁偏爲S，其値爲$S^2=\left(2k\frac{w^2}{p_o^2}R\right)^2+\left(\frac{w^2}{p_o^2}R\right)^2$

或
$$\frac{s}{R}=\sqrt{4k^2\frac{w^2}{p_o^2}+\left(\frac{w^2}{p_o^2}\right)^2} \qquad (10-17)$$

同時
$$\frac{s}{e}=\frac{\frac{w}{p_o}\sqrt{\left(\frac{w}{p_o}\right)^2+4k^2}}{\sqrt{\left(1-\frac{w^2}{p_o^2}\right)^2+4k^2\frac{w^2}{p_o^2}}} \qquad (10-18)$$

如繪$\frac{s}{e}$—$\frac{w}{p_o}$曲綫，則可得圖廿七。由圖可知當$\frac{w}{p_o}$之値小時，$\frac{s}{e}$近零，或軸無甚旁偏。當$\frac{w}{p_o}$將近1.0時，軸之旁偏臻於極大；若$\frac{w}{p_o}$由1.0而增，則$\frac{s}{e}$終必減至1.0此與無止盪時之情形相若，惟相當於旁偏最高値之$\frac{w}{p_o}$不同耳。

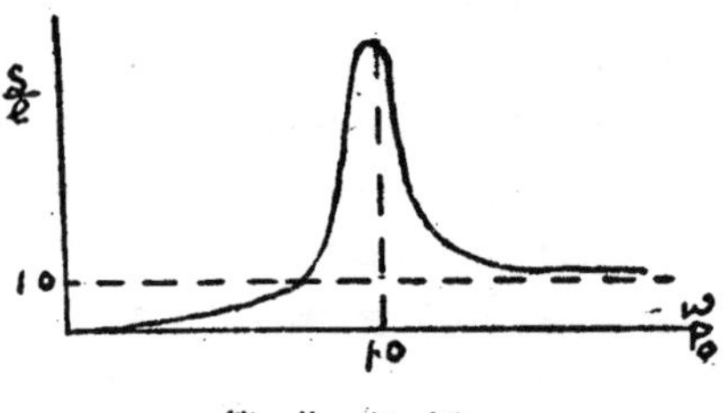

第 廿 七 圖

同時當軸迴轉之際，軸承所受之壓力卽爲軸彈性力之反應，故其値爲

$$Sa_1=ea_1\frac{\frac{w}{p_0}\sqrt{\left(\frac{w}{p_0}\right)^2+4k^2}}{\sqrt{\left(1-\frac{w^2}{p_0{}^2}\right)^2+4k^2\frac{w^2}{p_0{}^2}}}\cdots\cdots(10—19)$$

若 k 為一微值，則軸承之壓力為 $ea_1\frac{\left(\frac{w}{p_0}\right)^2}{1-\left(\frac{w}{p_0}\right)^2}$ $\cdots\cdots(10—20)$

該力因軸之迴轉亦發生旋轉，故軸承之任何點，均感受此力。

（十一）結論：由以上各段分析，可知軸之迴轉問題，實與振盪問題相彷，因有無外力干涉之關係，而有自然迴轉與强制迴轉之別。同時因迴轉時軸彎曲之情形不同，而有第一種及第二種迴轉之別。在第一種迴轉中，轉子中心有旁偏而轉子無過度之傾斜，在第二種迴轉中，轉子中心無旁偏而軸之迴轉，全為因轉子之傾斜而生之迴旋作用。此兩種迴轉，實可與第一第二兩種軸之橫振盪（First and second modes of lateral vibration）相比擬，緣軸之偏度曲綫（Deflection Curve）之約略形式，在迴轉時與在橫振盪時實相若也。因此可推知軸必尚有第三第四……等種迴轉，然在實際情形中不獲顯著，故無實際上之重要性。

軸之迴轉速度，可與軸之橫振盪數相比擬。當軸於自然迴轉時其迴轉速度，有別於軸之旋轉速度在第一種迴轉中，兩者全不發生任何關係，因迴轉速度，即等於軸之第一種橫振盪數也。在第二種迴轉中，迴轉速度雖與旋轉速度有關，然亦不相等，且惰率之關係甚大。從此種迴轉速度，尚可導出輕軸而有轉子者之第二種橫振盪數，為研討軸之迴轉之副收獲。同時因第二種迴轉速度之有二值，且為一正一負之故，軸之迴轉過程中，遂發生轉圈作用。若合併第一第二兩種迴轉，則軸上一點之規跡因情形不同而成各種不同而又複雜之曲綫，此種曲綫，因迴轉甚速，且偏度甚微，故在實際情形中所不易察覺者。

當軸於强制迴轉之時，其迴轉速度，即等於軸之旋轉速度，並猶軸於强制振盪之時，其振盪數當等於干擾之振盪數也。至於軸之危速，除第一種迴轉時約等於軸之自然橫振盪數（其真正危速，以止盪關係，較自然橫振盪數為小）外，其第二種迴轉之危速有二，一為長柱形轉子所獨有，一為任何式轉子所共有。此則於設計高速度機械時，不可不予以嚴密之注意者。至迴轉時軸承所受之力，則又為設計軸承時所不可忽視者。

（十二）附錄：

附錄一：軸之彈性力及彈性力矩之計算：當軸於 C 點受力 P 及力距 M 時，則 C 點即發生偏度（Deflction）y 及斜度（Slope）ϕ，該項偏度及斜度，可用彈性能方法計算之如下：

第廿八圖

軸之彈性與為

$$V=\frac{1}{2EI}\left[\int_0^a\left(\frac{Pbx}{l}-\frac{Mx}{l}\right)^2dx+\int_0^b\left(\frac{Pax_1}{l}+\frac{Mx_1}{l}\right)^2dx_1\right]\cdots\cdots(12—1)$$

故 $$y=\frac{\delta V}{\delta P}=\frac{1}{EI}\left[\int_0^a\left(\frac{Pbx}{l}-\frac{Mx}{l}\right)\frac{bx}{l}dx+\int_0^b\left(\frac{Pa}{l}x_1+\frac{Mx_1}{l}\right)\frac{ax_1}{l}dx_1\right]=\frac{ab}{3EIl}\left[Pab+M(b-a)\right](12—2)$$

$$\phi=\frac{\delta V}{\delta p}=\frac{1}{EI}\left[\int_0^a-\left(\frac{Pbx}{l}-\frac{Mx}{l}\right)\frac{x}{l}dx+\int_0^b\left(\frac{Pa}{l}x_1+\frac{Mx_1}{l}\right)\frac{x_1}{l}dx_1\right]$$

$$=\frac{1}{3EIl}\left[Pab(b-a)+M(a^2-ab+b^2)\right]\cdots\cdots(12\text{—}3)$$

將P及M解出，得

$$P=3lEI\left[\frac{a^2-ab+b^2}{a^3b^3}y+\frac{a-b}{a^2b^2}\phi\right]=a_1y+a_2\phi\cdots\cdots(12\text{—}4)$$

$$M=3lEI\left[\frac{b-a}{a^2b^2}y-\frac{1}{ab}\phi\right]=b_1y-b_2\phi\cdots\cdots(12\text{—}5)$$

P及M之負值，卽等於軸之彈性力及彈性力距。

附錄二：旋轉器之運動方程式，令$\vec{\lambda}$等於旋轉動量之矢量，$\vec{\Omega}$等於三座標軸之旋轉速度之矢量，$\vec{M}$等於外力所生力距之矢量，則旋轉器之運動方程式爲

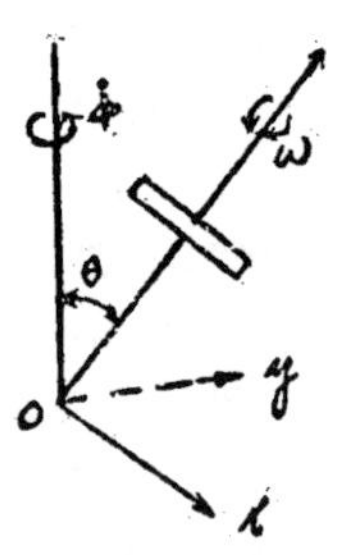

第廿九圖

$$\frac{d\vec{\lambda}}{dt}+\vec{\Omega}\times\vec{\lambda}=\vec{M}\cdots\cdots(12\text{—}6)$$

令　$\Omega_x=-\dot{\phi}\sin\theta,\quad \Omega_y=\dot{\theta},\quad \Omega_z=\dot{\phi}\cos\theta.$

$\lambda_x=-I_x\dot{\phi}\sin\theta,\quad \lambda_y=I_y\dot{\theta},\quad \lambda_z=I_zw\qquad I_x=I_y$

代入(12—6)卽得。

$$I_x\ddot{\phi}\sin\theta+2I_x\dot{\phi}\dot{\theta}\cos\theta-I_zw\dot{\theta}=0\cdots\cdots(12\text{—}7)$$

$$I_x\ddot{\theta}-I_x\dot{\phi}^2\sin\theta\cos\theta+I_zw\dot{\phi}\sin\theta=M_y\cdots\cdots(12\text{—}8)$$

$$I_z\dot{w}=0\cdots\cdots(12\text{—}9)$$

以上三式卽爲代表旋轉器運動之微分方程式。

附錄三：軸之彈性常數(Spring constant)之計算：如圖卅(a)所示，其彈性常數爲 $k_0=\frac{F}{\delta}=\frac{48EI}{l^3}$

如圖卅(b)所示，以CB'段視爲一Cantilever，則

$$\delta=\frac{P\left(\frac{l}{2}\right)^3}{3EI}$$

或 $\delta=\frac{Pl^3}{24EI}$，故$P=\frac{F}{2}$在C點之彈性力距爲$Pl=\frac{F}{2}l$，

故彈性常數爲$k=\frac{M}{\theta}=\frac{\frac{F}{2}l}{\delta/l/2}=\frac{Fl^2}{4\delta}=k_0\left(\frac{l}{2}\right)^2$

如圖卅(c)所示，如長柱形轉子爲一剛體，則

$\delta=\frac{Pb^3}{3EI}=\frac{Fl^3}{48EI}$，故 $P=16F\left(\frac{l}{b}\right)^3$ 轉子所受之彈性力矩遂爲 $Pl=16F\left(\frac{l}{b}\right)^3l$。則彈性常數爲

$$k=\frac{M}{\theta}=\frac{16F\left(\frac{l}{b}\right)^3l}{\frac{\theta}{\frac{l}{2}}}=8k_0\frac{l^3}{b^3}$$

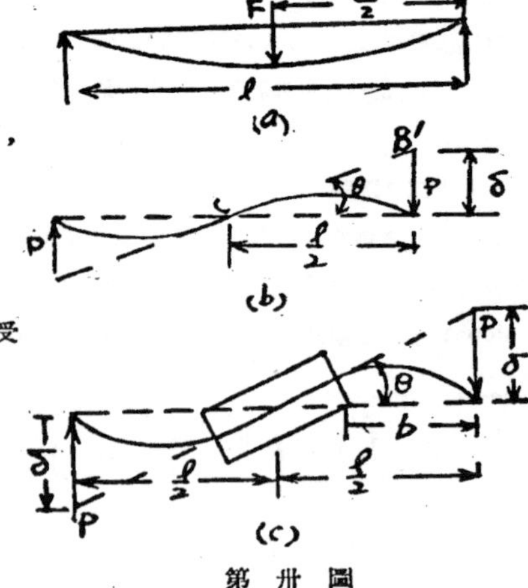

第卅圖

船殼板之撓曲與應力之近似解法

趙 國 華

構成船殼之板。其四周或係鉚接或係銲接，可視為固定者。板面所受之水壓，可視為均變載荷(Uniformly Varying Load)如第一圖所示。此種板之撓曲本應由撓曲面之微分方程式:

$$\frac{\delta^4 w}{\delta x^4}+2\frac{\delta^4 w}{\delta x^2\,\delta y^2}+\frac{\delta^4 w}{\delta y^4}=\frac{q}{D}$$

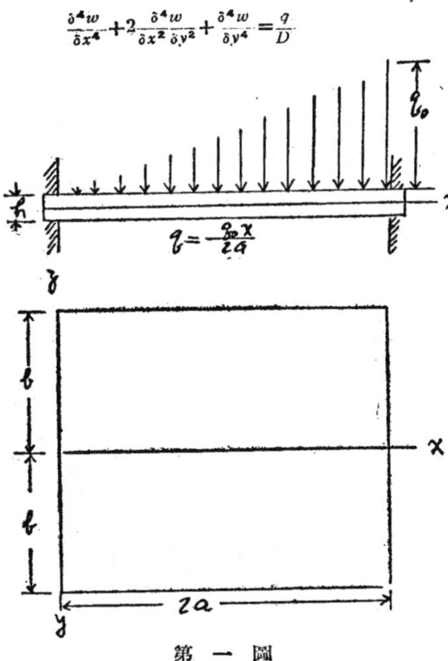

第 一 圖

解得，再由此求應力。此項計算太繁，應用不便。今用能量方法以求近似解，結果頗精確可用。

茲先論直樑之撓曲，由此推演板之解法。設上圖所示者為一直樑，其兩端固定，樑上有均變載荷作用。則此樑之撓曲得以次式示之:

$$W=k\,(x^5-12a^2x^3+16a^3x^2)$$

其$k=\frac{q_0}{240EIa}$。當$x=0$，及$x=2a$，其$w=\frac{dw}{dx}=0$

故樑端撓度及斜度為零之周界條件得以滿足。

今設上圖所示者為一板，其左右兩端固定，其他兩端暫設自由者。則此板將彎曲成柱形、(Cylindricol Surface)，其撓曲亦可用

$$W=k(x^5-12a^2x^3+16a^3x^2)$$

示之。惟式中$k=\frac{q_0}{240\,Da}$，其$D=\frac{EI}{1-\mu^2}=\frac{Eh^3}{12\,(1-\mu^2)}$為板之彎曲剛性(Flexural Rigidity of Plate)，相當於樑之EI。

若板之四周均係固定，則四周之撓度及斜度均為零值。故上式所示之撓度必須修正，俾前後兩周亦得滿足其周界條件也。此修正因數今用$(y^2-b^2)^2$，故得撓曲之式為:

$$W=k(x^5-12a^2x^3+16a^3x^2)(y^2-b^2)^2$$

如此則所有周界條件及對稱條件

$$W_{x=0}=W_{x=2a}=W_{y=\pm b}=0$$

$$\left(\frac{\delta w}{\delta x}\right)_{x=0}=\left(\frac{\delta w}{\delta x}\right)_{x=2a}=\left(\frac{\delta w}{\delta y}\right)_{y=\pm b}=0$$

$$\left(\frac{\delta w}{\delta y}\right)_{y=0}=0.$$

均能滿足也。式中k值容後用能量方法求之。

板之變形能得以次式示之:

$$V=\frac{D}{2}\int_0^{2a}\int_{-b}^{b}\left[\left(\frac{\delta^2 w}{\delta x^2}+\frac{\delta^2 w}{\delta y^2}\right)^2-2(1-\mu)\left\{\frac{\delta^2 w}{\delta x^2}\cdot\frac{\delta^2 w}{\delta y^2}-\left(\frac{\delta^2 w}{\delta x\delta y}\right)^2\right\}\right]dxdy.$$

今以W代入之，得 (取 $\mu=0.3$)

$$V=Dk^2a^7b^5[267.6b^4+261.02a^4+198.66a^2b^2]$$

再以 $D=\frac{Eh^3}{12(1-\mu^2)}$代入之得:

$$V=Eh^3k^2a^7b^5[24.51b^4+23.93a^4+18.19a^2b^2]$$

此項能量自外力之作功，板上載荷q於板撓曲之際所作之功為:

$$W=\frac{1}{2}\int_0^{2a}\int_{-b}^{b}(qdxdy)w=\frac{1}{2}\int_0^{2a}\int_{-b}^{b}\left(w\frac{q_0x}{2a}\right)dxdy.$$

今以 w 代入之，得：

$$W=1.46qka^6b^5.$$

變形能與功其量相等，今等置之，得：

$$Eh^3k^2a^7b^5[24.51b^4+23.93a^4+18.19a^2b^2]=1.46qka^6b^5,$$

由此求得

$$k=\frac{q_0}{Eh^3a[16.79b^4+16.39a^4+12.46a^2b^2]}.$$

故板之撓曲之式爲

$$W=\frac{q_0(x^5-12a^2x^3+16a^3x^2)(y^2-b^2)^2}{Eh^3a[16.79b^4+16.39a^4+12.46a^2b^2]}$$

板中央處之撓曲爲：

$$W_{\substack{x=a\\y=0}}=\frac{q_0a^4b^4}{Eh^3\,3.36b^4+3.26b^4+2.49a^2b^2}.$$

若爲方板，則其中央處之撓曲爲：

$$W_{\substack{x=a\\y=0}}=0.00685\frac{q_0(2a)^4}{Eh^3}.$$

其 $2a$ 爲方板之邊長。

板之最大撓曲在 $x=1.05a$，$y=0$ 處，與中央甚近。最大撓曲亦與中央處撓曲相差無幾，約大1%耳。

板之左右兩端沿 x 方向之彎曲力矩爲

$$(Mx)_{x=0}=-D\left(\frac{\partial^2w}{\partial x^2}+\mu\frac{\partial^2w}{\partial y^2}\right)_{x=0}$$

$$=-D\left(\frac{\partial^2w}{\partial x^2}\right)_{x=0}=-32Dka^3(y^2-b^2)^2,$$

$$(Mx)_{x=2a}=-D\left(\frac{\partial^2w}{\partial x^2}+\mu\frac{\partial^2w}{\partial y^2}\right)_{x=2a}$$

$$=-D\left(\frac{\partial^2w}{\partial x^2}\right)_{x=2a}=+48Dka^3(y^2-b^2)^2.$$

故左右各端力矩之值成2與3之比。最大彎曲力矩當在重端（即右端）之中點。即

$$(Mx)_{max}=48Dka^3b^4.$$

以 D 與 k 之數值代入，即得最大彎曲力矩之值。重端中點之應力當最大，即

$$(Sx)_{max}=\frac{6(Mx)_{max}}{h^2}.$$

上述近似解法之精度，因無正確解法可資比較而無從知之。但可如下述間接求之。

設以次列兩種情形重疊之：

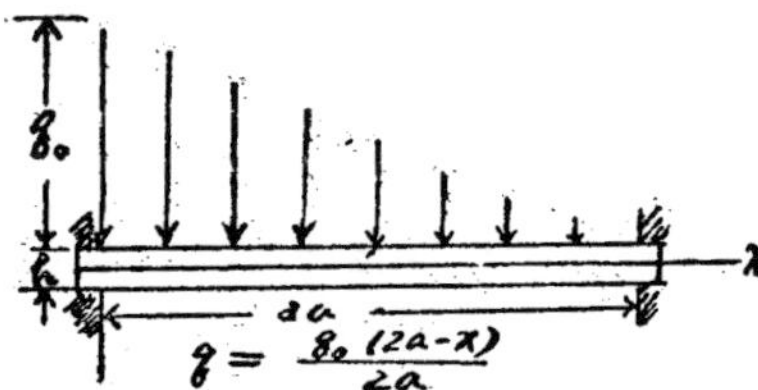

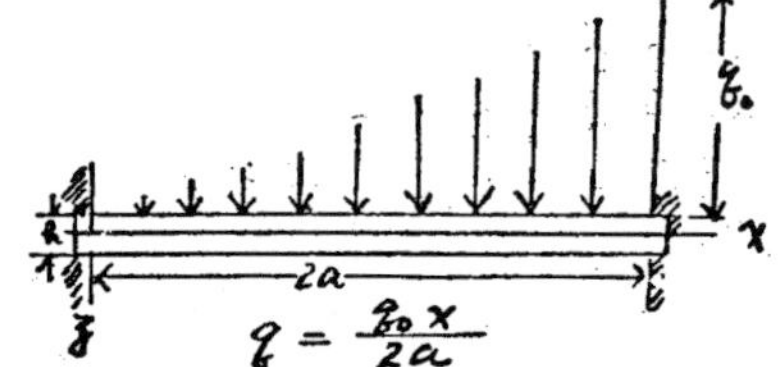

第二圖

則得均佈載荷之情形，如第三圖所示。

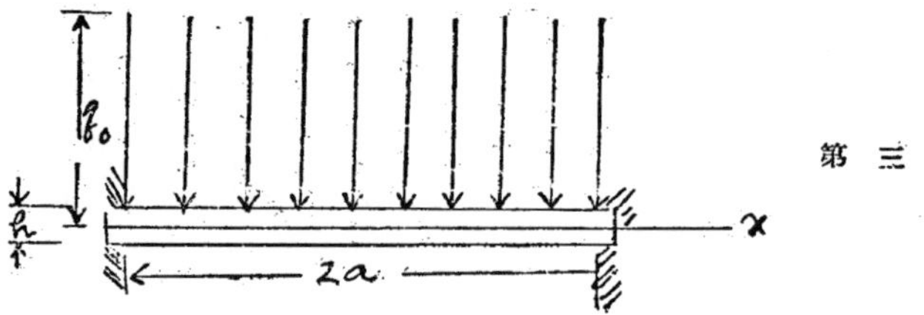

第三圖

因第二圖所示各板中央處之撓曲應相同，就方板而言各為 $0.00655\frac{q_0(2a)^4}{Eh^3}$。故得均佈載荷情形時中央撓曲應為 $0.0137\frac{q_0(2a)^4}{Eh^3}$。關於均佈載荷情形之正確解法業已求得（可閱 (Timoshenko: Theory of plotes and shells 第228頁之表，表中 a 與 b 指板之邊長，此處則為 $2a$ 與 $2b$，是須注意。）方板中央之撓曲為 $0.0138\frac{q_0(2a)^4}{Eh^3}$。故對於此種尺寸比例，近似解法之誤差約 0.7%耳。對於其他尺寸比例之結束，列如下表。

第　一　表

板周固定受有均佈載荷之矩形板中央處之撓曲

b/a	正　確　值	近　似　值
1.0	$0.0138q_0(2a)^4/Eh^3$	$0.0137q_0(2a)^4/Eh^3$
1.1	$0.0164q_0(2a)^4/Eh^3$	$0.0166q_0(2a)^4/Eh^3$
1.2	$0.0188q_0(2a)^4/Eh^3$	$0.0187q_0(2a)^4/Eh^3$
1.3	$0.0209q_0(2a)^4/Eh^3$	$0.0209q_0(2a)^4/Eh^3$
1.4	$0.0226q_0(2a)^4/Eh^3$	$0.0228q_0(2a)^4/Eh^3$
1.5	$0.0240q_0(2a)^4/Eh^3$	$0.0244q_0(2a)^4/Eh^3$
1.6	$0.0251q_0(2a)^4/Eh^3$	$0.0258q_0(2a)^4/Eh^3$
1.7	$0.0260q_0(2a)^4/Eh^3$	$0.0271q_0(2a)^4/Eh^3$
1.8	$0.0267q_0(2a)^4/Eh^3$	$0.0289q_0(2a)^4/Eh^3$
1.9	$0.0272q_0(2a)^4/Eh^3$	$0.0290q_0(2a)^4/Eh^3$
2.0	$0.0277q_0(2a)^4/Eh^3$	$0.0298q_0(2a)^4/Eh^3$

由上表可知當 $b/a=1.0\sim1.2$ 時，其誤差雖在不安定一側（On the side of unsafety），然至多0.7%而已。當 $b/a=1.4\sim2.0$ 時其誤差在安定一側(On the side of safety)，則雖有誤差，無礙安定。上表雖係比較均佈載荷情形，實亦間接比較均變載荷情形者也。

仿前述重叠之法，求均佈載荷情形中板之左右各端中點之彎曲力矩，並與正確解法比較之，則得下表：

第二表　板周固定受有均佈載荷之矩形板之左右各端中點之彎曲力矩

b/a	正　確　值	近　似　值
1.0	$0.0513q_0(2a)^2$	0.0[illegible]02$q_0(2a)^2$
1.1	$0.0581q_0(2a)^2$	$0.0479q_0(2a)^2$
1.2	$0.0639q_0(2a)^2$	$0.0550q_0(2a)^2$
1.3	$0.0687q_0(2a)^2$	$0.0613q_0(2a)^2$
1.4	$0.0726q_0(2a)^2$	$0.0670q_0(2a)^2$
1.5	$0.0757q_0(2a)^2$	$0.0720q_0(2a)^2$
1.6	0.0[illegible]80$q_0(2a)^2$	$0.0763q_0(2a)^2$
1.7	$0.0799q_0(2a)^2$	$0.0800q_0(2a)^2$
1.8	$0.0812q_0(2a)^2$	$0.0829q_0(2a)^2$
1.9	$0.0822q_0(2a)^2$	$0.0853q_0(2a)^2$
2.0	$0.0829q_0(2a)^2$	$0.0878q_0(2a)^2$

由上表可知彎曲力矩之近似值誤差頗大，且多在不安全一側。故為精確與安定計，彎曲力矩實不能由撓曲之近似式求之也。今由均佈載荷情形之正確結果，推求均變載荷情形中之彎曲力矩。第二圖所示兩均變載荷情形中其輕重各端彎曲力矩之比為2對3。即此種情形重端中點之彎曲力矩為第三圖所示均佈載荷情形中左右各端力矩之 $^3/_5$。故均變載荷情形中重端中點之彎曲力矩，亦即最大力矩可由上表導得。最大彎曲應力亦可算出。所得結果如下表所示：

第三表　板周固定受有均變載荷之矩形板中最大力矩及最大應力

b/a	最大彎曲力矩	最大彎曲應力
1.0	$0.0307q_0(2a)^2$	$0.1842q_0(2a)^2/h^2$
1.1	$0.0348q_0(2a)^2$	$0.2088q_0(2a)^2/h^2$
1.2	$0.0382q_0(2a)^2$	$0.2292q_0(2a)^2/h^2$
1.3	$0.0412q_0(2a)^2$	$0.2472q_0(2a)^2/h^2$
1.4	$0.0436q_0(2a)^2$	$0.2616q_0(2a)^2/h^2$
1.5	$0.0453q_0(2a)^2$	$0.2718q_0(2a)^2/h^2$
1.6	$0.0468q_0(2a)^2$	$0.2808q_0(2a)^2/h^2$
1.7	$0.0478q_0(2a)^2$	$0.2888q_0(2a)^3/h^2$
1.8	$0.0487q_0(2a)^2$	$0.2922q_0(2a)^2/h^2$
1.9	0.049[illegible]$q_0(2a)^2$	0.29[illegible]8$q_0(2a)^2/h^2$
2.0	$0.0496q_0(2a)^2$	$0.2976q_0(2a)^2/h^2$

船用重型柴油機生鐵曲柄軸鑄造之研究

蕭 才 勵

船用重型柴油機之曲柄軸過去多以馬丁鋼用 Block forging 之方法鍛造。每製一根所費工料至巨。由開始鍛造至車製完成約竟需時四月到六月之久，而其成品之重量則僅不過原鋼錠者之$^1/_3$，餘者皆於製造過程中消耗去矣，不復再能利用，以工程學之原則言之，實為一種浪費。為減免此種浪費之損失，近年來遂有生鐵曲柄軸之製造。

生鐵質之曲柄軸並非一新奇事物；若干年前業早為汽車工業所採用。然船用重型軸之試以生鐵製造乃係近十年來之發展。戰爭期間工料之缺乏，益促成此項研究之進步，生鐵曲柄軸之主要優點約可具列如下。

(1) 鑄造品可以具有較繁複之形狀，設計時可少受限制。

(2) 大量鑄造遠較鍛造為迅速，故能節省時間。

(3) 生鐵之 Endurance limit 不若鍛鋼之易受形狀及表面光滑度影響故所鑄之軸可以車製較為粗糙，因以節省工時。

(4) 生鐵之 Damping capicity 較大，軸之 Torsional vibration 因以減小。

(5) 生鐵較鋼錠價廉。

基於以上諸原因，生鐵曲柄軸之製造成本約僅為鍛鋼者之半數。

鑄造生鐵質之曲柄軸所須克服技術上之困難甚多，主要者則為鑄出之生鐵，必須適合設計之需要，尤以生鐵之 Carrying strength 必須設法提高，模型設計及澆鑄技術亦須改進。所鑄之軸其各部分之物理性質必須劃一，決無任何鑄造上之缺陷。一九四五年至一九四六年秋，作者得美國 The Cooper Bessemer Corp. 之合作，曾參加該公司 Grove city plant 鑄造船用重型柴油機曲柄軸之試驗，試驗着重之點即在上述諸項困難之克服，所循之途徑係為：

(1) 大量摻用鋼料，以減低鐵中之炭分。

(2) 使用 $CaSi_2$ 為 Innoculant. 以改善生鐵中之Graphite structure。

(3) 加入適量之 Ni. Mo. 並控制鑄件之冷却速度或採用適當之熱處理，以使鐵中之 Ferrous background 成為純粹之Accicular structure。

(4) 改進模型設計並選擇最適宜之鑄造方法以減免一切鑄造上之缺陷。

茲分別敘論如下：

生鐵之物理性質如何，完全決定於其內部之結構，倘欲增强其物理性質性一須行之事，即係對其內部結構之控制，實際言之，生鐵者乃鋼類之具有 Graphite 者也。故其內部結構亦可分為二項：

(1) Graphite 之結構

生鐵中 Graphite 之形成係當鐵液自高溫冷卻凝固時分析而出，當其 a. 數量最少，b, size 最小，c.分佈情況佳良時，生鐵可具有最高强度，影響於 a. b. 兩項之因素，依其重要次序，有如下列：

㈠鑄件冷却之速度，㈡所含炭分之多寡，㈢其他影響 Graphitigation之因素，故控制之有效方法應爲㈠不使鑄件之斷面過厚，㈡儘量減低鐵中之含炭量，㈢加入有防阻 Graphitigation作用之金屬，惟宜注意者卽當 Graphite size減低至一定限度時其分佈之情形亦有改變，American Foundrzmen's Ascociation及 American Society of Testing Materials 曾將 Graphite 在灰口生鐵中之分佈歸納爲 A. B. C. D. E 五型，其中 D. E 兩型係 Interdendritic segragation (random 及 preferred Orientation) 亦卽 Grainboundary type之分佈是也。生鐵之具有此型 Graphite 者其物理性質甚低，故宜特別避免，高强度生鐵所含之 Graphite 則爲 A 型之 Uniform distribution, random orientation Grain boundary type 之 graphit 係由eutectic 中所析出，形成之時間在 eutectic temp. 以下，A 型之 Graphite 則形成於 eutectic temperatire 時，生鐵之 graphilization 亦一若空氣中水汽之凝結，當其具有凝結之核心時最易發生，故欲控制生鐵中 graphite 之分佈，可於鐵液開始凝結前投入一種物質，爲其 graphitization 之核心，則能獲得良好之 A 型分佈。此種方法名爲"Innoculation" 其控制生鐵中 graphite 分佈之功效，近年來已爲世所公認，目前若干種專利製造之高强度生鐵鑄件，其鑄造之秘訣卽在使用各種有效之 Innoculants 以改善生鐵 Graphite 之結構。Innoculants 之種類甚多，然其中大多含有 Si 之成分，蓋 Si 爲 Graplutization 之强烈激勵劑也。

(2) Matrid 之結構

生鐵之 Ferrous background 與鋼質者完全相同，主要構成分子爲 Ferrite, pearlite 及 Cementite，生鐵之含有 Ferrite 者其質過軟，强度特低，含有 Cementile 者爲白口鐵或蔴口鐵，車製爲難，故皆爲吾人所不取，高强度而可車製之生鐵，須爲純粹之 Fearlitic Casting。設使生鐵所含之 Carbon equivalent ($C.E.=C+{}^1/_3\overline{S+P}$) 與其冷却速度配合得宜，則鑄件之Fixed Carbon成分可介於0.7%至0.9%間，純粹之 Pearlitic structure 卽可獲致。

生鐵自高溫冷却時，先有 Austenite 逐漸析出，待至一定溫度時則又由 Austenite 轉變爲 Pearlite。如冷却之速度愈快，則轉變之溫度愈低，所獲得之 Pearlite亦愈細緻，鑄件之强度遂亦愈高。當冷却之速度極快，例如赤熱之鐵浸入冷水池中之使其驟冷時，則所得者爲堅硬强固之 Martensite，無法以普通方法車製之，如再使冷却加速，卽無轉變之發生，其結構仍爲强度甚低之 Austenite。上述之轉變過程若以生鐵之冷曲線與"S Curve"相並表明之，則甚清晰。圖(一)中直坐標所表者係生鐵之溫度，横坐標所表者係冷卻之時間，設鑄件之冷却如 A線所示，則於 a_1 點時其中 Austenite 開始轉變爲 Pearlite，至 a_2 點時轉變完成，如冷却速度增加似 B 線所示則於 b_1 點開始轉變，b_2 點轉變完成，倘速度再增加如C線所示，則轉變發生於 c_1，c_2 之間，依 B 線所得者爲細緻之 Pearlite 依 C 線所得者乃爲 Martensite，1941 年美國 R. A. Flinn。D. J. Reese 兩氏發表其試驗之結果，謂生鐵中 Austenite 之轉變如發生於900°F 至

500°F 之間，則所獲得者爲一種新的 Accicu'ar Structise 其 Tensile streng 可達90,000 #/in² 以上，硬度約在 B. H. N. 280 400 之間，不難車製，實爲已知之生鐵最佳結構，宜於鑄造高强度之鑄件惟普通生鐵之冷却速度，實無法控制之，以使其轉變發生於上述溫度之間，Flinn 及Reese 氏之方法乃係於低炭鐵中加入適量之Ni 及 Mo而使生鐵之 S-curve 向右移動至適當距離故生鐵之冷却速度雖未改變，亦可使其 Ausstenite 之轉變發生於900°F 至 500°F 之間而可獲致此種新的結構。

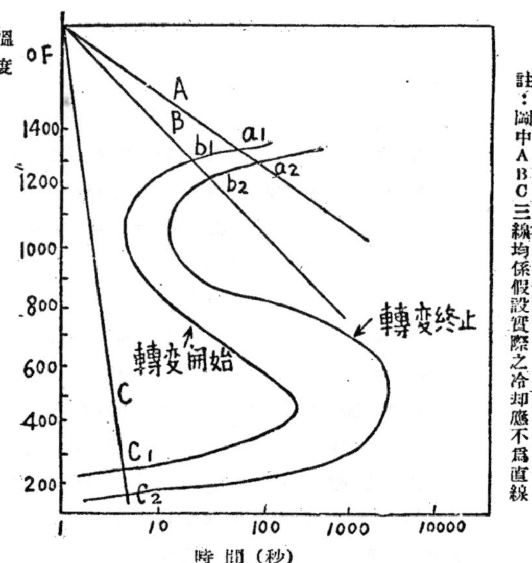

圖(一) 生鐵之 Austenite Transformation

註：圖中ABC三線均係假設實際之冷却應不爲直線

表（一） 生鐵結構之比較

結構	B. H. N.	T. S. #/in²
Austenite	150 –250	35,000 – 50,000*
Pearlite	250 300	50,000 – 70,000*
Accicular Structure	280 —400	90,000 105,000*
Martensite	500	——

* 註：生鐵强度受 Graphite 之影響減低，實際不達此數。

爲控制鑄件之內部結構作者等所鑄者爲一種專利之生鐵名爲 Mechanite metal，其鑄造特殊之處係於鐵液注入模中以前，以機械之方法加入 Ca Sir 之粉末，因其 Innoculating 之作用乃可使鑄件之 Graphite 成爲A型之分佈熔煉前配合材料時，爲減低鐵中之炭分會摻用 80%至 90%之鋼軌材料，其中 Mn, Si, 成分之不足。則用高錳高矽之 Spiegel eisen 及 Silvery pig 加以平衡。配合時鐵中 Carbon equivalent 之數量使略低於所需要者，俟 Ca Si_2 加入後，因其激勵作用，件中 Fixed Carbon 之含量在 0.8% 左右不致有 Free Cementile 或 Free ferrite 之產生，澆鑄之前並以 Chill test 測探其 Graphitization 是否得宜，因可約略預知其結構情形。作者等用此方法鑄出之軸及其他鑄件均具有A型 Graphite 之分佈。

試驗時最重要且有興趣之研究乃係如何以普通之 Cupola 熔得具有 Accicular strurcture 之生鐵，

一若 Flinn 及 Reese 氏於電爐中所熔得者，電爐所熔之鐵，因熔化時易於控制，含炭量可以甚低，Flinn 及 Reese 氏所鑄者約僅含炭2.5%左右，但以普通 Cupola 熔煉之，雖有最佳技巧亦殊難使其含炭量低於2.8%以下，含炭量之多寡對於生鐵 Austenite 轉變之溫度頗有影響，但吾人相信含炭較高之 Cupola 生鐵加入適當之Ni及Mo後若經過適當之熱處理亦可具有此種 Accicular structure。

實際上吾人之目的係在提高軸之物理性質期能使其 Tensile strength 及 Carrying strength 分別達到70,000#/in²及20,000以上以符設計上之需要，試驗時着重之點亦即在此。作者等所鑄之軸，直徑自$7\frac{1}{4}''$至 9"不等，軸承等處鑄爲空心管狀厚度約爲2"（2"爲最適宜之厚度詳見下文）試驗中所採取之熱處理方法共計有四：

（一）鑄件澆出冷却後，取出置爐中漸熱至1600°F 二小時後浸入油中驟冷之，再漸熱至1050°F，凡二小時，然後置空氣中冷却之。

（二）鑄件在沙模中冷却後，取出置爐中漸熱至1600°F二小時後置於900°F 之油池中冷却之，再取出置爐中使維持650°F凡十六小時，然後置空氣中冷却之。

（三）鑄軸於沙模中冷却後，取出置爐中漸熱至1600°F二小時後置於650°F 之油池中驟冷之，然後取出置爐中使維持650°F凡十六小時，復置空氣中冷却之。

（四）鑄件澆後，俟於沙模中冷却至 1600°F 即取出置空氣中冷却至室內溫度，然後置爐中測熱至1050°F，凡二小時，復逐測冷却之。

第一法即通常所謂 Harden and temper 之方法係用以增强鑄件之 Tensile strength 及其硬度者，此 1050°F 之 Tempering 溫度可予吾人以可車製之最高硬度。後三法則係欲用以獲致 Accicular structure 者，作者並無適當之 S curves 以供應用僅假設 Oil quenching 之速度足使轉變發生於油池之溫度。表（二）所示之一例可說明生鐵曲柄軸，經過上述各種不同之熱處理後，其物理性質所受之影響。

表（二） 熱處理對於鑄軸物理性質之影響

熱處理	Tensile Strength PSi	BHn	Izod ft-lb	Carrging Strength PSi	熱處理後T.S.增加之百分率	熱處理後C.S.增加之百分率	C.S.與T.S.之比率	Microstructure
無	50,500	217	18	17,500	——	——	0.35	細緻之 Pearlite
第一法	66,600	311	16	18,000	31.9	2.9	0.27	Sorbo-martensite
第二法	63,300	248	15	17,500	25.4	0	0.28	Accicular Structure +Pearlite
第三法	71,000	255	21	22,500	40.6	28.6	0.32	Accicular Structure 及少許Ferrite
第四法	66,000	218	18	21,000	30.8	20.0	0.32	Pearlite+accicular Structure

化學成分： T.C, 2.84; Si, 1.40; Mn, 0.67; P, 0.11; S, 0.059;
Ni, 1.68, Cr, 0.16; Mo, 0.46; Cu, 0.15%。

上述各法試驗之結果以第三法爲最佳，經過此種熱處理後生鐵之 Tensile strength, Carrying strength, 及 Impact resistance 均有顯著之增加，第四方法係於鑄件赤熱時啓箱除沙，工人每多苦之。

且此法易使所鑄之軸於除沙時受損，故不宜用，至於 Harden and temper 之法雖使鑄件之 Tensile strength 提高30%以上，但 Carrying strength 則不甚受其影響，Impact resistance 且竟因之降低，故更不宜用於生鐵曲柄軸之製造。

熱處理前生鐵之內部之構對於事後鑄件之物理性質有決定性之影響，故所加之 Ni 及 Mo 應適量能使原來之結構成爲極細緻之 Pearlite 或雜有部分之 Accicular structure 經過熱處理後始有較佳之結果，表（三）中所示之實驗結果可說明Ni 2%；Mo，1%；爲一適宜之成分，可予吾人以甚佳之結果。

表（三） 鑄軸之化學成分及物理性質

生鐵成分								物理性質				
T.C.	Si	Mn	P	S	Ni	Cr	Mo	熱處理	Tensile Strength, Psi.	BHN	Carrying Strength, Psi.	Micrastructure
2.83	1.62	1.09	.051	.079	1.89	.077	.97	第三法	70,100	262	23,000	90%acc, Structure + 10% Pearlite
2.85	1.32	1.19	.051	.065	1.99	.09	1.31	第三法	72,500	269	24,400	95%acc. Structure +5% Pearlite
2.75	1.65	1.13	.065	.092	2.10	.09	1.13	第三法	70,500	285	25,000	95%acc. Structure +5% Martensite

由此，吾人可獲得一項結論，卽具有適當成分之合金生鐵經過熱處理後內部結構可成爲 Accicular structure，其物理性質甚佳，尤以 Carrying strength 較一般生鐵者爲高，適於曲柄軸鑄造之用。

作者等所鑄之柴油機曲柄軸長度自 9 呎至16呎，軸徑自$7^1/_4$吋至9吋不等，爲減免鑄造上之困難，其軸承及曲柄柱等處皆鑄爲空心者以使鑄件之各處厚度平均，鑄造之先曾考慮下列三種鑄法：

（一）立澆立冷法——此法係使鑄軸直立澆鑄之，澆口開於鑄件之一旁，由鑄件之底至頂置數個小 Ingates 與澆口相連，澆鑄時鐵液卽可由此逐漸流入模型，直至昇滿爲止，鑄件之上端則置有一大型 Riser 當鑄件開始冷縮時，卽由其中補充鐵液，此法之弊病甚多：第一，軸之長度甚大，鐵水流入模型前須先自 9 呎至 16 呎之高處經澆口中墜下，衝及澆口之底，易激起該處之沙使之流入模內。第二，所開之 Ingates 斷面積不能過大俾免鐵液之渣滓易於流入，故澆鑄之速度亦不能過快，則鐵液自軸之下端昇上後，其上端之溫度必較下端爲低，而 Riser 則在軸之上端，殊不合Directional Cooling 之原則。第三，由於軸之長度甚大，模型下端所受鐵液壓力甚巨，故下端軸承之泥心極易有 Burnin 之現象，如此非但有損鑄件，除沙工作有大困難。第四，全軸各處之冷却速度不同，則其各部物理性質有異，基於以上數種原因，此種澆鑄冷却之方法不能適用。

（二）橫澆立冷法——此法較前法優越之處係能增加鐵液澆入之速度及減免冲沙之危險，澆口開於模型之一端，鐵液流入後卽橫向經過一與軸平行之 Runner，再由數個 Ingates 內流入模中，吾人可於 Runner 中之數處設置 Trips 及 Skimmers 以阻遏鐵液中之渣滓，因之 Ingates 之面積可較前法中所用者爲大，鐵液之流通亦因之增加矣。此法之缺點爲：(1)因澆鑄後，軸須豎立冷却之，故澆口須開於軸之一端高於 Riser 之處，俾免鐵液於軸立起時反向流出，因是鐵液澆入後，須經過此與軸等長之 Runner 始能流達軸之另一端，鐵液因而冷却。(2)直立冷却時，軸之下端所受鐵液壓力甚大，故泥心處有 Burn in 之危險，如用堅硬之泥心則除沙甚感困難。

（三）橫澆橫冷法——此法較立冷法爲優之處，在於其澆口可開於軸之中段附近，鐵液可以順利流入型內而無損失溫度之虞，且鐵液在模內各處所受壓力平均，溫度亦均相等，故能獲得健全完美之鑄件。

試驗之初，作者等卽期待此第三法能予吾人以取生之能未，蓋此法除自上述之優點外，倘有塑型上之便利，經過多次試驗後，證明此法所鑄之軸確能完美無缺，立澆立冷法澆鑄須時55秒者，橫澆橫冷法竟能減低至17秒鐘，澆鑄時間之久暫，對於鑄件之健全與否有顯著之影響，作者等曾試以大型之 Riser 加諸立冷之軸之頂端，但以軸之灣曲過多，實未能盡其 Feeding 之效用，自第二曲柄以下，遂有冷縮之現象，而軸之上下兩端物理性質之相異，亦予作者等以甚大困難，故試驗之結論約可具列如下：

（一）立澆立冷法或橫澆立冷法僅宜於鑄造灣曲較少之小型實心軸，若以之鑄造重型空心式之曲柄軸則不適宜。

（二）橫澆橫冷式之鑄法爲鑄造重型曲柄軸之最佳方法。鐵液流入模內最速，分配亦最均勻，模內各部分之壓力及冷却速度相同，故軸各處之物理性質亦均無異，惟欲獲得理想之結果須具備下列諸諸條件：

(A)爲求澆入時間之迅速不宜使用任何 Spen riser，故軸之各處斷面厚薄均宜相同，Webs 之厚度亦須與他處無大差異。

(B)軸承處之泥心直徑不得小於軸徑之50%，且泥心四週鐵液最厚處不得超過2吋，否則泥心處卽有 Penetration 之現象。

作者等認爲最適宜之澆鑄方法係使鐵液自兩只 3 吋直徑之澆口流入一 Catch basin 內，此 Basin 位於模型之中段，兩端皆有 Skimmed Cores，其隙孔面積僅等於澆口面積之60%以收防阻渣滓之效。鐵液復自此處流入兩端與鑄軸平行等長之 Main runner 內，由此 Runner 鐵液復經過若干 Gates 而流入一與之平行之 Inner runner 內其斷面積較 Main runner 爲小，由此每隔 6 吋卽有一 Gate 與模型相連，鐵液可經此平靜流入模內，鐵液流經之處其斷面積逐漸遞減壓力卽可因之而生，渣滓等物遂無從流入模內矣，試驗之結果甚爲完滿，所有鑄出之軸經查驗均無任何缺陷，各部物理性質亦至均勻。

作者等所用之鑄沙含黏土 18%，水分 6.5%，Green permeability 120，Green Comphression strength 14 lbs.，A. F. A. Grain fineness 36，沙模內凡與鐵液接觸之面皆塗以Graphite base blacking 40 Be。沙模係先於烘房內烘乾再冷至室內溫度拚箱前復塗以 Silica Wash 一度，泥心沙係以 Washed silica sand 加入 Linseed oil，約爲 80:1 之比例，所含水分約爲 7%，Green permeability 140 Dry permeability 255，Dry shear strength 120 lbs，Dry tensile strength 130 lbs，Dry transverse strengtg 32 ibs，A. F. A Grain lineness 48 泥心與鐵液接觸之處烘乾後塗 silica wash 兩度，拚箱之前使冷却至室內溫度。

造 船 名 詞

葉 在 馥

Abaft 後,向後

Aboard 船上

Abreast 并肩

Accommodation Ladder 水梯

Aft 船後部

After Body 船體後部圖

After Frames 船體後部脅骨

After Peak 後壓艙水艙

After Perpendicular船後直垂點

Air Port 氣洞

Aloft 甲板之上

Amidships 船中心

Anchor 錨

Anchor, Bower前錨,艏錨,主錨

Anchor Kedge 小錨

Anchor Sea 流錨（帆布製）

Anchor Stream 艉錨

Angle 角鐵

Angle Bar 角鐵

Angle Bulb 球尾角鐵

Angle Collar 角鐵環

Appendage 副屬體

Area of Sections 船體分段面積

Astern 向艉

Athwart 橫過

Athwart Ship 橫過船體

Auxiliaries 副機

Awning 天幕

Back Stay 後牽索

Balanced Rudder 均衡舵

Ballast 壓艙

Ballast Tanks 壓艙水艙

Ballast Water 壓艙水

Ballast Condition有壓艙的狀況

Barge 駁船

Battens 木條

Battens Cargo 貨艙內之護貨條子

Beam 橫樑

Beam Knee 樑耳

Beam Line 樑綫

Beam Transom 艉樑,最後橫樑

Bearer 承

Bearing 軸承

Bell Mouthed 喇叭口

Below 下

Bending Rolls 彎曲捲筒

Bending Slab 彎脅骨場鐵磚

Berth 牀位,

Between Decks 兩艛間

Bevel Closed 銳角

Bevel Open 鈍角

Bight 繩圈

Bilge 艉,船底轉角處,船底破損

Bilge Plates 船底轉角處鈑

Bilges 船艙內最低處

Bill Board 錨床

Bitter End 鏈鍊尾端

Bitts 纜樁

Bittemastic 瀝青油

Bleeder 洩閥

Blind Pulley 假轆轤

Block 塊,轆轤

Block Cheek 桅頂轆轤

Block Fiddle 葫蘆轆轤

Block Snatch 開口轆轤

Blower 送風機

Boarding 登船,上船

Bobstays 艏桿牽索或鍊

Body Plan 船體綫圖

Boiler 汽鍋

Boiler Casing 爐棚,火艙頂罩

Boiler Room 爐艙

Bollards 繫索柱

Bolster Plate 護索鈑

Bolt 螺釘

Bolting up 用螺釘裝上

Bonjean Curve 邦金氏曲綫,船體橫剖面積曲綫

Booby Hatch 活蓋小艙口

Boom 橫,吊杆

Boom Table 桅邊橫架

Boot Topping 水綫帶油漆

Bosom 角鐵內部

Bosom Bar裝在角鐵內部的角鐵

Bosom Plate 裝在角鐵內部的鈑

Boss 轂,軸轂

Boss Plate 軸轂鈑
Bottom 船底
Bottom Outer 外底
Bottom Inner 雙層底內鈑
Bottom Plate 船底鈑
Bow 艏
Bow Lines 船前段縱剖綫
Bow Sprit 艏臥桅
Brace牽條,曲柄鑽,橫桅杆收放索
Bracket 托架
Breadth Extreme 總寬
Breadth moulded 型寬(量至船殼鈑內綫)
Breadth Registered 登記寬(量至船殼外綫)
Break of Fore Castle or Poop
Break Water 止水堰
Breast Hook 尖端蹼
Bridge 駕駛台
Bridge House 駕駛室
Bridge Navigating or Flying
Broken Backed 艏艉下垂,龍骨已折
Brow 有滑輪跳板
Buckle 蹺,殘氣
Buckler 鍊孔蓋
Buckling 蹺
Building Slip 造船槽
Bulkhead 隔艙
Bulkhead After Peak 後水艙隔壁
Bulkhead Collision 前水艙隔壁
Bulkhead Joiner 木隔艙
Bulkbead Stiffener 隔艙壁支條
Bulkhead Swash 擋水隔艙壁(不水密)
Bulkhead Wire Mesh 鐵網隔艙壁
Bulldoger 電力,或水力扳撓機
Bulwark 露舷
Bulwark Stay 露舷撐柱
Bumped 敲成凹或凸形,凹頭
Bunk 臥鋪
Bunker 煤艙
Buoyancy 浮力
Buoyancy Reserve 備用浮力
Butt 平接頭
Buttock 艄型
Buttock Lines 船後段縱剖綫
Butt Strap 平接搭鈑
Cabin 船內房
Caisson 孵,塢閘,護箱
Calking, Caulking 捻縫,塡隙
Camber, Round of Beam 橫樑彎曲度
Cant 輻,射幅框
Cant Frame 射輻脊骨
Capstan 絞盤
Cargo 貨物
Cargo Boom 起貨桿
Cargo Hatch 貨艙口
Cargo Mat 貨蓆
Cargo Net
Cargo Port 舷門,貨艙門
Carlings 短縱樑
Casings 罩
Cavil 緊繩橫桁
Ceiling 艙內襯板
Ceiling Floor 艙底板
Ceiling Hold 艙內襯板
Centre Line
Centre of Buoyancy 浮力心
Centre of Floatation 浮面心
Centre of Gravity 重心
Centre of Lateral Resistance 縱面阻力心
Centre of Pressure 壓力心
Central Lateral Plane 中縱面
Chafing Plate 護鈑
Chain Locker 鍊艙
Chain Locker Pipe
Chain Plate 船殼上之繫鍊鈕 (a bar of plate secured to the hell for attach chains)
Chain Stopper 鍊掣
Chamfer 斜刨
Chart House 海圖室
Chine 船底交角綫
Chock 木墊,纜孔
Clamp 緊子
Cleats 繫繩杈
Clinometer 擺度指示器
Cup 收緊短角鐵
Close Butt 緊密對接頭
Club Foot or Bulbous Bow 球形艏柱

Coaming Bulkhead 隔壁之上下端鈑

Coaming Hatch 艙口圍鈑

Cofferdams 隔離空間

Collar 鐵箍

Collier 運煤或礦砂船

Compartment 船上分艙

Composite vessel 鐵骨木壳船

Cordage 繩索總稱

Counter 艉部（船壳）、

Counter Sink 擴孔成錐形穴

Counter Sink Rivet 埋頭鉚釘

Counter Sink Hole 錐穴

Coupling 聯軸節

Cradle 座，架

Cradie Boat 艇架

Cradle Launching 進水艢艄承

Cradle Marine Railway 曳船道承

Crane 起重機

Cribbing 船枕，造船時用

Cross Tree 桅橫杈

Crown 甲板弧頂

Crow's Nest 桅上瞭望巢

Crutch 桿座

Cutwater 艏柱分水處

Davib 艇吊杆

Dead Eye 繫繩孔 See blind pully

Dead Flat 同型部

Dead Light 圓窗鐵蓋

Dead Rise 船底斜（同型）度

Dead Weight 儎量

Dead Weight Cargo 儎貨量

Dead Wood 艄下部填塞木塊，或下部質心處

Deck 甲板鰈

Deck Bolt 甲板螺釘

Deck Bulkhead 法訂隔艙鰈

Deck Free Board 法訂乾舷鰈

Deck Heights 甲板高

Deck House 船面室

Deck Machinery 甲板上機械（指起重，起錨機等）

Deck Planks or Planking 甲板，艙面板

Deck Platering 艙面鈑

Deck Stringer 艙面緣鈑

Deep Tanks 壓儎水艙

Deep Water Line 深吃水

Depth Moulded 型深

Derrick 起重吊桿

Diagonal Line 搭角綫

Dished Plates 凹鈑

Displacement 排水量

Displacement Curve 排水量曲綫

Displacement Designed 設計排水量

Displacement Full Load 儎重排水量

Displacement Light 不儎排水量

Dock 船塢

Dock Yard 船廠

Dog 來子，扭，曲柄門打鐵夾子

Dog Shore 撑柱子

Dolly Bar 頂錘

Dolphin 水中集合樁

Donkey Engine 輔助機

Door Air Tight 氣密門

Door Frame 門框

Door Joiner 普通門

Door Water Tight 水密門

Door Weather Tight 風雨密門

Double Bottom 雙層底

Doubling Plate 雙層鈑

Dowel 綴隙釘，木塞

Droft, Draught 吃水

Droft Mark 吃水碼號

Drag 拖水，艄吃水多於艏吃水

Drift 撞孔使正

Drift Pin 撞孔釘

Dry Dock, Flooting 浮船塢

Dry Dock Graving 船塢

Dry Dock Railway 拉船台

Dunnage 包裝料

Dutchman 掩隙片

Edge Sight 船壳鈑外層綫

Elbow Ell 正角肘管

Electrode 電極，電焊絲

Engine Room 機艙

Entrance 入口，迎流端

Equilibrium Meutral 中和平衡，隨遇平衡

Equilibrium Rtable 穩定平衡

Equilibrium unstable 不穩定平衡

Erection 建立，安裝

Evaporator 蒸發器
Even Keel 均衡吃水
Expansion Joint 漲縮節
Expansion Tanks 漲縮水櫃
Expansion Trunk 預漲穽,備漲穽
Extre Strong 特强
Eye 孔
Eye Bolt 孔頭螺釘
Eyes 艏端尖之空間
Fabricate 合攏
Face Plate 蓋鈑,頂鈑,補助鈑
Fair Curves 平順綫條
Fair or Fair uq 調整,調順
Fair Leader 導索器
Fair Water 導流鈑
Fall 繩索,滑索
Fantail 扇式艄
Fast 繫船纜
Fathom 托,六英尺長曰托
Fender 護舷器
Fid 桅楔
Fidley 爐艙頂罩
Fidley Deck 爐艙頂罩甲板
Fidley Hatch 爐艙頂罩艙口
Fife Rail; Pin Rail 桅環繫索圈
Fillet 圓角
Fin 翅
Fixed Light 固定窗
Flag Staff 小旗杆
Flange 凸緣
Flare 外傾
Flat 平台

Floating Power 浮力
Floodable Length 可淹長度
Floor 地幅鈑
Flukes 錨掌
Fore 前段
Fore and Aft 由前至後,由艏至艄
Fore Castle 艦首
Fore Foot 艏柱下端
Forward Perpendicular 首直垂
Forword 向前
Foul 外殼滋生藻介類,滋生藻介
Found 裝置完妥
Founder 沉沒
Frame 肋骨,架,框
Frame Boss 轂骨框
Frame Lines, Mold Lines 型線
Frame Spaceing 肋骨距
Free Board 乾舷
Freeing Port 洩水穴
Furnaced Plate 經煆鈑
Furrings 襯條
Futtocks 構成木船肋骨之各段
Gaff 桅支桿
Gage Draft 吃水表
Galley 廚房
Gangboard, Gangplank 跳板
Gang Way 馬門
Gant Line or Girt Line 桅頂吊物繩
Gar Board 龍骨兩傍鈑
Gear 用具,齒輪,聯動器
Gib 榫,扁栓,長劈

Gim Bals 不擺座,羅盤避攏懸圈架
Girder 大樑
Girth 腰圍
Goose Neck 吊杆彎頭
Grab, Hand 扶手杆
Grapnel 四爪錨,撈物錨
Grating 格子踏脚板
Gripe 艏柱與龍骨交接處,小艇綁緊具
Grommet 繩圈,用於螺釘頭下
Ground Tackle 泊船具,包括錨,鍊繩索等在內
Ground Ways 滑道下層
Gud Geon 舵鈕
Gun Wole 舷緣
Gun Wole Bar 舷緣角鐵
Gusset Plate 角型鈑,增力鈑
Gutter Ledge 艙口蓋板之托條（角鐵）
Guys 牽條
Gypsy 捲重機兩端之小捲筒
Half Breadth Plan 船體寬度曲線
Half Model 半邊船型
Halyards 旗繩
Hamper, Top Hamper 艙面雜具不用時或將因之發危險及阻礙如撐桿,繩纜等件
Hard Patch 硬蓋
Harpings; Harpin 艏端舷緣連結材,或建造時用之連繫條子
Hatch, Hatchway 艙口
Hatch Bar 艙口蓋壓條

Hatch Batten 艙口帆布蓋壓條

Hatch Beam 活動艙口樑

Hatch Booby 小艙口

Hatch Carrier 活動艙口樑架

Hatch Cleots 艙口壓條承

Hatch Cover 艙口蓋

Hatch Rests 艙口蓋承

Hatchway Trunk 艙口圍穽

Hawse 船首尖端,錨鍊孔處

Hawse Bag 鍊孔塞（帆布製的）

Hawse Bolstes 鍊孔導,導鍊器

Hawse Holes 纜孔

Hawse Pipes 錨鍊管

Hawser 大索

Head of a Ship 前艙,水手艙,廁所

Heel 傾側,趾尖端

Heel Piece, Heel Bar 角鐵接片

Helm 舵角度

Hog Frame 縱樑架,防蹺樑

Hogging 船體兩端下垂

Hoist 舉重機

Hold 貨艙

Hold Beam 貨艙橫樑與普通樑無異但不裝甲板耳

Home 裝妥

Hood 蓋,罩

Horsing 用蔴絲捻縫

Housing 掩蔽在內,因地致宜加以遮蓋

Hull 船壳

Inboard 向中心,船內

Inboard Profile 船縱切面圖

Initial Stability 初級穩度

Inner Bottom 內層底

Inter Costal 間斷

Isherwood System 愛索勿式建造

Jack Ladder 繩梯

Jack rod 天遮繫棍

Jackstaff 前國旗杆

Jacob's Ladder 軟梯（活動）

Joggled 榫合

Joint, Butt 十頭接合對接節

Joint Lapped 覆叠接合

Journal 軸頸,樞

Jury 臨時

Jury mast 臨時桅

Jury Rudder 臨時舵

Keel 龍骨

Keel Bilge 艉龍翅,艉翅

Keel Block 底砧,底枕

Keel Docking 塢用龍筋

Keelson, Vertieal Ceuter 內龍骨

King Post 雙柱桅,吊杆柱

Knee 樑膝,樑臣

Knot 海里＝6080 英尺

Knuckle 轉向,肘形

Ladder 梯

Ladder Accommodation 大水梯,吊梯

Ladder Sea 水梯,扳踏水梯

Lagging 絕緣

Landing, Landingedge 縱搭接邊

Lanyard 繫繩

Lap 搭頭,疊接,餘面

Launching 進水

Laying Off 放樣（在放樣台上）

Laying Out 畫樣（有實物上）

Leading Edge 導邊

Length Between Perpendicular 兩柱間長度

Length Over All 總長

Lift a Template 製樣板

Lifting 測繪

Light Port 透光穴

Lightening Hole 減重孔

Lighter 駁船

Limber Chains 通水道去污鍊

Limber Hole 洩水穴,水道穴

Line 繩,索

Liner 塡隙片

Lines 船體曲線

List 傾側

Lood Line 載重線

Locker 儲物艙

Loftsman 放樣匠

Longitudinals 縱向,縱骨,龍筋

Louver 通風穴

Magazine 火藥庫

Main Body 主體

Main Deck 主甲板

Manger 鍊孔後隔水鈑,艦阻浪鈑

Manhole 人孔,進人孔

Manifold 歧管,分路箱

Margin Plank 邊緣板

Margin Plate 雙層底邊鈑

Marline Spike 縫纜匠用工具

Marine Railway 見前

Marlin 右絏油蔴繩

Mast 桅

Mast Collar 桅箍

Mast Hounds 桅上端

Mast Partners 桅座孔（上層）

Mast Step 桅座（下端）

Mast Table 桅盤

Mess Room 食堂，船員餐室

Midship Beam 中段樑

Midship Frame 中段肋骨

Midship Section 中段剖示圖，主框圖

Midships 正中，在正中

Mitred 成直角，成正角

Mock Up 假型，先用木製成的體某部然後正式建造

Mold 模，樣板

Molded Line 模線

Molded Edge 模邊

Mold Loft 放樣台

Mooring 碇泊

Mooring Line 碇泊索

Mooring Pipe 通索孔

Mortise 凹穴，以備安裝他件者

Motor Ship 燃油船，內機船

Mushroom Ventilator 傘形風斗

Nautical Mile 海里

Nibbing Plank 齒形緣板可便受甲板端及打拚

Niggeshead 捲起重機之輔助小捲筒

Norman Pin 將軍柱上之橫貫針

Nosing 梯級突出部

Oakum 油麻絲

Offsets 船體尺碼譜或表

Oiltight 油密

Old Man 扳鑽架

On Board 在船上

On Deck 在甲板上

Orlop Deck 底甲板

Out Board 船外

Out Board Profile 船外裝置圖

Over Board 離船

Overhaul 檢驗

Packing 填隙料

Pad Eye 環鈑

Painter 曳艇繩

Palm 掌或爪如錨爪

Panting 蕩漾，船艏艉在浪中上下也

Panting Beams 抗蕩樑

Panting Frame 抗蕩肋骨

Paravane 衛雷衛

Parcelling 包扎

Partners 座箍

Pawl 爪

Paying 塡

Peak, Fore and After 艏艉端

Peak Tank 尖子艙

Peen 鏨孔

Pelican Hook 鵜鶘鈎

Period of Roll 搖蕩週期

Periscope 氣測鏡（潛艇用）

Pillar 柱

Pilot House 領港室，駕駛台

Pin Belaying 繫繩針

Pintles 針

Pitch 距，螺距

Pitching 艏在水中上下

Pitting 銹入

Pivoting Pint 轉捩點

Plan 圖案，計畫

Planking 木板

Plat Form 平台

Plating Shell 船殼鈑

Plim-soll Mark 船舷保險標誌

Pontoon 方船

Poop 船後樓

Poppets 船下水所用之最前最後墊架

Port 左，洞

Port Air 氣通

Port Gangway 左馬門

Port Hole 洞

Proof Strain 經證明變形

Proof Strength 經證明強度

Propeller 推進器

Propeller Aperture 推進器穴

Propeller Arch 推進器拱

Propeller Guard 推進器護衛杆

Propeller Thrust 推力

Prow 船艏

Puddening, Pudding 鼎盤

Punch 鑿孔機

Punch, Prick 小鑿

Purchase 扛舉

Quarter 船上後段在吊環外之橫杆

Quarters 住室

Quoy 碼頭

Rabbet 凹隙

Racking 歪

Rodio Room 無線電報室

Raft Life 救生筏

Rail 上舷線,欄杆

Rake 斜

Range, Galley 竈

Rab Guard 防鼠器

Ratline 繩梯

Reaming 擴孔

Reduction Gear 減速器

Reeving 穿孔

Reverse Frame 反脊骨

Ribband 建造時用之木桁

Ribs 小艇脊骨

Ride 浮

Rider Plate 頂蓋板

Rigging 纜繩

Rise of Bottom See dead rise

Riser 扶梯企板

Rivet 鉚釘

Riveting 釘接合

Riveting, Chain 平行釘

Riveting, Staggred or Zig-Zag 錯綜釘

Revets, Line 鉚釘線

Rivets, Row of 鉚釘行數

Roll 滾搖,動

Rolling Chocks See bilge keel 止擺翅

Rope 繩

Rope Lay 繩之徧向,如向左,向右

Rope Ridge 天幕繫繩

Rope Worming 繩隙塡以瀝青

Rubbing Strip 防擦片

Rudder 舵

Rudder Balanced 平衡舵

Rudder Bands 舵箍

Rudder Chains 舵鍊

Rudder Frame 舵，

Rudder Pintles 舵針

Rudder Post 舵柱

Rudder Stock 舵桿,舵幹

Rudder Stops 止舵器

Rudder Trunk 舵柱筒

Rudder, Underhung 挂舵

Run 去流端

Running Rigging 航行用縺纜,臨時縺纜

Sagging 下陸,下曲

Sail Tracks 帆軌

Samson Post 吊貨柱

Scantlings 船材尺度

Scarf 接筍

Screen Bulkhead 輕料隔壁

Scrieve Board 船體型刻畫板

Scupper Pipe 洩水管

Scuppers 洩水管

Scuttle 洞穴

Scuttle Butt 飲水櫃

Sea Chest 海底水箱

Sea Cock, Sea Connection 海底閥,海底接頭

Seam 縱接

Seam Strap 縱疊接

Set Iron 鐵模

Serve 包扎

Set Up 收緊,調整

Shackle Bolt 節環

Shaft, Shafting 軸

Shaft Angle 軸角度

Shaft Alley 車軸巷

Shaft Coupling 車軸接

Shaft Pipe See stem tube

Shaft Strut 軸架或稱人字架

Shape 各種型之鋼料

Shaping 造成各式型狀

Shears 剪鐵機

Shear Legs 人字起重架

Sheathing 蓋小木板

Sheave 滑輪

Sheave Holes 桅上裝滑輪孔

Sheer 船舷弧之高度

Sheer Plan 船側面圖

Sheer Strake 主要舷頂鈑

Shelf 木船樑耳

Shell Expansion 船殼展開圖

Shell Landings 船殼縱接縫

Shelter Deck 遮蓋甲板

Shift of Butts 接搭口之錯綜安排法

Shim 塡隙片

Ship Shape 船樣型

Shores 撐頂柱

Shore, Spur or Side 塢內用撐頂柱

Shroud 定桅索

Sick Bay 病房

Side Plating 船舷壳鈑

Siding of a Frame 脊骨厚薄度

Sister Hook 姊妹鈎

Skeg 龍骨尾端以便承受舵柱處

Skin 外壳

Skylight 天窗

Slack 鬆弛

Sleepers 枕木

Sleeve 套管

Sliding Way 下水道之滑道

Slip 滑過,滑道,船槽

Slipway 船槽

Sluice 閘門

Smoke Stack 烟囱

Snubfing 遏止

Soft Patch 臨時補釘

Sole Piece

Sole Plate 底鈑,機座

Sounding Pipe 探潮管

Span 經間

Spanner 扳手（螺釘）

Spar 木桿,撐桿

Spectacle Frame 車架拱架骨

Spike 大釘

Splice 續繩,將繩頭解開而續之

Spot Face 釘孔各別車平

Spring 彈性

Squatting 吃水增深由於航行

Stability 安全性

Stability, Range of 安全性度

Stage 搭架,工作台

Staging 搭架

Stagger 錯綜

Stanchions 欄桿柱

Standing Rigging 固定繩索

Stapling 水密箍

Starboard 右

State Room 住室

Stays 桅索

Stealer 外壳鈑之合併鈑

Steering Gear 操舵機

Stem 艏柱

Stern 艉

Stern Chock 艄索孔

Sterm Frame 艄骨架

Stern Post 艄柱

Stern Tube 車軸管

Stiff, Stiffness 硬性, 船舶穩定性過强曰硬

Stiffener 支條,扶强條

Stocks 船底砧

Stop Water 水密填料

Strain 物體變形

Strand 繩索編股

Strake 連續鐵鈑之行列

Strake Bilge 舭列鈑, 船底角鈑

Strake Bottom 船底鈑

Strength Member 受力部份

Stress 抗張力

Stringer 縱材桁

Stringer Plates 縱鈑

Strut 撐架

Studding 撐柱

Stuffing Box 填料箱

Superstructure 艙面建築

Swallow 扁圓形索孔

Swash Bulkheads 緩衝隔壁鈑

Swivel 活轉,活動旋轉

Tackle 起重工具

Taff Rail 最上層後部欄桿

Tail Shaft 葉子地軸

Tanks 水艙,水櫃

Tank Top 底艙面,水艙面

Tarpaulin 艙口帆布蓋

Taut 緊

Tee Bar 丁字鐵

Telegraph 機艙令鐘,三板鐘

Telemotor 舵機操縱器

Template 樣板

Test Head 試驗負荷

Tie Plate 牽條

Tiller 舵柄

Toe 趾,根

Toggle Pin 活針

Tonnage, Gross 總噸位

Tonnage Net 淨噸位

Topping Lift 桅頂牽（吊桿）

Topside 上邊

Transom 舳,最後

Transom, Transom Board 舳板

Transom Frome 舳脊骨

Transversr 橫

Transverse Frame 橫脊骨

Treenails 木釘

Trim 船舶吃水狀況,調整水碼

Tripping Brackets 止動架

Trunk 圍壩

Tumble Home 內傾

Turnbuckles 螺旋扣，花籃螺絲

Um rella 烟囪頂罩

Upper Deck 上甲板

Upper Works 水線上一切建築

Unship 移動，拆開

Up Take 烟道

Vang 吊桿探縱索

Ventilation 通風

Ventilators, Bell-Mouthed or Cowl 風斗風耳

Visor 遮陽帳篷，防眩天遮

Warp 小絞船索

Wash Plates 綏流鈑

Water Line 水線

Water Shed 門窗上止水眉

Water Tight Compartments 水
密艙

Waterway 流水道

Waterway Bar 流水道角鐵

Ways See Launching

Weather Deck 露天甲板

Web 膜，蹼，筋

Web Frame 有膜脊骨

Wedges 楔

Whip 滑車與繩索

Wild Cat 起錨機上之鍊盤

Winch 起重機

Windlass 起錨機

Wind Scoop 招風斗

Wing, Winging 在船邊遠離中心線的

Worming 填平繩身以便包紮

Wrinkling 縐，因受壓力所致之彎曲或拱起

Yard 桅上橫桿

Yard Arm 桅上橫桿之兩端

Yoke 舵柄，軛

船模試驗之原理

何　志　剛

(一)歷史撮要

用模型以研究原物性能之法早經科學家與工程師所採用，遠於十六世紀末葉英國物理學家William Gilbert爵士即用一磁石小球研究地球磁場之向力，一七六三年Bordo由實驗結果創立船體阻力與船行速率成平方正比之定律，一七六八年Ben Franklin拖船模於池中籍以測得淺水增加阻力之現象，其後一百年中Beaufoy,Chapman, Scott Russell均作船體阻力之試驗唯成就甚微，直至一八六八年William Froude創出比較律(Law of comparism)而建立現今試驗技術之基礎，一八七〇年英國海軍部依照Froude氏之計劃，於Torguay設立一試驗池，在Froude領導指示之下，一切有關船売、螺旋獎上諸複雜問題方得迎刃而解。

(二)船模試驗應注意之事項

試驗船模時應注意之主要事項，約有下列數端：——

(甲)船模尺度與試驗池長度及橫截面大小之關係。

船模試驗池之長度應依據所設計之車速，加速度及減速度而定，池之最小寬度須爲船模寬度之十五倍，其橫截面則須爲船模中間橫截面積之一百倍，設d爲池之平均深度則最大速率可由$V=\sqrt{gd}$之關係而定。

(乙)船模表面之標準化

此實爲一極重要因素而常被一班人所忽略，用石蠟製成之模型因氣候關係其表面性格常產生顯著之變化，數種油漆於浸水數小時後也可顯出不同之阻力。

(丙)船模於水中之均勻行動

電壓之變化與電動機溫度之改變常可產生加速與減速而影響量力器之度量甚鉅。

(丁)池水情形之控制

此項下所包括之主要因素計爲：

(一)消除水流與波浪。

(二)清除表面之塵埃，油渣及海藻。

(三)保持干擾水流(turbulent flow)。

第三項尤於近年來被一般試驗池主持者所注意。以往雷諾氏值(Reynold's Number)均假設爲$R=VL/v$，干擾水流最小雷諾氏值爲3×10^6。唯據密錫根(Michigan)試驗池之經驗，發現池水之容積實亦爲一決定因素，池之容積減小則形成於擾水流之雷諾氏值亦隨之降低。

(戊)適當之量力器以度量並記錄一切適切之數值

(已)準確製造船模形狀及裝置之工廠技巧

(三)模型定律

模型試驗定律實際僅爲基於物理學之相似原理之一部份，船模試驗之處理及分析因包括動力載重故較靜力載重之彈性建築問題遠爲複雜，因完全相似之運動甚少發現也，唯相似之力學仍可於某種實際限度內應用之，而獲得所需之精確結果。

任何二系統之船模與原船必須滿足下列三項

情形。

（一）幾何形狀之相似——此爲屬於形式者與運動時間及所受之力無關，所有對應之直綫尺度比例必須爲一常數，所有相對之角度也須相等，尺度之比值通常以「λ」表之其他所用符號均列表於下，並於船模及原船下各註以「m」及「s」以示區別。

$$\frac{L_s}{L_m}=\frac{B_s}{B_m}=\frac{H_s}{H_m}=\frac{(K_s)_s}{(\Lambda_s)_m}=\lambda$$

$$\frac{S_s}{S_m}=\lambda^2 \qquad \frac{\nabla_s}{\nabla_m}=\lambda^3$$

基於尺度之相似，下列諸無單位數值，均可由上式導出：

$$\frac{L}{B}=\gamma_1 \quad \frac{L}{H}=\gamma_2 \quad \frac{B}{H}=\gamma_3 \quad \frac{L}{K_s}=\gamma_4$$

$$\frac{L}{\sqrt{Awd}}=\gamma_5 \quad \frac{S}{\nabla^{2/3}}=\gamma_6 \quad \frac{S}{L^2}=\gamma_7 \text{ 等等。}$$

諸船身形式之係數也爲無單位者，試驗池橫截面面積與 $Awid$ 之比須爲常數或至少爲一百或較大之值以避免比尺之影響(Scale effect)。

（二）動流之相似（Kinematic Similarity）

比較二幾何形狀相似之物體時，於外力影響之下，若各相似位置之質點於相對之時間週期內形成相似之水流則此二物亦爲動流相似，對應時期之比需爲常數，故除 $L_s/L_m=\lambda$ 外，另一必需條件爲 $T_s/T_m=\lambda_T$。

（三）動力相似(Dynamic Similarity)

若圍繞二幾何形狀相似物體之水流爲動流相似而作用於模型及原船之水力於任何時間均成比例，則此二物亦爲動力相似，故作用於二相似物質質點之力必與其相對之質量與相對加速度之乘積成比例。因牛頓之基本運動定律稱力等於質量與加速度之乘積也。

綜上所述可得下列諸關係：

$$\frac{M_s}{M_m}=\lambda_m \quad \frac{A_s}{A_m}=\lambda_A \quad \text{及} \quad \frac{F_s}{F_m}=\lambda_F$$

或 $\lambda_F=\lambda_M\times\lambda_A$ $\lambda_F=\lambda_M\times\lambda_L\times\lambda_T^{-2}$……(1)

現若任意固定λ之值，λ_M 之值可由所用之流體性質而定，則 λ_T 一時間之比例須由 λ_F 之值而定。

故 $$\lambda_F=\frac{F_s}{F_m}=\frac{F_{1s}}{F_{1m}}=\frac{F_{2s}}{F_{2m}}\text{……等等……}\quad(2)$$

從(2)式 $$\lambda_{F1}=\frac{F_s}{F_{1s}}=\frac{F_m}{F_{1m}}\text{……}\quad(3)$$

$$\lambda_{F2}=\frac{F_s}{F_{2s}}=\frac{F_m}{F_{2m}}\text{……}\quad(4)$$

此等公式可從新整理如下：

$$\lambda_F=\frac{\lambda_m\times\lambda}{\lambda_T^2}\text{……}\quad(1)$$

$$\lambda_F=\frac{F_s}{F_{1m}\times\lambda_{F1}}\text{……}\quad(5)$$

$$\lambda_F=\frac{F_s}{F_{2m}\times\lambda_{F2}}\text{……}\quad(6)$$

(1)式與(5)式相等。

$$\lambda_T^2=\frac{\lambda_m\times\lambda}{F_s}F_{1m}\times\lambda_{F1}\text{……}\quad(7)$$

(1)式與(6)式相等。

$$\lambda_T^2=\frac{\lambda_M\times\lambda}{F_s}F_{2m}\times\lambda_{F2}\text{……}\quad(8)$$

假設於(1)式中，此四基本比值之λ與 λ_M 已定，則由(7)式及(8)式，若多於一種之外力影響於運動則因時間比值需求之矛盾將使模型之使用發生困難。

主要之水力計爲：

F ＝慣 性 力＝$\rho\times L^2\times V^2$ ……MLT^{-2}

F_1＝黏 性 力＝$\mu\times L^2\times V/L$ ……MLT^{-2}

F_2＝重　　力＝$\rho\times L^3\times g$……MLT^{-2}

F_3＝彈 性 力＝$E\times L^2$ ……MLT^{-2}

F_4＝表面張力＝$\sigma\times L$……MLT^{-2}

(2)式可應用於上列任何力

（甲）先述慣性力及黏力

$$\lambda_F=\frac{F_s}{F_m}=\frac{\rho_s L_s^2\left(\frac{L_s}{T_s}\right)^2}{\rho_m L_m^2\left(\frac{L_m}{T_m}\right)^2}=\frac{\rho_s}{\rho_m}\lambda^2$$

$$\times\left(\frac{V_s}{V_m}\right)^2 \cdots\cdots\cdots\cdots (9)$$

$$\lambda_F=\frac{F_s}{F_{1m}}=\frac{\mu_s L_s^2\frac{V_s}{L_s}}{\mu_m L_m^2\frac{V_m}{L_m}}=\frac{\mu_s}{\mu_m}\lambda^2\frac{V_s L_m}{V_m L_s}\cdots\cdots\cdots\cdots (10)$$

(9)式與(10)式相等，並將模型之值置於右方，原船之值置於左方。則得

$$\frac{\rho_s}{\mu_s}\times\frac{V_s^2}{V_s}\times L_s=\frac{\rho_m}{\mu_m}\times\frac{V_m^2}{V_m}L_m$$

$$\frac{V_s L_s}{v_s}=\frac{V_m L_m}{v_m}=\text{常數} \cdots\cdots\cdots\cdots (11)$$

從(3)式可得

$$\lambda_{F_1}=\frac{F}{F_1}=\frac{MA}{\mu L^2 V/L}=\frac{ML}{\rho v T^2 L^2 V/L}=\frac{VL}{v}$$

此常數卽爲雷諾氏值或R，若R之值甚大，則慣性力較黏性力爲强，若R甚小，其逆亦眞。

故當模型之大小(λ)及所用水流(λ_M)已定而黏性力爲主時，模型之性能卽可決定如下：

$$L_m=\frac{L_s}{\lambda} \cdots\cdots\cdots\cdots (12)$$

$$M_m=\frac{M_s}{\lambda^3}\times\frac{\rho_m}{\rho_s} \cdots\cdots\cdots\cdots (13)$$

$$V_m=\lambda V_s\times\frac{v_m}{v_s} \cdots\cdots\cdots\cdots (14)$$

$$F_{1m}=\frac{\mu_m}{\mu_s}\times\frac{F_{1s}}{\lambda}\frac{V_m}{V_s} \cdots\cdots\cdots\cdots (15)$$

$$T_m=\frac{T_s}{\lambda^2}\times\frac{v_s}{v_m} \cdots\cdots\cdots\cdots (16)$$

若慣性力爲主時，船模之性格亦可決定，仍應用(12)式與(13)式，但

$$V_m=\lambda V_s\sqrt{\frac{F_m}{F_s}\times\frac{\rho_s}{\rho_m}} \cdots\cdots\cdots\cdots (17)$$

$$\rho_m=\frac{F_s}{\lambda^2}\times\frac{\rho_m}{\rho_s}\times\left(\frac{V_m}{V_s}\right)^2 \cdots\cdots\cdots\cdots (18)$$

$$T_m=\frac{T_s}{\lambda^2}\sqrt{\frac{\rho_m}{\rho_s}\times\frac{F_s}{F_m}} \cdots\cdots\cdots\cdots (19)$$

（乙）同理若外力爲慣性力及重力則

$$\lambda_F=\frac{F_{2s}}{F_{2m}}=\frac{\rho_s}{\rho_m}\times\frac{L_s^3}{L_m^3}\times\frac{g_s}{g_m} \cdots\cdots\cdots\cdots (20)$$

(9)式與(20)式相等，收集同類項

$$\frac{V_s^2}{L_s g_s}=\frac{V_m^2}{L_m g_m}=\text{常數} \cdots\cdots\cdots\cdots (21)$$

或由(4)式　$\lambda_{F_2}=\dfrac{F}{F_2}=\dfrac{MA}{Mg}=\dfrac{V^2}{gL}=$一常數

此常數卽爲佛特氏值(Froude number)F而當重力考慮及時此值必須維持成動力相似，船模之性質可表示如下：

仍應用(12)式及(13)式

$$V_m=\frac{V_s}{\lambda^{1/2}}\sqrt{\frac{g_m}{g_s}} \cdots\cdots\cdots\cdots (22)$$

$$F_{2m}=\frac{F_{2s}}{\lambda^3}\times\frac{\rho_m}{\rho_s}\times\frac{g_m}{g_s} \cdots\cdots\cdots\cdots (23)$$

$$T_m=\frac{T_s}{\lambda^{1/2}}\sqrt{\frac{g_s}{g_m}} \cdots\cdots\cdots\cdots (24)$$

因 g 實爲常數故可設

$$V_m=\frac{V_s}{\lambda^{1/2}} \cdots\cdots\cdots\cdots (22_a)$$

$$F_{2m}=\frac{F_{2s}}{\lambda^3}\times\frac{\gamma_m}{\gamma_s}$$

$$T_m=\frac{T_s}{\lambda^{1/2}}$$

現必須注意若除慣性力外更加以黏性力及重力則時間率需求之矛盾斷言可由下列數式明白示出：由(11)式VL/v須爲常數而由(21)式V^2/gL亦需爲常數。再者由(16)式$T_m=\frac{T_s}{\lambda^2}\times\frac{v_s}{v_m}$而由(24)式$T_m=\frac{T_s}{\lambda^{1/2}}\sqrt{g_s/g_m}$。此一問題首先被佛特氏應用其比較律而實地解決。

（丙）同理若考慮及慣性力及因壓縮而生之彈性力，因於船模試驗中彈性力不甚重要，故僅需導出此一常數卽可

$$\lambda_{F_3}=\frac{F}{F_3}=\frac{MA}{E\times\text{面積}}=\frac{FT^2L}{LT^2L^2E}$$

$$\lambda_{F_3}=\frac{\rho V^2}{E} \cdots\cdots\cdots\cdots (25)$$

此常數卽爲馬克氏值M(Mach number)，常被稱爲V/V_c或$(V/V_c)^2$，其中V_c爲於一定溫度下，聲音於流體中之傳播速度，因由物理定律$E=\rho V_c^2$

$$故\quad \frac{\rho V^2}{E}=\frac{V^2}{V_c}=一常數\cdots\cdots\cdots\cdots(25)$$

（丁）其次之一對爲慣性力與表面張力，表面張力σ，包含於彎曲表面之彈性表皮因拉力而失之能量中若於甚小之船模中，曲率半徑甚小，則此因素可影響運動之現象：

$$\lambda_{F_4}=\frac{F}{F_4}=\frac{MA}{\sigma L}=\frac{ML}{\sigma LT^2}=\frac{\rho V^2 L}{\sigma}\cdots\cdots(26)$$

此常數爲衛勃氏值(Weber Number)，而船模之性質變爲：　仍用(12)式及(13)式

$$V_m=\lambda^{1/2}V_s\sqrt{\frac{\sigma_m\rho_s}{\sigma_s\rho_m}}\cdots\cdots\cdots\cdots(27)$$

$$F_{4m}=\frac{F_{4s}}{\lambda}\times\frac{\sigma_m}{\sigma_s}\cdots\cdots\cdots\cdots(28)$$

$$T_m=\frac{T_s}{\lambda^{3/2}}\sqrt{\frac{\sigma_s\rho_m}{\sigma_m\rho_s}}\cdots\cdots\cdots\cdots(29)$$

每一運動之總阻力常數必爲上列所述諸常數之函數：

$$C_t=\frac{R_t}{\rho s V^2/2}=\phi(H_1,H_2,H_3\cdots)\cdots\cdots(30)$$

此式亦可由單位分析定理求得

$$R=\phi(\rho,L,V,\upsilon,g,\sigma,E,L/Ks,\gamma_1,\gamma_2,\gamma_3\cdots)$$

若V不接近V_c，模型之尺寸不甚小，則彈性力與表面張力可忽略之，其他不主要之能量消失諸如熱之消散等亦可忽略，故

$$R_t=\sum K(\rho^a L^b V^c \mu^d g^e)\cdots\cdots\cdots\cdots(31)$$

$$MLT^{-2}=(ML^{-3})^a(L)^b(LT^{-1})^c$$

$$\times(ML^{-1}T^{-1})^d(LT^{-2})^e\cdots\cdots\cdots\cdots(31)$$

$$(M)\ 1=a+d$$

$$(L)\ 1=-3a+b+c-d+e$$

$$(T)\ -2=-c-d-2e$$

從上式可知　$a=1-d$

$$b=2-d+$$

$$c=2-d-2$$

d與e之值僅可由實驗求得。

$$R_t=\sum K(\rho^{1-d}L^{2-d+e}V^{2-d-2e}\mu^d g^e)$$

$$或\ \frac{R_t}{\rho L^2 V^2}=\phi\left(\frac{VL}{\upsilon},\frac{V^2}{gL},\frac{L}{K_s},\gamma_1,\gamma_2\ \gamma_3\cdots\right)$$

以$\rho/2$代ρ，s代L^2，則

$$C_t=\left(\frac{R_t}{\rho s V^2/2}\right)=\phi\left(\frac{VL}{\upsilon},\frac{V^2}{gL},\frac{L}{Ks},\gamma_1,\gamma_2,\gamma_3\cdots\right)\cdots\cdots\cdots\cdots(32)$$

（四）原理之應用

現應用上述原理於三種不同之水中模型

（甲）浸於水中之物：因黏力爲主要之力

$$C_t=\frac{R_t}{\rho s V^2/2}=\phi\left(R,\frac{L}{K_s},\gamma_1,\gamma_2,\gamma_3\cdots\right)\ (33)$$

動力相似爲可能，若試驗池所用之流體與原船行駛之液體爲同一密度與黏力者則由(14)式可知實際之困難，因

$$V_m=\lambda V_s\cdots\cdots\cdots\cdots(34)$$

$$F_m=F_s\cdots\cdots\cdots\cdots(35)$$

（乙）浸於水中之木板垂直於運動方向

顯而易見於此情形下，漩渦所生之力爲主而黏性力可忽略之，故(33)式可改爲

$$C_t=\frac{R_t}{\rho s V^2/2}=\phi(\gamma_1,\gamma_2,\gamma_3\cdots\cdots)\cdots\cdots(36)$$

其中γ代表木板長寬之比值，參考(18)式當$\rho_s=\rho_m$與$V_s=V_m$，則

$$F_m=\frac{F_s}{\lambda^2}\cdots\cdots\cdots\cdots(37)$$

而力亦與其相對之面積成正比。

（丙）表面船隻

一部份浸沈水中物體之運動均可被上列所述諸力所影響。爲便利計，忽略不主要之力將(32)式應用於此等物體以示總阻力。威廉佛特氏(William Froude)曾首先採用此法而使此公式能具

實際應用之價值。

首先假使總阻力函數可分裂爲二不相連繫之函數

$$C_t=\frac{R_t}{\rho V^2/_2}=\phi_1\left(\frac{VL}{v},\frac{L}{K_s},\gamma_1,\gamma_2,\gamma_3\cdots\right)$$

$$+\phi_2\left(\frac{V}{\sqrt{gL}},\frac{L}{K_s},\gamma_1,\gamma_2,\gamma_3\cdots\right)\cdots(38)$$

$$C_t=\frac{R_f}{\rho sV^2/_2}+\frac{R_r}{\rho sV^2/_2}\cdots\cdots(39)$$

$$C_t=C_f+C_r\cdots\cdots(40)$$

$$R_t=R_f+R_r\cdots\cdots(41)$$

其次假設C_f可於任何形式及表面情形之下計出，量得R_t，故池中船模之C_t與船模之C_f均可求出。所剩者爲C_r或剩餘阻力之係數。

最後假設在相對速率或等值之$V/\sqrt{gL}$之下，船模與原船之C_r爲一常數，此即應用比較定律於剩餘阻力以求原船之R_r

於相對速率之下

$$V_m=V_s/\lambda^1/^2$$

$$C_r=(C_t)_m-(C_f)_m=(C_t)_s-(C_f)_s$$

即 $(C_t)_m-(C_t)_s=(C_f)_m-(C_f)_s\cdots\cdots(42)$

故因 $\frac{R}{\rho V^2/_2}\infty\frac{R}{\Delta}=M^\circ L^\circ T^\circ$

故 $\left(\frac{R_t}{\Delta}\right)_m-\left(\frac{R_t}{\Delta}\right)_s=\left(\frac{R_f}{\Delta}\right)_m-\left(\frac{R_f}{\Delta}\right)_s\cdots\cdots(43)$

而船之總阻力亦可由下式求出

$$(R_t)_s=\frac{\rho_s}{2}S_sV_s^2\left\{\frac{R_{tm}}{\frac{\rho_m}{2}S_mV_m^2}-\left[(C_f)_m-(C_f)_s\right]\right\}\cdots\cdots(44)$$

或 $(R_t)_s=(R_f)_s+\left\{\left[(R_t)_m-(R_f)_m\right]\frac{\rho_s g_s}{\rho_m g_m}\lambda^3\right\}\cdots\cdots(44_a)$

（五）符號

H	一數值	無單位
L	長之單位	尺
M	質量之單位	Slug
T	時間之單位	秒
F	力之單位$=MA$	MLT^{-2}
L	水線上之長度	L
L_{EFF}	浸水船身之有效長度$=\frac{浸水中線截面之面積}{平均吃水}$	L
B	水線上之極大模寬	L
H	模深(Moulded draft)	L
A	最大横截面之面積	L^2
S	浸水船身面積	L^2
∇	排水容量	L^3
Δ	排水量或鹽水中之浮力(2240磅，若於淡水中則注以$F.W.$)	MLT^{-2}
V	平均速度以每秒尺表示	LT^{-1}
V_c	聲音之速度	LT^{-1}
$\frac{V}{\sqrt{gL_{EFF}}}$	佛特氏值(F)	常數
$\frac{VL_{EFG}}{v}$	雷諾氏值(R)	常數
A	綫形加速	LT^{-2}
g	重力加速	LT^{-2}
ρ	質量密度	ML^{-3}
μ	純黏性係數	$ML^{-1}T^{-1}$
γ	動力黏性係數$=\mu/\rho$	L^2T^{-1}
σ	表面張力係數	MT^{-2}
r	比重$=\rho g$	$ML^{-2}T^{-2}$
E	彈性係數	$ML^{-1}T^{-2}$
λ	船與模之綫形比例	無單位
R_t	總阻力	MLT^{-2}
R_f	摩擦阻力	MLT^{-2}
R_r	剩餘阻力	MLT^{-2}
R/Δ	每噸排水量之阻力	無單位
C_f	平均摩擦阻力係數$=\frac{R_f}{\rho sV^2/_2}$	無單位
C_t	總阻力係數$=\frac{R_t}{\rho sV_2/^2}$	無單位
C'_f	局部摩擦阻力係數$=\frac{dR_f}{\rho dsV^2/_2}$	無單位
C_r	剩餘阻力係數$=C_t-C_f=\frac{R_r}{\rho sV_2/^2}$	無單位
K_s	表面粗糙性之度量	L
$\frac{L_{EFF}}{K_s}$	粗糙性係數	
ϕ	任何函數	
K	任何常數	

船用氣渦輪 (Gas turbine)

夏純彬

自1944年起始，美國依利阿特公司 (Elliott Co.) 在船務局保證下建造（並試驗）一種 2500 馬力之氣渦輪。開端時曾假此種依利阿特來蘇姆 (Elliott-Lysholm) 氣渦輪之設計，必能使其在較汽渦輪 (Steam turbine) 或狄賽爾機 (Diesel engine) 經濟之工作效率 (Efficiency) 下，供給動力 (Power)。當其應用於推進船隻時，其堅固性，裝置之簡單，重量之輕微，性能之可靠，特別重要之高度之低載荷工作效率以及適當之運動性微自須需顧及之。

顯而易見以 1942 年所能應用之材料而設計之氣渦輪，於 1200°F 左右之溫度下工作，僅能有約莫 100,000 小時之壽命，設若高溫工作應力 (Working stress) 限於 7500 磅每平方吋。此種由冶金術受限制而產生之後果，使其設計較實際上以今日可用之合金材料所需設計遠爲厚重且龐大。雖然如此在 1942 年之各種條件下，供給動力之機械裝置，亦有29%左右之滿載荷工作效率，每單位馬力所相當之重約爲30磅所相當之空間約爲 5 立方呎。吾人評鑑此種發展時應憶及其爲三年前之舊物，視今日氣渦輪之迅速進步，其殆已不合時尚歟。

氣渦輪之配置 (Arrangement)

2—1—0.75 循環週 (Cycle) 被採用，俾其適合理論上之需求。氣渦輪簡略之配置圖示明一低壓壓縮器 (Low-pressure compressor) A，爲一自由懸牟之高壓透賓機 (Turbine) F 所推動；又一高壓壓縮器 C，爲一低壓透賓機 H 所轉動，有用之動力，亦由 H 引出。經過低壓壓縮器後，空氣在間冷却器 (Intercooler) B 中冷却，至高壓壓縮被再壓縮，在復熱爐 (Regenerator) D 中被預熱，經復熱爐至高壓燃燒室 (High-pressure combustion chamber) E 再被驅至高壓透賓機。由高壓透賓機逸出之廢氣，在低壓燃燒室 G 重被加熱後，即流入低壓透賓機，再經由復熱爐之熱部之導路入洩氣筒中。

發動機 (Motor) I，藉一越速離合器 (Over-running clutch) 與低壓壓縮器相連，供發動之用。局部旁通管 (Partial by-pass duct) K 及 L，與閥 (Valve) M 及 N，當發動時，用以隔離高壓透賓機與低壓壓縮器。

透賓機與壓縮器之設計，係分別以滿載荷軸效率 (Full load shaft efficiency) 等於 87.5 %及 82.5%爲根據者。設最大壓力比率 (Pressure ratio) 爲6.5，透賓機進氣處之溫度限於1200°F左右。復熱爐之設計，以工作效率約等於75%爲據。

氣渦輪之設計，常使設計者遭遇較設計任何原動機(Prime mover) 時爲嚴格之限制尤甚者閱爲循環週中各不同機件如何克盡性能 (Performance) 之預測。非僅耗損 (Loss) 需能加以克制，即一般裝置在加壓氣流下所呈之應性，亦當予以精確預告，俾能在一甚爲寬廣之工作情形範圍內與種種載荷情況下，確證全部機體均能作有效適應，正排性壓縮器 (Positive-displacement compressor) 之使用解除

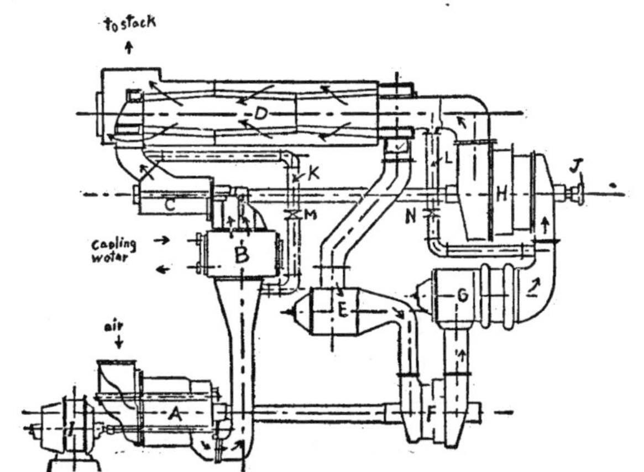

依利阿特卡蘇姆氣渦輪之簡略配置圖

若干限制之嚴謹性，因其在種種情況下均甚安定，同時可使其趨近恆溫下變氣流之各種荷重之理想運動。此種理想不僅有益於熱動方面，且簡化設計機械時由降低溫度梯度（Temperature gradient）而引起之種種困難，而如何降低溫度梯度，實爲一船用機體裝置之特要因素，而能迅速操縱無任何性能之犧牲，固係前提條件也。

於目前之配置下，恆溫工作已近乎成功，藉一自由懸掛之透賓機轉動低壓壓縮器，透賓機之速率視高壓燃燒室燃料供應情形而定。循環空氣之量，大約言之正比於此種配合之速率。驟視之高壓或低壓透賓賓機似皆可爲自由懸掛者，但進一步考慮低載荷情形，加氣壓流下之應性，暨發動時之種種後，顯明擇高壓透賓機爲自由懸掛者較爲有利，因於一甚大氣流範圍中，工作壓力比近乎常數，以其高壓透賓機之排氣壓力（Exhaust pressure）亦如進氣壓力（Inlet pressure）正比於氣流故也。低壓透賓機情形則不如是，因其排氣壓力爲不變。有效之能量（Energy）正比於進氣溫度（Inlet temperature）與壓力比，若使低壓透賓機隔離，結果其壓力比在發生於輕載荷（Light load）之低氣流情況下被減少，致使其進氣溫度過甚。

透賓機：　低壓與高壓透賓機之構造相似，均爲多級反作用機（Multi-stage reaction machine），其被設計爲經每級之速度比（Velocity ratio）約爲一常數，並用定長而相等之葉片（Blade）裝配於逐漸細小之流路（Flow path）上。因現冶金技術限制某種耐熱合金（Heat-resisting alloy）之巨大煅件（Forging）之使用，中空之轉子（Rotor）卽由橫輾鋼板製成，以煅短軸（Forged stub shaft）裝於轉子之兩端。靜止之葉片被裝配於爲內殼（Inner casing）所支持之分離膈膜（Diaphram）上。

透賓機被設計置於一熱彈性基底上其餘各部亦同與主要結構，被支持於輻射針（Radial pin）上，俾能於此種樣式下維持正確無誤之定中心（Centering），同時允許完全自由之均勻輻射膨脹（Radial expansion）。主持針在排氣與進氣之兩端，其亦作用似如一熱堤（Heat dam），經其由導入針圈（Pin ring)中之冷却空氣之襄助,維持一高溫梯度。主靜止部分爲對稱之鑄物(Casting)外殼(Outer casing)用以封緘機體,由簿鋼板所製成,因此其富於柔軟性至吸收導管應變時,不致傳達巨大之力於透賓機之主要結構上。外殼能被嵌入排氣圈(Exhanst ring)中,使之接近於內殼。每一透賓機被固裝於二個軸承殼(Bearing casing)上,其一固於基底,另一則爲連桿(Link)所支持,俾使其能供給所需求之$^1/_2$吋之軸向膨脹。每透賓機裝有一電動之回轉機輪(Turning gear)。

壓縮器: 來蘇姆壓縮器主要爲一螺旋唧筒(Screw pump)與一轉子,空氣卽被壓縮於殼內。低壓縮器爲一雙重之機件,在壓力比率爲三時其工作速率約爲每分鐘25000立方呎,高壓壓縮器則爲單重機件,其排量爲低壓壓縮器之半。相同之轉子對,用於所有之壓縮器中。每對轉子間之間隙(Clearance)由定時齒輪(Timing gear)保持,俾使壓縮器從事工作之面,無須再使之潤滑。

與其他排性式(Displacement Type)相對照,來蘇姆壓縮器宜合於較高之轉動速率,不致遭受過甚之感應耗損(Induction loss)。通常間隙漏洩之作用減小。在發展之現階段,週速(Peripheral speed)每秒300呎,可使壓縮率(Compression ratio)爲二或二以上。輻射向與軸向間隙定爲轉子直徑千分之一,今已知其爲適用。因進氣孔與排氣孔位於機殼對角相對之兩邊,若欲維持最小之間隙,可用水外套殼(Water jacket casing)以均衡形成溫度之分佈。

燃燒室: 氣渦輪之燃燒室應配合高熱釋放率(Release rate)與低壓差落(Drop)至某種限度,此兩種需求不能同時獲至。欲使在整個供給燃料之過程中,淨燃燒(Clean combustion)較現有之情形更爲完美,對本文所擇之循環週必有更嚴之限制。

燃燒室主要爲一直角之肘管(Elbow),由彎曲之背面發火,點火(Igmtion)被維持於一錐體(Cone)中,燃油(Fuel oil)亦噴射於其內。飼少量原空氣(Primary air)入錐體,空氣經由錐體中間之小孔而進入後,卽持續一旋渦環(Votex ring)於錐體中。混合之空氣包含大量之供給空氣通過主肘管,於經渡肘管之曲部時,卽形成二種旋渦(Double vortex),如是供給使氣體完全均勻混合之必需擾動(Turbenlence)。點火錐體之放置應使其微入進入之氣流(Entering stream)中,並使原供給氣流偏斜。欲使機械問題簡化,故採用雙重牆(Double wall)之結構,以其內層包容熱氣體,外冷層保持壓力。由廣泛之試驗,表明副空氣(Secondary air)冲擦內壁,能有效防止熱聚點之作用。在高壓燃燒室中,可達約2.5×10^6英制熱單位每立方呎每小時之滿載荷熱釋放其熱動力之耗損約爲0.5英制熱單位每磅。

燃油由一可變排性唧筒以約160循環週每秒之頻率(Frequency)斷續供給,發放之量約在3500磅每平方吋左右,保持燃燒器噴嘴(Burner nozzle)尖端之壓力不變,而變更噴射之時間間隔,得可變之油流(Oil flow),且雖使燃於整個載荷過程中成細點之噴射。淨燃燒超越燃料流大於30:1之變化已獲成功。燃燒器由一電點火丙烷燈(Propane pilot)點火其僅用於發動之時,於機體已入工作情況後,可以適宜之劍形機柄(Bayonette lock)將其移去。

迄至今日爲止,機體係以蒸餾燃油(Distillate fuel oil)推動,若干預備試驗(Preliminary experiment)顯明以較低級之燃油作爲推動之用爲實際可能者,雖仍需更進一步之發展使儲油器之運用全無困難。

復熱爐： 氣渦輪之復熱爐常面臨一關於熱交換器 (Heat exchanger) 之設計問題，尤當設計高效率之復熱爐時爲甚，壓力相去甚遠之氣流間氣體與氣體之熱轉移之困難情形下，熱交換器之熱助力 (Thermal resistance) 暨壓力耗損均需謹慎操制。甚多常知之熱轉移機構易偏於物理方面之設計，而此設計在形式上多不能與機體之其他部分相配合。設計此種機體時，常採定管式機構 (Tubular construction)，因吾人尙缺有關他種面式(Surface type)機構之熱轉移與流動阻力等參考資料。

首次設計工作效率爲75%且具有每馬力約三平方呎之移熱面積之復熱爐者爲Air Preheater Co.，以三全同之復熱爐平行排列。此種復熱爐係管式者，具有一單獨之冷氣流路與三對角反流之熱氣流路。所用之管(Tube)係直徑爲$^5/_{16}$吋者，每十四列爲一組。藉一低壓伸縮接合 (Slip joint) 可與熱膨脹相對應。復熱爐爲整個機體裝備中最龐大之一部，其體積及性能之改進實可明顯表示機體之進步，而此種發展亦爲我人所能預期者。

間冷卻器： 間冷卻器之設計，並非一主要之問題，於此習用之自動散熱器式 (Automotive radiator type) 被採用，其所用之管爲長方形，其在空氣邊尤爲完美。所用冷卻水之消耗量爲 250 加侖每分。

操 縱 (Control)

氣渦輪操縱之方法甚爲簡單，此種機體之操縱器與監督或檢驗之儀器 (Instrument) 均安置於一總管盤 (Main panel) 上，調節經總管盤中心之三開動桿 (Lever) 之燃油之發放，即可調節其輸出量 (Out put)。他如溫度計 (Temperature gage)，壓力計 (Pressure gage)，速率指示器 (Speed indicator)，起動操縱器(Starting control)以及各種由安全機構所開動之警燈 (Worning light) 亦裝置於總管盤上。輔助盤(Auxiliary panel)直接從總管盤橫貫沿龍骨之窄道而裝置，上有操縱冷卻空氣供給之儀器，用以實驗之儀器，以及用以記載臨界金屬溫度之自動電勢計(Automatic Potentiometer)。

習用之波西狄塞爾式 (Bosch Diesel type) 燃料唧筒爲電動，且其速率爲一定。其放入燃燒器 (Burner) 中之燃料，由在唧筒氣缸中之放洩孔測定，其位置由在總管盤上水力轉盤 (Hydranlic actuator) 操縱之。在高壓燃燒室中之兩唧筒與在低壓燃燒室中之單獨唧筒分行開動。

此種機體之運用，本基於溫度之一定，然由一時溫度之變遷即可得到欲獲到之載荷之變化，此種變化在高壓燃燒室中爲大。當其工作於任意載荷若欲增加輸出量時，增加高壓燃燒室之燃料噴射率即可。因此可引起瞬時溫度之增加，溫度增加之量，依燃料配給變化之量而定，通常較 100°F 爲小。其結果使高壓透賓機加速，並釋出增多之空氣量至此系統，亦加增輸出量並使溫度復原。在數秒鐘之內即建立一新平衡之情況，當加速之一瞬間，變換對低壓燃燒室之燃料速率實爲當然之必需。

在此種操縱式下，能迅速操縱機體亦如水制動機 (Water brake) 之隨載荷。從輕載荷轉至滿載荷之操縱完成於15秒鐘之內，未遇任何困難。由 3000 每分鐘轉數之全前進速率 (Full ahead speed) 轉至約1.60每分鐘轉數之無載荷速率，然後回復至3000每分鐘轉數之操縱，於 90 秒鐘完成，亦未有呈現任何困難之象徵。於此等操縱中，水制動機之配置保持一定，故此操縱即表明於陸上試驗使之無過分錯雜之最嚴重情況。

機體由一50馬力直流發動機所開動，高壓透賓機與低壓縮器由分旁通閥 (Partial by-pass valve) 以與其他部分隔離。此種旁通閥亦如用以開動機體之發動機，由工作者在總管盤上以電操縱。燃燒室之點火，使用常點着之小燈，其操縱器亦集中於此。從冷開動 (Cold start) 當用在高壓燃燒室中之一燃燒器預熱機體，同時控制起動發動機在900每分鐘轉數之速率，直至機體熱後爲止。當此預熱之時期，低壓透賓機及高壓壓縮器從10每分鐘轉數之回轉機輪速率加至300每分鐘轉數，同時亦使此等機體變熱。以由透賓機轉動部分與靜止部分間相關之膨脹所確立之溫度增加率漸增加氣體之溫度達1000°F左右。

先部分關閉低壓透賓機之旁通閥而使之加速，然後增加起動發動機之速率，直到經高壓壓縮器之旁通閥之氣流可略而不計爲止，以使兩獨立轉動之單體相配合。至此關閉二者之旁通閥，並增加起動發動機及高壓燃油噴射之速率，直到機體能自持爲止。起動發動機聯着一滅速離合器，其能自動與起動發動機分離。以該燃燒已生存之火燄 (Flame) 點火第二高壓燃燒器，並以低壓燃燒器之丙烷點火燄，點火低壓燃燒器以獲得附加之載荷。預熱時期一旦完成，機體即能發出在其設計能量 (Design capacity) 以內之任何功率。

安全警報器亦裝置於總管盤上，包含通常之過溫信號器與每燃燒室之 Wheelco Flame-O-trol unit，其能於火燄燃燒至室外時，給與吾人可視之信號，並能於同時自動除去過量燃料之噴射。爆裂膈膜應位於導管系統中，是爲吾人前時忽略而必須瞭解之應注意事項。此種機件之一切輔助機均爲電動，但若電力缺乏，宜用習用之汽動旁立油唧筒。

試驗 (Test)

於機體湊合之前，每部分必須經精湛之試驗。初步之試驗 (Preliminary test) 本文不予述敍，此等初步之試驗曾耗去吾人相當之努力，但亦即其成功之原因。吾人確信如無此種步驟，則此主要機械之發展，於近期內恐不致有何成就。

此種機體單獨被使用於1944年10月28日，此後一時期中，少數之困難曾獲致改正。試驗之程序始於1944年12月，允可之試驗，即作於是年12月28日。自此以後該機體即被保留於簡烈特廠 (Jeannette plant) 作更詳盡之研究，欲爲將來之發展建一基礎。試機體曾載荷工作總達500小時左右，中有一次竟聯續達48小時。

曾經作過多次性能試驗 (Performance trial)，其中兩次，今歸集於表（一）與表（二）中。第九次試驗轉動如（一）表所示，是爲吾人所嘉納者。爲研究之目的，不斷加以改變，並無兩次轉動試驗相同。例如列於表（乙）中之轉動第十六次即不同於第九次試驗，其中從容示明在吸氣濾器 (Intake fitter) 與高壓燃燒室入口之耗損較巨。且於此次試驗，大量之絕熱物質堆集於間冷却器中。

以今日之技巧，仍不能得到氣渦輪中各部分之性能之眞確估計。其可信賴之量度，即爲功率與燃料流量，其於整個機體之性能最爲重要。在試驗數據 (Test data) 中，壓力量度之爲合理準確，亦爲可信賴之一點，因其爲於不同之瞬間而作多次記載所得爲直接壓力差之故也。無論如何，高溫觀察之正確性絕對可靠，甚至用特別進步之七層覆蔽之溫度探針 (Temperature probe) 而成層 (Stradificotion) 與輻射 (Radiation) 亦將引出重大之誤差 (Error)。倖而多數此種量度之困難能消除於單項之試驗中。例如在高壓透賓機單獨試驗中，即獲得情況量度與能力試驗間極滿意之一致，如是更力言整個單項試驗之需要。

表（一） 試驗轉動第九次之數據 1944.12.28.

試驗次數	9A	9B	9C	9D
氣壓，磅每平方吋絕對	14.385	14.382	14.378	14.384
進氣壓力，低壓壓縮器，磅每平方吋絕對	14.28	14.18	14.03	13.88
排氣壓力，低壓壓縮器，磅每平方吋絕對	29.25	33.71	………	35.43
進氣壓力，高壓壓縮器，磅每平方吋絕對	29.21	33.64	………	35.16
排氣壓力，高壓壓縮器，磅每平方吋絕對	40.63	54.53	69.58	83.48
進氣壓力，高壓燃燒室，磅每平方吋絕對	40.08	53.42	68.44	82.12
進氣壓力，高壓透賓機，磅每平方吋絕對	39.86	53.13	68.08	81.68
排氣壓力，高壓透賓機，磅每平方吋絕對	25.27	31.55	39.13	46.74
進氣壓力，低壓透賓機，磅每平方吋絕對	25.14	31.37	38.88	46.43
排氣壓力，低壓透賓機，磅每平方吋絕對	14.39	14.45	14.50	14.55
排氣壓力，復熱爐，磅每平方吋絕對	14.38	14.40	14.43	14.45
進氣溫度，低壓壓縮器，°F.	77.5	78.6	79.4	72.6
排氣溫度，低壓壓縮器，°F.	233.0	270.0	288.0	286.0
進氣溫度，高壓壓縮器，°F.	63.6	67.3	77.1	85.1
排氣溫度，高壓壓縮器，°F.	143.8	176.0	226.0	285.0
排氣溫度，復熱爐空氣邊，°F.	876.0	798.0	735.0	727.0
進氣溫度，復熱爐氣體邊，°F.	1036.0	964.0	884.0	858.0
排氣溫度，復熱爐氣體邊，°F.	368.0	382.0	409.0	449.0
進氣溫度，高壓透賓機，°F.	1284.0	1255.0	1244.0	1251.0
進氣溫度，低壓透賓機，°F.	1240.0	1231.0	1210.0	1244.0
高壓透賓機速率，每分鐘轉數，	1865.0	2465.0	3120.0	3720.0
低壓透賓機速率，每分鐘轉數，	1660.0	1972.0	2403.0	3012.0
油流，磅每小時	378.0	597.1	854.1	1112.6
空氣流，磅每秒	13.16	18.00	23.54	28.13
制動馬力	590.0	1108.0	1756.0	2535.0

表（二） 試驗轉動第十六次之數據 1945.1.30

試驗次數	16A	16B	16C	16D
氣壓，磅每平方吋絕對	14.23	14.23	14.23	14.23
進氣壓力，低壓壓縮器，磅每平方吋絕對	14.12	13.99	13.84	13.64
排氣壓力，低壓壓縮器，磅每平方吋絕對	27.69	33.60	34.41	34.61
進氣壓力，高壓壓縮器，磅每平方吋絕對	27.59	33.07	33.60	33.60
排氣壓力，高壓壓縮器，磅每平方吋絕對	39.03	55.03	68.63	82.38
進氣壓力，高壓燃燒室，磅每平方吋絕對	38.35	54.04	67.55	81.15
進氣壓力，高壓透賓機，磅每平方吋絕對	37.99	53.53	66.93	80.43
排氣壓力，高壓透賓機，磅每平方吋絕對	24.36	31.82	38.60	45.66
進氣壓力，低壓透賓機，磅每平方吋絕對	24.23	31.63	38.33	45.33
排氣壓力，低壓透賓機，磅每平方吋絕對	14.26	14.30	14.34	14.40
排氣壓力，復熱爐，磅每平方吋絕對	14.24	14.25	14.27	14.30
進氣溫度，低壓壓縮器°F	77.4	77.7	77.5	76.4
排氣溫度，低壓壓縮器°F	222.4	268.7	280.9	290.5
進氣溫度，高壓壓縮器°F	54.5	64.7	74.6	79.5
排氣溫度，高壓壓縮器°F	135.4	176.7	227.9	282.3
排氣溫度，復熱爐空氣邊°F	865.2	806.6	738.0	712.0
進氣溫度，復熱爐氣體邊°F	1023.0	972.0	880.0	841.0
排氣溫度，復熱爐氣體邊°F	361.0	389.0	413.0	443.0
進氣溫度，高壓透賓機°F	1243.0	1278.0	1236.0	1269.0
進氣溫度，低壓透賓機°F	1225.0	1253.0	1209.0	1224.0
高壓透賓機速率，每分鐘轉數	1804.0	2496.0	3111.0	3770.0
低壓透賓機速率，每分鐘轉數	1662.0	1993.0	2460.0	2986.0
油流，磅每小時	374.0	627.0	849.0	1074.0
空氣流，磅每秒	12.69	18.24	23.24	28.15
制動馬力	494.0	1148.0	1674.0	2148.0

表（一）與表（二）之性能數據，皆由儀器直接量得而未經任何改正。欲使此種性能基於合理之基礎上，必需將入口溫度改正爲一標準溫度 70°F，以消除吸氣濾器與煙道（Stack）之耗損被設計爲機體耗損之一部，並使兩次轉動試驗關於間冷却器與燃燒室之變化相關聯。

爲上述之目的，曾將各種相依而生之耗損對於有效功率之傳遞於螺旋槳軸（Propeller shaft）之影響加以研究。除在高壓燃燒室與間冷却器中者外，因前已釋明之理由而其在變化中，其他之耗損在此兩次轉動試驗中均爲相同。故轉動第十六次之性能可由與轉動第九次相同之燃燒室與間冷却器而估計之，

因能量爲下面數種爲外界能源 (Power source) 所推動之輔助機所消耗，上獲之結果，需附加以改正：

冷却空氣唧筒。

輸送與主燃料唧筒。

潤滑油唧筒。

水循環唧筒。

對於表（一）與表（二）之基本數據之每種改正，列示於表（三）。

經改正後之兩次轉動試驗結果，均表明於性能圖中，此爲於 29% 滿載荷及 20% 四分之一滿載荷時機體之性能。

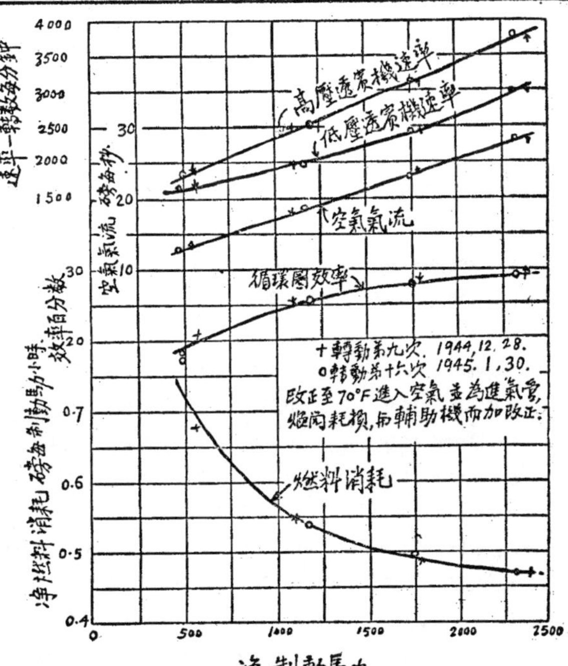

依利阿特2500馬力渦輪之性能圖

表（三） 改正後之試驗性能數據

試驗次數	9A	9B	9C	9D	16A	16B	16C	16D
試驗得之制動馬力	590.0	1103.0	1756.0	2335.0	494.0	1148.0	1674.0	2148.0
試驗而得之燃料流，磅每小時	378.0	579.1	854.1	1126.1	374.0	627.0	849.0	1074.0
試驗得之燃料率，磅每馬力小時	0.641	0.539	0.486	0.476	0.757	0.546	0.507	0.500
動力改正百分數								
進氣溫度，70°F	1.93	1.56	1.61	0.44	1.99	1.52	1.33	1.15
進氣管與濾器	1.57	1.81	2.80	3.93	1.84	2.35	3.34	5.08
煙筒	0.22	0.25	0.48	0.60	0.22	0.25	0.41	0.65
高壓燃燒室	0	0	0	0	1.05	0.59	0.49	0.47
間冷却器空氣邊	0	0	0	0	2.26	1.93	2.57	2.86
總數	3.72	3.62	4.89	4.97	7.36	6.64	8.14	10.21
總改正後之制動馬力	612.0	1148.0	1842.0	2451.0	530.0	1224.0	1810.0	2367.0

效率改正百分數								
進氣溫度，70°F	—1.86	—1.48	—1.51	—0.41	—1.93	—1.44	—1.25	—1.07
進氣管與濾器	—1.51	—1.71	—2.62	—3.67	—1.78	—2.23	—3.14	—4.67
煙筒	—0.18	—0.20	—0.38	—0.47	—0.18	—0.20	—0.32	—0.52
高壓燃燒室	0	0	0	0	—1.02	—0.56	—0.46	—0.44
間冷却器空氣邊	0	0	0	0	—2.19	—1.83	—2.43	—2.69
總數	—3.55	—3.39	—4.51	—4.55	—7.10	—6.26	—7.60	—9.48
總改正後之燃料率	0.618	0.521	0.465	0.456	0.707	0.515	0.471	0.457
總改正後之燃料流	378.2	598.1	856.5	1117.6	374.7	629.7	852.5	1081.0
輔助機之動力耗損								
噴射喞筒，馬力	4.4	4.8	5.7	7.4	4.3	4.6	5.3	6.3
冷却空氣，馬力	35.7	43.2	51.6	56.3	35.7	43.2	51.6	56.3
潤滑油喞筒，馬力	8.2	8.2	8.2	8.2	8.2	8.2	8.2	8.2
環流水喞筒，馬力	0.5	0.5	0.5	0.5	0.5	0.5	0.5	0.5
全部輔助機之動力	48.8	56.7	66.0	72.4	48.7	56.5	65.6	71.3
淨改正後之制動馬力	563.2	1091.3	1776.0	2378.6	481.3	1167.5	1744.4	2295.7
淨改正後之燃料率，磅每馬力小時	0.672	0.548	0.482	0.470	0.779	0.539	0.489	0.471
熱效率 百分數	20.41	25.04	28.11	29.22	17.62	25.38	27.7	29.43

在1943年報紙中，曾述及與此同式之 2—1—0.75機體，能達32%至33%之滿載荷效率。此種述語基於89%之透賓機效率與83%之壓縮器效率。今之機體恆設計爲熱效率約31.5%並以透賓機與壓縮器之效率各爲87.5%與82.5%。此種值（Value）顯不能達到，解釋其爲何不能達此值，亦爲一相當有趣之問題。

困難伏於透賓機與低壓壓縮器中。因於設計透賓機時，示低應力氣體透賓機之特性之低雷諾爾德數（Reynold's number）之充分意義尚不能十分明瞭。雖然所選用之葉距（Blade pitch）對於氣渦輪適合，但其在極低雷諾爾德數時則太大，以致有失速（Stalling）發生，在葉端切面尤甚。早在1944年，單項或分部試驗卽指出兩種透賓機之任一所能達到之最大效率，不致超過85%，其在輕載荷與低雷諾爾德數時，失速之影響更甚。失速不僅減低效率，而且影響葉路氣流之特性，更不幸而影響零件之配合。此亦增發動之困難及增加敍述效率與實際效率在輕載荷時之差別。同時吾人更致力於透賓機葉問題之研討，使其適合特殊用途而求廣泛之進展，已得之結果爲已完成一令人滿意之葉距範圍以與所有之工作雷諾爾德數相對應，且透賓機之效率，目前亦能達到吾人所預期者。

排性式壓縮器入口之誘導耗損之意義，以1943年可利用之工程知識尙不能完全明知。今已知此領耗損隨轉動速率之立方面增加，在相隨機體高能量輸出之速率時，其可部分說明低壓壓縮器效率之差誤，餘者可由增加之漏洩耗損而解釋之，此種漏洩耗損因轉子外形之製造困難而導出。由於轉動速率更精密之選擇與適當之工製，此兩方之困難均獲解決，並且壓縮器之近期構造亦已達吾人原有之期望。

易遭遇之困難： 若置因不能正確揣忖雷諾爾德數之影響於不顧則除高壓機中之碳墳函蓋（Carbon gland）外，透賓機之設計可謂圓滿。雖以特殊之包紮物（Bender）用於碳圈之製造，碳圈仍在高過850°F之溫度下分散碎裂，而如何將冷却空氣加以精確克制，俾能保持碳圈之溫度低於上述之界限，實爲不可能之事。除此外由於碳圈下部逸出之氣流所呈供之潤滑作用，亦不足防制因遭遇嚴重之熱膨脹而引起之劇烈擠壓現象。此種墳函多被級梯式螺管（Steptype labyrinth）所替代，雖其多耗冷却空氣，但能供獻甚佳之作用。

高壓燃燒室出口處之溫度成層化亦爲一嚴重之問題。高壓透賓機之凸緣（Flange）溫度升降變遷常達150°F左右。依據觀察，此種變遷係載荷之函數，且爲某種由圓錐燃燒器之放置地位不同而成之操縱所不許。150°F係一可察之溫度變化，故其影響僅及於機器上靜止部分至爲顯明。目前正在進行中之燃燒室內旋渦情形之研討結果，或能有助於將來之燃燒室之設計，使其對溫度之成層化加以造爲完全之操縱。至低壓燃燒室則無溫度成層化之可言。

目前於實驗轉動時，機體係經$2^1/_2$至3小時之預熱後，始置其於工作中。本文所述之機體其預熱時間能有若干之減少固屬無疑問者，而未來之設計，仍將對熱膨脹方面多加注意，俾能獲致迅速發動之特性亦爲顯而易見之事。

排性壓縮器之成功實有賴於微小間隙之保持。是以外界物質之進入轉子，亦使吾人遭遇困難。1945年之晚春，於低壓壓縮器中，曾發生一主要災害，成爲如何保持間隙之種種困難問題，其主因當歸諸多缺誤之裝套（Jacketing）與不正確之列線（Alinement）。水外套（Water jacketr）之設計係使一空氣套緊接於壓縮器殼之高溫部分。

用此種排性壓縱器亦發生難聽之雜聲。對此現尚未獲完全滿意之解決，然可以配合共鳴阻尼器（Resonance damper）與音聲吸收處理而作適度之改善。

燃料唧筒，越速離合器，熱絕緣與量度儀器，當其工作或運用時，常遭遇錯綜龐雜之機械上之困難，此種困難實爲不可避免之災害，且愈演愈烈。高溫凸緣之設計，雖不能會人完全滿意，但無疑能用適宜之活塞填充物及改良之機械特性而操縱之。螺栓之困難可藉特殊發達之膠狀銀混合物而以完全克服，比種困難係受高溫囟影響而爲吾人所能逆料者。

結論： 此種發展僅爲開端，衆多之問題必於氣渦輪成爲完善之原動機前予以具體解決。經由本文所述整個機體之頗爲成功之工作而獲致之信念，使吾人更有甚多之理由冀盼能以吾人之精力與智慧將各種困難問題完全解決。此種激發此種誘惰隨近代冶金術之突飛猛進更趨强烈，因其開啓無限光明之新異途徑，使材料工作應力方面有長足之進步，俾能達成最高工作效率最小機體之最終極目的。依利阿特氣渦輪雖遂欠完善，但仍有予吾人甚多鼓勵之良好結果，而爲目前建造中三種新型氣渦輪之改進所源由者。

關於新"船底用漆"

朱祺瓏 摘譯

軍艦或商船等船壳之濟水面,由於被螺螄,貝介之寄生,侵蝕而受相當之損害。同時船壳之光滑外表面因而被破壞,在行駛時之阻力及所耗之燃料亦均隨之增加,故無論商船或軍艦必須按時清除之,否則年年累積,不可設想。

美國海軍方面有鑒於此,乃經工程師,化學家數年來研究之結果,得到一種新『船底用漆』,英文名爲(Anti-fouling Ship-bottom Paint)或爲(Plastic Paint)等。該種漆內混有纖維玻璃質,對於在噴塗該漆於船壳表面時所須之高溫高壓(300°F)之抵抗力極强,塗有該種漆之船隻其外表能制止寄生物之生長,裨益非淺也。

在船壳外表上須先塗以二三層『底漆』,經過三至八小時之乾燥時之後,再噴塗該種高溫度漆。在該漆噴塗後,船塢中立刻可以進水。故應用該種『船底用漆』所費之時間祇數小時已足矣!對於船隻本身之行動並無多大妨礙。

至於在該種漆漆成後所產生之效果如何,則取决於下列數要件,同時亦可作爲研究及改進船底用漆之要點:

㈠所塗之漆其本身之製造過程中是否精密。

㈡在進行噴塗該漆之前,船壳外表上之準備工作優劣如何。

㈢在進行噴塗該漆時,船塢中之氣溫及其轉變如何?

㈣所塗每層漆之厚度。

㈤船壳於塗漆後之浸水日期之多少,及浸水期內船體之活動如何。

其他如空氣之濕度(船塢中),船行速度,以及工作人員之技術等條件亦均與之有關。

當然此種漆之缺點仍甚多,由於實際經驗上得到之結論如下:

㈠此種漆之柔韌度及黏附力不够强,尤其在寒冷之氣候區域內,故尚有待於努力改進。

㈡該種漆塗於船底時,或與接觸後撞擊他物,較普通之漆頗易於剝蝕。

㈢氣溫在50°F之下時,噴塗工作很難進行,在30°以下時事實上卽不可能進行。

㈣該種漆對因日光所產生不良結果之抵抗力很弱,例如熱帶地區內,船壳上所塗之漆,能因直接曝露於日光下而變軟,以致浮起而脫離船壳外表面。

故一種價廉而適合於任何氣候下之船底用漆仍爲造船界及船主們所迫切需要者。

鋁合金和造船工程

羅氏委員會（Lloyd's Register）正式發佈創見性的徵詢，探討鋁合金在造船工程方面究有如何之性質與成就。——此係關於此種情事所公布之第一次咨文。若干年來，羅氏委員會對於應用此種材料造船，一直發生很大的興趣。一九三一年丹娜第二號遊艇即曾應用鋁合金。結果大為社會人士讚許；自此之後，其他的小船亦常用鋁合金來製造。因大戰的終止，使鋁合金在飛機工業中的需要量相對的大為減少，而使其他工業方面的供給量轉為增加；同時對於比較厚大而斷面適合於造船的鋁合金平板，在生產方面亦更進步。最近權威人士提議採用鋁合金來替代軟鋼，不僅限於次要的結構部分，如甲板房，倉蓋，桁復，桅檣等，且可善用之於大航船身上的主要結構。經驗告訴我們，如果處置得宜，則輕金屬合金如此類，確乎非常適合於海行之條件。

在此試探性的徵詢中，逐一指明經熔熱與未經熔熱的合金之化學成分。至於各種需求的物理性質，與如何適宜於建造之進行，則端賴夫各自之適當佈置。所以此咨文雖贊可鋁合金之應用，但對於應用鋁合金之詳細方法之說明，尚付缺如，是則有待於以後技術之發展與改進。（康譯）

本校造船工程系教員一覽表 三十七年四月

姓名	職別	擔任課程	經歷
葉在馥	教授兼系主任	造船設計，實用造船學，船體結構，船體計算及製圖，論文。	廣東海軍學校航海科畢業，美國麻省理工大學造艦系學士，在上海江南造船廠任船舶設計課主任，約廿年，後至重慶任民生機器廠技術室主任兼總工程師，重慶商船學校造船科主任，同濟大學造船系主任，交通部造船處副處長兼總工程師，交通部造船督導委員會委員，現任民生公司總工程師。
辛一心	教授	造船原理，機動力學，工程材料，彈道學。	本校電機系畢業，英國特倫大學造船工程碩士，格林尼治皇家海軍學院造艦科畢業，曾任西北工學院教授兼機械系主任。招商局工程科長兼正工程司，招商局機械廠長，船務處副處長。
楊仁傑	教授	造船設計，實用造船學，船體計算及製圖，機械設計及製圖，船體結構。	本校機械系畢業，英國特倫大學河姆斯脫學院造船工程碩士。曾任香港黃浦船廠正工程師，招商局正工程司等職。
王世銓	教授	材料力學，高等材料力學，造船原理，造船設計，造船工程，專題討論，特種船艦，電機試驗，機械試驗。	字公衡，本校唐山工學院鐵路工程系畢業，英國格拉斯哥大學造船系格林尼治皇家海軍學院造艦科畢業，曾任重慶民生機器廠正工程師，商船學校教授，交通部長江區航政局技術科科長，交通部派赴美國考察造船工程等職。
陳宗惠	教授	熱力學，輪機工程輪機設計，船用內燃機，船體結構。	本校機械系畢業，英國利物浦大學造船工程碩士，曾任九龍船廠工程師，大明實業公司工程股主任，資源委員會內江酒精廠工程師，中山大學教授，民生機器廠考工科主任，輪機設計股主任，招商局正工程司，行政院善後救濟總署漁業物資管理處修造科科長等職，現任行總漁管處專門委員兼工程課課長。
趙國華	教授	應用力學，材料力學，高等材料力學，高等數學，熱力學，流體動力學，彈性理論，機械設計。	兵工學校畢業，曾於倫敦大學機械系研究，美國米西根大學專攻力學與數學得有博士學位，歷任兵工學校，中山大學，及西北工學院教授。
龔熙曾	教授	船用蒸汽機，船用汽旋機，船用副機。	本校機械系畢業，交通部派赴美國實習輪機工程。曾任財政部中央造幣廠技士，軍政部特種車輛修造總廠代理所長，交通大學機械系副教授，國營招商局專門委員修理組組長等職。
嚴似松	助教	造船工程習題，機動力學習題。	本校造船系畢業，現任國營招商局幫工程司。
吳　鎮	助教	熱力學，輪機工程，船用副機，船用蒸汽機，流體動力學等科習題。	本校造船系畢業。
盧孝棣	助教	應用力學，材料力學，高等材料力學等科習題。	本校唐山工學院土木系畢業。
林鏡清	助教	船體計算及製圖，造船設計等科習題。	本校造船系畢業。
龔茂恆	助教	機械設計等科習題。	本校造船系畢業。

本校造船工程系系友錄 三十六年六月

民三十四級 春季班

姓名	籍貫	現在通訊處
王也勃	江蘇海門	上海復興島行政院善後救濟總署漁業物資管理處
汪應鬻	湖北漢口	湖北漢口一德街長江區航政局
林恰生	廣東新會	上海高昌廟海軍江南造船所造船課
馬珍獻	山東臨沂	上海廣東路二十號國營招商局船務處轉華二一〇輪
康 振	湖北武昌	台灣基隆港務局二樓台灣航業有限公司
許岳宗	廣東廣州	南京考試院考選委員會許公武先生轉
黃文奎	遼甯鳳凰城	青島海軍造船所
黃德懷	江蘇海門	上海徐家匯國立交通大學黃德昭先生轉
楊傳琪	湖北雲夢	青島海軍造船所
劉興懋	湖北武昌	漢口一德街長江區航政局
嚴似松	江蘇江陰	上海徐家匯國立交通大學
嚴簡休	四川合川	上海虹口民生公司碼頭民生公司總工程師室

民三十四級 夏季班

姓名	籍貫	現在通訊處
王 淮	南 京	上海高昌廟海軍江南造船所總工程師室
呂學訓	江西豐城	李國雄轉
李桂芳	江蘇江陰	上海復興島行政院善後救濟總署漁業物資管理處
李國雄	湖北江陵	上海復興島行政院善後救濟總署漁業物資管理處修造課
吳 鎮	江蘇江陰	上海徐家匯國立交通大學
吳先暘	湖 北	上海廣東路七十五號民生公司總工程師室
邵仲漁	上 海	上海廣東路七十五號民生公司總工程師室
黃建國	廣西恭城	吳先暘轉
章炎陽	江蘇江陰	上海廣東路二十號國營招商局船務處華二〇七輪
陸 熹	江蘇常熟	上海廣東路二十號國營招商局船務處
張孝鏞	江蘇鎮江	上海廣東路招商局船務處
楊代盛	四川廣安	上海復興島行政院善後救濟總署漁業物資管理處修造課
裘純堅	浙江慈谿	上海高昌廟海軍江南造船所造船課
嚴敦貴	江蘇鎮江	北四川路永安里六十四號
顧 鐸	四川廣元	邵仲漁轉

民三十五年級春季班

姓名	籍貫	現在通訊處
李嗣堯	四川巴縣	上海高昌廟海軍江南造船所造船課
林永增	福建仙遊	河北塘沽新港工程處
秦正清	四川巴縣	上海高昌廟海軍江南造船所造船課
桑增祥	上 海	上海楊樹浦底復興島中華機器造船廠
高智熹	廣東廣州	上海楊樹浦底復興島中華機器造船廠
孫嘉良	浙江定海	上海復興島行政院善後救濟總署漁業物資管理處
陳國清	重 慶	上海高昌廟海軍江南造船所材料庫
傅祥浩	湖北武昌	湖北漢口湖北省航業局

民三十五級　夏季班

朱浩德	上　海	湖北漢口長怡里一號樓上
林鏡清	江蘇無錫	上海徐家匯國立交通大學
崔冠亞	河　北	台灣高雄高雄機器造船廠

民三十六級　春季班

徐經方	安徽巢縣	南京交通部航政司
陳光玉	四川萬縣	上海復致島行政院善後救濟總署漁業物資管理處修造課
龔茂恆	四川岳池	上海徐家匯國立交通大學

民三十六級　夏季班

王墦炎	浙江餘姚	上海招商局船務處轉
何志剛	江蘇武進	上海四川中路六七〇號資源大樓中央造船公司
佘炳森	江蘇江都	上海招商局船務處轉
沈峻先	浙江吳興	上海四川中路二六一號中興公司業務課
吳思莊	安徽合肥	上海招商局船務課
邵和仰	安徽休寧	上海中國海輪公司轉
周幼松	湖南長沙	上海四川中路六七〇號資源大樓中央造船公司
武達仁	浙江定海	上海四川中路六七〇號資源大樓中央造船公司
房代叔	四川廣安	上海招商局船務處轉
凌　綸	江蘇泰縣	上海招商局船務處轉
孫　寬	南　京	上海浦東泰同碼頭招商局第三修船廠
夏純彬	四川萬縣	上海招商局船務處轉
張則徽	浙江鄞縣	台灣高雄資委會機器修船廠
張新伯	重　慶	上海招商局船務處轉
陳景堯	江蘇海門	上海福州路三三號大陸輪船行
陳伯詢	福建閩侯	上海四川中路中興公司
陳啓明	湖北襄陽	上海招商局船務處轉
陳嶸祗	四川宜賓	上海招商局船務處轉
郭可評	福建閩侯	上海徐家匯國立交通大學
章光堅	福建林森	上海招商局船務處轉
莊和齋	福建晉江	488-492 Nueva st. Manila P.2.
舒瑞蓉	四川自貢	上海虹口民生公司虹口碼頭民生公司總工程師室
傅鴻森	重　慶	上海招商局船務處轉
葛荊門	湖南岳陽	上海招商局船務處修理船
樂俊諧	浙江鎮海	上海招商局船務處轉
顧書成	四川新津	上海浦東泰同碼頭招商局第三修船廠

民三十七級　春季班

朱端甫	山東單縣	山東單縣北卅五里朱集
朱鳳翔	安徽休寧	安徽休寧石田
沈洪濤	江蘇南通	上海徐家匯國立交通大學
趙達珍	廣西陽朔	廣西陽朔興坪興昌號
劉經昌	山東單縣	上海徐家匯國立交通大學
室洪書	四川重慶	上海徐家匯國立交通大學

民三十七級 夏季班 （本屆畢業同學）

章菊仁	江蘇宜興	宜興東珠巷獅子巷口
黃家珍	安徽相城	南京中華路白酒坊十一號
王觀民	山西趙城	蘭州雲亭路一二三號
許學彥	江蘇武進	武進鄭陸橋北夏墅
張義舉		四川內江交通西路三五號
邵裕國		武進局前街五九號
高法宜	湖北鄂城	交通大學王超轉
黃學湘	湖南臨武	湖南臨武縣盧家墟轉
錢秀斌	浙江吳興	南京釣魚台殷高巷一二號
蕭篤圻	江西泰和	江西樟樹交通銀行蕭篤圻轉
傅漁烈	福建福州	上海虹口江灣路公園坊二五號
沈榮圻	江蘇泰興	南京薩家灣糧食部沈達圻轉
惠永炎	江蘇無錫	無錫新安鎮
熊松明	浙江麗水	浙江麗水中正街二八七號
張乃堯	江蘇溧水	江蘇省溧水縣畲二莊
魏道榮	福建林森	甘肅天水天水鐵路工程局材料處魏道甡轉
陳孔嘉	福建長樂	福建省長樂縣梅花鎮
朱譜智	安徽涇縣	北平外交部街四號
廖成梅	四川江津	南京中山東路四條巷一六三號
元聚山	河北沙河	南京常府街申家巷十九號
劉鴻達		上海公平路公平坊二二號
趙家珍		江西南昌芭茅巷五號
朱起祥	浙江杭州	杭州門富二橋西河下二一號
沈洪森		江蘇南通白蒲佛朵橋九號
鄒　端		北平南魏胡同甲一號
劉蔭棨	湖北黃安	南京高樓門峨嵋路第四號
張誦法	江蘇宜興	上海斯高塔路積善里十六號
許松生	江蘇丹陽	江蘇丹陽縣前街六十六號許宅
郭善德	河北獲鹿	河北石家莊保晉南街二十號同裕成
周柏泉	浙江杭州	上海楊樹浦底中紡十七廠職員宿舍七十五號
劉世楞	湖北棗陽	上海餘杭路上海第一毛紡織廠劉益遠轉
梅慶奎	遼寧遼陽	南京南昌路三九號
彭鑑撕	四川南充	四川南充雙河鄉
桂舉才		上海江灣公園坊九號
謝有成	江蘇松江	江蘇松江新橋鎮桑永興寶號轉
杜天相	遼寧遼陽	天津第十區柳州路慶合里十一號轉
周　巍	福建壽寧	南京（二）城左營四一號
楊煥生	福建福州	上海提籃橋長陽路五十弄孟晉里九號
陳友德	福建永定	重慶民生路同仁堂
皇洪書		重慶江北觀陽門木關街七號
李世濮		湖北武昌老育嬰堂街六號
孟廷保	山西德源	上海塘沽路三四九弄八號
周　嶽	江蘇無錫	上海天本路二九二號

田元荆　　　　江蘇口岸李存綱轉
余爲江　廣東揭陽　暹羅曼谷耀華力路三三〇號轉 No. 330. Jawarad Road, Bbngkok SIAM.
陳孝良　　　　福建福清城內澄廬
陳　燦　　　　青島中紡公司第四廠李綺珉轉
楊　在　　　　西康越嶲縣鳳文街一六號楊修德轉
宋仲良　　　　無錫褚店橋
林　圭　　　　上海巨籟達路巨籟村二號戴宅轉
程毓文　無　錫　寶興和鄉鎮在横街底
丁寄中　四川合江　四川合江白米鎮郵轉裴房
秦錫豢　山東定陶　上海楊樹浦龍江路中華第一紡紗廠吳照山轉
王本立　河南羅山　湖北禮三里城
宫　明　湖南湘潭　河南長沙稻谷倉翰廬
祝源鈞　浙江杭州　杭州清波門直街一〇三號
吳秀恆　四川江津　重慶江北渡鄉
潘介人　江蘇宜興　宜興東廟巷城脚朱宅
陳求孝　浙江諸暨　南昌中央銀行
蔡繩武　浙江德清　浙江德清或上海（二〇）衡山路九一二號A
王　逸　江蘇太倉　上海華山路一一六七弄一〇號或太倉城內大橋南九三號
蔡卓如　浙江吳興　蘇州高師巷二四號
戴恩祉　江蘇太倉　太倉璜涇東市
牛書策　山東德縣　山東德縣城西牛家店
方　胤　四川溫江　四川成都新西外文家場
嵇訓核　浙江吳興　浙江吳興西門虹橋弄九號
李維楊　江蘇崐山
劉咸鼎　安　徽　上海虹口哈爾濱路一亘五十號
梅零生　江蘇常熟　上海天平路一一六號
馬肇璞　安徽安慶　安慶宣家坡十二號
周丕擶　湖北黃岡　漢口陽邏金台崗周家六房灣

民三十八級

干長言　居平雄　江遠熺　李舒平　李樹熺　沈玉麟　吳爲璞　胡惠民　范思翔　范滌源　孫榮生
張國權　陶定民　曹　岵　陳　璉　陳式亮　郭之笏　黃旭華　裴紀吾　黃達先　黃蔭燊　彭家銓
舒先遂　楊光昇　楊懷謙　蔡定邦　盧世璪　顏家驥　關存德　楊家盛　姜次平

民三十九級

王世榮　王漢蓀　卞燮昌　尤子平　朱祺瓏　李深祥　吳天遺　周　琪　周憲洽　范崇濟　俞伯良
姚光晞　姜炎龍　徐禮典　莊國屛　許大徵　倪天祿　陸家訓　陳　鑅　陳阜生　陳葢霖　郭英傑
黃筱農　楊子寧　楊沛棠　裴克健　劉恩第　諸鼎文　鮑永勵　練　淦　嚴廣森　權義銘　沈同文
宗　威　祝修本

民四〇級

丁惠曾　田信鴻　林　潛　孟樹模　邱永壽　秦關湘　康國藩　施　強　吳普勤　黃友仁　張　陞
陳止亞　陳秉中　沈發圻　張鼎華　陳　煊　張祖浩　楊淮熙　董仲完　董勁予　赴華蓀　蔣國雄
鄭緒雲　謝鳴韜　瞿守恆　嚴祖矽　戴洽本　顧家樑　裴恆審

華泰

機器造船廠

WHA TAI IRON WORKS LTD.

修理船舶並修造各種新式機器鍋爐等件以及翻砂冷作木漆等包工

地址：上海霍山路三〇九號

電話：五〇四二二

本廠開設於民國九年間

編後

一、本期刊物由於籌備較晚及稿件不齊一再延擱以至於今特此致歉

一、本期封面圖照爲楊家盛同學所贈敬致謝忱

一、槳在馥先生「造船名詞」，是集日常所見輯譯於此。著者以之忙之餘，收集所得，些許遺漏在所不免，當爲讀者諸君見諒。

本刊實願吾國造船界能肇起訂定「造船名詞」，以配合工程及學術之需求。本期刊載此篇聊示倡議之意。

交大造船

第二期

中華民國三十七年

編輯者：交通大學造船工程學會

發行者：交通大學造工船程學會

印刷者：中國新光印書館 上海武定路一九〇弄

發售者：交通大學交大服務處及全國書店

每冊實售國幣 萬元

《交大机械》简介

《交大机械》(*Chiao Tung Mechanical Engineering*)于 1948 年 4 月在上海创刊,系机械工程类期刊,半年刊,计划每年校庆日(4 月 8 日)、国庆日(10 月 10 日)各出一期。中文刊名为时任交通大学校长、中国机械工程学会总会会长程孝刚题写。该刊由交通大学机械工程学会编辑出版,主编为梁鉴源,编辑有章炎辉、李嘉康、陈彦士。本卷收录第 1 期。

1921 年,交大机械工程科创立,为国内高校首个机械工程科,以美国普渡大学教授狄克生(Dickenson)为首任机械科长(即系主任)。1929 年,机械工程科扩展为机械工程学院,王绳善为首任院长。1937 年,交通大学改隶教育部后,改为机械工程系,隶属于工学院,由胡端行执掌系务。①1948 年,机械工程系为激励师生奋发自强,充实学识而创办《交大机械》,"为教授暨校友交换研究心得之场所,亦同学讨论学术之园地",介绍机械工程系动态,校友、同学生活,增强彼此联系。②

创刊号刊出机械工程方面的研究性文章,探讨关于引擎功率的问题,机械工程学界国内外的新动态,介绍二战中德国蒸汽机车的新发展,燃煤燃气轮的新发展,美国著名机械工程师 Stephen Prokop Timoshenko 小传。另外登载了机械工程系概况,以及教员录、同学录,以便校友及各大学工学院了解机械工程系的建设情况、师资力量及学生培养情况。

该刊知名撰稿人有校长程孝刚教授,工学院院长王之卓教授,系主任黄叔培教授,系主任、训导长柴志明教授等。

---

① 编辑室:《本校机械工程系概况》,《交大机械》1948 年第 1 期,第 73—74 页。

② 编者:《发刊辞》,《交大机械》1948 年第 1 期,第 3 页。

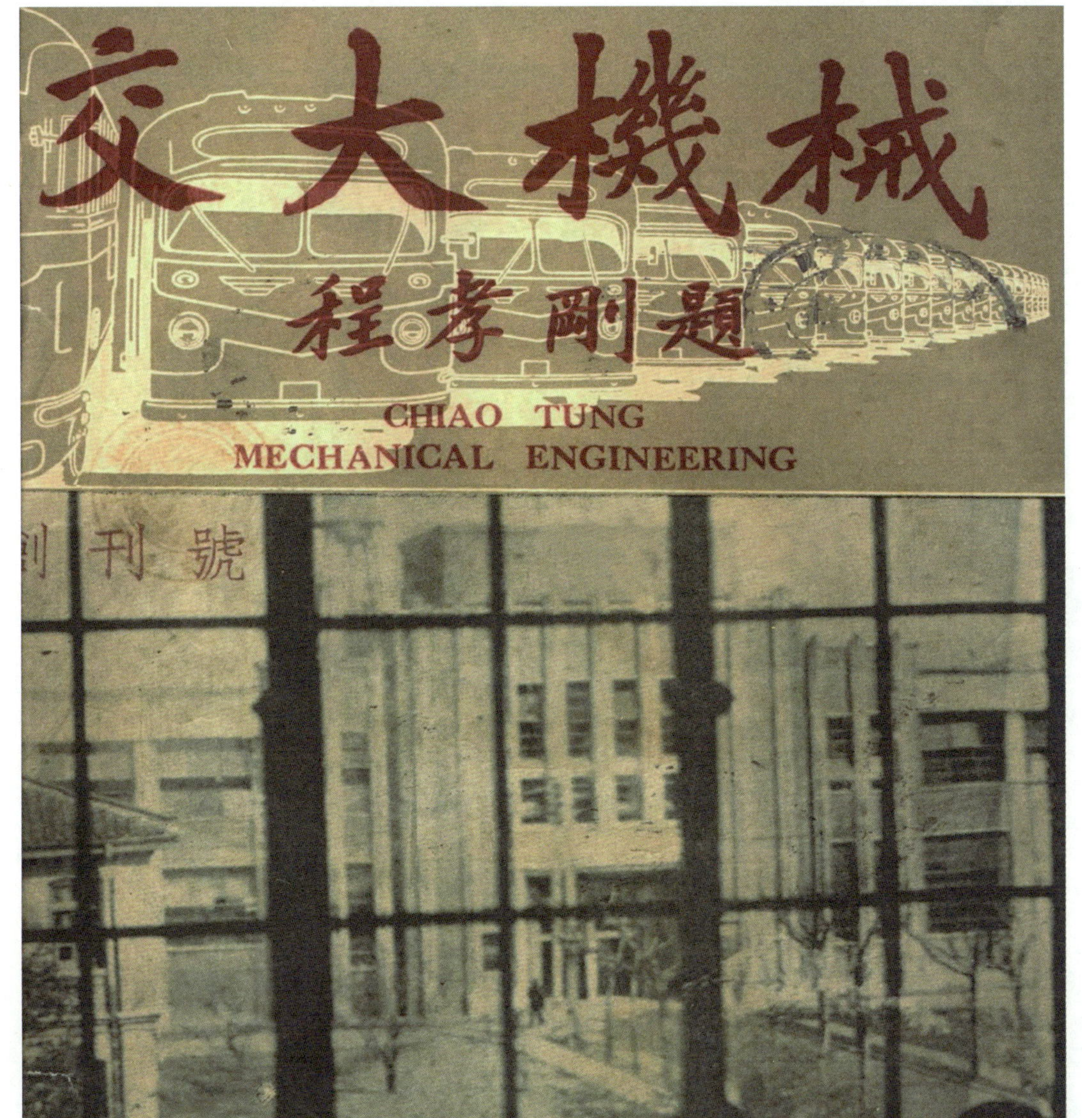

國立交通大學機械工程學會編印

中華民國三十七年校慶日出版

交大機械

學期刊

創刊號

（三十七年四月八日）

國立交通大學

機械工程學會

·出版委員會·

主編　梁鑑源
編輯　章炎暉
　　　李嘉康
　　　陳彥士
總務　馬　瑜
廣告　周士炎
　　　毛鈞達
　　　王兆琨
出版　鄭世同
　　　費鈞望
　　　張文幹
會計　裘憲乎

編輯室　上海交通大學老南院228號

印刷者　中國科學公司

CHIAO TUNG MECHANICAL ENGINEERING

Vol. 1

Published Termly by

M. E. ASSOCIATION OF CHIAO TUNG UNIVERSITY

目錄

發刊辭——編　者（3）

機械工程師的培植——王之卓（4）

機械工程之展望……程孝剛（5）

超充賽跑自動車引擎所增之工率——黃叔培（11）

燃煤燃氣輪最近之發展——胡嵩嵒（15）

二次大戰中德國蒸汽機車的新發展——柴志明（21）

鋁銅合金歷久變硬（Age-Hardening）之新理論——楊倘灼（28）

噴射汽油引擎——張　爗（32）

公共汽車之保養與修理——紐澤全（38）

A General Description on Electrochemical Finishes of Aluminium Products——C.C.Pan（43）

喬氏(Jourdain Monneret)氣軔——王守恆（47）

工具機之標準轉數——周修齊（50）

蒸汽機車之牽引力——殷文友（55）

漫談課程問題——吳金堤（63）

近代蒸氣工程之發展——吳克敏（65）

今後的燃氣輪及其新應用——邵隆彪（67）

風力發電機——聶　平（70）

介紹——S.P. Timoshenko博士——何家駿（71）

本校機械工程系概況——編輯室（73）

本校機械工程系專任教員錄——（79）

同學錄——（82）

發刊辭

·編　者·

吾國工業落後，物未盡用，遂爲各工業先進國家最理想之產品傾銷市場。於是外貨充斥，漏巵億萬，民生凋敝，經濟日衰。故欲謀國家之富強，非從「工業化」着手不爲功。

工業之種類萬端，然皆以機械工業爲其基幹。蓋機械工業之範圍至廣至大；一切工業，無不與之息息相關。大至船艦、飛機，小至儀器、鐘錶，皆須由機械人才爲之設計、製造、改進。我國在此建設初期，機械工程師之責任尤爲重大。

我交大機械系自民國十年首創以還，人才輩出，成績卓著，在中國工業史上有其不可磨滅之一頁。各屆校友，悉本我校堅忍實幹之傳統精神，堅守崗位，不求聞達爲建設國家而流血流汗，披荊斬棘爲吾國機械工業開闢大道。吾在校同學誠宜奮發自勵，力謀學識之充實，以維護此光輝之歷史。此即編印本刊之動機也。

本刊爲教授暨校友交換研究心得之場所，亦同學討論學術之園地。間或介紹本系內容，使社會對本系有所認識；或報導校友動態及同學生活，以增進彼此間之連繫。編者才識淺陋，恐未能使本刊收預期之效果。尚祈社會先進暨前輩校友加以指正是幸。

機械工程師的培植

王之卓

工程的定義是:『組織人力,運用自然界的物質與能力,以增進人類幸福的一種技術。』這個定義已經沿用了一百餘年,直到今天,仍被認爲是“工程”兩個字正確的解釋。所以工程包括三個要素,第一是人,第二是物質及能力,第三是最後目標。

現在的工程師,尤其在工程教育的階段當中,往往專重在物質及能力的運用方面,而忽略了人與人間的科學。從純粹科學經過技術,經過起生產,以至於分配,實在是一個整體的學問,可是很少有人是這樣研究的。這種人材的缺乏,是工業上的一種損失。美國某教授說:『凡科學應用於實用時,所涉及的各方面,做工程師的,都應該有相當的認識。必要時,他須有能力可以協助醫生來管制疾病的傳染,他可以會同銀行家來管制金融,或者協同商人來組織貨品的分配,襄助農人來播植食品,以至於幫同管家的太太,來料理家務。』這並不是說,每一位工程師,在各種方面都得在行,但至少工程師們必須有互助與組織的能力,共同作多方面的發揮,他須能够連繫人羣,正同他能够運用物和力一樣。

機械工程是工程方面最基礎的學科,牠同工業生產的關係,比起其他工程來,尤其來得密切。要達成一個機械工程師,同機械學科並重的科目,就是管理。尤其在中國,工業方面的失敗,失敗於技術方面的較少,而失敗於管理方面的較多,是一件明顯的事實。社會同工業的組織愈進步,管理同行政的作用,也就愈形重要,在這種急速轉變的情況當中,實業的管理,不但影響於那種實業的本身,而且隨時都在直接影響到整個的經濟與社會環境。所以不論大小部門,無不需要有幹練的管理與行政人材。狹義的工程師,往往習慣於必然的事理,所謂事有必至,理有固然。照理一切都應該可以用單位來衡量輕重,用數學或者公式來推論十足把握的結果,這也就是工程師經常所訓練的精神。但在另一方面講,種種不可捉摸的因素很多很多,把握着一小部份來作一個自信的判斷,往往遭遇到極大的困難。自然,單純在極度專門一方面去致力的,也一定有他不可磨滅的供獻,但是這只是工程師的一個支流,而不是工程師的全面。工程師全面顧到的,是要包括學理的應用,效率的生產,一直到有效的分配。目前在我國各種生產事業,大部份停滯的時候,特別感覺到後者——分配——的重要。我們現在接收美國或者日本的物資,直接感到的就是分配同運輸問題,拿一個現象來講:一噸物資,由黃浦江船上遞送到上海工廠的費用,常常會超過該物由美國運到上海海岸的運費,這當然是極不合理的事實,要克服牠,也是需要工程師們的努力的。

工程師所應該深涉的方面,固然是很多,可是培植這樣一位工程師,決不是樣樣都需要由學校裏的講授中得來的。自然,在學校裏應該有一種準備同培養,使得離開校門的工程師,最低限度能够在這許多方面有接收學識的能力與慾望才行。目前美國的工程教育已經深深的感到這種需要,一致主張加强所謂 Humanistic Courses。可是一個工程師所需要學習工程本身的科目,已經極其繁鉅,勢難再多加增,於是有人主張儘量減少過於專門的學科,有人主張延長大學畢業的年限。我個人覺得工程方面課程,可以減少的,並不太多,延長大學畢業年限,恐怕也不一定能够達到上述的目標,因爲學校的時間實在太短,縱使延長一二年,也並不能够把所有的學識都學得週到,所以我們應該認爲對於工程師的培植,學校裏只盡一個基礎的部份,其他一部份是要靠學生就業後,業務機關對他們有計劃的加以訓練。

說到這裏還有一個要點必須加以提醒的,一個大學生在學校讀書的時候,要使他求智的效率增大,必須要使他能够自動的用功,自動用功的原動力,是往往由他自己所能親自感覺到的需要而發生的,否則受學校的管束,爲分數而努力,終於是毫無益處。譬如在工程的課程裏面,原有工程經濟與工業管理兩科,試問有幾多工程學生認眞的去學習?這個原由,就是因爲學習的人,他自己沒有能够體會到這種功課的重要性,只當作是例排的科目而已。如有中途在工廠做過幾年的人回到學校去讀書,他一定會有不同的注意力了。爲補救這種缺陷,利用假期在工廠裏見習,當然是有十分必要的。

學問同經驗本來是沒有窮盡的,培植一個青年工程師,尤其是機械工程師,一半靠學校,一半要靠事業機關同工廠,學生初出學校到各事業機構去工作,主管方面應當擬訂一個訓練的節目,使他能够瞭解那個事業單位的整體,啓發青年工程師潛伏的能力,然後再指定到一個他所專長的部門去作業。在這個時期裏,主管方面隨時在察驗他的材能同趨向,而在青年工程師方面,是在繼續的學習,同時漸漸的確定他本身的志趣。只有這樣,才能够漸漸的培植出各級領導的工程人材來發展我國的工業!

機械工程之展望

程 孝 剛

機械工程是一種歷史最悠久的技術。自從人類會製造器具以來，槓桿，楔，輪軸，等定理就一直被利用着。可是幾千年來，都只是用人力，畜力，或簡單的風力或水力機械。因爲原動力不大，速度不高，所以製成的器具，旣不精密，又欠堅固。自從蒸汽機發明以後，原動力量比之從前大過數十百倍。因此利用這種原動力的機械，就有了很大的進步。嗣後科學日益發展，機械工程常居於領導地位，並且從機械工程的領域內，分出若干專門的學科；而其他任何工程的基礎，亦無不倚賴機械。故現在修習機械工程者，常覺目迷五色，有時似乎機械工程，無所不包；有時又覺得在多種其他工程事業內，機械僅居附屬地位，不知道怎樣去獨立發展。因此，我想把最近機械工程學的發展過程及趨勢，加以檢討；使研習此項學科者，得明瞭其眞實內容，並决定自己將來研究發展的趨向。

機械工程的內容，若就應用上說，眞是千頭萬緒，無所不包。從家庭中的零星物件，到工廠中千萬種機器，以至汽車、火車、輪船、飛機、發電、開鑛、織布、耕田，沒有不是借重機械的。所以逐項討論，就是累牘連篇也說不完。祇可就工程的性質，區分成幾個項目，然後加以討論。惟有原動機和工作母機兩項，是任何工程的基本，所以特別提出，各別加以檢討。

(一)原 動 機

原動機大別可分爲水力、風力、潮力、熱力四種。

水力發電應該同時顧及航行、灌溉、防洪三項。有時發電只能算做副產品，但有時却又是主要目標，要看地理環境而定。現在世界上已發展之水力，尙不及火力之多。我國水力富源極鉅，但發展尙少。西南各省之水力，尤爲充沛，可至數千萬馬力；惜受地理之限制，離開消費市場太遠，難以利用。將來發展之趨勢，大致不出兩種途徑：其一爲開發當地的工鑛業，儘量利用電力來做開礦，製煉和運輸之用；其二爲增加輸電的距離，使供應半徑擴大，以達消費市場。目前最高電壓，僅二十餘萬伏，輸電距離不能逾五百公里。倘輸電技術進步，能遠達一千公里之半徑，則供電的面積，照平方比例增加，可以擴大四倍，西南的水力，就可能有飛躍的進展。此外海河、黃河、淮河、長江、珠江、浙江、閩江、松花江流域，如整理河道，也能得鉅量的水力副產品；數百萬匹馬力，當可不成問題。我國之煤源、油源均頗貧乏，故水力原動機值得重視。

風力機通常為小型，僅供農家打水、磨麵之用。世界最大者，不過一千馬力。利用的困難，當然係因為風源沒有把握。利用水力可用築壩方法來儲蓄水源，但是對於風力，却沒有方法來儲蓄。余意華北鑿井灌田者甚多，于右任先生在陝西曾倡十年萬井之議，而華北風力亦較合用，故如有志於提倡風力機以取井水灌田者，應向陝、晉、冀、魯各省求謀發展。

潮力機的利用方法，係利用高潮，將水灌入蓄水池；然後於低潮時放水，利用低壓水輪來發電。因為地形和潮水高度不易配合，現在世界上尙無此種動力廠。

熱力機現在佔據着動力界的寶座。總馬力最大，應用最便利。共分兩大類，其一是蒸汽機，其二是內燃機。

蒸汽機再分兩大類，其一是往復機，其二是渦輪（透平）。往復機在初期曾經盛極一時，但因每馬力之重量特大，佔據空間特多，故每具少有在五千馬力以上者。現代之電力廠中，往復機殆已絕迹；僅輪船、火車尙以往復機為大宗；然因內燃機之急速發展，已有取而代之之勢。渦輪之效率，高於往復機，但必須有冷凝器，所以鐵路機車，因行動時無冷水，故絕無採用之可能。

蒸汽機的燃料為煤或油。用油做鍋爐燃料，可說是暴殄天物，非不得已時，不宜採用。煤炭以製成煤粉吹入燃燒為宜；如此則火力熾盛，燃燒完全；惟對於灰分結成之琉璃塊末，必須除去；否則卽易發生困難。蒸汽的原料，通常都是水，但有輭水、硬水、生水、蒸溜水之別。最好是蒸溜水，次是輭水，切忌用生水，硬水；否則鍋爐的壽命就要縮短，而且時常有停頓洗鍋的麻煩。也有人用其他原料如水銀，膠質等以代替水的，但不常見，亦不便利。蒸汽的壓力，在前三十年，以二百五十磅/方吋為高壓，但現在則壓力可在千磅/方吋以上。尤其當採用焰式單管鍋爐時（Single Tube Flash Boiler），壓力可增至一千八百磅方吋以上。高壓的好處在能減低每馬力的重量，和節省空間。至於熱效率的好處，則不甚顯著。

內燃機也分兩大類。其一是汽油機，其二是柴油機。從前有一種中間性的牛柴油機，現在已不常見。汽油機的燃料是輕油，汽缸壓力低，機件比較輕。柴油機用重油，氣缸壓力高，機件比較重。所以重量必須減輕的場合，如汽車、飛機等，以用汽油機為宜。而輪船、火車等，對於重量不甚斤斤計較，以用柴油機為宜。近年高辛烷值 (High Octane Number) 的汽油，大量應市，氣缸壓力稍為增高，壓縮比率則增加較大；故汽油機的效率，亦逐漸增高。惜高辛烷值汽油的價格仍甚貴，故現在尙只在飛機上應 用。將來此種油價落低後，勢必為汽車普遍採用，殆無疑義。

內燃機比之蒸汽機，固然熱效率高出甚多；但因為都是往復機，故大動力廠不能採用。最近大戰末期，有氣輪出現，與噴氣管同時應用。氣輪的原理，並不新奇；惟熱度太高，材料不易承受，現想已有新材料，惜尙係工業秘密，不能知悉詳情。

(二)工作母機

通常之車床、刨床、磨床、銑床之類，都稱爲工作母機。因爲別種機器，都是由這些母機製造出來的。所以工作母機，不但是機械之基礎，也是一切工程的基礎。關於工作母機，有三點值得檢討：

(1)精度。 由母機所製成的機械，除非特別加工，其精度不會超過母機的精度。若生產品仍是工作母機，則有一代不如一代的的危險，所以檢驗之時，應特別注意；如有遜色，應卽予以加工糾正。以前檢驗的儀器，只能量至千分或萬分之一吋，在有些精緻的場合，尙嫌不夠。現在量規可能量至百萬分之一吋，故精密程度，大有改進。

(2)專用自動機。 前面所舉的車床等，都是通用機械。但隨着大量生產和專業化的潮流，工作母機也專業化起來，而且儘量是自動式。所以專業化的工廠，和普通機器廠，大有分別。再加以樣板(Template)和矩格(Jigs)的應用，在專業工廠內，並不需要很熟練的技工，也可以製造精密的產品。不過設計此項的專家和安排(Setting)的的技工，却非有特殊的手藝不可。

(3)刃具。 從前用高炭鋼做刃具，削切的速度很慢。後來用風鋼，削切速度可增二十倍。現在用炭鎢合金，削切速度可增至二百倍，等於一種工業革命。此次德國準備大戰，儘量用炭鎢刃具；據說準備的時間，竟縮短兩年之多。炭鎢刃具之應用，影響工作母機之設計，必需特別堅强，方能勝任所負的新任務。又炭鎢刃具之本身，因其太硬，故製造頗爲困難。近年金屬粉鍛製的技術，大有進展，亦有助於此項新材料的發展。(參閱後面鍛冶工程一節)。

以上就兩種基本機械，加以檢討。以後叙述一般機械，只就其技術性質分類，而在討論時，纔涉及應用方面。

(三)壓縮工程

液體是不能壓縮的，所以壓縮工程，限於固體與氣體。

固體壓縮，最通常的是打包工業和榨油工業。最近有壓縮木料的技術，使木料經壓縮後，增加其堅强性。此項應用，現方萌芽，以後有發展的可能。

氣體的壓縮，最普通的爲壓縮空氣，可作爲原動力以推動工具；如空氣鎚，空氣鑽之類。此項小工具，不但在鉚接工作上應用，且使採鑛工程及隧道工程，增加生產和效率。或用於運輸，如從深井打水，或吹送郵件、煤粉之類。或用於起重，如吊車之類。此外倘有兩種用途：其一爲沉箱及潛水工作，如無壓縮空氣，卽不可能。最近高空飛行，利用封閉艙，亦與沈箱性質相同，而功用相反。因爲沉箱是抵抗外來之水壓力，而飛機艙則爲補救低壓之大氣。其二爲製氣工業。先將空氣壓縮，經過循環冷却，使其液化。然後應用沸點不同的原理，分別使養氣氮氣等逐步氣化。由此建立的工程爲氧氣工業，應用於燒焊和飛行。又爲肥料工業和軍火工業的基礎，因爲氮是肥料和火藥的主要成份。又空氣中的稀有氣體，亦可藉此法分析出來應用。

由壓縮阿摩尼亞或二氧化碳而得冷氣，因而成立製冰工業，空氣調節工業，和冷藏工業。而間接又成爲漁撈工業，罐頭食品工業和屠宰工業的基礎。此數項工業，與國計民生大有關係，可使人民增加「免於飢餓的自由」。在我國必有大量發展的機會，值得我人的注意。

(四) 運輸和運搬工程

長距離的叫做運輸，短距離的叫做運搬，都是機械工程中的重要項目。

運輸的工具是輪船、火車、汽車、飛機。這四項工具，有一種公共的特點，就是都必須自帶原動機。輪船的噸位、體積都很龐大，任何原動機無不相宜。機車則受重量及空間之限制，本不應用重量大的蒸汽機。但因負荷隨時變更，震動異常劇烈，又以運行地區遼遠，維持修理更屬不易。故經過百年的變遷，仍以簡單的蒸汽往復機，佔絕對優勢。近年柴油機積極發展，始有逐漸改用柴油機車的傾向。汽車運量更小，其原動機所能佔之重量，更受限制，故以汽油內燃機爲最宜。柴油機雖亦可用，但究嫌太重，故不能普徧應用。飛機翺翔天空，原動機的重量，所受限制極嚴，故普通汽油機尙嫌太重，而必須利用高辛烷的汽油和高的壓縮比率的汽油機。

因爲必須節省重量的緣故，輕金屬在運輸工具上首先被普遍利用。最初是飛機，次是汽車，次是鐵路車輛。此外强力鋼(High strength steel)，壓鈑 (Pressed sheets)，整體鑄件和銲接等的推廣應用，也都是以節省爲目標的各種方法。

流線型也是運輸工具的產物。最初模倣魚鳥的身體，以減輕前進的阻力。後來經航空工業的研究，並建立理論，才應用到火車和汽車。在大氣中的速度，若超過五十公里，空氣阻力就很可觀。何況現在火車和汽車的速度，已高至一百二十公里。至於五十公里以下的速度，也有人提倡流綫型，那只是廣告，不是工程。

運搬機有吊車(Crane)，循環帶(Endless belt conveyor)，循環斗 (Endless bucket conveyor)三種。吊車係將物吊至高處，或吊起後再移動地點。循環帶適用於斜坡，其動作係連續性的。循環斗適用於流質和不潔淨的物體(如灰渣等)。其動作有連續性；又能運物直上。電梯亦係一種吊車，因爲運人，所以必須有特殊的安全設備。

邦浦(Pump) 亦係運搬機的一種，雖然因爲應用廣泛，自成一類。邦浦可以運液體，亦可運氣體，以離心邦浦之應用爲最廣。邦浦應用於農業和應用於工業同樣重要。我國農民所用之龍骨車，亦爲邦浦之一種。

(五)接 合 工 程

接合工程分鉚接、銲接、兩大類。

鉚接用手力、風力、或水力。手力只能形成釘頭，不能擠緊鉚釘的中間部分，使與孔相密合。水力則兩者都能做到。風力則介乎兩者之間。故重要的接頭，必須用水力鉚釘機。不得已的時候，亦應用風錘鉚接。只有不重要的地方，才可但手工。

因爲鉚接不能滿意，而鉚釘頭又增加無謂之重量，故改用銲接。最初用燒焊。燒焊雖然能減少鉚釘頭的重量，但依然很麻煩。有氧氣罐，有電石罐，還要帶着兩根管子。所以後來又改用電焊，只須一根電綫，就可以到任何地方去工作，方便多了。可是沒有電源的地方，就祇可仍用燒焊。

燒焊和電焊的好壞，靠手藝，也靠焊桿(Welding rod)的成份。當金屬熔化時，總不免氧化，故焊桿必須附有焊藥。使氧化物不至夾在接筍當中，否則接合便不牢固。近年有種種新法製造各種成份式樣的焊桿，和種種的新銲藥，所以進步很快，應用日廣。

(六)範 鑄 工 程

範鑄工程，普通叫做翻砂，包括鐵、鋼、和非鐵金屬。近年冶金工程學發展，關於原料方面另有專家，但在製造方面仍屬機械工程的範圍。

範鑄生鐵是古老的手藝。但冷鑄卻比較新。當鐵汁與傳熱體接觸，而驟然冷却時，其表皮硬化，但內部仍保持普通性質。此項用途，以鐵路貨車車輪爲大宗。鑄造此種車輪，成一種專門工業。我國對於此項手藝，雖曾有人嘗試，但尙未達實用階段。離心鑄造是另外一種新的技術，可以節省原料，工資，而得較佳之出品，應用於生鐵管爲最廣。但在我國與冷鑄情形相同，尙待吾人之努力。

馬鐵(Malleable Iron)鑄件用途很廣，比鋼製品耐用。我國也沒有專門工廠。倘若有人願意從事，是前途極有把握的工業，因爲銷場是不成問題的。

鑄鋼工業，國內已有萌芽，可是大件還沒有把握。小的鑄件是必需品，但大的鑄件是經濟的產品。因爲若用小件拚合而成大件，勢必用鉚接或焊接方法，其過程中間有鑽眼、拚合、鉚焊等工作，費工費料，而成品反而較重、較不結實。若能一氣鑄成大件，其利益是多方面的。近年美國的最大件鑄品爲機車床架，包括底架，汽缸橫樑，及其他零件，共有十幾噸重，眞可算可算得驚人的成就。若用零件拚合，大小必有幾百件之多。不過這種嘗試，必須有絕對把握，否則一有毛病，就必須全部廢棄，損失不貲。

青銅的鑄造，是我國馳名世界的工藝。自夏、商、周三代，以至於明朝，綿綿不絕。但近來反而沒落了。最初的產物，都是工業應用的東西。後來精益求精，就成爲藝術品。現在是工業和藝術都不振作。試翻閱外國的書籍，其中青銅的配合公式，多半是中國的，但是我們呢，久已數典忘祖了。

錫合金和鉛合金的『五金』(Babbit)，用在轉動軸的襯瓦上，是工業上的普遍必需品。這些原料，都出在中國。但我們還要買外國貨，眞是工程師的恥辱。我曾經見過從外國買來的錫塊，上面鑄有「中國製」字樣，眞令人啼笑皆非。

(七)鍛 冶 工 程

鍛冶的工作分爲輾、壓、抽，衝、剪、模打、和各種熱處理。

鍊鋼廠大抵附帶有輾廠，把鋼錠輾成圓條、方條、角鐵、鋼軌或鋼鈑。這是標準化了的技術。抽(Drawing)是製管子和鋼絲的技術，也是標準化了的技術。因此建立的有管子工業，釘針工業、纜索工業等。剪衝(Punching)，壓(Pressing)，和模打(Die forging)是造幣工業，構架橋梁工業的基本。我國喜歡用證章、奬章 勛章等，其製造手續應歸入此類，將來也許會成爲一種專門工業。

衝擠(Extrution)是另外一種技術。因爲比較輭的金屬，不必用抽管子的手續，只須衝擠以後，就成爲管子。普通用的牙膏管子，就是這樣製成的。在抗戰的時期，因爲鋼管子來路斷絕，國內又不能自製，於是有人用衝擠的方法，做出鉛管來應用。是一樁值得提起的有意義的事。

熱處理(Heat treatment)是鍛冶工程的靈魂。有多種的產品，若不經過熱處理，就等於廢物。熱處理包括(一)堅化(二)韌化(三)表面堅化(四)除去內部應力 (Internal stress)(五)軟化等。近年各種新方法，新材料不斷應用，值得從事鍛冶工程的人們，嚴密注意。雖然這也是冶金工程的領域。

金屬粉壓烤(Powder Metallurgy)是一種最新的技術。其方法是用一種或多種的金屬粉(有時也滲入非金屬粉)，放入模內，用大力壓製成形，再放入爐內燒烤。但溫度不至使主要的金屬粉熔化。經過若干時後，即成爲製成品，此項方法，能使各屬金屬的滲合，或金屬與非金屬的滲合，恰到好處；且使各種不能化合的物質，滲合一起，而其成品則與化合者無異。前述之炭鎢刃具，卽用此法製成。現在巳有千百種此項出品，且其發展一日千里，有異常光明的前途。

結 論

前面檢討的結果，可以知道有無數種工業的基本，都是機械工程的結晶。我們自然應該選擇其中的一種，或相近的幾種來精益求精。我寫這篇的用意，就是使選擇的人，可以得到些參攷資料。

超充賽跑自動車引擎所增之工率

黄 叔 培

自內燃引擎發明以來，工程師即努力設法，求在規定活塞排量限度之內，得到工率最大之引擎。在此過程中，超充 (Supercharging) 方法最爲各方所注意及研究。超充方法，即將高於大氣壓力之氣體充入氣缸，使氣體之重量增加。自動車引擎之最先應用超充方法者，爲賽跑自動車(Racing Car)，近年來尤爲普遍。賽車章程嚴格規定活塞排量之限度。應用超充方法之目的，即在此限度之內增加引擎之工率，使車輛之速度增高，至其效率之高低，則爲次要問題。在 1938 年以前，美國之賽車章程僅規定一種活塞排量，適用於各種引擎；但在該年，章程即加修改，限定普通引擎之活塞排量爲 275 立方吋，而超充引擎之活塞排量僅爲 183 立方吋。可見該時工程界已承認在同一活塞排量之下，超充引擎比較普通引擎可以多生 50% 之工率。且自該年以後，超充引擎改進甚多，故其所增之工率超出此數甚遠。

玆將普通引擎及超充引擎作詳細之比較。比較時須有以下三種假設爲根據：(1)二種引擎之溫度限度，如進氣溫度，壓縮溫度，及轟發溫度相同。換言之，即二種引擎應用同樣之燃料，且普通引擎之壓縮比例與超充引擎(包括超充器內之壓縮)之壓縮比例相同。(2)超充引擎排氣之壓力甚高，其所生之工率足以供給超充器之需要。(3)二種引擎皆應用等容量四衝程循環。

見第一圖及應用普通熱力學之符號。

在普通引擎(實線圖)；

Q_1＝每循環加入引擎之熱量。

V_1＝氣缸之總容量。

V_2＝燃燒室亦即餘隙容量。

V_1-V_2＝活塞排量。

J ＝熱力之機械當量。

η_1 ＝循環之熱力效率。

L_1＝每循環所作之工。

由熱力學得

$$\eta_1 = 1-\left(\frac{V_2}{V_1}\right)^{k-1} \qquad (1)$$

K＝壓縮線及膨脹線之指數

$$L_1 = J\eta_1 Q_1 \qquad (2)$$

但每循環加入引擎之熱量Q_1係與活塞之排量及進氣之壓力成正比例，而與進氣之絕對溫度成反比例。

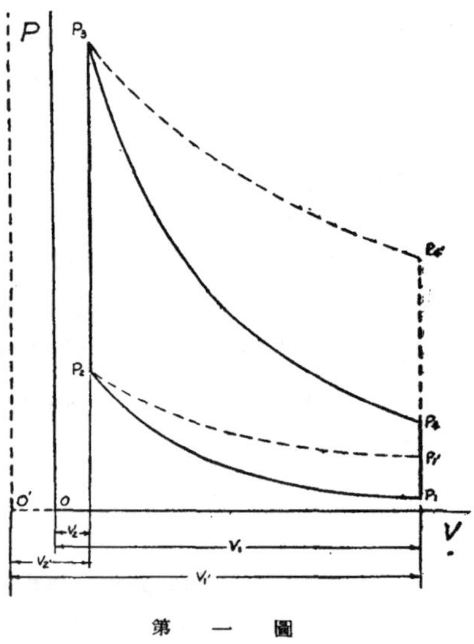

第 一 圖

$$Q_1 = CP_1(V_1 - V_2)\frac{T_0}{T_1} \quad \cdots\cdots(3)$$

$$L_1 = CJ\eta_1 P_1(V_1 - V_2)\frac{T_0}{T_1} \quad \cdots\cdots(4)$$

得 $$L_1 = C(V_1 - V_2)P_1 J\frac{T_0}{T_1}\left[1 - \left(\frac{V_2}{V_1}\right)^{k-1}\right] \quad \cdots\cdots(5)$$

在上公式，

C = 恒數。 P_1 = 進氣壓力。

T_0 = 氣體標準絕對溫度。 T_1 = 進氣絕對溫度。

茲參考第一圖（虛線圖）將超充引擎之相當因數列下

P_1' = 超充之氣體壓力。 T_1' = 超充進氣絕對溫度。

Q_1' = 每循環加入超充引擎之熱量。 η_1' = 超充循環之熱力效率。

V_1' = 超充引擎之氣缸總容量。 V_2' = 超充引擎之氣缸餘隙。

$V_1' = V_2'$ = 超充引擎之活塞排量。 L_1' = 每循環所作之工。

超充引擎之 V_1' 及 V_2' 係與普通引擎之 V_1 及 V_2 相當。此四項容量之相互關係須能滿足以下之方程式：

$$V_1 - V_2 = V_1' - V_2'$$

且同時須使二種引擎之壓縮力相等。茲令 P_2 爲此壓縮力，則在普通引擎，

$$P_2 = P_1\left(\frac{V_1}{V_2}\right)^k$$

在超充引擎

$$P_2 = P_1'\left(\frac{V_1'}{V_2'}\right)^k$$

故 $$P_1\left(\frac{V_1}{V_2}\right)^k = P_1'\left(\frac{V_1'}{V_2'}\right)^k$$

得 $$\frac{V_2'}{V_1'} = \left(\frac{P_1'}{P_1}\right)^{\frac{1}{k}}\frac{V_2}{V_1}$$

又 $$\eta_1' = 1 - \left(\frac{V_2'}{V_1'}\right)^{k-1}$$

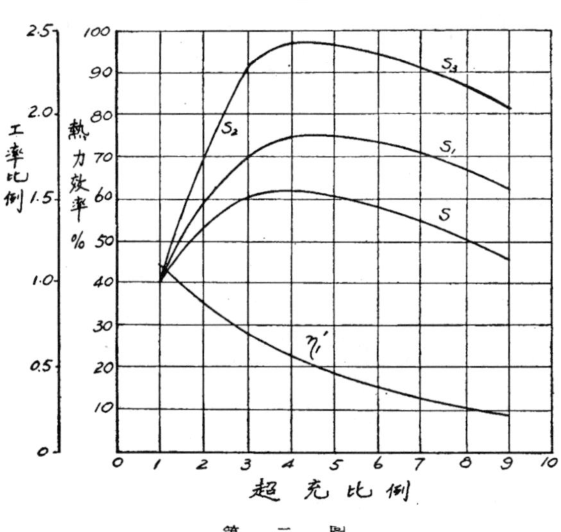

第 二 圖

故 $$\eta_1' = 1 - \left[\frac{V_2}{V_1}\left(\frac{P_1'}{P_1}\right)^{\frac{1}{k}}\right]^{k-1} \quad \cdots\cdots(6)$$

由公式(6)可以算出超充引擎應用各種超充壓力時之熱力效率。茲設 $\frac{V_2}{V_1}$ 爲 7，及 $K = 1.3$ 則超充引擎之熱力效率，有如第一表及第二圖 η_1' 線所示。由上可知超充之壓力愈大，則其熱力效率愈小。

第一表　(壓縮比例＝7.　K＝1.3)

	普通引擎	超充引擎										
絕對大氣壓力	$P_1=1$	$P_1'=1.5$	$P_1'=2$	$P_1'=2.5$	$P_1'=3$	$P_1'=3.5$	$P_1'=4$	$P_1'=5$	$P_1'=6$	$P_1'=7$	$P_1'=8$	$P_1'=9$
熱力效率	$\eta_1=0.442$	$\eta_1'=0.386$	$\eta_1'=0.340$	$\eta_1'=0.315$	$\eta_1'=0.280$	$\eta_1'=0.258$	$\eta_1'=0.231$	$\eta_1'=0.201$	$\eta_1'=0.160$	$\eta_1'=0.136$	$\eta_1'=0.113$	$\eta_1'=0.090$
S	1	1.19	1.31	1.44	1.46	1.53	1.52	1.50	1.44	1.38	1.27	1.15
S_1	1	1.26	1.43	1.63	1.71	1.80	1.82	1.80	1.78	1.77	1.66	1.52
S_2	1	1.40	1.73	2.05	2.28							
S_3					2.28	2.39	2.42	2.39	2.37	2.35	2.21	2.02

超充引擎每次循環所作之工爲

$$L_1' = J\eta_1' Q_1' \qquad (7)$$

$$Q_1' = CP_1'(V_1 - V_2)\frac{T^0}{T_1'} \qquad (8)$$

$$L_1' = CJP_1'\eta_1'(V_1 - V_2)\frac{T_0}{T_1'} \qquad (9)$$

$$L_1' = CJP_1'(V_1 - V_2)\frac{T_0}{T_1'}\left\{1 - \left[\frac{V_2}{V_1}\left(\frac{P_1'}{P_1}\right)^{\frac{1}{k}}\right]^{k-1}\right\} \qquad (10)$$

如欲比較超充引擎及普通引擎每次循環之工作，可用公式(4)除公式(9)得

$$S = \frac{L_1'}{L_1} = \frac{\eta_1'}{\eta_1} \times \frac{P_1'}{P_1} \times \frac{T_1}{T_1'} \qquad (11)$$

S ＝超充引擎及普通引擎每循環工作之比例。

但根據二種引擎之壓縮比例相等之原則，

$$\frac{T_1^k}{P_1^{k-1}} = \frac{T_2^k}{P_2^{k-1}} = \frac{(T_1')^k}{(P_1')^{k-1}}$$

$$\left(\frac{T_1}{T_1'}\right)^k = \left(\frac{P_1}{P_1'}\right)^{k-1}$$

$$\frac{T_1}{T_1'} = \left(\frac{P_1}{P_1'}\right)^{\frac{k-1}{k}}$$

$$\therefore\ S = \frac{\eta_1'}{\eta_1} \times \frac{P_1'}{P_1} \times \left(\frac{P_1}{P_1'}\right)^{\frac{k-1}{k}}$$

$$S = \frac{\eta_1'}{\eta_1}\left(\frac{P_1'}{P_1}\right)^{\frac{1}{k}} \qquad (12)$$

設 K＝1.3

$$S = \frac{\eta_1'}{\eta_1}\left(\frac{P_1'}{P_1}\right)^{0.77} \qquad (13)$$

由公式(13)可以算出 S 之值，茲以 S 之值列於第一表，及繪成第二圖之曲線 S

由第一表及第二圖之曲線 S，可見超充引擎每循環所作之工，最高時約大於普通引擎 50%。換言之超充引擎之工率可超出普通引擎 50%。

實際上超充引擎不僅增加工率50%，最近完成之超充引擎竟能超出普通引擎之工率100%乃至200%。其主要之原因爲二：

I. 普通引擎之 T_1 與超充引擎之 T_1' 二者之比不等於 $\left(\frac{P_1}{P_1'}\right)^{\frac{k-1}{k}}$ 而較少甚多。換言之即 T_1' 超出 T_1 甚少。因氣體於超充器及引擎之間可以冷却。事實上多數超充引擎已採用此種方法。如冷却得當，可使

$$\frac{T_1}{T_1'}=\left(\frac{P_1}{P_1'}\right)^{0.1}$$

代入公式(11)，得

$$S_1=\frac{\eta_1'}{\eta_1}\times\frac{P_1'}{P_1}\times\left(\frac{P_1}{P_1'}\right)^{0.1}=\frac{\eta_1'}{\eta_1}\left(\frac{P_1'}{P_1}\right)^{0.9} \quad\cdots\cdots(14)$$

將 S_1 之值列入第一表，及在第二圖中繪成曲線 S_1

抑低 T_1' 之優點除可增加每循環之氣體重量外，尚可減低 T_2，即壓縮溫度。故全機之壓縮比例可以增加，而工率亦可增加。使 T_1' 降低之法，除令氣體於超充器及引擎中間經過冷却器外，亦可應用隱熱較大之燃料，如酒精等。現在超充引擎之設計，對於溫度 T_1' 極爲注重，良以 T_1' 愈低，則工率愈大，而效率亦愈高。

II. 公式(14)係比較二種引擎每循環所作之工。若二種引擎之旋率 (Rotating Speed) 相同，則其工率之比例爲 S_1。但實際上超充引擎之旋率可以較高甚多。理由即普通引擎僅賴活塞將氣體抽入氣缸，故氣體流入氣缸較遲。結果即使氣缸之滿率(Volumetric Efficiency)隨引擎旋率之增加而降低較快。普通賽車引擎在旋率每分鐘6000轉時，即達到其最高馬力。超充引擎則有超充器推動氣體，故其滿率降低較緩。試驗之結果，即超充比例爲3時，引擎之旋率在每分鐘8000轉，始達到其最大馬力，而在比例爲2時，引擎之旋率約每分鐘7200轉，始達到其最大馬力，由此可見超充引擎最高旋率之增加爲超充比例之函數，而平均約等於 $\left(\frac{P_1'}{P_1}\right)^{0.26}$。

$$\text{得}\quad S_2=\frac{\eta_1'}{\eta'}\left(\frac{P_1'}{P_1}\right)^{0.26}\left(\frac{P_1'}{P_1}\right)^{0.9}=\frac{\eta_1'}{\eta_1}\left(\frac{P_1'}{P_1}\right)^{1.16} \quad\cdots\cdots(15)$$

S_2 之值見第一表及第二圖曲線 S_2

惟公式(15)僅可應用於超充比例3以下因過此，則引擎之旋率過高也。

設超充比例在3以上時，引擎之旋率每分鐘以8000爲限則

$$S_3=\frac{8000}{6000}\times\frac{\eta_1'}{\eta_1}\left(\frac{P_1'}{P_1}\right)^{0.9} \quad\cdots\cdots(16)$$

S_3 之值見第一表及第二圖曲線 S_3

由上之分析可見在應用7爲壓縮比例時，超充引擎可在超充比例4之下發生最高之工率。此時超充引擎之工率約等於普通引擎之2.4倍。惟同時超充引擎之熱力效率降至23.1%，僅等於普通引擎熱力效率之52%而已。

美國現在之賽車引擎多數應用超充比例3。在此情形之下，其工率約等於普通引擎工率之2.28倍，與應用超充比例4時相差甚微。用此比例時，其熱力效率爲普通引擎效率之63.5%。此種超充引擎，每立方吋活塞排量，可以發生1.6匹馬力。

燃煤燃氣輪最近之發展

胡嵩嵒

(一) 引　言

燃氣輪(The Combustion Gas Turbine)爲一種最新式由熱能變爲機械能之原動機。其機構簡單，運用簡便，非其他原動機所可及。蓋其在理論上可謂兼有往復式內燃機及廻轉式蒸汽輪兩方面之優點。但其發展較晚，至最近十年，始達成功之地步，此則因燃氣輪中最重要之部份——壓氣機(Compressor)進步最遲，直至1930年中，效率較高之沿軸流動壓氣機(Axial Flow Air Compressor)始行問世，方能使燃氣輪之純功出量增多，得成爲動力廠之一種實用原動機。

中國機械工程學會副會長劉仙洲先生，曾於民國三十四年七月中編撰「燃氣輪及其新發展」一書，以喚起吾國機械工程界同人，對於燃氣輪之應用問題加以注意。書中詳述燃氣輪發展史實及其應用，對於各有關方面問題亦均有所論及。在該書發刊時，燃氣輪所用之燃料尙僅限於液體及氣體燃料兩種。煤粉雖亦曾經試用，但總歸於失敗。最近兩年來，歐美各國對於燃煤燃氣輪之研究極有進步，據聞本年(1948)中，燃煤燃氣輪即可實現。美國以里奧特公司(Elliot Co.)將製成一3750馬力之設備，愛里斯夏曼公司(Allis-Chalmers Co.)則將出品一4300馬力之燃氣輪，以供機車之用。故燃氣輪最近之發展可謂全係向燃煤方面進行，現又已達成功之境。但對於燃煤所須克服之困難問題，曾經許多學術團體加以探討研究，方抵於成。經過情形，不妨略述一二，想亦吾機械工程界同人所樂聞也。

(二)開口循環與合口循環

燃氣輪之原理並不艱深，幾已盡人皆知，本可無庸細述，但爲對於討論各種燃料應用問題時便利起見，此處不得不將其構造大概情形略加叙述。

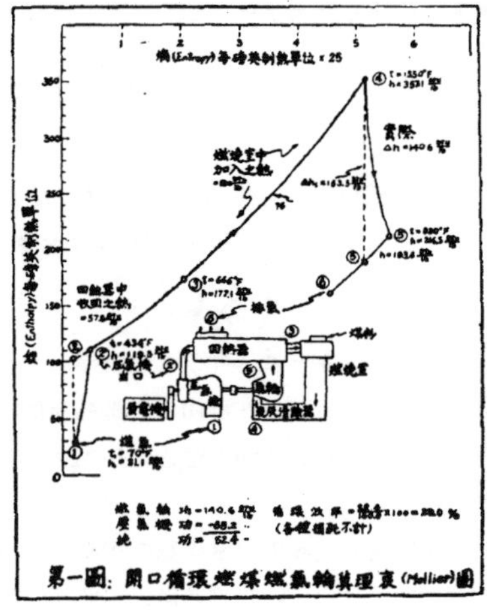

第一圖: 開口循環燃煤燃氣輪莫理衷(Mollier)圖

第一圖表示開口循環燃氣輪之各重要部份及其運轉情况。主要壓氣機將空氣由周圍之大氣中吸入，經壓縮至絕對壓力約每平方吋60至75磅左右。空氣經壓縮後，溫度已經略增，倘再以氣輪排出廢氣之熱與之接觸，可使其溫度更加增高。倘此種換熱器(Regenerator)具有適當之傳熱面，則燃氣輪排出廢氣中熱量之可能利用者，大致可收復達50%至75%，而此壓縮空氣在進入燃燒室前，即可達華氏600度以上。在開口循環之燃燒室(Combustor)中，可將燃料及其所需之空氣一部份直接燃燒。其餘空氣爲冷却燃燒室之用，然後使其與燃氣混合，使燃氣溫度因

之降低，俾使燃氣輪得安全運用。倘用固體燃料，則在燃燒室後必須加裝飛灰清除器（Fly Ash Separator），其可能裝置之地位應如第一圖中所示。壓縮之熱空氣進入氣輪使其轉動。通常此氣輪爲多級反動式，但亦有用單級衝擊輪，如飛機中所用者。廢氣離氣輪時，其溫度比較上仍高，故換熱器中之傳熱面倘配置適宜，不難將此循環中所需外加之熱大量減低。倘再裝置廢氣鍋爐或在燃燒室外加裝水套，則暖室或工業用熱所需之蒸汽均可附帶產生。

燃氣入燃氣輪時之溫度對於此循環之熱效率極有關係，可參看「燃氣輪及其新發展」第四章第五節此處不欲列論。但可指出者，燃氣輪之進氣溫度倘增高至華氏1350度時，換熱器中所收復廢氣中之可熱量，可達60%，而此循環之全單位熱效率可達30%。倘燃燒室之效率不佳，而此循環中各項壓力降落之損失亦均一一計算在內，則此循環之熱效率仍可達25%以上。此雖不能與提士內燃機之熱效率相頡頏，但較不凝汽蒸汽循環所得之熱效率高出多多矣。事實上祇有應用高壓高溫之復生蒸汽凝汽循環，方可達與此簡單開口循環燃氣輪相同之效率。

此循環之缺點亦顯而易見。蓋主機氣輪所產生之功，爲壓氣機所消耗者，約達三分之一以上。惟此循環乃將廢氣直接排除至大氣中，故不必用冷却水，而使此循環之運轉問題比較簡單也。設將廢氣溫度用冷却方法使其降低至與進氣溫度相等，則此循環即成爲一合口循環其理極爲明顯。如此則所用之空氣可週而復始在此循環中流動，直至其氧爲燃燒所消耗盡淨，方另換新鮮空氣。假使採用間接空氣加熱器如第二圖中所示，則可得一眞正合口循環。其熱效率在實際試驗情形下，極易達30%以上。合口循環之最大缺點，即燃氣輪構造簡單之主要優點喪失。加之因必須使空氣進氣溫度降低，使壓氣機中之壓縮工作不至過巨，則不可不用大量冷却水。又使此機之應用在若干場所不相宜矣。不過欲得較高效率，不得不採用合口循環。如將工質之壓力加高至10大氣壓左右，則燃氣輪之純功可以大量增加，故合口循環將來在大能量單位裝置，即大動力廠方面極有採用之價值。

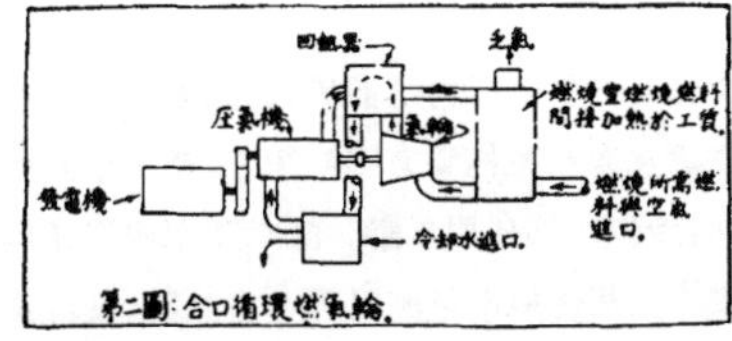

第二圖：合口循環燃氣輪

開口循環之燃氣輪現已能造至10,000馬力之主軸能量。可與提士內燃機爭一日之長短。提士機熱效率較高，爲燃氣輪所不能及。但提士機祇能用價值極高之液體燃料。而開口循環之燃氣輪，自其問世之始，即已採用各種固體燃料也。

（三）燃氣輪之用途

欲研究燃氣輪將來之應用範圍者，不可不一觀察過去燃氣輪應用於各種工作上所表現之成就。燃氣輪之最初採用者恐係「唯樂斯」（Velox）鍋爐。此種鍋爐乃瑞士卜郎比（Brown Boveri）廠所製。係在較高壓力之下燃燒利用鍋爐內外出之燃氣，使之推動一燃氣輪。燃氣輪再直接帶動一軸流式壓氣機，壓氣機所壓縮之空氣，再加入爐中以助燃燒。飛機上採用燃氣輪增壓器（Turbo-charger）者由來已久。而提士內燃機所用之增壓器（Supercharger）其運用原理正復相同。在此類用途中，燃氣輪之純功不必過高，故壓氣機效率祇須不甚過低即可應用。厥後荷得雷（Houdry）分裂煉油法問世。始知燃氣輪之工作壓力必須提高至3個大氣壓方能應用。煉油過程中所用者即「唯樂斯」鍋爐所用之燃氣輪及壓氣機聯合裝置，但燃氣輪此時已初次採用固體燃料矣。「荷得雷」煉油法煉油廠中所用燃氣輪熱之來源，乃係將炭質散於一種固體媒介物上燃燒。由此可見發生動力之燃氣輪，在其問世之始，即以固體燃料爲其熱之來源也。

在推測燃氣輪將來之主要用途時，當知其應用以在交通方面爲首，可無疑議。噴射推進飛機之採用，實有賴於燃氣輪之成功，而能獲得聯貫之噴射作用爲飛機推進之原動力。此種燃氣輪多以普通液體油類爲燃料。煤油與高級汽油同樣可爲飛行之用。目下更有一種飛機，用燃氣輪原動機；將飛機之螺旋槳直接由燃氣輪轉動，而以其廢氣排出速度，爲飛機噴射推進之主力。

高溫冶金學在戰時獲得驚人之進步。動力燃氣輪已能在華氏1350度高溫下安全運轉。在1939年，瑞士第一部燃氣輪鐵路機車製成時，最高溫度約爲華氏1040度。在蒸汽原動機中，汽溫由華氏750度增至華氏950度，曾經過若干歲月，方獲達到目的，在燃氣輪方面，爲時不過五年，即能增高溫度300餘度，實爲一駭世之進展。

在推測燃氣輪將來之用途時，又不可不先研究各種燃料之適用與否問題。由「唯槳斯」鍋爐及飛機上應用燃氣輪所得之經驗，可知液體燃料自煤油以至厚柴油均可適用。但世界各地之液體燃料總較固體燃料之代價爲昂。而液體燃料是否能不斷供應頗成問題。故目下燃氣輪之是否能普遍採用當以能否應用固體燃料爲先決條件。燃煤燃氣輪之進步實現，可能使小型及中級動力廠之經濟改觀。燃煤燃氣輪不但可爲動力廠採用爲原動機，即在海上與空中使用，亦無不相宜。總之，在缺水之場所，燃氣輪之採用最爲理想。在煤礦中需要大量動力運轉各種機動設備，而可用之水源常感不足，則採用燃煤燃氣輪最爲經濟。在航海方面，冷却水雖不成問題，但適用之鍋爐給水大量供給往往使設備複雜，代價增高，故改用較高效率之循環不爲無利，倘改用燃煤，儲煤倉位必須加大，乃爲不可否認之事實。但在各地均可以低價獲得煤斤，故燃煤燃氣輪即在航海方面，亦不能不承認其在經濟上具有重要價值也。

(四)燃煤之燃氣輪

燃氣輪若以煤爲燃料，必須先解決兩個重要問題。第一，必須有一輾磨煤粉之設備，而此設備所佔之地位，又不可太大，此點在機車上尤爲重要，蓋機車上可能供用之多餘地位極爲有限。第二，燃燒氣體中之固體細粒必須盡量清除，俾氣輪葉子不致因受細粒磨擦損壞，致促短其使用年齡。此兩問題倘能順利解決，則燃氣輪雖用煤爲燃料，可與用其他燃料同樣便利矣。機車上用燃煤燃氣輪已經多方試驗。惟截至去年底尙未有一完全成功者。最早試驗，煤粉乃在沿線規定若干小站上磨好，然後裝上機車。採取此種方法雖可使機車上之設備簡省不少，但機車必須在該規定幾處站上加煤。對於列車運轉上頗多不便。美國烟煤研究所機車改進委員會(Locomotive Development Committee, of Bituminous Coal Research, Inc.)乃訂定一種研究計劃務使輾磨煤粉設備均裝於機車之上。故曾經建議採用如第三圖所示之裝置。煤仍載於普通車上煤倉之內。惟在倉內裝置一種特加設計之螺旋給煤機。將煤從整個煤倉長度均匀輸出，在控制速度下送入碎煤機。使煤碎成小塊以能通過10眼篩子方爲合用。同時煤中摻雜之金屬雜物，亦必須在此時清除。爲使碎煤機能保持正常供給，煤在此處必須加以烘燥。煤塊既須從碎煤機出口最低處升高，同時必須將熱氣與煤密切拌合，以收烘燥之效，故似以採用空氣輸送機最爲相宜。煤由碎煤機利用氣流輸入壓力箱。若將空氣輸送管中壓力維持在大氣壓下，則輸送管系雖有損漏，煤粉亦不致外飛，可使全部裝置容易保持清潔。燃燒器應使燃燒工作在每平方吋60磅壓力下進行，故煤之壓力最好亦加高至60磅左右。目下計劃中，煤之加壓方法計有三種，最簡單之一種乃應用存儲箱兩具。第一箱中裝滿由輸送

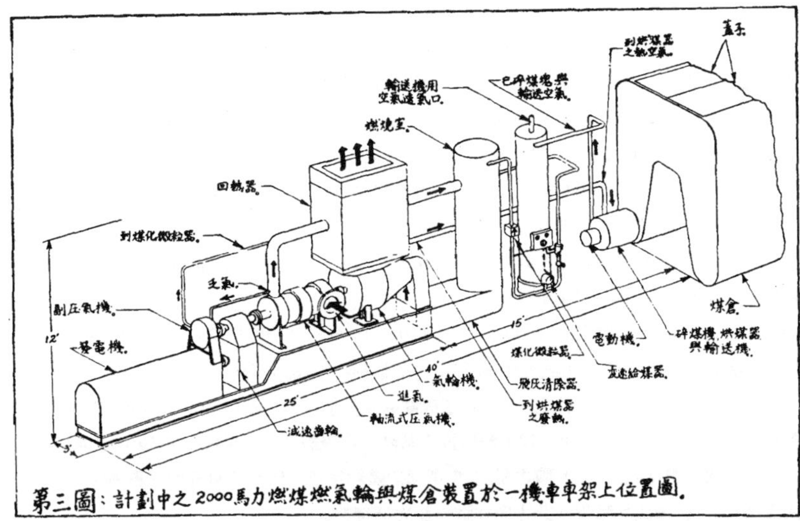

第三圖：計劃中之2000馬力燃煤燃氣輪與煤倉裝置於一機車車架上位置圖。

機送來之碎煤，另一箱則將煤加壓送至燃燒室內。第二種方法乃採用一種「鎖斗」(Lock hoppers)，與噴沙磨光設備中所用者相仿。第三種方法為可能用一傾斜螺旋給煤器，其中裝滿煤屑，在其上口成一常在之塞子以避免空氣沿螺旋流出，在燃氣技術學院(Institute of Gas Technology)曾經舉行多種試驗。已獲證明：倘用一3吋徑螺旋，在旋轉速度每分鐘超過200轉，箱中壓力在75磅時，每分鐘可能輸煤最少20磅。現在正由此方向繼續研究。採用此法，可使控制系統簡單化，並可將輸煤設備之重量大為減輕。

各種試驗結果，煤粉倘在壓力下燃燒，散熱率最低為每立方呎每小時750,000英熱單位。煤屑最好先經輾細成粉。倘用普通爐柵，加煤燃燒雖非絕不可能，但將較大煤粒送入燃燒室，及將其燒燼之煤灰清除等等手續，均不可避免，在事實上困難重重。故似以輾煤為粉，然後燃燒為不可省去之步驟也。最理想方法，乃先將煤由固體化為氣體，然後燃燒。目前雖有若干研究機關正從此方面着手研究，但迄今尚無滿意之加壓煤氣發生器(Pressure gas producer)製造成功也。

(五)「煤 化 微 塵 器」

美國機車改進委員會曾設計製成一種煤粉器。似甚合燃氣輪之用。其法甚為簡單。乃將碎煤與壓縮空氣混合，經過一噴管(Nozzle)因煤粒所受壓力，立時降落，煤粒即成微塵狀之煤粉，故此器名為「煤化微塵器」(Coal Atomizer)，係支加哥燃氣技術學院研究產物之一。本為製成煤粉備供水煤氣發生器(Water gas producer)之用者。第四圖略示「煤化微塵器」之構造原理。煤之所以能化為微粉者。相信乃因煤體本有細孔，其中飽含空氣，空氣繼續不斷爆炸，煤即成粉。煤在進入高壓階段時，煤孔中包含大量空氣。因煤經過噴管之時間極短促迅速，細孔中所含空氣無法逃出。在過噴管之後，壓力忽然降落，煤孔內外之壓力無充份時間得到平衡，孔內所含空氣因外面壓力降低，立即膨脹，將煤之本體爆碎成粉。在噴管之後，再用一種簡單輾磨裝置，儘量利用煤與空氣流動所生之動能，則可獲得更微細之煤粉。大概80%

可以經過325網眼細篩。此種煤粉製造法在支加哥燃氣技術學院及約翰霍浦金大學(John Hopkins University)內，仍在繼續研究。此種「煤化微塵器」在燃煤燃氣輪中之價值甚高，因其並無若普通磨粉機之轉動部份，故其壽命極長，至於其在噴管處所遭遇之稍微磨擦作用，如採用硬度最高之金屬材料製造噴管之內壁，即可避免。採用此器時，須另備一具副壓氣機，將空氣壓縮至140磅左右。但此副壓氣機所耗之動力，不逾主軸功率之2%。因是此器倘與普通磨粉機比較，其製造代價，及其運用與維護費用之總和，必不比後者爲高也。

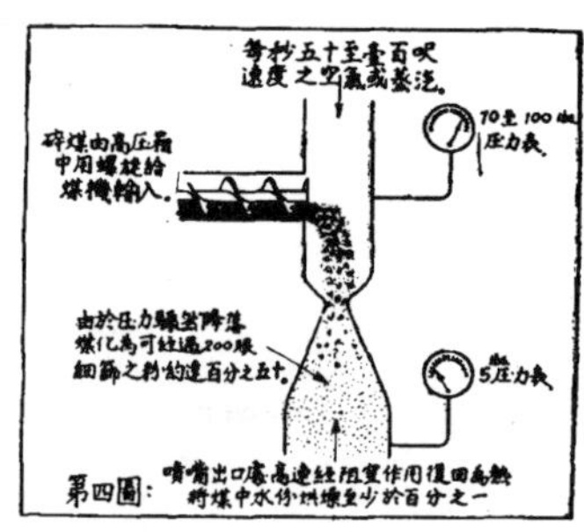

第四圖：噴嘴出口處高速經阻塞作用復回為熱將煤中水份烘燥至少於百分之一

燃燒煤粉使其散熱率超過每小時每立方呎1,000,000英熱單位之燃燒室，目下正在各處研究中。美國機車改進委員會亦正在研究各種方法，燃燒煤粉使散熱率增高。並發現英國燃料研究部(Fuel Research Board of England)所設計之一種「氣環隔離燃燒爐」(Vortex Combustor)已能在大氣壓下完成散熱率高至每小時每立方呎500,000英熱單位之試驗。在美國拜太而學院(Battelle Institute)亦已製成此式燃燒爐一座，以備各項試驗之用。其中所用之壓縮空氣乃係應用氣輪增壓機所供給。首次試驗報告甚爲滿意，已鼓勵該院繼續向此方向作進一步之研究矣。

燃燒輪所需之空氣總量，每達理想需要量之六七倍以上。故在壓力下燃燒，最好分成兩個階段。蓋倘將此大量過量空氣全部通入主要燃燒室內，勢必將火焰溫度降低至發生燃燒不完全之現象。因此，此燃煤之燃燒室，乃採用與燃油之燃燒裝置大致相同之設計。將燃燒在一內室中進行，使其愈完全愈好。冷却之空氣則使其經過燃燒室與燃燒器套筒間之環狀孔道中，吸收套筒之熱使得到冷却之效果，然後再與燃燒後之氣體相混合，使其在出口處之溫度降低至華氏1350度。因用大量之過量空氣關係，煤渣之發生問題，似不甚嚴重。初次試驗之結果，明示飛灰完全乾燥，且僅有極少數之存積。輕焦粒點偶亦有發現。但倘將空氣供給調節適宜，此弊即可免除。

現在拜太而學院正在進行各種在壓力下燃煤之基本試驗。所用之燃燒室，乃爲一極簡單之單管燃燒室，室內用適當之火磚與水冷面。其燃燒壓力可任意變更，以便作詳盡之研究。此種試驗將繼續舉行，以便將美國全國所有重要煤產，均經過在壓力下燃燒之調驗。並希望可能獲得全部可靠之記錄以便與該學院前所印行之報告互相參證。

(六)飛　灰　問　題

燃煤燃氣輪中最重要問題，乃如何清除飛灰(Fly ash)問題。在大規模固定動力廠中清除飛灰多採用「螺旋分離器」(Cyclone Separator)或「靜電沉澱器」，(Electrostatic precipitators)。靜電沉澱器體積龐大，氣流速度必須維持極低。故在機車上不能應用。可不必討論，機械的分離器在近數年來頗多進展。採用連列多具小型螺旋分離器者，現已能清除飛灰達95%以上。第五圖示應用一3吋徑單管航空式單位裝置，在各種溫度以至華氏1100度時試驗結果，可清除飛灰達85%至90%，飛出之一小部份細粒之直徑，均不超過5「毛孔」(Microns)(25,000 microns＝1吋)。愛里斯夏曼公司(Allis-chalmers Co.)曾經試驗細粒直徑在5「毛孔」以下時，在高溫氣流中對於氣輪葉子材料之影響。據所得結果，顯示此種細粒並不損壞葉子。約翰霍浦金大學在最近來擬次第舉行更進一步之磨擦試驗，以觀細粒之磨擦結果。飛灰分離器所收集之飛灰，爲量並不甚大。在機車上，可以用一灰箱以存儲之，待至機車停下不用之時，將灰箱出清即可。美國普渡大學最近將試驗以此種收集之飛灰爲軌道上下沙之用。如試驗結果良好，則廢物利用，一舉兩得矣。燃燒氣體經除去飛灰95%後，其清潔程度與壓氣機進氣之空氣無異。

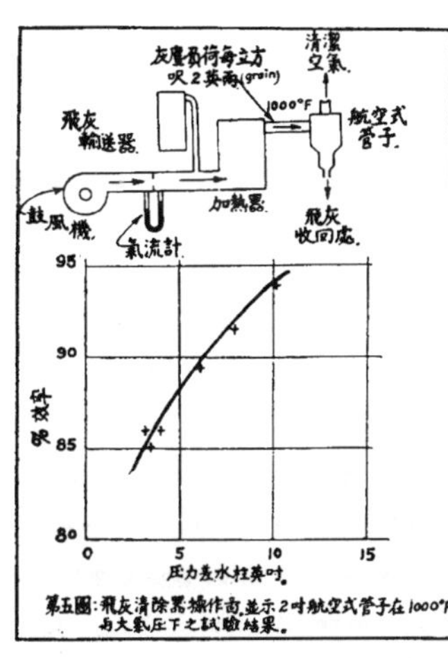

第五圖：飛灰清除器操作面，並示2吋航空式管子在1000°F與大氣压下之試驗結果。

(七)其他問題

燃氣輪燃煤代油後，尚有若干問題，急待解決。例如關於循環效率之低減問題。蓋加用飛灰分離器後，氣體經過此器，壓力必將降落，乃是一種損失。惟現經測知，壓力每降落一磅即可清除飛灰95%，損失尚不算大。但燃煤燃燒室中必須保持高度空氣激流，如此則又增加壓力降落之損失。惟無論如何，固體燃料總比液體輕質油料價廉。熱效率雖然減低仍不至於得不償失。故正不妨少許犧牲效率，以求設備之簡單與使用之經濟也。

氣體溫度雖已可高達華氏1359度而不發生任何困難，但假使採用較低之溫度，或可使氣輪與換熱器所用之材料成本減輕，未始不更爲經濟。換熱器之裝置是否合用、合算，亦是問題，尚待事實證明。總之，燃煤燃氣輪降至今日，無須更有所發明，不過是應如何改進之問題。目下燃氣輪之各種主要設備，大多均有出品，惟待更進一步之改良，俾使燃煤燃氣輪得臻完善之境耳。

★中國機械工程學會★ 上海分會成立

中國機械工程學會擁有會員千餘人，散佈遍全國。抗戰期間上海會務停頓。勝利後，上海區工程界人士汪經鎔，張恭聃，胡嵩嵒等發起籌設分會，已於一月十八日在本校恭綽館內召開成立大會，到中國機械工程學會總會會長程孝剛等五十餘人。由胡嵩嵒報告籌備經過，通過會章。選舉陳石英爲首屆會長，胡嵩嵒爲副會長，皆爲本校機械系教授。並選舉李泰雲，陳大燮，吳良弼，周承祜，袁丕烈爲幹事，大會即告成立。

二次大戰中德國蒸汽機車的新發展

柴 志 明

二次大戰中，各交戰國在科學方面有輝煌的成就，如原子彈，DDT 等。假使二次大戰未爆發，這種發明即使同樣可能，也將延緩完成，毫無疑義。德國工業發達，在戰爭中担任最重要角色；所以工業方面的新成就，頗有可觀。本篇所述，祇偏於鐵路機車。德國為增强軍運和加强全國物資的流通起見，不惜集中全國交通技術人材，研究增進機車產量，於是造出各式新型機車。其中有柴油機車如1,400 H. P. 和2,000H. P. 的水力柴油機車(Diesel Hydraulic Locomotive)，2,000H.P.0—8—0+0—8—0 式電力柴油機車(Diesel Electric Locomotive)等等，我國對於柴油機車尙未使用，所以從略。

當二次大戰將爆發的時候，德國正在研究機車的新設計並開始製造實驗機車(Experimental Locomotive)。因大戰的刺激，新設計和新機車加速地完成，例如"克魯伯透平式" 2—8—4 機車(Krupps Turbine 2—8—4 Locomotive)，"恒升V8式"2—8—2機車 (Henschel V8 2—8—2 Locomotive)。民國三十年侵蘇戰爭發生，恒升廠造成凝汽式機車(Condensing Locomotive)約一百八十輛送到東戰場，對於軍運改善甚多。同樣因戰爭的需要，產生"克勞茲無爐撑式"鍋爐(Krauss Stayless Boiler)，和德國式"節約機車"(Austerity Locomotive)或稱"戰爭機車"(Kriegslokomotiv)。玆分別介紹於后。

蒸氣透平機車

大戰初期，克魯伯已着手製造前部透平遞桿傳動2—8—4透平機車兩台。尙未完成，而毀於第一次愛森(Essen)大空襲。

牠的性能如下：

軌距	4呎8½吋
運行重	123噸
空重	114噸
黏力重	72噸
鍋爐壓力	324磅/平方吋
蒸發面	1,781.5平方呎
過熱面	1,022.6平方呎
蒸汽溫度	842°F
透平地軸最大馬力	3,250 H.P.
最高速度	105哩/時
煤水車運行重量	72噸
載水量	20噸

載煤量……………………………………………7噸

透平之迴汽，凝結在機車中的管式凝汽器，成爲凝水。凝水再流到煤水車中，由一表面式凝汽器冷却牠。

2－8－2複式透平機車(1－D－1 Multiple Turbine Locomotive)的設計與歐陸諸國和美國的普通透平機車大相逕庭，這種機車裝用較高壓力之"拉蒙特"爐鍋(La Mont Boiler)，因之機車有剩餘地位以裝輻射式凝汽器，不像以前裝在煤水車上。煤水車容量，因此可以大量增加。個別透平經過齒輪推動每個動輪軸，並用彈簧調整車輪的傳動。輻射式或管式凝汽器裝置在機車前部。這種機車的性能如下：

軌距……………………………………………4呎$8\frac{1}{2}$吋

運行重……………………………………………122噸

黏力重……………………………………………84噸

鍋爐壓力……………………………………………590磅/平方吋

蒸發面……………………………………………1,076平方呎

過熱面……………………………………………452平方呎

預熱面(Preheater Surface)……………………………………………1,291平方呎

蒸汽溫度……………………………………………932°F

透平地軸最大馬力……………………………………………5,360 H. P.

最高速度……………………………………………124哩/時

恆升2-10-0凝汽機車

這型機車使用在給水困難的戰區內，如鐵道沿線水塔被毀的時候。牠主要的特點是機車運行時全部輔助機構(Auxiliaries)用迴汽推動，祇在停車時此種機構需用活汽(Live Steam)。所以運行效率相當的高，但整個管系和構造不免太複雜。

蒸汽和凝水所經過之路線簡述如下：

汽缸內的迴汽通到烟箱內的鼓風透平，由鼓風透平進入機車左邊的障鈑式汽油分離器。其他輔助機構，如透平發電機，給水泵，和保安閥等的迴汽，都通到迴汽總管(Main Exhaust Pipe)。當汽壓高出工作壓力6磅時，另一保安閥即放汽，使與大氣相通。迴汽由機車經過滾珠套筒式汽管接頭(Ball and Socket Steam Pipe Joint)通到煤水車上凝汽器風扇透平，再通過環繞在煤水車頂的管子而到每一邊的凝汽管。凝水在煤水車下聚集，將油再分離後，送回給水泵。供給鼓風機的迴汽和活汽都可調節。當滿荷載時(蒸汽消耗量約每時10噸)，蒸汽絕對壓力23磅/平方吋時，進入風扇透平，蒸汽出透平的絕對壓力約14磅。這個透平的輸出量在7,300轉時爲200 H.P. 手動旁通閥可使蒸汽不經過風扇透平，而直接送到凝汽器，使凝水溫度最經濟地保持在195°F.

凝汽器風扇有7呎4吋直徑，可開足到1,000轉。每一凝汽器的斷面有27方呎的前部面積(Frontal Area)，冷却面積有2,500方呎。煤水車的每邊有六斷面，故全部冷却面積有30,000方呎。爲防止冬天結冰起見，每一冷却單位的外表，護有百葉窗，且全部管子厚厚地包紮着。

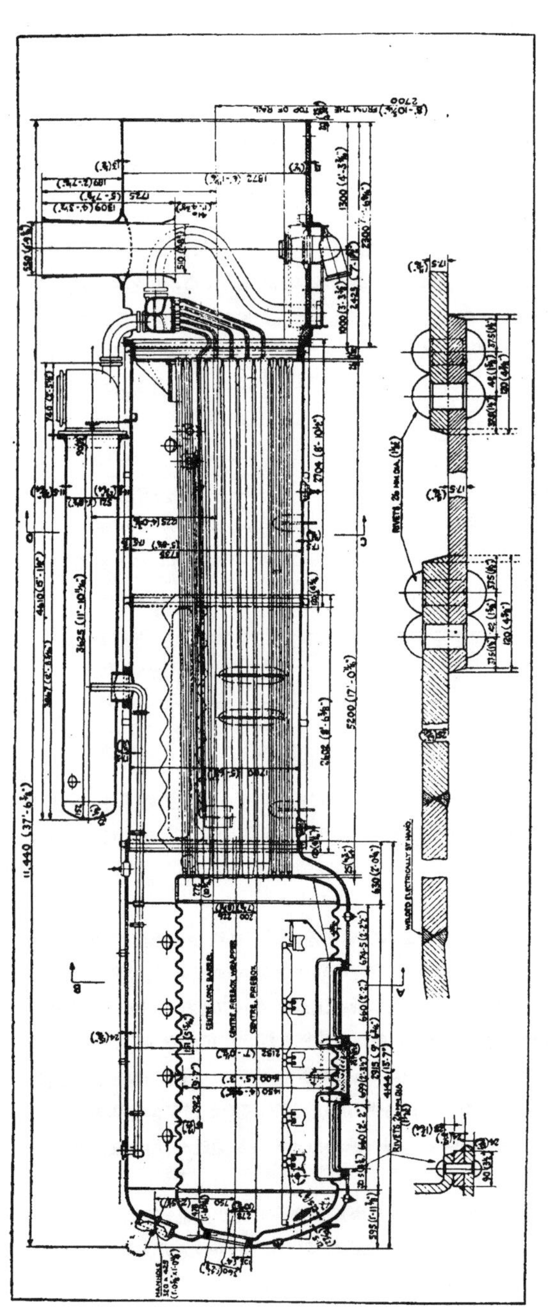

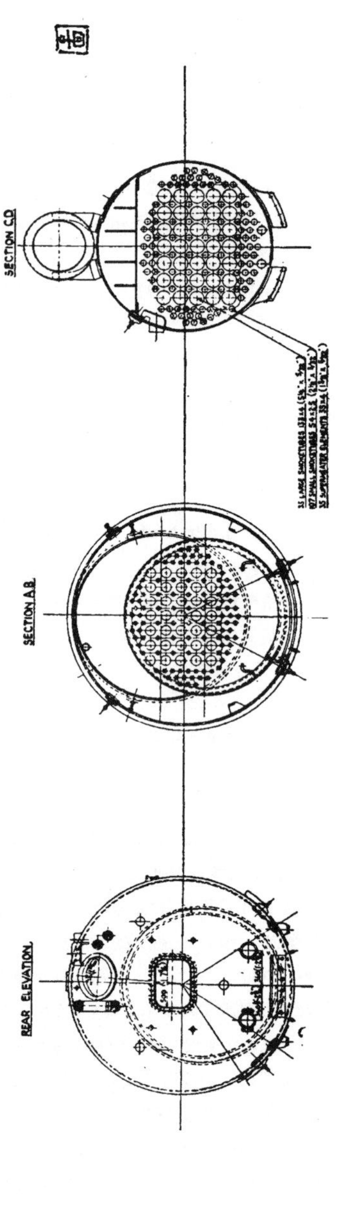
SECTION C.D
SECTION A.B
REAR ELEVATION

這型機車，可以運行600哩而不需上水。侵蘇戰爭中恒升廠造成180輛，製造費用比標準機車要多八成。

恒升廠並建造V式汽缸機車。這種設計的優點很多，但發生的難題亦多，例如個別推動相互間的協調（Synchronization of Individual Drive）和牽引力的轉向與平均分配（Reversing and Equal Distribution of the Effort）等等，但無論如何這種設計，確有見地。

V式蒸汽發動機是正中地懸掛在主架的外伸托架上，汽門不用聯桿，而僅用簡單偏心輪來開動，並用本身的對重（Counterweight）得到平衡，整個引擎包括偏心輪等都用滾柱軸承，由此可見設計人重視機車的保養問題。引擎曲拐的運動經過一組齒輪而傳到偏心輪，動力通過裝有雙滾珠套筒接頭的曲拐，而傳到動輪，這種機車以高速度著名，但因每個動軸是個別推動，動輪之間不用連桿相連，以致起動時有相當的滑動，這是缺點。

克勞茲無爐撐式鍋爐

德國設計家用盡心計節省製造機車的人工以求產量增加，他們對於火箱內的爐撐（Stay），盡心研究，結果鍋爐不用平表面而改用圓表面，到底廢除了爐撐。

圖一表示這型鍋爐的裝置。前鍋筒和焰管屬於"正規設計"，爲防止汽水沸騰起見，最先用一長形蒸汽聚集器來代替鐘形汽室，但結果仍改用尋常的鐘形汽室，將聚集器廢而不用，因爲並未發生不良的效果。

自喉鈑接頭向後，全部構造用電焊連接，祗有爐門環用鉚釘。全部接頭除底層空氣洞外，都用對接電焊。又全部電焊除底層孔洞外，都用雙V對接電焊，因此可使一鈑兩頭之電焊良好完成。全部內火箱和外火箱的主要電焊完成後，內火箱是經過喉鈑的開口處裝進去的。

內火箱是用縐紋圓筒。製造方法和"福克斯"（Fox），"馬立生"（Morrison），"但頓"（Deighton）爐胆相同。先將鋼鈑滾輾成圓形，次電焊縱面，再熱輾成所需要的縐紋。用烱火來鬆馳所得的應力。

內火箱擱在底面和後爐門孔（Rear Firehole），並無橫爐撐或輻射爐撐和外鈑相連。

內火箱圓筒的直徑，比一般固定或船用鍋爐爲大，這才可以得到充足的燃燒容積和傳熱面積。控制火箱强度的要素是縐紋的深度和鋼鈑的厚度。"福克斯"縐紋（Fox's Corrugation）被採用，因爲均勻的波紋能使應力的分配也均勻，

自强度立場而言，由於內徑過大，2吋深的波紋認爲

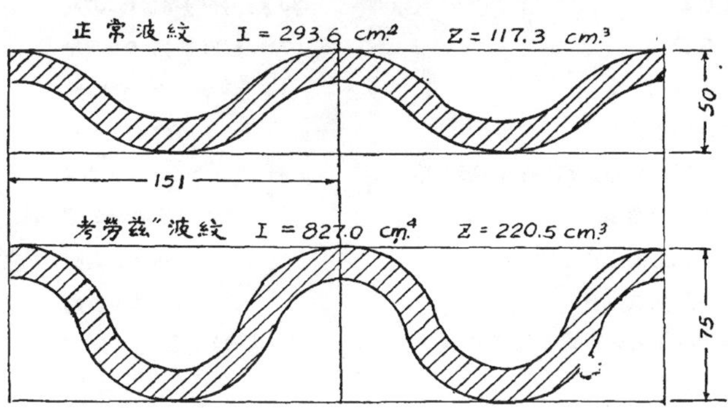

圖二　"考勞茲"波紋與正常波紋比較圖

並不適宜。由圖二觀之，正常2吋波紋的慣量(Inertia Figure)和彈性係數 (Modulus Figure) 比所採用"克勞茲"波紋(Krauss' Wave)的顯著地低小。若要保持"福克斯"波紋(Fox's Wave)的正常深度，就要增加鋼鈑的厚度，因此要減弱傳熱的效率。並且靠火邊鋼鈑的溫度需要提高，超出鋼鈑的彈性極限溫度。

建造此型鍋爐，不用特種材料。全部鋼鈑包括縐紋圓筒用下列鋼料製成：

抗拉應力……21.6噸到28噸

最小屈點應力……11.4噸

10個直徑之伸長……22%

5個直徑之伸長……30%

最多磷量……0.04%
最多硫量……0.04%
} 全部連合不超過0.07%

這鍋爐適用於2－10－0"節約機車"上，而無需多大改換，這鍋爐亦裝有拱磚，但圖上並未繪出。下列比較表可供學者參考。

比　　較　　表

	"克勞茲"鍋爐	K 52 鍋爐
鍋爐壓力	235磅/平方吋	235磅/平方吋
爐柵面積	42平方呎	42平方呎
大管熱面	770平方呎	776.7平方呎
小管熱面	922平方呎	972平方呎
火箱熱面	170平方呎	171平方呎
全部蒸發熱面	1,862平方呎	1,919.7平方呎
過熱面	685平方呎	685平方呎
全部熱面	2,547平方呎	2,604.7平方呎
大管數	35×外徑$5\frac{1}{4}$吋×0.157吋	35×外徑$5\frac{1}{4}$吋×0.157吋
小管數	107×外徑$2\frac{1}{8}$吋×0.098吋	113×外徑$2\frac{1}{8}$吋×0.098吋
火箱容積	165立方呎	212方立呎
鍋爐載水量	321.3立方呎	273.7立方呎
蒸汽空間包括集汽器或鐘形汽室	132.4立方呎	106立方呎
過熱蒸氣溫度	662°F	662°F
水平線上面之汽水面積	129.2平方呎	118.4平方呎
每時所生蒸汽量	22,000磅	22,000磅
每時每平方呎熱面所生蒸汽量	11.8磅/方呎熱面	11.5磅/方呎熱面
鍋爐馬力	1,215H.P.	1,215H.P.
每立方呎蒸氣空間所生蒸氣之磅數	166磅/立方呎	208磅/立方呎

用"布蘭斯都夫"(Brenst off)煤可發生之熱量	10,800英熱單位/磅	10,800英熱單位/磅
在七成運用量時每時每平方呎爐柵面積之燃煤量	89磅/平方呎/時	89磅/平方呎/時
每立方呎火箱容積所生之熱量	247,199英熱單位/立方呎	191,017英熱單位/立方呎
加煤率(Firing Rate)	104磅/方呎爐柵面積/時	104磅/方呎爐柵面積/時
成本費用	34,300馬克	49,000馬克(1944)
製造人工小時	2,172時	3,445時

這型鍋爐的主要優點如下：

(a)無需製造撐釘，頂爐撐，橫爐撐，與縱爐撐，又不用在鋼鈑上鑽孔以備裝撐釘之用。

(b)內火箱與外火箱構造簡單化，無需平表面。

(c)人工及費用比標準鍋爐K-52節省30%

(d)節省鍋爐保養費，鋼鈑上應力分配更均勻，避免發生折斷爐撐和爐撐生銹，洗爐簡單化。

德國"節約機車"

德國設計家，經年累月研究縮短製造時間，於是有"戰爭機車"或"節約機車"的發明。

在製造程序中，鍛造工程相當浩大，不僅費錢而且費時，費工及費料。新發明的鍛造法，用衝錘(Drop Stamping)打出行動部份(Motion Parts)如連桿等。每件分段打成，再用電焊接成，節省人工甚多。所造出的機件和尋常鍛造製成的一樣經久耐用。

當製造數百輛機車時，這樣節省的人工和時間至爲可觀。然在太平時期，任何一類機車的製造數量決無如此之多。若也採用此法，則鋼模的費用太大，反而不經濟了。

設計家爲增產起見，設法使火箱爐撐簡單化。戰前的空心螺撐(Hollow Screwed Stay)的兩頭用鉚接。此後兩頭用電焊熔接以代替鉚接，如圖三(A)。後又試用側滾螺撐(Rolled Thread Stays)，然而在箱鈑上不能側滾螺紋，因此裝配不好，容易漏水。最後將撐釘內頭(即與內箱鈑相接觸處)，製成爲平坦無螺紋，將其外頭刻有螺旋，再將此兩頭電焊於箱鈑上，如圖三(B)所示。當時發現內頭並無不良現象。因此將此原理應用於外頭，使後來的撐釘全部變成爲平坦無螺紋，兩頭都用電焊，如圖三(C)。依照一般而言，正常洞孔與撐釘的直徑即爲螺撐上螺紋的底部直徑。例如直徑26公厘，每吋12螺紋的撐釘變爲平坦無螺紋撐釘時，鋼鈑洞孔的最大直徑爲23.35公厘，最小直徑爲23.30公厘，撐釘頭最大爲23.27公厘，最小爲23.22公厘。這洞孔和撐釘的公差是0.05公厘，最大公隙爲0.13公厘，最小公隙爲0.03公厘。

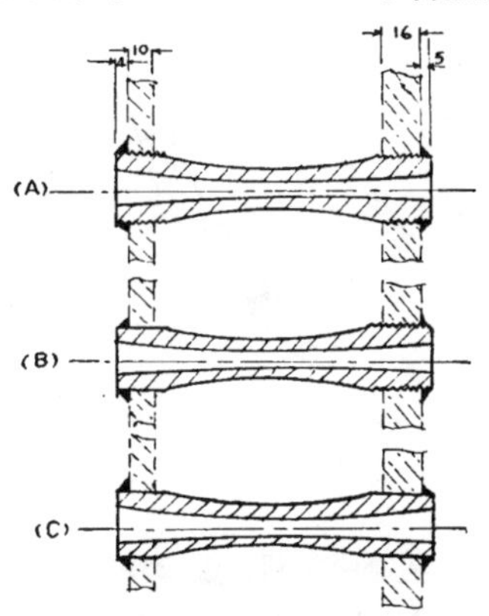

圖三 電焊撐釘

火箱螺撐的電焊不僅限用於側螺撐，且應用於橫撐釘上，圖四顯示這種製造法。由於圓頂火箱的彎曲度，和螺撐直徑較大，此箱鈑和撐釘間的角度，不能使焊接後有完善的封閉，故先焊上座子，再將橫撐焊在座子上。

電焊鋼質內火箱用雙層厚度火箱管鈑，如一般銅火箱一樣。圖五顯示其如何地完成，已無需再加說明。此處所需注意的，是並不應用特種材料。火箱構造方法和用料都極簡約。

以下為減摩合金成分比較表：

	戰時	太平時
銅	1%	6%
錫	10%	80%
鋅	73.5%	2%
銻	15.5%	12%

因為錫的缺乏，發明了這種五金成分，一般人士認為成分離理想尚遠。更由於非鐵金屬如青銅，砲銅的缺乏，汽缸放水閥用3/16吋厚，$2\frac{1}{2}$吋直徑的生鐵薄圓盤代替。薄圓盤在過量壓力下，就能破裂，以保護汽缸蓋的不破裂，但這種保護功用，不能完美達到，因有時未到預期壓力，圓盤已經損毀；有時過此壓力猶完整無瑕，所以這種圓盤的用處並不大。

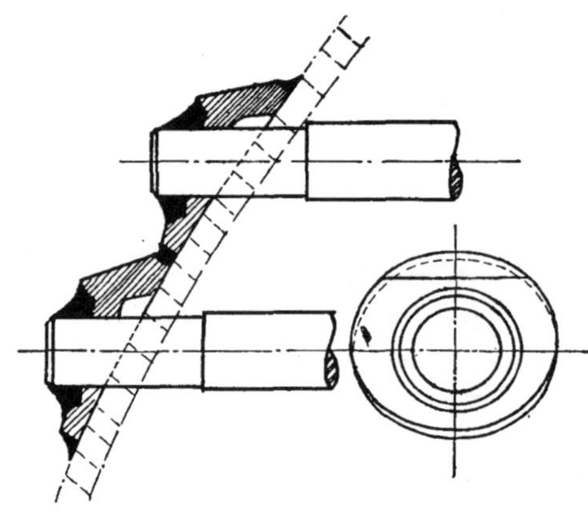

圖四　電焊火箱橫爐撐

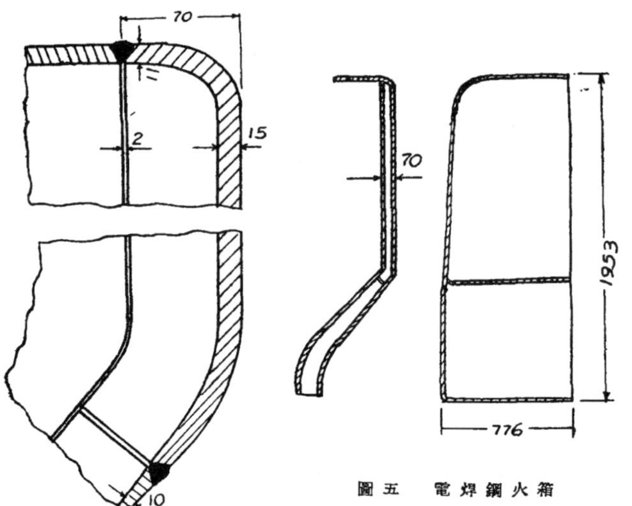

圖五　電焊鋼火箱

以上所述是二次大戰中，德國蒸汽機車設計上發展的大要，至於實際製造各問題，留待下次再討論。

工　場　拾　零　（毛鈞量）

在銼或磨靭性金屬時的小技巧　在用銼刀銼，或在沙輪上磨靭性金屬（Ductile Metals 如鋁，紫銅等）的時候，你往往會發現，工具很快地失去它的切削能力；仔細檢驗的結果，是刀屑（Chips）嵌滿了所有形成切削刀口的凹處，並且很不易除去。假使在銼或磨之前，先在你的切削刀口上，塗上一層粉灰，這樣就可免除上述的困難了。

鋁銅合金歷久變硬(Age Hardening)之新理論

楊 尚 灼

查 Age Hardening 尙無適當之譯名，歷久變硬，似可譯意，但不成爲一名詞。而行文亦太嫌累贅。筆者不敏，擬暫譯之爲『老硬』，下文中卽用之，祈海內明達，加以指正。

凡合金中之固體溶度，隨溫度之下降而減少者，多有老硬現象。惟鋁銅合金爲最著，其應用亦最廣。故研究老硬現象者，多以鋁銅合金爲對象。數十年來，冶金學者公認此現象爲沉澱硬化 (Precipitation Hardening)。如第一圖中所示，BC 爲溶度線，溫度降低，溶度減少。被溶之金屬，過此飽和點必沉澱而出。

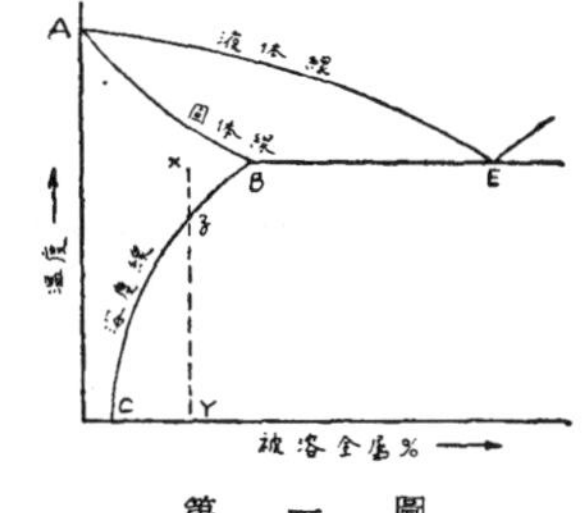

第 一 圖

茲以一鋁銅合金，含銅 Y % 者言之。則在高溫 x 點時，鋁與銅互相溶合，爲一固體融溶合金(Solid Solution Alloy)。至 z 點時即達飽和點。若降至 z 點以下，則一部份之銅必自鋁中沉澱而出。此沉澱發生於固體中，進行甚緩。若急冷之(Quench)，可使之暫時停頓。但在室內溫度下，此過度飽和 (Supersaturated) 之固體溶融合金(Solid Solution alloy)，復徐徐進行其沉澱工作。沉澱之銅原子，又與鋁化合爲二鋁化銅 ($CuAl_2$)，其顆粒極細，分佈於合金之晶體間，使其滑面間 (Slip plane)之阻力增加。換言之即提高其强力與硬度，此沉澱硬化理論之大概也。

顧老硬時尙有其他現象，非沉澱理論之所可解釋者。如自然老硬時 (Natural Aging 即任其在室內溫度中硬化)，合金之電阻增加。按純金屬之電阻常較含有融合物者爲低，殆無例外。則是融合物沉澱時，合金之電阻應減低，今反增加，豈非矛盾。於是冶金學者又加一『結核』理論 (Knot theory) 以解釋之。意謂銅原子未完全脫離鋁之構架 (Space lattice) 時，必先集中於某部份，爲沉澱之準備。此集中現象，使鋁子構架，遭受紛擾，電子通路，於以受阻，是以電阻增加。此結核理論假設銅原子自稀少之處，麕聚於密集之區。與普通傳佈 (Diffusion) 觀念，原子每自密集處散佈於稀少之地者，不無抵觸。

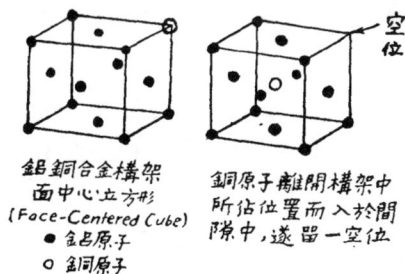

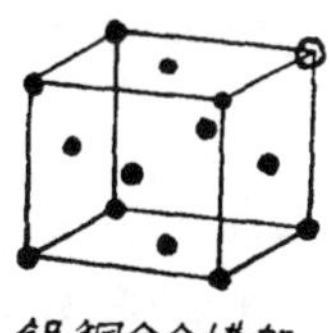

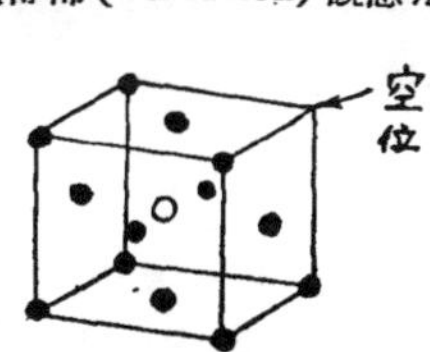

空位
銅原子離開構架中
所佔位置而入於間
隙中，遂留一空位

第 二 圖

近有瑞士人欒棨者 (F. Rohner) 別尋蹊徑，以原子構架中之空位(Vacant lattice site)爲老硬理論之根據。並求得方程式，以計算强力與構架空位，或電阻與構架空位之關係。與實地試驗結果，頗能脗合。其理論爲假設銅原子自鋁銅合金中，因溶度減少而分出者，即入於鋁原子構架之間隙中(Interstitial space)。其原來在構架中所佔之地位即成空位。如第二圖所示。此空位失一帶正電之原子，成一帶負電之位置。其妨礙電子之流動，較一銅原子爲尤甚，故

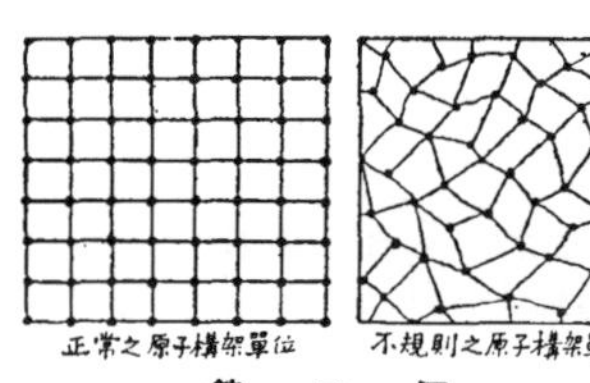

第 三 圖

電阻較前增加，即較未老硬時爲高。至於空位增加强力之解釋，則謂空位使合金之原子構架，分爲若干不規則之單位，妨礙滑面之擴展。以第三圖示之如左：

老硬之程度，與時俱增，至三四日後而達一限度。故空位之計算必與時間有密切之關係。上述之銅原子離開構架中原來位置之速度(Rate)可以方程式表之如下：

$$\frac{dCu}{dt}=k_1(A-Cu) \quad\cdots\cdots(1)$$

Cu 爲老硬開始 t 時後，合金中分出之銅原子之濃度 (Concentration)。此銅原子即入於構架之間隙中。

A 爲老硬未開始時，(即 $t=0$ 時) 合金中融有銅原子之濃度。

k_1 爲一係數。

方程式(1)亦可視爲空位濃度 (Concentration of Vacant Site) 之增加率。然此空位可爲其他將離構架位置之銅原子所補入，故方程式(1)應改正如下：

$$\frac{dCu}{dt}=k_1(A-Cu)(1-k_2f) \quad\cdots\cdots(2)$$

f 爲空位濃度其數恒小於 1。蓋合金中之銅約 4%。

k_2 爲銅原子補入空位之可能數(Probability)。

鋁之原子亦有補入空位之可能，其補入之速度可以下式表之·

$$\frac{dAl}{dt}=k_3f \quad\cdots\cdots(3)$$

Al 爲補入空位之鋁原子之濃度。

k_3 爲鋁原子補入空位之可能數。

於是空位濃度之增加率可歸納之如下：

$$\frac{df}{dt}=\frac{dCu}{dt}-\frac{dAl}{dt} \quad\cdots\cdots(4)$$

吾人知鋁原子在鋁中傳佈 (Selfdiffusion)，其值甚微。而在自然老硬時，其硬度增至一極限，並不減退 。可知 $\frac{dAl}{dt}$ 之影響甚小，可暫置之不計。於是方程式(4)可簡化如下。

$$\frac{df}{dt}=\frac{dCu}{dt}$$

$$=k_1(A-Cu)(1-k_2f) \quad\cdots\cdots(5)$$

再鋁銅合金中含銅在百分之四左右者 (4% Cu)，自然老硬時分出之銅原子，其濃度亦微乎其微。吾人可以 A 代替 A－Cu，當無大誤。於是方程式(5)更可簡化之爲

$$\frac{df}{dt}=k_1A(1-k_2f) \quad\cdots\cdots(6)$$

其積分爲 $f=\int k_1k_2A(\frac{1}{k_2}-f)dt$

$$=\frac{1}{k_2}(1-e^{-k_1k_2At}) \quad\cdots\cdots(7)$$

設電阻爲 ϱ，其數值若與空位濃度成正比例，則

$$\varrho = Cf$$

C 爲一常數，代入方程式(7)中

$$\varrho = \frac{C}{k_2}(1 - e^{-k_1k_2At}) \qquad (8)$$

當 $t = \infty$， $\varrho_{max} = \frac{C}{k_2}$

故方程式(8)又可變爲

$$\varrho = \varrho_{max}(1 - e^{-k_1k_2At}) \qquad (9)$$

$$\log_e(\varrho_{max} - \varrho) = \log_e\varrho_{max} - k_1k_2At$$

$$\log_{10}(\varrho_{max} - \varrho) = \log_{10}\varrho_{max} - (k_1k_2A\log_{10}e)t \qquad (10)$$

若欒氏之假設適合於老硬之情形，則方程式(10)應爲一直線函數。附表(一)爲欒氏試驗之結果。圖(四)甲示電阻之增加與老硬時間之關係。圖(四)乙示電阻增加值之對數與時間之關係，證明方程式(10)恰爲一直線函數。

表 (一)

鋁銅合金自然老硬時電阻之增加值

老硬時間 小時	電阻 $\varrho \frac{\Omega\ mm^2}{m}$	$\varrho_{max} - \varrho_t \frac{\Omega\ mm^2}{m}$
0.1	0.0404	0.0025
0.25	0.0407	0.0022
0.5	0.0411	0.0018
1.0	0.0416	0.0013
1.5	0.0420	0.0009
2.0	0.0423	0.0006
3.0	0.0426	0.0003
4.5	0.0428	0.0001
7.0	0.0429	0.0000
9.5	0.0429	
15.5	0.0430	
22.0	0.0429	
22.5		
28.0	0.0429	

合金成份 銅 3.99% 鎂 0.53%
矽 0.0032% 鐵 0.0022%
鋁 其餘

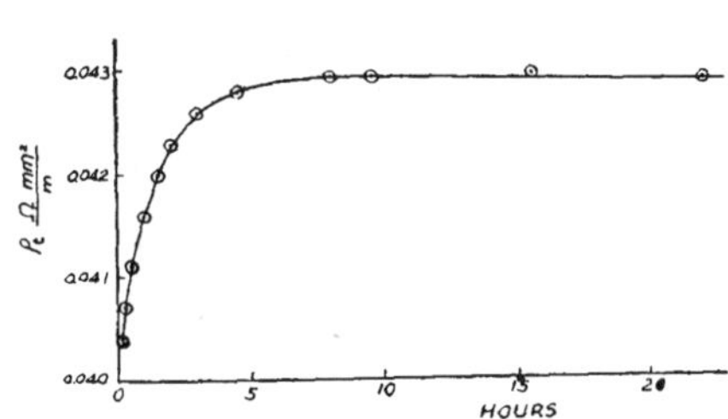

圖(四)甲 鋁銅合金，電阻增加與老硬時間之關係。

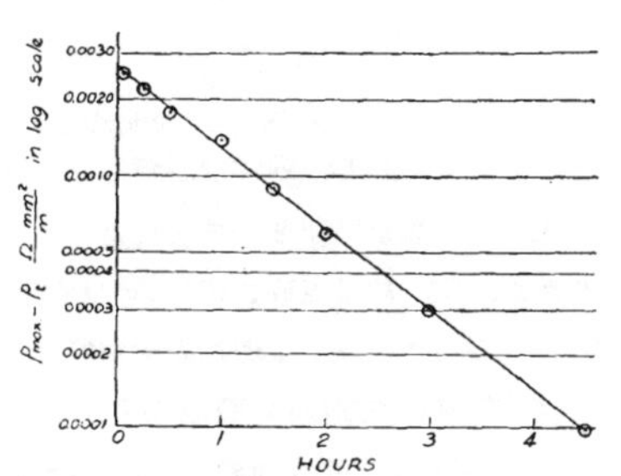

圖(四)乙 鋁銅合金，電阻增加之對數與老硬時間之關係。

至於强力與空位之關係，可以彈性限度 (Elastic limit) 爲代表。設彈性限度爲 σ，而 $\sigma = Cf$，依前法可得：

$$\sigma = \sigma_{max}(1 - e^{-k_1k_2At})$$

$$\log_e(\sigma_{max} - \sigma) = \log_e\sigma_{max} - k_1k_2At \qquad (11)$$

但方程式(11)之圖解，並非一直線。於是欒氏又假設

$$\Delta^3\sigma = Cf$$

$$\Delta^3\sigma = \Delta^3\sigma_{max}(1 - e^{-k_1k_2At})$$

$$\log_{10}(\Delta^3\sigma_{max} - \Delta^3\sigma) = \log_{10}\Delta^3\sigma_{max} - k_1k_2A(\log_{10}e)t \quad \text{(12)}$$

附表(二)亦欒氏試驗結果。圖(五)甲示彈性限度與老硬時間之關係。圖(五)乙證明方程式(12)爲直線函數。

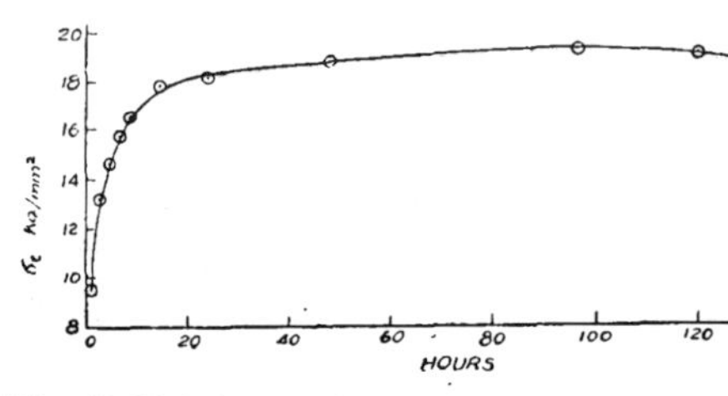

圖(五)甲 鋁銅合金自然老硬時,彈性限度與時間之關係。

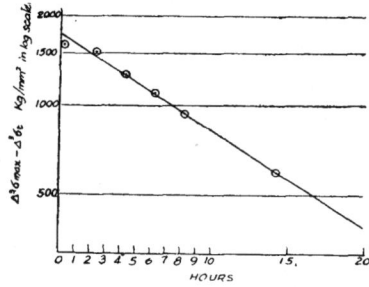

圖(五)乙　鋁銅合金,彈性限度增加值三乘方之對數與老硬時間之關係。

表　(二)

鋁銅合金自然老硬時彈性限度增加之情形

$\sigma_o = 7.8\ Kg/mm^2$　　$\sigma_{max} = 19.5\ Kg/mm^2$

$\Delta\sigma_{max} = 11.7\ Kg/mm^2$　$\Delta^3\ \sigma_{max} = 1600 Kg/mm^2$

老硬時間 小時	彈性限度 σ_t Kg/mm^2	彈性限度之增加數 $\Delta\sigma_t$ Kg/mm^2	$\Delta^3\sigma_t$	$\Delta^3\sigma_{max} - \Delta^3\sigma_t$
0.20	9.6	1.8	6	1594
2.30	13.2	4.4	85	1515
4.25	14.7	6.9	329	1271
6.25	15.8	8.0	512	1100
8.25	16.5	8.7	660	940
14.25	17.8	10.0	1000	600
24.25	18.1	10.3	1090	510
48.25	18.7	10.9	1290	310
96.25	19.4	11.6	1560	40
120.25	19.3	11.5	1520	80
200.00	19.5	11.7	1600	0

合金成份:—與表(一)同

欒氏之結論遂以電阻值與空位濃度成正比例,而彈性限度之增加值 (Increment) 與空位濃度之三次方根成正比例。於是老硬之現象,可以空位解釋之。欒氏並更進一步,對於人工老硬時 (Artificial Aging)之現象,亦根據空位理論以求解釋。限於時間篇幅,本文未及詳論之。

此空位理論,尚在胚胎時期,未獲全世界學者之公認。然欒氏之結果,不失爲對老硬現象更進一步之研究。其弱點爲空位之存在尙屬臆測,未能證實。輓近原子物理,日益發達。如以帶放射性(Radioactive)之銅原子與鋁原子爲試驗,則其傳佈之情形必更可了然,而老硬之謎必有完全揭曉之一日。此則有賴於今後研究者之努力也。

本文大半取材於 A Theory of the Age-Hardening of Aluminum-Copper Alloys, Based on Vacant Lattice Sites, by F. Rohner, the Journal of the Institute of Metals (London) Jan. 1947

噴射汽油引擎

張 煒

戰時德國在飛機上使用噴射汽油引擎，獲得優越性能。英美諸國遂亦急起直追，並想更進一步用到汽車上去。本文就其構造，優點，和汽車上應用的實例，作一簡略介紹。

(一)導 言

普通的汽油引擎，其燃料經汽化器(Carburetor)和適量空氣混合後，由活塞移動而吸入氣缸。柴油引擎則先單獨吸入空氣，而將燃料噴入氣缸，此法具有許多優點。汽油引擎爲何不用噴射法以代汽化法？此一問題，早巳有人討論，最近才見諸實行。

1934年，德人首先製成噴射汽油引擎。二次大戰時，用於飛機，獲得優越的操縱性能。英美諸國，被迫不得不急起直追。至大戰後期，所有戰鬥飛機，幾無不改用噴射法，或將原有汽化器改爲噴射式。在航空上，舊式汽化器有被完全淘汰的趨勢。在汽車上，因爲噴射裝置，造價較昂，而汽車工業不像飛機製造之唯求合適，不計成本，故目前尚未被製造廠所採用。但實驗研究改進，專家們正在不斷努力着！

(二)航空引擎上用噴射法有何利益？

普通的浮子式汽化器，在極度高空和戰鬥操縱的嚴格要求之下，困難叢生。主要的是結冰，汽鎖(Vapar Lock)和空戰時的不穩定。

當空中濕度甚濃，而氣溫接近臨界溫度時，由於汽油蒸發的冷卻作用，水汽常易凝結成冰，附着在細腰管(Venturi Tube)和節氣閥(Throttle Valve)的周圍，結果減低了引擎的動力。這種現象，在汽車上也常發現。在通常的汽化器上，往往用加熱節氣閥本身或其外殼來防止。用噴射進油法則此弊全免。因爲汽油噴入氣缸或進氣管中，完全不經過細腰管和節氣閥。

汽鎖就是汽油管中有汽泡存在，而受阻不能流動的現象。在高空，因空氣稀薄，汽油的沸點降低，極易發生此弊。假設在熱天，飛機正停在地上，油箱內溫度巳經很高。忽然敵機來襲，立即升空應戰。在極短時間內，自地面升入高空，油管中的汽油，便汽化而生障礙。在噴射法油管中，汽油常保持較高壓力，故汽泡不易發生。

浮子式汽化器，在飛機平飛，傾側，或旋迴而有重力作用時浮子可以保持適當油平面。但新式戰鬥機，恒在水平前進時，突然轉向垂直下衝，加速度超過重力加速度 g。那時汽油受到反重力方向的加速度，而飛向浮子上方的空間，於是進油中斷而引擎停止。大戰初期，德國飛機常用此種突然俯衝戰術，給英美聯軍以絕大的威脅。在噴射汽油引擎，這是極便利的；但浮子式汽化器却遭遇嚴重的困難。於是聯軍的汽化器上，被迫加上了“反 g 裝置”。到大戰後期方改用噴射裝置。

基上理由，可知在航空上，尤其是軍用機上，浮子式汽化器的地位，無疑地將爲噴射法所代替。

(三)噴射進油法的型式

噴射汽油引擎可有三種型式:

(1)定時噴入氣缸式(Timed injection into cylinder):——汽油於一定時間,直接噴入燃燒室,此乃德國飛機普遍應用的方式。噴油機構和柴油引擎所用的相仿,引擎的配置和海士門(Hesselman)電花點火式低壓縮柴油機相近。

(2)定時噴入進氣孔式(Timed injection into inlet port)噴油機構與上式相同。汽油不噴入氣缸,故噴油嘴不接觸高溫氣體,構造可較簡單。1940年,意大利羅密歐(Alfa-Romeo)公司曾在小型引擎上應用此式,據說已達到完善無缺的程度。其噴油裝置,係由一個噴油泵輪流供給各氣缸上的噴油嘴。噴油嘴閥是用電氣藉配電器式的旋轉接觸器控制的。

(3)連續噴入進氣歧管式(Continuous injection into intake manifold)英美戰時,多用此式,噴油機構,係由汽化器改裝,故節氣閥,細腰管,多仍保存,史屈朗堡式(Stromberg)即其一例(見後)。

此外尚有"汽化器定時出油法"(Timed inspiration of carburetor)雖非噴射法,但也是接近噴射法的一種改良,故連帶一述。此法仍用浮子式汽化器,同樣由氣缸吸力作用於噴管而出油。但常式汽化器用在多缸引擎上,汽油的供給氣缸,連續不斷。在定時出油法,汽油噴出汽化器僅限定在每一吸氣衝程的局部時間內。定時法很多。一種是將浮子室和進氣歧管接通,中間用由齒輪拖動的旋動閥控制。兩者相通,則出油停止。另法爲在汽化器中裝一電磁石控制的油閥,開啓則出油,否則停止。

(四)噴油器的構造

噴射汽油引擎,德國最先製造。噴油系完全是模仿柴油引擎的,大都是著名的波西式(Bosch type)。英美則多就舊式汽化器改製。美國多用史屈朗堡式,英國有RR式(Rolls Royce),霍不生式(Hobson),R.A.F.式等,大都用在飛機上。到後期方想到減低成本,試用到汽車引擎上去。茲舉例說明如次:

(1)波西飛機用噴油器——雙筒式給油泵,自兩隻油箱吸取汽油,通過除氣室,送至多筒式噴油泵,每一活柱(Plunger)各供給一隻氣缸。自油泵至各噴油嘴的中間,均裝有止回閥。活柱上刻有螺紋槽,可和洩油孔(Spill port)相通,藉轉動活柱,以調節出油量。構造完全和柴油引擎所用的的相仿。

噴油在吸氣衝程時進行。每次噴油量隨引擎轉速,進氣壓力,與進氣溫度而增減。近來之出品,更隨排氣反壓力而變。這些壓力和溫度,作用於張縮鼓(Capsules),再經油壓繼動器(Oil relay),而控制活柱的轉動,以變化出油量。全部機構藏在美觀的外殼裏面,構造極爲精巧複雜。德國人如何能在戰爭緊張期間,大量需要之下,維持這樣纖巧的製作,看到這種戰利品的人,都嘆爲奇蹟!

上述波西噴油泵,用於本茲(Benz)十二缸及 B. M. W. 132K 飛機引擎的,是多筒直線式。用於B.M.W. 801A 12缸飛機引擎的,是環列式,十二個泵筒(Barrel)並立地環繞着除氣室的周圍。汽油都是直接噴入燃燒室的。

(2)波西汽車用噴油器——此係配油器式(Distributor type)專爲四,六,八氣缸汽車引擎而設計。其構造由兩個活柱,經配油器供給六個氣缸。活柱各由三角凸輪驅動。此噴油泵曾裝於亞塔爾六缸引擎上,汽油係噴入進氣孔。試驗結果,波西廠的工程師認爲可以把它應用在汽車上,且成本亦可減低。

波西公司的另一設計，爲由單筒油泵供給六隻氣缸。活柱同時作往復和旋轉運動。往復運動乃由六角凸輪推動；旋轉運動則由同軸上的盆齒輪傳動。每次出油各和泵筒上的一個油孔相通，由此送到各氣缸上的噴油嘴。凸輪軸轉數和活柱相同。噴油起點，可由控制桿加以變動；終點則由洩油孔控制，固定不變。最高噴油壓力爲200大氣壓力。自1942年以後該公司專門致力於簡化原有設計，減低成本的研究。

（3）史屈朗堡噴油器——此係就史屈朗堡汽化器改裝而成，所以有時就叫做噴射汽化器。美國飛機引擎十分之九，均裝用此式，也是英國飛機上最早的標準噴油器。汽油係連續噴入超充器(Supercharger)的進油管或進油口，第一圖示其構造。空氣仍舊經由細腰管和節氣閥流入氣缸。汽油先從右方的油泵通過濾網，以每方吋15磅的壓力，經錐形閥V進入油室D。次穿過量油孔，進入油室C，再送至噴油嘴，噴入氣流，壓力約爲5磅。

錐形閥V裝在調整桿的一端，桿上附有鼓膜二，一在油室C和D的中央；一在氣室A和B的中央。D，C壓力的差：推桿向左，使閥閉小，以減少油量；A，B壓力的差，推桿向右，使閥開大，以增加油量。A室係進氣壓力，B室係細腰管的吸力，兩室的壓力差，和流過空氣量成比例。這樣錐形閥的開度既由A，B兩室氣壓差控制，流過的油量，便和空氣量成比例。

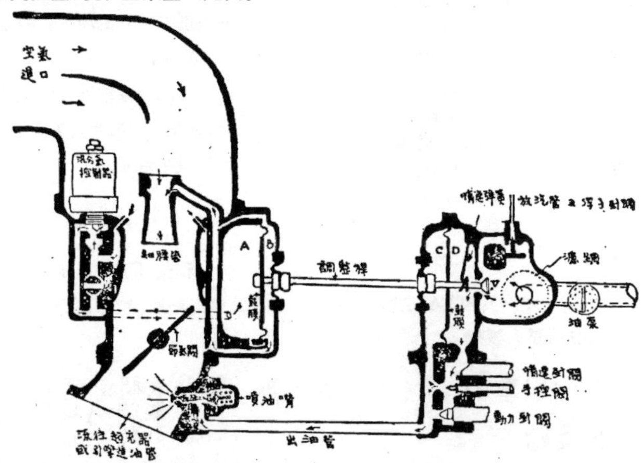

第一圖 史屈朗堡噴油器

左上側具有自動混合氣控制器(Automatic Mixture Control)，藉漲縮鼓以調整高升時的混合比；右下方具有惰速調整針閥 (Idling needle)，動力加油針閥(Power needle)，和由司機控制的手控閥 (Manual control needle)。分別調整油量，以適應惰速，最高動力，和速度變動的需要。

此式噴油器較爲價廉易製，而就原有引擎改裝，極爲簡便，其缺點爲空氣多少受細腰管的阻滯。在高空中影響更大。

（4）RR式(Rolls Royce)噴油器——此係調速器控制式，裝於後期的格烈風(Griffon)飛機引擎，構造較爲簡單，見圖二。油量由引擎轉速，進氣壓力，進氣溫度，及排氣反壓力四者來控制。用離心式調速器控制油壓，使和每分鐘轉數的平方成正比。用量油孔(Orifice)“X”，“Y”和針閥來控制油量。

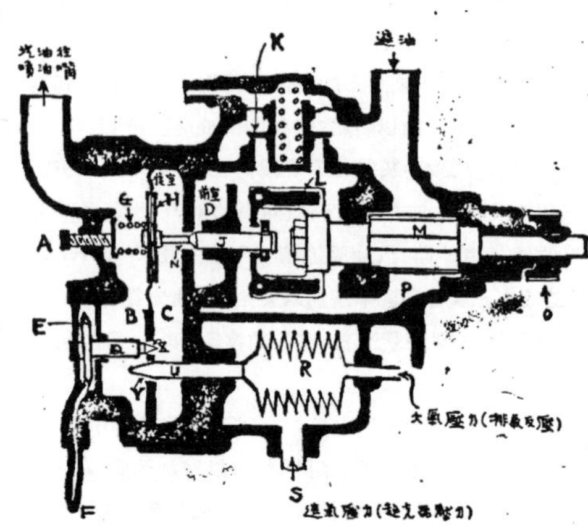

第二圖 RR式噴油器

A. 惰速較準螺釘	L. 調速器
B. 出油室	M. 葉式油泵
C. 後　室	N. 調整孔
D. 前　室	O. 驅動齒輪
F. 接進氣管的溫度球	P. 加壓後的汽油
G. 惰速彈簧	R. 漲縮鼓
H. 鼓膜	U. Q. 針閥
J. 針閥	X. 副量油孔
K. 恆壓閥	Y. 主量油孔

汽油由右上進入，經葉式油泵 (Vane type pump)M進入調速器前室，油壓由恆壓閥K保持爲18—20磅。油自前室針閥J，通過調整孔N進入調整器後室。再經量油孔"X","Y"流入出油室B，自此流至噴油嘴，以5至7磅的壓力，連續地噴入超充器的進氣口。

後室的油壓，常和轉速的平方成正比，而通過調整孔的油量，則和兩側壓力差的平方根成正比；所以油量也就和轉速成正比。這是在平航速率時所要求的。主量油孔"Y"的針閥U，由進氣壓力和排氣反壓力經由漲縮鼓R來控制。副量油孔的針閥Q，則由進氣歧管的溫度，經由較小的漲縮鼓E來控制。

在低速或惰速時，調速器外飛力量不足，調整孔針閥可能關閉，所以用彈簧G來保持最少油量。

(五)噴油嘴的構造

和柴油引擎所用的差不多。大都爲波西單孔或平針式(Pintle type)。因其製造較易，且不像多孔式容易堵塞。噴油壓力約爲35大氣壓力。史屈朗堡式和RR式的噴油壓力極低。

(六)噴射汽油引擎的性能和優點

除開上述對於飛機的特別利點外，還有幾種一般的性能上的優點，今略述於次：

(1)多缸引擎各缸所受之混合氣，比較均勻。所謂均勻，便是各氣缸進氣的油氣混合比之差額不超過一定數值。第三圖示星形18缸飛機引擎各缸的油氣比。實線C表示用汽化器在節氣閥百分之64開放時，油氣比之變

第三圖

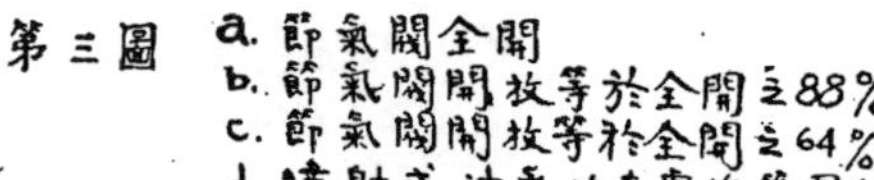
a. 節氣閥全開
b. 節氣閥開放等於全開之88%
c. 節氣閥開放等於全開之64%
d. 噴射式，油氣比在虛線範圍內

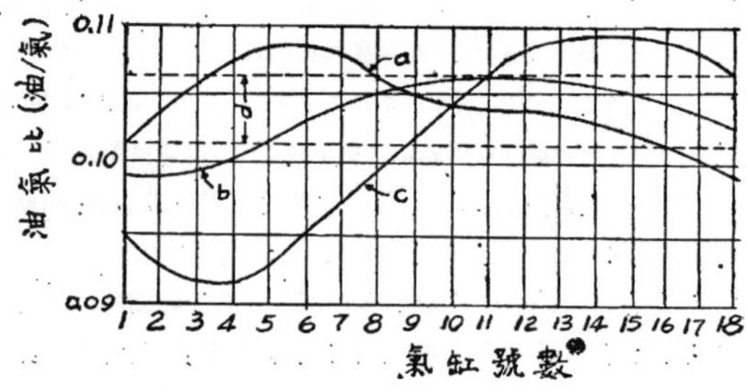

第 三 圖

化，自0.092至0.11，但噴射法，如圖中虛線，則油氣比幾無變化。

（2）進氣門與排氣門疊合開放（Overlap），時間可以延長。因汽油與空氣分別進入氣缸，故可延長疊開時間；使換氣作用（Scavenging）完全，以增加容積效率，從而增加動力。但在汽車引擎，因無超充裝置，進氣壓力恒低於大氣壓力，故換氣作用極微，在惰速（Idling）時尤甚。在惰速吸氣衝程時，如進出氣門疊開，廢氣可能倒流入進氣管，將混合氣沖淡，結果引擎不穩。這個缺點，只有普通不用超充的四程引擎，才會發生。如用超充器或使用換氣泵的二程引擎，便有利無弊了。第四圖示普通情形和氣門疊開120度時實效均壓的差異。

（3）噴射法沒有汽化器的阻滯作用，故容積效率較佳，平均實效壓力增大而耗油量則無甚差異。第五圖係就汽化器式，噴入氣缸式，和噴入進氣歧管式比較試驗的結果。可見氣缸噴射式效率最大。

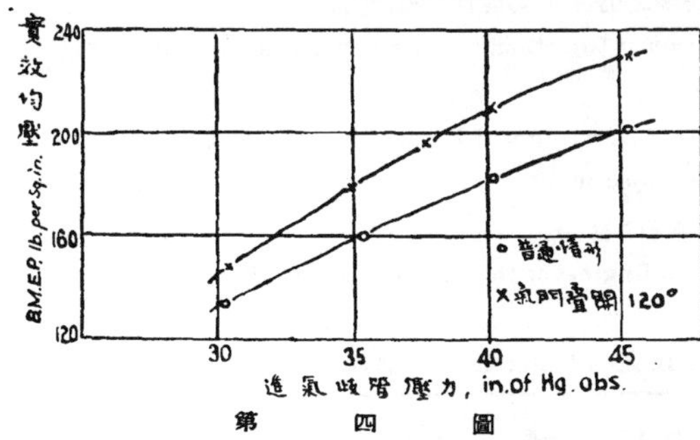

第 四 圖

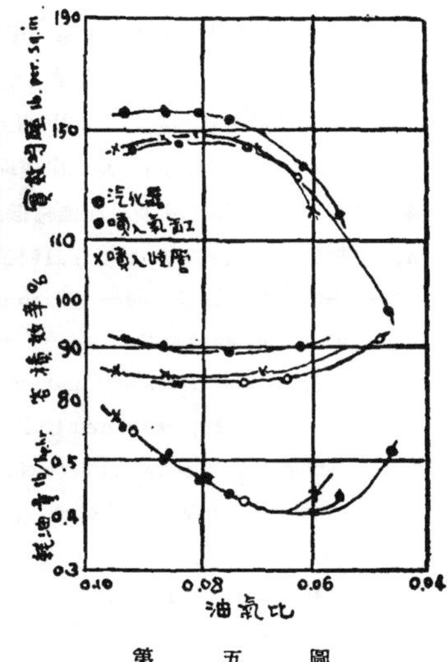

第 五 圖

（七）噴射汽油引擎用在車輛上的實例

噴射法在飛機上的地位，已經奠定，用於地上車輛，尚在萌芽時期。茲略舉數例以示可能。

（1）B.M.W.公司，於噴射式航空引擎以外，曾製就小型汽車引擎，加以試驗。據稱所製噴射裝置極爲適宜。引擎運轉溫度甚低惰速性能極佳，始動亦易。

（2）波西公司曾就六缸亞培爾（Opel）汽車引擎，加以實驗。據稱，噴射法若用於小型引擎，則成本較昂。但若用於大型引擎及二程引擎，則頗有可能。

（3）梅白格（Mayback）V式十二缸坦克車引擎。此引擎爲900馬力，每分鐘3000轉，惰速可低至400轉，壓縮比7:1，汽油直接噴入半球形的燃燒室，噴油泵係波西式。

（4）桑克洛夫（Thorncroft）噴射式汽車引擎，這是英國首次用於汽車的噴射汽油引擎。六缸，每分鐘1900轉時產生150馬力，壓縮比6.92:1。不用細腰管，排氣歧管用水冷法，以減低引擎罩內溫度，使容積效率增加。噴油壓力367磅，汽油乃噴入進氣孔者。該公司因循國外定戶要求，製造150馬力的汽車，初將原有最大的柴油引擎改爲汽化器式汽油引擎，然馬力不够。後來改用噴射汽油式，乃獲得成功。

(八)結　論

德國在戰時首先使用噴射汽油引擎，引起舉世科學家的注意，對其前途頗多猜測。此式引擎如應用在航空上則利點甚多。像改進操縱性能，避免冰結，氣鎖，及高空效應的障礙等。對於地面上的車輛，這些並不重要。

就汽化法與噴射法引擎的動力與耗油量比較，在航空引擎上，並無多大差異。在汽車引擎上，因無細腰管和汽化器的阻滯作用，最大實馬力可增高10—15%。延長氣門疊開時間，並可增加動力，此雖妨礙惰速性能，但如用超充裝置，或用於二程引擎，便有利無弊。

噴射法是否將替代汽化器用在車輛上，目前尙難定論。最大的問題，便是它的成本較昂。美國汽車製造界，迄今尙未加以密切注意，其理由或即在此。蓋汽化器已經過長久的改良，製造廠已具有大宗生產的經驗和設備，所以覺得簡單便利而價格低廉。故噴油機構，必須能與汽化器有同樣的量油性能，同時減低其成本，方能和汽化器競爭。然以今日科學進步之迅速，這可能性是極大的。

參考:—Charles. H. Fisher—"Carburetion or Injection."—Automobile Engineer. July 1947. August 1947.

Schey and Clark—"Comparative Performance of Engine Using Carburetor, Manifold Injection and Cylinder Injection."

N.A.C.A. Technical note No. 688 Feb. 1939.

Schey—"Aircraft Spark-ignition Engines with Fuel Injection." S.A.E. Journal, April, 1940.

James H. Suddeth.—"Aircraft Engine Maintenance" 1944.

工　程　雜　訊　(華)

★噴射蒸汽和汽油引擎——瑞典人曼丁(Hans Mandin)和尼爾孫(Eric Nilsson)，最近發明一簡單而有效的機械，將蒸汽噴入汽油引擎的燃燒室而改進引擎的性能。據稱可減低耗油量百分之十。蒸汽宜利用廢汽的熱力而產生，經清潔器後進入汽缸。此種機械極爲簡巧，任何汽油引擎均可裝置。在連續行走試驗的結果，可省油百分之十二；在出差汽車上，長期使用的結果，可省油百分之十。用噴射蒸汽後，更可減少引擎內部的積灰。

★美國汽車的壽命——據美國政府就歷年廢棄的汽車統計的結果，平均壽命如次：

1925 年	6.5 歲
1935 年	8.3 歲
1941 年	10.2 歲
1945 年	12.0 歲

以所走哩程計，1925年平均爲25,750哩，1945年平均爲89,600哩。

壽命的增加，一方面是由於製造的黠步，一方面由於戰時需要的增加，供不應求，所以應該棄作廢鐵的，還不得不繼續用下去。據1946年統計，小客車總數爲24,958,000輛，而使用17年以上者，近1,000,000輛，可覘一斑。

至於出產數量，在美國連加拿大在內，過去以1929年爲最高，總數爲5,621,715輛，1947年約300萬輛，1948年八個月預料將有3,334,523輛，如能保持此速度，全年約500萬輛，可迫近過去的最高紀錄。

公共汽車之保養與修理

鈕 澤 全

公共汽車是汽車中行駛最忙碌的一種。因爲自早至晚在不斷的奔波下，常常容易過度疲勞而損及壽命。所以公共汽車之保養與修理是一樁極重要的事。汽車廠家出品的汽車對於公共汽車的製造，亦較普通汽車的標準爲高。無論內部的機件與車身的構造，都須有極精密的設計，與嚴格的準則。以目前上海一地而言，法商的紅色公共汽車都是戰前的產物，利用柴油作燃料。而行駛路綫最多的市辦公共交通公司的公共汽車，大部由道奇T－234型的卡車所改裝，將車架底盤伸展接長裝上車身而成，因限於底車之裝置，致使車廂裝配較爲笨重，且乘客擁擠時，往往使其載荷過重，雖市區路面平坦，但交通擁擠，使離合器片及制動片的使用次數增加，汽油的消耗量亦隨之增加。凡此種種均可於極短時期內將車輛之壽命縮短。使用期的無形縮短，以成本的立場來說其折舊率增大，爲一種不經濟的現象。要減少這種損失，唯有加緊保養與修理。

保養工作常可分成三類：

(一)日常檢修(Routine Servicing)——包括每日檢驗。(Daily Inspection)

(二)週期保養(Periodic Maintenance)——包括零件置換。(Unit Replacement)

(三)大修(Major Overhaul)——包括零件大修。(Unit Overhaul)

除日常檢修外，其餘均按照車輛所行駛里程數的多寡，於不同的部份予以週期性之保養及大修。

(一) 日 常 檢 修

此種檢修，須與駕駛員配合始能收效。因一車輛經固定的駕駛員長期使用後，其性能均一目了然。修理時以駕駛員之紀錄作爲參考，較爲有效。故車輛每日出廠時，必須責成駕駛員經過發動前之檢驗。如水箱中的水，油箱中的汽油，油盤中的機油，輪胎氣壓，及停車地面是否有漏水，漏油等痕跡，此後再發動引擎，同時注意鬆動的零件及部份，電流表，機油壓力表等是否作用正常，引擎有無雜聲等。待稍經行駛後，即刻留意轉向器，離合器，傳動系，及制動器之作用。繼續行駛時駕駛員必須諦聽各部份不正常的雜聲，尤須注意引擎過熱(Overheating)，衝擊聲，及炮火等，隨時紀錄，以待回廠修理時之參考。

車輛每日回廠時先經熟嫻的檢驗員檢查後，再駛入洗滌處，清潔車身之外表及內部；其大部工作注重於汽油，機油，輪胎氣壓，水及蓄電池溶液之是否足够，各部螺絲的鬆緊是否準適等等務使車輛於次日出廠時能安全完成長日之工作爲目的。

此項工作之重心，除意外之機件損壞需修理外，僅在清潔及校正上盡其功用，但日常檢修工作亦可因週期保養而減少之，

(二) 週 期 保 養

週期保養爲保養工作中之主體，進行此項工作時，須將全部車輛經常登記於以備查攷之車輛歷史登

記卡上，其項目包括潤滑(Lubrication)，檢驗，修理及大修各項，以所行駛之里程數爲標準，逐日列出所潤滑及檢驗之車號，潤滑及檢驗之項目另列於潤滑圖表與檢驗卡上。其所潤滑與檢驗之部份，隨使用時間之長短而不同，故可劃分成甲，乙，丙三種檢驗及大修(見後)，其次序及檢驗之部份，隨行駛里程數之增加而增。甲種檢驗之重要工作爲清潔，潤滑，校正及緊已鬆動之部份。乙種檢驗除甲種檢驗之項目外，尙須包括零件置換。丙種檢驗除甲，乙兩種檢修之項目外，尙須包括磨汽門及座，換活塞環，油漆，及坐墊之修理等。

(1)甲種檢驗(A-Inspection)

車輛每行駛二千四百公里時，施行甲種檢驗，除潤滑工作外，大部份爲引擎之調整(Engine Tune-up)，此項檢驗平均每車須六工時(Man Hour)，已損壞之發電機，發動機，化油器及其他零件，需要時予以換用，調正及校正。各部份至少必須保持於達下次檢驗間隔內不生故障爲原則。此項工作之分配，可用一熟嫻機工及一助手(藝徒)即可，該熟嫻之機工，必須熟悉汽車機械之各部份，並能校正及制斷各部份是否可繼續使用等能力，助手則僅需知工具之使用及拆卸零件之步驟即可。

清潔，潤滑及拆卸零件可由助手執行，校正可由機工執行，其工作之部份包括火星塞，分電盤，水泵，濾清器，汽油泵，手脚刹車，離合器，傳動軸，前後鋼板，油箱，轉向器，輪胎，儀表(電流表，機油壓力表，熱度表等)及車身等。並根據以往零件施用效能之記錄(Data)，如檢查離合器片(Clutch Disk Facings)，及制動片(Brake Lining)之厚薄，大約估計其使用期限，此可使材料發揮其最大效能，且能免除人工之浪費，經過五次甲種檢驗時即列入乙種檢修。

(2)乙種檢驗(B-Inspection)

車輛每行駛一萬二千公里時，施行此種檢驗，除甲種檢驗所規定之項目必須檢驗外，尙須試驗高壓綫，凝電器，感電器等之效能，汽油邦之壓力，校正汽門脚間隙，檢查制動皮盌(Piston Cup)及制動用油(Brake Fluid)，此項檢驗每車約須二十一工時，可由熟嫻之機工一人，機助一人及助手一人行之。

零件置換於此時最見成効，工作所需之時間可減少至極短，唯所置換之零件或總成(Assembly)，切勿將已損壞者或未經精確修理者換用之，此原則須注意所置換的材料，須以經濟及安全使用者爲基礎，切勿免强使用而損及檢修之効果。

乙種檢驗其重心應爲確保其行駛安全，且能發揮車輛之確定性能，及修理與小疵，以免陷入極度損壞。每經三次乙種檢驗時，即列入丙種檢驗。

(3)丙種檢驗(C-Inspection)

車輛每經行駛三萬六千公里時，施行此種檢驗。此時須決定該車是否能繼續使用，其工作大部爲整個"機械裝置"(Machanical Equipment)之檢驗，如測量汽缸內之壓力，汽門(Valve)之校正，測量制動汽泵(Booster Brake)之眞空，試發電機之動能及檢查支架之扭歪(Frame Distortion)等。此項工作，每車約需七十工時，由熟嫻之機工二人及助手一人担任之，爲增加効力及節省修理時間計，齊備之工具及置換之零件必需充分準備。

工作範圍包括磨汽門及汽門座，清潔火星塞，換機油濾淸器心子(Oil Filter Element)，清潔機油通道，檢查空氣濾淸器化油器，試驗凝電器(Condenser)感電器(Coil)，及火星塞之効用，檢查白金(Breaker point)之平面，及白金臂之彈力(Breaker Arm Spring Tension)，試驗汽油泵之吸噴壓力及清潔，或換用汽油濾清器檢查水頭之間隙(End Ply)，清潔水箱，油漆車身，潤滑，及緊各部螺絲等，份按此規定之詳細項目予以檢驗。

每經二次丙種檢驗後，可列入大修。

(三) 大 修

車輛每經行駛七萬二千公里時，必予以大修。此時引擎底盤及車廂等均須予以澈底修理。各部份先經精確之測量後，以決定其應加修理之程度。如搪缸，換活塞及環，檢查曲軸 (Crank Shaft)圓度，量出連桿(Connecting rod)軸承之間隙(Clearance)，主軸承之間隙(Main Bearing Clearance)後，以決定曲軸承之能否使用等。鋼板之潤滑及校正前輪之偏側 (Toe-in) 等均爲重要之工作。

爲維持車輪之美觀及易於檢驗計清潔亦爲極要之工作。除通常每日抹淨車身之內外部及玻璃外，每經丙種檢驗或大修時，若遇有另件染有油膩或污物，必須先浸入特殊之清潔溶液或火油中，然後以受有高壓之熱水冲洗，底盤同時亦應以受高壓之熱水冲洗之。

★ ★ ★ ★ ★ ★

除上述日常檢修，及三種檢驗，及大修外，車輪胎及蓄電池之保養亦不可一日忽略，擁有大量車輛之公司；一旦遭遇這種困難時，將受莫大之損失，故輪胎及蓄電池之保養決不可輕視。

(四) 外胎之保養

(1)外胎之壓力——

當車輪滾動時，外胎之每一斷面，均支持車輛之重量，愈達底部之斷面，其受壓力愈大，胎壁 (Side Wall)設計時，必富有彈性使其能受壓力後迅速恢復原狀，唯內胎氣壓不足時，可使這部份因過份彎曲而裂開，如欲避免這種弊端，唯有保持胎中適當之氣壓，使內胎中空氣溫度與外部之溫度相同，若溫度過高時，能使正常使用時之空氣壓力增加，並且盡量避免不使其負荷過重。

(2)石油之侵害——

潤滑及汽油極易損害外胎，但平時常少注意，致使外胎使用期因此減短，因石油能慢性腐爛橡皮，使橡皮變成如海綿狀之軟體，致不能受高熱，不耐磨擦，故極宜注意之。但爲使裝卸便利必須使用潤滑劑者，當僅愼應用或以肥皂水代之。

(3)裝用之方向——

若有多種不同花紋之外胎時，須將同一花紋，同一內外徑之外胎裝用於同一車上。遇有有方向 (Directional Treads)之花紋外胎，裝用時，務使V之尖端先着地，此可使其滾動力 (Traction)增加，且可使其自身保持清潔(Self-cleaning)。

(4)儲藏之注意——

外胎之儲藏亦爲輪胎保養之重要課目，若儲藏得法，可至三年之久，否則短時期即可損壞。

光線，熱，流通之空氣，臭氧(由陽光或電動機，發電機之使用而來)，油類，塵埃，及污物等，均能使橡皮腐爛，均儲藏外胎必須避免上述各因素之侵入，今略述新外胎之儲藏法。

(a)儲藏於清潔，黑暗，乾燥，冷而緊閉之房中；以塗有柏油之帆布蓋上，使盡量避免光線，流動之空氣，及塵埃之接觸，以減少因熱而生之破壞効能，其儲藏室之溫度，不得超過華氏七十度至八十度。

(b)遇有電動機發電機使用之處，切勿儲藏外胎，因此種設置易發生氧及臭氧，散佈於空氣中，而此種物質極易損壞橡皮。

(c)切勿置外胎於存放有汽油及潤滑油之室內，甚至與儲藏油類之處亦不宜接近；因該種油類之蒸汽，極易為橡皮吸收而生腐爛。

(d)外胎須平放堆積於厚約$\frac{1}{2}$吋之淸潔木塊上，同樣大小者堆積一處，其堆積高度不得過高，外胎愈小，高度應愈小，其最大之限度自七呎(5.50)至十五呎(大而載荷較重之外胎)。

(e)已使用過之外胎，必須經過淸潔及修理後再行儲藏。

(f)儲藏室必須備二氧化碳之滅火器。

(5)外胎之換用——

每至乙丙種檢驗時，必須將外胎之位置前後交叉換用，同時將備胎隨時換用。

(五)蓄電池之保養

公共汽車之行駛非長距離行駛之車輛可比擬，由於車速之減低，怠轉(Idling)時間之增加，電動機使用頻繁，各種燈光設置之增加，竟有使一百四十八安培之蓄電池有不勝負担之感。因此欲使蓄電池發揮其正常効用，必須注意其正確之保養方法·

(1)防接頭之腐蝕：

為防止蓄電池中溶液由樁頭(Terminal Post)滲出而使接頭生銹計，接頭處常加以橄欖色之保護物保護之，遇有已銹之接頭時，用堅硬之刷子，將銹刷去後，再將阿摩尼亞或焙用蘇打與水洗滌，可使其金屬表面中和，裝用時接頭處塗以凡士林，以防再生銹。

(2)加水時用蒸餾水：

(a)蓄電池須常加蒸餾水，其所加水之高度，須按各廠家所規定之高度。通常水面約高出隔板(Separater)$\frac{3}{8}$吋。(b)蓄電池溶液中水份之減少，一部份由於蒸發，但大部份由於充電電流分解水成汽體而消失，唯硫酸不因蒸發或分解而減少，故平時硫酸毋須加入，若溶液有溢出時，則須將一定正確比重之溶液加入，強酸溶液切勿使用，(比重不得超過1.400)因它能損害鉛板(Negative Plate)，煤板(Positive Plate)及隔板。(c)溫度在冰點以下而加水於蓄電池時，必須在引擎轉動時，以利用充電電流使水與溶液混合，否則此時加入之水可能凍結。

(3)常測量溶液之比重：

如電量全部充足時，於華氏八十度，溶液(水與硫酸)之比重為1.280，唯硫酸量隨電量而變，故溶液之比重，亦隨電量而變，故須常加測量以決定其情形。又量其比重時，溫度之校正(Temperature Correction)亦須注意，通常以華氏八十度為準。(此溫度為溶液本身之溫度，與四週空氣之溫度無關)其校正方法為每高於華氏八十度2.5°時，其正確之讀數，應由讀數中加一，每低於華氏八十度2.5°時，由讀數中減一。

(4)蓄電池之冰凍，硫化，沉澱及過熱等現象，必須確切加以注意，此種現象能使電池全部毀壞，而不能再行使用。

(a)凍結：蓄電池溶液之冰點，須視比重及充電量之情形而定，其電量充足時，其冰點約在華氏零度以下八十五度，當其全部放電(Completely Discharged)時，其溶液中大部為水，冰點接近於水之冰點(或華氏卅二度)，故在溫度低時，須特別注意其電量，以免內部片子與外殼之冰裂。

(b)硫化作用(Sulphation)：放電時，鉛板表面生成堅白之結晶物硫酸鉛($Pb\ SO_4$)，若使電池仍保持於放電狀態時，此結晶物可使片面之小孔堵住，且因硫酸鉛為非導電體，故使片子之作用面積減少而其安培小時之容量亦隨之減退。若電池中水量過少，露出水面之鉛，煤板亦可得此種結晶物，而使片子損壞。此情形不過份嚴重時，此硫化物可由延長低速(Slow Rate)充電，將其除去。

(c)過熱(Overheating)：當電池充電或放電時，由於化學作用及阻力而生熱，過量之熱易使片子(Plates)快速澎漲而形成彎曲，故切勿過量充電，或充電，時勿用高率電流均可避免此種過熱現象。

(d)沉澱物(Sediment)：由於片子表面作用物質之漸趨剝落而沉澱於電池之底部，此現象可使電池短路(Short Circuit)故須常加檢查其有無沉澱物存在，而隨時驅除之。

本篇所述各種檢修與輪胎電瓶之保養，因限於篇幅僅及其大概。其他如工場之建築，修理工具之配備，熟練人工之訓練，工場之管理，檢驗効果之考核等等，均為保養修理之行政技術上所應注意的。

工 程 雜 訊 (華)

★美國設立原子能學校。 美國在奧克里奇(Oak Ridge)地方，成立原子能學校，訓練工作人員，研究用原子能推進飛機的計劃。此項計劃，稱為 N.E.P.A. 計劃(Nuclear Eenergy for the Propulsion of AirCraft Project)，由國家航空顧問委員會(N.A.C.A.)和十大飛機製造廠合作進行，而由費茄飛機公司(Fairchild Airplane Co.)在陸軍航空局監督下首先工作。原子能委員團亦將參加工作。所得結果並將知照海軍航空局研究所。

原子能學校將首先訓練參加該項計劃的工作人員和各製造廠的代表人，次將就參加該計劃各廠的工程師和陸海航空局人員，作短期講習。

據 N.E.P.A. 負責人表示，此種措施，是希望完成一種纖巧的、有組織的、對於原子有關的科學、數學、和工程學的訓練。所設學科有六：原子學科和原子工程，航空工程與鈾堆之應用，實驗原子物理學、原子數學、原子化學和冶金學。前三種開學時起三個月講完；後三種於開學後一個月起講，二個月完畢。

★V2式火箭砲，和火箭砲驅動的飛機。 格林馬丁公司(Glenn L. Martin Co.)正為美國海軍部製造一火箭砲的模型，構造類似德國的V2，而具有許多V2所無的優點。定名"海王"(Nepture)其速度在載重100磅時為每妙8500呎，最高載重為1400磅，惟速度稍底。發射後在75秒內可昇高38哩，其時燃料已罄，但再可昇197哩，而達235哩的高度，大過V2的二倍。V2在噴射口用碳板控制方向，故難於駕馭；"海王"用旋輔儀控制方向，可免此缺點，並減輕重量，而延長燃燒時間。

在此項模型試驗以後，即將製造第一具正式的海王火箭砲，期於1948年6月以前完成。全長45呎，約與V2相同；直徑32吋，較V2瘦長。海軍部所訂合同，共造十具，總價185萬美金，於三年內完成。海軍部希望該項大砲能在船上放射。

又悉，美國陸軍航空局，在摩洛克飛行試驗場，做過二十次用火箭砲驅動飛機的初步試驗。所用火箭砲為X5－1型。設計速度為每小時10000哩。機翼的設計，需能忍受18倍於重力加速度的張力，故用機械削斜的鋁合金翼面，拼接處厚度為0.45吋。控制法和通常飛機相同。發動機為四缸火箭砲，裝於機尾，由雷阿克辛引擎公司(Reaction Motor Co.)製造。

X5－1雖可由自身力量上昇，但試驗時宜由B－29型母機施至高空後發射。飛行時由一人駕駛，而由一隊專家謹慎地監護着。

A General Description on Electrochemical Finishes of Aluminium Products

PAN CHUN CHENG

(1) ELECTROCHEMICAL FINISHES AND THEIR APPLICATIONS

The metal of the twentieth century as it is, aluminium is today widely used, and has become a rival to iron, steel, and copper. While many of the aluminium products are employed without surface finishing, there are available, for obtaining special surface effects an aluminium and aluminium alloys, many effective processes, of which the process of electrochemical, or anodic oxide, finishes is one. The number of uses to which aluminium and its alloys have been put has increased considerably owing to this special electrolytic surface treatment, by which an artificially strengthened oxide film is produced on an aluminium surface in certain electrolytes.

All processes of anodic oxidation, by increasing the thickness of natural oxide film on aluminium, naturally increase the resistance to corrosion by atmospheric conditions and the attack of a large number of chemicals. However, the most outstanding use of the absorptive qualities of anodic coatings is in the impregnating with organic and inorganic substances to produce coloured coatings. Decorative as well as utilitarian purposes may be served; art objects, interior and exterior architectural fittings aud exceedingly durable maps and plans are but a few examples of the ases in which these serviceable and attractive aluminium surfaces have found application.

There are, however, processes other than that of anodic film finishes, the electroplating and the electrolytic brightening on aluminium, which will be discussed later.

(2) GENERAL PRINCIPLES IN ANODIZING AND COLOURING PROCESSES

Aluminium surfaces to be anodized are pretreated first. Then, immediately prior to anodizing, the surfaces of the articles are to be treated are to be cleaned. In anodizing process, the articles to be treated are connected to the anode (in case when d.c. source is used), immersed in sulphuric or chromic acid contained in lead-lined wood or steel tank, forming films which result from electrochemical reactions. This anode coating can be coloured, with either inorgauic pigments or organic dyestuffs. And the sealing of anodized surfaces which have been coloured is theu carried out to render the dyed oxide coating impermeable and nonstaining.

(3) HISTORY OF ELECTROCHEMICAL FINISHES ON ALUMINIUM SURFACES IN CHINA

The processes of electrochemical finishes applied to aluminium surfaces were supposed to be first adopted in China by the Japanese shops in Shanghai during the years of occupation. After V-J day new methods came from the United States of America, and proved to be better than the old ones widely adopted today.

(4) COMPARISON BETWEEN THE JAPANESE AND THE AMERICAN PROCESSES

The basic principles of the above two processes are just the same, except that the former adopts a.c., while the latter takes d.c. source. The electrolyte used in both methodes is sulphuric acid. There are, however, other methods in which chromic acid is adopted as the electrolyte. In this article only sulphuric acid process is related with both a.c. and d.c. sources.

There is, in addition, a third kind of electric sources, the pulsating current, which is said to cause still better results. But, as the pulsating current is rather difficult to obtain in geueral practice, the process with electric source of pulsating current has not yet been applied on a large scale.

(5) PROCEDURE

(a) Pretreatment of Surfaces to be Anodized

Irregularities not removed by usual finishing methods are generally quite apparent after anodizing, even if they were hardly visible before. Porosity and irregular coarse grain structure in castings and wrought products militate against the formation of a uniform oxide coating. Sand castings require considerable pretreatment before anodic oxidation; the position at which gates and risers have been attached are often visible after anodizing in spite of careful polishing treatments. The fine close-grained structure on the surfaces of permanent mould castings, due to relatively rapid cooling, is particularly favourable to a good anodized appearance. Pressure die castings which often contain high percentages of silicon anodize well, but the surface is somewhat dark and is especially suitable for black dyeing. Even aluminium sheet, highly polished by rolling, may present a streaked or honey-combed appearance after anodizing. Extrusions sometimes offer the same difficulty, the partial solution of which is a suitable heat treatment followed by quenching. It should be noted that the heat treatment of an aluminium alloy may have an important effect on the colour of the anodized film due to a change in the manner in which the constituents of the alloy are distributed. The effect may be to lighten or darken the anodic coating.

(b) Cleaning Process

Immediately prior to anodizing, the surface of the article to be treated must be thoroughly degreased and cleaned. Two processes are usually adaptable, namely, the chemical and the electrolytic cleaning. As a general practice the former method is adopted more commonly, as it is not so expensive as the latter.

In the chemical cleaning process, liquid-vapor degreasing with benzine or trichlorethylene, followed by an alkali dip, is commonly used. The alkali treatment consists either of 1 to 3 minute immersion in a solution consisting of 15% Oakite and 10% sodium carbonate at 70 to 75 degrees C, followed by cold water washing without subsequent nitric acid dip, or of a 30 to 60 second dip in 10 to 20% sodium hydroxide solution at 65 to 70 degrees C, followed by cold water washing and immersion in cold 10 to 30% nitric acid in order to remove the last traces of alkali and the dark coloured oxide deposits which remain after the action of the alkaline solution on the constituents of certain alloys.

(c) Anodizing—The Sulphuric Acid Process

Sulphuric acid may be used in concentrations varying from 15 to 25% in case when d.c. source is applied, and as high as 30% in case of a.c. The process is usually operated at room temperature and seldom at temperatures greater than 25 degrees C, unless very thin films are desired. The electrolyte must be contained in a lead-lined wood or steel tank, and, due to the low operating temperature of the bath, careful arrangements are required for the dissipation of heat generated at the anode. This may be provided by the use of a water jacketed design, the use of lead-cooling coils on the bottom or sides of the tank, or a combination of both of these two methods. In order to achieve uniform films the temperature of the electrolyte should be controlled to within 1 or 2 degrees C, and automatic regulation of the cooling water system is considered essential.

In case that d.c. source is applied, the process operates at constant voltage. A 15% sulphuric acid bath requires 20 to 24 volts, while a 25% sulphuric acid solution requires 10 to 12 volts. The standard time of treatment is 30 minutes, although this may be increased or decreased for particular conditions. High acid concentrations produce softer and thinner coatings than the lower acid concentrations. Likewise, high operating temperatures produce extremely soft coatings. The most durable coatings are obtained, according to the data given by the Aluminium Company of Canada, Ltd., in a 15% sulphuric acid solution maintained within 1% and operating at 20 degrees C for 30 minutes.

The current density is kept at 12 amps./sq.ft. And both batch and continuous types of operation are applicable, according to different conditions.

Motor-generator set is generally used to create d.c. source from a.c. main.

When a.c. source is used, the concentration of sulphuric acid is as high as 30%, as stated before, while the voltage is generally kept as low as 14 volts. As operating temperature is higher in summer and lower in winter, as it usually be, tap changing is generally required to cover the difficulties in cooling apparatus.

The articles to be treated are connected to both electrodes, of which each will become anode and cathode alternately.

The racks are made of aluminium. The design of any rack depends largely on the shape and size of the article and the number of pieces to be treated. Mechanically rigid, screwed or spring-loaded mechanisms are used for most work, while bulk coatings may be treated successfully in baskets.

Following the anodic treatment, the work is carefully rinsed in cold water to remove any traces of sulphuric acid.

The relation between the thickness of anodized layers on pure aluminium against anodizing times in solution of 15% sulphuric acid at 68 degrees F, recommended by the Aluminium Company of Canada, Ltd., is shown in the following graph:

GRAPH SHOWING THE THICKNESS OF ANODIZED LAYERS ON PURE ALUMINIUM AGAINST ANODIZING TIMES IN SOLUTION OF 15% SULPHURIC ACID AT 68 DEGREES F.

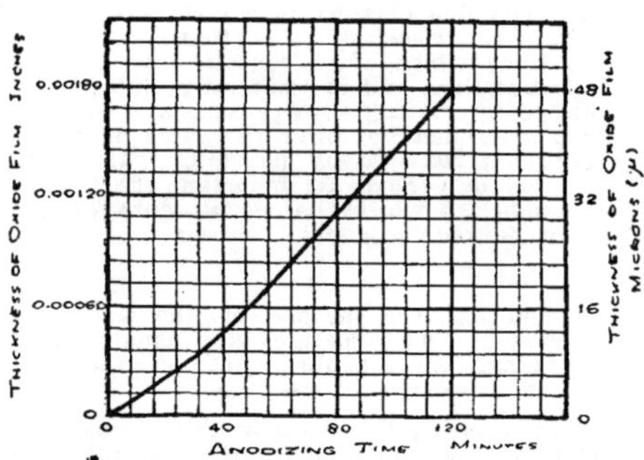

(d) Colouring of Oxide Coatings

The surface of aluminium after anodizing is generally colored by either inorganic pigments or organic dyestuffs. Certain insoluble pigments may be precipitated within the pores of newly formed oxide coatings, and are especially suitable for exterior use since they weather well and are quite fast to sunlight. And coloured coatings which possess a very attractive metallic lustre may be produced by using organic dyestuffs, of which a fairly large selection is suitable from the point of view of fastness to light.

a. Inorganic Pigments

After anodizing, the aluminium surface is rinsed with cold water only and treated successively with solutions of the precipitants. For example, if an article is immersed in a 5% solution of potassium dichromate and finally dipped into a 5% solution of lead acetate, the finished surface aquires a bright orange yellow colour owing to the presence of insoluble lead chromate firmly secured with the pores of the oxide film. The total immersion period is somewhat lengthy, and, hence, dyeing with inorganic pigments may be relatively expensive compared with direct dyeing with organic dyestuffs. However, a variety of useful decorative effects is obtained in this way and evenly coloured surfaces result.

A jet black cobalt sulphide colour is obtained by using ammonium sulphide and cobalt acetate solutions; the precipitation of lead permangauate or silver chromate yields shades of red while a blue finish is formed by using solutions of potassium ferrocyanide and ferrous sulphate.

More generally the precipitant solutions are used at temperatures around 50 degrees C and the rinsing is carried out in running tap water. The concentration of the solutions is often as high as 20%.

b. Orgonic Dyestuffs

The selection of the proper dyes is important; the dye should be fast to washing and since the sealing of dyed films cannot be omitted, the dyestuff should be unaffected by the sealing agent. Water and acetic acid soluble dyes are more commonly used than oil soluble dyes, the latter finding little application except in special cases. Anthracene blue, alizarine yellow, lissamine fast red BS, nigrosine 2Y (black) and a large number of the acid dyestuffs have proved satisfactory.

In general, the concentration of the dyestuff lies between 0.1 and 1%, the lower value applying when lighter shades are desired, while for the deeper colours and black higher concentrations are more suitable.

(e) Sealing

The sealing of anodized surfaces which have been coloured with inorganic pigments is accomplished by treatment with boiling nickel or cobalt acetate solutions (0.5 to 2%) or with boiling water alone, as is recommended by the Aluminium Company of Canada, Ltd. When a metal acetate solution is used, a 5 minute treatment is generally sufficient, whereas water sealing may take up to 30 minutes.

To render the anodized surface coloured with organic dyestuffs nonabsorbent and consequently nonstaining, a sealing operation using hot water, wax or metal acetate solution is carried out.

Steam with pressure 80 lbs./sq.in. is adopted as a sealing agent recently in Japan, recommended by the Aluminium Union Ltd., Shanghai.

(6) PRACTICAL EXAMPLES

The following examples are practised in the South West Metal Works, Ltd. with satisfactory results. A motor-generator set is used as an electric source for making samples of anodized aluminium iu the labodatory. And a specially designed transformer is applied for mass production.

(a) The motor-generator set is specified as follows:
Motor: 1 HP, 380/220 volts, 50 cycles, 1430 rpm, 3 phase.
DC Generator: 0.45 kw, 30 volts, 15 amp, 1420 rpm.
The general layout is as follows:

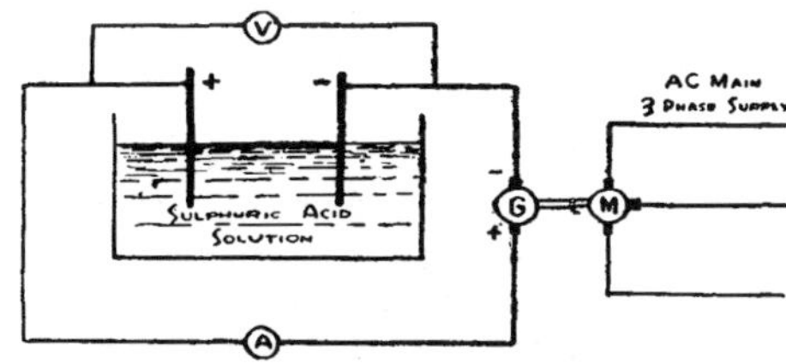

The aluminum products, after pretreatment and cleaning, is to be anodized in the processing tank containing 15% sulphuric acid. The aluminium articles are connected as the anode, bubbles of hydrogen gas liberating near the cathode. After 30 minutes of treatment, the articles are taken out from the tank, rinsed in cold water, and are then subjected to any of the colouring and sealing treatments.

(b) In mass production practice, anodizing process with a.c. source is applied more commonly today in Shanghai, as it is not so expensive as that with d.c. source. So it is more suitable for mass production.

The transformer is of special design. Its specifications (secondary) are as follows:
Rated current: 600 amps.
Rated voltage: 14 volts.
Tap changing ranged: 8, 10, 14, 16, 18, 22 volts.
Scott connectiou (3 to 2 phase)
The dimensions of the processing tanks are 5′—7″×2′—4″×2′—0″. Two tanks are used in combination.

The general layout is as follows:

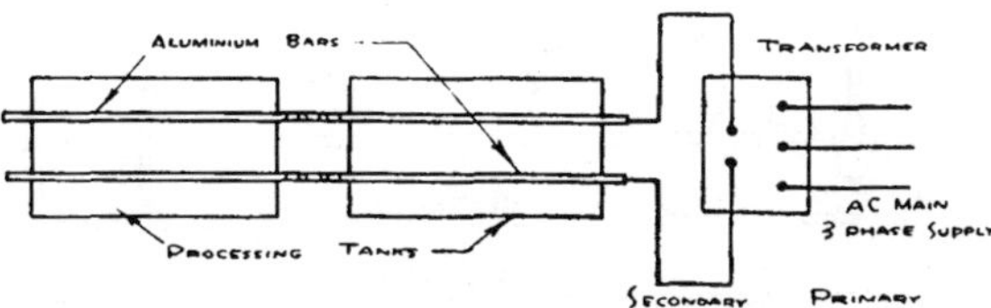

When a.c. is supplied, connected to both aluminium bars are the articles to be anodized in parallel. The concentration of sulphuric acid in processing tank in which aluminium articles are anodized is as high as 30%. The operating processes are like those when motor-generator set is used. Either batch or continuous type of operation is adaptable, according to the condition.

(7) CONCLUSION

In the field of anodizing, as one of the treatments in electrochemical finishes, the sulphuric acid process today in Shanghai is widely adopted with satisfactory results. Transformer of special design is generally applied to get the desired electric source. In the South West Metal Works, Ltd., Shanghai, adopting the sulphuric acid process and applying a.c. sources, the anodizing, colouring, and sealing processes applied to the surfaces of the parts of flash lights in production result in an increase in hardness, strength, lustre and splendour of the material and make the surfaces impermeable, nonabsorbent, uniform and nonstaining. Further applications of these processes to various kinds of products made of aluminium are now in plan in the engineering department of the South West Metal Works, Ltd. and will be carried into action in the near future.

喬氏(Jourdain Monneret)氣軔

王 守 恒

電車減速及停車所應用之軔機，有最簡單之手軔，以至新式之電磁軔，及直通自動並用之氣軔等種種。本文介紹上海法商電車公司行駛徐家匯電車上之喬氏(Jourdain Monneret)氣軔，其原理與韋氏氣軔(Westinghouse air brake)相倣，爲一種直通自動並用之氣軔設備。並在氣軔系統上，附裝空氣撒沙器，以撒沙於軌道上，增加車輪軌道間之黏力。

喬氏直通自動氣軔之佈置，詳第(一)圖。電車兩端及拖車之一端，除電動機控制設備外，均裝置運用閥及撒沙通風閥。司機不必將車輛駛入三角道轉向，可於電車前端或後端或附掛拖車之一端駕駛並運用氣軔。氣軔系統所用之壓縮空氣，由一電動機聯動之雙汽缸壓氣機供給，存儲於總風缸內。電動機自動開關器之啓閉，由總風缸氣壓控制之。總風缸壓縮空氣，經支管導入於控制電動機開關器之隔膜室之隔膜面上。迨總風缸氣壓達規定七公斤時，開啓電動機開關器，候總風缸氣壓降低至規定以下時，隔膜彈回，電動機開關器隨再閉合，使電動機轉動壓氣機。總風缸氣壓因得自動維持於七公斤壓力。故在運用氣軔停車後，總風缸內氣壓經餵閥補充閘管氣壓而降低，電動機及壓氣機即行工作，至恢復總風缸規定壓力時始行停止。總風缸管又連接濾塵器及餵閥，調整閘管氣壓於五公斤。閘管貫通全車總長，並用截風塞門、膠皮軟管、風管接頭、聯結電車或拖車貫通兩車。用同樣方法聯結者，有五管。自上至下計之，第一第二

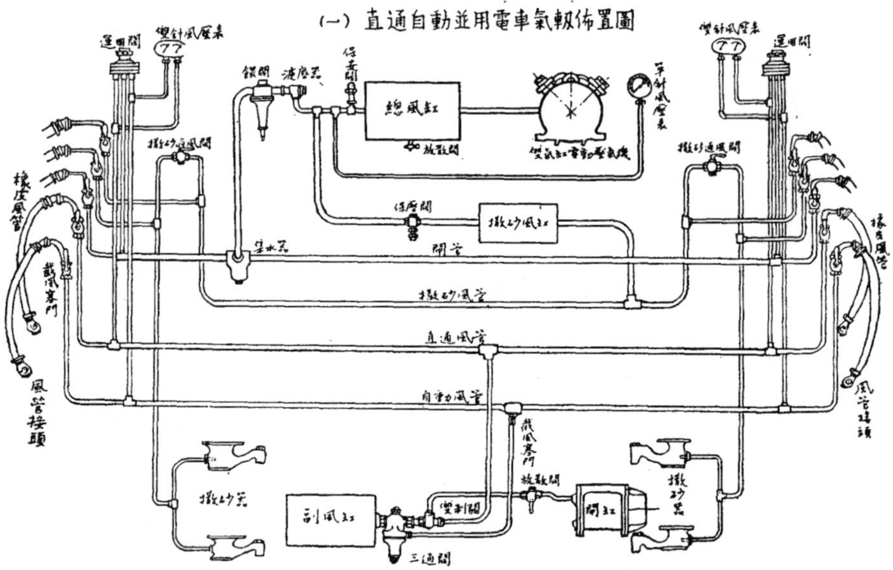

(一) 直通自動並用電車氣軔佈置圖

爲撒沙風管，第三爲閘管，第四爲直通風管，第五爲自動風管。閘管，直通風管，及自動風管三者均以支管連接前後兩端之運用閥下端，將運用閥手柄移置於各部位，使直通氣軔及自動氣軔上閘或鬆閘。

運用閥手柄有五工作部位：（一）自動氣軔鬆閘及滿風，直通氣軔鬆閘。（二）行車。（三）直通氣軔上閘。（四）封閉。（五）自動氣軔上閘。（見第二圖）。假定在電車前端，移置運用閥手柄，於第一部位鬆閘，（後端運用閥手柄置於第四地位封閉），閘管壓縮空氣經運用閥旋轉閥上面，輸入自動風管內，經截風塞門至三通閥（Triple Valve），使閘管壓縮空氣經三通閥流入副風缸內，作爲自動氣軔上閘之準備。若自動氣軔在上閘後鬆閘，則閘缸空氣經三通閥放散於大氣中，同時直通風管內經上閘後氣壓經運用閥自放散口

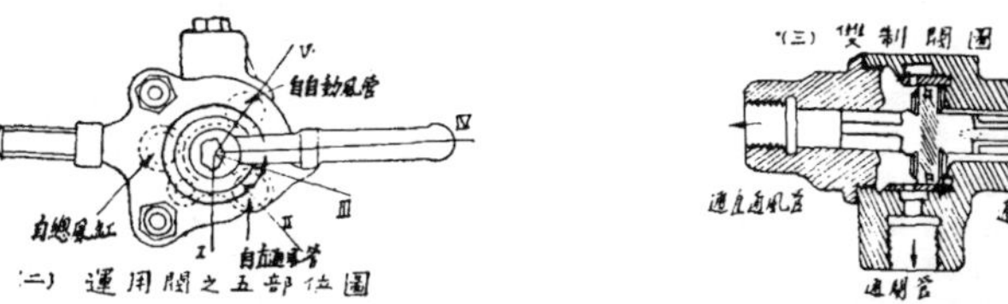

（二） 運用閥之五部位圖

（三） 雙制閥圖

放散於大氣中。若未經上閘，則僅連通直通風管與大氣。運用閥手柄第二部位行車。與第四部位封閉作用相同。第二行車部位爲直通氣軔之封閉部位。第四封閉部位爲自動氣軔之封閉部位，斷絕閘管、直通風管、自動風管、及大氣等之連絡。直通或自動氣軔上閘後，運用閥手柄置於此等部位。氣軔系統不鬆閘（見第二圖）司機於離開電車或移調至電車另一端駕駛時，將手柄置於封閉部位，方得取出手柄。第三部位爲直通氣軔上閘。運用閥手柄置此部位時，閘管壓縮空氣經運用閥輸入直通風管內，經支管至雙制閥（Double check valve），驅動雙制閥之活塞，關閉三通閥通閘缸之通路（見第三圖）。暴露風口使直通風管壓縮空氣經風口流入閘缸內。驅動閘缸活塞，活塞桿，推動閘桿，閘槓桿，及懸桿，使軔展緊壓車輪踏面。至於緊急上閘則置運用閥手柄於第五部位。自動氣軔上閘之軔力較大於直通氣軔上閘，此時自動風管內壓縮空氣，經運用閥放散口放散於大氣中。副風缸壓縮空氣經三通閥流入雙制閥，推動雙制閥之活塞，關閉直通風管通閘缸之通路，暴露風口，使副風缸壓縮空氣經風口流入閘缸內，上緊輪閘。無論自動氣軔或直通氣軔上閘均係經雙制閥而至閘缸。上閘後鬆閘，閘缸空氣，仍循原路分別至三通閥或直通風管。運用閥手柄則自第五部位（自動氣軔），或第三部位（直通氣軔）移回至第一部位。

總風缸支管經過保壓閥（Retaining valve）減低總風缸之氣壓至五公斤至撒沙風缸及撒沙風管。電

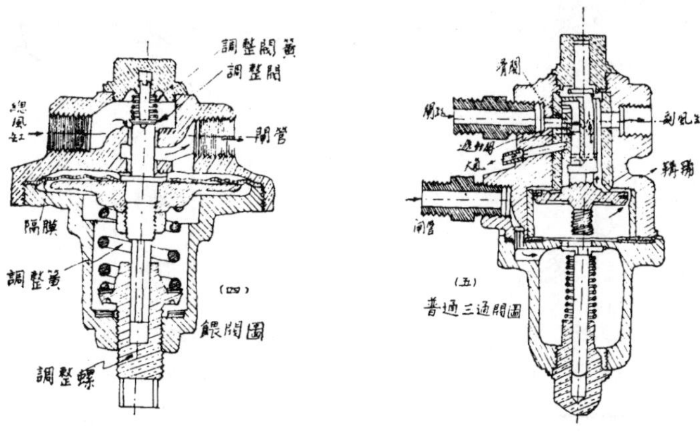

（四）

（五） 普通三通閥圖

車行駛時，運用撒沙通風閥，將撒沙器內之沙散佈於軌道上，以增加車輪軌道間之黏力。電車兩端分別裝置顯示直通自動風管壓力之雙針氣壓表及顯示總風缸壓力之單針氣壓表。其風管連接情形見第一圖。又閘缸管上之放散閥，用於抱閘時放散閘缸內壓力而鬆弛輪閘。

餵閥即減低總風缸至閘管氣壓之壓力控制裝置，見第四圖。它與蒸汽機車氣軔之餵閥，構造不同。其作用於閘管壓力低於規定五公斤時，自動工作，使總風缸之壓縮空氣流入閘管內以補充之。隔膜上面之氣壓，爲閘管氣壓。當低於下面調整簧所調整之壓力時，調整簧壓開上面調整閥，使離開閥座，並壓縮調整閥簧。來自總風缸之壓縮空氣，經調整閥流入閘管。迨隔膜上風壓大於五公斤時，壓縮調整簧，調整閥簧彈力關閉調整閥於基座。旋轉調整螺可以鬆緊調整簧壓力，以減增閘管調整壓力。

直通氣軔(Straight air brake)及自動氣軔(Automatic air brake)之作用，既如上述。茲再申述其工作原理。電車行動時，直通風管內無壓縮空氣。直通氣軔上閘時，閘管壓縮空氣經運用閥流入直通風管，再經雙制閥至閘缸。發生上閘作用。自動氣軔之三通閥(見第五圖)於鬆閘灌氣時，壓縮空氣經閘管及褓套上灌風槽，存儲於副風缸內。副風缸風壓與閘管壓力相等。自動氣軔上閘，以減低自動風管氣壓，使低於副風缸內氣壓爲主要條件，當運用閥手柄置於第五部位，即放散自動風管內空氣於大氣中。副風缸壓力此時較大於自動風管內氣壓，驅動活塞向下移動，開啓遞動閥，使副風缸壓縮空氣經雙制閥流入閘缸內。若運用閥手柄自第五部位移回至第四封閉部位時，自動風管停止放散壓縮空氣三通閥內之遞動閥關閉，維持閘缸之壓力。三通閥自居於封閉位置，直通自動氣軔，可並用不悖。總之運用閥手柄在第一部位時，自動氣軔鬆閘及灌氣，直通風管壓縮空氣放散於大氣中。於直通氣軔上閘前後，手柄移置第二部位。用直通氣軔常用上閘時應將運用閥手柄往復在第三第二部位移動，以增加閘缸壓力。在緊急上閘時，用自動氣軔。將手柄移置第五部位後，再移回至第四部位。若需上閘後鬆閘，無論直通或自動氣軔，應將手柄移回至第一部位。每車運用閥雖前後各有一個，但同時祇許應用一個運用閥，不能兩者同時應用。以致不能切實發生上閘或鬆閘等功用。又應於上閘時儘量應用常用上閘，即直通氣軔，至需要鉅大軔力時，則用自動氣軔上閘，以免車輛發生震動。

工具機之標準轉數

周 修 齊

(一)轉數標準化之必要

工具機轉數之採用分級調整者，其轉數之排列，係依照幾何級數形成之。爲求製造合理起見，此由幾何級數形成之轉數，有實施標準化之必要。過去各製造商，恒各選用自己所訂之幾何級數，所選比值不同，轉數自亦不同。甚至同一製造商製造類似之機器，亦選用各不相同之轉數排列。似此漫無標準，任意選訂轉數，對於工具機用戶，由於使用機時計算之繁複，亦不便莫甚。

採用標準轉數，所給與製造商及用戶之影響，可概括之如下：

1. 設計及製造更趨簡單化：

轉數實施標準後，機器種類式樣因以減少，設計者及製造者，可以以其由此節省而多餘之時間，從事其他設計方面及製造方面之研究及改善。

2. 生產率之提高：

工作場中，機器林立，轉數若過於參差不齊，則各機性能，易被忽視。實施標準後，不同轉數之數目減少，計算因形簡單，各機性能控制較易，機器生產率亦因之可發揮至最高度。

3. 成本估計更形便捷可靠：

此點對於客戶詢價報價，接受定貨，影響頗大。

(二)標準轉數與等比標準數之比較——六項比值 φ

表一示等比標準數(英稱 Preferred numbers)，已經經濟部工業標準委員會審定，併頒佈通用。表二載錄本文所欲闡述之標準轉數。標準轉數所選六項比值爲：$\varphi=1.06,1.12,1.26,1.41,1.58,2.0$，其中1.06，1.12，1.26，1.58四項，即等比標準數之四項。四項中在一般轉數之運用上，亦以 $\varphi=1.26$ 之一項，最爲普遍。比值1.26之另一特點，爲與 $\sqrt[3]{2}$ 值相等。(按 $\sqrt[10]{10}=1.2589$；$\sqrt[3]{2}=1.2599$，二者幾相等。)因之凡1.26形成之轉數組，實含有1:2之比數。對於藉用變更磁極數以調整轉數之電動機，無不適用之。此組轉以比值數之分級密度 Φ 爲：

$$\Phi=\frac{1}{\varphi}.100=\frac{100}{1.26}=\text{約}80\%。$$

以此形成之轉數組，對於採用齒輪或皮帶輪以變換機之轉數者，亦同樣適用。

有類型式之車床，銑床等，其變換範圍雖廣，然轉數之分級，則無庸具有如是之密度者。如用次一級較疏之1.58比值組，似又嫌其過於稀疏，不可不在二者之間，另求一適中之級數。

由於下列之原因，選用：$\varphi=\sqrt{2}=1.41$

$$\Phi=\frac{1}{\varphi}.100=70.8=\text{約}70\%。$$

此比值 $\sqrt{2}=1.41$，因其具有1:2之比數，對於採用變極式交流電動機以爲調整轉數之工具機，自亦適用。同時則兼而有與比值 $\varphi_{10}=1.26$ 聯通之關係。因1.41與1.12之關係爲：$1.41=1.12^3$；而1.26與1.12之關係則爲：$1.26=1.12^2$。

表(一) 等比標準數(國際制)

100至1000				算至五位之值	項次	對數
5級組 比值$=\sqrt[5]{10}$	10級組 比值$=\sqrt[10]{10}$	20級組 比值$=\sqrt[20]{10}$	40級組 比值$=\sqrt[40]{10}$			
100	100	100	100			
			106	105.93	1	025
		112	112	112.20	2	050
			118	118.85	3	075
	125	125	125	125.89	4	100
			132	133.35	5	125
		140	140	141.25	6	150
			150	149.62	7	175
160	160	160	160	158.49	8	200
			170	167.88	9	225
		180	180	177.83	10	250
			190	188.36	11	275
	200	200	200	199.53	12	300
			212	211.35	13	325
		240	240	223.87	14	350
			236	237.14	15	375
250	250	250	250	251.19	16	400
			265	266.07	17	425
		280	280	281.84	18	450
			300	298.54	19	475
	315	315	315	316.23	20	500
			335	334.97	21	525
		355	355	354.81	22	550
			375	375.84	23	575
400	400	400	400	398.11	24	600
			425	421.70	25	625
		450	450	446.68	26	650
			475	473.15	27	675
	500	500	500	501.19	28	700
			530	530.88	29	725
		560	560	562.34	30	750
			600	595.66	31	775
630	630	630	630	630.96	32	800
			670	668.34	33	825
		710	710	707.95	34	850
			750	749.89	35	875
	800	800	800	794.33	36	900
			850	841.40	37	925
		900	900	891.25	38	950
			950	944.06	39	975
1000	1000	1000	1000	1000	40	1000

註：数值大於1000時,應將表内数值乘以10,或100,……,10^n。
数值小於1000時,應將表内数值除以10,或100,……,10^n。

比值組	轉數
1.06	0.118, 0.125, 0.132, 0.140, 0.150, 0.160, 0.170, 0.180, 0.190, 0.200, 0.212, 0.224, 0.236, 0.250, 0.265, 0.280, 0.300, 0.315, 0.335, 0.355, 0.375, 0.400, 0.425, 0.450, 0.475, 0.500, 0.530, 0.560, 0.600, 0.630, 0.670, 0.710, 0.750, 0.800, 0.850, 0.900, 0.950, 1.000, 1.060, 1.120
1.12	0.118, 0.132, 0.15, 0.17, 0.19, 0.212, 0.236, 0.265, 0.30, 0.335, 0.375, 0.425, 0.475, 0.53, 0.60, 0.67, 0.75, 0.85, 0.95, 1.06
1.26	0.118, 0.15, 0.19, 0.236, 0.30, 0.375, 0.475, 0.60, 0.75, 0.95
1.58	0.118, 0.19, 0.30, 0.475, 0.75
1.41	0.132, 0.19, 0.265, 0.375, 0.53, 0.75, 1.06
2.00	0.19, 0.375, 0.75
1.06	1.18, 1.25, 1.32, 1.40, 1.50, 1.60, 1.70, 1.80, 1.90, 2.00, 2.12, 2.24, 2.36, 2.50, 2.65, 2.80, 3.00, 3.15, 3.35, 3.55, 3.75, 4.00, 4.25, 4.50, 4.75, 5.00, 5.30, 5.60, 6.00, 6.30, 6.70, 7.10, 7.50, 8.00, 8.50, 9.00, 9.50, 10.00, 10.60, 11.20
1.12	1.18, 1.32, 1.5, 1.7, 1.9, 2.12, 2.36, 2.65, 3.0, 3.35, 3.75, 4.25, 4.75, 5.3, 6.0, 6.7, 7.5, 8.5, 9.5, 10.6
1.26	1.18, 1.5, 1.9, 2.36, 3.0, 3.75, 4.75, 6.0, 7.5, 9.5
1.58	1.18, 1.9, 3.0, 4.75, 7.5
1.41	1.5, 2.1, 3.0, 4.25, 6.0, 8.5
2.00	1.5, 3.0, 6.0
1.06	11.8, 12.5, 13.2, 14.0, 15.0, 16.0, 17.0, 18.0, 19.0, 20.0, 21.2, 22.4, 23.6, 25.0, 26.5, 28.0, 30.0, 31.5, 33.5, 35.5, 37.5, 40.0, 42.5, 45.0, 47.5, 50.0, 53.0, 56.0, 60.0, 63.0, 67.0, 71.0, 75.0, 80.0, 85.0, 90.0, 95.0, 100.0, 106.0, 112.0
1.12	11.8, 13.2, 15, 17, 19, 21.2, 23.6, 26.5, 30.0, 33.5, 37.5, 42.5, 47.5, 53, 60, 67, 75, 85, 95, 106
1.26	11.8, 15, 19, 23.6, 30.0, 37.5, 47.5, 60, 75, 95
1.58	11.8, 19, 30.0, 47.5, 75
1.41	11.8, 17, 23.6, 33.5, 47.5, 67, 95
2.00	11.8, 23.6, 47.5, 95
1.06	118, 125, 132, 140, 150, 160, 170, 180, 190, 200, 212, 224, 236, 250, 265, 280, 300, 315, 335, 355, 375, 400, 425, 450, 475, 500, 530, 560, 600, 630, 670, 710, 750, 800, 850, 900, 950, 1000, 1060, 1120
1.12	118, 132, 150, 170, 190, 212, 236, 265, 300, 335, 375, 425, 475, 530, 600, 670, 750, 850, 950, 1060
1.26	118, 150, 190, 236, 300, 375, 475, 600, 750, 950
1.58	118, 190, 300, 475, 750
1.41	132, 190, 265, 375, 530, 750, 1060
2.00	190, 375, 750
1.06	1180, 1250, 1320, 1400, 1500, 1600, 1700, 1800, 1900, 2000, 2120, 2240, 2360, 2500, 2650, 2800, 3000, 3150, 3350, 3550, 3750, 4000, 4250, 4500, 4750, 5000, 5300, 5600, 6000, 6300, 6700, 7100, 7500, 8000, 8500, 9000, 9500, 10000, 10600, 11200
1.12	1180, 1320, 1500, 1700, 1900, 2120, 2360, 2650, 3000, 3350, 3750, 4250, 4750, 5300, 6000, 6700, 7500, 8500, 9500, 10600
1.26	1180, 1500, 1900, 2360, 3000, 3750, 4750, 6000, 7500, 9500
1.58	1180, 1900, 3000, 4750, 7500
1.41	1500, 2120, 3000, 4250, 6000, 8500
2.00	1500, 3000, 6000

表(二) 標準轉數表

就1.26與1.41之二比值，一切有關於工具機之轉數分級問題，幾可獲得適當之解決。惟例外需用特別分級時，則採用更疏或更密之級數。

更細密之級數，如20級組之1.12(Φ＝89.1%)，40級組之1.06(Φ＝94.4%)，較稀疏者，則爲5級組之1.58(Φ＝63.1%)。但用於小型鑽床，即此1.58級組，亦嫌其過密，故有加用2.00最疏之比值之必要。玆列表以示上述之六項比值：

表(三)制訂標準轉數所用之六項比值

比值	以數字表之	1.06	1.12	1.26	1.58	1.41	2.00
	以$\sqrt[n]{2}$表之	$\sqrt[12]{2}$	$\sqrt[16]{2}$	$\sqrt[3]{2}$		$\sqrt{2}$	2
	以$\sqrt[n]{10}$表之	$\sqrt[40]{10}$	$\sqrt[20]{10}$	$\sqrt[10]{10}$	$\sqrt[5]{10}$		
分級密度以%計之	準確數	94.4	89.1	79.4	63.1	70.8	50
	約數	95	90	80	60	70	50

(三)電動機轉數對於標準轉數表之影響

同期三相交流電動機，當空載時之同期轉數，由電流之週期率與極對數定之，其式如下：

$$n=\frac{f.60}{p},$$

n表每分鐘轉數，f表電流週期率，以每秒鐘週波計之，p表磁極對數。

三相交流電動機，在工具機之應用範圍內，以具有下列轉數爲主：

p＝1	2	3	4	5	6	8	10	極對數
n＝3000	1500	1000	750	600	500	375	300	每分鐘轉數。

等比標準數所具特性之一，爲數中任何數字相乘或相除，其積數或商數仍爲等比數。試分析上列計算公式，可知普通選用之週期率，或爲每秒鐘50週波(cycles)，或爲40週波，或爲60週波，各該數俱爲標準數，而上列代入：p＝1,2,3,4,5,6,8,10等各極對數，亦可於等比標準數表中見之。此所以解釋上列由適不相同公式算得之電動機轉數，仍不失爲表(一)中之標準數。蓋幸而如此，否則，標準轉數之制訂，與電動機在其用途上，對於工具機言之，將大相逕庭矣。

直流電動機之轉數，雖不若交流電動機受上列公式之限制，但爲求配合起見，所用轉數與交流電動機仍同，惟插入2000與1200二轉數，以避免與次一同期轉數之差數過鉅之弊。

因此，標準轉數表內，所包括之電動機轉數，應爲下列十項：

3000—2000*—1500—1200*—1000—700—600—375—300。

數字中之有*標幟者，指限於直流電動機用之。

標準轉數之制訂，最要爲同期轉數3000之一項，須於所有六項1.06，1.12，1.26，1.41，1.58，2.0比值組中俱有之。1.06比值組與40一級組之等比標準數，初無二致。後者具有三相交流電動機所用各種轉數，即直流電動機加插之1180(1200)及2000二轉數，亦無不包括之。其他三項1.12及1.26，1.58等比値組，由於編入同期轉數之關係，與等比標準數中各數不復相同。查表(一)：轉數3000在六項中俱有之；轉數1500及375，，五項中有之；轉數1200(1180)及300，僅首四項有之；轉數600首三項有之；2000，1000，及500三數，只1.06項比値組有之。由於六項比值組俱應含有3000之數，故十進位之首數不復爲10而爲1.18此則與等比標準數又一不同之點。至其他數字之組成及規律，則無一不同。

(四)計 算 步 驟

試舉車床爲例，設當用最大切速、車製最小工件時定得車床之最大轉數爲n_{max}，再當用最小切速、車製最大工件時定得車床之最小轉數爲n_{min}。復假定設計中之車床具備z分級次數。則比值φ與z，n_{max}及n_{min}間之關係爲：

$$\varphi = \sqrt[z-1]{\frac{n_{max}}{n_{min}}}$$

$$= \sqrt[z-1]{B_R} \text{。}$$

上式 $B_R = \frac{n_{min}}{n_{max}}$ 稱機之調整率。

上式若以對數表之，則得：

$$\log B_R = (z-1) \log \varphi = (z-1) \cdot \text{const.}$$

圖解上式如左圖所示。以橫坐標表 B_R，以縱坐標表分級次數z。則可就各規定之φ比值下(φ＝1.06，1.12，1.26，1.41，1.58，2.0)，各得一直線。

欲於某調整率B_R內，並視所定之分級次數z，求適當之比值φ，按圖可得。φ值既得，進而即可按表(二)以定機之各級轉數。因配合齒輪齒數與軸距離關係，如上計算所得之轉數，與實際採用之轉數，容有相差，惟不關重要。轉數之標準化，對於工具機計算所賦與之便利及價值，於此益顯。非然者，欲從無數莫知取捨之比值中，運用繁複計算，以求調整率內應具有之轉數組，其難易之分，概可想見。

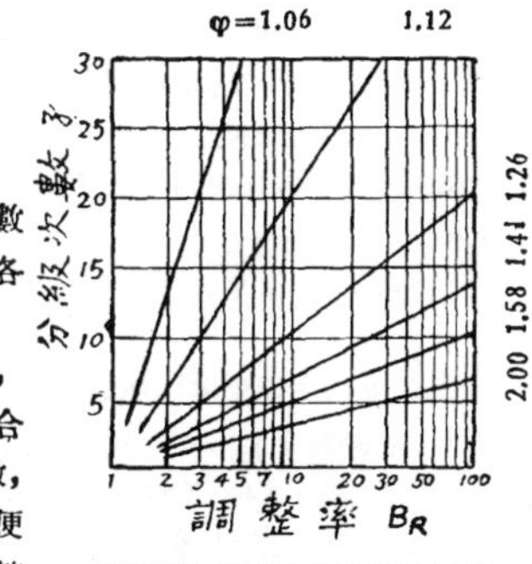

圖解採用標準比值時調整率B與分級次數z之關係。

蒸汽機車之『牽引力』

殷文友

註:牽引力,西文稱 Tractive force, Tractive effort, 或 Tractive power, 三者都作一樣的解釋,但 Tractive power 一名詞,顯不通順,因Power 決非 force 也。

(1) 引言

『蒸汽機車』(Steam locomotive)之『牽引力』(tractive force),在『動輪』(Driver)一週轉間,是有『變化』(Variation)的,不若『電動機車』(Electric locomotive),其牽引力將爲一『常數』。本文爲說明如何求出這『變化的牽引力』;因此說明用『二個以上之汽缸 (Cylinders)』實較用『單個汽缸』之爲『必需』;又說明機車當『啓行』時,其牽引力之『變化』,比『平時』(在路間行走時)爲大。

在起先,將證明機車何以能『向前行進』,以及何以『牽引力』即等於『動輪』下之『摩擦力』,即『黏力』;爲使易於明瞭起見,將以一『脚踏車』作比喻。關於在『動輪』下之『黏力』,應作如何『分配』,亦將附帶述及。

(2) 從『脚踏車』說起

(1)人立地上推輪子　比如 Fig. 1,那後輪『鋼絲』上有一點 P,今有一人立地上,用一個『桿子』Q推之,試問這『脚踏車』(bicycle)將『向前進』乎抑『向後退』乎?曰『向後退!』因爲那後輪可以看作一個圓板如 Fig. 2,被一人推,這輪子必向後轉也。Fig. 2 之情狀,實與 Fig. 3 無異。如讀者尚不能信 Fig. 2 之圓板,必向後轉,則當能想像 Fig. 3 之圓板,必向後轉矣。

(2)人立在架子上推輪子　又如 Fig. 4 那人推輪子,是立在一個架子上推的,而這架子 R 是掛於原來的架子 S上的,且固定爲一體,如是推輪,試問『脚踏車』『向前進』或『向後退』乎?曰此時爲『向前進』矣!

爲便於解釋起見,那後面的輪子不妨看作是一個『槓桿』(lever) 如 Fig. 5 之所示。那人推的力量是 F, 假定是 100#,這 F 可分成兩個力 F_x 及F_y,假定 $F_x=40$#,$F_y=60$#。須知 F_x被F_1相抗,F_1即『摩擦力』(friction)當然也等於 40#。F_y 又被 F' 相抗,F' 即『軸承之反抗力』(bearing reaction)當然也等於 60#。

今須知那人用力推『槓桿』時,同時他的脚底也有一個力 F 推那『架子 R』,當然也是 100#。

如今單就『架子』(R,S)個體而言,它所受到的力只有兩個,即那前面的 F 爲 100#,和後面的 F_y 爲 60#(F′不過是 F_y 的反應,並非外力,故不在內),今旣知 F 大於 F_y,即 $F-F_y=100-60=40$# 此 40# 向前推進之力,足證這車輛必『向前進』也。

(3)『機車』如何『向前進』?何以後面的『牽引力』等於『動輪』下的『黏力』?

(1)如何分析?　Fig. 6 不妨代表了一個『機車』,那『架子』R 上附着一個『汽缸』(Cylinder),後面又有一個『鈎子』。它載了一個『重量』W，代表『鍋爐』(boiler)等等的重量。

爲便於研究起見，Fig.6之前輪可以省去如Fig.7所示，那重量也移置在後面，以便那架子保持『平衡』不致傾側。

Fig.7又可仿照前例，以析爲Fig.8之形狀，即將『動輪』看作一個『槓桿』也。於是各種之力，將與Fig.5一樣，即其『意義』(meaning)完全相同也。

須知那『汽缸』裏的『蒸汽』(Steam)，發生兩個力F，F，一個F推『汽缸』的『頭』(head)，另一個F推『活塞』(Piston)。吾人如將『汽缸』中之『蒸汽』看作一個人如Fig.9之在用力，則自然他的手中有一個力F推出，而他的脚底也有一個力F存在也。如以Fig.8，Fig.9，與Fig.5相比，則其情形可算完全相同，換言之此時『機車』亦必『向前進』也。如果$F=100^{\#}$ $F_y=60^{\#}$，參看Fig.10則那架子就有$100-60=40^{\#}$的向前推進『力』。

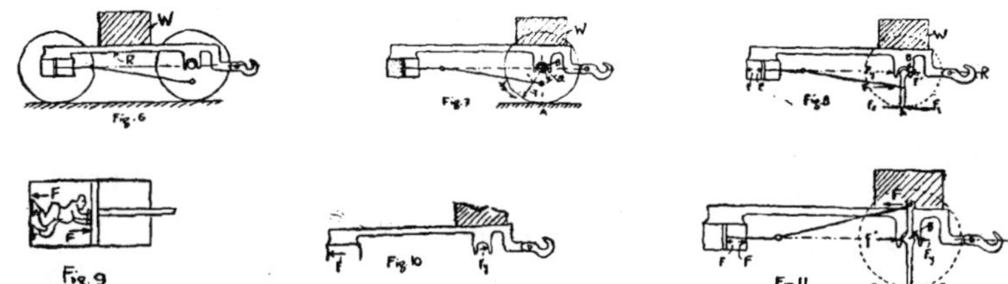

如果那後面鈎子上『牽引』着了任何的東西，那鈎子中所發生的『牽引力』R就等於$40^{\#}$了。

(2)證明$R=F_1$ 參看Fig.8，今

(1)就A點求『力距』：此時『槓桿』上之『外力』(external forces)不過是F和F'二力。今

$$F'\gamma=F(\gamma-a) \qquad 故\ F'=F\left(\frac{\gamma-a}{\gamma}\right) \quad\cdots\cdots(1)$$

(2)Fig.10中，力之總和即$(F-F_y)$，即等於鈎子的牽引力R，故

$$R=F-F_y \qquad 但\ F_y=F'$$

$$故\quad R=F-F'=F-F\left(\frac{\gamma-a}{\gamma}\right)=F\frac{a}{\gamma} \quad\cdots\cdots(2)$$

(3)就B點求『力距』： 此時『槓桿』上之外力不外F及F_1二力。故

$$Fa=F_1\gamma \quad 即\ F_1=F\frac{a}{\gamma} \quad\cdots\cdots(3)$$

(4)今以公式(2)及(8)相比，則知

$$R=F_1$$

以故『機車』後之『牽引力』R適於『動輪』下之『黏力』F_1也。按F_1原來是『『摩擦力』，而是有用的『摩擦力』(useful friction)它必須等於『牽引力』，若然小於『牽引力』，那『動輪』就要『滑動』(Slip)了，尋至車輛不能前進，故此摩擦力不啻『黏着』使不滑動也，故又叫它是『黏着力』(adhesion)。

(3)『銷子』(Crank pin)在『動輪中心』的『上面』時 以前所講的『機車』，那『銷子』是假定在『動輪中心』的下面的(Fig.6,7,8)。如今如Fig.11，當『銷子』在『動輪中心』的上面時，這時『機車』能否也『向前進』呢?讓我們來分析!

那『輪子』仍可看作是一個『槓桿』，注意這時『汽缸』內的『蒸汽』，在『活塞』的後面，所以它將推『活塞』前進，與Fig.8之情形相反，以故『銷子』上的外力是向前的『拉力』。

今就 A 點求『力距』，因『槓桿』上之外力為 F 及 F′ 二力，故

$$F'\gamma = F(\gamma + a)$$

或 $$F' = F\left(\frac{\gamma + a}{\gamma}\right) \quad \text{(4)}$$

因 $(\gamma+a)$ 大於 γ，故 F′ 大於 F；但 $F_y = F'$，故 $F_y > F$，參看 Fig. 12，既 $F_y > F$，故『車架』被推『向前進』即『機車』向前進也。可見『銓子』無論在『動輪中心』的上面或下面，『機車』總是能『向前進』也。

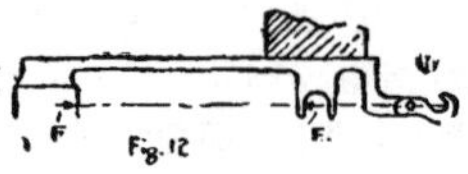

(4) 再證明 $R = F_1$ Fig. 12 中可見向前推進之力為 $(F_y - F)$，此即等於機車後面鈎子上的『牽引力』R。

故 $R = F_y - F$。 但 $F_y = F'$

故 $$R = F' - F = F\left(\frac{\gamma + a}{\gamma}\right) - F = F\frac{a}{\gamma} \quad \text{(5)}$$

茲再就 B 點求『力距』：此時『槓桿』上之外力為 F 及 F_1 二力，

故 $F_1\gamma = Fa$

或 $$F_1 = F\frac{a}{\gamma} \quad \text{(6)}$$

比較 (5)(6) 二式，可見 $R = F_1$，即『牽引力』仍對於『動輪』下之『黏力』也。

(4) 在任何情形之下，$R = F_1$

以前 Fig. 8 及 Fig. 11 尚是『特別的情形』，即假定那『銓子』在通過『動輪中心』的一根『垂線』(vertical line) 上。

Fig. 13 表示那『銓子』是在任意的一個位子，如今我們也想證明 $R = F_1$。

同時我們須注意的，在 Fig. 8 及 Fig. 11 中，『銓子』上之推力或拉力，是假定等於𥉉筒中蒸汽之力 F 的，其實因為那『聯桿』(Connecting rod) 傾斜之故，這等推力或拉力是『稍大於』F 的，如果假定『聯桿』甚長，至於無窮大，那時才等於 F，所以 Fig. 8 及 Fig. 11 是假定『聯桿』之長 $L = \infty$ 的。

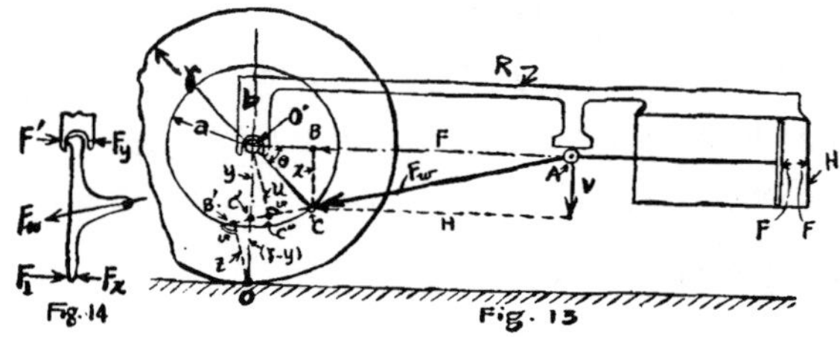

Fig. 14　　Fig. 13

此次 Fig. 13，則從眞確研究，即承設 $L \neq \infty$，而是有『一定之長度』的 (finite)。

我們如今從根講起：『十字頭』(Cross head) 上所受之力，為自『活塞』來的力 F，及自『聯桿』之抗力 (reaction) F_w。因 F 及 F_w 之故，在『十字頭導桿』(Cross head guide) 上亦發生一抗力 V，我們如作一只 ABC 三角形，則如果 AB 代表 F，則 AC 就代表 F_w 及 BC 代表 V 也。由此可知 F_w 實稍大於 F 因 AC 稍大於 AB 也。

同前例，這『動輪』亦可看作是一個『槓桿』如 Fig. 14 所示。

如今參看 Fig. 14 及 13，就 O 點求『力距』：因這『槓桿』上之外力為 F′ 及 F_w 二力，

故 $$F'\gamma = F_w Z \quad \text{(7)}$$

今 $\Delta OB'C'$ 與 ΔABC 相似，故

$$\frac{F_w}{F}=\frac{\gamma-y}{Z} \text{即} F_w Z=F(\gamma-y) \qquad (8)$$

(8)代入(7)， $\therefore F'\gamma=F(\gamma-y)$

$$\text{或} \quad F'=F\left(\frac{\gamma-y}{\gamma}\right) \qquad (9)$$

從(9)，我們看出因 $(\gamma-y)<\gamma$，故 $F'<F$；但 $F_y=F'$，故 $F_y<F$。今應知『汽缸』和『軸承』b 是聯在『架子』(frame) R 上爲一體的，又應知道『架子』上所有的『外力』不過是『汽缸頭』(cylinder head) H 處之 F 及『軸承上之壓力』(bearing pressure) F_y 二力而已。既知 $F_y>F$，此已證明機車必『向前行走』也，機車後面之『牽引力』就等於這二力之差，故

$$R=F-F_y$$

但 $F_y=F'$ 　故 $R=F-F'$ ……(10)

以(9)之值代入(10)：

$$R=F-F\left(\frac{\gamma-y}{\gamma}\right)=F\frac{y}{\gamma} \qquad (11)$$

玆再就 O′ 點求『力距』：如今『槓桿』上之外力爲 F_1 及 F_w 二力，故

$$F_1\gamma=F_w u \qquad (12)$$

今 $\Delta O'C'C''$ 與 ΔABC 相似，故

$$\frac{F_w}{F}=\frac{y}{u} \text{或} F_w u=Fy \qquad (13)$$

(13)代入(12)，　$F_1\gamma=Fy$

$$\text{或} \quad F_1=F\frac{y}{\gamma} \qquad (14)$$

將(11)與(14)比較，則知

$$R=F_1 \qquad (15)$$

也。於此可知在無論何種情形之下『牽引力』必等於『黏力』也。

(5) 滑動問題(Slipquestion)與 H 之分配(Distribution of H)

前節說明〔參看公式(14)及 Fig. 13〕

$$F_1=F\frac{y}{\gamma} \qquad (16)$$

因 $y:x=AO':AB$，$\therefore y=x\frac{AO'}{AB}$。設『聯桿』之長爲 l，

則 $AB=\sqrt{l^2-x^2}=\sqrt{l^2-a^2\sin^2\theta}$，又 $AO'=O'B+AB=a\cos\theta+\sqrt{l^2-a^2\sin^2\theta}$ 又 $x=a\sin\theta$ 故

$$y=a\sin\theta\left(\frac{a\cos\theta+\sqrt{l^2-a^2\sin^2\theta}}{\sqrt{l^2-a^2\sin^2\theta}}\right) \qquad (17)$$

將(17)代入(16)，

$$F_1=F\frac{a}{\gamma}\sin\theta\left[\frac{a\cos\theta+\sqrt{l^2-a^2\sin^2\theta}}{\sqrt{l^2-a^2\sin^2\theta}}\right] \qquad (18)$$

由(18)可知 F_1 與 F 成『正比』，即當 F 增加時，F_1 亦隨而增加，只要 $F_1\leq F_{1(max)}$，那『動輪』決不致『滑動』(Slip)，$F_{1(max)}$ 者，乃最大之『黏着力』也。

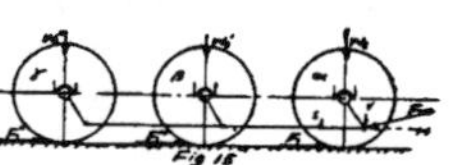

參看 Fig. 15 設若 $F_1 > F_{1(max)}$，那『動輪 α』就開始要『滑動』，直到有一部分 H，經過『側桿』(Side rod) S 傳動至第二個『動輪 β』，方才停止滑動。

H 云者，因 F_w 可分作二個分力，一即『豎力』V，其另一即此『橫力』H 也。參看 Fig. 13，H 即等於『活塞力』(piston force) F（亦即前述之蒸汽力）。以故 H 之配如下：

動輪 β	動輪 α
xH	(1－x)H

（注意 x 小於 1，xH 即表示 H 的一部分）

又若『動輪 β』下之 $F_1' > F_1'_{(max)}$ 時，『β』又滑動，直至一部分 H，再經過『側桿』，傳動至第三個『動輪 γ』，即停止滑動。則 H 之分配當次如，

動輪 γ	動輪 β	動輪 α
xyH	(1－y)xH	(1－x)H

（注意 y 小於 1，yxH 代表 xH 之一部分）

如將『V』之影響及所謂『增動力』(dynamic augment) 之影響，略而不計，則

$$F_{1(max)} = W_s\mu_{(max)}$$
$$F_1'_{(max)} = W_s'\mu_{(max)}$$
$$F_1''_{(max)} = W_s''\mu_{(max)}$$

上式中 $\mu_{(max)}$ 假定爲0.33

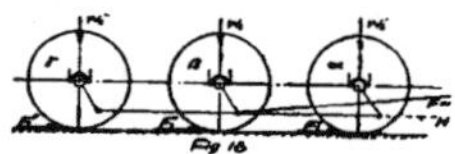

設若『動輪』之組織如 Fig. 16，則當 $F_1 > F_{1(max)}$ 時，H 之分配將如次：

動輪 γ	動輪 α	動輪 β
xH	(1－2x)H	xH

是也。

(6)求『牽引力』R之『圖解法』(graphical method)

以前根據公式(15)，(16)，和(18)已可算出『牽引力』之公式如次：

$$R = F_1 = F\frac{y}{\gamma} = F\frac{a}{\gamma}\sin\theta\left[\frac{a\cos\theta + \sqrt{l^2 - a^2\sin^2\theta}}{\sqrt{l^2 - a^2\sin^2\theta}}\right]$$

然該式過於複雜，若欲求簡便之法，只有圖解之一法。其法如次（看 Fig. 17）

(1)作任意的『豎線』MP（M 及 P 各交於橫線 O'M 及 OP 上）

(2)使 MV 代表『活塞力』F，截取 V 點，

(3)聯一 VP 線，

(4)再作一豎線 VX，

(5)將 AC 延長至 C' 點，使交於 O O' 上，

(6)自 C' 作一橫線 C'EWE'

於是 WE' 即代表『牽引力』R 矣。同時 EW 也代表了『軸承抗力』F'。今證之如次：

(1)ΔPMV 和 ΔPEW 相似，故 $\frac{EW}{MV} = \frac{\gamma - y}{\gamma}$

即 $$EW = MV\frac{\gamma - y}{\gamma} = F\left(\frac{\gamma - y}{\gamma}\right)$$

參看公式(9)，故知 EW ＝ F' 也。

(2)但 $WE' = EE' - EW = MV - EW = F - F\left(\frac{\gamma - y}{\gamma}\right)$

$$= F\frac{y}{\gamma}$$

參看公式(14)及(15)，故

$$WE' = F_1 = R \text{ 也}$$

是以用作圖法可以迅速求出『牽引力』R 也。

(7)求整個『牽引力』之變遷

(1)前言 設若用馬達 (Motor) 傳動給『動輪』，則當動輪迴轉時『牽引力』不變。如今用『聯桿』(Connecting rod)及『曲柄』(Crank)傳動，則『牽引力』將變大變小矣。

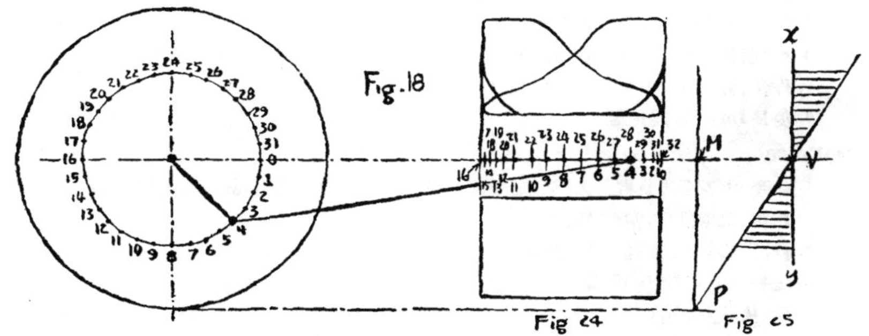

(2)方法 爲求動輪『一迴轉』間，牽引力 R 之『變遷』起見，讓我們來解釋它的方法。

參看 Fig. 18，我們將『曲柄圓』(Crank Circle)分成 32 等分(或 36 等分亦可，那時每等分爲 10°，如今每等分爲 $12\frac{1}{2}°$)，將這聯桿之『一端』分別置於『曲柄圓』上各點時，它的『另一端』，在那『橫線』上就可截取相當的各點，亦爲 32 點。

於是將那『指示曲線』(indicator diagram) 放大，使它的長度等於『活塞行程』(Piston Stroke)的長度，放置於『十字頭行程』(Cross head Stroke)的上面。

在『指示曲線』上，某二曲線間之長度，即代表『有效壓力』(effective pressure) P_e，若它乘上了『活塞面積』(piston area) A_p，即爲『活塞力』(piston force) F,

故 $P_eA_p = F$。

設若 $A_p = 1$平方吋，則 $P_e = F$；設若 $A_p \neq 1$ 平方吋，而暫時假定它等於 1 平方吋，則將後求出之『牽引力』將爲『每平方活塞面積』之『牽引力』。好才我們要看『牽引力』之變遷，至於它的『絕對值』(absolute value)是不緊要的。下面的求法是根據 $P_e = F$ 的，即根據 $A_p = 1$ 平方吋。

(3)例子 照理應各就 32 點求出 32 個 R，今則僅就四點即 No. 4, No. 14, No. 20, 及 No. 30 求之，因其餘各點將可用同樣方法求之也。參看 Fig. 19。

(1)No. 4

1. 如前法作任意『豎線』PM,
2. 使 MV = ab
3. 作『豎線』VE'，並聯結 PV
4. 延長 44 至 444'
5. 作『橫線』4' E'W

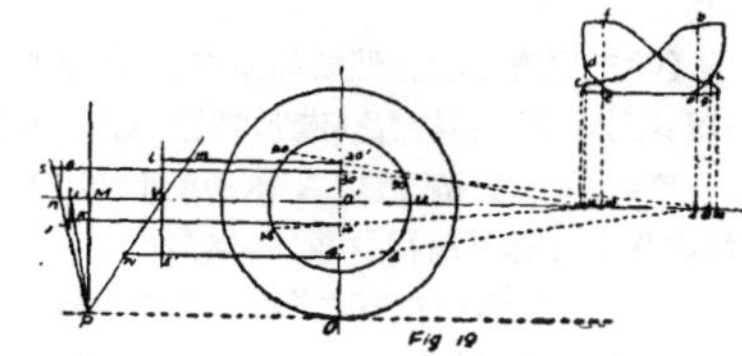

6. 於是 WE′=R

7. 此說明，已見於前，但不嫌煩贅之。

(2)No. 14

1. 須知如今的 P_e 已爲『負數』(negative) 因『活塞』前方的壓力反而小於後方的壓力也，爲使『醒目』起見特將 Mi 置於 PM 之左方，當然 Mi=cd

2. 作『豎線』ij，並聯結 P_i

3. 今『聯桿』14，14 相交 O O′ 於 14′，故自 14′ 作『橫線』14′ kj

4. 於是 jk=R 也。這 R 亦是負數(因 P_e 是負數)。注意 P_e 及 R 爲負數之機會並不多！

(3)No. 20

1. 如今『活塞』是回轉來，作『向前行走』了(注意『汽缸』在『動輪』之前方)

2. 此時 P_e=ef (與 ab 相等，故 P_v 仍可應用)，使 P_v=ef

3. 作『豎線』Vl，並延長 P_v；至 m，

4. 今『聯桿』20，20 交 O O′ 於 20′

5. 作『橫線』20′ ml

6. 於是 lm=R，爲正數

(4)No. 30

1. 如今 gh 又是『負數』，因『活塞』後面的壓力反比前面的壓力爲低也。是以 M_n 亦放在 PM 之左也，以便醒目。當然 M_n=gh

2. 作『豎線』nq，並延長 P_n 至 S

3. 延長 30，30 線至 30′ 點

4. 作『橫線』30′ qs

5. 於是 sq=R，是『負數』，因 P_e 是負數故也。

照上述之法，不難將三十二點之 R 完全求出，於是將各值按次畫成一曲線 C_1 如 Fig. 20 之所示。此即爲代表『機車』某一面之『牽引力』變遷。

(4)併合曲線　至於『機車』之另一面，亦有同樣之『汽缸』『聯桿』『曲柄』等，其所產生之『牽引力』變遷及大小，當與此相同。但須注意者，即兩面之『曲柄』位置，並不相同，它們相隔了90°的角。所以然者欲使兩根曲線 C_1 及 C_2 之『併合曲線』(Combined Curve) C_3『變動』(variation) 小故也。

圖中 C_2 爲另一方面之『牽引力』曲線，衹須將原有曲線 C_1 移前或移後 90° 即得。如若另一面之『曲柄』比此一面之『曲柄』超前 90°，則曲線 C_2 可較曲線 C_1 移前 90°，如圖之所示者是也。

至於『併合曲線』C_3 不過將曲線 C_1 及 C_2 之『豎距』(ordinate) 相加起來就行了。由圖可知併合後之曲線 C_3，其變動小得多了。變動小則『車』之震動亦小，此所以用『二個』汽缸之善果也。當然那兩圖的『曲柄』須相隔 90° 才行，如不相隔，則併合之曲線，其變動將更大於單個汽缸之曲線矣，如下圖 Fig. 21 所示也。

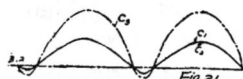

(5)三個汽缸時　然則如用三個『汽缸』其三個『曲柄』亦得適當之佈置，則其『併合曲線』之變動，將變得更小乎？日然！

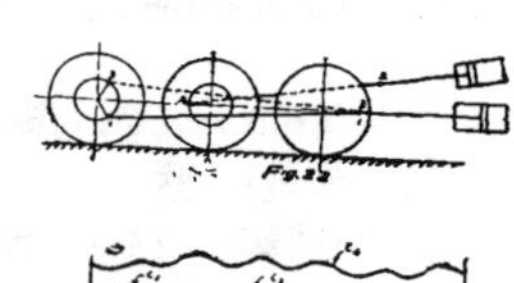

Fig. 22 示三個『汽缸』，兩邊兩個，中間一個，中間一個，置於『鍋爐』之身下。三個『曲柄』相隔各爲 120°。

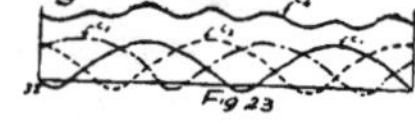

Fig. 23 示每一汽缸之『牽引力曲線』如 $C_1C_2C_3$ 是也。C_2 曲線不過將 C_1 移前 120°，又 C_3 曲線再將 C_2 移前 120° 即得。C_4 爲將『三個

豎距(Ordinate)相加起來而得之。

由圖可知，C_4 曲線比 Fig. 20 之 C_3 曲線更少『變動』也。以故車輛的進行，亦比較『穩定』(Smooth)也。

(6)機車『開始行走』時『牽引力』之變遷

機車開始時，汽閥之『割汽』(Cut off)機等於 100%，故兩個『指示曲線』(indicotor diagram)成爲一個『長方形』(rectangle)如 Fig 24 所示。

此時求『動輪』每一迴轉，『牽引力』之變遷就比較容易。在 Fig. 25 中照樣作 PM 線，至於 MV 等於 $P_e=F$（仍假定 $A_p=1$ 平方吋），可以始終用之，何則此時 P_e 始終不變(亦無負數)而爲一個『常數』(Constant)，是以經過 V 再作一『豎線』xVy，則所有『牽引力』之大小均決之於『P_v』與『xVy』之間之許多『橫線』(horizontal lines)是也。

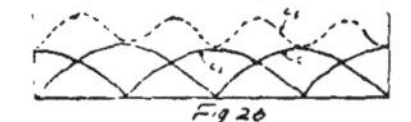

其作法與以前無異，不必贅述。

茲將各『牽引力』值 R，畫成『曲線』，當如 Fig 26 C_1 之所示。R 無負值，則因 P_e 無負值故也。

關於另一面之 R Curve 爲 C_2，它不過超前 C_1 90°，即將 Curve C_1 移前 90°而已，

C_3 爲 C_1 及 C_2 之『併合曲線』。於此我們可將此圖 (Fig 29)之 C_3 與 Fig 20 之 C_3 兩相比較，則知前者之變動實較後者爲大，是以機車當『出發』(start) 時，『牽引力』變化較大，機車比較的易生震動，乃意料中事矣。

工 場 拾 零 (續自27頁)

★求齒輪之徑節(Diametral Pitch)及節徑(Pitch Diameter.)★

工場中有現成的齒輪，你用什麼方法去斷定它的徑節呢？只有外直徑和齒數兩件 Data，你固然可用試算法 (cut and try) 計算出來。不過技工們有他們更簡單的方法：舉個例說，齒輪外直徑是 3(53/128)，齒數是39，他們就用42號(註)鋼皮尺試着量，看有那一條刻度(Scale)能以(39+2)=41等分它的外直徑，那末這條刻度上每吋中的等分數 (12) 就是徑節；而在這同一刻度上39等分的長度 ($3\frac{1}{4}$")，就是節徑。要說明它的理由，我們可從已知徑節和節徑，倒求齒數和外直徑來證明：

設徑節 = 12　節徑 = $3\frac{1}{4}$"，

則 $3\frac{1}{4}$" 在每吋12等分的刻度上是39格，

或齒數 $=12\times3\frac{1}{4}"=39$。齒頂(Addendum) $=\frac{1}{\text{徑節}}=\frac{1}{12}"$.

外直徑 = 節徑 + 2 × 齒頂 $=\frac{39}{12}+\frac{2}{12}=\frac{41}{12}"$. 即在每吋12等分刻度尺上是41格了。

(註)No.42鋼皮尺上有每吋8,10,12或其倍數的等分刻度；而最通常的徑節亦爲8,10,12,16等。

★焊錫用的焊劑(Soldering Flux)是什麼?★

焊錫用的焊劑，俗稱焊藥，是極普通的東西，無論誰都看見過白鐵匠，用一個舊墨水瓶，盛一些稀鹽酸作爲焊錫劑。但是遇到焊接非「白鐵」(Galvanized Sheets)如銅，鐵時，技工們會告訴你說「生藥水」(指市場上買來的稀鹽酸)是不中用的，必須用「熟藥水」才行。所謂「熟藥水」即是在「生藥水」中加入若干「白鉛」(鋅)而已。考查的結果，所謂「熟藥水」中乃含有標準焊錫劑氯化鋅(ZnCl)的稀鹽酸；其作用在還原 (Reduchtion)，或防止焊接面的氧化。錫焊「白鐵」時所以可用單純的稀鹽酸，是因爲它表面已有一層鋅的緣故。

有時爲防止錫焊口，日後因酸腐蝕，像紗廠中的錠子輥筒，無線電收音機接線等，有用松香或硼砂做焊錫劑的。有時又因這種固體焊錫劑使用的不便，往往把它溶在酒精或其他溶劑中使用。

漫談課程問題

吳金堤

一個大學的進步與發展，大部份雖倚賴於優良的教師，勤勉的學生，淳樸的學風，以及充分的圖書設備；而完備平衡，富於彈性的課程標準，却是一個必需的先决條件。因為大學教育應該是分門別類的專門研究，與普通教育不同；教者旣各有專長，學者亦各異志趣。課程標準就是一個假設的共同鵠的，使大家向着這方向進行的。所以課程編排得適當，既可以增進教者和學者的效率，而且使學生能得到必需的基本學識，將來出而應世，對於一切可能遭遇的難題，能作合理的解決，並可因此而轉移社會的風氣習尙，起所謂高等教育在學術上的領導作用。反之，重複而散漫的課程，不特浪費許多不必要的時間，又消耗學者的興趣。而無系統缺連繫的學識，應用起來，處處碰壁；雖就業以後，努力的仍可以不斷的學習來克服困難，但此中的損失，是無法補償的。

抗戰以前，大學教育頗有進步之象，當時的課程，是參照歐美各國的；雖不甚完備，尙稱平衡。抗戰以來，由於大學教育之衰落，——學校數與學生人數之增加是另外一件事——由於國際學術之速進，一般於原有課程之外，東添一科，西添一科，對於陳腐的教材，旣未減削而對於新興學科，又缺銜接，以致學生的課務加重了，鐘點加多了，實際得益，只有低落。最近報載教育部要重編大學課程，減少鐘點和必修科目，增添選科，這當然是好消息。不過過去的標準，也是參照着各著名大學的課程而定的，這次是否能集合全國各大學各科門專家的意見，以及各專家是否於饔飧不繼之餘，尙有暇探討課程，都還是疑問。所以我們希望教部不作硬性規定，多定原則，詳細科目，應俟將來再作審愼的决定。

以一個習機械工程的人，來討論課程，原不甚適當，但本刊旣屬本系同學的刊物，則借一隅之地，就耳目所及，（限於本校）略抒管見，作為一個公開的建議，似乎尙有它的意義。命之漫談者以此。

（一）減少不必要的科目和鐘點——不必要的科目或鐘點過多，勢必致重要基本科目，被積壓或延遲，所以必須去蕪存精，參加新教材，使讀科學不致變成讀經典。

（二）增添新基本學科和選修科——因為近年科學各方面，進步神速，當年在研究室僅為研究對象的氣渦輪（Gas Turbine），已成為商品，當年僅資談助的原子能，已變為現實。我們要趕上時代，不能不抽出一部份時間，學習新的學科。

關於新的基本學科，我想特別提出一門，就是流體力學（Fluid mechanics）。當水力學（Hydraulics）被譏為係數的科學（Science of Coefficients）的時候，是不大聽見流體力學這名詞的。那時只有純理的水動力學（Hydrodynamics）和氣動力學（Aerodynamics）（靜力學在外）。後來因為航空方面的需要，許多專家作流體研究，把它和純理研究連繫起來，就產生了流體力學，這是近代研究的一個重大成就。一般人以為這門科學，和土木及航空工程關係很密切，其實它對機械工程，更為重要，（化學工程也一樣，因為水利工程偏重液體，航空工程偏重氣體，而機械工程是二者並重的。不但各式渦輪（蒸汽的，水力的，以及新近的氣渦輪），離心式水唧和壓氣機，需要着對流體現象的知識，就是往復式引擎等所用管子汽瓣間的流體運動，也離不了它的。即使被目爲最機械式的工具機，因爲最近應用了液力推動（Hydraulic Drive & Transmission），也和流體力學發生了關係。所以，流體力學，對機械工程的重要性並不下於應用力學和熱動力學，很可以和後二者合稱爲三門主要學科的。倘有了流體力學的基礎，則以後對於解決設計和研究問題，一定有許多的方便。

（三）減少重複，注意銜接及連繫——重複不但浪費時間，而且減低興趣。課程應儘量避免疊床架屋的方式，平常把幾門同類的專門課程，併入一普通課程，擴充教授，或索性分成幾個專門課程，分別教授，其結果將較教了一普通學程，再教幾個專門學程爲經濟，是極其明顯的。相互關連的學程，尤應有負責教授，來作教材的統籌計劃，以期達到不重複，不遺漏。有的課程，關係明顯，如理論課和實驗課。有的較不明顯——例如圖畫，設計和工廠實習，材料學等，也應當注意其銜接與連繫。

（四）增設人文學科——人類是社會性的動物，一切的活動，都和他所處的社會息息相關。況且當前的社會，政治，經濟等等問題，又是這樣地複雜。一個專門的技術人材，如果對於身歷其境的各種社會，政治，經濟問題，沒有正確的認識和主見，不能不算是一個很大的缺憾。因此這些社會學科，應有增設的必要。此外如生物進化，歷史地理，也應當涉獵，而得相當的了解。

以上數條，僅舉其較著者。以目前的設備經費環境，專門研究，已接近不可能之境，至於課程改革，既不需鉅額國幣，尙可算輕而易舉。方針一經決定，將來可以徐圖發展，以臻完備。

回憶我國的水力發電事業，所以遠落在日本之後，未始不由於全國極少訓練水力機械人材之故。而近來YVA之停頓，雖有種種原因，而人材缺乏，未始非原因之一。所以水力機械（Hydranlic Machinery）課程之添設，已不能再延緩了。

總之，編制課程，要能高瞻遠矚，不可故步自封；要站在時代的尖端，不可做時代的落伍者。我們的畢業同學，要能默移社會風尙，領導工業建設，不能隨波逐流，爲社會所溶化。因此我希望本校能有完美的課程標準使系與系間，院與院間都有和諧的連繫，平衡的進展，使我們的同學們具備鞏固的基礎，出而問世，負得起重大的時代使命。

近代蒸汽工程之發展

吳克敏

近代蒸汽工程之主要發展，爲適應高汽壓與高汽溫之設計，標準化，與個別單位之通行。

由於耐高溫的材料的使用，蒸汽的壓力已可高至每方吋 2500 磅以上，蒸汽的溫度也可以高至1400。F以上。

蒸汽發生器在中小型範圍內的，已多數採用標準化的設計。蒸汽渦輪的標準化，分空氣冷却和氫冷却二類，前者在15000瓩以下，後者在20000瓩以上；俱有一定汽壓汽溫和容量的標準設計。

蒸汽發生器的最大容量的設計，爲每小時 1,000,000 磅。蒸汽渦輪的最大設計爲 145,000 瓩。

用粉煤的蒸汽發生器，幾乎全部採用個別單位，即一粉煤系屬於一鍋爐。同時一鍋爐所生的蒸汽，供給一座蒸汽渦輪發電機。

★　★　★　★　★　★

一般的蒸汽發生器，仍以採用自然循環的爲多。歐洲各國使用强迫循環的蒸汽發生器比美國多些，在英國最近發展到每方吋 1500 磅的工作壓力和每小時 350,000 磅的容量。

關於燃料的使用也大爲經濟，在美國每瓩小時所用的煤量，從1902年的 6.7 磅減低到1946年的 1.29 磅，有些最經濟的廠只要用一磅以下的煤就可以產生一瓩小時的電。粉煤的燃用在大的動力廠中雖已長時期占重要地位，而一般總廠和工業廠家都趨於裝置若干用氣體或油的設備作爲交替操作之用；小鍋爐產生每小時 1,000 磅到 10,000 磅的蒸汽的，也多用油和氣體燃料。

生火的方法，用加煤機生火比用粉煤系容易清潔。用行動爐柵或鏈柵加煤機的地方，最顯著的發展是使用足够高的壓力的副空氣以求燃燒的完全。甑式和荷蘭式爐只有燃用廢木料或其他廢料的鍋爐才用。新式的生火設備有散鋪式加煤機和旋轉式的傾渣爐。

主要的燃燒控制爲空氣量和燃料流量和流出的爐氣量，以保持汽壓和爐氣壓，及燃料與空氣流量之比不變；控制多用自動式機件。

產生蒸汽式經濟器在近代廠中使用甚多，它可以更優越地代替汽鍋對流面，因爲它可能有較高的傳熱率。

放水式過熱器漸代替了不放水式過熱器，因爲它在開始生火期的優點比不放水式的構造優點更爲重要。

吹灰器已可用遠距離控制，這樣無論是個別操作或者自動控制，它的地位都可以自由選擇。塵灰的收集相當重要，因爲它有礙衛生。烟囱的高度須在動力廠房或鄰近建築物的兩倍半以上。

蒸汽管子系的裝配技術也有很多進步，無凸緣的管子系，現在慣用焊接全部的接合，並在配合密接距離之先，釋放應力，爲冷抽而留的空隙用特殊的夾子夾住，等工作完成後取去。高壓管子的裝配，常在輔助閘與鍋爐間裝管子閘，以避免因地位缺乏而生的膨脹彎曲。

在汽溫750°F至900°F之處，可以用碳鉬合金鋼；在900°F至1000°F，現用鉻鉬合金鋼。

利用廢木料，蔗渣，及其他廢料的鍋爐設計宜於設焚化器之處，在歐洲相當發達，據說在巴黎每年自焚化器產生的動力達70,000,000瓩。

★ ★ ★ ★ ★ ★

在蒸汽鍋輪方面，高度的蒸氣條件和高速度轉數配合的成就多頗有效的放水，以改良低壓級的效率並避免重的低壓輪葉。同時，由於高溫與高壓，使渦輪的轉子和汽室的受熱膨脹更為顯著；過去須由運用者的觀察來決定，如今已可用儀器如電磁檢驗器等來記錄它的膨脹與軸的偏斜。

製造渦輪的金屬，大多數用碳鉬鋼已足；但在高溫和銹蝕情形嚴重的地方當用鉻鉬合金。

在英國，每分鐘3000轉的渦輪交流發電機已很通行。在美國，每分鐘3600轉的凝汽式具有最大容量的蒸汽渦輪也在迅速增長中。

標準化的蒸汽渦輪由美國電機工程師學會，(,AIEE)和美國機械工程師學會(ASME)共同建議的有六種：11,500瓩和15,000瓩的蒸汽渦輪進汽汽壓為每方吋600磅和汽溫825°F；20,000瓩和30,000瓩的是每方吋850磅和900°F；40,000瓩和60,000瓩的有每方吋850磅汽壓900°F汽溫和每方吋1250磅汽壓650°F汽溫兩種。

★ ★ ★ ★ ★ ★

戶外設計對於大型鍋爐可以減輕許多設備費，但對於小型鍋爐則不然，因為隔熱費用相當高。蒸汽渦輪全部放置戶外的還很少。

★ ★ ★ ★ ★ ★

在冷卻塔的發展方面，歐洲和美洲都很少數據。英國設計為28.5吋汞真空，在大氣溫度60°F和濕度80%時相當經濟。一般趨向是裝置少數而較大的冷卻塔，以減低成本。

現代動力廠中的重要問題為安全與清潔。由於自動控制的發展，對於各項設備的人工照料可以減少；然而因此需要特殊訓練的人才，並且容易產生因操作與管理不慎的意外，這些意外比因設計和構造不良而生的爆炸事件要多得多。鍋爐各部的開口處的污穢，和燃用煤粉的生火設備等處的煤烟和灰塵，頗難清除。尤其單位愈大，愈難清潔，因此清潔用機械的製造問題愈趨重要。

今後的燃氣輪及其新應用

邵隆彪

1. 增加燃氣輪的效率 經過半世紀的研究，燃氣輪現在已嶄露頭角，其他原動機爲之失色，原因是燃氣輪的效率已可用種種方法提高，復益以其他優點，倘再經過若干改良，實爲最符理想的原動機，其能爲普遍採用，自可立待。

要得到較高的總效率，燃氣輪與壓縮器本身的效率自然要高，同時輪葉須耐高溫，俾燃氣的工作溫度得以提高，此外使用各種輔助品亦獲成就：如回熱器利用廢氣，加熱於壓縮空氣；重熱器供給熱能，抵消燃氣部份作工後的溫度降低；中間冷却器輔佐壓縮器，增進效能；兩輔裝置能適應載荷的變化；再如燃氣循環亦可像蒸氣動力廠一般採用合循環，效率可以提高不少。

2. 回熱 從燃氣輪內排出的乏氣，溫度很高(約在華氏六百度左右)並且在量的方面還較往復機內排出的爲多，假若任其消散，則能力損失極大，頗不經濟，要挽回一部分熱能，可用回熱器。回熱係利用乏氣內的熱能，以提高壓縮空氣的溫度，減少燃料消耗，一如蒸氣動力廠內的省煤器。回熱的程度視回熱面的大小而定，而回熱面的大小，須以裝置回熱器的代價不超過因回熱而在效率上所得到的收獲爲原則——其實壓縮空氣經回熱器而入燃氣輪，每因回熱器的阻力而壓力降低，故回熱面實際上不能過大。

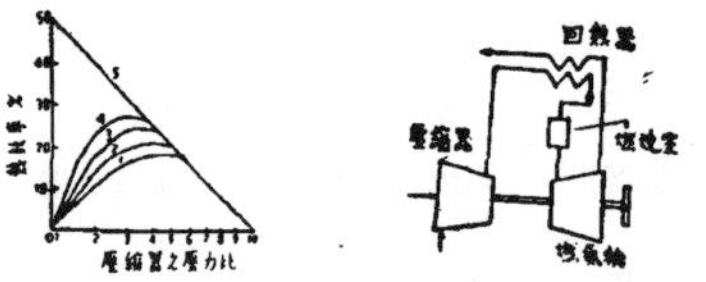

空氣初溫＝68°F.　燃氣初溫＝1000°F.

回熱面：(1)－0 平方呎　(2)－5000 平方呎

(3)－15000平方呎　(4)－30000平方呎

(5)－∞平方呎

圖1　用不同回熱面的熱效率

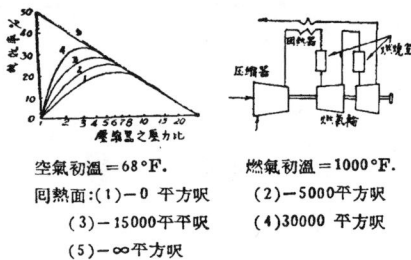

圖1示用不同回熱面，對熱效率與壓縮器壓力比二者間係的影響，係試驗一兩千瓩燃氣輪，燃氣初溫爲 1000° F 的結果。

3. 重熱 當燃氣在燃氣輪內膨脹至相當程度時，可被引出至一重熱器，加入新燃料，燃燒而增加溫度，然後再被導入燃氣輪繼續膨脹，這種裝置較之蒸汽輪的重熱設備爲簡單。

我人已知燃氣進燃氣輪時的溫度愈高則效率愈大，但爲輪葉的耐熱强度所限，不能過高，在多級式燃氣輪內，每級膨脹後有一溫度降低，而前後輪葉的材料常係同一金屬，因此後面幾級的耐熱强度，顯然並未充分利用，若用重熱器，則可彌補此項缺憾。

重熱器就理論言似乎愈多愈好，但事實上重熱至多不過兩次或三次，一則以重熱器裝置需費，二則因爲第二三次後的重熱，效率增加很小，同時燃氣在管子內被引出引進，次數一多，壓力降落就很大。

圖2示用一重熱器與一回熱器的兩千瓩燃氣輪之試驗結果，倘單用重熱器，熱效率已提高至 20%，若再用五千平方呎的回熱器，效率乃達 22.5%。

4. 中間冷却 壓縮空氣所需要的動力往往佔燃氣輪出動力之半，中間冷却器即用以冷却壓縮空氣而減少此種動力。當空氣經部份壓縮後被導入一中間冷却器，其因壓縮所產生的熱，爲中間冷却器內循環之冷水所吸收，然後被導回壓縮器，再被壓縮。因爲空氣在低溫時體積較小，故壓縮用的功即可減少，如其他情形保持不變，大約每經中間冷却一次，

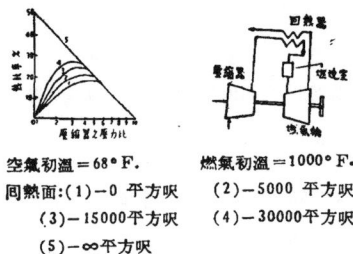

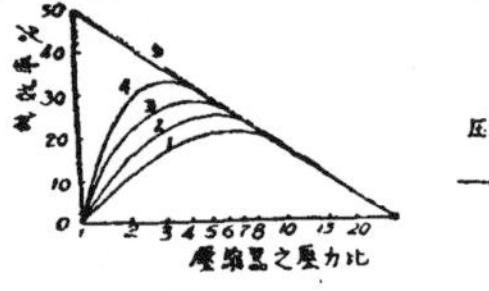

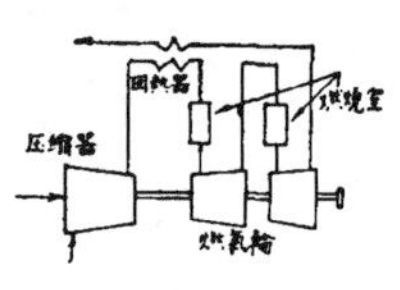

空氣初溫＝68°F.　燃氣初溫＝1000°F.

回熱面：(1)－0 平方呎　(2)－5000平方呎

(3)－15000平方呎　(4)30000 平方呎

(5)－∞平方呎

圖2　用重熱器與回熱器的熱效率

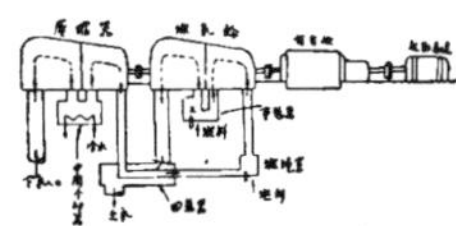

圖 3 用回熱器重熱器與中間冷却器之燃氣輪

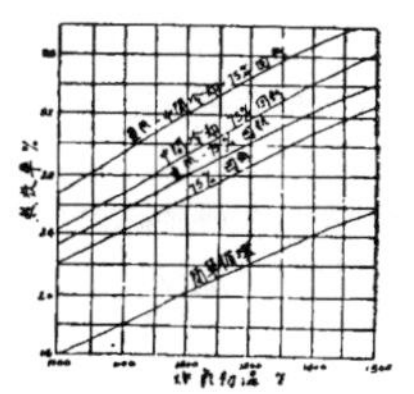

圖 4 用各種輔助品後的熱效率

壓縮所需的功就減少15%。

圖 3 示一備有回熱、重熱及中間冷却器的燃氣輪，圖 4 示用重熱器、回熱器及中間冷却器後所能得到的結果。諸曲線係假定燃氣輪效率 85%，壓縮器效率 84%，燃燒效率 100%，空氣初溫70° F，及在回熱器內的壓力降低係 5%而得。

5. 兩軸裝置 通常燃氣輪，壓縮器與發電機的裝置，係排列於同一軸上，這在小載荷時效率往往很低，改善之法，可用兩軸裝置；這種裝置須用燃氣輪兩具，一具與壓縮器裝於一軸，一具與發電機裝於另一軸上，燃料則於一公共燃燒室內燃燒，圖 5 示一標準兩軸裝置，圖 6 示單軸裝置與兩軸裝置效率的比較。

兩軸裝置在低載荷時的效率所以能高，因爲壓縮器可用另一燃氣輪以最適宜的速度轉動而不受發動力的燃氣輪之影響，這種改良頗有利於載荷常變的工作如機車等。

6. 合循環 以上所述的燃氣輪，空氣自大氣內被吸入經壓縮遇燃料燃燒膨脹後仍被排於大氣，故爲開循環，因爲空氣被吸入時壓力不高（1大氣壓力）工作介質的容量相當大，出動力因此不大。如採用合循環，則壓縮器內的初壓可常在每方吋150磅左右，終壓可爲每方吋 600 磅，因工作介質的容積與壓力成反比，絕對壓力提高，容積縮小，則壓縮器與燃氣輪的容積可較用開循環者爲小，而出動力却仍大。

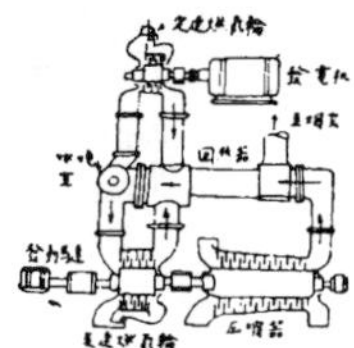

圖 5 標準兩軸裝置

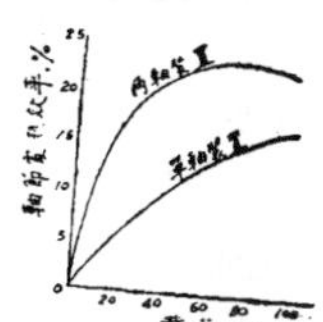

圖 6 不同載荷時的效率

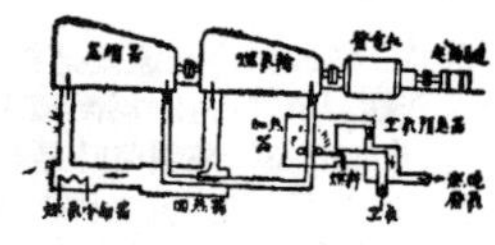

圖 7 合循環燃氣輪

採用合循環的燃氣輪當然需要新的輔助品，如燃氣冷却器是用於在回至壓縮器前冷却工作介質的，其作用一如蒸氣動力廠內的凝汽器，冷却器內循環的冷水，吸收工作介質的熱，一如凝汽器內循環的冷水吸收廢汽的熱，其不同在於前者所需的冷水較少，因燃氣被吸熱後仍爲氣體，而蒸汽在凝汽器內變水，被吸之熱，實包含隱熱，故所需冷水較多。

圖 7 示一合循環燃氣輪的裝置，這種計劃的缺點是燃燒的方法，不復內燃而是外燃，燃燒效率就差，其動作極似外燃式的熱空氣機，同一工作介質在高壓下繼續循環，其循環可以下圖表之：

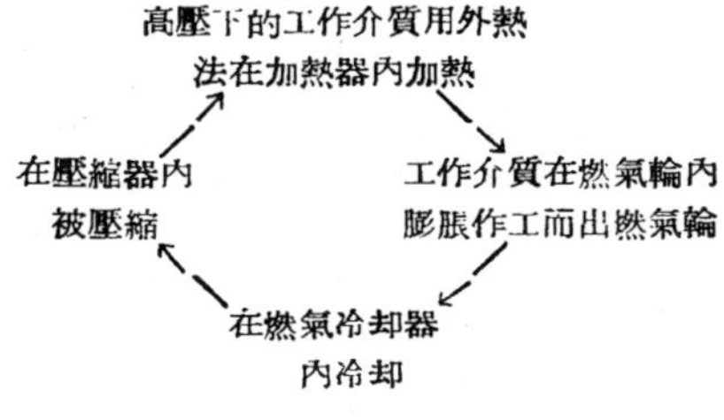

圖 8 燃氣輪的合循環

這種合循環與蒸氣動力者所用者的不同，祇在於燃氣始終爲燃氣，而廢汽則在凝汽器內變水，多一層狀態上的變化而已，其他各種輔助品都有類似的功用，如加熱器似鍋爐，燃氣冷却器似凝汽器，壓縮器似給水泵。合循環的主要益處是燃燒產品不經過壓縮器與燃氣輪，故可用較低等的燃油或任何燃料，無須顧忌輪葉爲燃燒產品損壞。工作介質除空氣而外，還可用別的氣體如氫。

圖 9 示一西屋公司計劃的合循環燃氣輪裝置，其計劃係基於壓縮器內初壓爲每方吋150磅，燃氣輪

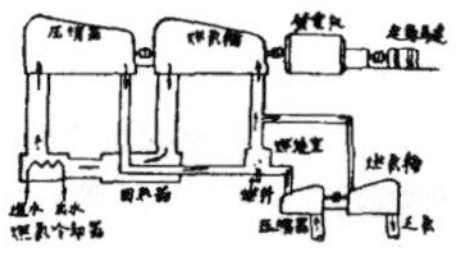

圖9 西屋公司的合循環燃氣輪

內初壓爲每方吋 600 磅(即其壓力爲普通燃氣輪的十倍)。其與圖 7 所示者的不同是燃燒的方法復爲內燃,同時除掉主要的燃氣輪與壓縮器外另用一套燃氣輪與壓縮器,用以增加新空氣進入循環,故實爲開合二循環的集成。

以上合循環的計劃猶未包括重熱與回熱,如加重熱器與回熱器,則效率的增加一如開循環內所述。

7. 燃輪氣的新應用——航空 現代航空機,速度務求其高,馬力務求其大;幾十年來往復內燃機爲唯一的飛機引擎,經過了無數次的改良,仍舊爲許多條件所限制,不能有更高的速度,更大的馬力,於是高速及高馬力的航空,就不得不尋求新的原動機,研究結果,足資替代的爲噴射推進機及燃氣轉動機——兩者均用燃氣輪拖動,

往復內燃機祇適宜於巡行飛行,當其巡行馬力是最大馬力的60%時,效率最高而各種機件障礙亦很少發生,故祇適宜於低速飛行;噴射推進機祇適宜於高速飛行;燃氣轉動機則在低速或中速時較優於噴射推進機,圖10足以比較這三種原動機的性能:

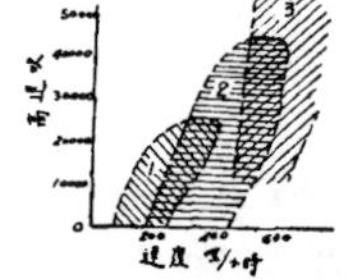

圖10 三種原動機的比較
1. 往復機
2. 燃氣轉動機
3. 噴射推進機

在噴射推進機,出動力全部用於加速燃氣使其以高速噴出機身後部的排氣管,產生一種反動力,推動飛機,使向前進,空氣被吸入壓縮器經壓縮而在高壓下燃燒,高溫的燃燒產品經膨脹後噴出排氣管,燃料大部分的能力用以拖動燃氣輪,燃氣輪拖動壓縮器,剩下來的就爲排氣管裏的動能。圖 11 示一軸流式噴射推進機,壓縮器,燃燒室與燃氣輪排列成一行,截面很小,故高速飛行時空氣阻力不大;但在低速飛行時,則其效率反不如往復機,燃料消耗亦大,此於圖12可以見之。

若將一螺旋槳經減速齒連接於燃氣輪,即爲燃氣轉動機如圖13所示,其直徑祇及普通引擎之半,因爲面積小,又不須要用冷却器,在高速時所遇阻力就不大,又其效率在最高載荷時最佳。

燃氣輪用於航空,較之往復機除高速外,構造簡單,重量輕便,不須要冷却器,不須要許多潤滑油,噴射推進機連螺旋槳亦不用。在目前及不久的將來,低速及低空的航空,還得用往復機,不過在科學家不斷的努力下,燃氣輪終有完全起而代之的一天。

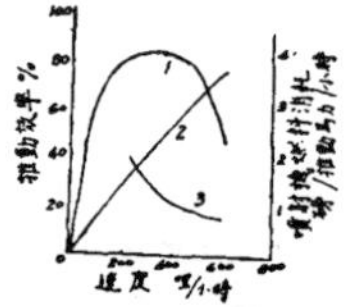

圖12 1 螺旋槳效率
2. 噴射效率
3. 噴射機燃料消耗

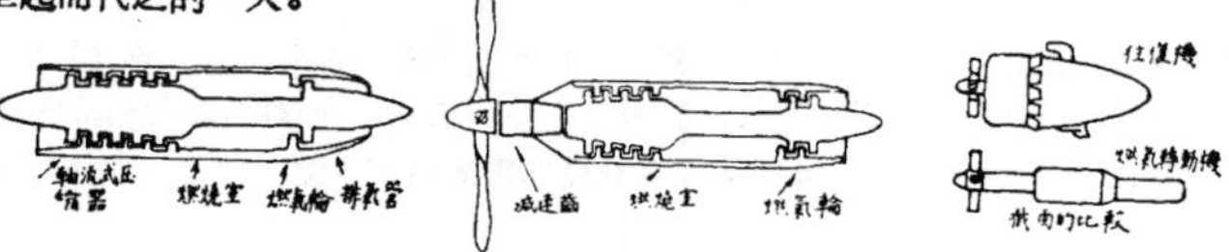

圖11 噴射推進機

圖13 燃氣轉動機

工 程 雜 訊 (華)

★燃氣渦輪用於汽車 據加拿大末納司科(Menasco)汽車廠林氏(Lentz)表示,燃氣渦輪用在汽車上,完全可能,且優點甚多。該公司已設計成功燃氣渦輪,即可用於汽車。其重量爲 200磅,直徑15吋,長度連變速器在內共50吋,馬力爲100—400,耗油量每馬力小時0.5磅。

燃氣渦輪用於汽車,有許多優點:重量輕,體積小,成本較低;裝置,保養,拆修均極簡便;毫無振動,潤滑油消耗較省;可用廉價燃料,不用汽化器,點火系僅用於始動時,散熱器極小或不用。裝於汽車前方並無困難,且可使車頭形狀接近流線型;如裝於後端,則車頭可造成完全流線型。另一重要優點,爲因渦輪工作性能較佳,可使乘客舒適,車身構造較便。("The Canadian Automotive Trade")

風力發電機

John L. Kent 著　　聶平 譯

由於新式風力發電機的發明，用風力來發電已經是一件極其容易的事。把風力發電機裝在一座四百七十五呎高的高堡上，利用兩個風力渦輪或是推進器的轉動，便可以發出電來，這兩個推進器都有三個八十呎長的葉子，旋轉在一個直徑二百呎的圓周裏。

兩個風力渦輪分裝在一個二百二十五呎長橋架的兩端，這座橋架又裝在一座可旋轉的中心支架上。七百五十噸重的推進器，傳動齒輪，發電機，和一些操縱的設備都必須裝在這座高堡上，並且要都能迎風而旋轉。

美國法都電力廠(Federal Power Commission)工程師湯姆氏所設計的這座偉大無比的風力發電機，估計所發電量能足供一個一萬戶的城市用電，這是一個最新的用風力來發電的嘗試。

風力和水力都時常作爲廉價動力的泉源。幾百年來，早就有人用風力來車水，磨麵，或是其他小型動力設備，在布吉姆與紐西蘭兩地方正像他們現在一樣，早在七百年前就已經用風力來磨麵。美國的風力廠多半用許多短扇葉或是金屬片來代替荷蘭式的那種四個大帆狀葉子，我們發現這種風力機在農業上是最有用，尤其是在車水一方面。一種比較新式的設備是利用一個規則的推進器，多半用來充蓄電池。

最早把風力變爲電力的試驗是在一八八〇年由一個農人所作，他的模型是利用三個風車帶動三個連蓄電池的發電機。

一九三四年蘇聯在克里米亞也曾做過一次風力發電機的試驗，這座發電機曾發出一百瓩的電量。等到一九四一年美國廠家才第一次製造出一座實用的風力發電機，裝在靠近奧南山邊一座一百一十呎高的高塔上。

湯姆氏所設計的這座風力發電機，有許多經驗和數字都是從奧南山邊的這所風力發電機得來，不過這種新設計所不同的，是比原來大了五倍，能產生一萬瓩的電能。湯姆氏設計了兩種型式，一種是最大風速達每小時三十四哩，電量爲七千五百瓩。兩個推進器葉子都是十四呎寬，轉動在一個二百呎直徑的圓周裏。

另一種是適合最大風速爲每小時廿八哩的。每個推進器有三個九呎寬的葉子，從一端到另一端二百呎長，兩個風力渦輪所生的電量爲六千五百瓩。

每個推進器葉子都是八十呎長，每個葉子當中有一根四十呎長的撐柱。每分鐘四十七又二分之一轉，渦輪扇葉的端點每時速度是三百四十哩，推進器的中軸是用齒輪轉動到中間位置的發電機上。

也許有些悲觀的讀者就要問了——「沒有風的時候怎樣辦呢？」不要緊，整個發電機是裝在一座可轉動的高架上，推進器永遠朝着最大風力的方向，而且在高出地面幾百尺的所在，風速時常比地面的大兩三倍，何況風力發電機只要每小時十二又二分之一哩的風速就能發動！更何況在風力發電機的旁邊，時常另立一座水電廠或發電廠，以備風力不足時之用呢！

不過許多研究風力的人，都認爲風力是靠不住的。因此湯姆氏另外設計了一個蓄電池在發電機的旁邊，即使發電機停了，蓄電池仍然可以供電。幾個發電所相距幾哩路遠，會同時因無風而停下來，也是不常見的事。

另外一個相反的問題就是——當風速太大的時候怎樣使發電機慢下來。在奧南山的那座風力發電機，葉子可以「收縮」起來，無論風速大小，推進器的速度，幾乎是個常數。

但是新設計的風力發電機，葉子是固定的，風渦輪的速度因風速而變，一個電動連接器就用到了，它能够依照風力的大小而自動調節發電機的負荷，與風渦輪旋轉的速度。

安全設備也是必須的，爲了避免發電機與儀器機件被極大風力所損壞，在「大風」的時候，風渦輪會自動地停了下來，整個發電所會避過風的勢頭而達安全之境。

1944年美國戰時生產局曾經根據湯姆氏早期的實驗報告，在紐約大學裏再做試驗，那時已有四種不同的雙葉風力機在該大學裏試驗。他們更爲美國陸軍設計了一種一百瓩的風力機，以作動力泉源而節省燃料的消耗。從這些研究裏，我們可以得到一個結論，一個一百瓩的風力機，每年能爲隔洋陸軍基地省下十五萬磅燃料油，在有些風力情形好的地帶，甚至能每年節省下廿五萬磅。

譯自 Popular Mechanics, Feb. 1947

介紹一一九四七年度瓦特萬國獎章(James Watt International Medal)獲得者—S.P. Timoshenko 博士

何家駿譯自 A.S.M.E. "Mechanical Engineering"

『……規定兩年方頒贈一次。機械工程師以獲授此項獎章爲國際上最高的一種榮譽……』

Stephen Prokop Timoshenko 是一位美國機械工程師學會 (A.S.M.E.) 會員，一九三五年 Worcester Reed Warner 獎章獲獎人，教授，著作家和機械工程師。最近英國機械工程師學會議決將一九四七年度瓦特萬國獎章頒贈給他。

Timoshenko 博士是現時世界上關於應力分析 (Stress Analysis) 和震搖 (Vibration) 等問題的權威，他在蘇聯和美國的研究工作對於應用力學方面增進了不少新的教材和發明。他是現今歐美十三個工程與科學團體的會員。當他辭去士丹福大學(Stanford U.)理論與實用力學教職之後，他仍然不斷的致力在應用力學的講授。

瓦特萬國獎章是英國機械工程師學會於一九三六年瓦氏二百週年誕辰紀念日，爲推崇瓦氏對個別凝結器(Separate Condenser)的發明和蒸汽機改進的貢獻而設立的。規定兩年才頒贈一次，機械工程師以獲授此項獎章爲國際上最高的一種榮譽。

在美國機械工程師學會中，Timoshenko 博士是極負盛譽的，他不但是『材料力學』和『彈性與結構的定理』(The Theory of Structure and Elasticity) 數書的著作者，而且是一個動人的演講家，關於『應力集中和疲勞裂折』(Stress Concentration and Fatigue Failure)一題就作了兩季的講解。

一九三五年，當他在密西根大學 (Michigan U.) 機械系任教授時，以所著的 "For his Contributions to the Theory of the Design of Elastic Structures & the Treatment of Dynamics of Moving Machinery" 獲得該年 A.S.M.E. 的 Worcester Reed Warner 獎章，在一九三九年他又因爲促進工程教育得到蘭米氏社會獎章(The Lamme Medal of Society)。

Timoshenko 博士孜孜不倦的教學精神，及能够將工業難題簡化講解的天才，爲學生所擁戴和同事等所效法。在他六十壽辰慶祝會上，舊日桃李和同事替他印行『S.P. Timoshenko 六十週年紀念文集』作爲他過去貢獻的紀念，以示敬意。

半生的經歷

Timoshenko 博士生於一八七八年十二月廿二日俄國基夫 (Kiev) 附近地方。他的工程教育是在聖彼得堡的交通學院(The Institution of Ways of Communication)中開始的，畢業於一九〇一年。後遊歷歐陸，並得德國著名教授之指示後，便在基夫的百科學院 (Polytechnic Institute) 担任應用力學的教席。

一九〇七年他便以『柱樑的側面壓力』(Lateral Buckling of Girders) 得到巴黎 Societe des

Ingenieurs des Pontset Chaussees 的榮譽獎狀，此文後來轉譯成德文和法文。

一九一七年，因爲當時受社會和政治的壓迫，他離了聖彼德堡回到基夫去。至一九二二年他接受捷克 Zagreb 地方百科學院應用力學的教席。在該地，他建立了材料試驗室。

最後在一九二二年，應美國費城的 Vibration Specialty 公司禮聘爲顧問工程師到達美國，逾年他改任西屋電器製造公司（Westinghouse Electric and Manufacturing Co.）的研究員，在那裏他專心研究應力分析及震搖等問題。一九二七年他獲得美國公民的資格。

Timoshenko 博士對於他的研究工作和對各種力學問題的講述，都把自己當如教師一樣的態度，他還組織小組會議討論這些疑難。他研討應用力學的熱誠更能行銷到每一個同事。

一九二四年，他正式爲美國機械工程師學會會員。

他對科學發展的興趣，使 A.S.M.E.應用力學部份的組成，受到不少的幫助，他的努力很快就印行了 Journal Applied Mechanics 一書。

他有教學的愛好和在閒暇專心寫作的志趣，故執教最爲相宜，所以他離開西屋電器製造公司的職務，在密西根大學担任機械系教授了。

後來一九三六年，他到士丹福大學担任理論與實用力學的教授。直至一九四六年他才退休，Timoshenko博士是美國科學促進會（American Association for the Advancement of Science），工程教育會（American Society for Engineering Education），數學會（American Mathematical Society）航空科學會（Institute of Aeronautical Science）以及在蘇聯，波蘭，德國和瑞士等地科學團體的會員。

多種的著作

他的著述有：材料力學（Strength of materials），彈性理論（Theory of Elasticity），結構理論（Theory of Structure），應用力學（Engineening mechanics）等書，許多已翻譯成法文，德文和俄文，且有翻版多次的。

他是瓦特萬國獎章第六位獲獎人，以前五位是：一九三七年，A.S.M.E. 名譽會員，John A.F Aspinall. 一九三九年 A.S.M.E. 名譽會員 Henry Ford，一九四一年，A.S.M.E. 名譽會員 Aurel Stodola，一九四三年 A.G.M. Mitchell，及一九四五年 F.W. Lanchester。

Timoshenko 博士將於一九四七年四月廿六日赴倫敦接受此項獎章，屆時他將發表『應力集中和疲勞裂折』的演講。

★ 本系之光榮 ★

〔大公報南京三月十三日電〕 教次杭立武昨接華美協進社社長孟治轉來美國麻省理工大學教授鄧公鬪氏一函云：『伊上期教授高等力學，於三十五篇學期論文中評選結果，其中前三名均係中國學生，其餘三十二名非中國籍。鄧氏謂中國人智慧之高，雖素爲伊所重視，然如此優異，實中國政府嚴格選派留學生之成績，特表示忭賀』。該函所稱之學生，據查係三十五年度公費生**蘆道儀**及二屆自費生**朱城，均係交大機械系畢業**，去年出國，另一名爲孫乾實。

本校機械工程系概況

編 輯 室

(一)歷 史

(1)初創時期

本校在清光緒二十二年(1896)創立時，初名南洋公學，僅設師範科。後又撤裁師範科，改設商務專科，後又改爲鐵道專科。以後，本校所隸之機關屢改，故校名及組織亦數次更易。迨光緒三十三年，太倉唐蔚芝先生來長本校，始改校名爲南洋大學，此爲上海各校改稱大學之嚆矢。唐先生之道德文章，舉世欽仰，而又以身作則，創立我校樸實勤學之優良學風。同時更延聘良師，擴充範圍，添設電機專科及船政科（後船政科獨立爲商船學堂，即今吳淞船校之前身）及民國七年，又改鐵路專科爲土木科，另添設鐵路管理科，故本校範圍日廣，人才蔚起，一時稱盛。當時唐校長鑒於機械人才之需要，而全國僅一唐山工業專門學校有一機械科(創於民國六年)，所造就人才，不敷需要遠甚，乃策劃於本校籌設一機械專科，以造就高級機械人才。遂建議交通部請求經費，然以種種關係，此計劃未克實現。

民國十年，本校改組，滬校遂與唐山之唐山工業專門學校，北京之北京郵電學校及交通傳習所合而爲一，始名交通大學。由交通總長葉恭綽先生兼領校長，張鑄先生爲滬校主任。時葉先生亦鑒於我國機械人才缺乏之嚴重性，遂決心創辦機械工程科於本校，以美國普渡大學教授狄克生(Dickerson)先生爲首任機械科長。當時爲增進管理效率起見，乃將滬校之土木科併入唐院，鐵路管理科併入京院爲京校之大學部，而將唐院之機械科併入滬校，故本校翌年即有機械工程科之首屆畢業生。此時四年級又分爲機械工務及鐵路機械二門，向工業及鐵道方面平行發展。教授有狄克生，周仁，陳石英，胡端行等諸先生。同時建立工業館(即現在恭綽館內之金工廠至機械實驗室一帶)購置各項設備，以供實習之用。

翌年(民十一)，首屆畢業生有陳廣沅等六人。民十二年，二屆畢業生有茅以新等二十七人。因當時全國各大學中，僅我校有機械工程科，而各畢業生之學識及服務成績，均優異逾人，故交通部及各大工廠均競向本校預聘機械科之畢業生，而本校亦致其全力發展此學科，是以今日之交通及工業各界之早期機械人才，非本校畢業生莫屬。是年秋，周仁先生繼任機械科長，改分四年級爲機廠工務，鐵路機務，及工業管理三門。十三年又併分爲工業機械及鐵道機械二門；前者注重蒸汽動力廠計劃及電力廠等課，使學生明瞭一般工廠中之設備及其應用；後者注重鐵道機械工程，機車計劃，及車輛設計等課，使學生服務於各鐵路時，對於鐵道工程能有相當之認識。

(2)成長時期

民國十八年，鐵道部長孫哲生先生兼長本校，次長黎曜生先生副之。二先生鑒於培植交通人才之需要，及改良部轄教育事務之急切，遂組織交通教育整理委員會，爲本校寬籌經費，力圖整頓。後孫部長辭校長兼職，由黎副校長繼任校長，專長校務。此時唐校改爲交通大學唐山工程學院，平校改爲交通大學北平管理學院，而上海總校之鐵道管理，土木，機械及電機四科均擴展爲學院，更添設科學學院。此時因經費充裕，各項房屋及設備，均以加速度添增，而我機械工程學院之各項設備及儀器，亦於此一時期添置完備，而奠定穩固之基礎。時首任機械工程學院院長爲王繩善先生。

二十三年秋，機械工程學院又添設汽車工程門，由黃叔培教授主持之。次年又擴展爲自動機工程門，注重於各種內燃機，更分此門爲汽車組及飛機組，前者以汽車工程，汽車計劃等爲主要功課，後者則以航空工程，飛機引擎等課爲最重要。同時成立自動機工程試驗室，以供實習。此時之機械工程學院，已臻完美之境。時院長爲胡端行先生。

（3）抗戰時期

二十六年，抗戰軍興，各校西遷，獨本校奉命留滬收容失學青年，遷入舊法租界中華學藝社繼續上課。時本院大部份設備均經胡院長等搶運至震旦大學，中華學藝社及中法工學院各地暫存；而各式汽鍋，汽輪機及發電機等則因體積龐大未及運出。遂皆遭敵人破壞或擄取。

二十七年，本校改隸教育部，遂依照教育部之編制改機械工程學院爲現名『機械工程系』，隸屬於工學院，仍由胡端行先生長系務。

時滬地環境日趨惡劣，內地校友遂呈准教育部，於二十九年設立分校於重慶小龍坎，由徐名材校友主持其事，當時教部亦擬培植大批機電人才，遂先行開設機械及電機二系各一班，實開渝校之先聲。迨三十一年，太平洋戰事起，滬市總校淪陷，渝分校遷入九龍坡新址，擴展而爲總校，由吳保豐先生長校。時本系之各項設備，均感缺乏。各工廠及試驗室亦均付闕如，幸當時之師資甚爲優越，又由柴志明主任及各教授自湘桂鐵路沿線及其他各大工廠捐來大批機械設備，以供同學實驗，更利用暑假時間分送同學赴各大工廠實習，以資補救，故各同學之成績，仍能維持至原來水準而不墜。

三十三年，柴主任因專任訓導長，乃辭主任職，由陳大燮教授兼長系務。

（4）勝利以後

自三十四年抗戰勝利師生返滬復校以來，陳主任及現任黃主任對於教授之添聘，課程之增訂，設備之添置，廠室之恢復，均已盡最大努力。現在各工廠及實驗室已先後整理補充就緒，恢復上課。益以現在校長程孝剛先生爲中國機械工程學會總會會長，乃我國機械工程界之老前輩，故本系今後不難求更進一步之發展也。

（二）現 況

（1）教 授

本校自復員以來，舊日留滬教授，亦均重返母校服務。但勝利後，本系各級同學人數驟增，每級須分雙班上課，且他院系請本系代爲開班之課程甚多，故又添聘教授多人。現在本系有專任教授陳石英，黃叔培，陳大燮，柴志明，胡嵩嵒，李泰雲，沈三多，殷文友，錢逎楨，周修齊，楊倘灼，梁士超，金愨，蔡有常，貝季瑤等諸先生共十五人。副教授有吳金堤，蔣汝舟，姚祖訓，吳良弼，樓鴻棣，賈存鑑，張燁，劉昉，張寰鏡等諸先生共九人。兼任教授有聶光墀及陳學俊二先生，講師一人，助教二十一人。共計教員四十八人，由黃叔培教授兼主系務。黃主任研究汽車工程垂數十年，堪稱此中權威，而其他教授亦均爲飽學之士，故本系教員之陣容，可謂雄厚。

（2）同學

本系自民國十年始創以來，迄今已有二十六屆畢業生，共約一千餘人，均服務於全國各鐵路及其他機械工業，聲譽卓著，爲各界所重視。在戰前本系每級僅有同學約二三十人，現則平均每級有同學百人，必須分雙班上課。蓋經此次抗戰後，因各項建設人才之迫切需要，遂使本系之畢業人數不敷應用，而有志學習機械工程者亦與年俱增；但本系因受設備之限制，未能多收新生，如去年招收一年級新生時，除先修班直升之十餘人外，九百投考同學中，僅能錄取二十餘名，致使甚多成績優良者，亦未被錄取。目前本系正在補充各項設備，以後當能量才增加錄取名額，以應建國之需要。現在本系第一年級有同學四十人，二年級八十七人，三年級一百四十人，四年級機車門十八人，自動車門十九人，工業門動力組三十七人，工業門製造組六十五人：共計四百零六人，較之戰前增加三倍有餘。

(3)課　程

本系之目標，爲培養及訓練完善之機械工程師，以應國內建設之需要。故一二年級之課程着重於數，理，化，及一般工程之基本學科，同時加入機械工程之初步學程。第三年級之課程則完全注重於機械工程之基本學科。至第四年級，則更分爲工業，機車及自動車三門，且多設選修課程，如提士機，汽輪機，金相學，紡織機械等，使同學可依其興趣修習機械工程範圍以內之重要專門學科。又本系對於與機械工程有密切關係之管理學科亦甚爲重視，除經濟學，工業管理，成本會計等必修課程外，更有工業經濟等選修課程，使同學對此種社會科學能有深切的認識。本系各年級之課程見下表：

年級	科目	第一學期		第二學期	
		每週時數	學分	每週時數	學分
一年級	國文	3	2	3	2
	英文	3	2	3	2
	微積分	4	4	4	4
	物理	3	3	3	3
	化學	3	3	3	3
	物理實驗	3	1	3	1
	化學實驗	3	1	3	1
	工廠實習	3	1	3	1
	畫法幾何	3	1	3	1
	機械畫	3	1	3	1
	三民主義	2	0	2	0
	體育	2	0	2	0
	軍訓	2	0	2	0
	共計	37	19	37	19
二年級	微分方程	3	3	—	—
	高等數學	—	—	3	3
	物理	3	3	3	3
	物理實驗	3	1	3	1
	應用力學	5	5	—	—
	材料力學	—	—	5	5
	機構學	4	3	—	—
	機構製圖	—	—	3	1
	動力機械設備	—	—	2	2
	經驗設計	3	1	3	1
	電工大意	—	—	2	2
	經濟學	3	2	—	—
	測量學	1	1	—	—
	測量實習	3	1	—	—
	木工實習	6	2	—	—
	金工實習	—	—	6	2
	工程化學	1	1	1	1
	化學分析	3	1	—	—
	德文（選）	3	2	3	2
	共計	41	26	34	23
三年級	熱力工程	4	4	4	4
	機械設計	3	3	3	3
	機械設計製圖	6	2	6	2
	內燃機	—	—	3	3
	工具機	2	2	2	2
	工程材料	3	2	—	—
	電工學	3	3	3	3
	水力學	3	2	—	—
	機工試驗	3	2	3	2
	電工試驗	3	2	3	2
	材料試驗	—	—	3	1
	金工實習	3	1	3	1
	德文（選）	3	2	3	2
	共計	36	25	36	25

年級	組別	科目	第一學期 每週時數	第一學期 學分	第二學期 每週時數	第二學期 學分
四年級	機車門	鐵路機械工程	3	3	3	3
		機車及車輛設計	6	2	6	2
		鐵路號誌	—	—	3	2
		運輸管理	—	—	3	2
		機械製造	3	3	3	3
		機工試驗	3	2	3	2
		動力廠	3	3	—	—
		成本會計	3	2	—	—
		工業管理	—	—	3	2
		論文	1	1	1	1
		金相學(選)	—	—	3	2
		提士機(選)	3	2	—	—
		自動車工程(選)	—	—	3	2
		工業經濟(選)	—	—	2	1
	自動車門	自動車引擎	3	3	3	3
		自動車電學	2	2	—	—
		自動車保養	—	—	2	2
		自動車保養實習	—	—	3	1
		自動車設計	6	2	6	2
		車輛	2	2	2	2
		動力廠	3	3	—	—
		自動車實習	3	2	3	2
		機工試驗	3	2	3	2
		成本會計	3	2	—	—
		工業管理	—	—	3	2
		論文	1	1	1	1
		車身設計(選)	—	—	3	1
		金相學(選)	—	—	3	2
		機械製造(選)	3	3	—	—
		機車工程(選)	—	—	3	2
		工業經濟(選)	—	—	2	1
	工業門	動力廠	3	3	3	3
		動力廠設計(甲組)	6	2	6	2
		機械製造	3	3	3	3
		機工試驗	3	2	3	2
		電力廠	3	3	—	—
		成本會計	3	2	—	—
		製造廠設計(乙組)	1	1	1	1
		製造廠設計製圖(乙組)	3	2	3	2
		工業管理	—	—	3	2
		論文	1	1	1	1
		汽輪機(選)	—	—	3	2
		提士機(選)	3	2	—	—
		自動車工程(選)	—	—	3	2
		機車工程(選)	—	—	3	2
		金相學(選)	3	2	—	—
		紡織機械(選)	—	—	3	2
		工業經濟(選)	—	—	2	1

（4）設備

機械工程，首重實驗，在戰前，本系之各種設備及圖書儀器等，堪稱完備，雖不逮國外之著名大學，然在國內已屬首屈一指。各式汽輪機，蒸汽機，煤氣機，測功機，柴油機，壓氣機，起重機，汽油機，各式汽鍋，以及各式工具機，汽車引擎，材料試驗機等，均應有盡有。然自滬地淪陷後，各項設備均損失甚鉅，現正在逐步整理補充中，今略述各廠室情形於後：

A. 機械工程試驗室

現存在者有各種精密試驗儀器，以及蒸汽機，小型鍋爐，抽水機，製冰機，各式壓汽機，輕油機，提士機，容克機，起重機，發電機，電動機，小型汽輪機等，最近又得交通部之補助，已將室內之一切水管及電

聯總贈給本校機械工程試驗室之設備

自動車工程試驗室一角

自動車工程試驗室設備之一

自動車工程試驗室設備之二

路裝置完成，以供水力試驗及鍋爐用水之用。程校長亦在最近向有關方面募得大型鍋爐一具，不久即可運校裝置試驗。

B. 自動車工程試驗室

本系因應自動車專門人才之需要，遂於民國二十四年創設自動車門，由全國經濟委員會公路處及全國道路協會二機構捐款建立本室。甫於民國二十六年夏佈置就緒，即遭戰禍，幸所有重要機件均經預先轉移保藏，故損失尚少。現已重行遷回裝置，且加以補充，現在本室之設備計有100H.p.電力測力機一具，700H.p.水力測力機一具，C.F.R.燃料試驗機一具，威氏電氣試驗台二具，福特試驗器一具，其他有搪汽缸機，壓曲軸機，鑽軸承撥，熔焊機以及各種修理設備共數十種。（如修胎，修理汽門，較修接合器等）。其他試驗設備共十餘種。又各式汽車五輛，新舊引擎九具，及其他各種汽車附件等。

C. 機車工程試驗室

本校之機車門雖歷史最悠久，然機車工程實驗設備則尚不够完備。戰前曾由本系校友平綏鐵路南口機廠廠長鈕澤全先生捐贈本室完整機車一輛及其他另件，然未及抵校，即遭戰事，勝利後，由柴志明教授向京滬路局戚墅堰機廠廠長郎鍾騋先生處捐來完整機車一輛，轉向架一套，閘缸一套，空氣壓縮機一套，保安閥一套，以及其他鍋爐，風閘等另件甚多。同時又蒙津浦路局浦鎮機廠捐贈大轉向架一套，貨車轉向

機車工程試驗室一角

金工廠設備之一

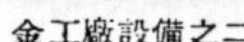

金工廠設備之二

材料試驗室

架一套，機車前後輪，風閘，以及其他各種另件及工具等。此等設備，大部均已安裝完畢，本學期即可供同學作試驗之用。

D．　金工廠

金工廠設備曾於二十六年遷入舊法租界，租賃廠房，以備實習，迨太平洋戰事發生，全部機件均遭敵憲查封抄沒，損失鉅重。勝利後，除點收此項剩餘之機件外，復購入敵產之鐵工廠設備，最近又由聯總分配本系工具機一批。目前本廠設備有新式及舊式車床共二十部，各式鑽床八部，鉋床四部，萬能式銑床二部，舊式銑床二部，垂直銑床一部，萬能式磨床一部，水力傳動磨床一部，雙頭磨床一部，砂磨機一部，衝床二部，鋸床一部，鋤床二部，及鉗作枱二十只。

E．　鑄，鍛，木三工廠

在這次戰事中，此三工廠之損失最大，經年餘之整理補充後，鑄工場已於去年照常實習，鍛木二工場在本學期亦可開始上課。現有設備，鑄工場有三節爐二只，電氣風箱一只，熔銅爐一只，沙池二只，工具四十套，以及其他砂箱鑄具等。鍛工場有拔發洛鍛爐二只，冷氣錘一具，以及各項工具等。木工場有車床八部，鉋床二部，橫鋸床三部，圓鋸床一部，工具四十套等。

總之，本系在此次浩劫中，損失不貲，幸經黃主任及各教授力事整頓，方能於最短期間稍復舊觀。然黃主任及前柴，陳二主任所擬之擴充圖書、設備計劃，則限於財力，猶未能進行。尚希各有關當局及前輩校友賜予贊助，方能使有三十年光榮歷史之本系更形進步也。

本校機械工程系專任教員履歷表

姓名	職別	授課學程	學歷	經歷
黃叔培	教授兼系主任	自動引擎，自動車試驗，論文	美國任西利亞大學機械工程博士	美國紐約安迪生電力廠工程師，本校教授，廣西大學教授，中央建設委員會技正，南洋企業公司工程師，培中工程公司經理。
陳石英	教授	機工試驗	美國麻省理工大學工學士	海軍江南造船所工程師，本校教授，代理校長，中國機械工程學會上海分會會長。
柴志明	教授	機車工程，鐵路機械，論文，動力機械設備	美國普渡大學機械工程學士及電機工程學士	安慶電廠廠長，浙贛鐵路機務處副處長，代理處長，交通部材料試驗所長，浙大工學院教授兼機械系主任，本校教授兼系主任及訓導長。
陳大燮	教授	熱力工程，論文	本校機械工程學士，美國普渡大學機械工程碩士	歷任浙大，中大，及本校機械系教授兼系主任。
李泰雲	教授	機械製造，金工實習，論文	國立北洋大學畢業	美國伊利諾鋼鐵廠工程師，浙江公立工業專門學校教授，新業工廠經理。
蔡有常	教授	機械製圖，機械設計，機構製圖，機工試驗	國立北洋大學畢業，留學美國	美國伊利諾鋼鐵廠及美國鋼管廠工程師，浙江公立工業專門學校機械科主任教授兼工務主任，大同大學教授，本校教授。
殷文友	教授	機車及車輛設計，機械設計，熱機學	本校機械工程學士，美國康奈耳大學機械工程碩士，哈佛大學工程科學碩士	美國吼斯飛機廠飛機設計工程師，浙大，清華，西南聯大等校教授。
金　愨	教授	材料力學，熱力工程，應用力學	本校機械工程學士，美國康奈耳大學機械工程碩士	美國莫金台須內燃機工程公司工程師，後勤總司令部第一汽車機件修造廠總工程師及顧問等職，安徽大學物理系主任。
胡嵩嵒	教授	動力廠，動力廠設計，機工試驗，論文	本校機械工程學士，美國普渡大學機械工程碩士	美國波士登 Sturtevant 練習工程師，本校教授，實業部登記機械技師，中國機械工程學會上海分會副會長。
沈三多	教授	機械設計，機械設計製圖	本校機械工程學士，美國普渡大學機械工程碩士	歷任浙大，武大等校教授。
錢逝楨	教授	自動車設計，內燃機	本校機械工程學士，美國密息根大學工程碩士	之江大學，中國紡織染工程學院，上海工業專科學校等校教授。
楊尙灼	教授	金相學，機工試驗，熱機學，工程材料，論文	本校機械工程學士，美國理海大學冶金工程碩士，冶金工程博士	美國理海大學研究院獎學金研究員，德國克虜伯鋼鐵廠實習，資源委員會雲南鋼鐵廠工程師兼製鋼廠主任，國立雲南大學礦冶系教授。
梁士超	教授	機工試驗，機械畫	本校機械工程學士，英國薄明罕大學畢業	漢冶萍公司工程師，江西煤礦公司工程師，行政院救濟總署工礦組審查委員，上海鋼鐵公司工程師，中央信託局敵產清理處工廠保管委員，歷任本校，之江，滬江，大同等校教授，上海工專教務長。

周修齊	教授	工具機，金工實習，論文	國立同濟大學機械系畢業，德國柏林工科大學機械系畢業	柏林A.E.G.廠工程師，資源委員會中央機器廠工程師，第十兵工廠工程師兼研究室主任，恒順機器廠總工程師。
貝季瑤	教授	工廠設計及製圖，工具機	本校機械工程學士，美國麻省理工大學機械工程碩士	資源委員會中央機器廠工程師，第五分廠廠長，總廠協理，資源委員會上海機器廠廠長。
蔣汝州	副教授	論文，鑄工實習	本校機械工程學士	新和興鋼鐵廠機械總工程師，西南公路工務局正工程師兼貴陽材料廠廠長，交通部電訊機料修造廠正工程師代理總工程師，上海市公用局簡任技正兼考驗科科長等職。
張寶鏡	副教授	機械畫，經驗計劃	英國倫敦大學電機科畢業	英國拔柏葛鍋爐公司助理工程師，大同大學教授。
吳金堤	副教授	熱力工程，機工試驗，金工實習，論文	國立勞働大學機械工程系畢業	歷任北洋，英士，及本校教授
樓鴻棣	副教授	機構學製圖，經驗計劃	本校機械工程學士	廣西大學副教授，教授，福建省中心工廠第五製造部主任，浙贛煤礦公司專員，交通部鋼鐵配件廠業務課長，成都汽車整修廠廠長。
姚祖訓	副教授	機工試驗	本校機械工程學士	前上海寶成紗廠工程師，本校助教六年，講師十六年，副教授二年
吳良弼	副教授	機工試驗，論文，熱力機	本校機械工程學士	浦鎮機廠及浦口電氣廠帮工程師，本校講師及副教授。
張　燁	副教授	自動車試驗，自動車保養，自動車工程，機工試驗，論文	國立北平大學工學士	本校講師，冀北水電公司工程師，中國工專，旦華機械學院教授，經濟部特派員辦公處專員。
賈存鑑	副教授	材料力學，應用力學	本校機械工程學士	平綏鐵路機械帮工程師，機務段長，工事科長，歷任中央大學，南京臨大等校教授。
劉　昉	副教授	投影幾何	本校電機工程學士	漢口既濟水電公司，兵工署二十四工廠，上海電力公司等處工程師，歷任重慶大學，西北大學及本校副教授。
瞿　鈺	講師	機工試驗	本校機械工程學士	信義機器廠，華一造船廠技師，福建省研究院副研究員，福建省公路局材料室主任，機務科科長。
胡漢章	助教	金工實習	浙大機械工程學士	空軍總部第一航空發動機製造廠技士兼應用力學教官，華商鐵工廠工程師。
吳克敏	助教	機工試驗	本校機械工程學士	信義機器廠設計部正行，中國，培成各女中高中部數理化及實驗教員，上海臨大助教。
薛世茂	助教		浙大機械工程學士	中央工業試驗所助理工程師，兵工署第五十工廠技術員。
林萬駿	助教	鑄工實習	雲南大學礦冶工程系畢業	資委會雲南鋼鐵廠工務員，台灣機械造船公司高雄機器廠助理工程師。
樂兌謙	助教	·	本校機械工程學士	翻譯官一年

賀鶴鳴	助教	本校機械工程學士	中國址輪公司永洛輪三管輪。
金忠謀	助教	本校機械工程學士	
汪孟樂	助教	本校機械工程學士	和豐機器廠材料室主任
金　精	助教	本校機械工程學士	重慶中央汽車配件製造廠實習
張志明	助教	本校機械工程學士	海達機器廠，交通部行總公路運輸隊服務
溫銘新	助教	本校機械工程學士	平漢鐵路服務半年
李國富	助教	本校機械工程學士	
李學方	助教	本校機械工程學士	
俞宗瑞	助教	本校機械工程學士	
夏禹昌	助教	本校機械工程學士	
秦林森	助教	本校機械工程學士	
蔣淡安	助教	本校機械工程學士	
程迺晉	助教	本校機械工程學士	
楊德興	助教	本校機械工程學士	

國立交通大學機械工程學會

復員後第三屆幹事會

主席	周士炎	
副主席	陳彥士	
總務	馬瑜	毛鈞達
學術	梁鑑源	李嘉康
康樂	裘惠孚	鄭世同
聯誼	周士炎	費鈞望

會員錄

（有*者為本屆各級代表）

民三七級（四年級）

汽車門

姓名	籍貫	年齡	現在住址	永久通訊處	電話
王世瑄	江蘇無錫	20	新昌路215弄10號	無錫北門長安橋南尖16號	
朱成達	浙江鄞縣	22	菜市路旅順路口119弄9號	同左	
朱煥新	江蘇泰興	23	本校南院229號	泰興統一街114號	
朱文淵	上海市	22	長陽路455弄25號	同左	52614
何遠榮	四川重慶	24	本校西齋122號	重慶儲奇門羊子壩2號	
何頤齡	江蘇淮陰	22	本校電信齋114號	安徽壽縣狀元街13號	
沈康	浙江桐鄉	21	新樂路56弄4號	同左	76532
李屺膽	江蘇江陰	21	西門路輯五坊二號	同左	81479
何農卿	浙江餘姚	22	昌平路250弄38號	同左	32566
金如鏖	浙江鎮海	22	拉都路276號	同左	
俞爾馘	浙江黃岩	23	本校西齋257號	浙江黃岩烏岩	
倪榮福	浙江鎮海	23	安福路77號	上海長治路142弄11號	71128
席培均	江蘇松江	22	河南中路129號		
陸逢寅	江蘇青浦	22	永嘉路291弄75號	青浦白鶴江鎮陸源來	
莊毓璟	浙江嘉興	22	康定路580弄6號	同左	
張永年	浙江鄞縣	22	安慶路永慶里51號	同左	41779
*費鈞望	浙江慈谿	23	愛文義路通達里7號	寧波費市鎮廠內	
費振翼	浙江慈谿	23	梅白格路345弄18號	寧波費市鎮廠內	
華崇仁	江蘇無錫	21	愚園路608弄120號	同左	
蔣超望	安徽無爲	22	天平路153號	同左	
錢模豪	江蘇金山	20	南京西路646弄17號	同左	
陳亨寶	浙江鎮海	23	馬當路慈安里42號	同左	
嚴福祥	上海市	22	成都南路132弄16號	同左	

機車門

姓名	籍貫	年齡	現在住址	永久通訊處	電話
王一梧	江蘇宜興	25	本校西齋277號	無錫周鐵橋下邾街	
王錫純	江蘇武進	24	本校西齋159號	武進湖塘橋洞	
方天祜	湖北漢陽	25	本校西齋265號	漢口武聖路92號	
毛鈞量	江蘇無錫	22	本校	無錫惠巷9號	
朱之堅	浙江嘉善	23	本校電信齋125號	上海海防路403弄11號	
狄明義	江蘇溧陽	25	本校西齋133號	上海中正中路昇平街百花巷29號王宅轉	
阮樹長	浙江鎮海	24	山海關路154號	同　左	
李榮誠	四川三台	26	本校西齋265號	四川三山老西街133號	
金　澡	江蘇崇明	23	本校西齋126號		
吳沛震	江蘇宜興	24	本校西齋271號	宜興丁山湯渡	
林扶華	四川梁山	25	本校西齋142號	梁山日報社轉	
封光楣	浙江紹興	25	本校南院117號	紹興馬山鄉	
袁嘉璲	河南鄧縣	26	本校西齋315號	河南鄧縣果白牛鎮	
莫偉駒	廣東東莞	24	本校西齋106號	廣東東莞蘇冲鄉	
張　祜	遼寧錦縣	28	本校西齋131號		
程　俊	四川廣安	24	本校西齋159號	四川廣安明月場	
郭俊賢	上海市	24	南市大東門內天燈弄77號	同　左	
熊嶽峯	湖北武昌	24	本校南院122號		
蔣銘山	江西樂平	25	本校西齋265號	江西樂平蔣灣	
樊恪咸	浙江鎮海	23	威海衛路549弄8號	同　左	

工業門動力組

姓名	籍貫	年齡	現在住址	永久通訊處	電話
王　儁	江蘇金壇	22	江寧路188弄7號		
王作賓	江蘇金壇	20	本校西齋142號		
王壽山	安徽寧國	22	梵王渡776弄23號		
尤銘圻	江蘇無錫	21	巨福路號154號	無錫通長巷35號	
毛文廉	四川璧山	22	本校西齋102號	四川璧山民族路29號	
呂天樂	江蘇無錫	23	南京文昌橋16號	無錫蕩口鎮	
朱鶴鳴	浙江杭縣	23	新昌路375弄5號	同　左	
朱家鯤	浙江吳興	20	泰興路481弄36號		
沈　珊	河北新欒	25	本校西齋253號		
何家駿	廣東中山	23	本校西齋111號		
吳石麟	江蘇松江	22	崇德路仁麟里6號	同　左	
吳本廉	四川自貢市	26	本校西齋122號		
吳良亞	福建莆田	22	本校西齋153號		
徐明昌	江蘇靖江	24	本校西齋220號		
高庚辰	河北定縣	24	本校電信齋113號		
梁燦章	山西洪洞	26	本校西齋109號	山西洪洞西梁村	
劉仁化	四川銅梁	22	本校西齋122號	四川銅梁東外街5號	
陳秉舜	廣東新會	25	紹興路1號	同　左	
陳定遠	廣東東覺	21	本校西齋263號		
郭注東	四川榮縣	24	本校	四川榮縣中正路183號	
彭體人	湖北隨縣	24	本校西齋233號		
彭固山	湖南湘鄉	22	本校南院114號	上海茂名北路300弄二號龍門書局轉	

賀彭年	江蘇吳縣	23	本校南院216號		
張竑濤	湖南長沙	23	本校上院339號		
張柏年	上海市	22	本校西治163號	上海安徽路284號	
傅文毅	江蘇太倉	21	本校南院226號		
舒永達	江蘇無錫	23	本校西齋258號	無錫城中大王廟弄2號	
蔣孝三	上海市	23	本校西齋238號	上海武定路237弄10號	
劉懷周	福建上杭	28	本校西齋127號	廣東湖安東平路裕隆行棧	
楊汝楷	江蘇高郵	28	本校西齋231號	江蘇高郵楊家巷	
趙貴章	河北	23	本校	北平崇內溝江頭甲四號	
蔣聰豐	浙江諸暨	22	北四川路永安里55號	同左	
鄭厚還	江蘇武進	20	康定路1007號		
歐陽約瑟	河北定縣	22	本校電信齋113號		
戴昌程	浙江杭州	22	江蘇路505弄7號	同左	
聶平	安徽合肥	24	本校電信齋114號	合肥長臨河	
*顧振茲	浙江慈谿	21	安慶路487弄6號	同左	
顧名盛	浙江鄞縣	22	新昌路63弄10號	同左	
楊照久	陝西西鄉	28	本校西齋109號		
鍾樹鑫	江西遂川	28	本校西齋153號	南京珠江路將軍巷9號	

工業門製造組

姓名	籍貫	年齡	現在住址	永久通訊處	電話
丁正淦	江蘇奉賢	22	南市裏馬路緯成里17號	同左	
丁崇高	江蘇武進	22	鉅鹿路厚德里15號	武進城內向前街104號	
王一鳴	江蘇崇明	21	本校西齋276號	上海(25)英士路229弄5號	
王家驥	江蘇江陰	23	本校西齋139號	無錫陸家橋	
王誠身	山西文水	22	襄陽南路383弄埰樂坊40號	同左	
朱瑾	江蘇松江	21	嘉善路69弄6號	同左	
朱宏康	浙江鄞縣	24	本校新宿舍111號	上海金陵路480號	
朱鼎蓀	江蘇崇明	22	(25)復興中路辣斐坊41號	同左	
吳青門	江蘇吳縣	21	中正中路913弄82號	蘇州裝駕橋巷51號	
吳季良	浙江鄞縣	22	本校西齋137號	上海派克路132弄16號	
吳亮之	江蘇吳縣	22	慕爾鳴路290弄3號	青島魚山路三號	
忻元愷	浙江鄞縣	22	建國西路506弄33號	寧波江東樟木橋華嚴巷四號	
汪德霖	廣東	22	本校西齋130號		
李晉祥	浙江鄞縣	24	本校西齋137號	鄞縣前徐鎮	
李鳳從	上海市	21	林森中路1487弄54號	同左	
周大維	江蘇揚州	22	本校南院222號	台灣嘉義南靖糖廠	
周克仁	江蘇江陰	24	本校西齋271號	無錫顧周東巷	
周明哲	江蘇靖江	25	本校電信齋125號	上海銅仁路270弄87號	
周啓英	江蘇無錫	23	林森中路899弄41號	無錫南門外周新鎮倉廳	
邱長清	浙江鎮海	22	華山路466號	同左	
金性烈	浙江溫嶺	22	本校西齋257號	浙江溫嶺中央園	
林三綱	浙江定海	23	新閘路1013弄10號	浙江定海東大街五號	
洪有經	浙江鎮海	21	本校西齋277號	上海東長治路汾安坊4號	
胡大琪	漢口市	23	本校西齋163號	上海山西路255弄18號	
胡建材	江西萍鄉	26	本校西齋125號	江西萍鄉宣風新懋和號	
馬瑜	浙江餘姚	24	本校西齋277號	上海中正中路963號	
凌惠杰	江蘇宜興	23	本校南院219號	宜興祠山殿	
徐一新	江蘇嘉定	23	合肥路117弄18號	安亭東街正和坊	

徐渭彬	江蘇無錫	23	本校南院120號	無錫黃土塘
孫以鈞	安徽壽縣	22	本校南院218室	南京三牌樓將軍廟公誠新邨8號
孫祖寶	江蘇無錫	21	本校西齋208號	無錫石塘灣
范全福	江蘇吳縣	27	本校西齋126號	蘇州光福鎮府巷村
袁哲俊	江蘇寶山	22	本校電信齋126號	河北古冶林西開灤煤鑛39號
唐振寰	江蘇南滙	22	蓬路730號錢業中學	浦東張江柵南街
殷綏均	江蘇吳縣	22	南京西路1537弄14號	同　左
梁鑑源	江蘇無錫	25	本校南院228號	無錫西水關貫橋街2號
翁頫年	浙江定海	21	本校西齋276號	定海大展
郭乾榮	浙江海鹽	22	本校西齋189號	上海(0)新泰路60弄42號
郭坤榮	浙江海鹽	22	本校西齋139號	上海(0)新泰路60弄42號
陳允仙	浙江紹興	22	南昌路585弄3號	同　左
陳循介	江蘇江陰	23	本校西齋271號	江陰東門外護漕港
陳慶萱	上海市	23	建國西路695弄5號*	同　左
張家鼎	上海市	23	安福路116號	同　左
張為濂	江蘇南滙	24	本校新宿舍111號	浦東召樓鎮
張砥中	江蘇松江	23	本校南院120號	上海建國西路384弄26號
賀影如	江蘇武進	23	本校西齋276號	戚墅堰洛陽鎮
黃　馨	江蘇崇明	20	本校南院228號	上海同濟路招商新邨11號
楊世銘	江蘇無錫	24	海防路430弄46號	同　左
楊家驪	北　平	24	本校電信齋125號	南京三牌樓農民銀行宿舍
葉欽伯	江蘇吳縣	23	本校西齋159室	蘇州富仁坊巷12號
董湘賢	浙江富陽	23	本校南院120號	上海建國中路103弄16號
葛紹榮	浙江寧海	23	本校西齋137號	滬杭線斜橋站轉郭店鎮永和成雜貨號轉交
葛守平	浙江嘉興	21	永嘉路513號	同　左
熊近仁	湖北禮山	24	本校西齋243號	北平後門吉安所右巷7號
趙育申	浙江青田	24	本校西齋243號	上海北四川路渡黃路17號
*趙鼎德	江蘇崇明	22	南昌路花園別墅25號	同　左
劉志强	江蘇常州	22	上海興業路202弄6號	同　左
劉堂煒	廣　東	22	迪化中路179弄10號	
劉廣容	福建福州	23	本校西齋226號	福州光祿路20號
蔣九周	江蘇鎮江	22	山陰路208弄30號	同　左
鄭　平	福建林森	23	本校西齋226號	南京頤和路23號永利化學公司鄭英轉
鄭瑞衡	浙江鎮海	22	林森中路1350弄1號	同　左
薛厚生	江蘇無錫	29	本校西齋269號	無錫禮社
魏振蓀	浙江餘姚	21	銅仁路240弄24號	同　左
瞿爾澄	江蘇南通	23	老南院120號	南京交通部人事處瞿爾權轉
顧鳳山	江蘇無錫	22	上海虹口施高塔路東照里16號	無錫虹橋灣17號

民三八級（三年級）

姓名	籍貫	年齡	現在通訊處	永久通訊處	電話
丁立民	湖北應城	22	本校上院325號	南京最高法院	
于爾申	上海市	20	吳江路156弄1號	同　前	36919
方同德	安徽桐城	24	本校新中院207號	南京大光路新20號	
王祖奎	江蘇無錫	23	雲南路9弄15號	同　前	97250
王文銓	上海市	21	海寧路590弄53號	同　前	
王元暢	四川銅梁	21	本校新中院214號	四川銅梁福果鄉	
王俊傑	四川銅梁	26	本校新中院214號	四川銅梁福果鄉	

王世清	河北定縣	21	本校老南院104號	河北定縣七級邨	
王崇廉	河北霸縣	23	本校老南院102號	河北霸縣楊莊	
王頌權	廣　東	21	本校上院317號	香港堅道94號	
王獻嘉	浙江嵊縣	21	江蘇路6弄8號	浙江嵊縣白泥墩	20507
史伯生	江蘇武進	21	本校上院320號	武進西瀛里蔚大紗布號	
甘永立	四川萬縣	22	本校南院203號	萬縣大堰塘70號	
江　斌	四川資陽	22	本校南院203號	蒼溪龍山場郵轉彭店場郵箱	
向成安	四川蒼溪	28	本校上院338號		
束　順	江蘇宜興	22	本校新中院214號	宜興東門外建新油廠轉	
尹　準	四川江北	25	本校南院119號	巴縣大渡口嶺石壩長五間	
宋如璋	上海市	22	阜民路274號	同　前	
朱果鈞	江蘇崑山	21	本校中院312號	蘇州太平巷50號	
朱廷棟	浙江吳興	27	本校新中院202號	吳興下太和坊天生堂藥號轉	
汪一麟	浙江杭縣	21	愚園路909弄20號	同　前	21538
汪廷椿	上海市	21	本校上院320號	上海黃陂南路710弄37號	
杜方炯	河北吳橋	23	本校上院338號	吳橋柏樹郭莊	
沈辰福	江蘇海門	21	本校南院105號	本校	
*李嘉康	浙江鄞縣	21	本校上院341號	上海金陵路340號	
李滋銑	福建閩侯	22	本校中院312號	福州北門後街51號	
李鍾英	河南上蔡	23	本校中院302號	河南汲縣城內後曹營街	
匡映東	湖北孝感	23	本校南院102號		
吳元昌	江蘇川沙	20	太原路181號	同　前	71226
吳開性	四川江津	22	本校南院203號	江津白沙	
金　弢	江蘇吳縣	20	陝西北路277弄10號	同　前	36329
*周士炎	浙江慈谿	20	鉅鹿路291弄8號	浙江鄞縣城內北大路30號	77305
周安慶	浙江上虞	21	本校南院102號	上海茂名南路8號	
周道千	四川安岳	23	本校上院328號	四川安岳縣北街109號	
周傳甲	浙江杭州	29	本校新中院202號	杭州九曲巷4號	
周遐壽	安徽合肥	28	本校新中院202號	合肥鄭家祠巷1號	
周維昇	安徽無爲	23	本校上院341號	南京三茅宮29號	
周世恩	江蘇江都	22	本校上院335號	江都左衛街41號	
居滋蕃	浙江海寧	20	本校新中院210號	新昌路345弄6號	
邵本逑	江蘇青浦	21	華山路2122弄26號	同　左	
段培根	江蘇武進	22	中正北二路231號		38269
郁曾虞	江蘇江陰	22	大通路138弄P11號	江陰三甲里	
祝匡時	杭州市	23	本校南院102號		
洪遐珩	浙江鄞縣	21	永嘉路291弄74號	同　前	
侯鎖冰	上海市	21	開封路236弄58號	同　前	
徐爾建	山東臨沂	24	本校上院338號	臨沂南關基督禮拜堂轉	
徐載福	浙江嘉興	21	太平路216弄4號	同　前	
徐裕光	上海市	20	延平路康家橋209號		
徐承正	上海市	20	本校新宿舍214號	五原路142弄11號	
徐貽庭	江蘇武進	23	上海華山路1496號	武進城內正素巷3號	23064
唐菊裳	江蘇崑山	23	本校上院341號	崑山夏駕橋	
唐榮錫	安徽歙縣	20	泰康路274弄12號	同　前	
浦祖潤	江蘇無錫	20	長寧路19號	無錫南鄉石塘鎮	22928
高　鎮	江蘇金山	23	茂名北路昇平街鴻遠里18號	江蘇省金山縣張鎮堰鎮秦山頭	
高萬昇	浙江富陽	23	本校中院312號	富陽中街長源號轉	
胡家經	湖北黃陂	23	本校新中院214號	漢口生成南里22號	
馬迪璋	江蘇武進	23	本校南院203號	江寧路1034弄14號	

黃少華	安徽桐城	21	本校南院104號		
黃貼誠	湖北江陵	25	本校南院113號		
翁志淵	浙江杭縣	24	本校南院222號	虹口多倫路209號	
華申吉	江蘇無錫	20	本校新宿舍201號	西門路天和里17號	
莊緒良	浙江嘉興	23	杭州省立通志館	嘉興南大街43號	
*章炎暉	江蘇江陰	20	本校新宿舍201號	江陰城內大毗巷21號	
黃錦發	浙江鄞縣	22	本校上院341號	河南北路367號	
黃懋象	安徽休寧	21	復興中路139號		
*陳彥士	江蘇泰縣	25	本校中院312號	泰縣鐘樓巷	
陳國芳	福建林森	23	本校上院317號	福州南街錦巷3號	
陳德榮	江蘇如皋	24	本校中院308號	南通白蒲大鶴原	
陳安止	湖南攸縣	22	本校上院333號	攸縣明月橋	
陳子晴	江蘇無錫	24	本校中院312號	無錫東門內城頭弄3號	
陳鑑光	甘肅天水	21	本校上院329號	甘肅天水大城動員巷13號	
陳先霖	湖北麻城	21	極司菲爾路618號	湖北麻城三河口恒太和號	
陳　沅	上海市	20	南市侯家路38號	同　前	
陳乃炤	浙江慈谿	25	陝西北路653弄18號	同　前	31812
陳元方	江蘇嘉定	21	本校新中院210號	上海建國東路17弄9號	
陳紹汾	浙江慈谿	21	興安路163弄15號	同　前	
陳振銘	浙江鄞縣	22	餘姚均泰里407號	寧波西鄉鳳岙市利內	
許慰曾	江蘇淮安	21	上海新聞路德里11號		
陶泰來	湖北黃岡	25	愚園路523號		23903
馮　文	江蘇武進	22	本校新中院202號		
馮紹周	浙江紹興	21	本校上院318號	紹興投醪河34號	
項其權	安徽太平	23	新樂路26號	漢口巴梨街八號內6號	
程本祥	江蘇吳縣	23	本校南院221號	上海吳淞路616弄11號	
道良能	江蘇鎮江	21	華山路1220弄642號	同　前	22325
彭本善	江蘇吳縣	23	本校上院325號	上海吳淞路616弄11號	
智光宗	河北元氏	22	本校南院104號	元氏北岩村	
費慰祖	安徽合肥	21	本校電信齋102號	重慶牛角陀生生花園	
楊遂春	江蘇江都	22	本校新中院210號	揚州鳳箱巷31號	
楊康祖	廣東大浦	22	本校新中院211號		
裘配年	浙江慈谿	22	新樂路63號	同　前	68717
雷慰宗	江蘇松江	21	本校西齋166號	松江西門外馬路橋西	
張　華	江蘇南通	21	本校新中院202號	南通騎岸鎮	
*張文幹	江蘇武進	21	本校上院328號	京滬線戚墅堰丁堰鎮	
張致祥	湖南醴陶	21	本校西齋107號	長沙落星田三號	
張澤仁	安徽桐城	21	本校西齋107號	南京鼓樓頭條巷1號	
張宜誠	浙江鄞縣	22	中正北一路302弄33號		36957
張和豪	江蘇太倉	20	本校新宿舍214號	天潼路318弄3號	47189
張善鴻	浙江吳興	21	本校新中院210號	浙江雙林張公和	
張義方	江蘇青浦	20	南昌路617號	青浦縣章練塘鎮	
錢　彬	江蘇儀徵	21	本校南院104號	南京試院路教乙村卑字7號	
錢如琮	浙江慈谿	20	重慶路161號	慈谿浪墅橋	37823
錢祥膺	浙江吳興	20	武進路297弄6號		
張　閶	江蘇無錫	23	鉅鹿路586號	同　前	
張殿民	山東莒縣	23	本校上院338號		
鄒　愷	江蘇崇明	22	本校南院105號	上海太原路165弄8號	
趙允恭	浙江吳興	19	新閘路888弄5號		31890
趙書明	山西忻縣	22	本校上院338號	忻縣下社	

趙德先	四川璧山	22	本校新中院214號	璧山大路鎮郵轉	
潘偉成	江蘇吳縣	23	本校中院106號	姚主教路大同坊26號	
鄧和生	福建閩侯	22	本校新中院211號	南京興中門北祖師庵24號	
蔣有纕	南京市	21	襄陽南路641弄4號	茂名北路昇平街41弄5號	72587
蔣宗祿	河南臨澧	23	本校上院328號	臨澧殷家溪郵推轉	1788
蔣滌生	浙江吳興	21	中正中路913弄44號	同　前	72143
蔣浩良	江蘇武進	21	本校新中院207號	漢口金融管理局	
邵旦華	浙江吳興	21	本校新中院207號	武昌中正路408號	
劉　光	浙江樂清	25	本校上院328號	樂清柳市前瑤	
劉維城	江蘇吳縣	21	本校南院105號	蘇州三多巷33號	
劉盛昶	安徽合肥	22	本校上院329號	巢縣拓臯鎮西街	
謝坤鎬	浙江餘姚	21	本校新中院210號	望亭路9號	87520
龍從雲	四川犍爲	23	本校新中院214號		
聶崇山	湖南衡山	22	南京西路2028號		
韓家澄	浙江紹興	22	南京西路1140弄安登公寓3號		35568
韓劍光	浙江蕭山	21	本校新中院214號	上海狄思威路991弄3號	
闕承志	湖北宜昌	23	本校上院329號	北四川路856號	43172
嚴禮宏	浙江鎮海	23	本校中院312號	鎮海澥塘鎮	
嚴自勉	江蘇南通	22	本校南院105號		
嚴沛鎬	浙江鎮海	22	本校新中院207號	鎮海東門路117號	
戴心怡	江蘇武進	20	本校上院341號	中正中路福煦坊14號	
戴競成	江蘇崑山	21	本校上院325號	崑山北後街25號	
顧竹年	江蘇武進	21	本校南院212號	華山路1496號	23064
龔　元	江蘇無錫	22	天平路222弄17號	無錫小婁巷35號	72735
鄭惟德	浙江杭縣	23	本校新宿舍214號	重慶南路執中里27號	85861

民三九級（二年級）

姓名	籍貫	年齡	現在住址	永久通訊處	電話
王汝湜	江蘇常熟	21	本校新宿舍209號	戈登路1033弄6號	
王達智	江蘇靖江	21	本校新宿舍219號	靖江西門外信義成號	
王承棟	江　蘇	21	本校華亭路150號	同　前	
王鑑三	浙江瑞安	19	本校新宿舍204號	浙江瑞安市心街12號	
王煥徹	安徽懷寧	23	本校新宿舍212號	懷寧近聖街38號	
方華堂	江蘇武進	21	本校新宿舍101號	武進大井頭觧攜巷18號	
*毛鈞達	上海市	21	西藏南路214弄生吉里4號		87969
毛鴻翹	江蘇靖江	21	本埠永嘉路291弄30號	同　前	
朱金庸	江蘇蘇州	22	本校新宿舍219號	蘇州周莊鎮	
沈德彰	浙江吳興	21	法華鎮路新木橋5號	同　前	
沈鎮東	上海市	21	長樂路764弄17號	同　前	
林　時	浙江溫嶺	21	本校新宿舍219號	浙江海門箬横	
金樹圻	上海市	22	吉祥路105號	同　前	
吳如華	江蘇武進	19	長樂路662號	同　前	71716
周粤鑾	廣東樂會	21	本校中院311號	廣東瓊崖嘉積市祥裕昌	
周億儉	江蘇吳縣	19	本校新宿舍221號	上海新閘路915弄4號	
周蘊璋	江蘇吳縣	20	本校新宿舍204號	上海鳳陽路644弄6號	39648
汪文江	上海市	21	果楚中路312弄9號	同　前	
倪賦南	江蘇松江	20	本校新宿舍204號	松江府南街龢園里	
奚紹申	江蘇南匯	21	本校新宿舍219號	愚園路361弄71號	

奚國楨	江蘇江陰	21	本校新宿舍219號	無錫光復門內南陽里18號	
許政潤	浙江海寧	21	本校中院311A號	青島萊陽路15號	
黃心田	江蘇南通	21	重慶南路238號	同　前	74670
*黃鍾潘	上海市	21	本校電信齋108號	上海新大沽路404號	
黃驤洪	江蘇武進	21	本校新宿舍204號	無錫熙春街23號	
陳　昌	江西石城	22	本校中院311A號	南京中央路翠明村12號	
陳士樑	浙江鎮海	21	寧海路117號	同　前	
陳仁鈺	浙江鄞縣	21	本校新宿舍222號	鄞縣碶閘街69號	
陳宜述	湖北咸寧	22	本校南院119號	湖北安陸中內街117號	
陳景琛	湖南郴縣	20	中正中路504弄33號	同　前	30369
陳景福	浙江上虞	20	本校新宿舍119號		
陳紹元	江蘇嘉定	20	林森中路526弄47號	同　前	84537
陳超常	廣東南海	21	中正北一路316弄11號	同　前	
陳永生	福建閩侯	21	本校新宿舍209號	南京中山北路245號	
程昌圻	江蘇無錫	21	本校新宿舍219號	無錫嚴家橋	
夏建新	江蘇江陰	20	本校新宿舍219號	上海愚園路361弄68號	
徐家騫	江蘇鎮江	20	本校新宿舍209號		
張正才	江蘇南滙	21	本校新宿舍204號	浦東新興鎮協順號轉	
張久齡	安徽合肥	21	本校電信齋108號	上海姚主教路208弄6號	28050
張仁昶	浙江鎮海	21	本校新宿舍218號	上海海寧路同昌里64號	
張忠瑩	浙江浦江	21	本校新宿舍209號	浙江浦江潘宅市	
張兆祺	上海市	21	本校新宿舍109號	上海南市莊家街103號	
鈕必寧	浙江吳興	20	本校新宿舍117號	蘇州十梓街63號	
錢　心	江蘇江陰	20	本校新宿舍209號	無錫楊舍南門	
錢行倩	浙江慈谿	19	本校新宿舍119號	上海泰興路362弄64號	
湯蘊琳	江蘇溧陽	20	福煦路模範邨41號	同　前	
郭履愈	浙江鎮海	19	襄陽南路拉都新邨2號	同　前	20027
茅於軾	南京市	20	本校新宿舍220號		
樂耀曾	江蘇無錫	21	本校新宿舍219號	無錫城內前西溪五號	
葉以功	江蘇江都	20	本校新宿舍209號	南京崑崙路7號	
譚浩泉	廣東台山	19	本校新宿舍215號	上海新昌路新中邨32號	
劉維倩	江蘇無錫	23	本校新宿舍221號	無錫王邨新橋	
盧見思	浙江海寧	20	本校新宿舍219號	浙江海寧鄞鎮	
樊惠卿	浙江奉化	20	本校新宿舍209號	上海菜市路590號	
鮑百寧	廣東中山	20	本校新宿舍209號		
鄭世同	福建閩侯	21	本校新宿舍209號	上海北四川路阿瑞里23號	
蔡傳平	安徽合肥	21	本校中院311A號	南京三條巷文昌宮22號	
熊萬鈞	江蘇淮陰	21	本校中院311A號	西安開通巷10號	
裘孔光	浙江嵊縣	20	本校新宿舍222號	嵊縣崇仁慶和堂	
鍾長祺	江蘇無錫	21	本校新宿舍219號	無錫光復門內城頭弄19號	
鮑維蒸	安徽合肥	21	本校中院311B號	皖南宣城雙橋東街	
許瑞年	江蘇武進	19	中正南二路198弄15號		
裘維强	浙江嵊縣	21		杭州鹏白路廣福里二號	(杭)1894

民四〇級（一年級）

姓名	籍貫	年齡	現在住址	永久通訊處	電話
*王兆琨	江蘇吳縣	19	廣元路四維邨2號		
田宗王	天津市	19	濟南路242弄1號		

沈四必	江蘇鹽城	23		江蘇鹽城秦南鎮
沈華祝	浙江吳興	21		南京普陀路6號
李名來	浙江鎮海	19	泗涇路36號內45室	
李根深	浙江吳興	19		南潯鎮南柵存心德藥號轉
李著琦	湖南長沙	20	建國西路395弄14號	
吳秉賢	江蘇吳縣	21	文昌路48弄2號	
胡永生	江蘇無錫	19	襄陽南路444弄71號	
胡兆森	浙江嘉善	19	本校新宿舍116號	浙江嘉善西塘北柵15號
凌崇裕	廣東番禺	21		南京上海路北秀村2號
孫鶴鳴	江蘇松江	17	本校中院313號	松江西門外美大祥轉
陶　鏞	江蘇吳江	19	本校新宿舍105號	蘇州蕭家巷志恒里17號
陳澤寧	浙江吳興	20		南京常府街48號
陳兆鯤	江蘇吳縣	20	本校西齋269號	上海楓林路38號
陳賢經	浙江鄞縣	20	本校新宿舍105號	上海順昌路承慶里36號
唐九華	浙江紹興	19	五原路73弄12A號	
徐鶴齡	江蘇泰縣	22	本校新宿舍203號	泰縣周家莊徐萬源洋貨店轉
夏邦琦	浙江杭州	18	常德路699弄8號	
高仲雲	甘肅臨洮	21	本校上院337號	甘肅省臨洮縣新興街31號
夏逢聰	浙江平陽	19		浙江平陽金鄉東門
許晉源	浙江杭州	19	東昌路384號	
張錫齡	浙江慈谿	19	七浦路206弄26號	
張昭緒	湖南龍山	20	本校中院313號	湖南陵馬路巷22號
張直誠	浙江海寧	19	新大沽路406弄2號	
黃　瞞	江蘇南通	21	本校新宿舍105號	南京丁家橋中央大學教職員宿舍「甲」6號
黃達先	浙江餘姚	22	本校中院311號	浙江餘姚都司前30號
童本亮	浙江德清	19	新閘路1051弄20號	
曹昌頤	浙江嘉興	17	餘姚路698號上海第一毛紡織廠內48A號	
曾昭濟	廣東中山	21	汾陽路72號	
楊長春	江蘇吳縣	19	本校中院313號	蘇州景德路183號
*裘惠孚	浙江慈谿	22	本校新宿舍118號	寧波菱池街70號
葛仁滋	江蘇如皋	22		南京雙石鼓44號
蔣　夏	浙江海寧	18	勞爾東路137號	
顏祿頤	浙江慈谿	21	北京東路鹽業銀行總管理處	
顧少勤	江蘇無錫	21	本校中院313號	無錫勝利街25號

小 統 計

本系同學共406人。

若以年齡統計則18歲者2人,19歲者19人,20歲者48人,21歲者103人(25.3%),22歲者94人,23歲者71人,24歲者32人,25歲者18人,26歲者7人,27歲者2人,28歲者7人,29歲者3人。

若以籍貫統計則江蘇153人(37.7%)浙江122人(30.0%)滬21人,川19人,皖17人,粵14人,鄂12人,湘、閩各9人,冀8人,贛4人,晉、京各3人,魯、豫、甘各二人,遼、陝、津、漢、平各一人。

若以縣爲單位則無錫25人(6.1%),吳縣、武進各17人,(4.1%),鄞縣14人,鎮海、慈谿各13人,江陰11人。

若以性別統計則男性406人,女性0人。

不戴眼鏡者180人,常戴眼鏡者185人,備眼鏡上課方戴者41人。

編後

一.本刊爲學期刊，每年於校慶日及國慶日各出一期。

一.本期承敎授校友賜稿多篇，致生色不少，特此誌謝。而程校長於萬忙中，猶爲本刊執筆撰文，尤爲感佩。

一.本期稿件擁擠，因限於篇幅，致陳石英、錢乃禎、貝季瑤、李國富諸先生之大文，未及刊載，祇能於下期補登，特此致歉。

一.本系校友董道儀及朱城二君，在美國 *M.I.T.* 得「高等力學」學期論文之首獎，本刊已去電道賀，并請二君將大文寄來以飽眼福，今已承二君答允，下期當可刊出。

一.本刊經費全賴廣告收入，因限於經濟，致將鋅板做得過小，遂使各文減色，事非得已，尙希各作者鑒諒。

一.承王錫純、葉欽伯、王一鳴、華崇仁、袁哲俊、王一梧、朱子堅、楊家驪、賀影如、趙允恭、華申吉、嚴禮宏、王頌權、黃謦、毛鈞量、王誠身諸同學相助繪圖、攝影、抄寫等工作，特此誌謝。

一.本刊第二期定於本年十月十日出版，務請各校友惠賜鴻文，以光篇幅。來稿請寄上海徐家匯交通大學機械系轉本會可也。

一.本刊對各校友及各大學工學院均免費贈送，但以地址不詳，遺漏難免，倘蒙賜知通訊處，當卽寄奉。

《交大轮机》简介

《交大轮机》(*Chiao Tung Marinel Engineering*)于1948年4月在上海创刊,系轮船技术类期刊,双月刊。中文刊名由校长程孝刚题写。由交通大学轮机工程学会编辑出版,出版至1950年11月第5期停刊,共刊行5期,本卷仅收录第1期,即创刊号。

1943年,交通大学接办重庆商船专科学校后,成立国内首个造船工程系,附设轮机组。此后又发展出轮机专修科,轮机工程系是在专修科基础上充实改组而成的。交通大学轮机工程学会成立于1948年,宗旨是联络会员感情,发扬轮机工程学术,以谋求海洋事业之发展,会员来源于交通大学和重庆商船学校轮机系毕业或肄业的校友,或两校从事轮机事业的校友。该刊是轮机工程学会为"促进国人对于航海机械工程的注意和兴趣"[①]而创办的学术性期刊。

创刊号中学术性较强的有6篇文章,分别讨论了船舶燃料、船机监造及检查方法、锅炉维护、轮船管道标识、引擎保养等问题,译介联合蒸汽机的应用等。介绍性文章有介绍交通大学轮机系概况、美国商船学校、本系课程设置情况、轮机工程学会会章等。

由于轮机工程为应用性较强的学科,为此《交大轮机》编辑部向学界师生以及社会热心海洋事业者征稿,以期理论与经验兼得。因此,创刊号主要撰稿人中既有轮机工程系主任王超、轮机师总会理事长陆良炳,又有国民政府交通部航政司的朱复炎等。

---

① 《我们的话》,《交大轮机》1948年第1期,第1页。

交大輪機

程孝剛題

CHIAO TUNG

MARINE ENGINEERING

目錄

我們的話
航業界的新生命 陸良炳
本系的使命 王之卓
國立交通大學輪機系概況 王超
輪機之過去與未來 何瑞龍
從上海到舊金山 陸行珊
美國的商船學校 霄特爾作
輪機監造及檢查方法 朱復炎
船舶燃料之檢討 王超
PrinciPle of Freon 12 RefriGeartion System Weation C. Li ng
管路的標識方法 梁炤陞
鍋爐的腐蝕 海人
聯合蒸汽機 張相譯
狄塞而引擎之保養及其失靈之各種原因 張建臣
本系學級學程表
國立交通大學輪機工程學會會章

國立交通大學輪機工程學會編

我們的話

交大的輪機系，正如中國航海事業一樣，在多苦多難中長成；現在雖然是一枝幼苗，將來一定會漸漸的壯大。因爲它與航業的發展，有非常重要的關係。

中國的生命在海洋，所以航海事業是非常重要的；它的發展對於運輸，國防與民生經濟都有密切的關係。發展航海事業主要的工具，當然是船舶。而輪機對於船舶猶如人的心臟。現代遠洋的航輪上，小小的引擎間，正如一個完備的動力廠，所以管理者更須具有高深的知識和良好的技能，才能勝任這種繁重的工作。

歐美各國的工業，即將進入利用原子能時代，而我國的工業尚在萌芽的時期。不可諱言的，三十餘年來的中國，在戰亂中消磨這些歲月，以致今日，經濟方面臨着崩潰的危機，民生凋弊，除了有些輕工業尚能支持外，重工業多陷於停頓，造船工業當然不能例外。既然自己不能製造，則不能不向國外購買。買進的船隻效能好的固然有，而逾齡的亦屬不少，所以失事的慘劇，也層出不窮。雖然逾齡爲失事之主要原因，但從事管理者也難免有管理不善的責任。要克服當前的困難，我們應多加研討，爲了要迎頭趕上歐美，發展海上事業，保障海上安全，所以我們更應該加緊學習。

目前國內關於輪機方面的書刊，已不常見，而純學術性的輪機刊物，幾乎沒有。本會有見於此，所以決定收集本系師生研究和學習的所得，印行『交大輪機』，促起國人對於航海機械工程的注意和興趣。爲了達到上述的目的，我們希望系外師長，同學暨社會熱心海洋事業的人士，不吝時賜批評與指導。因爲輪機工程爲應用科學的一部，與其他的工程都有很大的聯繫。尤盼從事輪機工作的前輩們，時常提供寶貴的經驗與意見。雖然經驗是科學發展的第一步工作，但是我們不能只拘泥於經驗而忽略了論理，而作傳統的奴隸；只有使經驗與理論配合，才能使我們得到更大的進步。

本刊暫定每年出刊一次，假如以後經濟充足，也許改成期刊或季刊。因時間倉促，人力不够，錯誤的地方，也在所難免，敬希讀者原諒。最後希望讀者諸君，多多批評。

本系的使命

王之卓

本校在民國三十二年接辦重慶商船專科學校之後，就成立了造船工程系，是國內各大學設立造船學系最早的。可是造船同輪機的關係，猶如人身的軀殼和內臟一樣，必須相輔而行。以前在造船工程系裏面附設輪機組，現在由本校的輪機專修科，加以充實改組，正式成立了輪機工程系，方才完成了航業高等教育方面所應具備的課程。

輪機工程本來是一種綜合性質的學術，其中鍋爐、汽旋機、柴油機、電動推進以及各種輔機等等科目，無不是以機械工程和電機工程爲基礎的。其他直接有關係的學術技術，也都可以包括在造船、航海、土木等工程裏面。這些輔助的學系，在本校都很健全，從這些系科裏面，輔助成長出來一個新的專門學系，我們相信一定能够使牠很快的發展，造就出優秀的人材，貢獻於中國的航業界。

本來我國的造船，並不是一件新的工業，從上古一直到元明時代，很有過不少輝煌的紀述。現在要機械化中國的造船，可以說與機械化中國的農具，同是我國工業化聲中最基礎的部門。我們深深的感覺到發展我國航業，決不能專靠購買外國舊船或者聘請外國技師所能够達成的。我們必須自力更生。以輪機人材而論，目前把我國所有各種方式訓練出來的人員算在一起，統共不過二三千人，如何能够配合我國今後龐大的需求呢？本校的輪機工程系，實在負着很大的使命。

國立交通大學輪機系概況

王超

一 沿革

中國之有商船學校，雖始於遜清宣統三年南洋公學（交通大學之前身）所設之航政科（嗣劃出定名爲郵傳部高等商船學堂，民國三年遷吳淞，更名吳淞商船專科學校），然當時僅設駕駛一科，且以經費支絀，民四年旋即停辦。民十五年政府爲挽回東北航權，於哈爾濱設立東北商船專科學校，內分輪機、駕駛兩科，是爲吾國商船學校設輪機科之嚆矢；惜九一八後該校停辦。民十八年，交通部恢復吳淞商船專科學校，是年秋招生開學，翌年添設輪機科，是爲吳淞商船專科學校有輪機科之始。一二八之役，該校校舍被燬，圖書及儀器亦蕩然無存，於是暫時遷滬租屋上課；民國二十二年，淞校修復，乃自滬遷回；民國二十六年，抗戰軍興，校址適在戰區，校舍全部被燬，遂又告停辦。中央爲繼續造就航海及造船人才起見，特依據國防最高委員會之提議，由行政院擬具辦法，經會議決定設立重慶商船專科學校，於輪機科之外，設造船、駕駛兩科，並接收吳淞商船專科學校之設備及文件，旋由教育部會商交通部聘請教育部高等教育司司長吳俊升，交通部總務司司長潘光迥，航政司司長何墨林，國民黨中央執行委員會祕書高廷梓，經濟部工業實驗所所長顧毓琛，交通部長江區航政局局長王洸及葉在馥諸氏爲籌備委員，組織籌備委員會負責辦理接收及裝運吳淞船校校產各事宜；時沿海各口岸爲敵人封鎖，運輸極爲困難，賴各接收人員多方設法，由滇越路、滇緬路及託私人方面分別運輸，大部份圖書及一部份儀器得以運抵陪都。爲顧及學生求學環境，校址自以濱江並鄰接各船廠及機廠爲宜，幾經籌備會各委員出發勘察，結果擇定江北溉瀾溪陳姓基地爲校址。籌備委員會爲籌劃早日開課，當即向國營招商局租賃江順輪爲臨時校舍，民國二十八年十一月二十七日於江順輪正式上課，校長由吳俊升氏兼任，教務主任爲宋建勛氏，旋由教育部請任宋氏爲校長。民國二十九年三月，因江順輪船租約期滿，另在江北人和場租賃段家花園及黃氏家祠爲臨時校舍，即時遷入上課，前吳淞商船專科學校學生亦歸併該校，其歷屆畢業者經該校於二十九年十月舉行考試，並經交通部派員監試，畢業各生均有相當工作或派赴美國求學深造，就中輪機學生佔大多數。溉瀾溪校舍於三十一年落成，該校遂自人和場遷入；民三十二年因該校師生不滿宋校長種種措施，致釀成風潮，五月八日教育部下令停辦，全國唯一作育輪機人才之所遂又行中斷。回憶商船學校或以經費支絀，或因燬於砲火，或以人謀不臧，致釀停屢辦，就其整個歷史而言，可謂飽經變故矣！所幸商船學校停辦未久，教育部應各方呼籲及事實上之需要，乃於三十二年秋令行本校接辦，並招收新生，於是前由南洋公學劃出之高等商船學校，復合而爲一矣。

二 現況

自本校接辦後，因格於大學不得設專科之規定，乃將輪機科更名爲輪機專修科，仍爲學科三年，輪船及船廠實習各半年，合計四年，其入學資格及畢業年限與其他各系相同，所微有差異者，即所有科目均爲必修，且除在輪船及船廠實習外，僅餘三年之時間以完畢大學四年之課程而已。惟一般投考青年多慕學位之名，對於「專修科」自不感興趣，縱令對海上事業有認識者，亦趦趄不進矣！職是之故，三十二、三十三兩屆招考之新生，爲數寥寥，是即其不歡迎專修科事實之表現。學校當局有鑒於斯，乃決將輪機科改系（且經部方核准），不過改系後，除學科改爲四年，增加選修課程暨偏重理論及設計科目，約與其他工程各系相同外，船廠等實習一項當利用寒暑假矣。

三 發展計劃

現在抗戰勝利，水運事業極爲發展，購買外輪或接收日本船舶雖可濟一時之急，但絕非長久之計，因此之故，大量製造船舶機器（尤要者爲船舶汽旋機）之計劃，應與鋼鐵工業同時配合發展，庶幾免去大量漏巵；輪機科又爲唯一培植此種人才之所，此殆輪機科所以改系歟。惟樹人大計非一蹴可幾，不迎頭趕上誠不足與列强並駕齊驅。試縱觀世界大勢，任何國家國運之隆替，莫不因其海權之興衰爲消長；良以水運事業，平時可以溝通文化，以有易無；戰時可以維持交通，無虞匱乏。此次世界大戰，英美之所以轉危爲安，轉敗爲勝，尤賴艦船數量之優越；且不論空運、陸運將來如何發展，其裝載量遠不及船舶之龐大；就

航業界的新生命

陸良炳

從一八五六年、一八七二年間國人自辦輪船、造船所開始，已有七八十年的歷史，現在已擁有近百萬噸的船舶，航行於海內外。正如別的一切工業一樣，我國航業建設是在外力影響之下逐漸發展的，其間備嘗艱苦，才得有今天的成就。但因我國一直沒能擺脫半殖民地的命運，「實行工業化」多少年來依然只是一句口號，工業教育直到二十世紀初葉才萌芽，而作爲工業教育之一環的航業教育，雖然也在同時滋生，却因環境特別不利於本國人才的造就，諸如外輪霸佔我內外航線，任用外籍船員，杜絕了本國人才的進路；一般家庭無力供給子弟進入高等學府以求深造；而有力入學的青年，一則因航行大海之上，危險而辛苦，向來視爲畏途，再則受了知識份子傳統的成見所限，輕視工藝，投入航業之門的寥寥無幾；又加以日本侵略的摧殘，奪我海權，毀我校舍：由於這種種阻礙，使經由學校教育走入航業界服務的人才，在目下的航界中，只佔着很小的比例。

以輪機部門來說，駕馭這百萬噸船舶機器的輪機人員，極大多數是從經驗出身的——循着幾千年來的舊例，從藝徒生活中摸索出來，憑着師傳的指點，又從外國人身上學得技巧，漸漸養成操縱機器的能力。從經驗出身的人員，熟透了機器，而且已在事實上担負我國船員界的主力，但是不可諱言的，他們不明瞭機械運動的原理，不能掌握新型輪機，也就是跟不上日新月異的科學技術的進步，這使我國迎頭趕上外國水準，積極擴充噸位發展遠洋航運的大目標受到了妨礙，急須加以補救。

另一方面，從學校出身的人完全克服了前者的缺點，但由於我國工業教育的偏於理論教學，更由於教育經費的不足，缺乏必需的儀器和師資，却形成了另外一種毛病：精於理論，而拙於實做。這種情形自然使他們難以獨擋一面，而且人數太少，不足以應付日漸增加的船舶，也是急待設法解決的。

從上述的大略檢討中，可以看出目下我們輪機人員的造就，急須予以改良。學校青年富於朝氣，學識高，若能輔以掌握機械的實際訓練，够得上稱爲輪機界的全能人才，對於機械的運用，同事的領導，必能勝任愉快，同時幫助經驗出身的在職人員和正在學業的青年們從事進修，提高他們的技術水準，同時也就是把我國整個的輪機技術提高到世界的水準。所以，我們對於輪機同學們懷着莫大的期望，渴望他們負起這個任務，合力推進我們的輪機學術。

正如筆者所深信的，青年人是不會辜負我們的熱望的。筆者曾在一次集會中說過，輪機同學是我們的新血液，他們的加入，必使輪機界得到新的生命。現在，尚在求學的一羣同學，業已開始負起責任，「在學中教」，把自己的所知轉達於校外的人，幫助全體同人的進修，便利同人們的應考，同時，同學們自己，也竭力精研原文圖書，以便更進一步的貫通理論，轉而教育旁人。而我們一般已在航界工作的老同事的責任，則是盡量供給以儀器、圖書，給同學們以實習的方便，使得及早完成掌握機器的能力。

我國船舶噸位正在逐漸增加，對於各部門——輪機、駕駛、無線電員、引水——高級船員的需要也日見增加，怎樣滿足這個要求，怎樣提高我們的船員水準，這個責任現在落在青年同學們的身上。青年同學是我們的新血液，新細胞，未來的希望寄托在他們身上，他們一定會有良好的表現，來滿足航業界的迫切要求，這是我所期待着並且深信着的。

經濟觀點言，其運費之低廉，前二者亦均不能望其項背，是造船工業之必需發展已成鐵案，而輪機又爲船舶之心臟，其重要性更不待言，是不得不大聲疾呼，以期喚起國人注意也。爲今之計，政府應不惜巨資，儘速設立相當規模之造船廠，以供學生之實地實習或觀摩，庶於輪機工程之發展上不無希望也。現值建國之期，工業化之目標，國人既以同一步伐邁進，此項計劃當不難實現。

四　主要課程

輪機系主要課程除數學、物理、熱力學、應用力學、材料力學、機構學、水力學等與一般工程各系無殊外，其餘如：船用汽鍋學、輪機工程（包括往復機、汽旋機、內燃機與輔機）、輪機管理、輪機設計、汽鍋設計、輪船實習、船廠實習、造船工程及電機等均爲其專門課程。

五　設　備

設備方面，圖書因係接收前商船學校遺物，尚相當完備，惟儀器多已喪失，無法補充，實爲一大缺陷。所幸海運現已暢通，教育交通兩部陸續撥款添置，不久即可運到，此外如實習工廠設備，本校正在籌設中，目前雖不能完全利用，但在各民營船廠實習當可彌補此項缺憾。近聞本校有在高昌廟設立分校之議，如有可能，輪機、造船、航業管理三系俱可遷往，並自成體系，實習一項，船廠輪船均可就近利用，更無困難之可言，至於經費方面，擬援照吳淞商船專校辦法，請航商協助，在貨運費附加百分之三項下撥付，惟結果如何，有待事實之證明耳。

輪機之過去與未來

何瑞龍

十八世紀初葉，英人以汽船試航於蘇格蘭克來德（Clyde）運河，是爲輪機之嚆矢。厥後逐漸發展由明輪（Paddle wheels），而暗輪（Screw propeller），由外燃機（如汽機）而內燃機（如狄塞兒機）。以言速率，由每小時數浬而至三四十浬。以言馬力（H.P.），由數十而至十數萬（如英艦Hood，140,000 S.H.P.）。以言燃料（煤或油）消耗，由每小時每馬力一二磅減至半磅或不足半磅（狄塞兒機減至0.38磅）。以言總效率（Over-all efficiency），由百分之七（舊式低速往復汽機）增至百分之三四十（狄塞兒機）。至於航程之加長以及機重之減輕［由每I.H.P. 13.5 cwts（每cwt等於二十分之一噸）減至每S.H.P.二十分之一cwt或甚至40磅］，更無不日新月異，精益求精，其前途發展正方興未艾耳！

夫輪機之演進，固如上述，但現今各國所用船機，仍保有各種類型，甚至極舊式之低速往復汽機，亦復採用（如美國哥倫比亞河之明輪採用低速往復汽機）；非必欲因陋就簡，固步自封，不肯加以改進。良以船行海洋，安全第一，而安全之道首重極老練之輪機員，對船機之善於運用及管理。一旦機件發生問題，勢須自行解決，非若動力廠機師之可求助於工廠。設不幸而困難不能解決時，非祇船機之本身問題，抑亦全船生命財產之安危問題。職是之故，船舶所有人及輪機設計家，苟非對某種機型經驗上確有安全把握時，縱有許多經濟條件，亦不敢標奇立異，輕於一試也。考現今世界各國所有船機類型，約如下述：——

一、低速搖動汽機（Oscillating-cylinder engine）
二、低速二聯式往復汽機（Compound or double-expansion reciprocating engines）
三、三聯式或四聯式往復汽機（Triple-and quadruple-expansion engines）
四、單流複式汽機（Lents compound and unaflow engines）
五、往復機汽輪機混合汽機（Reciprocating engines with exhaust turbines）
六、減速汽輪機（Geared Turbines）
七、汽輪電動機（Turbo-electric drive）
八、高速狄塞兒機（Direct-connected Diesel engine）
（一）二衝程與四衝程循環式（Two-and four stroke cycle）
（二）單程與雙程式（Single-and double-acting）
（三）增壓式（Supercharged engines）
九、減速狄塞兒機（Geared Diesel engines）
十、高速狄塞兒電動機（交流或直流）（Diese lelectric drive d-c or a-c current）
十一、減速狄塞兒電動機（Geared Diesel electric drive）

上列種種孰優孰劣，何廢何存，何種類型適用於何種船舶，乃一極端複雜問題，非區區短文所能罄。茲據設計家經驗所得，對於船機之選擇，似不出下列各條件：

一、船機之可靠性與危險性
二、船型：客船、貨船、定期船、不定期船、煤船、油船等。

海外歸鴻

從上海到舊金山

陸行珊

看看日曆，已快四月八日了，你們一定籌備得很熱鬧，我也不得不湊湊興告訴一些海外航行的消息。

自上月廿五日離滬，一直向東行駛，風和日暖，雖然沒有看見抽芽的柳條，含苞的桃花，但也聞得到一些春的氣息，夾在輕微的海風裏。還在一個不習慣海上生活的我，實引起了許多幻想與留戀。

廿八日過日本九州南部及硫球羣島，即折向東北，至過橫濱後，便依大圓航法(Great Circle Sailing)航行，先向東北航行至緯度四十八度後，再折向東南。舊金山位於北緯三十七度四十五分，西經一百廿三度三十分，但差不多與上海相對於太平洋兩岸。但以大圓航行可縮短路程，過橫濱後即進入大洋，船身原未載貨，備燃油一千二百噸，淡水四百餘噸，及壓艙水七八百噸，太平洋浪波長度較沿海爲長，船搖晃漸劇。廿九日東南有颱風襲來，船左右搖擺，至四十餘度。桌上所有物件，全被掃於地上，機器動轉亦多，甚至跳動。陰霾密蓋，心頭鬱結萬分，深感太平洋之不太平。如此七八日颱風漸息，但餘威未減，波長百呎以上，如小山衝擊船身，甲板上積水數吋，船行既慢，而前路又復茫茫，心裏眞埋怨不該同來。

太平洋氣候甚怪，風雨無常，有時碧空無雲會下雨、霧、雹。每日收聽關島及檀香山之氣象報告，船東行每十五度經度時，鐘撥快一時，舊金山與上海相差九時，但日期較遲一日，（上海廿九日此地爲廿八日）九日過經度一百八十度時，拉汽笛警鐘以示紀念。（聞客船有盛大宴會慶祝）

三、航線。
（一）航線之長短（影響燃料之容量）
（二）加煤棧（燃料之種類品質及消耗量均須計及）
（三）員工之素質。
（四）修理上可能之便利。
（五）碇泊與航行時間上之比例。
（六）裝儎之計算方法（以容積計或按重量計）
（七）海水之平均溫度。

四、馬力與船體船速之大小。
五、機件之成本。
六、修理保養之消費以及修理所需之時間（影響成本）
七、燃料之消耗。
八、船機之重量（影響吃水）
九、一定航程中燃料所佔之重量。
十、船機所佔之容積（影響照容積計之裝儎量）
十一、燃料所佔之容積（影響照容積計之裝儎量）
十二、推進器之速度（影響推進器之效率）
十三、操縱或駕馭之能力。
十四、船機之震盪與喧擾。
十五、輔機使用之多寡（行進中及入港後）

就中船機之可靠性至關重要。蓋船機一旦發生問題，不獨增加管理上之困難與消耗，抑且曠費時日，躭誤船期，有損航業航線上之信譽。其次如船型對於船機之配合，亦頗有關係。蓋適用於定期客貨輪者，未必合用於不定期船及煤船。例如貨船入港後，輔機之使用較多於客船，其對於主機之選擇，自不無影響。又次如航線亦與船機之配合有影響。蓋適於甲航線者，未必合乎乙航線。吾招商局購自加拿大之特快輪錫麟等號，原適於航行低溫海洋中，但航行於較高溫之滬津線，則凝汽器適宜之真空程度不易維持，以致增加燃料之消耗，即其例也。再次如馬力大小對於船體船速之大小，亦能影響船機之抉擇。蓋船速如需加大，每小時每馬力所耗燃料必設法減低，以冀減少其排水量，（或吃水）與船體之阻力。故狄塞兒機每裝於快速小輪，吾川江之航輪非其例乎？他如機件之折舊，保險費之付出，船機之保養與修理，燃料之消耗，機件之重量以及船機所佔之容積，在在均影響於收益，間接即與成本有關。是以船舶所有人面臨此上各種問題，對於船機之選擇，不得不深加考慮矣！

夫船機之選擇，固因素複雜，顧慮新端，苟着重安全條件，衡諸經濟觀點，將各類型略加分析，雖未能深究其奥，然東鱗西爪亦可見一斑。是未來船機之選擇與發展之方向，又不難有途徑可尋焉。

茲將各類型比較之：——

往復汽機——除狄塞爾機外，二聯、三聯、四聯式往復汽機，爲船用機之最笨重者；因其使用蒸汽壓力較低，過熱程度不足，且因凝汽器真空程度及機械效率亦較低，故每馬力蒸汽之消耗量遠高於汽輪機。（按往復汽機通常凝汽器之真空程度最高不過二十七吋，而汽輪則不難到達二十八九吋也

連過兩個九日，此後天氣漸好，大家開始油漆船身，房間，因爲這還是中國第一條船渡太平洋來美國。所以不得不拚拚面子。大家祇好辛苦些。十九日晨抵舊金山港外，兩岸綠茵蓋覆，山坡紅頂白牆小洋房密佈，一望卽知比上海清爽繁華。過世界第一高橋金門橋（Golden Gate Bridge）。此橋爲世界最長之懸橋（Suspension Bridge）。兩柱間長四千二百呎，橋面闊九十呎，高漲時橋離水面有二百二十呎，橫跨港口汽車駛過需納五毛五分稅，閒行人亦需納稅。候海關檢查後，卽駛往碼頭，海關人員均甚和氣，檢查亦比中國海關有條理，同他們聊天，都很同情中國，他們說我們船上很清潔，好像來作客。這是大家勞苦的代價，因爲在十幾天前還祇是條烏黑的運煤船呢！

此地另有一長橋，跨海灣上（San Francisco Bay）名爲 San Francisco-Oakland Bay Bridge，全長有八哩，上下兩層，每層可行車輛六部。化費七千九百萬美元，比金門橋多兩倍，看到這些建築，不得不佩服山姆大叔的闊綽與有傻勁。橋上之懸索（Suspension Cable）直徑達28又8分之5吋，每呎重一千七百餘磅，索總長七千哩。由數字上亦可想像其偉大了。我們裝貨碼頭在離舊金山三十餘哩之紅樹鎭（Redwood City），另過一San Mates Bridge，中部可昇起，全長亦在十哩左右，因爲木橋，故美國人亦視爲小橋。

靠碼頭後，船長大副去舊金山交涉護照，廿一兩日祇得留守船上，海關、移民局均派人看守，廿二日發出護照，卽去鎭上觀光，鎭離碼頭有十里，在美國鮮見有人步行，據說平均每人有汽車一部半，公路到百餘哩外之鄉間，統計每年因汽車死傷的人比在這次戰爭中死的多。停船後，每天上午修理機器，午後或去鎭上散步，或留船上看看書，睡睡覺。前日曾搭公共汽車去舊金山觀光，三十餘哩一小時可達，我們似鄉下佬初到上海，摸不到門路，祇好在 Market Street 上來回蹓躂。此街猶似上海之南京路，有電車道

•）汽輪機效率高一語，乃專就大型機而言，倘馬力（S.H.P.）降低至1000或1500時，則效率大爲跌落。反之，在最新式之往復汽機或單流複式汽機，如利用過熱蒸汽在700°F，馬力在1500至3000時，其效率反較同馬力汽輪機爲高。如採用往復汽機與低壓汽輪機混合式機時，毋庸使用高度過熱蒸汽，其效率亦可大增，是以低速小型貨輪似應採用此式；至於成本方面，亦較低於汽輪機，且船舶機件修配廠及熟練輪機員遍佈宇內，予取予求，毫無困難，是以未來歲月中，定期及不定期貨輪，此種機型應推獨步。不過狄塞而機之發展已一日千里，對於小型貨輪之追逐，究竟鹿死誰手，未可知也。

汽輪機——如採用大型船機，捨汽輪機莫屬。蓋因其效率高，成本低，而機件所佔之空間，與往復汽機較，亦頗爲低微，因而增大裝儎量。如採用汽輪電動機，其空間之支配更可以運用自如，獲得無上便利。他若機件運轉之均衡，無震盪與喧擾之煩，藉以增加航行中生活之安適，尤其餘事。

狄塞而機——此機燃料之消耗遠低於汽輪機，至於往復汽機更不待論矣。根據經驗記載，每小時每馬力同一燃料之消耗，狄塞而機爲0.38磅，汽輪機爲0.57至0.60磅，而往復汽機爲0.80至一磅。其機件製造之成本，僅高於減速汽輪機百分之八至十，但與往復汽機相埒（少於往復汽機百分之一）。惟成本之高低，視速率而變動，速率增加固可減低成本及機件重量，但反之又降低推進器之效率。又如保養上之消費，狄塞而機雖不高於汽輪機，倘係重油機，其保養上之消耗反高於往復汽機。他如輪機人員配備之名額，雖與往復汽機相埒，但欲求其訓練有素者，在狄塞而機方面較爲不易。又套油量消耗之速度，狄塞而機亦遠過汽機之汽鍋。是以3000噸以上之輪船多限制狄塞而機之採用也。（二十年前，每小時每馬力汽輪機汽鍋與狄塞而機燃油耗量之比，爲一磅對0.42磅，現今比例則爲0.60磅對0.38磅。）至滑潤油之耗量，狄塞而機亦較汽機爲高。其尤感缺憾者，爲乏過載荷容量。否則，如欲維持一定速度，在通常載荷時，勢須降低其平均有效壓力（mep），是等於增加其衝程或氣缸直徑或氣缸數。換言之，即增加其成本矣。但在汽輪機，若遇此種情形，祇須增加蒸汽噴咀及增强汽鍋之燃燒足矣（在往復汽機祇須增高汽鍋之汽壓）。

在另一方面，狄塞而機每馬力燃料之消耗，大型與小型機無分軒輊（小型高速狄塞而機自屬例外），但在汽輪機，則機型愈小效率愈低，此殆因小型機蒸汽之利用未臻佳境。是狄塞而機在小型方面或較優於汽輪機歟？惟優越程度若何，則因條件複雜，殊難估計。如機件之成本，每年修理上之消費，燃料之消耗等，均屬之。往復汽機在某種情形下優於汽輪機，前已論及，但在1000至2000馬力時，又可與狄塞而機互相頡頏矣。惟狄塞而機最大優點爲利於航行某一定距離之航程，因其每馬力耗油量較少，（約爲0.38磅，而汽機之汽鍋則爲0.63磅。）故攜帶油量亦可降低（約爲百分之四十）。以此節餘噸位移裝貨物，自獲利匪淺。否則，因某港油價較廉，此節餘噸位亦可用以儲油，利用廉價之油往復行駛，消費低而收益厚，此汽機所不能也。至於減速狄塞而機及交流狄塞而電動機，現已發展至一新階段，無論在消耗、重量以及所佔之空間，無一不可與汽機抗衡，是狄塞而機之前途誠大有希望也。

晚近以來，小型狄塞而機多用二衝程單程式，較大型狄塞而機多用雙程式。蓋因同尺碼、同速度之機型，可得較多馬力，而減低成本。以往增壓式狄塞而機，頗有與上述二衝程機並駕齊驅之勢，近年則此種機型之產生已漸減少，不復如前之盛行。至於四衝程機，除單程式尚見於小艇或船用輔機外，雙程式者已絕少製造。

（下接第24面）

四條，兩邊行汽車，比南京路寬得多，光這條街上電影院有四五十家，每家一天連開二三張片子，化幾毛錢你可以在裏面坐十多個鐘頭，一直到夜半。百貨店到處都是，美國人騙錢的本領不小，花樣也多，樣樣看得你不能不買，不由你不愛買。其實此地東西不見得比上海便宜。派克51鋼套要十八元，金套廿六元，錶好的要卅元以上，一個人吃也得化一塊錢。但船上幾十個人都把口袋抖得光光的買東西，大衣、西裝、化裝品等等，表面看來似乎中國人都有錢。美國人買東西都可以分期付，一所住宅可以分二十年，汽車可以分五年，即使一件襯衫也可分幾個月付，所以他們假如一個月收入三百元，準備以七十元來付債，並不感到吃力，所以生活水準無形中也提高了。就像這些碼頭小工也像是老爺。每天工作六小時，（每時一元六角五分）星期六、星期日不工作，下雨不工作，超時就得加錢。以我們住慣上海的人到這裏還感到許多新奇，假如是個鄉下佬，那眞要像劉姥姥進大觀園，處處鬧笑話了。

舊金山的華僑很多，集居於中國街（China Town）有中文報五家，有學校、寺院，無怪美國人要說是『城裏的城』（a city within a city）！但與舊金山的繁華來比較，便不免有些相形見拙！然而他們在海外這種奮鬥精神是可佩的，明天他們將來參觀，我們預備歡迎。

又美國西部原始森林很多，在離舊金山數十哩外有許多大樹，是地球上生命最老的生物，有的直徑達三十六呎半，有的高三百多呎，樹底下挖空行駛汽車，開旅館，眞是天下奇蹟。舊金山附近有加利福尼亞大學（Universily of California）斯坦福大學（Stanford Universily），Santa Clara Universily，聖瑪麗大學（St. Marys）和舊金山大學（Universily of San Francisco）等。在太平洋海岸上，舊金山城不愧爲一個大城，灣內航空母艦有十多艘，是海軍、空軍基地，好萊塢離這裏要坐七八個鐘點汽車，不然倒可去觀光一下這世界聞名的影城。戰爭結束後的聯合國大會會在此地舉行，現在還有聯合國廣場 Union Square 作爲汽車停車場，深入地下三層，能停數萬輛汽車，至於旅館之多，亦爲驚人。

照目前情形，我們在這裏至少還得留一星期，去馬尼剌後是不是回這裏還不知道，可能去墨西哥或西雅圖。反正還有兩個月，到那時再說吧！國內的消息很少聽到，等到六個月回國時又不知變得怎樣了。王超系主任處請代我問問好。

行珊　三月廿八日

學府介紹

美國的商船學校

新譯

美國東部的長島上現在有了一個可供參觀的國有的產業，就是美國最新的一所國立學院。它是一個充滿海洋風味的大學，它的一千二百名學生將被造就爲商船官員，處理遠涉重洋的航務。這學院正式名字爲「美國商船大學」，別名爲「金斯旁」（Kings Point），旨在爲商船造人才，而安那波里斯的「美國海軍大學」係爲海軍造人才。在西點的美國陸軍大學栽培陸軍官員，而「海防大學」栽培海防人員。有人認爲商船也是國防上重要的一環，因此他們認爲這個新的國立學院的教育也爲國防教育的一部分。

這個商船大學崛起於大戰時期，當時美國急需把大量貨品分送世界各處，於是船員的需要也同樣殷切。這大學還只五年歷史。至於在珍珠港事變以前的承平時期，它原是汽車企業家克里斯勒的資產。今天學校的總辦公所「惠萊堂」是以前克里斯勒自己的家。在那凹形的園地裏，現在豎起了幾根世界最高的旗桿。極少別的大學具有比它更爲漂亮的花園。大學位於長島的北端海濱，校園包括八十畝青草地與石的建築。

『金斯旁』的學生生活有幾分與安那波里斯海軍大學相像。全校施行嚴格的軍事管理，遵從海軍規律，行爲的崇尚禮貌也和海軍『實習艦』上的情形一樣。「金斯旁」的員生日入而息，日出而作。員生如於操練或檢閱時表現不佳，那末在其餘員生休憩時，他將領受額外的操練，其他的犯規將以油漆等工作處罰。「金斯旁」的制服和海軍與海防隊一樣，作標準藍白色。

金斯旁歷史雖短，已經造就了八千二百名畢業生，主要因爲大戰時期的「加工趕造」。這期間，海軍大學有史以來只造就了一萬七千人。美國國會已經授權這個新大學於爲大學聯合會信託時舉辦理學士學位。這事情可望於一九五〇年一班起辦。金斯旁於畢業考試同時附帶舉行領取執照的考試。畢業生於畢業典禮舉行日可得一紙文憑與一紙執業許可證，這證書說明他已有資格到任何美國商船上充當三副或三管。他這時候算是正式核准航海了。如果他幸運的話，在兩三年之內，可能升充大副或大管，而且也許再過兩年就升到頂高的船主地位。

在美國，原來不少州立商船學校，青年們有志於航海儘可入學深造，因此國立商船學校的舉辦確是一樁嚴重的試驗。一九三八年政府的航務委員會爲了保證國立商船學校學生的出路，規定所有船隻如需獲得政府的郵務合同，必須聘用該校學生一二人。以後這商船學校一直到戰事勢所難免時，訓練計劃才大爲擴充。

金斯旁像其他大學一樣，課務嚴緊而教授認真。每週授課四十小時，二十六小時爲上課，十四小時爲實驗操練。數學科學兩項特別注重，其次就是語言，演說，歷史以及其他文科。學生需在鑽床與刨床上工作，以便日後在船上進行緊急修理工作，他們對於雷達與無線電也必須學習。

他們須習用救生船，會救火，懂得以信號機與閃光燈打信號，有空的時候就從事體育訓練。學機械的學員須學習蒸汽機，柴油機，與電力機，學航務的學員則學習高級航行術，氣象學，船舶運用術與貨船經營術。他們一律要學造船與裝運，而且要學會使用新奇的無線電機器「維蘭」（L ran），「拉康」（Racon），有了這種本領，船在九千哩的澳洲海外，可以向紐約問得知它自己的方位。他們也須學習射擊術，學會最新式的裝有雷達的武器。

因此在戰時，金斯旁的學生既可以平民身份指揮一艘商船或運輸艦，也可以以後備軍官的資格駕駛一艘戰艦或工作船。大戰期間，商船大學一方面正忙於訓練二千四百名學生時，它的畢業生中已有一千七百名充當海軍軍官，四千八百名供職於商船。若干見習生也被派往戰區。這一點只有國立商船學校做得到，而金斯旁也頗以這點爲榮。

商船學校入學無須國會保薦，只須身體健全，對數學與科學具有興趣，並且有若干中學裏的優越成績。

商船學校學生與西點，安那波里斯以及海防大學學生一般，每月可得津貼六十五元。在船上實習期間，公司付他們每月八十二元半。

譯自『星期六晚郵報』，原作者育特爾（Rotert M. Yoder）

船舶燃料之檢討

王超

船舶燃料，計分煤、油二種，而煤又分爲塊煤、粉煤二類：

一、塊煤（Solid coal）爲固體成塊物質，用於汽爐，添煤時多用人工或用機械。

二、粉煤（Pulverised coal）須先碾爲細末，添煤時概用機械。

油料概爲柴油（Crude oil），一名重油（Heavy oil），其用途分爲下列兩種：

一爲燒油汽鍋之燃料，概用噴油器射入爐膛（Furnace）。

一爲柴油機之主動力。

塊煤之優劣，與近代航運之發展，關係至大。如用劣質煤炭，即無經濟可言。最好之煤，須含炭百分之九十以上，氫百分之四，灰百分之二。航運用之，效果較佳。蓋此種煤炭每磅含有 13000 至 14000 B. T. U. 之熱量也。如用粉煤，其優點有六：

（1）增高汽爐效率（Boiler efficiency）。蓋增高汽爐效率，即所以增高船舶之航程（Radius of action）。

（2）空氣與粉煤密切接觸，能使之完全燃燒，故所需氣量，能以完全控制。但燃燒時氣爐之溫度較高，如於烟卤烟喉管（Up take）裝置空氣預溫器，吸收熱力，不使隨煤烟放散，汽爐效用更可增大。

（3）爐膛消費之煤量，能以絕對控制，蓋煤炭消耗。可視所需之汽量及船舶速率之大小，隨時調整。

（4）不因封火，而消耗煤量。

（5）燒火人工可以減少，故能節省經常開支。

（6）劣質煤可以利用。

然燃燒粉煤，亦有兩種不利之點：

（1）汽爐之構造及爐艙之設備，較爲複雜，費用亦因之增大。

（2）增加船體重量，並擴大爐艙地面。

船舶所用柴油，須含炭百分之八十以上，氫百分之十二，雜質亦與塊煤相等不得超過百分之二。

船舶燃燒柴油優點有七：

（1）柴油之熱力較高，每磅含有 18000 至 19000 B. T. U.，揮發性亦强。

（2）柴油概用油管輸入油艙，無須人工搬運，且生爐時易於發火，爐艙員工，亦可減少。

（3）汽爐艙與油艙，佔據地面較小，如油之比重爲 0.9 者，每噸容積祇有 39 立方英尺，而煤則爲 45 立方英尺。

（4）爐艙清潔，不似燃煤汽爐艙之積存灰垢，無法掃除。

（5）燃油時無須開放爐膛門，故熱力不致外散。

（6）燃燒柴油時所需之空氣，能以適當調整，故油料能以完全燃燒。

（7）不勞人力，如用塊煤，人之精力，究屬有限，過久則不免疲憊。

燃燒柴油，亦有不利之點六，茲分述於下：

（1）產量不多，價格亦高，我國除甘肅油礦生產極少量外，所需柴油，大都由美國與伊朗運入，此項問題極爲嚴重。

（2）機器與汽爐艙裝置油管，構造較爲複雜。

（3）軍艦上裝設油艙，失去煤炭防護作用。

（4）油管易於滲漏。

（5）不同樣之汽爐，須用不同之燃油機構，不能通用。

（6）柴油多含有雜質，而硫尤難避免，故必須用鋼管輸送，如用銅管，易於爲硫剝蝕。

柴油直接用油機者，亦名狄塞兒機油（Diesel Egine oil）。狄塞兒機所用之油，概爲價值最廉而效果最佳者之一種，用時必經詳細檢驗，須無不能燃燒固體雜質摻入其間，方能適用。柴油質料濃厚沉重含有柏油（Asphaltum 即瀝青）、蠟脂（Paraphine）等雜質，在低溫時流動滯緩，不易揮發，故噴入氣缸前必先加熱，使之變爲稀薄液體，方能使用。如必須用濃厚者，則狄塞機，須先用輕油開動，增高氣缸溫度，迨機之各部運轉自如時，方能使用濃油，而在停輪時亦須再用輕油運轉，否則汽缸及油路油門等等，即爲油渣、烟灰附着，不易清除也。

船機監造及檢查辦法

朱復炎

交通設施之原則，首重安全，尤以水上交通爲然；若非預爲防範，則隨時有釀成巨災之可能，乃致孤懸水上之身家財富，覆滅於俄頃之間，寧非慘極?!近年來，歐美各國由於引擎之進步，管理之改善，航政當局事前驗查之週密，故有關船舶失事之新聞，已屬罕見。但反觀我國，自勝利後，失事紀錄之多，駭人聽聞，且大部均由於機艙失愼，故危險更大，此概由於船破機殘及輪機員水準不够所致。正唯其如此，更增重我國船舶檢查者之責任，故實不宜再事疏忽，視檢查、監造、監修爲例行公事，敷衍塞責，是有厚望焉！本文爲本系前教授朱復炎先生所作，朱先生戰時服務航政有年，積經驗之所得，根據我國船舶設備實際情形，再參酌歐美各國檢查法規，輯爲斯篇，以爲從事船舶檢查者之參考。

——編者

一　船機（蒸汽、油機）及汽爐監造辦法

甲，蒸汽機

（一）蒸汽主機之式樣，汽缸對徑及衝程之尺寸，以及馬力、轉數、汽力，須注意是否與說明書所載者相符。

（二）汽缸所用之鐵拐軸（Crank shaft）輪軸（Shaft）及各項機件所用之熟鋼，其質料拉力彈性是否合乎作該機件之用。如廠方購料經某某驗船協會代驗者，須於原來料品上認明其硬印戳記及其證明單據。

（三）計算拐軸輪、葉軸等之對徑尺寸，須合江輪之需要，至其他機件尺寸，因各廠作法各有習慣，自可不必干涉。輪葉向右轉者，其後尾大軸螺帽，須用左螺絲；反之，向左轉者，須用右螺絲（右轉左轉之分，係由看者站立船尾面前方輪葉轉向，如鐘表針之轉法，稱之曰右轉或正轉，反之爲左轉）。

（四）主機、生鐵汽缸及各小件汽門、水門所容受汽力水力，各有不同，俟各件完竣後，須跟同廠方按件以冷水試驗壓力，有無砂洞滲漏之處；其試驗之磅數高低，於廿四條說明。

（五）主機裝合各汽缸實地進汽成分，須留意記載。

（六）主副各機裝合之際，須注意其中線是否垂直方正，左右高低是否相同，各處活動軸、瓦銅套，鬆緊是否相宜。

（七）主副各機及各汽門、水門、汽管、水管等類之重量噸數，及凡向船內運裝各機件之重量，均須注意分別記載。

（八）所用汽管內口對徑在五寸以上，及所容汽力每方寸在一百八十磅以上者，須用鋼質，不得使用銅管。至高度蒸汽管，亦不得使用銅質。

（九）蒸汽機應有備件（spare）列後：

活塞（Piston）漲圈大小全份；
活塞桿用螺拴二個帶帽；
横頭（crosshead）銅套一副；
搖桿（connectingrod）上頭用螺拴二個帶帽；
搖桿下頭用銅套一副；
拐軸銅套用螺拴二個帶帽；
進爐水門幫浦銅水門一全份；
吸艙底水幫浦銅水門一全份；
空氣幫浦氣門一全份；
凝水櫃小銅管十二支及螺帽全；
大小螺栓，銅鐵元條，銅鐵薄板，須有相當預備；
各副汽機應有備件，活塞漲圈兩份，横頭銅套用螺拴二個帶帽。

乙，鍋爐

（一〇）鍋爐所用鋼板，如外壳火膛火箱之質料、拉力、彈性，各不相同，廠方所用者是否合宜，應特別注意，并應注意某某驗船協會代驗者之硬印戳記，倘無此戳記，并無其他已經檢驗之證明時，絕對不許使用。至其他用途不同之各項鋼料，其拉力、彈性應有若干爲合格，另於第五十條說明之。

（一一）鍋爐釘眼皆須用鑽開發，不能使用冲鑿釘眼。向比所用鉚釘對徑寬大一分，板邊須裁直者，務須於兩板合縫之面向外切剪，下邊毛刺務須剷除平光，方許合釘。

（一二）爐壳或火廂等與各板搭口灣捲成形，暫爲釘合後，方許按次攢眼。完畢，各板仍須分離，即

將各眼背面毛刺剷光後，再爲搭合，以便進行鉚釘工作。

（一三）鍋爐內部烟筩高低尺寸，應在爐外前端標劃記號，須注意內外高低是否相符。又玻璃管水表最低處，比較火筩上頂須高三寸或二寸。

（一四）每爐應用之配件，如保險門一對，水表一付（大爐兩付），試爐水高低考克三只（小爐二只），汽表一只，進爐水門正一付，副一付，爐底放水門一付，水面放水門一付，主機大汽門一付，副機汽門一付。至其他汽門如必需要者，臨時注意增加。

（一五）鍋爐完工，以冷水試驗各搭口及鉚釘是否堅牢，如不滲漏走水，須注意察視平面螺絲捧拉各處，有無凸起或因板薄力弱之弊。所用冷水壓力，如鍋爐汽力預定每方寸在一百磅以下者，須兩倍於鍋爐汽力；在一百磅以上者，每方寸爲一倍半；鍋爐汽力再加五十磅，試壓水力經歷時間，至少須有十分鐘之久。至爐內所裝爐通，其單獨試水磅數，每條爲一千磅。

（一六）小管汽爐之汽包、水包，應用冷水壓力之磅數，與元式鍋爐相同。各小爐通對口外徑在二寸以下者，每根試力應至一千五百磅，以上者一千磅。

（一七）小管汽爐所裝小管，上下頭探入汽包水包內，應注意至少須有二分至四分之餘量，并應作喇叭口式，免其活動向外抽出。其喇叭口外徑，須較管口外徑放大；放大程度如一寸管者爲三十二分之三吋，二寸管者爲三十二分之四吋（即爲一分），三寸管者爲三十二分之五吋，四寸管者爲三十二分之六吋（即合一分半）。

（一八）元式鍋爐及小管汽爐裝置船內後，試驗之水力，須至一倍半於汽爐汽力爲合宜。

（一九）元式鍋爐裝置船內完畢後，須升火實行試驗汽力，并驗試爐上所裝之保險汽門、膛口，是否足用。爐汽升至規定汽力時，須將進爐水門及其他項汽門一齊關閉，不許洩汽，繼續燃燒，盡量添煤。爐內積汽當自將保險門觸動開啓，衝出廢汽管外，隨衝隨燒，繼續不停，歷時十五分鐘內，爐內所積高之汽力，不得超過原定汽力十分之一爲合宜。小管汽爐之試法亦如上同。惟歷時較短，只在七分鐘內，汽力升漲未超過十分之一，即爲合格。

丙，船內裝配管件及試車

（二〇）船內所裝各汽管，水管汽門、水門，於彎低處，須注意裝置小考克，以便試壓水力後及多日停火開放迴水之用。

（二一）船內所裝正副各汽管及各水管，須注意直順；彎曲愈少愈好。惟於相當距離之間，須配置對頭鵝頸（expansion joint），以備熱漲冷縮之需。再汽管接裝爐端者，須稍低於他端，遇管內有迴水時，便可自然回到爐內，不致儲存管中。主副各機及各汽管水管佈置地位，須注意將來拆修時是否方便，有無轉身空地。至各汽管水管接盘，汽力水力較高者須銅質或鋼質；汽力低者生鐵質即可；汽力超過一百八十磅者，汽管水管須鋼質。進爐水管（feed pipe）銅質亦佳。高度蒸汽管因爲烟火包圍，須用鋼質，銅質及生鐵皆非所宜。又凡關於抽船底水之水門，皆須用不倒流（non-return）式，免得一時誤開或忘却未關，以致海水由其他水管繞道闖入船內發生不測之虞。

（二二）船売造成、機爐兩項裝配完竣，鍋爐升火試行速度時，應注意其轉數汽力是否規定之數，各副機動轉是否充足。此外，如海水凝水櫃、煖水筩等各溫度，凝水櫃內空氣成分，吹風機之風力及規定時間之中用煤若干，爐水若干，車油（external lubricating oil）若干，均應記載，以便計算馬力消耗之比較。

丁，重油機

（二三）重油機機件，如輪軸、軸筒、輪葉等等所用料質，與汽機所用者相同，惟拐軸、輪軸等對徑尺寸算法則不同。又重油汽缸單推或雙推及二程或四程之拐軸等之尺寸，亦各不相同。

（二四）重油機汽缸套筒，如內外車光，其厚薄有十五分之一之汽缸對徑，并查無砂洞痕迹者，可免用冷水試驗壓力。

（二五）重油機汽缸蓋、汽缸及活塞各冷水道，須用冷水試壓三十磅。

（二六）重油機廢氣管及啞聲具，須有冷水道，或外包綦石絹，免受高熱損傷。

（二七）重油機汽缸保險門所定之壓力磅數，不得比缸內爆發之力高四成以上。

（二八）重油機冷氣抽，及其撤熱器，須裝置明顯之處，易於拆修。

（二九）重油機馬力在三百五十匹以上者，所配軸油壓力幫浦，須有雙份，其撤油器之冷水幫浦，亦須備有副份。

（三〇）重油機冷氣筒之容量，至少須能繼續開車十二次之限度。

（三一）重油機冷氣筒，所用鋼板，其搭口用鉚釘或用電焊皆宜。

（三二）重油機冷氣筒，搭口用電焊者，或無接口者，均須用冷水試壓有無滲漏之處；試壓水力磅數，須至二倍其所預貯之氣力。如搭口後用鉚釘，筒內容受氣力在三百磅每方寸者，其冷水試力，須至一倍半於預貯之氣力，再加五十磅。如預貯氣力尤高者，其冷水試力勿須超過二百磅。

（三三）重油機冷氣筒，內徑在六寸以上者，須預備內面洗滌之設備。

（三四）重油機冷氣筒下面，須裝有小考克，以備開放積水或油之類。

（三五）重油機所用各冷氣管及各油管，容受高壓力者，其水力試驗磅數，與蒸汽機所用者相同。

（三六）重油主機應有之備件如下：

汽缸蓋全份，連帶各油氣門彈簧等等；

油門針半副汽缸之數；

活塞一份，連帶簧圈及螺栓帶帽；

活塞漲圈一全份；

活塞用冷水管一份；

汽缸蓋螺絲全份；

汽缸內筒膠圈一份；

横頭軸用螺栓及帽二個；

拐軸銅套一份；

樁桿銅套一份；

主機自帶冷氣抽之活塞漲圈一份；

主機自帶冷氣抽用進氣及出氣各門半份；

主機自帶艙底幫浦水門一份；

主機自帶柴油幫浦一份。

戊，輕油機

（三七）輕油（即汽油或煤油）機機件，如輪軸、軸筒、輪葉，及水線下之水管等所用質料，與汽機所用者相同。惟拐軸、輪軸等對徑尺寸算法則不同。又輕油機汽缸二程或四程推行之軸徑，又各不相同。

（三八）輕油機進油門、廢氣門、軸套及樁桿銅套，其造法均須易於修理拆卸爲宜。

（三九）輕油機倒正車，只須堅固，所裝置地位，幷須易於拆修。

（四〇）輕油機馬力在三百五十匹以上者，所配軸油壓力幫浦，須有雙份；撤油器之冷水幫浦，亦須備有副份。

（四一）輕油機設若用電火開車，其電線隔電包裹設備須堅固，幷不能接近汽油之類，免致發生危險。磨電滾須有外罩，發火圈不能與油汽接近。

（四二）輕油機汽缸鐵套筒，內外車光後，查無砂洞痕者，可免用冷水試驗壓力。

（四三）輕油機氣缸蓋、氣缸及活塞各冷水道，須用冷水試壓三十磅。

（四四）輕油機廢氣管及啞聲具，須有退熱冷水道或外包紮石綿，免受高熱損傷。

（四五）輕油機如用冷氣開車，其氣筒作法及配件，應與重油機所用者相同。

（四六）輕油機汽油櫃之裝油管頭，須按置艙面，油汽發生時，即可由艙面洩出。

（四七）輕油機汽油櫃下底，須置鐵質托盤，櫃有滲漏時，免致流入艙底。機艙及儲油之處，須注意通風設備。

（四八）輕油機與油櫃接連之管，須銅質彎輕者，管兩端須各有考克以關閉之。

（四九）輕油機與重油機試車之時，須將該機能力驗明，如進或退快車最高轉數，慢車至低轉數，船之速度及馬力等。

己，各機件所需質料表

機件名稱	所需料質	每方寸拉力噸數	展長彈性百分率
汽缸	生鐵	八至十一	

拐軸	熟鋼	二十八至三十五	至少二十
輪軸	又	又	又
椼桿	又	又	又
汽鞴桿	又	又	又
活塞桿	又	又	又
活塞桿	特鋼	三十八	三十
元式鍋爐外殼	熟鋼板	二十八至三十五	至少二十
又　前後面	又	二十六至三十	三十三
又　火廂	又	又	又
又　爐膛	又	二十五至三十	二十五
又　管板	又	二十六至三十	二十三
又　元拉桿	熟鋼	二十八至三十五	二十
又　螺絲拉條	又	二十六至三十	二十三
又　烟管	又	二十八	二十
又　三角鐵	又	二十八至三十二	二十
鉚釘元條	又	二十六至三十	二十五
鉚釘元條	又	二十一至二十五	二十二
小管汽爐汽包	熟鋼板	二十六至三十	二十五
又　水包	又	又	又
又　小水管	熟鋼	二十八	二十
又　機件用	鑄鋼	二十六至三十五	二十
機件用	砲銅	十四	八
又	特力銅	三十	十五

庚，機件應試冷水壓力磅數表

機件名稱	所用料	試壓水力每方寸之磅數	備考
主機大抵力	生鐵	按爐汽磅數再加八十磅	
又 中抵力	又	十分之八鍋爐汽力	
又 小抵力	又	一分八至二分二鍋爐汽力	
各副機汽缸	又	一倍又半鍋爐汽力	
各汽門水門容受爐汽者	生鐵或鑄鋼	二倍鍋爐汽力	
爐水煖筒及附帶水門水管	又	二倍鍋爐汽力再加二成	
主副各機汽管	銅	二倍鍋爐汽力	
又	熟鋼或熟鐵	三倍爐力	
進爐水管及水門	銅	二倍又半鍋爐汽力	
又	熟鋼或熟鐵	四倍鍋爐汽力	
拆驗船上原有汽管	又	二倍鍋爐汽力	
拆驗船上原有汽管對徑在三寸以上者	銅	每隔四年拆試一次	
又	鋼	每隔六年拆試一次	
銅管（凝水櫃用）	銅	每根試壓水力一千磅	
汽爐烟管外徑二寸以下者	熟鋼	每根試壓水力一千五百磅	
又　二寸以上者	又	每根試壓水力一千磅	
救火水管及水門	銅或鐵	二百二十五磅	
船水線下各水門	又	一百磅	
空氣抽水管及水門	又	五十磅	
主汽機總廢汽管	又	三十磅	

凝水櫃正身	又	三十磅
又 兩端水盞	又	二十五磅
又 水抽	又	二十五磅
鍋爐用貯水櫃	熟 鋼 板	十磅
機艙用各貯油櫃	又	十磅
新成元式鍋爐或小管汽爐	又	一倍半汽力再加五十磅
在船元式鍋爐或小管汽爐	又	一倍又半爐汽

二 船機及鍋爐檢查辦法

甲，蒸汽機

（一）汽機及鍋爐，每年均須由公司負責人會同船上負責人檢驗一次機件。如有需修理者，應卽查明是否有修理之必要。所有查核情形，應據實用書面報告公司核奪。

（二）輪葉、輪軸、軸筒及其加油管具，以及船壳水線下進水各門，於船進塢時，均應分別拆卸檢查。如軸筒磨蝕、輪軸磨細至二、三分者，應報告公司酌量改配。

（三）汽缸活塞（piston）及活塞桿、搖桿、汽門、拐軸、中軸、推進軸、軸卡、軸套，以及各抽水機、空氣機、凝水櫃等，均須拆驗有無應修之處。凝水櫃如有滲漏走氣或有他項懷疑，亦須用每方吋三十磅之冷水壓力試驗之。

（四）艙內、艙上、各汽門、水門、考克、救火管頭，以及各汽水管接頭，有無漏水漏汽不緊之處，須詳爲察視。

（五）元式鍋爐內外，及高度蒸汽管管內、管外，皆須詳細檢查有無銹蝕之處。如爐板蝕爛不平，須鑽眼探視，所餘料質之厚薄，或用冷水試驗壓力，以便規定穩妥汽力。（所用冷水壓力，以一倍半於該爐之平時汽力爲標準。）進爐水門及進爐水管，更須特別注意，或用冷水試驗壓力至兩倍於該爐所用汽力爲標準。元式鍋爐新裝使用六年後，卽須每年檢驗一次。

（六）各汽管及鍋爐上所裝配他項汽門、水門，倘有銹爛損壞之點，一時不能修理，可將保險門原有規定壓力，酌量減少。

（七）水管汽爐新裝使用五年後，汽包水包內外，皆須檢查有無裂紋及銹蝕之處，嗣後仍按他項鍋爐辦法每年檢查一次。

（八）水管鍋爐之汽包（drum）、水包檢查方法，如第五條辦法。

（九）水管汽爐所裝各項汽門、水門及汽管水管檢查方法，如第六條辦理。

以上所言，元式鍋爐及水管汽爐檢查方法，主機副機同一辦理。

乙、油機及電力

（十）主副油機均須每年檢查一次，如第三條檢查蒸汽機辦法辦理。此外，汽缸蓋亦須詳細察驗有無裂紋，各冷水道有無阻礙，軸油壓力管是否通暢，其冷氣壓機及冷氣筒皆須拆啓，將內部擦淨或用冷水試驗（兩倍於平時所用之壓力）。如汽缸、活塞、軸套磨蝕須修理者，必須拆卸；冷氣筒內部及氣管內部無法擦拭，須用蒸汽吹進洗滌。輪葉、輪軸、軸筒等之檢查，亦如第二條之辦法辦理。

（十一）油機若用電火開車，其電線隔電包裹，須注意有無傷損，發電機亦須詳爲檢視。

（十二）船上副機，如起錨機、絞關機、舵機、起貨機等等，無論用蒸汽轉動或用電力馬達，其軸套磨蝕之零件及齒輪等，如損壞過甚，應卽報請公司更換。

（十三）電機之電力用於電燈或用於船上各副機者，其總線、分線及開關電路，須檢查有無走電之處。必要時，可將電線拆卸，以便檢視。

（十四）電機開試全力後，對於各處隔電設備，須詳爲檢查有無漏電之處。

（十五）以上所言，汽機、油機、電機、元式鍋爐以及水管爐，檢查後，所有好壞實在情形，及應行修理之處，均須用書面具報公司，聽候核奪。

（十六）平時行船或小有損壞呈報修理者，不在此限。惟各船負責人對於本船各機好壞情形，何者應修，何者應換，務須隨時記載，卽用書面呈報公司。凡能自行修理者，必須卽時自修妥善，以免損壞之處增加嚴重性，發生危險，并免航政局員檢驗時有所指摘，以致修期延長，有礙營業。

Principle of Freon 12 Refrigeration System

WEATION C. LIANG

Referring to the digram you will see the major component parts of the refrigeration system noted, In addition all lines are shown, By which we can trace the refrigeration system as follows:

The refrigerant used in this system is freon 12 ($C\ Cl_2F_2$) which has proved to be the best refrigerant for such applications. Freon is non-toxic, Noncombusible, Vaporizes, And liquefies at reasonable pressure and has many desirable features. The freon serves to transfer heat from one part of the system to another and this is the basis of this or any other freon refrigerating system.

For our example, Let us start with the gas entering the compressor. The freon gas enters the compressor through the suction line and the compressor actlng as a pump forces the gas under an increased pressure through the discharge tube to the condenser. Just as the cylinder and hose of a tire pump become warm during the pumping, The compressor and the discharge tube also warm up when the compressor runs.

The compressed or the high pressure freon gas in passsing through the condenser is cooled by the action of the air passing around the tubes and fins of the condenser. A centrifugal blower behind the condenser draws the air through the radiator. the freon Is thus cooled, but remains under a pratically constant pressure. Ultimately the freon begins to condense to a liquid under the combined effects of the compression and cooling.

The freon then circulates through the booster coil which is a finned tube surface similar to the condenser. Here the freon is further cooled and condensed and leaves the booster completely liquefied at slightiy above the surrounding air temperature.

From the booster the liquid freon passes through a tube to the liquid receiver which is simply a reservoir tank. The freon enters and leaves the receiver as a liquid. The acting only as a reservoir to take care the of the fluctuating demands of the expansion valve and to store the liquid freon when the system is pumped down.

after leaveing the liquid receiver the freon liquid passes through the solenoid valve then through or arround the dryer to the superheater. The hot liquid passes through the inner coil which is surrounded by the suction gas and is thereby partially cooled. From the supreheater the liquid Flows to the heat exchanger passing through the annular space around the suction line and is further cooled by the suction gas leaving the cooling coil.

From the heat exchanger the freon liquid passes to the expansion valve. The expansion valve has an automatically controlled orifice through which the liquid freon is fed to the dist ributor. it is at this point that the pressure on the liquid freon is suddenly reduced. after passing through the expansion valve orifice which acts as a restriction, The liquid gas to vaporize or boil. This boling liquid flows to the distributor, Which as it means impies, Distributes the liquid through four feeders to the four sections of the cooling coil.

While the compressor is running. The gas is being pumped from the cooling coil which accounts for the lower pressure in the coil. As the liquid passes through the coil, It continues to boil thus absorbing heat and reducing the temperature of the coil. The evaporator blower then circulates the air in the refrigerator through the coil and reduces the temprature in the refrigerator.

As freon passes through the tubes of the cooling coil, It finally becomes compeetely vaporized. while the freon was boiling a mixture of gas and liquid existed. In this state the gas is termed in a "saturated condition" and a definite relationship exists between its pressure and temperature. as the freon completely vaporized, It changes from a saturated state to a superheated state upon any further rise in temperature.

Upon leaving the cooling coil, The freon gas retuns through the heat exchanger. As mentioned above the cold gas serves to cool the hot liquid freon which is on its way to the expansion valve. when the liquid is cooled the gas which passes through the inside tube(becomes) warmer and leaving the heat exchanger is drawn through the suction line to the superheater. The suction gas is here further heated by the incoming liquid and then passes on to comprusser and the cycle repeated.

Condensed from "The Operation and maintanance of Refrigerator"

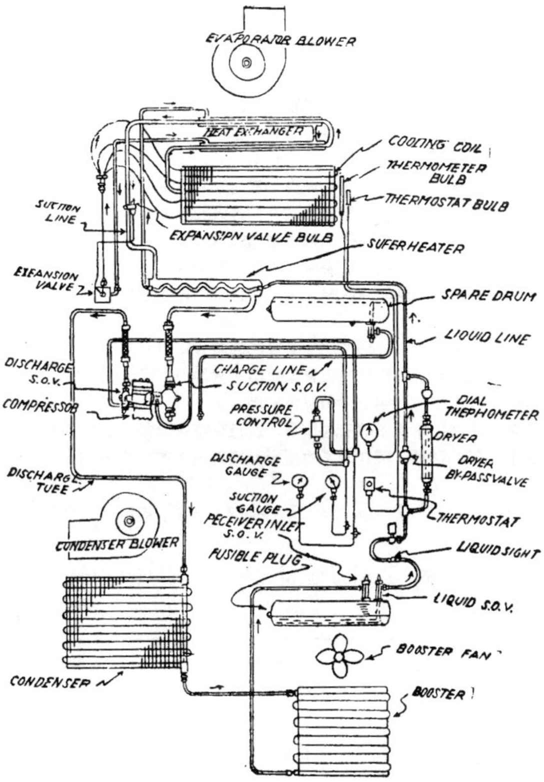

（接 16 頁）

管路和電路的顏色 (colors of pipes and circuits)

燃料油管 Fuel oil line	黑 black
潤滑油 lube oii line	碣色閥管子 with brown valves along egytain biue pipes
冷却水管 cooling water (F. W.) line	黃 yellow
海水循環水管 circulating water (S. W.) line	綠 green
起動氣管 starting air line	石碣色管子，紅色接合 with red joints along stone color pipes
救火水管 fire service	綠和紅 green and red
衛生水管 sanitary service	藍 blue
通風進氣管 ventilation supply	石碣 stone color
蒸汽管路 steam pipes, (live)	白 white
泗汽管路 steam pipes, exhaust	黃底白圈 with white rings on yellow gound.

註：電路的標識法與第一例同。

管路上的標識方法

梁炤陞

機艙與輪船各部，所通的管子衆多，縱橫交錯，而管子的用途與所流通的物質亦各有不同，乍視之，眞是使人眼花繚亂，無法分辨。所以很多輪機人員別用心才，設法將各種不同的管子分別用一些易於鑑別的顏色，塗在相當的管路上，以便依着色澤去認識管子。

管路上的着色，本沒有嚴格的規範，可是無論着色是如何不同，而一般講來，原則上是大致一樣的。譬如說，有危險性的如流通高壓力的、高熱的、或易於着火的管子，其色澤大都是鮮明觸目的。同時，使用顏色的人，每每都用與管內流通物質同色的顏色來標識這種管子。

管子着色的方法，有的是將同類的管子表面上滿塗一種顏色，有的則在管子上先塗一種顏色，作爲底子，再在其上加塗一些相當顏色的點子或色環。總之，管子的着色不單要易辨，一目了然，而且使人看來很醒目，美感。

管路上的標識法，除在管子上加塗顏色之外，管的節頭有時也有顏色的標誌，而且它的色澤往往是與管的顏色不同的。這種方法，英國的輪機員很喜歡使用。例如他們在綠色的水汞蒸氣管子的節頭上另塗粉紅色的標誌，在粉紅色衛生水管的節頭上塗着黑色的標誌。

管路上的活門不單用字牌指示管子的交連情形，並且有時也須要用些特別顏色的標識，以便記憶。

上面所述都是關於一般的情形，讀者看了也須要一些例子，才能易於了解。作者略舉二種不同的管路着色法，以供參考。

第一種是英國人在蒸汽機輪船上各種管路所塗的標識，管路不僅指示汽管及水，卽他如電線，通風管也包括在內。

管路和電路的顏色 (colours of Pipes and circuits)

管路或電路 pipes or circuits	管路顏色 colour of pipes	接頭處顏色 colour of joints
蒸氣唧筒（俗名幫浦） steam pumps	綠 green	淡紅 pink
救火水管 fire service	紅 red	——
淡水管 F. W. service	埃及藍 egytain blue	埃及藍 egytain blue
蒸汽管路(但不包括通蒸汽唧筒的管子) steam pipes other than steam pump	石碣色 stone colour	紅 red
手搖唧筒 hand pumps	黃yellow	黃 yellow
衛生水管 sanitary service	淡紅 pink	黑 black
通風進氣管 ventilation supply	石碣色 stone colour	埃及藍 egytain blue
通風回氣管 ventilation exhanst	石碣色 stone colour	石碣色 stone colour
空氣設備 air service	石碣色 stone colour	綠 green
警鈴 ring main	黑 black	——
hanger (Pos.)	朱紅 vermilion	——
nanger (Nej.)	藍 blue	——
hanger (Egh.)	黃 yellow	——
主要開關板所管制的電線 wiring from main control switch board	石碣色 stone colour	——
燈光電線 wiring, lighting	赭色（赤碣色）umber	——
動力電線 wiring, power	藍色 blue	——
動力燈光兩用電線 wirmg, lighting and power	赭色與藍 umber and blue	——
無線電電線 wiveless circuit	赭色 vermilion	——
電鈴電線 bell circuit	黑和藍 yellow and blue	——
電話電線 telephon circuit	黃和紅 yellow and red	——

第二例是在一美國柴油機輪船管路上所看到的顏色標記：　（接 15 頁）

鍋爐的腐蝕

海人

輪船因汽鍋爆炸而沉沒的消息，在數十年前，幾乎是常常聽到的，近年經各專家不斷的研究與改良，已經大爲減少，在英美等科學發達的國家，簡直已是罕有此種新聞。但我國在去年內，上海一地工廠汽鍋爆炸的就有數起之多，輪船的亦有兩起；這可能是管理者一時的疏忽，但主要的原因恐怕還是因爲平時不能好好保護，以致汽鍋材料漸漸變質，强度變弱，不能擔負它應擔負之强力而闖禍。要避免這種重大損失，對於汽鍋之保護與管理，不能不加以注意。

汽鍋損壞之原因　主要是由於用水不潔，以致引起鍋內發生鍋垢（scale）與腐蝕（corrosion）。鍋垢是傳熱不易的沉積固體，積於爐凸（crown）及受熱最多之部份，使熱不能立刻傳到水去，因而發生過熱，使材料變質，强度減弱，甚至爐胆（furnace）頽毀。鍋垢的成因，是水中含有泥漿等懸浮體及一些祇能溶於低溫之水的物質，如酸性碳酸鈣 $Ca(HCO_3)_2$ 及碳酸鎂 $Mg(HCO_3)_2$ 等，當受熱時，卽行沉積，而成鍋垢。其處理方法並不困難，這裏不想加以討論。至於腐蝕，是一種化學變化，先使汽鍋裏面產生鐵銹，然後剝落成一小塊一小塊的凹坑，再形成一道道的漕，終於整個損毁。其發生原因非常廣泛而複雜，一直到現在爲止，還沒有一個十分確切的解析。下面的分析祇是一班專家經數十年之試驗所得的結論，其中雖然有些不完全相同的意見，但總不失爲我們參考與應用的依據。

由於內用滑潤油而起的腐蝕　所有動植物油脂，都可說是鹽（salts），因其組成成分是由酸根及鹽基化合成的。鹽基就是甘油根 C_3H_5。酸根則有很多種，如硬脂酸（$C_{17}H_{35}COOH$），棕櫚脂酸（$C_{15}H_{31}COOH$）等。油脂與其他鹽一樣，都是中性的（neuture），但當加熱至某一程度時，它將分解成酸及鹼。硬脂可以由牛、羊油加水煮熱至適當程度而製得，就是這個原理。自然，如果機器用的內用滑潤油是動植物油時，隨着蒸汽入凝結器、再入汽鍋的油脂，在鍋受熱至相當程度時，當然會有硬脂酸等產生。這種游離脂酸對於鐵的侵蝕和硫酸一樣厲害。侵蝕時，硬脂酸與鐵產生化合變化，形成一種肥皂狀的化合物，卽是很污穢的油渣。如果這種游離脂酸與在鍋內其他雜質接觸，則形成更複雜的各種皂狀物。這種複雜的皂狀物如果含有氫氧化鉀（KOH）的，便成輭的；含碳酸鈉（Na_2CO_3）的則成硬的；如果含有石灰（CaO），則成更硬的物質——鍋垢。至於松香（rosins）是組成明漆（Varnish）的主要成分，亦與油質十分相似。礦物油（mineral oils）則祇是很簡單的由氫及碳原素所組成，並無這種侵蝕情形發生，故內用油最好是用礦物油，否則祇有用根化學方法處理。

因爲甘油是弱鹽基之一，而石灰（cao），氫氧化鉀（KOH），碳酸鈉（Na_2CO_3）則爲强鹽基，所以在沸點溫度時，它們可以全部或部份的中和那類脂肪酸（看那些鹽基的强度如何而定）。祇有那不被中和的部分仍呈酸性。碳酸鈉中的碳酸是比較弱的酸，所以一與脂肪酸接觸，卽被脂肪酸所代替，而化合成鹽。其化學變化：

$$Na_2CO_3 + 2H_2O \longrightarrow 2NaOH + H_2CO_3$$

$$2(C_{17}H_{35}COO)_3C_3H_5 + 6NaOH + 3H_2CO_3$$
$$\longrightarrow 6C_{17}H_{35}COONa + 2C_3H_5(OH)_3 + 3H_2CO_3$$

其他不能直接與之形成鹽，因爲它們的鹽基性不够强。所以首先必定有一部份侵蝕鐵而形成含鐵的皂狀物。碳酸鈉雖然已中和了脂肪酸，但它因此又產生了游離的碳酸（H_2CO_3）。這些碳酸對於鐵的侵蝕並不見得比脂肪酸弱多少。所以最好還是用礦物油，而不用動植物油，就可以不必再加碳酸鈉等進去，以中和脂肪酸。

由於用水內含有腐蝕性雜質而起的腐蝕　自從有了平面冷凝器（surface condenser）的發明與使用，同時淡水又可以用蒸溜器（evaporator）從海水中蒸溜得來以後，汽鍋用水就已不再用海水；可是由於淡水來源不同，其所含雜質仍非常複雜，並不比海水簡單得多少，祇是分量十分微少，而完全溶於水中，我們肉眼看不到而仍以爲潔淨而已。如果用化學方法去分析，就不難明白。例如普通山岩中流出之水，皆含很多碳酸，硫酸鈣等，如果是由火山或溫泉附近流出的，則往往溶有大量硫酸。在化學工廠附近的水，更時有各種複雜之酸溶於其中。而所有一切酸，對汽鍋都是有很大腐蝕性的。用時必須注意，不要以爲看來很清淨，就可以取用，非不得已，還是用經公司化驗後認許之淡水。雖然用水是很純淨的，但航行在海水中，冷凝器用以冷却蒸汽的海水，仍很難確保其不流入淡水內。因爲冷凝管兩端與管板接縫處，很難做到絕對水密也。下面我們就開始討論海水及淡水中所可能含有的雜質是怎樣侵蝕汽鍋的。

氯化鎂　（$MgCl_2$）海水中含這東西甚多，當其在鍋內受熱到適當溫度時，卽行與水發生化學變化，生出鹽酸（HCl）。

$$MgCl_2 + H_2O \longrightarrow MgO\downarrow + 2HCl$$

鹽酸與鐵接觸，卽行將鐵腐蝕。照華納（A. Wagner）氏所得的結論，他認爲氯化鎂在全無空氣之水中，須到溫度爲 212°F 時才開始侵蝕鐵。而『曼徹斯特蒸汽使用者協會』（Manchester Steam User's Association）却不承認華氏的結論，它認爲無論水的溫度是熱是冷，及縱然含有大量之空氣，氯化鎂仍不會侵蝕鐵的。氯化鎂所以侵蝕鐵，完全因爲水中有碳酸存在的緣故；水中的碳酸雖是非常之微少，但它仍能影響氯化鎂之侵蝕的。華氏所以得到他的結論，完全是不能將水中的碳酸完全除掉的緣故。在汽鍋內，想把碳酸絕對的清除，在整個航程上是不可能的。故惟有盡量不使氯化鎂進入汽鍋。

此外，氯化鈣（$CaCl_2$）對於鐵的侵蝕和氯化鎂一樣厲害。其次，就是氯化錏（NH_4Cl）（一切錏鹽對於鐵的侵蝕都很厲害）、氯化鈉（NaCl）、氯化鉀（KCl）及氯化鋇（$BaCl_2 \cdot 2H_2O$）也可侵蝕鍋爐，但水中須有空氣存在，才能發生侵蝕作用。其腐蝕性按次序排列，漸後漸弱。

硫酸鹽　硫酸鉀（K_2SO_4）、硫酸鈉（Na_2SO_4）、硫酸鈣（$CaSO_4$）、硫酸鎂（$MgSO_4$）等對於鐵似乎有保護作用，但硫酸錳（$MnSO_4$）尤其是硫酸錏（$(NH_4)_2SO_4$），對鐵的侵蝕很爲厲害。

碳酸鹽　碳酸鎂（$MgCO_3$）的化學性，在 350° F 及 120 井/口" 的情形下，是不活潑的，但溫度及壓力再加高時，就不同了。那時它將分解成碳酸及氧化鎂（MgO），碳酸卽侵蝕鐵，氧化鎂卽成泥漿狀沉澱於爐凸上，積成爐垢，經久則能引起爐凸的塌毀。其他的碳酸鹽，據海限（Heyn）氏及巴爾（Bauer）氏之經驗報告，都具有腐蝕性的。其中碳酸鈉及碳酸鉀侵蝕汽鍋壁，使成一小塊一小塊的凹坑，已經證實。然則何以它們不很均勻的侵蝕鐵，而祇一小塊、一小塊地侵蝕成凹坑呢？照斯昌米爾（Stromeyer）氏之解析是：這類鹽本來有局部的保護性能，因它祇是一小塊、一小塊的將鍋壁保護，而其他無保護的，因電化作用而被侵蝕成凹坑狀（因那種鹽溶液是導電體，加速電化作用——後面詳述）的緣故。如果碳酸鈉在鍋內再遇到別種普通的鹽，則它將更能引起更劇烈的腐蝕作用。所以，如果不能確定有無海水漏入時，最好不要給碳酸鈉進入鍋裏去。

鹼性物（Alkalies）　氫氧化鉀（KOH）、氫氧化鈉（NaOH）等都是鹼性物。一般來說，遇到酸都能使之中和而成鹽，但在高壓汽鍋裏就不能中和隨水入汽鍋之碳酸。事實上在高壓下，碳酸鈉反而漸漸分離出鈉，鈉再與水作用變成鹼性的氫氧化鈉。所以鹼性物並不能完全用以保護汽鍋使其不被酸所侵蝕。

氧及碳酸　從很多試驗中證明氧所以能够腐蝕鍋壁，必定是爐水中同時含有碳酸。『曼徹斯特蒸汽使用者協會』也承認這是事實。那就是說，如果水中全無碳酸存在時，那鍋爐因氧而起的腐蝕減少得很厲害。雖然無碳酸時氧對鋼鐵並無損害，但如果再將鋼或鐵置於純氧中，過了一個時期，仍有局部的腐蝕現象發生。那些發生腐蝕的部份，可能是該部份的鋼或鐵中含有雜質，在鋼或鐵中的雜質與氧作用發生腐蝕現象。那些雜質事實上又不容易除去，縱然我們能够完全排出碳酸，腐蝕仍是不能避免的。除非氧也不許進入汽鍋，腐蝕作用仍不能避免。

游離酸（free acids）　以前曾有人用來溶解積汽鍋內的腐蝕銹，但因一切酸都是很能傷害汽鍋的，現在已沒有人再用它了。不過據海限（Heyn）氏及巴爾（Bauer）氏的試驗結果，有兩種酸的稀薄溶液却能防護汽鍋，使汽鍋不易被侵蝕。一種是三氧化砒（arsenic trioxide）（AsO_3）之稀薄液，另一種就是酪酸（chromic acide）（H_2CrO_4，或 $H_2Cr_2O_7$ 等）。其冷溶液對於鋼板作用生成一種有防護性能的薄層（這是增加鋼或鐵之耐久性）。其稀薄分量是：每 450 平方呎用一喃（ounce）就可以完全防護。

一氧化鹽（oxidising salts）　鉻酸鉀（K_2CrO_4）、酸性鉻酸鉀（$KHCrO_4$）、氯化鉀（KCl）等，除氯化鉀現在還有些疑問外，以上兩種都是很好的防護劑。但溴酸鉀（$KBrO_3$）與碘化物遇在一起時，對鍋是有腐蝕性的。

二氧化鹽（deoxidising salts）　是可以用作防護劑的，但硫酸亞鐵或硫酸鐵（$FeSO_4 \cdot 7H_2O$ 或 $Fe_2(SO_4)_3 \cdot 9H_2O$）很易將鐵腐蝕。鐵精化鉀（KCN）及硫酸鈣（$CaSO_4$）實際是中性，祇是硫化鈉及甜菜糖（beet sugar）是很好的防護劑。莫拉撒氏（Molasses）根據糖廠的報告，糖是腐蝕性很强的。

銅鹽（copper salts）　在所有汽鍋用水中，似乎皆含有銅鹽，由舊汽鍋內都有綠色爐垢（green scale）可以知之。銅鹽在汽鍋中無均勻的沉澱現象，其理由至今仍未能得到解答。但有很多工程師往往不承認這種現象的存在，所以關於銅鹽通常發現於那一部位的報告，現在還很少見。斯昌米爾氏之經驗，銅鹽往往一塊塊不均勻的沉澱於鋅條（zinc slab）及其附近之鐵板上，甚至將鋅板懸於蒸汽部分之空間（steam space）的撐柱上，這種現象仍然存在。看（圖一），有（+）號的管上，有時也積着很厚的青灰色垢；在水平面附近之鍋壁，則發現很微量的銅鹽，大量的發現則在前端管板中，管與管之部分，及鍋板的下部；在爐胆底也聚積很多塊狀銅鹽，不過因這部分往往有很多污穢的油渣蒙蔽着，不易察見罷了。爐頂及燃燒室處幾乎無銅鹽沉積的現象可以發現。可見銅鹽多積於鍋內不直接受熱部分。如果銅鹽很均勻沉積的話，反而可以當作一層防腐衣，但事實不然，它所沉積的是不規則的一塊塊薄層，這樣如果鍋內有任何一些具有化學作用能力的物質如酸、鹼、甚或中性鹽類於水中時，那些不規則的沉澱銅鹽將導致强烈的電化作用，進而損毀汽鍋。如果不是鍋內裝有銅管的話，大部的銅都是當爐水流經凝汽管

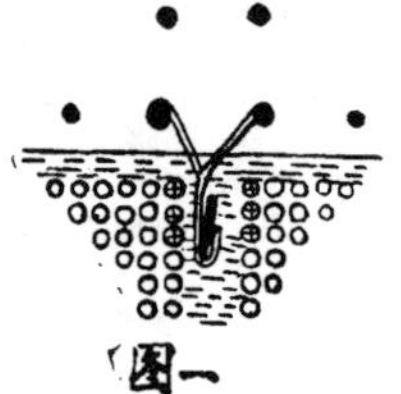

圖一

及邦浦時帶入的銅屑。其次就是來自以動物或植物油做內用滑潤油的油脂，祗要它們先與銅管等接觸，它們便含有銅鹽帶入汽鍋。用那類油與銅接觸，在銅表面上就有一層青色發生，可見它們之間是有作用的。蒸溜水可以侵蝕鉛，似乎也可以將很微量之銅溶解。至於說邦浦工作時磨損出來的微粒被帶到鍋中去，是相當有理的。麥邦蘭（J. MacFaclane Gray）氏曾經研究過鍋底的斑點，確定凹坑的確是由那些斑點而生的。賴草氏（Lewes）教授也相信銅在鍋內的確是造成凹坑的主要因素。但斯昌米爾氏則不信上兩說法，他也曾研究過那種青色斑點，看不出青銅斑點附近有何凹坑存在，也看不出在這斑點上之腐蝕日漸增加的趨勢。哈門（H. W. Himan）氏也支持斯氏的見解。關於電化作用原因的一說，後面再詳細討論。

鋅鹽（zinc salts） 關於這鹽在汽鍋內作用情形，現在還沒有什麼人詳細分析過，不過根據各方有限的試驗結果，水中含有鋅鹽的，汽鍋所受到的腐蝕將減少，所以鍋壁裏面如果塗有氧化鋅，或置有鋅板（zinc slabs）可以減少汽鍋之腐蝕。

中性鹽（neutral salts） 。由下面的試驗知道，有很多本來無害的中性鹽加進含有很微量酸的水中，經過一種微小光線的照射，即會大大的增强這酸之腐蝕力。下面的表中，是哥登（M. Gourdon）於 1873 年的試驗，顯示各種不同的中性鹽加入極稀薄的硫酸溶液中，可以使鋅腐蝕。

表 一

所加入之鹽	酸於水之稀薄程度		
	酸		水
鈷 cobalt	1	:	10,000
鎳 nickel	1	:	7,000
鉑 platinum	1	:	7,000
鐵 iron	1	:	7,000
金 gold	1	:	5,000
銅 copper	1	:	4,000
銀 silver	1	:	3,500
錫 tin	1	:	1,500
銻 antimony	1	:	700
鉍 bismuth	1	:	500
鉛 lead	1	:	400

華納克氏（L. Warnerke）曾列出一表，將各種不同的鹽放進含有百分之一的硫酸稀薄溶液中，看出那溶液對鋅的腐蝕速度有很大的差別。其腐蝕速率是以每小時能侵蝕進鋅片多少毫米（mm.）計。

表 二

加入稀硫酸溶液中之鹽	腐蝕速率
酸性鎳化錏 nickel ammonio-tartrate	.13 mm
氯化鈷 cobalt chloride	.11
氯化銥 Iridium chloride	.09
氯化鈀 palladium chloride	.085
氰化鎳 nickel cyanide	.077
氯化鉻 chrom chloride	.070
氯化金 gold chloride	.070
硝酸錏銀 silver ammonio-nitrate	.025
硝酸鉛 lead nitrate	.010

由上兩表看來，銅鹽及鉛鹽都列在最下面，如果我們說它們都是很能傷害汽鍋的話，那末在第二表看來，我們的說法就錯了。不過，加進各種不同的鹽，的確能够影響硫酸的作用。由於這個事實，我們也許可以這樣說：鋅鹽加進汽鍋去所以能够減少甚至防止汽鍋的腐蝕，是因爲鋅鹽加進各種有腐蝕性的物質內，可以影響它的腐蝕作用的緣故——。當然有很多種鹽都有這種性能，如汞鹽（mercury salts）等，不過以鋅鹽爲最佳而已。從上面的線索去試驗，我們又得出另一結果：汽鍋中之水如果含有錳鹽（manganese salts），對於已經有些腐蝕的鋼板，有很强烈的腐蝕作用；這就是爲什麼含有錳的鋼很容易受腐蝕之理由。拿蝕刻液（etching fluids）的侵腐作用來看，也是很有趣的事，那些沒有被刻入的地方，有的變成碳化物，有些是硫化物，有些則成燐化物。

氧對汽鍋的作用，上面已經說過，如果水中祗單獨含有氧，甚至也有中性鹽，對於汽鍋還是絲毫無損害的。但要是水中又含有碳酸的話，那就不同了。因爲碳酸與鐵接觸就產生一種鐵鹽，這鐵鹽很容易將碳吸收而變成另一種化合物和二氧化碳，而這新產生的兩種東西，祇要混合在一起，對於接縫間之鐵就有很强烈的腐蝕作用，所以水中所含的氧一定要盡量想辦法把它驅逐。

下面我們討論關於水中的氧等氣體，是怎麼會給水吸收的。我們曉得在一定量的流體內，它能够吸收多少容積的氣體與壓力無關。但溫度增高，則其所能吸收之量必減少。假如有 1000 立方吋的水，在溫度爲 0° C 時，壓力爲一大氣壓力（14.7 磅/平方吋），則可以吸收 48.9 立方吋的氧氣。而當大氣壓力增加爲兩倍或者更大時，那水仍舊祇能吸收 48.9 立方吋之氧氣。當然，壓力增加時，氧的密度也跟着增加，所以在重量方面來說，氧氣是已經增加。我們又可以說一定量液體所能够吸收氣體的重量與壓力成比例。張尼(H. J. Chaney)氏發現一立方呎的水中，所含空氣達飽和程度時，比純水（完全不含空氣之水）重 321 格冷（每格冷約等於 0.06489 克），或重 0.075 %（一立方呎純水約爲 435933 格冷）。很早以前就有很多人相信，煮沸水可以將其所含之空氣完全驅出，並且在一定溫度以內液體中所能吸收之氣體體積與壓力無關。可是這些都是在最近試驗以後才決定是完全正確的。下面是以各種不同方法試驗出來的結果，表明在各種不同溫度內，水所能吸收的各種氣體體積及所能吸收的氣體重量。

表 三　氣體溶於水中溶量表

氣體名稱		在大氣壓力下 1000 c.c. 水所能吸收的氣體量							
		氧		氮		碳酸氣		一氧化碳	
溫度		體積	重量	體積	重量	體積	重量	體積	重量
°C	°F	c. c.	之 1000 倍	c. c.	之 1000 倍	c. c.	之1000倍	c. c.	之1000倍
0	32	48.9	0.070	23.5	0.029	1713	3.38	35.4	0.044
20	68	33.3	0.044	16.5	0.019	942	1.73	24.9	0.028
25	77	31.0	0.040	15.6	0.018	830	1.49	23.4	0.026
30	86	29.0	0.037	14.9	0.017	738	1.31	22.1	0.025
40	122	26.4	0.033	13·6	0.015	607	1.04	20.4	0.022
60	150	23.8	0.028	12.5	0.013	438	0.71	18.2	0.018
100	212	23.2	0.024	12.9	0.012	438	0.71	19.2	0.017

上表所列是在各種純氣體中實驗所得者。如果有幾種氣體混合在一起，雖然呈現的壓力仍是一大氣壓力，但各該氣體對於水的壓力並不是一大氣壓力，而是那大氣壓力中的一部份而已。其佔那大氣壓力之多少，要看它在當時混合氣體中所佔體積多少的比例而定。例如以空氣來說，其中氧和氮所佔體積之比例是 20.8 比 79.2，要是在一大氣壓力下，則氧對於水之實際壓力就祇是那大氣壓力之 20.8%。氮的壓力就是那大氣壓力之 79.2%。所以在一大氣壓力下，水能於空氣中吸收的氧，祇等於在純氧氣中所吸收的氧的 20.8%。空氣和蒸汽混合在一起，其作用也是一樣的。

現在假設有一密封器（圖二），內有 1000 c.c. 水及大量氧氣，壓力爲一大氣壓力，溫度爲 0 °C. 或 32° F 時，溶於水中的氧重將是 0.070 克（看表三）。如果溫度增高到 60° C，而壓力仍舊一樣，則這 1000 c.c. 之水能吸收氧變爲 0.028 克；要是溫度再增高至 100° C = 212° F 時，則能吸收的氧是 0.024 克，祇不過有些微變化。由此可以看出，縱然在汽鍋裏面的高溫，所能吸收的氧重也不會與 0.024 克差得多少。如果壓力增加一倍，則水能吸收的氧將增加一倍，不過那壓力之增加必須完全是加入大量氧而增加的才行，不然的話，如加入大量的氮使壓力增加，結果水中所吸收的氧還是和原來一樣，祇是多吸收了氮氣而已。如果加入蒸汽而不是氮氣，則其情形也是一樣。假設先放進氧氣，加溫到100° C，然後再放水進去，則水能吸收的還是不能超過 0.024 克。

圖 二

補給幫浦 (feed pump)　如果直接連到主機去的話，在設計上它所能供給之水往往等於凝結出來的水之四倍；在正常工作下，自然它所供給的有三份是空氣，一份是水。假設這些空氣所受到的壓力是 200 磅，或者 14 倍大氣壓力，空氣中氧與氮所佔容積之比是 20 比 80，當時如果溫度是 20° C，則水中將吸收有 $3 \times 0.20 \times 14 \times 0.0333 = 0.28$ 倍它自已體積之氧，和 $3 \times 0.80 \times 14 \times 0.0165 = 0.55$ 倍它自已（水）體積的氮。或者總共吸進空氣是它自已體積之 0.83 倍。剩下來的空氣就祇有 2.17 倍水的本來體積。這些空氣因受 14 倍大氣壓力之壓縮，體積就縮小了四分之一，或者縮小了的體積等於 0.16 倍水之體積。這些水當然含有大量的氧，就假設每噸水含有二啢 (ozs) 的氧吧，進了汽鍋以後，假設溫度增爲 390° F，氧就馬上擴散到蒸汽間 (steam space) 來。氧在這溫度下，所其對於水的壓力將不會超過大氣壓力的八十分之一，則水中存留的氧必定很少。可是如果供給進去的水一進去就進到汽鍋的底部，那麼當水慢受熱時，氧氣還是不能逃出，一直等到和受熱面直接接觸，然後水就蒸發成蒸汽，氧就留在那兒和這受熱面發生作用而將之腐蝕。照上面所述的含量，假設每小時汽鍋須要供給一噸水，則它所含的氧可腐蝕4 噸的鐵，在一日內就要腐蝕6磅鐵。

紅或黑泥漿的形成　在新用的汽鍋中，常常出現有紅色或黑色的泥漿狀物，同時鍋壁內面也現出粗糙的表面，甚至有很多細小凹洞出現，使得很多人都以爲這汽鍋很快就要受到損壞。其實不然；因爲造汽鍋之鐵板本來都是粗糙的，不過經過輾壓或平滑的一塊塊的板而已。當輾壓時，很多凸出的小粒就給壓進凹的小孔去填平，而那些小粒一遇高溫和高壓就會鬆出而成泥漿狀態。那些泥漿多是鐵鏽，沉於鍋底內。

汽鍋之加水位置　大約有三種不同的加水位置：

（1）直接加進鍋的底部；

（2）在鍋中任何一處加入，不過要能够使加進去後水馬上受熱，而把所含之空氣馬上驅出；

（3）水進鍋以後，須經過一段水管，使受熱後才放出，這樣也可以把一部分之空氣驅出水中。

在第三種方法中，如果這段水管是鐵製的，則很容易受腐蝕；如果是鋼做的話，也一樣被腐蝕或裂孔，並且鍋內還有銅綠出現。第二種方法比較普通實用，有些工程師已經設計在蒸汽間加入，不過必須所產的蒸汽很够才行，而且要另外裝設循環器，以幫助鍋裏渦水的循環流動。這樣一來，幾乎要多消耗 20%的蒸汽。那種時常發生帶水沸騰（priming）的汽鍋也不能用。總之，能够使加進去的水愈容易受熱的地方愈好。最壞的是第一種方法，因爲在鍋底的水很不流動，如果加進去的是冷水更壞。這部份因有爐條、爐灰的阻擋，底下再加以供燃燒的冷空氣，使熱很難有傳到水中的機會，這樣水更無上昇的可能，除非上面的已經變了蒸汽，下面的水才慢慢的昇上。（如圖 3，愈黑的地方表示冷水之部分）。因此爐條上部與下部溫度相差很遠。因受熱之不平均，鍋壁及爐膽很快就會變形。

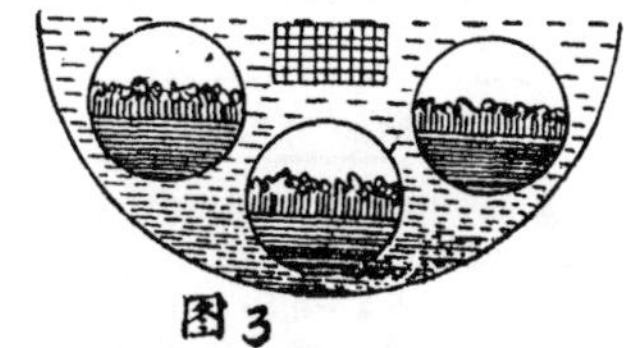

图 3

蝕坑（pitting）　發生蝕坑的原因，是加入的水含有空氣。如（圖四）所示，當冷水與熱的鐵接觸時，水中所含的空氣受熱被迫逸出，於是生成氣泡附着於板壁上，在這水不大流動的地方，冷氣泡將繼續附着在上面。在這期間，氣泡內所含的氧及碳酸氣，即將鍋板浸蝕成各種不規則的凹坑；有了這坑，更容易使腐蝕更快更烈。如果水由鍋底加入，且又是冷水，所含空氣幾近飽和程度時，則在每一吋爐胆面，每小時將有$4\frac{1}{2}$立方吋體積的空氣產生，這些空氣是以每分鐘產生一個直徑爲$\frac{1}{8}$吋的氣泡。由於沿火床(grate)上下部份的溫度相差太大，這部份產生變形特別厲害，積於這部份的鐵銹很快的就會因此而剝落。這樣一來，就等於純鐵或純鋼表面常時露在大氣中與空氣接觸，蝕坑就繼續在這部份產生，別的部份如爐胆底部、燃燒室（combustion chamber）等，也往往產生蝕坑，因爲氣泡一在這些部份生成，就很難逃出水面。根據海限(Heyn)及巴爾(Bauer)兩先生之試驗報告，蝕坑的形成物是由普通鹽及碳酸鈉合成，船在海上航行，汽鍋用水難免些微海水混入，碳酸鈉實在是害多利少。照他們的經驗，如經常加入些鞣酸液(tannin fluids)是一種補救方法。其次，蝕坑也常發生於供水管內，因當冷水進入那些管子時，管壁因受外面之熱而傳入冷水去，這時冷水即因受熱而放出所含空氣，與管壁接觸，即將之腐蝕。但水管比較便宜，縱然全部蝕毀換新的，也比換新的爐胆來得經濟。所以現在很多船舶都備有那種新水管，以備臨時換用。每管大約可用十九個月。

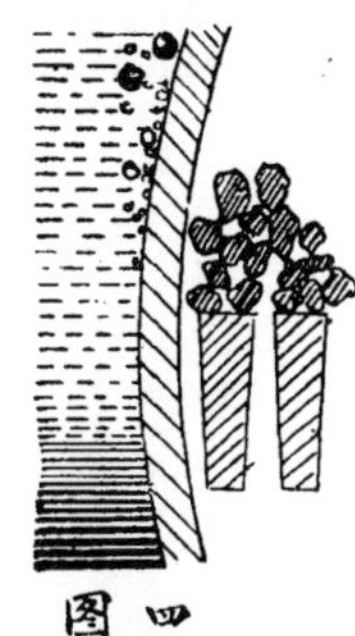

图 四

腐蝕之分佈情形　在普通情形下，有一種特殊現象，就是當鍋底部受腐蝕很厲害時，其上部蒸汽間(steam space)幾乎和新的一樣，絲毫沒有受到腐蝕。反之，如果上部如管壁、牽條（stays）等，受腐蝕很厲害時，底部反而受腐蝕很少。這兩種現象多數發生於那種供水在鍋內水面附近放出的汽鍋裏。但這現象並不能够確定就是因爲水先流到底部或者先流上水面部分而發生的。因爲加進去的水它先流上或者先流下底部，根本不一定。另一種情形就是，當數個汽鍋祗用一水管加水時，其腐蝕發生在離水幫浦愈遠的汽鍋裏，必定愈厲害。

蒸汽間之腐蝕　當蒸汽間之牽條及過熱器（superheater）的板壁受腐蝕時，除非不允許有空氣進入鍋內，或者用鋅板置於其中，是沒有別的補救辦法的。即使如此，對於電化作用，仍是不能完全防止的。最好是用鋅白（zinc white——氧化鋅）塗於板壁上，才比較安全。

當然，如果說汽鍋的被侵蝕，完全是因爲蒸汽作祟，或者說是，因水中含有微量海水，因其受熱放出鹽酸而將鍋腐蝕（前面已說過），是可能的；但對於前者，我們還無法證明蒸汽在沸點溫度時能侵蝕鐵，所以，毋甯說是因爲水中含有空氣，而令汽鍋腐壞，比較確當些。因爲如果是由於蒸汽的話，它在鍋內的腐蝕應該很平均的分佈，但事實上並非如此。

鍋內的供水管　這些管子時常很易炸裂，既然它在裏面的口是開的，如果炸裂，無疑的是因爲水鍾(water hammer)作用的結果。究竟何以會發生水鍾呢？這裏的分析是這樣的：如果鍋內的水含有鹽分，它的沸點必比純水爲高，所以當純水供給進去時，在壁上因遇到比它的沸點還高的溫度，有一部分可能在管內變成蒸汽，縱然供水已經停止供給，管內仍有一些蒸汽存留，當再要加水時，那蒸汽就以高速向外面活瓣衝，同時鍋內的水也因管內忽成眞空，跟着向管裏衝，這樣管和鍋壁的接口處就受損壞，管口也有炸裂危險。要是在這些水管的灣曲處開幾個小孔，或接連縫處不塞以水泥，則可以避免這種損壞。

電化作用　電動勢的發生，是因爲兩種不同物質的接觸；或者同一物質因爲磁場或電荷不同的影響，也可發生；或者有熱傳遞於這導體之間，也可產生電動勢。這裏我們要討論的祗是不同物質相接觸時所產生的電動勢。

如果電路是同一的物質，又不受附近任何物的影響時，是沒有任何電流發生的。因爲同一物質，本身結構完全相同，其組成的正負電荷完全配合，其間並無任何電位差存在。但如果兩種不同金屬相接觸，則因其組成的電子排列等不同，就有電位差發生。下面這些事實是由實驗得來的例證：

下面的物質與鐵接觸卽產生一電動勢（以伏特爲單位）。

表　四

碳	白金	銅	鐵	錫	鉛	鋅
－.485	－.369	－.146	0	＋.313	＋.401	＋.600

如果要計算其中任何兩種接觸時的電位差，卽以鐵爲標準，而求其相差數卽可。如碳及銅之間的電位差＝－.485－(－.146)＝－.339 伏特。如果溫度昇高，這些數值也跟着增高。因此，如果兩塊同一種的金屬相接連成一電路，將其中任一塊加熱，則其電動勢變更時，那兩塊金屬間卽產生一電位差，而產生電流。鐵及銅相接觸於 530° 時，其電位差恰是零。所以如果那兩塊金屬祗要將一塊加熱，則他們之間的電位差將漸增大，熱度差愈大，其電位差也愈大，電流也愈大。所以以電流來量度溫度的儀器，就是利用此種原理。但在液體與液體之間，或液體與固體之間，則上面所得結果不能適用。下表就是將上面所述金屬浸於蒸溜水或海水中所產生的電動勢。

表五　電　動　勢　（以伏特爲單位）

液體	碳	白金	銅	鐵	錫	鉛	鋅
蒸溜水	自＋.010 至＋.017	＋.285 ＋.345	＋.100 ＋.269	－.148	＋.277	＋.171	－.505 ＋.156
海水	?	－.856	－.475	－.605	－.334	－.267	－.565

因此在這類電路內（圖五）所產生之電動勢，將是：

銅及鐵接連	－.146	伏特
鐵及鹽水接連	－.605	伏特
鹽水及銅接連	＋　＋.475	伏特
在這電路內的總電動勢	－.276	伏特。

一個丹尼爾電池 (Deniell's cell)，就是由銅、鋅、硫酸鋅及多孔的小格子，硫酸銅等造成，有 1.10伏特的電動勢。

由於電流通過的結果，使這液體發生化學變化，分解成組成該液體的元素；分解出來的多少，與各元素的原子量成比例。例如一安培電流流過水一秒鐘，水就分解出 .0001038 克的氫氣及 0.5 × 15.95 倍氫的氧（－.0008283 克的氧）。要是這些電流是由丹尼爾電池所產生，則在一秒鐘以內，它裏面的鋅將失去.003367 克，而銅則獲得 .003279 克。這些數值都是與他們的原子量成比例的。鐵則失去 .0029 克。

這些電極的金屬損失，叫做副作用，是因那部分的金屬元素產生一種溶解力而溶解的緣故。這時氧及氫將自鹽水中產生，又因那氧是初生態的氧，如果那呈電極的金屬是鐵的，氧一發生就立刻與鐵起化合作用。很明顯的，這種化學作用必將影響在這電路中的電動勢。這種作用叫做極化作用。這種性質，鐵表現得最顯著。例如，以鐵用作陽極，如前所述，它應該是呈正極的金屬，但是很快的，它就馬上變成比銅所呈的陰極還甚的陰極。不過沒有露出外面來的部分仍然是正極。如果此時將整塊的鐵通通都浸入液體去，則那塊鐵本身就呈正極和負極（先浸入的前半端呈負，後浸入的後半端呈正），其兩端間立有很強的電流，自陰極端流向陽極端，再經液體返回陰極。但剎那間電流就立刻停止，同時整塊鐵都變成陰極。

另一種使鐵呈陽極的方法是將鐵浸入鹽酸或硝酸中，或於空氣中加熱——這三種方法目的都在使之氧化。這種使其極化的方法，無疑的是由於氧化鐵而生鐵銹使然，衹不過因那銹甚爲微細，肉眼看察不出而已。由此看來，汽鍋裏面用過以後不久卽有些氧化了，應該也是極化，因電流而繼續銹化的情形應該停止（極化後電流應停止）。但鍋內在沸點溫度情形下，這種有利的變化並不再是這樣。這廣大的板壁也並不和小鐵塊一樣有那使之極化的電流流過。帶陰極之鐵，用陽電與之中和，可以使此鐵變成原來不帶電時的狀況一樣。這在化學觀點來說，就是減少以氫去將氧化鐵還原而已。在陰極端附着的氫也能影響電流的，其中一部分是因爲氫可以將這電路的電阻增加（氫氣是不良導體），使電流變弱，另一部分是氫是帶陽電的，可以使陰極漸漸獲得陽電而中和。所以當電動勢變弱時，其間無電流或者有也是很微少時，不值得驚奇的。因此量度電流時，應該將之分成一塊塊的小面積，然後量度各自的電流，再以這塊小面積去除這電流，才是它的電流密度。在電流密度愈大的地方，陰極面上所產生的氧多是臭氧（ozone）。

图五

在鐵表面上所產生的不規則的電動勢　將一塊純潔的鐵置於中性電解質中（如稀鹹水等），用兩段短橡皮管緊包着兩條磨光的鐵絲，使其相互間成絕緣；然後接到一個電流計去，另一頭則分別接觸着這小塊鐵的表面上，如果這小鐵塊各部份電勢是一樣的話，應該沒有什麼電流發生，可是事實並不如此。當我們將這兩條鐵絲沿小鐵塊表面各處移動時，在電流計中，我們就可以知道有各種大小不同的電流流過。由此可知，在同一鐵塊上，其表面各部分的電勢並不完全一樣；用顯微鏡來看，可以斷定各不同電位是由很多很細微的不規則的鐵表面與侵蝕鉄的液體作用而產生的。其隣近部分，因電位不同也產生局部電流。看那種液體的導電性能如何，如果是含有各種鹽類之水，是良導體，可以加速鐵被侵蝕。

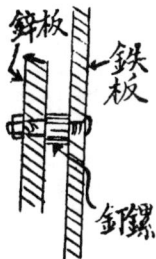

用下面方法可以顯示出電化作用之情形：先倒一瓶清潔的樹膠水(gelatine)，加入百分之二的佛拿費特爾溶液（phenal-phthatien solution），（此溶液是以百分之一的佛拿費特爾及百分之九十九的酒精合成）及百分之七的含有1%的鐵氰化鉀溶液，然後將溫熱之鐵塊浸入液中，待其冷却凝固，有些部份就顯出紅色，有些則顯出淡藍色。這實驗很顯明的，顯示局部腐蝕作用的情形。

鋅的電化作用　將鋅板用螺釘連於鐵板，保持其一定的距離，必有一個電流自鋅經水流至鐵，再流回鋅。這時鋅卽有微量溶解，產生氫氣，附着於鐵板表面上。如果鋅板以一銅線連至鐵板上，則將形成兩電路，其一流經銅線至鐵，其二就是由鐵流經水回至鋅。第一個電路損耗鋅，第二個電路損耗鐵。從這現象我們就說鋅板所以能够保護鐵使其不被腐蝕，就是利用這個原因，那就錯了。另外還有一種完全不是由於電化作用的緣因，銅管在鍋內也是一樣，產生一電流由鐵經水至銅，鐵則呈陰極，可是銅管並不能保護鐵。

图六

在汽鍋內，如果不生極化作用，其所產生的電流大小很難估計，因目前尚未有人能定出在如此大的導體內關於電流的定律。一般說來，電阻的大小與導體的長度成比例，與導體之橫斷面積則成反比例。下面是每一立方厘米及每一方吋內所量得的電阻，其單位以歐姆計算。

表　六

	每立方厘米	每立方吋
銀	.000,001,579.	.000,000,621.
銅	.000,001,611.	.000,000,635.
鐵	.000,009,638.	.000,003,810.
水銀	.000,094,340.	.000,037,100.
1分水 + .055 分鹽	91.2	35.9
1分水 + .0425分鹽	123.0	48.5
1分水 + .0212分鹽	235.0	92.6
1分水 + .0106分鹽	434.0	170.8

在這表上顯出金屬的電阻是何等小，與水比較實可略去不計，可知除非呈電化的兩極相接很近，不然，由於水的電阻太大，電流必定小得很。

舉一個例來說：有一塊鐵片闊一吋，其前半部的銹完全括去，露出純鐵(Fe)來，另一部分(S)則仍有鐵銹。浸於鹽水(W)中，則有電流自(Fe)處流經水至(S)處，再由S回至Fe（看圖七）。我們就以其中最短的一段來說吧，如半徑爲D.的部分，則其中有電流流過而成爲導體的面積有$\frac{D}{2}$吋——假設爲$\frac{1}{32}$吋，則這導體的平均長度爲$\frac{1.507}{32}$吋。又假設水

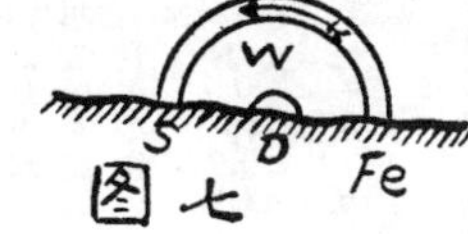

图七

含有 5.5 % 的鹽，這一小小部分形成的電路就有 359 × 1.507 = 54.2 歐姆的電阻。再加上鐵與鐵銹間之電阻，大約就有 60 歐姆之大。又假設其間的電動勢爲 .276 伏特，則電流有 $\frac{.276}{60}$ =.0046 安培，這電流每日可侵蝕鐵 .0022 磅，或 60 日內侵蝕 $\frac{1}{10}$ 吋。如果鐵與銹的距離爲一吋，則其侵蝕之能力祇有上述的 3 %。可見距離遠了一些，侵蝕力隨着大爲減少。

汽鍋內鋅之電化作用　如果鍋內有電化作用存在，則用以釘牢鋅板之螺釘（studs），必須在鋅板與鐵板之間保持一定的距離，大約是 $\frac{1}{16}$ 吋（看圖六）。但事實上很難保持這個標準。因爲這類金屬表面每航行一個時期必有一些腐蝕，要保持一定，除非每航行一次後立刻將它括光校對才可。雖然由鋅生出來流經海水至鐵去的電流，比由於鐵銹經海水而流到鐵去的要大一倍，但是它對於隣近它的鐵等並沒有多大的影響。對於離它更遠的部分（如數呎遠的地方），更沒有影響的可能。爲要證明我們上面推論的正確性，下面一個實驗可以證明：把一根鋅線和一根鐵線並着，不過不許接觸，放進含有空氣的水中去，結果兩線都受到侵蝕。然後再另外試驗兩線，還是擺得十分相近，並且互相接着，則受侵蝕的完全是鋅，鐵並沒有受到絲毫侵蝕。但這些水必須含有一些鹽在裏面才可。這又告訴我們一些關於鋅的作用情形。

下面另外一個試驗也許對於爲什麼鋅能够防避腐蝕的難題有一些幫助：連結一小塊鋅於一塊生了銹的鐵上，浸入一含有 5 %苛性鈉（氫氧化鈉）的溶液內，則銹立刻剝落，鐵塊呈現淡暗色。

利用電流作用防腐　利用外面加進的電流直接抵消內面局部電化作用的電流，甚至還超過之，使鍋不致因電化作用而受侵蝕的理想，直到最近才被康伯蘭（Mr. Cumberland）先生所實現。他是將一片或者更多的帶陽電的鐵片懸於鍋內（片數多少視鍋所受熱面積多少而定），然後通過 2 個到 4 個安培的電流，使流到水內再回到發電機去。這比用鋅板來防腐爲經濟，而且其作用也比鋅板更爲完滿。這種方法對於使汽鍋內部全部極化也很有功效。所以這樣過了一個時期以後，通入之電流就可以減少。陽極鐵片的損失大約是每天一兩到四兩左右。陽極鐵片不能以碳來代替，因爲碳不能將沉積在它的表面上之鹽酸或其他腐蝕劑。通過電流也要裝有保險，以防電流流動的方向相反，反而增加電化作用。

總之，綜合上述各種經驗得來的意見，爲了避免汽鍋被腐蝕，凡是强烈的化合物如酸或鹼等，都不能使它在鍋裏存在，對於腐蝕汽鍋快慢，視各種腐蝕性的鹽的性質而異，有些侵蝕得很快，有些很慢。有鋅鹽在裏面則減少侵蝕，有錫鹽在裏面則腐蝕作用加速。空氣是很有可能使汽鍋發生凹坑的，必須注意清除之。

（上接第六面）

晚近狄塞而機製造概況

	1920	1930	1935	1938……（年代）
二衝程單程式…………	73	102	47	111……（艘數）
			181,330	525,600……（馬力數）
二衝程雙程式…………	12	10	33	46
			213,150	489,600
四衝程單程式…………	100	120	49	66
			237,800	183,500
四衝程雙程式…………	4	8	0	0
			0	0

縱觀以上諸端，除大型船機尚有採用汽輪機之必要外，中小型狄塞而機駸駸乎有凌駕一切汽機之勢。惟輪機人員之養成，油礦資源之分佈，戰時與平時在在有自然與人爲之限制，如何斟酌環境，衡量國情，且因時、因地、因人而制宜，使船機之應用不致因噎廢食，是在有思想、有眼光船機設計家之深謀遠慮矣。至於運用原子能以代替燃料時，則一切動力自進入一新階段，而船舶之操縱當亦大有改革，非本文所能論及也。

編後記

很幸運的，『交大輪機』終於誕生了。她的誕生，除了本校王主任、各位教授的協助及本校同學熱誠地工作外，我們最感謝的是中國輪機師總會陸理事長良炳及姜總幹事克尼兩先生，我們同學最感頭痛的經費問題，中國輪機師總會全給我們解決了。總會輪機月刊周編輯替我們編排，這種服務精神，我們也是很感謝的。

中國輪機師總會提高學習風氣，及發揚學術的精神，是值得尊敬的，這裏也應特別提出來稱道的。

最後我們希望在學校的，在工作中的輪機人員，能打成一片，互相學習，爲中國輪機界爭光。

聯合蒸汽機 (Combination Machinery)

張 相譯

約在 1909—1914 年期間，正當船舶採用齒輪聯動汽旋機 (geared turbine) 以爲推動力之前，有許多船上便已裝有一種所謂『聯合蒸汽機』者，它爲三螺旋槳 (three-screw) 之裝置，兩翼軸 (wingshaft) 分別聯至兩架三級澎漲式往復機 (triple expansion engine)，而利用其排泄之廢汽 (exhaust) 輸入於一直接聯於中間軸 (center shaft) 上之低壓低速汽旋機內。雖然由往復機排出之蒸汽絕對壓力僅在 10 磅左右，但中間軸仍能發出三分之一的動力。這種裝置非常優越經濟，因爲它能使往復機之眞空由 26 吋增至 28.5 吋；且往復機在利用適當過熱蒸汽時，其高壓汽缸 (H. P. cylinder) 與中壓汽缸 (I. P. cylinder) 之引擎效率 (engine aficiency) 甚高，而三級澎漲式引擎低壓汽缸 (L. P. cylinder) 之效率則甚低；且汽旋機之效率於低壓時比在高壓時爲高，同時於 28.5 吋眞空情形下，汽旋機葉片 (blades) 又較易處理，是故上述之聯合蒸汽機，實爲往復機之最有效一部份與一有效的低壓汽旋機相結合的一種裝置。唯吾人所必須注意者，此種蒸汽機之裝配，乃用以與往復機及直接聯動汽旋機爭衡者，因是時齒輪聯動汽旋機尙未採用也。

首先裝置這種聯合蒸汽機者，爲 Otaki 號汽船 (1908)，他如 S. S Laurentic, S. S. Olympic, S. S. Minnekehda 與 S. S. Rochambeau 等汽船，亦先後有之裝置。Otaki 和 Laurentic 各有若干姊妹船，均裝備往復機於兩翼軸，並同在一貿易航線上航行。但比較其工作性能 (service performanance)，Otaki 和 Laurentic 每指示馬力小時(ihp-hour)，均約可節省燃料百分之十五。然不數年後，齒輪聯動汽旋機繼之而起，此種聯合蒸汽機乃不復再有利用之價値矣。其缺點在於中間螺旋推進器之效率較諸兩翼者爲低，因爲此直接連於中間軸上之汽旋機不能太大的緣故，其每分鐘轉數 (rpm) 乃不能不較兩翼軸上者爲高，故S. S. Otaki之兩翼軸約爲 100 rpm，而中間軸則爲 200 rpm 左右。如此，其中間軸上之推進器不得不用較小的直徑，於是便產生甚高之尾流分力，(wake fraction) 而減低其速力，因之此推進器之效率亦卽隨之降低。

其後，在 1925—1930 期間，又有幾種有密切關聯的新型船舶先後出現，其推進原理與上述之聯合蒸汽機所應用者相同。這些新型機械均利用一廢汽汽旋機 (exhaust turbine)，來接受從三級澎漲式機 L. P. 汽缸所排出之廢汽，但它們僅爲單軸裝置，並不若前述聯合蒸汽機之使用三軸裝置也。茲分述如下：

1. Bauer-wach 系 — Bauer-wach 系爲一三級澎漲式之往復機與一小型高速廢汽汽旋機所組成，並利用減速齒輪 (reduction gear) 降低汽旋機之轉數，而與往復機之主軸 (line shaft) 連合；其輸入汽旋機之蒸汽，則爲往復機 L. P. 汽缸排出之廢汽。汽旋機與齒輪間更裝置一 Vulcan 式液體離合器 (hydranlic clutch) ※。汽旋機轉動速率約 3000 rpm 左右，但經一組雙減速齒輪 (double reduction gear) 之傳動，乃減低爲 75—90 rpm，以與主軸配合。此系機械裝置請見下圖：

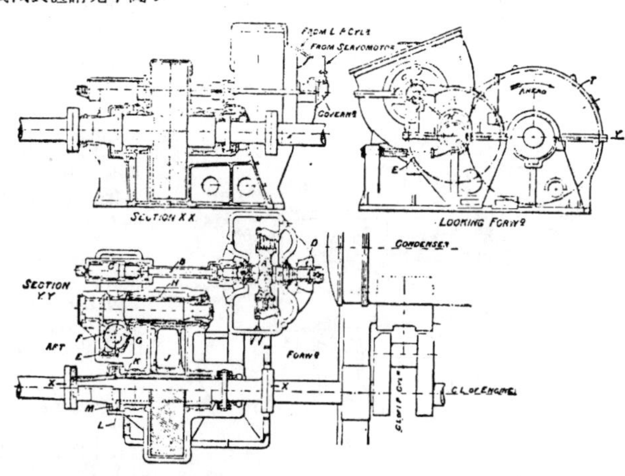

由於此 Bauer-wach 廢汽汽旋機之應用，每小時燃料消耗所獲之動力 (power) 約可增加 25 %，或同一 ihp 可節省燃料 20 %，且此汽旋機暨聯動裝置所佔空間甚小，故現在爲增加速度或節省燃料消耗起見，已有很多船隻加裝此式廢汽汽旋機，並且有大批新船亦應用此式機械。據 1938 年統計，全世界船隻裝配此 Bauer-wach 系機械者約有 500 艘，其總指數馬力至少約在 1,500,000 以上。

但此種廢汽汽旋機僅能順一個方向轉動，當船艦開倒車 (astern) 時，則必須使油流出 Vulcan 離合器，而令汽旋機與主軸立刻脫離。此時 L. P. 汽缸排出之廢汽須經過一換向汽門 (change-over valve) 直接輸入於凝汽器而不流入汽旋機也。

有商船名 Britania 者，於 1926 年建造，先僅爲四級澎漲式機 (quadruple-expansion engine)，其後復於 1928 加裝 Bauer-wach 廢汽汽旋機，雖其間僅隔二年，然其前後引擎性能，便有顯著的差別，是値得吾人注意的。茲將其改裝前後之有關數字表列於下：

※ 由於此器之葉輪 (impeller) 與動子 (runner) 間之低微滑轉 (slip)，故往復機所產生之不等轉矩 (unequaltorque) 不能傳達於汽旋機。

	改　裝　前	改　裝　後
鍋爐壓力（磅）	207	211
過熱度（°F）	41.5	35
眞空程度(水銀柱高度，吋)	26.83	28.04
Ihp	5026	3707 + 1315 ※
Rpm	85.5	85.1
截斷汽程 (cutoffs)	0.68—0.60—0.60—0.60	0.59—0.60—0.56—0.56
Mep（平均有效壓力）	36.2	26.9
每指示馬力小時耗油量	1.04	0.832

※ 汽旋機軸馬力 shp 之當量指示馬力 (equivalent ihp)

由上可知，其同指示馬力之燃料消耗量，恰減少 20%。

再如，二姊妹船 S. S. Basil 與 S. S. Boniface, 前者僅爲三級澎漲式往復機，後者爲 Bauer-wach 系機械，但其工作燃料消耗量則分別爲每指示馬力每小時 1.40 與 1.04 磅煤，相差幾約35%。

最後，我們尙要指出者，由於此 Bauer-wach 廢汽汽旋機之應用，雖然在動力方面增高至 20 % 以上，但其主軸最大轉矩 (maximum torque) 反較單獨往復機者爲小，蓋經雙減速齒輪傳至主軸之汽旋機轉矩却爲常數也。此可由右圖表更淸楚地表示出來。本圖表係根據 S. S. Cap Norte 改裝前後之轉矩記錄而製的 (cap north 爲26.8×43.3×70.9吋之三級澎漲式往復機，衝程51.2吋 . 主軸運轉速rpm80)。

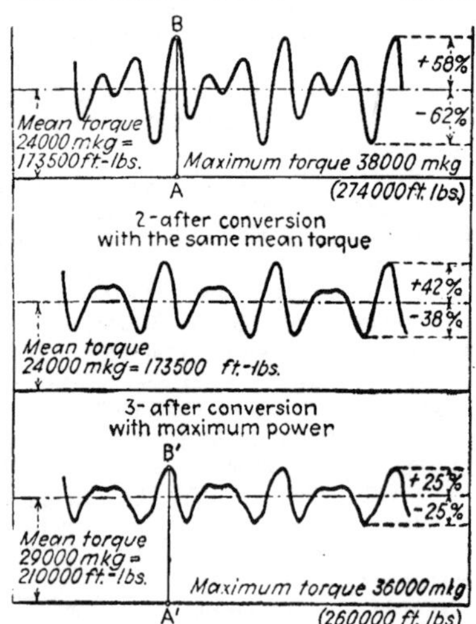

2. Gotaverken 系：—— Gotaverken 系亦與 Baner-wach 系一樣地應用一廢汽汽旋機，以接受由往復機排出的蒸汽。此汽旋機用來轉動一蒸汽壓縮機，(steam compressor) 以壓縮從高壓汽缸排出的蒸汽，直至達到較高的壓力與溫度後，再行引入 I. P. 汽缸。唯蒸汽在離開 H. P. 汽缸進入壓縮機之前，須經過一分離器 (seperator)，以除去其中的水粒 (moisture)。此壓縮機之效率，約可達 89 % 左右，蓋以其內部摩擦 (internal friction) 並非一種濫廢，反之，由其所獲致的熱能，仍要傳回交給蒸汽，以增加其過熱度。汽旋機之動力輸出 (output) 約 65 %，乃作爲壓縮蒸汽之用，故其餘便爲蒸汽所吸收而提高其溫度。有新船 S. S. Harpsa 號者，裝配此系機械，經過若干試驗得知當蒸汽離 H. P. 汽缸時，其絕對壓力爲 52 磅，過熱度爲 27.5，而進入 I. P. 汽缸時之絕對壓力爲 78 磅，過熱度爲 49°F，且每指示馬力每小時節省燃料 17—18%。此系機械之排列如下圖：

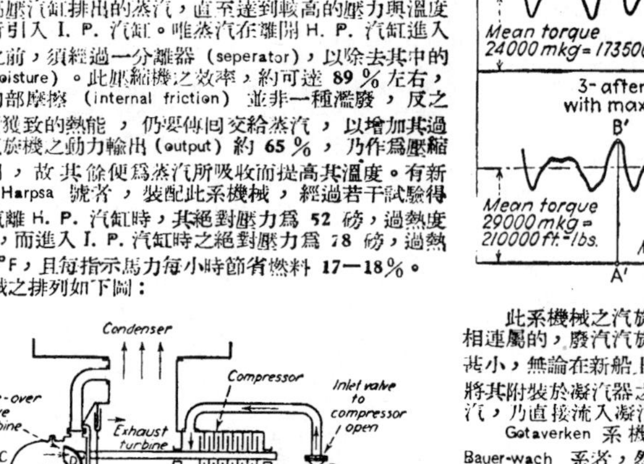

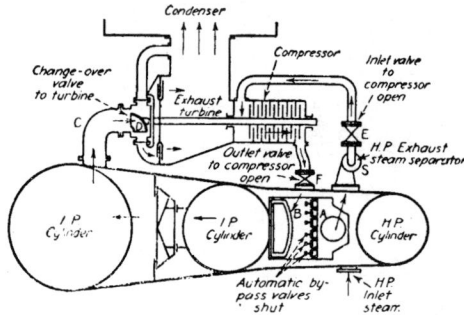

此系機械之汽旋機與主機是互相獨立而不相連屬的，廢汽汽旋機與壓縮機諸部所佔空間甚小，無論在新船上或改裝後的船上，通常多將其附裝於凝汽器之上部，此汽旋機排出之廢汽，乃直接流入凝汽器內凝結。

Gotaverken 系機械所獲致之經濟雖略小於 Bauer-wach 系者，然其裝配成本則較低，改裝亦較易。改裝之目的在於增加動力的輸出，但亦因 I. P. 與 L. P. 汽缸所生之動力加增而軸系上之轉矩亦隨之而加增，於是主軸與曲拐軸 (crank shaft) 也須要更換，方能滿足需要。

3. 利用廢汽汽旋機之電力傳動裝置 (exhaust turbo-electric drive)：—— 此系機械乃以一廢汽汽旋機轉動一直流發電機 (d-cgenerator)，由此所產生之電動力再轉動一置於三級澎漲式機後主軸上之電動機，S. S. Honkong 號卽裝配此系機械，在試航實驗時，所得的結果如下：

	主　機	主機與電動機
眞空（吋）	27	28.7
Rpm	75	84.5
當量 ihp	3190	48.80
水率(water rate) 16/ihp-hr	12.1	9.1

狄塞而引擎（Cummins Diesel En.）之保養及其失靈之各種原因

張建臣

船機之保養，不僅影響船機之壽命，引擎之效率，且與水上安全有密切關係；或有因保養疏忽，以致引擎失靈，更不能不急謀補救，免滋意外。唯船舶孤立海上，各動力設備需與外界完全隔離成一完整體系，故其系統之繁雜，管路線路之衆多，不啻一規模龐大之工廠；於航行期間，一旦發生意外，苟非學識豐富，經驗充足，而欲於短時間內驗查出毛病之所自出，實非易易。作者不敏，願就此問題節選去夏實習報告之一部提出討論，不過爲篇幅所限，這兒僅可先談狄塞而者，且爲明晰起見，只能取簡剔繁，藝爲綱領，分述如下：

經常須做下列工作，以達保養之目的：

一、約行駛5,000哩行程或300工作小時以後，機器的噴油頭（injectors）與汽瓣須調整一次；

二、噴油頭與油料進入引擎連接部份中之濾油篩，須常洗淨，但次數當依油質而定；

三、油池（oil tank）中之髒水需時常放去；

四、常常洗淨或置換油邦浦（fuel pump）中之濾油篩；

五、時時留意潤滑油是否在搖臂（rocker arm）中通過；

六、要隨時旋緊各螺帽，以防止漏油；

七、驗查各部份有無漏油或漏水；

八、常排出濾油器（fuel filter）之髒油；

九、必要時得修正汽瓣與汽瓣座（valve seat），俾使保持密合；

十、時常清潔通氣蓋，不過還須視工作情形而定。

引擎動力（power）減少之原因：

一、因油邦上之濾油篩（screen）太髒；

二、噴油頭上之噴霧孔（spray）響塞；

三、汽瓣或噴油頭之調整不當；

四、進氣或排氣部份之汽瓣有漏；

五、油邦浦之壓力太低；

六、空氣過濾器塞阻；

七、潤滑系統不良：

a 油壓太低，

b 油質不良，

c 油量不够，

d 油之密度太稀；

八、引擎過熱（over heating），

a 過份負担（ovev load），

b 循環冷水不良

c 風扇之連動皮帶鬆弛，

d 水邦浦損壞，

e 放熱器損壞；

九、油路閉塞；

十、排氣管太小；

一一、活塞脹圈（piston ring）滯着或汽缸磨損；

一二、油邦浦中之分油器有斷槽；

一三、油質不適；

一四、噴油頭上儲油杯之墳圈（qasket）有漏。

引擎忽然停止之原因：

一、油池中之油不足；

二、油路因凍結而被阻塞。

引擎發動時失靈之原因：

一、油池缺油；

二、油壓不够；

三、油邦浦上保險斷油旋塞（Erxrgency fuel shut off cock）關住；

四、油邦浦上濾髒篩可能塞住；

五、油路中積有空氣；

六、蓄電罐（Battery）電壓太低；

七、油路中之油可能因天冷而凍結。

引擎不着火（missing）之原因：

一、噴油頭之噴霧嘴（spray）太髒；

二、噴油頭上之節制油門（check valve）或進油接頭處有漏；

三、噴油頭上唧塞滯住；

四、汽瓣餘隙（valve clearance）太小；

五、汽瓣滯住；

六、汽瓣有裂隙；

七、空氣漏進油路中；

八、油中滲有水；

九、油邦浦中分油盤（distributor dic）有裂縫；

十、噴油頭之儲油杯滲漏。

引擎發生濃煙之原因：

一、噴油頭之噴霧孔太髒；

二、汽瓣有漏或餘隙太小；

三、汽油餘隙（valve clearance）太大；

四、噴油頭的調整不當；

五、各油路之出油次序有紊亂；

六、引擎之負担過份；

七、引擎之溫度太低；

八、油邦浦之進油路，有空氣進入；

九、分油盤有裂痕；

十、噴油頭之唧塞（plunger）滯着；

一一、進油連接頭或噴油頭之節制油門（check valve）有漏；

一二、濾空氣器閉塞。

引擎有爆擊聲之原因：

一、因引擎之過份負担；
二、噴油頭之噴霧孔太髒；
三、空氣漏進油路中；
四、噴油頭之推桿（push rod）彎曲；
五、軸承（bearing）太鬆；
六、活塞little銷釘（piston pin）鬆脫；
七、因活塞之拍擊（slap）致響；
八、飛輪鬆落；
九、噴油器之噴油端損壞；
十、起動油門（priming valve）未曾關閉。

引擎過熱之原因：

一、冷却水不足；
二、冷却系統停頓；
三、潤滑油量不足或油質不佳；
四、水邦浦之皮帶鬆落；
五、汽瓣餘隙調整不當；
六、由於過份負担，油邦浦座折斷；
七、石灰或污泥在水套中（water jecket）積成。

潤滑油壓力降低的原因：

一、潤滑油太稀；
二、潤滑油不足；
三、進油處接頭鬆脫或防漏墳圈安置不當；
四、通壓力表上的油路被關閉；
五、潤滑油邦浦損壞；
六、軸承鬆動；
七、油質與油量均不適合；
八、沿汽瓣滾子（valve roller）與搖桿（rocker lever）發生過份漏油；
九、油之進入路關住。

潤滑油變稀之原因：

一、活塞脹圈滯住；
二、過份負担，而致油邦浦座裂損，而油消耗超過所需量；
三、噴油頭儲油杯上防漏墳圈漏油；
四、油之進入或排出接頭處有漏；
五、噴油唧塞（injector plunger）所允入之油，超過油從旁路（by-path）通入之油量；
六、曲柄箱（crank case）發生真空現象，因氣密（air tight）或通氣蓋（breather cap）太髒之故；
七、噴油器上的噴霧嘴碎裂。

潤滑油之過份消耗之原因：

一、各部份之漏油；
二、潤滑油之質不佳；
三、活塞脹圈滯住；
四、油之回路孔在活塞上被塞住；
五、汽缸壁（cylinder wall）磨損；
六、活塞或套筒（sleeve）有刮痕；
七、過份負担；
八、噴油頭搖桿端之臼承（socket）磨壞；
九、噴油頭唧塞磨壞；

油壓降低之原因：

一、油質不適用；
二、進油處漏空氣；
三、濾油器閉塞；
四、油在油路中被凍結住；
五、因水滲入油中以致凍結；
六、油邦浦損壞。

噴油頭唧塞滯住的原因：

一、油太髒或黏性太重；
二、油缺乏流動性；
三、噴油頭上鎮壓螺帽（holddown nuts）拉力不匀，以致噴油頭本體發生畸變；
四、各噴油頭上之唧塞（plunger）互相換錯。

以上所述，雖僅就 Cummins 式機而言，但狄塞兒引擎要皆大同小異，當可以爲他種式引擎管理者之參考。不學後進，錯誤遺漏，在所難免，然拋磚或可引玉，想前輩學者當可鑒諒，是幸。

國立交通大學輪機工程學會通告

本會爲加强會友聯繫起見，特發行『交大輪機通訊』，凡本校輪機科肄業同學或本校其他校友（包括重慶商船學校同學）服務輪機界者，請將其本人及其所知之會友最近生活狀況示知，並將下附之調查表賜填寄上海交通大學本會收。

附調查表一份

姓名	籍貫
畢業或肄業　　年　　月	
服務機關或船名	職務
通訊處	永久通訊處

本系各級學程表

輪機工程系一年級　組學程表

學程名稱		第一學期					第二學期					必修或選修
中文	英文	學程號碼	每週講授鐘點	每週實習鐘點	學分	先修學程	學程號碼	每週講授鐘點	每週實習鐘點	學分	先修學程	
國文	Chinese	01.11	3		2		01.12	3		2	01.11	必
英文	English	02.11	3		2		02.12	3		2	02.11	必
三民主義	San-Min-Chu-I	03.11	2				03.12	2			03.11	必
體育	Physical Training	09.11	2				09.12	2			09.11	必
微積分	Calculus	11.11	4		4		11.12	4		4	11.11	必
物理	Physics	12.11	4		3		12.12	4		3	12.11	必
物理試驗	Physical Laboratory	12.15		3	1		12.16		3	1	12.15	必
化學	Chemistry	13.11	3		3		13.12	3		3	13.11	必
化學試驗	Chemistry Laboratory	13.13		3	1		13.14		3	1	13.13	必
投影幾何	Descriptive Geometry	32.11	1	2	1		32.12	1	2	1	32.11	必
機械畫	Engineering Drawing	32.13	1	2	1		32.14	1	2	1	32.13	必
工廠實習	Shop Practico	32.16		3	1		32.17		3	1	32.16	必

輪機工程系一年級　組學程表

學程名稱		第一學期					第二學期					必修或選修
中文	英文	學程號碼	每週講授鐘點	每週實習鐘點	學分	先修學程	學程號碼	每週講授鐘點	每週實習鐘點	學分	先修學程	
微分方程	Differential Equation	11.17	3		3	11.12						必

中文	英文	學程號碼	每週講授鐘點	每週實習鐘點	學分	先修學程	學程號碼	每週講授鐘點	每週實習鐘點	學分	先修學程	必修或選修
工程數學	Engineering Mathematics						11.23	3		3	11.12 11.17	必
物理	Physics	12.13	3		3	12.12	12.14	3		3	12.13	必
物理試驗	Physical Laboratory	12.17		3	1	12.16	12.18		3	1	12.17	必
輪機機構製圖	Marine Eng. Drawing		1	2	1			1	2	1		必
應用力學	Applied Mechanics	32.52	5		4							必
材料力學	Strength of Materials						32.23	5		4	32.52	必
熱力學	Thermodynamics	32.325	3		2		32.326	3		2	32.325	必
船舶汽鍋學	Marine Steam Boiler	81.14	3		2		81.15	3		2	81.14	必
船舶往復機	Marine Reciprocating Engine						81.11	3		2		必
經驗設計	Empirical Design						32.40	3		1	32.14	必
機構學	Mechanism	32.38	3		2	32.14						必
工程實習	Shop Practice	32.18		3	1		32.19		3	1		必

輪機工程系三年級 組學程表

學程名稱		第一學期					第二學期					必修或選修
中文	英文	學程號碼	每週講授鐘點	每週實習鐘點	學分	先修學程	學程號碼	每週講授鐘點	每週實習鐘點	學分	先修學程	
船舶往復機	Marine Reciprocating Engine	81.12	3		2	81.11	81.13	3		2	81.12	必
船舶輔機	Marine Auxilliary Machineries	81.15	3		2		81.16	3		2		必
船用汽旋機	Marine Steam Turbine Marine Internal	81.21	3		2	81.11 32.325	81.22	3		2	81.21	必
船舶內燃機	Combustion Engine	81.19	3		2	81.11 32.325	81.20	3		2	81.19	必
電機工程	Electrical Engineering	33.15	4		3		33.16	4		3	33.15	必
電機工程試驗	Electical Eng. Lab.	33.213		3	1		33.214		3	1		必

中文	英文	學程號碼	每週講授鐘點	每週實習鐘點	學分	先修學程	學程號碼	每週講授鐘點	每週實習鐘點	學分	先修學程	必修或選修
造船工程	Ship Construction	35.115	4		3	32.23	35.116	4		3	33.115	必
熱力工程試驗	Mechanical Labore ory	32.362		3	1		32.363		3	1	32.362	必
工程材料	Materials of Construction	32.31	3		2							必
水力學	Hydraulics						31.535	4		3	12.12	必
汽瓣機構	Valve-Gear		2		2							必

輪機工程系四年級　組學程表

學程名稱		第一學期					第二學期					必修或選修
中文	英文	學程號碼	每週講授鐘點	每週實習鐘點	學分	先修學程	學程號碼	每週講授鐘點	每週實習鐘點	學分	先修學程	
機動力學	Dynamics of Machinery	32.30	4		3	32.23						必
船舶汽鍋設計及製圖	Marine Steam Boiler Design	81.25	3		2		81.26	3		2	81.25	必
輪機設計及製圖	Marine Engine Design	81.23	6		4		81.24	6		4		必
機艙管理	Engine Room Management	81.17	3		2		81.18	3		2		必
水工試驗	Hydraulic Laboratory	31.54		3	1							必
材料試驗	Materials Testing	31.63		3	1							必
經濟學	Economics	22.314		3	2							必
工業管理	Industrial Administration						36.172	3		2		必
輪機實習	Marine Eng. Lab.			3	1			3	3	1		必
論文	Thesis						01.24			2		必
金相學	Metalography						32.41	3		2		必
駕駛大意	Navigation	82.224	3		2							選
船藝	Seamanship	82.225	3		2							選
航政法規	Shipping Rules and Regulations	82.502	2		1							選
汽鍋輪機檢查規程	Rules of Marine Engine Surveying		2		1							選
德文	German		3		2			3		2		選

國立交通大學輪機工程學會會章

第一章　定名

第一條　本會定名爲國立交通大學輪機工程學會。（The Society of Marine Engineering）

第二章　宗旨

第二條　本會以聯絡會員感情，發揚輪機工程學術，以謀海洋事業之發展爲宗旨。

第三章　會址

第三條　本會會址設於上海徐家匯國立交通大學內。

第四章　會員

第四條　凡具下列資格者，皆得爲本會會員：

（一）曾在本校輪機系科畢業或肄業者；

（二）曾在本校輪機系前身吳淞商船學校輪機科畢業或肄業者；

（三）凡本校或前吳淞商船學校校友，現服務輪機界者。

第五條　曾任本校輪機系科或前吳淞商船學校教授者，得爲本會名譽會員。

第六條　對輪機工程學術有貢獻者，經理事會議決，得聘爲名譽會員。

第七條　凡會員違背會章，妨礙會譽時，經理事會議決，得給予警告或除名。

第五章　工作

第八條　編輯並出版有關輪機學術之刊物事宜。

第九條　協助並促進會員之福利及康樂事宜。

第十條　對外聯絡其他有關海事團體暨社會熱心航海事業人士，對內加强會員聯繫，共圖我國海洋事業之發展。

第六章　組織

第十一條　本會以全體大會爲最高權力機關，大會閉幕期間，由理監會共同代行其職權。

第十二條　理事會由大會產生理事七人，後補理事兩人組織之，監事會亦由大會產生監事三人，後補監事二人組織之。

第十三條　（一）設正副會長各一人，由大會得票最多之理事担任之。

（二）設總務、學術、聯誼、康樂、會計五股，各股股長由第一次理事會互選分任之。

第十四條　本會設名譽會長一人及名譽指導多人，由第一次理事會議決聘請之。

第十五條　各股如有必要時，經理監事聯席會議議決，得聘請其他會員爲該股幹事。

第十六條　監事會設監事長一人，由得票最多之監事担任之。

第十七條　本會理監事任期爲一年，連選得連任之。

第十八條　本會理監事有違下列規定者，經大會議決得罷免之：

（一）妨礙會譽者；

（二）不遵守會章者。

第十九條　本會如有必要時，得經全體大會通過，成立特種委員會。

第二十條　理事會及會長職權如下：

(一)理事會執行大會之議決，處理日常會務；

(二)會長對外代表本會，對內負召開理事會及監理聯席會議之責，副會長協助會長處理會務。

第二十一條　監事會及監事長職權如下：

（一）監事會負責審查監督理事會所推行之會務；

（二）於必要時，監事會得將審核結果提請大會公決之；

（三）監事長負召集監事會之責。

第七章　會議

第二十二章　全體大會每年召開一次，必要時得由理監事聯席會議議決，或三分之一以上會員簽名要求開會時，召集臨時大會。

第二十三條　理監事會各三月召開一次，必要時得由會長或監事長召開臨時會議。

第八章　權利與義務

第二十四條　會員享有選舉、罷免、創制、複決之權，並享有本會舉辦一切福利工作之權。

第二十五條　本會會員有遵守會章之義務。

第九章　經費

第二十六條　會員交入會費一元，年會費五元。

第二十七條　本會於必要時，經理監事聯席會議之議決，得徵收臨時會費。

第十章　附則

第二十八條　本章程未盡善處，得經全體大會議決修正之。

第二十九條　本章程於大會通過後施行。